W0073602

UNIVERSITÄTSSEMINAR DER WIRTSCHAFT

USW–Schriften für Führungskräfte

Band 20

SCHÄFFER
POESCHEL

Universitätsseminar der Wirtschaft

USW-Schriften für Führungskräfte

Herausgeber:

Prof. Dr. Martin K. Welge (geschäftsführend)
USW Universitätsseminar der Wirtschaft, Erftstadt-Liblar

Prof. Dr. Wolfgang Berens
Universität Düsseldorf

Prof. Dr. Dr. h.c. mult. Walther Busse von Colbe
Universität Bochum

Prof. Dr. Dr. h.c. Adolf Gerhard Coenenberg
Universität Augsburg

Prof. Dr. Klaus-Peter Franz
Universität Düsseldorf

Prof. Dr. Diether Gebert
Technische Universität Berlin

Prof. Dr. Heinz Kußmaul
Universität Saarbrücken

Prof. Patrick A. Miller Ph. D.
IESE Universidad de Navarra

Prof. Dr. Bernhard Pellens
Universität Bochum

Prof. Dr. Manfred Perlitz
Universität Mannheim

Prof. Dr. Dr. h.c. Gerhard Reber MBA
Universität Linz

Prof. Dr. Lutz von Rosenstiel
Universität München

Prof. Dr. Hermann Sabel
Universität Bonn

Band 20

Vorwort

Effiziente Personalführung und Zusammenarbeit werden seit langem als wichtige strategische Erfolgsfaktoren der Unternehmensführung herausgestellt. Das Führen von Mitarbeitern ist jedoch schwieriger geworden. Die zu erledigenden Aufgaben zeichnen sich durch ansteigende Komplexität aus, was zur Folge hat, daß viele Vorgesetzte nicht mehr in der Lage sind, jede Tätigkeit im Detail zu kennen, die von ihren Mitarbeitern bearbeitet wird.

Führung durch Befehl – selbst wenn dieser höflich vorgebracht wird – und durch Verfahrens- und Ergebniskontrolle wird somit zu einem Relikt aus der Vergangenheit. Dies gilt um so mehr, als qualifizierte Fachleute sich ihres Wertes bewußt und entsprechend wenig geneigt sind, sich von einem Vorgesetzten in die eigenen Aufgabenstellungen „hineinreden" zu lassen, wenn dieser davon weniger versteht als sie selbst.

Auf die Führungsorganisation allein kann die Führungskraft sich auch nicht verlassen. Strukturierung und Standardisierung der Aufgaben, schriftliche Fixierung im Rahmen von Stellenbeschreibungen – all dies mag in mehr oder minder großem Umfang erforderlich sein, es macht jedoch personale Führung nicht überflüssig. Der Vorgesetzte als Mensch ist mehr als „der Lückenbüßer der Organisation", der nur im Ausnahmefall einzugreifen hat. Er ist stets in seiner fachlichen und menschlichen Kompetenz gefordert – als Vorbild, als Berater bei fachlichen und zwischenmenschlichen Fragestellungen, als derjenige, der Aufgaben für die Entwicklung eines jeden einzelnen in seiner Gruppe erfüllt und der sich für die zwischenmenschlichen Beziehungen verantwortlich weiß.

Die Qualität des dabei erforderlichen Führungshandelns aber schwankt von Vorgesetztem zu Vorgesetztem, von Unternehmen zu Unternehmen. Dies hat nicht nur kurzfristige Auswirkungen auf die täglichen Arbeitsergebnisse, sondern auch langfristige auf die Motivation und Qualifikation der Mitarbeiter. Entsprechend gilt, daß in größerer zeitlicher Perspektive ein jedes Unternehmen und ein jeder Vorgesetzter schließlich die Mitarbeiter hat, die es bzw. er verdient. Motivation und Qualifikation der Mitarbeiter aber werden immer mehr zu einem von der Führung zu verantwortenden strategischen Wettbewerbsfaktor. Hier Vorteile zu erzielen ist schwer, denn man muß jederzeit auf wirtschaftliche und gesellschaftliche Änderungen flexibel eingehen können, beispielsweise auf eine sich verkürzende Halbwertzeit des Wissens, auf rasch sich entwickelnde neue Informationstechniken, auf komplexe und funktionsübergreifende Aufgaben, auf neue Organisationsformen in Unternehmen, auf nachhaltige Tendenzen der Internationalisierung und der interkulturellen Zusammenarbeit, steigende Akademisierung unter den qualifizierten Mitarbeitern sowie Wandel der Wertorientierungen und der Lebensstile in der Gesellschaft. Qualifizierte Führungskräfte müssen all dies in Rechnung stellen und darauf nicht bloß reagieren, sondern vorausschauend agieren. Gesucht wird also in Zukunft kaum noch der Vorgesetzte, der ausschließlich befiehlt und kontrolliert, sondern vielmehr derjenige, der durch vorbildliches Verhalten, authentischen Umgang mit anderen und kommunikative Kompetenz selbstbewußte Spezialisten zu koordinieren weiß, der sie gleichzeitig fördert, ihnen Perspektiven aufzeigt und sie dadurch motiviert und qualifiziert.

Dieses „Führungsgeschäft" im engeren Sinn, der zielbezogene Umgang mit den direkt Unterstellten fordert bereits viel. Und doch muß noch Zeit bleiben für andere wesentliche Aufgaben. Es gilt, im eigenen Fachgebiet das aktuelle Wissen zu kennen; dabei – was das Verhalten betrifft – sich selbst zu führen, mit den Kollegen auf gleicher

Ebene sachgerecht und menschlich adäquat zu kooperieren und in loyaler Weise den Vorgesetzten zu unterstützen und somit auch „Führung nach oben" zu betreiben.

In dem hier vorliegenden Handbuch, das aus der Fort- und Weiterbildung qualifizierter Führungskräfte erwachsen ist, werden die wichtigsten Führungsaufgaben anschaulich dargestellt und mit Anregungen für die Praxis verbunden. Man erfährt zum einen manches über gesellschaftliche und psychologische Grundlagen jener Verhaltensweisen, die man an Vorgesetzten und Mitarbeitern beobachten kann und wird zugleich über konkrete Techniken und Hilfen informiert, die in der Hand des Vorgesetzten, der verantwortungsbewußt damit umgeht, zum nützlichen Werkzeug werden können. Dabei spannt sich der Bogen inhaltlich weit und reicht von der Auswahl der für die Aufgaben geeigneten Mitarbeiter über ihre Einarbeitung, Qualifizierung, Motivierung, Beurteilung hin zur Personalentwicklung und schließlich zur Vorbereitung auf den Ruhestand.

Dieses Konzept ist offensichtlich auf Resonanz gestoßen. So freuen wir uns, wenige Jahre nach dem Erscheinen der ersten Auflage bereits die vierte vorlegen zu können. Wir wollten es dabei nicht bei einer bloßen Durchsicht bewenden lassen, sondern haben aktuelle Entwicklungen sowie konstruktive Kritik, die uns schriftlich oder mündlich zuging und für die wir danken, berücksichtigt.

Dies hat zum einen dazu geführt, daß wir die Führung und Entwicklung in den neuen Bundesländern thematisieren, ein Gegenstand, an den bei der Konzeption der ersten Auflage noch nicht zu denken war. Zum anderen wurden gerade die Schwerpunkte „Personalentwicklung und Personalpolitik" sowie „Organisationsstrukturen und ihre Veränderung" erweitert. Ergänzt wurden Beiträge zum Gehaltsmanagement, das leistungsorientiert und motivierend aufgebaut sein soll, und zum selbstgesteuerten Lernen, das aufgrund des ständigen Qualifikationsbedarfs an Bedeutung gewinnt. Des weiteren werden Change Management und neue Kommunikations- und Informationstechnologien in ihrer Bedeutung für die Führung detailliert behandelt.

Hinzugekommen ist des weiteren ein Beitrag zum Thema „Diversity". Hier wird herausgestellt, daß und unter welchen Bedingungen Vielfalt im Unternehmen Chance und nicht Belastung bedeutet.

Bereits früher integrierte Themen wurden zum Teil von anderen Autoren bearbeitet, um so neue Sichtweisen und eine besondere Aktualität sicherzustellen.

Inhaltlich gliedert sich auch die vierte Auflage in sieben zentrale Themenbereiche:

- Basiswissen und Perspektiven
- Führung der eigenen Person
- Der Vorgesetzte und sein Mitarbeiter
- Führung und Arbeit in Gruppen
- Personalentwicklung und Personalpolitik
- Organisationsstrukturen und ihre Veränderung
- Das gesellschaftliche Umfeld.

In jedem dieser Abschnitte finden sich nach einer knappen Einführung mehrere in sich abgeschlossene Beiträge zu klassischen oder innovativen Fragen des Führungshandelns. Man erfährt – von angesehenen Hochschullehrern oder erfahrenen Praktikern anschaulich dargestellt – einerseits etwas über „Mitarbeiterbeurteilung" und „Mitarbeitergespräch", „Arbeitsrecht für Vorgesetzte", „Konflikte in und zwischen Gruppen", „Projektmanagement", „Personalplanung und -entwicklung", aber auch – um die Weite der Themen exemplarisch aufzuzeigen – etwas über „Tiefenpsychologische

Grundlagen der Führung", „Coaching für Manager", „Frauen und Führung: Mythen und Fakten", „Mikropolitik" oder „Ethik".

Es wurde in den einzelnen Beiträgen jeweils darauf geachtet, daß zum einen bewährtes Wissen nicht zu kurz kommt und daß andererseits aktuelle Tendenzen, die sich in der Wissenschaft und in der Praxis zeigen, adäquat und kompetent dargestellt werden. Entsprechend bietet dieses Handbuch für Führungskräfte Hilfestellungen für viele Situationen im Berufsleben eines Vorgesetzten, wobei die Wissenschaftler primär Hintergrundinformation und Einblick in Zusammenhänge bieten, während Praktiker Erfahrungen und neue Entwicklungstendenzen konkret aufzeigen. Im Wesen eines differenzierten Nachdenkens über Führung liegt es, daß hier weder von Wissenschaftlern noch von Praktikern „Rezepte" angeboten werden, statt dessen Anregungen, neue Sichtweisen oder innovative Perspektiven.

Damit diese Informationen noch näher an die Praxis herangeführt werden, steht zugleich eine Fallsammlung (Hrsg. Domsch, Regnet, v. Rosenstiel), in der Problemfälle aus der Praxis dargestellt werden, zur Verfügung. Diese können anhand des mit diesem Buch erarbeiteten Wissens diskutiert und Lösungsalternativen nahegebracht werden.

Wir bedanken uns bei den Autoren, die überwiegend zeitlich stark belastet sind, daß sie trotz relativ enger Terminsetzungen in ihrer überwiegenden Mehrzahl die Manuskripte zeitgerecht bereitstellten. In besonderer Dankbarkeit gedenken wir Burkhard Strümpels, der, bereits von schwerer Krankheit gezeichnet, einen umfangreichen und differenzierten Beitrag ausarbeitete, den wir mit Stolz und Trauer posthum veröffentlichen und der von Kollegen weiterbearbeitet und aktualisiert wird. Mit Trauer und Dankbarkeit gedenken wir auch Willi Stehles, der Anfang 1998 plötzlich und unerwartet verstorben ist.

Wir danken den Teilnehmern und Teilnehmerinnen verschiedener Führungsseminare des USW Universitätsseminars der Wirtschaft in Schloß Gracht, daß sie durch ihre kritischen Diskussionen die Qualität der Beiträge mitbestimmten. Wir danken weiterhin Herrn Dr. M. Heuser und Frau Dr. B. Kollenda für die Mithilfe bei einer kritischen Durchsicht der Textentwürfe und schließlich in besonderem Maße Frau Kremer und Frau Klis für die Erstellung des Manuskriptes und die Erledigung der organisatorischen Aufgaben.

Als Herausgeber dieses Buches hoffen wir, daß das vorliegende Handbuch im Rahmen der Fort- und Weiterbildung von Führungskräften Anregung bietet und Vorgesetzten ein Ratgeber bei der täglichen Führungsarbeit sein kann.

In Ergänzung zu diesem Buch erschien 1993 als Band 21 der USW-Schriften für Führungskräfte eine Sammlung von Fallstudien zu den Themen der Personalführung (Führung von Mitarbeitern – Fallstudien zum Personalmanagement). Gerade die zusätzliche Konkretisierung in praktischen Fällen vertieft die Auseinandersetzungen mit den hier angesprochenen Inhalten.

Schloß Gracht, im Frühjahr 1998

Michel E. Domsch
Erika Regnet
Lutz von Rosenstiel

Inhaltsverzeichnis

Teil I
Führung: Basiswissen und Perspektiven

Teil II
Führung der eigenen Person

Teil III
Der Vorgesetzte und sein Mitarbeiter

Teil IV
Führung und Arbeit in Gruppen

Teil V
Personalentwicklung und Personalpolitik

XVI

TEIL VI
Organisationsstrukturen und ihre Veränderung

Teil VII
Das gesellschaftliche Umfeld

Die Verweise auf den Fallstudienband am Ende der einzelnen Beiträge beziehen sich auf die Publikation DOMSCH, M., REGNET, E., v. ROSENSTIEL, L. (Hrsg.). (1993). Führung von Mitarbeitern. Fallstudien zum Personalmanagement. Stuttgart 1993.

Teil I
Führung: Basiswissen und Perspektiven

Einführung

Die Thematik der Führung gewinnt an Gewicht. Selbstverständliches wird kaum bedacht und besprochen, dort jedoch, wo Selbstverständliches zur Problemlösung nicht mehr taugt, wo Schwierigkeiten dann entstehen, wenn man alte Wege geht, wird nachgedacht und um Rat gebeten.

Führung ist ein solches Gebiet. Tradierte und „bewährte" Konzepte und Verhaltensweisen tragen nicht mehr. Vorgesetztenverhalten, das Mitarbeiter vor zwanzig oder dreißig Jahren klaglos akzeptierten, stößt heute bei den Geführten auf Widerstand. Rahmenkonzepte und konkrete Verhaltensweisen müssen neu durchdacht und sodann konkret eingeübt werden, damit den aktuellen und den zukünftigen Anforderungen begegnet werden kann.

Im einführenden Beitrag klärt v. ROSENSTIEL den Begriff der Führung und zeigt, was sich zielbezogen beeinflussen läßt. Dies kann zum einen durch organisationale und technische Strukturen erfolgen, aber auch und wesentlich durch das Verhalten - insbesondere die Kommunikation durch die Führungskräfte. Es sind nun aber nicht die Eigenschaften oder Verhaltensweisen der Vorgesetzten allein, die den Führungserfolg – wie immer er bestimmt sein mag – determinieren, sondern es ist stets das Zusammenspiel zwischen der Person des Führenden und den Besonderheiten der Führungssituation. Hier gilt es für den Führenden, sein Verhalten flexibel an die Anforderungen der Situation anzupassen, damit der Erfolg gesichert werden kann.

Dieses Geschehen, das auf den ersten Blick so rational erscheint – der Vorgesetzte wählt jene Verhaltensweisen, die nach vernünftiger Überlegung am besten zum Erfolg beizutragen versprechen -, ist allerdings in einem wesentlichen Bereich der rationalen Kontrolle nicht voll zugänglich. VON ROSENSTIEL vermittelt Aufklärung über die tiefenpsychologischen Grundlagen und sensibilisiert für die Wirkungen des Unbewußten im Alltag.

Das Verhalten jedes einzelnen Unternehmensmitglieds ist nicht immer nur von der Sorge um den Gesamtunternehmenserfolg getragen, sondern – manchmal oder regelmäßig? – von subjektiven Interessen. Unter dem Stichwort „Mikropolitik" geht NEUBERGER auf die alltäglichen Einflußversuche einzelner Personen ein, die so ihren eigenen Handlungsspielraum erweitern und sich fremder Kontrolle entziehen wollen. Pointiert bezeichnet der Autor situative Führung als Rationalisierungsversuch, die politische Führung und entsprechendes Verhalten dagegen als Alltagsrealität.

Wenn man heute junge Führungskräfte für ein Unternehmen gewinnen will oder sie im Zuge der Personalentwicklung „aufzubauen" sucht, so sollte man sich fragen, welche Anforderungen an die Führungskräfte in der Zukunft vermutlich gestellt werden. Hier häufen sich – nicht nur aufgrund eines Blicks nach Japan – die Hinweise, daß es gerade die „weichen", die „soft facts" sind, die in Zukunft für die Wettbewerbsfähigkeit des Unternehmens und für den Erfolg der einzelnen Führungskraft in ihrem Verantwortungsbereich wesentlich sind. Führung wird zunehmend zu einer

1

Koordination von Spezialisten, die im Bereich ihres Detailwissens dem Vorgesetzten häufig deutlich überlegen sind. Wer hier erfolgreich führen will, wer koordinieren will, muß zur Teamarbeit befähigt sein, muß Mitarbeiter motivieren, sich flexibel und sensibel auf sie einstellen können etc. Dies zeigt REGNET in ihrem Beitrag.

Hat man erkannt, welche Anforderungen an künftige Führungskräfte gestellt werden, oder hat man diagnostiziert, wo schon angesichts heutiger Anforderungen Defizite liegen, so gilt es, gezielt Führungskräfte zu entwickeln, zu trainieren, um ihre relevante Verhaltenskompetenz zu verbessern. Entsprechend gehört Führungstraining heute zu den Aufgaben eines jeden Unternehmens, das den Faktor Führung respektiert. VON ROSENSTIEL zeigt, was dabei zu bedenken ist, und weist spezifisch auf das Transferproblem hin, d.h. auf die Problematik, daß jene im Training erworbenen Verhaltensweisen nicht oder nur unzureichend in die Praxis übertragen werden. Beispiele verdeutlichen, daß diese Übertragung doch ermöglicht werden kann, wenn man die Entwicklungsmaßnahmen und Rahmenbedingungen entsprechend konzipiert.

Lutz von Rosenstiel

Grundlagen der Führung

Jede Organisation, jedes Unternehmen bedarf der Führung, um Ziele zu erreichen. Wir wollen daher zunächst danach fragen, wie Führung umschrieben werden kann und was darunter zu verstehen ist.

1. Führung: Was ist das?

Jeder, der Mitarbeiter führt, weiß, was Führung ist. Allerdings wird das Selbstverständliche häufig wenig reflektiert, da Selbstverständliches meist wenig Bedachtes ist. Es erscheint daher lohnend und nützlich, den Begriff der Führung zu klären und knapp zu durchleuchten.

Führung ist zielbezogene Einflußnahme (ROSENSTIEL, MOLT & RÜTTINGER, 1988). Die Geführten sollen dazu bewegt werden, bestimmte Ziele, die sich meist aus den Zielen des Unternehmens ableiten, zu erreichen. Konkret kann ein derartiges Ziel beispielsweise in der Erhöhung des Umsatzes, in der Verbesserung des Betriebsklimas oder in der Unterstreichung bestimmter Qualitätsstandards bestehen. Die Wege dieser Einflußnahme sind jedoch höchst unterschiedlich. Gliedert man grob, so ist auf zwei Arten besonders hinzuweisen, die in sich wiederum vielfach ausdifferenziert werden können. Es handelt sich dabei einerseits um die Führung durch Strukturen, andererseits um die Führung durch Personen.

1.1 Führung durch Strukturen

Das Verhalten vieler Stelleninhaber in Organisationen wird zielbezogen beeinflußt, ohne daß unmittelbar irgendeine Person diesen Einfluß ausübt. Es sind Strukturen, die Aktivitäten steuern und koordinieren. Solche Strukturen können ganz unterschiedliche Qualität haben: Man denke an Organigramme, Stellenbeschreibungen, Verfahrensvorschriften; man denke aber auch an unterschiedliche Anreizsysteme wie z.B. ein Prämien- oder Leistungslohnsystem, an Personalentwicklungsprogramme oder ein ausgeklügeltes System von Statussymbolen; man denke aber ebenfalls an die konkrete Gestaltung eines Arbeitsplatzes oder vieles andere mehr. Das letztgenannte Beispiel macht sogar besonders deutlich, um was es geht. Ein Fließband etwa bestimmt in sehr strenger Weise, was ein Arbeiter zu tun hat. Durch die Struktur dieser Technik wird minutiös festgelegt, wie jeder Handgriff wann ausgeführt werden soll. Der Meister muß nur im Ausnahmefall eingreifen; er wird zum „Lückenbüßer der Organisation".

In welchem Maße in manchen Organisationen Führung durch Strukturen erfolgt, wird erkennbar, wenn man z.B. Filialen oder Zweigstellen zentral gesteuerter Warenhaus-, Restaurant- oder Hotelketten besucht. Ob man in München oder Hamburg einkauft, man wird auf sehr ähnliche Angebote und Angebotspräsentationen stoßen. Ob man in Zürich oder London zum Essen geht, der Hamburger wird identisch gewürzt sein. Ob man in Paris oder New York übernachtet, dem Hotelzimmer ist dies nicht anzusehen. Alles – bis ins Detail hinein – ist geregelt, festgeschrieben, geordnet. Raum für die Kreativität einzelner Mitarbeiter besteht kaum; die Führenden greifen nur dann ein, wenn im zentral geordneten und vorgeplanten Ablauf Störungen entstehen. Wir nähern uns hier dem „Ideal" der bürokratischen Organisation (WEBER, 1921): Führung durch Strukturen, nicht durch Menschen.

1.2 Führung durch Menschen

Jeder, der die Praxis kennt, weiß es: Auch wenn die Vorschriften noch so eng erscheinen, Ausnahmefälle bis ins Detail durch Sondervorschriften geregelt sind, die Menschen – und hier insbesondere die Vorgesetzten – machen es aus, wie die Vorschrift in gelebte Realität umgesetzt wird. Am Führenden wird es meist liegen, ob trotz der bzw. mit den Vorschriften flexibel und kreativ gearbeitet oder „Dienst nach Vorschrift" ausgeübt wird. Das Verhalten des Vorgesetzten, seine Art, Ziele zu verdeutlichen, Aufgaben zu koordinieren, Mitarbeiter durch Gespräche zu motivieren, Ergebnisse zu kontrollieren, wird zum zentralen Bestandteil der Führung, die sich dann als zielbezogene Beeinflussung von Unterstellten durch Vorgesetzte mit Hilfe der Kommunikationsmittel definieren läßt (NEUBERGER, 1976; ROSENSTIEL, MOLT & RÜTTINGER, 1988). Dabei läßt sich die Frage nach den Zielen dieser Einflußnahme aus der Sicht der Praxis zweifach stellen:

– Wer führt erfolgreich, d.h. wen sollen wir einstellen, befördern etc. *(Selektionsfrage)*?
– Wie führt man erfolgreich, d.h. auf welches Verhalten hin sollen wir schulen, trainieren, weiterbilden *(Modifikationsfrage)*?

Gewiß mag es von Fall zu Fall unterschiedlich sein, ob der größere Einfluß von den Strukturen oder von den Personen ausgeht. Zu vernachlässigen ist jedoch der Stil, die Art und Weise des Umgangs mit Menschen beim zuständigen Führenden niemals. Es kommt (auch) auf den Menschen an.

Empirische Analysen belegen dies. Untersucht man, wieviel Prozent der Arbeitszeit Vorgesetzte mit Kommunikation verbringen, so erstaunt das Ergebnis. Meist sind dies 80% bis 95%, falls man Kommunikation weit versteht, d.h. nicht nur als Vier-Augen-Gespräche, sondern auch Aktivitäten als Teilnehmer von Gruppengesprächen, als Vortragender oder Teilnehmer bei Tagungen und Konferenzen, beim Telefonieren, beim Erstellen oder Lesen von Schriftgut etc. mit einbezieht. Die Kommunikationszeit ist angesichts der vielfältigen Aufgaben des Führenden knapp, die Qualität der Kommunikation angesichts fehlender Ausbildung der meisten Fachvorgesetzten auf dem Felde kommunikativer Kompetenz unzureichend.

Eines ist offenkundig: Für den Inhalt der Kommunikation, die Botschaft, ist man in der Ausbildungszeit qualifiziert worden. Man hat Ingenieurwissenschaften, Betriebswirtschaftslehre, Jura etc. studiert. Unausgesprochen aber wird vorausgesetzt, daß man das „Wie" beherrscht, daß man mit den jeweiligen Partnern angemessen darüber sprechen kann, daß man die inhaltlichen Gedanken den Mitarbeitern überzeugend darlegt (vgl. den Artikel von NEUMANN: Das Mitarbeitergespräch, in diesem Band). Nicht selten liegt hier ein Irrtum. Untersuchungen, die festzustellen suchen, wo die Mitarbeiter „der Schuh drückt", kommen häufig zum Ergebnis, daß die Verhaltensweisen der Vorgesetzten Grund für Enttäuschungen, Frustrationen oder Ärger sind (BAYERISCHES STAATSMINISTERIUM FÜR ARBEIT UND SOZIALORDNUNG, 1976). Führen als Einflußnahme mit Hilfe der Kommunikationsmittel wurde nicht gelernt.

Dies wiederum wird im besonderen Maße dann zum Problem, wenn Führung durch Menschen im Unternehmen wichtiger wird als Führung durch Strukturen. Und dies gilt besonders dann, wenn die Umwelt des Unternehmens – z.B. die Technikentwicklung, der Personalmarkt, der Beschaffungsmarkt, der Absatzmarkt – so dynamisch ist, daß flexible Antworten des Unternehmens sofort nötig sind und Strukturen viel zu starr wären. Es gilt aber auch dann, wenn selbstbewußte und fachkompetente Spezialisten von einem Vorgesetzten koordiniert werden müssen, der im Detail weniger versteht als seine Mitarbeiter.

Es gibt nun ohne Frage Vorgesetzte, die den daraus erwachsenden Anforderungen besser entsprechen als andere, die also erfolgreicher führen. Was aber heißt Führungserfolg?

2.   Kriterien des Führungserfolgs

Wird die Organisationspsychologie aus dem Anwendungsfeld heraus dazu aufgefordert, Bedingungen des Führungserfolgs zu erforschen, so muß sie zunächst zurückfragen, was denn unter Führungserfolg zu verstehen ist. Tatsächlich lassen sich in Wissenschaft und Praxis weit über 1000 verwendete Kriterien aufzeigen (NEUBERGER, 1976). Während bei Validierungen des Assessment-Centers (vgl. SCHULER: Auswahl von Mitarbeitern, in diesem Band) meist Kriterien verwendet werden, die an der Person des Führenden festgemacht und direkt oder indirekt aus der Fremdbeurteilung abgeleitet werden, wie z. B. Ergebnisse der Personalbeurteilung, erreichte hierarchische Positionen in der Zeit oder Gehaltshöhe, verwenden Forscher, die die Wirkungen spezifischen Führungsverhaltens untersuchen, meist Kriterien, die sich auf die geführte Gruppe beziehen. Diese lassen sich zum Teil einer Effizienzdimension wie z. B. Quantität oder Qualität der erbrachten Leistung, operationalisiert über Produktions- oder Absatzzahlen, Reklamationszahlen, Patentanmeldungen etc. zurechnen, zum anderen eher einer Humandimension, wie Arbeitszufriedenheit, Betriebsklima, Konflikthäufigkeit in der geführten Gruppe, Identifikation der Mitarbeiter mit dem Unternehmen etc. Einige der häufig verwendeten Kriterien liegen zwischen diesen beiden Dimensionen, wie z. B. Fluktuations- und Fehlzeitenrate, Qualifizierung der Mitglieder der Gruppe, Zahl der Verbesserungsvorschläge etc. Es ist letztlich eine unternehmenspolitische Entscheidung, an welchen Kriterien Vorgesetzte gemessen und beurteilt werden. Derartige unternehmenspolitische Entscheidungen fallen explizit in der Praxis jedoch selten. Zwar nennen geschriebene Führungsgrundsätze derartige Kriterien häufig, doch erfolgt die Beurteilung, geht es um Gehalts- oder Karrierechancen, meist an anderen Maßstäben. Häufig muß man, wenn man dieses Feld analysiert, zwischen manifesten und latenten Kriterien unterscheiden.

Die Orientierung an der Nützlichkeitsperspektive hat die organisationspsychologische Führungsforschung über Jahrzehnte in einen atheoretischen Pragmatismus und damit in ein Dilemma geführt. Sie neigte in ihren „Hypothesen" zu einer monokausalen, auf die Person des Führenden fixierten Betrachtungsweise: Es sind Merkmale der Person des Führenden oder ihre Führungsverhaltensweisen, die die Ursache des Führungserfolgs – wie auch immer er operationalisiert ist – sind. Diese monokausale Betrachtungsweise widerspricht entschieden dem, was heute als Konsens in der Führungsforschung gelten darf (WEINERT, 1989, S. 555):

„1) Führung ist ein Gruppenphänomen (das die Interaktion zwischen zwei oder mehreren Personen einschließt);

2) Führung ist intentionale soziale Einflußnahme (wobei es wiederum Differenzen darüber gibt, wer in einer Gruppe auf wen Einfluß ausübt und wie dieser ausgeübt wird, u. a. m.);

3) Führung zielt darauf ab, durch Kommunikationsprozesse Ziele zu erreichen".

Dennoch – die Person des Führenden ist als eine Bedingung des Führungserfolgs nicht wegzudenken und soll daher nachfolgend analysiert werden.

3. Die Person des Führenden

Erkennt man, daß der Führung durch Personen besonderes Gewicht zukommt, so ist es erforderlich, sich mit der Person des Führenden auseinanderzusetzen. Dabei wollen wir uns zunächst mit den sogenannten „Führungseigenschaften" beschäftigen.

3.1 Die Eigenschaftstheorie der Führung

Der diese Theorie leitende Grundgedanke ist auf den ersten Blick höchst plausibel und entspricht zudem den „Führungstheorien" vieler Laien („Bismarck schuf das Deutsche Reich", „Führungseigenschaften bestimmen den Erfolg", „Eine starke Persönlichkeit setzt sich überall durch").

Ausgehend von der Annahme, daß es bestimmte Eigenschaften der Person sind (z.B. „Extraversion"), die den Führungserfolg bedingen, verglich man derartige als bedeutsam vermutete Eigenschaften in ihrer Ausprägung entweder bei Personen, die eine Führungsposition erreicht hatten, mit entsprechenden Merkmalen von Personen, die das nicht geschafft hatten, oder aber bei Personen, die mit der von ihr geführten Gruppe erfolgreich waren, mit solchen, die keinen Erfolg hatten. Die dahinterstehende praxisbezogene Programmatik ist offensichtlich:

(1) Es soll zunächst analysiert werden, welche Eigenschaften kennzeichnend für Personen in Führungspositionen bzw. für erfolgreich Führende sind.
(2) Testverfahren sollen entwickelt werden, die sich zur Messung der genannten Eigenschaften eignen.
(3) Bewerber für Führungspositionen werden mit den genannten Testverfahren untersucht; diejenigen, die die besten Testwerte erreichen, haben künftig mit der größten Wahrscheinlichkeit Führungserfolg.

Die Vielzahl der empirischen Analysen zum Auffinden von Führungseigenschaften wurde in verschiedenen Überblicksartikeln zusammengefaßt (NEUBERGER, 1976; WUNDERER & GRUNWALD, 1980). Tatsächlich fand man bei einer Vielzahl von Persönlichkeitsmerkmalen einen korrelativen Bezug zum Führungserfolg bzw. zum Erreichen einer Führungsposition. Man hat versucht, die wichtigsten Befunde zu gruppieren:

(1) Befähigung (Intelligenz, Wachsamkeit, verbale Gewandtheit, Originalität, Urteilskraft);
(2) Leistung (Schulleistung, Wissen, sportliche Leistung);
(3) Verantwortlichkeit (Zuverlässigkeit, Initiative, Ausdauer, Aggressivität, Selbstvertrauen, Wunsch sich auszuzeichnen);
(4) Teilnahme (Aktivität, Soziabilität, Kooperationsbereitschaft, Anpassungsfähigkeit, Humor);
(5) Status (sozioökonomische Position, Popularität).

Das klingt plausibel. Die Probleme werden jedoch dann deutlich, wenn man ins Detail geht. Das sei am Beispiel einer „Führungseigenschaft", der Intelligenz, gezeigt (vgl. Tabelle 1)

Persönlichkeits-merkmal	Anzahl der Studien	durchschnittliche Korrelation	höchste Korrelation	niedrigste Korrelation	Quelle
Intelligenz	15	.26	.90	−.14	Stogdill (1948)

Tab. 1: Zusammenhang zwischen Intelligenz und Führungserfolg

Es wurden 15 Studien analysiert. Man fand eine im Mittel zwar geringe, aber doch positive Korrelation zwischen diesem Persönlichkeitsmerkmal und dem Führungserfolg. Deutlich stärker als die im Mittel geringe Korrelation muß allerdings die Streuung der Koeffizienten irritieren, die von +.90 bis −.14 reicht und angesichts einer Zahl von 15 Untersuchungen mit der zu erwartenden Zufallsstreuung nicht zu erklären ist. Die Ursachen dürfen nicht allein darin gesucht werden, daß zur Operationalisierung von Führung bzw. Führungserfolg einerseits und von Intelligenz andererseits unterschiedliche Verfahren oder Meßvorschriften herangezogen wurden, sondern primär darin, daß in den meisten dieser Untersuchungen Führung in höchst unterschiedlichem Kontext analysiert wurde, d. h. keineswegs allein in Betrieben, sondern auch in Schulen, Freizeitorganisationen etc., und daß zudem auch nicht danach differenziert wurde, wer zu welchen Zielen geführt werden sollte.

Es ist offensichtlich, daß man die Führungssituation mitbedenken muß. Abbildung 1 visualisiert dies. Die Führungseigenschaften bestimmen zwar das Verhalten, aber nur im Zusammenspiel mit der konkreten Führungssituation bedingen sie das Führungsverhalten. Dieses Führungsverhalten hat in bestimmten Situationen Erfolg, in anderen Mißerfolg zur Konsequenz.

Unter spezifischen Bedingungen dürften bestimmte Eigenschaften der Person sich realisieren und verhaltenswirksam werden, und zwar in einer solchen Weise, daß da-

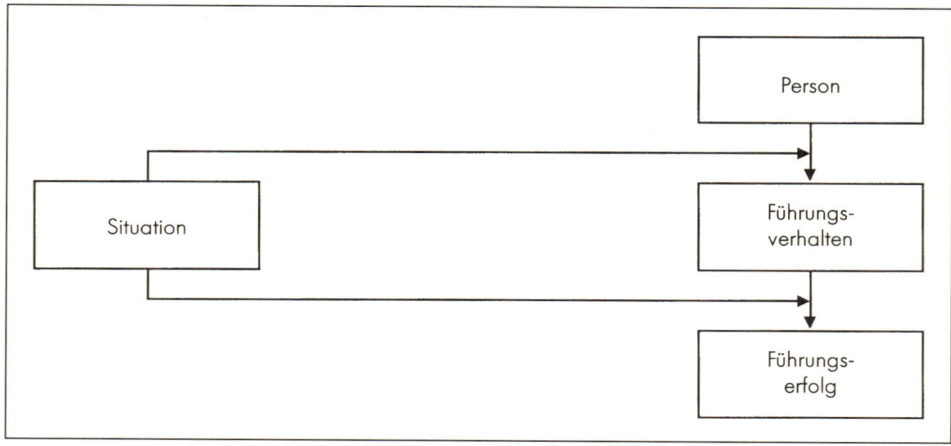

Abb. 1: Verknüpfung von Führungspersönlichkeit, Führungsverhalten, Führungssituation und Führungserfolg im theoretischen Modell

durch der Führungserfolg gefördert wird, in anderen dagegen haben sie kaum Einfluß auf das Verhalten. Oder das durch die Situation mitprovozierte Verhalten steht dem Führungserfolg eher im Wege. Dem versucht man heute im Rahmen des Assessment Center gerecht zu werden, indem man zum einen die konkrete künftige Führungssituation durch situative Übungen spezifisch zu simulieren trachtet und indem man die Eigenschaften der zu Beurteilenden eher verhaltens- als eigenschaftsbezogen erfaßt. Also: Wie geht der Bewerber mit einer konkreten komplexen Organisationsaufgabe um, statt der Beantwortung von Fragen wie: „Baum verhält sich zu Wald, wie Gras zu X."

Auf ein weiteres Problem empirischer Untersuchungen zur Fundierung der Eigenschaftentheorie sei verwiesen. Positive Korrelationen werden fast stets in dem Sinne interpretiert, daß die Eigenschaft die Ursache des Führungserfolgs sei. Daraus ergibt sich auch die Legitimation, eigenschaftenbezogene Tests zur Führungsauslese zu verwenden. Es ist aber durchaus denkbar, daß andere Kausalitäten wirken, z.B. nach dem Konzept: „Wem Gott ein Amt gibt, dem gibt er auch Verstand". In diesem Sinne ist es sehr wohl vorstellbar, daß Selbstsicherheit nicht nur Ursache von Führungserfolg, sondern Führungserfolg zumindest auch Ursache von Selbstsicherheit sein kann. Die Analysen machen zumindest plausibel, daß beide Wirkrichtungen anzunehmen und zudem gelegentlich möglicherweise Drittvariablen (z.B. Sozialschicht) für Persönlichkeitsmerkmale einerseits und Führungserfolg andererseits verantwortlich sind.

Die Kritik der Eigenschaftentheorie der Führung hatte allerdings gelegentlich die Überinterpretation zur Folge, daß Persönlichkeitseigenschaften gänzlich irrelevant für den Führungserfolg seien. Dies allerdings läßt sich aus den vorliegenden Daten nicht ableiten. Es muß lediglich vor Generalisierungen gewarnt werden, d.h. die Eigenschaften müssen vor dem Hintergrund der Führungssituation und vor dem Hintergrund anderer Persönlichkeitsmerkmale der Person interpretiert werden, mit denen sie in Interaktion stehen. Dem sucht die heute wohl beste Methode der Führungskräfteauswahl, die Assessment Center-Technik, gerecht zu werden. Über das konkrete Vorgehen sowie über die Stärken und Schwächen dieser Methode berichtet SCHULER in diesem Band.

3.2   Der Führungsstil

Nicht nur die Eigenschaftentheorie, auch die experimentelle Führungsstilforschung geht davon aus, daß stabile Persönlichkeitszüge den Führungserfolg bestimmen.

Ausgangspunkt dieser Forschung waren politisch motivierte Experimente (LEWIN, LIPPITT & WHITE, 1959). Durch experimentelle Bedingungsvariation wurden drei Führungsstile „hergestellt". Es handelte sich um den „autoritären", den „demokratischen" und den „laisser-faire" Stil. In diesen Untersuchungen fand man bei Jugendlichen in den USA der späten 30er Jahre, daß

— die Mehrzahl der Schüler mit dem demokratischen Führungsstil zufriedener war,
— sich in den autoritär geführten Gruppen ein aggressives Klima entwickelte,
— bei Anwesenheit des Führers die Leistung in den autoritär geführten Gruppen höher lag, dagegen in demokratisch geführten Gruppen bei Abwesenheit des Führers.

Ähnliche Untersuchungen experimenteller Art wurden in der Folge vielfach durchgeführt (vgl. zusammenfassend NEUBERGER, 1972; SEIDEL, 1978; WUNDERER & GRUNWALD, 1980), wobei meist zwischen autoritärem und kooperativem Führungsstil unterschieden wurde. Dabei zeigte es sich, daß die von Lewin gefundenen Ergebnisse – zumindest hinsichtlich des Leistungskriteriums – nicht generalisiert werden können. Ein Vergleich 30 experimenteller Führungsstiluntersuchungen durch Neuberger (1972), den Tabelle 2 wiedergibt, verdeutlicht dies.

	Überlegenheit des autoritären Führungsstils	kooperativen Führungsstils	Keine eindeutige Überlegenheit eines Führungsstils
Leistung	9	8	6
Einstellungen	6	17	5

Tab. 2: Beeinflußt der Führungsstil die Leistung und die Zufriedenheit?

Seidel (1978), der auch Felduntersuchungen in seine Führungsstilanalysen einbezog, kam zu ähnlichen Befunden. Ganz offensichtlich kommt es auch hier auf die Situation entscheidend an: Bei bestimmten Aufgabenstellungen, Arbeitsgruppenstrukturen, Persönlichkeitsmerkmalen der Geführten, gesellschaftlichen Normsystemen etc. führt eher der autoritäre, in anderen Bedingungen eher der kooperative Führungsstil zu besseren Leistungen, bzw. erfüllt die Erwartungen der Geführten und löst dort positive Einstellungen im Sinne der Zufriedenheit aus.

Auf ein weiteres Problem der experimentellen Führungsstilforschung sei hingewiesen. Sie geht letztlich mit anderen Begriffen und anderen Operationalisierungen von gleichen Grundannahmen wie die Eigenschaftentheorie aus, da sie den Führungsstil implizit als Persönlichkeitskonstante versteht: Durch entsprechende Manipulation der Versuchsbedingungen hatten die Führenden in den Experimenten sich kooperativ, d.h. Partizipation zulassend, oder autoritär, d.h. keine Partizipation zulassend, zu verhalten und zwar ohne Rücksicht auf die Situation. Reales Führungsverhalten aber ergibt sich stets aus der Interaktion zwischen Person und Situation. Diese wurde in den Führungsstilexperimenten durch den Versuchsaufbau explizit ausgeschlossen.

Vor einer Generalisierung der experimentellen Befunde auf Führungssituationen in Organisationen muß also gewarnt werden. Es dürfte kaum Führungskräfte geben, die immer – ohne Rücksicht auf die Situation – autoritär oder kooperativ sind. Ähnlich vorschnell wäre es, in Trainingsprogrammen alle Führungskräfte ausschließlich auf den kooperativen Führungsstil „einzuschwören", wie es in vielen Unternehmen geschieht. Es gibt nicht „den besten Führungsstil".

3.3 Dennoch: Die Person ist wichtig

Wo immer Menschen gemeinsam zielbezogen handeln, finden wir bestimmte Formen von Hierarchie. In ihrer Art und Ausprägung allerdings können sie sich unterscheiden. Personen in Führungspositionen können einerseits beispielsweise als reine Funktionsträger erlebt werden, die aufgrund ihrer fachlichen Kompetenz und/oder sie begünstigender Personalentscheidungen führen, aber grundsätzlich austauschbar erscheinen. Die Art ihrer Führung – richtig verstanden – wird von der Kompetenz der ihnen Unterstellten abhängen. Sind diese in fachlichen Belangen auch im Detail weniger qualifiziert als der Führende, so wird dieser vor allem durch Befehl (Ziele und Wege werden vorgegeben) oder präzisen Auftrag (das Ziel wird definiert, der Weg freigestellt) zu führen suchen. Ist dagegen, wie bei hochrangigen Spezialisten häufig, die Kompetenz der Geführten in den Detailfragen höher als die des Vorgesetzten, so wird die Führung durch Delegation erfolgen, d.h. es werden Aufgaben mit den dazugehörigen Rechten und Verantwortlichkeiten übertragen, innerhalb derer der Stelleninhaber selbst aktiv werden, Ziele setzen und Wege finden muß. Führung wird in diesem Fall zur Koordination der Spezialisten.

All dieses stellt sich nicht selten ganz anders dar, wenn die Person des Führenden kraft ihres Charismas oder aufgrund historischer oder struktureller Gründe erlebnismäßig „allgegenwärtig" und „nicht austauschbar" erscheint. Derartige Strukturen finden wir – um ein anschauliches Beispiel zu bringen – auf Schiffen vor, auf denen der Kapitän zum dominierenden Bestandteil der erlebten Organisationswirklichkeit erstarkt. Er ist allgegenwärtig; man kann sich ihm nicht entziehen, sich nicht nach Dienstschluß in eine von ihm nicht bestimmte Welt zurückziehen, sondern ist stets und immer im Umfeld seiner Gegenwart und lebt in der von ihm geformten und bestimmten Umgebung.

Nun ist Hierarchie etwas, was vermutlich auch im genetischen Code des Menschen verankert ist. So finden wir bei höheren Säugetieren und Menschen gleichermaßen, daß der Mächtige, der hierarchisch Hochstehende häufiger angesehen und beobachtet wird als andere Mitglieder der Sippe, des Verbandes oder der Gruppe. Man orientiert sich an seinen zustimmenden oder ablehnenden Reaktionen, steuert dadurch eigenes Verhalten und richtet sich nicht selten nach seinem Vorbild. Zeigen kleine Gesten, zustimmende Bemerkungen, anerkennende Kommentare etc., daß der Führende bestimmte erwünschte Verhaltensweisen oder Verhaltensergebnisse der Geführten wahrnimmt und positiv wertet, so wird die Aufmerksamkeit der Geführten spezifisch auf diese Verhaltensweisen oder Verhaltensergebnisse gelenkt. Es erfolgt ganz unausgesprochen zielbezogene Führung.

Ist ein bestimmter Stil des Umgangs miteinander, der das Unternehmen kennzeichnet, aus einer langen Tradition erwachsen und der Führende mit dieser Tradition identifiziert, so wird die daraus ableitbare Zielsetzung zur persönlichen Botschaft, die – über die Vorbildfunktion – von der Mannschaft übernommen wird. Über die Person kommt es zur Identifikation vieler mit dem Ziel.

4. Dimensionen des Führungsverhaltens

Den realen Gegebenheiten in Organisationen näher als die Führungsstilforschung steht der Versuch, beobachtbares Führungsverhalten von Vorgesetzten zu beschreiben, zu messen und in seiner Wirkung in bezug auf bestimmte Kriterien des Erfolges zu analysieren. Besonders intensiv wurde dies im Rahmen der sogenannten Ohio-Studien gemacht (FLEISHMAN, 1973).

Zutreffend ausgegangen wurde von der Überlegung, daß Geführte das Verhalten der Führenden unmittelbar erleben und damit gültiger beschreiben können als Vorgesetzte, Kollegen oder Experten. Entsprechend wurden mit erheblichem empirischen Aufwand (vgl. FLEISHMAN, 1973; NEUBERGER, 1976) verschiedene Fragebögen entwickelt, mit deren Hilfe Geführte das Führungsverhalten ihrer Vorgesetzten anonym beschreiben sollten. Faktorenanalysen dieser und ähnlicher Untersuchungen (vgl. zusammenfassend NEUBERGER, 1976) erbrachten eine Vielzahl voneinander abhebbarer Führungsverhaltensdimensionen. Nahezu alle Untersuchungen bestätigten allerdings die beiden mit den höchsten Ladungen ausgestatteten, orthogonal zueinander stehenden Faktoren der Ohio-Untersuchungen:

- „Consideration" (= praktische Besorgtheit, Mitarbeiterorientierung);
- „Initiating structure" (Aufgabeninitiierung und -strukturierung, Aufgaben- oder Leistungsorientierung).

Die Feststellung, daß diese Verhaltensdimensionen statistisch voneinander unabhängig sind, darf als Erkenntnisfortschritt gelten (vgl. Abbildung 2). Denn die bislang dominierenden Vorstellungen der Michigan-Schule (LIKERT, 1961) waren von zwei Polen auf einer Dimension ausgegangen, d.h. es wurde angenommen, daß ein Vorgesetzter entweder an den Sachzielen und Aufgaben oder aber an den Mitarbeitern und ihren Bedürfnissen orientiert ist.

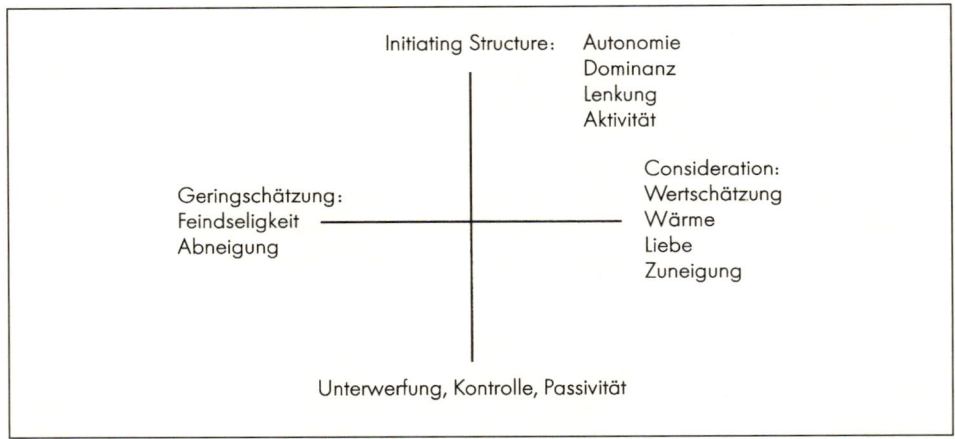

Abb. 2: Die Führungsverhaltensdimensionen der Ohio-Schule

Das Aufzeigen der Unabhängigkeit dieser beiden Dimensionen erscheint nicht nur empirisch bedeutsam, sondern ist auch theoretisch begründbar: Bei der Führung von Gruppen gilt es ja (wie im Artikel über die Arbeitsgruppe gezeigt wird), den Gruppenzusammenhalt im Sinne der Kohäsion und die Zielerreichung im Sinne der Lokomotion zu gewährleisten, was – wie die Ohio-Forscher zu zeigen geglaubt haben – durch die Person des Vorgesetzten gesichert werden kann.

Führungsverhalten in Organisationen ist nun kein Selbstzweck, sondern es soll dazu beitragen, daß Ziele, die sich aus den übergeordneten Organisationszielen ableiten, im Sinne des Führungserfolgs realisiert werden. So läßt sich aus der Empirie folgern, daß „consideration" des Vorgesetzten möglicherweise häufig zur Zufriedenheit der Geführten beiträgt, denn es zeigen sich hier in vorliegenden empirischen Studien überwiegend signifikant positive Korrelationen, die allerdings keine eindrucksvolle Höhe erreichen, während die Korrelationen zwischen consideration und Leistung meist unsignifikant bleiben. Weniger eindeutig sind die Korrelationen dieser Kriterien mit „initiating structure". Zwar ist erwartungsgemäß „initiating structure" relativ häufig mit der Leistung positiv korreliert, doch gelangen viele Studien hier zu unsignifikanten Ergebnissen, während sich hinsichtlich der Korrelation zwischen initiating structure und Zufriedenheit positive und negative Korrelationen die Waage halten.

12

Untersuchungen im deutschsprachigen Raum (FITTKAU-GARTHE, 1971) zeigten, daß neben der Mitarbeiter- und der Aufgabenorientierung noch eine dritte Dimension bedeutsam ist, nämlich die *Mitwirkungs-* oder *Partizipationsdimension.*

Partizipationsorientierung bedeutet, daß Mitarbeiter in die Entscheidungsprozesse einbezogen werden, die ihren Arbeitsplatz, ihr Aufgabengebiet, aber auch die Rahmenbedingungen bis hin zur Unternehmensstrategie betreffen, wobei das Ausmaß der Partizipation die gegebene Qualifikation der Mitarbeiter berücksichtigen muß. Partizipationsorientierung begünstigt die Identifikation mit dem Unternehmen und seinen Zielen. Es fördert die Qualifikation der Mitarbeiter, erhöht ihre Bereitschaft zum Einsatz auch bei Widerstand, womit insgesamt Partizipationsorientierung beim Führen indirekt der Arbeitszufriedenheit und der Arbeitsleistung zugute kommt. Dies gilt konkret z.B. für Forschungs- oder Qualitätsziele. Gerade in anspruchsvollen und komplexen Aufgabenbereichen ist der Mitarbeiter im Detail häufig qualifizierter als der Vorgesetzte. Befehl und Fremdkontrolle können wegen mangelnder Detailkenntnis des Vorgesetzten nicht eingesetzt werden; es kommt auf Eigenmotivation und Selbstkontrolle an. Dies ist am ehesten durch partizipative Führung zu erreichen: Der Mitarbeiter identifiziert sich dann mit dem Ziel, erlebt die daran geknüpften Erfolge als eigene, die ihm Befriedigung verschaffen.

Sucht man graphisch darzustellen, daß die drei genannten Dimensionen Mitarbeiterorientierung, Aufgabenorientierung und Partizipation voneinander unabhängig sind und daß sie zu jeweils andersartigen Kriterien des Führungserfolgs beitragen, so ergibt sich – wenn man grob vereinfacht – ein Bild, das Abbildung 3 zeigt.

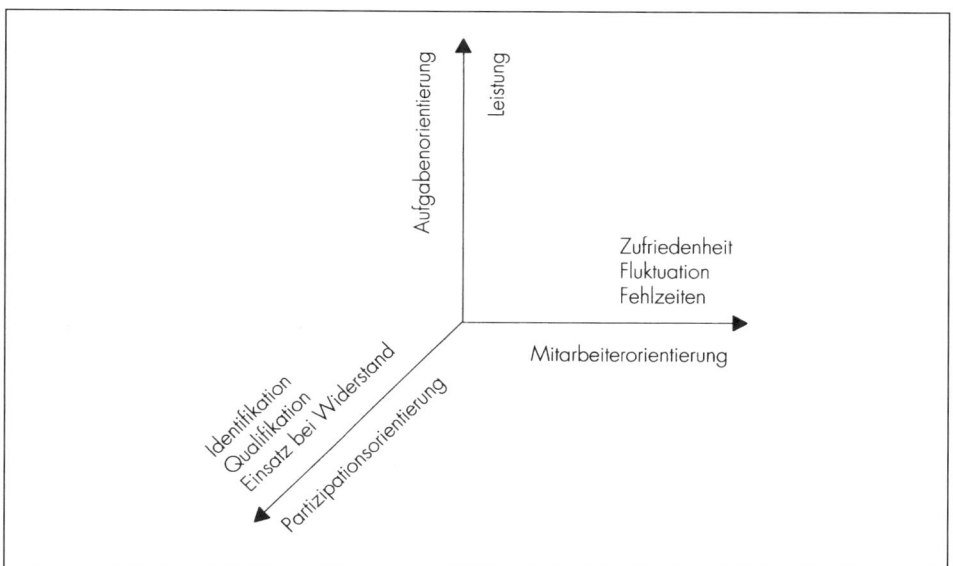

Abb. 3: Was begünstigt einzelne Kriterien des Führungserfolgs?

All diese Kriterien erscheinen positiv. Man könnte daraus ableiten, daß es wünschenswert erscheint, Vorgesetzte zu einer Optimierung ihres Verhaltens in all diesen Dimensionen durch Trainingsmaßnahmen zu bewegen (vgl. BLAKE & MOUTON, 1964). Dies ist sicherlich auch nicht ganz falsch, vernachlässigt aber dennoch die schon zuvor

angesprochene Bedeutung der Situation. Es gibt Situationen, in denen sehr hohe Aufgabenorientierung für die Leistung gut ist, in anderen verstellt sie dieses Ziel; es gibt
Situationen, in denen die Mitarbeiterorientierung sehr stark zur Zufriedenheit der
Mitarbeiter beiträgt, in anderen tut sie das kaum; die Partizipationsorientierung erweist sich bei hochqualifizierten und hochmotivierten Mitarbeitern als sehr wichtig,
während wenig motivierte und wenig qualifizierte Personen dadurch eher irritiert
werden. Verschiedene Situationstheorien der Führung versuchen, diesem Gedanken
Rechnung zu tragen.

5. Die Berücksichtigung der Situation

Die Kritik an der personalistischen Führungsforschung, der Führungsstil- und der
Führungsverhaltensforschung hat neben vielerlei Unterschieden im Detail einen gemeinsamen Nenner: Es gibt nicht „die" optimalen Führungseigenschaften, nicht
„den" besten Führungsstil, nicht „das" ideale Führungsverhalten. Je nach Situation
müssen die Anforderungen in jeweils anderer Weise präzisiert werden. Es „kommt
also darauf an". Die psychologisch orientierte Führungsforschung der 60er und 70er
Jahre war nun darauf konzentriert, herauszufinden, auf „was es ankommt" (z.B. FIED-
LER, 1967; REDDIN, 1970, 1980; HOUSE, 1971; VROOM & YETTON, 1975; NEUBERGER,
1976; HERSEY & BLANCHARD, 1977). All diesen Ansätzen, die die Person mit der Situation kombinieren (Kontingenzansätze), ist gemeinsam, daß sie für bestimmte Situationen jeweils unterschiedliches Führungsverhalten fordern, damit in spezifischer
Weise präzisierte Ziele erreicht werden, wobei die Konzepte den Anspruch erheben,
die wichtigsten Parameter der jeweiligen Führungssituation operationalisiert und damit meßbar gemacht zu haben. Dies sei knapp aufgezeigt.

5.1 Die Situationstheorie von Fiedler

Am meisten zitiert und kritisiert wird das erste ausformulierte und empirisch begründete dieser Kontingenzmodelle, das von FIEDLER 1967 vorgestellt wurde (v. ROSEN-
STIEL, 1987; GEBERT & v. ROSENSTIEL, 1992). FIEDLER geht von einer bipolar konzipierten, für die Führung zentralen motivationalen Orientierung des Vorgesetzten aus,
die für den Führungserfolg, der als Leistung der geführten Gruppe verstanden wird,
bedeutsam sein soll. Diese stabil und kaum veränderbar in der Person des Führenden
angenommene motivationale Orientierung hat die Pole Mitarbeiterorientiertheit und
Aufgabenorientiertheit, die also hier – im Gegensatz zu den Ohio-Studien – nicht unabhängig voneinander gesehen werden dürfen.

Gemessen werden Richtung und Ausmaß der motivationalen Orientierung dadurch, daß der Vorgesetzte seinen am wenigsten geschätzten Mitarbeiter (least prefer-
red coworker = LPC-Maß) auf einem werthaltigen Polaritätenprofil einstuft. Wird der
am wenigsten geschätzte Mitarbeiter vom Vorgesetzten noch relativ positiv gesehen,
so gilt dieser als mitarbeiterorientiert; wird der wenig geschätzte Mitarbeiter ausgesprochen kritisch gesehen, so gilt der Vorgesetzte als aufgabenorientiert. Überspitzt
formuliert: Der eine sieht die Aufgabe als Mittel zu dem Zweck, Kontakt mit seinen
Mitarbeitern zu haben, der andere sieht die Mitarbeiter als Mittel zu dem Zweck, die
Aufgabenziele zu erfüllen. Nach FIEDLER sind nun je nach Führungssituation Vorge-

setze der einen oder anderen Ausprägung erfolgreicher. Die Situation wird dabei durch drei Parameter bestimmt, von denen FIEDLER annimmt, daß sie statistisch voneinander unabhängig sind. Es sind dies

– die Beziehungen zwischen Führer und Geführten
– die Aufgabenstruktur
– die Positionsmacht des Vorgesetzten.

In einer großen Zahl empirischer Untersuchungen ermittelte FIEDLER nun getrennt nach Führungssituationen die Korrelation zwischen der motivationalen Orientierung der Vorgesetzten und dem Leistungserfolg der geführten Gruppe durch Errechnung von Rangkorrelationskoeffizienten bei jeweils relativ kleinen Anzahlen untersuchter Gruppen. Die Ergebnisse visualisiert Abbildung 4.

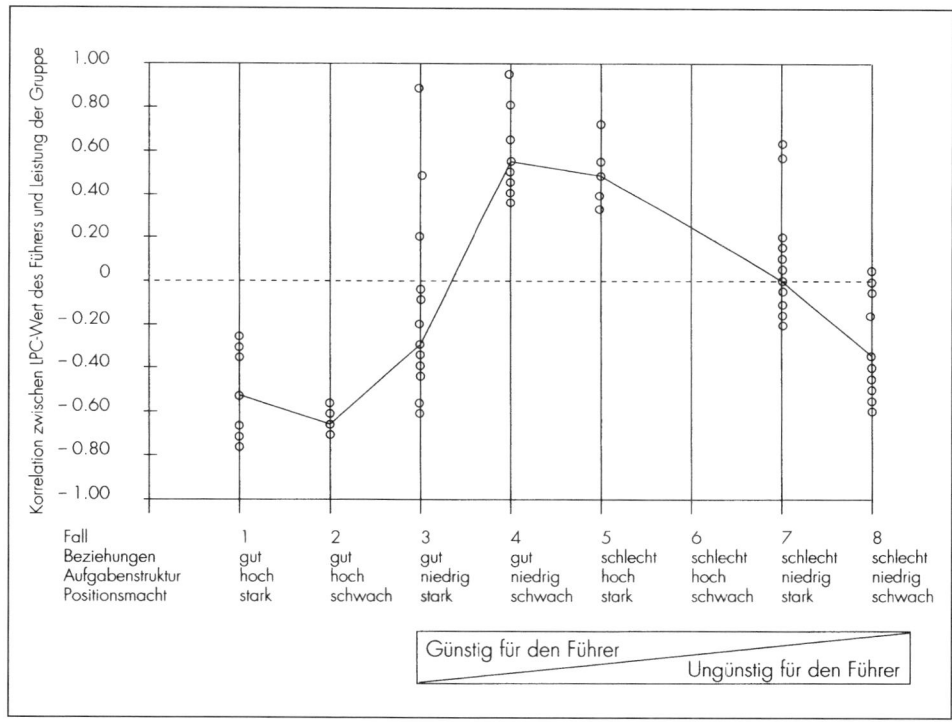

Abb. 4: Zusammenhang zwischen Führungsstil, Situation und Gruppenleistung im Modell von Fiedler

Man erkennt, daß die Korrelation zwischen dem LPC-Wert und der Leistung mehrheitlich negativ ausfällt, wenn die Beziehungen zwischen Vorgesetzten und Mitarbeitern gut, die Aufgabenstruktur klar und die Positionsmacht hoch ist (eine Konstellation, die FIEDLER als „günstig" bezeichnet) oder wenn diese Situationsparameter negativ ausgeprägt sind (was FIEDLER als „ungünstig" charakterisiert). Vereinfachend läßt sich folgern: In günstigen und ungünstigen Führungssituationen ist ein aufgabenorientierter Vorgesetzter erfolgreicher, während in „mittleren" Führungssituationen ein mitarbeiterorientierter Vorgesetzter eher erfolgreich sein wird.

Die Konsequenz, die FIEDLER für die Praxis zieht, ist überraschend. Er fordert nicht, daß Vorgesetzte sich in ihren Orientierungen flexibel auf die Führungssituation einstellen sollen, da er davon ausgeht, daß dies nicht trainierbar ist. Statt dessen schlägt er entweder Selektionsverfahren vor, d. h. Vorgesetzte, die zur Situation „passen", auszuwählen, oder aber „Situationsmanagement" zu betreiben, d. h. die Situation so zu gestalten, daß sie zum Vorgesetzten „paßt".

Die *Kritik* an FIEDLER ist vielfältig und berührt gleichermaßen theoretische, methodische und normative Aspekte. Einige wichtige Einwände seien exemplarisch genannt:

- Das LPC-Maß ist theoretisch unzureichend begründet, über die Zeit nicht stabil und weder mit anderen Persönlichkeitsindikatoren noch mit meßbaren Führungsverhaltensweisen korreliert.
- Die Auswahl der Situationsparameter erscheint willkürlich und wenig begründet.
- Die drei Situationsparameter, die als unabhängig voneinander angenommen werden, sind nicht unabhängig.
- Die gefundenen Korrelationskoeffizienten beruhen meist auf einem kleinen N (= kleine Stichproben) und sind überwiegend nicht signifikant.
- Folgeuntersuchungen konnten zum Teil die von FIEDLER gefundenen Korrelationen nicht bestätigen.
- Die Einengung des Erfolgskriteriums allein auf die Leistung erscheint einseitig.
- Die Optimierung des Führungserfolgs durch „Situationsmanagement" ist vielfach unrealistisch und zudem inhuman, wenn z. B. zur Optimierung des Leistungsergebnisses die Führer-Geführten-Beziehungen „schlechter" gemacht werden sollen.

Trotz dieser Kritik bleibt es FIEDLERS Verdienst, als erster das unverbindliche „Es kommt darauf an" in ein nachprüfbares „Auf dies und jenes kommt es an" präzisiert zu haben. Dadurch machte er begründete Kritik an seinem Ansatz möglich und regte zu weiteren Arbeiten an situativen Führungsmodellen an.

5.2 Weg-Ziel-Modelle der Führung

Von der Motivationslage der Geführten gehen die sogenannten „Weg-Ziel-Ansätze der Führung" aus (EVANS, 1970; HOUSE, 1971; NEUBERGER, 1976). Die Führungssituation wird dabei bestimmt über die Motivstruktur der Mitglieder der geführten Gruppe. Differenzen zwischen verschiedenen hier bestehenden Ansätzen sollen nicht dargestellt, die gemeinsamen Grundannahmen aber aufgezeigt werden (NEUBERGER, 1978):

- Jeder Mensch verfolgt bestimmte Ziele, die entsprechend ihrer Attraktivität spezifische Valenzen beinhalten.
- Bestimmte Handlungen sind die Wege zu diesen Zielen.
- Es gibt verschiedene Wege, um zu einem oder mehreren der angestrebten Ziele zu kommen. Diese unterscheiden sich allerdings nach dem Grad der Erfolgswahrscheinlichkeit.
- Dadurch gewinnen auch schon die Wege zum Ziel für die Person bestimmte Valenzen.
- Die Valenzen der Ziele und der Wege können extrinsisch oder intrinsisch sein. Intrinsisch sind sie, wenn die Befriedigung unmittelbar in der Tätigkeit oder im Er-

gebnis liegt, extrinsisch, wenn die Befriedigung erst durch Vermittlung erfolgt. In diesem Sinne wäre ein Erfolgserlebnis intrinsisch eine materielle Belohnung für die gute Leistung extrinsisch.

Aufbauend auf diesen Grundannahmen können nun Wege für Führungseinfluß gewiesen werden. So kann der Vorgesetzte die Ziele oder die Valenzen der Ziele bei den Geführten zu ändern suchen, die Valenzen der Wege beeinflussen oder – z.B. durch Qualifizierung oder Information – die wahrgenommenen Wahrscheinlichkeiten modifizieren, mit der bestimmte Wege zum Ziel führen oder dafür sorgen, daß bei extrinsisch motivierter Tätigkeit die Belohnungen im Sinne der Erwartung auf das Verhalten folgen.

Die Weg-Ziel-Ansätze stellen gewissermaßen die Führungstheorien „vom Kopf auf die Füße", d.h. sie zentrieren den Blick nicht auf das Verhalten des Führenden, sondern auf die Motivationslage der Geführten. Der Führende muß diese bei den Geführten erkennen, um dann seine Führungsmaßnahmen darauf einzustellen. Umfassende empirische Untersuchungen zur Bewährung oder empirischen Nützlichkeit dieser Theorien liegen allerdings bisher nicht vor.

5.3 Situative Relativierungen der Führungsverhaltensdimensionen

Die Kontingenzmodelle von REDDIN (1970, 1981) sowie HERSEY und BLANCHARD (1977) gehen letztlich von den Ohio-Studien bzw. von dem daraus abgeleiteten Trainingsmodell von BLAKE und MOUTON (1964) aus. Es werden also die beiden Führungsverhaltensdimensionen Mitarbeiterorientierung und Aufgabenorientierung als unabhängig voneinander vorgestellt, aber situativ relativiert.

Im „3-D-Ansatz" von REDDIN ist diese relativierende Dimension die Effektivität, die als dritte Dimension in das Modell eingeführt wird. Jedes Mischverhältnis von Mitarbeiter- bzw. Beziehungsorientierung (BO) und Aufgabenorientierung (AO) kann je nach Kontext effektiv oder ineffektiv ausfallen, wie Abbildung 5 zeigt.

Es ist sicherlich plausibel, daß je nach situativen Umständen jede beliebige Kombination der beiden Führungsdimensionen mehr oder weniger Führungserfolg bedingen kann. Es erscheint jedoch unbefriedigend, daß REDDIN diese Effektivität als dritte Dimension in das Modell der unabhängigen Variablen aufnimmt, da die Effektivität als abhängige Variable verstanden werden soll. Wichtiger wäre es gewesen, Situationsparameter zu benennen und zu operationalisieren, die angeben, welche Führungsverhaltenskombinationen unter welchen Bedingungen zur Effektivität führen.

Dies suchen HERSEY und BLANCHARD (1977) zu leisten, indem sie zum zentralen aber auch einzigen Situationsparameter den „Reifegrad" der Mitarbeiter erklären, wie dies Abbildung 6 zeigt.

Es wird erkennbar, daß das Modell bei geringer Reife der Geführten hohe Aufgabenorientierung und geringe Mitarbeiterorientierung vorschlägt („unterweisen"), bei geringer bis mäßiger Reife hohe Mitarbeiter- und Aufgabenorientierung („verkaufen"), bei mäßiger bis hoher Reife starke Mitarbeiter- und geringe Aufgabenorientierung („partizipieren") und bei sehr hoher Reife schließlich geringe Mitarbeiter- und geringe Aufgabenorientierung („delegieren").

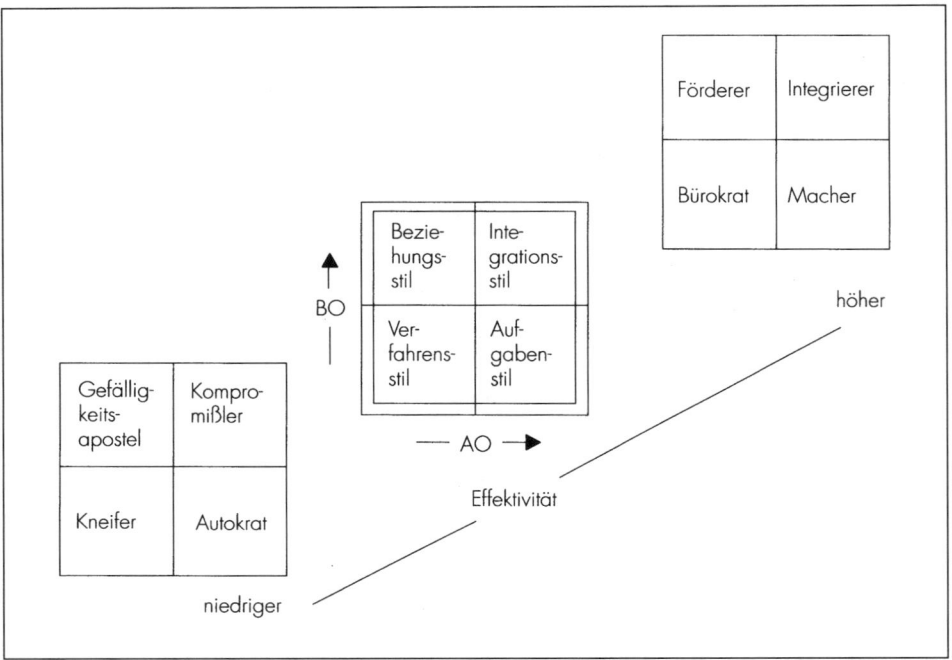

Abb. 5: Das 3-D-Modell von Reddin

Diese Konzepte wurden gelegentlich nachhaltig kritisiert, da die theoretischen Annahmen dubios und einseitig, die empirischen Belege gänzlich unzureichend seien. Dennoch erfreuen sich die Ansätze angesichts ihrer Plausibilität in der Praxis des Führungstrainings hoher Beliebtheit.

5.4 Ein normativer Ansatz für Führungsentscheidungen

Eine positive Resonanz fand der „normative" Ansatz von VROOM und YETTON (1973). Die Autoren gehen von der subjektiven Rationalität des Vorgesetzten aus und sehen in der Art des Entscheidungsverhaltens einen besonders wichtigen Aspekt der Führung. Entschieden werden kann auf unterschiedliche Weise:

- A I: Autoritäre Entscheidung durch den Vorgesetzten ohne Rücksprache mit den Mitarbeitern.
- A II: Autoritäre Entscheidung durch den Vorgesetzten nach Einholung von Informationen bei den Mitarbeitern, ohne daß diesen mitgeteilt wird, um welche Entscheidung es geht.
- C I: Consultative Entscheidung nach Beratung durch einzelne Mitarbeiter.
- C II: Consultative Entscheidung nach Beratung des Entscheidungsproblems durch die ganze Gruppe.
- G: Gruppenentscheidung.

18

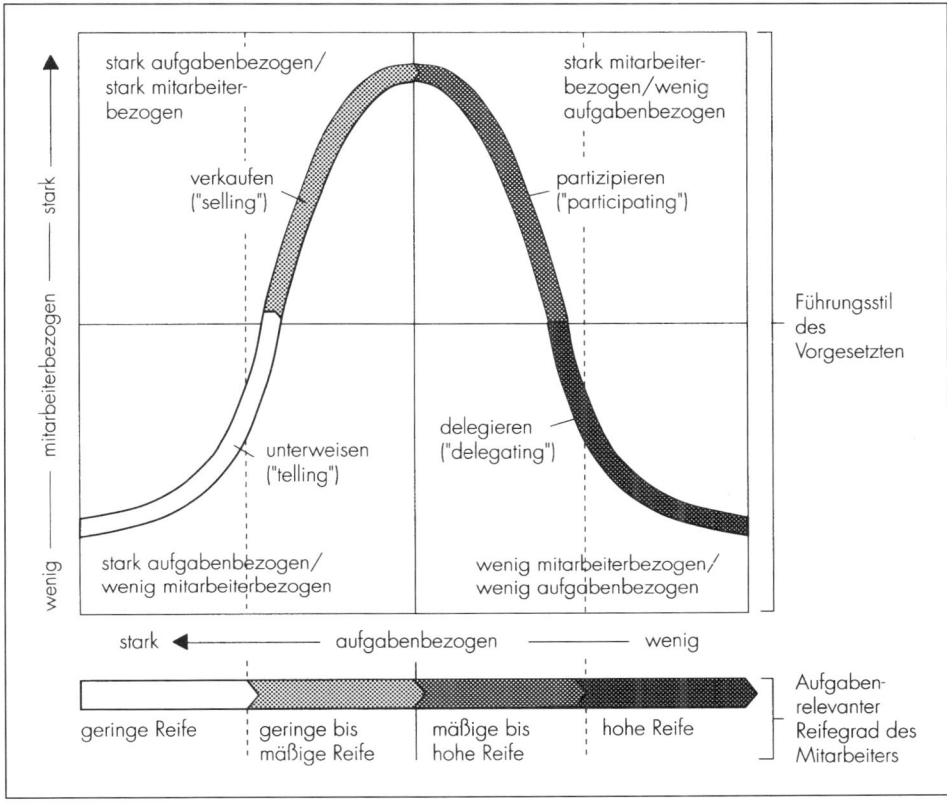

Abb. 6: Führung bei unterschiedlichen Personen, nach Hersey und Blanchard

Je nach Situation führt nun das eine oder andere Entscheidungsverhalten zu besseren Führungsergebnissen, wobei dieses „besser" an drei hierarchisch geordneten Kriterien festgemacht wird:

– Qualität der Entscheidung
– Akzeptanz der Entscheidung
– Ökonomie des Entscheidungsverhaltens.

Andere durchaus vorstellbare Kriterien werden nicht berücksichtigt. Der Führende soll erkennen, in welcher Situation welche Art des Entscheidungsverhaltens adäquat ist. Er soll dafür sensibilisiert werden, seine eigene Führungssituation unter bestimmten Aspekten diagnostizieren zu können. Konkret heißt dies, daß das Modell ihm um so wertvollere Hilfe geben kann, je adäquater er seine eigene Führungssituation erkennt. Der Vorgesetzte wird dazu aufgefordert, an sieben situationsdiagnostischen Fragen orientiert einen „Entscheidungsbaum" zu durchlaufen, den Abbildung 7 zeigt.

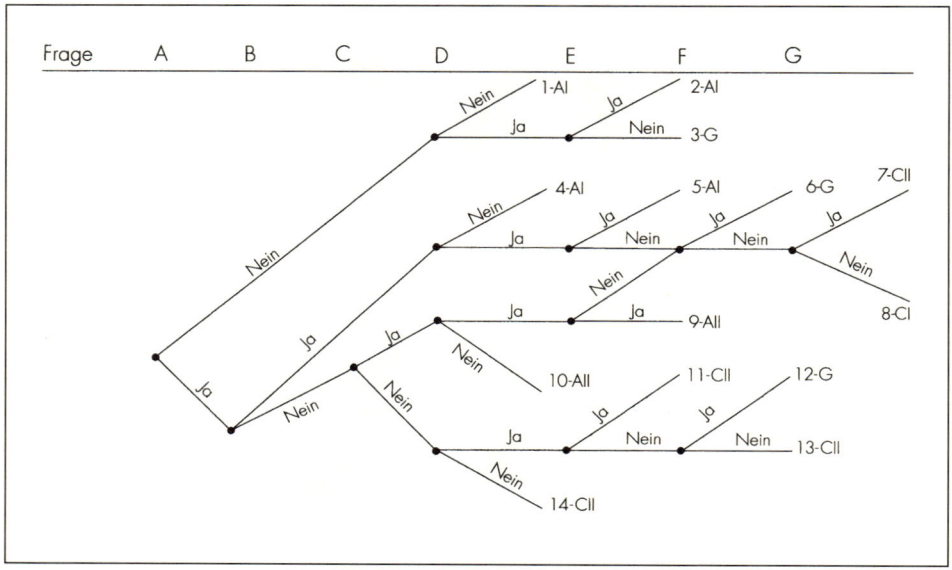

Abb. 7: Der Entscheidungsbaum von Vroom und Yetton

Diese situationsdiagnostischen Fragen lauten:

(A) Gibt es ein Qualitätserfordernis: ist vermutlich eine Lösung rationaler als eine andere?
(B) Habe ich als Vorgesetzter genügend Information, um eine qualitativ hochwertige Entscheidung zu treffen?
(C) Ist das Problem strukturiert?
(D) Ist die Akzeptierung der Entscheidung durch die Mitarbeiter bedeutsam für die effektive Ausführung der Entscheidung und für das, was der Entscheidung folgt?
(E) Wenn ich als Vorgesetzter die Entscheidung allein treffen würde, würde sie dann von den Mitarbeitern akzeptiert werden?
(F) Teilen die Mitarbeiter die Organisationsziele, die durch eine Lösung dieses Problems erreicht werden sollen?
(G) Werden die bevorzugten Lösungen vermutlich zu Konflikten zwischen den Mitarbeitern führen?

Beantwortet man jede dieser Fragen mit ja oder nein, so gelangt man schließlich an den „Spitzen der Äste" des Entscheidungsbaumes zu dem Ratschlag, wie man in dieser Situation entscheiden sollte.

Obwohl das Modell rationalistisch und mechanistisch erscheint, gibt es doch Belege für seine Nützlichkeit (YETTON & VROOM, 1978). Entscheidungsprozesse, die nach Sicht der Entscheidenden zu unbefriedigenden Ergebnissen führten, waren häufiger modellwidersprechend, während solche Entscheidungen, die als positiv eingestuft wurden, häufiger modellkonform waren. Bewährt hat sich der Ansatz auch für Trainingszwecke. Lernziel ist hier, die eigene Führungssituation sensibel wahrzunehmen, um dann flexibel – was das Führungsverhalten betrifft – darauf reagieren zu können.

6. Symbolische Führung und Unternehmenskultur

Alle bisher dargestellten Führungsansätze – ob sie nun allein von der Person oder dem Zusammenspiel zwischen Person und Situation ausgehen – haben eines gemeinsam: Sie suchen in einfachen oder komplexen Kausalmodellen Führungserfolg zu erklären, zu prognostizieren und in rational begründeter Weise zu gestalten. Dieser Ansatz ist zunehmend kritisiert worden (NEUBERGER & KOMPA, 1987).

Dem Paradigma „Ursachen erzeugen Wirkungen" wird ein anderes gegenübergestellt, das sich formulieren läßt als „wahrgenommene/gedeutete Situationen sind (als soziale und damit veränderbare Tatsachen) Chancen, individuelle oder gemeinsame Pläne zu verwirklichen" (NEUBERGER, 1985, S. 3). Dies erfolgt innerhalb einer spezifischen Unternehmenskultur durch symbolisches Handeln von seiten des Vorgesetzten. Dieses Konzept betont nicht die funktionale Seite der Führung. Funktionale Führung präzisiert Ziele, koordiniert arbeitsteiliges Tun, kontrolliert Ergebnisse.

Führung wirkt darüber hinaus aber auch durch Symbolisierung. Es kommt also nicht allein darauf an, was im Führungsprozeß geschieht, sondern auch darauf, wer es wie tut. In diesem Sinne macht es einen großen Unterschied, ob eine Unternehmensentscheidung in einem Routinerundschreiben oder einem Aushang allen Mitarbeitern bekanntgemacht wird oder ob die wortwörtlich gleiche Entscheidung vom Führenden selbst im Rahmen eines Festaktes allen Mitarbeitern mitgeteilt wird. Da ja schließlich beinahe zu allen Entscheidungen alternative Wege oder Varianten denkbar erscheinen, wird die Festlegung auf einen Weg auch zur politischen Option mit nicht-rationalen Anteilen. Damit trotz eines möglicherweise objektiv gegebenen Dissens die Geführten bereit sind, den Aktivitäten der Führenden Konsens und Rationalität zuzuschreiben, werden – häufig ohne bewußte Absicht – Symbole, Zeremonien und Rituale eingesetzt, die besonders stark wirken, wenn sie in den Mythen und Traditionen des Unternehmens wurzeln. Geht es um bestimmte Führungsziele, so sollte man nach Anknüpfungspunkten in der Vergangenheit, nach Traditionen und Vorbildern in der Unternehmensgeschichte suchen. Führungsakzeptanz wird dadurch erleichtert.

Der Grundgedanke symbolischer Führung sei am Beispiel eines vieldiskutierten Ansatzes von PFEFFER (1981 a und b) knapp skizziert. Folgen wir diesem Autor, so muß Führung, um zu wirken, den Glauben an die Bedeutung der Führung stabilisieren. Dadurch wird erreicht, daß das Vertrauen der Geführten in die Führung erhalten, das Gefühl der Verantwortlichkeit der Führungskräfte stabilisiert wird. Durch symbolische Handlungen und Rituale wird nun diese funktionale Ideologie aufrechterhalten. Entscheidungsakzeptanz wird auf diese Weise sichergestellt; Gewißheit und Orientierung werden in einer mehrdeutigen und komplexen Welt bewahrt, obwohl es sich dabei nicht selten um Pseudogewißheiten und Pseudoorientierungen handelt. Führungshandlungen und Führungsentscheidungen sind also in diesem Sinne nicht sachlogisch, rational oder funktional, sondern (mikro)politisch (vgl. den Artikel von NEUBERGER: Mikropolitik, in diesem Band) zu deuten. Führung hat demnach den Zweck zu verfolgen, trotz objektiver Widersprüche Akzeptanz für Führungsentscheidungen bei den Geführten zu sichern, und zwar in einer Weise, daß diese den Führenden Rationalität zuschreiben.

An welche im Gespräch übermittelte (verbale), im gemeinsamen Tun liegende (interaktionale) oder objektivierte (artifizielle) Symbole dabei zu denken ist, zeigt ausschnitthaft und exemplarisch Abbildung 8 nach NEUBERGER.

verbale	interaktionale	artifizielle (Objektivierte)
Geschichten	Riten, Zeremonien, Traditionen	Statussymbole
Mythen		Abzeichen, Embleme, Geschenke, Fahnen
Anekdoten	Feiern, Festessen, Jubiläen	
Parabeln		Logos
Legenden, Sagen Märchen	Conventions	Preise, Urkunden, Incentive-Reisen
	Konferenzen Tagungen	
Slogans, Mottos, Maximen, Grundsätze	Vorstandsbesuche Revisorbesuche	Idole, Totems, Fetische
Sprachregelungen		Kleidung, äußere Erscheinung
Jargon, Argot, Tabus	Organisationsentwicklung	
	Auswahl u. Einführung neuer Mitarbeiter; Beförderung	Architektur Arbeitsbedingungen
Lieder, Hymnen		Plakate, Broschüren, Werkszeitung
	Degradierung, Entlassung, freiwillige Kündigung, Pensionierung, Tod	schriftlich fixierte Systeme (der Lohnfindung, Ein- stufung, Beförderung)
	Beschwerden	
	Magische Handlungen (Mitarbeiterauswahl, Strategische Planung usw.)	
	Tabus	

Abb. 8: Symbole der Unternehmenskultur

Es gilt, kritisch zu prüfen, ob diese im Unternehmen auffindbaren Symbole auch auf die zentralen Werte des Unternehmens hinweisen oder ob diese durch andere Zielsetzungen gänzlich überdeckt werden.

All diese Symbole mit ihrem Bedeutungsgehalt, mit ihrem Versuch der Sinngebung und der Deutung des sonst schwer verständlichen Zusammenhaltes machen einen wesentlichen Kern dessen aus, was heute als Unternehmenskultur beschrieben wird. Im Kern einer jeden Unternehmenskultur (vgl. den Artikel von BÖGEL: Organisationsklima und Unternehmenskultur, in diesem Band) liegen ja Wert- und Glaubensvorstellungen, Unternehmensgrundsätze und -philosophien, wie dies Abbildung 9 verdeutlicht.

Der Kulturkern, der dabei erkennbar ist, kann nicht einfach geschaffen und auch nicht willkürlich modifiziert werden. Er erwächst aus Traditionen, wandelt sich aber mit veränderten Werthaltungen der Mitarbeiter und der Einsicht in neue Anforderungen des Marktes und der Gesellschaft.

7. Abschluß

Fassen wir zusammen: Führung ist Einflußnahme. Im Unternehmen kann dies – unabhängig von Personen – durch Strukturen, Vorschriften, Regeln etc. erfolgen. Stützt man sich allein darauf, dann erstarrt die Organisation. Führung durch Menschen ist also – zumindest auch – erforderlich. Die Wissenschaft hat nach Wegen gesucht, durch die Auswahl möglichst befähigter Führungsnachwuchskräfte und durch das

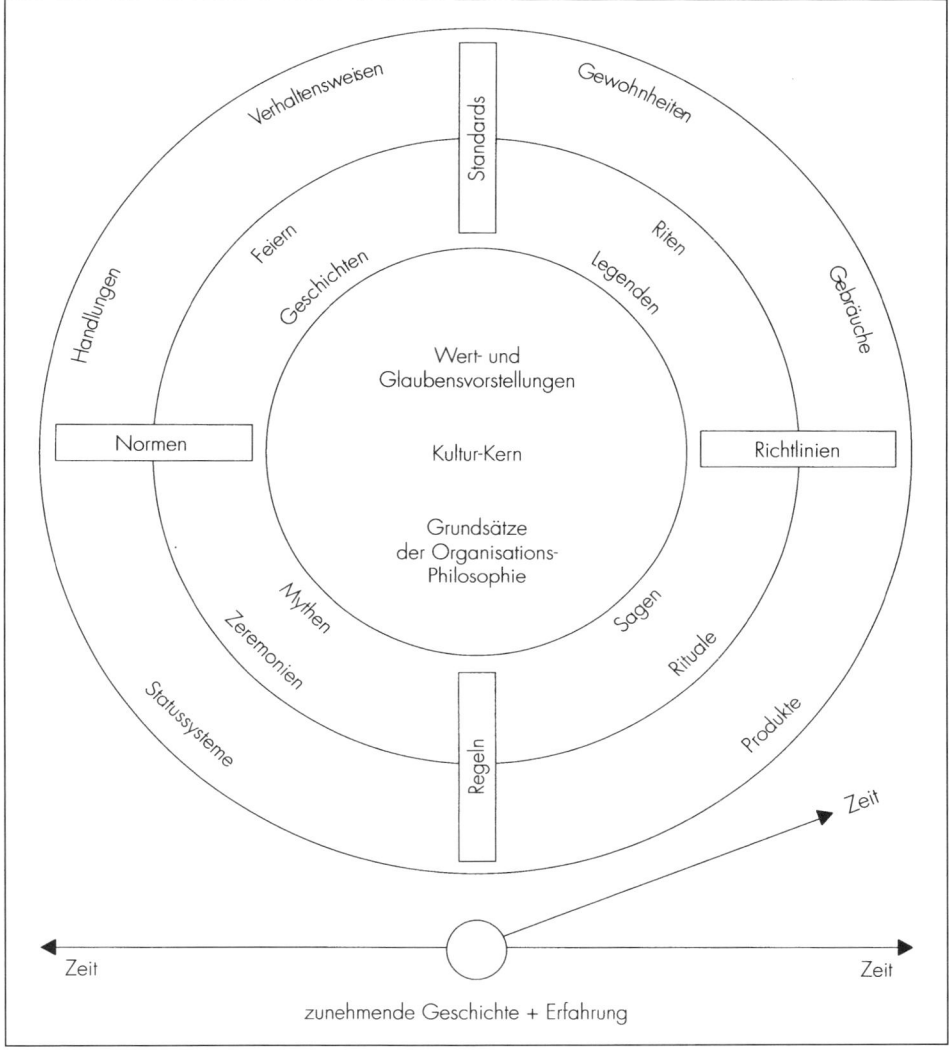

Abb. 9: Der unsichtbare Kern und der sichtbare Ausdruck der Unternehmenskultur

Training möglichst guter Führungsverhaltensweisen den Führungserfolg wahrscheinlich zu machen. Sie mußte allerdings erkennen, daß es „die optimale Führungspersönlichkeit" oder „das optimale Führungsverhalten" nicht gibt. Die jeweilige Führungssituation muß mitbedacht werden, was in modernen Führungstheorien, die sich zum Teil in der Praxis bewährt haben, auch berücksichtigt wird.

All diese Ansätze gehen von einem klaren Konzept der Rationalität aus. Durch die Optimierung bestimmter Bedingungen kommt es zum erwünschten Ergebnis: dem Führungserfolg. Zunehmend erkennt man allerdings, daß auch vielfältige irrationale Komponenten im Führungsverhalten liegen. Damit beschäftigen sich in diesem Band die Beiträge von v. Rosenstiel („Tiefenpsychologische Grundlagen") und Neuberger („Mikropolitik").

Literatur

Bayerisches Staatsministerium für Arbeit und Sozialordnung (Hrsg.). (1976). Wo drückt der Schuh? Arbeitnehmer in Bayern beurteilen ihre Arbeitswelt. Ergebnisse einer Befragung von 4000 Arbeitnehmern. München 1976.

BLAKE, R. R. & MOUTON, J. S.(1964). The managerial grid. Houston 1964: Gulf.

EVANS, M. G. (1970). The effects of supervisory behavior on the path–goal relationship. In: Org. Behavior & Human Performance, 5, 1970, S. 277–298.

FIEDLER, F. E. (1967). A theory of leadership effectiveness. New York 1967.

FITTKAU-GARTHE, H. (1971). Fragebogen zur Vorgesetzten-Verhaltens-Beschreibung (FVVB). Göttingen 1971.

FLEISHMAN, E. A. (1973). Twenty years of consideration and structure. In E. A. FLEISHMAN & J. G. HUNT (Hrsg.), Current developments in the study of leadership. S. 1–37. Carbondeale 1973.

GEBERT, D. & ROSENSTIEL, L. v. (1992). Organisationspsychologie. Stuttgart 1992.

HERSEY, P. & BLANCHARD, K. H. (1977). Management of organizational behavior: utilizing human resources. New York 1977 (deutsch 1979), Englewood Cliffs N. J.

HOUSE, R. J. (1971). A path goal theory of leader effectiveness. In: Adminis. Science Quarterly, 16, 1971, S. 321–338.

LEWIN, K., LIPPITT, R. & WHITE, R. K. (1939). Patterns of aggressive behavior in experimentally created social climates. In: Journal of Social Psychology, 10, 1939, S. 271–299.

LIKERT, R. (1961). New Patterns of Management. New York 1961.

NEUBERGER, O. (1972). Experimentelle Untersuchung von Führungsstilen. In: Gruppendynamik, 3, 1972, S. 191–219.

NEUBERGER, O. (1976). Führungsverhalten und Führungserfolg. Berlin 1976.

NEUBERGER, O. (1978). Führung. In A. MAYER (Hrsg.), Organisationspsychologie. S. 272–304, Stuttgart 1978.

NEUBERGER, O. (1985). Unternehmenskultur und Führung. Augsburg 1985.

NEUBERGER, O. & KOMPA, A. (1987). Wir, die Firma. Weinheim 1987.

PFEFFER, J. (1981 a). Management as symbolic action; the creation and maintenance of organizational paradigms. In L. CUNNINGS & B. STAW (Hrsg.), Research in Organizational Behavior. Greenwich, Conn. 1981: JAI Press.

PFEFFER, J. (1981 b). Power in Organizations. Massachusetts 1981: Pitman.

REDDIN, W. J. (1970). Managerial effectiveness. New York 1970: McGraw Hill.

REDDIN, W. J. (1981). Das 3-D-Programm. Zur Leistungssteigerung des Managements. Landsberg/Lech 1981.

ROSENSTIEL, L. v. (1992). Grundlagen der Organisationspsychologie. Stuttgart 1992.

ROSENSTIEL, L. v., MOLT, W. & RÜTTINGER, B. (1988). Organisationspsychologie. Stuttgart 1988.

SEIDEL, E. (1978). Betriebliche Führungsformen. Stuttgart 1978.

STOGDILL, R. M. (1948). Personal factors associated with leadership. In: Journal of Psychology, 25, 1948, S. 35–71.

VROOM, V. H. & YETTON, P. W. (1973). Leadership and decision-making. London 1973.

WEBER, M. (1964). Wirtschaft und Gesellschaft. Grundriß der verstehenden Soziologie. Köln 1921/ 2. Auflage 1964.

WEINERT, A. B. (1989). Führung und soziale Steuerung. In E. ROTH (Hrsg.), Organisationspsychologie, Enzyklopädie der Psychologie. Bd. 3, S. 552–577. Göttingen 1989.

WUNDERER, R. & GRUNWALD, W. (1980). Führungslehre. Berlin 1980.

YETTON, P. & VROOM, V. H. (1978). The Vroom-Yetton Model of Leadership on Overview. In B. T. V. KING, S. S. STEUFERT & S. S. FIEDLER (Hrsg.), Managerial Control and Organizational Democracy. New York 1978.

Zur Konkretisierung und weiteren Vertiefung wird empfohlen, im Fallstudienband die Fälle zu „Grundlagen der Führung" zu bearbeiten.

Lutz von Rosenstiel

Tiefenpsychologische Grundlagen der Führung

Die zentrale Thematik aller Lebewesen ist ihre Beziehung zur Umwelt. Dies gilt für Menschen, Tiere und Pflanzen in gleicher Weise. Was zum Leben des einzelnen und für das Überleben der Art benötigt wird, findet sich – zumindest langfristig – in der Umwelt. Das Lebewesen muß über Mechanismen verfügen, die den Kontakt mit der Umgebung sichern. Diese Mechanismen können im Erbgut des Lebewesens liegen und relativ starr ablaufen; sie können im Anhäufen von Erfahrung, im Lernen und im Gedächtnis bestehen, oder sie können aufgrund kreativer kognitiver Prozesse – aufgrund des Denkens eben – zustande kommen. Ein spezifisch beim Menschen gefundener Weg beruht auf unbewußten Mechanismen. Diese wurden in zum Teil spekulativer Weise von der Tiefenpsychologie beschrieben.

Das Ziel dieser Darstellung besteht nicht darin, in die Details der zum Teil differenzierten Theorie und Praxis der verschiedenen tiefenpsychologischen Schulen hineinzuleuchten (ELHARDT, 1972; MERTENS, 1981) oder die verschiedenen Ansätze der tiefenpsychologischen Erklärungen von Phänomen, von Führung und Gefolgschaft auszubreiten. Es soll vielmehr über das in der Regel recht rationale Konzept der Führung, wie es zum Beispiel in der Betriebswirtschaftslehre, der Organisationssoziologie und -psychologie verbreitet wird, etwas hinaus gegangen werden. Wer Führungsaufgaben hat, sollte dafür sensibilisiert werden, daß die von ihm oder ihr Geführten nicht ausschließlich rational und bewußt handelnde Menschen sind, sondern daß sich in ihnen „irrationale" Prozesse abspielen, die sie häufig selbst kaum begründen können und die sie sprachlos lassen. Führende sollten aber auch selbstkritisch und etwas reflektierter ihre eigene Rolle verstehen. Motive, die sie an die Spitze geführt haben und dort halten, sind weder ausschließlich auf rationale Kalkulationen zu reduzieren, noch in allen ihren Facetten bewußt. Sie reichen auch über die eigene Person hinaus und sind vielfach aus vielschichtigen Beziehungen zwischen den Führenden und ihrer Gefolgschaft heraus interpretierbar, über die jedoch beide Seiten nur teilweise und in Ansätzen Auskunft geben können.

Es soll also – wenn über tiefenpsychologische Ansätze und ihre Bedeutung für die Führung gesprochen wird – nicht Handlungsanweisung geboten, sondern Aufklärung vermittelt und Sensibilisierung entwickelt werden.

1.   Das Lebewesen und seine Umgebung

Lebewesen sind im jahrhunderttausende währenden Prozeß von Mutation und Selektion auf die Umgebung hin, in der sie leben, so ausgebildet worden, daß es zu einer optimalen „Passung" zwischen dem Lebewesen und seiner Umgebung kommt, die, soweit sie im Erleben repräsentiert wird, zur Umwelt wird (v. UEXKÜLL, 1909). Die Passung – es wird auch häufig von „fit" gesprochen (BISCHOF, 1989) – zeigt sich in der Zahl der erfolgreich überlebenden und sich wiederum vermehrenden Nachkommenschaft. Für den Menschen hat Rohracher (1976) eine zunächst grobe Trennung zwischen „Kräften" und „Funktionen" vorgenommen. Die Kräfte, gespeist durch angeborene Triebregungen, lenken uns auf jene Ziele, die wir für das individuelle Überleben und die Fortführung der Art benötigen, wie zum Beispiel Nahrung und Getränk, Wohnstätte und Wärme, Partner und Freunde etc. Man könnte hier von Trieben, Antrieben, Wünschen, Motiven, etc. sprechen. Die Funktionen dagegen helfen uns, den Weg zum Ziel zu erkennen. Mit Hilfe der Wahrnehmung finden wir uns, in der von uns erlebten Umwelt zurecht und sehen bei Hunger die Nahrung, finden bei

Durst das Getränk, erkennen bei Bedrohung den Schutz und entdecken die uns anziehenden Partner. Das Gedächtnis erinnert uns daran, daß im Eisschrank noch einige Flaschen Bier stehen, wenn uns bei Durst kein Getränk vor die Augen kommt; das Denken hilft uns dabei, Wege und zum Ziel führende Umwege zu finden oder zu schaffen, wenn sich Hindernisse und Barrieren auf dem Weg zum Ziel in den Weg stellen. Vieles von dem, was die für den Menschen wichtigen Ziele setzt und die Wege zu diesen Zielen bahnt, wurde von unseren tierischen Vorfahren über das Erbe vermittelt und ist in diesem Sinne genetisch fixiert und angeboren. Anderes müssen wir mit der Überlieferung – als Teil der Tradition und Kultur – übernehmen oder gar jeweils neu individuell durch Lernprozesse erwerben oder es uns aufgrund unserer Fähigkeit zum Denken und zur Kreativität erschließen, wobei wiederum die Möglichkeiten dafür im menschlichen Erbgut zu finden sind. Exemplarisch sei auf einige dieser Mechanismen knapp eingegangen.

1.1   Reflex und Instinkt

Vieles, was unser individuelles Leben sichert oder zur Arterhaltung beiträgt, bedarf keiner bewußten Handlung. Wir reagieren auf wahrgenommene Reize, die unter Ausschaltung des Bewußtseins automatenhaft zu einer in der Regel nützlichen Reaktion führen oder als angeborene Auslösemechanismen (LORENZ, 1965) einen komplexen Verhaltensablauf auslösen, der im Dienste der Selbst- und Arterhaltung steht. Die Rede ist hier vom Reflex und vom Instinkt.

Reflexe lassen sich dabei als Reaktionsweisen unseres Organismus erklären, die durch spezifische Reize ausgelöst werden und unmittelbar über das Rückenmark – ohne das Zentralnervensystem, das Gehirn also, zu aktivieren – gesteuert werden. Man denke zum Beispiel an den Lidschlagreflex, der darin besteht, daß wir das Augenlid schützend über dem Augapfel schließen, wenn sich irgendein Gegenstand dem Auge rasch nähert. Dies ist ein automatisch ablaufender Vorgang, der – dies läßt sich gut im Selbstversuch erproben – nur äußerst schwer unterdrückt werden kann. Die Nützlichkeit derartiger Reflexe läßt sich meist nach kurzer Überlegung erkennen.

Instinkte sind demgegenüber meist komplexe, vom Zentralnervensystem gesteuerte, angeborene Mechanismen (TINBERGEN, 1969). Der außenstehende Beobachter, der etwa bei einem Tier instinktives Verhalten beobachtet, könnte vorschnell auf einen hohen Grad individueller Intelligenz schließen. Was jedoch hier steuernd wirkt, ist eine „Intelligenz" ganz anderer Art, nämlich der durch den langandauernden Wechsel von Mutation und Selektion herausgebildete und in den Genen verankerte Mechanismus, der das Überleben der Art gesichert hat und zwar in einer weitgehend stabilen und kaum veränderten Umgebung. Wird diese – zum Beispiel durch den Eingriff des Menschen – nachhaltig geändert, so wirkt dieses Verhalten plötzlich nicht mehr intelligent, sondern in einer bedenklichen Weise „starr" und für das Lebewesen schädlich. Dafür ein Beispiel: Bestimmte Schlupfwespen lähmen mit einem gezielten Stich Raupen, legen in diesen ihre Eier ab, graben dann ein Loch in die Erde, in das sie die Raupe schleppen, um das Loch dann wieder mit dem Aushub zu verschließen. Die Larven schlüpfen nun in der Raupe und ernähren sich zunächst von deren Fettgewebe und den nicht lebenswichtigen Teilen, um erst kurz vor dem Schlüpfen auch die lebenswichtigen Organe der Raupe zu verzehren. Es soll nun hier nicht detailliert gezeigt werden, welche differenzierten Instinkte bei diesen Larven wirken, die – ohne jedes Studium der Anatomie der Insekten – bei der Raupe zwischen lebenswichtigen und weniger wichtigen Bestandteilen zu unterscheiden wissen, sondern exemplarisch auf das scheinbar so intelligente Instinktverhalten der Schlupfwespe hingewiesen werden, das sich aufgrund der instinktgegebenen Starrheit irreführen läßt. Für die Schlupfwespe wirkt der Anblick der gelähmten Raupe als angeborener Auslösemechanismus, ein Loch in die Erde zu graben. Hat dieses eine ausreichende Tiefe, so wird die Raupe in das Loch gezogen. Die Raupe im Loch wirkt nun als angeborener Auslöser, der dazu führt, daß Erdreich über die Raupe geschart und das Loch geschlossen wird. Greift der Forscher in diesen Prozeß willkürlich ein, indem er zum Beispiel eine zweite Raupe in das Loch schiebt, kurz bevor die Schlupfwespe ihre Aushubarbeiten beendet hat, so wird die Wespe, die ein letztes Mal Erde ausheben wollte, von der im Loch liegenden Raupe dazu aktiviert, nach oben zu klettern, um das Loch mit Erde zu verschließen. Oben aber liegt die andere Raupe, die nun dazu aktiviert, nochmals in das Loch zu steigen und Erde auszuheben. Die Schlupfwespe wird nun – ohne Lernchance – bis zur Erschöpfung zwischen den beiden Raupen hin und her klettern und nicht in der Lage sein, diese Kette zu durchbrechen. Instinkte wirken also nur solange nützlich im Sinne der Selbst- und Arterhaltung, wie die Umgebung stabil bleibt. Ändert sich diese, so kann die Instinktgebundenheit zur Falle werden. Dies ist ein Grund dafür, daß viele Lebewesen – die höheren unter ihnen, unter Einschluß des Menschen, in stark ausgeprägtem Maße – die Fähigkeit entwickelt haben, aus der Erfahrung zu lernen.

1.2   Lernen

Lernen läßt sich als Veränderung von Erleben, Verhalten und Verhaltenspotentialen aufgrund von Erfahrung definieren. Der Zusatz „durch Erfahrung" erscheint wichtig, weil es auch Veränderung aufgrund biologischer Reifung, Krankheit, Vergiftung oder Verletzung gibt. Ein einfaches Konzept des Lernens besteht darin, daß erfolgreiche Verhaltensweisen in Zukunft häufiger gezeigt werden, während solche, die nicht zum Erfolg führten, in ihrer Auftretenswahrscheinlichkeit zurückgehen (FOPPA, 1965). Wie das zu erklären ist, verdeutlicht Abbildung 2 im Beitrag „Anerkennung und Kritik", S. 246, die das vielzitierte S-O-R-K- Paradigma (SKINNER, 1938) wiedergibt. In einer bestimmten Situation (S) nimmt ein Organismus (O) bestimmte Reize wahr, die zu einer Reaktion (R) führen, der nun wiederum eine positive oder eine negative Konsequenz (K) folgen kann. Ist die Konsequenz in einer relativ kontingenten, zuverlässigen Weise positiv, so wird die vorausgehende Reaktion bei diesem Organismus in dieser Situation künftig mit erhöhter Wahrscheinlichkeit auftreten. Lernen also hat zur Folge, daß ein Organismus – Mensch oder Tier – sich relativ flexibel an verschiedene Umgebungsbedingungen anpassen kann. Allerdings birgt das Lernen durch Versuch und Irrtum auch Risiken. Der Versuch kann fraglos im wörtlichen oder übertragenen Sinne tödlich sein. Es wäre für die Menschen hoch bedenklich, wenn sie jeweils individuell erproben müßten, ob zum Beispiel die wohlduftenden Knollenblätterpilze verträglich oder giftig sind.

Da der Mensch nun als instinktarmes Wesen nicht angeborenerweise bei allen Lebensmitteln weiß, ob diese ihm nutzen oder schaden, kann er auch aus der Tradition, aus der Erfahrung anderer lernen, zum Beispiel von der Großmutter beigebracht bekommen, was ihm guttut und wovon er eher die Finger lassen sollte. Daraus ergibt sich – im soziobiologischen Sinne – der Wert der Alten, die ja in vielen tradierten Kulturen die Herrscher oder doch die Ratgeber in den Dörfern sind. Dieser für alle hohe

Wert des Rates und der Erfahrung der Alten ist allerdings nur dann anzunehmen, wenn die Umgebung stabil ist. Für den Menschen in den Industrieländern gilt dies zunehmend nicht mehr, da er wie kaum ein anderes Lebewesen in der Lage ist, seine Umgebung aktiv zu gestalten und damit in ständiger Beschleunigung zu verändern. Das Erfahrungswissen der Älteren wird somit im wahrsten Sinne des Wortes zum „Wissen von gestern", es ist vielfach nichts mehr nütze, wodurch auch das Ansehen der Alten und die Achtung vor ihnen sinken. In westlichen Industrienationen sind sie nicht mehr die Hochverehrten, deren Rat man sucht, sondern man gliedert sie aus den aktiven Lebensprozessen aus und verbannt sie ins Altersheim und damit nicht selten in den sozialen Tod.

Das Lernen und die Bewältigung der Beziehung zur Umgebung aufgrund der Ergebnisse derartiger Lernprozesse sind für den Menschen besonders wichtig. Nietzsche hat ihn als das „nicht festgestellte Tier" bezeichnet. Damit ist ausgedrückt, daß wir in nur geringem Maße programmiert, d.h. instinktgebunden sind (vgl. jedoch EIBL-EIBESFELDT, 1973). Generell und zugleich vereinfachend kann man sagen, daß der relative Anteil instinktgebundenen Verhaltens mit der Entwicklungshöhe zurückgeht, wie Abbildung 1 zeigt.

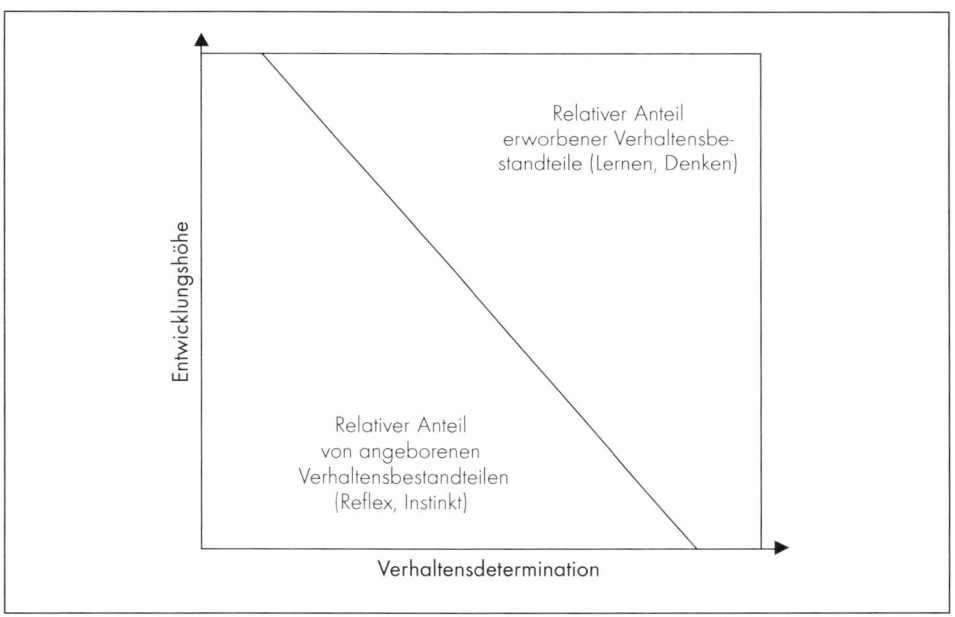

Abb. 1: Der relative Anteil angeborener und erworbener Verhaltensweisen in Abhängigkeit von der Entwicklungshöhe des Lebewesens

Dies sei am Beispiel erläutert (MARAIS, 1962). Ein in der Entwicklungsreihe hochstehendes Tier – ein Pavian – wurde als Jungtier in der Familie des Forschers aufgezogen und unter Lebensbedingungen gehalten, die von den natürlichen deutlich abwichen. Statt zum Beispiel die Nahrung – Larven, Käfer und Asseln – unter Steinen und umgestürzten Bäumen zu suchen, wurde das Jungtier mit den Kindern des Forschers gemeinsam ernährt. Mit einem in der Entwicklungsreihe niedriger stehendem Tier, einem Fischotter, verfuhr man entsprechend. Ihm wurde die Möglichkeit genommen, im Wasser zu schwimmen, Fische zu jagen und sachgerecht zu zerlegen, wie es den typischen Verhaltensweisen dieser Art entspricht. Nachdem die beiden Tiere mit eingetretener Geschlechtsreife erwachsen waren, wurde zunächst der Fischotter an einen See gebracht. Er schwamm sofort, obwohl er dies nie gelernt hatte und begann nach einiger Zeit Fische, die er nie gesehen hatte, zu jagen und artgerecht zu zerlegen, obwohl er auch dieses niemals beobachten oder erproben konnte. Offensichtlich waren all dies instinktgebundene Verhaltensweisen für ihn. Als der Pavian in eine natürliche Umgebung plaziert und dort allein gelassen wurde, erwies er sich als hilflos und konnte sich ohne Unterstützung des Forschers nicht helfen und nicht ernähren. Er war – ähnlich anderen Primaten unter Einschluß des Menschen – darauf angewiesen, diese Verhaltensweisen zu lernen.

1.3 Denken

Freud (1911) hat das Denken als Probehandeln mit vermindertem Risiko beschrieben. Dies ist eine weiterführende Definition, deren Nützlichkeit zum einen gleich aufgewiesen werden soll und die nun zum anderen den Einstieg in tiefenpsychologische Überlegungen eröffnet.

Zur Nützlichkeit: Lernen nach Versuch und Irrtum – das wurde bereits gezeigt – kann tödlich sein. Außerdem lassen sich neue Verhaltensprogramme nur dort erarbeiten, wo man auf entsprechender Erfahrung unmittelbar aufbaut. Spielt man jedoch in konzentrierter Vorstellung Situationen durch und prüft die wahrscheinlichen Konsequenzen, so lassen sich Verhaltensweisen mit vermutlich ungünstigem Ausgang ausschließen und erfolgversprechende in konkretes Verhalten umsetzen. Man handelt in der Vorstellung im Sinne eines Probehandelns und senkt dabei das Risiko erheblich. Es lassen sich neue Wege gehen, die weder an der eigenen Erfahrung, noch an der anderer unmittelbar anknüpfen. Kreativität, neues Tun, wird damit zu einer Folge der Fähigkeit zu denken. Ähnlich wie das Denken dem einzelnen Innovation ermöglicht, ist für das Unternehmen zum Beispiel Planung oder Marktforschung ein Probehandeln mit vermindertem Risiko. Es ermöglicht den Unternehmensmitgliedern unter verschiedenen Optionen und Alternativen diejenige auszuwählen, die vermutlich zum Erfolg führt, ohne den riskanten Versuch in der Realität, im Markt, antreten zu müssen.

1.4 Zu einem Persönlichkeitmodell der Tiefenpsychologie

Der Freudsche Ansatz der Tiefenpsychologie, die Psychoanalyse, ist gleichermaßen eine theoretische Konzeption der menschlichen Psyche als auch ein anwendungsbezogenes Therapiemodell. Sehr stark vereinfacht läßt sich das Persönlichkeitsmodell wie folgt schildern: Der Mensch kommt als ein triebgesteuertes Wesen, als „Es", zur Welt. Dieses Es ist vom sogenannten „Lustprinzip" beherrscht, d. h. lustvolle Zustände werden angestrebt und unlustvolle vermieden. Konkret steuert dies das Neugeborene durch nichtsprachliche Kommunikation, d. h. durch Lust- oder Unlustäußerungen. Mutter, Vater oder andere hilfreiche Personen sorgen nun dafür, daß unlustspendende Situationen verändert und die lustvollen für das Kind gesichert werden (es wird an die Brust gelegt, in den Armen gewiegt, trockengelegt oder unterhalten).

Dies gilt für die ersten Wochen, dann aber begegnet die Realität und mit ihr das Realitätsprinzip dem Kind mit harten Forderungen. Zum Beispiel war das Kind gewohnt, nachts, wenn es schrie, von der Mutter aufgenommen und in den Armen gewiegt zu werden. Eines Tages sagt der Vater: „Andere Kinder schlafen auch durch, das unsere muß das auch lernen!" Von diesem Tag an hilft das nächtliche Schreien nicht mehr. Die Mutter tritt nicht ans Bett, und das Kind lernt, daß nächtliches Weinen nicht zum Erfolg führt. In der „Rindenschicht" des Es lagert sich die Erfahrung ab; Gedächtnis, Erinnerungen werden in diesem Sinne zu einer „Ich-Funktion". Dieses Ich gewinnt mehr und mehr die Aufgabe, zwischen dem Lustprinzip des Es und dem Realitätsprinzip der umgebenden Welt zu vermitteln. Das gelingt insbesondere dadurch, daß mit den Gedächtnisinhalten „gespielt" werden kann, daß man sie im Zuge des Denkens, des sogenannten Probehandelns mit vermindertem Risiko, neu kombinieren kann. Dafür ein Beispiel: Das Kind hat gelernt, daß Marmelade köstlich schmeckt. Das Lustprinzip fordert Süßes. Das Kind hat aber auch gelernt, daß Naschen bestraft wird, daß es also – in Abwandlung eines Wortes von Thomas Mann – höchst köstlich ist, Marmelade zu naschen, aber höchst gräßlich, Marmelade genascht zu haben. Liebesentzug oder Strafe durch die Eltern folgen auf dem Fuße. In dieser Konfliktsituation kann das Ich mit seiner Funktion, kreativ zu denken, als Konfliktlöser auftreten. Das Kind ist allein und sieht den Marmeladetopf. Es spielt in Gedanken durch, was geschieht, wenn es nascht. Der Geschmack ist köstlich, die Strafe bitter. Das Kind sinnt über Alternativen nach: Wie wäre es, wenn ich nur ein wenig essen würde? Die Eltern würden es dennoch merken. Wie wäre es, wenn ich nach dem Essen einiger Löffel das Glas mit Wasser auffüllen und wieder umrühren würde? So könnte es gehen, falls ich daran denke, hinterher den Löffel und mein Gesicht zu reinigen. Probehandeln mit vermindertem Risiko! Das Kind handelt seinem Plan entsprechend und kommt in den Genuß des Süßen, ohne dafür bestraft zu werden.

Später in der Entwicklung des Kindes werden die Forderungen der Eltern und anderer Bezugspersonen zum „Über-Ich", zur Gewissensinstanz. Das erschwert die Aufgabe des Ichs. Es muß nun Konflikte lösen zwischen dem Es, seinem Lustprinzip, der Realität mit dem Realitätsprinzip und dem Über-Ich als einer Gewissensinstanz, wie Abbildung 2 visualisiert.

Häufig werden also derartige Konflikte bewußt – durch gezielte Denkakte – gelöst, womit die Anpassung des einzelnen an die Umwelt besser gelingt. Es werden „vernünftige" Kompromisse zwischen den verschiedenen Instanzen gefunden. Dies aber gelingt nicht immer. Und dann treten nicht bewußte Mechanismen in Kraft, die faktisch oder scheinbar zu einem Kompromiß werden. Hier nähern wir uns nun einem bedeutsamen Konstrukt, einer wichtigen theoretischen Annahme der Tiefenpsychologie, dem „Unbewußten".

2.   Die Hypothese vom Unbewußten

Für nahezu alle tiefenpsychologischen Schulen (ELHARDT, 1972) ist die Annahme eines unbewußt Psychischen kennzeichnend. Dabei ist der Begriff in sich auf den ersten Blick widersprüchlich. Psychisch heißt ja, daß etwas für uns bewußt wird. Erleben muß ja stets bewußtes Erleben sein, da wir sonst davon nicht wissen könnten (ROHRACHER, 1976). Die These vom unbewußt Psychischen wäre somit – eine Paradoxie – mit einem unbewußten Bewußtsein gleichzusetzen. So etwas kann natürlich nicht Gegenstand empirischer Forschung sein. Die Annahme vom Unbewußten macht allerdings dann Sinn, wenn man sie als eine theoretische Hilfskonstruktion betrachtet. Durch die Annahme des Unbewußten werden bestimmte, sonst nur schwer erklärbare

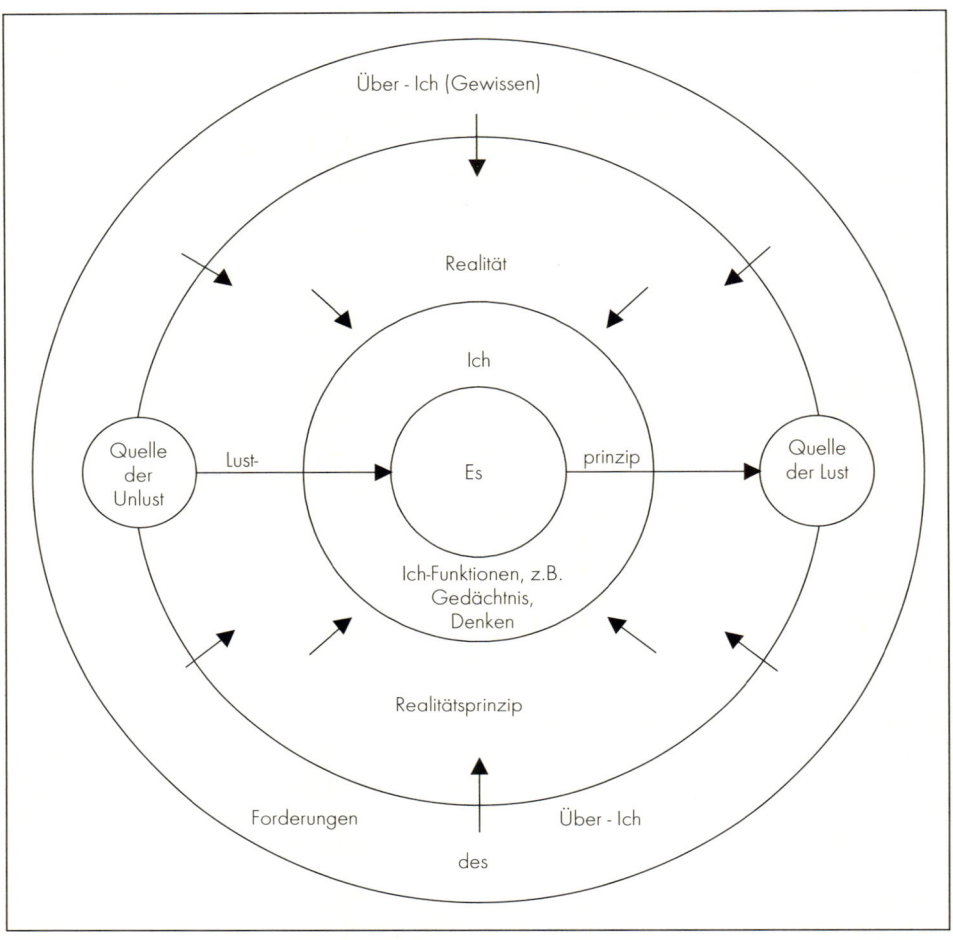

Abb. 2: Schematische Darstellung des psychonalytischen Persönlichkeitskonzeptes

Phänomene schlüssig deutbar. Beispiele dafür sind die sogenannten „Fehlleistungen", der „Traum", „Neurosen" sowie der „posthypnotische Befehl". Zu allen vier Phänomenen sei kurz etwas gesagt.

2.1 Fehlleistungen

Freud hat in seinem amüsanten Werk „Zur Psychopathologie des Alltagslebens" (1904) jene häufig irritierenden, lächerlichen oder peinlichen Phänomene beschrieben, die unsere Sprache häufig mit der Vorsilbe „ver" kennzeichnet, wie zum Beispiel ‚vergessen', ‚sich versprechen', ‚etwas verlegen', ‚sich vergreifen' etc. Scheinbar ist dies alles zufällig, doch zeigt eine differenzierte Analyse, daß hier häufig zielgerichtet etwas inszeniert wurde, was dem Handelnden aber gar nicht bewußt war.

Ein Beispiel: Jemand ist zu einem unangenehmen Gespräch am Bahnhof verabredet. Der Gesprächspartner muß umsteigen und hat zwischen 13 und 14 Uhr Zeit für das Konfliktgespräch. Man hat zugesagt zu kommen, dann jedoch den Termin völlig „vergessen". Punkt 14 Uhr fällt einem ein, daß man zugesagt hatte. Der Gesprächspartner jedoch ist eben weitergereist, es ist zu spät. Der einzelne hat also den Konflikt zwischen den Forderungen des Es, Unlustvolles zu vermeiden, und der Realitätsforderung, das Konfliktgespräch auszutragen, unbewußt im Sinne des Es gelöst.

Dieses Vergessen und das „pünktliche" Wiedererinnern um 14 Uhr erscheinen auf den ersten Blick zufällig, werden aber, wenn man eine unbewußte Strategie zur Erklärung heranzieht, schlüssig deutbar.

2.2 Der Traum

Für Freud sind auch Träume psychische Mechanismen, die der Konfliktbewältigung dienen. Der Traum selbst, sein manifester Inhalt, ist bewußt. Dahinter aber liegt ein latenter Traumgedanke, den es auf psychoanalytische Weise zu deuten gilt. Ein Beispiel soll das illustrieren:

Ein junger Mann träumt, daß er freudig bei schönem, warmen Wetter über eine Wiese geht. Eine hübsche fremde Frau, die ein Kleid trägt, wie es früher die Mutter oft anhatte, überreicht ihm einen Apfel. Er greift nach diesem prallen Apfel und beißt mit gutem Appetit hinein. Hier endet der Traum. Er scheint harmlos. Warum soll sich der junge Mann nicht einen Apfel schenken lassen und diesen mit Wohlbehagen verzehren?

Der latente Traumgedanke aber weicht vom manifesten deutlich ab. In der Freudschen Lehre spielt der Gedanke eine große Rolle, daß das männliche Kind schon in frühen Jahren die Mutter als Liebesobjekt begehrt, jedoch vom Vater in die Schranken verwiesen wird. Der Wunsch, sich mit der Mutter sexuell zu vereinigen und den Vater zu töten („Ödipuskomplex") wird daraufhin verdrängt, wirkt aber im Unbewußten weiter. Das Über-Ich, das Gewissen, verbietet den Gedanken daran und in noch stärkerem Maße entsprechendes Handeln. Im Traum nun wird die Spannung gelöst. Die fremde Frau im Kleid der Mutter steht in verfremdeter Weise für die Mutter. Der Apfel ist das alte Symbol der Verführung und der lustvolle Biß in den Apfel der vollzogene Geschlechtsakt. Das Es versteht diese verschlüsselte Sprache und kommt so zu einer stellvertretenden Befriedigung, während das Über-Ich, das sich als streng, aber ein wenig dumm deuten läßt, nicht einzugreifen braucht. Warum soll man keinen Apfel essen? Derartige Traumdeutungen (FREUD, 1900) sind anregend, zeigen aber zugleich den stark spekulativen Charakter der Psychoanalyse.

2.3 Neurose

Eine zentrale, für die spätere Krankenbehandlung wichtige These der Freudschen Psychologie geht dahin, daß ungelöste seelische Konflikte, die häufig bereits in der frühen Kindheit entstanden, schließlich zu Erlebens- und Verhaltensstörungen führen. Es gilt, den Konflikt bewußt zu machen und die damit verbundenen Affekte abzureagieren. Durch diese „Katharsis" kann die Störung beseitigt werden. Dafür ein Beispiel, ein knapp geschilderter Ausschnitt aus einer bekannten Fallstudie (FREUD, 1895):

Eine junge Frau, die streng und mit Respekt vor den Erwachsenen erzogen worden war, kommt mit einer körperlichen Störung zum Arzt. Sie kann nicht trinken. Wenn sie ein Glas an den Mund setzt, ist ihr Hals wie zugeschnürt, obwohl sie organisch ge-

sund ist. Vom psychoanalytisch qualifizierten Arzt wird die Frau in einem hypnose-
ähnlichen Zustand weit in ihre Kindheit zurückgeführt. Sie schildert, daß ihre frühere
englische Gouvernante einen sehr unappetitlich aussehenden Schoßhund hatte. Als sie
eines Tages in das Zimmer der Gouvernante kam, sah sie, daß diese dem Hund aus einem Glas, wie es die Familie sonst zum Trinken bei den Mahlzeiten verwendete, ein
Getränk gab. Das junge Mädchen erlebte hohen Ekel, wagte diesen aber aus Respekt
vor der älteren Dame nicht zu äußern. So kam es zum Konflikt, zum „eingeklemmten
Affekt", der unbewußt blieb, aber dazu führte, daß das Trinken aus Gläsern erschwert
und schließlich ganz unmöglich wurde. Nun, bei der inzwischen erwachsenen Frau,
führte die Bewußtmachung dazu, daß sie ihre Wut auf die Gouvernante lebhaft
äußerte und nun erstmals seit Jahren wieder unbeschwert trinken konnte. Auch hier
ist die unbewußte Ursache der Trinkstörung natürlich nicht bewiesen; die Annahme
des Unbewußten macht allerdings die Entstehung der Störung und die Geschichte der
Heilung relativ schlüssig und damit die Hypothese vom Unbewußten plausibel.

2.4   Der posthypnotische Befehl

Versetzt ein Hypnotiseur eine Person in Hypnose, so kann er dieser einen Befehl geben, dessen Ausführung erst nach Beendigung der Hypnose erfolgen soll. Man nennt
dies einen posthypnotischen Befehl (HEISS, 1956). Die Gründe für die Ausführung des
Befehls sind der handelnden Person meist nicht bewußt. Auch dafür ein harmloses
Beispiel:

Im hypnotischen Zustand wird der Person der Auftrag erteilt, das Fenster zu öffnen, wenn die Kirchturmuhr zwölfmal schlägt. Dann wird eine halbe Stunde vor
12 Uhr der hypnotische Zustand beendet. Die Person erwacht wie aus einem traum-
losen Schlaf. Eine halbe Stunde später schlägt die Kirchturmuhr zwölfmal. Die Person
erhebt sich und öffnet das Fenster. Nach den Gründen gefragt, gibt sie im Bewußtsein,
die Wahrheit zu sagen, Scheingründe an, wie zum Beispiel „Es war hier im Raum so
stickig geworden" oder „Ich wollte einmal sehen, ob Wolken aufziehen". Der außenstehende Beobachter kennt den Grund des Verhaltens – den einschlägigen in Hypnose
gegebenen Befehl. Der Person selbst ist der Grund nicht bewußt, und sie handelt dennoch im Sinne dieses Auftrags. Derartige Experimente, die freilich nur unter ganz spezifischen Bedingungen erfolgreich sind, haben – wie die Psychoanalyse insgesamt – das
Menschenbild des 20. Jahrhunderts stark beeinflußt. Für viele wurde bewußt, daß der
Mensch keineswegs stets „Herr im eigenen Hause" ist und nicht einmal stets die
Gründe kennt, aus denen heraus er handelt. Auch für die Juristen sind derartige Experimente beunruhigend, da sie die Möglichkeit eines Verbrechens unter Hypnoseein-
fluß nahelegen.

Halten wir also fest: Das Unbewußte kann nicht unmittelbar bewiesen werden. Die
Annahme des Unbewußten macht allerdings Phänomene leichter erklärbar, die man
sonst nur schwer erklären könnte.

3.   Wirkungen des Unbewußten im Alltag

Unbewußte Mechanismen wirken – läßt man sich auf die tiefenpsychologischen Annahmen ein – nicht nur im Falle von Fehlleistungen, Träumen, Neurosen oder post-

hypnotischen Befehlen, sondern auch vielfach im Alltag. Häufig kommen sie dann zum Tragen, wenn das Ich als Konfliktlöser überfordert ist. Unbewußte Abwehrmechanismen, die Freuds Tochter Anna Freud (1936) beschrieben hat, entlasten dann das überforderte Ich. Die wichtigsten dieser Abwehrmechanismen seien nachfolgend knapp skizziert:

1. Verdrängung: Etwas, was uns unangenehm, peinlich ist, wird aus dem Bewußtsein „verdrängt"; wir vergessen etwa, einem Kollegen eine für uns unangenehme, für ihn aber wichtige Sache zu berichten, und haben dabei – es ist ja vergessen – ein gutes Gewissen.
2. Kompensation: Schwächen auf einem Gebiet werden durch besondere Anstrengungen auf diesem Gebiet oder auf einem andern ausgeglichen, wobei dieser Ausgleich gelegentlich nur „scheinbar" erfolgt, z. B. durch Angeberei.
3. Verschiebung: Ein Affekt, den wir z. B. am Vorgesetzten nicht ausleben können, weil wir uns dies nicht zutrauen, wird an der Sekretärin ausgelassen.
4. Identifikation: Wir identifizieren uns mit einem anderen, der sehr viel erfolgreicher ist als wir und erleben in seinen Erfolgen die Befriedigung unseres sonst nicht zu erfüllenden Ehrgeizes.
5. Flucht in die Phantasie: Was wir wünschen und ersehnen, aber nicht erzielen, wird in Tagträumen oder Phantasievorstellungen realisiert.
6. Konversion: Dies ist die Flucht in die Krankheit; z. B. wird an einem Tag, an dem eine wichtige, aber sehr unangenehme Aufgabe erfüllt werden muß, ein Mitarbeiter krank. Er ist wirklich „krank" und macht nicht einfach „blau".
7. Regression: Wir fallen auf eine frühere Entwicklungsstufe zurück, brüllen plötzlich unkontrolliert, zeigen kindliche „Trotzreaktionen" etc.
8. Rationalisierung: Wir geben für das, was wir faktisch vielleicht aus Gehässigkeit, Machthunger oder Geiz getan haben, andere „sozial erwünschtere" Gründe an und glauben schließlich selbst an diese „edleren" Motive. Die wahren Beweggründe sind verdrängt.
9. Projektion: Die Triebgefahr wird zur Wahrnehmungsgefahr; das, was uns antreibt, was wir aber ablehnen, glauben wir als wesentliche Beweggründe bei anderen zu erkennen. Der Geizige, der sich selbst für großzügig, andere aber für geizig hält, ist ein Beispiel dafür.
10. Reaktionsbildung: Demjenigen, auf den wir eine besondere „Wut" haben, begegnen wir mit einer ganz ungewöhnlichen, ausgesuchten Freundlichkeit.
11. Resignation: als eine Anpassung an Zustände, die wir schlecht finden, aber nicht ändern können. Unseren eigentlichen Anspruch vergessen wir.
12. Aggression: die häufig als eine Folge von Frustration auftaucht. Wir fühlen die Befriedigung unserer Bedürfnisse beschnitten und rächen uns in vielfältiger Form dafür.
13. Verleugnung der Wirklichkeit: Wir machen uns ein Bild nach unseren Wünschen, leugnen die harte Realität und verschaffen uns auf diese Weise Wunscherfüllung.
14. Selbstbeschuldigung: Wir bezichtigen uns selbst, entweder um uns im Sinne unbewußter Selbstbestrafungstendenzen für ein „Vergehen" im Sinne der Über-Ich-Tendenzen zu bestrafen oder um auf diese Weise den „Lustgewinn" des Widerspruchs und des Trostes anderer zu erhalten.
15. Fixierung: ständige Wiederholung einer bestimmten Verhaltensweise, selbst dann, wenn diese erfahrungsgemäß nicht zum Ziele führt.

Hat man derartige Mechanismen im Kopf, so wird man in der Führungsrolle leichter verstehen, weshalb z. B. ein Mitarbeiter die für ihn besonders lästigen Aufgaben häufig vergißt (Verdrängung), warum jener, der bei schwierigen Aufgaben vielfach scheitert, besonders mit Erfolgen prahlt (Kompensation), weshalb der häufig feindselige und aggressive Mitarbeiter seine Kollegen des aggressiven Verhaltens bezichtigt (Projektion) oder warum jemand beim Beurteilungsgespräch bestimmte, wenig schmeichelhafte Dinge schlicht bestreitet (Verleugnung der Wirklichkeit). Hier hilft es wenig, an die Einsicht und die Rationalität zu appellieren, weil die entsprechenden Mechanismen den betroffenen Personen meist selbst nicht bewußt sind.

4. Tiefenpsychologische Erklärungsansätze für Führung und für unterschiedliche Führungsverhaltensweisen

Wie kommt es, daß – in der Politik, bei Freizeitaktivitäten, im Beruf – manche Personen in Führungspositionen kommen und von den Geführten akzeptiert und gelegentlich sogar verehrt werden? Selbstverständlich läßt sich Führung häufig sehr rational erklären. Da wird jemand durch eine demokratische Wahl legitimiert oder innerhalb der bürokratischen Organisation ernannt. Hier sind tiefenpsychologische Zusatzerklärungen kaum notwendig. Wie aber kommt es, daß manche Personen in Führungsrollen geradezu gedrängt werden und sodann bei ihren Anhängern wahren Opfermut auslösen und begeisterte Zustimmung finden? Freud hat auch dafür eine Erklärung gesucht, die ganz knapp skizziert werden soll (FREUD, 1915). Menschen haben häufig Wünsche, von denen sie wissen, daß sie kaum von ihnen befriedigt werden können. Dies ist eine frustrierende Konfliktsituation. Um den Konflikt zu lösen, kommen Abwehrmechanismen des Ich ins Spiel. Wer selbst wenig Chancen hat, Ruhm und Anerkennung zu finden, projiziert die entsprechenden Wünsche auf einen talentierten Sportler oder einen potentiellen Führer und identifiziert sich dann mit diesem. Dessen Siege und Erfolge werden dann die eigenen, die man genießt, auf die man stolz ist, die man feiern kann, und wodurch die Bindung des Geführten an den Führenden gefestigt wird. Hat allerdings der Führer keinen Erfolg, versagt er, so werden die Projektionen zurückgenommen, die Identifikationen aufgelöst und der Führer zur lächerlichen Person oder gar zum Opfer einer aus der Frustration geborenen Aggression: Der gescheiterte Führer wird vertrieben, verlacht oder gar getötet.

Führende unterscheiden sich in ihren Werten und ihrem Verhalten. Man kann dies auf unterschiedliche Weise erklären, und auch die Tiefenpsychologie hat sich um Erklärungsansätze bemüht. Einer sei nachfolgend knapp beschrieben (NEUBERGER & KOMPA, 1987). Es war zuvor über die Entwicklung der Persönlichkeitsstruktur im Rahmen der psychoanalytischen Theorie gesprochen worden. Selbstverständlich war diese Skizze grob vereinfachend. So wurde zum Beispiel nichts darüber gesagt, aus welchen Quellen das Es, die häufig nicht bewußte Triebschicht, ihre Lust, ihre Befriedigung bezieht (FREUD, 1915). Nach der psychoanalytischen Lehre befindet sich das Kind zunächst in einer symbiotischen Einheit mit der Mutter; eine Unterscheidung zwischen „Ich" und „Du" ist nicht gegeben. Daraus kann nun eine Ich-Du-Beziehung erwachsen, die durch hohes Vertrauen oder durch Mißtrauen gekennzeichnet ist. Eine wichtige Quelle der Lust wird für das Kind in einer bestimmten Phase der

Mund (orale Phase), der keineswegs nur der Nahrungsaufnahme dient, sondern („Wonnesaugen", „Daumen lutschen") Quelle des Vergnügens ist. Dies verschiebt sich später auf die Ausscheidungsfunktionen (anale Phase). Wenn das Kind aufs Töpfchen gesetzt wird, kann es die Mutter „beschenken" und damit erfreuen oder aber durch Zurückhaltung zum Bitten und Betteln bewegen. In der nachfolgenden phallischen Phase, in der das kleine Mädchen den Bruder neidvoll betrachtet („Penisneid"), wird der Phallus, mit dem lebhaft gespielt wird, zur Quelle der Lust (phallische Phase). An all diesen Phasen hängen bestimmte Gefühle und Erlebensformen. Kommt es zu Störungen in einer dieser Phasen, so wird die entsprechende Thematik fixiert. Eine spezifische Persönlichkeitsstruktur wird damit verfestigt, die das eigene Umfeld entsprechend gestaltet und das Ausleben der störungsbedingten Lebensthematik ermöglicht. Wie dies bei Störungen in den genannten Phasen der Symbiose, des Urvertrauens, der Oralität, der Analität und der phallischen Thematik aussehen kann, zeigt in vereinfachter Form Abbildung 3.

Benennung	Störung in Phase	Lebensthematik	Umfeld
Narzißtische Struktur	Symbiose	Grandiosität und Bewunderung	Pomp und Personenkult
Schizoide Struktur	Urvertrauen	Angst vor Intimität	Steuerung durch Zahlen, Führungssubstitute
Depressive Struktur	Oralität	Wärme und Akzeptanz	Kooperative Entscheidungsfindung Klimapflege
Zwangsstruktur	Analität	Ordnung und Kontrolle	Detaillierte Vorschriften und Kontrollsysteme
Hysterische Struktur	Phallisch	Selbstinszenierung, Abwechslung	Improvisation Form + Stil wichtiger als Inhalt

Abb. 3: Eine Führungstypologie auf der Basis psychoanalytischer Konzepte

Es läßt sich zum Beispiel erkennen, daß jener, der eine Störung seiner Triebentwicklung in der analen Phase erfuhr, eine Persönlichkeit im Sinne einer Zwangsstruktur ausbildet, für die Ordnung und Kontrolle zur zentralen Lebensthematik wird. Steigt ein solcher Mensch in eine Führungsrolle auf, so wird er seine Macht vor allem durch detaillierte Vorschriften und ausgeklügelte Kontrollsysteme ausleben. Er vertraut anderen nicht und reagiert ängstlich, wenn er diese Hilfsmittel nicht zur Verfügung hat.

5.   Abschluß

Die verschiedenen tiefenpsychologischen Richtungen, deren bedeutsamste die Freudsche Psychoanalyse ist, sind gleichermaßen spekulativ und anregend. Auch wenn viele der tiefenpsychologischen Annahmen durch nachfolgende Forschung nicht bestätigt werden konnten, hat diese Richtung der Psychologie doch erhebliche Verdienste. Sie hat uns gezeigt, wie komplex die Ursachen unseres Verhaltens sind, wie vermessen die

Behauptung ist, daß schon jeder wisse, warum er etwas tut, daß es keineswegs stets möglich ist, bewußt und willentlich unsere Entscheidungen zu treffen, und daß wir häufig nicht „Herr im eigenen Hause" sind. Wer die Dramen Shakespeare's gesehen, sich mit den Romanen Dostojewskis beschäftigt oder die philosophischen Schriften Schopenhauers oder Nietzsches studiert hat, wird erkennen, daß Dichter und Philosophen davon wußten, bevor Sigmund Freud sein ideenreiches Konzept erarbeitete. Für Menschen, die viel mit anderen Menschen umgehen und für diese Verantwortung tragen, ist es nützlich, auch einiges darüber zu wissen.

Literatur

BISCHOF, N. (1989). Das Rätsel Ödipus. Die biologischen Wurzeln des Urkonflikts von Intimität und Autonomie. München 1989.

EIBL-EIBESFELDT, I. (1973). Der vorprogrammierte Mensch. Wien 1973.

ELHARDT, S. (1972). Tiefenpsychologie. Eine Einführung. Stuttgart 1972.

FOPPA, K. (1965). Lernen, Gedächtnis, Verhalten. Köln 1965.

FREUD, A. (1936). Das Ich und die Abwehrmechanismen. London 1936.

FREUD, S. (1895). Studien für Hysterie. London 1895.

FREUD, S. (1900). Die Traumdeutung. Gesammelte Werke Bd. 2/3. London 1900.

FREUD, S. (1904). Zur Psychopathologie des Alltagslebens. London 1904.

FREUD, S. (1911). Formulierungen über zwei Prinzipien des psychischen Geschehens. In: Gesammelte Werke, Bd. 8, Werke aus den Jahren 1909–1913, 230–238. London 1911.

FREUD, S. (1915). Triebe und Triebschicksale. London 1915.

HEISS, R. (1956). Allgemeine Tiefenpsychologie. Bern 1956.

LORENZ, K. (1965). Über tierisches und menschliches Verhalten. Aus dem Werdegang der Verhaltenslehre. München 1965.

MARAIS, J. (1962). Die Seele der weißen Ameise. München 1962.

MERTENS, W. (1981). Neue Perspektiven der Psychoanalyse. Stuttgart 1981.

NEUBERGER, O. & KOMPA, A. (1987). Wir, die Firma. Weinheim 1987.

ROHRACHER, H. (1976). Einführung in die Psychologie. Wien 1976.

SKINNER, B. F. (1938). The behavior of organisms: An experimental analysis. New York 1938.

TINBERGEN, N. (1969). Instinktlehre. Berlin 1969.

UEXKÜLL, J. v. (1909). Umwelt und Innenleben der Tiere. Berlin 1909.

Zur Konkretisierung und weiteren Vertiefung wird empfohlen, im Fallstudienband den Fall zu „Tiefenpsychologische Aspekte" zu bearbeiten.

Oswald Neuberger

Mikropolitik

1. Führung ist kein wohldefiniertes Problem, rationale Führung
   ist deshalb nicht realisierbar
2. Unmöglichkeit der eindeutigen Definition von Führungserfolg
3. Führung als politisches Problem
4. Die Auffassung von Führung ist vorbestimmt durch zugrundegelegtes
   Organisations-Verständnis
5. Spezifische Diagnose- und Interventionsinhalte bzw. -techniken
   als Erfordernis der politischen Perspektive
6. Politisches Führen ist situativ, aber keine „situative Führung"

Vorbemerkung

Nehmen wir an, ein Praktiker möchte sich über den Stand des Führungswissens informieren, um sein eigenes Handeln zu optimieren. Er wird in eine fatale Situation kommen: Von jedem Experten, den er befragt, wird er eine andere Antwort bekommen. Man wird ihm kooperative oder situative Führung empfehlen, einige werden ihm raten, der Auswahl von Führungskräften besondere Aufmerksamkeit zu schenken (am besten: ein Assessment Center zu machen), andere werden für Motivations-, Kreativitäts-, Konfliktlösungstechniken oder umfassende Organisationsentwicklungsprogramme plädieren, wieder andere werden ihn auf den Unterschied zwischen Managern und Führern hinweisen und transformative Führung und Unternehmenskultur anpreisen – kurz: er wird so viele Ratschläge erhalten, wie er Personen befragt.

Ich werde diesem Bauchladen (oder Supermarkt) von Empfehlungen im folgenden ein weiteres Angebot hinzufügen: Mikropolitik. Allerdings führe ich das Produkt nicht mit der Behauptung ein, es sei besser als alle anderen und könne sie ersetzen. Ich behaupte nur, daß es das Sortiment abrundet. Es ist schon immer – ähnlich wie Pornos – unter der Theke gehandelt worden; nun wird es Zeit, daß wir es hervorholen und auf den Tisch legen. Meine Verkaufsstrategie ist altmodisch: Ich will nicht durch Bilder glücklicher Menschen (erfolgreicher Manager), nicht durch todsichere Rezepte (How-to-do-it) und nicht durch überzeugende Praxisbeispiele (nach dem Muster der Waschmittelreklame) Interesse und Nachfrage wecken, sondern argumentativ werben. D. h. ich werde zeigen, daß man um mein Produkt nicht herumkommt, ja es gar nicht zu erwerben braucht, weil man es schon besitzt. Man hat sich seiner zwar bedient, aber geschämt. Das soll anders werden, und dafür möchte ich Gründe liefern.

1. Führung ist kein wohldefiniertes Problem, rationale Führung ist deshalb nicht realisierbar

Die Frage nach dem optimalen Führen behandelt das Führungsproblem als ein technisches: Es wird unterstellt, daß es ein in sich stimmiges und allen bekanntes *Zielsystem* gibt, daß die einzelnen Zielkomponenten operationalisiert und gemessen werden können, daß man über alle möglichen *Handlungsalternativen* informiert ist und weiß, welche *Handlungssituationen* zu erwarten sind und welche *Ergebnisse* jeweils gewählte Alternativen in bestimmten Situationen erzeugen werden, und daß der *Wert* der realisierbaren Ergebnisse eindeutig bestimmbar ist, so daß dann eine präzise *Entscheidungsregel* angewandt werden kann, die es erlaubt, zumindest mit angebbarer Wahrscheinlichkeit aus der Alternativenmenge jene Vorgehensweise auszuwählen, die die höchste Wertverwirklichung verspricht.

Abgesehen von Routinefällen dürfte im allgemeinen für Führungshandeln typisch sein, daß viele, häufig sogar alle diese Bedingungen nicht erfüllt sind: Man kennt und berücksichtigt nicht alle Handlungsmöglichkeiten (bzw. erzeugt fortwährend neue), man hat keine abschließenden Informationen über die Ereignisse der Zukunft (und die Wahrscheinlichkeit ihres Eintretens), es liegt normalerweise kein stabiles, konsistentes (widerspruchsfreies), klar definiertes Zielsystem vor, die Zurechnung von Werten zu Ergebnissen ist mehrdeutig, und es sind keine eindeutigen Entscheidungsregeln vorgeschrieben, vielmehr stehen mehrere widersprüchliche und interpretationsfähige zur Auswahl. In allen Fällen, in denen diese Voraussetzungen zutreffen, kann es deshalb prinzipiell (und nicht etwa wegen Unfähigkeit einzelner Führungspersonen) kein technisch rationales Handeln geben. Führung ist im wesentlichen irrational.

2. Unmöglichkeit der eindeutigen Definition von Führungserfolg

Die oft angegebene Bezugsgröße für Führungshandeln – der Erfolg – kann nicht eindeutig bestimmt werden (vgl. v. ROSENSTIEL: Grundlagen der Führung). Ein kleines Denkexperiment kann das belegen: Stellen Sie sich vor, ein Unternehmensberater soll die Leistungen der in einem Unternehmen vorhandenen Führungskräfte exakt vergleichbar machen, um sie in eine Rangordnung der Beförderungswürdigkeit zu bringen. Zu diesem Zweck bittet er alle Führungskräfte, ihm objektive, exakte und quantitative Indikatoren zu nennen, die den Leistungsbeitrag einer jeden von ihnen möglichst vollständig abbilden. Versetzen Sie sich in diese Lage: Wieviel Ihrer eigenen Leistungen können auf diese Weise objektiv (d.h. nicht in Schätzungen und Beurteilungen durch andere) erfaßt werden?

Die übliche Antwort auf die letzte Frage ist: ca. 20%. Und der Rest? Es werden doch fortwährend Führungskräfte befördert, Gehälter und Zulagen erhöht, Projekte ausgebaut oder gestoppt, Personal zugewiesen oder abgebaut... Erfolgen alle diese Maßnahmen aufgrund exakt erwiesener Beiträge zur Zielerreichung?

Hinzu kommt, daß Erfolg regelmäßig aus der Perspektive *verschiedener* Interessenten beurteilt wird. Solche Interessenten sind beispielsweise die Fremd- und Eigenkapitalgeber, das Management, die Belegschaft und/oder ihre Interessenvertreter, die Öffentliche Hand, die Kunden und Lieferanten, Gewerkschaften und Verbände etc. Zwischen diesen „stakeholders" und oft sogar innerhalb der einzelnen Gruppen gibt es Bewertungs- und Zuschreibungsdifferenzen, die im Regelfall durch Verhandlungsprozesse und/oder Machteinsatz bewältigt werden. Nicht der exakte Erfolgsnachweis ist es, der die Ressourcenströme im Unternehmen lenkt, sondern das Erfolgsversprechen.

3. Führung als politisches Problem

Es kann also über weite Strecken nicht mit vorgegebenen *Daten* operiert werden, deren beste Kombination zu ermitteln ist; vielmehr werden *Fakten* durch eigenes Handeln erzeugt oder anerkannt und interessengebunden interpretiert. Handeln zielt darauf ab, Machtpotentiale aufzubauen und einzusetzen, um eigene Interessen durchzusetzen. Formeln wie Gemeinwohl oder gemeinsames Unternehmensziel haben eine – durchaus wichtige – konfliktverschleiernde oder -regulierende Funktion, können aber nicht als handlungsbestimmender Bezugspunkt dienen.

Politisches Handeln zeichnet sich durch eine Reihe von Bestimmungen aus. Im vorliegenden Zusammenhang sollen folgende Merkmale hervorgehoben werden:

- Handlungsorientierung (Akteure mit Absichten, Plänen, Taktiken treten gegeneinander an).
- Es wird um knappe Güter konkurriert, eigene Interessen sollen durchgesetzt werden.
- Nicht Sachgesetzlichkeiten, sondern Gestaltungen der *sozialen* Welt stehen im Mittelpunkt.
- Es besteht eine Dialektik von Gegnerschaft und Abhängigkeit: Die Beteiligten rivalisieren miteinander, aber sie brauchen einander und profitieren voneinander.
- Die Variable „Zeit" spielt eine wichtige Rolle: Politik ist die Gestaltung des Wandels; Zukunftsorientierung und „timing" sind zentral.
- Legitime Ordnungen sind Grundlage und Ergebnis politischen Handelns. Politik ist nicht regelloser Kampf aller gegen alle in der Verfolgung egoistischer Ziele, sondern auf die Etablierung einer Ordnung (die Kontrolle der Verhältnisse) gerichtet.

Im Unterschied zum Verständnis von Politik als strategischer Ausrichtung des kollektiven Handelns (siehe etwa die Begriffe Unternehmenspolitik, Personalpolitik, Forschungspolitik usw.) ist die organisationale *Mikro-Politik* das Insgesamt jener alltäglichen Einflußversuche einzelner Akteure, durch die sie ihren eigenen Handlungsspielraum erweitern und sich fremder Kontrolle entziehen wollen (andere Definitionsvorschläge finden sich in KÜPPER & ORTMANN, 1988, und SANDNEK, 1988).

4. Auffassung von Führung ist vorbestimmt durch zugrundegelegtes Organisations-Verständnis

Je nachdem, wie das Organisationsverständnis modelliert ist, wird man die Einflußmöglichkeiten von (personaler) Führung anders sehen: Versteht man Organisation als perfekt geplante Maschine, dann bedeutet Führen konstruieren, warten, reparieren, schmieren, starten, stoppen usw. Modelliert man Organisation nach dem Bild der Kleingruppe oder Familie, dann geht es um vertrauensvolle Beziehungen, Rücksichtnahme, konstruktive Konfliktlösung und harmonische Integration. Hat man als Ur-Bild die Organismus-Metapher, dann wird man mit Führen das Heilen, Amputieren, Transplantieren, Narkotisieren, für gesunde Lebensbedingungen sorgen etc. verstehen (s. dazu ausführlich NEUBERGER, 1989).

Betrachtet man aber die Unternehmung als politisches System, in dem sich Koalitionen bilden und so lange erhalten, wie sie von- und durcheinander profitieren, dann wird man sein Augenmerk richten auf das Arsenal jener Techniken, die (Verhandlungs-)Positionen stärken oder ausbauen. Im folgenden nenne ich zur Illustration einige Techniken (s. dazu die ausführliche Aufstellung in NEUBERGER, 1990, S. 269–272):

1) *Informationskontrolle*
   z. B. Schönfärberei, Informationsfilterung und -zurückhaltung, Informationen durchsickern lassen, Gerüchte verbreiten, Informationsmonopole erwerben usw.
2) *Kontrolle von Verfahren, Regeln, Normen*
   z. B. Entscheidungsprozeduren kontrollieren/ändern, Präzedenzfälle schaffen, passende Kriterien etablieren usw.

3) *Beziehungspflege*

z. B. Netzwerke und Bündnisse bilden („Seilschaften"), unbequeme Gegner isolieren, Loyalität belohnen, Nepotismus usw.

4) *Selbstdarstellung*

z. B. positive Selbstdarstellung „impression management", die eigene Sichtbarkeit erhöhen, demonstratives Imponiergehabe usw.

5) *Situationskontrolle, Sachzwang*

z. B. Dienst nach Vorschrift, Sabotage, vollendete Tatsachen schaffen, Fakten vertuschen/verschleiern usw.

6) *Handlungsdruck erzeugen*

z. B. emotionalisieren, begeistern, einschüchtern, schikanieren, pokern, Termine setzen/kontrollieren, „Kuhhandel" usw.

7) *Timing*

z. B. verfügbar sein, den richtigen Zeitpunkt/Gelegenheiten/Überraschungseffekte nutzen, abwarten (können) usw.

Aufzählungen wie diese werden oft als extreme und praxisferne Schwarzmalerei abgetan. Praktiker können jedoch aus eigener Erfahrung eine Vielzahl von Situationen erinnern, in denen sie selbst solche Techniken eingesetzt haben oder mit deren Einsatz konfrontiert wurden. Systematische Bestandsaufnahmen über die Verbreitung mikropolitischer Techniken in Organisationen sind selten, nicht zuletzt deshalb, weil sie mit speziellen methodischen Schwierigkeiten belastet sind: Vorherrschende Organisationsmythen („Es geht rational zu", „Wir sind eine große Familie", „Es gilt das Leistungsprinzip", „Es gibt für alles einen besten Weg", „Erfolg ist eindeutig meßbar" usw.) tragen zur Tabuisierung politischer Praktiken bei, so daß bei Befragungen Tendenzen zur Beschönigung und Verleugnung zu berücksichtigen sind. Man wird deshalb auch andere Zugänge zu nutzen haben, z. B. Analyse von Manager-Biografien, Fallstudien über Mißmanagement, Ratschläge der Management-Folklore-Literatur, journalistische Recherchen in Management-Zeitschriften, Rekonstruktionen und Begründungen eigener (Miß-)Erfolge usw. Die folgende Tabelle aus GANDZ und MURRAY (1980) faßt Ergebnisse einer Befragung von 482 US-amerikanischen Führungskräften zusammen. Sie soll einen ersten Hinweis geben auf den Politisierungsgrad verschiedener organisationaler Funktionen.

Warum wird das offene Reden über die „Rückseite der Macht" tabuisiert? Für jemanden, der dem (technizistischen) Rationalitätsmythos anhängt, sind solche Vorgehensweisen „irrational" und unmoralisch. Es geht aber gar nicht um Schuldzuweisungen und Personalisierungen (wer mikropolitisch handelt, hat einen verdorbenen Charakter, ist Machiavellist usw.), noch sollen zynische Empfehlungen zum Training solcher Fertigkeiten gegeben werden, damit sie besonders wirksam und unbemerkt eingesetzt werden können. Es wird vielmehr davon ausgegangen, daß das Funktionieren von Organisationen besser verstanden werden kann, wenn man sie als politische Einrichtungen sieht, die durch ein System von „Checks and Balances" charakterisiert sind. In Abbildung 1 sind (in den Spalten) solche Methoden der Handlungssteuerung in Organisationen abgedruckt. Es wird davon ausgegangen, daß in einer funktionierenden Unternehmung alle diese Methoden praktiziert werden, daß keine fehlen und keine dominieren darf, sondern daß sie jeweils so stark (ausgeprägt) sein müssen, daß sie einander in Schach halten, um durch ihr Wechselspiel jene Dynamik zu erzeugen, die einer Unternehmung ihre Vitalität sichert. Die Zeilen der Matrix verweisen noch einmal auf die oben schon angemerkte Tatsache, daß ein Unternehmen kein mono-

Prozeß	Mittlerer Rang (zw. 1 und 11)[1]	Mittlere Einstufung[2]	% von „immer" oder „häufig"
1. Beförderungen u. Versetzungen	7.4	1.65	59.5
2. Einstellung	4.7	1.03	22.5
3. Bezahlung	5.4	1.21	33.1
4. Budgetzuteilung	5.5	1.27	37.6
5. Zuteilung von Mitteln und Ausstattung	6.6	1.48	49.2
6. Delegation von Autorität	7.3	1.65	58.7
7. Koordination zw. Abteilungen	7.8	1.77	68.4
8. Personalpolitik	5.2	1.14	28.0
9. Disziplinarmaßnahmen	4.5	.98	21.5
10. Bewertung der Arbeit	6.2	1.37	42.4
11. Beschwerden und Klagen	5.4	1.22	31.6

[1] Rangordnung der 11 bewerteten Bereiche; 11 = höchster Rang
[2] Einstufung: 0 = nie, 1 = manchmal, 2 = häufig, 3 = immer

Tab. 1: Wahrgenommene Politisierung organisationaler Prozesse
(nach GANDZ & MURRAY, 1980, S. 242)

lithisches Gebilde ist, sondern daß verschiedene „stakeholders" in das Geschehen eingreifen, um ihren jeweiligen Interessen Geltung und Durchsetzung zu verschaffen, wobei sie alle ein gemeinsames Interesse haben: am Unternehmen beteiligt zu sein, von ihm zu profitieren (bzw. mehr zu profitieren als von alternativen Engagements).

Politisch taktieren, täuschen und verbergen, unter Druck setzen und ködern, Bündnisse schließen und Informationen lenken etc. sind keine Störfälle und Abweichungen vom klaren Pfad der Rationalität, sondern Alltagsrealität. Es geht nicht darum, diese Erscheinungen zu leugnen, zu unterbinden oder gar zu fördern, sondern sie zu kontrollieren. Die in der Abbildung 1 genannten alternativen Steuerungstechniken sind sowohl Begrenzungen des Politischen wie ihr Produkt (denn Vorschriften oder Techniken entstehen nicht aus der Logik der Situation, sondern aus den Interessenwidersprüchen der Beteiligten). Die bestehenden Verhältnisse sind vorübergehende Kompromißbildungen im anhaltenden Vielfrontenkampf um Durchsetzung eigener Ziele.

5. Spezifische Diagnose- und Interventionsinhalte bzw. -techniken als Erfordernis der politischen Perspektive

Interpretiert man das Führungsgeschehen aus einer politischen Perspektive, dann hat das Folgen für die Diagnose und Intervention.

Zur Diagnose: Es werden zur Beschreibung von Führungsbeziehungen und -handlungen andere Themen relevant. Nicht mehr überdauernde Führungsstile oder Indizes für Gruppenzusammenhalt oder -klima werden gesucht; es geht vielmehr um die Identifikation von Machtzentren, die Ableitung von Interessengegensätzen, die Rekonstruktion der eingesetzten (wenngleich verschleierter) Taktiken und Strategien.

Agenten Organe Instanzen	Regeln, Rechte, Vorschriften, Programme Systeme, Institutionen (formelle)	(informelle)	"Sachzwänge", Technologie, Ökologie der Arbeit	Ziele, Pläne Strategien, Projekte	Ressourcenzuteilung (Personal, Budgets, Information)	Werte, Philosophien, Grundannahmen, Ideologien, Ethik	Selbst-Abstimmung in Gruppen, Vereinbarungen, Mikropolitik	personaler Einfluß (Positionsautorität, Charisma)
1. Unternehmensleitung								
2. unvermittelbare(r) Vorgesetzte(r)								
3. Gleichgestellte, Kollegen								
4. Unterstellte (Mitarbeiter)								
5. Untereinheiten (Gremien, Gruppen)								
6. Betriebsrat Sprecherausschuß								
7. organ. Interessenvertretung (Gewerkschaft, Arbeitgeberverbände, Parteien ...)								
8. Unternehmensberater; Anbieter von Soft und Hardware								
9. Markt, Konkurrenz, Konjunktur								
10. Staat, Gemeinde								
11. Gesellschaft, Massenmedien, Öffentlichkeit								
12. Wissenschaft								

Abb. 1: Akteure und Methoden der Handlungssteuerung im Unternehmen

Zur Intervention: Nicht mehr (ausschließlich) authentisches und offenes Kommunizieren, gemeinsames Problemlösen, identitätsstiftende Integrationsmaßnahmen etc. stehen im Mittelpunkt, sondern die Entwicklung einer lebendigen Streitkultur, die Fähigkeit, Interessen zu artikulieren und Konflikte auszutragen, das Beziehen und Verteidigen von „egoistischen" Positionen, die Vereinbarung und Kontrolle von „Spielregeln" usw.

6. Politisches Führen ist situativ, aber keine „situative Führung"

Varianten der Führungstheorie, wie z. B. „situative Führung" sind aus der Sicht eines politischen Ansatzes im doppelten Sinn Rationalisierungsversuche: Sie rationalisieren (technisieren, logisieren, „verkopfen") Prozesse der Macht und Interessendurchsetzung und nehmen ihnen durch den Anschein der Transparenz und Kalkulierbarkeit ihren dynamischen, unberechenbaren, „triebhaften" Charakter. Sie halten fest an der Macher- und Kontroll-Illusion, die glaubt, das Führungsgeschehen als technischen Prozeß optimieren zu können, indem in buchhalterischer Pedanterie für typisierte Situationen erfolgversprechende Stile empfohlen werden. Insofern sind sie eine Schrumpf- und Kümmerform des politischen Ansatzes, denn das Arsenal der Techniken (z. B. Telling, Selling, Participating und Delegating) ist eine kaum begründete, statische und standardisierte Auswahl aus dem Repertoire politischer Taktiken. Zum zweiten wird mit dieser Logifizierung des Politischen Angst abgewehrt. Man fürchtet, unter scheinbar chaotischen, anarchischen und unprogrammierbaren Bedingungen jene Sicherheit und Orientierung zu verlieren, die Voraussetzung ist für den Glauben an die Beherrschbarkeit der Geschehnisse.

Literatur

GANDZ, J. & MURRAY, V. (1980). The experience of workplace politics. in: Academy of Management Journal, 23, 1980, S. 257–251.
KÜPPER, W. & ORTMANN, G. (1988). Mikropolitik. Opladen 1988.
NEUBERGER, O. (1989). Organisationspsychologie am Beispiel von Organisationsentwicklung. In: Augsburger Beiträge zu Organisationspsychologie und Personalwesen, Heft 8, 1989, S. 13–38.
NEUBERGER, O. (1990). Führen und geführt werden. Stuttgart 1990.
SANDNER, K. (1988). Unternehmenspolitik – Politik im Unternehmen. Zum Begriff des Politischen in der Betriebswirtschaftslehre. In K. SANDNER (Hrsg.), Politische Prozesse in Unternehmen. Heidelberg u. a. 1988.

Erika Regnet

Der Weg in die Zukunft – Neue Anforderungen an die Führungskraft

1.   Wichtige Führungseigenschaften aus heutiger Sicht

Gedanken über zukünftige Anforderungen an Führungskräfte müssen ihren Ursprung in der Gegenwart nehmen, die sich beschreiben läßt. In einer dynamischen Welt verändern sich die Anforderungen, denn die Bedeutung einzelner Führungsaspekte hängt von der real existierenden Umwelt ab und ist somit Wandlungen unterworfen. Bevor die möglichen Auswirkungen diskutiert werden können, sind die heute bereits absehbaren Änderungen zu analysieren.

Bereits heute werden hohe Anforderungen an Führungskräfte gestellt: Fundiertes Fachwissen ist eine notwendige, aber längst nicht hinreichende Voraussetzung für den beruflichen Erfolg. Zu den Fachtätigkeiten treten Personalmanagementaufgaben und unternehmensinternes wie -externes Informationsmanagement. Die erfolgreiche Erfüllung dieser Tätigkeiten erfordert eine hohe Selbstmanagementkompetenz der Führungskraft.

Aus vielen Untersuchungen wissen wir, daß der Manageralltag insbesondere gekennzeichnet ist durch:

– hohe verbale Kommunikationsanteile, wenig Zeit für konzeptionelle Arbeiten im Büro
– sehr kurze Arbeitszyklen mit verschiedenartigen Tätigkeiten, Aktivitäten wechseln sich in „bunter Reihenfolge" ab, rund die Hälfte dauert weniger als neun Minuten
– starke Arbeitsverdichtung
– konstanten Zeitdruck
– lange Arbeitszeiten (10-Stundentag als Regel)
– häufige Arbeitsunterbrechungen, daher ein oft ungeplanter Tagesablauf
– starke Handlungsorientierung
– kaum Zeit für reflexive Tätigkeiten.

Diese Arbeitssituation wird von vielen als Streß erlebt (vgl. HOFSTETTER, 1988). Hinzu kommen in den letzten Jahren eine deutlich gestiegene Ergebnisverantwortung und ein damit verbundener Erfolgsdruck – ein Indiz dafür sind die vielen Veröffentlichungen und Kongresse zur leistungsorientierten Bezahlung. Gleichzeitig steigt die Führungsspanne – ein Ergebnis der Verflachung der Hierarchien. Während bisher im mittleren Management vor allem koordinierende Funktionen wahrgenommen wurden, bleibt nun ein hoher Anteil an Fachaufgaben zu erledigen. Darunter leiden häufig die Führungsfunktion sowie strategisch orientierte Aufgaben.

Betrachten wir, welche Veränderungen und daraus resultierend Anforderungen in den nächsten Jahren speziell auf Führungskräfte zukommen. Die Diskussion wird dabei auf heute bereits absehbare Trends bezogen, die sich durch Untersuchungen fundieren lassen.

Von Interesse sind diese Überlegungen in zweierlei Hinsicht: Welche Anforderungen werden an die Führungskräfte herangetragen und welches Führungskräftepotential sollte ein Unternehmen besitzen bzw. entwickeln, um auch mittelfristig wettbewerbsfähig und erfolgreich zu sein?

2. Veränderungen und deren Implikationen

Die Arbeitswelt der Zukunft wird an alle Beschäftigten neue Anforderungen stellen. Insbesondere Führungskräfte müssen sich mit den daraus ableitbaren Implikationen auseinandersetzen, weil sie die sich ergebenden Prozesse zu initiieren und aktiv zu steuern haben.

2.1 Veränderungen

Für die Zukunft sind folgende Änderungen zu erwarten bzw. bereits absehbar:

Zunehmende Komplexität der Arbeitsabläufe / technologische Veränderungen
Die Produktentwicklung vollzieht sich immer schneller, und die Produktlebenszyklen werden immer kürzer. Neue Prozeßtechnologien erfordern motivierte und mehrfach qualifizierte Mitarbeiter sowie interdisziplinär und eng kooperierende Arbeitsgruppen mit einem mobilen, innovationsfreudigen Management (vgl. WALTON & SUSMAN, 1987). Neue Kommunikationssysteme ermöglichen zeitsparende Informationswege und lassen erhöhten Infomationsaustausch realisierbar werden (vgl. auch den Beitrag von REICHWALD und MÖSLEIN in diesem Band).

Inzwischen können wir eine umfassende Technisierung der Arbeitsplätze konstatieren, die u. a. zu einer engeren Verzahnung von Produktions- und Bürobereichen führt.

Zunehmende Komplexität der Umwelt
Man nimmt an, daß Umweltturbulenzen zukünftig häufiger und mit höherer Intensität auftreten (GERKEN, 1989) sowie stärkere Auswirkungen auf die hochtechnisierte und arbeitsteilige Gesellschaft haben. Deshalb reichen isolierte Betrachtungen, die Systemzusammenhänge vernachlässigen, nicht länger aus. Gleichzeitig haben Fehlentscheidungen schlimmere Folgen − dies haben verschiedene Unternehmenskrisen der letzten Zeit drastisch vor Augen geführt.

Halbwertzeit des Wissens
Die Halbwertzeit des Wissens, d. h. die Zeit, in der die Hälfte des einmal Gelernten veraltet ist, wird immer kürzer. Dies gilt weniger für Schulwissen und die Berufsqualifikation − was allerdings weniger auf deren Qualität als vielmehr auf die Vermittlung von theoretischem Wissen sowie von grundlegenden Gesetzmäßigkeiten zurückzuführen ist. Je spezieller dagegen das Fachwissen wird, um so schneller veraltet es auch wieder. In besonderem Maße trifft dies für Technologie- und DV-Wissen zu.

Konkurrenz- und Kundenorientierung
Leistungsprogramme verschiedener Konkurrenten werden homogener und die Differenzierung von der Konkurrenz wird dadurch immer schwieriger. Gleichzeitig verlangen anspruchsvollere Nachfrager in zunehmendem Maße speziell zugeschnittene Lösungen für ihre Probleme. Daraus ergibt sich eine Herausforderung für Führungskräfte, die nur durch Kreativität und Mut zu Unkonventionellem gemeistert werden kann.

Flachere Hierarchien

Flexiblere Organisationsformen mit kundennahen und dezentralen Entscheidungswegen werden flächendeckend eingeführt. Die geforderte flexible Führung findet ihren Niederschlag in flacheren Hierarchien (vgl. POSTH, 1989) und in einer Aufsplittung in kleinere Einheiten, einzelne Profit Centers bzw. Business Units. Die operativen Entscheidungen werden nach unten verlagert (WALTON & SUSMAN, 1987), das Mittelmanagement droht arbeitslos zu werden. Gefragt ist dann in noch stärkerem Maße als heute der „Intrapreneur", der Unternehmer im Unternehmen. Flachere Hierarchien führen naturgemäß auch zu einer Verringerung der Statusdifferenzen. Gleichzeitig gewinnen neue Formen der Arbeitsorganisation, insbesondere das Projektmanagement (vgl. den Beitrag von HEINTEL und KRAINZ, in diesem Band) an Bedeutung.

Internationalisierung

Um bei der zunehmenden Globalisierung des Wettbewerbs mithalten zu können, benötigen die Unternehmen international erfahrene Manager. Sprachkenntnisse und Mobilitätsbereitschaft allein reichen da nicht aus. Wichtiger sind geistige Flexibilität und Sensibilität für fremde Kulturen, Verhaltens- und Denkweisen. International operierende Unternehmen sehen sich zudem vor die Aufgabe gestellt, Werthaltungen bei allen Mitarbeitern auf einen gemeinsamen Nenner zu bringen (vgl. HOFMANN & REGNET, i.V.).

Wertewandel

Früher hochgeschätzte Tugenden wie Disziplin, Ordnung, Gehorsam, Pünktlichkeit haben in den letzten zwanzig Jahren an Bedeutung verloren. Heute sieht ein Großteil der Bevölkerung den Beruf nicht länger als Pflicht – der Absolutheitsanspruch der Arbeitsethik hat sich überlebt (vgl. den Artikel von STENGEL: Wertewandel, in diesem Band). Im Gegenzug dehnt sich der Wunsch nach sinnvoller Beschäftigung und Selbstverwirklichung von der Freizeit auf die Arbeit aus. Dies führt zu höheren Ansprüchen der Mitarbeiter an die Qualität ihres Arbeitslebens; die als sinnlos erlebte Arbeit wird in Frage gestellt, nicht die Arbeit an sich. Dies ist nicht gleichzusetzen mit einer Leistungsverweigerung. Im Gegenteil: Leistung und „viel Geld verdienen" haben in den 90er Jahren wieder an Bedeutung gewonnen, sie reichen allerdings noch nicht an die hedonistische Grundeinstellung heran, die weiterhin dominiert. „Die heutige Generation der Berufstätigen will offensichtlich alles haben: Spaß und Geld, Ideen und Leistung" (OPASCHOWSKI, 1989, S. 11).

Überdies ist zu bedenken, daß gewandelte Werte der heutigen Jugend im Jahre 2010 die Normalkultur darstellen werden – erwartete „Korrektur durch Vernunft" ist nichts anderes als das Wunschbild älterer Generationen (GERKEN, 1989).

In den *neuen Bundesländern* ergeben Umfragen ein etwas anderes Bild: hier haben die sogenannten materialistischen Werte wie Ordnung, Sicherheit und vor allem Wirtschaftswachstum (noch) mehr Bedeutung. Dies läßt sich nicht zuletzt durch eine „Defizitorientierung" – was man nicht hat, erscheint besonders wichtig – erklären. Darüber hinaus fällt auf, daß im Ost-West-Vergleich sowohl Umweltschutz als auch soziale Gerechtigkeit, Solidarität, Selbstverwirklichung, aber auch Sitte und Moral sowie Leistung in den neuen Bundesländern geringer bewertet werden (FEIST, zitiert nach WOYKE, 1993).

Partizipation der Mitarbeiter

Nicht zuletzt dieser Wertewandel bewirkt verstärkte Partizipationswünsche der Mitarbeiter. Es wird nicht länger nur gehorcht, man will auch wissen, warum. Gleichzeitig ist die Einbeziehung der Mitarbeiter, insbesondere hochqualifizierter Spezialisten, in Planungs- und Entscheidungsprozesse eine Notwendigkeit. Denn das Fachwissen wird spezieller, die Führungskraft kann immer weniger der „beste Fachmann der Gruppe" sein. Außerdem erhöht ein partizipatives Vorgehen in der Planungsphase die Akzeptanz bei der Realisierung. Voraussetzung sind allerdings Loyalität und eine hohe (Eigen-)Motivation der Mitarbeiter (vgl. den einführenden Artikel von v. ROSEN-STIEL: Grundlagen der Führung).

Arbeitsmarktentwicklung
Für die 90er Jahre wurde früher ein Fehlen von Fach- und Führungskräften prognostiziert. Bedingt durch die Wirtschaftskrise und den drastischen Personalabbau in vielen Unternehmen stellt sich die Situation augenblicklich anders dar: Es gibt viele Bewerber um eine freie Stelle, insbesondere bei den Hochschulabsolventen; inzwischen haben wir mehr Studenten als Lehrlinge (1995 standen 1,58 Millionen Auszubildenden 1,84 Millionen Studenten an deutschen Hochschulen gegenüber; Quelle: Statistisches Jahrbuch 1997); auf der anderen Seite bestehen in kleinen und mittelständischen Unternehmen und handwerklichen Berufen Schwierigkeiten, geeignete Auszubildende zu finden; andererseits ist zur Zeit generell verstärkt eine Nicht-Übernahme nach Ausbildungsabschluß zu beobachten.

Trotz hoher Arbeitslosenzahlen ist nicht zu übersehen, daß der „Pillenknick" inzwischen zum Tragen kommt: zwischen 1986 bis 1993 verringerte sich die Zahl der jährlichen Schulabgänger um 30% (Quelle: Institut der deutschen Wirtschaft, 1/1994). Klar ist, daß Qualität und Motivation der Mitarbeiter zu einem immer wichtigeren Wettbewerbsfaktor werden. Deshalb wird eine Hauptaufgabe des Personalmanagements für die nächsten Jahre darin gesehen, qualifizierte und engagierte Mitarbeiter für das Unternehmen zu gewinnen und trotz geringerer Aufstiegschancen zu halten.

Gleichzeitig wünschen immer mehr Mitarbeiter – nicht nur Frauen, die Kinder zu versorgen haben – eine Reduzierung der Arbeitszeit (vgl. den Beitrag von STRÜMPEL u. a., in diesem Band). Hier werden zukünftig mehr Flexibilisierungsstrategien vonnöten sein, die – phantasievoll eingesetzt – nicht nur den Bedürfnissen der Mitarbeiter entgegenkommen, sondern darüber hinaus die Unternehmenseffizienz steigern (vgl. den Beitrag von HOFF, in diesem Band).

2.2 Implikationen

Es zeichnet sich ab, daß sich im Tätigkeitsfeld einer Führungskraft Schwergewichtsverlagerungen ergeben werden:

– Anstelle des „besten Fachmanns" wird ein Koordinator gesucht, der Vorgesetzte wird zum Moderator und Berater seiner Gruppe. Die fachliche Führung der einzelnen Mitarbeiter ist weniger möglich und weniger nötig. Um Neuerungen zu finden und durchzusetzen wird eher ein Generalist, der es gewohnt ist, interdisziplinär zu denken, benötigt. Dies muß natürlich einen Niederschlag in der Personalentwicklung finden, „Schornsteinkarrieren" (vgl. POSTH, 1989) in einem Fachbereich und an einem Standort sind für die Entwicklung eines breiten Horizonts nicht ausreichend.

– Einheitliche und exakte Vorstellungen über die Verwendung neuer Informations- und Kommunikationstechniken sind zwar rar, doch zeichnet sich durchaus eine durch diese Techniken bedingte zeitliche Entlastung der Führungskräfte ab. Einzelne Kontrollfunktionen, wie z.B. die Kontrolle der Arbeitszeit, sind in großem Umfang mechanisiert. Gleichzeitig wird Informationsmanagement zu einer besonders wichtigen Führungsaufgabe.
– Mehr Zeit und Energie wird für die menschliche Führung der Mitarbeiter benötigt. Fragen der Zusammenarbeit und der Kommunikation mit anderen, internen und/oder externen Abteilungen erfordern einen steigenden Führungsaufwand; mehr Menschenkenntnis ist erforderlich.

Bedingt durch die Automatisierung entfallen vor allem unqualifizierte Arbeiten und Routinetätigkeiten. Es stehen also mehr Zeit und Informationen zur Verfügung, um verantwortungsvolle Tätigkeiten zu übernehmen. Dadurch steigt die Chance, eigenverantwortlich Entscheidungen am Arbeitsplatz zu treffen.

3. Zukünftiges Anforderungsprofil

Um in einer sich ändernden Welt mit einer sich ändernden (Führungs-)Rolle zurechtzukommen, sind zusätzliche Anforderungen an den Manager, die Managerin zu stellen (vgl. WOLFF & GÖSCHEL, 1985; BERTHEL, 1992).

Teamarbeit

Die zunehmende Interdependenz sowie die Komplexität der Aufgaben bringen interdisziplinäres Denken und Arbeiten, z.B. in (Projekt-)Gruppen, mit sich. Die Grenzen zwischen Abteilungen, Funktionen, auch Kompetenzen im Unternehmen verschwimmen – nicht zuletzt durch die oben angesprochenen neuen Informationstechniken. Auch neue Prozeßtechnologien erfordern eng zusammenarbeitende Teams. Mit (teil-)autonomen Arbeitsgruppen werden in der Produktion schon seit Jahren gute Erfahrungen gemacht. (Teamfördernde und teamstörende Verhaltensweisen sind bei JOCHUM: „Laterale" Führung und Zusammenarbeit, in diesem Band, dargestellt.)
    Vermehrte Teamarbeit bietet verschiedene Chancen: Bei einem engen Gruppenzusammenhalt identifizieren sich die einzelnen Gruppenmitglieder stärker mit den Ergebnissen, was sich u.a. in reduzierten Fehlzeiten und geringeren Fluktuationsraten niederschlägt. Gleichzeitig hofft man, Synergien zu erreichen, denn bei guter Kooperation sind Informationsfluß und Fehlerdiagnose besser, die Motivation ist erhöht. Verschiedene Führungsaufgaben können der Gruppe übertragen werden (z.B. Planung der An- und Abwesenheiten). Jedoch müssen Mitarbeiter für diese Arbeitsformen oft erst ‚fit' gemacht werden.

Motivation in Krisenzeiten

Qualifizierte Mitarbeiter lassen sich langfristig nicht mit „Zuckerbrot und Peitsche" motivieren. Wichtiger ist die Überzeugungskraft der Führenden, ihr Vorbild, der

Übereinstimmungsgrad zwischen Reden und Handeln. Motivation ist bei den neuen Ansprüchen der Basis vor allem durch Mitwirkung, durch Einbezug in Entscheidungsprozesse und Veränderungsmaßnahmen zu erzielen (vgl. v. ROSENSTIEL et al., 1987). Nur mitwissende Mitarbeiter können mitdenkende und mitentscheidende Mitarbeiter sein.

Genauso wichtig ist die Selbstmotivation, da gerade von der Führungskraft visionäres Management und Innovationen gefordert werden.

In flacheren Strukturen stehen weniger Positionen für einen vertikalen Aufstieg zur Verfügung. Wie kann eine Karriere in einer schlanken Organisation aussehen? Statt eines schnellen Aufstiegs in die institutionelle Führungsmacht stehen neue, gleichfalls anspruchsvolle Positionen zur Verfügung, in denen zwar Führungsfunktionen wahrgenommen werden müssen, ohne jedoch die bisherige Statusmacht dauerhaft verliehen zu bekommen. In diesem Zusammenhang sind insbesondere zu nennen:

- Projektmanagement – hier erhält der einzelne Projektverantwortung, muß dazu Projektmitarbeiter/-innen aus verschiedenen Funktionsbereichen und Hierarchieebenen koordinieren, ohne jedoch disziplinarische Befugnisse zu erhalten
- Teamleitung (s. o.)
- Führungspositionen auf Zeit – entweder zur Entwicklung des Führungsnachwuchses oder aufgrund der schnellen Veränderungen werden einzelne Führungsaufgaben nur befristet besetzt, danach erfolgt eine Rotation auf eine weitere Führungsaufgabe oder aber zurück in die Linie.

Eine weitere Möglichkeit, Mitarbeitern/-innen auch in flachen Organisationen Perspektiven aufzuzeigen, sind alternative Laufbahnstrukturen. Hierbei erhalten Spezialisten und Fachkräfte in besonders wichtigen Positionen zunehmend mehr Verantwortungs- und Entscheidungsspielraum und häufig auch einen entsprechenden Status/Titel, nicht dagegen eine eigene Abteilung oder Gruppe. Weiteres Personal wird deshalb nicht aufgebaut. Fachwissen kann aber so im Haus gehalten und als Center of Competence ausgebaut werden (vgl. den Beitrag von DOMSCH „Personalplanung und Personalentwicklung").

Gefordert wird immer wieder der Intrapreneur im Unternehmen (PINCHOT, 1988), also derjenige, der eigenverantwortlich und aktiv wie ein selbständiger Unternehmer handelt, gleichzeitig aber dem Unternehmen gegenüber loyal ist. Was nicht funktioniert ist, in bürokratischen Organisationen über Jahre hinweg diejenigen zu befördern, die am wenigsten Fehler machen und am besten zur Organisation passen und schließlich von diesen so sozialisierten Organisationsmitgliedern Unternehmertum zu erwarten, wenn sie eine bestimmte hierarchische Position erreicht haben. Auch selbständiges Agieren muß frühzeitig gelernt und zugelassen werden. Eine Fehler tolerierende und innovationsfreudige Unternehmenskultur ist deshalb eine unverzichtbare Voraussetzung, will man Unternehmertum im Unternehmen fördern.

Lebenslanges Lernen

Kontinuierliche Weiterqualifikation ist eine Anforderung an alle Organisationsmitglieder. Dies betrifft die Führungskräfte selbst, da sie sonst zwar aktuelle Macht, jedoch nur veraltetes Wissen besitzen. Gleichzeitig findet bei dieser Gruppe erst ein langsames Umdenken statt, nämlich dahin, daß auch das Top-Management weiterhin dazu lernen muß. Fortbildung ist kein einmaliger und dann abgeschlossener Vorgang.

Aus der Gerontologie wissen wir, daß Menschen bis ins hohe Alter leistungs- und lernfähig bleiben können (schwerwiegende Erkrankungen ausgeschlossen), soweit sie ihr Gehirn kontinuierlich trainiert haben. Auch Lernen will gelernt sein.

Die gesamte Unternehmung muß sich zur *lernenden Organisation*, die schnell auf Veränderungen reagieren kann, wandeln (vgl. SATTELBERGER, 1991).

Interkulturelle Managementfähigkeiten

Um in einem globalen Markt international erfolgreich zu sein, reicht es nicht aus, mehrsprachige Mitarbeiter/-innen zu beschäftigen. Interkulturelle Kompetenz bedeutet vielmehr eine Sensibilität für fremde Kulturen und die Flexibilität, sich im Verhalten und der Kommunikation auf andere Personen einstellen zu können. Trotz eines Angebots an guten Vorbereitungskursen geht aber noch immer mancher Manager mit notdürftigen Sprachkenntnissen ins Ausland; auf interkulturelle Schulungen verzichten viele Unternehmen aus Zeit- und Kostengründen ganz. Oft muß dann später Lehrgeld bezahlt werden (vgl. den Beitrag von DOMSCH und LICHTENBERGER „Internationaler Personaleinsatz").

Da Auslandseinsätze für Unternehmen teuer und risikoreich sind – viele werden vorzeitig abgebrochen – und zudem immer weniger Fach- und Führungskräfte die Mobilität anstreben, empfiehlt es sich, diese zeitlich nach vorne zu verlagern. Immer mehr Hochschulen bieten z.B. die Möglichkeit, Auslandssemester bzw. Auslandspraktika im Rahmen des Studiums zu absolvieren. Eine weitere Möglichkeit besteht für Unternehmen darin, relativ junge Organisationsmitglieder ins Ausland zu entsenden – hier sind die Transferkosten geringer und die Bereitschaft der einzelnen (da meist noch keine familiären Verpflichtungen bestehen) höher.

Partizipation

Nicht zuletzt der in der Gesellschaft stattgefundene Wertewandel bedingt Partizipationswünsche der Mitarbeiter/-innen. Verstärkt wird dies durch das generell gestiegene Bildungsniveau. Gleichzeitig ist gerade der Einbezug von Spezialisten zur Aufgabenoptimierung unerläßlich. Außerdem reduziert eine frühzeitige Information in der Planungsphase Widerstände bei der späteren Umsetzung, da die einzelnen ihre Vorstellungen miteinbringen konnten.

Qualifizierte und selbstbewußte Mitarbeiter/-innen lassen sich langfristig nicht mit Druck motivieren. Wichtiger ist die Überzeugungskraft des/der Vorgesetzten, das von ihr/ihm täglich erlebte Vorbild. Motivation ist vor allem durch Mitwirkung, durch Einbezug in Entscheidungs- und Veränderungsprozesse zu erreichen.

Allerdings steht einer hohen Anspruchserwartung auf Seiten der Mitarbeiter/-innen, was beruflichen Aufstieg, Gehalt, Arbeitsinhalte, Freiräume etc. betrifft, nicht zwangsläufig ein entsprechendes Leistungs- und Arbeitsverhalten gegenüber. Dies erfordert hohe Sensibilität von den Führungskräften, die bei großer Erwartungshaltung, aber geringeren Belohnungsmöglichkeiten dauerhaft eine hohe Motivation und Leistungsniveau erreichen sollen.

Kreativität

Nicht mehr die vorschriftsgemäße Aufgabenerledigung steht im Vordergrund, sondern das kreative Problemlösen. Kreatives Handeln bedeutet auch, Freiräume zuzulassen, um Neues auszuprobieren, Fehler zu machen und aus ihnen zu lernen, Risiken einzugehen. Auch das „Management of change" erfordert Kreativität; Reparatur-Management alleine reicht nicht aus, „Innovation wird zur Führungsaufgabe" (vgl. GERKEN, 1984).

Kommunikative Kompetenz

Die Führungskraft der Zukunft befiehlt nicht mehr, sondern ist eine Persönlichkeit, die die Mitarbeiter durch kommunikative Kompetenz sowie eigenes Vorbild motivieren und begeistern kann. Sie ist dann nicht nur fachlicher Ansprechpartner, sondern auch für das Betriebsklima und die Arbeitsfreude der Mitarbeiter verantwortlich. Außerdem darf Kommunikation keine Einbahnstraße von oben nach unten in der Hierarchie sein. Immer mehr Unternehmen gehen deshalb dazu über, in mehr oder weniger institutionalisierter Form Feedback der Mitarbeiter für ihre Vorgesetzten zu provozieren (hierzu eignet sich z.B. der Fragebogen zur Vorgesetzten-Verhaltens-Beschreibung, FVVB, von FITTKAU-GARTHE & FITTKAU, vgl. auch den Artikel von COMELLI: Teamentwicklung, in diesem Band).

Konfliktmanagement

Die kommunikative Kompetenz wird auch für die „Ent-"Störung schwieriger Situationen benötigt. Man spricht vom „Konfliktmanager", dessen Hauptaufgabe darin besteht, Spannungen auszugleichen und ein „Konfliktoptimum" für Innovation und Wandel auszunützen. Voraussetzung dafür ist eine Stabilität der eigenen Persönlichkeit mit hoher Belastungsfähigkeit.

Systemisches, ganzheitliches Denken und Flexibilität

Möchte man schlecht determinierte Probleme strukturieren und auch unbeabsichtigte bzw. unerwünschte Folgen und Nebenwirkungen abschätzen, dann ist ein ganzheitlicher Denkansatz notwendig.

Und gerade hier haben viele, wenn nicht die meisten Menschen, ein Manko. DÖRNER (1981) stellte bei seinen Untersuchungen „über die Schwierigkeit menschlichen Umgangs mit der Komplexität", der bekannten Computersimulation der Stadt Lohhausen, folgende Hauptfehler fest:

(1) Mangelhafte Berücksichtigung von zeitlichen Abläufen; Entwicklungstendenzen interessieren nicht, beachtet wird nur der Status quo;
(2) Schwierigkeiten im Umgang mit exponentiellen Entwicklungen, die häufig falsch eingeschätzt werden;

Eigenschaften	Insgesamt		Europa		USA		Japan	
	1988	2000	1988	2000	1988	2000	1988	2000
Analytisches Denkvermögen	71,8	76,3	69,8	75,0	73,5	75,8	79,3	87,0
Loyalität	80,8	75,5	80,0	75,5	81,5	75,5	85,5	79,5
Kreativität	69,5	82,5	68,8	82,5	70,5	81,7	76,5	93,8
Intelligenz	79,3	84,0	77,3	82,0	82,3	86,0	78,3	79,5
Ethische Grundsätze	84,0	86,0	77,0	79,8	90,0	92,0	77,8	78,3
Konservative Einstellung	51,3	41,3	43,5	34,0	58,8	48,3	41,5	32,8
Planerisches Geschick	64,8	73,8	63,3	73,8	66,3	73,3	65,5	70,3
Fitneß	66,0	74,0	67,0	74,3	65,5	73,3	80,3	87,3
Fähigkeit zur Teamarbeit	63,8	70,8	66,3	71,5	60,5	70,0	69,8	65,8
Risikofreude	63,8	73,0	64,5	71,5	64,0	74,3	71,8	82,3
Aufgeschlossenheit	70,5	81,0	73,3	80,0	67,8	80,3	80,8	92,8
Förderung von Mitarbeitern	70,8	81,7	69,8	81,7	69,8	81,0	77,3	85,0
Fähigkeit, Anregungen zu geben	69,5	84,3	69,8	84,3	69,0	84,3	78,3	82,7
Tatkraft	77,3	82,3	74,3	78,8	79,3	84,5	81,5	82,3
Begeisterungsfähigkeit	78,0	84,0	76,0	82,7	78,3	85,3	83,7	82,3

(Quelle: Korn/Ferry; Karriere, 21.7.1989)

(Relevanz-Grad:
0 = unwichtig,
100 = sehr wichtig)

Tab. 1: Der ideale Manager im Jahre 2000

(3) Denken in Kausalketten statt in -netzen, beachtet werden gewöhnlich nur die Haupteffekte, nicht aber (unbeabsichtigt) auftretende Nebenfolgen.

Da komplexe Systeme immer unbestimmt sind, ist flexibles Reagieren vonnöten. Ziel muß es sein, mit der Komplexität umzugehen.

Interessanterweise taucht in einer Studie von KORN/FERRY INTERNATIONAL (vgl. Tabelle 1), für die über 1500 Führungskräfte aus 20 Ländern befragt wurden, diese wichtige Eigenschaft überhaupt nicht auf. Daraus kann man ableiten, daß hier bei den Führungskräften noch kein Problembewußtsein besteht.

Ethische Grundsätze zählen heute und zukünftig zu den wichtigsten Managereigenschaften. Dazu gehört in immer stärkerem Maße die Berücksichtigung ökologischer Entwicklungen, oder – wie GERKEN (1989) das pointiert ausdrückt – aus Managern müssen Ökologen werden.

„Klassische" Anforderungen

Darüber hinaus bleiben klassische Anforderungen wie Intelligenz, analytisches Denkvermögen, überdurchschnittliche Einsatzbereitschaft, Loyalität und Begeisterungsfähigkeit erhalten. Examens- und Schulnoten werden dagegen weiterhin an Bedeutung verlieren, genauso wie die Wahl der Studienrichtung oder das fachliche Spezialwissen (aufgrund der schnellen Veralterung). Auch Tugenden wie Ordnungsliebe und Pünktlichkeit haben etwas an Gewicht eingebüßt, die Familienherkunft ist inzwischen fast bedeutungslos (vgl. BRIAM, 1987).

BERTHEL (1992) befragte Führungskräfte aus dem F & E-Bereich nach den für sie wichtigsten Qualifikationen und erhielt ähnliche Ergebnisse: An erster Stelle wurde interdisziplinäres Denken und Handeln genannt. Weitere Schwerpunkte legten die Befragten auf unternehmerisches, strategisches und konzeptionelles Denken und Handeln, auf die „klassischen" Managementfähigkeiten der Mitarbeiterführung und -motivation, auf Kommunikation und Information, auf Kreativität für neue Lösungen sowie Marktorientierung (incl. Wettbewerbskenntnis und technologischem Vorausdenken).

Grundsätzlich läßt sich sagen, daß neben die Fach- und Managementkompetenz immer mehr die Forderung nach sozialen Fähigkeiten (Kommunikations- und Teamfähigkeit etc.) und nach Selbstkontroll-Kompetenz (vgl. den Beitrag von Comelli: Qualifikation für Teamarbeit) als Basisqualifikation für Fach- und Führungskräfte tritt. Natürlich werden die oben genannten, in Zukunft wohl verstärkt geforderten Fähigkeiten nicht alle gleichzeitig und immer benötigt – der situative Aspekt ist zu berücksichtigen (vgl. den Artikel von v. Rosenstiel: Grundlagen der Führung). Es gibt wohl nur wenige Super-Männer und -Frauen, die dieses Profil für sich verbuchen dürfen. Doch die Zukunft wird sicherlich hohe Anforderungen an die Persönlichkeit und Menschenführung stellen.

Um so bedenklicher ist, daß nach einer Umfrage des Instituts der deutschen Wirtschaft bei 200 westdeutschen Unternehmen beim Führungsnachwuchs (hier untersucht BWL-Studenten) z. T. drastische Defizite konstatiert werden (Konegen-Grenier & Schlaffke, 1994). So beklagen

– 42% fehlende soziale, kommunikative Fähigkeiten
– 42% den zu geringen Praxisbezug des Studiums
– 32% einzelne Kompetenzdefizite
– 28% überzogene Karriereerwartungen der jungen Leute
– 13% fehlende Leistungsmotivation und gleichfalls
– 13% theoretisch-analytische Mängel.

Anforderungen und Leistungsangebot drohen auseinanderzuklaffen. Gewünscht werden von den Befragten der zitierten Studien denn auch eine stärkere Verzahnung von Theorie und Praxis und die Vermittlung von Sozial- und Methodenkompetenz an den Hochschulen.

4.   Personalsuche und Personalentwicklung

Es stellt sich nun die Frage, wie man die ideale Führungskraft der Zukunft findet bzw. wie man die benötigten Anforderungen ausbilden kann. Wie findet man Personen mit einer „Mischqualifikation aus Intelligenz und Emotionalität" (Sarges, 1989)?

Generell ist es sinnvoll, die Suchperspektive zu erweitern: Eine Chance besteht darin, bei Personalengpässen auf die bisher nur wenig genutzten Ressourcen der Geistes- und Sozialwissenschaftler zurückzugreifen. Verfahren zur (Früh-) Erkennung des Managementpotentials werden augenblicklich erforscht (vgl. z. B. Weinert, 1990).

Häufig wird behauptet, Frauen besäßen aufgrund ihrer Erziehung die geforderten Kriterien in besonders ausgeprägtem Maße und hätten von daher einen Wettbewerbsvorteil. Inwieweit Frauen tatsächlich kommunikativer, sensibler, flexibler und kreativer sind, bleibt allerdings im Spekulativen. Vergleichsstudien an weiblichen und männlichen Managern zeigen kein geschlechtsabhängiges Führungsverhalten (vgl. Domsch & Regnet, 1990).

Insgesamt bleibt festzuhalten, daß die Aus- und Weiterbildung stärker verhaltensorientiert werden muß, d.h. problemorientierte Trainingsmethoden, Plan- und Rollenspiele umfassen sollte (vgl. HOFMANN & REGNET, 1994). Es geht dabei nicht nur um Wissensvermittlung, sondern stärker um die Entwicklung der Lernfähigkeit, der Lernmotivation und von Problemhandhabungsmöglichkeiten. Bei der Persönlichkeitsbildung sind die Veränderungsmöglichkeiten allerdings viel enger gesteckt als bei einer rein kognitiven Wissensvermittlung (vgl. den nachfolgenden Artikel von v. ROSENSTIEL: Entwicklung und Training von Führungskräften). Neue Perspektiven eröffnen Formen individualisierter Personalentwicklung und verstärktes On-the-job-Training, das Wissen gezielt erweitert. Gerade in Krisenzeiten ist die Qualifikation erfolgsentscheidend. Und gerade hier werden Fortbildungsveranstaltungen, die über die rein fachliche Wissensvermittlung hinausgehen, z.T. drastisch gekürzt. Dabei sollte gerade der *Persönlichkeitsentwicklung* (vgl. den entsprechenden Artikel von LINNEWEH & HOFMANN, in diesem Band) besondere Aufmerksamkeit gewidmet werden.

Wird Personalentwicklung als ureigenste Führungsaufgabe wirklich ernst genommen, so ist hier jede Führungskraft gefordert, die Weiterbildungsbemühungen der Mitarbeiter zu initiieren und zu unterstützen. Die Führungskraft selbst muß stärker zum „Coach" des Mitarbeiters werden (vgl. den entsprechenden Artikel von BÖNING, in diesem Band).

Literatur

BERTHEL, J. (1992). Führungskräfte-Qualifikation (Teil II). In: Zeitschrift für Organisation, 5, 1992, S. 279–286.

BRIAM, K. H. (1987). Welche Auswirkungen haben neue Technologien auf die Anforderungsprofile und Führung der Angestellten von morgen? In H. KNEBEL & E. ZANDER (Hrsg.), Neue Arbeitswelt und Neue Führungsorganisation. Freiburg i. Br. 1987.

DOMSCH, M. & REGNET, E. (Hrsg.). (1990). Weibliche Fach- und Führungskräfte – Wege zur Chancengleichheit. Stuttgart 1990.

DÖRNER, D. (1981). Über die Schwierigkeiten menschlichen Umgangs mit der Komplexität. In: Psychologische Rundschau, 32, 1981, S. 165–179.

GERKEN, G. (1986). Der neue Manager. Freiburg i. Br. 1986.

GERKEN, G. (1989). Die Trends für das Jahr 2000. Düsseldorf u. a. 1989.

HOFMANN, L. M. & REGNET, E. (1994). (Hrsg.). Innovative Weiterbildungskonzepte. Göttingen 1994.

HOFMANN, L. M. & REGNET, E. (i.V.) (Hrsg.). Personalmanagement in Europa. Göttingen, in Vorbereitung.

HOFSTETTER, H. (1988). Die Leiden der Leitenden. Köln 1988.

KONEGEN-GRENIER, C. & SCHLAFFKE, W. (1994). (Hrsg.). Praxisbezug und soziale Kompetenz. Hochschule und Wirtschaft im Dialog. Kölner Texte & Thesen Nr. 20, Deutscher Institutsverlag. Köln 1994.

OPASCHOWSKI, H. W. (1989). Wie arbeiten wir nach dem Jahr 2000? Hamburg 1989. BAT Freizeit – Forschungsinstitut.

PINCHOT, G. (1988). Intrapreneuring. Der Mitarbeiter als Unternehmer. Wiesbaden 1988.

POSTH, N. (1989). Prognose „Personal" für das kommende Jahrzehnt. Darstellung aus Sicht der Wirtschaft. In: Personal, 4, 1989, S. 134–136.

ROSENSTIEL, L. v., EINSIEDLER, H. E., STREICH, R. K. & RAU, S. (Hrsg.). (1987). Motivation durch Mitwirkung. Stuttgart 1987.

SARGES, W. (1989). Managementdiagnostik. In: Personalführung, 7, 1989, S. 708–711.

SATTELBERGER, T. (Hrsg.). (1991). Die lernende Organisation. Wiesbaden 1991.

WALTON, R. E. & SUSMAN, G. I. (1987). Personalmanagement in der Fabrik der Zukunft. In: Harvard manager, 4, 1987, S. 60–68.

WEINERT, A. B. (1990). Geschlechtsspezifische Unterschiede im Führungs- und Leistungsverhalten. In M. DOMSCH & E. REGNET (Hrsg.), Weibliche Fach- und Führungskräfte – Wege zur Chancengleichheit. Stuttgart 1990.

WOLFF, G. & GÖSCHEL, G. (1985). Führung 2000. Der Weg in die Zukunft. Frankfurt a.M. 1985.

WOYKE, W. (1993). Staatliche Einheit geglückt – gesellschaftliche Einheit läßt auf sich warten. In L. v. ROSENSTIEL et al. (Hrsg.), Wertewandel – Herausforderung für die Unternehmenspolitik in den 90er Jahren. S. 139–156. 2. Auflage. Stuttgart 1993.

Lutz von Rosenstiel

Entwicklung und Training von Führungskräften

1. Bedeutung von Führung
2. Wo kann man Defizite vermuten?
3. Wie lassen sich die Trainingsmaßnahmen ordnen?
4. Was soll gelehrt und gelernt werden?
5. Konkretisierung der Lernziele
6. Bestimmung des Lernumfeldes
7. Methoden während des Trainings
8. Wie sichert man die Übertragung des Gelernten in die Praxis?
9. Überprüfung der gewählten Maßnahmen

Nahezu alle Unternehmen in den westlichen Industrienationen suchen die Qualifikation ihrer Führungskräfte zielgerecht zu verbessern. Dabei werden allerdings sehr unterschiedliche Wege beschritten. In manchen Organisationen ist es die Regel, daß Führungskräfte spätestens nach drei Jahren neue Aufgaben übernehmen, um auf diese Weise ihren Horizont zu erweitern; andere fordern von ihrem Führungsnachwuchs, aber auch von „gestandenen" Führungskräften, gezieltes Selbststudium; wieder andere entsenden ihre gesamte Führungsmannschaft zu internen und externen Seminaren; einige wenige gehen dazu über, den nächsthöheren Vorgesetzten zu verpflichten, unterstellte Führungskräfte zu entwickeln und zu fördern („coaching" – vgl. den entsprechenden Artikel von BÖNING, in diesem Band).

Auch Intensität und Systematik der Entwicklungsmaßnahmen streuen von Unternehmen zu Unternehmen stark. In einigen z. B. besuchen die Führungskräfte zweimal im Jahr ein Seminar, in anderen nur eines innerhalb von fünf Jahren. In manchen ist die Folge der besuchten Seminare systematisch auf künftige Aufgaben hin strukturiert, in anderen erfolgt die Entsendung weitgehend nach dem Zufallsprinzip.

Wie immer man aber die Führungskräfteentwicklung betreibt, sie ist teuer. Warum wird hier investiert? Dies sei in den nächsten Abschnitten begründet.

1. Bedeutung von Führung

In einer arbeitsteiligen Gesellschaft, innerhalb derer in den Organisationen die Aufgaben zunehmend komplexer werden, kommt der Führung eine hohe Bedeutung zu. Führung hat dabei zwei grundsätzlich unterschiedliche Komponenten. Innerhalb einer Organisation – sei es ein Industriebetrieb oder eine Behörde – erfolgt Führung zum einen weitgehend unabhängig von Personen durch strukturale Gegebenheiten. In diesem Sinne läßt sich das Fließband in der Produktion eines Automobilherstellers als Führungsmaßnahme interpretieren, die einem jeden Arbeiter exakt vorschreibt, was er wann auf welche Weise zu tun hat. Das Bemühen, derartige Formen der Steuerung des Verhaltens aller Organisationsmitglieder über Formalisierung und Standardisierung der Abläufe zu perfektionieren, also für jeden Arbeitsschritt schriftliche detaillierte Vorgaben zu haben, läuft – zu Ende gedacht – auf das Ziel hinaus, die Person des Vorgesetzten überflüssig zu machen.

Jeder, der die Praxis kennt, weiß, daß dieses Ziel nicht erreichbar ist. Der Vorgesetzte als Person ist weit mehr als der „Lückenbüßer der Organisation". Er hat im Rahmen der durch die Organisation vorgegebenen strukturalen Begrenzungen und verwaltungsmäßigen Vorschriften die wichtige Aufgabe, das Verhalten anderer Personen, meist der hierarchisch unterstellten, zielbezogen zu beeinflussen (vgl. v. ROSENSTIEL, MOLT & RÜTTINGER, 1988). Je höher ein Vorgesetzter in der Hierarchie gelangt, desto häufiger stößt man auf den Umstand, daß er die Aufgaben der ihm unterstellten qualifizierten Mitarbeiter im Detail kaum noch kennt und zu beurteilen weiß. Hier wird die Vorgesetztentätigkeit mehr und mehr zur Koordination der Spezialisten (ausführlich im einführenden Artikel dieses Bandes: Grundlagen der Führung).

2. Wo kann man Defizite vermuten?

Werden nun künftige Vorgesetzte im Zuge ihrer Ausbildung, in der Lehre, in der Fachschule, Fachhochschule oder Universität systematisch auf ihre Führungsaufgaben vorbereitet? Lernen sie, andere Menschen erfolgreich zielbezogen zu beeinflussen? Sind sie darauf vorbereitet worden, selbstbewußte Spezialisten, qualifizierte Fachleute auf ihrem Gebiet, zielgerecht zu koordinieren, ohne selbst den Anspruch erheben zu können, im Detail mehr zu wissen als die ihnen Unterstellten?

Wohl kaum. Künftige Führungskräfte erlernen ein Fachgebiet, sie sind Techniker, Verwaltungsfachleute oder Betriebswirte, sie haben Ingenieur-, Natur-, Wirtschafts-, Sozial-, Verwaltungs- oder Rechtswissenschaften studiert. Dadurch mögen sie auf diesen Fachgebieten gute Kenntnisse erworben haben. Wie man jedoch mit anderen Menschen umgeht, wie man fachübergreifend denkt, koordiniert, strategisch Entwürfe hin auf die Zukunft entwickelt, all dies kam in der Regel zu kurz. Es war nicht Gegenstand der Ausbildung, muß also zum Zentrum der Fort- und Weiterbildung werden. Hieraus ergibt sich die Einsicht, daß Training von Führungskräften wichtig ist.

Dies wird in den meisten großen Organisationen moderner Industriegesellschaften auch gesehen. Fast alle großen Unternehmen der Wirtschaft suchen – wie einleitend gesagt –, ihre Führungskräfte zu entwickeln, entsenden sie zu Trainingsveranstaltungen oder führen selbst in eigener Verantwortung solche durch. Mittelständische Unternehmen beginnen zunehmend, ihnen zu folgen.

Was ist nun dabei zu beachten? Nachfolgend sei knapp skizziert, wie man derartige Maßnahmen ordnen kann, wie sich der Trainingsbedarf ermitteln läßt, wie sich Lernziele formulieren lassen, wie man vorgeht, um sachgerecht das Lernumfeld und die Lehrmethoden zu bestimmen, wie man sicherstellt, daß das Gelernte auch in der Praxis genutzt wird, und wie man schließlich prüft, ob das, was man erreichen wollte, auch erreicht wurde.

3. Wie lassen sich die Trainingsmaßnahmen ordnen?

Wenn man sich auf einem komplexen Feld zurechtfinden möchte, gezielt über Detailprobleme sprechen will, dann braucht man ein Ordnungsschema, ein Raster (v. ROSENSTIEL, 1989).

Dies gilt auch für Trainingsmaßnahmen für Führungskräfte. Es gibt hier verschiedene Gesichtspunkte, die bei der Klassifikation berücksichtigt werden können und dann in der Konsequenz zu einem mehrdimensionalen Schema hinführen (STOCKER-KREICHGAUER, 1978; v. ROSENSTIEL, 1992). An welche Aspekte sollte man denken?

3.1 Ziel der Maßnahmen

Hier ist vor allem zu beachten die Verbesserung der:

(1) *motorischen Fertigkeiten,* beispielsweise dann, wenn Vorgesetzte die Handhabung moderner Bürotechnologie erlernen, etwa den Umgang mit einem PC oder mit der Electronic-Mail.

(2) *kognitiven Kompetenzen,* wodurch es dem Führenden möglich werden soll, den gegenwärtigen und künftigen Anforderungen seiner Aufgabe durch intellektuelle Bewältigung gerecht zu werden. Wenn z.B. das Arbeitsrecht oder Verwaltungsvorschriften modifiziert werden, dann müssen Vorgesetzte auf den konkreten Umgang damit vorbereitet werden. Allerdings geht es hier nicht nur um das Wissen, sondern auch um Einstellungen und Überzeugungen.

(3) *interpersonalen Fähigkeiten,* was sich unmittelbar aus den Tätigkeitsanforderungen an Führungskräfte ableiten läßt, deren Arbeitszeit ja durch den Umgang mit anderen Menschen, d.h. durch Gespräche mit Mitarbeitern, Kollegen und Vorgesetzten, durch Teilnahme an Besprechungen und Konferenzen, durch Verhandlungen mit Lieferanten und Kunden oder Bürgern bestimmt ist.

3.2 Ort der Maßnahmen

Hier ist vor allem danach zu differenzieren, ob in der Organisation selbst – im Extremfall in den üblichen Arbeitsräumen – oder außerhalb, z.B. in einem Seminarhotel, trainiert wird. Je nach dem Ziel der Veranstaltungen gilt es zu überlegen, welche Argumente für und welche gegen „Training on the Job", internes oder externes Seminar sprechen.

3.3 Merkmale der zu Trainierenden

Hier ist vor allem danach zu unterscheiden, welcher hierarchischen Ebene die Führungskräfte entstammen, aber auch danach, ob es sich um technische oder naturwissenschaftliche, um kaufmännische oder Verwaltungsführungskräfte handelt, oder auch danach, ob einschlägige Vorkenntnisse vorhanden sind oder nicht.

3.4 Methoden des Trainings

Hier läßt sich beispielsweise danach differenzieren, ob Vortrag, Lehrgespräch, Fallstudie, Rollenspiel, Diskussion eigener Problemfälle oder individuelle Beratung (Coaching) im Vordergrund stehen.

4. Was soll gelehrt und gelernt werden?

Es ist unmittelbar einleuchtend, daß nicht trainiert werden sollte, was nicht notwendig erscheint. Die Trainingsinhalte sollten sich aus dem ergeben, was aus der Interessenlage der Organisation oder des einzelnen erforderlich ist, wobei im günstigsten Falle beides zugleich gilt.

Ein konkretes abschreckendes Beispiel: Auf Initiative eines aktiven Bildungsbeauftragten wurden alle Führungskräfte einer größeren Organisation zu einem einwöchigen, extern durchgeführten Entscheidungstraining entsandt. Diese Organisation war allerdings von den Strukturen und der Unternehmenskultur her sehr zentralistisch, d.h. alle Entscheidungen zog die oberste Führungsebene an sich und entschied fast ohne Mitwirkung der nachgeordneten Ebenen. Nachdem nun alle Führungskräfte im Rahmen der Trainingsveranstaltung Kompetenz in verschiedenen Formen des Entscheidens – Einzelentscheidung, Entscheidung nach Beratung, Gruppenentscheidung – erworben sowie die verschiedenen Phasen des Entscheidungsprozesses kennengelernt und geübt hatten, wie z. B. Entscheidungsvorbereitung, Abwägen von Alternativen, Entscheiden, Entscheidungsdurchsetzung, kamen sie in die Organisation zurück und wollten anwenden, was sie erlernt hatten. Sie hatten aber dazu nach wie vor keine Chance und waren entsprechend verärgert und frustriert. Das Erlernte sollte also für die Praxis wichtig sein und dort benötigt werden.

Will man ganz generell – abgesehen vom konkreten Einzelfall – erste Vermutungen darüber anstellen, was wohl benötigt wird, so sind zwei Überlegungen hilfreich: (1) Im allgemeinen sind die Anforderungen an Führungskräfte je nach hierarchischer Ebene unterschiedlich. Zum einen steigen sie mit dem Aufstieg, zum anderen ändert sich aber auch der relative Anteil der wichtigsten Aufgaben (Abbildung 1).

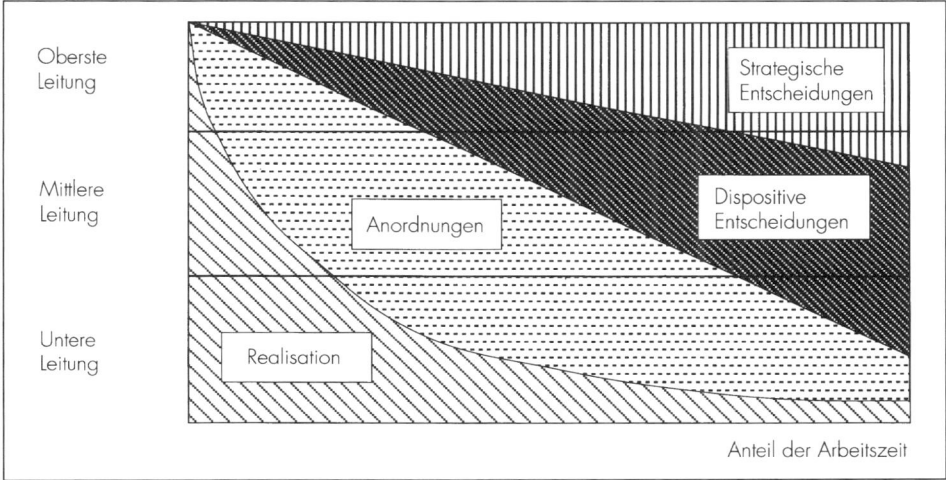

Abb. 1: Das Verhältnis zwischen Entscheidungs- und Realisationstätigkeit in Abhängigkeit von der hierarchischen Ebene (GROCHLA, 1980, S. 66)

Man erkennt, daß bei Führungskräften der untersten Ebene die Realisation das höchste relative Gewicht hat. Dazu kommen aber bereits wesentlich die Anordnungen, die interpersonale Anforderungen einschließen, d. h. die Tätigkeiten der unterstellten Mitarbeiter müssen koordiniert und die Fachkontakte zu den Kollegen auf gleicher Ebene im Sinne der gemeinsamen Zielerreichung aufrechterhalten werden. Die Anforderungen an die Dispositionskompetenz und das strategische Denken sind demgegenüber relativ gering.

Steigt man nun in der Hierarchie, so sieht man, daß zunächst der relative Anteil der Anforderungen an die interpersonale Kompetenz – die an die Anordnungen gebunden ist – im Vordergrund steht, um schließlich der großen Bedeutung der Disposition und des strategischen Denkens zu weichen. Vereinfacht ausgedrückt folgt daraus: Führungskräfte der unteren Ebene müssen vor allem den aktuellen Stand ihres Fachgebietes beherrschen und entsprechend geschult werden; darüber hinaus sollte ihre interpersonelle Kompetenz, ihre Fähigkeit zum Umgang mit anderen Menschen entwikkelt werden. Dieser letztgenannte Aspekt steht im Zentrum von Trainingsmaßnahmen für Führungskräfte der mittleren Ebene. Die Bedeutung derartiger Trainingsformen geht für Führungskräfte der höchsten Ebene zurück. Hier sollte es um die Entwicklung dispositiver Entscheidungsfähigkeit und der Kompetenz zum langfristigen strategischen Denken gehen.

(2) Führt man sogenannte „Time Budget"-Studien an Führungskräften durch, d. h. analysiert man, womit sie ihre Zeit verbringen, so sind 60 bis 95 % der Kommunikation gewidmet, wenn man diese weit versteht, d. h. als Gespräch mit anderen Menschen in der Zwei- oder Mehrpersonensituation, als Teilnahme an Konferenzen, als Telefonieren oder Nutzen moderner Kommunikationssysteme, als Lesen oder Erstellen von Schriftgut. Selbstverständlich ist diese Kommunikation nicht leer, es geht um Inhalte, die auf unteren Ebenen häufig in Fachlichem, auf höheren Ebenen häufig in Strategischem bestehen. Die Inhalte in Kommunikation umzusetzen, das allerdings muß spezifisch gelernt werden und dürfte entsprechend einen Schwerpunkt für Trainingsmaßnahmen darstellen.

Derartige Überlegungen bilden jedoch nur einen allgemeinen Orientierungshinweis. Im Einzelfall muß der Trainingsbedarf konkreter analysiert werden. Dafür sind drei wichtige Wege zu unterscheiden: die Organisationsanalyse, die Arbeitsanalyse und die Personenanalyse.

4.1 Analyse der Organisation

Aus den kurz-, mittel- und langfristigen Zielen der Organisation, aus den Analysen der organisationstypischen Abläufe, wie sie standardisiert oder formalisiert sind oder sich aus aktuellen Beobachtungen ergeben, läßt sich ableiten, welche Kompetenzen die Führungskräfte in einer solchen Organisation benötigen. Aber auch allgemeine Entwicklungstrends, die auf die Organisation zukommen, geben hier wesentliche Aufschlüsse. Man denke beispielsweise an die Fusion zweier Betriebe, woraus sich ergibt, daß die Führungskräfte Inhalte auf dem jeweils neuen Gebiet erwerben müssen. Man denke daran, daß Mitarbeiter in die Organisation eintreten, die es künftig zu führen gilt und mit denen man bislang keine Erfahrungen sammeln konnte, z. B. Ausländer aus anderen Staaten der Europäischen Gemeinschaft oder junge Menschen mit veränderten Werthaltungen. Man kann auch daran denken, daß sich durch modifizierte gesetzliche Rahmenbedingungen die Arbeitsschwerpunkte der Organisation ändern oder neue Akzente erhalten, wie dies z. B. für viele Unternehmungen aufgrund neuer Bestimmungen des Arbeitsschutzes, des Arbeitsrechts oder des Umweltrechts zu beobachten ist.

4.2 Analyse der Arbeit

Konkret am Arbeitsplatz von Führungskräften einer bestimmten Ebene oder am Arbeitsplatz eines Vorgesetzten, der mit spezifischen Aufgaben betraut ist, läßt sich durch geeignete Beobachtungs- oder Befragungsmethoden feststellen, was gefordert wird. Sind häufig Gespräche mit dem Betriebs- oder Personalrat erforderlich? Müssen Verträge mit Lieferanten abgeschlossen werden? Müssen oft reklamierenden Kunden für sie nachteilige Entscheidungen mitgeteilt und erläutert werden? Ist der Umgang mit modernen Kommunikationsmitteln zunehmend erforderlich?

Derartige Analysen können die Basis für spezifische Trainingsprogramme einer ganz bestimmten Führungsebene der Organisationen oder auch für individualisierte Maßnahmen sein.

4.3 Analyse der Person

Der Aspekt läßt sich allerdings auch modifizieren. Man betrachtet nicht den Arbeitsplatz in seinen von der jeweiligen Person abstrahierenden Anforderungen, sondern man setzt sich damit auseinander, wie die Person die Anforderungen bewältigt. Hilfreich ist hier die Methode der kritischen Ereignisse (FLANAGAN, 1954); d. h. man analysiert, was der einzelne besonders gut und was er besonders schlecht macht. Eine derartige Analyse der Stärken und Schwächen bis hin zu einer detaillierten Fehleranalyse gibt Aufschluß darüber, wo im individuellen Fall Schwächen durch gezieltes Training ausgeglichen werden sollten. Derartige Analysen, die die Grundlage für die Abschätzung des Trainingsbedarfs abgeben, können „objektiv", d. h. von Experten auf der Grundlage von Befragungen und Beobachtungen vorgenommen werden, sie können aber auch – und das ist der in der Praxis vorherrschende Fall – auf „subjektiver" Basis erfolgen, d. h. die Führungskräfte werden danach gefragt, welche Trainingsinhalte ihnen für ihre Aufgabenerfüllung wichtig erscheinen und welche sie persönlich besonders interessieren.

Bei der *Erhebung des Bildungsbedarfs* sollte man Organisations-, Arbeits- und Personenanalysen in sinnvoller Weise kombinieren und neben den objektiven auch die subjektiven Wege nutzen, und sei es, um die Akzeptanz des Bildungsangebotes zu erhöhen. Leider sieht die Praxis häufig ganz anders aus (vgl. NEUDECKER, 1986). Der für die Bildungsmaßnahmen Verantwortliche, dessen Ansehen und Karriere vom Erfolg und Image der von ihm verantworteten Maßnahmen abhängen, denkt nicht selten nur in zweiter Linie an die von der Aufgabe her zu verstehenden Ziele der Organisation und die des einzelnen. Er fällt seine Entscheidungen daher oft in dem Sinne, daß er einen Referenten einlädt, der nur deshalb bei den Teilnehmern so gut ankommt, weil er „spannend" zu erzählen weiß, nette Anekdoten kennt und so hübsch Witze zum besten geben kann. Er sucht Themen aus, die gerade Mode sind. Er entscheidet sich für Trainingsmethoden, die innovativ und aufregend erscheinen, obwohl sie zur Vermittlung der wichtigen Ziele ungeeignet sind. Möglicherweise sind die Teilnehmer auch begeistert. Man spricht über die Trainingsveranstaltung, aber kaum über das, was dort an Wesentlichem vermittelt wurde. Der Bildungsbeauftragte hat seiner Karriere gedient, aber nicht der Organisation und nicht den weiterzubildenden Führungskräften.

5. Konkretisierung der Lernziele

Nach der Erhebung des Trainingsbedarfs sollten die Lernziele präzisiert werden. Dabei gilt, daß

– diese konkret und prägnant formuliert werden,
– eine Formulierung gewählt wird, die eine Kontrolle des Erfolgs nach Ablauf der Trainingsmaßnahmen ermöglicht und
– sie von Lehrenden und Lernenden in gleicher Weise verstanden wird.

Dafür ein Beispiel: „Ein Kritikgespräch mit einem direkt unterstellten Mitarbeiter so führen können, daß der zu kritisierende Tatbestand dem Mitarbeiter unzweifelhaft klar wird und zugleich seine Motivation gestärkt wird, es künftig besser zu machen." Klar formulierte Lernziele haben mehrere Vorteile:

— *Orientierung:* Lehrende und Lernende wissen, worum es geht, was auf sie zukommt.
— *Motivation:* Wer ein klares Ziel vor Augen hat, ist motivierter, es zu erreichen, als wenn er nicht weiß, „wohin die Reise geht".
— *Erfolgserlebnis:* Wer das Ziel kennt, kann dies erreichen und ein Erfolgserlebnis daraus ableiten. Wer das Ziel nicht kennt, weiß ja nicht, ob er angekommen ist.

6.   Bestimmung des Lernumfeldes

Wer Führungskräfte trainiert oder für die Gestaltung von Trainingsmaßnahmen verantwortlich ist, sollte sich nicht nur darüber Gedanken machen, was gelernt wird, sondern auch, unter welchen Bedingungen dies geschehen soll. Die äußeren Rahmenbedingungen tragen nicht selten in erheblichem Maße zum Erfolg bei. Hier soll das unter zwei Aspekten und damit keineswegs mit dem Ziel der Vollständigkeit skizziert werden.

6.1   Wo sollte man das Training durchführen?

Wer Trainingsmaßnahmen für Führungskräfte plant, steht u.a. vor der Überlegung, ob dies unmittelbar am Arbeitsplatz, in spezifisch dafür vorgesehenen Räumen der Herkunftsorganisation oder an einem externen Ort, z.B. in einem abgelegenen Seminarhotel, erfolgen soll. Diese Frage ist nicht generell zu beantworten, sondern es hängt – wie meist – auch hier von spezifischen Rahmenbedingungen ab. Selbstverständlich ist jeweils zu prüfen, ob am vorgesehenen Ort die methodischen und didaktischen Hilfsmittel vorhanden und einsetzbar sind, die man benötigt. Ein noch so schönes und ruhiges Hotel mit hervorragender Küche und freundlicher Bedienung scheidet aus, wenn nur ein Vortragssaal vorhanden ist, aber keine Gruppenräume zur Verfügung stehen, falls als Methode an die Bearbeitung konkreter Fälle gedacht wird. Sieht man von derartigen Überlegungen ab, so läßt sich grundsätzlich folgende Empfehlung geben:

Training unmittelbar am Arbeitsplatz des Führenden ist dann zu empfehlen, wenn individuelle Beratung letztlich der Kernpunkt der Maßnahme ist. Klagt der Führende z.B. darüber, daß er sich bei der Arbeit nicht konzentrieren kann, daß er häufig abgelenkt wird, daß er nicht systematisch arbeiten kann oder mit der ihm zur Verfügung stehenden Zeit nicht auskommt, so ist es durchaus wünschenswert, wenn der Trainer – nun in der Rolle eines Beraters – an den Arbeitsplatz des Führenden kommt. Viele Fragen wird er nämlich nur dann beantworten können, wenn er konkret sieht, unter welchen Bedingungen der Ratsuchende seinen Aufgaben nachgeht.

Seminarräume in der Organisation selbst, nahe am Arbeitsplatz, sind fast stets ein wenig befriedigender Kompromiß. Es läßt sich nur schwer verhindern, daß wegen „wichtiger" Angelegenheiten einzelne Seminarteilnehmer die Veranstaltung kurzfristig verlassen, die Sekretärin „wichtige" Schreiben zur Unterschrift hineinbringt etc. Zudem sollte man bedenken, daß bei mehrtägigen Veranstaltungen ein wichtiger Teil der Nacharbeit „informell" während der Mahlzeiten und abends an der Bar oder am Kamin erfolgt. Bei Seminarräumen in der Nähe des Arbeitsplatzes aber gehen die Teilnehmer in aller Regel nach Hause, so daß die eben erwähnte positive Nebenwirkung entfällt. Akzeptieren sollte man arbeitsplatznahe Seminarräume nur dann, wenn durch erhebliche Disziplin der Teilnehmer und ihres sozialen Umfeldes die Störungen auf ein Minimum reduziert sind und wenn wegen der Thematik des Seminars die informelle Nacharbeit am Abend kein konstituierender und gewichtiger Bestandteil der Veranstaltung ist. Das sei am Beispiel gezeigt: Geht es um die Vermittlung aktuellen arbeitsrechtlichen Wissens, so ist eine Veranstaltung in Räumen durchaus akzeptabel, die dem Arbeitsplatz und damit auch der heimatlichen Wohnung nahe sind. Geht es allerdings in einem verhaltensorientierten Seminar darum, daß sich die Teilnehmer untereinander Feedback geben, um Selbstbild und Fremdbild einander anzugleichen, so kommt eigentlich nur ein externer Ort in Frage.

Als *externer Seminarort* soll hier ein solcher verstanden werden, der möglichst fern vom Arbeitsplatz und der heimatlichen Wohnung liegt – ganz gleich, ob er nun im Besitz der entsendenden Organisation ist oder nicht. Kennt man den vorgeschlagenen Ort nicht genau, so ist er vom verantwortlichen Gestalter der Trainingsmaßnahme sorgfältig zu prüfen. Entsprechen die Räumlichkeiten dem Seminarziel? Ist die „Küche" flexibel, d. h. ist man bereit, sich in bezug auf die Mahlzeiten nach den Bedürfnissen der Seminardynamik zu richten, oder muß man die Seminarzeiten den Vorgaben der Küche anpassen? Stehen geeignete didaktische Hilfsmittel zur Verfügung; besteht die Möglichkeit, Ergebnisse von Diskussionsrunden oder spontanen Arbeitsgruppen zu kopieren, etc.? Ist all dieses positiv beantwortbar, so ist ein externer Seminarort um so empfehlenswerter, je länger die Trainingsmaßnahme dauert und je stärker sie in das Persönliche eines jeden Führenden geht. Für Maßnahmen, durch die die Kommunikation in bestehenden Gruppen oder Einstellungen und Verhaltensweisen einzelner Führungskräfte verändert werden sollen, sollte man einen externen Ort vorsehen. Es kann dabei zusätzlich vor Störungen schützen, wenn jedes Telefongespräch von zu Hause oder aus dem Büro ein Fern- oder gar Auslandsgespräch wird.

6.2   Wer sollte die Entwicklungsmaßnahmen gestalten?

Auch das soziale Umfeld bestimmt den Lernerfolg wesentlich mit. Wie man sich hier entscheidet, hängt auch zentral von den Lernzielen ab. Dies gilt zum einen für die Person des zu Trainierenden als auch für die Zusammensetzung der Seminarrunde. Sollte man – falls überhaupt vorhanden – mit einem internen oder einem externen Trainer arbeiten? In aller Regel gilt, daß externe erfahrene Trainer, die ja auch Besonderheiten aus anderen Organisationen kennen, von den Teilnehmern eher akzeptiert werden als interne. Je höher also der zu trainierende Kreis hierarchisch angesiedelt ist, desto eher ist an einen „Externen" zu denken. Allerdings wird er häufig dadurch in seinen Aussagen relativiert, daß die zu trainierende Runde ihm „im Prinzip" recht gibt, jedoch darauf verweist, daß seine Forderung wegen der speziellen hier gegebenen Bedingungen nicht umsetzbar sei. Um dieses auf ein vernünftiges Maß zu reduzieren, ist es ratsam, wenn ein Seminarbegleiter des Unternehmens, der nicht nur Trainer ist, sondern zugleich erfahrener Linienvorgesetzter, als Co-Moderator dabei ist. Das „Gespann" interner plus externer Moderator ist also dann besonders günstig, wenn der externe durch vielfältige Erfahrungen qualifiziert ist und der interne durch seine Position, die nicht hierarchisch unter der der Seminarteilnehmer liegt, mit Akzeptanz rechnen darf.

6.3 Wer sollte mit wem am Seminar teilnehmen?

Vier sinnvolle und erwägenswerte Alternativen seien angesprochen:

(1) Ein Vorgesetzter und die ihm direkt unterstellten Mitarbeiter; diese Form, das Training der „Organisationsfamilie", ist dann anzuraten, wenn das Ziel der Maßnahmen „Problemlösung vor Ort" ist. Die Arbeitsweise ist dann zu empfehlen, wenn alle Beteiligten seminarerfahren sind, wenn Offenheit und Vertrauen herrschen und relativ angstfrei über konkrete Probleme der Zusammenarbeit gesprochen werden kann. Der große Vorteil liegt darin, Beschlüsse – weil sie ja vor „Zeugen" getroffen worden sind – einen hohen Grad von Verbindlichkeit haben und unmittelbar kontrolliert werden können.

(2) Veranstaltungen mit Vertretern verschiedener hierarchischer Ebenen aus einer Organisation, wobei allerdings darauf geachtet wird, daß keine direkten Unterstellungsverhältnisse im Seminar repräsentiert sind. Der Nachteil dieser Trainingsform besteht häufig darin, daß – je nach Ebene – unterschiedliche Interessen und Probleme bestehen. Allerdings ist der Vorteil darin zu sehen, daß ein gleiches Problem – aus der Perspektive einer bestimmten Ebene betrachtet – jeweils unterschiedlich aussieht und die andere Personengruppe dies dann erfahren kann. Da direkte Unterstellungsverhältnisse nicht gegeben sind, kann relativ offen und angstfrei darüber diskutiert werden.

(3) Führungskräfte einer Ebene, die alle aus einer Organisation stammen; bei dieser Besetzung kann ein sehr offenes und partnerschaftliches Gespräch geführt werden. Man fühlt sich weder „von oben" kontrolliert, noch „von unten" beobachtet. Abhängigkeiten sind relativ schwach ausgeprägt. Der Nachteil ist dagegen darin zu sehen, daß die einzelne Führungskraft – z.B. bei der Darstellung eigenen Führungsverhaltens – sehr selektiv positive Dinge in den Vordergrund rücken kann, ohne durch direkt Unterstellte, die es besser wissen, kontrolliert zu sein, und daß zukunftsgerichtete Willenserklärungen – wiederum wegen der genannten Unkontrolliertheit – meist unverbindlich bleiben.

(4) Externe Seminare mit Vorgesetzten aus ganz verschiedenen Organisationen; diese Seminarform ist dann empfehlenswert, wenn man vor allem auch von den anderen Seminarteilnehmern Anregungen erhalten soll. Dabei können sich bei dem einen oder anderen „Scheuklappen" lösen; er erfährt, wie andere ein ähnliches Problem bearbeiten und damit erfolgreich sind. Besonders positiv sind unter dieser Perspektive Seminare zu sehen, bei denen Führungskräfte der Wirtschaft und der öffentlichen Verwaltung gemeinsam geschult werden und dadurch miteinander ins Gespräch kommen.

7. Methoden während des Trainings

Geht es um die Vermittlung von Wissen, soll beispielsweise die aktuelle Interpretation des Betriebsverfassungsgesetzes den zu schulenden Führungskräften nahe gebracht werden, so empfehlen sich inhaltsorientierte Techniken, wie z.B. der Vortrag mit

Diskussion oder die Lektüre, wobei das Gelesene nachträglich gemeinsam diskutiert werden sollte.

Geht es dagegen darum, eigene Einstellungen oder Verhaltensweisen zu modifizieren, so sind prozeßorientierte Techniken vorzuziehen. Gedacht werden kann hier an Gruppenübungen bis hin zum gruppendynamischen Training, das jedem Teilnehmer die Chance gibt, von anderen unmittelbar „Feedback" zu erhalten, weiterhin an Unternehmensplanspiele, an die gemeinsame Bearbeitung von Problemfällen, die der eigenen Führungssituation ähnlich sind, an Rollenspiele oder Diskussionen darüber, wie das Gelernte auf die eigene Situation übertragen werden kann. Besonders hilfreich ist es, wenn die Teilnehmer selbst – Offenheit unter den Seminarteilnehmern vorausgesetzt – eigene Probleme zur Diskussion stellen, über die entweder in der Gruppe gesprochen wird oder die von jeweils anderen im Rollenspiel simuliert werden. Nicht selten ist es für den, der das Problem einbrachte, dann von hohem Informationswert, wie andere in relativ unbefangener Weise mit dem Problem umgehen.

Innerhalb eines mehrtägigen Seminars werden in aller Regel inhalts- und prozeßorientierte Techniken einander abwechseln.

8. Wie sichert man die Übertragung des Gelernten in die Praxis?

Ein vieldiskutiertes Problem des Führungstrainings besteht darin, daß zwar einerseits in der Trainingsveranstaltung relevantes Wissen erworben und Verhaltenskompetenzen ausgebildet werden, daß jedoch diese in der Praxis dann kaum angewandt werden. Transfer, die Übertragung von der Trainings- in die Praxissituation, fand nicht statt. Was sind die Gründe?

8.1 Grundvoraussetzungen des Lerntransfers von Führungstraining

Um die Gründe für die Übertragung des Gelernten in die Praxis verständlich zu machen, sollte man bedenken, daß menschliches Verhalten – auch Führungsverhalten – nicht nur von der Person, sondern auch von der Situation abhängt. Differenziert man dies weiter, so ergibt sich ein Bild, wie es Abbildung 2 zeigt.

Man erkennt, daß das Verhalten auf der Seite der Person geprägt wird durch
- persönliches Wollen und
- individuelles Können.

Bedeutsame Situationsgrößen sind dagegen
- das soziale Dürfen und
- die situative Ermöglichung.

Wer in der Trainingssituation etwas erlernt hat und auch von dessen Nutzen überzeugt ist, kann möglicherweise beim Versuch, dies in die Praxis umzusetzen daran scheitern, daß das trainierte Verhalten den formellen oder informellen Normen der

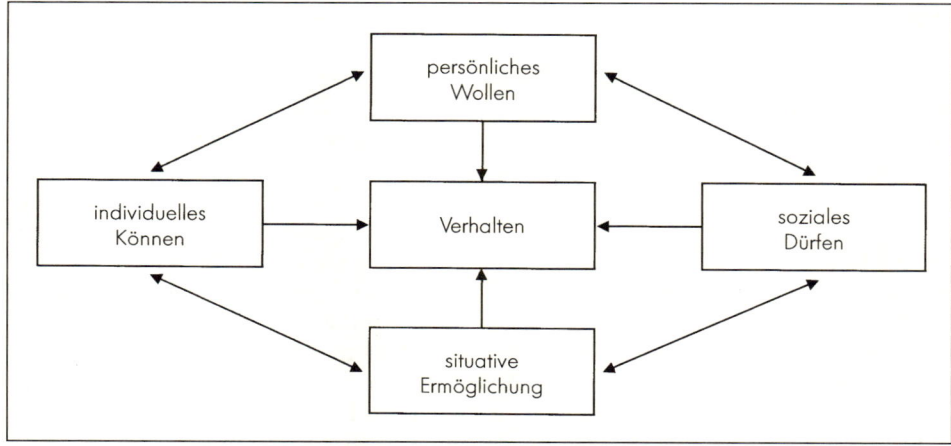

Abb. 2: Bedingungen des Verhaltens

Organisation widerspricht oder daß Zeit- oder Raumbegrenzungen ihm die Umsetzung verbieten.

Soll Transfer des Gelernten stattfinden, so muß der für die Trainingsmaßnahme Verantwortliche sich auch überlegen, ob das Trainingsziel mit den geschriebenen und ungeschriebenen Zielen der Organisation übereinstimmt und ob die harten, äußeren Rahmenbedingungen der Organisation die Umsetzung überhaupt zulassen (s. Punkt 4). Man kann den Mißerfolg eines Trainings kooperativen Führungsverhaltens leicht prognostizieren, wenn man weiß, daß es stets die autoritären Vorgesetzten sind, die von der nächsthöheren hierarchischen Ebene geschätzt werden und die dann auch in der Organisation Karriere machen.

8.2   Prinzipien der Transfersicherung

Will man Lerntransfer ermöglichen, so sollte man darüber hinaus an folgendes denken (vgl. WEINERT, 1987):

- Zwischen den Trainingsinhalten und den Motiven der Teilnehmer, die sie zur Mitarbeit bewegen, sollte eine sinnvolle Beziehung erstellt werden. – Die neu gelernten Verhaltensweisen sollten aktiv praktiziert werden.
- Über die Resultate der Trainingsübung sollte sofort Feedback im Sinne der Information und der Verstärkung gegeben werden.
- Die Lerninhalte sollten über kürzere oder längere Zeitspannen als verteiltes oder konzentriertes Lernen geboten werden.
- Es sollten Gelegenheiten geschaffen werden, in denen Konflikte bearbeitet und beseitigt werden können, die sich aus dem Widerspruch zwischen neu erlernten Verhaltensweisen und bestehenden Einstellungen und Gewohnheiten ergeben.
- Individuelle Unterschiede zwischen den Trainingsteilnehmern sollten berücksichtigt werden und zwar im Hinblick auf Trainingsinhalte und Trainingsmethodik.
- Die Übertragung des Gelernten auf die Arbeitssituation sollte gewährleistet sein und darüber nach einem kurzen Erfahrungszeitraum diskutiert werden.

8.3 Beispiele für Transfersicherung

Drei Beispiele für Trainingskonzeptionen, mit deren Hilfe – wie empirisch gezeigt - Lerntransfer gesichert wurde, seien knapp vorgestellt. In Anlehnung an LEUPOLD (1984) kann man – freiwillige Kooperation des Führenden und der Geführten vorausgesetzt – wie folgt vorgehen (Kasten 1).

---

1. Beschreibung des Verhaltens des Vorgesetzten durch Geführte (anonym) mit dem Führungsverhaltensbeschreibungsbogen (vgl. dazu den einführenden Artikel des Autors: Grundlagen der Führung).
2. Auswertung der Items und Skalen auf Mittelwert und Streuung. Vergleich der Ergebnisse der außerbetrieblichen und innerbetrieblichen Normwerte. Visualisierung.
3. Workshop von Vorgesetzten und Mitarbeitern unter Leitung eines Moderators. Präsentation der visualisierten Ergebnisse. Gemeinsame Analyse und Diagnose.
4. Gemeinsame Erarbeitung eines Aktionsplanes für die nahe Zukunft für Vorgesetzte und Geführte.
5. Nach 6 bis 12 Monaten erneute Beschreibung des Vorgesetztenverhaltens mit Hilfe des zuvor eingesetzten Beschreibungsbogens.
6. Workshop II: Vorher-Nachher-Vergleich der Befragungsergebnisse. Gemeinsame Analyse.

Kasten 1: Darstellung einer Trainingskonzeption

THORNTON (1980) hat ein Trainingskonzept vorgeschlagen, dessen Weiterentwicklung zu einem Bausteinsystem führt, bei dem in ökonomischer Weise bei geringen Trainerstunden viele Teilnehmer zu konkreten Übungen kommen, die auch das Verhalten am Arbeitsplatz modifizieren. Einen solchen Baustein (z.B. zum Thema Kritikgespräch) zeigt Kasten 2.

---

1. Vortrag über richtiges und falsches Verhalten beim Kritikgespräch und mögliche erwünschte und unerwünschte Folgen (ca. 20 Minuten);
2. Modell-Lernen: Videofilm: „gutes" Kritikgespräch – „schlechtes" Gespräch (ca. 20 Minuten);
3. Übung im Plenum: Rollenspiel: Kritikgespräch mit gemeinsamer Videoanalyse (ca. 40 Minuten);
4. Übungen in Kleingruppen à drei Personen: drei Rollenspiele zum Kritikgespräch, gemeinsame Analyse in der Kleingruppe (ca. 120 Minuten);
5. Erfahrungsaustausch im Plenum (ca. 45 Minuten);
6. Übungen in Kleingruppen à drei Personen: drei Rollenspiele zum Kritikgespräch mit gemeinsamer Analyse (ca. 120 Minuten);
7. Erfolgsabschätzung durch Vergleich Rollenspiel I – Rollenspiel II (ca. 30 Minuten);
8. Abschlußplenum (ca. 30 Minuten).

Kasten 2: Trainingsbaustein zum Thema Kritikgespräch

BERTHOLD et al. (1980) entwickelten ein Trainingskonzept, bei dem jeweils zu einem begrenzten Lernziel ein halbtägiges Training erfolgte, dessen Transfer in der Folgewoche gesichert werden sollte (Kasten 3).

---

1. Subjektive Bedarfsanalyse – gemeinsame Zielbestimmung des Trainings;
2. Bearbeitung von Lernziel I (ein halber Tag);
3. Anwendung des Gelernten in der Praxis (Folgerung);
4. Erfahrungsaustausch über die Anwendung in der Praxis und Bearbeitung von Lernziel II (ein halber Tag);
5. Anwendung des Gelernten in der Praxis.

Kasten 3: Trainingskonzept mit integrierter Transfersicherung

Die Ergebnisse dieses Trainings und die Dauerhaftigkeit der Verhaltensänderungen zeigt – gemessen mit einem Kontrollgruppendesign – Abbildung 3.

Die Ergebnisse zeigen, daß Transfer gegeben war; sie zeigen aber auch, daß trotz des Trainingserfolgs die „Vergessenskurve" wirkt, so daß kontinuierliche Wiederauffrischung ratsam erscheint.

Verhaltensänderung	nach 4 Monaten	nach 8 Monaten
– sie unterbrechen weniger	—	—
– sie hören besser zu	+	—
– sie stellen mehr Rückfragen	+	+
– sie erfragen die Meinung anderer	+	+
– sie zeigen mehr Eigeninitiative in Konferenzen und Besprechungen	+	+
– sie sprechen häufiger Konflikte an	+	+
– sie äußern mehr Anerkennung	+	—
– sie äußern mehr Kritik	+	+
– sie vertragen mehr Kritik	+	+
– sie beziehen Mitarbeiter in ihre Entscheidungen mit ein	+	—
– sie suchen das Gespräch	—	—
– sie geben mehr Informationen weiter	+	—
– sie urteilen behutsamer	+	—
– sie zeigen mehr Ruhe und Gelassenheit	+	—

+ bedeutet signifikante Veränderung im Vergleich zur Kontrollgruppe
— bedeutet keine signifikante Veränderung im Vergleich zur Kontrollgruppe

Abb. 3: Follow-up Erfragung zur Verhaltensänderung

9. Überprüfung der gewählten Maßnahmen

In kleineren und größeren Organisationen der Wirtschaft und der öffentlichen Verwaltung wird viel Geld in das Training von Führungskräften investiert. Grundsätzlich ist es ja auch begrüßenswert, daß man zunehmend erkennt, daß die Qualifikation der

Mitarbeiter zugleich ein wesentlicher Beitrag dafür ist, daß die künftigen Aufgaben bewältigt werden können. Auf der anderen Seite überrascht es sehr, daß selten adäquat überprüft wird, ob die Maßnahmen erfolgreich waren. Und falls derartige Kontrollen doch erfolgen, so meist in einer inadäquaten Form (FISCH & FIALA, 1984).

An welchen Kriterien könnte man die Prüfung in adäquater Weise vornehmen? An fünf Kriterien wäre in Anlehnung an CATALANELLO und KIRKPATRICK (1968) zu denken:

(1) Subjektive Reaktionen: z. B. Zufriedenheit mit dem Seminar;
(2) Wissen: z. B. Kenntnisverbesserung gemessen mit Wissenstests;
(3) Verhalten in der Trainingssituation: z. B. Beurteilung des Verhaltens in mehreren Rollenspielen im Vorher-Nachher-Vergleich;
(4) Verhalten am Arbeitsplatz: z. B. Beurteilung durch Vorgesetzte, Kollegen, Unterstellte, wobei methodisch ein Kontrollgruppendesign zu wünschen wäre;
(5) Harte Daten: z. B. der Vergleich von Umsatzzahlen, Fehlzeiten, Verbesserungsvorschlägen vor und nach dem Seminar bzw. im Vergleich von Gruppen mit trainierten und untrainierten Führungskräften.

Falls überhaupt Evaluationen stattfinden, so handelt es sich in der Praxis meist um die Messung subjektiver Reaktionen, d. h. man fragt die Seminarteilnehmer, ob sie mit dem Seminar zufrieden waren, ob sie glauben, das Gelernte anwenden zu können. Tatsächlich können derartige Aussagen in manchen Fällen für die künftige Trainingsgestaltung auch interessant und hilfreich sein. Wichtiger sind allerdings in der Regel die anderen Kriterien. Geht es um die Aktualisierung von Fachwissen, so ist der Einsatz von Wissenstests durchaus ratsam. Soll Verhalten modifiziert werden, so gilt es zu prüfen, ob sich das Verhalten am Arbeitsplatz geändert hat und zwar nicht nur unmittelbar nach dem Seminar, sondern auch Monate später (vgl. BERTHOLD et al., 1980). Unter bestimmten Bedingungen kann es auch wünschenswert sein zu prüfen, ob sich als Folge der Trainingsmaßnahmen die Fehlzeiten- und Fluktuationsrate gesenkt haben, ob Beschwerden durch Kunden oder Bürger zurückgegangen sind, ob die Arbeitsleistung stieg. Allerdings ist hier sehr sorgfältig jeweils zu untersuchen, ob diese Effekte wirklich auf das Training oder auf andere Ereignisse zurückzuführen sind.

Sogenannte Metaanalysen von zahlreichen Evaluierungsstudien zeigen (HELLING & LIEPMANN, 1992), daß Trainingsmaßnahmen, die gut konzipiert und durchgeführt wurden, ähnlich effektiv sind wie „harte" Strukturierungsmaßnahmen. Dies gilt vor allem für das Modellernen, Zielsetzungsverfahren sowie Beurteilungen mit Feedback.

Das Training von Führungskräften kann für eine Organisation eine wichtige und zukunftsweisende Maßnahme sein. Dann allerdings sollte es bedarfsadäquat, zielbezogen und handwerklich solide erfolgen. Leider ist dies in der Praxis keineswegs immer der Fall.

Literatur

BERTHOLD, H.-J., GEBERT, D., REHMANN, B. & ROSENSTIEL, L. v. (1980). Schulung von Führungskräften – eine empirische Untersuchung über Bedingungen und Effizienz. In: Zeitschrift für Organisation, 49, 1980, S. 221–229.
CATALANELLO, R. F. & KIRKPATRICK, D. L. (1968). Evaluating training programms – the state of the art. In: Training and Development Journal, 22, 1968, S. 2–9.

Fisch, R. & Fiala, S. (1984). Wie erfolgreich ist Führungstraining? In: Die Betriebswirtschaft, 44, 1984, S. 193–203.

Flanagan, J. G. (1954). The critical incident technique. In: Psychological Bulletin, 51, 1954, S. 327–358.

Grochla, E. (1980). Unternehmensorganisation. Reinbek 1980.

Helling, H. & Liepmann, D. (1992). Personalentwicklung. In H. Schuler (Hrsg.), Lehrbuch Organisationspsychologie. Bern 1992.

Leupold, M. (1984). Beeinflussung der Führungssituation durch Mitarbeiterbefragungen. Ottobrunn 1984: Personalreferat Messerschmitt-Bölkow-Blohm.

Neudecker, M. (1986). Die innerbetriebliche Führungskräfteschulung – eine explorative Studie ihrer Effizienz. Berlin 1986.

Rosenstiel, L. v. (1992). Grundlagen der Organisationspsychologie. Stuttgart 1992.

Rosenstiel, L. v. (1989). Training von Führungskräften. Grundsätzliches über Ziele, Organisation und Erfolgskontrolle. In: Verwaltungsmanagement, C. 6.1, 1989, S. 1–16.

Rosenstiel, L. v., Molt, W. & Rüttinger, B. (1988). Organisationspsychologie. Stuttgart 1988.

Stocker-Kreichgauer, G. (1978). Ausbildung und Training in der Unternehmung. In A. Mayer (Hrsg.), Organisationspsychologie. S. 170–200. Stuttgart 1978.

Thornton, G. (1980). Personal selection and personal development. (Vortrag) München 1980. Institut für Psychologie.

Weinert, A. (1987). Lehrbuch der Organisationspsychologie. München 1987.

Zur Konkretisierung und weiteren Vertiefung wird empfohlen, im Fallstudienband die Fälle zu „Entwicklung und Training von Führungskräften" zu bearbeiten.

Teil II
Führung der eigenen Person

Einführung

Führung bedeutet nicht nur Führung von anderen Personen, sondern zunächst und als notwendige Voraussetzung Führung der eigenen Person. Nur der Vorgesetzte, der in kritischen Situationen ruhig und überlegt handelt, kann zum einen vorbildhaft für seine Mitarbeiter sein und zum anderen den Berufsalltag ohne „Managerkrankheiten" meistern. Persönlichkeitsmanagement tauchte in den letzten Jahren verstärkt in Veröffentlichungen und als Seminarthema auf. In dem einführenden Beitrag zu diesem Teil beschreiben LINNEWEH und HOFMANN zunächst die Ist-Situation vieler Führungskräfte, die durch Streß, mangelnde Freizeit und häufig Überforderung gekennzeichnet ist. Sie empfehlen einen realistischen Zielkatalog von Veränderungen und ein ganzheitliches Konzept von Körper, Psyche und Geist.

Führungskräfte sind – wie verschiedene empirische Untersuchungen zeigen – insbesondere starken zeitlichen Anforderungen ausgesetzt. Das daraus resultierende Spannungsfeld zwischen Beruf, Familie und Freizeit zeigt STREICH auf. Weiterhin erläutert er die Rollenkonflikte von Führungskräften, die sich aus den an sie gestellten, verschiedenen Erwartungen in Berufs- und Privatsphäre ergeben, und verweist auf Möglichkeiten zu ihrer Reduzierung.

Belastungs- und Streßresistenz sind oft genannte Anforderungscharakteristika für Führungskräfte. In der Tat fühlt sich diese Gruppe besonders „gestreßt". ERIKA REGNET macht Funktion und Ablauf von Streßreaktionen deutlich. Nach der Darstellung typischer Belastungsfaktoren im Berufs- und Privatleben – beide Bereiche sind gerade hier nicht zu trennen – gibt sie konkrete Hinweise zur Vermeidung und Handhabung von Streß.

Besonders häufig auftretende Streßfaktoren im beruflichen Kontext sind ständige Unterbrechungen und das subjektive Erleben von Zeitmangel im Arbeitsablauf. RÜHLE verweist in seinem sehr anschaulichen Artikel darauf, wie effektives Zeitmanagement durch eine Verbesserung der persönlichen Arbeitsorganisation erreicht werden kann. Hier ist der einzelne gefordert, individuelle Arbeitstechniken und -methoden zur effizienten Gestaltung des Arbeitstages einzusetzen, um von einem „Gearbeitet werden" und reinem Reagieren zu einem zielbezogenen, geplanten Vorgehen zu kommen.

Klaus Linneweh und Laila Maija Hofmann

Persönlichkeitsmanagement

1. Führung der eigenen Person – die wichtigste Voraussetzung erfolgreichen Führungsverhaltens
2. Management der Persönlichkeit – Was ist das?
3. Die Ziele des Persönlichkeitsmanagements
4. Anregungen zur Umsetzung
5. Das ganzheitliche Konzept: Körper, Psyche, Geist
6. Persönlichkeitsmanagement als Aufgabe der Personalentwicklung

1. Führung der eigenen Person – die wichtigste Voraussetzung erfolgreichen Führungsverhaltens

Beruflicher Erfolg und Karriere haben für viele Führungskräfte einen hohen Preis, den in erster Linie die Führungskraft selbst bezahlen muß. Nahezu zwangsläufig scheint beruflicher Aufstieg einen Lebensstil zu fordern, der über kurz oder lang die eigenen physischen und psychischen Kraftreserven angreift und damit die individuelle Leistungsfähigkeit in erheblichem Maße beeinträchtigen kann. Arbeitstage von 12 -14 Stunden und eine Wochenarbeitszeit von 60 Stunden sind eher die Regel als die Ausnahme, die persönliche Freizeit im mittleren und höheren Management beträgt, das Wochenende eingeschlossen, oft nicht mehr als zwei bis vier Stunden pro Tag (vgl. auch den folgenden Beitrag von STREICH: Rollenprobleme von Führungskräften).

Die hohen und vielfältigen Anforderungen des Berufslebens, denen die Führungskraft gerecht werden muß, der permanente Verantwortungsdruck, die ständige Terminnot und Hektik, unter der Entscheidungen gefällt, Aufgaben erledigt, Ergebnisse kontrolliert und bewertet werden müssen, lassen manchen Manager die momentane Berufssituation als außerordentlich belastend und kraftzehrend erleben. Hinzu kommt noch, daß er beinahe täglich erleben muß, wie die eigentlich wichtigen Führungsaufgaben durch eine Fülle dringlich zu bewältigender Sachaufgaben immer wieder in den Hintergrund gedrängt werden oder quasi 'nebenbei' erledigt werden müssen – ein Tatbestand, der auf Dauer bei vielen ein Gefühl der Unzufriedenheit mit dem eigenen Leistungsverhalten hinterläßt.

Man beklagt diese Situation der Überforderung, der ständigen Hetze und der Fremdbestimmtheit, der man sich ausgesetzt fühlt und die einem immer weniger Zeit für Lebensbereiche außerhalb des Berufes läßt, hält sie aber für unabänderlich oder nimmt sie als vorübergehende Begleiterscheinung von beruflichem Erfolg in Kauf. Im Grunde weiß man auch, daß die Hoffnung, der Streß werde sich vielleicht auf einer höheren Stufe der Karriereleiter verringern, ein Trugschluß ist.

Allmählich gerät man so in einen Zustand, bei dem das Leben außerhalb des Berufes – Familie, Freizeit, Erholung, Muße, soziale Kontakte, persönliche Interessen, Hobbies – zu einer 'Restgröße' zusammenschrumpft. Spätestens hier wird dann deutlich, daß nicht nur die Führungskraft selbst, sondern auch ihr berufliches und privates Umfeld – die Kollegen, die Mitarbeiter, die Familie, Freunde und Bekannte – die Kosten einer solchen Lebensweise mittragen müssen.

Aus all dem resultiert bei vielen ein allgemeines Unbehagen, ein Gefühl, das eigene Leben nicht mehr unter Kontrolle zu haben, von Ereignissen oder Prozessen bestimmt zu werden, statt diese selbst zu bestimmen. In Seminaren beispielsweise zum Thema „Streß und Streßbewältigung" äußern vor allem Teilnehmer aus den oberen Etagen der Wirtschaft immer wieder den Wunsch nach einer umfassenden Veränderung bzw. Neuordnung ihres beruflichen und privaten Alltags, wobei die Hoffnung mitschwingt, daß man sich dann in höherem Maße selbst verwirklichen könne (vgl. auch die folgenden Beiträge von REGNET und RÜHLE).

Häufig aber sind gerade diejenigen, die erfolgreich verantwortungsvolle Leitungsfunktionen ausüben, erstaunlich hilflos dabei, sich selbst und die eigene Lebenssituation genauso effektiv zu managen wie die beruflichen Aufgaben. Sie haben zwar gelernt, Mitarbeiter motivierend zu führen, können diese Techniken jedoch nicht auf die eigene Person übertragen. So wird beispielsweise der Ratschlag eines Außenstehenden, doch einmal auszuspannen, sich eine Zeit der Muße zu gönnen, neue Kräfte zu sammeln und über Möglichkeiten einer effektiven Umgestaltung des eigenen Lebensrhythmus nachzudenken, nicht selten mit dem Hinweis abgewehrt, zunächst einmal sei die Erledigung anderer Dinge dringlicher und wichtiger.

Führungskräfte reagieren also häufig nicht viel anders als der von stundenlangem Sägen erschöpfte Waldarbeiter, der auf die Frage eines Spaziergängers, warum er denn nicht einmal eine kurze Pause einlege, um seine Säge neu zu schärfen, zur Antwort gibt, dazu habe er jetzt keine Zeit, er müsse schließlich sägen. Auch sie merken vielfach nicht, daß sie, gefangen in ihren Alltagsroutinen, versäumt haben, sich ausreichend um die notwendigen Voraussetzungen für die Erledigung ihrer Aufgaben zu kümmern. Wichtigstes „Werkzeug" einer Führungskraft ist diese selbst, ihre eigenen körperlichen und geistig-psychischen Ressourcen, ihre Motivationen und ihre Energiepotentiale. Diese Kräfte sind nicht unerschöpflich, sondern müssen, wie die Säge des Waldarbeiters, sozusagen immer wieder neu geschärft werden.

Das erfolgreiche Management der eigenen Person, des eigenen Erlebens, Denkens und Handelns ist eine unverzichtbare Voraussetzung für alle übrigen Führungsfunktionen. Denn nur wer sich selbst führen kann, wird auch andere verantwortungsbewußt führen (LINNEWEH, 1994).

2.   Management der Persönlichkeit – Was ist das?

Persönlichkeitsmanagement (PM) bedeutet im Grunde nicht mehr, aber auch nicht weniger als das selbstbestimmte Ausüben von Leitungsfunktionen in bezug auf die eigene Person und das eigene Lebensumfeld mit der Zielsetzung, die eigene Persönlichkeit zu stärken und von unnötigen Fremdbestimmtheiten frei zu halten.

Zu diesem Zweck werden die Grundregeln der ökonomischen Management- und Führungslehren auf das Aufgabenfeld „effektives Management der eigenen Person" übertragen. Diesem Ansatz liegt ein Persönlichkeitsmodell zugrunde, das in Anlehnung an psychologische Persönlichkeitstheorien entwickelt wurde, beispielsweise von ALLPORT (1949) und THOMAE (1955). Es geht von der Annahme aus, daß die menschliche Persönlichkeit in ihrer individuellen Besonderheit weniger ein abgeschlossenes Produkt als vielmehr ein ständig fortschreitender Prozeß ist.

Persönlichkeitsentwicklung findet nicht nur im Kindes- und Jugendalter, sondern während der gesamten Lebensspanne statt. Auch die erwachsene Person befindet sich in einem Prozeß stetigen Lernens, Entwickelns und Veränderns. Verlauf und Richtung dieses Prozesses werden einerseits von den Einflußfaktoren der sozialen Umwelt und andererseits von den Anlagen, Dispositionen, der Bereitschaft und den Eigenschaften der Person bestimmt.

Persönlichkeitsmanagement ist der Versuch, diesen Prozeß durch bewußte Reflexion und selbstbestimmte Planung und Steuerung aktiv zu gestalten. Zentrale Aktionsfelder eines Persönlichkeitsmanagements für Führungskräfte sind der Beruf, die Familie und die Freizeit, die als integrative, sich wechselseitig beeinflussende Lebensfelder gesehen werden müssen.

Der Managementprozeß (STREICH & HOFMANN, 1994) umfaßt dabei die gleichen Schritte wie in ökonomischen Abläufen: Er beginnt mit einer Situationsanalyse, führt über die Zielsetzung zum Treffen von Grundsatzentscheidungen, an die sich dann die Umsetzung dieser Entscheidungen anschließt, und mündet schließlich in die Ergebniskontrolle, den SOLL-IST-Vergleich.

3. Die Ziele des Persönlichkeitsmanagements

Ziel der Managementaktivitäten ist es, die eigene Person bewußt und selbstbestimmt zu führen, sich selbst und die eigenen Lebensumstände so zu organisieren, daß man unvermeidbaren Belastungssituationen des beruflichen wie des privaten Alltags wieder mit größerer Gelassenheit begegnen und die eigene Lebenskraft sinnvoll mit Zufriedenheit und auch mit Freude einsetzen kann.

Die Führung der eigenen Person beinhaltet damit zum einen die Bereitschaft, seine bisherige Lebensweise infrage zu stellen, sich auch einmal kritisch im Licht der anderen zu sehen, und zum anderen die Suche nach Wegen, sich von unnötigen Fremdbestimmtheiten frei zu machen, um in Zukunft stärker zu agieren und weniger zu reagieren.

Persönlichkeitsmanagement ist also eine auf das eigene Ich gewendete Form des Veränderungsmanagements. Und wie bei allen Veränderungsprozessen durchläuft der Betroffene verschiedene psychologische Phasen:

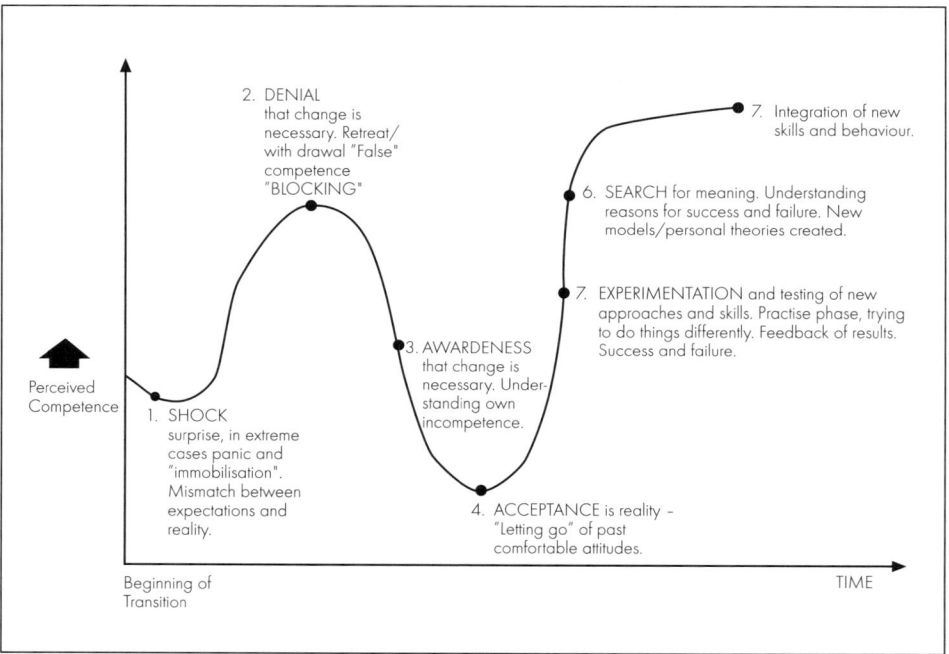

Abb. 1: The Transition Curve (Quelle: Chapmann/Jupp, 1987)

Nach Erkennen eines Veränderungsbedarfs und dem Eindruck, daß man selbst für diese Veränderung im eigenen Leben nicht gerüstet ist, tritt so etwas wie ein Schock ein, daß die Erwartungen mit der Realität nicht übereinstimmen. Die zweite Phase wird als Phase der Verneinung bezeichnet: „Selbstverständlich krieg ich das hin, für mich doch ein Kinderspiel, da brauche ich weiter nichts dazu". Dieser Phase des überzogenen Sicherheitsgefühls folgt die Phase der Einsicht, die Phase der Unsicherheit: „Schaff ich das wirklich allein? Wer könnte mich bei meinem Veränderungsprozeß unterstützen?" In der vierten Phase wird schließlich die Notwendigkeit für die Veränderung akzeptiert, die alten Verhaltensweisen werden losgelassen; und es beginnt eine Phase des Ausprobierens von neuen Verhaltensweisen, die z. T. zum Erfolg, z. T. zu Mißerfolg führen. Langsam lassen sich Muster für den Betroffenen erkennen, welches neue Verhalten ist warum erfolgreich, macht mir Spaß, was tut mir gut. Ein Prozeß notwendiger Veränderungen führt zum Schluß schließlich zur Übernahme der als erfolgreich erkannten Verhaltensweisen ins tägliche Leben.

Dieses Modell dient als Orientierungshilfe für persönliche Entwicklungen.

An der eingangs skizzierten objektiven und subjektiv erlebten Belastungssituation zahlreicher Manager wird sich nur dann dauerhaft etwas ändern, wenn die Führungskraft selbst die Initiative zu Veränderungen ergreift. Bezugspersonen in Berufs- und Privatleben können sie auf diesem Weg zwar wirksam unterstützen und bekräftigen, die Wegrichtung und das Ziel müssen aber von ihr selbst festgelegt werden – anderenfalls bestünde die Gefahr, wiederum in neue Fremdbestimmtheiten zu geraten.

Wichtigste und unabdingbare Voraussetzung für ein erfolgreiches Persönlichkeitsmanagement ist deshalb der persönliche Entschluß, in Zukunft selbst die Verantwortung für das eigene Leben in allen seinen Bereichen zu übernehmen. Leiden an einem Übermaß an Fremdbestimmtheiten läßt nur zwei Lösungsmöglichkeiten zu: Entweder ich verändere die Umwelt oder mich selbst.

Das Persönlichkeitsmanagement wird damit zu einem Prozeß der Selbstverwirklichung, der Individuation. Durch bewußte Auseinandersetzung mit dem eigenen Ich, d. h. den eigenen Fähigkeiten, Bedürfnissen, Interessen, Wünschen, Hoffnungen, Ängsten und den von außen an sie herangetragenen Erwartungen und Forderungen, lernt die Führungskraft zunächst einmal sich selbst in den für sie relevanten Lebensbezügen und Rollen besser kennen. Auf dieser Grundlage lassen sich dann mittel- und langfristige Lebensstrategien entwickeln, die zu einer höheren Lebenszufriedenheit zurückführen, indem sie der Führungskraft helfen,

— ihre Identität zu entwickeln und zu leben, d. h. sich selbst als eigenständige Persönlichkeit zu erkennen und zu akzeptieren,
— die Selbstkontrolle über das eigene Leben zurückzugewinnen und selbstbestimmte Verhaltensmuster zu verwirklichen, die nicht unbedingt mit den tatsächlichen oder vermuteten Rollenerwartungen der Gesellschaft übereinstimmen müssen,
— die individuellen Handlungspotentiale in den unterschiedlichen Lebensbereichen voll auszuschöpfen,
— Konfliktpotentiale zu reduzieren und Lösungen für festgefahrene Konfliktsituationen zu entwickeln,
— ein stabiles Gleichgewicht in der Balance zwischen Beruf, Freizeit und Privatleben aufzubauen (vgl. auch den folgenden Beitrag von STREICH).

Persönlichkeitsmanagement heißt für Führungskräfte, das eigene Ich so in den vorgegebenen sozialen Rahmen einzubringen, daß man trotz der unvermeidbaren hohen Anforderungen und Belastungen, Sinn, Spaß und Zufriedenheit erleben kann.

4. Anregungen zur Umsetzung

Das individuelle Persönlichkeitsmanagement gliedert sich in folgende Schritte:

4.1 Die Standortbestimmung:

Hierbei geht es vor allem um das Bewußtmachen der eigenen Situation, darum, Antworten zu finden auf die Frage: „Wer bin ich, und wo stehe ich jetzt?"

Wie auch alle weiteren Schritte sollte bereits die Situationsanalyse möglichst alle für die Person relevanten Lebensbereiche umschließen, d. h.:

— den beruflichen Wirkungskreis,
— den Bereich der Freizeit und der außerberuflichen Aktivitäten und Interessen,
— das familiäre Umfeld (Partner, Kinder, Eltern)
— das weitere soziale Umfeld (Freundes- und Bekanntenkreis).

Jeder dieser Aspekte sollte sowohl für sich selbst als auch in seiner Verbindung mit den übrigen Bereichen betrachtet werden. Die Standortbestimmung ist sozusagen eine Art Bilanzierung der momentanen Befindlichkeit, eine Art Spiegel des bisher Erreichten. Sie konfrontiert die Person mit ihren Erfolgen und Mißerfolgen, ihren Interessen, Bedürfnissen, Hoffnungen, Wünschen und Ängsten: „Was habe ich erreicht? Womit bin ich zufrieden? Welche für mich wichtigen Bedürfnisse werden durch die Art, wie mein Leben zur Zeit verläuft, befriedigt, welche kommen zu kurz? Was bleibt auf der Strecke bzw. wird auf spätere Jahre verschoben?"

4.2 Die Formulierung eines realistischen Zielkatalogs:

Auf der Grundlage dieser Situationanalyse werden nun Entscheidungen über mögliche und realisierbare Veränderungen in den einzelnen Lebensbereichen getroffen:

„Wie möchte ich in nächster Zukunft leben? Wo will ich selbst von jetzt an in meinem Leben die Prioritäten setzen? Was kann und was will ich an meinem Leben verändern? Welche Umstellungen möchte ich bei der Erledigung meiner beruflichen Aufgaben vornehmen? Was möchte ich im Umgang und in der Zusammenarbeit mit Mitarbeitern und Kollegen künftig anders machen? Was will ich (für mich allein und/ oder gemeinsam mit meinem Partner, meinen Kindern) im familiären Alltag anders gestalten? Welche Bedürfnisse, Interessen, Aktivitäten etc. möchte ich künftig in meiner Freizeit stärker als bisher zum Tragen kommen lassen?"

4.3 Die Entwicklung von Strategien zur Erreichung der persönlichen Zielsetzung:

„Welche Schritte sind notwendig, damit meine Lebensvorstellungen Realität werden? Womit fange ich an, wie gehe ich dann weiter vor? Wie lassen sich diese Schritte in meinen Alltagsablauf integrieren? Welche Personen, Institutionen etc. können mir bei der Verwirklichung meiner Vorstellungen und Vorsätze helfen? Wie kann ich sie dazu bringen, mich zu unterstützen?"

4.4   Die Realisierung der geplanten Veränderungen:

Hier wird es vor allem darauf ankommen, realistisch zu bleiben und sich selbst nicht zu überfordern. Gewohnheiten, Verhaltens- und Reaktionsmuster, die sich über Jahre hinaus eingeschliffen und verfestigt haben, lassen sich nicht von einem Tag zum anderen abändern. Erfolgreiches Persönlichkeitsmanagement besteht aus einer Vielzahl kleiner Schritte, auch gelegentliche Rückschritte und Mißerfolge werden sich nicht immer vermeiden lassen. Wichtig ist allein, daß die Richtung beibehalten wird.

4.5   Die erneute Standortbestimmung bzw. die Kontrolle:

„Was habe ich erreicht? Welche Auswirkungen haben die Veränderungen auf mich selbst und auf meine Beziehungen zu meinen Mitmenschen in Beruf und Privatleben? Was könnte ich in Zukunft noch verändern bzw. verbessern?"

5.   Das ganzheitliche Konzept: Körper, Psyche, Geist

Für den Weg zum gelungenen Persönlichkeitsmanagement gibt es keine Patentrezepte, wohl aber eine Fülle von Anregungen, Techniken und Methoden sowie einige empfehlenswerte Grundregeln: Grundsätzlich sollte ein Konzept zur aktiven, selbstbestimmten Lebensführung immer ganzheitlich angelegt sein (LINNEWEH, 1991). Menschliches Denken, Handeln und Empfinden resultieren immer aus einem Zusammenwirken von körperlichen, geistigen und psychischen Faktoren. Die menschliche Persönlichkeit, das was wir selbst als Ich erleben, ist ein ganzheitliches Ergebnis aus Körper, Geist und Seele. Anlagen, Dispositionen, Eigenschaften, Persönlichkeitszüge hängen eng miteinander zusammen. Die individuelle personale Ganzheit formt sich im Verlauf des Lebens in Wechselbeziehung mit der Umwelt – ein Veränderungspro-

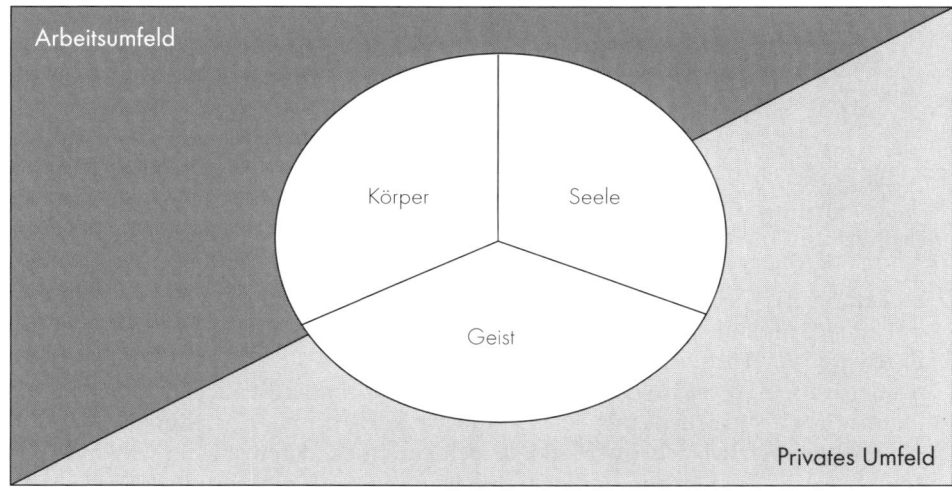

Abb. 2: Der integrative Ansatz des Persönlichkeitsmanagements

zeß, der bis zum Ende des Lebens andauert. Veränderungen in dem einen der drei Bereiche bewirken immer auch Veränderungen in den beiden anderen. Die ganzheitliche Betrachtung berücksichtigt diese Wechselbeziehungen zwischen Körper, Psyche und Geist und macht sie sich gleichzeitig zunutze.

Im körperlichen Bereich geht es dabei um das bewußte Umgehen mit dem eigenen Körper, um die Fähigkeit, Körpersignale wahrzunehmen, sie zu verstehen und in angemessener Weise darauf zu reagieren. Mit Sicherheit gehört zu einem effektiven Führen der eigenen Person in diesem Bereich das Bemühen,

– gesundheitliche Risikofaktoren zu minimieren, wie sie beispielsweise durch mangelnde Bewegung, Übergewicht, falsche Eß- und Schlafgewohnheiten, zu hohen Alkohol- oder Nikotinkonsum, Abhängigkeit von Medikamenten oder Drogen ausgelöst werden;
– durch bewußte Ernährung und regelmäßiges körperliches Training gesundheitlichen Schäden bzw. vorzeitigem Verschleiß vorzubeugen und die durch eine eher bewegungsarme Lebensweise verloren gegangene Fitneß wiederzugewinnen und zu erhalten (vgl. LAWS & TREIXLER, 1997);
– durch gezielte Entspannung etwa im autogenen Training oder bei Muskelentspannungs- und Meditationsübungen sowie durch ausreichend lange, regelmäßige Erholungspausen (Feierabend, arbeitsfreie Wochenenden, streßfreier Urlaub, ausreichender Schlaf) und Muße (Nichtstun, Lesen, Musik hören u. dgl.) körperliche und psychische Verspannungen zu lösen, das allgemeine Erregungsniveau zu senken und wieder innerlich und äußerlich zur Ruhe zu kommen (vgl. HOFMANN, 1997, S. 23 ff.).

Im Bereich der Psyche werden das eigene Anspruchsdenken, Gefühle, Wünsche, Hoffnungen, Träume, Befürchtungen und Ängste sowie das Umgehen mit den eigenen Bedürfnissen in den Mittelpunkt der Betrachtung gerückt. Es geht um eine aktive Auseinandersetzung mit dem Spannungsfeld zwischen Ich und Umwelt, zwischen den eigenen und fremden Ansprüchen in bezug auf die unterschiedlichen Lebensbereiche und Rollen und um die für den Betreffenden in Frage kommenden Realisierungsmöglichkeiten. Es geht um die Überprüfung der eigenen Ziele – auch um das Enttarnen von falschem Ehrgeiz. Und es geht darum, wieder zu entdecken, daß es auch selbstbestimmte Zielsetzungen und Wünsche gibt, die außerhalb des fremdbestimmten Umfeldes Freude, Erfolg und eine höhere Lebenszufriedenheit ermöglichen.

Ziele der Standortbestimmung und der Veränderungsstrategien im geistigen Bereich sind das Erkennen und Reduzieren von Belastungsfaktoren und Streßursachen in den einzelnen Lebensbereichen und die Suche nach Möglichkeiten, die eigenen Konfliktpotentiale bewußt zu verarbeiten.

Dabei geht es auch darum, den Umgang mit den eigenen Rollen in Beruf, Familie und Freizeit zu überprüfen, persönliche Zielsetzungen und eventuelle Blockaden und Barrieren zu überdenken, Gewohnheiten, wie z.B. die eigene Arbeitsmethodik und Zeitplanung, das Verhalten gegenüber Vorgesetzten, Mitarbeitern, Kollegen, Ehepartner, Familie, Freunden und dgl. einer kritischen Prüfung zu unterziehen und nach realisierbaren Alternativen zu suchen.

Ist der Entschluß gefaßt, das eigene Leben in bestimmten Bereichen zu verändern, sollte man auch versuchen, möglichst kompetente Hilfe und Unterstützung von außen zu bekommen. Manches wird sich gemeinsam mit anderen leichter verwirklichen lassen als allein. Anregungen und erste Erfahrungen im Umgang mit neuen Verhaltensformen bieten z.B.:

- Seminare zur Streßbewältigung,
- Seminare, in denen effektive Techniken der Arbeitsorganisation oder des Zeitmanagements trainiert werden,
- Kurse, in denen Entspannungstechniken (Autogenes Training, Progressive Muskelentspannung und dgl.) erlernt werden können,
- Fitneßcenter und Sportvereine, in denen man erst einmal ausprobiert, welche sportliche Betätigung den eigenen Fähigkeiten und Neigungen am ehesten entspricht und außerdem u. U. gleichgesinnte „Mitstreiter" findet,
- Coaching als individuelle Hilfestellung. Individuelle Unterstützung und Hilfe findet man nicht nur bei professionellen Beratern, sondern u. U. auch schon im eigenen Familien-, Freundes-, Kollegen- und Bekanntenkreis. Wichtig ist ein solches Coaching vor allem in der Anfangsphase der Realisierung geplanter Veränderungen und immer dann, wenn Rückschläge Zweifel an der Richtigkeit der getroffenen Entscheidungen oder an der eigenen Durchhaltefähigkeit aufkommen lassen.

Gerade wenn es dann darum geht, den Entschluß zur Veränderung in die Tat umzusetzen (z.B. nicht mehr zu rauchen, jeden Morgen 10 Minuten lang regelmäßig Fitneßübungen durchzuführen, am Wochenende keine unerledigten beruflichen Aufgaben mit nach Hause zu nehmen, abends weniger Zeit vor dem Fernseher zu verbringen und statt dessen häufiger spazieren zu gehen, einen größeren Teil der beruflichen Aufgaben an Mitarbeiter zu delegieren usw.) sind Unterstützung und Bekräftigung von seiten des Ehepartners, der Familie, der Freunde, der Kollegen und Mitarbeiter eigentlich unverzichtbar.

Vor allem dann, wenn man bereits älter als 40 Jahre ist und/oder den eigenen Gesundheitszustand nicht genau kennt, empfiehlt es sich, vor größeren Umstellungen etwa im Bereich der Ernährung oder der sportlichen Betätigung, den Rat eines Arztes einzuholen und die physiologischen Auswirkungen der veränderten Lebensweise regelmäßig kontrollieren zu lassen.

Wer sich entschließt, seine Lebensführung im Sinne des Persönlichkeitsmanagements zu verändern, sollte sich darüber im klaren sein, daß dieser Weg ein gewisses Maß an Beharrlichkeit erfordert. Dieser Aufwand macht nur dann einen Sinn,

- wenn aus der Analyse verbindliche Konsequenzen gezogen werden, die dann auch zu tatsächlichen Verhaltensänderungen führen,
- wenn künftig regelmäßig Standortbestimmungen vorgenommen werden, bei denen man die Auswirkungen der Veränderungen anhand des Zielkatalogs überprüft und ggf. modifiziert.

Persönlichkeitsmanagement ist kein Job auf Zeit, sondern ein Prozeß lebenslangen Lernens und lebenslanger Veränderungsbereitschaft.

6. Persönlichkeitsmanagement als Aufgabe der Personalentwicklung

Die Steigerung der persönlichen Kompetenz erleichtert zwar in erster Linie dem einzelnen die Einordnung und Handhabung privater und beruflicher Belastungssituationen. Doch gilt die effektive Führung der eigenen Person schon heute in vielen Unternehmen als unverzichtbarer Bestandteil ihres Anforderungsprofils an Führungskräfte. Jede Führungskraft hat täglich eine Fülle von Führungs- und Fachaufgaben zu bewältigen. Damit aus dieser Herausforderung keine Überforderung wird, ist es notwendig, auch von Seiten des Unternehmens

– ein effektives Persönlichkeitsmanagement der Führungskräfte nicht nur zu fordern, sondern aktiv zu fördern,
– die einzelne Führungskraft zur Eigeninitiative zu ermutigen und
– geeignete Förder- und Trainingsmaßnahmen anzubieten.

Hier eröffnet sich dem Unternehmen ein weites Feld für Personalentwicklungsmaßnahmen. In der Vergangenheit haben Wirtschaft und Industrie viele Jahre lang versucht, Menschen an Organisations- und Führungsstrukturen anzupassen. Gefördert und gefordert wurde in erster Linie Anpassungsintelligenz – mit dem Ergebnis, daß jetzt vielfach ein Mangel an Eigenständigkeit, Initiativfreudigkeit, Risikobereitschaft, Innovationskraft und Kreativität der Manager beklagt wird.

Wenn wir wollen, daß Mitarbeiter wieder lernen, selbstbestimmter zu handeln, müssen sie von den Organisationen auch wieder stärker in Veränderungsprozesse mit einbezogen werden. Es müssen ihnen bei Entscheidungen, die ihren beruflichen Wirkungskreis mittel- und unmittelbar betreffen, wieder mehr Mitbestimmungsmöglichkeiten eingeräumt werden.

Außerdem sollte auch innerhalb des Unternehmens nach Möglichkeiten gesucht werden, die Rollenkonflikte zwischen Beruf und Privatleben, die die Lebens- und Arbeitszufriedenheit so vieler Führungskräfte belasten, zu minimieren. Ein erfolgversprechender Schritt in diese Richtung sind beispielsweise die in den Vereinigten Staaten schon relativ weit verbreiteten „Sabbaticals", bei denen der Mitarbeiter einen Teil seines Urlaubs anspart, um einmal mehrere Monate hintereinander nicht arbeiten zu müssen, so Distanz zu gewinnen und neue Kräfte „auftanken" zu können.

In diesem Sinne wäre Persönlichkeitsmanagement ein „induktiver" Weg der Personalentwicklung. Das Ziel ist, den einzelnen Mitarbeiter nicht nur physisch, sondern vor allem auch psychisch so stark zu machen, daß er unvermeidbare Fremdbestimmtheiten seines beruflichen Alltags als positive Herausforderungen annehmen kann (KRISTAHN & LINNEWEH, 1992).

Führungskräfte, die gelernt haben, sich selbstbestimmt zu führen, und die in ihren Bemühungen um ein effektives Persönlichkeitsmanagement in ihrem Unternehmen unterstützt werden, werden in der Regel ihre beruflichen Führungsaufgaben effektiver bewältigen als andere. Sie sind nicht nur selbst motivierter, leistungsbereiter, leistungsfähiger und konfliktfähiger und weniger streßanfällig, sondern wirken auch motivierend und leistungsfördernd auf Mitarbeiter und Kollegen. Die selbstbestimmte und reflektierte Führung der eigenen Person trägt damit in erheblichem Umfang dazu bei, daß sich innerbetriebliche Konflikte und zwischenmenschliche Belastungen reduzieren und das berufliche Umfeld für alle Beteiligten entspannter und streßfreier wird. Persönlichkeitsmanagement kann also direkt und indirekt die Leistungskraft des Unternehmens stärken.

Es wäre zu wünschen, daß in den Unternehmen die Vorteile und der Nutzen eines effektiven Persönlichkeitsmanagements ihrer Führungskräfte hinsichtlich Arbeitszufriedenheit, Leistungsmotivation, Leistungsbereitschaft und -fähigkeit sowie Arbeitsklima stärker als bisher berücksichtigt und den Führungskräften die hierfür notwendigen Freiräume bereitgestellt würden. Es sollte nicht länger eine Frage des persönlichen Mutes der einzelnen Führungskraft sein, sich beispielsweise im beruflichen Tagesablauf kurze Zeiträume für Entspannungsübungen frei zu halten, sich gelegentlich für einige Zeit den Anforderungen aus Beruf, Familie und Freizeit zu entziehen, an Seminaren, Kursen oder kulturellen Angeboten teilzunehmen, die für die persönliche Entwicklung wichtig sind, oder ein „Wochenende der Stille" in einem Kloster zu erleben.

Aufgabe einer zukunftsorientierten Personalentwicklung wäre es vielmehr, derartige, heute vielfach noch als „exotisch" belächelten Aktivitäten in eine ganzheitliche Personalentwicklungsstrategie zu integrieren.

Literatur

ALLPORT, G. W. (1949). Persönlichkeit – Struktur, Entwicklung und Erfassung der menschlichen Eigenart. Stuttgart, 1949.

CHAPMAN, T. & JUPP. J. (1987). Ohne Titel. Unveröffentlichtes Manuskript.

HOFMANN, L. M. (1997). Entspannungsmethoden. In L. M. HOFMANN, K. LINNEWEH & R. K. STREICH (Hrsg.), Erfolgsfaktor Persönlichkeit, S. 23–38. München, 1997.

KRISTAHN, H.-J. & LINNEWEH, K. (1992). Das Unternehmen als Persönlichkeit. Chancen durch CI. Berlin, 1992.

LAWS, J. & TREIXLER, M. (1997). Fitneß – ein Baustein zum persönlichen Wohlbefinden und zum beruflichen Erfolg. In L. M. HOFMANN et al. (Hrsg.), Erfolgsfaktor Persönlichkeit, S. 39–49. München, 1997.

LINNEWEH, K. (1991). Bevor es mich zerreißt. Düsseldorf, 1991.

LINNEWEH, K. (1994). Führen kann nur, wer sich selbst führen kann. Führungskräfte im Spannungsfeld zwischen Arbeit, Freizeit und Familie. Süddeutsche Zeitung. München, 1994.

STREICH, R. K. & HOFMANN, L. M. (1994). Persönlichkeitsmanagement – Managerpersönlichkeit? In L. M. HOFMANN & E. REGNET (Hrsg.), Innovative Weiterbildungskonzepte. S. 139–147. Göttingen, 1994.

THOMAE, H. (1955). Persönlichkeit. Eine dynamische Interpretation. Bonn, 1955.

Richard K. Streich

Rollenprobleme von Führungskräften in der Berufs- und Privatsphäre

1. Vorbemerkungen

Hauptziel der nachfolgenden Ausführungen ist es, einige Determinanten von individuellen Rollenkonflikten, die sich aus der gleichzeitigen Wahrnehmung verschiedener Funktionen (z.B. Vorgesetzter, Mitarbeiter, Kollege, Ehepartner, Freund, Vater etc.) in der beruflichen und privaten Sphäre von Führungskräften ergeben, vorzustellen. Mögliche Handlungsalternativen werden in den folgenden Beiträgen dieses Bandes eingehender besprochen (vgl. die Beiträge von REGNET und RÜHLE)

Als Führungskräfte im Rahmen unserer Betrachtung werden abhängige Beschäftigte von Unternehmen verstanden, die außertariflich eingruppiert sind und in der Regel Leitungsfunktionen ausüben (Bereichsleiter, Abteilungsleiter). Nahezu 90% dieser Bezugsgruppe sind Männer. Demgemäß steht, falls nicht ausdrücklich anders erwähnt, die Lebenssituation von männlichen Führungskräften im Vordergrund. In weiten Teilen sind die Ausführungen über die gleichgelagerten Arbeits- und Privatbedingungen auch für Selbständige relevant.

Diese Abhandlung stellt eine Kurzfassung von verschiedenen Publikationen und Untersuchungen – quantitativer und qualitativer Art – des Verfassers dar (vgl. u.a. STREICH, 1985, 1986, 1994).

2. Rollenspektrum

Manager befinden sich in einem spezifischen Problemdruck, sowohl in ihrem beruflichen als auch in ihrem privaten Bereich. Hierin unterscheiden sie sich, wie noch aufzuzeigen sein wird, sowohl unter qualitativen als auch unter quantitativen Gesichtspunkten in bedeutendem Maße von den sonstigen Arbeitnehmern.

Betrachten wir die Einflußfelder des Managers im Berufsleben, so müssen wir ihn zunächst als Mittelpunkt in folgendem Bezugssystem sehen:

Der Führungskraft unterstellt sind verschiedene Mitarbeiter; gleichgestellt sind einzelne Kollegen. Die Führungskraft selbst hat wiederum einen Vorgesetzten, der wiederum in aller Regel auch in die Hierarchie fest eingebunden ist. Weitere Bezugspunkte ergeben sich z.B. aus den unternehmerischen und gesellschaftlichen Anforderungen an eine Führungskraft. Nicht selten hat der Manager auch unmittelbaren Kontakt zu Vertretern der Arbeitnehmerseite. Schon dieser kurze Überblick zeigt, daß der einzelne im Unternehmen einem breiten Spektrum von Rollenerwartungen ausgesetzt ist. Zu beachten ist, daß er, im Wechselspiel von Reagieren und Agieren, permanent in seiner Person *gleichzeitig* die Rollen des Mitarbeiters, des Kollegen und des Vorgesetzten auszuüben hat.

Lenken wir unseren Blick auf die Privatsituation des Managers, so ergibt sich ebenfalls eine große Rollenvielfalt. Der einzelne ist in seinem Privatbereich oftmals nicht nur Lebenspartner, sondern beispielsweise gleichzeitig auch Freund, Vater oder Funktionär innerhalb einer Vereinigung.

Aus diesem Rollenspektrum im Berufs- und Privatleben und den daraus möglichen Differenzen von beruflichen und persönlichen Rollen*erwartungen* und individuellen Rollen*erfahrungen* können sich interindividuelle bzw. intraindividuelle Rollenkonflikte ergeben. Betrachten wir im weiteren zunächst einmal die Selbsteinschätzung der Betroffenen bezüglich des in Abb. 1 dargestellten Rollenspektrums.

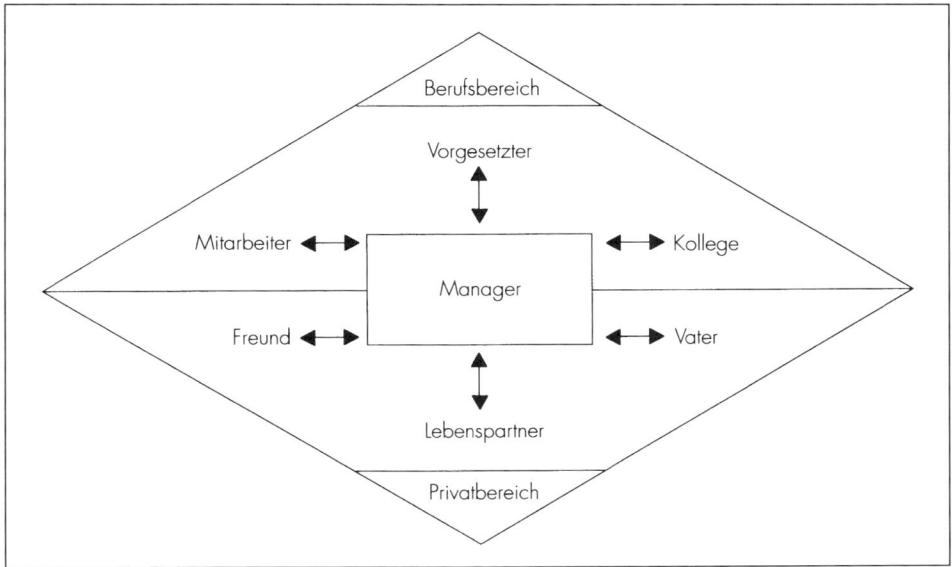

Abb. 1: Rollenspektrum eines Managers

3. Rolleneinschätzungen

Das INPUT-Institut in Paderborn kam in einer Repräsentativbefragung zur Rollensympathie zu einigen bemerkenswerten Ergebnissen (vgl. INPUT, 1988). Unter der
Fragestellung, wie sympathisch ihnen die in Abbildung 1 angeführten Rollen sind,
konnten die Betreffenden (weibliche und männliche Führungskräfte) auf einer Skala
von 1 (sehr sympathisch) bis 7 (sehr unsympathisch) differenzieren.

Generell kann gesagt werden, daß die privaten Rollen Vater (Mutter), Ehemann
(-frau) und Freund(-in) von allen betroffenen Befragten signifikant sympathischer eingestuft wurden als die Berufsrollen Kollege(-in), Mitarbeiter(-in) und Vorgesetzte(r).
Diese Diskrepanzen können einen Hinweis darauf geben, daß – trotz weitgehender
Humanisierung der Arbeitswelt und der Einflüsse des Wertewandels sowie der zunehmenden Qualifikation – im Berufsalltag noch bedeutende „Sympathiedefizite" gegenüber der Privatsphäre vorhanden sind.

Einige Detailaussagen verdeutlichen dieses Bild. Die *Vorgesetztenrolle* ist die unsym-
pathischste Berufsrolle. Augenscheinlich bedeutet die Ausübung einer Führungsaufgabe auch eine Übernahme von persönlicher Meinungspositionierung, die für den
einzelnen manchmal als unangenehm klassifiziert wird. Im Berufsalltag läßt sich dies
oftmals besonders dann beobachten, wenn Führungskräfte unangenehme Entscheidungen vor ihren Mitarbeitern zu vertreten haben. Notwendige Gespräche werden
nicht selten bewußt gemieden, die Führungsrolle nicht aktiv wahrgenommen. Oftmals rechnet sich in solchen Situationen die Führungskraft eher der Arbeitnehmerseite
zu als der Unternehmerseite. Für die unterstellten Mitarbeiter fällt in einer solchen
Konstellation eine Bewertung der Rolle der Führungskraft schwer. Der betreffende
Manager definiert seine Vorgesetztenrolle zur Umgehung anstehender Konflikte in
eine Mitarbeiterrolle um.

Die angeführte Untersuchung zeigte weiterhin auf, daß weibliche Vorgesetzte ihre Sympathie mit der Vorgesetztenrolle im Berufsleben signifikant noch schlechter einschätzten als ihre männlichen Kollegen. Augenscheinlich haben Frauen in Führungspositionen intensiver mit Gegebenheiten zu kämpfen, die ihnen ihre Führungsrolle unsympathisch erscheinen läßt. Es darf zum Beispiel vermutet werden, daß Frauen in Vorgesetztenfunktionen – neben der oftmals gegebenen Doppelbelastung Haushalt/Beruf – einem stärkeren gesellschaftlichen, privaten und beruflichen Legitimationsdruck bei der Rollenausübung ausgesetzt sind als ihre männlichen Kollegen. Auch haben Frauen im Normalfall weniger weibliche Vorbilder in vergleichbaren Funktionen als die Männer. Ein geschlechtsspezifisches Korrektiv und mögliches Anpassungsverhalten ist somit selten vorzufinden. Hierunter kann allgemein die Rollensympathie für die Vorgesetztenfunktion leiden.

Mit steigender Hierarchiestufe und zunehmendem Alter wird die Vorgesetztenrolle von den Betreffenden sympathischer eingestuft. Hier spielen die mehrjährige Erfahrung und kontinuierlich steigende Verantwortungszunahme eine entscheidende Rolle. Gleichzeitig wird hierbei ein Defizit bei jüngeren Führungskräften sichtbar, die augenscheinlich von ihrer subjektiven Empfindung heraus nicht ausreichend in ihre ersten Führungsaufgaben eingewiesen wurden. Angst vor den ersten Führungserfahrungen scheint sich negativ auf die persönliche und unternehmerische Ausübung dieser Rolle auszuwirken. Das Training von Führungsverhalten (in Seminaren und am Arbeitsplatz) sollte deshalb intensiver vor allem für jene Mitarbeiter, die *vor* der Übernahme einer ersten Führungsaufgabe stehen, durchgeführt werden.

Die *Kollegenrolle* ist im Berufsleben die sympathischste. Unterstellungs- (Mitarbeiterrolle) und Überstellungsverhältnisse (Vorgesetztenrolle) werden als konfliktreicher und nicht so sympathisch eingeschätzt. In der Kollegenrolle scheint für die Betreffenden der Verantwortungsrahmen zum Beispiel geringer als in der Vorgesetztenrolle, die Mitsprachegelegenheit jedoch größer als in der Mitarbeiterrolle zu sein. Be- und Entlastungsfaktoren treten somit in einen fördernden Austauschprozeß im Rahmen der Rollenausübung als Kollege. Die „laterale Ebene" des Gleichen unter Gleichen läßt u. U. ein Mehr an positionsunabhängiger Kommunikation zu, die im Berufsleben ebenfalls entlastend wirken kann.

Erstaunlich ist, daß bei den Führungskräften die *privaten Rollen* Ehemann(-frau), Vater (Mutter) im Vergleich zu *allen* anderen befragten Testgruppen und der Restbevölkerung die höchsten Sympathiewerte aufweisen. Vergleicht man diese Einschätzungen mit der Realität – und eigene Untersuchungen bestätigen dies –, so ist hierbei eine große Diskrepanz zwischen Wunsch und Wirklichkeit beobachtbar. Gerade diese Personenkreise bringen die wenigste Zeit für die Familie auf und verspüren die größten Defizite in der Wahrnehmung dieser Rollen im Alltag. Wird diese Situation von den Betreffenden entsprechend wahrgenommen und der individuelle Veränderungsrahmen als sehr gering eingeschätzt, so führt dies oftmals zu einem bedrohlichen intraindividuellen Rollenkonflikt.

4.   Rollencharakteristika

Schauen wir uns zunächst die berufliche Situation von Führungskräften an, so kann schlagwortartig folgendes zusammengefaßt werden (vgl. STREICH, 1985):

4.1 Beruflicher Bereich

Unter quantitativen Gesichtspunkten ergibt sich, daß Manager im Durchschnitt 55 Stunden in der Woche für den Beruf aufwenden. Die Wochenarbeitszeit liegt dabei mehr als 14 Stunden über dem durchschnittlichen Arbeitsaufwand der ihnen unterstellten Mitarbeiter. Die typische Führungskraft nimmt weiterhin nur rund vier Wochen ihres sechswöchigen Urlaubs. Die Mitarbeiter hingegen lassen in der Regel keinen Urlaubstag aus.

Qualitatives Kennzeichen der Arbeitssituation von Führungskräften ist der zu beobachtende permanente Zeitdruck im Arbeitsvollzug (vgl. den Artikel von RÜHLE: Zeitmanagement, in diesem Band). Die Führungskraft der mittleren Ebene empfindet sich nicht selten als eine „Knautschzone" im Interessenausgleich zwischen Arbeitnehmerwünschen und Unternehmensanforderungen von seiten der Geschäftsleitung. Eine eindeutige Positionierung der Führungsrolle fällt dabei oftmals schwer. In der Analyse befragter Manager konnte festgestellt werden, daß die zu bewältigenden Sachaufgaben notwendige Führungsaufgaben in den Hintergrund drängen. Obwohl die Führungskraft die Mitarbeiterführung als wichtig anerkennt, wird diese vielfach von ihr quasi „nebenbei" erledigt. Dies ist besonders dann verstärkt zu beobachten, wenn die Stellenbeschreibung und der weitere Karriereweg des Managers sich ausschließlich aus dem Erledigungspotential seiner Sachaufgaben ergeben. Überspitzt kann gesagt werden, daß teilweise Manager in Top-Positionen sitzen, die im Führungsbereich mit den Kenntnissen, ein Mofa zu fahren, einen Tanklastzug steuern müssen. Dementsprechend werden diese Manager von ihren Mitarbeitern eher als „Interventionskraft" denn als „Motivationskraft" wahrgenommen.

4.2 Privater Bereich

Unter quantitativen Gesichtspunkten ist festzustellen, daß sich der durchschnittliche Freizeitumfang von Führungskräften auf 28 Stunden in der Woche (inklusive Wochenende) beläuft. Im Unterschied zu den unterstellten Mitarbeitern (rund 60 Stunden), die in den letzten 25 Jahren eine Verdoppelung ihres Freizeitumfangs zu verzeichnen hatten, hat die Führungskraft in dieser Zeitspanne keine Freizeitzuwächse mehr gewinnen können. Arbeitszeitverkürzungen im Tarifbereich wirken sich dementsprechend nicht auf eine Freizeiterweiterung im Leitungskreis von Unternehmen aus.

Unter qualitativen Aspekten konnte festgestellt werden, daß den befragten Managern die individuelle Freizeit nicht annähernd so wichtig ist wie den ihnen unterstellten Mitarbeitern. Oftmals wird die Freizeit lediglich als eine „Restgröße" im Lebenszusammenhang angesehen. Rund 75 % der Befragten sehen in ihrer Freizeit lediglich eine Ausgleichsfunktion zur Arbeit.

Oftmals wird die knappe Freizeit zudem noch durch berufsähnliche Aktivitäten verplant. Führungskräfte sind in überdurchschnittlichem Maße in Funktionärstätigkeiten eingebunden, obwohl ihnen solche Arbeiten – wie die vorhin zitierte Sympathiestudie zeigt – in extremem Maße unsympathisch sind. Vielfach ist Hausbesitz oder eine Eigentumswohnung vorzufinden, obwohl – wie empirisch festgestellt – die damit einhergehenden Belastungen (z.B. Finanzierung, Arbeiten am Haus) als unangenehm empfunden werden. Diese kurzen Schlaglichter zeigen, daß nicht selten ein selbst induzierter Streß in der Freizeit zu konstatieren ist.

5. Rollenkonflikte

Grundsätzlich wird die Führungskraft mit konträren Rollenerwartungen im Berufs- und im Privatleben konfrontiert.

Konfliktär erleben die Manager vielfach die Forderungen und Einstellungen ihres Lebenspartners bzw. der Familie im Spiegel ihrer beruflichen und privaten Interessen. Der gesellschaftliche Wertewandel als ein – überspitzt formuliert – Alt-Jung-Gegensatz macht auch vor der Familie der Führungskraft nicht halt (vgl. v. ROSENSTIEL, EINSIEDLER & STREICH, 1987). Auch beruflich relevante Fragen, wie beispielsweise die Mobilitätsbereitschaft, werden oftmals durch entgegengesetzte Interessen der Familie problematisiert. Im Freundeskreis wird die Führungskraft oftmals mit der Frage konfrontiert, inwieweit ihr Handeln im Beruf auf soziale Akzeptanz stößt (vgl. den Artikel von STEGER: Umweltorientierung von Unternehmen, in diesem Band). Aus Gruppendiskussionen mit Unternehmensvertretern, besonders aus dem Pharma- und Chemiebereich, ist zu erfahren, daß es für die einzelne Führungskraft oftmals schwer ist, die Unternehmensstrategien auch im Privatleben zu vertreten. Die Rolle Führungskraft ist augenscheinlich nicht nur im Berufsleben problematisch, sondern verlängert sich in den Freizeitbereich der Betreffenden.

Eigene Untersuchungen zeigen, daß Begriffe wie Effizienz, Leistung und Rationalität im Empfinden der Führungskraft sehr stark in die berufliche Sphäre eingebunden sind. Im Privatbereich haben solche Begriffe eher eine geringere Bedeutung. Auch ordneten die Befragten die Begriffe Komplexität, Macht, Autorität wesentlich stärker in ihre Arbeitswelt als in ihren Privatbereich ein. Letzterem wurde der Begriff „Gefühl" zugeordnet. Im häuslichen Bereich scheint die Führungskraft eher als in der Arbeitswelt die Möglichkeit zu haben, Gefühle zu zeigen.

Nicht selten resultiert hieraus ein Dilemma. Eine Führungskraft konkretisierte dies in einem Einzelinterview mit der Feststellung: „Meine Arbeitswelt ist so stark nach den Kriterien Effizienz, Leistung, Rationalität usw. strukturiert, daß ich kaum in der Lage bin, Gefühle zu äußern und zu empfangen. Es ist mir daher nicht verwunderlich, wenn ich auch im Familienleben Gefühle negiere, da mein Arbeitserleben doch in starkem Maße auch mein privates Erleben bestimmt." Mag eine solche Aussage auch nur für einen geringen Teil der Führungskräfte zutreffen, so zeigt sie doch in eindrucksvoller Weise ein subjektives Konfliktmoment auf.

Was wünschen sich Führungskräfte nun zur Reduzierung der hier kurz dargelegten Rollenkonflikte?

6. Wünsche zur Reduzierung von Rollenkonflikten

Allgemein wünschen sich die Manager einen Abbau von Routine, sowohl in der Arbeitswelt, als auch im Rahmen ihres Privatlebens. Sie möchten eine Angleichung von Selbst- und Fremdbild in beiden Lebensbereichen erreichen. Als Ideal wird ein homogenes Verhalten in der Berufswelt und im privaten Bereich angestrebt, in der Hoffnung, daß sich hierdurch die inter- und intraindividuellen Rollenkonflikte reduzieren. Vielfach wird jedoch verkannt, daß zum Erreichen dieses Ziels die Führungskraft schon im Hier und Jetzt ein verändertes Verhalten an den Tag zu legen hat.

Fragt man nach detaillierten Wünschen sowohl für den Berufs- als auch für den Privatbereich, so wird für erstgenanntes Erlebnisfeld folgendes genannt:

- Gleichlauf von Sach- und Führungsaufgaben im Arbeitsvollzug,
- Steigerung der Kommunikation mit den Mitarbeitern und dadurch Stabilisierung des zwischenmenschlichen Bereiches,
- verbessertes eigenes Arbeitsverhalten, besonders im Bereich des Umgangs mit der Zeit und dem Setzen von Prioritäten,
- eine Unterstützung von Unternehmensseite im Hinblick auf eine verbesserte Persönlichkeitsförderung, z.B. im Rahmen einer Führungskräftepolitik, Stärkung der Eigenverantwortung und eine Intensivierung von Weiterbildungsmaßnahmen.

Im Freizeitbereich präferieren die Manager eine intensivere Familienhinwendung. Hierbei steht das Ziel einer partnerschaftlichen Gemeinschaft im Vordergrund. Werden einzelne Freizeitaktivitäten betrachtet so wünscht sich die Führungskraft neben einem Mehr an intellektuellen Aktivitäten eine intensivere sportliche Betätigung. Die letztgenannte Art der Freizeitverbringung spricht wieder die Ausgleichsfunktion der Freizeit für das Arbeitsleben an.

7.   Fazit

Manager sind sowohl im Berufs- als auch in ihrem Privatleben vielfältigen Konfliktherden ausgesetzt. Charakteristisch für die Rolle der Führungskraft im Arbeitsfeld sind ein hoher Arbeitszeitumfang, Zeitdruck und ein Übermaß an Sachaufgaben, welche notwendige Führungsaufgaben in den Hintergrund treten lassen. Die bleibende Freizeit des Leitenden wird oftmals als Restgröße eingeschätzt. Freizeit dient lediglich zur Regeneration für die Arbeit. Konträre Forderungen, Einstellungen und Lebenserwartungen des Lebenspartners, der Familie bzw. im Freundeskreis tragen zudem dazu bei, daß die Führungskraft in ihrem Privatbereich Rollenkonflikten ausgesetzt ist. Der lange Arm der Arbeit wirkt auch in der Freizeit.

Das Unternehmen stellt weitere Anforderungen an den Manager. Mobilität, Flexibilität, aber auch das Einhalten der Unternehmenskultur bilden für den einzelnen nicht selten Zwänge, denen er mit steigender Hierarchiestufe kaum entrinnen kann. Sie verlangen eine eindeutige Rollendefinition. Die gesellschaftlichen Rahmenbedingungen der Führungskraft engen speziell im Arbeitsbereich den Handlungsspielraum weiter ein. Gesetzliche Regelungen (z.B. Betriebsverfassungsgesetz) reduzieren die Entscheidungsfreiheit und damit das zentrale Zufriedenheitsmoment der Führungskraft. Ein verstärktes gesellschaftliches Bewußtsein für Ökologie und Umweltfragen läßt den Manager stärker als bisher nach der sozialen Akzeptanz seines Handelns fragen.

Aus dem vorher Gesagten können sich in einzelnen Fällen sogar pathologische Zustände ergeben, die ein Überdenken des bisherigen Lebensstils fordern. Der zentrale Wunsch der Führungskräfte nach einem harmonischen Miteinander von Beruf und Privatleben ist oftmals in weite Ferne gerückt. Hier setzt der Aspekt „Führung der eigenen Person" an, der in den weiter folgenden Abhandlungen im Mittelpunkt stehen wird.

Literatur

INPUT. (1988). INPUT-Studie zur Rollensympathie. INPUT-Institut für Personal- und Unternehmensmanagement. Paderborn 1988.

HOFMANN, L. M., LINNEWEH, K. & STREICH, R. K. (Hrsg.). (1997). Erfolgsfaktor Persönlichkeit. Managementerfolg durch Personalentwicklung. München 1997.

ROSENSTIEL, L. v., EINSIEDLER, H. E. & STREICH, R. (Hrsg.). (1987). Wertewandel als Herausforderung für die Unternehmenspolitik. Stuttgart 1987.

STREICH, R. K. (1985). Führungskräfte im Spannungsfeld von Arbeit, Freizeit und Familie. In: Management Forum, Bd. 5, 1985, S. 217–259 (Teil 1), S. 277–294 (Teil 2).

STREICH, R. K. (1986). Managerleben im Spannungsfeld von Arbeit, Freizeit und Familie – eine 6teilige Serie. In: BESTE-Unternehmensführung, Ausgabe 3–8. 1986.

STREICH, R. K. (1994). Managerleben. München 1994.

Zur Konkretisierung und weiteren Vertiefung wird empfohlen, im Fallstudienband die Fälle zu „Rollenprobleme von Führungskräften" zu bearbeiten.

Erika Regnet

Streß und Möglichkeiten der Streßhandhabung

1. Begriffsklärung

Von Hans SELYE, dem „Vater der Streßforschung", wurde der Begriff Streß aus der Physik in die Medizin übernommen. Damit werden Zustände der Belastung und der Prozesse ihrer Bewältigung bezeichnet. SELYE (1977) beschreibt Streß als durch Reize ausgelöste, unspezifische Veränderungen des biologischen Organismus, wobei das innere Gleichgewicht des Systems beeinträchtigt wird. Streß ist dann der Anpassungsprozeß des Organismus an innere oder äußere Anforderungen, die körperlicher, emotionaler oder geistiger Natur sein können (s. Kapitel 3).

Reize, die zu Streß führen, werden üblicherweise „Stressoren" genannt. Sie sind jedoch nicht mit Streß gleichzusetzen: Was für den einen Menschen positiv besetzt eine Herausforderung ist, kann für einen anderen bereits eine erhebliche Belastung sein. Die im folgenden behandelten schädlichen Auswirkungen von Streß beziehen sich auf die negativ getönte Seite, auch Disstreß genannt. Herausforderungen und positive Erregungen – dies wird mit Eustreß bezeichnet – sind lebensnotwendig und sollten natürlich nicht vermieden, sondern im Gegenteil gesucht werden. Doch Eustreß bereitet in der Regel auch keine Probleme.

Wichtig ist also die Beachtung der subjektiven Seite, d. h. die Bewertung und das Erleben eines Belastungsfaktors durch das Individuum. Denn einzelne Stressoren sind nie grundsätzlich Streßauslöser, sondern immer nur für eine bestimmte Person in einem bestimmten Kontext. Dabei scheint es starke interindividuelle Unterschiede in der Resistenz zu geben, selbst bei äußeren, eindeutig meßbaren Faktoren. Abhängig von der subjektiven Bedeutungszumessung können zudem sonst „neutrale" Dinge wie das Telefon zum Streß werden, wenn man davon ständig in der Arbeit unterbrochen wird oder bestimmte Anrufe (z. B. Kundenreklamationen) negative Gefühle auslösen.

2. Auswirkungen von Streß

2.1 Kurzfristige Auswirkungen

Die kurzfristigen Reaktionen auf Streß sind als „Alarmreaktion" (SELYE, 1977) des Körpers zu beschreiben. Veränderungen treten dabei sowohl im motorischen, physiologischen als auch im kognitiven Bereich auf.

Motorische Ebene, z. B.:

– Anspannung der Muskulatur
– Verspannungen
– Verkrampfung der Körperhaltung

Physiologische Ebene, z. B.:

– Steigerung der Atmung und Herztätigkeit
– Erhöhung des Blutdrucks
– Verstärkte Durchblutung der Muskulatur
– Geringere Durchblutung der Haut (Erlebnis der kalten Hände und Füße!) geringere Durchblutung des Magens, der Schleimhaut und der Geschlechtsorgane

- Adrenalinausschüttung, Veränderung von Hormonkonzentrationen
- Schweißsekretion
- Erhöhung von Blutzucker und der Blutfettwerte (nach VESTER, 1977)

Kognitive Ebene, z.B.:

- Gefühle der Angst oder Wut (siehe Kapitel 4)
- Erregung
- Gereiztheit

Diese Reaktionen lassen sich nur bei der Betrachtung der Menschheitsgeschichte verstehen, da sie früher – bei existentieller Bedrohung – lebenssichernd waren: Bei einer Gefahr werden im Körper Prioritäten gesetzt, d.h. die Muskeln müssen gut durchblutet sein, um schnell reagieren zu können, die Versorgung der Haut, des Magens etc. ist dagegen zweitrangig; auch erhöhte Atmung, Herztätigkeit und Blutdruck sind Voraussetzungen zur schnellen Handlung. Die Schweißsekretion, die uns heute so unangenehm ist, diente dazu, die Bodenhaftung zu erhöhen. Obwohl sich unsere Lebenssituation grundlegend geändert hat, laufen diese autonomen, d.h. bewußt nicht regulierbaren Reaktionen wie beim Steinzeitmenschen ab.

In der Reaktion gibt es personenabhängige Muster: Manche Menschen reagieren eher auf der motorischen Ebene (z.B. mit Verspannung der Schulter-Nacken-Muskulatur), andere verstärkt auf der physiologischen (z.B. mit Schlafstörungen, Appetitlosigkeit), wieder andere eher im kognitiven Bereich (z.B. mit Konzentrationsstörungen, innerer Unruhe) auf Streß.

Problematisch wird es, wenn die Aktivierung des Körpers langfristig nicht genutzt bzw. abgebaut wird (siehe Kapitel 5) oder wenn sich so viele Streßsituationen aneinanderreihen, daß ein Wechsel von Streß und Entspannung, d.h. ein harmonisches Verhältnis von Anspannung und Erholung nicht mehr gewährleistet ist.

Diese Gefahr ist insbesondere in den industrialisierten Ländern sehr groß, da die früher durch die Lebensumstände gegebenen Ausgleichsphasen (z.B. durch lange Fußwege, körperlich anstrengende Haus- und Gartenarbeit) erfolgreich „wegrationalisiert" wurden. Die gewonnene Zeit wird jedoch nicht für eine erhöhte Entspannungs- und Ausgleichszeit genutzt, sondern für zusätzliche Aktivitäten. Hierunter fallen auch falsch verstandene Arbeitstechniken, denn Arbeitsvorgänge sind nicht endlos aneinanderzureihen, sondern durch Pausen zu ergänzen, die nicht „Zeitfresser", sondern wichtiges Entspannungselement sind.

2.2   Langfristige Auswirkungen von Streß

Wird der Organismus über längere Zeit zu hohen Anforderungen ausgesetzt, so zeigt sich das „allgemeine Anpassungssyndrom" (SELYE). Nach der oben geschilderten ersten *Alarmreaktion* folgt zunächst eine gewisse *Gewöhnungsphase.* Es ist durchaus möglich, über Monate, manchmal auch Jahre hinweg, z.B. nur wenige Stunden pro Tag zu schlafen, den Urlaub zu verkürzen oder ganz ausfallen zu lassen und am Wochenende den Arbeitsplatz nur nach Hause zu verlagern. Dies geht jedoch zu Lasten eines enormen Energiebedarfs, die Abwehrkraft gegen neu einsetzende Reize ist dann reduziert. Schließlich folgt die dritte Phase, das sogenannte *Erschöpfungsstadium,* das mit einem Zusammenbruch endet.

Bei langer Überforderung kann es zu Krankheiten, z.B. Herz- und Kreislauferkrankungen (die mit an oberster Stelle bei den Todesursachen stehen), Verdauungsbeschwerden, Magengeschwüren, Muskelverspannungen, Schlaf- und Konzentrationsstörungen kommen. Damit ist nicht gemeint, daß Streß die alleinige Ursache dieser Krankheiten ist, jedoch kann man ihn als einen wichtigen Risikofaktor bezeichnen.

3. Typische Belastungsfaktoren

3.1 Streßfaktoren genereller Art

Jede Veränderung der Lebensumstände erfordert Anpassungsleistungen des Individuums. Deshalb hat grundsätzlich jede Neuorientierung einen Belastungscharakter, selbst wenn es sich um gewünschte Ereignisse wie eine Hochzeit oder Beförderung handelt. HOLMES und RAHE (zitiert nach DAVISON & NEALE, 1979) entwickelten eine Skala zur Einschätzung belastender Lebensereignisse (Abbildung 1).

Rang-platz	Geschehnis	mittlerer Wert	Rang-platz	Geschehnis	mittlerer Wert
1	Tod des Ehegatten	100	24	Schwierigkeiten mit Verwandten des Ehemanns bzw. der Ehefrau	29
2	Scheidung	73			
3	Trennung ohne Scheidung	65	25	Außergewöhnliche persönliche Leistung	28
4	Gefängnisstrafe	63			
5	Tod eines nahen Familienmitgliedes	63	26	Ehefrau fängt mit einer Arbeit an oder hört mit ihr auf	26
6	Verletzung oder Krankheit	53			
7	Hochzeit	50*	27	Schulbeginn oder -schluß	26
8	Entlassenwerden	47	28	Veränderung in den Lebensumständen	25
9	Wiederversöhnung nach Streit mit Ehegatten	45	29	Aufgabe persönlicher Gewohnheiten	24
			30	Schwierigkeiten mit dem Chef	23
10	Pensionierung	45	31	Veränderungen in den Arbeitszeiten oder -bedingungen	20
11	Erkrankung eines Familienmitglieds	44			
12	Schwangerschaft	40	32	Umzug	20
13	Sexuelle Schwierigkeiten	39	33	Schulwechsel	20
14	Vergrößerung der Familie	39	34	Veränderungen im Freizeitbereich	19
15	Berufliche Veränderungen	39	35	Veränderungen in den kirchlichen Aktivitäten	19
16	Veränderung im finanziellen Bereich	38			
17	Tod eines nahen Freundes	37	36	Veränderungen in den sozialen Aktivitäten	18
18	Wechsel an einen Arbeitsplatz mit ungewohnter Tätigkeit	36			
			37	Aufnahme einer Hypothek oder eines Darlehens unter 10 000 Dollar	17
19	Veränderung in der Anzahl der Auseinandersetzungen mit dem Ehegatten	35			
			38	Veränderung in den Schlafgewohnheiten	16
20	Aufnahme einer Hypothek über 10 000 Dollar	31	39	Veränderung in der Anzahl der Familienzusammenkünfte	15
21	Verfallen einer Hypothek oder eines Darlehens	30	40	Veränderungen in den Eßgewohnheiten	15
22	Veränderungen in den beruflichen Aufgaben	29	41	Ferien	13
			42	Weihnachten	12
23	Sohn oder Tochter verläßt Familie	29	43	Kleinere Gesetzesverstöße	11

*Der Hochzeit wurde willkürlich ein Streßwert von 500 zugeordnet; kein Ereignis wurde mehr als zweimal so belastend eingestuft. Die hier angegebenen Werte sind proportional verringert und reichen bis zu 100.

Abb. 1: Rangreihe belastender Lebensereignisse (nach Holmes und Rahe)

Der sogenannte „Life Change Unit-Wert" ergibt sich aus der aufsummierten Anzahl der Werte der in einem Jahr eingetretenen Ereignisse. Als kritische Grenze gilt der Wert von 300, d. h. bei mehr belastenden Ereignissen ist die Wahrscheinlichkeit für Gesundheitsprobleme, Herzattacken, Knochenbrüche etc. deutlich erhöht (DAVISON & NEALE, 1979). Dabei scheinen weniger einzelne Ereignisse als vielmehr die absolute Menge streßinduzierender Vorfälle prognostisch bedeutsam zu sein. Wie spätere Untersuchungen zeigten, variieren zwar die Einschätzungen pro Ereignis interindividuell, die Rangreihe über alle belastenden Situationen ist dagegen weitgehend stichprobenunabhängig (GEBERT, 1981).

Konkret bedeutet dies, daß man versuchen sollte, die Anzahl der Ereignisse, die eine Umorientierung erfordern, zu begrenzen. Natürlich lassen sich nicht alle der in Abbildung 1 angeführten Erlebnisse steuern. Doch sollte man beispielsweise nach einem Arbeitsplatzwechsel nicht auch die Freizeitaktivitäten grundlegend verändern und eine Hypothek aufnehmen, oder man sollte z. B. bei einer Trennung vom Partner nicht gleichzeitig eine neue Arbeitsstelle suchen und aus der gewohnten Umgebung wegziehen, um eine zeitliche Häufung von belastenden Vorkommnissen zu vermeiden.

5.2   Streßfaktoren im Unternehmen

Nach einer Untersuchung von CAPLAN et al. (1975) sind sowohl Arbeiter als auch Angestellte gestreßt, die Belastungsinhalte unterscheiden sich jedoch. Arbeiter klagen eher über:

- Monotonie, qualitative Unterforderung,
- quantitative Überforderung,
- Arbeitsplatzunsicherheit,
- mangelhaftes Ausnützen der eigenen Fähigkeiten.

Manager dagegen, die sich nach Umfragen in hohem Maße gestreßt fühlen, empfinden die stärksten Belastungen bei Fehlverhalten des Vorgesetzten und der Kollegen (vgl. Abbildung 2).

Aufgrund der zunehmenden Technisierung werden sich die Belastungsfaktoren zukünftig stärker angleichen, denn viele manuelle Tätigkeiten werden immer mehr automatisiert. Dadurch gehen sensomotorische Belastungen und damit zusammenhängende Krankheitsbilder zurück, auch die Belastung durch Umweltfaktoren (z.B. Staub, Lärm) wird in den Betrieben durch Schutzmaßnahmen geringer. Dafür erhöht sich die Beanspruchung kognitiver Funktionen und der Konzentration, so daß hier zukünftig ein Schwerpunkt im Streßerleben zu erwarten ist.

Abbildung 2 gibt die Resultate einer Untersuchung von STEHLE (1987) über die Belastungen von Führungskräften wieder.

Hier handelt es sich um Situationen, die als belastend (Wert 2) oder stark belastend (Wert 3) erlebt werden. Die Korrelationen von Intensität und Häufigkeit sind allerdings sehr gering. Stark belastende Ereignisse treten also relativ selten auf. Die häufigsten Streßsituationen, nämlich

- großer Termindruck,
- große Verantwortung für Sachmittel,
- Diskrepanz zwischen postuliertem Führungsstil und realem Führungsverhalten,
- keine systematische interne Führungskräfteauswahl,
- sehr viel schriftliche Informationen,
- keine gezielte Führungskräfteentwicklung,
- fehlende bzw. ungeeignete Instrumente der Leistungsbeurteilung,

Rang- platz	Belastungssituation	Mittelwert*
1	Vorgesetzter: bei Kritik keine Möglichkeit der Gegendarstellung	2,41
2	Kollegen: intrigantes Verhalten	2,33
3	Vorgesetzter: persönliche, unsachliche Kritik Ihnen gegenüber	2,31
4	Kollegen: Boykott/Behinderung Ihrer eigenen Arbeitsziele	2,25
5	Vorgesetzter: Schaffen eines Klimas von Ungewißheiten	2,22
6	Mitarbeiter: Unaufrichtigkeit	2,11
7	Mitarbeiter: durch eigenes Fehlverhalten Mitarbeitern Schwierigkeiten bereiten	2,10
8	Vorgesetzter: Vorenthalten von Informationen Ihnen gegenüber	2,06
9	Arbeitsrolle: negatives Arbeitsergebnis durch selbst verursachte Fehler	2,00

* 0 = nicht belastend
  3 = stark belastend

Abb. 2: Rangreihe der Belastungsintensität (STEHLE, 1987, S. 123 f.)

beziehen sich vor allem auf die Organisationsstruktur und die eigene Arbeitsrolle und werden als relativ wenig belastend erlebt (STEHLE, 1987, S. 125). Daraus sollte aber nicht der Schluß gezogen werden, es sei schon nicht so schlimm. Die großen Probleme treten zwar nur selten auf, doch auch weniger starke, dafür aber konstante Belastungen beeinträchtigen Leistung und Zufriedenheit.

Als besonderer Belastungsfaktor bei Führungskräften ist die fortwährende Unterbrechung von Tätigkeiten zu sehen, z.B. durch Anrufe oder Nachfragen von Mitarbeitern, ein Nachteil der Strategie der „offenen Tür". Nach amerikanischen Untersuchungen werden Manager durchschnittlich alle acht Minuten in ihrer Arbeitstätigkeit unterbrochen. Von daher wird als persönliche Arbeitstechnik (vgl. den folgenden Artikel von RÜHLE) auch eine „stille Stunde" empfohlen, die für wichtige Arbeiten zu nutzen ist. In dieser Zeit werden z.B. eingehende Anrufe von der Sekretärin gesammelt, aber nicht durchgestellt.

Der häufig beklagte Zeitdruck ist nicht nur Streßfaktor, sondern erhöht auch die Fehlerrate, insbesondere wenn versucht wird, ihn durch schnelleres, aber weniger sorgfältiges Arbeiten zu kompensieren (vgl. SCHULZ & HÖFERT, 1981).

Ärger im Büro ist nur eine Seite der Medaille, das Managerleben ist durch weitere streßbegünstigende Faktoren gekennzeichnet: Die durchschnittliche Arbeitszeit von Führungskräften beträgt ca. 56 Stunden pro Woche, in der Konsequenz muß der (körperliche) Ausgleich zu kurz kommen. Neben Bewegungsmangel sind ungesunde Ernährung und der Versuch, Streßerleben mittels unsystematischer Maßnahmen zu verringern, z.B. durch Alkohol, Tabletten oder Rauchen, weitere Belastungsfaktoren, deren Auswirkungen nicht unterschätzt werden sollten. Sinnvolle Streßhandhabung kann daher nicht partiell ansetzen, sie betrifft immer die gesamte Lebensgestaltung (s. Kapitel 4).

3.3 Einfluß von Persönlichkeitsfaktoren

Oben wurden vor allem äußere, objektivierbare Faktoren genannt, auf die der einzelne häufig nur reagieren kann. Darüber hinaus gibt es Hinweise, daß Menschen ihre Umgebung aktiv mehr oder weniger anstrengend gestalten und sich selbst unter Druck setzen.

Im Rahmen von Längsschnittstudien zur Erforschung von Risikofaktoren für koronare Herzkrankheiten wurden folgende zwei Verhaltenstypen unterschieden (FRIEDMAN & ROSENMAN, zitiert nach KÖHLER, 1985). Menschen mit einem *Typ-A-Verhaltensmuster* zeichnen sich aus durch:

- intensives, anhaltendes Streben, selbstgewählte, aber meist schlecht definierte Ziele zu erreichen;
- ausgesprochenes Wettbewerbsverhalten, extremen Ehrgeiz und Konkurrenzdenken;
- einen dauernden Wunsch nach Anerkennung und Vorwärtskommen;
- ständiges Engagement in vielen und verschiedenartigen Tätigkeiten, meist unter Zeitdruck;
- eine Neigung, die Ausführung körperlicher und geistiger Tätigkeiten zu beschleunigen;
- außergewöhnliche geistige und körperliche Wachheit.

Diese Menschen wirken hektisch, ruhelos, ungeduldig und haben Schwierigkeiten „abzuschalten". Im Verhalten gegenüber anderen führt dies zu mangelnder Sensibilität, trotz der Leistungsorientierung werden nur stereotype Problemlösungen erreicht. Ein Typ-A-Mensch ist sozial meist hochgeachtet, gilt er doch als ehrgeizig, resolut, „auf vollen Touren arbeitend", manchmal aber auch als „Workaholic".

Sind sonstige Risikofaktoren kontrolliert (z. B. Übergewicht, Rauchen, Cholesterinspiegel), so ist die Wahrscheinlichkeit für koronare Herzkrankheiten und insbesondere für Herzinfarkt bei diesen Typ-A-Personen signifikant höher als bei Menschen mit einem *Typ-B-Verhalten*. Denn letztere setzen sich selbst weniger unter Druck, sind ruhiger, ausgeglichener, erledigen eine Arbeit nach der anderen, arbeiten eher langsam aber gründlich, machen sich weniger Sorgen um ihren gesellschaftlichen Erfolg und sind häufiger in Beschäftigungen außerhalb des Berufsfeldes engagiert.

4. Streßhandhabung

Da jeder Mensch mit Streßfaktoren konfrontiert ist und Beanspruchungen unterschiedlicher Art erlebt, entwickelt jeder mehr oder weniger systematische Methoden der Streßhandhabung.

4.1 Streßmodell von Lazarus

Situationen, die als belastend, d. h. als bedeutsam und unangenehm erlebt werden, lösen Handlungstendenzen zu ihrer Bewältigung aus. In Abhängigkeit von der Relation der eigenen Kräfte zur Bedrohung empfehlen sich grundsätzlich zwei Verhaltensalternativen, nämlich Angriff oder Flucht. Die körperlichen Veränderungen bei Streß (s. Kapitel 2) sind für genau diese Handlungen gedacht.

In unserer heutigen Lebenssituation sind beide Reaktionsweisen häufig eingeschränkt. Flucht hieße im betrieblichen Kontext ein Ausweichen, z. B. vor einer unangenehmen Aufgabe oder einem unangenehmen Gespräch – dies ist meist nur bedingt möglich. „Flucht in die Krankheit" (nicht Simulation!) wäre in diesem Sinne eine fehlangepaßte Problemlösestrategie. Im äußersten Fall bedeutet Flucht eine Kündigung mit der ungewissen Hoffnung, in einer anderen Arbeitsumgebung bessere Bedingungen vorzufinden. Angriff ist gleichfalls nur eingeschränkt möglich, in Organisationen zumeist lediglich zulässig als verbales „Zurückschlagen", Zynismus, Beschwerden beim Vorgesetzten etc. Körperliche Angriffe, selbst das Brüllen, werden weitgehend negativ sanktioniert.

Sind beide Handlungsalternativen versperrt bzw. nicht genügend eigene Möglichkeiten zum Handeln vorhanden, so wird wegen dieser Handlungsblockade Einflußlosigkeit erlebt, verbunden mit Angst (s. Abbildung 3). Fehlende Situationskontrolle scheint ein starker Belastungsfaktor zu sein. In verschiedenen Versuchen wurde gezeigt, daß sich Hilflosigkeit induzieren läßt, man spricht auch von „erlernter Hilflosigkeit"; die Folge davon sind Passivität und Apathie bei ähnlichen Situationen in der Zukunft, unabhängig von der dann tatsächlich vorhandenen Handlungsmöglichkeit. Im betrieblichen Kontext wäre an Resignation und Anpassung zu denken. Im Gegenzug trägt das „Prinzip Hoffnung" dazu bei, daß Menschen Belastungen länger und mit geringerer Erlebnisintensität ertragen (vgl. GEBERT, 1981).

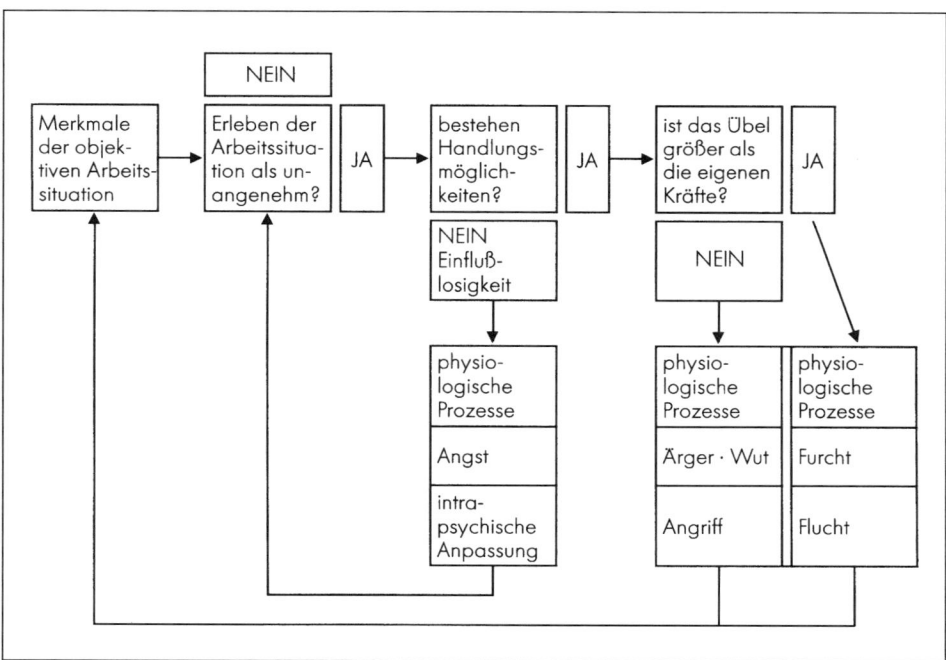

Abb. 3: Modell der Streßauslösung und -verarbeitung (nach LAZARUS, 1966)

Die sehr unangenehme Empfindung der Handlungsblockade führt zu einer „intra-psychischen Anpassung" (LAZARUS, 1966), die als Notlösung zu bezeichnen ist. Darunter ist folgendes zu verstehen:

- verstärkte Zuwendung zum Problem mit dem Ziel der Unsicherheitsreduktion und der Suche nach neuen Lösungen;
- Entstellung der Realität durch Verdrängung, Umbewertung der Situation, Über-schätzung der eigenen Fähigkeiten oder Senkung des Anspruchsniveaus. Bei letzterem findet man sich damit ab, daß gewisse (Arbeits-)Bedingungen nicht besonders gut sind. Dies kann zu einer „resignativen Arbeitszufriedenheit" (BRUGGEMANN et al., 1975) führen, was erklären mag, warum ca. zwei Drittel aller Berufstätigen bei Befragungen hohe Arbeitszufriedenheit angeben und ältere Arbeitnehmer tenden-ziell zufriedener sind.

Ausschließlich intrapsychische Anpassungsmechanismen sind im Vergleich zum An-griffs- und Fluchtverhalten weniger effektiv, da die Bedrohungsauslöser objektiv nicht beseitigt werden. Weit verbreitet ist auch die Leugnung der Streßsituation - eine Sonderform der intrapsychischen Anpassung –, die allerdings eine äußerst inadäquate Problemlösestrategie darstellt, da sie zu keinerlei Bewältigungsmaßnahmen führt, dagegen Wahrnehmungsverzerrungen zur Folge hat.

4.2   Möglichkeiten zur Vorbeugung und Therapie

Da Streß ein sehr komplexes Phänomen ist, kann auch seine Bekämpfung nicht einseitig sein. Insbesondere unsystematische Streßbewältigungsmethoden wie passive Freizeitaktivitäten, Fernsehen, aber auch Essen, Alkohol, Tabletten bringen nur kurzfristige Erleichterung und sind z. T. weiter gesundheitsschädigend.

Konstruktive Streßbewältigung setzt auf verschiedenen Ebenen an; die wichtigsten sind:

(1) *Stärkung der Widerstandskraft*
Hierunter fallen gesunde Ernährung, ausreichend Schlaf, Einhaltung von kurzen Ruhepausen während des Tages, die Inanspruchnahme des freien Wochenendes bzw. des Urlaubs. Zur gesunden Lebensweise gehört auch die Meidung von Alkohol, Nikotin, Medikamenten (soweit nicht medizinisch indiziert).

(2) *Gestaltung der Arbeitssituation*
In einer lauten Umgebung, mit häufigen Arbeitsunterbrechungen, mit intriganten Kollegen und verständnislosen Vorgesetzten kann niemand ohne Streß arbeiten, heute verwendet man dafür den Begriff „mobbing" (LEYMANN, 1993). Hier ist zu prüfen, in-wieweit die Situation gestaltbar, bzw. wann „Flucht" angezeigt ist.

Häufige Reaktion auf Zeitdruck ist schnelleres Arbeiten mit höherer Konzentration, weniger Pausen und einem Verzicht auf Ergebniskontrolle (SCHULZ & HÖFERT, 1981). Der Teufelskreis ist offensichtlich: Als Konsequenz können schnellere Ermüdung und Fehlerhäufung vorausgesagt werden. Hier ist nach langfristig effizienteren Lösungswegen zu suchen, z. B. besserer Arbeitseinteilung, Delegation von Arbeit etc.

In Kapitel 3.2 wurde gezeigt, daß viele Belastungsfaktoren in der Organisations-struktur begründet sind. Bewältigung von individuellem Leiden muß deshalb auch or-ganisatorische Prozesse und Strukturen umfassen (vgl. HOFSTETTER, 1988).

Gestaltungsmöglichkeiten des Unternehmens bei konkreten Belastungssituationen (z.B. Monotonie der Arbeit, Schicht- und Nachtarbeit, Rationalisierungen, Rivalitäten) sind bei GEBERT (1981) nachzulesen. Zu klären ist auch, ob bei (persönlichen) Problemen Hilfestellungen des Unternehmens angeboten werden sollen, wie z.B. Vermittlung und Bezahlung eines Therapeuten.

(3) *Einstellungsänderung und emotionale Unterstützung*
Die oben angesprochene Anspruchsniveausenkung ist eine durchaus effektive Strategie – denn nicht jeder Mißstand ist modifizierbar. Eine wichtige Pufferfunktion scheint auch die emotionale Unterstützung durch Arbeitskollegen oder Freunde im privaten Umfeld zu haben. Bei objektiv gleicher Belastung reduziert sich die subjektive Beanspruchung dann deutlich (vgl. GEBERT, 1981). Bei einer durch Vertrauen geprägten Kooperation im Betrieb ist die Korrelation zwischen Belastung und wahrgenommener Beanspruchung vergleichsweise niedrig, d.h. die objektiv gleiche Situation wird als weniger unangenehm erlebt. Praktisch heißt das, daß einer Person ohne Veränderung der objektiven Belastungssituation bereits dadurch geholfen werden kann, daß man ihr soziale Unterstützung zusichert.

(4) *Sport*
Körperliches Ausgleichstraining hält den Organismus „fit" und dient dazu, die oben angesprochene Aktivierung bei Streß wieder abzubauen. Hier sollten Ausdauersportarten wie Laufen, Schwimmen, Skilanglauf, Bergwandern, Radfahren bevorzugt werden. Holzhacken mag zwar die Aggressivität reduzieren, belastet aber den Körper einseitig. Gerade hier geht es auch um die richtige „Dosierung". Übertriebenes Leistungsverhalten schadet mehr als es nützt.

(5) *Gezielte Entspannungsmethoden*
Zur schnellen Herbeiführung eines Entspannungszustandes empfehlen sich gezielte Übungen, z.B. das autogene Training, die progressive Muskelentspannung, ein von JACOBSON in den 20er Jahren entwickeltes Verfahren, Yoga oder Meditation (dargestellt in REVENSTORF, 1983). Ihnen allen gemeinsam ist, daß sie die körperlich-motorisch-geistigen Auswirkungen von Streß in einen angenehmen Entspannungszustand (ohne Müdigkeit) überführen können. Dazu bedarf es allerdings gewisser Übung, und die sollte zumindest anfangs unter Anleitung stattfinden.

5. Ziel: Harmonisches Verhältnis von Anspannung und Entspannung

Zum Abschluß sei noch einmal das Ziel vergegenwärtigt: Nicht Streß soll vermieden, sondern ein harmonischer Ausgleich von Spannung und Entspannung angestrebt werden (Abbildung 4).

Dazu gehört,
– vor und nach jeder neuen Aufgabe oder Herausforderung eine Ruhepause einzulegen;
– extreme Belastungen zu vermeiden, um Kraftreserven zu schonen;
– jeden Tag mit einer Entspannungsphase zu beenden, damit der Schlaf neu aufbauen und stärken kann und die Gedanken nicht in der Nacht weiter um unerledigte Aufgaben kreisen.

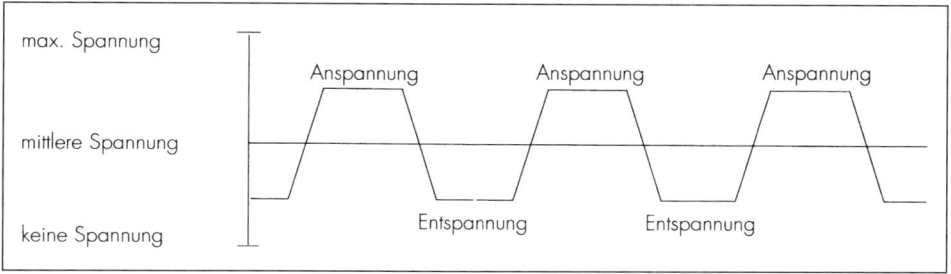

Abb. 4: Harmonischer Wechsel von Anspannung und Entspannung

Literatur

BRUGGEMANN, A., GROSKURTH, P. & ULICH, E. (1975). Arbeitszufriedenheit. Bern 1975.

CAPLAN, R. D. et al. (1975). Job demands and worker health. Main effects and occupational diffe- rences. Washington, D. C. 1975: US Government Printing Office.

DAVISON, G. C. & NEALE, J. M. (1979). Klinische Psychologie. München 1979.

GEBERT, D. (1981). Belastung und Beanspruchung in Organisationen. Stuttgart 1981.

HOFSTETTER, H. (1988). Die Leiden der Leitenden. Köln 1988.

KÖHLER, T. (1985). Psychosomatische Krankheiten. Stuttgart 1985.

LAZARUS, R. S. (1966). Psychological stress and the coping process. New York, London 1966.

LEYMANN, H. (1993). „Mobbing" – Psychoterror am Arbeitsplatz und wie man sich dagegen weh- ren kann. Hamburg 1993.

REVENSTORF, D. (1983). Psychotherapeutische Verfahren, Humanistische Therapien. Stuttgart 1983.

SCHULZ, P. & HÖFERT, W. (1981). Wirkungsmechanismen und Effekte von Zeitdruck: Feld- und Laborstudien. In M. FRESE (Hrsg.), Streß im Büro. Bern 1981.

SELYE, H. (1977). Streß. Reinbek 1977.

STEHLE, B. (1987). Belastungssituationen und Reaktionstendenzen von Führungskräften der Indu- strie. Frankfurt am Main 1987.

VESTER, F. (1977). Phänomen Streß. Stuttgart 1977.

Zur Konkretisierung und weiteren Vertiefung wird empfohlen, im Fallstudienband den Fall zu „Streß und Streßhandhabung" zu bearbeiten.

Hermann Rühle

Zeitmanagement

1. Die wesentlichsten Probleme im Umgang mit Arbeit und Zeit
2. Zwischenbilanz: Sind Sie ein Q3- oder ein Q1-Manager?
3. Anregungen für ein besseres Zeitmanagement

1. Die wesentlichsten Probleme im Umgang mit Arbeit und Zeit

Zu dem Wenigen, was auf dieser Welt gerecht verteilt ist, gehört die Zeit: Jeder von uns hat jede Woche 168 Stunden zu leben. Keine Sekunde mehr. Keine Sekunde weniger. Aber mit den 168 Stunden kommen nur wenige Menschen gut zurecht. Viele haben Probleme mit der Zeit. Manche haben zu viel Zeit und zu wenig zu tun. Sie erleben Langeweile und wissen nicht, wie sie die Zeit „totschlagen" sollen. Andere haben zu wenig Zeit und zu viel zu tun. Die Zeit läuft ihnen davon. Auf ihrem Schreibtisch liegen Berge unerledigter Arbeit. Sie haben das Gefühl, nicht zu den eigentlichen Aufgaben zu kommen, leiden unter Hektik, Streß und Überstunden. Führungskräfte gehören eher zur zweiten Gruppe. Sie stehen unter Zeitdruck, erleben Zeitnot (vergleiche auch den vorausgehenden Artikel von REGNET zum Thema Streß).

Die Führung von Mitarbeitern beginnt mit dem Nachdenken über die Führung der eigenen Person: Ein Chef muß Zeit für seine Mitarbeiter haben. Einer, der in der Tageshektik untergeht, hat weder Zeit, um „über den Tag hinaus" zu denken, noch wird er seinen eigentlichen Führungsaufgaben gerecht werden. Not macht zwar erfinderisch und mancher erreicht nur unter massivem Termindruck seine persönliche Hochform, aber selbstverschuldete End-Termin-Hektik und hausgemachter Streß als Dauerzustand sind eher kreativitätsfeindlich und wirken sich negativ auf die Zusammenarbeit aus.

1.1 Fremdsteuerung durch externe Störfaktoren

Das Verfügungsrecht über die Zeit soll angeblich den Herrn vom Knecht unterscheiden. Viele Führungskräfte sehen sich weniger als Frau oder Herr ihrer Zeit, fühlen sich eher als Zeit-Sklaven, leiden unter einer massiven Fremdsteuerung.

> Was behindert Ihre Arbeitseffizienz?
> Wer stört Sie bei Ihrer Arbeit?
> Von wem wird Ihnen Zeit gestohlen?

Stellt man Führungskräften (zu Beginn von Zeitmanagement-Seminaren) solche Fragen, dann reduzieren sich die Antworten auf fünf wesentliche Störfaktoren, die zu einem zerstückelten Arbeitstag führen, eine reaktive Arbeitsweise aufdrängen und die zusammenhängende, konzentrierte Beschäftigung mit selbstgewählten Problemstellungen während der normalen Arbeitszeit kaum zulassen:

Das *Telefon* ist Störfaktor Nummer eins. Es platzt in die laufende Arbeit oder in ein Gespräch. Nach dem Auflegen muß der rote Faden wieder gesucht werden. Viele Anrufe bringen Folgewirkungen, erfordern ein unmittelbares Tätigwerden in einer neuen Sache. Für die unterbrochenen Aufgaben kostet dies neue Rüstzeiten. Auch die selbstinitiierten Anrufe sind gestört, wenn der dringend benötigte Gesprächspartner nicht erreicht wird.

Zu den Aufgaben einer Führungskraft gehören Gespräche mit internen und externen *Besuchern*. Besucher stören, wenn sie unangemeldet hereinplatzen oder wenn Gespräche zu lang dauern, weil der Gesprächspartner nicht vorbereitet ist oder zu viel Zeit hat.

Die *Mitarbeiter* können für den Chef zur Belastung werden, wenn sie unselbständig arbeiten, wegen jeder Kleinigkeit zurückfragen, sich bei ihm rückversichern oder an ihn zurückdelegieren wollen.

Auch der Kontakt mit dem eigenen *Vorgesetzten* enthält Störpotential. Der Chef hat Rückfragen, bringt neue Aufgabenstellungen, ändert Prioritäten, setzt kurzfristig Besprechungen an.

Besprechungen müssen sein. Sie werden problematisch, wenn sie überhandnehmen, schlecht organisiert und vorbereitet sind, ineffizient ablaufen und zu lange dauern. Oder wenn Ergebnisse nicht umgesetzt werden und zur gleichen Sache neue Besprechungen stattfinden.

1.2 Ergebnisse von Selbstbeobachtungen

Zur Einstimmung auf *Zeitmanagement-Seminare* protokollieren die Teilnehmer vor dem Seminar den Ablauf einiger Arbeitstage und werten die Tätigkeits- und Störprotokolle im Seminar aus. Hier sind typische Haupterkenntnisse (von Führungskräften unterschiedlicher Hierarchiestufen):

Wie ist der Gesamteindruck?
– Tätigkeiten häufig unterbrochen
– Störungen bedeuten Themenwechsel
– ständig wechselnde, ungeplante Tätigkeiten
– immer wieder neue Rüstzeiten erforderlich
– systemloses Arbeiten
– bessere Tageseinteilung wäre erforderlich

Was läuft nicht so gut?
– Tagesziel oft nicht erreicht
– keine Freiräume eingeplant
– keine Berücksichtigung der persönlichen Leistungskurve
– Störungen durch das Telefon während Besprechungen

Was dauert zu lange?
– Besprechungen
– Verfassen von Protokollen
– Postbearbeitung
– Telefonate
– Suche von Unterlagen
– der Arbeitstag (Überstunden)

Was kommt zu kurz?
– Planung
– Vorbereitung
– Vorbereitung von Gesprächen und Besprechungen
– wichtige Dinge
– Fachliteratur
– Weiterbildung
– das Gespräch mit den Mitarbeitern

- die Weitergabe von Informationen an Mitarbeiter
- Kontrolle
- Pausen

1.3   Untersuchungsergebnisse

Arbeitsbelastung und Arbeitsmethoden von Führungskräften sind immer wieder Gegenstand von Untersuchungen (eine Zusammenfassung findet sich bei RÜHLE, 1982). So hat CARLSON (1951) in einer ersten systematischen Studie das Arbeitsverhalten schwedischer Manager analysiert und folgende Hauptergebnisse herausgestellt:

- Eine exzessive Arbeitsbelastung mit hoher durchschnittlicher Arbeitszeit, die – auch nach Ansicht der untersuchten Führungskräfte – auf Dauer nicht durchzuhalten ist. CARLSON sieht unerfreuliche Effekte für die familiären Beziehungen (vgl. dazu den Artikel von STREICH: Rollenprobleme von Führungskräften, in diesem Band) und die Gefahr einer „intellektuellen Isolation" (keine Zeit für außerfachliche Literatur, für Konzert- und Theaterbesuche) mit ungünstigen Auswirkungen auch auf den betrieblichen Bereich; der Arbeitsstil des Chefs kann zum Standard für die Mitarbeiter werden, die sich dann ebenfalls nicht mehr breit weiterbilden und bei denen die Überlastung ebenfalls Regel statt Ausnahme ist.
- Für bedenklich hält CARLSON die verbreitet festgestellte, irrationale „I hope we shall soon return to normal times"-Haltung.
- Nur ein geringer zeitlicher Umfang bleibt für die ungestörte individuelle Arbeit am Schreibtisch. In einem näher untersuchten exemplarischen Fall ergaben sich für die alleine im Büro verbrachten Zeiten „ungestörte" Intervalle von acht Minuten, d. h. im Schnitt wurde die Führungskraft alle acht Minuten per Telefon oder Besucher gestört. Bei einer anderen Führungskraft gab es während der 35 Beobachtungstage nur 12 Zeitblöcke von 23 und mehr Minuten ungestörter Arbeit im eigenen Büro.
- Beobachtet wurde ein sogenannter „Kalenderkomplex": Nur Aktivitäten, die im Kalender mit exakten Terminen vorgemerkt sind, werden erledigt und seien sie noch so unwichtig. Nach CARLSONS Meinung sind viele Manager Sklaven ihres Terminkalenders. Wichtige Aktivitäten, die nicht terminiert sind, werden vernachlässigt (Vorbereiten, Planen, Über-den-Tag-hinaus-Denken).
- Führungskräfte nutzen die vorhandenen Möglichkeiten zur Abschirmung gegenüber Telefongesprächen und Besuchern zu wenig.
- Führungskräfte sind auf Besucher schlecht vorbereitet, Gespräche und Besprechungen dauern deshalb länger als erforderlich.

Probleme im Umgang mit der Zeit scheinen sehr zeitlos zu sein. Die Ergebnisse dieser historischen Studie lesen sich sehr modern und treffen den Arbeitsstil mancher Führungskraft von 1998 sehr genau. Ähnlich verhält es sich mit den Ergebnissen einer Untersuchung von LUIJK (1963):

- Führungskräfte erledigen zu viele einfache Tätigkeiten selbst, statt sie zu delegieren.
- Sie delegieren zu wenig Verantwortung, müssen deshalb bei zu vielen Entscheidungen gefragt und einbezogen werden.
- Sie geben unklare Anweisungen, werden deshalb zu oft für Rücksprachen in Anspruch genommen und erhalten unvollständige Ergebnisse.
- Sie informieren ihre Mitarbeiter zu wenig, behindern dadurch deren Arbeitseffizienz und Arbeitszufriedenheit und werden selbst wiederum mehr belastet.

- Sie agieren zu impulsiv, rufen Mitarbeiter unüberlegt zu unnötigen oder aufschiebbaren Rücksprachen und reißen diese aus ihrer Arbeit.
- Es gibt keine vereinbarten Rücksprachezeiten, die es der Führungskraft und den Mitarbeitern ermöglichen würden, sich auf die zu behandelnden Punkte vorzubereiten.

1.4   Eigene Störungen

Zunächst sind immer die anderen schuld: Telefon, Besucher, Mitarbeiter, Chef und langatmige Besprechungen halten mich von meiner eigentlichen Arbeit ab (1.1).

Die Ergebnisse von selbsterstellten Tätigkeits- und Störprotokollen (1.2) bestätigen dies, bringen aber auch Hinweise auf eigene Schwachstellen.

Ganz deutlich zeigen die durch Fremdbeobachtung gewonnenen Untersuchungsergebnisse (1.3) selbstverschuldete Probleme im Umgang mit Aufgaben und Zeit.

Werden deshalb Seminarteilnehmer mit der Aussage provoziert, daß die beklagten externen Störfaktoren doch wohl nur die halbe Wahrheit sein können und es auch eigene, innere Störungen geben muß, kommen folgende Ergebnisse:

Konzeptionsloser Arbeitsstil
Fehlende Ziele und Prioritäten, keine Konsequenz bei der Durchsetzung gesetzter Prioritäten, blinder Aktionismus, fehlende Planung, zu wenig Zeit für Vorbereitung, fehlende Pufferzeiten, ungenügende Planung des Tagesablaufs.

Mangelhafte Schreibtischorganisation
„Volltischler-Syndrom", Suchen von Unterlagen, Ablage funktioniert nicht, Vergessen von Terminen und Zusagen.

Fehlende Motivation
Aufschieben unangenehmer Arbeiten, Vorziehen unwichtiger Lieblingsaufgaben, Lustlosigkeit, Demotiviation durch beruflichen oder privaten Ärger.

Probleme mit der persönlichen Leistungskurve
Müdigkeit, Leistungsloch nach dem Mittagessen, Nachwirkungen einer Feier vom Vorabend, Anlaufprobleme am Morgen, Anlaufprobleme am Montag, Konzentrationsstörungen.

Mangelnde und mangelhafte Delegation
Ungenaue Aufgabenstellung an Mitarbeiter, Widerstände gegen Delegation, alles selbst machen wollen, „Nur ich kann's richtig"-Haltung, zu späte Delegation, kein Unterbinden von Rückdelegations-Versuchen.

Inkonsequentes Verhalten
Eigenes Mitteilungsbedürfnis, Ablenkungsbereitschaft, inkonsequente Gesprächsführung, zu großzügiges Zeitangebot an Besucher, mangelnde eigene Gesprächsvorbereitung, Flucht in Sozialkontakte, sich um Dinge kümmern, die einen nichts angehen.

Persönliche Eigenheiten
Übertriebene Hilfsbereitschaft, nicht „Nein" sagen können, zu pedantisches Arbeiten, Überperfektionismus.

2. Zwischenbilanz: Sind Sie ein Q3- oder ein Q1-Manager?

Die referierten Ergebnisse zeigen: Führungskräfte sollen und wollen rationale, über den Tag hinausdenkende, wichtigkeitsgesteuerte Manager sein. Tatsächlich sind sie eher dringlichkeitsgesteuerte Reagierer, mit menschlichen Schwächen behaftete Spezialisten für das Tagesgeschäft.

Die *Wichtigkeits-Dringlichkeits-Matrix* (modifiziert nach Covey, 1992 und 1997) soll dies verdeutlichen (s. Abbildung 1).

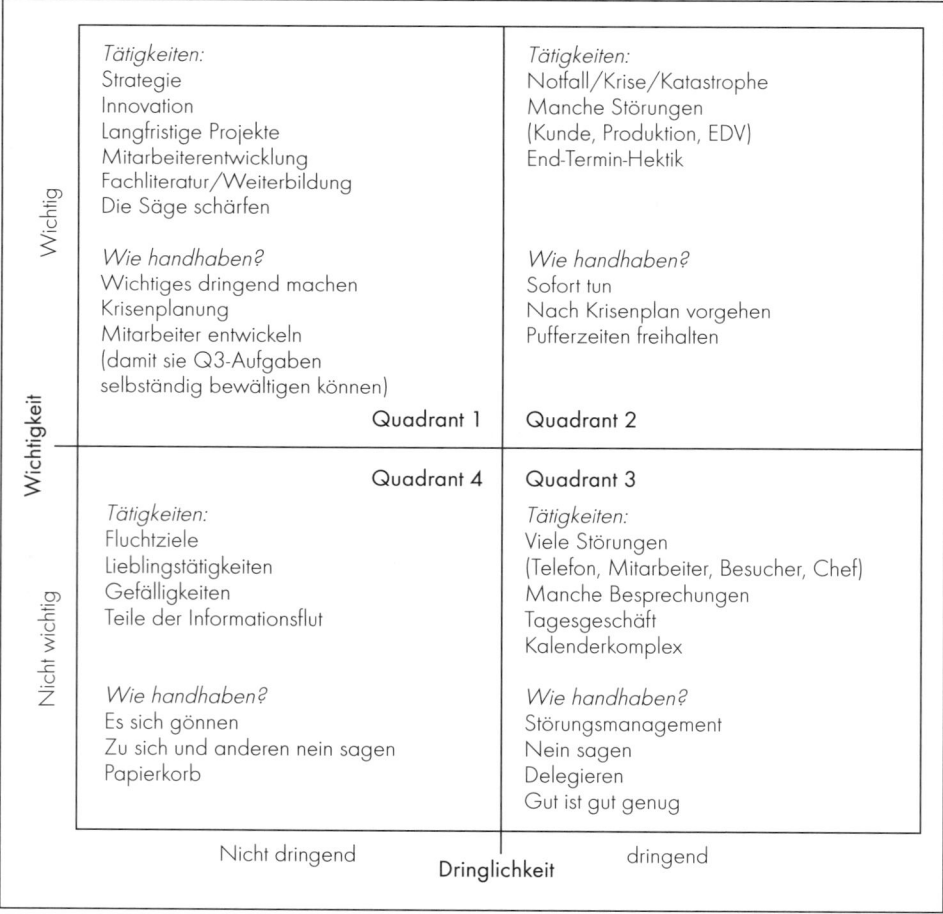

Abb. 1: Wichtigkeits-Dringlichkeits-Matrix

Die von Führungskräften zu bewältigenden Tätigkeiten lassen sich vier Quadranten zuordnen:

Quadrant 1 umfaßt den zentralen Bereich der eigentlichen Führungsaufgaben, zusätzlich Aktivitäten zur Erhaltung der persönlichen Leistungsfähigkeit, der persönlichen und fachlichen Weiterentwicklung und der eigenen Lebens- und Karriereplanung.

Die Perspektive ist langfristig-strategisch, Q1-Aktivitäten haben keine Tagesaktualität und unterliegen keiner Fremdsteuerung. Und hier liegt das Problem: Weil Q1-Aktivitäten wichtig, aber nicht dringend sind, und ihre Inangriffnahme eines eigenen Anstoßes bedarf, kommen sie zu kurz, werden sie vernachlässigt. Ein Beleg findet sich in den Ergebnissen von Selbstbeobachtungen (1.2): Die Frage „Was kommt zu kurz?" beantworten Führungskräfte mit einer Aufzählung von Q1-Aktivitäten.

Quadrant 2 fordert den Krisenmanager. Plötzliche wichtige Ereignisse und unvorhergesehene Notfälle zwingen zum sofortigen Reagieren. Alles andere wird zweitrangig und bleibt liegen.

Nicht alle Q2-Ereignisse sind schicksalhaft-unvorhersehbar. Manches wichtige Problem wird – weil wichtig aber noch nicht dringend – auf Sparflamme oder überhaupt nicht bearbeitet. Bis das Wichtige dringend wird, von Q1 nach Q2 „rutscht" und in einer selbstverschuldeten End-Termin-Hektik gerettet werden muß. Der selbsternannte Krisenmanager kann zur persönlichen Hochform auflaufen. Allerdings wäre das krisenhafte Reagieren durch rechtzeitiges Agieren vermeidbar gewesen.

Quadrant 3: Hier findet der „Spezialist für das Dringende" sein Betätigungsfeld. Er wird vom Tagesgeschäft vereinnahmt, empfängt gleichzeitig dringende Anrufe und unangemeldete Besucher, beantwortet nebenbei Fragen von Mitarbeitern, reagiert auf Wünsche des Chefs und hetzt zu spontan einberufenen Besprechungen.

Der Q3-Manager läßt sich von der Dringlichkeit überrollen und realisiert nicht, daß Störungen und Unterbrechungen immer dringend, aber nicht immer wichtig sind. Ab und zu verläßt er notgedrungen seine Q3-Arena und bewältigt Q2-Krisen, von denen er einige selbst verursacht, andere nicht verhindert oder durch Vorbeuge- und Alternativmaßnahmen abgemildert hat. Dazu wären rechtzeitige Q1-Aktivitäten erforderlich gewesen, für die der Q3-Manager keine Zeit gehabt hat.

Quadrant 4 ist unproblematisch, wenn die dafür eingesetzten Zeitanteile im Rahmen bleiben. Manchmal ist der Quadrant 4 das Fluchtziel für den gestreßten Krisenmanager (Q2) bzw. Pseudo-Krisenmanager (Q3), man gönnt sich zur eigenen Regeneration angenehme Q4-Aktivitäten.

Aus der *Wichtigkeits-Dringlichkeits-Matrix* leiten sich zwingende Konsequenzen für ein verbessertes Zeitmanagement ab:

1. Das Zeitbudget einer Führungskraft muß hohe Q1-Anteile enthalten.
2. Die dafür fehlende Zeit kann zunächst nur aus dem Quadranten 3 kommen, da die Bewältigung von Q2-Problemen mit zu den Aufgaben eines Managers gehört und nicht ignoriert werden kann.
3. Längerfristig werden bei intensiverer Wahrnehmung von Q1-Aufgaben auch die Zeitanteile für Q2 geringer, zumindest um den Anteil selbstverschuldeter Krisen: Verhütete Brände muß man nicht löschen.

3. Anregungen für ein besseres Zeitmanagement

3.1 Sich behaupten

Die Zielrichtung ist klar: Mit der Führungsfunktion verträgt sich eine massive Fremdsteuerung durch das dringende Tagesgeschäft nicht. Nur von Notärzten und Feuerwehrkommandanten wird ständige Präsenz und sofortiges Reagieren gefordert. Eine Führungskraft empfängt zwar auch Hilferufe und muß Brände löschen, ihre Tätigkeit sollte aber nicht permanenten Notfallcharakter haben. Sie muß durch Störungsmanagement und konsequente Selbstbehauptung unnötige Anteile der Fremdsteuerung abbauen, vermeidbare Störungen vermeiden, unvermeidliche Unterbrechungen abkürzen, sich gegen Zeitdiebstahl und Zeitverschwendung wehren, kurz: Q3 verkleinern.

3.1.1 Vorbemerkung

Es kann nicht darum gehen, alle Störungen zu eliminieren. In externen Störungen können Chancen liegen (ein störender Anruf, der mich aus meiner gerade angefangenen Arbeit herausreißt, bringt mir einen neuen Kunden; ein Mitarbeiter, der mich zum unpassenden Zeitpunkt mit einer Rückfrage nervt, macht mich auf einen Mißstand aufmerksam, ich kann korrigierend eingreifen und Probleme vermeiden). Einige der eigenen Störungen machen uns menschlich, andere dienen einem höheren Zweck (Ablenkungsbereitschaft kann dem Knüpfen zwischenmenschlicher Beziehungsnetze dienen, und diese können in anderen Situationen die Arbeit erleichtern).

Nach KOTTER (1982) sehen erfolgreiche Manager in Unterbrechungen nicht nur Probleme (die durch ein besseres Störungsmanagement zu beseitigen sind), sondern Gelegenheiten, die es zu nutzen gilt, um an „weiche" Informationen heranzukommen und um Beziehungen zu klären und zu festigen. STIEFEL (1983) und NEUBERGER (1990) geben zu bedenken, daß solche Erkenntnisse den Ansätzen klassischer Zeitmanagement-Seminare diametral entgegenstehen. Diese Bedenken können nicht dazu führen, auf Anregungen für ein besseres Zeitmanagement zu verzichten, sondern sie sind dabei zu berücksichtigen.

3.1.2 Abschirmen

Eine Führungskraft sollte sich für die konzentrierte Beschäftigung mit Q1-Themen, die permanente Störungen nur schwer vertragen, sowie für Gespräche und Besprechungen durch Einsatz des Sekretariats und/oder entsprechender Kommunikationstechnik (Sprachspeicher, elektronische Post) einen ungestörten Zeitblock schaffen. In einer ungestörten Stunde läßt sich das Doppelte von dem erledigen, was man in einer gestörten Stunde zuwege bringt. Ungestörte Stunden sollten in günstige Zeiträume der normalen Arbeitszeit eingebaut und nicht in der routinemäßigen Überstunde oder in der vollen Aktentasche, die am Wochenende mit nach Hause genommen wird, realisiert werden. Beim Festlegen von Sperrzeiten sind auch die Schwankungen der persönlichen Leistungskurve zu berücksichtigen. In einer ungestörten Stunde im Leistungshoch bringen Sie wesentlich mehr vom Tisch als in einer gestörten Stunde im Leistungstief!

3.1.3 Bündeln

Nicht alle, aber viele Kontaktwünsche lassen sich ohne negative Auswirkungen aufschieben und gebündelt erledigen. Manchmal ist es sogar besser, wenn aufgrund einer qualifizierten Telefonnotiz ein vorbereiteter Rückruf möglich ist (als wenn Sie direkt erreicht worden wären und unüberlegte Aufkünfte gegeben hätten). Ein vereinbartes Gespräch mit vorbereiteten Teilnehmern bringt meist mehr als eine ad-hoc-Besprechung. Der Vorwurf „Sie kann man ja nie erreichen" kann Sie dann nicht treffen, wenn bei Ihrer Abwesenheit (Besprechung, Reisen, ungestörter Zeitblock) Zeiten bekanntgegeben werden können, zu denen Sie wieder erreichbar sind. Solche Telefon-Fenster stellen das notwendige Gegenstück zum ungestörten Zeitblock dar.

3.1.4 Gesprächsverhalten

Störungen durch Telefon und Besucher lassen sich durch das eigene Gesprächsverhalten steuern und abkürzen. Durch Techniken der Gesprächseröffnung (muß es immer „Wie geht's" sein?) und des Gesprächsabschlusses („Darf ich zusammenfassen") können Sie die Dauer mancher Unterbrechung beeinflussen. Vielleicht sollten Sie sich auch in der Kunst des Neinsagens üben, eine übertriebene Hilfsbereitschaft abbauen und einsehen, daß Sie es nicht allen Leuten recht machen können.

3.1.5 Führungsverhalten

Einige Ursachen übermäßiger Störungen durch Mitarbeiter können beim Vorgesetzten selbst liegen. Vielleicht haben Mitarbeiter zu wenig Entscheidungsfreiraum und Verantwortung übertragen bekommen oder Kompetenzen sind nicht klar abgesteckt (vgl. den Artikel von v. ROSENSTIEL: Grundlagen der Führung, in diesem Band). Möglicherweise ist die Delegationsfähigkeit des Chefs verbesserungswürdig. Wenn er unklare Aufgabenstellungen weitergibt und es versäumt, mit den Mitarbeitern Ziele, Rahmenbedingungen und Erledigungs-Endtermine abzusprechen, sind Rückfragen, Probleme und nicht eingehaltene Termine vorprogrammiert. „Bringen Sie mir bitte keine Fragen sondern Antworten, keine Probleme sondern Lösungen!" wäre eine Haltung, die ein Chef gegenüber Rückdelegations-Versuchen von Mitarbeitern einnehmen sollte. Auch das „Prinzip der offenen Tür" kann problematisch werden. Für die Mitarbeiter ist es positiv, wenn der Chef jederzeit ansprechbar ist. Nur er selbst wird dabei zu kurz kommen. Es sollte Ausnahmen vom löblichen Prinzip geben: Die Tür eines Vorgesetzten sollte zu sein (ungestörter Zeitblock), wenn er ein Gespräch führt oder konzentriert arbeiten will. Vielleicht ist der Chef aber auch zu selten gesprächsbereit, zu oft unterwegs. Wenn er einmal da ist, will jeder seine Probleme loswerden. Hier könnten routinemäßige Rücksprachezeiten helfen. Übrigens: Auch Ihre Mitarbeiter ziehen es vor, wenn sie sich auf Besprechungen vorbereiten können und nicht nach dem Motto „Bitte kommen Sie mal schnell zu mir" aus der Arbeit herausgerissen werden.

3.1.6 Führung nach oben

Ihrem überspontanen Chef sollten Sie Ihren eigenen Arbeitsplan, Ihre eigene Konzeption entgegenhalten, ihm Auswahlfragen stellen und Konsequenzen geänderter Prioritäten aufzeigen (vgl. auch den Beitrag von WUNDERER: Führung des Chefs, in diesem Band).

3.1.7 Besprechungen

Sie können sich über die weitverbreitete Zeitverschwendung in Besprechungen aufregen oder zumindest die von Ihnen angesetzten und moderierten Besprechungen sinnvoll vorbereiten, durchführen und umsetzen. Bei Besprechungen, an denen Sie teilnehmen müssen (müssen Sie überhaupt?), können Sie zu Beginn auch einmal die Zeitfrage stellen (wenn in der Einladung nur der Beginn, nicht aber das geplante Besprechungsende angegeben war). Oder Sie können darum bitten, den Sie betreffenden Tagesordnungspunkt vorzuziehen, damit Sie nicht die gesamte Zeit dabei sitzen müssen. Oder Sie warten in „Rufbereitschaft" den Sie angehenden Besprechungspunkt ab und erledigen in der Zwischenzeit andere Arbeiten, falls Besprechungsort und Ihr Schreibtisch nicht zu weit auseinander liegen. Auch Zweiergespräche lassen sich abkürzen, wenn Sie mit dem Gesprächspartner zu Beginn eine Art Tagesordnung und eine Zeitvorgabe absprechen.

3.2 Sich organisieren

Konsequentes Störungsmanagement (s. Kapitel 3.1) kann eine übermäßige Belastung durch Q3-Aktivitäten abbauen und Freiräume für Q1-Aufgaben schaffen. Ein funktionierendes Selbstmanagement zielt darauf, die richtigen Dinge richtig zu tun, die erweiterten Freiräume sinnvoll zu nutzen.

3.2.1 Das Diktat der Termine minimieren

Managen heißt: Ziele definieren und realisieren. In der Praxis sieht das oft anders aus. Mancher Manager ist nicht ziel- sondern termingesteuert. Er nimmt Termine wahr, bezieht seine Selbstbestätigung aus dem vollen Terminkalender, hetzt von einer Besprechung zur nächsten, geht auf Dienstreise, empfängt Besucher, arbeitet den Kalender ab und verliert darüber das Ziel aus den Augen. Der volle Terminkalender wird ergänzt durch eine Liste wichtiger Aufgaben. Diese Liste wird immer länger, weil der volle Terminkalender keine Zeit zum Abarbeiten läßt. „Ich habe keine Zeit mehr, ich habe nur noch Termine!" ist eine typische Aussage des unter dem Termin-Diktat leidenden Managers.

Was ist zu tun?

1. Das Wahrnehmen von Terminen gehört mit zu meinen Aufgaben, aber nicht jeden Terminwunsch muß ich unreflektiert akzeptieren und manche Termine kann ich an Mitarbeiter delegieren.

2. Damit meine wichtigen Q1-Aufgaben nicht „untergehen", muß ich sie dringend machen, als Eigentermine in meinen Kalender schreiben und sie genauso ernst nehmen wie Fremdtermine.

3.2.2 Mit der End-Termin-Hektik umgehen

Neben dem „Kalenderkomplex" lassen sich manche Manager durch die zweite Pseudo-Priorität „End-Termin-Hektik" steuern: Eine langfristige, wichtige Aufgabe bleibt aus Zeitgründen liegen, weil sie ja nur wichtig, aber noch nicht dringend ist. Irgendwann wird sie dringend, lassen drohende negative Rückstellwirkungen ein weiteres Schieben nicht mehr zu. Die End-Termin-Hektik ist da. Die Aufgabe ist von Q1 nach Q2 „gerutscht" und muß unter Druck erledigt werden.

Wie damit umgehen?

1. Liegenlassen muß nicht zwangsläufig zur End-Termin-Hektik führen. Manches erledigt sich von selbst, wenn man nur lange genug wartet. Manchmal ändern sich Rahmenbedingungen, Wichtiges wird gegenstandslos, und ich habe mir Arbeit gespart, weil ich noch gar nicht angefangen hatte.
2. Manche laufen in der End-Termin-Hektik zur persönlichen Hochform auf und bringen in kurzer Zeit Ergebnisse zustande, die sich sehen lassen können. End-Termin-Hektik als Selbstmotivations-Ersatz.
3. Aber nur selten erledigt sich Wichtiges von selbst, meist wird Liegenlassen durch gravierende negative Rückstellwirkungen bestraft. Und manchmal führt massiver Termindruck zur persönlichen Denkblockade. Deshalb muß auch hier die Strategie lauten: Das Wichtige rechtzeitig dringend machen, die große Aufgabe in Teilschritte herunterbrechen und Zwischentermine definieren und abarbeiten.

3.2.3 Das Wichtige bestimmen und dringend machen

Der Q1-Manager reagiert nicht nur auf Tagesaktivitäten, läßt sich nicht von Pseudo-Prioritäten leiten, sondern von Zielen, aus denen er Handlungsschritte ableitet. Ist er vom Ziel überzeugt, von der dahinter liegenden Vision begeistert, kann er auf Selbstmotivations-Tricks verzichten. Konkurrierende Aktivitäten erhalten automatisch nachrangige Priorität.

Den Kalenderkomplex setzt er bewußt ein und bildet für Q1-Aufgaben Termine („10–12 Uhr Nachdenken über Problem X"). Er weiß auch, daß aus vage vorgenommenen Kontaktwünschen („Wir sollten uns auch wieder einmal zusammensetzen") nie etwas wird, es sei denn, man vereinbart sofort einen konkreten Termin. Auch der Vorsatz, endlich mehr für die eigene Fitness zu tun, läßt sich per Termin im dienstlichen Kalender („18 Uhr Waldlauf") leichter in die Tat umsetzen.

Sogar die End-Termin-Hektik kann man zur Steigerung der eigenen Konsequenz positiv nutzen: Dazu müssen Zwischentermine für die Fertigstellung von Teilergebnissen vereinbart und mit Verpflichtungscharakter versehen werden (konkreter Präsentationstermin für ein definiertes Teilergebnis). Besser ein kleiner Zwischen-Termin-Druck als die große End-Termin-Hektik!

3.2.4 Termin- und Merksystem optimieren

Das persönliche Termin- und Merksystem ist die Basis für ein funktionierendes Selbstmanagement. Vergessene Termine, Kollisionen zwischen beruflichen und privaten Terminen oder Ärger wegen gegebener, aber nicht gehaltener Zusagen müssen nicht sein. Jeder sollte sich ein für das Aufgabengebiet geeignetes und zum persönlichen Arbeitsstil passendes System maßschneidern. Eines der gängigen Ringbuchsysteme unterschiedlicher Größe und Inhalte kann eine Grundlage sein, die der Benutzer auf seine Bedürfnisse einrichten und abwandeln sollte.

Im Terminteil ist entscheidend, daß abends nicht nur (dringende) Termine sondern auch (wichtige) Aufgaben abgehakt sind. Der Merkteil sollte Zettel für längerfristige Themen und Aufgaben enthalten, die als Ideenspeicher dienen und die man regelmäßig durchblättert, um am Thema dran zu bleiben und der End-Termin-Hektik zu entgehen. Auch für in naher Zukunft stattfindende Ereignisse (Dienstreise, Besprechung, Verhandlung, Vortrag, Präsentation) kann jeweils ein Zettel angelegt werden, auf dem man Stichworte, mitzunehmende Unterlagen, abzuklärende Punkte notiert. Auch für wichtige Gesprächspartner, mit denen man öfter telefonisch oder persönlich zu tun hat, kann man auf einem Zettel Punkte sammeln und beim nächsten Kontakt gebündelt abhandeln.

Wenn Sie mit einem Sektretariat zusammenarbeiten, muß die Frage der „Terminhoheit" geregelt werden. Wenn Chef und Sekretariat unkoordiniert Termine absprechen sind Doppelbuchungen und Terminkollisionen programmiert. Terminabstimmungen sind oft mühsam und zeitaufwendig. Ein Chef sollte deshalb die Terminhoheit grundsätzlich dem Sekretariat übertragen, ergänzt durch Absprachen, welche Termine zu seinem Aufgabenbereich gehören (d. h. selbständig zugesagt werden können), welche Pufferzeiten und terminfreie Räume reserviert bleiben sollen und bei welchen sensiblen Terminen eine vorherige Rückkopplung erforderlich ist.

3.2.5 Den Tag vernünftig planen

Das Motto „Mal sehen, was der Tag Schönes für mich bringt" wird auf Dauer nicht sehr erfolgreich sein. Besser sind einige Grundsätze zur Tagesplanung.

Den Tag planen
Hier gilt: In den letzten 15 Minuten der Arbeitszeit den absolvierten Tag bilanzieren. Sich über abgehakte, erledigte Aufgaben freuen. Unerledigtes auf den Folgetag übertragen, an dem man die Aufgabe mit hoher Wahrscheinlichkeit erledigen kann. Den nächsten Tag vorbereiten. Aufgaben und Termine auflisten und nach Wichtigkeit und Dringlichkeit reflektieren. Den zeitlichen Umfang abschätzen (Vorsicht: Es dauert meist länger als Sie gedacht haben!). Bei zu großem Arbeitsumfang für den nächsten Tag überlegen:

– Was kann ich streichen?
– Was kann ich auf später verschieben?
– Was kann ich ganz oder teilweise an wen delegieren?
– Was kann ich in kürzerer Zeit (Motto: „Gut ist gut genug") erledigen?

Oft wird nichts anderes übrigbleiben, als Aufgaben zu verschieben. Sie sollten aber bedenken, daß verschobene Aufgaben Sie später um so härter treffen können, daß also alle anderen Versionen der Reduzierung eines zu großen Arbeitspensums besser sind.

Pufferzeiten freihalten
Hier gelten die Regeln: Nur den halben Tag verplanen, höchstens zwei Drittel, den Rest freihalten für Unvorhergesehenes aus Q2 und Q3. Pufferzeiten zwischen Terminen haben Anti-Hektik-Wirkung. Und an Pausen sollten Sie denken.

Wenn das Unvorhergesehene nicht eintritt, können Sie sich Q1-Aufgaben vornehmen oder Folgetage entlasten mit den Fragen:

– Was kann ich vorbereiten?
– Was kann ich einleiten?
– Was kann ich vorarbeiten?
– Was kann ich vorziehen?

Ungestörte Zeitblöcke schaffen
Die persönliche Effizienz läßt sich dadurch steigern, daß Sie sich für eine Stunde aus dem Tagesgeschäft ausblenden und zusammenhängend und konzentriert an wichtigen Aufgaben arbeiten. Auch Besucher und Mitarbeiter danken es Ihnen, wenn Gespräche nicht durch Telefon oder weitere Besucher gestört werden.

Kommunikations-Fenster öffnen
Im Laufe des Tages sollten Sie routinemäßige Zeiten der „Offenen Tür" für kurze spontane Mitarbeiterkontakte definieren, Rücksprachezeiten für längere Gespräche vereinbaren und bei Abwesenheit eine Zeit hinterlassen, zu der Sie telefonisch wieder erreichbar sind.

Leistungskurve berücksichtigen
Sie sind nicht den ganzen Tag gleich leistungsfähig (s. Abbildung 2).

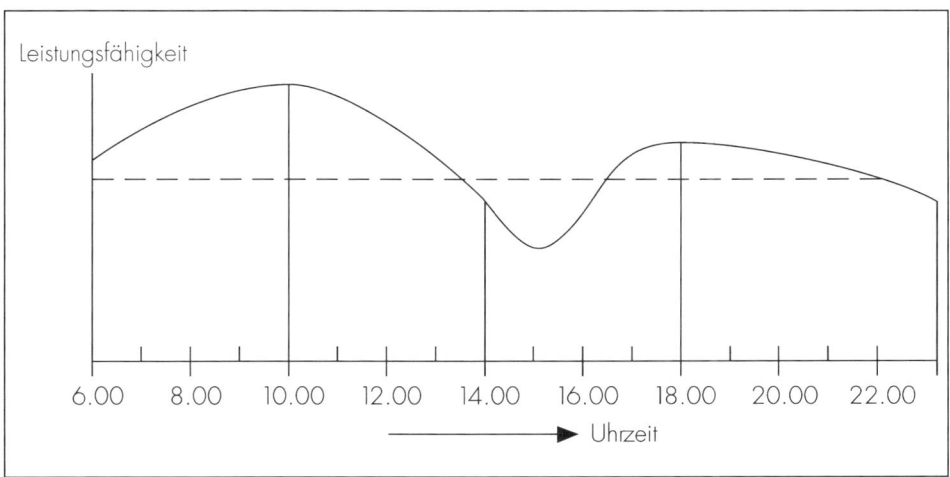

Abb. 2: Persönliche Leistungskurve (schematisiert)

Legen Sie wichtige, schwierige oder unangenehme Aufgaben und Gespräche in Ihre leistungsstarken Zeiten. Erledigen Sie weniger wichtige Aktivitäten (Routine, Rückrufe, offene Tür, Betriebsrundgang) im Leistungstief.

3.3   Sich führen

3.3.1   Die wahren Ursachen für Zeitprobleme erkennen

Wenn Sie unter Zeitdruck und Zeitnot leiden, sollten Sie auf drei Ebenen nach Ursachen und Lösungen suchen:

1. Sie lassen sich zu viel Zeit stehlen und wehren sich nicht dagegen (s. Kapitel 3.1).
2. Sie selbst verschwenden durch schlechte Eigenorganisation zu viel Zeit und tun nichts dagegen (s. Kapitel 3.2).
3. Möglicherweise liegen die wahren Ursachen (und Lösungen) für Zeitprobleme in Ihrer eigenen Person:
   – Sie nehmen sich immer zu viel vor und setzen sich selbst unter Druck.
   – Sie wollen als Überperfektionist alles selbst machen.
   – Sie können (zu sich und anderen) nicht „Nein" sagen.
   – Sie brauchen permanente Überlastung als Beweis der eigenen Unersetzlichkeit.

Ohne die dritte und vielleicht wichtigste Ebene der „Führung der eigenen Person" bleiben Ratschläge für ein konsequenteres Störungsmanagement Stückwerk und bewirken Anregungen für ein optimiertes Selbstmanagement bestenfalls eine Art Symptomkosmetik oder sind gar kontraproduktiv (wenn der Arbeitssüchtige gewonnene Freiräume mit Zusatzaufgaben ausfüllt und sich noch mehr überlastet, wenn der äußerst gewissenhafte Typ durch die penible Pflege eines neuen Zeitplansystems vollends ins Zwanghafte abrutscht).

Bei der Führung der eigenen Person geht es um *Selbsterkenntnis* (Analyse von Stärken und Schwächen des persönlichkeitsbedingten Arbeitsstils) und *Persönlichkeitsentwicklung* (welche Stärken muß ich aus- und welche Schwächen abbauen). Zusätzlich muß die belastete Führungskraft Zeit investieren in die Bereiche *Selbsterneuerung* (wie erhalte ich meine Leistungsfähigkeit) und *Selbstrealisation* (wo stehe ich und wie geht es weiter).

Die Aspekte der dritten Ebene leben von Verhaltensdiagnose und Verhaltensrückmeldung. Sie können deshalb hier nur ansatzweise skizziert werden, müssen sinnvollerweise zentrale Inhalte von Coaching-Prozessen und Zeitmanagement-Seminaren sein. Leider decken bisher manche Seminare diesen Bereich überhaupt nicht ab, sondern erschöpfen sich in der Vorstellung und Erklärung von Zeitplanbuch-Formularen.

3.3.2   Den eigenen Arbeitsstil analysieren

Einige Persönlichkeitseigenschaften wirken sich positiv oder negativ auf das Zeitmanagement aus (siehe auch OLDHAM & MORRIS, 1992):

Der *gewissenhafte Typ* arbeitet methodisch, zielstrebig und effektiv, er ist ordentlich und perfekt, liebt den Plan, die Routine und ist vorsichtig. Übersteigerungen können zu nicht mehr realitätsangepaßtem Verhalten führen, wie Überperfektionismus (nicht delegieren können, alles selbst machen wollen), Zwanghaftigkeit (nichts aus der Hand geben, alles nachbessern müssen) und Arbeitssucht (sich permanent überlasten).

Der *lässige Typ* ist gelassen, läßt sich nicht ausnützen, kann nein sagen, hat keine Angst vor Autoritäten, handelt nach dem Motto „Gut ist gut genug". Der überlässige nervt andere, weil er zu locker, zu bequem, zu widerspenstig ist und manches vergißt, was er zugesagt hat.

Der *aufopfernde Typ* ist geschätzt als hilfsbereiter, rücksichtsvoller, bescheidener, geduldiger, toleranter Mitmensch. Wenn er nicht aufpaßt, wird seine übertriebene Hilfsbereitschaft ausgenutzt, wird ihm Arbeit „angedreht", fällt er als Chef auf Rückdelegationsversuche herein, weil er nicht nein sagen kann.

Der gewissenhafte Typ hat eine gewisse Nähe zur *Typ-A-Persönlichkeit* aus der Streßforschung. Der A-Typ ist im Extremfall ständig in Hetze, leidet unter der „keine-Zeit-Krankheit", will immer mehr in der gleichen Zeit schaffen, kann nicht warten, nicht ausruhen und faulenzen, steht unter dem Druck von Zeit und Verantwortung und zeigt ein ausgeprägtes Konkurrenzverhalten.

Der *Typ-B-Persönlichkeit* (ähnlich dem lässigen Typ) fehlen diese pathologische Hektik und Kampfbereitschaft, er findet eher einen Ausgleich zwischen eigenen Bedürfnissen und Anforderungen aus der Umwelt.

Bei COOPER (1987) finden sich Diagnose-Instrumente, Anregungen zur Regulierung eines überzogenen Typ-A-Verhaltens und Übungen zur Bekämpfung der krankhaften Hast (vgl. dazu auch den vorausgehenden Artikel von REGNET zum Thema Streß).

3.3.3 Die Säge schärfen

Sie kennen das Bild vom Waldarbeiter, der sich mit seiner stumpfen Säge abmüht und auf die Anregung, er solle sie doch schärfen, antwortet: Dazu habe ich keine Zeit!

Wenn die Arbeit alles andere erdrückt und keine Zeit bleibt für Regeneration, Familie, Hobby, Sport, Spaß und Faulenzen, werden längerfristig Gefühle des Überdrusses und die Gefahr des Ausbrennens resultieren und sich negativ auf Arbeitskraft und Arbeitslust auswirken.

Auch die fachliche (Literatur, Weiterbildung) und persönliche (Lesen, Kultur) Weiterentwicklung kommen oft zu kurz. Nachlassende Kreativität und Innovationskraft sowie intellektuelle Isolation sind beruflich und persönlich die negativen Folgen.

Manche Führungskräfte leiden unter einem ungelösten Konfliktpotential zwischen Beruf und Privatleben und erleben negative emotionale Überläufe zwischen beiden Bereichen. Beruflicher Streß und Ärger wirken sich negativ auf die privaten Beziehungen aus und private Probleme (oft durch berufliche Überläufe provoziert) beeinträchtigen Arbeitsfreude und Motivation.

Die durch ein konsequentes Störungs- und Zeitmanagement eingesparten Zeitanteile sollten über reduzierte Überstunden auch in die privaten Beziehungen und die persönliche Weiterentwicklung investiert werden. Nebeneffekte wären positive stimmungsmäßige Überläufe aus einem befriedigenden Privatleben für die berufliche Arbeit (vgl. auch den Beitrag von STREICH: Rollenprobleme von Führungskräften, in diesem Band).

3.3.4 Sich realisieren

Ein letzter aber nicht unwichtiger Aspekt des persönlichen Zeitmanagements ist die Auseinandersetzung mit dem eigenen Lebensweg. Man sollte sich periodisch Zeit für Life-Styling-Überlegungen nehmen (vgl. HIRTH, SATTELBERGER & STIEFEL, 1985):

1. Situationsanalyse: Wo stehe ich? Wie geht es mir? Welche Chancen und Risiken gibt es für mich?
2. Zielsetzung: Wo will ich hin? Welche Visionen, Hoffnungen, Wünsche, Ziele möchte ich realisieren?
3. Zielumsetzung: Wie komme ich dort hin, wo ich hin will? Was muß ich dafür tun? Wer kann mir helfen?
4. Alternativen: Habe ich einen Plan B? Was wäre, wenn meine jetzige Karriere (Plan A) blockiert würde? Welchen potentiellen Problemen muß ich vorbeugen?

Literatur

CARLSON, S. (1951). Executive behavior: A study of the working methods of managing directors. Stockholm, 1951.

COOPER, C. L. (1987). Streßbewältigung. Person. Familie. Beruf. München, 1987.

COVEY, S. R. (1992). Die sieben Wege zur Effektivität. Frankfurt, 1992.

COVEY, S. R. u. a. (1997). Der Weg zum Wesentlichen. Frankfurt, 1997.

HIRTH, R., SATTELBERGER, T. & STIEFEL, R. T. (1985). Dein Weg zur Selbstverwirklichung. Life-Styling. Landsberg, 1985.

KOTTER, J. P. (1982). The general managers. New York, 1982.

LUIJK, H. (1963). How dutch executives spend their day. London, 1963.

NEUBERGER, O. (1990). Führen und geführt werden. 3. Auflage. Stuttgart, 1990.

OLDHAM, J. M. & MORRIS, C. B. (1992). Ihr Persönlichkeitsportrait. Hamburg, 1992.

RÜHLE, H. (1982). Persönliche Arbeitstechniken. Goch, 1982.

STIEFEL, R. T. (1983). Zur Validität einiger Prämissen in der Weiterbildung. MAO-Informationsbrief, Nr. 4, 1983.

Zur Konkretisierung und weiteren Vertiefung wird empfohlen, im Fallstudienband die Fälle zu „Persönliche Arbeitstechniken" zu bearbeiten.

Teil III
Der Vorgesetzte und sein Mitarbeiter

Einführung

Denkt man an Führung, ohne weitere die Phantasie lenkende Information zu bekommen, so wird spontan meist das Bild eines Vorgesetzten mit den ihm unterstellten Mitarbeitern vor dem geistigen Auge entstehen. Die Beziehung des Vorgesetzten zu diesen Mitarbeitern von deren erstem Schritt ins Unternehmen bis zum möglicherweise „bitteren" Ende ist Gegenstand des nun folgenden Teils.

SCHULER zeigt in einem überaus differenzierten Beitrag, wie bei der Auswahl von Mitarbeitern auf das Ziel der Bewährung hin optimiert werden kann und welche Methoden hier gewinnen und welche nur Zeitverlust versprechen. Gerade dieser Beitrag macht die Distanz zur häufig traurigen Praxis im Unternehmen deutlich und weist darauf hin, daß man mit der richtigen Auswahl der Mitarbeiter nicht nur viel Geld durch die Vermeidung von personellen Fehlentscheidungen sparen, sondern auch zur Zufriedenheit von Mitarbeitern, die sich adäquat plaziert wissen, beitragen kann.

Wenn die Auswahl mit Sorgfalt erfolgt, dann sollte man nicht minder reflektiert bei der Einarbeitung neuer Mitarbeiter vorgehen. Es ist ja gelegentlich erschreckend und zugleich bezeichnend zu sehen, daß beispielsweise für die Aufstellung eines teuren technischen Gerätes eingehende Vorbereitungsmaßnahmen eingeleitet werden und der Anlauf der Maschinen geradezu zum Fest wird, während auf der anderen Seite der neu im Betrieb beginnende Mitarbeiter unbeachtet „in der Ecke steht", und man sich kaum die Zeit nimmt, ihn vorzustellen, geschweige denn sachgerecht einzuarbeiten. Wo hier erfolgversprechende Möglichkeiten liegen, zeigt KIESER in konkreter und handlungsnaher Weise.

Ob der Mitarbeiter die Leistung erbringt, die man von ihm erwartet, hängt sicherlich stark von den äußeren Bedingungen seines Arbeitsplatzes, von den Kollegen, von der Führung durch den Vorgesetzten ab, aber auch wesentlich von der eigenen Kompetenz und Motivation, die allerdings vom Vorgesetzten zu erhalten und zu entwickeln sind. VON ROSENSTIEL zeigt in seinen Beiträgen die Grundlagen der Motivation des Mitarbeiterverhaltens sowie die der Arbeitszufriedenheit auf. Die Forschung hat hier insbesondere auf zweierlei hingewiesen, nämlich auf die Ziele, die der Mitarbeiter anstrebt, und die Wege, auf denen er die Ziele erreichen will. Konkretes Führungshandeln, das die Motivation der Mitarbeiter erhalten und verstärken möchte, sollte immer vor Augen haben, daß zur Motivation eine zu motivierende Person und eine motivierende Situation gehören. Entsprechend gilt es für die Führung, Motive der Mitarbeiter durch adäquate Maßnahmen zu erkennen und dann situationsgerecht durch die Gestaltung der Aufgaben der Arbeitssituation so darauf einzugehen, daß langfristig Arbeitsbereitschaft und Arbeitszufriedenheit garantiert werden.

Ob nun die schließlich erbrachten Leistungen und das Verhalten im Kollegenkreis dem Sollbild entsprechen, sollte in regelmäßigen Abständen an den Mitarbeiter zurückgemeldet werden, was im Rahmen der Mitarbeiterbeurteilung erfolgen kann.

STEHLE zeigt die Ziele derartiger Beurteilungen auf, kennzeichnet Fehler, die dabei entstehen können, und verweist auf Vorgehensweisen, die zu einer Akzeptanz der Verfahren beitragen und Grundlagen für die Mitarbeiterförderung sein können.

Mitarbeiterbeurteilungen nur auf dem Papier sind wenig nützlich, sie müssen im Gespräch übermittelt werden. Hier, aber auch auf allen anderen Feldern der Kooperation zwischen Vorgesetztem und Mitarbeiter spielt das Gespräch eine zentrale Rolle. Die Führungskraft wird zum Kommunikationsmanager. ERIKA REGNET zeigt auf, was dabei zu beachten ist und wo „Fallstricke" liegen.

NEUMANN weist in seinem Beitrag darauf hin und unterstreicht – was häufig dem Führungsselbstverständnis vieler widerspricht – die Bedeutung nondirektiver Gespräche. Denn der, der den Gesprächsgang nicht immer direktiv steuert, erfährt vielfach mehr und kann als besser Informierter zielbezogener führen und zugleich die Bindung des Mitarbeiters an den Vorgesetzten stärken.

Eine spezifische Form der Beurteilung und des Gesprächs sind Anerkennung und Kritik als Führungsmittel. Hier gilt es, in der alltäglichen Zusammenarbeit dem Mitarbeiter Rückmeldung und Hilfe, bezogen auf sein Verhalten und seine Leistungen zu geben. VON ROSENSTIEL zeigt in seinem Beitrag grundsätzliche Funktionen der Anerkennung und der Kritik und führt sodann konkret aus, was man einerseits bei der Anerkennung und andererseits bei der Kritik beachten sollte.

Anerkennung und Kritik sollen den Mitarbeiter fördern, voranbringen. Dieser Anspruch reicht beim „Coaching" sehr viel weiter. BÖNING erklärt in seinem Beitrag dieses neue und aktuelle Feld von Trainingsmaßnahmen, die durch ihren konkreten Arbeitsbezug Verhaltensänderungen ermöglichen sollen. Häufig wird hier zunächst ein Externer gerufen, der kritische Situationen meistern soll. Doch Coaching wird auch eine Führungsaufgabe, die letztlich den Vorgesetzten zum beständigen „Trainer" seiner Mitarbeiter macht, wodurch deren Kompetenz erhalten und entwickelt werden soll.

Vor ganz spezifischen Anforderungen steht derjenige, der Mitarbeiter führt, die ihrerseits Führungskräfte sind. Dies ist ein bislang wenig reflektiertes Feld. Führung wird immer mit Führung gleichgesetzt, ohne Rücksicht darauf, auf welcher Ebene sich dieser Prozeß vollzieht. EINSIEDLER zeigt – gestützt auf Fallerhebungen –, was die besonderen Anforderungen an solche Führungskräfte sind, die ihrerseits Führungskräfte zu führen haben.

Wenden wir jetzt die Blickperspektive in eine andere Richtung: Wer Führung hört, denkt an Einflüsse von „oben nach unten". Innerhalb des Führungsgeschehens kann sich jedoch der Pfeil dieses Einflusses wenden. Auch Mitarbeiter können – bei voller Loyalität – ihre Vorgesetzten „führen", d.h. so auf diese Einfluß nehmen, daß die Interessen der Abteilung, des Bereichs und aller Beteiligten dabei gewahrt bleiben. WUNDERER diskutiert Legitimationsgrundlagen und Formen dieser „Führung des Chefs". Beim Thema „Führung" denken wir meist an die Interaktion Vorgesetzter und Mitarbeiter, evtl. auch an eine Arbeitsgruppe. Obwohl jeder Praktiker weiß, daß Führung niemals im luftleeren Raum stattfindet und welchen Einfluß insbesondere der nächsthöhere Vorgesetzte hat, wird dieser Aspekt zumeist vernachlässigt. Gestützt auf empirische Analysen diskutiert deshalb WEIBLER die Führungstriade aus nächsthöherem Vorgesetzten, direktem Vorgesetzten und Mitarbeiter und leitet verschiedene Empfehlungen ab.

Die Beziehung zwischen Vorgesetzten und Mitarbeitern kann in bestimmten Phasen krisenhaft werden. Dies gilt – ERIKA REGNET zeigt das exemplarisch – insbesondere dann, wenn das Verhalten der Mitarbeiter durch exzessiven Alkoholkonsum beeinträchtigt wird. Dieser Beitrag verdeutlicht, wie man als Vorgesetzter mit diesem gleichermaßen heiklen und für alle Beteiligten belastenden Problem umgehen sollte.

Mit schweren Krisen der Zusammenarbeit zwischen Vorgesetzten und Mitarbeitern setzt sich auch der Beitrag von Böhm auseinander. Hier wird die juristische Perspektive angesprochen, d. h. der Jurist kommt dann zu Wort, wenn der Psychologe resignieren muß. Wenn Gespräche nicht mehr nützen, Versuche zu erneuter Motivation scheitern, die Arbeitsleistung dauerhaft nicht erbracht wird, muß man vielfach an die Trennung vom Mitarbeiter denken. Eine derartige Kündigung allerdings muß entsprechend vorbereitet sein, damit der Versuch nicht vor dem Arbeitsgericht scheitert. Böhm legt Gründe dar, die zu einer Kündigung führen können, und belegt die Schritte, die man wählen soll, um diesen sicherlich schwierigen Weg erfolgreich zu Ende zu gehen.

Heinz Schuler

Auswahl von Mitarbeitern

Jährlich werden viele Millionen von Auswahlentscheidungen getroffen. Ihre Qualität ist so unterschiedlich wie die hierzu verwendeten Methoden. In diesem Beitrag wird ein Überblick gegeben, in welchem Zusammenhang Auswahlentscheidungen stehen, welche Methoden dafür verfügbar sind und welcher Nutzen sich aus der Anwendung verbesserter Verfahren erwarten läßt.

1. Grundlagen berufsbezogener Entscheidungen

Beruflicher Erfolg hängt von vielem ab. Der familiäre und soziale Hintergrund eines Menschen prägt seine Einstellungen und Erwartungen; seine Ausbildung schafft die Grundlage für die weiteren Entwicklungsmöglichkeiten; gesellschaftlicher Bedarf und Arbeitsmarktbedingungen beeinflussen die Chancen, in bestimmten Berufsfeldern tätig sein zu können; Fähigkeiten und andere Eigenschaften einer Person erleichtern oder erschweren den Erwerb von Kenntnissen und Fertigkeiten, die in berufliche Leistung umgesetzt werden können. Was als beruflicher Erfolg angesehen wird, kann vielfältig sein: Leistung, Sinnerleben, gesellschaftlicher Status, Zufriedenheit, psychische und physische Gesundheit, das Gefühl, gefordert zu sein oder sein ruhiges Auskommen zu haben, die Überzeugung, das zu tun, was den eigenen Fähigkeiten und Interessen entspricht.

Beruflicher Erfolg in seinen vielen Facetten ist also auf vielfältige und nicht immer durchschaubare Weise bedingt. Zum Zeitpunkt der konkreten Wahl eines Berufs, einer Organisation oder einer Tätigkeit wird sich ein Mensch von mehreren Gesichtspunkten leiten lassen. Die eigenen Interessen und Wünsche, aber auch Abneigungen und Befürchtungen sind ihm dabei vielleicht besonders deutlich vor Augen. Auch die Aussichten, einen Studienplatz im angestrebten Fach zu bekommen, dürften zu den bewußt ins Kalkül einbezogenen Entscheidungsparametern gehören. Weniger deutlich ist dem Betreffenden wahrscheinlich, in welchem Ausmaß seine Interessen von seinen Fähigkeiten abhängen oder welchen Einfluß frühere Erfahrungen und Werthaltungen in der Familie auf seine jetzigen Präferenzen haben.

Die Berufsberatung, wie sie vom Arbeitsamt angeboten wird – und im Prinzip auch von jedem auf berufspsychologische Fragen spezialisierten Psychologen geleistet werden kann –, hat den Zweck, den Ratsuchenden bei der Klärung dieser Fragen zu helfen und ihnen eine fundierte berufsbezogene Entscheidung zu ermöglichen.

Sucht ein Unternehmen Mitarbeiter oder Auszubildende, so stellen sich ganz ähnliche Fragen. Das Personalmarketing wird dann am erfolgreichsten sein, wenn es gelingt, das Arbeitsplatzangebot so darzustellen und den Kreis potentieller Mitarbeiter so anzusprechen, daß diejenigen gewonnen – und später gehalten – werden können, die möglichst viel zum Erfolg der Organisation beitragen. Die Auswahlentscheidung seitens des Unternehmens wird sich primär an der zu erwartenden Leistung orientieren. Aber jedes Unternehmen wäre schlecht beraten, nicht auch die Zufriedenheit und Gesundheit der Mitarbeiter als Zielkriterien in die Auswahlentscheidung einzubeziehen. In beider Interesse liegt es, Über- wie Unterforderung zu vermeiden und Möglichkeiten zur Entwicklung berufsbezogener Kompetenzen zu sichern. Für beide Seiten ergibt sich damit als gemeinsames Interesse, Person und Tätigkeit (inklusive Umfeld) so zu vergleichen, daß eine zufriedenstellende Lösung im Hinblick auf möglichst viele Zielkriterien gefunden wird. Abbildung 1 zeigt auf, daß es zumindest drei

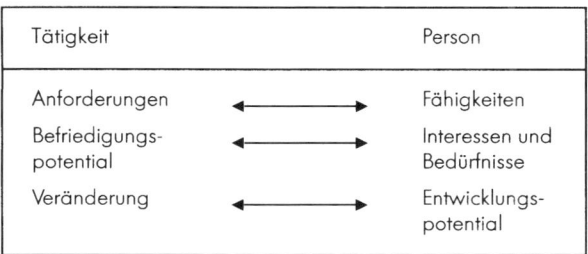

Tätigkeit	Person
Anforderungen ⟷	Fähigkeiten
Befriedigungs-potential ⟷	Interessen und Bedürfnisse
Veränderung ⟷	Entwicklungs-potential

Abb. 1: Vergleich zwischen Tätigkeit und Person bei berufsbezogenen Entscheidungen

Aspekte sind, hinsichtlich derer der Vergleich zwischen Person und Tätigkeit zu erfolgen hat.

Die zum gegebenen Zeitpunkt bekannten Anforderungen der vorgesehenen Tätigkeit sind den erforderlichen Fähigkeiten der Bewerber oder Ratsuchenden gegenüberzustellen, um die künftige Leistung zu gewährleisten. Methoden der Arbeits- und Anforderungsanalyse auf der einen Seite, Verfahren der psychologischen Eignungsdiagnostik auf der anderen sind Hilfsmittel, diesen Vergleich durchzuführen. Das Befriedigungspotential der fraglichen Tätigkeit ist mit den Interessen und Bedürfnissen der Personen zu vergleichen, um Zufriedenheit und andere Aspekte des Wohlbefindens sowie das Verbleiben in der Organisation sicherzustellen. Befriedigungspotentiale können u. a. durch Organisationsanalysen festgestellt werden, Interessen und Bedürfnisse mittels eines Berufsinteressentests.

Nicht alle eignungsrelevanten Merkmale einer Tätigkeit sind allerdings zum Zeitpunkt der Entscheidung bestimmbar – Arbeitsanforderungen verändern sich in einer teilweise nicht vorhersehbaren Weise. Deshalb ist es von Nutzen, zusätzlich zur Bestimmung der derzeitigen Anforderungen abzuschätzen, in welche Richtung Veränderungen zu erwarten sind, und zusätzlich mit einem nicht bestimmbaren Anteil an Änderungen zu rechnen. Das erwünschte Entwicklungspotential einer Person sollte sowohl den absehbaren Veränderungen entsprechen als auch darüber hinaus hinreichende Wahrscheinlichkeit bieten, daß sie auch künftigen Entwicklungen ungewisser Art gewachsen sein wird. Die Prognose ist in diesem Bereich natürlich besonders schwierig, aber es haben sich doch einige Eigenschaften als erfolgsrelevant in unterschiedlichstem Berufskontext herausgestellt, an die in diesem Zusammenhang zu denken ist. Zu ihnen gehören vornehmlich Intelligenz (einschließlich Lernfähigkeit), allgemeine Leistungsmotivation, soziale Kompetenz, psychische Stabilität und Veränderungsbereitschaft. Ebenso wird motorisches Geschick in einigen Berufsfeldern auch künftig zu den erforderlichen Erfolgsvoraussetzungen gehören. Diese Merkmale gelten als relativ stabil und lassen sich zumindest partiell mit psychologischen Instrumenten, wie sie in späteren Abschnitten dargestellt werden, relativ zuverlässig erfassen. Defizite hinsichtlich dieser Merkmale sind teilweise durch Training (vgl. den entsprechenden Beitrag von v. Rosenstiel) und Führung ausgleichbar. Aber auch Maßnahmen zur Gestaltung der Arbeitsbedingungen können dazu beitragen, eine fähigkeits- und bedürfnisentsprechende – also menschengerechte – Arbeitswelt zu gewährleisten.

2. Zusammenhang zwischen Anforderungen, Auswahl und Förderung

Die Kenntnis der Tätigkeitsanforderungen ist eine wesentliche Voraussetzung, die erforderlichen Fähigkeiten, Fertigkeiten und Kenntnisse zu bestimmen. Hierzu steht eine Vielfalt an Methoden zur Verfügung, die von der einfachen Positionsbeschreibung bis zum hochdifferenzierten Analyseinstrument reicht (FUNKE, in Druck). Der Einsatz quantitativer Analysemethoden ermöglicht die Festlegung unterscheidbarer Anforderungsdimensionen und deren Gewichtung gemäß ihrer Bedeutsamkeit. Die wichtigsten Informationsquellen zur *Tätigkeitsanalyse* sind:

– Beobachtung der Beschäftigten (unmittelbar, Film),
– Interview (einzeln, in der Gruppe; Stelleninhaber, Vorgesetzte, Arbeitswissenschaftler, Ausbilder u. a.),
– Fragebogen (zumeist standardisierte Verfahren),
– Beschäftigung mit Arbeitsmaterial (z. B. Computer zur Analyse kognitiver Prozesse),
– Sichtung schriftlichen Materials (z. B. Stellenbeschreibungen, Informationen der Bundesanstalt für Arbeit),
– eigene Ausführung der Tätigkeit.

Arbeitsanalysen auf der Ebene der reinen Tätigkeitsbeschreibung reichen nicht aus, um die erforderlichen Fähigkeiten, Fertigkeiten und Kenntnisse zuzuordnen. Hierzu müssen die Anforderungen in Termini der erforderlichen Verhaltensweisen bestimmt werden. Diesen lassen sich Fähigkeiten zuordnen wie auch Fördermaßnahmen. Fähigkeiten und Fördermaßnahmen bedingen gemeinsam den beruflichen Erfolg, der mit verschiedenen Methoden beurteilt werden kann. Die Beurteilungsdaten wiederum können Ausgangsbasis sein sowohl für Fördermaßnahmen als auch für die (Neu-)Bestimmung der angemessenen Auswahl künftiger Mitarbeiter. Abbildung 2 verdeutlicht diesen Zusammenhang.

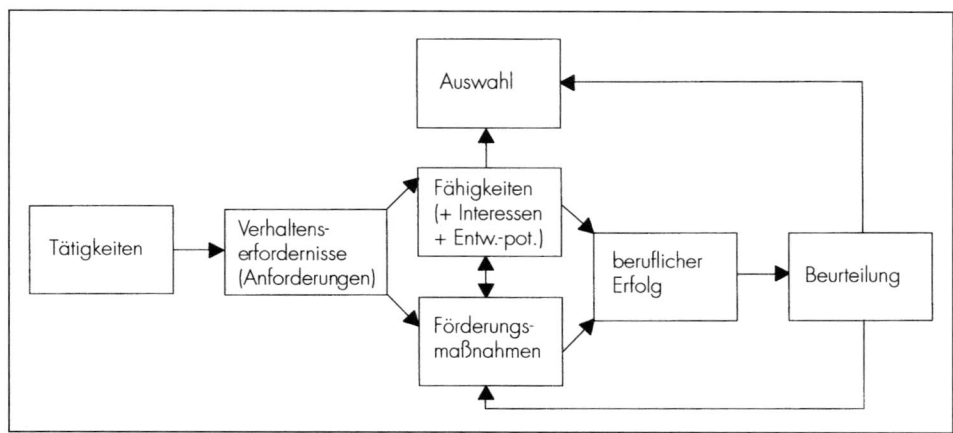

Abb. 2: Zusammenhang zwischen Anforderungen, Auswahl, Förderung und Beurteilung

Was in diesem Kontext „Auswahl" genannt wird, soll sowohl Auswahlentscheidungen im engeren Sinn als auch Zuordnungsentscheidungen umfassen. Die Fragestellung ist im Fall der Auswahl: Welcher von mehreren Bewerbern ist für einen gegebenen Arbeitsplatz der geeignetste? Im anderen Fall lautet die Frage: Welcher von mehreren Arbeitsplätzen ist der geeignetste für eine bestimmte Person? „Auswahl" im engeren Sinn gilt als die klassische Personalentscheidung. Tatsächlich sind aber nicht nur bei der Berufsberatung Zuordnungsentscheidungen zu treffen, sondern sehr häufig auch im Unternehmen, vor allem bei interner Auswahl und bei der Nutzung eignungsdiagnostischer Instrumente zum Zwecke der Personalentwicklung. Ein Beispiel hierfür wird am Schluß dieses Beitrags vorgestellt (vgl. auch den Artikel von DOMSCH: Personalplanung und -entwicklung, in diesem Band).

Die Entscheidung selbst wird häufig in intuitiver Zusammenschau der relevanten Größen und unter Berücksichtigung weiterer, etwa unternehmenspolitischer Aspekte getroffen. Es stehen aber durchaus verschiedene formale Methoden zur Verfügung, Anforderungen und Merkmalsausprägungen zu vergleichen. Im Prinzip behandeln alle diese Methoden der Entscheidungsfindung die Zuordnung als Optimierungsproblem (vgl. SCHULER, 1996).

3. Personalmarketing

Erfolgreiche Personalauswahl wird selbst mit den besten eignungsdiagnostischen Methoden nur dann gelingen, wenn sich eine ausreichende Zahl qualifizierter Personen unter den Bewerbern befindet. Wobei sich heute vielfach die Bemühungen des Personalmarketing nicht auf Ansprache und Gewinnen neuer Mitarbeiter beschränken, sondern auch auf den Prozeß der Integration dieser Personen in das Unternehmen ausgedehnt werden (vgl. den folgenden Beitrag von KIESER). MOSER (1993) beschreibt den Gesamtprozeß des Personalmarketing als Abfolge von fünf Stufen, die in Abbildung 3 ersichtlich sind.

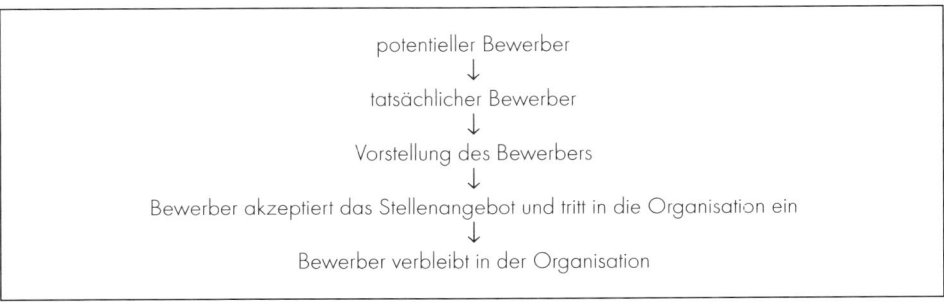

potentieller Bewerber
↓
tatsächlicher Bewerber
↓
Vorstellung des Bewerbers
↓
Bewerber akzeptiert das Stellenangebot und tritt in die Organisation ein
↓
Bewerber verbleibt in der Organisation

Abb. 3: Personalmarketing als Prozeß (aus MOSER, 1993, S. 6)

Für die Ansprache potentieller Bewerber stehen viele Möglichkeiten zur Verfügung, darunter Stellenanzeigen, Firmenbroschüren und andere Arten der Firmenpräsentation, Kontakte zu Schulen, Hochschulen und studentischen Organisationen sowie Direktansprache durch Unternehmensberater. Besonders interessant unter Auswahlgesichtspunkten sind Bewerberkontakte mittels Praktika und Ferienjobs, da sie Gelegenheit zu gründlicher Beobachtung bieten, gewissermaßen also ausgedehnte Arbeitsproben darstellen. Eine neue Variante der Bewerberansprache ist die über das *Internet*, die eine kostengünstige, überregionale und schnelle Unternehmenspräsentation ermöglicht: Für den Fall, daß Aufgeschlossenheit gegenüber neuer Informationstechnologie zu den Anforderungen der Tätigkeit gehört, ergibt sich damit gleich eine Möglichkeit der Vorselektion von Bewerbern. Weitgehend ungelöst sind Ende der 90er Jahre allerdings noch die Probleme der Datensicherheit.

Nicht vergessen werden darf auch die unternehmensinterne Bewerberansprache (z. B. interne Stellenausschreibung, Direktansprache, Befragung von Vorgesetzten, Rückkehrangebot an ehemalige Mitarbeiter), zumal sich die interne Personalgewinnung den Vorteil der gründlicheren Kenntnis dieses Personenkreises zunutze machen kann. Eine interessante Möglichkeit, ehemalige Auszubildende, die ein Studium aufgenommen haben, an das Unternehmen zu binden, besteht darin, ihnen weiterhin einen Teil ihres Aufgabenbereichs - z. B. einen Kundenstamm - zu überlassen, für den sie in Teilzeitarbeit verantwortlich bleiben.

Eine gezieltere Ansprache, aber auch eine bessere Chance, qualifizierte Mitarbeiter langfristig zu behalten, ergibt sich dadurch, daß man über die Motive ihrer Berufs- und Organisationswahl informiert ist. Von SCHWAAB und SCHULER (1991) wurden Examenskandidaten der Wirtschaftswissenschaften mit Studienschwerpunkt Bankbetriebslehre nach den für sie attraktivitätsbegründenden Merkmalen eines künftigen Arbeitgebers befragt. Den Ergebnissen wurden die Befragungsdaten von Rekrutierungsexperten aus dem Bankensektor gegenübergestellt, woraus sich für alle größeren Kreditinstitute Übereinstimmungen wie Diskrepanzen ermitteln lassen. Ein durchschnittlicher Profilvergleich zwischen „idealem" Arbeitgeber und dem Selbstbild der Kreditinstitute ist aus Abbildung 4 ersichtlich.

Im gegebenen Fall ist die Übereinstimmung für die meisten Imagedimensionen hoch; lediglich hinsichtlich des guten Betriebsklimas und der Möglichkeit, berufliches Engagement gut mit einem harmonischen Privatleben verbinden zu können, ist eine negative Diskrepanz festzustellen. Sie kann für die betroffenen Unternehmen Anlaß sein, sich anders darzustellen, die Gruppe ihrer Bewerberkandidaten gezielter anzusprechen oder auch im Unternehmen Veränderungen anzustreben. Insbesondere zur Sicherstellung von Commitment sind die Charakteristika von Arbeitsplatz und Organisation von Bedeutung.

Unmittelbar mit der Auswahl von Mitarbeitern zusammen hängt die Reaktion von Bewerbern auf Auswahlsituationen und Auswahlverfahren. Im Ansatz der „sozialen Validität" von Auswahlprozessen (SCHULER & STEHLE, 1983) wurden als entscheidende Parameter die Information über wesentliche Organisationsmerkmale, die Möglichkeiten der Partizipation und der Situationskontrolle, die Transparenz des Auswahlprozesses sowie Ergebnis und Feedback für den Kandidaten herausgearbeitet. In Übereinstimmung mit diesen Annahmen wurde empirisch mehrfach bestätigt, daß solche Auswahlverfahren präferiert werden, die gegenwärtiges, eigenständiges und interaktiv erbrachtes Leistungsverhalten ermöglichen, das in erkennbarem Bezug zu den Tätigkeitsanforderungen steht - d. h. vor allem Interviews, Arbeitsproben und Praktikumsleistungen. Die Person des Interviewers hat sich als wichtige Determinante der Entscheidung qualifizierter Bewerber erwiesen, ein Einstellungsangebot anzunehmen.

Mit dem Stellenangebot an einen qualifizierten Bewerber ist die Aufgabe des Personalmarketing noch nicht abgeschlossen, denn für qualifizierte Bewerber ist kennzeichnend, daß sie zwischen verschiedenen Angeboten wählen können. Maßnahmen, die eine Bindung des Bewerbers an die Organisation schon vor seinem Arbeitsantritt auf-

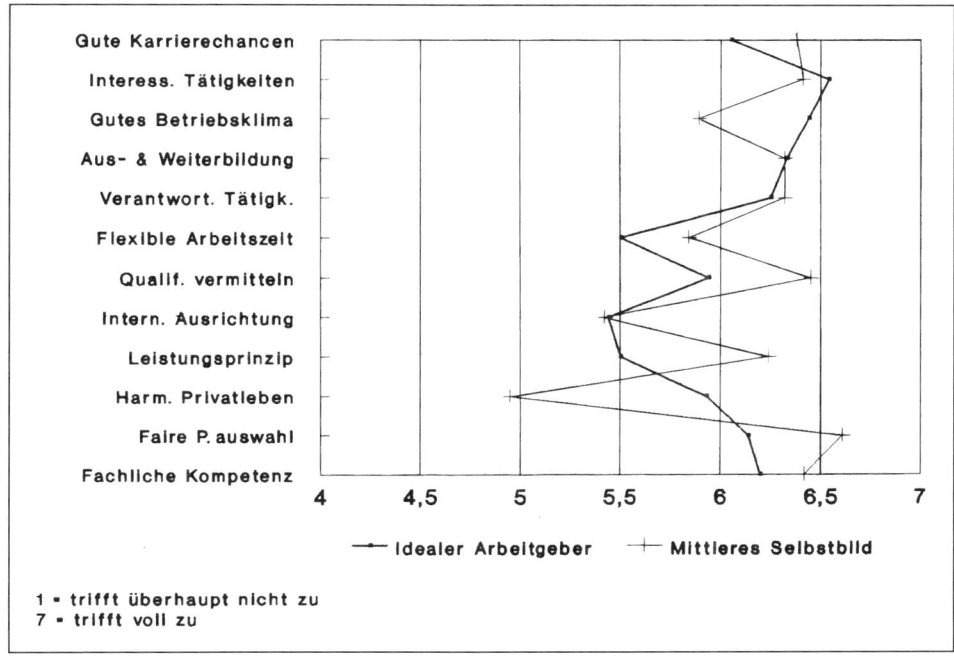

Abb. 4: Der „ideale" Arbeitgeber der befragten Studenten im Vergleich zum mittleren Selbstbild der Kreditinstitute (aus SCHWAAB & SCHULER, 1991, S. 110)

bauen - beispielsweise durch telefonischen Kontakt - , können helfen, die Wunschkandidaten am Abspringen zu hindern.

Nicht weniger wichtig sind Maßnahmen, um schließlich die Eingliederung neuer Mitarbeiter zu unterstützen. Offene Vorinformation, befriedigende Sozialkontakte, klare Zielsetzungen und konstruktives Feedback bezüglich der eigenen Leistungen gehören hierbei zu den wirksamsten Maßnahmen, die Orientierung zu fördern und die dauerhafte Identifikation des neuen Mitarbeiters mit dem Unternehmen aufzubauen (vgl. auch den folgenden Beitrag von KIESER). REHN (1993) stellt diesbezüglich als empfehlenswerte Aktivitäten zusammen:

– Realistische Tätigkeitsvorausschau
– Schulung der Interviewer der Einstellungsgespräche
– Kennenlernen des Arbeitsplatzes und der Kollegen
– Informationsbroschüre für neue Mitarbeiter
– Einführung eines Patensystems
– Schulung und Unterstützung der Vorgesetzten
– Aufstellen eines individuellen Einarbeitungsprogramms
– Betreuung durch die Personalabteilung
– Einführungsveranstaltungen
– Unterstützungsseminare für Neulinge

Leider läßt sich für die meisten dieser Maßnahmen beim Stand des Wissens nicht behaupten, daß ihre Effektstärken, also das Ausmaß ihrer Wirksamkeit, schlüssig belegt wären - in einigen Fällen, wie bei der realistischen Vorinformation, sind die Effektstärken gering, in anderen muß zunächst die Plausibilität den empirischen Wirksamkeitsnachweis ersetzen. In dritten Fällen schließlich, wie beim Patensystem, sind Selektions- und Sozialisationseffekte kaum zu trennen. Insgesamt spricht aber vieles dafür, daß gerade dann, wenn es gelingt, diese Maßnahmen in ein der Unternehmenskultur entsprechendes Eingliederungskonzept zu integrieren, damit wirksame Schritte getan sind, um das Zusammenpassen von Mitarbeiter und Organisation zu fördern.

4. Auswahl als Erfolgsprognose

Den Prognosen künftiger beruflicher Leistung sind, wie Vorhersagen menschlichen Verhaltens generell, enge Grenzen gesetzt. Methoden der Eignungsbestimmung erlauben zwar, den künftigen Berufserfolg weit besser vorherzusagen, als es aufgrund zufälliger Auswahl oder unkontrollierter Methoden möglich wäre. Perfekte, also fehlerfreie Entscheidungen sind in größerer Zahl gleichwohl nicht zu erreichen. Die Gründe hierfür liegen:

- im Stichprobencharakter des Auswahlverfahrens,
- in der unzulänglichen Erfassung und diagnostischen Verwertung der Tätigkeitsanforderungen,
- in der Unzulänglichkeit der verwendeten Auswahlverfahren,
- in der Veränderung beruflicher Anforderungen über die Zeit,
- in der Veränderung menschlichen Verhaltens über die Zeit (erfolgreiche Personalentwicklung trägt dazu bei, Erfolgsprognosen zu falsifizieren!),
- in der Unzulänglichkeit der Kriterien, an denen beruflicher Erfolg bestimmt werden kann.

Die Fehler, die bei Auswahlentscheidungen gemacht werden, sind zum großen Teil nicht erkennbar, wenn nicht sehr gründliche Analysen – sogenannte Validierungsstudien – durchgeführt werden. Dies liegt vor allem daran, daß diejenigen, die die Einstellungsempfehlung geben, keine Erfolgsmeldungen bekommen, die sie systematisch mit ihrer Auswahlprozedur vergleichen. Im Fall des Einstellungsgesprächs würden ihnen selbst Erfolgsmeldungen nicht helfen zu erkennen, welche ihrer Fragen brauchbar und welche unbrauchbar sind. Ein großer Teil der Fehler, die bei Einstellungsentscheidungen gemacht werden, ist sogar prinzipiell nicht erkennbar, nämlich die *Ablehnung qualifizierter Bewerber*. Ein Beispiel mag verdeutlichen, daß man selbst bei sehr fehlerhafter Entscheidung mit seiner Auswahl zufrieden sein kann:

Angenommen, zwei gleichartige Arbeitsplätze sollen besetzt werden. Aufgrund der Selbst- und Vorselektion der Bewerber (z.B. durch geforderte Schulbildung) soll die Wahrscheinlichkeit, daß jemand in der unausgelesenen Bewerbergruppe zumindest einigermaßen zufriedenstellend arbeitet, 80% betragen; d.h. nur zwei von zehn Bewerbern würden eindeutig an den Anforderungen scheitern. Nun unterziehen wir unsere zehn Bewerber einem Auswahlverfahren – z.B. einem Einstellungsgespräch – und bringen sie nach unserem Eindruck in eine Rangreihe von A bis K. Nach drei Jahren „messen" wir ihren Berufserfolg mittels der Vorgesetztenbeurteilung und stellen auch hierfür wieder eine Rangreihe auf (für die abgelehnten Kandidaten handelt es sich natürlich um fiktive Rangplätze). Es könnte sich hierbei das in Abbildung 5 dargestellte Bild ergeben.

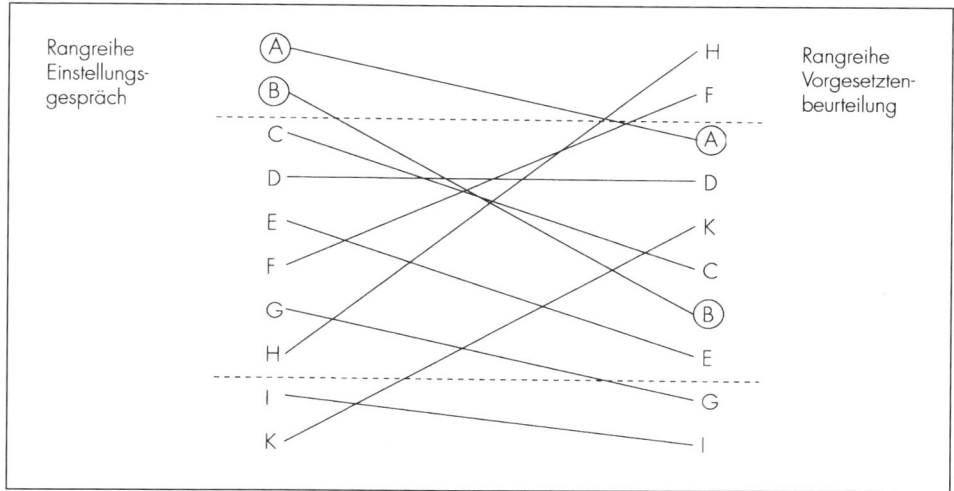

Abb. 5: Vergleich von Prognose- und Erfolgsreihen

Die Kandidaten A und B machten im Einstellungsgespräch den besten Eindruck und wurden daraufhin eingestellt. Der Vergleich der beiden Rangreihen bietet ein recht konfuses Bild: Nur für Person D wurde ihr späterer Rangplatz richtig vorhergesagt, in allen anderen Fällen kam es zu Differenzen zwischen einem und sieben Rangplätzen. Die ausgewählten, weil vermeintlich besten Kandidaten A und B kommen nach der Leistungsbeurteilung nur auf die Plätze drei und sieben. Die beiden besten Bewerber H und F wurden nicht als solche erkannt und deshalb abgelehnt. Die Prognose war also denkbar schlecht.

Daß man mit der Entscheidung – und damit mit dem Auswahlverfahren – trotzdem zufrieden sein wird, hat folgende Gründe: Die Unterschätzung der beiden besten Bewerber wird nie aufgedeckt, ebensowenig wie die übrigen Rangplatzdifferenzen. Dagegen wird nach der Leistungsfeststellung konstatiert, daß tatsächlich – wie erwartet – A vor B liegt und daß beide – A gut, B noch – im Bereich der zufriedenstellenden Leistung liegen. A leistet mehr als B, so daß man das Auswahlverfahren für gut differenzierungsfähig halten kann. Eventuell kommt man zum – falschen – Schluß, daß man künftig strenger (nur die besten 10 % statt 20 % der Bewerber) auswählen muß, wenn man Mitarbeiter B als nur knapp über der Grenze zur akzeptablen Leistung wahrnimmt. Den richtigen Schluß, daß es sich um ein wenig valides Auswahlverfahren handelt, wird man aufgrund dieser Sachlage kaum ziehen.

Genau beziffert beträgt die Validität dieses Einstellungsgesprächs 0.14, berechnet als Korrelation zwischen den beiden Rangreihen. (Üblicherweise wird eine sogenannte Produkt-Moment-Korrelation berechnet, auf die hier aus Anschaulichkeitsgründen verzichtet wurde.) Die Validität eines Auswahlverfahrens – genauer gesagt die Validität der Schlüsse, die aus vorliegenden Daten gezogen werden – wird üblicherweise in Form eines Korrelationskoeffizienten angegeben, der Werte zwischen 0 und 1 annehmen kann. Mit einem Wert von 0.14 liegt unser Einstellungsgespräch zwar über der Zufallswahrscheinlichkeit von 0, aber doch deutlich unter dem, was mit besser kontrollierten Verfahren zu leisten ist. Die Konfiguration im Beispiel wurde nicht zufällig so gewählt, daß sie den Wert 0.14 ergibt, denn eben dieser Wert wurde von HUNTER und HUNTER (1984) als durchschnittlicher Validitätskoeffizient für herkömmlich geführte Einstellungsgespräche errechnet. Das Beispiel entspricht also genau der durchschnittlichen Qualität realer Einstellungsentscheidungen aufgrund von Gesprächen.

Zum Vergleich werden in Tabelle 1 Validitätskoeffizienten für die meisten üblicherweise eingesetzten Auswahlverfahren aufgeführt. Sie wurden aus der jeweils größtmöglichen Anzahl einzelner Untersuchungen mittels sogenannter metaanalytischer Methoden errechnet, stellen also die zur Zeit verläßlichsten Durchschnittswerte dar (s. hierzu auch SCHULER & FUNKE, 1989, sowie SCHULER, 1996, an die ein Teil der folgenden Ausführungen angelehnt ist).

Auswahlverfahren	Kriterium	
	Ausbildungserfolg	Berufserfolg
Konventionelles Einstellungsgespräch	.10	.14
Persönlichkeitstests		.15
Schulnoten		
des Universitätsstudiums	.46	
der Berufsausbildung	.40	
Bewerbungsunterlagen		.18
Arbeitsproben		.30
Biographischer Fragebogen		.37
Assessment Center		.37
Anforderungsbezogenes und strukturiertes Interview		.40
Probezeit		.44
Kognitive Fähigkeitstests	.54	.45

Tab. 1: Durschnittliche Validität der gebräuchlichsten Personalauswahlverfahren

Wie zu erkennen ist, zeigen psychologische Testverfahren zur Messung kognitiver Fähigkeiten (Intelligenz und verwandte Konstrukte) die höchsten Werte. Auch diese allerdings erreichen nur mittlere Höhe und sollten nicht am irrealen Standard einer perfekten Prognose gemessen werden. Im Einzelfall – abhängig beispielsweise von der Vorselektion der Bewerber – können höhere, allerdings auch geringere Werte als die hier angegebenen erreicht werden. Die Kombination mehrerer Verfahren kann zu höheren Koeffizienten, allerdings kaum über 0.70, führen. Werden Einzelverfahren mit Validitätskennwerten in dieser Höhe offeriert, ist höchste Skepsis geboten.

Validitätskoeffizienten dürfen aber nicht als Prozentsatz richtiger Entscheidungen interpretiert werden. Um diesen zu ermitteln, müssen neben der Validität noch die *Selektionsquote* (Prozentsatz eingestellter Personen) und die *Quote der Geeigneten* unter den Bewerbern bekannt sein bzw. geschätzt werden. Kennt man diese drei Parameter, so läßt sich der zu erwartende Anteil Erfolgreicher unter den Eingestellten errechnen. In Abbildung 6 sind diese Zusammenhänge anhand von vier Beispielen dargestellt (Abbildung aus SCHULER, 1990).

Die Beispiele in Abbildung 6 lassen erkennen, daß der Einsatz eines validen Verfahrens um so wichtiger ist, je geringer der Anteil Geeigneter unter den unausgelesenen Bewerbern und je geringer die Selektionsquote ist. Es wird daraus auch deutlich, daß allein die Angabe von Erfolgsquoten – „80% richtige Entscheidungen getroffen!" –

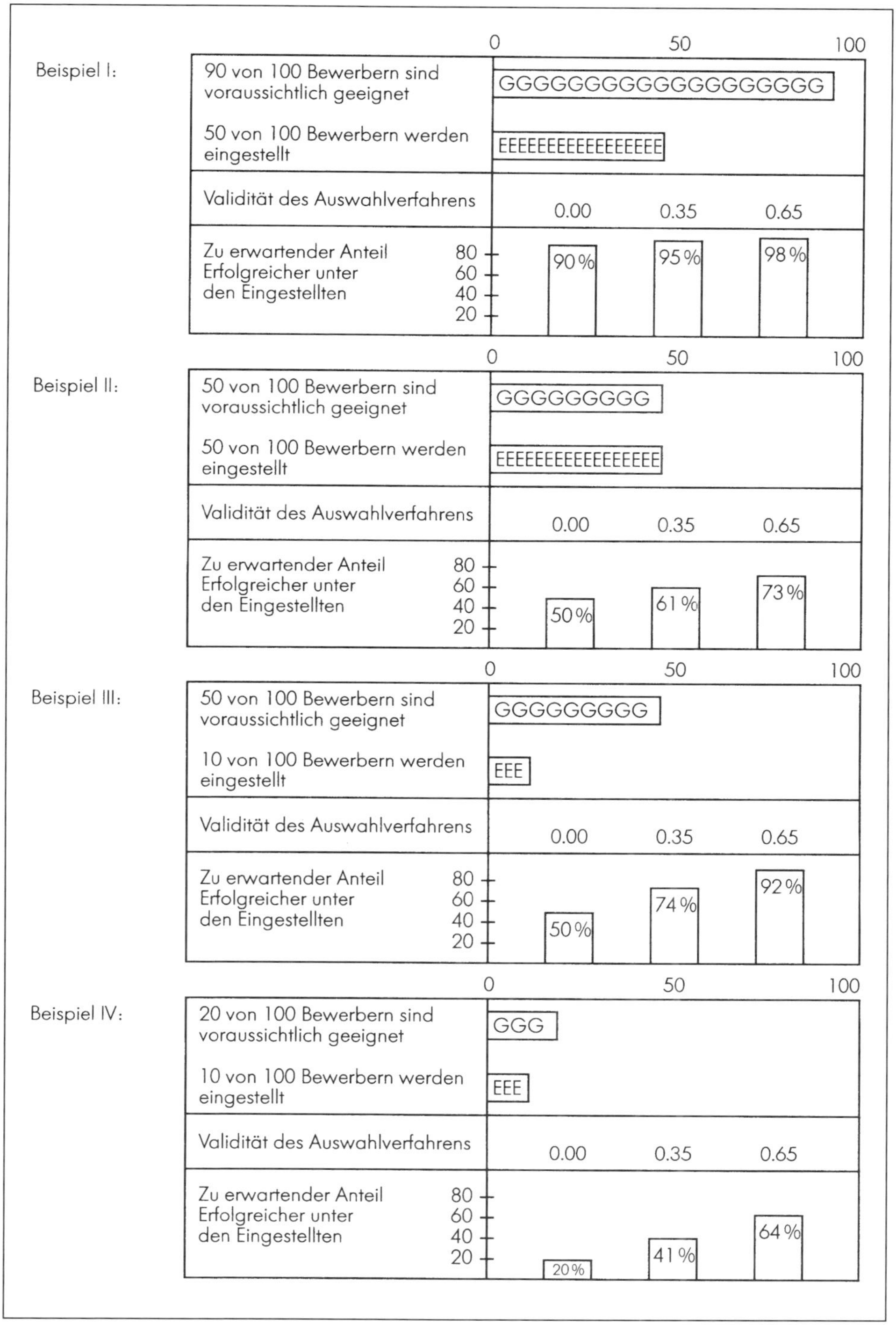

Abb. 6: Zu erwartender Anteil Erfolgreicher unter den Eingestellten in Abhängigkeit
von Eignung, Selektionsquote und Validität des Auswahlverfahrens

keine Aussagekraft hat, wenn nicht die zusätzlichen Parameter bekannt sind. Beträgt im gegebenen Fall die „Eignungsquote" 90%, so hätte bereits eine Zufallsauswahl in 9 von 10 Fällen eine „richtige Entscheidung" ergeben. Demgegenüber wäre bei einem Eignungsprozentsatz von nur 20% eine Trefferquote von 80% ein ausgezeichneter Wert.

5. Die wichtigsten Auswahlverfahren

5.1 Auswertung der Bewerbungsunterlagen

Den ersten Schritt bei der Auswahl neuer Mitarbeiter stellt gewöhnlich die Auswertung der Bewerbungsunterlagen dar. Bewerbungsunterlagen treffen heute oft in stark vereinheitlichter Form ein, was ihre Aussagekraft einschränkt. Vor Überinterpretation der Unterlagen muß deshalb gewarnt werden, die Validität ist gering. Andererseits kann man zu Negativabweichungen von der erwarteten Form und Korrektheit durchaus die Frage stellen: „Wenn sich jemand bei einer Bewerbung so wenig Mühe gibt, wann wird er sich dann Mühe geben?"

Als valideste Komponente der Bewerbungsunterlagen dürfen die Schul- und Examensnoten gelten. Die Reanalyse aller vorliegenden Untersuchungen hat ergeben, daß Schulabschlußzeugnisse relativ gute Vorhersagen weiterer Ausbildungsleistungen erlauben (BARON-BOLDT, FUNKE & SCHULER, 1989). Prognosen beruflichen Erfolgs aufgrund von Schulnoten sind dagegen in weit geringerem Maße möglich. Das Einholen ergänzender Referenzen ist in deutschen Unternehmen weitgehend auf die Gruppe der Führungskräfte beschränkt, während es in anderen europäischen Ländern, insbesondere in Großbritannien, auch auf andere Gruppen von Arbeitnehmern ausgedehnt wird (SCHULER, FRIER & KAUFFMANN, 1993).

Von „Profis" in den Personalabteilungen großer Unternehmen und in Unternehmensberatungen werden bei der Auswertung von Bewerbungsunterlagen hauptsächlich folgende Punkte beachtet:

(1) Formale Aspekte
– Ist die Bewerbung ordentlich und übersichtlich angelegt?
– Ist sie fehlerfrei?
– Sind Art und Umfang der Bewerbung der zu besetzenden Position angemessen?

(2) Vollständigkeit
– Ist ein Anschreiben enthalten?
– Ist ein ausführlicher oder tabellarischer Lebenslauf enthalten (je nach Anforderung)?
– Sind qualifikationsbezogene Unterlagen enthalten?

(3) Erforderliche Ausbildung
– Zeugnisse
– Praktikumsnachweise
– sonstige Bescheinigungen
– ausbildungsbedingter Auslandsaufenthalt

(4) Erforderliche Spezialkenntnisse
- Sprachen
- EDV-Kenntnisse
- sonstige Zusatzausbildungen, Lehrgänge etc.

(5) Übereinstimmung Lebenslauf/Belege
- Lückenlosigkeit
- Zeitfolgeanalyse

(6) Plausibilität des Stellenwechsels
- Abfolge der Positionen
- Nachvollziehbarkeit der Arbeitgeberwechsel

(7) Schulnoten
- gut geeignet zur Prognose weiterer Ausbildungsleistungen
- wenig geeignet zur Prognose des Berufserfolgs

(8) Studienleistungen
- falls bekannt, Notenniveau von Hochschule und Studienfach berücksichtigen
- Qualität der Diplomarbeit ist wichtiger als das Thema

(9) Arbeitszeugnisse und Referenzen
- meist nur verläßlich, wenn von Fachleuten ausgestellt
- persönliche Referenzen meist aussagekräftiger als schriftliche

(10) Ergänzende anforderungsspezifische Aspekte
- Berufserfahrung
- Mobilität usw.

(11) Offengebliebene Fragen für das Gespräch vormerken

5.2   Einstellungsgespräche

Vorstellungsinterviews bzw. Einstellungsgespräche sind nach der Auswertung der Bewerbungsunterlagen die verbreitetste Methode der Personalauswahl in deutschen Unternehmen (SCHULER et al., 1993). Ihr Durchführungsmodus reicht von der völlig freien Gesprächsform über teilstrukturierte bis zu vollstrukturierten Varianten mit standardisierten Abläufen und Fragestellungen. Die gestellten Fragen beziehen sich insbesondere auf Berufserfahrung und Berufsausbildung, auf Aspekte des Lebenslaufs und deren subjektive Verarbeitung, gelegentlich auch auf persönliche Bereiche wie den des familiären Hintergrunds. Die Antworten des Bewerbers wie auch weitere Eindrücke aus dem Gesprächsverlauf, beispielsweise nonverbales Verhalten betreffend, werden gewöhnlich zu einem „klinischen" Urteil – in intuitiver Kombination und Gewichtung – zusammengefaßt.

Kompetent geführte Einstellungsgespräche erfordern eine sorgfältige Gesprächsvorbereitung. Die wichtigsten Punkte sind:

- Bewerbungsunterlagen auswerten,
- Vorbereiten des Ablaufs und der Fragen auf der Basis der Anforderungen der betreffenden Tätigkeit,

- schriftliche – in Ausnahmefällen telefonische – Einladung noch vor einem kündigungsrelevanten Termin; ggf. fehlende Unterlagen anfordern und Personalbogen zusenden; um Terminbestätigung bitten,
- ggf. andere Personen informieren, die am Gespräch beteiligt sind oder eigene Gespräche führen,
- ungestörte Gesprächsgelegenheit schaffen,
- angenehme äußere Bedingungen schaffen,
- Unterlagen und Schreibmaterial herrichten,
- strukturierten Ablauf festlegen,
- evtl. Bewirtung vorsehen,
- „roten Faden" kurz vor dem Gespräch im Geiste durchgehen.

Im Urteil sowohl der Auswählenden als auch der Bewerber ist das Interview die am meisten geschätzte Form der Personalauswahl.

Stellt man allerdings die Validität in den Vordergrund und vergleicht das Interview mit anderen Auswahlverfahren, so stößt man auf eine bemerkenswerte Diskrepanz zwischen subjektiver Wertschätzung und empirischer Bewährung: Schon in frühen Studien ergab sich die geringe prognostische Validität dieser Methode, in einer Vielzahl von Sammelreferaten wurde sie, bei großer Streuung, auf etwa r = 0.05 bis r = 0.25 beziffert.

Als die wichtigsten Ursachen für die geringe Validität des konventionell geführten Einstellungsgesprächs haben sich herausgestellt:

- mangelnder Anforderungsbezug der Fragen,
- unzulängliche Verarbeitung der aufgenommenen Information,
- geringe Beurteiler-Übereinstimmung,
- dominierendes Gewicht früher Gesprächseindrücke,
- Überbewertung negativer Information,
- emotionale Einflüsse auf die Urteilsbildung,
- Beanspruchung des größten Teils der Gesprächzeit durch den Interviewer.

Angesichts dieser Ergebnisse könnte man zu dem Schluß kommen, das Gespräch als Mittel der Personalauswahl sei entbehrlich – zumal sich überdies gezeigt hat, daß die meisten Versuche des Interviewertrainings erfolglos verliefen. Dabei würde man allerdings übersehen, daß mit der Auswahl neuer Auszubildender und Mitarbeiter mehrere wichtige Funktionen eng verknüpft sind. Als Hauptfunktionen des Einstellungsinterviews können genannt werden: Vorhersage beruflichen Erfolgs; Information des Bewerbers über Unternehmen, Arbeitstätigkeit, Arbeitsplatz und Arbeitsanforderungen; Kennenlernen der Erwartungen des Bewerbers; Information über den Arbeitsmarkt; persönliches Kennenlernen (Aufbau von Kontakt, Sympathie, Identifikation, Verpflichtung); „Verkaufen" des Unternehmens; Vereinbaren von Bedingungen.

Die Vielfalt dieser Funktionen, von denen ein Teil nicht durch andere Verfahren in gleichem Maße erfüllbar ist, zeigt, daß das Gespräch selbst dann einen unentbehrlichen Bestandteil der Vorstellungs- und Einstellungsprozedur darstellt, wenn seine prognostische Validität zu wünschen übrigläßt. So gibt es beispielsweise Hinweise darauf, daß der Interviewer die im Durchschnitt wichtigste Einflußgröße auf die Annahme eines Einstellungsangebots durch qualifizierte Bewerber ist.

Erfreulicherweise hat die Forschung der letzten Jahre gezeigt, daß es eine Reihe von Möglichkeiten gibt, Interviews methodisch so zu verbessern, daß sie zu einem verläßlichen Auswahlinstrument werden. Dies ist nicht ohne methodischen Aufwand zu erreichen, ermöglicht aber Validitätswerte um etwa 0.40, die damit in der Höhe der besten sonstigen Auswahlverfahren liegen.

Als Zusammenfassung teils erprobter, teils zunächst nur plausibel erscheinender, weil aus den Defiziten des herkömmlichen Einstellungsgesprächs ableitbarer Erfordernisse, kann folgende Liste der Möglichkeiten methodischer Verbesserungen angeboten werden (SCHULER, 1992b):

(1) Anforderungsbezogene Gestaltung des Interviews; dies kommt sowohl seiner Validität als auch dem Informationsgehalt für die Bewerber zugute.

(2) Beschränkung auf das Registrieren von Aspekten/Anforderungen/Merkmalen, die nicht anderweitig zuverlässiger gesammelt werden können (z.B. durch Zeugnisse und kognitive Fähigkeitstests).

(3) Durchführung des Interviews in strukturierter bzw. (teil-)standardisierter Form (wobei zu beachten ist, daß die Bewerber freie Gesprächsführung bevorzugen).

(4) Verwendung geprüfter und verankerter (vorzugsweise verhaltensverankerter) Skalen während des Interviews.

(5) Zumindest Ergänzung des Auswahlprinzips von Interviewfragen nach subjektiver Evidenz durch das der empirischen Prüfung von Einzelfragen; validierte Fragen können beispielsweise aus Testverfahren und biographischen Fragebogen übernommen werden.

(6) Je geringer die Standardisierung des Interviews, desto größer ist der Nutzen des Einsatzes zusätzlicher Beurteiler, vorzugsweise in Form der Durchführung weiterer, unabhängig geführter Gespräche. Auch bei (teil-)standardisierten Interviews läßt die gemeinsame oder getrennte Gesprächsführung durch Mitarbeiter der Personalabteilung und ergänzend der jeweiligen Fachabteilung Verbesserungen erwarten.

(7) Formen von Gruppengesprächen, insbesondere von Gruppendiskussionen, wie sie sich in ähnlicher Form in Assessment Centers bewährt haben, könnten ergänzende Beiträge zur Prognose leisten.

(8) Trennung von Informationssammlung und Entscheidung, beispielsweise in Form von Notizen oder Skalierungen während des Gesprächs, die erst im Anschluß daran zu einer Gesamtbewertung aggregiert werden.

(9) Gestaltung und standardisierte Durchführung der Gewichtungs- und Entscheidungsprozedur nach psychometrischen Prinzipien.

(10) Vorbereitung der Interviewer durch ein sorgfältig konzipiertes und kompetent durchgeführtes Training.

Im Rahmen eines Interviews, das nach diesen Prinzipien aufgebaut ist, sollten zweckmäßigerweise mehrere Frageformen verwendet werden. Eine dieser Formen ist die sogenannte situative Frage (LATHAM, SAARI, PURSELL & CAMPION, 1980). Hierbei wird jeweils eine „kritische" Situation geschildert, wie sie im Arbeitsablauf auftreten kann. Die Antworten der Bewerber werden mit vorgegebenen Skalenverankerungen verglichen und sofort eingestuft. Aus den Ergebnissen mehrerer solcher Fragen wird erst nach Abschluß des Interviews ein Gesamtwert gebildet. Ein Beispiel für eine situative Frage an einen Bewerber für den Außendienst wird in Abbildung 7 vorgestellt.

Mit dem vom Verfasser entwickelten *Multimodalen Interview*, das neben situativen Fragen auch biographiebezogene und andere geprüfte Frageformen enthält (SCHULER, 1992b) und das durch ein spezielles Interviewtraining unterstützt wird, wird bereits in einer größeren Zahl von Unternehmen und öffentlichen Organisationen erfolgreich gearbeitet. Als zweckmäßiges Vorgehen beim Aufbau eines strukturierten Interviews

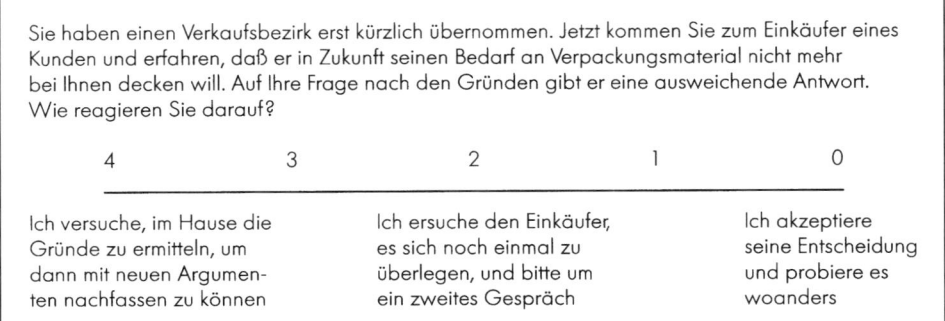

Abb. 7: Beispiel für eine situative Frage

hat sich erwiesen, einen Grundbestand an psychometrisch geprüften Fragen einzusetzen, die den relativ allgemeinen Anforderungen entsprechen, und sie durch spezifisch anforderungsbezogene Fragen zu ergänzen. Auf diese Weise konnte das Multimodale Interview nicht nur für verbreitete Zielgruppen wie Führungskräfte, Trainees und Außendienstmitarbeiter eingesetzt werden, sondern auch für spezifischere Gruppen wie Polizeibeamte, Pastoralreferenten und Gründungsunternehmer (SCHULER, in Vorbereitung).

5.3   Psychologische Tests

„Ein Test ist ein standardisiertes, routinemäßig anwendbares Verfahren zur Messung individueller Verhaltensmerkmale, aus denen Schlüsse auf Eigenschaften der betreffenden Person oder auf ihr Verhalten in anderen Situationen gezogen werden können" (BRANDSTÄTTER, 1979, S. 82). In der wissenschaftlich kontrollierten Eignungsdiagnostik sind psychologische Testverfahren die am häufigsten verwendeten Instrumente. Ursache dafür ist nicht nur die lange Tradition des Testens, speziell zur Messung der Intelligenz, sondern vor allem die hochentwickelte Methodologie der Testkonstruktion (z.B. ROST, 1996). Wenn psychologische Tests heute im Begriff sind, durch eine Vielfalt anderer Verfahren ergänzt, in manchen Bereichen sogar abgelöst zu werden, darf nicht übersehen werden, daß die Theorie und Technik des Testens methodische Standards auch für alle anderen diagnostischen Verfahren setzt. Der Begriff „Test" wird deshalb oft auch als Sammelbezeichnung für alle Prüfverfahren verwendet, die nach testtheoretischen Prinzipien konstruiert sind.

Die Standardisierung psychologischer Testverfahren bezieht sich auf ihren Inhalt, auf die Durchführung und auf die Auswertung. Im Vergleich zu anderen Verfahrenstypen ist damit die Grundlage hoher Objektivität, also geringen Einflusses subjektiver Beobachtungs- und Urteilsfehler gegeben.

Zahl und Vielfalt von Tests, die zu Eignungsdiagnosen verwendet werden, sind groß. BRANDSTÄTTER (1979) beschreibt die wichtigsten deutschsprachigen Tests zur „Ermittlung personaler Eigenschaften kognitiver Art" − also geistiger Fähigkeiten −, v. ROSENSTIEL (1979) gibt einen Überblick über die verwendeten Methoden zur „Ermittlung personaler Eigenschaften motivationaler Art". Eine aktuelle Zusammenstellung solcher Tests findet sich im Handbuch von BRICKENKAMP (1997).

In der Berufseignungsdiagnostik finden vor allem Tests der allgemeinen Intelligenz und ihrer Komponenten Verwendung, Tests zur Prüfung allgemeiner Fähigkeiten wie Aufmerksamkeit und Konzentrationsleistung, Tests sensorischer und motorischer Funktionen sowie Tests, die spezielle Leistungen wie technisches Verständnis erfassen. Dazu kommen Persönlichkeitstests, zu denen auch Interessen- und Motivationstests gerechnet werden, in der Mehrzahl in der Form von Fragebogenverfahren, seltener als projektive Methoden. Einen Überblick über die Anwendungshäufigkeit psychologischer Testverfahren in Privatunternehmen und in Behörden gibt SCHORR (1991).

Ein internationaler Vergleich zeigt, daß in deutschen Unternehmen psychologische Tests wesentlich seltener eingesetzt werden, als dies in anderen europäischen Ländern der Fall ist (Abbildung 8). Während in Deutschland der Testeinsatz im wesentlichen auf die Gruppe der Auszubildenden beschränkt bleibt, werden Tests in den anderen Ländern auch bei Trainees und Führungskräften in großer Zahl angewandt. Speziell Persönlichkeitstests finden europaweit häufiger Anwendung als in deutschen Unternehmen.

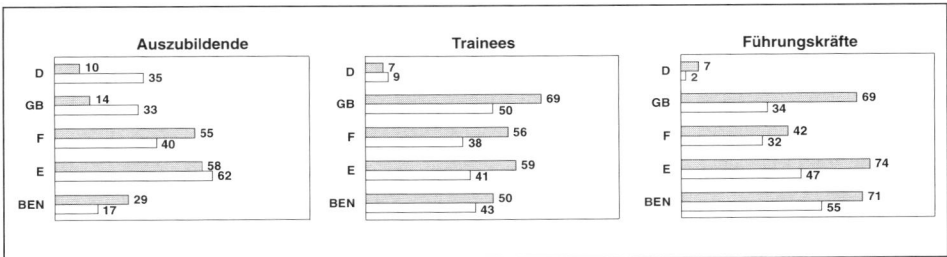

Abb. 8: Psychologische Tests im europäischen Vergleich, unterschieden nach Persönlichkeitstests ▨ sowie Leistungs- und Intelligenztests ☐ (in Prozent der Unternehmen)

Es liegt eine sehr große Zahl von Untersuchungen zur Validität psychologischer Tests vor, insbesondere solcher, die der Sammelkategorie „kognitive Fähigkeitstests" zugerechnet werden. Ihr Hauptergebnis ist, daß es praktisch keinen Beruf gibt, für den Maße intellektueller Fähigkeiten nicht zur Leistungsprognose beitragen können. Dabei lassen sich Ausbildungsleistungen besser vorhersagen als andere Kriterien der Berufsleistung. Beispielsweise wurde in einem großen deutschen Finanzdienstleistungsunternehmen für die dort eingesetzte Intelligenztestbatterie zur Auswahl von Auszubildenden ein Validitätskoeffizient von 0.48 errechnet, bezogen auf die Ergebnisse der IHK-Prüfung.

Niedriger ist die Validität *allgemeiner* Persönlichkeitstests. SCHMITT, GOODING, NOE & KIRSCH (1984) beziffern die durchschnittliche Validität auf r = 0.15 und liegen damit, wie die meisten anderen Studien, noch etwas unter den früher berichteten Werten. Eine Reihe stärker *berufsbezogener* und *spezifischerer* Persönlichkeitstests, von denen bessere Ergebnisse erwartet werden, befindet sich derzeit in Vorbereitung (z. B. HOSSIEP & PASCHEN, in Vorb.; SCHULER & PROCHASKA, in Vorb.). Als bereits belegt kann die bessere Vorhersagequalität spezifischer Persönlichkeitstests zumindest in einigen Anwendungsfeldern (wie dem F & E-Bereich) gelten (SCHULER, FUNKE, MOSER & DONAT, 1995).

Eine relativ neue Entwicklung stellt die Konstruktion und Anwendung von Lernfähigkeits- oder Trainierbarkeitstests dar. Sie stehen in Zusammenhang mit der Erforschung der Veränderbarkeit von Eignungsmerkmalen durch Training. Angesichts der Erwartung, daß sich Tätigkeitsanforderungen weiterhin rapide verändern werden, scheint diese Entwicklungsrichtung aussichtsreich. Die bisher durchgeführten Untersuchungen (z. B. DIEMAND, SCHULER & STAPF, 1991) fanden allerdings durchschnittlich keine höheren Validitäten von Lerntests als von konventionell durchgeführten Tests, speziell wenn Prognosen über längere Zeiträume das Ziel waren.

5.4 Biographische Fragebogen

Unter der Annahme, daß vergangene Erfahrungen und deren subjektive Verarbeitung brauchbare Prädiktoren künftigen Verhaltens sein müßten, wurden biographische Fragebogen in verschiedenen Berufsfeldern erprobt und erfolgreich eingesetzt (SCHULER & STEHLE, 1990). Insbesondere für den Versicherungsaußendienst liegt eine Vielzahl von Daten vor. Bei Wissenschaftlern haben sich biographische Fragebogen mit einem Validitätskoeffizienten von 0.47 als das valideste Einzelverfahren herausgestellt (FUNKE, KRAUSS, SCHULER & STAPF, 1987). Auch zur Führungskräfteauswahl sowie im militärischen Bereich hat sich diese Methode bewährt. Für einige andere Gruppen dagegen, speziell für Jugendliche, finden sich niedrigere Prognosewerte. Dies könnte an der noch geringen Verhaltensstabilität in jüngeren Jahren, aber auch an der geringen Datenbasis, also der kürzeren Biographie, liegen, da besonders relevante Bereiche wie bisherige Berufserfahrung und Berufsleistung noch gänzlich fehlen.

Inhaltlich handelt es sich bei biographischen Fragebogen um standardisierte Selbstbeschreibungen, die im wesentlichen eine systematische Zusammenfassung dessen darstellen, was Bewerbungsunterlagen und Einstellungsinterview an prognostisch relevanter Information enthalten. Von konventionellen Personalfragebogen unterscheiden sie sich gewöhnlich durch ihren Umfang, gelegentlich auch durch die angesprochenen Erfahrungsbereiche, vor allem aber durch ihre empirische Validierung.

Biographische Fragebogen werden gelegentlich als eine Form von Persönlichkeitstests angesprochen, unterscheiden sich aber von diesen sowohl durch konkretere, meist erfahrungsbezogene Frageformulierungen als auch dadurch, daß biographische Items den Befragten persönlich als bedeutsamer und transparenter erscheinen als Fragen in Persönlichkeitstests. Darüber hinaus erfolgt die Validierung biographischer Fragebogen meist auf Einzelfragenbasis, was zu einer guten Anpassung an die jeweilige Stichprobe, aber zu verminderter Generalisierbarkeit führt. Hieraus ergibt sich das Erfordernis organisationsspezifischer Validierung und relativ häufiger Überprüfung während längerer Verwendungsdauer.

Die Validierung erfolgt gewöhnlich so, daß für jede aus einer zunächst großen Zahl von Fragen geprüft wird, ob sie zwischen erfolgreichen und weniger erfolgreichen Personen im gleichen Tätigkeitsbereich differenzieren kann. Nur Fragen mit ausreichender Differenzierungsstärke werden in den endgültigen Fragebogen aufgenommen. Eine Beispielfrage aus einem Fragebogen für den Versicherungsaußendienst zeigt Tabelle 2.

Die Antworthäufigkeiten unterscheiden sich dahingehend, daß erfolgreiche Mitarbeiter im Versicherungsaußendienst im Durchschnitt früher ihren Lebensunterhalt verdienen als weniger erfolgreiche Personen. Der Unterschied ist zwar deutlich und statistisch signifikant, aber nicht so groß, daß aufgrund dieser Frage bereits eine Ent-

Alter, in dem zum ersten Mal der gesamte Lebensunterhalt verdient wurde					
	bis 16 Jahre	16 – 20 Jahre	20 – 25 Jahre	25 – 30 Jahre	über 30 Jahre
erfolgreiche Mitarbeiter	6,9	47	37,7	6,5	1,9 = 100 % (N = 410)
weniger erfolgreiche Mitarbeiter	3,5	38,4	50,4	6,3	1,4 = 100 % (N = 370)

Tab. 2: Beispielfrage aus einem biographischen Fragebogen

scheidung getroffen werden könnte. Dies gilt für jede Einzelfrage und bedeutet, daß erst durch die Summation einer größeren Fragenzahl (etwa 100) eine ausreichend zuverlässige Zuordnung von Personen zu Tätigkeiten erfolgen kann.

Tests und Fragebogen, die nach dem Validierungsprinzip der biographischen Fragebogen konstruiert sind, arbeiten zum Teil auch in Merkmalsbereichen, die mit Persönlichkeitstests in Auswahlsituationen nur unzulänglich erfaßt werden können. Der hohe Aufwand für Konstruktion und laufende Überprüfung hat allerdings die Verbreitung biographischer Fragebogen gehemmt. Eine Alternative hierzu, die sich nach den bisherigen Versuchen gut bewährt hat, ist die Aufnahme biographiebezogener Fragen in das Auswahlinterview, wie dies im Multimodalen Interview (Schuler, 1992b) praktiziert wird.

5.5 Arbeitsproben

Unter Arbeitsproben werden standardisierte Aufgaben verstanden, die inhaltlich valide und erkennbar äquivalente Stichproben des erfolgsrelevanten beruflichen Verhaltens darstellen. Ihre Entwicklung geht auf die deutsche Eignungsdiagnostik der zwanziger Jahre zurück. Die Abgrenzung von Arbeitsproben gegenüber Tests ist schwierig und wird uneinheitlich gehandhabt: Gelegentlich wird von Arbeitsprobe nur dann gesprochen, wenn es sich um motorische Aufgaben handelt, häufig werden Arbeitsproben als Tests bezeichnet, sobald sie in standardisierter und normierter Form vorliegen. Dementsprechend findet sich in der englischsprachigen Literatur häufig die Bezeichnung „work sample test".

Die Konstruktion von Arbeitsproben erfolgt weitgehend nach den gleichen Prinzipien wie die der psychologischen Tests. Der wesentliche Unterschied ist, daß man, soweit möglich, darauf verzichtet, die Arbeitstätigkeiten in für deren erfolgreiche Ausführung erforderliche Personenmerkmale zu übersetzen.

Für gut gestaltete Arbeitsproben werden relativ gute Validitätswerte berichtet. Gemessen an beruflicher Leistung (Vorgesetzten-Beurteilung) wurden für „motorische Arbeitsproben" höhere Validitäten errechnet als für „verbale Arbeitsproben". Allerdings ermöglichen verbale Arbeitsproben bessere Prognosen, wenn als Kriterium die Ausbildungsleistung gewählt wird.

Die Augenscheingültigkeit von Arbeitsproben fördert die Akzeptanz seitens der Verwender wie der Probanden und kommt der Selbstselektion zugute. Dies konnte durch ein Experiment von Downs, Farr und Colbeck (1978) eindrucksvoll demonstriert werden: Im Anschluß an eine handwerkliche Arbeitsprobe, bei der zusätzlich die Möglichkeit zur Selbstbeurteilung gegeben war, wurde allen Bewerbern eine Anstellung zur Probe angeboten. Von den in der Arbeitsprobe Leistungsstärksten nahmen 91 % das Angebot an, von den Leistungsschwächsten nur 23 %.

Ein besonders deutlicher Ausdruck des Trends zu arbeitsprobenartigen Verfahren sind auch die Simulationen im Assessment Center. Ein weiteres Beispiel für eine Neuentwicklung, die auf dem Simulationsgedanken basiert, sind die im Abschnitt über das Einstellungsgespräch vorgestellten situativen Fragen (LATHAM et al., 1980). Einen Überblick über computergestützte Arbeitsproben in der Personalarbeit geben STRAUSS und KLEINMANN (1995).

5.6 Assessment Center

Assessment Center ist der Name einer multiplen Verfahrenstechnik, zu der mehrere eignungsdiagnostische Instrumente oder leistungsrelevante Aufgaben zusammengestellt werden (Definition und weitere Systematik nach SCHULER, 1992a). Ihr Einsatzbereich ist die Einschätzung aktueller Kompetenzen oder die Prognose künftiger beruflicher Entwicklung und Bewährung. Sie wird deshalb sowohl zur Auswahl künftiger Mitarbeiter wie auch als organisatorisches Beurteilungs- und Förderungsinstrument eingesetzt. Charakteristisch für Assessment Centers ist, daß mehrere Personen (etwa 6 bis 12) gleichzeitig als Beurteilte daran teilnehmen und daß auch die Einschätzungen von mehreren unabhängigen Beurteilern (im Verhältnis etwa 1 : 2 zur Zahl der Beurteilten) vorgenommen werden. In der Beurteilergruppe sind vor allem Linienvorgesetzte (typischerweise zwei Hierarchieebenen über der Zielebene der zu Beurteilenden) sowie Psychologen und Mitarbeiter des Personalwesens.

Vorläufer des Assessment Center gab es zur Zeit der Weimarer Republik in der Offiziersauswahl der deutschen Streitkräfte, später auch der britischen Armee und des amerikanischen Nachrichtendienstes. Bestandteile der militärischen Beurteilungsprogramme waren neben individuellen und gruppenbezogenen Arbeitsproben als Grundlage von Ausdrucks- und Verhaltensbeobachtungen auch verschiedene Interviews, Intelligenz- und Persönlichkeitstests, biographische Daten sowie die Einstellung zur eigenen Biographie. Eine noch größere Verfahrensvielfalt findet sich in der großen klassischen Assessment-Center-Untersuchung, der Management Progress Study, die ab 1956 in der American Telephone and Telegraph Company (AT & T) durchgeführt wurde (BRAY, CAMPBELL & GRANT, 1974). Damals wurden 422 bereits beim Unternehmen beschäftigte Nachwuchs-Führungskräfte mit einer großen Anzahl psychologischer Tests untersucht und mit Aufgaben konfrontiert, die auch heute noch zum Assessment-Standardrepertoire zählen, darunter Postkorbübung, Wirtschaftsspiel und führerlose Gruppendiskussion.

Die Ergebnisse wurden mit dem späteren Karriereerfolg der Kandidaten verglichen und zeigten hohe Vorhersageleistungen des Gesamtverfahrens, wobei die prognostische Validität vor allem auf die Arbeitsproben und die kognitiven Leistungstests zurückging, während Persönlichkeitstests und Interviews nur einen geringen Beitrag leisteten.

Die heutige vielfältige Verwendung des Assessment Center beruft sich nicht immer zu Recht auf das berühmte Vorbild – wenn Verfahrensvielfalt und Sorgfalt der Durchführung nicht dem Standard des Modells entsprechen, ist auch mit der dort gefundenen hohen prognostischen Validität nicht zu rechnen. An Vorteilen dieser Methode verspricht man sich jedoch nicht nur und nicht in allen Fällen eine bessere Vorhersagemöglichkeit beruflicher Bewährung. Vorteile des Verfahrens werden auch in „latenten" Funktionen gesehen, wie im Gewinn eines Überblicks über den Nachwuchs, über Leistungsstand und Defizite im Unternehmen (und zwar nicht nur im Hinblick auf Personen, sondern auch auf Organisationseinheiten, Programme, Führungsstile etc.), in der Gelegenheit zu verhaltensbezogenen Formulierungen von Anforderungen und Leistungsniveaus, in der Betonung der Bedeutung von Personalplanung und Personalentwicklung, in der Möglichkeit, Aspekte der „Unternehmenskultur" zu diskutieren und zu inszenieren, die Teilnehmer mit den Anforderungen – auch sozialpsychologischer Art – einer Führungstätigkeit vertraut zu machen, ihre Selbsteinschätzung zu verbessern und ihnen die Gelegenheit zum sozialen Vergleich zu bieten. Schließlich scheint die Aufgabe des Beobachtens im Assessment Center nicht nur, wie schon länger vermutet, ein gutes Beurteilertraining darzustellen, sondern sogar der Erfüllung weiterer Aufgaben einer Führungskraft dienlich zu sein und überdies deren Selbstverständnis entgegenzukommen.

Die wichtigste „manifeste" Zielsetzung des Assessment Center ist die Auswahl oder Förderung von Führungskräften. Aber auch zur Auswahl und Entwicklung von Personen für eine Vielzahl anderer Tätigkeiten wurde die Methode bereits eingesetzt. Die wichtigsten Einsatzzwecke dürften mit folgender Auflistung erfaßt sein:

- Interne Personalauswahl
- Auswahl externer Bewerber
- Laufbahnplanung
- Ausbildungsberatung
- Beurteilung, insbesondere Potentialberatung
- Trainingsbedarfsanalyse
- Teamentwicklung
- Berufsberatung
- Berufliche Rehabilitation
- Arbeitsplatzgestaltung
- Forschung.

Die Verbreitung von Assessment Centers hat in den letzten Jahren beständig zugenommen. Heute dürfte es kaum noch ein größeres Unternehmen geben, das mit dieser Methode nicht zumindest versuchsweise Erfahrung gesammelt hätte. Zielpersonen der Assessment Center-Anwendung sind vor allem Führungskräfte im zivilen und militärischen Bereich, daneben aber auch Verkäufer und Trainees, Auszubildende, Beamte und in Einzelfällen auch Journalisten und Studienplatzbewerber. Im Vergleich europäischer Länder ist die Einsatzhäufigkeit sehr verschieden (SCHULER, FRIER & KAUFFMANN, 1993).

Eine Vielzahl von Einzelaufgaben wurde im Assessment Center-Kontext entwickelt und eingesetzt. Charakteristisch für viele in neuerer Zeit konzipierte Assessment Centers ist, daß sie fast ausschließlich mit Arbeitsproben bzw. Tätigkeitssimulationen arbeiten. Dies scheint insbesondere dort angemessen, wo die Kompetenz zum Einsatz von Testverfahren fehlt; andererseits ist zu befürchten, daß in solchen Fällen an der sachkundigen Verwendung jedweder eignungsdiagnostischen Methodik Zweifel angezeigt sind.

Die wichtigsten im Assessment Center gebräuchlichen Einzelverfahren können wie folgt aufgelistet werden:

- individuell auszuführende Arbeitsproben und Aufgabensimulationen (v. a. Organisations-, Planungs-, Entscheidungs-, Controlling- und Analyseaufgaben)
- Gruppendiskussionen mit und ohne Rollenvorgabe
- sonstige Gruppenaufgaben mit Wettbewerbs- und/oder Kooperationscharakteristik
- Vorträge und Präsentationen
- Rollenspiele (z. B. Einstellungsinterview, Verkaufsgespräch)
- Einzel-, Gruppen- und Panelinterviews
- Selbstvorstellung
- Wirtschaftsspiele
- Fähigkeits- und Leistungstests
- Persönlichkeits- und Interessentests
- biographische Fragebogen
- Lockerungsübungen.

Die zwei am häufigsten eingesetzten Aufgaben gehören zu den beiden erstgenannten Kategorien: Es sind die Postkorbübung und die führerlose Gruppendiskussion. Diese beiden Aufgabenarten weisen bereits relativ gute Einzelvaliditäten auf. Da Assessment Centers vorwiegend zur sogenannten Potentialbeurteilung (vgl. auch den Artikel von DOMSCH: Personalplanung und -entwicklung, in diesem Band) herangezogen werden, also zur Einschätzung weiterer Einsatzmöglichkeiten und künftiger Leistungen, ist für die Verfahrenselemente charakteristisch, daß sie Verhaltensstichproben erfassen, die während der bisherigen Tätigkeit nicht in gleicher Weise beobachtbar waren.

Die Leistungen der Teilnehmer im Assessment Center werden von den Beurteilern üblicherweise anhand vorgegebener Skalen eingeschätzt. Diese Skalierungen haben gewöhnlich die Form der Einstufung, gelegentlich auch die der Rangreihenbildung, und ähneln damit jenen Verfahren, mittels derer in vielen Organisationen regelmäßig oder zu speziellen Anlässen Beurteilungen der Mitarbeiter vorgenommen werden (vgl. SCHULER, 1991). Wie generell bei Leistungsbeurteilung sind die Registrierungen der Beurteiler Beschreibungen oder Interpretationen des Verhaltens, Nennungen von Verhaltensergebnissen oder Zuschreibungen von Fähigkeiten und anderen Eigenschaften.

Die Vielfalt der als Beschreibungsdimensionen verwendeten Begriffe ist groß. Untersuchungen zur Konstruktvalidität von Assessment Center-Beurteilungen haben gezeigt, daß die Beobachter in ihrer Einstufung der verschiedenen Dimensionen innerhalb einer Aufgabe nicht wirklich differenzieren – oder, anders gesagt, daß die angebotenen Beschreibungsbegriffe menschlichen Urteilsprozessen nicht wirklich angemessen sind, was teilweise auf die Beurteilungsvorgaben zurückgeht (GULDIN & SCHULER, 1997), teilweise darauf, daß im beobachteten Verhalten einige allgemeine Eigenschaften wirksam werden, darunter Intelligenz, Dominanz und Leistungsmotivation. Ihre Berücksichtigung im Urteil der Assessoren entspricht zwar häufig nicht deren Arbeitsauftrag, steht aber im Dienste der Validität des Verfahrens.

Die Validität des Assessment Center scheint von der Wahl der Dimensionen nicht wesentlich beeinflußt zu sein. Demgegenüber konnten THORNTON, GAUGLER, ROSENTHAL und BENTSON (1992) in ihrer Metaanalyse aller bisher durchgeführten Untersuchungen einige Aspekte finden, deren Beachtung eine Validitätsverbesserung erwarten läßt. Hierzu gehören die Verwendung einer möglichst großen Zahl von Einzelaufgaben (die Unterschiedliches erfassen) und die Beteiligung von Psychologen als Beurteiler. Auch die Einbeziehung gegenseitiger Beurteilungen der Teilnehmer hat sich als validitätsfördernd erwiesen, ist allerdings gegen mögliche Nachteile abzuwägen; zweckmäßigerweise wird man sich hierbei auf Positivnennungen beschränken.

Die von Thornton et al. errechnete durchschnittliche Validität von 0.37 mag manchem enttäuschend erscheinen. Sie resultiert aus einer Streubreite der Einzelwerte, die von −0.25 bis 0.74 reicht. Daß man sich dort, wo diese Methode mit Nachdruck propagiert wird, ausschließlich auf die hohen Koeffizienten beruft, ist verständlich, aber nicht redlich. Durch die Beachtung der obengenannten Aspekte hat man zumindest Chancen, überdurchschnittliche Validität zu erzielen. Als weitere Maßnahmen können die (Wieder-)Anreicherung des Verfahrens durch psychologische Tests (die teilweise auch als Arbeitsproben gestaltet werden können) und strukturierte Interviews sowie konstrukt- und zeitbezogene Optimierung angeraten werden. Letzteres bezieht sich darauf, daß häufig ein großer Teil der Assessment-Center-Zeit damit verbraucht wird, die gleichen Merkmale zu erfassen, während andere, wichtige Fähigkeiten nicht abgebildet werden.

Eine auf das Verfahren abgestimmte Vorselektion kann ihm zugute kommen, des weiteren ein erhöhter Standardisierungsgrad. Zur Zeit wird verschiedentlich an einer Flexibilisierung oder Dynamisierung von Assessment Centers gearbeitet, womit den Teilnehmern Gelegenheit gegeben werden soll, ihre Arbeitszeit nach eigenem Gutdünken auf die Einzelaufgaben zu verteilen. Obwohl dies den Eindruck macht, dem Arbeitsalltag der meisten Menschen und speziell der Führungskräfte besser zu entsprechen als detaillierte Vorgaben, läuft es dem in der Diagnostik nötigen Bemühen um Standardisierung – also um das Konstanthalten der Bedingungen – entgegen. Tatsächlich konnten bisher keine Belege erbracht werden, daß Flexibilisierung den Wert des Verfahrens erhöht. In eigenen Versuchen hat sich die flexible Version als der standardisierten Vorgehensweise deutlich unterlegen erwiesen.

Verbesserungen des Verfahrens sind häufig auch beim sogenannten Feedback möglich. Nach der Durchführung und Auswertung aller Aufgaben wird mit jedem Teilnehmer ein Gespräch über sein Abschneiden und eventuell auch bereits über künftige Entwicklungsmöglichkeiten oder Aufgaben geführt. Dieses Gespräch sollte gleichzeitig so informativ und rücksichtsvoll sein, daß die Teilnehmer die Möglichkeit haben, ihr Selbstbild mit den Eindrücken kompetenter anderer Personen zu vergleichen und in offener partnerschaftlicher Haltung mit ihnen mögliche Konsequenzen für die künftige Arbeitsgestaltung zu erörtern. Dabei sollte nicht vergessen werden, was bei jeder Diskussion unter den Beurteilern sehr deutlich wird, daß es sich bei den gesammelten Eindrücken um Hinweise mittlerer, aber keinesfalls perfekter Validität handelt.

Von einer Verbesserung des Verfahrens kann man schließlich auch dann sprechen, wenn es gelingt, das Assessment Center in die qualitative Personalplanung zu integrieren. Dies kann vor allem dadurch geschehen, daß zum einen Projektionswerte aus einer zukunftsgerichteten Personalentwicklungsplanung der Gestaltung des Assessment Center zugrunde gelegt werden und zum anderen dessen Ergebnis nicht nur zur Selektion, sondern als Grundlage der Einsatz- und Entwicklungsplanung für jeden beteiligten Mitarbeiter genutzt wird.

6. Nutzen, Akzeptanz und Zulässigkeit eignungsdiagnostischer Unterstützung von Personalentscheidungen

In Abbildung 6 wurde graphisch veranschaulicht, welcher Zuwachs an richtigen Entscheidungen durch den Einsatz valider Auswahlverfahren zu erwarten ist. Neben der Validität des verwendeten Verfahrens waren dort die Selektionsquote und der Prozentsatz Geeigneter in der Bewerbergruppe die entscheidenden Einflußgrößen. Grob läßt sich bereits hieraus abschätzen, welcher Nutzenszuwachs aus der Veränderung der Einflußgrößen resultiert. Möchte man den Nutzen in Geldbeträgen ausdrücken, benötigt man darüber hinaus Angaben über die Verteilung (Standardabweichung) der Leistungswerte, die Kosten des Auswahlverfahrens (Konstruktion und laufender Einsatz) und den Zinssatz für das eingesetzte Kapital. Auf der Basis dieser Größen läßt sich der betriebswirtschaftliche Nutzen eines Verfahrenseinsatzes für einen vorgesehenen Zeitraum kalkulieren und mit anderen Investitionen vergleichen.

Diese Berechnung ergibt gewöhnlich selbst bei bescheidenen Validitätszuwächsen gegenüber den bisher eingesetzten Verfahren erhebliche Gewinne für den Einsatz verbesserter Auswahlmethoden. Der Nutzen beruht nicht nur darauf, daß einzelne gravierende Fehlentscheidungen verhindert werden, sondern auch darauf, daß die Personalentscheidungen im Durchschnitt verbessert werden, was sich selbst bei wenigen Prozent Verbesserung zu beträchtlichen Summen addiert.

Am (realen) Beispiel der Auswahl von Außendienstmitarbeitern in einer Versicherungsgesellschaft wurde von BARTHEL und SCHULER (1989) der Nutzen des Einsatzes eines biographischen Fragebogens kalkuliert. Als zusätzliche Validität des eingesetzten Fragebogens ergab sich ein Wert von 0.18. Für den dreijährigen Einsatz des Fragebogens errechnete sich ein Nutzenbetrag von DM 473 265,–. Die durchschnittliche Leistung der mit dem biographischen Fragebogen ausgewählten Mitarbeiter liegt um 9 % über der gesamten Durchschnittsleistung. Wie der Originaldarstellung zu entnehmen ist, wurden die Eingangsgrößen zur Nutzenbestimmung recht konservativ angesetzt, so daß der resultierende Wert eher als Unterschätzung des tatsächlichen Nutzens aufzufassen ist.

Was in diese betriebswirtschaftliche Kalkulation nicht eingeht, sind Nutzen- und Kostenelemente, die indirekt mit dem verbesserten Auswahlverfahren zusammenhängen. Insbesondere bei internen Auswahlentscheidungen können diese sehr gewichtig sein. Beispielsweise hat die Einführung des Assessment Center anläßlich der Umstrukturierung eines Unternehmens (im nächsten Abschnitt wird dieses Projekt geschildert) dazu beigetragen, daß über die Anforderungen an Führungskräfte gründlicher nachgedacht wurde als je zuvor. Damit war die Basis gegeben, Führungsprinzipien und Führungsverhalten den neuen Erfordernissen gemäß zu vereinbaren und zu trainieren. Die Personalentwicklung erfuhr durch dieses Projekt eine Aufwertung, nachdem festgestellt wurde, daß der Veränderungsbedarf groß war und nicht durch das bestehende Bildungsangebot abgedeckt werden konnte. Darüber hinaus wurde die Verpflichtung der Führungskräfte für die Entwicklung ihrer Mitarbeiter deutlich, und es wurden Maßnahmen in die Wege geleitet, die Kommunikation in vertikaler wie in horizontaler Richtung zu verbessern. Der Einsatz der Vorgesetzten als Assessment-Center-Beobachter hat ihre Fähigkeit verbessert, leistungsrelevantes Verhalten zu erkennen und zu fördern. Insgesamt hatten alle Beteiligten, auch die Betriebsräte, den Eindruck, daß dieses Projekt sehr hilfreich war, die schwierige Umstrukturierung zu meistern, und daß es zur Entwicklung einer positiven Leistungskultur einen ganz wesentlichen Beitrag geleistet hat.

Auf der anderen Seite sind auch mögliche Kosten oder Risiken zu bedenken, die sich betriebswirtschaftlicher Kalkulation weitgehend entziehen. Bei ungeschickter oder inkompetenter Einführung eines Auswahlverfahrens kann das gegenseitige Vertrauen in einem Unternehmen Schaden nehmen. Bei internen Auswahlprozessen kann die Verwertung der diagnostischen Daten ein Problem sein: Einerseits ist es von Vorteil, beispielsweise Assessment-Center-Ergebnisse möglichst detailliert aufzubewahren, um sie für künftige Maßnahmen der Personalentwicklung zu nutzen, andererseits können gespeicherte Daten auch zu Zwecken verwendet werden, für die sie nicht gedacht waren, und dadurch für Konfliktstoff sorgen. Für Fragen wie diese sind partizipativ gefundene Lösungen gewöhnlich die einzig solide Verfahrensbasis.

Ein anderer Aspekt ist die Art der eingesetzten Methoden. Vergleiche zwischen verschiedenen Auswahlverfahren haben gezeigt (zusammenfassend SCHULER, 1996), daß Arbeitsproben und Rollenspiele bei Bewerbern mehr Anklang finden als psychologische Tests. Übertroffen werden Arbeitsproben nur von gut geführten Einstellungsgesprächen. Unter den Tests wiederum werden Fähigkeits- und Leistungstests eher positiv, Persönlichkeitstests dagegen eher negativ bewertet. Beim Assessment Center kommt es stark auf die Durchführungsbedingungen und auf die enthaltenen Einzelkomponenten an sowie auf die Art des anschließenden Feedbacks. Bei kompetenter Durchführung werden Assessment Center auch von denjenigen Teilnehmern positiv bewertet und als fruchtbar angesehen, die ihr ursprüngliches Teilnahmeziel nicht erreicht haben. Von allen verglichenen Auswahlverfahren finden graphologische Gutachten bei Bewerbern am wenigsten Anklang. Diese Abneigung entspricht der geringen Validität dieser Methode.

Rechtliche Bestimmungen der Personalauswahl sind vor allem durch das Betriebsverfassungsgesetz abgedeckt. Dies betrifft insbesondere die Mitwirkungsrechte des Betriebs- bzw. Personalrats. Nach geltender Rechtsmeinung hat der Betriebs- bzw. Personalrat bei externen Auswahlentscheidungen eindeutig kein Mitspracherecht, wohl aber bei internen Entscheidungen, soweit die betroffene Mitarbeitergruppe von ihm vertreten wird. Andere Aspekte der Auswahl sind durch entsprechende Bestimmungen geregelt (beispielsweise die Aufbewahrung diagnostischer Daten durch das Datenschutzgesetz). Bei der Durchführung eignungsdiagnostischer Untersuchungen ist die Einwilligung der betreffenden Personen einzuholen. Dies gilt beispielsweise auch für das Einholen graphologischer Gutachten, wobei allerdings die Übersendung eines handschriftlich gefertigten Lebenslaufs als konkludentes Einverständnis gewertet werden kann. Für detailliertere Hinweise s. PULVERICH (1994).

Die eignungsdiagnostische Untersuchung muß von einer Person vorgenommen werden, die als fachlich kompetent ausgewiesen ist. Dieses Erfordernis ist in vielen Fällen nur erfüllt, wenn sie durch Diplom-Psychologen oder unter deren Aufsicht durchgeführt wird. Die berufseignungsdiagnostische Untersuchung – wozu im weiteren Sinne auch das Einstellungsgespräch gehört – hat sich im wesentlichen auf Merkmale zu beschränken, die zur beruflichen Tätigkeit in nachweisbarer Beziehung stehen. Dieses Erfordernis kann durch die vorangehende Durchführung einer Anforderungsanalyse erfüllt werden.

7. Ein Beispiel

Im Rahmen der Umstrukturierung der Produktion in einem technischen Großunternehmen waren Führungskräfte drei neu geschaffenen Funktionsbereichen zuzuordnen. Die fachlichen Kompetenzen des in Frage kommenden Personenkreises wurden als bekannt vorausgesetzt bzw. konnten im Zuge der Vorauswahl beurteilt werden. Gegenstand eines zu konzipierenden Auswahlverfahrens hatte also der überfachliche Fähigkeitsbereich von Führungskräften zu sein. Das Auswahlverfahren sollte nicht nur das prinzipielle „Potential" als Führungskraft erkennen lassen, sondern auch Hinweise auf die fähigkeitsentsprechende Zuordnung zu den verschiedenen Tätigkeitsfeldern geben. Zudem sollte das Auswahlverfahren förderungsorientiert sein, d.h. eine Verknüpfung mit nachfolgenden Maßnahmen der Führungskräfteentwicklung begünstigen.

Diesen Zielen kann erfahrungsgemäß durch die Konstruktion und Durchführung eines Assessment Center entsprochen werden, das an die spezifischen Tätigkeitsanforderungen angepaßt ist. Diese Vorgehensweise erfordert als ersten Schritt die gemeinsame Projektkonzeption mit unternehmensinternen Projektverantwortlichen, in diesem Rahmen sind auch die vorbereitenden und begleitenden Maßnahmen zu klären. Eine Anforderungsanalyse hat sicherzustellen, daß alle tätigkeitsrelevanten Fähigkeiten erfaßt werden.

Nach Gesprächen zur Projektkonzeption wurden in Workshops der gemeinsame Kern der Anforderungen für die drei Aufgabenbereiche sowie die jeweils positionsspezifischen Anforderungen erarbeitet. Zur Anforderungsanalyse konnten auch Ausarbeitungen genutzt werden, die bereits im Unternehmen im Rahmen der internen Stellenausschreibung vorbereitet worden waren. Als Analyseverfahren in den Workshops wurden die Methode der Schlüsselereignisse, Rangreihenbildung und vergleichende Bewertung von Anforderungsaspekten eingesetzt. Im Prozeß der Einigung über die Tätigkeitsanforderungen ergab sich, daß viele Aspekte der Umstrukturierungsmaßnahme nochmals überdacht oder überhaupt erst entdeckt wurden. An den Workshops waren Verantwortliche aus der Produktion, Mitarbeiter des Personalwesens und Betriebsräte beteiligt, daneben die beiden Sonderbeauftragten für die Umstrukturierungsmaßnahme sowie als Fachleute für Auswahlfragen externe Berater des Unternehmens.

Hauptergebnis der Workshops war ein ausführlicher Katalog von Anforderungen an Führungskräfte der drei vorgesehenen Sparten. Dieser Katalog wurde von den externen Beratern in mehreren Schritten reduziert (neben dem Verfasser waren hieran MICHAEL DONAT, RÜDIGER FRUHNER und HORST ZIMMERMANN beteiligt) und mit internen Projektbeauftragten abgestimmt.

Ergebnis dieses Arbeitsteils war die Formulierung von vier Anforderungsbereichen – kognitive Anforderungen, Organisations- und Managementwissen, Führungs- und Sozialkompetenz, Lern- und Veränderungsbereitschaft. Die Unteraspekte oder -dimensionen dieser vier Anforderungsbereiche wurden so formuliert, daß sie in den durchzuführenden Assessment Centers auch als Beobachtungs- bzw. Beurteilungskategorien genutzt werden konnten.

Auf der Basis der Anforderungsdimensionen wurden die erforderlichen Einzelaufgaben des Assessment Center bestimmt. Ein Teil hiervon wurde speziell konstruiert (z.B. mehrere kleine Fallstudien), andere Aufgaben, die sich bereits in ähnlichen Kontexten bewährt hatten, konnten an die speziellen Bedingungen durch Überarbeitung adaptiert werden. Ein Teil der kognitiven Anforderungen wurde durch einen bewährten sprachfreien Intelligenztest abgedeckt, dessen Fragen als „Problemlöseaufgaben" auch in den Augen der Teilnehmer von erkennbarer Relevanz waren.

Als eine Komponente des Assessment Center sollte ursprünglich auch ein strukturiertes Interview aufgenommen werden, das unter anderem aus situativen Fragen bestand. Im Laufe des Entscheidungsprozesses stellte sich allerdings heraus, daß es angemessener war, die Funktion des Assessment Center weitgehend auf Entwicklungsaspekte zu beschränken und das Interview statt dessen zur Vorauswahl einzusetzen. Dadurch war natürlich dieses Auswahlgespräch wichtiger geworden und erforderte in seiner Konstruktion und Abstimmung besondere Sorgfalt. Als Methode wurde das in Kapitel 5.2 genannte „Multimodale Einstellungsinterview" (SCHULER, 1992b) mit anforderungsbezogen formulierten Fragen eingesetzt. Ergänzend zum Interview basierte die Vorauswahl auf der Auswertung der Bewerbungsunterlagen und der Personalakten, insbesondere in Hinblick auf fachliche Kenntnisse und Erfahrungen. Zur Auswertung wurden Richtlinien erarbeitet, die Interviewer wurden durch ein Training auf ihre Aufgabe vorbereitet.

Die schließlich resultierende Form des Assessment Center dauerte für die Teilnehmer eineinhalb Tage und enthielt acht Komponenten. Für jeden der vier Anforderungsbereiche konnte angegeben werden, welche der Dimensionen durch welche Aufgaben abgedeckt wurden. Am Beispiel der kognitiven Anforderungen wird dies in Abbildung 9 illustriert.

	Assessment-Center-Aufgaben							
Kognitive Anforderungen	GD	PK	RS	PR	VA	FB	PA	KA
– Problemanalyse	×	×		×	×	×	×	×
– Informationsverarbeitung		×		×			×	×
– Entscheiden		×	×			×		
– Denken und Handeln in Zusammenhängen		×			×	×	×	

GD = Gruppendiskussion, PK = Postkorb, RS = Rollenspiel, PR = Präsentation, VA = Videoaufgabe, FB = Fallbearbeitungen, PA = Planungsaufgabe, KA = Kognitionsaufgaben

Abb. 9: Anforderungs–Aufgaben–Matrix am Beispiel des Anforderungsbereichs „Kognitive Anforderungen"

Aus Abbildung 9 wird erkennbar, daß jeder Anforderungsaspekt durch mehrere Aufgaben erfaßt wird, was der Verläßlichkeit der Beurteilung zugute kommt.

Umgekehrt ist jede der Aufgaben geeignet, zumindest eine Art kognitiver Anforderungen zu erfassen. Gleichwohl liegt der Schwerpunkt einiger Aufgaben (GD, RS, VA und KA) in der Abdeckung anderer Anforderungsbereiche. Die Zuordnung von Aufgaben und Anforderungen erfolgte zunächst hypothetisch. Die Durchführungsdaten der Assessment Center wurden so aufbereitet und gespeichert, daß durch spätere empirische Analysen die Validität des Gesamtverfahrens und seiner Komponenten prüfbar ist.

Als Beurteiler wurden vor allem die Mitglieder der Projektgruppe eingesetzt, darunter der Leiter des betrieblichen Bildungswesens, ergänzt durch weitere Führungskräfte der Produktion. Für diesen Personenkreis wurden Beurteilertrainings durchgeführt, innerhalb derer auch die Verfahrenskomponenten noch letzte Abstimmung erfuhren. Hierbei wurde die Erfahrung genutzt, daß sich die Teilnahme als Beurteiler am Assessment Center als besonders wirksame Führungsschulung erwiesen hat. Kaum eine andere Situation bietet Führungskräften eine so reichhaltige Möglichkeit, ihren Blick für leistungsrelevantes Verhalten zu schulen und in der anschließenden Diskussion im Beobachterkreis ihre eigene Urteilsbildung an den Eindrücken der Kollegen zu prüfen.

Nachdem im Laufe des Projekts das Assessment Center vor allem zur Grundlage der erforderlichen Personalentwicklungsmaßnahmen geworden war, lag es nahe, auch diese Maßnahmen direkt den Anforderungsbereichen zuzuordnen. Dieser Vergleich ermöglichte eine Beurteilung, welche Anforderungen durch Bildungsangebote bereits abgedeckt sind und wofür erst Angebote konzipiert oder vom Bildungsmarkt besorgt werden müssen. So wurden die Lücken im bisherigen Weiterbildungsangebot erkannt. Als Konsequenzen wurden zum einen die Bemühungen um zielgerechte Bildungsaktivitäten für die drei neu geschaffenen Funktionsbereiche verstärkt. Zum anderen wurde dieser Anlaß genutzt, sich daran zu erinnern, daß sich Personalentwicklung nicht in Bildungsmaßnahmen erschöpfen darf. Neben diesen bieten sich viele Möglichkeiten innerhalb und außerhalb der Arbeitstätigkeit, berufsbezogene Qualifikation zu fördern. Hierzu gehören in besonderem Maße psychologisch gestützte Maßnahmen der Verbesserung von Führungskompetenzen (z.B. JESERICH, 1989; SONNTAG & SCHAPER, im Druck). Deshalb bestand eine wichtige Konsequenz der Durchführung dieses Projekts in verstärkter Bemühung um die weitere Entwicklung der Managementbefähigung im ganzen Unternehmen.

Die relativ ungewöhnliche Maßnahme, die künftigen direkten Vorgesetzten der Teilnehmer als Beobachter einzusetzen, diente diesem Ziel und ermöglichte eine direktere Umsetzung der Beobachtungen in Maßnahmen der Führungskräfteentwicklung, für die der Vorgesetzte als „Coach" seines künftigen Mitarbeiters mitverantwortlich zeichnete (vgl. den Artikel von BÖNNIG: Coaching für Manager, in diesem Band). Die Teilnehmer hatten die Möglichkeit, Feedback nach dem Assessment Center von einem Beobachter ihrer Wahl zu erhalten. Die meisten Teilnehmer entschieden sich für das Gespräch mit ihrem künftigen Vorgesetzten, einige für einen der beiden Sonderbeauftragten für die Umstrukturierung der Produktion, die im weiteren eine Art Mentorenrolle für die ernannten Führungskräfte übernahmen. Die Zuordnung zu den drei Funktionsbereichen und die Förderung der erforderlichen Kompetenzen konnte durch die enge Einbindung des Verfahrens in den Prozeß der Umstrukturierung nicht nur personenbezogen erfolgen, sondern auch in bezug auf die Zusammensetzung der künftigen Teams als Basiseinheiten der neuen, flacheren Organisationsstruktur.

Literatur

BARON-BOLDT, J., FUNKE, U. & SCHULER, H. (1989). Prognostische Validität von Schulnoten. Eine Metaanalyse der Prognose des Studien- und Ausbildungserfolgs. In R.S. JÄGER, R. HORN & K. INGENKAMP (Hrsg.), Tests und Trends 7. S. 11–39. Weinheim 1989.

BARTHEL, E. & SCHULER, H. (1989). Nutzenkalkulation eignungsdiagnostischer Verfahren am Beispiel eines biographischen Fragebogens. In: Zeitschrift für Arbeits- und Organisationspsychologie, 33, 1989, S. 73–83.

BRANDSTÄTTER, H. (1979). Die Ermittlung personaler Eigenschaften kognitiver Art. In G. REBER (Hrsg.), Personalinformationssysteme. S. 74–95. Stuttgart 1979.

BRAY, D. W., CAMPBELL, R. J. & GRANT, D. L. (1974). Formative years in business: A longterm AT & T study of managerial lives. New York 1974.

BRICKENKAMP, R. (Hrsg.). (1997). Handbuch psychologischer und pädagogischer Tests. 2. Auflage. Göttingen 1997.

DIEMAND, A., SCHULER, H. & STAPF, K. H. (1991). Zum Einsatz eines Lerntests bei Ingenieurstudenten – eine Pilotstudie. In: Zeitschrift für Arbeits- und Organisationspsychologie, Jg. 35, 1991, S. 15–22.

DOWNS, S., FARR, R. M. & COLBECK, L. (1978). Self appraisal: A convergence of selection and guidance. In: Journal of Occupational Psychology, 51, 1978, S. 271–278.

FUNKE, U. (im Druck). Ermittlung des Personalbedarfs. In H. SCHULER (Hrsg.), Lehrbuch der Personalpsychologie. Göttingen, in Druck.

FUNKE, U., KRAUSS, J., SCHULER, H. & STAPF, K. H. (1987). Zur Prognostizierbarkeit wissenschaftlich-technischer Leistungen mittels Personvariablen: Eine Metaanalyse der Validität diagnostischer Verfahren im Bereich Forschung und Entwicklung. In: Gruppendynamik, 18, 1987, S. 407–428.

GULDIN, A. & SCHULER, H. (1997). Konsistenz und Spezifität von AC-Beurteilungskriterien: Ein neuer Ansatz zur Konstrukvalidierung des Assessment Center-Verfahrens. In: Diagnostica, 1997/43, S. 240-254.

HOSSIEP, R. & PASCHEN, M. (in Vorb.). Bochumer Inventar zur berufsbezogenen Persönlichkeitsbeschreibung (BIP). Göttingen, in Vorbereitung.

HUNTER, J. E. & HUNTER, R. F. (1984). Validity and utility of alternative predictors of job performance. In: Psychological Bulletin, 96, 1984, S. 72–98.

JESERICH, W. (1989). Top-Aufgabe. München 1989.

LATHAM, G. P., SAARI, L. M., PURSELL, E. D. & CAMPION, M. A. (1980). The situational interview. In: Journal of Applied Psychology, 65, 1980, S. 422–427.

MOSER, K. (1993). Personalmarketing: Einführung und Überblick. In K. MOSER, W. STEHLE & H. SCHULER (Hrsg.), Personalmarketing. S. 1-18. Göttingen 1993.

PULVERICH, G. (1994). Rechts-ABC für Psychologinnen und Psychologen. Bonn 1994.

REHN, M.-L. (1993). Die Eingliederung neuer Mitarbeiter. In K. MOSER, W. STEHLE & H. SCHULER (Hrsg.), Personalmarketing, S. 77-95. Göttingen 1993.

ROSENSTIEL, L. v. (1979). Die Ermittlung personaler Eigenschaften motivationaler Art. In G. REBER (Hrsg.), Personalinformationssysteme. S. 51–73. Stuttgart 1979.

ROST, J. (1996). Testtheorie Testkonstruktion. Bern 1996.

SCHMITT, N., GOODING, R. Z., NOE, R. D. & KIRSCH, M. (1984). Metaanalysis of validity studies published between 1964 and 1982 and the investigation of study characteristics. In: Personnel Psychology, 37, 1984, S. 407–422.

SCHORR, A. (1991). Diagnostische Praxis in der Arbeits- und Organisationspsychologie. Teilergebnisse aus einer repräsentativen Umfrage zur diagnostischen Praxis. In H. SCHULER & U. FUNKE (Hrsg.), Eignungsdiagnostik in Forschung und Praxis. S. 6-15. Göttingen 1991.

SCHULER, H. (1990). Der Einsatz biographischer Fragebogen zur Prognose des Berufserfolgs. In H. SCHULER & W. STEHLE (Hrsg.), Biographische Fragebogen als Methode der Personalauswahl, S. 1-16. 2. Auflage. Göttingen 1990.

SCHULER, H. (1991). Leistungsbeurteilung – Funktionen, Formen und Wirkungen. In H. SCHULER (Hrsg.), Beurteilung und Förderung beruflicher Leistung, S. 11-40. Göttingen 1991.

SCHULER, H. (1992a). Assessment Center als Auswahl- und Entwicklungsinstrument: Einleitung und Überblick. In H. SCHULER & W. STEHLE (Hrsg.), Assessment Center als Methode der Personalentwicklung. S. 1-35. 2. Auflage. Göttingen 1992.

SCHULER, H. (1992b). Das Multimodale Einstellungsinterview. In: Diagnostica, 38, 1992, S. 281-300.

SCHULER, H. (1996). Psychologische Personalauswahl. Göttingen 1996.

SCHULER, H. (in Druck). Das Rätsel der Merkmals-Methoden-Effekte: Was ist „Potential", und wie läßt es sich messen? In L. v. ROSENSTIEL & TH. LANG-VON WINS (Hrsg.), Perspektiven der Potentialbeurteilung. Göttingen, in Druck.

SCHULER, H. (in Vorb.). Das Einstellungsinterview. Göttingen, in Vorbereitung.

SCHULER, H., FRIER, D. & KAUFFMANN, M. (1993). Personalauswahl im europäischen Vergleich. Göttingen 1993.

SCHULER, H. & FUNKE, U. (1989). Berufseignungsdiagnostik. In E. ROTH (Hrsg.), Organisationspsychologie. Enzyklopädie der Psychologie D /III/3. S. 281–320. Göttingen 1989.

SCHULER, H., FUNKE, U., MOSER, K. & DONAT, M. (1995). Personalauswahl in Forschung und Entwicklung. Göttingen 1995.

SCHULER, H. & PROCHASKA, M. (in Vorb.). Hohenheimer Leistungsmotivationstest (HLMT). Göttingen, in Vorbereitung.

SCHULER, H. & STEHLE, W. (Hrsg.). (1990). Biographische Fragebogen als Methode der Personalauswahl. 2. Auflage. Stuttgart 1990.

SCHULER, H. & STEHLE, W. (1983). Neuere Entwicklungen des Assessment-Center-Ansatzes – beurteilt unter dem Aspekt der sozialen Validität. In: Psychologie und Praxis. Zeitschrift für Arbeits- und Organisationspsychologie, 27, 1983, S. 33-44.

SCHWAAB, M.-O. & SCHULER, H. (1991). Die Attraktivität der deutschen Kreditinstitute bei Hochschulabsolventen. In: Zeitschrift für Arbeits- und Organisationspsychologie, 35, 1991, S. 105-114.

SONNTAG, KH. & SCHAPER, N. (in Druck). Wissensorientierte Verfahren der Personalentwicklung. In H. SCHULER (Hrsg.), Lehrbuch der Personalpsychologie. Göttingen in Druck.

STRAUSS, B. & KLEINMANN, M. (Hrsg.). (1995). Computersimulierte Szenarien in der Personalarbeit. Göttingen 1995.

THORNTON, G. C. III, GAUGLER, B. B., ROSENTHAL, D. B. & BENTSON, C. (1992). Die prädikative Validität des Assessment Centers – Eine Metaanalyse. In H. SCHULER & W. STEHLE (Hrsg.), Assessment Center als Methode der Personalentwicklung. S. 36–60. 2. Auflage. Stuttgart 1992.

Zur Konkretisierung und weiteren Vertiefung wird empfohlen, im Fallstudienband die Fälle zu „Auswahl von Mitarbeitern" zu bearbeiten.

160

Alfred Kieser

Einarbeitung neuer Mitarbeiter

1. Die Bedeutung der Eingliederung

Die Auswahl von Mitarbeitern wird in den Unternehmen in der Regel sehr sorgfältig durchgeführt. Kosten für Personalberater, für aufwendiges Personalmarketing und für ausführliche Tests werden nicht gescheut. Personalauswahlentscheidungen zählen unbestritten zu den zentralen Entscheidungen eines Unternehmens (vgl. den vorausgehenden Artikel von SCHULER). Der Einarbeitung neuer Mitarbeiter wird meist weit weniger Beachtung geschenkt. In vielen Unternehmen werden kaum geplante Maßnahmen ergriffen, um diesen Prozeß erfolgreich zu gestalten. Oft gewinnt der Neue (wenn in diesem Beitrag von dem Neuen oder dem neuen Mitarbeiter die Rede ist, sind immer auch Mitarbeiterinnen gemeint) den Eindruck, daß Aufmerksamkeit und Interesse, die ihm als Bewerber entgegengebracht wurden, in dem Augenblick erlöschen, in dem er seine Arbeit beginnt. Dabei handelt es sich um einen sehr bedeutsamen Prozeß: Empirische Untersuchungen zeigen, daß die Wahrscheinlichkeit einer Trennung in den ersten 12 Monaten der Beschäftigung signifikant höher ist als später (WANOUS, 1980). Und bei einer Kündigung entstehen nicht unbeträchtliche Kosten – je nach Qualifikation 50 bis 200 Prozent eines Jahresgehalts. Die frühe Kündigung bildet aber nur die Spitze des Eisbergs. Oft bleiben neue Mitarbeiter aus den verschiedensten Gründen im Unternehmen, sind aber in der Eingliederungsphase „sauergefahren" worden – sie sind unzufrieden, demotiviert und desinteressiert.

Die Einarbeitung – so läßt sich allgemein festhalten – kann als erfolgreich angesehen werden, wenn der neue Mitarbeiter am Ende dieses Prozesses die mit seiner Stelle verbundenen Aufgaben genau kennt, wenn er Wissens- und Fähigkeitsdefizite ausgeglichen, Loyalität sowie eine hohe Bindung („Commitment") an das Unternehmen entwickelt hat und mit der Unternehmenskultur vertraut ist. Unter diesen Voraussetzungen wird er in der Lage und motiviert sein, auch in nicht klar definierten Situationen flexibel und „richtig" agieren zu können.

Denn in immer stärkerem Maße sind Unternehmen heute darauf angewiesen, daß Mitarbeiter Probleme selbständig und kreativ lösen. Folglich sollten Einarbeitungsprozesse seltener auf den „Konformisten" abzielen, der Vorgaben unkritisch ausführt, sondern auf den „kreativen Individualisten", der sich an das Unternehmen gebunden fühlt, der aber gleichzeitig auch eine kritische Haltung gegenüber der Stelle und der Arbeitsumgebung entwickelt und aus dieser Einstellung heraus innovative Vorschläge produziert.

2. Probleme der Einarbeitung

Die folgende Darstellung grundlegender Probleme der Einarbeitung stützt sich nicht nur auf die einschlägige Literatur (JABLIN, 1987; SCHEIN, 1978; VAN MANNEN & SCHEIN, 1979), sondern vor allem auch auf eine empirische Untersuchung, in der 50 neue Mitarbeiter über ein Jahr hinweg in ihrem Einarbeitungsprozeß wissenschaftlich begleitet wurden (KIESER et al., 1985).

2.1 Zu hochgespannte Erwartungen

Wer sich schon einmal um eine Stelle beworben hat, der weiß, worauf es ankommt: auf eine möglichst positive Selbstdarstellung. Da wird die eigene Biographie – je nach

Anforderungen der Stelle – geschönt. Aber nicht nur die Bewerber verzerren Informationen im Rekrutierungsprozeß. Die Stelle, die in Anzeigen und im Bewerbergespräch von seiten des Unternehmens geschildert wird, weicht oft erheblich von der tatsächlich zu besetzenden Stelle ab. Vor allem bei einem Überangebot an Arbeitskräften mit den entsprechenden Qualifikationen werden die Anforderungen in die Höhe geschraubt: möglichst jung, möglichst viel Berufserfahrung, möglichst sehr gute Zeugnisse. Wer diese Kriterien erfüllt, kann mit einer Einladung zum Bewerbergespräch rechnen. Dort werden dann die Schokoladenseiten der Stelle und des Unternehmens präsentiert. Ausführlich wird meist auf die interessante und vielseitige Tätigkeit und auf die exzellenten Aufstiegschancen hingewiesen. Natürlich wird auch herausgestellt, daß viel und hart gearbeitet werden muß, aber auf die negativen Aspekte der Tätigkeit und auf ihre typischen Frustrationen wird kaum eingegangen.

Ein Mitarbeiter, der neu in ein Unternehmen eintritt, kann mit einem Reisenden, der eine fremde Kultur besucht, verglichen werden. Der „Neue" betritt eine ihm zunächst in vielem fremde Welt, eine neue Kultur. Er trifft auf festgefügte soziale Strukturen, muß sich in Kollegen- und Vorgesetztenbeziehungen einfinden, was für sich genommen schon schwierig genug ist. Hinzu kommen Unsicherheiten über die eigene Qualifikation. Er ist unsicher, ob er die gestellten Aufgaben bewältigen kann. Für diese Phase ist es besonders wichtig, daß die Informationen im Vorstellungsgespräch realistisch waren. Wurden hier von beiden Seiten zu hohe Erwartungen erzeugt, sind Enttäuschungen unabwendbar. Untersuchungen, auch unsere eigene, zeigen, daß solche Enttäuschungen die Hauptsache früher Kündigungen und innerer Emigration sind (Wanous, 1980).

2.2   Versäumnisse der Vorgesetzten und Rollenkonflikte

Wichtige Weichenstellungen erfolgen in den ersten Tagen der Beschäftigung auch durch das Verhalten der Vorgesetzten, die zentralen Bezugspersonen für die neuen Mitarbeiter. Ihr Feedback ist die wichtigste Informationsquelle für die neuen Mitarbeiter in ihrem Bemühen, ihre Aufgaben kennenzulernen und herauszufinden, ob ihre Anstrengungen in die richtige Richtung gehen. Die meisten Vorgesetzten geben zu selten Feedback, und wenn sie es geben, dann nicht selten in der falschen Form (Feldman & Brett, 1983; Graen, 1976). Eine bei Vorgesetzten beliebte Vorgehensweise gegenüber neuen Mitarbeitern ist die „Wirf-ins-kalte-Wasser-Strategie". Ihr liegt das Motto zugrunde: „Die Guten beißen sich durch, und um die anderen ist es eh' nicht schade." Diese Grundeinstellung gegenüber neuen Mitarbeitern ist zwar sehr bequem – der Vorgesetzte hat ohnehin wenig Zeit, sich um neue Mitarbeiter besonders intensiv zu kümmern –, aber auch außerordentlich gefährlich. Vorgesetzte, die u. U. seit Jahrzehnten in einem bestimmten Bereich tätig sind, können sich gar nicht vorstellen, welchen Informationsbedarf neue Mitarbeiter – auch noch nach gründlicher Schulung – haben. Frühe Mißerfolge sind häufig nicht das Ergebnis mangelnder Qualifikation und Motivation, sondern mangelnder Information. Häufen sie sich, bilden sich bei den Vorgesetzten oft Vorurteile der folgenden Art heraus: „Da habe ich wohl eine Niete gezogen." Vorurteile – nicht nur die negativen – wirken jedoch als „self-fulfilling-prophecies": Sie lösen – meist unbewußt – ein Vorgesetztenverhalten aus, das darauf abzielt, die Vorurteile zu bestätigen: Den aufgrund früher Mißerfolge negativ eingeschätzten Mitarbeitern stellen Vorgesetzte so unbewußt Fallen, die positiv eingeschätzten fördern sie. Mangelndes Feedback von Vorgesetzten führt zu *Rollen-unklarheit.*

Die *„Schon-Strategie"*, die ebenfalls oft eingesetzt wird – d.h. die Vorgesetzten geben dem neuen Mitarbeiter erst mal keine konkrete Aufgabe, sondern empfehlen ihm, sich gründlich umzusehen und sich nützlich zu machen, wo immer er kann –, führt obendrein noch zu einer *Unterforderung*, die die Motivation langfristig beeinträchtigen kann. Die meisten Mitarbeiter brennen nämlich darauf, sich zu bewähren. Überlastung in der Einarbeitungsphase hat weit weniger negative Effekte als Unterlastung, besonders qualitative Unterlastung, die auftritt, wenn der Neue mit Aufgaben betraut wird, für die er weit überqualifiziert ist (KIESER et al., 1985).

3. Bausteine eines Einarbeitungsprogramms

Die im folgenden geschilderten Bausteine eines Einarbeitungsprogramms stellen nur Anregungen dar. Sie müssen nicht unbedingt alle in jedem Unternehmen realisiert werden. Auch wird die Form, in der sie eingesetzt werden, von Unternehmen zu Unternehmen, mitunter auch von Beschäftigungsgruppe zu Beschäftigungsgruppe variieren. Auf der Basis einer sorgfältigen Analyse der Bedingungen sollte das Unternehmen Pilotprojekte zu den einzelnen Bausteinen durchführen und nach Auswertung der mit ihnen gemachten Erfahrungen ein Einarbeitungsprogramm festlegen.

3.1 Realistische Rekrutierung

Das beste Mittel gegen das Auftreten zu hochgespannter Erwartungen ist eine realistische Rekrutierung – eine Darstellung der positiven *und negativen* Aspekte der Tätigkeit bei der Rekrutierung. Daß eine solche Darstellung den Verlauf des Eingliederungsprozesses günstig beeinflussen kann, zeigt in beeindruckender Weise ein bei einer amerikanischen Versicherungsgesellschaft durchgeführtes Experiment (WANOUS, 1980). Üblicherweise erhielten Bewerber für den Außendienst eine Broschüre, die die angestrebte Tätigkeit, die Aufstiegschancen, die Sozialleistungen und das Betriebsklima in den rosigsten Farben schilderte. Ziel dieser Personalmarketing-Maßnahme war es, möglichst viele qualifizierte Bewerber anzulocken. Auf Anraten eines Psychologen wurde zu einem Einstellungstermin einem Teil der Bewerber eine „realistische Broschüre" zugeschickt – eine Broschüre, in der neben den Vorzügen der Außendiensttätigkeit in diesem Unternehmen auch plastisch die Widrigkeiten geschildert wurden, denen sich Außendienstmitarbeiter oft ausgesetzt sehen. Auszüge aus dieser Broschüre sind im Kasten 1 wiedergegeben.

Dieses Experiment zeigte zwei überraschende Resultate:

(1) Nur wenige derjenigen Bewerber, die die realistische Broschüre erhalten hatten, zogen ihre Bewerbung zurück.
(2) Bei der Gruppe, die die realistische Broschüre erhalten hatte, waren auch signifikant weniger frühe Kündigungen zu registrieren als bei der Bewerbergruppe, die mit der üblichen „schönfärberischen" Broschüre ausgestattet worden war.

Die Situationen, die auf diesen Seiten wiedergegeben sind, stellen typische Probleme dar, auf die jeder Außendienstmitarbeiter unweigerlich trifft. Wenn Sie über Ihre möglichen Reaktionen auf solche Situationen nachdenken, so kann das Ihre Entscheidung, ob Sie diese Laufbahn verfolgen sollen, erleichtern.

1. Ein Außendienstmitarbeiter verbringt mehrere Stunden damit, ein gutes Versicherungsprogramm für eine Familie auszuarbeiten … Im zweiten Gespräch kassiert er dann eine Absage.

2. Ein Außendienstmitarbeiter stellt nach Abschluß einer größeren Versicherung fest, daß der Kunde seine Prämien nicht bezahlt. Damit geht auch die Verkaufsprovision, die schon fest einkalkuliert war, wieder verloren.

3. Ein Außendienstmitarbeiter fährt durch ein Unwetter zu einem Treffen mit einem Interessenten, nur um festzustellen, daß dieser die Verabredung vergessen hat und nicht zu Hause ist.

4. Ein Außendienstmitarbeiter hat sich seit langem auf ein Konzert gefreut, kann es dann aber nicht besuchen, weil dies der einzige Abend ist, an dem er einen wichtigen Interessenten treffen kann.

5. Ein Außendienstmitarbeiter ruft einen Interessenten an und wird dann am Telefon mit sehr unfreundlichen Bemerkungen über Versicherungsvertreter abgefertigt.

6. Ein Außendienstmitarbeiter verbringt viel Zeit mit Kunden, um deren Policen an Neuentwicklungen anzupassen oder um ein Erlöschen der Versicherung wegen rückständiger Zahlungen zu verhindern. Dabei ist ihm klar, daß neue Kunden auch sehr wichtig sind.

7. Ein Außendienstmitarbeiter ist sich zwar bewußt, daß die Zentrale bemüht ist, ihm zu helfen, aber es kommt mitunter vor, daß ein wichtiger Fall verlorengeht, weil die Zentrale eine Anfrage zu spät beantwortete, der Kunde inzwischen das Interesse verlor oder die Konkurrenz dazwischenkam.

Kasten 1: Auszug aus einer Broschüre, die von einer amerikanischen Versicherungsgesellschaft Bewerbern für eine Außendiensttätigkeit zugestellt wurde

Wie sind diese Ergebnisse zu erklären? Drei Effekte sind wesentlich:

(1) Eine realistische Darstellung verbessert die *Selbstselektion:* Bewerber, die aufgrund der realistischen Schilderung ihre Bewerbung zurückzogen, wären sicherlich auch durch die Realität selbst abgeschreckt worden.

(2) Der „*Schutzimpfungs-Effekt":* Bewerber, die bereits im Rahmen der Rekrutierung mit unabänderlichen negativen Begleiterscheinungen einer Tätigkeit vertraut gemacht werden, können sich darauf einstellen; sie entwickeln „innere Widerstandskräfte" und werden von dem Auftreten dieser negativen Ereignisse weniger leicht aus der Bahn geworfen.

(3) So paradox das klingt: Bewerber, die auch negative Informationen über eine neue Tätigkeit erhalten, entwickeln *eher eine stärkere anfängliche Bindung* als solche, die sich nur aufgrund von positiven Aspekten entschließen, eine bestimmte Tätigkeit anzunehmen. Die Erklärung für diesen letzten Effekt liefert die Theorie der kognitiven Dissonanz: Wer über Alternativen, unter denen er eine Auswahl zu treffen hat, widersprüchliche Informationen erhält, versucht, die entstehende Dissonanz zu beseitigen. Man kann dies erreichen, indem man die positiven Aspekte stärker gewichtet oder die negativen positiv interpretiert – z. B. als Herausforderungen, bei deren Bewältigung man sich in besonderer Weise bewähren kann. Wer sich also trotz negativer Informationen für eine Stelle bewirbt, fühlt sich stärker verpflichtet als ein Bewerber, der sich nur aufgrund positiver Informationen für diese Stelle entschieden hat. Er macht sich das Motto zu eigen: Es wird nicht

einfach sein, aber das wäre doch gelacht, wenn ich mich nicht durchbeißen würde. Der nur sehr schwache Rückgang an Bewerbungen nach einer realistischen Rekrutierung ist wohl auch darauf zurückzuführen, daß diese ehrlicher erscheint als eine schönfärberische Darstellung, der man ohnehin nicht recht traut.

Neben dem Versand einer realistischen Broschüre gibt es noch einige andere Methoden zur Erhöhung des Realismus in der Personalrekrutierung. Sie sind im Kasten 2 dargestellt.

Der Realismus in der Rekrutierung läßt sich erhöhen durch:

- Broschüren, in denen die Vorzüge einer Tätigkeit, aber auch deren Probleme realistisch dargestellt sind;
- ausführliche mündliche Information über die positiven und negativen Aspekte der angestrebten Tätigkeit im Vorstellungsgespräch;
- Ermutigung des Bewerbers – schon im Einladungsschreiben –, von sich aus Fragen zur Tätigkeit zu stellen;
- Einräumen der Möglichkeit, mit erfahrenen Mitarbeitern – den potentiellen Kollegen – ohne Beteiligung der Vorgesetzten Gespräche zu führen; die Teilnehmer an diesem Gespräch werden aufgefordert, so offen wie möglich zu den Fragen des Bewerbers Stellung zu nehmen;
- Einräumen der Möglichkeit, die Tätigkeit „vor Ort" kennenzulernen; einem ausgewählten Kreis von Bewerbern für eine Außendiensttätigkeit wird bspw. das Angebot gemacht, für einen oder zwei Tage mit einem erfahrenen Mitarbeiter „auf Strecke" zu gehen;
- Vorführen von Filmen oder Videos, in denen typische Aktivitäten der angestrebten Stelle dargestellt werden;
- Postkorb-Tests: Soweit die im Postkorb enthaltenen Aufgaben realistisch sind, ermöglichen sie nicht nur eine Beurteilung der Arbeitsweisen der Bewerber, sondern bieten diesen gleichzeitig auch eine realistische Darstellung der Tätigkeit.

Kasten 2: Maßnahmen zur Erhöhung des Realismus in der Rekrutierung

3.2 Die Aufgaben der Vorgesetzten

Den Vorgesetzten kommen im Einarbeitungsprozeß vor allem die folgenden Aufgaben zu (KATZ, 1985):

(1) Dem Neuen klarmachen, daß es auf seine Initiative ankommt:
Die folgenden Regeln sollen einige Anregungen geben, wie ein erstes Orientierungsgespräch aussehen könnte (die vielleicht in eine unternehmensindividuelle Checkliste münden):

- Begrüßen Sie den neuen Mitarbeitern herzlich, und bringen Sie ihm Interesse entgegen.
- Ermutigen Sie ihn, Fragen zu stellen, wann immer er Probleme in der Einarbeitung hat.
- Vermitteln Sie ihm einen Überblick über das Unternehmen, seine Geschichte, seine Strategie und vor allem über die Grundprinzipien der Führung.
- Zeigen Sie ihm auf, welche Bedeutung seine Stelle für die Abteilung und welche Bedeutung die Abteilung für das Unternehmen hat.
- Erklären Sie ihm seine Aufgabe in groben Zügen.

- Stellen Sie ihm seine Kollegen und eventuell auch Ihren Vorgesetzten vor. Dabei sollten Sie den neuen Mitarbeiter ermutigen, den Kollegen jederzeit Fragen zu stellen, und die Kollegen verpflichten, diese Fragen auch zu beantworten. (In einem Unternehmen werden die neuen Mitarbeiter angehalten, jeden beliebigen Kollegen aus der Abteilung in einem längeren Interview über alle Aspekte seiner Arbeit zu befragen. Alle Mitarbeiter sind verpflichtet, sich zu solchen Interviews zur Verfügung zu stellen.)
- Übertragen Sie ihm zum Abschluß des Gesprächs eine erste sinnvolle Aufgabe, die den neuen Mitarbeiter nicht unterfordert.

(2) Ein Einarbeitungsprogramm erstellen:
In ihm sollte festgelegt sein, in welcher Reihenfolge Teilaufgaben zu übernehmen sind und in welchen Zeitabschnitten die Beherrschung der jeweiligen Aufgaben angestrebt werden sollte. Für jede Teilaufgabe sind klare Kriterien auszuarbeiten, die ihre Beherrschung anzeigen. Es ist auch festzulegen, welche zusätzlichen Qualifikationen der neue Mitarbeiter eventuell benötigt und wie er sie erhalten kann. Am Ende der jeweiligen Einarbeitungsschritte sollten *ausführliche Feedback-Gespräche* vorgesehen werden. Daneben sollte der Vorgesetzte auch häufig „en passant" Feedback geben.

Für den Inhalt der Feedback-Gespräche gibt es eine grundlegende Regel: Wenn immer möglich, gib positives Feedback; verstärke richtiges Handeln des neuen Mitarbeiters!" Nun wird es sich nicht immer vermeiden lassen, daß in solchen Feedback-Gesprächen auch Kritik an bestimmten Verhaltensweisen des neuen Mitarbeiters zu üben ist. Um den neuen Mitarbeiter dabei nicht in eine Abwehrposition zu drängen, ist der Wert „Toleranz gegenüber Fehlern, besonders gegenüber frühen Fehlern" in solchen Gesprächen einführend immer wieder zu unterstreichen (vgl. den Beitrag von v. Rosenstiel: Anerkennung und Kritik, in diesem Band). Es ist deutlich zu machen, daß Fehler, vor allem die frühen, positiv gesehen werden sollten: als Chance, etwas zu lernen. Außerdem ist klarzumachen, daß Fehler in der Einarbeitung in keiner Weise die Beurteilung des neuen Mitarbeiters prägen. Feedback-Gespräche in der Einarbeitung sind keine Personalbeurteilungsgespräche. Und noch etwas ist in solchen Feedback-Gesprächen zu beachten: Der neue Mitarbeiter sollte aufgefordert werden, eigene Vorschläge zur Gestaltung seiner Arbeit zu machen. Ziel der Eingliederung ist doch schließlich der Mitarbeiter, der Eigeninitiative entwickelt. Wenn Eigeninitiative jedoch nicht frühzeitig gefördert wird, ist es sehr unwahrscheinlich, daß sie sich entwickelt.

Wie aber kann man die Vorgesetzten dahin bringen, neuen Mitarbeitern Feedback in richtigem Umfang und in der richtigen Art zu geben? Viele letzten Endes wohl nur durch Training. Richtiges Timing und die richtige Art, Feedback zu geben, können nur in einem interaktiven Training vermittelt werden, in dem Vorgesetzte Orientierungs- und Feedback-Gespräche in Rollenspielen üben. In die Rolle eines neuen Mitarbeiters zu schlüpfen und Feedback zu erhalten, kann für Vorgesetzte eine ebenso wertvolle Erfahrung sein, wie selbst übungsweise Feedback-Gespräche zu führen, die anschließend – eventuell auf der Basis von Video-Aufzeichnungen – vom Trainer und von den anderen Seminarteilnehmern kritisiert werden. Vorgesetzte erleben so die Wirkung von bestimmten Verhaltensweisen, was ihre Sensitivität für die Wirkung des eigenen Verhaltens erhöht.

In vielen Unternehmen absolvieren Führungskräfte in regelmäßigen Abständen Trainings oder Seminare. Was spricht dagegen, das Thema „Eingliederung" zum Gegenstand eines solchen Trainings zu machen?

3.3 Seminare

An die Rekrutierung schließt sich bei vielen neuen Mitarbeitern eine Trainingsphase an: Die neuen Mitarbeiter werden mit den Produkten, mit den Verfahren des Unternehmens, mit Kommunikationstechniken usw. vertraut gemacht. Es versteht sich von selbst, daß auch diese Schulung für den Verlauf des Eingliederungsprozesses von großer Bedeutung ist: Je besser neue Mitarbeiter für ihre Aufgaben qualifiziert werden, desto geringer werden die Enttäuschungen sein, die sie „im Ernstfall" erleben. Diese Einführungsseminare sollten die Mitarbeiter so stark wie möglich aktivieren, d.h. sie dazu anhalten, in Rollenspielen, Gruppendiskussionen, Fallübungen usw. das erworbene Wissen praxisnah umzusetzen. Auch erscheint es wichtig, daß die Vorgesetzten, die zentralen Bezugspersonen, soweit möglich in dieses Training einbezogen werden.

Eines wird in diesen Schulungen oft vernachlässigt: die Unternehmenskultur. Um die Bedeutung dieses Elements in der Trainingsphase und in der Eingliederung generell aufzeigen zu können, müssen wir etwas weiter ausholen. Kern einer Unternehmenskultur ist das Wertsystem des Unternehmens – die Unternehmensphilosophie oder das Unternehmensleitbild –, d.h. die grundlegenden Werte und Normen des Unternehmens gegenüber seinen Produkten, Kunden und Mitarbeitern. Zur Unternehmenskultur gehören aber auch die Mechanismen, mit denen diese grundlegenden Werte übermittelt und am Leben gehalten werden, z.B. der Führungsstil: Es macht einen Unterschied, ob ein Vorgesetzter bloß Anweisungen gibt oder Kritik übt, ohne diese zu interpretieren, oder ob er zur Begründung seiner Maßnahmen auf die grundlegenden Werte des Unternehmens Bezug nimmt. Je öfter er dies tut, um so stärker internalisieren die Mitarbeiter diese Werte. „Symbole" und „Rituale" sind weitere Übermittlungsmechanismen der Unternehmenskultur: Bei Hewlett-Packard bspw. sitzen alle Vorgesetzten, selbst die Mitglieder der obersten Unternehmensleitung, in Großraumbüros an Einheits-Schreibtischen. Die Ausstattung der Werkshallen unterscheidet sich nicht von der Ausstattung der Büroräume. Dadurch symbolisiert das Unternehmen, daß es Statusunterschieden keine große Bedeutung beimißt. Das „Ritual" des Morgenkaffees, zu dem Hewlett-Packard Kaffee und Brötchen spendiert, soll zum Ausdruck bringen, daß abteilungsübergreifende Kommunikation als sehr wichtig angesehen wird. Bei einem anderen amerikanischen Unternehmen gibt es ein Ritual, in dem der Mißerfolg des Monats prämiert wird. Zweck dieses Rituals ist es nicht, den Tolpatsch des Monats vorzuführen, sondern den Mitarbeitern deutlich zu machen, daß der Wert „Toleranz gegenüber Mißerfolgen" ernstgenommen wird, daß unternehmerisches Handeln von Mitarbeitern zwangsläufig auch Mißerfolge produziert, daß man aber aus solchen Mißerfolgen viel lernen kann.

Weshalb ist aber nun die Unternehmenskultur in der Eingliederung von besonderer Bedeutung? Aus der oben schon einmal bemühten Theorie der kognitiven Dissonanz kennen wir das Phänomen des Bedauerns nach einer wichtigen Entscheidung: Eine Entscheidung bedeutet in den meisten Fällen, daß attraktive Alternativen nicht mehr zur Verfügung stehen, und dies löst bei vielen Personen Bedauern aus. Auch nach der Entscheidung für eine Stelle kann dieses Bedauern auftreten. Die neuen Mitarbeiter fragen sich: „Weshalb bin ich gerade in diesem Unternehmen gelandet? Vielleicht hätte ich doch zu XY gehen sollen." Die Qualität einer Unternehmenskultur bemißt sich auch daran, ob sie den Mitarbeitern auf diese Frage gute Antworten bietet: „Das Unternehmen, für das ich mich entschieden habe, ist ja ganz anders als andere Unternehmen, weil..." Auf diese Weise kann eine Unternehmenskultur die Bindung an ein Unternehmen entscheidend fördern.

Was hat nun die Unternehmenskultur mit Einführungsseminaren für neue Mitarbeiter zu tun? Ganz einfach: Es ist außerordentlich wichtig, nicht nur sachlich-informative Elemente in solche Seminare einzubauen – etwa Information über die Produkte und das Unternehmen –, sondern auch „kulturbezogene" Elemente: Darstellungen der Unternehmensphilosophie und der Führungsleitlinien durch Mitglieder der Unternehmensleitung sowie Praktizierung des bevorzugten Führungsstils bereits im Seminar. Auch sollten „Rituale" in das Training eingebaut werden, die das Selbstverständnis des Unternehmens unterstreichen. Voraussetzung dafür ist freilich, daß das Unternehmen sich über seine Kultur klargeworden ist, d.h. Konsens über die grundlegenden Werte hergestellt wurde, und die Unternehmenskultur auch im Unternehmensalltag in konsistenter Weise praktiziert, gelebt wird.

3.4 Einführungsbroschüren

Broschüren für neue Mitarbeiter (HABERKORN, 1972) sind ein anderes Instrument, um die Unternehmenskultur zu vermitteln. Oft genug sind solche Broschüren mit – pardon – langweiligen Sachinformationen vollgestopft. Es spricht einiges dafür, eine solche Broschüre relativ kurz zu halten, das Unternehmensleitbild und den Führungsstil des Hauses in den Vordergrund zu stellen und die wichtigen Sachinformationen in einen Zusammenhang mit der Unternehmensphilosophie zu bringen (COWAN, 1975).

3.5 Orientierungsveranstaltungen

Auch Orientierungsveranstaltungen sollten vor allem die Funktion haben, die neuen Mitarbeiter mit der Kultur des Unternehmens – mit der Unternehmensphilosophie und den ihr zugrunde liegenden Werten – vertraut zu machen. Die Mitwirkung von Mitgliedern der Unternehmensleitung kann den verbindlichen und verpflichtenden Charakter einer solchen Veranstaltung entscheidend verstärken. Voraussetzung für Einführungsveranstaltungen ist allerdings, daß eine genügend große Zahl von neuen Mitarbeitern zu einem Einstellungstermin zusammenkommt.

3.6 Paten und Mentoren

Viele Unternehmen ordnen neuen Mitarbeitern Paten zu: einen Kollegen, der die Aufgabe hat, sich um den neuen Mitarbeiter zu kümmern (BRETTSCHNEIDER, 1979). Nach unseren Erfahrungen sind Paten ziemlich überflüssig: In den meisten Fällen haben neue Mitarbeiter keine Schwierigkeiten, aus eigener Kraft besonders gute Beziehungen zu einem oder mehreren Kollegen herzustellen. Die Institutionalisierung eines Paten birgt auch eine Gefahr in sich: Die Vorgesetzten fühlen sich „entpflichtet", sie kümmern sich nicht mehr so intensiv um die neuen Mitarbeiter. Der Pate fühlt sich dagegen u. U. veranlaßt, sich als „Ersatzvorgesetzter" aufzuspielen. Der neue Mitarbeiter ist jedoch in erster Linie auf Feedback durch den Vorgesetzten angewiesen.

Eine überlegenswerte Alternative zum Paten ist die Zuordnung eines Mentors. Der Mentor ist im Gegensatz zum Paten auf einer höheren hierarchischen Ebene als der neue Mitarbeiter angesiedelt. Seine Aufgabe ist es, den neuen Mitarbeiter zu beobachten, eine zusätzliche, unabhängige Beurteilung seines Potentials beizusteuern, bei Problemen zwischen Vorgesetztem und neuem Mitarbeiter zu vermitteln und dem neuen Mitarbeiter als neutraler Ansprechpartner zur Verfügung zu stehen (HUNT & CAROL, 1985; FARREN et al., 1984; ZEY, 1985).

4. Zusammenfassung

In der Eingliederung kommt es vor allem darauf an, die anfängliche Motivation und Bindung eines neuen Mitarbeiters zu verstärken und in eine dauerhafte Motivation und Bindung zu überführen. Mitarbeiter mit einer anfänglichen Bindung sind motiviert, gehen engagiert an ihre Aufgaben heran. Werden sie einigermaßen richtig geführt, stellen sich Erfolge ein, die man in Feedback-Gesprächen verstärken kann, was wiederum zu einer Erhöhung der Motivation und der Bindung führt. Diesen Prozeß gilt es in Gang zu setzen (s. Abbildung 1).

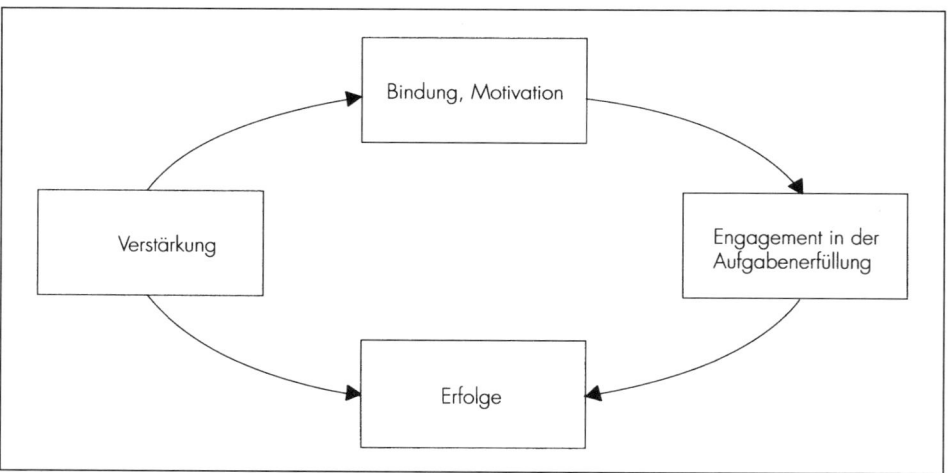

Abb. 1: Eingliederung als sich selbst verstärkender Prozeß

Zusammenfassend gesagt, sind es vor allem die folgenden Faktoren, mit denen das Unternehmen Einfluß auf den Verlauf des Eingliederungsprozesses nehmen kann: das Vorgesetztenverhalten, die Klarheit der Aufgabenstellung – zu ihr tragen neben dem Vorgesetztenverhalten auch noch organisatorische Vorgaben bei – und die Arbeitsgruppe. Die Einstellungen und Normen der Arbeitsgruppe sind wiederum in einem hohen Maße von der Unternehmenskultur geprägt. Nur selten gelingt es, aus neuen Mitarbeitern, die keine anfängliche Bindung aufweisen, die von vornherein mit einer relativ geringen Motivation ihre Stellung antreten, motivierte Mitarbeiter zu machen, die sich stark an das Unternehmen gebunden fühlen. Wie wir gesehen haben, hat das

Unternehmen jedoch auch auf die anfängliche Bindung einen gewissen Einfluß (s. Abbildung 2).

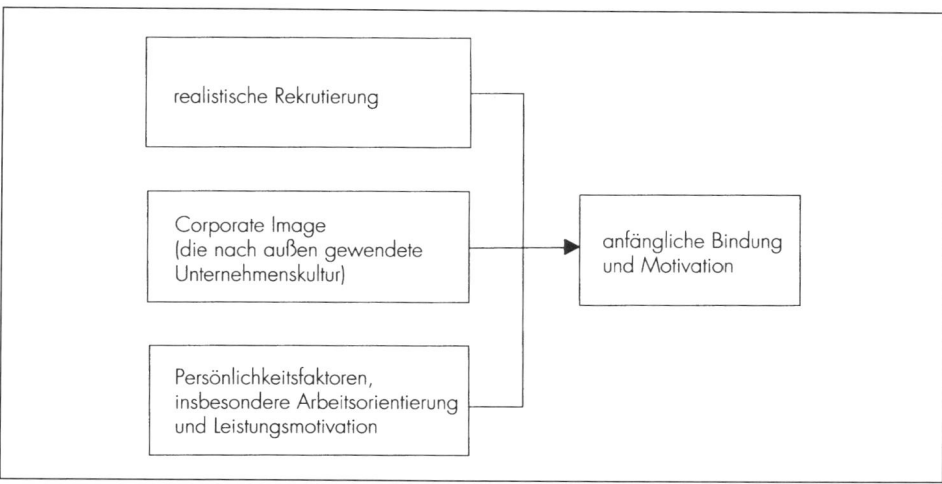

Abb. 2: Einflußfaktoren anfänglicher Bindung und Motivation

Literatur

BRETTSCHNEIDER, D. (1979). Patensystem als Führungsersatz? Kritische Bemerkungen zur Einführung eines Patensystems. In: Personal, 31, 1979, S. 324–327.

COWAN, P. (1975). Establishing a communication chain: The development and distribution of an employee handbook. In: Personnel Journal, 54, 1975, S. 342–344.

FARREN, C., GRAY, J. D. & KAYE, B. (1984). Mentoring: A boon to career development. In: Personnel, 61, Heft 6, 1984, S. 20–24.

FELDMAN, D. C. & BRETT, J. M. (1983). Coping with new jobs: A comparative study of new job hires and job changers. In: Academy of Management Journal, 26, 1983, S. 258–272.

GRAEN, G. (1976). Role-making processes within complex organizations. In M. D. DUNNETTE (Hrsg.), Handbook of Industrial and Organizational Psychology. S. 1201–1245. Chicago 1976: Rand McNally.

HABERKORN, K. (1972). Die Einführungsschrift für neue Mitarbeiter. Neuwied 1972.

HUNT, D. M. & CAROL, M. (1983). Mentorship: A career training and development tool. In: Academy of Management Review, 8, 1983, S. 475–485.

JABLIN, F. M. (1987). Organizational entry, assimilation, and exit. In F. M. JABLIN, L. L. PUTNAM, K. H. ROBERTS & L. W. PORTER (Hrsg.), Handbook of Organizational Communication. S. 679–740. Newbury Park 1987: Sage.

KATZ, R. (1985). Organizational stress and early socialization experiences. In T. BEEHR & R. BHAGAT (Hrsg.), Human Stress and Cognition in Organization: An Integrative Perspective. S. 117–139. New York 1985: Wiley.

KIESER, A., NAGEL, R., KRÜGER, K.-H. & HIPPLER, G. (1985). Die Einführung neuer Mitarbeiter in das Unternehmen. Frankfurt/M. 1985.

SCHEIN, E. H. (1978). Career Dynamics. Matching Individuals and Organizational Needs. Reading, MA 1978: Addison-Wesley.

VAN MAANEN, J. & SCHEIN, E. H. (1979). Toward a Theory of Organizational Socialization. In P. M. STAW & L. L. CUMMINGS (Hrsg.), Research in Organizational Behavior. Vol. 1, S. 209–264. Greenwich, CT 1979: JAI Press.

WANOUS, J. P. (1980). Organizational Entry: Recruitment, Selection and Socialization of New-comers. Reading, MA 1980: Addison-Wesley.

ZEY, M. G. (1985). Mentor programs: Making the right moves. In: Personnel Journal, 64, Heft 2, 1985, S. 53–57.

Zur Konkretisierung und weiteren Vertiefung wird empfohlen, im Fallstudienband den Fall zu „Einarbeitung neuer Mitarbeiter" zu bearbeiten.

Lutz von Rosenstiel

Motivation von Mitarbeitern

1. Was beeinflußt unser Verhalten?

Wo immer darüber gesprochen wird, was Gründe oder Ursachen menschlichen Handelns seien, wird stets, wenn auch mit unterschiedlichen Worten – wie Wunsch, Wille, Beweggrund, Bedürfnis, Trieb oder Strebung – auf in der Person vermutete Antriebskräfte verwiesen, die in der modernen Psychologie im Konzept der Motivation zusammengefaßt erscheinen (vgl. GRAUMANN, 1969). Dabei wird angesichts der Breite dieses Konzeptes häufig in beinahe naiver Weise davon ausgegangen, es ließe sich beobachtbares Verhalten eines Menschen allein durch Motivation zureichend erklären.

Bei vereinfachender Betrachtungsweise läßt sich jedoch bei der Erklärung unseres Handelns auf Bedingungen verweisen, die in der Situation begründet sind, und auf solche, die in der Person des Handelnden selbst liegen. Dabei zählen zu den situativen Komponenten die objektiven *Ermöglichungsbedingungen,* die handlungsfördernd oder handlungsbehindernd sein können, sowie jene Gesetze, Normen und Regelungen, die als *soziales Dürfen* unser Verhalten in vielen Bereichen steuern. Zu jenen Ursachen, die innerhalb der Person liegen, lassen sich überdauernde Fähigkeiten – wie z.B. die sprachliche Intelligenz – und jene relativ rasch erlernbaren Fertigkeiten – wie z.B. fließend englisch sprechen – zählen, die in der Umgangssprache als *Können* bezeichnet werden, und schließlich jene in ihrer Antriebsdynamik als Kräfte erlebbaren Verhaltensanstöße, für die in der Alltagssprache häufig der Begriff des *Wollens* Verwendung findet (vgl. Abb. 2, S. 72). Dies ist die Motivation.

2. Was ist Motivation?

Die Frage nach der Motivation ist die Frage nach dem „Warum" des menschlichen Verhaltens und Erlebens. Dabei wird allerdings vorausgesetzt, daß dieses Verhalten aktiv vom Menschen ausgeht – die Verhaltensgründe also im Menschen liegen und nicht unmittelbar von außen kommen.

Motivation ist ein doppelgesichtiger Begriff:

1) Er dient zur Erklärung von Verhalten. Das Verhalten anderer Menschen kann man beobachten, ihre Motive kann man unmittelbar nicht sehen. Man erklärt jedoch das beobachtbare Verhalten, indem man bestimmte Motive dafür angibt. Auch eigenes Verhalten sucht man gelegentlich dadurch zu erklären, daß man unbewußte Motive als Grund anführt, die – da unbewußt – nicht unmittelbar beobachtet werden können.

2) Er dient auch als Begriff für direkt Erlebtes. Eigenen Hunger kann man selbst unmittelbar erleben und benennen. Bezeichnet man das Erlebte allerdings, so abstrahiert man meist gleichzeitig. Hunger gibt es in nahezu unendlich vielen Formen: je nach Person und Situation verschieden. Dennoch wird man meist ein gleiches Wort – Hunger – dafür verwenden. Das sprachlich gefaßte Motiv ist somit eine Abstraktion aus dem jeweils konkreten und individuellen Erlebens- und Verhaltenskontinuum.

Verwendet man Motivation als Erklärungsbegriff, so wird man sich meist an dem orientieren, was man aus dem eigenen Erleben kennt. Man wird etwa anderen Menschen

174

und in unkritischer Weise vielleicht sogar Tieren jene Motive als Ursache des bei ihnen beobachtbaren Verhaltens zuschreiben, die bei einem selbst in einer vergleichbaren Situation ein entsprechendes Verhalten bewirkt hätten. Der Beschreibungsbegriff für Erlebtes ist also der primäre.

3.   Wie erlebt man Motive?

Zuvor war gesagt worden, daß der Begriff des Motivs vor allem für Erlebnistatbestände angewandt werden kann. Da also Motive als Beweggründe des Verhaltens, die im Menschen liegen, angesehen werden können, ist der beste Weg, etwas über die Psychologie der Motive zu erfahren, in sich zu schauen, sich selbst zu beobachten, sogenannte Introspektion zu betreiben. Dabei stellt sich für motiviertes Verhalten häufig folgender Ablauf heraus:

(1) Erfahrung eines Mangels
(2) Erwartung, daß durch ein spezifisches Verhalten der Mangel beseitigt wird
(3) Verhalten, von dem angenommen wird, daß es im Sinne der Erwartung zur Befriedigung führt
(4) Endhandlung
(5) Zustand der Befriedigung oder der Sättigung

Beispiel:

(1) Jemand erlebt seine trockene Zunge, einen trockenen Gaumen: Er hat Durst.
(2) Er erwartet, daß durch einen Gang zum Eisschrank, die Herausnahme einer Flasche Bier und durch Trinken des Inhalts das Mangelerlebnis beseitigt wird.
(3) Er geht zum Eisschrank und nimmt die Bierflasche – falls wirklich eine dort ist – heraus.
(4) Er trinkt das Bier.
(5) Der Durst ist beseitigt: Er ist befriedigt.

Zwei Punkte verdienen hier nun Erwähnung: Zum einen ist die Erwartung wichtig. Wer eine falsche Erwartung hat, kann, selbst wenn alles erwartungsgemäß abläuft, enttäuscht werden. Wer also erwartet, daß Himbeersaft den Durst löscht, und den Saft dann trinkt, wird nur noch stärkeren Durst bekommen, also unbefriedigt bleiben. Die Erwartung ist zudem nicht stets so geartet, daß man glaubt, das Ziel entweder gar nicht oder sicher zu erreichen. Es gibt hier alle denkbaren Stufen subjektiver Wahrscheinlichkeit, zum Ziel zu gelangen. Manche Menschen bevorzugen es, der Erwartung ein zielgerichtetes Verhalten folgen zu lassen, wenn die subjektive Wahrscheinlichkeit hoch ist, sie also praktisch sicher sind, das Ziel zu erreichen. Andere werden gerade durch eine geringe subjektive Wahrscheinlichkeit, ein hohes Risiko also, zum nachfolgenden Handeln angeregt.

Zum zweiten ist zu beachten, daß nach der Befriedigung meist – nach kürzerer oder längerer Zeit – der Mangelzustand erneut eintritt. Bei körpernahen Motiven, wie Bedürfnis nach Sauerstoff, Sexualität, Hunger, Durst ist das deutlich feststellbar, bei anderen Motiven – wie etwa dem Bedürfnis, ins Kino zu gehen – ist es weniger deutlich, aber auch beobachtbar.

Motive schwanken also zwischen Mangelzustand und Sättigung periodisch hin und her. Sie werden dabei in der Regel nur dann bewußt und für uns bemerkbar, wenn der

Mangelzustand eine bestimmte Intensität erreicht hat. In der zeitlich vorausgehenden Phase, in der das Bedürfnis nicht bewußt ist, könnte man von einem latenten Motiv sprechen. Das bewußte Motiv ist aktiviert und wird sich bei phänomenaler Analyse als Bestandteil der Motivation des nachfolgenden Verhaltens erweisen (graphisch dargestellt in Abbildung 1).

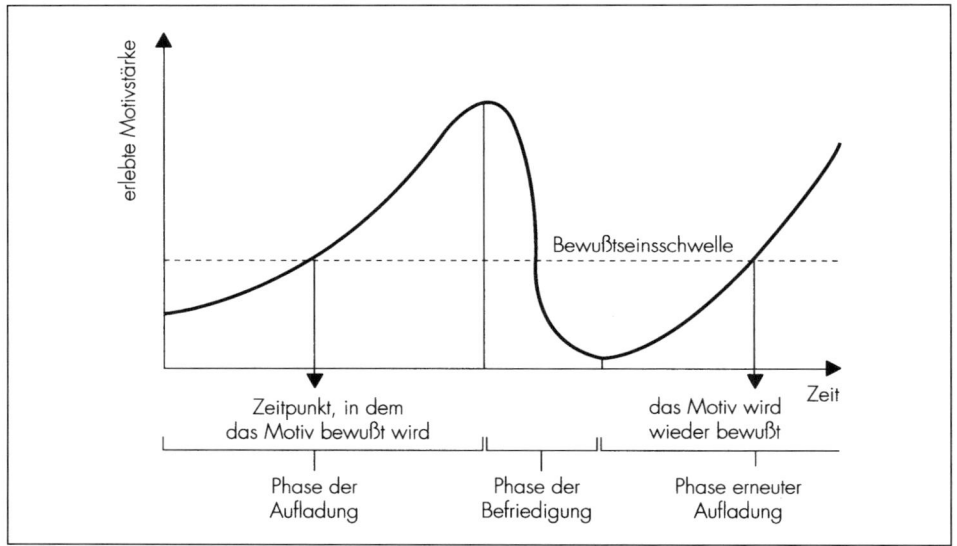

Abb. 1: Erlebte Intensität eines Motivs zwischen Mangelzustand und Befriedigung (nach GRAUMANN, 1969)

4. Darstellung am betrieblichen Beispiel

Stellen wir uns einen komplexen betrieblichen Fall (v. ROSENSTIEL, 1975) zur Veranschaulichung vor: Ein Mann, durch Anlage und Prägung besonders ehrgeizig (1), gerät in eine Situation (2), in der sich die Möglichkeit zu beruflichem Aufstieg eröffnet. Er nimmt diese Chance als Anreiz (3) wahr, wodurch sein bisher latenter Ehrgeiz aktiviert wird (4). Dies allerdings führt bei ihm nicht unmittelbar zum Handeln, sondern zunächst einmal zu unterschiedlichsten Erwartungen und Überlegungen, die sich zum einen auf denkbare Wege beziehen, die zum angestrebten Ziel führen könnten, und sodann auf die vermuteten Wahrscheinlichkeiten, das Ziel auf den in Betracht gezogenen Wegen auch erreichen zu können (5). Erscheint ein Weg zielführend und zugleich die Wahrscheinlichkeit, das Ziel auch erreichen zu können, nicht zu gering, so kommt es zur Bildung von Verhaltensintentionen, Handlungsabsichten (6), und nun zum Verhalten (7), das allerdings noch keineswegs die Erfüllung oder Befriedigung des Ehrgeizes ist, sondern eine Folge von Schritten auf dem Weg dahin, wobei dieser Weg unter bestimmten Umständen sehr lange gegangen werden muß oder sich als umwegreiche Straße darstellt, wobei fraglich bleibt, ob das Ziel, die Befriedigung des aktivierten Motivs, am Ende steht (8). Die erreichten Endzustände (9) können somit als befriedigend oder unbefriedigend erlebt werden (10), was wiederum nicht ohne Einfluß auf die künftige Ausgestaltung des Motivs bleibt, das durch Erfolgs- bzw. Mißerfolgserlebnisse kontinuierlich weiter geprägt wird (vgl. Abbildung 2). Wichtig erscheint für unsere Überlegungen, daß wir beim motivierten Handeln das Erreichen des Zieles, den „konsummatorischen Akt", vom Weg zum Ziel abheben müssen. Gerade unter der Perspektive des Managements erscheint diese Trennung wesentlich, da motivierende Maßnahmen sich z. T. auf das Ziel, z. T. aber auch auf die Wege zum Ziel beziehen.

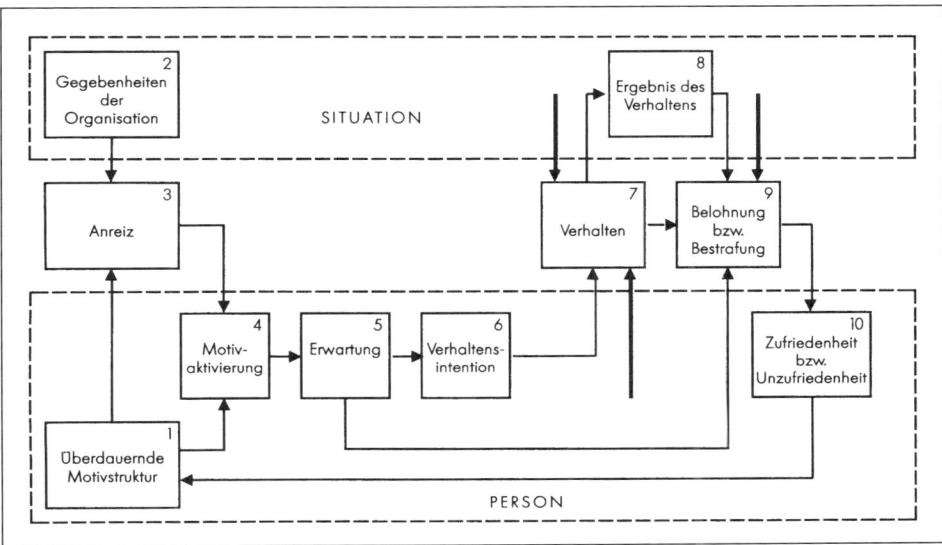

Abb. 2: Ein Modell des motivischen Verhaltens in der Organisation

5. Das Motivziel

Motiviertes Handeln ist dadurch gekennzeichnet, daß es zu einem „natürlichen Abschluß" (HECKHAUSEN, 1963) drängt. Dieser natürliche Abschluß wird in den Verhaltenswissenschaften häufig auch als „Endhandlung" oder als „konsummatorischer Akt" bezeichnet (vgl. BISCHOF, 1985). Ein konsummatorischer Akt läge beispielsweise vor, wenn der Durstige, der lange nach etwas Trinkbarem gesucht hat, ein großes Glas leertrinkt, wenn der Leistungsmotivierte nach erheblichen Mühen eine schwierige Aufgabe zu Ende führt oder wenn der Verängstigte soziale Unterstützung und Geborgenheit im Kreise Gleichgesinnter findet.

Das Verhalten auf dem Wege zum Ziel, zur Endhandlung, wird als „Appetenz" gekennzeichnet, wobei für derartiges Appetenzverhalten charakteristisch ist, daß es zum einen von einer ständig ansteigenden Spannung des psycho-physischen Systems begleitet wird, die erst innerhalb der motivbefriedigenden Endhandlung in den Zustand der Entspannung überführt, und daß es zugleich nach anfänglich meist gegebenem Unlusterleben von steigenden Lustgefühlen begleitet ist. FREUD hat dafür den Ausdruck Vorlust verwendet. Was damit gemeint ist, wird nachvollziehbar, wenn man an die Gefühle des Durstigen denkt, dem das Bier gebracht wird, an die Freude des Leistungsmotivierten angesichts der Hoffnung, das Werk könne gelingen, oder an die Erleichterung des Verängstigten oder Vereinsamten, der aus der Ferne die Stimme seiner Freunde hört. Was nun allerdings inhaltlich gesucht wird, welche Endhandlungen es sind, nach denen der Mensch strebt, ob sie angeboren oder erlernt wurden, danach fragen die Inhaltstheorien der Motivation.

5.1 Inhaltstheorien der Motivation

Wesentlich erscheint an den Inhaltstheorien, daß eine Taxonomie der angestrebten Endhandlungen angeboten wird. Inhaltstheorien der Motivation suchen also die Frage zu beantworten, wonach der Mensch strebt, was auf dem Gebiete der Motivation des Arbeitsverhaltens zu den klassischen Ansätzen von MASLOW (1954) oder von HERZBERG, MAUSNER und SNYDERMAN (1959) geführt hat, auf die noch eingegangen werden soll. Vernachlässigt wird in den meisten Inhaltstheorien dagegen die Frage, auf welchem Wege das Individuum sich darum bemüht. Gerade mit diesen Prozessen setzen sich nun die „Prozeßtheorien" auseinander (vgl. Kapitel 6), die danach fragen, was sich in der Person abspielt, die ein bestimmtes Ziel erreichen möchte, wobei nicht weiter interessiert, welches Ziel es denn nun ist, das angestrebt wird.

(1)　Defizit und Wachstum

Ein bedeutsamer Versuch, systematisch und theoretisch fundiert die Vielzahl inhaltlich bestimmbarer Motive zu ordnen, stellt das Bemühen dar, sogenannte Defizit- von Wachstumsmotiven abzuheben. Defizitmotive sind dadurch gekennzeichnet, daß sie im Sinne von Regelkreismechanismen bei Sollwertabweichungen Aktivitäten auslösen, die der Wiederherstellung des zuvor gegebenen Zustands dienen. Hunger und Durst lassen sich unschwer in diesem Sinne interpretieren, und es hat nicht an Versuchen gefehlt, auch andere Motivarten in vergleichbarer Weise zu sehen.

Den Defizitmotiven gegenübergestellt werden vielfach sogenannte Wachstumsmotive, deren Ziel nicht ein stabiler oder gar organismisch festgelegter Sollwert ist, sondern die ihre Dynamik letztlich dadurch gewinnen, daß Ziele ständig neu entworfen, Anspruchsniveaus erhöht werden und der sich entwickelnde Mensch nach ständig neuen Horizonten strebt. Dadurch wird der Weg zum Ziel; aktive, der Selbstverwirklichung dienende Schritte werden als befriedigend erlebt, was wiederum die Hypothese stützen könnte, daß im Arbeitsvollzug Leistung und Zufriedenheit positiv miteinander korreliert sind.

In einigen der bekanntgewordenen Motivationstheorien werden gleichermaßen Defizit- und Wachstumsmotive berücksichtigt (vgl. MASLOW, 1954; HERZBERG et al., 1959), so daß sich motiviertes Handeln aus ihrer Spannung und ihrem Zusammenspiel ergibt.

(2)　Inhalt und Umfeld

Innerhalb der Pädagogik wird schon lange danach differenziert, ob ein Lernstoff seinen Anreiz in sich trägt, d.h. die Auseinandersetzung des Lernenden mit dem Stoff befriedigend wirkt, oder ob gewissermaßen von außen wirkende Kräfte den Schüler zur Beschäftigung mit dem Stoffgebiet bewegen, wie es z. B. das Versprechen von Belohnung bei Erfolg oder die Androhung von Strafe bei Mißerfolg sein können. Dieser Grundgedanke hat auch in jenen Wissenschaften, die sich mit dem arbeitenden Menschen auseinandersetzen, zunehmend Beachtung gefunden und zur Differenzierung zwischen intrinsischen und extrinsischen Motiven geführt. Von *intrinsischen Motiven* wird dann gesprochen, wenn die Motivation ihre Befriedigung in der Arbeitstätigkeit selbst findet, wie es beispielsweise für einen enthusiastischen Forscher im Zuge eines Entwicklungsvorhabens der Fall sein kann. *Extrinsische Arbeitsmotivation* liegt dann vor, wenn die Befriedigung nicht aus der Tätigkeit selbst, sondern aus deren Folgen oder Begleitumständen erwächst, wie es beispielsweise bei einem gewerblichen Arbeitnehmer der Fall sein kann, den seine Tätigkeit langweilt, der jedoch in ihr ein Mittel zum Zweck eines befriedigenden finanziellen Verdienstes sieht.

Die Unterscheidung zwischen extrinsischen und intrinsischen Arbeitsmotiven gewann zusätzliches Interesse durch Arbeiten von Herzberg et al. (1959). Die Autoren befragten in einer ersten Studie Arbeitnehmer nach konkreten Arbeitssituationen, in denen sie besonders zufrieden bzw. besonders unzufrieden waren. Die Inhaltsanalyse der Schilderungen zeigte, daß andere Bedingungen zur Zufriedenheit als zur Unzufriedenheit führen. Diesen Unterschied sieht Herzberg (1966) gleichermaßen unter der Dichotomie Defizit und Expansion als auch unter der einer extrinsischen versus intrinsischen Motivation. Defizitmotivation findet Befriedigung durch Vermeidung von umweltbedingtem Leid. Im Betrieb geschieht dies durch die sogenannten „Hygiene-Faktoren", die im positiven Fall bestehende Unzufriedenheit abbauen, dagegen keine bewußt erlebte Zufriedenheit aufbauen können. Damit wirken sie ähnlich asymmetrisch wie hygienische Maßnahmen auf dem Felde des Gesundheitsverhaltens, die – man denke an das Händewaschen – einer Infektion vorbeugen, sie jedoch nicht heilen können. Die wichtigsten von Herzberg et al. (1959) genannten Hygiene-Faktoren sind der Führungsstil, die Unternehmenspolitik und -verwaltung, die äußeren Arbeitsbedingungen, die Beziehungen zu Gleichgestellten, Unterstellten, Vorgesetzten, der Status, die Arbeitssicherheit, das Gehalt sowie persönliche berufsbezogene Lebensbedingungen. Man sieht, daß all diese Punkte den eigentlichen Arbeitsinhalt nicht zentral berühren, sondern sich auf Rand- und Folgebedingungen der Arbeit beziehen. Sie werden deshalb auch gelegentlich als „Kontext-Variablen" bezeichnet, die mit der extrinsischen Arbeitsmotivation korrespondieren. Da – wie das empirische Material zeigt – ihr Einfluß auf das Entstehen von Unzufriedenheit groß, ihr Einfluß auf den Aufbau von Zufriedenheit aber klein ist, werden sie auch „Dissatisfaktoren" genannt.

Ihnen stehen „Satisfaktoren" gegenüber, die – wie die Inhaltsanalysen zeigten – besonders häufig als Ursachen längerfristiger Arbeitszufriedenheit genannt wurden. Zu ihnen zählen erbrachte Leistung, Anerkennung für die Leistung, die Arbeit selbst, Verantwortung, Aufstieg sowie Möglichkeiten zum geistigen Wachstum z.B. durch Zugewinn von Erfahrung. Hier wird also der Arbeitsinhalt ins Zentrum des Erlebens gerückt, weshalb die genannten Punkte auch häufig als „Content-Variablen" bezeichnet werden, die mit der intrinsischen Arbeitsmotivation korrespondieren.

Da die durch die Content-Variablen ausgelöste Motivation – wie Befragungen zeigten – zugleich längerfristig die Leistungsbereitschaft positiv beeinflußt, werden sie auch als „Motivatoren" bezeichnet. Diese Motivatoren sind, werden sie spezifisch in das betriebliche Anreizsystem integriert, ein Mittel zu dem Zweck, gleichermaßen die Zufriedenheit mit der Arbeit und die Leistungsbereitschaft zu steigern (vgl. Abschnitt 7).

(3) „Erst kommt das Fressen, dann kommt die Moral"

Der Ansatz von HERZBERG et al. (1959) läßt es durchaus zu und sogar plausibel erscheinen, daß ein Mensch gleichermaßen durch die extrinsisch orientierten Defizitmotive und die intrinsisch orientierten Wachstumsmotive in seiner Befindlichkeit bestimmt wird. Dies sieht innerhalb der sogenannten hierarchischen Motivationsmodelle (vgl. MASLOW, 1954) anders aus. Zentral ist bei diesen Konzepten die Annahme, daß menschliche Motive nicht nebeneinander stehen, sondern hierarchisch geordnet sind, was die Hypothese ermöglicht, daß die langfristige Befriedigung eines jeweils niedrigeren Motivs die Voraussetzung dafür darstellt, daß das nächsthöhere verhaltenswirksam werden kann (Befriedigungs-Progressions-Hypothese). MASLOW unterscheidet – gestützt vor allem auf unsystematische klinische Erfahrung – fünf inhaltlich voneinander abhebbare Motivklassen, die Abbildung 3 zeigt.

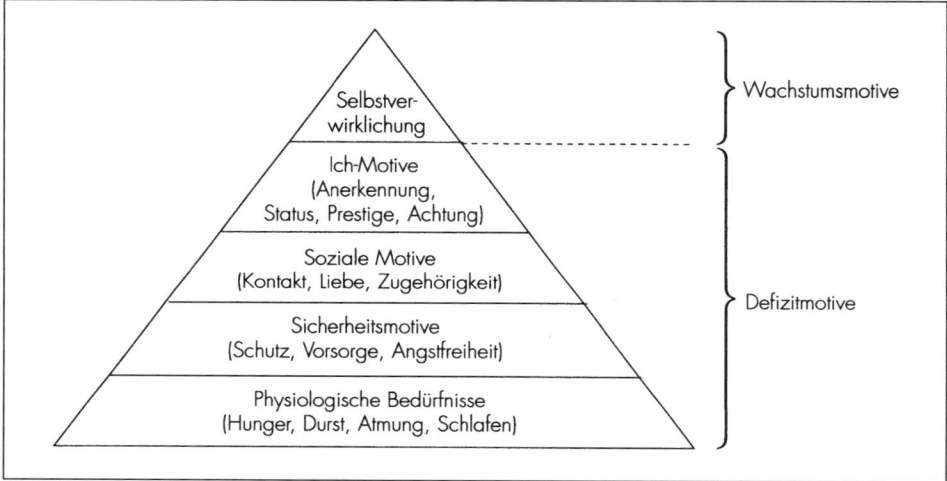

Abb. 3: Das hierarchische Modell der Motive nach MASLOW

Die vier unteren Motivgruppen stellen Defizitmotive dar. Langfristige Frustration dieser Motive führt – folgen wir MASLOW – zu Krankheit, ihre Befriedigung zu Gesundheit. Die Erfüllung der Wachstumsmotivation ist nur auf dieser Grundlage denkbar, sie ermöglicht Selbstverwirklichung, die niemals als Ergebnis, sondern nur als Prozeß zu verstehen ist.

(4) Eros und Tanatos

Sehr viel differenzierter und vielschichtiger erscheinen zur Erklärung des dynamischen Motivationsgeschehens die Ansätze der Tiefenpsychologie (vgl. den entsprechenden Beitrag von HOFMANN, in diesem Band), als deren markantester Vertreter FREUD gelten darf. Sein psychoanalytischer Ansatz – gleichermaßen Persönlichkeitstheorie und Interventionsansatz zur Therapie von Neurosen – enthält eine inhaltlich zentrierte Motivationstheorie, deren Grundgedanken hier knapp dargelegt werden sollen.

FREUD war ursprünglich von einem dualistischen Ansatz ausgegangen, innerhalb dessen „Ich-Triebe" und „Objekt-Triebe" unterschieden wurden, die – in hergebrachter Weise – zwischen den Thematiken der Selbsterhaltung und der Fortpflanzung trennen. Dabei war der Drang zur sexuellen Vereinigung, die Libido, ursprünglich eindeutig und auch ausschließlich ein Objekt-Trieb, d.h. auf das „Objekt" des Partners gerichtet. Dieser Trieb wurde geradezu als eine konstante psychische Kraft gesehen, die sich demnach nicht vermehrt oder vermindert, sondern im Zuge der Auseinandersetzung des Subjekts und seiner Umwelt vielfältige Gestalten annehmen kann und beispielsweise angesichts der Widerstände, die menschliches Zusammenleben (vgl. FREUD, 1939) der unmittelbaren Befriedigung entgegenstellt, sublimiert werden und zu Kulturleistungen führen kann, so daß z.B. unerfülltes individuelles Liebesverlangen zum Gedicht, die partielle Unterdrückung der Sexualität in der Gesellschaft zwar einerseits zu „Unbehagen", andererseits aber zu kulturellen Spitzenleistungen führen kann.

In einer späteren Phase seines Schaffens glaubte FREUD erkennen zu können, daß sich die Libido als Objekt auch das eigene Ich auswählen kann, ähnlich dem Knaben NARKISSOS, der sich in sein Spiegelbild verliebte. Die Ich-Triebe wurden somit den Objekt-Trieben subsummiert, und der FREUDsche Ansatz schrumpfte zu einem monothematischen Konzept, das den „Lebenstrieb" oder „Eros" zur alles menschliche Handeln bestimmenden Kraft erhebt. Diesem aber stellte FREUD schließlich – vermutlich beeindruckt durch das Erleben des Weltkrieges und das Manifestwerden eigener Krebserkrankung – den „Todestrieb" oder „Tanatos" gegenüber. Während die Libido auf Erhaltung und Vereinigung gerichtet ist, liegt die Thematik des Todestriebes in der Zerstörung, dem Abbau und dem Zerfall (FREUD, 1920).

Der homöostatische Ansatz FREUDS führt dazu, dem Todestrieb schließlich implizit ein gewisses Primat zu geben; während die Libido darauf gerichtet ist, durch Energieabfuhr – z.B. in der sexuellen Vereinigung – einen früheren Zustand wiederherzustellen, wobei Unbehagen und Spannungserleben die Abweichung vom Ausgangszustand, Entspannung und Lösung die Rückkehr zu diesem signalisieren, ist der Todestrieb – gewissermaßen mit längerem Atem ausgestattet – darauf gerichtet, den Zustand wiederherzustellen, aus dem die Organwelt erwachsen ist, den der toten Materie. Die Wandlungen und Maskierungen der Triebe, die sich innerhalb der Freudschen Lehre ergeben, wenn diese beim Versuch der Befriedigung auf Widerstände stoßen, ermöglichen es dem Autor, die Vielfalt motivierten menschlichen Handelns auf das Wirken des Lebenstriebes, des Todestriebes oder des Konfliktes zwischen ihnen zurückzuführen und somit – wenn auch in höchst spekulativer Weise – einen zentralen und einheitlichen Erklärungsansatz für die Mannigfaltigkeit der Erscheinungen menschlichen Tuns zu gewinnen.

5.2 Wertung der Inhaltstheorien

Menschliche Motive lassen sich nach vielerlei Aspekten klassifizieren, beispielsweise unter denen der Genese, der Orientierung, des Bewußtseinsgrades, der Extensität, der Intensität, der Verlaufsform, der Tiefe und Zentralität (vgl. THOMAE, 1965). Für Inhaltstheorien entscheidend ist der Aspekt der Orientierung, denn hier geht es um die verschiedenen zu bestimmenden Ziele, auf die Motive gerichtet sind. „Es scheint auf den ersten Blick das Nächstliegende zu sein, die Mannigfaltigkeit der Antriebe nach der Verschiedenheit ihrer konkreten Ziele zu gliedern. Doch kommt man sehr bald in

Verlegenheit angesichts der Mannigfaltigkeit, mit der solche Ziele in den wechselnden Augenblicken erlebten Lebens wirksam sind" (LERSCH, 1956, S. 96). Was aber z.B. berechtigt MASLOW, angesichts der Vielzahl ganz unterschiedlich erlebter Strebungen und Bedürfnisse von den fünf von ihm postulierten und besprochenen Bedürfnissen zu reden? Derartige Klassifikationsansätze, mögen sie auch noch so sorgfältig durchdacht sein, setzen sich meist dem Vorwurf aus, willkürlich und selektiv zu sein. Dies wiederum hat häufig dazu geführt, athematische Ansätze zu präferieren, d.h. auf jede inhaltliche Motivdifferenzierung in ihrer Festschreibung zu verzichten und den Inhaltstheorien insgesamt den Rücken zu kehren. Was der Mensch anstrebt – so wird hier argumentiert –, ergebe sich aus dem Anreizwert der jeweils wechselnden Situation und der beständig wirkenden Lerngeschichte des Menschen, die ihn einmal auf diese und einmal auf jene Ziele ausrichten kann. Dagegen läßt sich nun einwenden, daß das Handeln des lebendigen Organismus „nicht verstanden werden (kann) ohne Rückgriff auf ein Sinnprinzip, das in ihm liegt" (BISCHOF, 1985). Die Bewegung ist eben nicht – wie bei einem unbelebten Gegenstand – Resultat der von außen einwirkenden Kräfte, sondern es geht um das Erreichen eines Zieles, das im Dienste der Selbst- und Arterhaltung – präziser im Dienste der Ausbreitung des Genoms – steht.

Beim Menschen allerdings ergeben sich diese Ziele wohl kaum allein durch von der Selektion gefilterte vererbte Muster, sondern – angesichts einer vom Menschen gestalteten und stets umgestalteten Umwelt – auch aus Lernprozessen, die den Erfolg des Individuums innerhalb dieser von ihm geschaffenen Welt sichern oder doch zu sichern scheinen. Inhaltstheorien der Motivation gewinnen daraus ihre Bedeutung. Die Motivziele dürfen freilich nicht willkürlich postuliert werden, sondern sind aus dem Sinn heraus zu begründen, der sich für den Handelnden aus der Evolutions- oder aus der Lerngeschichte ergibt.

6. Der Weg zum Ziel

Die Ziele, die im motivierten Handeln angestrebt werden, wie beispielsweise Autonomie, Geborgenheit, Sättigung etc., dürften in ihrer Grundthematik genetisch angelegt und in der differenzierten Thematik sodann durch Lernprozesse überformt sein. Wie allerdings dieses zielbezogene Verhalten erfolgt, ist von Lernerfahrungen abhängig, hochgradig flexibel und somit an kurzfristige Umweltänderungen angepaßt. Mit dieser flexiblen Anpassung an die jeweiligen Gegebenheiten hat sich die Motivationspsychologie nach der sogenannten „kognitiven Wende" besonders auseinandergesetzt, dabei fast ausschließlich die hier ablaufenden kognitiven Prozesse ins Zentrum der Betrachtung gestellt und die Ziele, die dabei angestrebt werden, weitgehend vernachlässigt, so daß heute vielfach von Prozeßtheorien der Motivation gesprochen wird.

6.1 Prozeßtheorien der Motivation

Der Grundgedanke der Prozeßtheorien läßt sich auf das Bernoulli-Prinzip zurückführen, das besagt, daß jenes Ergebnis erstrebenswert erscheint, bei dem das Produkt aus Nutzen x Wahrscheinlichkeit besonders hoch ist. Die Orientierung an derartigen Konzepten begann innerhalb der Psychologie in den 30er Jahren und führte letztlich zu der Annahme, daß der Mensch subjektiv rational kalkuliert, was ihm bei der Wahrnehmung verschiedener Alternativen die günstigste Option zu sein scheint.

Hier seien nur die wichtigsten Basiskonzeptionen knapp skizziert. Ihnen allen ist gemeinsam, daß der Inhalt dessen, was angestrebt wird, nicht interessiert, sondern gewissermaßen beliebig eingesetzt werden kann. Lediglich der Prozeß, der dazu führt, daß die eine Alternative angestrebt, die andere aber verworfen wird, steht im Zentrum der Aufmerksamkeit, so daß der Ausdruck Prozeßtheorie durchaus gerechtfertigt erscheint.

(1)   Welches Ziel ist mir wichtig, mit welcher Wahrscheinlichkeit erreiche ich es?

Man stelle sich vor, eine Führungskraft sähe die Möglichkeit, zwei hierarchisch höhere Positionen erreichen zu können. In beiden Fällen wäre ein Ortswechsel mit dem Aufstieg verknüpft. Allerdings in einem Fall nach München, im anderen Fall nach Recklinghausen. Die Position in München hat – das mögen Gespräche gezeigt haben – für den Betroffenen eine höhere Attraktivität als die in Recklinghausen. Allein daraus zu schließen, daß sich die Person stärker um die Position in München bemühen werde, wäre kurzschlüssig. Es kommt ebenfalls darauf an, wie sie die Chancen einschätzt, die Position auch erreichen zu können. Bezeichnet man die Attraktivität als Wertigkeit oder Valenz (V) und bildet man deren subjektive Einschätzung auf einer Skala zwischen +1 und -1 ab, und mißt man die subjektive Wahrscheinlichkeit (expectancy = E) auf einer Skala zwischen Null und eins, so wird jene Alternative präferiert werden, bei der das Produkt aus V x E größer ist. Am Beispiel illustriert könnte dies heißen:

– Alternative München: V = +0.8; E = 0.2; = 0.16
– Alternative Recklinghausen: V = +0.4; E = 0.6; = 0.24

Unsere Beispielperson wird also stärker motiviert sein, sich um die Position in Recklinghausen zu bemühen, nicht weil die Position dort attraktiver ist, sondern – umgangssprachlich ausgedrückt – weil es sich lohnt, hier Kräfte zu investieren.

(2)   Was ist erstrebenswert, welcher Weg führt dorthin?

Ähnlich konzipiert, aber etwas komplexer im Grundgedanken sind die Wert x Instrumentalitäts-Ansätze. Sie gehen von dem Gedanken aus, daß es verschiedene Wege gibt, die zum Ziel bzw. zu Zielen führen.

Auch dies soll am Beispiel verdeutlicht werden: Man stelle sich einen Arbeiter vor, der sich überlegt, ob er Überstunden machen soll oder nicht. Für ihn hat die Beliebtheit durch die Kollegen eine besonders hohe Valenz (+0.8), das Geschätztwerden durch den Vorgesetzten eine mäßig hohe positive Valenz (+0.2), Mehrverdienst eine mittlere positive Valenz (+0.4), Freizeit eine hohe positive Valenz (+0.6). Er überlegt sich jetzt, welche Instrumentalität (Mittel-zum-Zweck-Bedeutung) die Übernahme der Überstunden für ihn hätte. Nach seiner Auffassung wäre die Instrumentalität für das Beliebtsein bei den Kollegen leicht negativ (0.2), für das Geschätztwerden durch den Vorgesetzten positiv (+0.5), für Mehrverdienst deutlich positiv (+0.8) und für die Freizeit eindeutig negativ (−1.0).

Verzicht auf Überstunden würde die Beliebtheit bei den Kollegen nicht berühren (0.0), das Geschätztwerden durch den Vorgesetzten allerdings reduzieren (−0.3), Mehrverdienst klar unwahrscheinlicher machen (−0.8), Freizeit aber sichern (+1.0). Die Produktsumme für die Handlungsalternative „Überstunden übernehmen" wäre entsprechend −.36, während die entsprechende Produktsumme für den Verzicht auf Überstunden bei −.22 läge, so daß sich ableiten ließe, daß der Arbeiter im Beispielsfall keine Bereitschaft zeigen würde, Überstunden zu übernehmen.

Komplexe Ansätze − sogenannte Wert x Instrumentalität x Wahrscheinlichkeits-theorien − verknüpfen die Vorstellung, daß es auf (1) das Ziel, (2) die Wahrscheinlich-keit, das Ziel zu erreichen, und (3) den Weg ankommt.

(3) Gibst Du mir, gebe ich Dir!

Kognitiv orientierte Prozeßtheorien ganz anderer Art stellen die Gleichheits-, Ge-rechtigkeits- oder Gleichgewichtsansätze dar, die ähnlich wie die zuvor besprochenen Konzepte stark von ökonomischen Überlegungen geprägt wurden. Im Hintergrund steht der Gedanke des Tauschens und die aus dem klassischen Marktmodell ableitbare Forderung, daß dabei Gleichgewicht oder gar Gerechtigkeit erreicht werden soll. Fun-damentalannahme ist, daß der Mensch danach strebt, die diversen kognitiven Inhalte innerhalb der eigenen Person im Gleichgewicht zu wissen.

ADAMS (1963) geht in seiner − am Austauschprinzip orientierten Theorie − von so-zialen Beziehungen aus, die in der Form des direkten oder indirekten Tausches auftre-ten können. Die Person (P) strebt an, daß ihre Nettobelohnungen (N) für den Einsatz (I) jenen entsprechen, die sie bei anderen Personen (A) wahrnimmt. Eine Störung des Gleichgewichts ist dann gegeben, wenn gilt:

$$\frac{N_P}{I_P} > \frac{N_A}{I_A} \quad \text{oder} \quad \frac{N_P}{I_P} < \frac{N_A}{I_A}$$

D. h. sowohl das Gefühl, zu viele Belohnungen für die Leistungen zu erhalten („Überbezahlung"), als auch das Gefühl, zuwenig zu bekommen („Unterbezahlung"), erwächst dem sozialen Vergleich und stört das kognitive Gleichgewicht. Dies hat die Aktivierung von Motivation zur Folge, die auf Wiederherstellung des Gleichgewichtes gerichtet ist. Es ist also innerhalb dieser Theorie festzuhalten, daß − akzentuierend ge-sehen − Kognitives motivationale Prozesse auslöst und nicht aktivierte Motivation zu kognitiven Prozessen führt.

Beim direkten Tausch gilt:

$$\frac{\text{Ich gebe ihm}}{\text{Ich bekomme von ihm}} = \frac{\text{Er gibt mir}}{\text{Er bekommt von mir}}$$

Dabei ist inhaltlich offen, was als Geben (z.B. Ausbildung, Erfahrung, Einsatzfreude, sozialer Status, körperliche Schönheit, Lebensalter, Kinderzahl etc.) und was als Be-kommen reflektiert wird (z.B. Geld, Sicherheit, Anerkennung, Status, Wissen, Kon-takte, Heiratschancen etc). Es kommt innerhalb der Theorie darauf an, was der Handelnde selbst als Geben und Nehmen interpretiert, d.h. es geht um die subjektiv wahrgenommenen Beiträge.

Bei indirekten Tauschbeziehungen sieht die P-A-Beziehung prinzipiell gleich aus, jedoch erhalten P und A Belohnungen von einem Dritten (z.B. dem Unternehmen), an den sie auch ihre Leistungen abgeben.

Aus der Wahrnehmung des Ungleichgewichts, das aus direkten oder indirekten Tauschbeziehungen entstehen kann, ergibt sich nun ein Gefühl der „Überbelohnung" oder „Unterbelohnung", das Motivation zum Handeln auslöst und sich u.a. auch auf die Leistung beziehen kann. So zeigten beispielsweise Untersuchungen im Rahmen von Feldexperimenten, daß bei Stücklohn „Überbezahlung" im Vergleich zur „Unterbezahlung" höhere Qualität bei geminderter Quantität zur Folge hat, während bei Zeitlohn „Überbezahlung" meist höhere Quantität, gelegentlich aber auch höhere Qualität nach sich ziehen kann.

6.2 Wertung der Prozeßtheorien

Das Bemühen der Psychologie, den Prozeß oder Weg zu analysieren, den das Individuum wählt, um ein Ziel zu erreichen, dessen emotionaler Appell es zum Handeln aufrief, ist fraglos verdienstvoll. Innerhalb modernerer Richtungen der Psychologie ist allerdings ein Bemühen unverkennbar, dies ausschließlich kognitiv zu sehen, d.h. – überspitzt ausgedrückt – den Menschen als programmierten Computer zu interpretieren, der seinen subjektiven Nutzen zu maximieren oder – bei anderer Zielgröße – ein optimiertes kognitives Gleichgewicht zu sichern sucht. Damit „erscheint dieses Menschenbild reichlich kopflastig" (BISCHOF-KÖHLER, 1985, S. 3).

7. Was ist zu tun?

Innerhalb eines Motivationsmanagements interessiert stärker die Perspektive der Nützlichkeit als die der Wahrheit. Die Motivationspsychologie als Konzept der anwendungsorientierten Forschung soll Wege aufweisen, die Hilfe beim Führungshandeln bieten, insbesondere wenn es darum geht, Geführte „zu motivieren".

Für ein derartiges Handeln lassen sich in sinnvoller Weise zeitlich aufeinanderfolgende Stufen benennen:

– Beschreibung und Erklärung des Ist-Zustandes: Diagnose;
– Festlegung des Soll- oder Zielzustandes bei Reflexion der dabei auftretenden Wertprobleme;
– Bereitstellung von Veränderungswissen, das Informationen darüber enthält, wie man wissenschaftlich begründet vom vorgefundenen Ist- zum angestrebten Sollzustand gelangt;
– Interventionshandeln im Sinne des Veränderungswissens;
– Evaluation bzw. Kontrolle der eingeleiteten Maßnahmen.

Geht es um Motivationsmanagement, so sollte der soeben beschriebene Prozeß stets berücksichtigen, daß sich Motivation aus dem Zusammenspiel einer motivierten Person mit einer motivierenden Situation ergibt (vgl. GRAUMANN, 1969), d. h. man muß sich bei der Beschreibung des Ist-Zustandes, bei der Zielfestlegung, der wissenschaftlich begründeten Intervention jeweils auf die Person und die umgebende Situation beziehen.

Dies alles wird ausführlich und detailliert bei v. ROSENSTIEL (1975, 1988) dargestellt. Hier soll daher exemplarisch eine Beschränkung auf zwei wichtige Fragen erfolgen:

— Was sollte man bedenken, wenn man ohne wissenschaftliche Diagnoseverfahren in der Praxis erfahren möchte, welche Motive ein Mitarbeiter hat, und
— was sollte man bei der Gestaltung einer motivierenden Arbeitssituation bedenken, wenn man das Ziel hat, gleichermaßen die Arbeitszufriedenheit und die Leistungsbereitschaft des Mitarbeiters zu steigern?

7.1   Wie erkennt man die Motive eines Menschen?

Schon mehrfach war zuvor auf Schwierigkeiten verwiesen worden, die entstehen, wenn man etwas über die Motive in Erfahrung bringen möchte. Damit wurden methodische Probleme angesprochen. Methodische Fragen der Analyse von Motiven sollen jetzt etwas systematischer dargestellt werden (vgl. v. ROSENSTIEL, 1980). Drei Wege, etwas über Motive zu ermitteln, sollen hier unterschieden werden:

— die Introspektion oder Innenschau
— die Fremdbeobachtung
— die Analyse der Verhaltensergebnisse.

Bei der *Introspektion* ist die Motivation als im Menschen liegende Ursache des Verhaltens dem Handelnden unmittelbar in der Selbstbeobachtung zugänglich. In dieser Innenschau erlebt er direkt, warum er ins Theater geht, warum er eine Freundin verläßt, warum er sich bei der Arbeit in letzter Zeit besonders anstrengt. Ihm selbst sind dabei die Beweggründe direkt zugänglich, jedoch nur ihm allein. Die im Menschen liegenden Beweggründe sind stets nur von diesem Menschen selbst unmittelbar beobachtbar, weshalb die Objektivität – dadurch bestimmt, daß mehrere unabhängige Beobachter zum gleichen Ergebnis kommen – der Introspektion nicht ermittelt werden kann. Introspektiv gewonnene Ergebnisse sind für andere stets nur indirekt zugänglich – etwa dadurch, daß der motiviert Handelnde die von ihm beobachteten Motive im Gespräch, in schriftlicher Form, etwa in einem Fragebogen, oder mit Hilfe anderer Zeichen und Symbole mitteilt.

Die Introspektion ist häufig der einzige Weg, um Motive zu erkennen, so daß man in Kauf nehmen muß, daß die Objektivität nicht überprüfbar ist. Der Untersuchungsgegenstand ist dem Beobachter, der selbst motiviert Handelnder ist, unmittelbar gegeben. Man könnte nun daraus folgern, daß damit der Gegenstand jeweils wenigstens von diesem einen Beobachter angemessen erfaßt sei. Hier aber sind nun Zweifel angebracht. Obwohl man im Regelfall annehmen darf, daß der einzelne die Beweggründe seines Handelns kennt, sind Fälle nicht selten, in denen er Selbsttäuschungen unterliegt. Der Grund dieser Selbsttäuschungen ist oft darin zu suchen, daß man sich über solche Motive nicht ehrlich Rechenschaft ablegt, die nicht zu dem positiv gefärbten Bild passen, das man von sich selbst hat. Hier wirken also die sogenannten Ich-Abwehrmechanismen, wie etwa Verdrängung oder Rationalisierung. Weitere Probleme der Introspektion liegen darin, daß man bei starken Motiven, etwa heftig aktivierter Wut, ganz im Erleben gefangen ist, also gar keine Innenschau betreiben kann, so daß das Motiv schließlich aus der Erinnerung erhellt werden muß.

Die Probleme der Introspektion werden natürlich noch größer, wenn ihre Ergebnisse vermittelt werden, wenn also der Beobachter sich schriftlich oder mündlich über seine Beobachtungen äußert. Es ist hier denkbar, daß er in bewußter Absicht oder fahrlässig das von ihm Beobachtete entstellt oder daß er es einfach nicht angemessen in Worte fassen kann.

Die *Fremdbeobachtung* bringt den Vorteil mit sich, daß äußeres Verhalten beobachtet wird. Mehrere Beobachter können sich also dem gleichen Gegenstand zuwenden, womit die Methode auf ihre Objektivität hin überprüfbar ist. Bei manchen menschlichen Verhaltensweisen glaubt man, die dahinterstehende Motivation unmittelbar zu sehen, während bei anderem Verhalten das bewußte Fragen nach der dahinterstehenden Motivation erforderlich ist. Fremdbeobachtung wird häufig in alltäglicher Beobachtung möglich sein, gelegentlich aber wird man das Auge „bewaffnen" müssen, wenn aus schwer festzustellenden Verhaltensweisen (oder gar physiologischen Reaktionen) auf die Motive geschlossen werden soll.

Verwendet man die Fremdbeobachtung im Dienst der Erforschung der Motive, so ist die Gefahr groß, daß man als Beobachter projiziert, also von der vermutlich eigenen Motivation in der entsprechenden Situation auf die des anderen schließt. Diese Gefahr wird vermindert, wenn mehrere unabhängige Beobachter eingesetzt werden. Aber auch diese können sich in jeweils gleicher Weise irren, was gar nicht so unwahrscheinlich ist, wenn die Beobachter der gleichen sozialen Schicht entstammen oder die gleiche Ausbildung hinter sich haben. Es ist daher ratsam, den Beobachteten wenn möglich selbst zu befragen, d. h. seine introspektiv gewonnenen Ergebnisse zur Kontrolle der Fremdbeobachtung mit heranzuziehen.

Bei der *Analyse der Verhaltensergebnisse* geht es praktisch um die Anwendung des Bibelspruches: „An ihren Früchten sollt ihr sie erkennen". Man sucht aus den Ergebnissen eines Verhaltens, das man selbst nicht beobachtet hat oder nicht mehr beobachten kann, darauf zu schließen, wie das Verhalten motiviert war. Viele psychologische Techniken der Motivationsmessung beruhen auf der Analyse von Verhaltensergebnissen. Man denke etwa an die Graphologie, die Deutung von Zeichnungen oder an viele der standardisierten Testverfahren.

Ergebnisse bei der Erforschung der Motive, die durch Introspektion, Fremdbeobachtung oder Analyse der Verhaltensergebnisse gewonnen wurden, sprechen nicht für sich selbst, sondern bedürfen der Interpretation. Dabei gilt es besonders darauf zu achten, in welcher Situation die Motivation auftrat. Introspektiv beobachtbare aggressive Tendenzen, beobachtbare Angriffe auf einen anderen oder Verwundungen beim Opfer einer Aggression sind anders zu werten, wenn man erfährt, daß der motiviert Handelnde gereizt worden war, als wenn man weiß, daß niemand ihn störte oder irritierte.

Aber auch nach möglichen methodischen Fehlern sollte man bei der Interpretation fragen. Wurden etwa die introspektiv gewonnenen Ergebnisse durch Selbsttäuschung verzerrt, deutete man bei der Fremdbeobachtung das Verhalten des anderen unkritisch nach dem eigenen Bilde, schaute man bei der Analyse der Verhaltensergebnisse selektiv auf Unwesentliches, übersah man Wichtigeres?

8. Was sollte man bei der Gestaltung der motivierenden Situation bedenken?

Ein Betrieb ist einerseits eine Leistungsorganisation, zum anderen – ob er sich nun als solche verstehen will oder nicht – eine soziale Organisation. Er sollte entsprechend zwei Ziele anstreben:

– Leistung im Sinne der Aufgabenstellung
– Zufriedenheit der Betriebsangehörigen.

Wenn hier Leistung und Zufriedenheit als gleichberechtigte Ziele genannt werden, so muß doch gesehen werden, daß die Beziehung zwischen diesen Zielen komplex ist. Der Leistung, die in unserem Wirtschaftssystem im Regelfall das Überleben einer Organisation sichert, wird man so lange ein gewisses Primat zugestehen müssen, wie die Organisation unmittelbar gezwungen ist, um ihr Überleben zu kämpfen. Leistung ist aber auch in diesem Falle nicht Selbstzweck, sondern dient menschlichen Bedürfnissen: denen der Betriebsangehörigen, deren Arbeitsplätze gesichert werden müssen, und denen der Gesellschaft, der mit der Erstellung von Produkten und Dienstleistungen durch die Organisation gedient wird.

Je gesicherter die Position eines Unternehmens ist, desto legitimer wird die Forderung, daß es sich unmittelbar bemüht, die Zufriedenheit der Betriebsangehörigen zu erhöhen, auch wenn dies weder mittelbar (etwa durch Gewinn qualifizierten Personals in der Zukunft) noch unmittelbar (etwa durch Senkung der Fehlzeiten) zu erhöter Leistung führen sollte.

An welche Gestaltungsmaßnahmen sollte man nun bei einem solchen Blickwinkel konkret denken? Wichtige Gesichtspunkte sollen – im Sinne einer knappen Checkliste – nachfolgend aufgeführt werden.

Kollegen:
Die Kollegen sind für die Arbeitszufriedenheit besonders wichtig; insbesondere das Gefühl, von diesen nicht akzeptiert zu werden, führt zur Unzufriedenheit. Das Schaffen kleiner Gruppen mit einer hohen Kohäsion (vgl. den Artikel zur Arbeitsgruppe, in diesem Band) ist daher einer der Wege zur Verbesserung der Arbeitszufriedenheit.

Vorgesetzter:
In einer großen Zahl von Studien ist nachgewiesen worden, daß das Führungsverhalten die Arbeitszufriedenheit beeinflußt, wobei je nach Situation, Größe der Gruppe, Aufgabe und Eigenart der Geführten andere Ergebnisse erzielt worden sind. Versucht man dennoch zu generalisieren, so läßt sich sagen, daß ein mitarbeiterorientiertes Führungsverhalten im Sinne von „consideration" (vgl. den Artikel: Grundlagen der Führung, Kapitel 4, in diesem Band) besonders wichtig für die Arbeitszufriedenheit ist.

Tätigkeit:
Der Arbeitsinhalt scheint – zumindest in einigen Bereichen – die wichtigste Einflußvariable für die Arbeitszufriedenheit zu sein. Insbesondere ist ein großer, aber nicht überfordernder Handlungsspielraum zu nennen, bei dem vor allem sichergestellt sein sollte, daß der Arbeitende das Gefühl gewinnt, bei der Ausübung seiner Tätigkeit solche Persönlichkeitsmerkmale aktivieren zu können, die er zu besitzen glaubt und zugleich positiv bewertet.

Arbeitsbedingungen:

Die äußeren Arbeitsbedingungen waren es vor allem, die zu Beginn einschlägiger Forschungsarbeit als Hauptursache der Arbeitszufriedenheit angesehen wurden. Unter diesem Aspekt wäre zu fordern, daß ausreichend Hilfsmittel zur Verfügung stehen, um die Arbeit zu erleichtern, daß die Maschinen adäquat zu bedienen sind, der Arbeitsraum freundlich und zweckdienlich gestaltet ist, Belästigung durch Lärm, Staub, Temperatur, falsche Beleuchtung etc. ausgeschlossen ist, und somit – von seiten dieser äußeren Bedingungen – die Belastung des einzelnen nicht zu einer Überbeanspruchung und zu negativen Streßsymptomen (vgl. den entsprechenden Artikel von REGNET, in diesem Band) führt. Insgesamt ist die Untersuchung der äußeren Arbeitsbedingungen durch die Organisationspsychologen vernachlässigt worden; hier hat sich ein Feld für andere arbeitswissenschaftliche Disziplinen eröffnet. In jüngster Zeit scheinen allerdings auch Psychologen sich dieser Fragen wieder verstärkt anzunehmen.

Organisation und Leitung:

Die Art und Weise, wie die Firma als Ganzes gesehen wird, ist nicht nur unter dem Aspekt interessant, ob das Image befriedigend oder nicht befriedigend wirkt. Auch die Art und Weise, wie die einzelnen Bereiche zusammenarbeiten, wie der Informationsfluß gestaltet ist und insgesamt die Politik in der Organisation erlebt wird, ist bedeutsam für die Arbeitszufriedenheit – allerdings wohl vor allem in negativer Hinsicht, Mängel auf diesem Gebiet bedingen Unzufriedenheit.

Entwicklung:

Das persönliche Vorwärtskommen und damit der Aufstieg sind – wie empirisch vielfach nachgewiesen wurde – Gründe erhöhter Zufriedenheit. Eine Spezifikation dieses Effekts ist schwer abzuklären, da mit dem Aufstieg meist vielfältige andere positiv erlebte Konsequenzen verbunden sind, wie etwa mehr Handlungsspielraum, bessere Bezahlung, höheres Ansehen, mehr Einfluß etc. (vgl. v. ROSENSTIEL, 1975). Ob Aufstieg als Instrument zu höherer Kompetenz tatsächlich angestrebt und nach Erreichen des Ziels befriedigend erlebt wird, hängt davon ab, ob der einzelne den so verstandenen Aufstieg attraktiv findet. Dies ist keineswegs selbstverständlich, da Aufstieg meist ein Abschiednehmen von gewohnten Tätigkeiten, Personen und Räumlichkeiten bedeutet. Wesentlich erscheint beim Aufstieg, zwischen der *Aufstiegserwartung* und dem *erreichten Aufstieg* zu unterscheiden. Sind die wahrgenommenen Aufstiegschancen hoch, so ist dies meist mit gesteigerter Zufriedenheit verbunden, kommt es dann allerdings in absehbarer Zeit nicht zum Aufstieg, ist besondere Unzufriedenheit die Folge. Bei nur gering eingeschätzten Aufstiegschancen und dann doch erreichtem Aufstieg liegen die Verhältnisse umgekehrt.

Bezahlung:

Daß die Höhe der Bezahlung in aller Regel mit der Zufriedenheit korreliert, ist oft berichtet worden, wenn dies auch nicht eindeutig interpretierbar ist Die Bezahlungshöhe korreliert vielfältig mit anderen Belohnungsformen (z.B. Ansehen, Handlungsspielraum etc.), dennoch ist gerade bei der Bezahlung und bei Gehaltserhöhungen im Sinne der besprochenen Theorie von ADAMS (1963) insbesondere darauf zu achten, daß sich die Zufriedenheit mit der Bezahlung nicht aus der absoluten Höhe, sondern aus der relativen ergibt: Der *soziale Vergleich* ist hier entscheidend.

Arbeitszeit:

Einen nicht unwesentlichen Einfluß auf die Arbeitszufriedenheit hat auch die Arbeitszeit. Insbesondere die gleitende Arbeitszeit, über die in jüngster Zeit viel diskutiert wird, erhöht in der Regel die Zufriedenheit. Dort, wo eine feste Arbeitszeit vorgegeben ist, dürfte die Zufriedenheit um so größer sein, je weniger sie mit zeitgebundenen attraktiven Freizeitmöglichkeiten (z.B. Kino, Theater, Sport etc.) konkurriert. Schließlich ist nicht zu übersehen, daß – aus sozialpsychologischen und physiologischen Gründen – Schicht- und Nachtarbeit sich negativ auf die Arbeitszufriedenheit auswirken.

Arbeitsplatzsicherheit:

Die Sicherheit des Arbeitsplatzes dürfte für die Arbeitszufriedenheit besonders bedeutsam sein, wenn sie als gefährdet wahrgenommen wird. Insgesamt kommt der Sicherheit bei einer Vielzahl von Untersuchungen eine große Bedeutung zu.

Sucht man unter anderer Perspektive aus den genannten Gründen nun jene heraus, die ganz besonders die *Leistungsbereitschaft* fördern, so kann man sich an der zuvor dargestellten Theorie von HERZBERG orientieren. Die Motivatoren sind es ja, die gleichermaßen zu Leistungsbereitschaft und zu Zufriedenheit führen.

Leistung:

Klare Ziele der Aufgabe sollten vorgegeben sein und *Rückmeldungen* über den Grad der Zielerreichung raschest erfolgen, was durch entsprechende Aufgabenkonzeption möglich erscheint und im übergeordneten organisatorischen Konzept durch ein „management by objectives" zu realisieren ist. „Management by objectives" sollte in diesem Zusammenhang nicht als Führung durch Zielvorgabe, sondern als Führung durch *Zielvereinbarung* definiert sein.

Anerkennung der eigenen Leistung:

Hier ist zu betonen, daß nicht nur Information über das Ergebnis eigenen Tuns gewährleistet wird, sondern auch *bewertende Stellungnahmen* von außen – insbesondere durch den Vorgesetzten. Damit ist auf Anerkennung und Kritik als Führungsmittel hingewiesen, die dabei zu berücksichtigenden Aspekte sind vielfach beschrieben worden (vgl. den Beitrag: Anerkennung und Kritik, in diesem Band). Im übergeordneten organisatorischen Kontext kann das Prinzip durch institutionalisierte Personalbeurteilung mit anschließenden Beurteilungsgesprächen angestrebt werden (vgl. den Beitrag von STEHLE: Beurteilung von Mitarbeitern).

Arbeit selbst:

Der Arbeitsinhalt sollte so strukturiert sein, daß der einzelne – ohne über- oder unterfordert zu werden, und zwar in qualitativer und quantitativer Hinsicht – das Gefühl gewinnt, daß die Arbeit von ihm jene Fähigkeiten fordert, die er zu besitzen glaubt und zugleich hoch bewertet. Dies kann insbesondere durch eine *Erweiterung des Handlungsspielraums* erreicht werden.

Verantwortung:

Dies wird häufig durch das Prinzip der *Delegation* angestrebt, die so gestaltet ist, daß die Rechte und Verantwortungen des einzelnen dem Umfang der Aufgaben entsprechen.

Aufstieg:

Hierunter ist in erster Linie die Möglichkeit des Erreichens von Positionen zu verstehen, die einen weiteren Arbeitsinhalt sowie mehr Verantwortung mit sich bringen, und nicht allein das Erreichen höherer finanzieller Bezüge, eindrucksvollerer Statussymbole etc. im Sinne des Pseudo-Aufstiegs.

Möglichkeiten zum Wachstum:

Hier ist wiederum in erster Linie an einen größeren Handlungsspielraum zu denken, der jedem Arbeitenden die Chance läßt, sein Arbeitsgebiet als *„Lernfeld"* zu interpretieren, dort neue Erfahrungen zu sammeln und seinen Horizont zu erweitern. Ergänzend ist aber auch an innerbetriebliche und außerbetriebliche Fort- und Weiterbildung zu denken, die den (künftigen) Anforderungen und gleichermaßen persönlichen Interessen entspricht.

Konzentrieren wir die Aussagen noch weiter, so lassen sich die wichtigsten Aspekte einer guten und motivierenden Arbeitssituation so zusammenfassen, wie es Abbildung 4 zeigt.

---

1. Autonomie (Selbst- und Mitbestimmung, Entscheidungsfreiheit)

2. Komplexität und Lernchancen (Qualifizierungsangebote)

3. Variabilität und Aktivität (Reichhaltigkeit der Tätigkeit)

4. Kooperationserfordernisse und soziale Unterstützung

5. Kommunikationsmöglichkeiten (informelle Beziehungen)

6. „Ganzheitlichkeit" und „Sinnhaftigkeit" (Transparenz)

Abb. 4: Dimensionen der Qualität der Arbeit

Literatur

ADAMS, J. S. (1963). Toward an understanding of inequity. In: Journal of Abnormal and Social Psychology, 68, 1963, S. 422–436.
BISCHOF, N. (1985). Das Rätsel Ödipus. München/Zürich 1985.
BISCHOF-KÖHLER, D. (1985). Zur Phylogenese menschlicher Motivation. In L. ECKENSBERGER & E. LANTERMANN (Hrsg.), Emotion und Reflexivität. München 1985.
FREUD, S. (1920). Jenseits des Lustprinzips. Gesammelte Werke, Band 13. Frankfurt 1920.
FREUD, S. (1939). Das Unbehagen in der Kultur. Gesammelte Werke, Band 14. Frankfurt 1939.
GRAUMANN, C. F. (1969). Einführung in die Psychologie, Band 1: Motivation. Bern/Stuttgart 1969.
HECKHAUSEN, H. (1963). Hoffnung und Furcht in der Leistungsmotivation. Meisenheim/Gl. 1963.
HERZBERG, F. (1966). Work and the nature of man. Cleveland, N. Y. 1966.
HERZBERG, F., MAUSNER, B. & SNYDERMAN, B. (1959). The motivation to work. N.Y./London 1959.
LERSCH, PH. (1956). Aufbau der Person. München 1956.
MASLOW, A. H. (1954). Motivation and Personality. N. Y. 1954.
ROSENSTIEL, L. v. (1975). Die motivationalen Grundlagen des Verhaltens in Organisationen – Leistung und Zufriedenheit. Berlin 1975.
ROSENSTIEL, L. v. (1980). Motivation im Betrieb. Goch 1980.

Rosenstiel, L. v. (1988). Motivationsmanagement. In M. Hofmann & L. v. Rosenstiel (Hrsg.), Funktionale Managementlehre. Berlin 1988.

Thomae, H. (Hrsg.). (1965). Handbuch der Psychologie in 12 Bänden. Band 2: Allgemeine Psychologie II, Motivation. Göttingen 1965.

Zur Konkretisierung und weiteren Vertiefung wird empfohlen, im Fallstudienband die Fälle zu „Motivation von Mitarbeitern" zu bearbeiten.

Lutz v. Rosenstiel

Arbeitszufriedenheit

1.   Das Kriterium: Zufriedenheit als ein Maßstab humaner Arbeit

Wenn man Arbeit in Organisationen innerhalb einer Marktwirtschaft bewertet, dann wird man stets auf das Kriterium der Leistung stoßen. Menschliche Arbeitsleistung hängt zum einen von Merkmalen der Person – der Leistungsbereitschaft (Motivation) und der Leistungsfähigkeit (Kompetenz) ab, aber auch von situativen Größen, wie dem sozialen Dürfen (Normen und Regeln) und der situativen Ermöglichung (Merkmalen der Arbeitsumgebung) (vgl. Abbildung 2, S. 72).

Die Leistung kann und sollte dabei nicht als Selbstzweck gesehen werden. In der Marktwirtschaft ist die vom Unternehmen bereitgestellte Leistung ein Beitrag zur Bedürfnisbefriedigung derer, die die Produkte, Dienstleistungen oder Ideen des Unternehmens benötigen. Leistung ist so betrachtet Bedürfnisbefriedigung durch die Organisation.

Wie aber steht es um die Bedürfnisbefriedigung in der Organisation, die Befriedigung der Bedürfnisse jener Menschen, die die Leistung erstellen? Hier wird allgemein akzeptiert, daß auch dies – die Arbeitszufriedenheit – ein wesentliches Kriterium humaner Arbeit sei. Innerhalb der Organisation sollte also beides geleistet werden: Bedürfnisbefriedigung durch und Bedürfnisbefriedigung in der Organisation, also gleichermaßen Leistung und Zufriedenheit (v. ROSENSTIEL, 1975). Es steht außer Frage, daß es noch andere wesentliche Kriterien humaner Arbeit gibt (VOLPERT, 1990). Doch soll hier der Fokus der Aufmerksamkeit auf die Arbeitszufriedenheit gelenkt werden.

Heftig diskutiert ist die Frage, wie die Arbeitszufriedenheit mit der Leistung verbunden ist, und zwar bewegt sich diese Diskussion sowohl um die Frage der Korrelation als auch um die der Kausalität. Im allgemeinen wird eine Beziehung angenommen, die über die Motivation, die Leistungsbereitschaft, zu denken ist. Die vorwissenschaftlichen Hypothesen gehen hier in ganz unterschiedliche Richtungen. Mit der Aussage „glückliche Kühe geben mehr Milch" wird zum einen eine positive Korrelation der beiden Kriterien angenommen, zugleich wird in der Zufriedenheit eine Ursache höherer Leistung vermutet. Bei der gelegentlich zu hörenden Aussage „wer zufrieden ist, wird satt und faul und tut nichts mehr" wird das Entgegengesetzte angenommen. Die empirische Forschung ist dieser Frage vielfach nachgegangen. Sie konnte für den Regelfall eine zwar positive aber nur geringe Korrelation zwischen den beiden Größen ermitteln (r=0.15). Die Streuung der Korrelationskoeffizienten allerdings ist groß, was bedeutet, daß es sowohl hohe positive Beziehungen als auch deutlich negative gibt. Stellt man dies als Vierfeldertafel dar, wie sie Abbildung 1 wiedergibt, so läßt sich sagen, daß alle vier Felder ähnlich häufig besetzt sind, wobei es das Ziel einer kompetenten Führung sein sollte, möglichst jene Bedingungen zu realisieren, die zum Feld eins führen (vgl. den Beitrag „Motivation von Mitarbeitern", in diesem Band).

2.   Der Begriff: Arbeitszufriedenheit als Einstellung zu verschiedenen Facetten von Arbeit

Hört man im Alltag das Wort Zufriedenheit, so denkt man meist an die Befriedigung eines Bedürfnisses. Da mag zunächst Hunger sein; nach dessen Sättigung ist man befriedigt bzw. zufrieden. Ein ständiges Schwanken zwischen unerfüllten und erfüllten

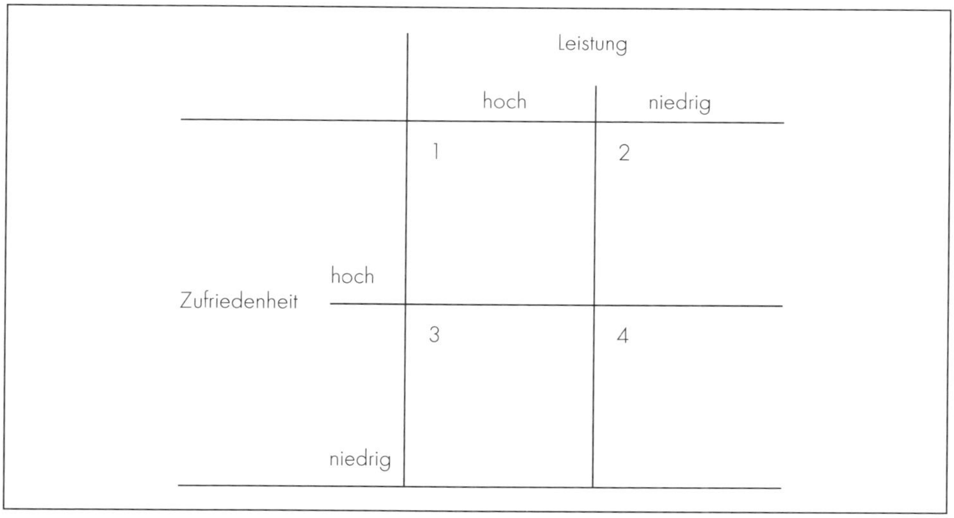

Abb. 1: Zusammenhang von Leistung und Zufriedenheit

Bedürfnissen, zwischen Unzufriedenheit und Zufriedenheit, ließe sich daraus ablei-ten. Arbeitszufriedenheit dagegen wird meist anders verstanden, nicht als eine stets schwankende, sondern als eine recht stabile Variable. Es handelt sich dabei um eine für die Person kennzeichnende Einstellung der Arbeitssituation gegenüber, um eine aus der Erfahrung kommende Wertung. Zwar hat auch diese mit den Bedürfnissen, der Motivation zu tun, aber in einer eher indirekten Weise. Positive Einstellungen beste-hen jenen Dingen gegenüber, von denen man erfahrungsbedingt annimmt, daß sie in einem förderlichen Sinn im Dienste der Bedürfnisbefriedigung stehen. Wer z.B. zu der Auffassung gelangt, daß der Vorgesetzte ihn in vielerlei Weise unterstützt, fördert, auf seine Bedürfnisse eingeht, der wird eine langfristig positive und stabile Einstellung diesem gegenüber entwickeln; er ist mit seinem Vorgesetzten zufrieden. Wer dagegen annimmt, daß bürokratische Regeln und Verwaltungsvorschriften seine Initiative bremsen und hemmen, wird eine negative Einstellung zur Unternehmensorganisation und Verwaltung entwickeln, also damit – im hier verstandenen Sinne – unzufrieden sein.

Die Beispiele zeigten bereits, daß die Arbeitssituation durch vielerlei Facetten ge-kennzeichnet ist, wie z.B. den Arbeitsinhalt, die Arbeitsumgebung, den Vorgesetzten, die Kollegen etc., so daß es angemessen erscheint, Arbeitszufriedenheit als Einstellung zu verschiedenen Facetten der Arbeitssituation zu definieren (Neuberger & Aller-beck, 1978)

3. Die Komplexität: Arbeitszufriedenheit als vielschichtiges Konzept

Umgangssprachlich wird recht unreflektiert über Zufriedenheit, aber auch über Ar-beitszufriedenheit gesprochen. Bei einer näheren Analyse sollte man nicht vergessen, daß das Erleben von Zufriedenheit recht unterschiedlich zustande kommen kann und daß es sich auf verschiedene Inhalte bezieht. Das soll nachfolgend knapp gezeigt werden.

3.1 Verschiedene Qualitäten von Arbeitszufriedenheit

Ein kleines Beispiel vorweg: Stellt man die einfache Frage: „Sind Sie im großen und ganzen mit Ihrer Arbeit zufrieden?" innerhalb einer anonym vorgenommenen Mitarbeiterbefragung, so äußern sich meistens circa 80% der Belegschaft als zufrieden, ganz gleich, ob die Arbeitssituation aus der Sicht von Experten positiv oder negativ zu werten ist. Dieses zunächst verwirrende Ergebnis findet eine Erklärung, wenn man sich überlegt, auf welch unterschiedliche Weise Arbeitszufriedenheit zustandekommen kann. BRUGGEMANN, GROSKURTH & ULICH (1975) haben besonders differenziert darauf hingewiesen, wie Abbildung 2 zeigt.

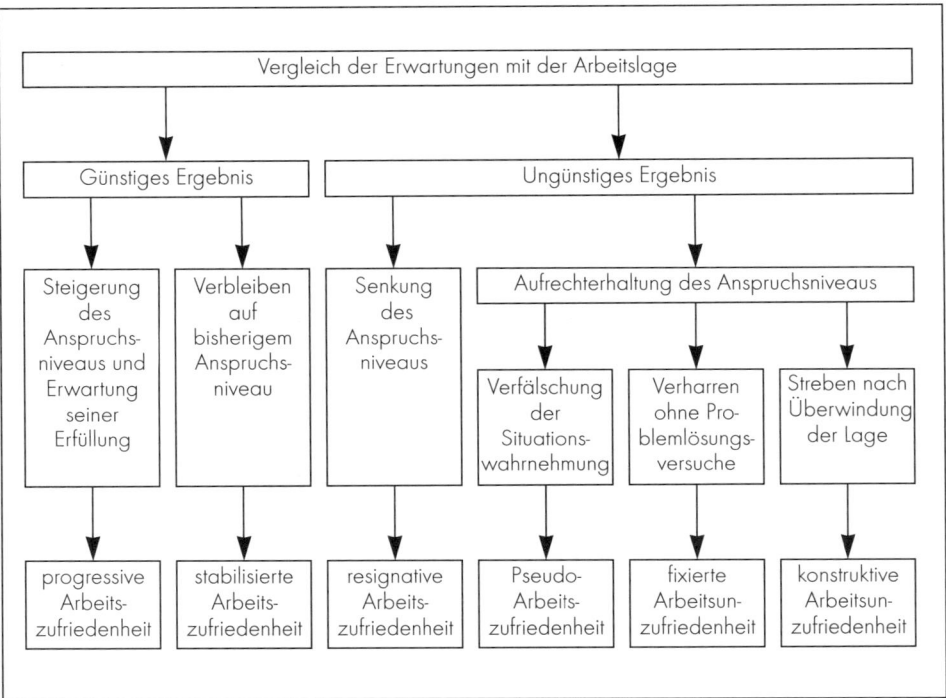

Abb. 2: Formen der Arbeitszufriedenheit und -unzufriedenheit nach
AGNES BRUGGEMANN

Es wird gut sichtbar, daß das Konzept des Anspruchsniveaus hier zentral ist. Man kann mit durchaus unbefriedigenden Arbeitsverhältnissen zufrieden sein, wenn man seine Ansprüche senkt. Typisch wäre dafür die Aussage: „Im großen und ganzen bin ich zufrieden, es könnte ja noch viel schlimmer sein". Die Differenzierung der verschiedenen Formen von Arbeitszufriedenheit zeigt aber auch, daß je nach biographischer Si-

196

tuation und nach Persönlichkeitsmerkmalen bei aufrechterhaltenen hohen Ansprüchen der eine in seiner Unzufriedenheit beharrt und keine Versuche unternimmt die Zustände zu verbessern (fixierte Arbeitsunzufriedenheit), während ein anderer sich darum bemüht, die Situation positiv zu gestalten (konstruktive Arbeitsunzufriedenheit), was jeweils zur Beziehung zwischen Arbeitsleistung und Arbeitszufriedenheit andere Annahmen rechtfertigt. Bei der Analyse von Arbeitszufriedenheit in der Praxis geht es also auch darum zu ermitteln, um welche Form von Arbeitszufriedenheit es sich handelt.

3.2   Arbeitszufriedenheit oder Arbeitszufriedenheiten?

Unabhängig davon, wie die jeweils ermittelte Arbeitszufriedenheit bzw. Arbeitsunzufriedenheit als Prozeß zustandekommt, stellt sich die Frage, auf welchen Inhalt sie sich bezieht. Dies ist leicht erläutert: Es ist ja sehr wohl denkbar, daß jemand mit seinem Vorgesetzten zufrieden, seinem Gehalt dagegen unzufrieden, dem Arbeitsinhalt sehr zufrieden, den Entwicklungschancen aber unzufrieden ist, usw. In diesem Sinne differenzieren auch NEUBERGER und ALLERBECK (1978) in Zufriedenheit mit

- Kollegen
- Vorgesetzten
- beruflicher Weiterbildung
- Bezahlung
- Arbeitszeit
- Arbeitsplatzsicherheit
- Tätigkeit
- äußeren Arbeitsbedingungen
- Organisation und Leitung

wobei weitere Gesichtspunkte wie z.B. Interessenvertretung, Bild des Unternehmens in der Öffentlichkeit etc. denkbar wären.

Es ist für differenzierte Arbeitszufriedenheitsanalysen empfehlenswert, derartige unterschiedliche Facetten getrennt zu erkunden, doch sollte man sich dabei des Problems bewußt sein, daß derzeit bestehende Meßverfahren zwischen den verschiedenen Facetten nicht so stark differenzieren, wie man es spontan annehmen könnte. Anders ausgedrückt: Zwischen diesen verschiedenen Arbeitszufriedenheiten bestehen in der Regel relativ hohe positive Korrelationen (circa um r=0.50). Meist wird ja Arbeitszufriedenheit mit Hilfe standardisierter Fragebögen erfaßt. Der Grund dafür, daß sich bei derartigen Analysen häufig die genannten positiven Korrelationen zwischen den verschiedenen Arbeitszufriedenheiten ergeben, kann unterschiedlich sein, wobei die verschiedenen Aspekte sich zum Teil ergänzen:

- Personen reagieren aufgrund bestimmter Persönlichkeitsmerkmale spezifisch auf unterschiedliche Situationen. Beispielsweise bewerten Personen mit hohem Anspruchsniveau die Arbeitsbedingungen und Inhalte eher kritisch und somit negativer, Personen mit geringerem Anspruchsniveau dagegen eher positiv.
- Personen unterscheiden sich hinsichtlich ihrer Beantwortungstendenzen. Einige neigen zu eher positiven, ihnen wünschenswert erscheinenden Antworten, andere neigen eher zu kritischen Aussagen.

- Die verschiedenen objektiven Arbeitsbedingungen hängen tatsächlich stark von einander ab, z.B. in dem Sinne, daß ein „guter" Vorgesetzter sich auch für die Förderung und auch für die gute Bezahlung seiner Mitarbeiter stärker einsetzt.
- Die verschiedenen Bedingungen der Arbeit hängen wahrnehmungsmäßig von einander ab, z.B. in dem Sinne, daß derjenige, der mit seinen Kollegen zufrieden ist, auch den Chef, den Arbeitsinhalt und die Bezahlung in einem günstigen Lichte sieht.

Vor diesem Hintergrund ist es zwar einerseits gerechtfertigt von einer Gesamtarbeitszufriedenheit zu sprechen; dennoch ist es anzuraten, die verschiedenen inhaltlichen Unterformen der Arbeitszufriedenheit getrennt zu analysieren, wenn man dort Verbesserungen vornehmen will, wo sie spezifisch erforderlich sind.

4. Die Bedingungen: Arbeitszufriedenheit als abhängige Variable

Arbeitszufriedenheit als Einstellung setzt Bewertungen der wahrgenommenen Umwelt voraus. Wahrnehmung und Bewertung von Umwelt aber sind stets doppelt determiniert: Sie hängen von Merkmalen der wahrnehmenden Person aber auch von den Besonderheiten der wahrgenommenen Situation ab. In diesem Sinne ist es zum einen plausibel, daß ein Mensch mit einem sehr hohen Anspruchsniveau und sehr ausgeprägten Erwartungen an sein Umfeld sich eher unzufrieden äußert, während ein anderer, dessen Ansprüche deutlich abgesenkt sind, sich auch mit ungünstigen Umgebungsbedingungen zufrieden gibt. Auf der anderen Seite ist es offensichtlich, daß auch die Qualität der Bedingungen in einem objektiven Sinn die Wahrnehmung und Bewertung prägt.

Man könnte nun die naheliegende Vermutung haben, daß sich die Anspruchshaltungen und Erwartungen von befragten Personen normal verteilen, „Fehler" sich ausgleichen, so daß Durchschnittswerte auf die realen Arbeitsbedingungen hinweisen. Diese Annahme kann nicht gestützt werden, da unter bestimmten Bedingungen viele Menschen gleichzeitig ihre Ansprüche absenken (z.B. in Phasen hoher Arbeitslosigkeit) während sie sie in anderen Situationen gemeinsam steigern. In diesem Sinne bedarf es stets der differenzierten Interpretation und der qualitativ oientierten Nachanalyse, um festzustellen, ob die jeweils aufgefundenen Werte stärker von den Merkmalen, z.B. den Ansprüchen der befragten Arbeitnehmer, oder stärker von deren Arbeitssituation bestimmt sind. Welche Merkmale der Arbeitssituation nun im einzelnen Einfluß auf die Arbeitszufriedenheit haben, hängt davon ab, wie eng oder weit man das Konzept definiert. Enge Auffassungen von Arbeitszufriedenheit beschränken sich ausschließlich auf den Arbeitsinhalt und die Arbeitsumgebung, d.h. auf den Arbeitsplatz im engeren Sinne. Weitere Konzepte schließen auch die sozialen Beziehungen bei der Arbeit, z.B. Beziehungen zu Vorgesetzten, Gleichgestellten und Unterstellten sowie Information und Mitsprache, Unternehmensorganisation, Förderung und Weiterbildung, Bezahlung, Arbeitszeit, Arbeitsplatzsicherheit, Image des Gesamtunternehmens und vieles andere mehr mit ein. All diese Punkte können die Arbeitszufriedenheit nachhaltig beeinflussen, wobei es auf die jeweiligen Umstände ankommt, welche dieser Variabeln einen zentralen Einfluß gewinnt. In diesem Sinne ist es naheliegend, daß z.B. in einer Zeit erhöhter Arbeitsplatzunsicherheit die Arbeitszufriedenheit in starkem Maße von der Sicherheit des Arbeitsplatzes bestimmt wird.

5. Die Folgen: Arbeitszufriedenheit als unabhängige Variable

Arbeitszufriedenheit ist ein Wert an sich. So betrachtet ist es lohnend, jene Bedingungen zu analysieren, die sie absenken oder stören, damit man gezielt eingreifen und die Arbeitszufriedenheit erhöhen und erneut stabilisieren kann. Man kann aber auch in der Arbeitszufriedenheit ein Mittel zum Zweck sehen und sie mit der Absicht zu steigern suchen, daß andere wünschenswert erscheinende Wirkungen eintreten. Tatsächlich hat die Forschung gezeigt, daß Arbeitszufriedenheit generell oder aber doch unter ganz spezifischen Bedingungen günstige Konsequenzen nach sich zieht. Auf einige wichtige dieser Folgen (SIX & KLEINBECK, 1989) sei mit Hinweis auf exemplarische Differenzierungen hingewiesen:

— *Je höher die Arbeitszufriedenheit, desto geringer die Fehlzeiten:* Tatsächlich ist eine nennenswerte Korrelation zwischen Arbeitszufriedenheit und Fehlzeitenrate im negativen Sinne immer wieder nachgewiesen worden. Allerdings sollte man auch hier differenzieren. Das sei an einem Beispiel gezeigt: Der unzufriedene Arbeiter in der Produktion kann sich einer unbefriedigenden Arbeitssituationen nur dadurch entziehen, daß er nicht zur Arbeit kommt. Entsprechend sind hier auch häufig deutliche negative Korrelationen gefunden worden. Die unzufriedene Führungskraft kann bei körperlicher Anwesenheit bei der Arbeit gedanklich abschweifen, Zeitung lesen oder sich in anderer Form psychisch vom Arbeitsplatz entfernen. Entsprechend sind hier die Korrelationen zwischen der Arbeitszufriedenheit und der Fehlzeitenrate weniger stark ausgeprägt.
— *Je höher die Arbeitszufriedenheit, desto geringer die Fluktuation:* Es ist naheliegend und bedarf keiner weiteren Begründung, daß der mit seiner Arbeit Unzufriedene eher an Kündigung denkt und entsprechend auch leichter geneigt ist, die Organisation zu verlassen. Differenzieren muß man auch hier: Wer Beamter ist, dürfte auch nur in Ausnahmefällen bereit sein, trotz erheblicher Unzufriedenheit seine Lebenszeitstellung aufzugeben; wenn die Arbeitsmarktlage die Chancen auf einen anderen Arbeitsplatz drastisch reduziert, wird man eher geneigt sein, trotz bestehender Unzufriedenheit auf seinem bisherigen Arbeitsplatz zu verbleiben.
— *Je höher die Arbeitszufriedenheit, desto geringer die Unfallhäufigkeit:* Gerade bei der hier angesprochenen Beziehung stellt sich besonders vehement die Frage nach Ursache und Wirkung. Wie ist die genannte, ohnehin recht niedrige Korrelation zu erklären? Ist der Unzufriedene mit seinen Gedanken so abgelenkt, daß ihm eher ein Unfall unterläuft? Oder geht es sogar soweit, daß er – wie es eine psychoanalytische Deutung naheliegen könnte – die Flucht in den Unfall, die Krankheit sucht? Oder ist es nicht mit höherer Wahrscheinlichkeit so, daß eine Situation, die als unfallträchtig wahrgenommen wird, die Unzufriedenheit steigert? Die Wissenschaft kann bislang darauf keine eindeutigen Antworten geben. Diese sind wohl auch nicht möglich, weil je nach den Umständen das eine oder das andere gelten kann.
— *Je höher die Arbeitszufriedenheit, desto höher die Leistung:* Es wurde bereits angesprochen, daß diese Beziehung nur durch Nachweis von schwachen Korrelationen belegt ist. Dennoch gibt es Fälle oder Rahmenbedingungen unter denen der Effekt deutlich ausgeprägt ist. Diese gilt es herbeizuführen, und entsprechend kann man zeigen, daß z. B. Arbeitszufriedenheit und Arbeitsleistung merklich steigen, wenn für den Arbeitnehmer klare Ziele bestehen und er Rückmeldung darüber erhält, ob er die

Ziele erreicht hat oder nicht. Positive Beziehungen sind aber auch dann anzunehmen, wenn der Arbeitsinhalt der Eignung und Neigung des Arbeitenden entspricht oder wenn er – auch im sozialen Vergleich – in Abhängigkeit von der erbrachten Leistung fair und angemessen entlohnt wird etc.

Fassen wir also zusammen, eine hohe Arbeitszufriedenheit im Unternehmen ist allein aus ethischen Gründen durchaus erstrebenswert und ein Ziel eigenen Rechtes. Darüber hinaus kann aber gesteigerte Arbeitszufriedenheit auch andere günstige Folgen haben, wie Senkung von Fehlzeiten, Fluktuation und Unfallhäufigkeit sowie Steigerung der Leistungsbereitschaft. Daß Arbeitszufriedenheit auch im gesamtgesellschaftlichen Zusammenhang positiv zu bewerten ist, weil sie eher bereit macht, sich mit dem bestehenden Unternehmens- und Wirtschaftssystem zu identifizieren und damit deren Strukturen zu stabilisieren, ist eine weitere bedenkenswerte Perspektive.

6. Die Messung: Wege zur Erfassung von Arbeitszufriedenheit

Grundsätzlich läßt sich wohl alles, was Menschen in bezug auf ihre Arbeitssituation sagen, tun oder geschaffen haben, sowie ihre physiologischen Reaktionen bei der Arbeit als Zeichen der Zufriedenheit interpretieren. Konkret bedeutet dies, daß sowohl Aussagen (z. B. im Rahmen von Interviews oder schriftlichen Befragungen), Verhaltensweisen (z. B. Fehlzeiten) oder Objektivationen (z. B. Qualität der Arbeit) oder physiologische Reaktionen (z. B. Hautfeuchtigkeit bei der Arbeit) als Maße für die Arbeitszufriedenheit herangezogen werden können. In der Praxis spielen von all diesen Möglichkeiten eigentlich nur anonyme schriftliche Befragungen mit geschlossenen Fragen eine erhebliche Rolle. Die Gründe dafür sind einleuchtend: Im Rahmen schriftlicher Befragungen ist es relativ leicht, die Anonymität des Antwortenden zu wahren. Diese aber ist angesichts der Abhängigkeitsverhältnisse im Betrieb eine zentrale Voraussetzung dafür, wahrheitsgemäße Antworten zu bekommen. Durch die Standardisierung des Verfahrens ist der Vergleich – z. B. zwischen verschiedenen Werken oder Abteilungen – möglich. Durch die Verwendung geschlossener Fragen wird es in ökonomischer Weise bewältigbar, die Vielzahl der anfallenden Daten auszuwerten, was in der Regel mit Hilfe von EDV geschieht. Gelegentlich können persönliche Interviews durch Personen, denen gegenüber Vertrauen besteht, ein qualitativ reichhaltigeres Material liefern und auf diese Weise auch auf Gründe bestehender Unzufriedenheit detailliert hinweisen. Doch werden solche Vorgehensweisen wegen der Aufgabe von Anonymität und des großen damit verbundenen Aufwandes die Ausnahme bleiben, allerdings gelegentlich in Ergänzung und als Vertiefung bzw. Interpretationshilfe einer schriftlichen Umfrage herangezogen werden.

Es kann unter bestimmten Umständen ratsam sein, für eine umfangreiche Arbeitszufriedenheitsanalyse in einem Unternehmen ein spezifisches Erhebungsinstrument zu entwickeln, das dann allerdings nicht „handgestrickt" sein sollte, sondern nach den Regeln der empirischen Sozialforschung professionell erarbeitet werden muß (NEUBERGER, 1974). Häufig ist es empfehlenswert, eines der auf den Markt befindlichen standardisierten Befragungsinstrumente zu verwenden, da es dann auch möglich ist, die im eigenen Unternehmen gewonnenen Daten mit jenen anderer zu vergleichen.

Das wohl wichtigste im deutschsprachigen Raum verbreitete Verfahren ist der Arbeitsbeschreibungsbogen (ABB), der von NEUBERGER und ALLERBECK (1978) entwickelt wurde und der nicht nur in deutscher Sprache, sondern auch in den Sprachen der meisten in Deutschland vertretenen ausländischen Arbeitnehmergruppen vorliegt. Innerhalb dieses Verfahrens wird die genannte Definition der Arbeitszufriedenheit als Einstellung zu verschiedenen Facetten der Arbeitssituation in optimaler Weise realisiert. Sehr einfach gehaltene Fragen, die auf vierpunktigen Skalen beantwortet werden, beziehen sich auf die inhaltlichen Bereiche Kollegen, Vorgesetzter, Tätigkeit, äußere Bedingungen, Organisation und Leitung, berufliche Weiterbildung, Bezahlung, Arbeitszeit, Arbeitsplatzsicherheit, Arbeit insgesamt, Leben insgesamt. Man erhält also innerhalb der Befragungen ein relativ differenziertes Profil der Arbeitszufriedenheit. Das Vorliegen von Normwerten ermöglicht den Vergleich mit anderen Unternehmen.

Nicht soweit reicht der Anspruch der Skala zur Messung von Arbeitszufriedenheit (SAZ), die von FISCHER (1991) entwickelt wurde. In einer Langform des Verfahrens beziehen sich 36 Fragen fast ausschließlich auf die Arbeitstätigkeit selbst. Diese läßt sich ähnlich gut mit einer Kurzform des Verfahrens, die acht Fragen enthält, erfassen, so daß sich die SAZ vor allem dann empfiehlt, wenn man knapp – und hier ist die Kurzform zu empfehlen – Zufriedenheit mit der Arbeitstätigkeit selbst innerhalb einer umfangreichen Mitarbeiterbefragung erheben möchte (vgl. den entsprechenden Beitrag von DOMSCH & SCHNEBLE, in diesem Band).

Ein von BRUGGEMANN (1976) vorgestelltes Verfahren zur Messung der zuvor beschriebenen unterschiedlichen qualitativen Formen von Arbeitszufriedenheit erscheint beim derzeitigen Stand für breit angelegte Betriebsuntersuchungen nicht geeignet, da die Fragen in ihrer komplexen Formulierung sprachungeschulte Mitglieder der Belegschaft häufig überfordern. Es ist aus diesen Gründen – obwohl von der Aussagekraft von hohem Interesse – nur bei ausgewählten höher qualifizierten Mitarbeitergruppen einsetzbar.

7. Die Praxis: Ermittlung und Verbesserung von Arbeitszufriedenheit

Plant man in der Praxis – im Gesamtunternehmen, in einem Zweigwerk, in einer Abteilung oder bei einer bestimmten Gruppe von Betriebsangehörigen (z. B. Sekretärinnen) – die Erfassung des Betriebsklimas, so wird in aller Regel an eine schriftliche Umfrage zu denken sein, bei der die Anonymität der antwortenden Personen gewahrt bleiben muß (vgl. den Beitrag von BÖGEL: Organisationsklima und Unternehmenskultur, in diesem Band). Wichtiger allerdings als die Frage, ob man hier auf eines der bewährten standardisierten Meßverfahren zurückgreift oder für betriebsspezifische Zwecke ein eigenes entwickelt, sind die Klärung der Untersuchungsziele, die Strategie der Vorinformation der Belegschaft, die Entwicklung von festen Regeln der Untersuchungsdurchführung, bei der – das sei noch einmal betont – Anonymität gesichert sein muß, die Bereitschaft, im Unternehmen aus den Untersuchungsergebnissen Konsequenzen abzuleiten, und schließlich die Implementierungsstrategie für die Umsetzung der ableitbaren Verbesserungsvorschläge. Darauf soll im folgenden etwas näher eingegangen werden (v. ROSENSTIEL & BÖGEL, 1992).

Anlässe für Arbeitszufriedenheitsuntersuchungen sind höchst unterschiedlich; sie können z.B. im Bewußtwerden der deutlich ansteigenden Fehlzeitenrate liegen, in der Annahme, daß eine Reorganisation keine Akzeptanz hat, im personellen Wechsel der Geschäftsleitung, in einer Unternehmensfusion oder aber – das sind allerdings seltenere Fälle – in der routinemäßig alle ein, zwei oder drei Jahre durchgeführten Ermittlung der Arbeitszufriedenheit im Sinne einer kontinuierlich fortgeschriebenen Sozialbilanz. Vielfache weitere Anlässe sind vorstellbar.

In eine konkrete Untersuchung sollten von Anfang an Mitglieder des Vorstands oder der Geschäftsleitung, aber auch des Betriebsrats eingeschaltet sein. Wenn hier Einigkeit darüber besteht, eine derartige Untersuchung durchführen zu lassen und Konsequenzen konkreterer Art in der Folge aus den Untersuchungsergebnissen abzuleiten, empfiehlt sich nach der Entscheidung die Installation einer für den Verlauf verantwortlichen Projektgruppe. Dieser sollten im Regelfall angehören:

– Ein Mitglied der Unternehmensführung (möglichst aus dem Personalbereich),
– ein Mitglied des Personal- bzw. Betriebsrats,
– ein interner oder externer Sozialwissenschaftler mit besonderer Kompetenz auf dem Gebiet der Mitarbeiterbefragung,
– ein Spezialist für Datenverarbeitung (falls der Sozialwissenschaftler entsprechende Fertigkeiten nicht hat),
– ein oder zwei Führungskräfte aus jenen Bereichen, die untersucht werden sollen.

Innerhalb der Projektgruppe gilt es dann, Fragen wie die nachfolgenden zu beantworten (v. ROSENSTIEL, 1986):

Wer ist für die Information der Mitarbeiter, die befragt werden sollen, zuständig? Wie sollen die Mitarbeiter informiert werden? Mit welchen Zielsetzungen werden sie zur Teilnahme motiviert? Wie erfolgt konkret die Ausgabe der Bögen? Soll ein standardisiertes Verfahren unverändert übernommen werden, soll es um spezifische Fragen bereichert werden oder soll ein unternehmensspezifisches Verfahren neu entwickelt werden? Sollen von den Mitarbeitern die Fragebögen im Betrieb oder zu Hause ausgefüllt werden? Soll die Rückgabe in vorfrankierten Rückumschlägen erfolgen oder mit Hilfe von im Betrieb aufgestellten Urnen oder auf eine andere Weise? Wie soll die EDV-Auswertung vorgenommen werden – im Unternehmen oder durch ein außenstehendes Institut? Wie weit sollen die Ergebnisse „heruntergebrochen" werden, auf Bereichsebene, Abteilungsebene, Gruppenebene und wo liegt dabei die Untergrenze? Bis zu welchem Zeitpunkt sollen die Ergebnisse vorgelegt werden? Wem? Nur der Unternehmensleitung? Doch wohl auch dem Betriebsrat und besser noch allen Mitarbeitern, die an der Befragung teilgenommen haben! Aber auf welche Weise? In einer Betriebsversammlung? Oder dezentral und detailliert innerhalb der einzelnen Abteilungen? In der Werks- oder Betriebszeitung?

Nach der internen Diskussion und Beantwortung all dieser Fragen gilt es im Vorfeld die Mitarbeiter für die Untersuchung zu gewinnen und angemessen zu informieren. Zu den Inhalten dieser Vorinformation gehört es, daß konkret hingewiesen wird auf

– den Grund der Untersuchung,
– das Ziel der Untersuchung,
– die Umgrenzung der zu befragenden Zielgruppe im Unternehmen,
– die Wege zur Sicherung der Anonymität,
– die Bitte um eine unabhängige Beantwortung der Bögen,

- die Nennung einer Kontaktperson, bei der man unter vier Augen Hilfe und Zusatzinformationen erhalten kann.
- die zeitliche Regelung, die beinhaltet, bis wann die Bögen wie abgegeben werden sollen.

Sind alle Fragebögen eingesammelt und ausgewertet worden, so ist es ratsam, zunächst – in einer getrennten oder einer gemeinsamen Veranstaltung – Geschäftsleitung und Betriebsrat über die Ergebnisse insgesamt zu informieren, wobei man im Regelfall Detailergebnisse aus einzelnen Werken oder Abteilungen nicht offen legt, sondern nur auf deutliche Differenzen zwischen verschiedenen Abteilungen oder Werken – falls diese bestehen – hinweist. Innerhalb dieser Abteilungen oder Werke sollen dann die entsprechend „heruntergebrochenen" Ergebnisse durch kompetente Moderatoren den Vorgesetzten und Mitarbeitern präsentiert werden, woran sich eine inhaltliche Diskussion über die Gründe und Ursachen besonderer Stärken und Schwächen anschließen sollte. Wenn sich hier in der Diskussion im großen Kreis ein relativer Konsens andeutet, sollte eine angemessen ausgewählte kleine Projektgruppe beauftragt werden, Verbesserungsvorschläge auf der Basis der erhobenen Daten zu entwickeln, die dann, falls sie die Abteilung oder das Teilwerk allein betreffen, möglichst rasch mit Unterstützung des jeweiligen Vorgesetzten implementiert werden sollten. Falls die Vorschläge andere Abteilungen oder Bereiche des Unternehmens mitbetreffen, sollten sie in einem Koordinierungsausschuß geprüft und dann unternehmensweit implementiert werden.

Wird für die Mitarbeiter erkennbar, daß die Erfragung ihrer Arbeitszufriedenheit nicht mit dem Ziel des bloßen „Dampfablassens" durchgeführt wird, sondern daß sie Datenbasis intensiver Gespräche im Kollegenkreis sowie mit dem Vorgesetzten sind und daß sich schließlich aus diesen Gesprächen konkrete Verbesserungen ergeben, so sind sowohl der Prozeß dieses Vorgehens als auch die dabei erarbeiteten Inhalte wesentlicher Bestandteil einer partizipativen Personal- und Organisationsentwicklung. Die Mitarbeiter lernen ihre Arbeitssituation kritisch und konstruktiv zu reflektieren und gewinnen dadurch an Qualifikation; Rahmenbedingungen im Unternehmen – mögen sie nun die Aufbau- oder die Ablauforganisation betreffen – können auf diese Weise so verbessert werden, daß sie zum einen auf Akzeptanz der Betroffenen stoßen und zum anderen konkret Schwachstellen da reduzieren, wo sie von den Betroffenen als störend erlebt wurden.

Literatur

BRUGGEMANN, A. (1976). Zur empirischen Untersuchung verschiedener Formen der Arbeitszufriedenheit. In: Zeitschrift für Arbeitswissenschaft, 30, S. 71–74.
BRUGGEMANN, A., GROSKURTH, P. & ULICH, E. (1975). Arbeitszufriedenheit. Bern 1975.
FISCHER, L. (1991). Arbeitszufriedenheit . Stuttgart 1991.
NEUBERGER, O. (1974). Messung der Arbeitszufriedenheit. Stuttgart 1974.
NEUBERGER, O. & ALLERBECK, M. (1978). Messung und Analyse der Arbeitszufriedenheit. Bern 1978.
ROSENSTIEL, L. v. (1975). Die motivationalen Grundlagen des Verhaltens in Organisationen – Leistung und Zufriedenheit. Berlin 1975.
ROSENSTIEL, L. v. (1986). Das Betriebsklima. Zur Praxis der Diagnose und Intervention in Organisationen. In: Wirtschaftswissenschaftliches Studium, 15, S. 83–91.
ROSENSTIEL, L. v. & BÖGEL, R. (1992). Betriebsklima geht jeden an. München: Bayerisches Staatsministerium für Arbeit, Familie und Sozialordnung, 1992.

SIX, B. & KLEINBECK, U. (1989). Arbeitsmotivation und Arbeitszufriedenheit. In E. ROTH (Hrsg.), Enzyklopädie der Psychologie. S. 348–398. Göttingen 1989.

VOLPERT, W. (1990). Welche Arbeit ist gut für den Menschen? Notizen zum Thema Menschenbild und Arbeitsgestaltung. In F. FREI & I. UDRIS (Hrsg.), Das Bild der Arbeit. S. 23–40. Bern 1990.

Willi Stehle

Mitarbeiterbeurteilung

1. Einleitung

In einem in der Zeitschrift „Management und Wissen" 1989 publizierten Artikel über „Personalbeurteilungen" wurde geschätzt, daß in rund 90% aller bundesdeutschen Unternehmen regelmäßige Mitarbeiterbeurteilungen durchgeführt werden. Bereits der Titel signalisiert, daß diese Verfahren nicht unumstritten sind; heißt es doch „Personalbeurteilung im Zwielicht" (WEBER & POPP, 1989).

Die große Verbreitung von Mitarbeiterbeurteilungsverfahren war Anfang und Mitte der 70er Jahre zu beobachten. Sie wurde wesentlich beeinflußt durch die damalige Implementation von computergestützten Personalinformationssystemen. Allzu verlockend erschien der Gedanke, mittels standardisierter Verfahren einen Überblick über Mitarbeiter, deren Stärken und Schwächen sowie Leistungs- und Entwicklungspotentiale gewinnen können. Eine EDV-mäßige Erfassung dieser Daten sollte die Grundlage der qualitativen und quantitativen Personalplanung (vgl. den entsprechenden Artikel von DOMSCH, in diesem Band) bilden. Die anfangs zu beobachtende Euphorie und das Engagement, mit dem immer anspruchsvollere Verfahren konzipiert und in Unternehmen eingesetzt wurden, ist mittlerweile verflogen. Immer häufiger ist zu beobachten, daß Beurteilungsverfahren entweder ganz abgeschafft oder aber in ihrer Funktion wesentlich reduziert und vor allem als Führungs- und Entwicklungsinstrument gesehen werden. Hat es sich doch als zu vermessen herausgestellt, die Komplexität beruflichen Leistungsverhaltens sowie beruflicher Leistungserbringung auf wenige Skalenpunkte reduzieren zu können. Nach wie vor stellen jedoch gut konzipierte, auf andere personalpolitische Instrumente und die Unternehmenskultur abgestimmte Berurteilungsverfahren ein geeignetes Instrument der Personalführung dar.

Im nachstehenden Beitrag soll aufgezeigt werden, zu welchen Zwecken Mitarbeiterbeurteilungen in Unternehmen eingesetzt werden, welche Arten der Beurteilung zu unterscheiden sind und welche Verfahren grundsätzlich Anwendung finden können. Anschließend daran wird diskutiert, wie Mitarbeiterbeurteilungen sinnvoll als Führungsinstrumente eingesetzt werden können. Dies wird anhand eines Praxisbeispieles demonstriert.

2. Zwecke der Mitarbeiterbeurteilung

Grundsätzlich können Mitarbeiterbeurteilungen für drei unterschiedliche Zwecke eingesetzt werden:

- als Grundlage für personelle Entscheidungen auf individuellem oder kollektivem Niveau,
- als Instrument der Personalentwicklung sowie
- als Hilfsmittel zur Entgeltfindung.

Selbstverständlich sind Mischformen jederzeit denkbar.

2.1 Personelle Entscheidungen

Unter diesem Zweck von Mitarbeiterbeurteilungen ist zu verstehen, daß die Ergebnisse der Beurteilung als Grundlage für personelle Entscheidungen dienen. Dies können beispielsweise Beförderungen, Versetzungen oder im Extremfall Entlassungen sein. Dabei ist sowohl eine auf die einzelne Person bezogene Auswertung zu unterscheiden, als auch eine auf die Gesamtorganisation bezogene, beispielsweise im Hinblick auf Fragen der Personalplanung. Bei diesem Einsatz von Beurteilungsverfahren sind methodisch die höchsten Ansprüche an das einzusetzende System zu richten. Soll beispielsweise eine Beurteilung als Grundlage für eine Beförderung dienen, so ist hierfür notwendig, daß die Beurteilungen über die zur Entscheidung anstehenden Mitarbeiter absolut vergleichbar sind. Hier zeigt die Erfahrung jedoch sehr deutlich, daß die Beurteilungssysteme für diese Zielsetzungen sehr schnell an ihre Grenzen stoßen, denn das Ergebnis der durchgeführten Beurteilung wird, neben dem Verfahren selbst, naturgemäß sehr stark von der Beurteilungskompetenz des jeweiligen Beurteilers und dessen individuellen Strategien beeinflußt.

Die betriebliche Praxis belegt dies sehr deutlich, so wird bei konkreten betrieblichen Auswahlentscheidungen nur in sehr geringem Umfang auf Beurteilungsergebnisse zurückgegriffen. Dies spiegelt die oben angeführten Probleme wider.

2.2 Personalentwicklung

Folgt man der Klassifikation von Funktionen der Leistungsbeurteilungen von SCHULER (1978), so sind hier vielfältige Zwecke der Beurteilung möglich. Die Beurteilungsergebnisse dienen beispielsweise zur Ermittlung des individuellen Aus- und Weiterbildungsbedarfes. Diese Ergebnisse, zentral erhoben, können so die Grundlage für die Planung der betrieblichen Aus- und Weiterbildung darstellen. Des weiteren stellt die Beurteilung ein Instrument zur individuellen Beratung und Förderung des Mitarbeiters dar, ist gleichzeitig ein Instrument zu einem regelmäßigen Feedback für den beurteilten Mitarbeiter und soll so eine entsprechende Motivation sicherstellen (vgl. den Artikel von DOMSCH: Personalplanung und -entwicklung, in diesem Band).

2.3 Entgeltfindung

Ein weiterer Zweck von regelmäßigen Mitarbeiterbeurteilungen kann darin bestehen, Lohn-/Gehaltszulagen zu ermitteln. Auch hier gilt wie bei Fragen der personellen Entscheidungen, daß die methodischen Anforderungen an derartige Systeme sehr hoch sind. Auch hier steht eine absolute Vergleichbarkeit im Vordergrund. Auch hier spiegelt die Praxis sehr deutlich wider, daß die damit verbundenen Probleme und Schwierigkeiten von vielen Unternehmen als zu hoch betrachtet werden. So ist zwar in manchen Tarifgebieten der Metallindustrie eine Leistungszulage von 5% der Gesamtlohnsumme des jeweiligen Unternehmens vorgesehen, die entsprechend den Ergebnissen einer systematischen Beurteilung zu vergeben ist. Viele Unternehmen sind jedoch aufgrund der in der Anwendung aufgetretenen Probleme davon abgekommen und gewähren generell allen Mitarbeitern eine Zulage von 5%. Damit wird der Sinn einer Leistungszulage ad absurdum geführt.

Aus psychologischen Gründen ist eine Koppelung von Beurteilungsverfahren und Entgeltfindung äußerst problematisch. Normalerweise erfolgt im Anschluß an eine Beurteilung ein Beurteilungsgespräch. In diesen Gesprächen haben Vorgesetzte und Mitarbeiter die Gelegenheit, ihre Vorstellungen und ihre Sichtweisen gemeinsam zu besprechen und dann zu einem gemeinsamen Urteil zu gelangen. Eine Koppelung von Beurteilungsergebnissen an finanzielle Zulagen steht jedoch einer Öffnungsbereitschaft des Mitarbeiters und damit auch der Bereitschaft, Schwächen bzw. Verbesserungsmöglichkeiten einzugestehen, entgegen. Der Mitarbeiter wird in dieser Situation versuchen, Gründe für vermeintlich schlechtere Leistungen nicht bei sich, sondern beim Vorgesetzten bzw. bei anderen, nicht von ihm beeinflußbaren Quellen zu suchen.

3.   Arten der Beurteilung

Grundsätzlich sind zwei unterschiedliche Arten der Beurteilung zu unterscheiden. Sie beziehen sich auf den Gegenstand der Beurteilung. Bei der *Leistungsbeurteilung* steht im Vordergrund die Bewertung der in einer bestimmten Zeitperiode erbrachten Leistungen anhand vorher bekannter und vorgegebener Kriterien. Anders jedoch das Vorgehen bei der *Potentialbeurteilung*. Hier ist die Beurteilung wesentlich umfassender. Bewertet wird hier nicht die objektive Leistung an einem bestimmten Arbeitsplatz, sondern das Leistungspotential des Mitarbeiters im Hinblick auf andere, beispielsweise weiterführende Aufgaben im Unternehmen.

In der betrieblichen Praxis zeigt sich zunehmend, daß die klassische Potentialbeurteilung anhand von Beurteilungsbögen durch aufwendigere, komplexere Verfahren ersetzt wird. Weite Verbreitung haben hier mittlerweile Assessment Center erfahren (vgl. hierzu den Beitrag von SCHULER: Auswahl von Mitarbeitern, in diesem Band). Die Ursache hierfür liegt darin begründet, daß es für den jeweiligen Vorgesetzten sehr schwierig ist, das Potential eines Mitarbeiters zu beurteilen. Ein Beispiel mag dies verdeutlichen: In vielen Vertriebsorganisationen wurde in der Vergangenheit häufig der Fehler gemacht, daß der beste Verkäufer zur Führungskraft aufstieg. Im Extremfall hatte diese Entscheidung für das Unternehmen zweierlei negative Konsequenzen. Zum einen verlor es einen hervorragenden Verkäufer, zum anderen gewann es eine schlechte Führungskraft, die aufgrund mangelnder Führungseignung die Verkaufsleistung eines ganzen Teams negativ beeinflußte. Die Schuld hierfür ist nicht in der mangelnden Beurteilungskompetenz des jeweiligen Vorgesetzten zu suchen, sondern in der Schwierigkeit der Aufgabenstellung. Die Anforderungen an eine Führungskraft sind grundsätzlich andere als die an einen erfolgreichen Verkäufer. Der jeweilige Vorgesetzte hat keine Gelegenheit, den erfolgreichen Verkäufer in Situationen zu beobachten, die für eine spätere Führungstätigkeit repräsentativ sind, und somit keine Möglichkeit, seine Potentialbeurteilung auf konkrete Verhaltensbeobachtungen zu stützen. Hierin ist mit einer der Hauptgründe zu suchen, daß die „klassische Potentialbeurteilung" durch andere Verfahren ersetzt wird.

Sehr häufig erfolgt im Rahmen der Leistungsbeurteilung eine Potentialidentifikation. Im Rahmen der Leistungsbeurteilung gibt der jeweilige Vorgesetzte zu Protokoll, daß er den beurteilten Mitarbeiter für weiterführende Aufgaben für geeignet hält. Im Rahmen der internen Führungskräfteentwicklung wird dann für die Mitarbeiter, die von ihrem jeweiligen Vorgesetzten als potentialträchtig bezeichnet wurden, eine umfangreiche Potentialanalyse durchgeführt.

4. Beurteilungsverfahren

In der betrieblichen Beurteilungspraxis werden vor allem drei Haupttypen von Beurteilungsverfahren eingesetzt. Dies sind freie Eindrucksschilderungen, Einstufungsverfahren und Rangordnungsverfahren.

4.1 Freie Eindrucksschilderung

Bei diesem unstandardisierten Beurteilungsverfahren wird der Beurteiler aufgefordert, den Beurteilten anhand seiner Einschätzung umfassend zu beschreiben. Hier liegt bereits einer der Hauptnachteile des Verfahrens, nämlich die mangelnde Vergleichbarkeit zwischen Beurteilten und ebenso die mangelnde Vergleichbarkeit von Beurteilungen zwischen unterschiedlichen Vorgesetzten. Des weiteren ist diese Art der Beurteilung sehr stark abhängig von der Beurteilungskompetenz, dem Sprachniveau und der Ausdrucksfähigkeit des jeweiligen Beurteilers. Aus diesen Gründen wird die freie Eindrucksschilderung nur in einem sehr geringen Ausmaß in der Organisationspraxis eingesetzt. Gelegentlich wird diese Form der Beurteilung bei Sonderfällen praktiziert, beispielsweise wenn für einen ausscheidenden Mitarbeiter ein Zeugnis erstellt werden soll. In diesem Fall nimmt der jeweilige Linienvorgesetzte eine freie Eindrucksschilderung vor, die dann in der Personalabteilung zur Grundlage der Formulierung eines Arbeitszeugnisses verwandt wird.

4.2 Einstufungsverfahren

Zur Sicherstellung einer weitgehenden Vergleichbarkeit und daraus auch abgeleitet einer Gleichbehandlung von Mitarbeitern werden bei Einstufungsverfahren Merkmale und Verhaltensweisen auf vorgegebenen Skalen eingestuft. Die meisten in deutschen Unternehmen eingesetzten Beurteilungsverfahren sind Einstufungsverfahren. Sie bestehen in der Regel aus einer vorgegebenen Zahl von Beurteilungskriterien und Skalen, auf denen die jeweilige Ausprägung einzustufen ist. In vielen Unternehmen ist man offensichtlich der Ansicht, daß mit einer sehr großen Anzahl von Beurteilungskriterien ein möglichst detailliertes Bild des Mitarbeiters zu gewinnen ist. Diesem Trend zu einer möglichst umfassenden detaillierten Beschreibung der Leistungserbringung eines Mitarbeiters stehen jedoch zahlreiche empirische Untersuchungen entgegen, die aufzeigen, daß Beurteiler schwerlich in der Lage sind, mehr als ca. 7–10 Beurteilungskriterien unabhängig voneinander zu unterscheiden (vgl. schon HUNDT, 1965). Daraus sollte gefolgert werden, daß Beurteilungsverfahren nicht mehr als ca. 10 Beurteilungskriterien zur Einstufung vorgeben.

Eine Übersicht über die am häufigsten verwandten Beurteilungskriterien zeigt Abbildung 1.

Die Beurteilung der Mitarbeiter anhand der vorgegebenen Kriterien wird mittels unterschiedlichster Skalen vorgenommen. Der Beurteiler wird dann aufgefordert, die jeweilige Ausprägung beim beurteilten Mitarbeiter anhand dieser Skala vorzunehmen.

Diese Skalen sind meist mit drei bis acht Stufenzahlen versehen. Gelegentlich werden zur Vereinheitlichung und zum besseren Verständnis der einzelnen Skalenausprägungen verbale Verankerungen vorgegeben. Ein Beispiel zeigt Abbildung 2.

– Fähigkeit zur Kooperation, Teamgeist	– Klare Zielsetzungen	– Organisationsfähigkeit
– Fachkenntnisse	– Selbständigkeit	– Verantwortungsbewußtsein
– Korrektheit und Qualität der Arbeitsausführung	– Urteilsvermögen	– Innovationsfreudigkeit
– Leistungsbereitschaft	– Strategische Planung	– Zuverlässigkeit
– Motivation der Mitarbeiter	– Überzeugungskraft	– Kontaktfähigkeit
– Kritisches Denken, Entscheidungsfähigkeit	– Belastbarkeit, Ausdauer	– Loyalität
– Kommunikationsfähigkeit	– wirtschaftliches Denken	– Verhandlungsgeschick
– Einsatzbereitschaft	– Delegationsfähigkeit	– Kreativität, Improvisationstalent
	– Flexibilität	– Selbstvertrauen, Selbstsicherheit
	– Durchsetzungsvermögen	– Öffentlichkeitsarbeit

Abb. 1: Die wichtigsten Beurteilungskriterien
(in Anlehnung an WEBER & POPP, 1989)

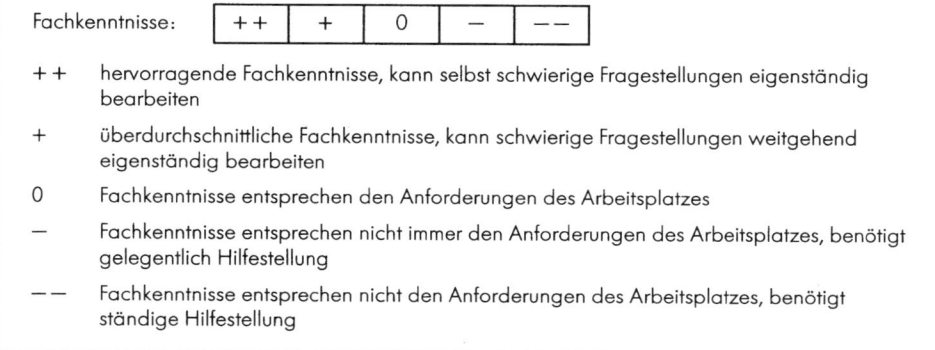

Abb. 2: Beispiel für eine Einstufungsskala mit verbaler Verankerung

Ein prinzipieller Nachteil von Einstufungsverfahren besteht darin, daß sie sehr anfällig sind für individuelle Urteilstendenzen des jeweiligen Beurteilers. So gibt es beispielsweise Beurteiler, die zu wenig zwischen den einzelnen Zahlenausprägungen differenzieren und ihre Urteile durchweg in der mittleren Skalenausprägung abgeben. Andere Beurteiler wiederum haben eine ausgesprochen hohe Tendenz zur „Milde". Sie benutzen nahezu ausschließlich die positiven Skalenenden. Umgekehrt verhält sich der „kritische" Beurteiler. Er benutzt ausschließlich die negativen Enden der Skala. Diese individuellen Beurteilungstendenzen führten zu einer Modifikation von Einstufungsverfahren, nämlich den sogenannten Rangordnungsverfahren.

4.3 Rangordnungsverfahren

Um der mangelnden Differenzierung zwischen einzelnen Beurteilten ebenso entgegenzuwirken wie der individuellen Beurteilungstendenz, werden Rangordnungsverfahren eingesetzt. Bei diesen Verfahren wird der einzelne Beurteiler gezwungen, Mitarbeiter im Hinblick auf die einzelnen Beurteilungskriterien in eine Rangfolge zu bringen. Der Beurteiler wird aufgefordert, die von ihm beurteilten Mitarbeiter im Hinblick auf beispielsweise das Kriterium „Fachkenntnisse" in eine Rangreihe zu bringen. Auf Rangplatz 1 befindet sich der Mitarbeiter mit den größten Fachkenntnissen, auf dem letzten Rangplatz befindet sich der Mitarbeiter mit den geringsten Fachkenntnissen. Auf den ersten Blick scheinen diese Verfahren viele Vorteile mit sich zu bringen. Bei einer genaueren Analyse stellt man jedoch sehr schnell die Grenzen fest. So ist eine Rangreihenbildung durch den jeweiligen Beurteiler nur dann sinnvoll möglich, wenn seine Mitarbeiter auf nahezu vergleichbaren Arbeitsplätzen tätig sind. Des weiteren sprechen motivationspsychologische Aspekte gegen Rangordnungsverfahren. Wird einem Mitarbeiter beispielsweise in dem Mitarbeitergespräch dargelegt, daß er im Hinblick auf ein Kriterium den letzten Rangplatz innehat, und es werden mit ihm gemeinsam Förderungs- und Entwicklungsmaßnahmen vereinbart, so erscheint es motivationspsychologisch äußerst fragwürdig, wenn sich beim nächsten Beurteilungsgespräch der Mitarbeiter aufgrund eines kollektiven Anstiegs der Leistung in der Abteilung nach wie vor auf dem letzten Rangplatz im Hinblick auf dieses Kriterium befindet. Des weiteren fördern derartige Verfahren den Teamgeist und die Zusammenarbeit innerhalb einer Arbeitsgruppe nicht, da eine Verbesserung eines einzelnen Mitarbeiters immer verbunden ist mit einem Abstieg bzw. mit einem Verlust eines anderen Mitarbeiters.

Um Rangordnungsverfahren handelt es sich im Prinzip auch, wenn bei Einstufungsverfahren sogenannte Quotenvorgaben gemacht werden. Bei diesen Verfahren wird dem Beurteiler vorgegeben, daß er die einzelnen Skalenausprägungen anhand vorgegebener Quoten zu vergeben hat. Der Unterschied zu einem reinen Rangordnungsverfahren besteht nur darin, daß einzelne Rangplätze häufiger vergeben werden können. Meist liegt diesem Rangordnungsverfahren mit Quotenvorgabe eine Normalverteilung zugrunde. Auch diese Verfahren sind nicht unumstritten. Die Vorgabe einer Normalverteilung setzt eine größere Anzahl von beurteilten Mitarbeitern voraus. Des weiteren ist ein häufig geäußertes Argument gegen diese Rangordnungsverfahren mit Quotenvorgabe, daß es wenig Sinn macht, wenn durch den Verfahrensaufbau 50% der Mitarbeiter eines jeweiligen Vorgesetzten mit Bewertungen unterhalb der Durchschnittsbeurteilung versehen werden.

5. Anlässe der Beurteilung

Anhand des Beurteilungssystems einer großen deutschen Bank soll dargestellt werden, zu welchen Anlässen die Beurteilungen erfolgen. Im Rahmen einer Betriebsvereinbarung wurde festgelegt, daß grundsätzlich alle Beschäftigten regelmäßig beurteilt werden. Ausnahmen hiervon stellen Auszubildende und Trainees dar, für die aufgrund der Kürze der Verweildauer in den jeweiligen Abteilungen nur eine sogenannte „Kurzbeurteilung" durchgeführt wird. Ebenfalls von der Beurteilung ausgenommen werden können Mitarbeiter ab dem 57. Lebensjahr, jedoch liegt hier die Initiative beim Mitarbeiter. Er muß von sich aus den Wunsch äußern, von der Regelbeurteilung ausgenommen zu werden. Grundsätzlich gilt als Beurteilungszeitraum ein Rhythmus von 24 Monaten. Neben der regelmäßigen Beurteilung wird in folgenden Sonderfällen eine zusätzliche Beurteilung durchgeführt:

(1) 3 Monate nach der Einstellung wird eine erste Kurzbeurteilung vorgenommen. Sie dient für den Beurteilten innerhalb der Probezeit als erster Hinweis über die Einschätzung seiner Leistungen. Dies erscheint sinnvoll, da der jeweilige Beurteilte damit nicht erst gegen Ende der Probezeit mit einer Einschätzung seiner Leistungserbringung konfrontiert wird.

(2) Vor Ablauf der Probezeit wird im Rahmen einer umfassenden Beurteilung die Übernahme in ein unbefristetes Arbeitsverhältnis empfohlen bzw. nicht empfohlen.

(3) Bei einem Wechsel des Vorgesetzten ist vom neuen Vorgesetzten innerhalb der ersten 9 Monate eine Beurteilung seiner Mitarbeiter vorzunehmen. Danach beginnt der neue Regelbeurteilungs-Turnus.

(4) Bei einer Versetzung oder Umsetzung eines Mitarbeiters erfolgt durch den alten Vorgesetzten eine Beurteilung. Nach spätestens 6 Monaten am neuen Arbeitsplatz wird der Mitarbeiter vom neuen Vorgesetzten beurteilt, und von diesem Zeitpunkt an beginnt wieder der Rhythmus der Regelbeurteilung.

(5) Während des laufenden Beurteilungsrhythmus kann der Mitarbeiter jederzeit eine neue Beurteilung verlangen. Notwendig kann dies werden, wenn sich Aufgaben und Verantwortungsbereiche innerhalb der jetzigen Position verändern oder sich subjektiv eine andere Einschätzung der Situation ergibt. Allerdings kann der Mitarbeiter diese Beurteilung nur dann verlangen, wenn die letzte Beurteilung mindestens 12 Monate zurückliegt.

Der in diesem Beispiel gewählte Beurteilungsrhythmus von zwei Jahren entstand als Kompromiß zwischen den Vorstellungen der Interessenvertretung der Mitarbeiter und der Personalleitung des Unternehmens. Normalerweise wäre ein Rhythmus von 12 Monaten sinnvoller, insbesondere wenn im Unternehmen mit Zielvereinbarungen geführt wird. Ein 24monatiger Beurteilungsrhythmus erschwert eine konkrete Zielvereinbarung und damit auch eine sinnvolle Abweichungsanalyse im Rahmen des Mitarbeitergespräches. Aus Motivationsgesichtspunkten und im Hinblick darauf, das Mitarbeiterbeurteilungsverfahren als Führungsinstrument einzusetzen, ist der jährliche Beurteilungsturnus deshalb am sinnvollsten.

6. Praxisbeispiel: Mitarbeiterbeurteilung als Förderungsinstrument

Das nachstehend beschriebene Beurteilungsverfahren ist Bestandteil eines integrierten Personalentwicklungskonzeptes und findet Anwendung in einem großen Unternehmen (ca. 10 000 Mitarbeiter) der Mineralölindustrie. In diesem Unternehmen finden jährlich Mitarbeiterbeurteilungsgespräche statt. Im Rahmen des Förderungskonzeptes liegt der Schwerpunkt jedoch im Bereich Beratung und Förderung des Mitarbeiters; d. h. das Mitarbeitergespräch dient dazu, anhand der Beurteilung die Leistungen der Vergangenheit und das Ausmaß der Aufgabenerfüllung zu besprechen, die zukünftigen Arbeitsschwerpunkte und Ziele zu planen und zu vereinbaren, die Stärken und Schwächen des Mitarbeiters zu erkennen und Verbesserungsmöglichkeiten zu finden und durch zielgerechte Förderung die berufliche Weiterentwicklung des Mitarbeiters zu ermöglichen. Das System besteht aus drei Komponenten: erstens dem Vorbereitungsbogen für den Vorgesetzten, zweitens einem analog aufgebauten Vorbereitungsbogen für den Mitarbeiter. Hier spiegelt sich die grundsätzliche Philosophie des Hauses wider. Es handelt sich um ein Beurteilungsgespräch und nicht um eine „Beurteilung"; d. h. Vorgesetzter und Mitarbeiter bereiten sich gleichermaßen auf das Gespräch vor und haben dann die Möglichkeit, im Rahmen des Beurteilungsgespräches ihre Sichtweisen und Bewertungen einander anzugleichen. Drittes Element ist der sogenannte Protokollbogen. Hierin enthalten sind zwei Protokolle, ein Protokoll über die in Aussicht genommenen Fördermaßnahmen für die zentrale Abteilung Personalentwicklung sowie eine Kopie für den Mitarbeiter, in der die vereinbarten Ziele für den nächsten Beurteilungsturnus zusammengefaßt sind.

Die Struktur der Vorbereitungsbogen für den Vorgesetzten und den Mitarbeiter zeigt Abbildung 3.

Gesprächsinhalte:

1. Arbeitsleistung

2. Fördermaßnahmen der vergangenen Periode

3. Mitarbeiterprofil

4. Mitarbeiter-Führung / Informationen für den Vorgesetzten

5. Abteilungsentwicklung

6. Aufgabenplanung

7. Fördermaßnahmen

Abb. 3: Aufbau des Beurteilungsverfahrens

Im einzelnen umfassen die Teilbereiche des Beurteilungsverfahrens folgende Inhalte:

(1) *Arbeitsleistung*
Hinsichtlich der Arbeitsleistung wird, bezogen auf die wichtigsten vier bis fünf Aufgabenschwerpunkte des Mitarbeiters, angegeben, welche Aufgaben er besonders gut erfüllt hat und welche weniger gut. Gleichzeitig wird hier eine Einschätzung der zugrundeliegenden Ursachen sowohl vom Mitarbeiter als auch vom Vorgesetzten vorgenommen.

(2) *Fördermaßnahmen der vergangenen Periode*
In dieser Rubrik nehmen beide, Vorgesetzter ebenso wie Mitarbeiter, Stellung zu den beim vergangenen Beurteilungsgespräch vereinbarten Fördermaßnahmen. Beide äußern sich dazu, was die einzelnen Fördermaßnahmen bewirkt haben, welche Maßnahmen sich bewährt haben und welche nicht. Dies stellt im Hinblick auf Seminarmaßnahmen den Ansatz dar, eine Evaluation von Ausbildungs- und Trainingsmaßnahmen (vgl. den entsprechenden Artikel von v. ROSENSTIEL, in diesem Band) vorzunehmen.

(3) *Mitarbeiterprofil*
In diesem Bereich des Beurteilungsverfahrens erfolgt eine Einschätzung der persönlichen Stärken des jeweiligen Mitarbeiters durch den Vorgesetzten bzw. eine Selbsteinschätzung sowie eine Einschätzung der Bereiche, wo noch Verbesserungen möglich sind.

(4) *Mitarbeiterführung*
Dieser Teil des Beurteilungsverfahrens ist aus Sicht des Mitarbeiters eine Bewertung des Führungsverhaltens des Vorgesetzten und aus Sicht des Beurteilers eine Selbstein-

schätzung seines Führungsverhaltens. Der Vorgesetzte wird hier aufgefordert, selbst anzugeben, wo ihn der Mitarbeiter als Führungskraft unterstützend bzw. wenig unterstützend erlebt hat und welche Erwartungen der Mitarbeiter an ihn hat. Umgekehrt beantwortet der Mitarbeiter diese Fragen aus seiner Sicht.

(5) *Abteilungsentwicklung*
In diesem Bereich wird versucht, systematisch Verbesserungsvorschläge in das Beurteilungsgespräch zu integrieren. Der Vorgesetzte wird aufgefordert, den Mitarbeiter darüber zu informieren, wie er die zukünftige Entwicklung seiner Abteilung sieht, welche Entwicklungsschritte im gesamten Arbeitsgebiet vom Vorgesetzten geplant sind. Umgekehrt hat der Mitarbeiter die Möglichkeit, aus seiner Sicht Entwicklungen darzustellen und Informationen über die Sichtweise des Vorgesetzten zu erhalten. Gleichzeitig hat er die Möglichkeit, seine eigenen Vorstellungen hinsichtlich der Verbesserung organisatorischer Abläufe zu äußern.

(6) *Aufgabenplanung*
Dieser Teil der Beurteilung stellt die Zielvereinbarung für die künftige Beurteilungsperiode dar. Aus beider Sicht erfolgt die Festlegung der wichtigsten Aufgabenschwerpunkte sowie einer klaren Planung, bis wann einzelne Schritte abzuschließen sind. Neben dieser kurzfristigen, auf den nächsten Beurteilungszyklus bezogenen Einschätzung machen beide eine mögliche Entwicklungsplanung für die nächsten fünf Jahre.

(7) *Fördermaßnahmen*
Hier wird gemeinsam festgestellt, welche Fördermaßnahmen für den nächsten Beurteilungszeitraum geplant werden, wobei hier unterschieden wird zwischen einer Förderung am Arbeitsplatz und einer nicht arbeitsplatzgebundenen Förderung.

Anhand des Beurteilungsverfahrens bereiten sich beide, Vorgesetzter und Mitarbeiter, auf das Gespräch vor. Am Ende des Gespräches steht die gemeinsame Erstellung des Gesprächsprotokolls. Dieses umfaßt zum einen die in Aussicht genommenen Fördermaßnahmen. Diesen Teil des Protokolls erhalten der Mitarbeiter sowie die Abteilung Personalentwicklung. Den zweiten Teil des Protokolls bilden die vereinbarten Ziele, eine Kopie hiervon erhält der Mitarbeiter.

7. Zusammenfassung

Betrachtet man heute die Anwendung von Beurteilungsverfahren in deutschen Unternehmen, so stellt man eine deutliche Trendwende fest. Standen in der Vergangenheit vor allem Verfahren im Vordergrund, die versuchten, über sehr aufwendig entwickelte Kriterien und Skalen für Zwecke der übergeordneten Personalplanung Informationen über den einzelnen Mitarbeiter zu gewinnen, so gehen heute immer mehr Unternehmen dazu über, Beurteilungsverfahren als Förder- und Führungsinstrument im Verhältnis Vorgesetzter und Mitarbeiter einzusetzen. Damit einher geht eine stärkere Individualisierung des Beurteilungsprozesses. Wird eine Beurteilung als Führungsinstrument und als Hilfsmittel zur Steuerung der Kommunikation zwischen Vorgesetztem und Mitarbeiter im Beurteilungsgespräch eingesetzt, so muß sie zugegebenermaßen immer mehr der Situation des einzelnen Mitarbeiters gerecht werden und steht damit der Tendenz zur starken Vereinheitlichung entgegen. Wichtig bei dieser Art von Mitarbeiterbeurteilung ist, daß der Vorgesetzte darlegt, welche Anforderungen er an den Mitarbeiter im Hinblick auf die Leistungserbringung an einem bestimmten Arbeitsplatz stellt, und der Mitarbeiter Gelegenheit erhält, seine Sichtweise hierzu zu äußern. Das vorgestellte Praxisbeispiel ist ein Verfahren, das zum einen einer gewissen Standardisierung Rechnung trägt, zum anderen jedoch dem einzelnen Vorgesetzten und Mitarbeiter die Möglichkeit gibt, ihre individuellen Schwerpunkte zu setzen.

Literatur

HUNDT, D. (1965). Die Arbeitsplatz- und persönliche Bewertung als Kriterium zur Bestimmung des Leistungslohnes. Bern 1965.

SCHULER, H. (1978). Leistungsbeurteilung in Organisationen. In A. MAYER (Hrsg.), Organisationspsychologie. Stuttgart 1978.

WEBER, D. & POPP, M. (1989). Personalbeurteilung – Manager im Dauertest. In: Management Wissen, 8, 1989, S. 21–31.

Zur Konkretisierung und weiteren Vertiefung wird empfohlen, im Fallstudienband die Fälle zu „Mitarbeiterbeurteilung" zu bearbeiten.

Erika Regnet

Kommunikation als Führungsaufgabe

1.   Die Führungskraft als Kommunikationsmanager

Führen bedeutet in erster Linie miteinander sprechen, beispielsweise zur Lösung von Sachproblemen, zur Entscheidungsfindung, zur Gestaltung der Zusammenarbeit, zur Anerkennung und Kritik. Mit steigender Hierarchie erhöht sich der Kommunikationsanteil an der Arbeitszeit. Die erfolgreiche Führungskraft wird zum Kommunikationsmanager und ist mit einem „management by walking around" besonders effizient (vgl. LAUTERBURG, 1990). Wohl deshalb, weil sie so einen intensiven Kontakt zu ihren Mitarbeitern, den Kollegen, anderen Abteilungen pflegt und dadurch frühzeitig Informationen erhält.

Doch die Realität sieht in den Unternehmen häufig noch anders aus: Mitarbeiter wünschen sich grundsätzlich – in allen Hierarchieebenen und Funktionsbereichen – mehr Information von ihren Vorgesetzten. Zwei Beispiele sollen dies verdeutlichen: Nach einer Befragung unter Forschern erhalten 44 Prozent der Mitarbeiter kein regelmäßiges Feedback über ihre Leistung und sogar 77 Prozent vermissen eine systematische Karriereentwicklung durch den Vorgesetzten; im Vergleich mit Großbritannien und den USA schneiden die bundesdeutschen Unternehmen in diesem Punkt jeweils am schlechtesten ab (DOMSCH & GERPOTT, 1988). Während Außendienstmitarbeiter – wohl wegen der direkt meßbaren Erfolge bzw. Mißerfolge – noch relativ häufig mit ihrem Chef sprechen (38 Prozent geben an, mindestens einmal in der Woche die Arbeitsergebnisse zu diskutieren, aber immerhin 16 Prozent führen keine Gespräche), sagen deutlich mehr Innendienstmitarbeiter, es gäbe keine Gespräche über Arbeitsergebnisse (35 %), -methoden (52 %) oder -verhaltensweisen (50 %) mit ihrem Vorgesetzten. Teilnehmer dieser zweiten Studie waren über 1200 Personen aus 17 Branchen, vor allem aus großen und mittleren Unternehmen (GEHARDUS, 1989).

Im Zeitalter der Informationsflut wird offensichtlich eine große Diskrepanz zwischen *quantitativer Informationsmenge* und *qualitativem Informationsbedürfnis* erlebt. Eine „Führung durch Aktennotizen" wäre der Endpunkt dieser Entwicklung. Häufig stecken dahinter Unterschiede zwischen Selbst- und Fremdbild, d. h. die eigene Kommunikationsbereitschaft wird überschätzt, das Wissen und Interesse der anderen unterschätzt. So zeigen die Ergebnisse von Mitarbeiterbefragungen (z. B. DOMSCH & SCHNEBLE, 1991), daß sich viele Mitarbeiter nicht ausreichend informiert fühlen. Auf allen Hierarchieebenen stehen beispielsweise die jeweiligen Mitarbeiter einem Gespräch mit ihrem Vorgesetzten positiver gegenüber und bereiten sich besser vor, als dies bei einem Gespräch mit einem Untergebenen der Fall ist (vgl. GEBERT & v. ROSENSTIEL, 1981).

Doch das Erleben einer mangelhaften Information und eines fehlenden Einbezugs in Entscheidungsprozesse ist sehr ernst zu nehmen. Denn es kann zu einem „Kommunikationsabbruch" kommen, zu Verunsicherung und Lähmung der Mitarbeiter führen. Verstärkt wird dies noch dadurch, daß die meisten Manager im Rahmen ihrer Ausbildung zwar detailliertes Fachwissen, aber kaum soziale Kompetenzen vermittelt bekommen – diese werden implizit vorausgesetzt.

Wodurch zeichnet sich *innerbetriebliche Kommunikation* aus? Zum einen ist sie (im Gegensatz zum Gespräch mit Freunden) funktional und zweckgerichtet; Organisationsmitglieder kommunizieren meist nicht miteinander, um Witze zu machen, sondern um ein bestimmtes Ziel zu erreichen. Entsprechend wird die Kommunikation rational eingesetzt, sie soll möglichst effizient sein und wird auf das Sachliche, eben die notwendige Information zur Zielerreichung, eingeschränkt. Sie ist zum anderen hierarchisiert, d. h. machthöhere Personen bestimmen, was und wieviel sie mitteilen, und das Kommunikationsverhalten ist nicht immer „umkehrbar", d. h. der Mitarbeiter kann häufig nicht ebenso zu seinem Vorgesetzten sprechen.

2. Grundsätzliche Anmerkungen

Wenn wir mit anderen Menschen zusammen sind, *können wir nicht nicht kommunizieren* (vgl. WATZLAWICK et al., 1974). Deshalb: Auch wer nichts sagt, teilt etwas mit – keine Antwort ist auch eine Antwort. Und gerade das Nicht-Hinhören, das Übergehen einer Äußerung ist eine Form nicht-sprachlicher, nonverbaler Interaktion.

Ein Gespräch zwischen zwei Menschen besteht aus einer ganzen Kette von Interaktionen, bei denen man sich gewissermaßen gegenseitig die Bälle zuspielt; eine partielle Betrachtung wird der Komplexität des menschlichen Verhaltens deshalb nicht gerecht. WATZLAWICK et al. (1974) berichten folgendes Beispiel: Eine Frau nörgelt, weil ihr Mann sich zurückzieht. Der Mann wiederum zieht sich zurück, weil die Frau nörgelt (Abbildung 1). Der Kreis ist geschlossen, Ursache und Wirkung sind nicht mehr auseinanderzuhalten, sie bedingen sich wechselseitig. Doch je nach Sichtweise und Betrachtungszeitpunkt wird der eine oder der andere als der Schuldige betrachtet.

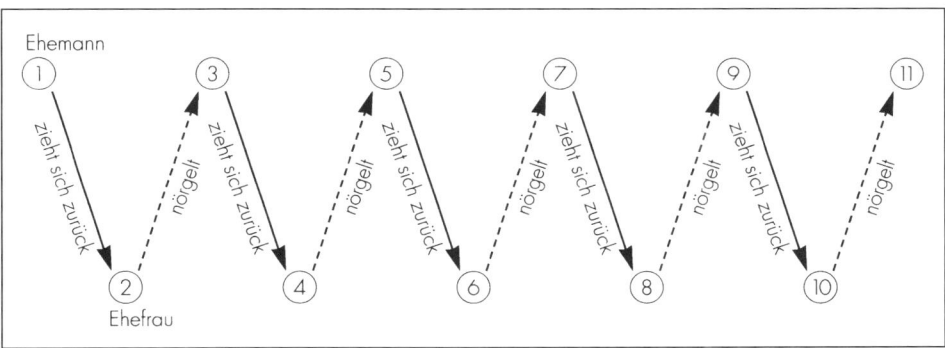

Abb. 1: Dynamische Interaktionsabfolgen (nach WATZLAWICK ET AL., 1974, S. 59)

Dies macht die häufig widersprüchlichen Aussagen von Konfliktbeteiligten verständlich. Jede Wahrnehmung ist subjektiv und damit geprägt von Einstellungen, Bedürfnissen, Erwartungen. Sie sollte deshalb hinterfragt werden.

Bei jeder Kommunikation gibt es mindestens einen Sender und einen Empfänger (vgl. Abbildung 2). Der Sender kodiert die Nachricht, der Empfänger hat sie zu dekodieren. Doch jede Nachricht hat neben der reinen Mitteilungsfunktion, der Sachebene, noch drei weitere Ebenen. Es geht nicht nur um das „Was", sondern auch um das „Wie" einer Mitteilung. So ist es beispielsweise unmöglich zu kommunizieren, ohne von sich selbst etwas preiszugeben. Das kann bei den einen dazu führen, daß sie sich Fassaden- und Imponiertechniken zulegen, bei anderen dagegen möglicherweise zu einer „Selbstoffenbarungsangst" – vielen Leuten ist es unangenehm, in Besprechungen oder vor größeren Gruppen etwas zu sagen.

Auf der anderen Seite verfolgt Kommunikation keinen Selbstzweck. Sie hat eine *Appellfunktion,* d. h. man will mit der Aussage etwas bewirken, den Empfänger in einer

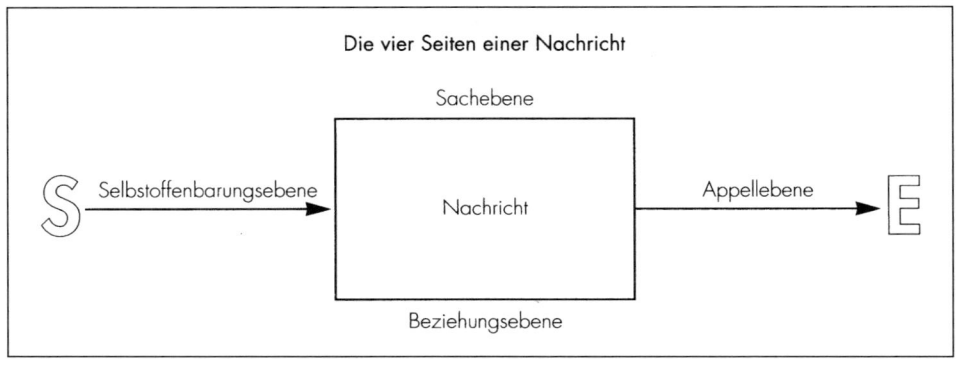

Abb. 2: Kommunikationsmodell (nach SCHULZ VON THUN)

bestimmten Hinsicht beeinflussen. Selbst die objektive Tatsachenmitteilung, „es ist jetzt 11.00 Uhr", hat einen Appellcharakter: Sie kann beispielsweise bedeuten, „laß' uns schneller machen, damit wir vor dem Mittagessen fertig werden" oder „ich muß jetzt weg, bitte hab' Verständnis".

Gleichzeitig spielt bei jeder Interaktion auch die Beziehung zwischen den Beteiligten eine Rolle. Wenn man sich mit jemandem gut versteht, legt man nicht jedes Wort auf die Goldwaage, während man sich andererseits über das Lob eines weniger geschätzten Kollegen kaum freuen kann.

Das Bedeutsame daran ist nun, daß *Kommunikation immer auf allen Ebenen gleichzeitig stattfindet.* Und in der Bewertung der Gesamtkommunikation konzentrieren wir uns – bewußt oder unbewußt – weniger auf den verbalen Teil, auf den geäußerten Sachinhalt, sondern vielmehr auf die Mimik, das nonverbale Verhalten sowie die Sprechweise (insbesondere Wortwahl und Betonung). Deshalb ist keineswegs sichergestellt, daß eine Mitteilung auch wirklich so ankommt, wie es beabsichtigt war. Will jemand mit der Äußerung, „ein scheußliches Wetter ist das heute wieder", eine Diskussion über die aktuelle Wetterlage in Gang bringen oder aber Kontakt, eine Beziehung zum Gegenüber herstellen? Diese Unterscheidung ist wichtig, um ein besseres Verständnis für den Gesprächspartner zu entwickeln und sich auf ihn einstellen zu können. Denn ein logisches Argument als Reaktion auf eine Kontaktaufnahme oder eine Gefühlsäußerung würde beispielsweise als Ablehnung empfunden werden.

In den folgenden Kapiteln soll erörtert werden, wie es zu Kommunikationsstörungen kommt und wie auf der anderen Seite das Interaktionsverhalten verbessert werden kann.

3. Kommunikationsstörungen

Hier lassen sich vier Hauptursachen unterscheiden:

(1) Kommunikationsmangel
Eine wichtige Ursache für Störungen im zwischenmenschlichen Bereich liegt darin, daß sich die Beteiligten zu wenig austauschen oder aber – dies ist ein häufiger Fall – konfliktträchtige Themen vermeiden, ja geradezu tabuisieren. Probleme werden nicht

angesprochen, sondern im Gegenteil möglichst umgangen, unter den „Teppich ge-kehrt". Dadurch bestehen sie aber weiterhin und können nicht aufgelöst werden. Die Chancen, die in den Konflikten liegen (vgl. den Beitrag von BERKEL, in diesem Band) bleiben ungenutzt. Im betrieblichen Kontext zeigt sich beispielsweise, daß Vorgesetzte dazu neigen, die von ihnen nach unten gesendete Information für größer zu halten, als dies aus der Sicht der Mitarbeiter der Fall ist.

(2) Senderfehler
Oben wurde schon darauf hingewiesen, daß jede Mitteilung vom Sender zunächst – kodiert wird. Kommunikationsstörungen können nun daraus resultieren, daß die Mitteilung nicht empfängergerecht vermittelt wird (z. B. bei der Zusammenarbeit un-terschiedlicher Experten die Verwendung der jeweiligen Fachtermini) oder daß der Sender sich nicht rückversichert, ob seine Nachricht auch richtig „angekommen" ist. Man könnte es überspitzt so ausdrücken: Die eine Hälfte der Menschheit drückt sich nicht klar genug aus, die andere Hälfte hört nicht genau genug zu.

Weitere *Kommunikationsblockaden* entstehen dadurch, daß man die Probleme des an-deren herunterspielt, vorschnelle Urteile abgibt, forscht und verhört, selbst lange Vor-träge hält statt zuzuhören, vorschnelle Lösungen anbietet oder gleichzeitig andere Dinge macht (z. B. Post sortieren, telefonieren). Auch „Killerargumente" (z. B. ver-spotten, als Verstoß gegen die Unternehmenspolitik hinstellen, auf die Kosten hinwei-sen, als graue Theorie darstellen etc.) sind „bewährte Mittel", um einen offenen Mei-nungsaustausch zu verhindern.

(3) Empfängerfehler
Jeder von uns nimmt *selektiv* wahr. D. h. man hört nur bestimmte Dinge, Reizwörter, ist vielleicht auch unkonzentriert. Ein Ergebnis der Wahrnehmungspsychologie ist, daß Menschen bei vermeintlichen Lücken diese – in Angleichung an das Gewohnte – ausfüllen, widersprechende Informationen „überhören", Nachrichten vereinfachen und verdichten. Dies ist ein geradezu lebensnotwendiger Prozeß, der es uns ermög-licht, die Vielzahl der auf uns einströmenden Informationen zu ordnen. Er bringt aber auch Mißverständnisse und viele Probleme mit sich. Dies macht verständlich, warum in einer Konfliktsituation unter emotionaler Beteiligung eine eindeutige Kommuni-kation erst recht nicht gelingt. Häufig ist man ja überrascht, was man selbst gesagt haben soll, aber doch niemals so ausdrücken würde, während man andererseits ver-schiedene Dinge deutlich gehört hat, die der andere weit von sich weist… *Der Sinn einer Nachricht entsteht beim Empfänger!*

(4) Diskrepanz zwischen „Was" und „Wie"
Wenn verbales und nonverbales Verhalten nicht zusammenpassen, spricht man von ei-ner sogenannten „double-bind"-Nachricht. Dies ist beispielsweise die Mutter, die den kleinen Sohn schimpft, weil er einem Kameraden die Spielsachen weggenommen hat, dabei aber lächelt und glänzende Augen hat. Genauso unglaubwürdig ist der Vorge-setzte, der verbal beteuert, „Sie können mir jetzt alles sagen, ich bin ganz offen für Kri-tik", und dabei böse in die Runde blickt und sich körperlich verspannt – wehe, es wage einer! Bei solch widersprüchlichen Informationen richten wir uns stärker nach dem „Wie" der Übermittlung als nach dem rein sachlichen Inhalt.

Warnsignale, die Störungen in der Kommunikationsstruktur anzeigen, sind übermä-ßige Absicherungstendenzen, Aggressionen, Projektionen, Ausweich- und Fluchtverhalten oder aber – das gerade in Besprechungen häufig vorzufindende – ständige Wiederholen derselben Argumente. Das sind Zeichen dafür, daß das Problem eigentlich ganz woanders liegt.

4. Möglichkeiten zur Verbesserung der Kommunikation

Ausgehend von den oben angeführten Kommunikationsstörungen soll nun aufgezeigt werden, wo Ansatzpunkte zur Verbesserung liegen.

(1) Ausreichende Kommunikation
Unter rein quantitativen Gesichtspunkten ist sicherzustellen, daß im Arbeitsablauf ausreichend Zeit für Gespräche mit den Mitarbeitern bleibt. Denn häufig hat das Wichtige (= das Mitarbeitergespräch) hinter dem Dringenden (= den terminierten Anfragen, Unterbrechungen, Sonderaufgaben des Vorgesetzten etc.) zurückzustehen. Mitarbeiter wünschen sich aber grundsätzlich mehr Informationen und Feedback.

Zunächst sind die *strukturellen Voraussetzungen* dafür zu schaffen, hierbei ist an regelmäßige Abteilungsbesprechungen, für die genügend Zeit eingeplant sein muß, ohne daß diese deshalb gleich zur „Quasselbude" ausarten, sowie an Zeitblöcke zu denken, in denen der Vorgesetzte für die Mitarbeiter erreichbar ist, ohne durch andere Anfragen, Telefonate u. ä. unterbrochen zu werden.

Unter *qualitativen Gesichtspunkten* ist wichtig, bestimmte Themen, insbesondere Konflikte, nicht auszuklammern. Denn Störungen haben Vorrang: Wer ärgerlich, gelangweilt oder aus sonstigen Gründen unkonzentriert ist, kann an einem Gespräch und der Ergebniserarbeitung nicht wirklich teilnehmen. Besonders hilfreich ist hier *Metakommunikation,* d. h. die Kommunikation über die Kommunikation. Hier tauschen sich die Beteiligten bewußt auf einer anderen Ebene über den Gesprächsablauf, ihre Empfindungen, Wünsche etc. aus. Dies ist eine Möglichkeit, um Störungen und Konflikte frühzeitig zu erkennen und anzusprechen.

(2) Senderverhalten
Derjenige, der eine Nachricht übermittelt, soll diese möglichst eindeutig und klar formulieren. (Daß es verschiedene Gelegenheiten gibt, in denen man sich bewußt „nebulös" ausdrückt, soll hier nicht weiter diskutiert werden, da es hier um die Verbesserung der Kommunikation und nicht um die Verschleierung seiner Interessen und „Mikropolitik" geht.)

In dem Beitrag „Teamentwicklungstraining" von COMELLI (in diesem Band) sind die wichtigsten aus der sogenannten themenzentrierten Interaktion abgeleiteten Kommunikationsregeln angeführt. Ziel ist ein offeneres Kommunikationsverhalten. Dementsprechend soll jeder, statt sich hinter Fragen zu verstecken, deutlich seine Interessen äußern sowie den anderen direkt ansprechen, statt sich allgemein an die Gruppe zu wenden, wenn eigentlich ein bestimmter Anwesender gemeint ist. Zudem ist es wichtig, nicht allein auf der Sachebene zu verharren (vgl. das oben dargestellte Modell von SCHULZ VON THUN), sondern auch Empfindungen deutlich zu machen.

Besonders bedeutsam wird das beim Feedback, das für eine gelungene Kommunikation unverzichtbar ist. Denn ein Gespräch ohne Feedback ist wie Tischtennis ohne Partner; nur dieses hilft uns zu erfahren, wie wir auf andere wirken. Ziel ist die Verkleinerung des „blinden Flecks" (siehe Abbildung 3); Verhaltensveränderung ohne Rückmeldung ist nicht möglich.

Abb. 3: Das sog. „Johari-Fenster"

Doch häufig unterbleibt Feedback, weil es uns peinlich ist, bestimmte Dinge anzusprechen. Bevor Feedback gegeben wird, sollte man zunächst die Bereitschaft des Empfängers, die Angemessenheit und den Zeitpunkt prüfen. Besonders wichtig ist es, konkret und beschreibend zu bleiben, und nicht in Interpretationen oder Vorwürfe zu verfallen. Konkret heißt das: nicht zu sagen, „Sie sind autoritär" oder „Sie wollen die Gesprächsführung an sich reißen", sondern „ich ärgere mich, weil Sie mich jetzt schon zum zweiten Male unterbrochen haben und mich nicht ausreden lassen". Deshalb ist es auch hier wichtig, sich nicht hinter „man" oder „Du-Appellen" zu verstecken, sondern Ich-Botschaften zu senden, d.h. über die eigenen Wünsche und Kränkungen zu informieren. Ein Gebot der Höflichkeit ist es, daß auch das Feedback „umkehrbar" formuliert wird.

Man kann zudem jemanden aus dem Bekanntenkreis um Feedback bitten, auf einen Coach (vergleiche den Beitrag von BÖNING, in diesem Band) zurückgreifen oder die Chance eines *Videotrainings* nutzen. Letzteres ist eine gute Gelegenheit, in der man seine Mimik, seine Gesten, die Klarheit seiner Ausdrucksweise und vieles andere mehr selbst überprüfen kann.

(3) Empfängerverhalten
Hier ist zunächst das *aktive Zuhören* zu nennen: Um das Verständnis zu verbessern, konzentriert man sich ganz besonders auf den Gesprächspartner und signalisiert ihm das in verbaler wie nonverbaler Hinsicht. Man hält also Blickkontakt, nickt (dies bedeutet nicht unbedingt eine inhaltliche Zustimmung, sondern ein Interesse an dem Gesagten – tut man das nicht, ist der Gesprächspartner schnell irritiert und verstummt). Um sicherzustellen, daß man die Aussage richtig verstanden hat, läßt sich der gehörte Sachverhalt wiederholen (z.B. „habe ich Sie richtig verstanden…" oder „Sie meinen damit, daß…"); dies bietet gleichzeitig eine Pause zum Nachdenken und

führt dazu, daß man besser zuhört, weil man ja nicht bereits bei den letzten Äußerungen des Vorredners seine Gegenargumentation bildet. Des weiteren kann der Angesprochene nachfragen oder weiterführende Denkanstöße in die Diskussion einbringen, bei letzterem ist es aber wichtig, nicht in vorschnelle Lösungen und Interpretationen zu verfallen. Diese aktive Auseinandersetzung signalisiert dem anderen zum einen Aufmerksamkeit und gibt zum anderen Sicherheit, daß der Hörer das Gesagte wirklich richtig verstanden hat.

Eine Sonderform ist die „nondirektive Gesprächsführung" (vgl. den folgenden Beitrag von NEUMANN), bei der der Empfänger sich zunächst fast ausschließlich auf das Zuhören und Fragen beschränkt.

Für das *Empfangen von Feedback* lassen sich folgende Regeln aufstellen: Bitten Sie die anderen möglichst oft um Feedback, denken Sie dabei daran, daß jede Wahrnehmung subjektiv ist, Sie jedoch zusätzliche Informationen darüber erhalten, wie Sie von anderen gesehen werden. Sagen Sie konkret, welche Informationen Sie haben wollen, und überprüfen Sie die Bedeutung des Gesagten. Fragen Sie nach, was der andere wirklich gemeint hat. Teilen Sie Ihre Reaktionen mit, aber verzichten Sie darauf, zu argumentieren oder sich zu verteidigen.

(4) Vermeidung doppelbödiger Kommunikation

Das Ende jeder offenen Diskussion ist, wenn zwischen Gesagtem und Gedachtem eine Diskrepanz besteht. Ziel sollte es sein, authentisch zu kommunizieren. Damit ist nicht gemeint, daß Sie alles sagen sollen, was Sie denken (das wäre für uns alle auch gar nicht so wünschenswert), sondern, daß Sie das Gesagte auch wirklich meinen. Denn nur so sind Aussagen und Verhalten berechenbar und zuverlässig.

Aufgaben und Tips für den (die) Vorgesetzte(n)

Der Vorgesetzte ist sowohl im Vier-Augen-Gespräch als auch in der Gruppenbesprechung derjenige, der die Qualität der Kommunikation entscheidend bestimmt. Ihm ist zu empfehlen, die volle Aufmerksamkeit auf den Gesprächspartner zu richten und diesem zu zeigen, daß er zuhören will. Daß der Vorgesetzte seine Meinung nicht als erster sagen sollte, ist ein oft wiederholter Rat, der aber noch lange nicht routinemäßig umgesetzt wird. Er sollte sich zunächst zurückhalten, sein Gegenüber lieber fragen und ausdrücklich zur Kritik auffordern.

Insbesondere bei *problematischen Gesprächen* sollen zunächst Problembewußtsein signalisiert, Akzeptanz geäußert (um die Person, nicht unbedingt den Inhalt des Angesprochenen positiv anzunehmen) und offene Fragen gestellt werden. Um Gesprächsbereitschaft zu signalisieren, ist insbesondere die sog. nondirektive Gesprächsführung (vgl. den folgenden Beitrag von NEUMANN) eine große Hilfe.

Abbildung 4 zeigt die positive Wirkungsspirale am Beispiel des besseren Zuhörens.

5. Kennzeichen gelungener Kommunikation

Gelungene Kommunikation zeichnet sich insbesondere durch folgende Kennzeichen aus (vgl. NEUBERGER, 1992):

– Verwendung von Ich-Botschaften statt sich hinter „Man-Aussagen" und „Du-Vorwürfen" zu verstecken;

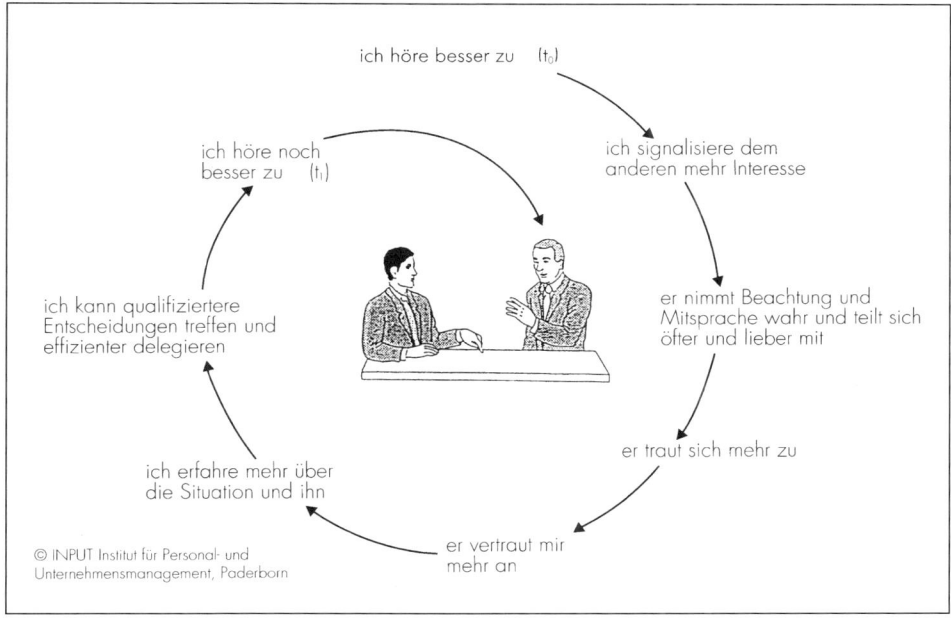

Abb. 4: Wirkungszyklus von persönlichen Verhaltensänderungen

Within the figure:

ich höre besser zu (t₀)

ich höre noch besser zu (t₁)

ich signalisiere dem anderen mehr Interesse

ich kann qualifiziertere Entscheidungen treffen und effizienter delegieren

er nimmt Beachtung und Mitsprache wahr und teilt sich öfter und lieber mit

ich erfahre mehr über die Situation und ihn

er traut sich mehr zu

er vertraut mir mehr an

© INPUT Institut für Personal- und Unternehmensmanagement, Paderborn

- beschreibende Äußerungen statt Wertungen und Be-/Verurteilungen vorzunehmen;
- Ausdrücken von Gefühlen und persönlicher Umgangston statt rein sachlich zu bleiben und sich hinter unpersönlichen Ausdrücken zu verschanzen;
- direkte, offene Äußerungen, bei denen Probleme sofort und explizit ausgedrückt werden, statt seine Meinung und seinen Ärger hinter „doppelbödiger" Kommunikation zu verbergen;
- Meinungsvielfalt statt Opportunismus;
- Feedback und aktives Zuhören statt Killerfragen und Kommunikationsblockaden;
- persönlicher Umgangston statt Unpersönlichkeit;
- konstruktives Verhalten statt „Mauern";
- Akzeptanz und Hilfsbereitschaft statt Ablehnung oder Ausnützen der Schwächen des anderen zu seinem eigenen Vorteil;
- Konfliktbereitschaft und -toleranz statt Harmonie um jeden Preis;
- authentische, ehrliche Aussagen statt Imponiergehabe und Profilierungsverhalten.

Im Austausch mit anderen Personen, durch verschiedene Analysen (s. o.) oder anhand von Checklisten (vgl. STREICH, 1987) läßt sich das eigene Kommunikationsprofil nach Stärken und Schwächen ausloten. Entsprechend dem in Abbildung 4 dargestellten Wirkungszyklus können dann einzelne Verhaltensweisen gezielt überprüft und bearbeitet werden.

Literatur

DOMSCH, M. & GERPOTT, T. J. (1988). Personalführung als Erfolgsfaktor in Forschung und Entwicklung. In: Harvard manager, Heft 2, 1988, S. 64–70.

DOMSCH, M. & Schneble, A. (1991). (Hrsg.). Mitarbeiterbefragungen. Heidelberg 1991.

GEBERT, D. & ROSENSTIEL, L. v. (1981). Organisationspsychologie. Stuttgart 1981.

GEHARDUS, J. (1989). Wie Sie Ihre Führung verbessern können. In: Gablers Magazin, o. Jg., Heft 6, 1989, S. 6–8.

LAUTERBURG, C. (1990). Führung in den Neunzigerjahren. Die Veränderung der Führungsfunktion im Zeitalter des raschen Wandels. In: Zeitschrift für Organisationsentwicklung, o. Jg., Heft 1, 1990, S. 7–23.

NEUBERGER, O. (1992). Miteinander arbeiten – miteinander reden. Hrsg. vom Bayerischen Staatsministerium für Arbeit und Sozialordnung. 12. Auflage. München 1992.

SCHULZ VON THUN, F. (1981). Miteinander reden: Störungen und Klärungen. Reinbek bei Hamburg 1981.

STREICH, R. K. (1987). Teamentwicklung – Verhalten im Team und Verhaltensdiagnose. In L. v. ROSENSTIEL et al. (Hrsg.), Motivation durch Mitwirkung. Stuttgart 1987.

WATZLAWICK, P., BEAVIN, J. H. & JACKSON, D. D. (1974). Menschliche Kommunikation. 4. Aufl. Bern u. a. 1974.

Zur Konkretisierung und weiteren Vertiefung wird empfohlen, im Fallstudienband die Fälle zu „Mitarbeitergespräch" zu bearbeiten.

Peter Neumann

Das Mitarbeitergespräch

„Damit die Vorgesetzten in meinem Unternehmen gute Mitarbeitergespräche führen können, brauchen Sie weniger ein Rhetorik- als vielmehr ein Zuhör-Seminar." Dies sagte die Bereichsleiterin „Personal" eines großen deutschen Konzerns, als wir für die Führungskräfte ihres Hauses ein Seminar planten, um das Führungsverhalten der Teilnehmer u. a. auch durch Training eines geeigneten Gesprächsstils zu optimieren.

Zu den Aufgaben dieser Führungskräfte gehört beispielsweise, daß sie

- ihre Mitarbeiter wirksam motivieren,
- mit ihnen effektive Zielvereinbarungs- und Beurteilungsgespräche führen,
- bei Kritikgesprächen die Ursachen für das Fehlverhalten herausfinden und gemeinsam mit den Mitarbeitern passende Maßnahmen zur Beseitigung dieser Verhaltensweisen entwickeln,
- ihre Mitarbeiter in Entscheidungen einbinden,
- Sach- und Beziehungsprobleme analysieren und lösen,
- qualifizierte Informationen einholen,
- an jeden einzelnen Mitarbeiter die ihm angemessenen Aufgaben delegieren,
- auf Beschwerden richtig reagieren oder
- künftige Aktivitäten, Arbeitsschwerpunkte und Arbeitsmethoden planen und koordinieren.

Ohne Kommunikation mit den Mitarbeitern sind diese für die meisten Führungspositionen sicher typischen Ziele wohl kaum zu erreichen. Und ebenso selbstverständlich ist, daß diese um so besser erreicht werden, je besser die Kommunikation zwischen dem Vorgesetzten und den Mitarbeitern ist. Folgerichtig stellt sich die Frage, wie ein Vorgesetzter die Kommunikation mit seinen Mitarbeitern verbessern kann (vgl. dazu auch v. ROSENSTIEL: Die Arbeitsgruppe, in diesem Band).

Nach einer sehr pointierten Feststellung von NEUBERGER (1980, S. 112) hängt eine erfolgreiche Gesprächsführung von drei Dingen ab: 1. vom *Zuhören,* 2. vom *Zuhören* und 3. vom *Zuhören.* Andere Autoren sehen dies ähnlich: So widmen beispielsweise BORMANN, HOWELL, NICHOLS und SHAPIRO (1969) in ihrem Buch „Kommunikation in Unternehmen und Verwaltung" dem Thema Zuhören zwei volle Kapitel. Und genau darauf zielte die eingangs zitierte Bereichsleitern ab, als wir unter den verschiedenen Gesprächsstilen nach einem suchten, der die Führungskräfte bei ihren Aufgaben besonders gut unterstützen könnte.

1.   Verschiedene Gesprächsstile

Mitarbeitergespräche kann man zum einen danach klassifizieren, wie stark der Vorgesetzte das Gespräch nach seinen eigenen Vorstellungen, Ideen und Wünschen steuert, und zum anderen danach, wie sehr er auf die persönlichen Belange des Mitarbeiters, auf dessen Vorstellungen, Wünsche und Bedürfnisse eingeht. Nach diesen Klassifikationskriterien ergeben sich folgende Gesprächstypen:

- das direktive Gespräch (das patriarchalisch-autoritär, autoritär oder als Streßgespräch geführt werden kann),
- die qualifizierte Beratung des Mitarbeiters durch den Vorgesetzten,

– der normale Dialog,
– das belanglose Geplaudere des Mitarbeiters mit dem Vorgesetzten und
– das nondirektive Gespräch.

Abbildung 1 zeigt diese Gesprächsstile, wobei die Grenzen zwischen den einzelnen Stilen natürlich fließend sind.

Beim *direktiven Gespräch* steuert der Vorgesetzte das Gespräch nach eigenem Gutdünken. Die Belange des Mitarbeiters werden vernachlässigt. Das extrem direktive *Streßgespräch* zielt darauf ab, durch ständige, scharf formulierte und vorgetragene Fragen den Mitarbeiter – fast im Sinne eines Verhörs – zu verunsichern und dadurch vielleicht zu ,Geständnissen' und ,Zugeständnissen' zu bewegen. Das *autoritäre Gespräch* ist im Vergleich dazu etwas ,milder'; doch auch hier hat der Mitarbeiter kaum Gelegenheit, seinen Vorstellungen Gehör zu verschaffen. Im *patriarchalisch-autoritären Gespräch* hält sich der Vorgesetzte schon ein klein wenig zurück; die persönlichen Bedürfnisse des Mitarbeiters werden etwas mehr berücksichtigt. (Dieser Gesprächsstil wird hier nicht verstanden als ein wirklich ,väterlicher' Gesprächsstil, bei dem der Gesprächsleiter durchaus auf seinen Gesprächspartner eingeht. Der patriarchalisch-väterliche Gesprächsstil wäre in Abbildung 1 bei der qualifizierten Beratung anzusiedeln.)

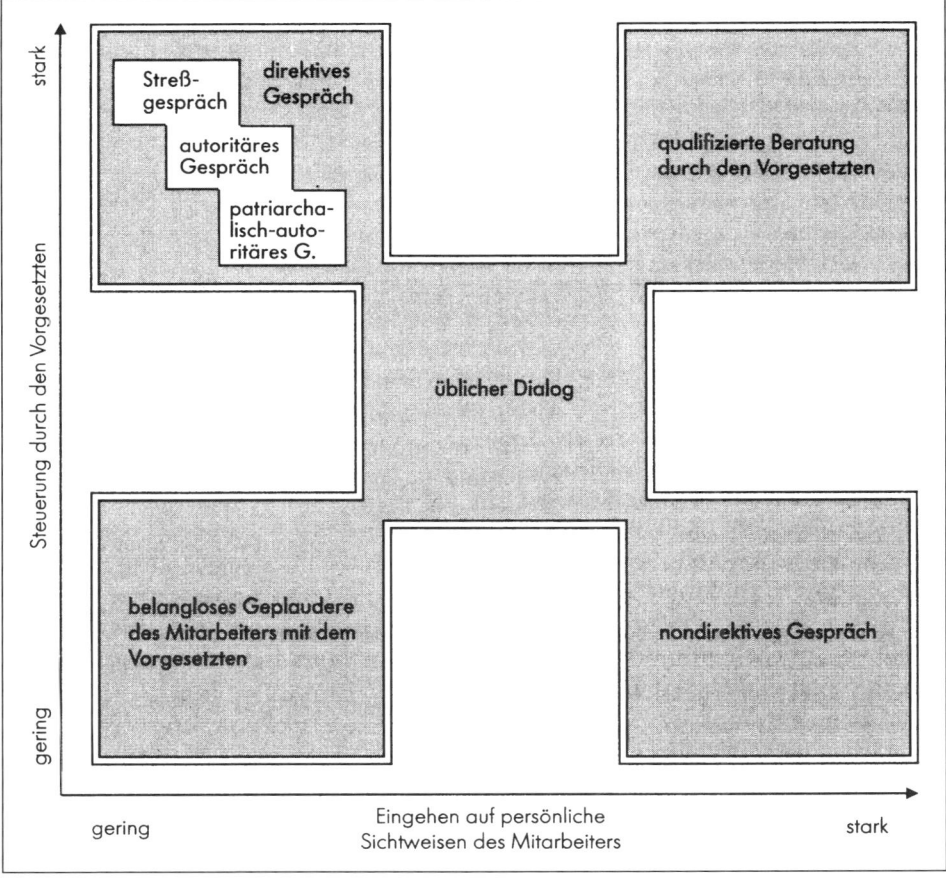

Abb. 1: Verschiedene Möglichkeiten, ein Mitarbeitergespräch zu führen

Im *üblichen Dialog* tauschen der Vorgesetzte und sein Mitarbeiter wechselseitig Informationen aus. Der Vorgesetzte steuert das Gespräch nicht mehr so stark und geht auch schon auf die Wünsche seines Mitarbeiters ein. Für viele Situationen ist dies eine sehr geeignete Gesprächsform, vorausgesetzt, es kommt tatsächlich zu einem echten Dialog und nicht wieder zu einem Monolog des Vorgesetzten, der für direktive Gespräche oft typisch ist.

Das *nondirektive oder mitarbeiterorientierte Gespräch* ist dadurch gekennzeichnet, daß der Vorgesetzte das Gespräch kaum nach seinen *eigenen* Vorstellungen steuert, sondern nach dem, was er den Äußerungen des Mitarbeiters entnehmen kann. Er versucht, den Sachverhalt mit den Augen des Mitarbeiters zu sehen, sich auf die persönliche Sichtweise des Mitarbeiters einzustellen. In dieser Gesprächsform kann sich der Mitarbeiter am meisten ‚einbringen‘. Der Vorgesetzte ist dabei aber keineswegs Spielball des Mitarbeiters: Durch aufmerksames Zuhören – dem wichtigsten Kennzeichen dieses Gesprächsstils – ist er sehr wohl in der Lage zu erkennen, wenn der Mitarbeiter ‚um den heißen Brei redet‘ oder ihn mit Worten ‚zudecken‘ will. Er kann dann entweder nondirektiv ‚nachhaken‘ oder auf eine direktivere Gesprächsform umsteigen, um zu verhindern, daß das Gespräch zu einem bloßen Geplaudere des Mitarbeiters abgleitet.

Beim *belanglosen Geplaudere* hat der Mitarbeiter zwar die Gelegenheit, das Gespräch weitgehend allein zu steuern; er spricht aber nicht über das, was wirklich ‚Sache‘ ist. Seine zentralen Vorstellungen, Wünsche oder Befürchtungen bleiben unausgesprochen. Das Gespräch bleibt an der Oberfläche.

Bei der *qualifizierten Beratung* geht der Vorgesetzte auf die persönlichen Belange des Mitarbeiters präzise ein, bestimmt allerdings den Verlauf des Gesprächs weitgehend selbst. Eine solche Gesprächsform wäre etwa gegeben, wenn ein Personalchef dem Teilnehmer an einem Assessment Center (vgl. den Beitrag von SCHULER: Auswahl von Mitarbeitern, in diesem Band) dessen Ergebnisse detailliert erläutert und ihm mitteilt, welche Qualifikationsmaßnahmen für ihn besonders empfehlenswert wären.

Die wichtigsten Gesprächsstile sollen an einem konkreten Beispiel veranschaulicht werden: Ein Vorgesetzter stellt bei einem seiner Mitarbeiter fest, daß dieser seit zwei Monaten weniger als früher leistet. Er beschließt, mit dem Mitarbeiter darüber zu reden, um die Ursachen für den Leistungsabfall zu erfahren und sie nach Möglichkeit abzustellen. Wie könnte dieses Gespräch aussehen?

Ein *Streßgespräch* könnte mit folgenden Sätzen beginnen:

Vorgesetzter: „Ihre Arbeitsleistung ist absolut indiskutabel. So kann es auf keinen Fall weitergehen. Sie müssen umgehend Ihre Leistung wieder auf den alten Stand bringen und alles unterlassen, was Ihre Leistung beeinträchtigen könnte.“

    Mitarbeiter: „Ja, natürlich.“

„Was heißt hier ‚Ja, natürlich‘. Sie müssen alles, wirklich alles unterlassen – auch jegliche Form von Alkohol. Der ist doch sicher mit im Spiel?“

    „Das kann ich mir nicht vorstellen.“

„So eine Antwort ist ja wieder einmal typisch für Sie. Sie sind wohl nicht Manns genug, Ihre Probleme zuzugeben. Ich will ein klares ‚Ja‘ oder ‚Nein‘ auf meine Frage. Haben Sie nun Alkoholprobleme oder nicht?“

    „Natürlich nicht!“

Ein *patriarchalisch-autoritäres Gespräch* könnte folgendermaßen ablaufen:

Vorgesetzter: „Sie wissen ja, daß ich mich um jeden meiner Mitarbeiter fast so wie um meine eigenen Söhne kümmere. Und mir ist aufgefallen, daß sich Ihre Arbeitsleistung in letzter Zeit ziemlich verschlechtert hat. Ich mache mir deshalb Sorgen um Sie. Kann ich Ihnen bei Ihren Problemen helfen?"

 Mitarbeiter: „Das ist sehr freundlich von Ihnen, aber ich komme schon selbst zurecht."

„Das habe ich von Ihnen auch nicht anders erwartet. Sie sind ein tüchtiger Kerl und schaffen es ganz sicher. Wir alle haben doch das eine oder andere Problem. Da müssen wir einfach durch. Ein so verdienter Mitarbeiter wie Sie wird sich doch nicht hängenlassen. Wir werden das Kind schon schaukeln. Sie können auf meine Hilfe zählen."

 „Vielen Dank."

Ein *üblicher Dialog* könnte wie folgt anfangen:

Vorgesetzter: „Mit Ihrer Arbeitsleistung bin ich in letzter Zeit nicht mehr ganz zufrieden."

 Mitarbeiter: „Was haben Sie daran auszusetzen?"

„Da wären zum einen Ihre Fehler, die zugenommen haben."

 „Ich finde, daß ich bei Routine-Aufgaben nicht mehr Fehler als früher mache."

„Das mag sein; aber bei Arbeiten, die Flexibilität verlangen, sieht es dafür um so schlechter aus."

 „Da gab es auch in letzter Zeit einige ausgesprochen knifflige Sachen. Da haben meine Kollegen ebenfalls gestöhnt."

„Was Ihre Kollegen sagen, ist im Moment nicht so wichtig. Wir wollen über Ihre Arbeitsleistung sprechen."

 „Aber wenn's den anderen genauso ergeht?"

Ein *nondirektives Gespräch* könnte mit folgenden Worten eröffnet werden:

Vorgesetzter: „Ich mache mir etwas Sorgen um Ihre Arbeitsleistung. Was ist geschehen?"

 Mitarbeiter: „Nichts. Absolut nichts."

„Wirklich nichts?"

 „Nun ja, … ich finde, daß ich im Vergleich zu meinen Kollegen gar nicht so schlecht dastehe."

„Ja."

 „Aber es waren in letzter Zeit auch einige besonders schwierige Aufgaben dabei. Da mußte ich mich erst reinarbeiten. Das hat vielleicht meine Leistung etwas beeinträchtigt."

„Sie sagen ‚vielleicht' und ‚etwas'."

 „Nun – aber irgendwie ist mir das unangenehm, ich fühle mich in letzter Zeit doch ziemlich gestreßt."

„Warum?"

 „Da spielen natürlich auch die schwierigen Fälle eine gewisse Rolle…"
 Pause.
 „…und da ist da noch etwas anderes. Ich…"

Überlegt man, wie gut die hier dargestellten Gesprächsstile für die Bewältigung der oben beschriebenen Führungsaufgaben geeignet sind, wird man im Normalfall dem üblichen Dialog, in kritischen Situationen dem nondirektiven Gespräch eine gewisse Schlüsselrolle zuschreiben können. Allerdings wäre es naiv zu glauben, es gäbe *einen* Gesprächsstil, der in *allen* Situationen der beste und damit allein empfehlenswerte ist. Zu unterschiedlich sind die konkreten Gegebenheiten für den einzelnen Vorgesetzten: seine eigenen Fähigkeiten und Persönlichkeitseigenschaften, die seiner Mitarbeiter, die aktuellen Sachaufgaben und Problemfelder, gesellschaftliche und betriebliche Rahmenbedingungen usw. Trotz dieser Einschränkungen kann im nondirektiven Gespräch eine bedeutsame Möglichkeit gesehen werden, mit der Führungskräfte besonders heikle Aufgaben meistern können. Der Vorgesetzte kann dabei die nondirektive Gesprächsform ausschließlich oder nur in einer bestimmten Phase eines längeren Gesprächs wählen. Vor allem ein Vorteil nondirektiver Gespräche ist unübersehbar: Die gerade für Mitarbeitergespräche besonders bedeutsame Beziehungsebene, das Klima zwischen den Gesprächspartnern (vgl. NEUBERGER, 1988), wird meist sehr positiv beeinflußt.

Im Rahmen dieses Beitrags ist es nicht möglich, alle angesprochenen Gesprächsformen ausführlich darzustellen. Es ist eine Auswahl zu treffen: Direktive Gespräche haben beim Mitarbeiter oft ‚Nebenwirkungen‘ (insbesondere auf der Beziehungsebene), die kaum oder nur sehr schwierig vermieden oder rückgängig gemacht werden können. Direktive Gespräche sind deshalb nur in Ausnahmefällen empfehlenswert. Der übliche Dialog ist wohl allen Vorgesetzten so geläufig, daß es keines besonderen Trainings bedarf; höchstens vielleicht folgenden Hinweises: Nicht selten erscheint ein Gespräch dem Vorgesetzten selbst als ein echter Dialog (evtl. sogar mit nondirektiven Zügen), dem Mitarbeiter jedoch als ziemlich direktiv.

Aus diesen Gründen und den eingangs dargelegten Überlegungen erscheint es zweckmäßig, im folgenden auf den nondirektiven Gesprächsstil besonders einzugehen. Daß man das nondirektive Gespräch nicht unbedingt auf Anhieb perfekt beherrschen wird, spielt keine entscheidende Rolle. In vielen Fällen hat es schon positive Wirkungen auf den Mitarbeiter und für den Vorgesetzten, wenn der bisherige Gesprächsstil etwas nondirektiver wird, wenn der Vorgesetzte weniger häufig lenkend eingreift, sich mehr auf seinen Mitarbeiter einstellt und in bestimmten Gesprächssituationen seinen vielleicht ursprünglich eher patriarchalisch-autoritären Stil in einen echten Dialog, seinen üblichen Dialog in einen nondirektiven Dialog ändert.

2. Das nondirektive Mitarbeitergespräch

Will man ein Gespräch nondirektiv führen, wird man – wie bei fast allen Gesprächen – zunächst einmal dafür sorgen, daß keinerlei Einflüsse von außen (wie z.B. Telefonanrufe oder Besuche) das Gespräch stören, und sich dann nach Möglichkeit so verhalten, wie es in den beiden folgenden Aufstellungen skizziert ist.

‚Zuhören‘, die Voraussetzung einer jeden echten Kommunikation, wird also beim nondirektiven Gesprächsstil besonders gefordert. Weitere Empfehlungen runden diese Hauptforderung ab:

direktive Gesprächsführung	nondirektive, mitarbeiterorientierte Gesprächsführung

Der direktive Vorgesetzte...
 	
 • steuert das Gespräch allein – so, wie es ihm paßt;
 • vernachlässigt die Ansichten, Wünsche und Bedürfnisse des Mitarbeiters;
 • spricht viel – ohne sich in den Mitarbeiter besonders einzufühlen.
	Der nondirektive Vorgesetzte...
	
	 • deutet zu Beginn nur global den Gesprächsrahmen an und überläßt dann das Wort seinem Mitarbeiter;
	 • geht auf seinen Mitarbeiter geduldig und freundlich ein: er ist an den Problemen seines Gegenübers tatsächlich (nicht nur scheinbar) interessiert;
	 • spricht wenig (und wird auch Pausen kaum von sich aus unterbrechen);
	 • versucht, den Mitarbeiter zum Sprechen zu bringen:
	   – nonverbal[1], z. B. durch ermutigendes Kopfnicken, ein zustimmendes „Mhm", aufmerksames Zuhören und freundliche Zuwendung (das Blättern in der Unterschriftenmappe, der ständige Blick auf die Uhr wären eine ‚Sünde' wider den Geist nondirektiver Gespräche), und
	   – verbal dadurch, daß er
	     – deutlich macht, daß er seinen Mitarbeiter verstanden hat („Ja", „Verstehe", „Bestimmt", „Sicher"),
	     – *Fragen in W-Form formuliert* („Warum...?", „Wie...?", „Weshalb...?", „Was ist bei dieser Angelegenheit noch wichtig?"). W-Fragen sind nicht mit einem bloßen „Ja" bzw. „Nein" zu beantworten. Sie sind geeignet, das Gespräch zu öffnen und das Thema samt seinem Umfeld breit auszuleuchten,
	     – das bisher vom Mitarbeiter Gesagte *wiederholt* bzw. *präzisiert* („Mit anderen Worten...", „Sie finden...", „Sie spüren...""), oder
	     – Aussagen des Mitarbeiters *interpretiert* (doch ist hier besondere Vorsicht angezeigt, da die Interpretation des Vorgesetzten falsch sein kann oder – wiewohl zutreffend – vom Mitarbeiter nicht akzeptiert wird. In beiden Fällen wird er dann gegen diese Interpretation argumentieren);
	 • hört aktiv zu.

[1] Zu den nonverbalen Signalen gehören u. a. die äußere Erscheinung (wie Kleidung, Frisur, Statussymbole), Mimik, Gestik, Körperhaltung, Sprechweise (wie Lautstärke, Tonhöhe, Tempo, Rhythmus, Stockungen) und physiologische Erscheinungsweisen, (wie Erröten, Erbleichen oder Schwitzen), ferner die Sitzordnung und der Abstand zum Gesprächspartner (vgl. Argyle, 1989).

Kasten 1: Die wichtigsten Unterschiede zwischen extrem direkter und nondirektiver Gesprächsführung

Für das nondirektive Gespräch ist neben einer mitarbeiterorientierten Grundeinstellung also das aufmerksame Zuhören – auch ‚zwischen den Zeilen' – von besonderer Bedeutung. Doch dies ist leichter gesagt als getan: Zum einen ist es für den Vorgesetzten nicht immer einfach, die gewohnte Rolle des *Führenden* mit der des *geführten Zuhörers* zu vertauschen, und zum anderen erschweren – trotz bester Absicht – seine Vor-

Der direktive Vorgesetzte ..	Der nondirektive Vorgesetzte ...
● unterbricht, wann er will;	● läßt seinen Mitarbeiter ausreden;
● demonstriert Autorität;	● verzichtet auf seinen Vorgesetztenstatus;
● bewertet die Antworten explizit, widerspricht und erteilt Ratschläge;	● gibt keine Werturteile über die Äußerungen seines Mitarbeiters ab, erteilt keine Ratschläge und hält seine eigenen Meinungen und Einstellungen zurück, denn dies könnte bewirken, daß der Mitarbeiter seine Äußerungen ‚zensiert' und nicht mehr seine Sichtweise darstellt (wenn der Vorgesetzte vom Mitarbeiter nach seiner Meinung gefragt wird, kann er z. B. sagen: „Bevor ich mir darüber ein Urteil erlauben kann, möchte ich gerne von Ihnen alles, auch scheinbar Nebensächliches erfahren.");
● stellt präzise, meist geschlossene Fragen („Haben Sie ..."), die nicht selten mit einem bloßen „Ja" oder „Nein" zu beantworten sind. (Geschlossene Fragen zielen im Gegensatz zu offenen Fragen auf einen bestimmten Punkt – wie der Brennpunkt einer Taschenlampe – und können insbesondere dann, wenn die Problemlage noch sehr unklar ist, leicht am Kern des Problems vorbeigehen. Mit geschlossenen Fragen kann der Vorgesetzte von seinem Mitarbeiter kaum mehr erfahren, als er mit seinen Fragen ‚hineinsteckt'. Insbesondere bei unerwarteten Problemen und Schwierigkeiten des Mitarbeiters dürfte es für den Vorgesetzten schwierig sein, so an ‚des Pudels Kern' zu gelangen.)	● spricht oder fragt (wie: siehe Kasten 1) nur, – um Ängste und Befürchtungen des Mitarbeiters abzubauen oder ihn für seine freimütige Meinungsäußerung anzuerkennen, – um den Mitarbeiter zum Sprechen zu ermuntern (bei Pausen greift er nur solche Themen auf, die vom Mitarbeiter bereits angeschnitten worden sind[1]), – um bei einem Thema nachzuhaken, das für den Mitarbeiter offensichtlich wichtig ist (auch wenn dies nur indirekt zum Ausdruck kommen sollte). Dies sind vor allem Themen, bei denen der Mitarbeiter – eine unangemessene Emotion gezeigt hat bzw. eine normalerweise zu erwartende Emotion *nicht* gezeigt hat, – andeutet, daß hinter seiner ‚unauffälligen' Äußerung doch mehr steckt. Diese Andeutungen können nonverbal (z. B. durch Erröten) oder verbal (z. B. durch sprachliche Floskeln wie „eigentlich") erfolgen.

[1] Hier sollte man sich in der Regel auf sein Gedächtnis verlassen. Schriftliche Notizen sind nur in Ausnahmefällen und nur nach Rückfrage beim Mitarbeiter akzeptabel.

Kasten 2: Weitere Unterschiede zwischen extrem direktiver und nondirektiver Gesprächsführung

stellungen und Erwartungen die unverfälschte Wahrnehmung der Aussagen eines Mitarbeiters (vgl. hierzu auch den Beitrag von STEHLE: Mitarbeiterbeurteilung, in diesem Band). Nicht selten wird ein Vorgesetzter das, was nicht zu seinen Vorstellungen paßt, *überhören* oder in seinem Sinne *umdeuten*. Und beide Male ist er davon überzeugt, den Mitarbeiter richtig verstanden zu haben. Drei Beispiele mögen dies belegen.

In einem Experiment ließ man Raucher und Nichtraucher gemeinsam in einem Raum warten. Dieser Raum wurde gleichzeitig mit zwei verschiedenen Tonbändern beschallt. Sprecher und Lautstärke der Bänder waren gleich. Auf dem einen Band ging es um die Schädlichkeit des Rauchens, auf dem anderen Band wurde über positive Wirkungen einer Zigarette gesprochen. Dann bat man die Testpersonen einzeln in einen anderen Raum und fragte sie, ob ihnen während des Wartens irgend etwas aufgefallen sei. Die Mehrzahl der Raucher hatte das für sie Angenehme gehört („im Hintergrund war dann noch so eine Stimme, die ich aber nicht verstehen konnte, weil sie so leise war"). Bei den Nichtrauchern war es entsprechend umgekehrt. Die eigenen Vorstellungen filterten also das weg, was ‚gegen den Strich ging', und ließen bevorzugt das durch, was zu ihnen paßte.

Die verzerrenden Wirkungen eigener Vorstellungen und Erwartungen können sehr schön mit dem zweiten Beispiel demonstriert werden: Wenn ein Redner in seinem Vortrag sagt „Reden ist Schweigen, Silber ist Gold", wird eine ganze Reihe von Zuhörern wahrnehmen: „Reden ist Silber, Schweigen ist Gold". In einem vom Autor lancierten ‚Versprecher' waren es einmal sogar 19 von 20 Seminarteilnehmern. Das bereits im Kopf vorhandene Vorwissen um das richtige Sprichwort ist stärker als die tatsächlich gesprochene Information.

Das dritte Beispiel befaßt sich mit der Wahrnehmung nonverbaler Signale, die beim nondirektiven Gespräch ja besonders aufmerksam beobachtet werden sollen. Betrachten Sie bitte die beiden Figuren von Abbildung 2, und lassen Sie sie spontan auf sich wirken. Was wird durch die beiden Körperhaltungen ausgedrückt?

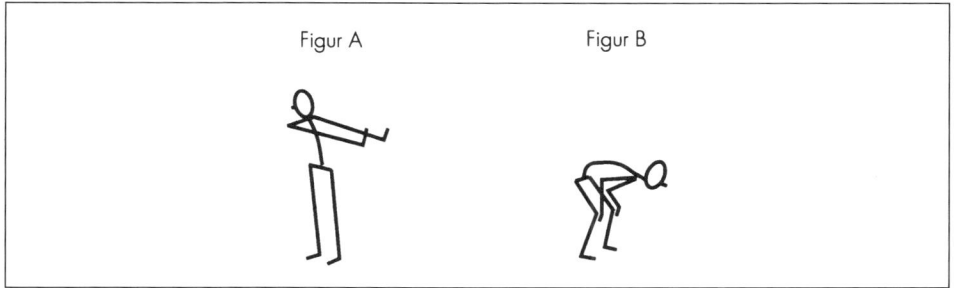

Abb. 2: Die Interpretation der Körperhaltung (nach ARGYLE, 1989, S. 256)

Bei Figur A sind sich die meisten Betrachter einig: A scheint sich gegen etwas zu sträuben, es abzuwehren. Körperhaltung A läßt sich also – egal welche Voreinstellungen man hat – kaum in verschiedene Richtungen deuten; sie ist eindeutig.

Anders Körperhaltung B: Abhängig von den subjektiven Einstellungen der Betrachter wird B unterschiedlich gesehen: katzbuckelnd, beobachtend, etwas auf dem Boden suchend, sich vor Freude auf die Oberschenkel klatschend, freundlich mit einem Kind redend oder als Torwart den Elfmeter erwartend. (Einmal sagte ein Seminarteilnehmer, Figur B leide unter einem Bandscheibenvorfall. Und es überrascht nicht, daß dieser Teilnehmer auf Nachfragen erklärte, selbst Bandscheibenprobleme zu haben.)

Übertragen auf das Mitarbeitergespräch illustrieren diese Beispiele den Tatbestand, daß die Denkstrukturen des Vorgesetzten das, was der Mitarbeiter ausdrückt, in ihrem Sinne lenken oder gar ganz abblocken können. Dies ist besonders dann wahrscheinlich, wenn die ersten Andeutungen des Mitarbeiters noch etwas vage sind bzw. nicht energisch genug vorgetragen werden, der eigentliche Sachverhalt eher *zwischen den Zeilen* zum Ausdruck kommt (worauf der Vorgesetzte beim nondirektiven Gespräch ja auch achten sollte).

Bitte versuchen Sie, bei den folgenden Übungsbeispielen *zwischen den Zeilen* zu lesen, und überlegen Sie, was evtl. dahinterstehen könnte. Alle Beispiele haben sich tatsächlich ereignet: die meisten im realen Berufsalltag, eines davon im Rollenspiel.

(1) „Eigentlich war ich mit meinem Gehalt ganz zufrieden" (anläßlich eines Austrittsgespräches);

(2) „So bin ich doch nur das fünfte Rad am Wagen" (ein Mitarbeiter zu seinem Chef im Vorbeigehen);

(3) „Ich will auch mit Ihnen keinen Streit" (ein Mitarbeiter zum Kollegen nach einem Krach mit seinem unmittelbaren Vorgesetzten, den er aber vor dem Kollegen unbedingt vertuschen wollte);

(4) „Ich bin trotzdem hingegangen" (ein Mitarbeiter zu seinem Chef);

(5) „Mir darf nichts schiefgehen, beim Kollegen Lüscher hingegen..." (ein Mitarbeiter zu seinem Chef);

(6) „... daß wir pfleglich miteinander untergehen" (Bundeskanzler Kohl, 1989, auf dem Höhepunkt der Koalitionskrise);

(7) „Vielen Dank für Ihre konstruktive und sachliche Kritik. Ich werde Ihre unverbindlichen Äußerungen sorgfältig prüfen" (ein Vorgesetzter zu seinen Mitarbeitern, die – von ihm angeregt – Schwachstellen innerhalb des Unternehmens diskutiert hatten).

Die nachfolgenden Interpretationen der ersten fünf Bemerkungen sollen nur Denkanstöße, keine ‚Musterinterpretationen' sein. (Die beiden letzten Aussagen, Freudsche Versprecher im wahrsten Sinn des Wortes, bedürfen wohl keines weiteren Kommentars.)

(1) Ohne die – gelegentlich belanglose Floskel ‚eigentlich' überinterpretieren zu wollen, liegt doch die Vermutung nahe, daß eher das Gegenteil zutrifft, daß der kündigende Mitarbeiter mit seinem Gehalt nicht besonders zufrieden war.

(2) Hier kommt sicher eine gewisse Resignation zum Ausdruck. Der Mitarbeiter fühlt sich überflüssig, vielleicht übergangen oder gar ungerecht behandelt. Wenn das erste Wort ‚So' nonverbal besonders betont wird, kann man dahinter auch einen indirekten Appell an den Vorgesetzten vermuten, an der als frustrierend empfundenen Situation etwas zu ändern.

(3) Das ‚auch' weist sehr deutlich auf das hin, was der Mitarbeiter seinem Gesprächspartner verschweigen möchte: auf den Streit mit seinem direkten Vorgesetzten.

(4) Hier ist eine Reihe von Interpretationen denkbar: Der Mitarbeiter war zu faul, er hätte nicht gehen dürfen, er hatte keine Zeit, er hat sich davon nichts versprochen u. ä.

(5) Auf den ersten Blick wird man hier vermuten, daß dieser Mitarbeiter sich im Vergleich zu seinem Kollegen ungerecht behandelt fühlt. Doch diese Sichtweise kann trügen: Wäre es nicht möglich, daß der Sprecher dieses Satzes seinen Kollegen und dessen Aufgaben ausgesprochen geringschätzt?

Wie einfühlsam man solche Aussagen auch interpretieren mag; am besten weiß natürlich der Sprecher selbst, was ihn im Augenblick bewegt. Ist es für den Vorgesetzten wichtig zu erfahren, was tatsächlich hinter der Äußerung eines Mitarbeiters steckt, kann nur empfohlen werden, sich nicht zu sehr auf die eigene Interpretation zu verlassen, sondern den Mitarbeiter zu fragen, was ‚Sache‘ ist. Damit der Vorgesetzte wirklich hinter mögliche Fassaden sehen kann, ist es in vielen Fällen sinnvoll, das Gespräch nondirektiv zu führen oder wenigstens nondirektiv zu beginnen, etwa mit den Worten:

– „Warum ‚eigentlich‘?" (im Falle 1)
– „Wieso ‚auch‘?" (im Falle 3)
– „Weshalb sind Sie ‚trotzdem‘ hingegangen?" (im Falle 4)
– „Weshalb darf Ihnen nichts schiefgehen?" (im Falle 5) oder – ganz allgemein –
– „Wie kommen Sie zu dieser Meinung?" bzw. mit einem einfachen
– „Warum?"

Wenn Sie statt dessen direktiv reagieren (etwa mit den Worten „Was heißt hier ‚trotzdem‘? Es gehört immerhin zu Ihren Dienstaufgaben." Oder „Ich lasse mir keine Vetternwirtschaft vorwerfen; ich behandle Herrn Lüscher genauso wie Sie!"), können Sie

– inkompetent erscheinen (wenn Ihre Interpretation falsch ist) oder
– auf Abwehr stoßen (wenn Ihre Interpretation zutrifft).

Beides sind keine guten Voraussetzungen für den Start eines Gesprächs.

Doch auch ein nondirektiv begonnenes Gespräch kann dadurch, daß der Vorgesetzte unterbricht, vorschnell bewertet oder geschlossene Fragen stellt, ‚abgewürgt‘ oder von den eigentlichen Belangen des Mitarbeiters weg in eine andere Richtung gelenkt werden. Daß dies in einigen Fällen durchaus in der Absicht des Vorgesetzten liegen kann, sei nicht bestritten. Doch immer dann, wenn der Vorgesetzte möglichst ungefiltert die Ansichten des Mitarbeiters erfahren will, sind solche Lenkungstechniken fehl am Platz.

Ist ein nondirektives Gespräch aber erst einmal in Gang gekommen, wird sich die eine oder andere geschlossene Frage oder Unterbrechung kaum mehr negativ auswirken.

Im Verlaufe vieler Seminare, in denen die nondirektive Gesprächsform vorgestellt und geübt wurde, hat es sich gezeigt, daß es gar nicht so einfach ist, auf Unterbrechungen, Bewertungen oder geschlossene Fragen zu verzichten. Es hat sich deshalb bewährt, vor dem ersten echten nondirektiven Mitarbeitergespräch diesen Stil mit einer befreundeten Person zu üben. Führen Sie ein nondirektives Gespräch und bitten Sie Ihren Partner darum, daß er sofort moniert, wenn Sie unterbrechen, bewerten oder geschlossene Fragen stellen. (Mögliche Themen für eine solche Übung wären Umweltschutz, Schwierigkeiten bei der Kindererziehung, Einschätzung einer bestimmten politischen Partei bzw. eines Politikers, Tempolimit u. a.)

3. Einsatzbereiche und Wirkungen nondirektiver Gespräche

Nondirektive Gespräche werden u. a. eingesetzt

– in der Psychotherapie, beispielsweise in der Gesprächspsychotherapie nach CARL ROGERS, bei der nondirektiv Hilfe zur Selbsthilfe gegeben werden soll,

- in der Markt- und Meinungsforschung, wo zahlreiche interessante Befunde erst mit dieser Gesprächsform erhoben werden konnten (vgl. auch das Beispiel am Ende dieses Beitrags) und natürlich
- in Unternehmen – und hier insbesondere bei Mitarbeitergesprächen.

Innerhalb von Unternehmen sind vielfältige Gelegenheiten denkbar, bei denen das nondirektive Gespräch gewinnbringend eingesetzt werden kann, so z.B.

- bei Einstellungsgesprächen (um Stärken und Schwächen von Bewerbern zu diagnostizieren),
- bei neueingestellten Mitarbeitern (um zu ihnen schnell einen guten Kontakt aufzubauen),
- bei der Anhörung von Beschwerden,
- in bestimmten Phasen von Kritikgesprächen,
- bei Motivationsgesprächen (um die Arbeitsmotive des Mitarbeiters zu erkennen und darauf passende Anreize zu finden),
- nach gescheiterten Projekten (um die Ursachen zu analysieren und das weitere Vorgehen zu besprechen),
- bei persönlichen Problemen des Mitarbeiters (um dafür mehr Verständnis zu entwickeln und evtl. gezielt Hilfestellung geben zu können),
- bei Konflikten im Team oder zwischen verschiedenen Teams (um deren Ursachen zu klären, zu beseitigen oder wenigstens zu mildern) oder
- bei Austrittsgesprächen (um die Gründe für die Kündigung erfahren und ggf. abstellen zu können).

Nondirektive Gespräche sind in der Regel *ungeeignet* für alle Situationen, bei denen der Vorgesetzte seinen Mitarbeitern Sachinformationen geben muß, wie beispielsweise Berichte, Aufträge, An- und Unterweisungen oder die Beschreibung von Aufgaben und Tätigkeiten. Allerdings kann es auch hier sinnvoll erscheinen, nondirektiv nachzufragen, um herauszufinden, wo eventuelle Widerstände oder Mißverständnisse liegen und wie diese beseitigt werden können.

Wählt man die nondirektive Gesprächsform zu einem passenden Anlaß, kann damit – wie einschlägige Veröffentlichungen und Berichte von Praktikern gleichermaßen belegen – eine Reihe *positiver Effekte* erzielt werden:

- Soforthilfe durch „*Dampfablassen*"
  Schon allein dadurch, daß der Mitarbeiter sich aussprechen und alle ihm wichtigen Themen erörtern kann, wird er entspannter und ruhiger. Dies ist dann besonders wichtig, wenn er sich über eine bestimmte Person oder Sache so geärgert hat, daß er momentan zu keinem klaren Gedanken mehr fähig ist.
- Möglichkeit zur *Selbstdiagnose*
  Der Mitarbeiter äußert seine eigenen Gedanken, Vorstellungen und Gefühle vor einem aufmerksamen Zuhörer, der ihn durch entsprechende Fragen dazu bringt, weiter zu denken, als er es bisher vielleicht getan hat. Dadurch kann er sich über seine Situation klarwerden und sie dann auch besser in den Griff bekommen.
- Möglichkeit zur *Fremddiagnose*
  Der aktiv zuhörende Vorgesetzte kann das, was den Mitarbeiter bewegt, adäquat erkennen, er kann Ungereimtheiten und Unklarheiten aufdecken und kommt damit – wie das Beispiel am Ende dieses Beitrags zeigt – sehr oft weiter als mit einem normalen Dialog oder direktiver Vorgehensweise.

- Entwicklung von Maßnahmen zur *Lösung des diagnostizierten Problems* („Hilfe zur Selbsthilfe")
  Nachdem eine bestimmte Sachlage einschließlich ihrer Ursachen diagnostiziert ist, kann im weiteren Verlauf des Gesprächs eine Lösung erarbeitet werden. Auch dies kann nondirektiv erfolgen und etwa mit den Worten eingeleitet werden: „Und was können wir angesichts dieser Sachlage tun?" Natürlich wird der Vorgesetzte darauf achten (und ggf. auch direktiver werden), daß die ins Auge gefaßten Maßnahmen auch in den betrieblichen Rahmen passen und weder mit seinen Vorstellungen noch mit denen der übrigen Mitarbeiter kollidieren. Lösungen, die auf diese Weise vom Mitarbeiter (mit-)entwickelt werden, verfügen vermutlich über eine
  - *hohe Qualität,* da die Lösung an die individuelle Situation des Gesprächspartners angepaßt wird, und eine
  - *hohe Akzeptanz,* da der Gesprächspartner hinter der von ihm mitentwickelten Lösung steht; Widerstand bzw. Reaktanz sind unwahrscheinlich.
    Wenn der Mitarbeiter nicht in der Lage bzw. nicht bereit ist, eine Lösung zu entwickeln, kann der Vorgesetzte – von dem zu lösenden Problem weiß er nach einem nondirektiven Gespräch in der Regel genug – eine qualifizierte Beratung bzw. ein autoritäres Gespräch beginnen.
- *Verbesserung der Beziehung zwischen Vorgesetztem und Mitarbeiter*
  Einerseits kann der Vorgesetzte seinen Mitarbeiter besser kennenlernen und verstehen, andererseits wächst beim Mitarbeiter das Vertrauen in einen Chef, der ihn zu Worte kommen läßt und auf ihn eingeht. Beides wirkt sich positiv auf die Beziehungsebene, das ‚Klima' zwischen Vorgesetztem und Mitarbeiter aus.
- *Verbesserung des Führungsstils* des Vorgesetzten
  Es ist wahrscheinlich, daß sich im Laufe der Zeit auch das Führungsverhalten auf der Dimension ‚Mitarbeiterorientierung' in die positive (d. h. von den meisten Mitarbeitern gewünschte) Richtung verändert.

Nondirektive Gespräche können aber auch *Nachteile* und *negative Effekte* haben:

- Es besteht die Gefahr, ins Nebensächliche, in belangloses Geplaudere abzugleiten. Doch wird man dies durch aktives Zuhören relativ leicht erkennen und dann das Gespräch durch entsprechende „W-Fragen" wieder auf den Punkt bringen.
- Gelegentlich dauert ein nondirektives Gespräch länger als ein direktives. Dieser Zeitnachteil ist jedoch der Zeit ‚gegenzurechnen', die eine Konflikt- oder Problemsituation kostet, die in einem schnellen direktiven Gespräch nicht oder nur unzureichend erkannt und dann auch nicht gelöst worden ist.
- Der Mitarbeiter kann den Eindruck gewinnen, sein Vorgesetzter wäre unsicher, nicht der ‚Macher', den er erwartet. Um dem entgegenzuwirken, kann der Vorgesetzte dies ganz offen ansprechen, etwa mit den Worten: „Bevor ich eine Entscheidung treffe, möchte ich mir zunächst ein umfassendes Bild von der ganzen Situation machen".
- Der Mitarbeiter versucht seinen Vorgesetzten auszunutzen. Durch aufmerksames Zuhören kann der Vorgesetzte dies erkennen und daraufhin seinen Gesprächsstil wechseln.
- Der Vorgesetzte hat zu einem seiner Mitarbeiter ein ausgesprochen schlechtes Verhältnis. Wenn er hier nondirektiv vorginge, wäre dies nur eine – übrigens leicht zu durchschauende – Fassade, die schnell einstürzen würde. Ein nondirektives Gespräch ist kein Rollenspiel, sondern hat seine Wurzel in einer vielleicht nicht im-

mer extrem starken, aber doch tatsächlich vorhandenen Wertschätzung des Mitarbeiters.
– Der Vorgesetzte kann versuchen, seinen Mitarbeiter zu manipulieren, sei es dadurch, daß er ihn ganz gezielt aushorcht, um ihn hinterher um so besser ‚in die Pfanne hauen‘ zu können, sei es dadurch, daß er ihn ‚nondirektiv‘ zu ganz bestimmten Aus- und Zusagen verleitet. Doch kann vor diesen Manipulationstechniken nur eindringlich gewarnt werden, und dies nicht allein aus moralischen Gründen. Solche Techniken werden – wenn vielleicht auch erst nach dem Gespräch – von den Mitarbeitern leicht durchschaut und dann zum Bumerang.

4.   Abschluß

Trotz dieser potentiellen Nachteile kann im nondirektiven Gespräch ein Führungsmittel gesehen werden, das Vorgesetzten ermöglicht, ihre Aufgaben effizienter zu erledigen und damit ihren persönlichen Erfolg und den ihrer Mitarbeiter zu erhöhen. Doch sollte nicht verschwiegen werden, daß es durchaus Situationen gibt, in denen gerade ein direktives, autoritäres Gespräch die richtige Form darstellt. Wichtig ist, daß der Vorgesetzte rechtzeitig erkennt, wann welcher Gesprächsstil angemessen ist. Folgendes Vorgehen kann empfohlen werden:

Beginnen Sie ein Mitarbeitergespräch als üblichen Dialog (bei dem Sie aber besonders aufmerksam zuhören) oder gleich nondirektiv. Gelangen Sie dann während des Gesprächs durch aktives Zuhören zu dem Schluß, daß es keinen Sinn mehr hat, weiter der wohlwollend prüfende, auf den Mitarbeiter eingehende Zuhörer zu sein, dann können Sie jederzeit Ihren Gesprächsstil ändern – ggf. bis hin zum Streßgespräch. Ist diese Einschränkung nicht gegeben, können Sie das Gespräch weiter im nondirektiven Sinne führen und auch Lösungsvorschläge nondirektiv entwickeln lassen. Beginnen Sie ein Gespräch hingegen extrem direktiv, werden Sie wohl kaum glaubwürdig auf eine nondirektivere Form umschalten können.

Wenn Sie sich an diese Empfehlung halten, haben Sie die wichtigste Grundlage für ein gutes Gespräch geschaffen; zumindest, wenn man sich an den Ergebnissen der schriftlichen Befragungen orientiert, die der Autor seit Jahren regelmäßig in seinen Seminaren durchführt: Danach gefragt, was die Gründe dafür waren, daß ein Gespräch mit dem eigenen Vorgesetzten besonders gut bzw. besonders schlecht gelaufen sei, gaben deutsche Führungskräfte folgende Kardinalfehler zu Protokoll:

– Fixierung des als ‚stur‘ empfundenen Vorgesetzten auf seinen Standpunkt,
– schlechte äußere Rahmenbedingungen (wie ständige Unterbrechungen von außen) und
– mangelndes Zuhören des Vorgesetzten und zuwenig eigene Redeanteile.

Umgekehrt zeichneten sich besonders gute Gespräche durch ein Verhalten des Vorgesetzten aus, das als mehr oder weniger nondirektiv bezeichnet werden kann.

Beispiel: Abschrift der ersten drei Minuten eines nondirektiven Gesprächs mit einer 48jährigen Hausfrau zum Thema ‚Einkaufsverhalten‘

Dieses Interview wurde mit Einverständnis der Interviewpartnerin durch ein Tonbandgerät aufgezeichnet. Es illustriert, wie bei einer nondirektiven Vorgehensweise schon nach kurzer Zeit vordergründige Fassaden aufgegeben und die tatsächlichen Einstellungen und Motive manifest werden; nicht zuletzt deshalb, weil sich die Gesprächsleiterin perfekt nondirektiv verhielt. Sie war an dem Interview sehr interessiert und persönlich beteiligt, ging geduldig auf die Interviewpartnerin, die sie schätzte, ein und gab auch auf Nachfragen keine Zusatzinformationen, die den Gesprächsablauf nur manipuliert hätten. (Aussagen der Interviewerin sind normal, die der interviewten Hausfrau kursiv gedruckt.)

„Wir untersuchen das Einkaufsverhalten in der Bundesrepublik und jetzt würde ich gern mal mit Ihnen ein Gespräch darüber führen, wie Ihre ganz persönlichen Kaufgewohnheiten sind, und zwar von Lebensmitteln mal ganz abgesehen; die interessieren weniger in diesem Fall." *„Also abgesehen von Lebensmitteln."* „Abgesehen von Lebensmitteln, ja." *„Und was wollen Sie da wissen?"* „Ja, wie und wo Sie einkaufen und ähnliches." *„Wie und wo?"* „Was Ihnen spontan dazu einfällt." *„Ach so, ja wir kaufen ein, was wir brauchen, nichts Unnützes."* „Mhm." *„Spontankäufe eigentlich – na ja, ist jetzt das also auf Kleidung, Wohnung, Auto und solche Dinge fixiert oder?"* „Alles, alles, Sie können anfangen, wie Sie wollen." *„Ja, da muß ich jetzt mal nachdenken. Also in erster Linie richtet sich das Kaufverhalten nach den finanziellen Möglichkeiten."* „Mhm." *„Also, wir kaufen nie auf Raten."* „Mhm." *„Nie, wir kaufen also ein, so, wie wir das Geld haben."* „Mhm." *„Es ist zwar nicht so, daß wir das jetzt langfristig z. B. ansparen, sondern, wenn wir irgendwas brauchen, dann kaufen wir das. Da überziehen wir auch einmal kurzfristig das Konto, weil wir sagen, in zwei, drei Monaten ist es ja teurer. Das ist ja Unsinn, das irgendwie – wenn es um kleine Dinge geht – das anzusparen. Ja, dann wird es gekauft, ob jetzt das – ja, wie kann man das jetzt sagen – wenn es eine neue Küche oder irgend so was ist, gell, und ansonsten würde ich sagen, ein überle –, hier bei uns in unserer Familie, ein überlegtes Kaufverhalten. Wir überlegen genau, was ist an Kleidung nötig: das wird angeschafft; und was hätten wir gerne: geht das dann – und wenn es geht, dann wird es gekauft."* „Mhm." *„Kleinere Spontankäufe, die machen wir schon."* „Mhm." *„Ja, also ich weiß nicht. Ich kann jetzt das Kaufverhalten – meinen Sie jetzt da, daß man da so konsumhörig ist oder so. Das sind wir nicht; in keiner Weise: Also was der Nachbar hat, das müssen wir nicht haben."* „Mhm." *„So ist das nicht. Wir kaufen das, was wir brauchen."* „Mhm." *„Ja und überlegen uns sogar – momentan heute sagen wir: Ach ja, das möchten wir gern, das brauchen wir gern; und in acht Tagen sagen wir: Eigentlich brauchen wir das gar nicht, dann lassen wir es auch weg; dann kaufen wir es nicht."* „Aha." *„Also so und"* „mhm" *„ja ich weiß nicht, was ich Ihnen sonst noch sagen sollte."* „Alles, was Ihnen eigentlich zu, zu Kaufen überhaupt einfällt." *„Was mir zu Kaufen einfällt. Also ich persönlich, wenn ich – sagen wir einmal – ein grö–, ein großes Budget zur Verfügung hätte, ich wäre ein bisserl leichtsinnig – was Kleidung anbelangt selbstverständlich, hauptsächlich. Ich würde also gern für meine Tochter modische Kleidung kaufen, würde für mich gern modische Kleidung kaufen, würde also gerne mehr Kleidung kaufen, aber aus Vernunftsgründen mache ich es dann nicht, ja."* „Mhm." *„Aber ich muß schon sagen: Ich habe dann so Kaufwellen, sagen wir mal, da kann ich also nicht –, da muß ich einfach irgendwas, irgendwas kaufen und wenn es eine Kleinigkeit ist; vielleicht zur Selbstbefriedigung, was weiß ich."* „Aha." *„Und dann wiederum kann ich monatelang so eisern den Geldbeutel zuhalten, also da überleg' ich mir tatsächlich jedes Blümchen, das ich mir kaufe; das ist so unterschiedlich, so ein bisserl nach Laune, also das ist mein ganz persönliches Kaufverhalten."* „Mhm." *„Wenn ich aber sparen muß, dann kann ich sparen."*

Literatur

ARGYLE, M. (1989). Körpersprache und Kommunikation. 3. Aufl. Paderborn 1989.

BORMANN, E. G., HOWELL, W. S., NICHOLS, R. G. & SHAPIRO, G. L. (1969). Kommunikation in Unternehmen und Verwaltung. München 1969.

NEUBERGER, O. (1980). Das Mitarbeitergespräch. Goch 1980.

NEUBERGER, O. (1988). Miteinander arbeiten – miteinander reden! 11. Aufl. München 1988: Bayerisches Staatsministerium für Arbeit und Sozialordnung.

Zur Konkretisierung und weiteren Vertiefung wird empfohlen, im Fallstudienband die Fälle zu „Mitarbeitergespräch" zu bearbeiten.

Lutz von Rosenstiel

Anerkennung und Kritik als Führungsmittel

243

1. Ausgangspunkt

Anerkennung und Kritik sind wesentliche Hilfsmittel in der Hand des Vorgesetzten, die dazu führen können, die Zufriedenheit und die Leistungsbereitschaft des Mitarbeiters zu fördern. Die besondere Stärke dieser Instrumente liegt darin, daß sie jedem Vorgesetzten jederzeit zur Verfügung stehen. Eine Gehaltserhöhung – auch wenn sie verdient ist –, eine verantwortungsvollere Aufgabe – auch wenn der Mitarbeiter besonders qualifiziert ist – oder die Perspektive baldigen Aufstiegs –, auch wenn der Mitarbeiter das „Zeug" dafür hat: Bei all diesen Instrumenten ist die Einsatzmöglichkeit begrenzt. Der direkte Vorgesetzte kann meist darüber nicht allein entscheiden, und vielfach ist bei noch soviel gutem Willen aller Beteiligten in der Organisation die Realisierung nicht möglich. Die entsprechenden Güter sind zu knapp. Anders ist dies bei der Anerkennung und Kritik. Ihr Einsatz steht dem Vorgesetzten jederzeit frei; er ist dabei auf andere nicht angewiesen.

Anerkennung und Kritik sind also sehr flexible Führungsmittel. Der Führende sollte allerdings wissen, daß ihr Einsatz überlegt erfolgen sollte und daß der falsche Einsatz dieser Führungsinstrumente häufig beim Mitarbeiter mehr zerstört als nützt.

Wir wollen uns nachfolgend fragen, was grundsätzlich mit Hilfe der Anerkennung und der Kritik bewirkt werden kann, um dann konkret Informationen darüber zu suchen, wie man bei der Anerkennung und wie bei der Kritik vorgehen sollte (vgl. v. ROSENSTIEL, 1975; NEUBERGER, 1980).

2. Was bewirken Anerkennung und Kritik?

Anerkennung und Kritik, die vom Vorgesetzten richtig genutzt werden, bewirken Verschiedenes beim Mitarbeiter. In erster Linie kann damit erreicht werden, daß der Mitarbeiter informiert wird, daß er sein Verhalten und Erleben aufgrund ganz bestimmter Lernprozesse modifiziert, daß er motiviert wird sowie schließlich in seinem Selbstbild, in seiner eigenen Rolleninterpretation, gefestigt oder korrigiert wird. Dies soll nun etwas näher analysiert werden.

2.1 Informationsfunktion

Wenn ein Mitarbeiter neu in den Betrieb kommt oder eine neue Aufgabe übernimmt, dann ist er meistens etwas unsicher; er weiß nicht genau, was auf ihn zukommt, was man von ihm erwartet. Eine noch so differenzierte schriftliche Stellenbeschreibung kann niemals im Detail aufzeigen, wie im einzelnen die Tätigkeit konkret aussieht.

Hier ist nun der Vorgesetzte in der Pflicht (vgl. hierzu auch den Beitrag von KIESER: Einarbeitung neuer Mitarbeiter, in diesem Band). Wenn er rechtzeitig aufzeigt, was der Mitarbeiter, gemessen an seinen Vorstellungen macht, wenn er ihn dafür anerkennt, so kann er gewünschtes Verhalten stabilisieren. Wenn er auf der anderen Seite Hinweise darauf gibt, daß das beobachtete Verhalten dem gewünschten nicht entspricht, so kann er rasch durch eine vorsichtige Kritik korrigierend eingreifen und auf diese Weise verhindern, daß sich ein Fehlverhalten gewohnheitsmäßig einschleicht und dann später nur schwer verändert werden kann.

244

2.2   Lernfunktion

In den Verhaltenswissenschaften wird „Lernen" weit gefaßt; man versteht darunter jede Veränderung des Erlebens und Verhaltens aufgrund von Erfahrung. Durch den Zusatz „durch Erfahrung" werden Erlebens- und Verhaltensänderungen durch Reifung (z. B. während der Pubertät) oder durch Krankheit (z. B. durch Arteriosklerose) ausgeschlossen.

Menschliches und tierisches Lernen sind nun vielfach durch ganz bestimmte Lerngesetze gesteuert. Sie zu kennen hilft, die Wirkungen von Anerkennung und Kritik zu verstehen; sie verdeutlichen allerdings auch Zusammenhänge in vielfältigen anderen Lebensbereichen. Daher seien nachfolgend zwei derartige Lernprinzipien knapp dargestellt.

Das sogenannte „klassische Konditionieren" geht auf Forschungen des russischen Nobelpreisträgers Iwan Pawlow (1927) zurück. Dieser zeigte, daß ein Hund angeborenermaßen auf bestimmte Reize – z. B. den Geruch von Fleisch (US) – mit einer ganz bestimmten Reaktion (UR) – Speichelsekretion – reagiert. Wenn man nun etwa zeitgleich mit dem angeborenermaßen bedeutsamen Reiz einen neutralen Reiz (nS) darbietet – z. B. einen Glockenton –, so wird nach einigen Wiederholungen der Hund auch dann Speichelsekretion (CR) zeigen, wenn nur die Glocke geläutet wird, der vorher neutrale Reiz wird zum konditionierten (CS). Wir haben es hier mit einer sogenannten Konditionierung erster Ordnung zu tun. Wenn man weiterhin immer dann z. B. eine farbige Karte (nS') zeigt, wenn der Glockenton erfolgt, so wird schließlich der Hund auch dann mit Speichelsekretion (CR) reagieren, wenn lediglich die farbige Karte (CS') gezeigt wird. Dies ist dann eine Konditionierung zweiter Ordnung. Abbildung 1 zeigt das Prinzip des klassischen Konditionierens. Dieses Prinzip gilt auch häufig für das Lernen von Gefühlen.

Diese Überlegungen lassen sich auf die Anerkennung und Kritik übertragen. Anerkennung z. B. löst bei den meisten Menschen positive Gefühle aus. Werden bestimmte Tätigkeiten, deren Ausübung vielleicht zunächst unattraktiv erscheint, häufig

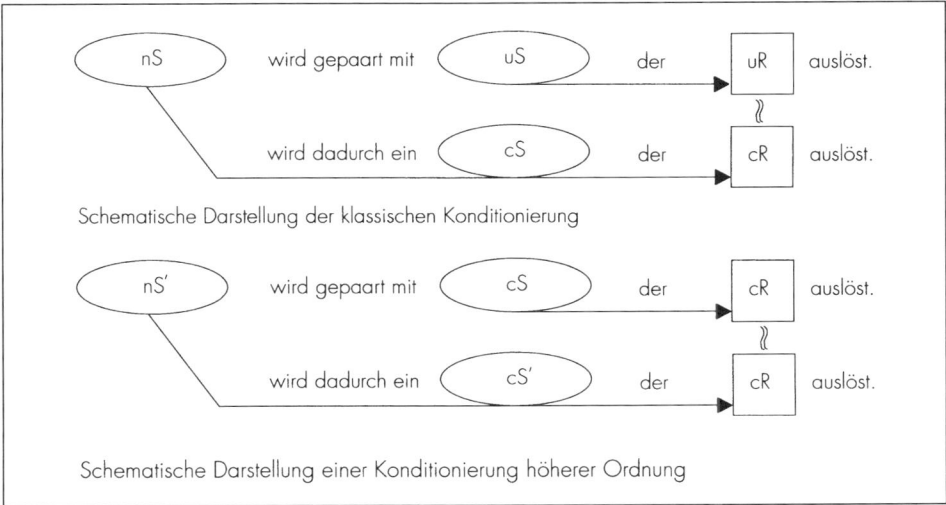

Abb. 1:   Schematische Darstellung klassischer Konditionierung erster und zweiter Ordnung

anerkannt, so zeigt sich, daß sie längerfristig ein „positiveres Image" bekommen, daß sie attraktiver erscheinen und vom Mitarbeiter mit mehr Freude ausgeführt werden. Unter diesem Gesichtspunkt erscheint es lohnend, einmal generell darüber nachzudenken, welche Tätigkeiten, wie sie z. B. in der Verwaltung anfallen, fast niemals mit Anerkennung bedacht werden und bei welchen dies häufig geschieht. Gerade die häufig „vergessenen" Tätigkeiten der Mitarbeiter sollte man dann – wenn sie zuverlässig ausgeübt werden – oft mit Anerkennung versehen.

Aber auch ein weiteres Lernprinzip scheint wichtig für das Verstehen der Wirkungen von Anerkennung und Kritik. Es ist dies das sogenannte *„operante Konditionieren"* (SKINNER, 1938). Das Grundprinzip ist sehr einfach und eigentlich lange bekannt. Es besagt – weist man nur auf die Grundstruktur hin, daß Verhaltensweisen (R), die ein Mensch (O) in einer bestimmten Situation (S) zeigt, dann künftig häufiger auftreten werden, wenn diesem Verhalten positive Konsequenzen (K) – also z. B. Anerkennung – folgen. Abbildung 2 zeigt das Prinzip des operanten Konditionierens.

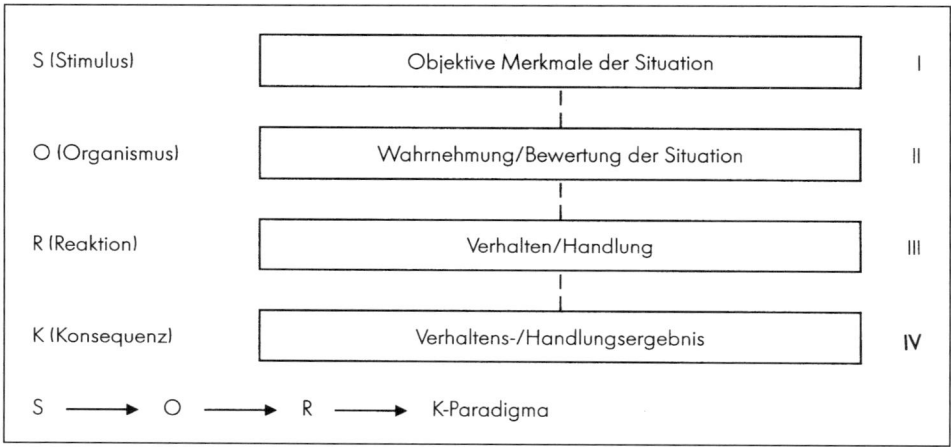

Abb. 2: Schematische Darstellung des operanten Konditionierens

Wichtig wäre es, daß einer positiven, also erwünschten Reaktion in der Regel auch die positive Konsequenz folgt. Dies aber ist in der Praxis sehr häufig nicht der Fall. Beispiele sollen das zeigen. Nicht selten kann man beobachten, daß ein Mensch, der keine rechte Lust dazu hat, eine unangenehme Arbeit auszuführen, nach einigen vergeblichen Anläufen schließlich zunächst einmal eine Zigarette raucht oder eine Tasse Kaffee trinkt. Was hat er getan? Er hat sein Ausweichen, seine „Drückebergerei", also durchaus unerwünschte Verhaltensweisen, selbst positiv durch angenehme Konsequenzen verstärkt. Seine Fehlhaltung wird sich stabilisieren.

Auch bei der Anerkennung und Kritik finden wir derartige Fehler. Es gibt viele Vorgesetzte, die das erwünschte Verhalten als selbstverständlich voraussetzen; positive Konsequenzen folgen nicht. Eine Verstärkung tritt also nicht ein. Dagegen sind sie – hier durchaus besten Willens – bereit, mit dem Mitarbeiter ausführlich, eingehend und konstruktiv zu sprechen, wenn dieser einen Fehler macht. Der Mitarbeiter wird möglicherweise ein solches Gespräch sogar positiv erleben. Der Eindruck entsteht dann beim Mitarbeiter, daß er zunächst einmal „etwas in den Sand setzen muß", wenn er die Chance haben will, einmal länger mit seinem Chef zu sprechen. Es ist also sehr wichtig, daß positives und erwünschtes Verhalten vom Vorgesetzten ausdrücklich anerkannt wird.

2.3 Motivationsfunktion

Wenn wir am Montag in die Sportseiten der Tageszeitung schauen, stellen wir häufig fest, daß im Fußball die „Heimmannschaften" gewonnen haben. Dies liegt sicher nicht an der besseren Ortskenntnis. Fußballplätze ähneln einander sehr. Interviews mit Sportlern zeigen, daß der Beifall, die anfeuernden und anregenden Rufe des Publikums Kräfte freisetzen, die man sonst nicht hat. Ein Vorgesetzter, der sich für die Tätigkeit seines Mitarbeiters interessiert, der sie mit Anerkennung und Kritik begleitet, wird in diesem entsprechende Kräfte wachrufen, die sonst nicht zum Tragen kommen. Wenn ein Mitarbeiter dagegen das Gefühl gewinnt, daß sich der Vorgesetzte für sein Arbeiten gar nicht interessiert, daß – was er auch tut – sein Handeln niemals Anerkennung oder Kritik findet, wird er in seiner Leistungsbereitschaft nachlassen und kaum noch Engagement und Anstrengung bei der Arbeit zeigen (vgl. auch den Artikel des Autors zur Motivation, in diesem Band).

2.4 Finden eines Selbstbildes

In der Sozialpsychologie sagt man ein wenig überspitzt: „Wir werden, wie es die anderen von uns erwarten." Natürlich ist das übertrieben, aber dennoch enthält dieser Satz einen wahren Kern. Untersuchungen an Schulkindern zeigten etwa, daß Lehrer, die aufgrund einer verfälschten Vorinformation bestimmte Schüler für sehr begabt oder für unbegabt hielten, deren Leistungen entsprechend – aber ohne böse Absicht – wahrnahmen und förderten (ROSENTHAL & JACOBSON, 1968).

Ähnliches kann sich in der Beziehung zwischen Vorgesetztem und Mitarbeiter abspielen. Ein Vorgesetzter, der – in realistischem Rahmen – Hoffnungen in seinen Mitarbeiter investiert, gute Leistungen anerkennt, unerwünschtes Verhalten vorsichtig und konstruktiv korrigiert, wird Selbstsicherheit bei ihm stärken und ihn langfristig zu einem besseren Mitarbeiter machen. Wer dagegen in seiner Kritik destruktiv ist, den Mitarbeiter entmutigt, z. B. mit Formulierungen wie: „Schon wieder Sie, bei Ihnen habe ich ja auch gar nichts anderes erwartet!", der wird den Mitarbeiter verunsichern und ihn schließlich dazu führen, daß er häufig an den Anforderungen scheitert. Anerkennung und Kritik sollten entsprechend so eingesetzt werden, daß zwar einerseits der Mitarbeiter kein unrealistisch überhöhtes Selbstbewußtsein aufbaut, das – wie ein freischwebender Luftballon – keinen Kontakt mehr zum Boden hat; die Führungsmittel sollten aber auch nicht dazu führen, daß Resignation und Entmutigung die Folge sind. Im Rahmen der Fähigkeiten und Möglichkeiten des Mitarbeiters sollte durch Anerkennung und Kritik ein realistisches, aber positives Selbstbild gefördert werden.

3. Wie geht man bei der Anerkennung vor?

Menschen hören ein anerkennendes Wort meist gern. Daher kann man Anerkennung spontan aussprechen. Man braucht nicht viel Zeit dafür, denn die Anerkennung muß im Regelfall nicht sorgfältig begründet werden. Der Ausspruch eines Vorgesetzen, er habe für Anerkennung keine Zeit, ist daher nichts als eine Ausrede. Die dafür erforderliche Zeit hat jeder. Um aber auch hier Fehler möglichst zu vermeiden, sei an einige Punkte gedacht. Sie sollen als Antwort auf kurze Fragen formuliert werden.

3.1 Wer?

Die Anerkennung gehört in die Hand des unmittelbaren Vorgesetzten. Er trägt die Führungsverantwortung und sollte daher dieses wichtige Führungsmittel selbst nutzen, um auf diese Weise Kontakt zu seinem Mitarbeiter zu wahren. Außerdem wird es in der Regel der direkte Vorgesetzte sein, der am kompetentesten die Aufgabenbewältigung seines Mitarbeiters würdigen kann.

Allerdings gibt es Ausnahmen. Trägt beispielsweise jemand, der drei hierarchische Stufen tiefer steht, dem obersten Chef etwas vor, oder arbeitet er ausnahmsweise für diesen, so kann dies zu unmittelbarer Anerkennung „von oben" führen. Geachtet werden sollte allerdings dabei darauf, daß der „Höhere" nicht Dinge positiv würdigt, die der direkte Vorgesetzte eher skeptisch sieht und schon häufig kritisiert hat. So etwas kann die Autorität des unmittelbaren Vorgesetzten untergraben.

3.2 Was?

Anerkannt werden sollte im Regelfall das vom Vorgesetzten beobachtete Verhalten des Mitarbeiters, in bestimmten Fällen auch das Ergebnis dieses Verhaltens – z.B. ein fertiggestellter Bericht, eine sorgfältig zu Ende gebrachte Reparatur –, nicht aber die Person. So kann der Vorgesetzte z.B. sagen: „Ich habe gesehen, wie Sie sich mit dieser schwierigen Aufgabe auseinandergesetzt haben. Ich fand es gut, wie Sie das bewältigt haben. Meine Anerkennung!" Der Mitarbeiter weiß dann, daß der Vorgesetzte sich dafür interessiert hat, daß er hingeschaut hat. Falsch wäre es zu sagen: „Sie sind ein tüchtiger Mann!" Hier bleibt ja offen, ob der Vorgesetzte überhaupt differenziert. Zudem sollte man überlegen, daß man ein bestimmtes Verhalten stabilisieren oder ändern kann; die Person kann man in diesem konkreten Sinne nicht ändern.

Anzuerkennen sind nicht nur auffallende positive Verhaltensweisen, obwohl man natürlich an diese zunächst denkt, sondern in vielen Fällen auch unauffällige, zuverlässige Dauerleistungen. Die Gefahr besteht sonst, daß es Mitarbeiter gibt, die alle Anerkennung einsammeln, während andere niemals Entsprechendes hören, einfach deshalb, weil die Art ihrer Tätigkeit Spitzenergebnisse gar nicht zuläßt.

Schließlich sollte ein Vorgesetzter noch bedenken: Nicht nur Leistungsverhalten verdient Anerkennung, sondern auch andere im Betrieb erwünschte Verhaltensweisen, wie z.B. Freundlichkeit, Loyalität dem Unternehmen gegenüber und ähnliches mehr.

3.3 Wo?

Anerkennung läßt sich rasch aussprechen. Dies bedeutet, daß man keinen speziellen Raum dafür braucht, keine verschlossenen Türen. Dennoch sollte ein Vorgesetzter sich überlegen, ob die Anerkennung unter vier Augen oder „vor versammelter Mannschaft" geäußert wird. Für beides gibt es Argumente. Äußert man die Anerkennung vor versammelter Mannschaft, so setzt man ein Vorbild (Bandura, 1969). Man kann den anderen, die sich diesmal keine Anerkennung verdienten, zeigen, daß man sehr wohl auf erwünschtes Verhalten achtet und dies auch würdigt. Hier aber liegt zugleich die Gefahr. Dem Mitarbeiter, der sich so wünschenswert verhielt, kann die öffentliche Anerkennung peinlich sein. Dann aber ist der Sinn verfehlt. Demjenigen, der sich positiv einsetzte, soll ja auch mit der Anerkennung etwas Positives vermittelt werden. Ist ihm die ganze Angelegenheit vor den Kollegen peinlich, fühlt er sich bevorzugt, so wird er künftig nicht mehr auffallen wollen, um der belastenden Anerkennung zu entgehen. Daraus folgt: im Zweifelsfalle unter vier Augen.

Eindeutige Ausnahmen lassen sich aber auch klar benennen. Wenn ganz offensichtlich ist, daß jeder die Chance gehabt hätte, Anerkennung zu finden, kann diese auch öffentlich geäußert werden. Ein Beispiel: Überstunden müssen gemacht werden. Draußen ist ein wunderschöner Sommerabend. Auf die Bitte des Vorgesetzten schauen alle etwas betreten zur Seite; ein jeder möchte lieber in den Biergarten oder etwas ähnlich Angenehmes unternehmen. Schließlich erklärt sich einer der Mitarbeiter bereit. In einem solchen Fall kann der Vorgesetzte selbstverständlich vor den anderen die Anerkennung aussprechen; ein jeder hätte ja eine entsprechende Chance gehabt.

3.4 Wie?

Anerkennung sollte ausdrücklich geäußert werden. Was heißt das? Wenn der Vorgesetzte beim Mitarbeiter erwünschtes Verhalten beobachtet, so soll er es ihm auch unmittelbar sagen. Die Haltung vieler Vorgesetzter, die darin besteht, daß sie meinen: „Wenn ich nichts sage, ist dies Anerkennung genug", reicht nicht aus.

Bei der Wahl der Worte sollte man sich dem beobachteten Tatbestand anpassen. Ein nicht herausragendes, aber gutes Verhalten verdient z.B. ein „Gut gemacht!". Hat dagegen der Mitarbeiter sich in wirklich ungewöhnlicher Weise eingesetzt, hat er einen hervorragenden Verbesserungsvorschlag gemacht, dann ist es nur fair und adäquat, auch in der Wortwahl entsprechend zu reagieren und außerdem etwas detaillierter über das zu sprechen, was der Mitarbeiter geleistet hat.

3.5 Wann?

Anerkennung sollte rasch, möglichst unmittelbar nach dem beobachteten erwünschten Verhalten ausgesprochen werden. Der Mitarbeiter weiß dann, wofür die Anerkennung erfolgt, er hat die konkrete Erinnerung noch lebhaft vor dem inneren Auge. Zudem zeigen lernpsychologische Untersuchungen, daß von der unmittelbaren, zeitlich rasch folgenden Bekräftigung die stärkste Wirkung ausgeht (Skinner, 1938). Man kann hier auch an das Beispiel der Schule denken: Erhält der Schüler die Bewertung seiner Arbeit erst vier oder gar sechs Wochen später, so ist die erlebnismäßige Brücke zum Ereignis längst zusammengebrochen; die Anerkennung interessiert nicht mehr, man bringt sie kaum noch in Beziehung zum damaligen Verhalten.

3.6 Danach?

Manche Vorgesetzte scheuen vor der Anerkennung zurück, weil sie fürchten, daß der Mitarbeiter dann gleich mehr Geld fordert. Obwohl so etwas in Ausnahmefällen vorkommen mag – die Regel ist dies sicher nicht. Dennoch sollte ein Vorgesetzter im Kopf behalten, daß es gut ist, Taten folgen zu lassen. Ein Mitarbeiter, der immer wieder Anlaß zur Anerkennung gab, der vielfach überragende Leistungen zeigte, der sich kameradschaftlich für die Kollegen einsetzte und ihnen half, für den sollte man längerfristig – über die Worte hinaus – mehr tun. Das kann eine Gehaltserhöhung sein, eine Prämie, eine verantwortungsvollere Aufgabe, eine Incentivreise, die Entsendung zu einer attraktiven Weiterbildungsveranstaltung oder ähnliches mehr. Wenn im Betrieb bekannt ist, daß sich ein Vorgesetzter für solche Mitarbeiter, denen er immer wieder Anerkennung und nur selten Kritik zu sagen hat, auch intensiv einsetzt, dann wird die Wirkung der Anerkennung verstärkt.

4. Wie geht man bei der Kritik vor?

Kritik ist schwerer in richtiger Form auszusprechen als Anerkennung. Konkret heißt dies, daß Kritik nicht selten zum Gegenteil dessen führt, was man erreichen möchte. Im Regelfall wird es ja das Ziel des Kritikgesprächs sein, den Mitarbeiter in seinem Verhalten zu korrigieren, um dadurch zukünftig erwünschte Ergebnisse, z.B. eine quantitativ und qualitativ bessere Leistung zu erreichen. Tatsächlich ist die Folge eines Kritikgesprächs nicht selten ein demotivierter, verärgerter oder resignierter Mitarbeiter. Durch das Kritikgespräch hat nicht nur seine Arbeitsmotivation gelitten, sondern auch die Beziehung zwischen ihm und dem Vorgesetzten hat auf der menschlichen Ebene Schaden genommen.

Wer Kritikgespräche führt, muß sich darüber im klaren sein, daß in der Mehrzahl der Fälle ein Mensch Kritik nicht gerne hört. Kritik ruft den Kritisierten meist zu einer Verteidigungshaltung auf; er widerspricht, begründet, entschuldigt. Wenn Kritik berechtigt ist und angenommen werden soll, so ist ein längeres Gespräch im richtigen Tonfall und mit angemessenen Worten erforderlich. Dies wiederum bedeutet, daß sich ein Vorgesetzter auf ein Kritikgespräch sehr viel eingehender vorbereiten muß als auf eine Anerkennung. Kritikgespräche dauern länger. Bevor sie geführt werden, sollte sich der Vorgesetzte über das Ziel des Gesprächs klar sein. Geht es darum, bei ansonsten ungestörtem Vertrauensverhältnis zum Mitarbeiter Details seines Verhaltens zu korrigieren, oder ist das Ziel eine nachhaltige Maßnahme wie z.B. eine Versetzung oder gar die Trennung vom Mitarbeiter? Anlage des Gespräches und Tonfall werden entsprechend höchst unterschiedlich zu wählen sein. Hier soll davon ausgegangen werden, daß es um die Korrektur des Verhaltens eines Mitarbeiters geht, nicht um Versetzung oder Trennung (vgl. dazu den Artikel von Böhm: Arbeitsrecht für Vorgesetzte, in diesem Band).

Man sollte sich fragen, wie man den zu kritisierenden Sachverhalt begründet, welche Worte man wählt, welche Verbesserungsvorschläge man zu machen hat, wie man den Mitarbeiter vor Resignation bewahrt und ihn neu motivieren kann. Außerdem sollte man diese kurze Überlegungszeit auch für zwei weitere Gedanken nutzen:

„Habe ich die Zeit, ausreichend lange mit dem Mitarbeiter zu sprechen?" Je nach Anlaß muß man hier mit zehn, zwanzig oder dreißig Minuten, bei komplizierten Vorfällen gelegentlich sogar mit mehreren Stunden rechnen. In dieser Zeit sollte dafür gesorgt werden, daß das Gespräch nicht unterbrochen wird.

Man sollte sich weiterhin fragen, ob man im Augenblick emotional in der richtigen Verfassung ist. Erlebt man starke Wut oder Verärgerung, so kann es allzu leicht geschehen, daß man im Zorn etwas sagt, was man danach bedauert. Falls man bei sich selbst bemerkt, daß die emotionale Beteiligung zu hoch ist, dann sollte man es sich zur Regel machen, zunächst einmal eine Nacht zwischen den Vorfall und das Gespräch zu legen, die Angelegenheit noch einmal zu überschlafen. Dann allerdings sollte man ins Gespräch gehen. Was dabei zu bedenken ist, soll wieder die Beantwortung der nachfolgenden Fragen zeigen.

4.1   Wer?

Ähnlich wie die Anerkennung gehört die Kritik als direktes Führungsmittel in die Hand des unmittelbaren Vorgesetzten. Kritik sollte nicht delegiert werden – nicht an höhere Vorgesetzte nicht an die Personalabteilung, nicht an die Revision und schon gar nicht an einen der anderen Mitarbeiter, den man bittet, dem Betroffenen entsprechende Informationen zu überbringen.

4.2   Was?

Kritisiert werden sollte das beobachtete Verhalten und nicht die Person. Das angesprochene, von der Zielsetzung abweichende Verhalten kann geändert werden, die Person läßt sich in diesem Sinne nicht modifizieren. Eine kritische Analyse beobachteten Verhaltens verletzt weniger als eine Attacke auf die Person.

Das kritisierte Verhalten sollte tatsächlich ein beobachtetes sein. Die Information sollte möglichst auf eigenen Wahrnehmungen beruhen und sich nicht auf Gerüchte stützen. Betreffen allerdings die Gerüchte ein schwerwiegendes Fehlverhalten, so kann es – im Sinne einer Warnung oder Sensibilisierung – ratsam sein, den Mitarbeiter darauf anzusprechen, dann allerdings ohne Wertung.

4.3   Wo?

Kritikgespräche sollten grundsätzlich unter vier Augen stattfinden. Zwar argumentieren manche Vorgesetzte, es sei ratsam ein „Exempel zu statuieren" und damit andere vor ähnlichem Fehlverhalten zu warnen. Dieser Argumentation ist nicht zuzustimmen. Ein konstruktives Kritikgespräch kommt auf diese Weise nicht zustande; die anderen ergreifen Partei, der Kritisierte will sein „Gesicht nicht verlieren", gibt das Fehlverhalten nicht zu und verteidigt sich möglicherweise mit vielerlei Ausreden. Fronten verhärten sich; die Situation ist nach dem Gespräch schlechter als zuvor. Eine Ausnahme ist dann gegeben, wenn das Verhalten der gesamten Arbeitsgruppe Anlaß zur Kritik gegeben hat. Dann kann man auch die Gruppe in einem entsprechenden Gruppengespräch kritisieren.

4.4 Wie?

Unter dem Aspekt dieser Frage ist an mehrerlei zu denken. Hier kommt es auf den Inhalt und den Ton an. Zunächst zum Inhalt.

Beim Kritikgespräch sollte der Kritisierende klar zu erkennen geben, daß er über den Vorfall informiert ist. Er sollte in knappen Worten schildern, was er gesehen hat. Bevor er wertet, sollte er allerdings dem Mitarbeiter die Möglichkeit zur Stellungnahme geben. Selbst wenn die Beobachtungen eindeutig sind, schließen sie nicht immer die Ursache mit ein. Es kann ja sein, daß das Fehlverhalten auf Ursachen zurückzuführen ist, die nicht im Verantwortungsbereich des Mitarbeiters liegen.

Der Vorgesetzte hat die Verpflichtung, dem Mitarbeiter zu sagen, „wo es künftig langgehen soll". Am besten ist es allerdings, daß er hier nicht allein seine Vorstellungen darlegt, sondern im Gespräch mit dem Kritisierten gemeinsam zu ermitteln sucht, was die Ursachen des Fehlverhaltens waren, wie man sie künftig vermeiden kann und wie das Verhalten in Zukunft aussehen soll. Aus rein psychologischen Gründen ist eine solche Verhaltensweise meistens zu empfehlen; hat man einen Spezialisten vor sich, so ist ein derartiges Verhalten ganz unumgänglich, denn im Detail weiß ja der Spezialist besser über den Sachverhalt Bescheid als der Chef.

Aber auch die Beziehungsebene, die Folge der Argumente und der Ton sind wichtig. Meist wird es empfehlenswert sein, zu Beginn eine positive Basis zu finden. An diese Regel sollte man sich allerdings nicht starr halten. Wenn man den Mitarbeiter „auf frischer Tat ertappt" hat, ist es natürlich Unsinn, ihn zu sich zu bitten und zunächst einmal nach dem Wohlergehen von Frau und Kindern zu fragen.

Ein Weiteres ist zu bedenken: In den Aussagen sollte man klar, sachlich und eindeutig sein. Es ist nicht nötig, jede kritische Anmerkung in einen „Ja, aber"-Satz zu verpacken. Der Ton sollte sachlich bleiben, d.h. weder persönlich werden noch emotional. Zwar kann der Vorgesetzte emotionale Beteiligung zeigen. Er kann auch sagen, daß er sehr erregt oder enttäuscht ist, wenn der Vorfall wirklich schwerwiegend ist. Dies aber sollte ihn nicht dazu veranlassen, beleidigend oder unvertretbar laut zu werden. Das Zeigen emotionaler Betroffenheit allerdings sollte durchaus ehrlich sein und eine positive Wirkung nach sich ziehen.

Es kann dennoch in Ausnahmefällen geschehen, daß in der unkontrollierten Wut der Vorgesetzte persönlich wird, ausfallend und unvertretbar laut. Er sollte sich dann aber entschuldigen.

4.5 Wann?

Mit dem Mitarbeiter sollte gesprochen werden, wenn der Vorfall noch aktuell ist. Häufig wird es – insbesondere bei geringfügigem Fehlverhalten – ratsam sein, möglichst sofort mit dem Mitarbeiter zu sprechen und zwar an seinem Arbeitsplatz, wenn es sich unmittelbar ergibt und keine anderen Personen zugegen sind. Manchmal allerdings kann es besser sein, ein wenig zu warten, eine Nacht über den Vorfall zu schlafen. Auf keinen Fall ist dazu zu raten, eine Liste von „Sünden" des Mitarbeiters anzulegen, ohne ihn davon in Kenntnis zu setzen, um dann schließlich bei einer mehr oder weniger passenden Gelegenheit eine Flut von Kritik über ihn auszugießen. Dies demotiviert und führt zur Resignation, nährt das Mißtrauen des Mitarbeiters gegen den Vorgesetzten und wird kaum einen konstruktiven Abschluß zur Folge haben.

4.6 Danach?

Nach einem schwerwiegenden Fehlverhalten des Mitarbeiters kann man nicht ohne weiteres zur Tagesordnung übergehen. Man hat ja mit dem Mitarbeiter vereinbart, wie die Arbeit künftig ablaufen soll, und man kann ihm sagen, daß man darüber in nächster Zeit etwas enger mit ihm im Gespräch bleiben will, daß man kontrollieren möchte, ob es nun auch klappt.

Wenn allerdings über längere Zeit nichts „Einschlägiges" mehr vorfällt, sollte es vergeben und vergessen werden. Es kann sehr demotivierend sein, wenn ein Mitarbeiter sich alle Mühe gegeben hat, sein Verhalten positiv zu verändern, dabei Erfolg hatte und schließlich bei einer ganz anderen Gelegenheit vom Vorgesetzten wieder hört: „Ausgerechnet Sie, wo Sie doch schon damals vor zwölf Jahren..."

Literatur

Bandura, A. (1969). Principles of behavior modification. New York 1969.

Neuberger, O. (1980). Das Mitarbeitergespräch. Goch 1980.

Pawlow, I. P. (1927). Conditional reflexes. An investigation of the physiological cerebral cortex. London 1927.

Rosenstiel, L. v. (1975). Anerkennung und Korrektur. In E. Gaugler (Hrsg.), Handwörterbuch des Personalwesens. Sp. 22–31. Stuttgart 1975.

Rosenthal, R. & Jacobsen, L. (1968). Pygmalion in the classroom: Teacher expectation and pupil's intellectual development. New York 1968.

Skinner, B. F. (1938). The behavior of organisms. An experimental analysis. New York 1938.

Zur Konkretisierung und weiteren Vertiefung wird empfohlen, im Fallstudienband die Fälle zu „Anerkennung und Kritik" zu bearbeiten.

Uwe Böning

Coaching für Manager

1.   Einige Fragen zur Einleitung

„Coaching" ist heute in der Branche und im Anwendungsfeld in vieler Munde. Insofern kann man sagen, Coaching für Manager hat sich durchgesetzt.

Aber was genau steckt eigentlich hinter dieser Methode, hinter diesem Beratungsprozeß für Manager und Unternehmen, die sich seit etwa 1986 in Deutschland zu entwickeln begann und die seit etwa 1989/90 eine „galoppierende" Popularität genießt? Gibt es überhaupt ein einheitliches „Ding", das man mit Fug und Recht „Coaching" nennen kann? Handelt es sich stets um die gleichen Ziele, Prozesse, Ansatzpunkte und Umstände, wenn man von Coaching für Manager spricht?

Bei welchen Fragen, Problemen und Zielen kommt Coaching für Manager und Unternehmen wirklich in Frage?

2.   Erfahrungen aus der Praxis

Bevor ich im späteren Teil des Artikels auf ganz verschiedene Coaching-Ansätze und Coaching-Konzepte zu sprechen komme, möchte ich zuerst einige praktische Erfahrungen aus der Beratungspraxis der letzten Jahre berichten.

Einige Beispiele: Konkrete Anlässe
- Der Leiter der Personalentwicklung eines Unternehmens ruft an und sucht einen Coach für die Führungsmannschaft einer neu entwickelten Sparte in seinem Konzern: Nach der Reorganisation des Unternehmens hat sich eine Sparte ergeben, die von einem Vorstand und fünf weiteren, an ihn berichtende Bereichsleiter gebildet wird.
  Der etwas knorrige und autoritäre Vorstand soll mit seinen fünf Bereichsleitern (einer neu zusammengekommenen Crew) künftig ein optimal funktionierendes Team bilden. Diese Manager sollen durch ganz gezielte Einzelgespräche und eine Begleitung der konkreten Zusammenarbeit, zu der auch die Teilnahme an gemeinsamen Arbeitssitzungen und die Moderation von Team-Entwicklungs-Workshops gehört (vgl. den entsprechenden Beitrag von COMELLI, in diesem Band), in einer überschaubaren Zeit zu einem Spitzenteam zusammengeschweißt werden.
- Der Vorstandsvorsitzende eines Konzerns sucht einen Coach für den Gesamtvorstand. Anlaß seien Verständigungsschwierigkeiten innerhalb des Vorstands, die sich im Rahmen eines Reorganisationsprozesses ergeben hätten. Dieser war wegen einer wirtschaftlich schwierigen Situation des Konzerns eingeleitet worden. Der Vorstandsvorsitzende denkt an einen Coach, der die aufgelaufenen Konfliktspannungen abzubauen, die Zusammenarbeit wieder zu verbessern und eine Gemeinsamkeitsbasis herzustellen versteht, damit die anstehenden Entscheidungen sachgemäß vorbereitet, fair erörtert, realistisch und gemeinsam konsequent umgesetzt werden.
- Der Sprecher einer dreiköpfigen Geschäftsführung hat das Anliegen, die menschliche Integration der neu zusammengesetzten Geschäftsführung zu fördern. Die Geschäftsführung habe sich darüber verständigt, gemeinsam die Führungs- und Unternehmenskultur zu verändern. Man habe stark expansive Ziele im Auge und müsse entsprechend das Führungsverhalten der Führungskräfte sowie die Zusammenarbeit im Unternehmen insgesamt verbessern. Dabei wolle die Geschäftsfüh-

rung bei sich selbst anfangen, getreu dem Motto: Treppen werden von oben gekehrt. Man sucht einen Coach oder vielleicht auch zwei, die sowohl eine umfassende persönlichkeitsbezogene Beratung als auch den Organisationsentwicklungsprozeß im Unternehmen aktiv begleiten könnten.

– Der für die oberen Führungskräfte eines Konzerns verantwortliche Personalleiter sucht einen externen Coach, um einen Hauptabteilungsleiter für die Übernahme einer schwierigen Geschäftsführerposition vorzubereiten. Ein halbes Jahr stünde zur Verfügung, um kurz vor und nach der Übernahme das allgemeine Managementverhalten zu erweitern und dem Hauptabteilungsleiter Instrumente und Streßmanagement-Strategien zu vermitteln, da der neue Job mit beachtlichen Belastungen verbunden sei. Außerdem seien einige familiäre Spannungen zu bearbeiten, die durch einen Ortswechsel des Managers voraussichtlich verstärkt würden. Die neue Aufgabe und die Person des Managers seien für das Unternehmen wichtig.

– In einem Großunternehmen mit einer im allgemeinen gut funktionierenden und differenzierten Personalentwicklung wird eine entsprechende Förderung für die oberen Führungskräfte unterhalb des Vorstands angestrebt. Man überlegt, welche zielgruppenadäquaten Maßnahmen sowohl zur individuellen Weiterbildung als auch zur zielorientierten Unternehmenskultur-Entwicklung konzipiert und umgesetzt werden könnten.

Die Wahl fällt schließlich auf einen Teamentwicklungsansatz, der mit einem individuellen Coaching einzelner oberer Führungskräfte verknüpft wird. Zwei interne Personalentwickler und zwei externe Coaches bilden ihrerseits ein Team, um in wechselnder Zusammensetzung sowohl das jeweilige Einzelcoaching als auch die Teamsitzungen mit den Managern durchzuführen.

Diese Teamsitzungen sind z.T. auf die Lösung sachlich-pragmatischer Fragen ausgerichtet, z.T. der Weiterentwicklung der Unternehmenskultur (Zusammenarbeit) gewidmet und finden etwa alle sechs Wochen statt. Die dichter laufenden Einzelcoaching-Sitzungen sind an den ganz persönlichen Fragestellungen der Führungskräfte orientiert.

Zielsetzung dieses kombinierten Vorgehens ist es, gleichzeitig und unmittelbar sowohl einen persönlichen als auch einen unternehmensbezogenen Nutzen entstehen zu lassen, um für beide Ziel- und Entwicklungsbereiche wechselseitige Motivationsimpulse auszulösen.

Die zitierten Praxisbeispiele illustrieren unsere Tätigkeit als externe Berater speziell im oberen Führungsbereich und im Top-Management oder mit mittelständischen Unternehmern. Sie stehen stellvertretend für eine Fülle von unterschiedlichen Fragen und Problemstellungen, die sich um die folgenden Kernaspekte gruppieren:

(1) Vorbereitung auf neue Aufgaben
(2) Erweiterung der allgemeinen Managementkompetenz
(3) Karrierefragen, Fragen der persönlichen Entwicklung
(4) Zusammenarbeit mit anderen
(5) Klären von Schwierigkeiten im Spannungsfeld von Beruf und Privat- (Familien-) leben
(6) Konfliktklärung, Konfliktmanagement
(7) Teamentwicklung hochrangiger Führungskräfte
(8) Unterstützung des Top-Managements und der oberen Führungskräfte (Schlüssel-

positionen) bei der Umsetzung einer neuen Unternehmensstrategie und der (entsprechenden) Weiterentwicklung der Unternehmenskultur

In der Regel finden die üblicherweise halbtägigen Einzelcoaching-Sitzungen im Abstand von zwei bis acht Wochen statt, je nach Notwendigkeit und Bedarf.

Coaching-Teamsitzungen kommen meistens in größeren Abständen zustande, etwa alle ein bis drei Monate, wenn es sich um speziell arrangierte Ein- oder Zwei-Tagesveranstaltungen während der Woche oder am Wochenende handelt. Findet allerdings die Begleitung des Managementteams in der realen Arbeitspraxis statt, so hängt dies von der Häufigkeit der Vorstands- oder Geschäftsführungssitzungen ab und richtet sich nach den spezifischen Zielsetzungen des Coachings (und der daraus folgenden Teamsitzungs-Begleitung).

3.   Wie läuft das Coaching ab?

Viele Interessierte fragen immer wieder: „Was ist eigentlich das Charakteristische an einem Coaching-Prozeß?" Darauf kann man berechtigterweise sagen: „Es kommt immer darauf an ...!" Da diese Antwort sicherlich nicht ganz zufriedenstellend ist, hier einige schlaglichtartige Hinweise auf den konkreten Coaching-Prozeß, der ja gerne ironisierend in die pathologische Ecke gerückt wird: Die naheliegende Assoziation Coaching – Couching weckt Anklänge an die Psychotherapie und führt damit schnell ins Abseits bei denjenigen, die sich nicht gerne pathologisieren lassen möchten.

Der Hauptbestandteil des Coachings ist das Gespräch. Gespräche über Sachfragen sowie über die Person des gecoachten Managers. Gespräche über Reaktionen im sozialen Umfeld, über das eigene Verhalten, über Gefühle und Einstellungen, Gespräche über Ziele, Strategien, Konflikte, Widerstände, Hemmnisse: über alles das eben, was die Führungskräfte innerlich und äußerlich beschäftigt, was mit ihren Zielen, Aufgaben, ihrer Person und ihrer Performance zu tun hat und was mit ihrer sozialen Umgebung, mit Führung, Zusammenarbeit, mit anderen Personen, mit den gruppendynamischen Spannungen zwischen verschiedenen Beteiligten oder auch dem Selbstverständnis und dem Selbstmanagement der Betroffenen zusammenhängt.

Dabei liegt gerade die Erörterung derjenigen Themen und Aspekte im Vordergrund, die über ein normales Gespräch unter Bekannten, Kollegen oder auch mit dem Ehepartner hinausgehen. Die verborgenen Gedanken, die tabuisierten Gefühle, das Erörtern der schwer faßbaren Überlegungen stehen genauso im Mittelpunkt wie das gemeinsame Reflektieren von Handlungsalternativen, das Durchspielen des schlimmsten Falles, das Herausarbeiten eines abgewogenen Standpunktes oder das positive Selbstprogrammieren, um eine anstehende Bewährungssituation möglichst gut vorbereitet zu bestehen.

Eine Erfahrung bestätigt sich immer wieder: Je höher Führungskräfte in der Hierarchie aufgestiegen sind, um so seltener werden üblicherweise solche Gespräche im Alltag. Die „Einsamkeit an der Spitze" ist bekannt – aber trotzdem ein schwer veränderbarer Zustand. Er verschwindet nicht automatisch, sondern die Öffnung und Weiterentwicklung müssen aktiv und bewußt angegangen werden.

Wie erreicht man, daß der Gecoachte sich öffnet und sich persönlich weiterentwickelt? Wie werden diese Prozesse ausgelöst, gefördert und stabilisiert?

Die Aufzählung einiger Techniken im Coaching-Gespräch mag holzschnittartig illustrieren, in welcher Weise die (zuweilen subtilen) inneren und äußeren Prozesse angestoßen werden:

(1) *Fragen und Nachfragen stellen*
Wirkung: Präzisierung, Klärung, Überblick schaffen über das Handlungsfeld und die Erlebniswelt des Managers: wissen, wo man steht

(2) *Analyse von wichtigen Geschäfts- oder Kommunikationsabläufen*
Wirkung: Klärung von Ursache-Wirkungs-Zusammenhängen bzw. von Regelkreismechanismen im sozialen Bereich

(3) *Spiegeln der sachlichen und emotionalen Inhalte der Äußerungen des Beratenen (Paraphrasieren)*
Wirkung: Klärende Verdichtung der Gedanken und Gefühle

(4) *Feedback geben*
Wirkung: Sensibilisieren für die eigene Persönlichkeits- und Verhaltenswirkung, Realitätsprüfung

(5) *Reframing (Einstellungsveränderung durch Herstellung von positiven Zusammenhängen)*
Wirkung: Relativierung der Sichtweise des Gecoachten und Vermittlung neuer Perspektiven

(6) *Informationen und Instruktionen geben*
Wirkung: Impulse für gezieltes Verhalten und Verhaltensveränderungen geben, die unterschiedliche Handlungsbereiche betreffen, z.B. Situationseinschätzungen, Managementverhalten, Kommunikationsverhalten, Konfliktstrukturen, Selbstmanagement, Verhältnis Beruf – Familie, Strategien, Unternehmenskultur usw.

(7) *Paradoxe Übertreibungen*
Wirkung: Relativierung der Äußerungen und Bewertungen

(8) *Durchspielen von Alternativen*
Wirkung: Klären von Handlungsspielräumen und Üben eines neuen Verhaltens

(9) *Trainieren von Streßmanagement-Techniken*
Wirkung: Persönliche Entfaltung, Steigerung der körperlichen, mentalen und emotionalen Leistungsfähigkeit

(10) *Vermitteln von Techniken und Instrumenten der Unternehmenskultur-Analyse*
Wirkung: Handhabbarmachen der „weichen" Faktoren, z.B. Führung, Kommunikation, Vorbildverhalten und Verhalten allgemein etc. für eine sinnvolle Analyse und pragmatische Weiterentwicklung.

Dieser Ausschnitt aus dem Handlungsrepertoire eines Coaches verdeutlicht ein wenig das Spektrum an möglichen Interventionen, die zu dem jeweils vereinbarten Ziel beitragen sollen. Der Coach ist also Sounding Board (ein sozialer Spiegel) für den Manager, der seine Ziele und Vorgehensweisen überprüft, neu plant, über das weitere Vorgehen selbst entscheidet und dieses auch selbstverantwortlich durchführt. Er ist Gesprächspartner zur Strategieentwicklung und zur Plausibilitätskontrolle der erarbeiteten Maßnahmen sowie sozialer Verstärker für die persönlichen Themen, Gedanken und Gefühle, mit denen sich die Führungskraft bezüglich ihres Umfeld auseinandersetzt.

Im Rahmen eines System-Coachings (z.B. komplette Geschäftsführung, Vorstand oder Managementteam) kommt oft noch eine Reihe weiterer Vorgehensweisen oder Techniken dazu, z.B.:

(1) *„Übersetzen"/Verständlichmachen der Äußerungen der Beteiligten*
Wirkung: Klärung, Präzisierung, Reduzierung von Konfliktspannungen

(2) *Moderieren von Sitzungen*
Wirkung: Versachlichung von Problemlösungen und Aufarbeiten von emotionalen Spannungen

(3) *Analyse gruppendynamischer Abläufe*
Wirkung: Verstehen und Auflösen von Konflikten im zwischenmenschlichen Umgang

(4) *Spielregeln zwischen den Beteiligten einführen*
Wirkung: Steuerung des Verhaltens nach konstruktiven und effizienten Gesichtspunkten

(5) *Redundanzen herbeiführen und aufdecken*
Wirkung: Situationen wahrnehmbar und entscheidungsreif machen

(6) *Entscheidungssituationen (z.B. Organisationsentwürfe) nach Vor- und Nachteilen mit den Beteiligten aus deren Interessenssicht durchdiskutieren*
Wirkung: Klärung der unterschiedlichen Standpunkte und der Folgen von Entscheidungen

(7) *Maßnahmen (z.B. zur Effizienzsteigerung oder zur Konfliktlösung etc.) für das Team oder das Unternehmen entwickeln, die von den Beteiligten umgesetzt werden müssen*
Wirkung: konkrete Problemlösungen, Unternehmenskultur-Entwicklungen usw. erarbeiten.

1989 und Ende 1990 führte BÖNING-TEAM zwei Untersuchungen zum Thema Coaching durch, aus der an anderer Stelle schon Teile veröffentlich wurden (BÖNING, 1989 und 1990). Neben der Erhebung des damaligen Bekanntheitsgrads von Coaching, der seit 1989 sprunghaft gestiegen war (und der seitdem noch stärker zugenommen hat) gab es eine Reihe von weiteren interessanten Ergebnissen. In unserem Zusammenhang sei davon herausgegriffen:
Coaching wird in den Unternehmen inzwischen primär verstanden als:

– Externes Einzelcoaching (wie oben dargestellt): Mit den inhaltlichen Schwerpunkten sozialer Spiegel für Top-Manager, Konfliktberatung, Verbesserung der Zusammenarbeit im Unternehmen und Entwicklung des Führungsverhaltens (deutsche Variante seit Mitte der 80er Jahre).

Oder als

- Entwicklungorientierter Führungsstil der Vorgesetzten: Hier handelt es sich um eine völlig andere Coaching-Variante, bei der bei aller begrifflichen Übereinstimmung die Praxis sehr unterschiedlich ausfallen kann. Der Vorgesetzte unterstützt hier den Mitarbeiter im Sinne eines entwicklungsorientierten Führens bei seiner täglichen Aufgabenerfüllung (Training on the job). Ziel dabei ist ein höherer (beruflicher) Reifegrad des Mitarbeiters, der sich primär an seiner fachlichen Kompetenz oder an seiner Motivation festmachen läßt (Amerikanische Variante seit den 70er Jahren).
- Coaching durch einen internen Personalentwickler: Diese Variante steht sozusagen zwischen beiden zuerst genannten Ansätzen und wird stärker im unteren und mittleren Führungsbereich eingesetzt. Hauptziele und Ansatzpunkte sind hier die bessere Bewältigung der täglichen Zusammenarbeit (Führung) und die Vorbereitung auf die Übernahme einer neuen Aufgabe.
- Persönliche Selbsterfahrung im Seminar: Diese oft auch als Gruppen-Coaching bezeichnete Trainingsvariante (Beratung entweder einer Gruppe, Beratung in der Gruppe oder auch Beratung durch die Gruppe) entspricht dem klassischen Managementtraining bzw. dem traditionellen Selbsterfahrungsseminar mit einer verstärkten praxisbezogenen Transfervorbereitung und Transferunterstützung.
- Interne oder externe Prozeßberatung im Rahmen eines Projektmanagements: Hier deutet sich bereits an, daß der Coaching-Begriff zunehmend auf alle möglichen Beratungsleistungen übertragen wird, bei denen soziale (kommunikative) Prozesse stärker als früher in die persönliche bzw. die unternehmensbezogene Beratung von Führungskräften/Mitarbeitern einbezogen und professionell bearbeitet werden.

Darüber hinaus zeigte diese Untersuchung, daß Coaching (selbstverständlich in seinen verschiedenen Varianten) in der Zwischenzeit auf allen Führungsebenen angewandt wird, in über 100 Firmen eingesetzt und überwiegend positiv beurteilt wird (ins Positive verschobene Normalverteilung).

Offensichtlich deckt der persönliche und personenbezogene Beratungsansatz einen in der Zwischenzeit gewachsenen Bedarf ab. Es zeigt sich hierin sowohl ein offen gebliebenes Bedürfnis nach Nähe und Kommunikation als auch die Notwendigkeit einer immer stärkeren Leistungsoptimierung nicht nur im sachlich-fachlichen Bereich, sondern gerade im psychologischen und sozialkommunikativen Bereich. Was sich in „Kopf und Herz" von Menschen abspielt, ist heute (ähnlich wie im Sport) eine wesentlich wichtiger gewordene Leistungs-, Erfolgs- und Sinnerfüllungskomponente als früher.

4. Schlußbetrachtung

Nach unserer Erfahrung hat sich Coaching in den letzten Jahren als differenziertes Instrumentarium in unterschiedlichen Formen in den Unternehmen durchgesetzt.

Anfangs von einigen als etwas Geheimnisvolles dargestellt und erlebt, von anderen oft als methodische Neuerung in Frage gestellt (Motto: „Alter Wein in neuen Schläuchen!"), präsentiert sich Coaching heute in einer Fülle nicht differenzierter Anwendungen. Es beginnen sich drei Dinge zu normalisieren:

- Erstens: daß Manager sich persönlich psychologisch beraten lassen, wird nicht mehr grundsätzlich selbstzweiflerisch als Infragestellung der eigenen persönlichen Kompetenz bzw. der Managementfähigkeiten oder gar der eigenen Selbständigkeit und Unabhängigkeit betrachtet.
  Vielmehr wird die Inanspruchnahme von Coaching als legitimer Kommunikationsausdruck und als Wunsch nach einer eigenen Optimierung, Professionalisierung und besseren Performance verstanden.
- Zweitens: lösen sich langsam die anfangs starken wechselseitigen Vorbehalte von externen Beratern und internen Personalentwicklern auf. Die Fragen darüber nehmen ab, was das „echte" Coaching und was das methodisch Neue daran ist.
  Vielmehr hat eine differenzierte Anwendung und Umsetzung von Coaching begonnen, bei der die Kooperation zwischen „Internen" und „Externen" zunehmend besser und problemlösungsorientierter wird.
  Abbildung 1 macht aus der Sicht von professionellen Anwendern die Verzahnung und die Bevorzugung einzelner Vorgehensweisen nochmals deutlich.

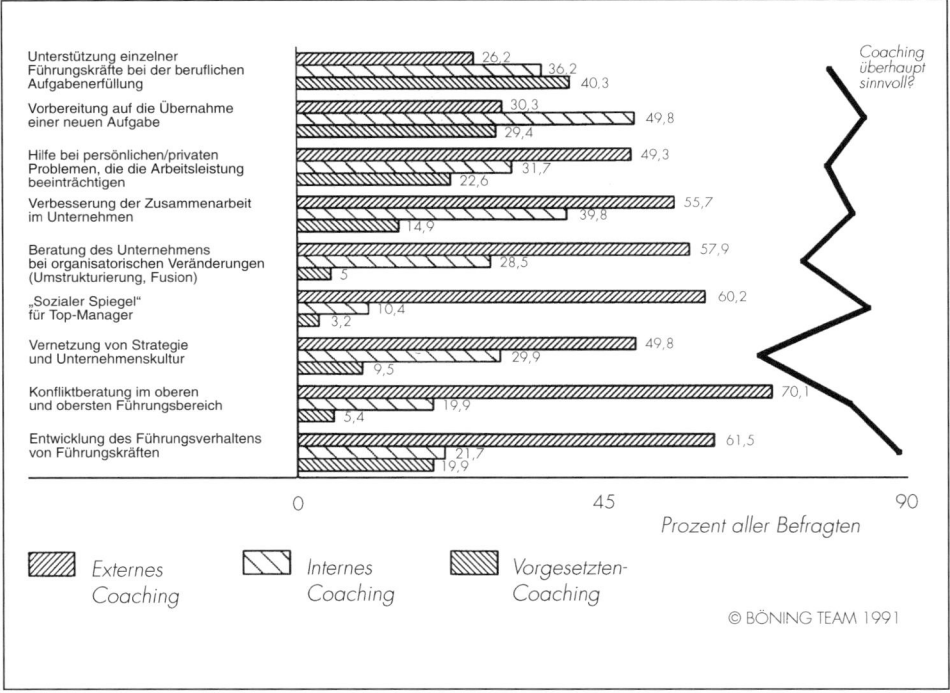

Abb. 1: Eingeschätzte Angemessenheit von Coaching-Varianten
für faktische und mögliche Anlässe

- Drittens: wird deutlich, wie sich allmählich das Verständnis der Führungsrollen selbst verändert: Nicht nur Ziele setzen, Entscheidungen treffen, Durchsetzen usw. prägen die Führungsrolle, sondern zunehmend mehr die Fähigkeit zur Teamarbeit und dazu, Konflikte nicht nur oberflächlich zu regeln, sondern echt zu lösen, die

Fähigkeit, unterschiedliche Ziel- und Werte-Welten von Menschen (Vorgesetzten, Kollegen, Mitarbeitern) integrieren zu können, das ist gefragt. Die eigene persönliche Wirkung auf das soziale Umfeld realistisch einschätzen und weiterentwickeln zu können, ist nicht einfach Ausdruck einer permanenten Selbstbespiegelung, sondern zwangsläufige Folge einer immer komplexer werdenden Welt.

Literatur

Böning, U. (1989). Coaching: Zur Rezeption eines neuen Führungsinstruments in der Praxis. In: Personalführung, 12/1989, S. 1149–1151.

Böning, U. (1990). Hilfe zur Selbsthilfe. In: Gablers Magazin, 4/1990, S. 22–25.

Böning, U. (1994). Management-Coaching: Mythos und Wirklichkeit. In: K. Schwuchow et al. (Hrsg.), Jahrbuch Weiterbildung. 4. Jhg., Düsseldorf 1994. S. 108–110.

Böning, U. (1994). Ist Coaching eine Modeerscheinung? In L. M. Hofmann und E. Regnet (Hrsg.), Innovative Weiterbildungskonzepte. Stuttgart 1994, S. 171–185.

Kienbaum, J. & Jochmann, W. (1992). Coaching: ein Instrumentarium zur Absicherung und Förderung von Karriereentwicklungen. In J. Kienbaum (Hrsg.), Visionäres Personalmanagement. Stuttgart 1994.

Looss, W. (1991). Coaching für Manager. Landsberg 1991.

Neubeiser, M.-L. (1990). Management-Coaching. Zürich 1990.

Rückle, H. (1992). Coaching. Düsseldorf 1992.

Rolf Wunderer

Führung des Chefs

1. Persönlichkeiten und Mikropolitiker – Charisma und Macht als zwei populäre Denkmuster

1.1 Zur Renaissance charismatischer Chefs und intrapreneurischer Mitarbeiter

Nach einer Periode der teamorientierten Führungsphilosophie der 60er und 70er Jahre ist in den 80er Jahren im Westen wieder ein Jahrzehnt der Heroen eingeläutet worden. Zunächst war es die charismatische Führung, welche den Ansatz von Max Weber (1921/1972) aus den 20er Jahren wieder aufnahm, der die nur schwer definier- und meßbare Ausstrahlung von Führern, ihre Persönlichkeit und emotionale Dimension zu einem zentralen Erfolgsfaktor in einer entsprechenden Führungskultur machte (PETERS & WATERMAN, 1982; CONGER & KANUNGO, 1988). „Männer machen Geschichte" lautet die dafür bekannte Devise.

Bald darauf tauchte ein – auch in Westernfilmen wohlbekannter – Kämpfer gegen Machtkartelle, Ranküne und Willkür auf. Dieser Held – in der Schweiz als Tell, in Deutschland als Siegfried wohlbekannt – wird nun zum neuen Heilsbringer, zum Veränderer, Innovator, alias *„Intrapreneur"*. Dank eines ganz besonderen Selbstvertrauens in die eigene Person (Tell: „Am stärksten ist der Mächtige allein") sowie der Bereitschaft zum individuellen Kampf gegen die Hydra „Hierarchie" bzw. „Bürokratie" („Einer gegen alle"), formuliert er nun den Dekalog nach seinem Bilde. Seine „zehn Gebote" lauten (PINCHOT, 1985):

(1) Komme jeden Tag mit der Bereitschaft zur Arbeit, gefeuert zu werden.
(2) Umgehe alle Anordnungen, die deinen Traum stoppen können.
(3) Mach alles, was zur Realisierung deines Ziels erforderlich ist – unabhängig davon, wie deine eigentliche Aufgabenbeschreibung aussieht.
(4) Finde Leute, die dir helfen.
(5) Folge bei der Auswahl von Mitarbeitern deiner Intuition und arbeite nur mit den besten zusammen.
(6) Arbeite solange es geht im Untergrund – eine zu frühe Publizität könnte das Immunsystem des Unternehmens mobilisieren.
(7) Wette nie in einem Rennen, wenn du nicht selbst darin mitläufst.
(8) Denke daran – es ist leichter, um Verzeihung zu bitten als um Erlaubnis.
(9) Bleibe deinen Zielen treu, aber sei realistisch in bezug auf die Möglichkeiten, diese zu erreichen.
(10) Halte deine Sponsoren in Ehren.

Daß dieses Verhaltensmuster auch zwischen oberen Etagen möglich und erfolgreich sein kann, wird in einem Festbeitrag der Volkswagenwerke zum 40jährigen „Audi-Jubiläum" am Beispiel des „Intrapreneurs" Leiding gegenüber seinem Chef Nordhoff geschildert (Donau-Kurier, 1985). Leiding erinnert sich an einen Auftrag Nordhoffs, eine Karrosserieüberarbeitung vorzunehmen, die er in eine Neukonstruktion des späteren „Audi 100" umformulierte.

Leiding: „Beim nächsten Treffen habe ich gesagt, die Karrosserie ist nun fertig, und es sei wohl angebracht, daß der Vorstand sie sich einmal anschaue. Am Tag, als der Vorstand aus Wolfsburg kam und sich die Karrosserieänderungen ansehen wollte, sagte ich morgens zu meiner Frau: ‚Wenn ich heute Mittag bei dir esse, dann bin ich rausgeschmissen worden. Wenn ich nicht komme, kannst du davon ausgehen, daß ich weiter Chef bei der Autounion bleibe‘". Leiding weiter: „In einem Raum der Entwicklung stellten wir das Fahrzeug vor. Meinen Hut behielt ich in der Hand, meinen Mantel zog ich nicht aus. Die Herren kamen dann alle an, und ich stand immer noch mit meinem Mantel da, die Herren hatten alle abgelegt. Dann zogen wir die Plane vom Modell weg, und die Drehscheibe setzte das Automobil in kreisende Bewegungen. Nordhoff schritt dann ein paarmal herum und hatte zuerst einen ganz roten Nacken. Da ich ihn gut kannte, wußte ich, daß das Alarm- stufe ‚1‘ war. Aber plötzlich begann sein Gesicht doch freundlicher zu werden. Und da habe ich meinen Mantel ausgezogen. Und als Nordhoff dann sagte: ‚Herr Leiding, grünes Licht für diesen Wagen‘, da war ich dann aus dem Schneider. Der Audi 100 wurde am Markt ein Renner. Zeitweise reichten die Kapazitäten in Ingolstadt nicht aus, und der Mittelklassewagen mußte in Wolfsburg ge- fertigt werden."

1.2 Machtspiele und Einflußrollen als Themen in Wissenschaft und Praxis

In der Realität sind solche Helden aber dünn gesät. Deshalb versuchte man wohl auch, den Mangel an charismatischen Persönlichkeiten durch eine charismatische Beschrei- bung der Unternehmens- und Führungskultur zu kompensieren. Sie wurde dann gerne Leitbild oder Vision genannt. Die anfängliche Begeisterung der Chefetagen ist aber inzwischen einer nüchternen Betrachtungsweise gewichen. Man erkannte auch die entmutigende Wirkung von „PR-Visionen" auf Hochglanzpapier, insbesondere wenn eine immer härtere, sachlichere, kurzfristigere und gewinnorientiertere Unter- nehmensrealität für die Mitarbeiter dadurch noch pointierter kontrastiert wurde. So besann man sich wieder mehr auf die Realitäten. In diesem Gefolge rückte – unter dem Einfluß der Politik- und Sozialwissenschaften – der von Max Weber (1921) auch schon in den 20er Jahren diskutierte Machtaspekt wieder in den Vordergrund, nun unter dem neutraleren Terminus „Einfluß". Dabei ging es nicht mehr in erster Linie um normative Eingrenzungen der Macht, z.B. durch delegative Führungsstilkonzepte oder partizipative Unternehmensverfassungen. Verstärkt wurden nun auch manipula- tive Machttaktiken (häufig unter dem Begriff „Machiavellismus" oder „Mikropolitik" – vgl. BOSETZKY, 1991, und den Beitrag von NEUBERGER, in diesem Band) analysiert. Damit erweiterte man das bisher vorwiegend rationale Verständnis von Organisation und Management, vor allem um dessen Sichtweise als rollenverändernde Koalition von „kleinen Politikern", die versuchen, Spielräume in Organisationen auszunutzen und zu erweitern. BOSETZKY (1991, S. 294f.) zitiert die „Checkliste" von N. Machia- velli (1469–1527, aus dessen Buch „Il Principe", einer Erziehungsfibel für angehende Fürsten). Sie zeigt einige Verwandtschaft mit dem zuvor aufgeführten „intrapreneuri- schen Machiavellisten":

(1) „Sie wählen ihre Domestiken danach aus, daß ihnen durch deren Auftreten und Können ein hohes Maß an Intelligenz zugesprochen wird.

(2) Sie suchen ihre Helfer ferner danach aus, daß diese niemals die eigenen, sondern immer ihre Ziele und Interessen im Auge haben.

(3) Sie übernehmen alle für ihre Domestiken unangenehmen Maßnahmen schlagar- tig, während sie Belohnungen nach und nach austeilen.

(4) Sie sind niemals in auffälliger Weise freigiebig, sondern nur maßvoll und inso- weit, daß sie nicht als geizig gelten können.

(5) Sie streben danach, bei ihren Domestiken beliebt zu sein, um in den Auseinandersetzungen mit externen und internen Gegnern wirklich über eine geschlossene und schlagkräftige ‚Truppe' zu verfügen und Verschwörungen gegen sich von vorneherein den Wind aus den Segeln zu nehmen.

(6) Sie konzentrieren sich voll und ganz auf ihre Führungsaufgaben, d.h. insbesondere auf die Erhaltung und den Ausbau ihrer Machtposition.

(7) Sie lassen um des lieben Friedens willen keinem Übelstand freien Lauf, sondern greifen sofort ein.

(8) Sie wirken niemals weich und unentschlossen, sondern stets kraftvoll, weitblickend und dynamisch.

(9) Sie sorgen dafür, daß ihr Name mit publizitätsträchtigen Unternehmen verbunden ist.

(10) Sie fördern tüchtige Leute und stellen deren Leistungen heraus."

2. Von der „Exotenforschung" zum Alltag der Führungsrollen

2.1 Grundfragen

Es ist verständlich, daß sich Praxis wie Wissenschaft gerne mit solch auffallenden und seltenen Exemplaren organisatorischen Verhaltens beschäftigen. Aber diese Art von „Exotenforschung" trifft allenfalls 5 bis 10 Prozent der Population einer Organisation; dazu werden sie vor allem in Krisenzeiten „nachgefragt". Wir wollen uns deshalb im folgenden mit den Ausprägungsformen der interaktionellen Beeinflussung von Vorgesetzten durch ihre Mitarbeiter befassen, die den Alltag und den Normalfall von Führungsbeziehungen widerspiegeln. Das Rollenkonzept soll dabei die konzeptionelle Grundlage bilden (vgl. Staehle, 1991). Dabei werden folgende Aspekte und Fragestellungen näher diskutiert:

(a) Wie läßt sich Führungseinfluß definieren und welche Ansätze eignen sich zur allgemeinen Beschreibung von Einflußstilen?

(b) Worin bzw. wonach lassen sich die Einflußdimensionen und -rollen des Vorgesetzten, Mitarbeiters und Kollegen vergleichend beschreiben; durch welche Besonderheiten zeichnet sich dabei die „Führung von unten" aus?

(c) Welche Einflußgrößen haben generell Art und Umfang der „Führung von oben" zugunsten der „Führung von unten" verändert? Wie stark sind dabei Länderkulturen als Einflußgröße für Organisationskulturen zu bewerten?

Diese Fragen werden nun im folgenden zu beantworten sein, wobei auch Ergebnisse der empirischen Forschung, die wiederum v. a. in den Vereinigten Staaten durchgeführt wurde, einbezogen werden (vgl. dazu v. a. Allen & Porter, 1983; Case et al, 1988; Deluga, 1991; Gabarro & Kotter, 1980; Keys & Bell, 1982; Kipnis & Schmidt, 1980, 1988; Mowday, 1978, 1979; Porter, Allen & Angle, 1981; v. Rosenstiel, 1991; Schilit & Locke, 1982; Yukl & Falbe, 1990).

2.2 Wie läßt sich Führungseinfluß definieren und welche Ansätze eignen sich zur allgemeinen Beschreibung von Einflußstilen?

Führung wird verstanden als: „Zielorientierte soziale Einflußnahme zur Erfüllung gemeinsamer Aufgaben in/mit einer strukturierten Arbeitssituation" (WUNDERER & GRUNWALD, 1980). Mit dieser bewußt von einer Einflußrichtung unabhängig gewählten Definition läßt sich auch die „Führung von unten" erfassen. Hierbei ist ein Interaktionskonzept zugrunde gelegt, das von der wechselseitigen Einflußnahme in Führungsdyaden ausgeht. Die Intensität und Ausprägung der Wechselseitigkeit definieren den Führungsstil. Dieser wird vorwiegend in ein- bis zweidimensionaler Form zu operationalisieren versucht.

In einem *eindimensionalen Ansatz* hat u. a. das Konzept von TANNENBAUM und SCHMIDT (1958) die wohl größte Verbreitung gefunden. Abbildung 1 zeigt Ergebnisse von eigenen Umfragen bei 1615 Führungskräften nach diesem Konzept (WUNDERER, 1990 a). Dabei wird deutlich, daß schon mit dem konsultativen Führungsstil (Skalenwert 4) der Einfluß des Mitarbeiters bei der Entscheidungsfindung des Vorgesetzten über die Beratungsdimension beginnt. Dieser verstärkt sich in den folgenden drei Stilen (5–7) laufend. Die Umfrageergebnisse zeigen auch, daß Führungskräfte heute mindestens einen solchen beratenden Einfluß wünschen, in der Regel aber kooperativ-delegative Einflußformen bevorzugen. Nur ein sehr geringer Anteil der Befragten wünscht sich einen Vorgesetzten ohne wesentlichen Einfluß, der praktisch nur noch Moderations- und Repräsentationsfunktionen übernimmt (Skalenwert 7). Deutlich wird bei diesen Umfragen allerdings auch, daß die Realität (Ist-Abfrage) von diesen Wünschen noch recht weit entfernt ist. Hier findet sich doch noch ein großer Anteil von Vorgesetzten, die ihren unterstellten Führungskräften nicht einmal eine Beratungskompetenz zugestehen (nach unseren Umfragen 30 bis 67 Prozent – bewertet aus der Mitarbeitersicht – vgl. Abb. 1).

In unserem eigenen *zweidimensionalen Führungskonzept* (vgl. Abb. 2) wird die eben angesprochene Dimension der Partizipation („Machtgestaltung") ergänzt durch eine prosoziale Dimension („Beziehungsgestaltung") zwischen den beiden sich wechselseitig beeinflussenden Personen. Letztere betont die zwischenmenschliche Komponente von Einflußformen zwischen Vorgesetzten und Mitarbeitern, die bei kooperativen Konzepten am höchsten ausgeprägt ist. Die prosoziale Dimension ist gerade bei der „Führung von unten" von besonderem Interesse, da Mitarbeiter über die Beziehungsebene („Freundlichkeit") leichter ihre Chefs beeinflussen können als über die Machtebene.

Eine Umfrage im Jahre 1990 bei 1314 Führungskräften und Sachbearbeitern in einem Dienstleistungsunternehmen (16 000 Beschäftigte) nach dem in Abbildung 1 gezeigten Konzept ergab, daß 93 Prozent zumindest einen beratenden Führungsstil wünschten (aber nur 46 Prozent erlebten), wobei – wegen des hohen Anteils an Sachbearbeitern - der Schwerpunkt der Wunschvorstellungen beim konsultativen Führungsstil lag (vgl. Abbildung 3). In den in Abbildung 1 gezeigten überbetrieblichen Umfragen herrschte hingegen bei Führungskräften der Schweiz und der Bundesrepublik der Wunsch nach delegativ-kooperativen Entscheidungsbeziehungen eindeutig vor.

In der gleichen Betriebsbefragung zeigte sich dagegen bei der Frage nach der gewünschten Ausprägung der prosozialen Dimension („Kooperationsbeziehung") ein deutlich anspruchsvollerer Wert. 62 Prozent aller Befragten wünschten sich hier

		Willensbildung beim Vorgesetzten (V)				Willensbildung beim Mitarbeiter (MA)			
		1	2	3	4	5	6	7	
		V entscheidet ohne Konsultation der MA	V entscheidet, er versucht aber, die MA von seinen Entscheidungen zu überzeugen, bevor er sie anordnet	V entscheidet, er gestattet jedoch Fragen zu seinen Entscheidungen, um dadurch deren Akzeptanz zu erreichen	V informiert über beabsichtigte Entscheidungen; MA können ihre Meinungen äußern, bevor der V die endgültige Entscheidung trifft	MA/Gruppe entwickelt Vorschläge; V entscheidet sich für die von ihm favorisierte Alternative	MA/Gruppe entscheidet, nachdem V die Probleme aufgezeigt und die Grenzen des Entscheidungsspielraums festgelegt hat	MA/Gruppe entscheidet, V fungiert als Koordinator nach innen und außen	Mittelwert
N		„Autoritär"	„Patriarchalisch"	„Informierend"	„Beratend"	„Kooperativ"	„Delegativ"	„Autonom"	
Schweiz Ist 469		2	10	23	25	22	10	8	4,2
Soll 461		0	0	0	14	28	47	10	5,5
BRD Ist[1] 888		5	11	14	35	16	15	4	4,1
Soll 1025		0	0	1	23	22	43	10	5,4
DDR Ist 117		12	26	29	18	9	2	4	3,2
Soll 121		2	12	8	42	22	12	2	4,1

Angaben in Prozent

Frage: Wie werde ich von meinem Chef geführt? (Ist)
Wie möchte ich von meinem Chef geführt werden? (Soll)

N = 1615 Führungskräfte
[1] = nur alte Bundesländer

Abb. 1: Führungsstilumfragen 1986–1990
(WUNDERER, 1990a, nach TANNENBAUM & SCHMIDT, 1958)

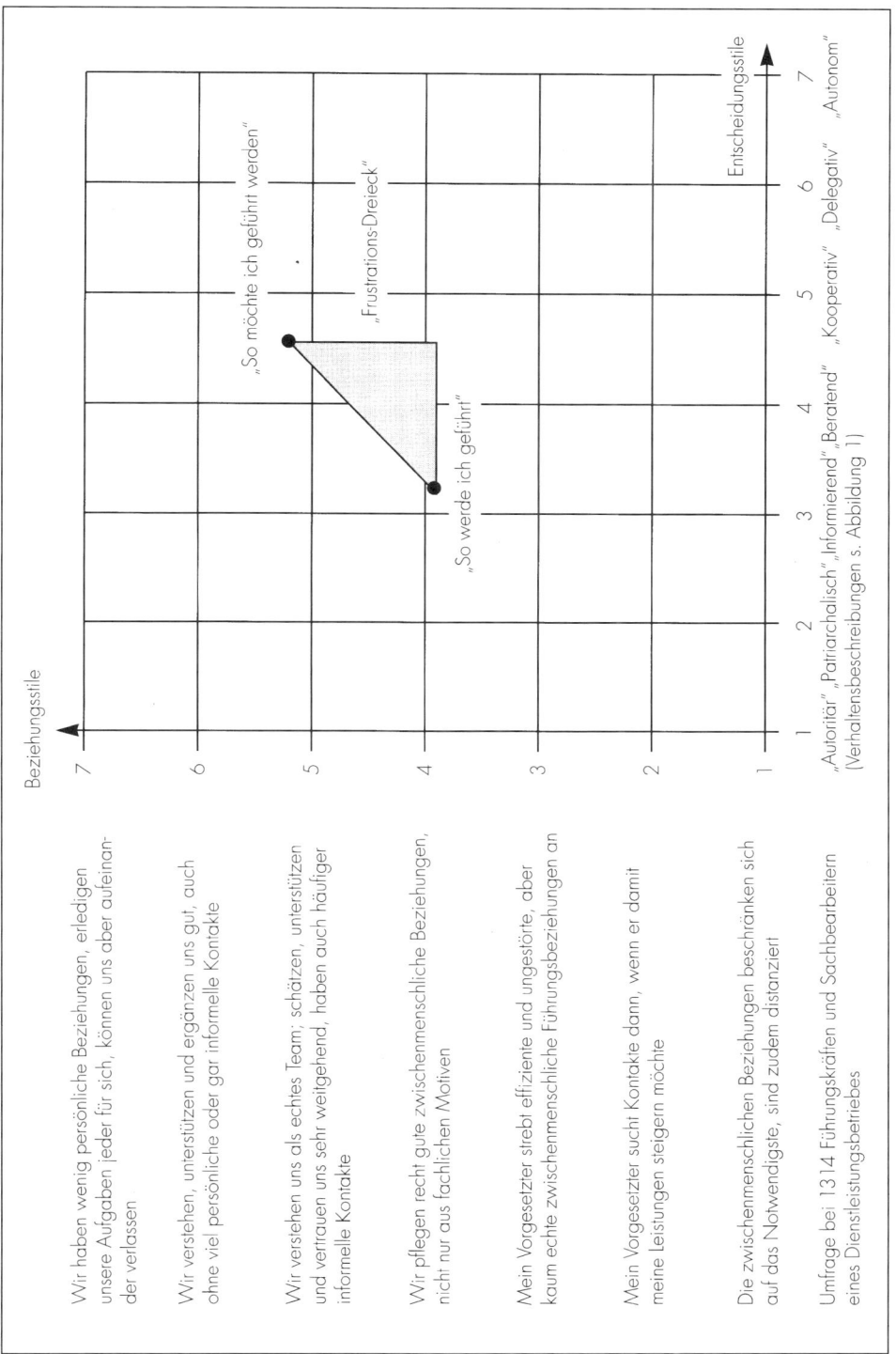

Abb. 2: Zweidimensionales Analyse-Konzept der Mitarbeiterführung

271

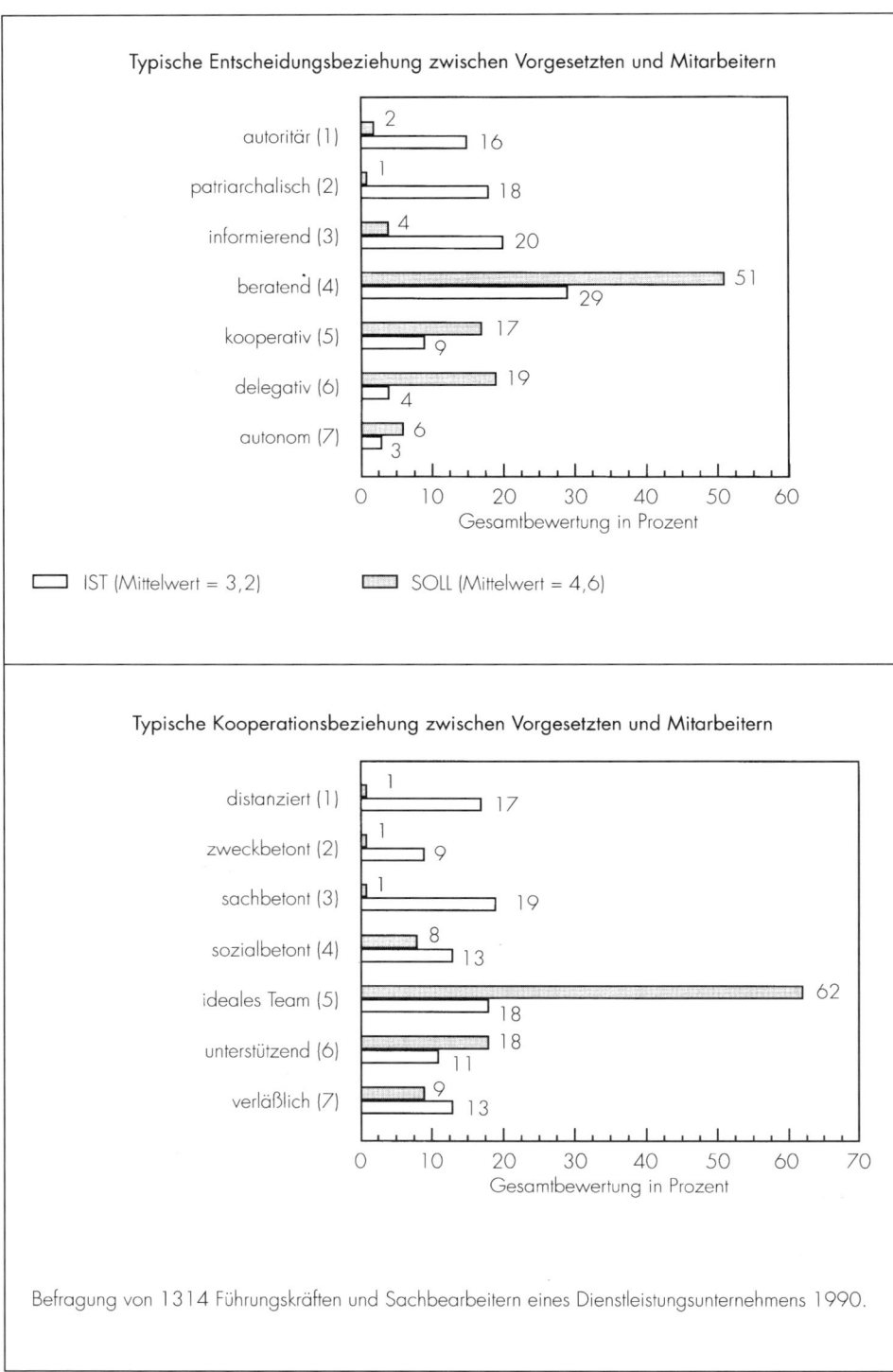

Abb. 3: Erwünschte (Soll-) und erlebte (Ist-)Führungsstile

folgende Ausprägung: „Wir verstehen uns als echtes Team. Wir schätzen, unterstützen und ergänzen uns sehr weitgehend, haben auch häufiger informelle Kontakte. Diese als „ideales Team" umschriebene Situation war aber nur bei 18 Prozent der Befragten Realität. 45 Prozent erlebten dagegen distanzierte, zweck- oder sachbetonte prosoziale Beziehungen; gewünscht wurden diese drei Formen aber nur von 3 Prozent der Befragten (vgl. die Abbildungen 2 und 3). Aus der empirischen Analyse beider Führungsdimensionen ergibt sich ein „Frustrationsdreieck" der Befragten.

Unsere jüngsten Forschungsergebnisse (vgl. WUNDERER & DICK, 1997) deuten darauf hin, daß Frauen − entgegen anderslautender Aussagen in Managementpresse und populärwissenschaftlicher Literatur − nicht partizipativer und prosozialer führen als ihre männlichen Kollegen. So wurden in einer großzahligen Erhebung in 13 deutschen und schweizerischen Unternehmen weibliche und männliche Führungskräfte von ihren Mitarbeiterinnen und Mitarbeitern in ihrem Führungsverhalten sehr ähnlich beurteilt (vgl. Abbildung 4). Signifikante Unterschiede lassen sich weder im Entscheidungs- noch im Sozialverhalten feststellen. Auch im Zufriedenheitsrating zeigten sich keine Differenzen. Die Mitarbeiter(innen) sind mit weiblichen und männlichen Führungskräften gleichermaßen zufrieden.

Einen *mehrdimensionalen Ansatz* haben KIPNIS et al. (vgl. KIPNIS et al., 1980; KIPNIS & SCHMIDT, 1988) vorgelegt.

− Reason (rationale, sachliche Argumentation und Vorlagen)
− Friendliness (freundliches, unterstützendes Verhalten)
− Assertiveness (Bestimmtheit, Nachhaken, Konsequenz)
− Bargaining (Verhandeln, Tauschgeschäfte, Wechselseitigkeit)
− Coalition (Koalitionen bilden)
− Higher Authority (höheres Management einschalten)
− Sanctions (Sanktionen).

KIPNIS et al. (1984) zeigen, daß Mitarbeiter vor allem über die zwei erstgenannten Einflußdimensionen (Reason, Friendliness) sowie über Koalitionsbildung versuchen, ihre Vorgesetzten in ihrem Sinne zu beeinflussen. Dagegen ist die auf der Machtdimension anzusiedelnde „assertiveness" bei den Vorgesetzten populärer. Abbildung 5 zeigt Ergebnisse ihrer Forschungen.

Wir haben den übersetzten Fragebogen von KIPNIS et. al. 76 Teilnehmern von zwei Nachdiplomkursen in Unternehmensführung an der Hochschule St. Gallen 1992 beantworten lassen. Dabei fanden sich die in Abbildung 5 dargestellten Ergebnisse. Sie zeigen einmal, daß auch bei diesen schweizerischen Führungskräften bei ihrer „Führung von unten" die Einflußstrategien „sachliche Begründung" und „Freundlichkeit" dominierten. Dann folgten die Strategien „Bestimmtheit" und „Koalition". Eine faktorenanalytische Replikation dieses Ansatzes (WUNDERER & WEIBLER, 1992) legt eine Reduktion der Einflußstrategien auf zwei Basisstrategien nahe: Die machtorientierten Strategien „Sanktionen", „Einschalten des höheren Managements" und „Bestimmtheit" können als *direktive Einflußstrategien* bezeichnet werden. Diesen stehen „Begründung", „Aushandlung" und „Freundlichkeit" als *nicht-direktive bzw. diskursive Einflußstrategien* gegenüber. Eine Sonderstellung nimmt die Einflußstrategie „Koalition" ein: Einerseits wird diese Strategie machttheoretisch diskutiert, da sich durch das Eingehen von Koalitionen die eigenen Machtpotentiale erhöhen. Andererseits muß in Koalitionen auch kooperiert werden. Es sind Kompromisse erforderlich, um sie zweckmäßig auszuüben. Je nach Betonung des einen oder anderen Aspekts ist eine unterschiedliche Einordnung in die direktive bzw. nicht-direktive Dimension denkbar.

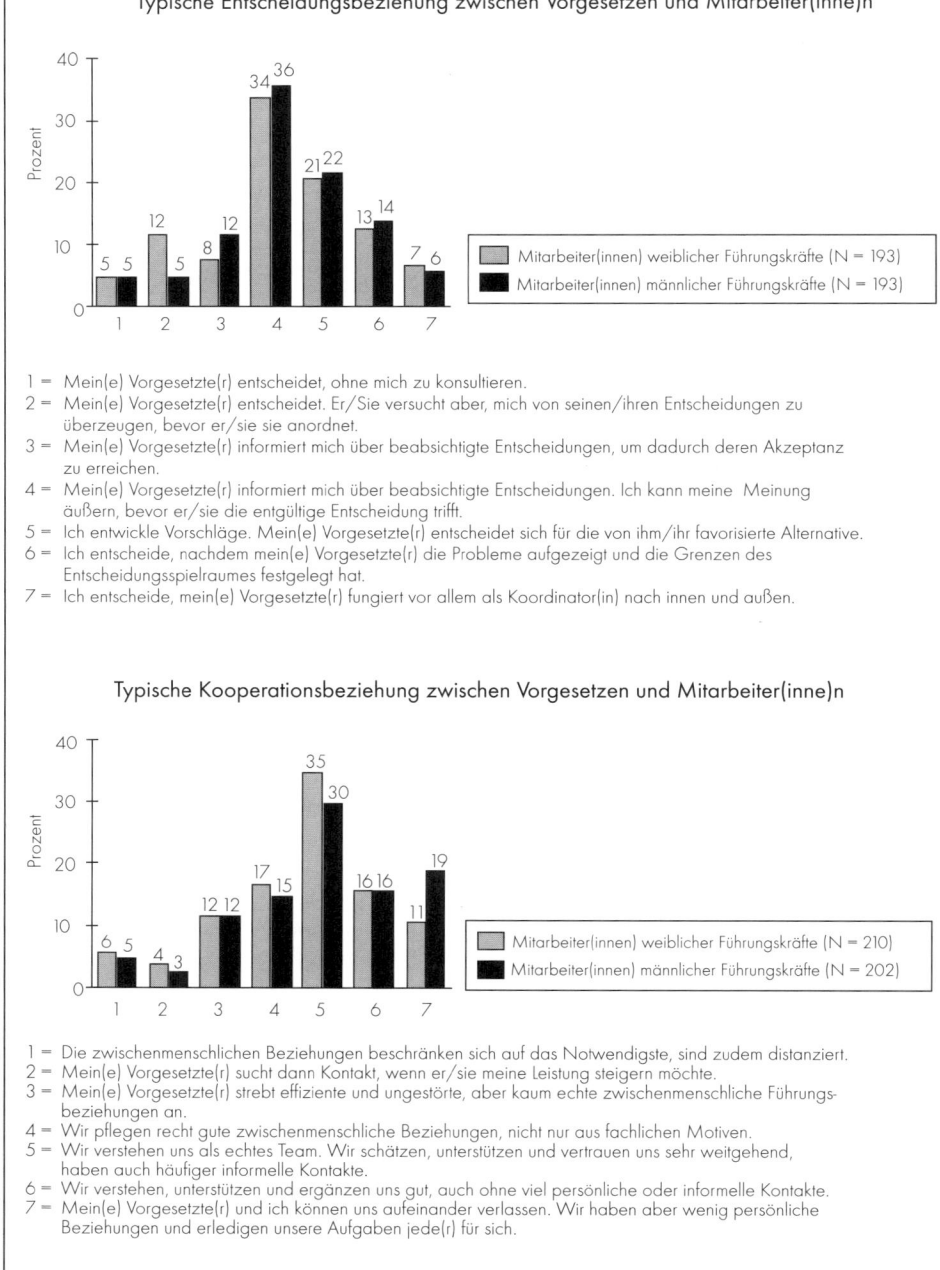

Typische Entscheidungsbeziehung zwischen Vorgesetzen und Mitarbeiter(inne)n

Mitarbeiter(innen) weiblicher Führungskräfte (N = 193)
Mitarbeiter(innen) männlicher Führungskräfte (N = 193)

1 = Mein(e) Vorgesetzte(r) entscheidet, ohne mich zu konsultieren.
2 = Mein(e) Vorgesetzte(r) entscheidet. Er/Sie versucht aber, mich von seinen/ihren Entscheidungen zu überzeugen, bevor er/sie sie anordnet.
3 = Mein(e) Vorgesetzte(r) informiert mich über beabsichtigte Entscheidungen, um dadurch deren Akzeptanz zu erreichen.
4 = Mein(e) Vorgesetzte(r) informiert mich über beabsichtigte Entscheidungen. Ich kann meine Meinung äußern, bevor er/sie die entgültige Entscheidung trifft.
5 = Ich entwickle Vorschläge. Mein(e) Vorgesetzte(r) entscheidet sich für die von ihm/ihr favorisierte Alternative.
6 = Ich entscheide, nachdem mein(e) Vorgesetzte(r) die Probleme aufgezeigt und die Grenzen des Entscheidungsspielraumes festgelegt hat.
7 = Ich entscheide, mein(e) Vorgesetzte(r) fungiert vor allem als Koordinator(in) nach innen und außen.

Typische Kooperationsbeziehung zwischen Vorgesetzen und Mitarbeiter(inne)n

Mitarbeiter(innen) weiblicher Führungskräfte (N = 210)
Mitarbeiter(innen) männlicher Führungskräfte (N = 202)

1 = Die zwischenmenschlichen Beziehungen beschränken sich auf das Notwendigste, sind zudem distanziert.
2 = Mein(e) Vorgesetzte(r) sucht dann Kontakt, wenn er/sie meine Leistung steigern möchte.
3 = Mein(e) Vorgesetzte(r) strebt effiziente und ungestörte, aber kaum echte zwischenmenschliche Führungs- beziehungen an.
4 = Wir pflegen recht gute zwischenmenschliche Beziehungen, nicht nur aus fachlichen Motiven.
5 = Wir verstehen uns als echtes Team. Wir schätzen, unterstützen und vertrauen uns sehr weitgehend, haben auch häufiger informelle Kontakte.
6 = Wir verstehen, unterstützen und ergänzen uns gut, auch ohne viel persönliche oder informelle Kontakte.
7 = Mein(e) Vorgesetzte(r) und ich können uns aufeinander verlassen. Wir haben aber wenig persönliche Beziehungen und erledigen unsere Aufgaben jede(r) für sich.

Abb. 4: Entscheidungs- und Sozialverhalten weiblicher und männlicher Führungs-kräfte aus Sicht ihrer Mitarbeiterinnen und Mitarbeiter

	„Führung von unten"		„Führung von oben"	
	Kipnis et al.	Wunderer	Kipnis et al.	Wunderer
Populär ↑	Begründung	Begründung	Begründung	Begründung
	Koalition	Freundlichkeit	Bestimmtheit	Freundlichkeit
	Freundlichkeit	Bestimmtheit	Freundlichkeit	Bestimmtheit
	Verhandlung	Koalition	Koalition	Koalition
	Bestimmtheit	Höhere Autorität	Verhandlung	Verhandlung
	Höhere Autorität	Verhandlung	Höhere Autorität	Höhere Autorität
Unpopulär	–	–	Sanktionen	Sanktionen

Quelle: Kipnis et al. (1984)
          Wunderer (1992)
N.B.:   Die Rangierung ist das Ergebnis empirischer Untersuchungen der Autoren.

Abb. 5: Populäre und unpopuläre Strategien

Aus den bisherigen Ausführungen wird deutlich, daß man bei dem Phänomen der „Führung von unten" auch danach unterscheiden sollte, wo die Initiative liegt und welche Aufgaben und Ziele primär bei den Betroffenen tangiert sind. So wird dem Mitarbeiter in der partizipativen und delegativen Führung schon vom Vorgesetzten ein wesentliches Einflußpotential eingeräumt, das allerdings vorwiegend von diesem gesteuert wird. Daneben gibt es aber auch Einflußversuche von Mitarbeitern, die sie selbst initiativ veranlassen und gestalten. Dies beginnt bei der beratenden Stab-Linie-Kooperation und endet bei der Figur des sich gegen Widerstände durchsetzenden „Intrapreneur". Diese für weitere Forschung interessanten Überlegungen sollen hier nicht weiter diskutiert werden.

2.3   Vergleiche der drei Einflußrollen und ihrer Besonderheiten

Die „Führung von unten" zeigt insofern große Gemeinsamkeiten mit der Einfluß-nahme zwischen Kollegen, als bei beiden eine in hierarchischen Organisationen ganz entscheidende Einflußmöglichkeit entfällt, nämlich: Konflikte mit dem Mittel einer direkten Weisung des „Führers" gegenüber den „Geführten" zu lösen. Erfolgreiche Zusammenarbeit ist bei der „Führung von unten" langfristig nur über wechselseitige Abstimmung und Konsens möglich. Unsere begriffliche Unterscheidung zwischen Vorgesetztenführung und lateraler Kooperation (vgl. WUNDERER, 1991) kennzeichnet also ebenso die „Führung von unten". Die formelle Entscheidungs- und Weisungs-kompetenz wird zum konstitutiven terminologischen Unterscheidungsmerkmal zwi-schen der Führung von oben und den beiden anderen Einflußdimensionen.

Inwieweit aber lassen sich nun noch laterale (kollegiale) Einflußnahme und „Füh-rung von unten" differenzieren? Bei Verwendung der sechs Dimensionen von KIPNIS, SCHMIDT und WILKINSON (1980, 1988) scheint theoretisch der wesentliche Unter-schied in der größeren Chance bei der „Führung von unten" zu liegen, über Koaliti-onsbildung mit anderen Unterstellten Einfluß auf den Chef zu nehmen. Weiterhin sollte der Ansatz über die Strategie der freundlicheren, sozial engen Zusammenarbeit im Vorgesetzten-Mitarbeiter-Verhältnis häufiger eingesetzt werden als beispielsweise in der lateralen Kooperation zwischen Kollegen anderer Organisationseinheiten. Unsere erste Befragung ergab aber, daß diese theoretischen Annahmen nicht bestätigt werden.

Bei der „Führung von unten" sind im Vergleich zur lateralen Einflußnahme in unserer Untersuchung keine besonderen Abweichungen zu erkennen (vgl. Abbildung 6). Die Prioritäten der Einflußstrategie sind nahezu identisch. Bei letzterer wird lediglich die Aushandlungsstrategie etwas stärker eingesetzt. Damit scheint die indivi-

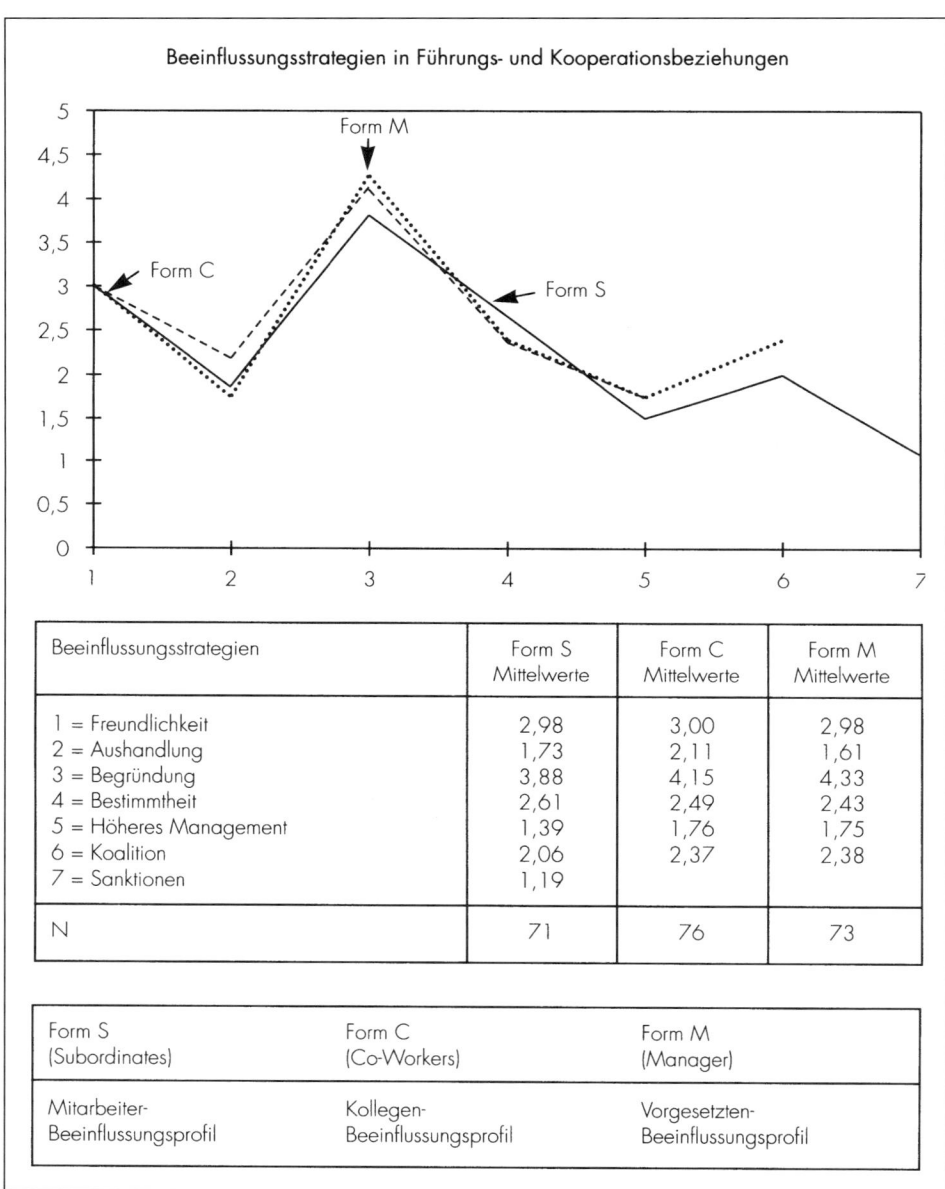

Abb. 6: Beeinflussungsstrategien im Vergleich

276

duelle Grundstrategie von wesentlich stärkerem Einfluß zu sein, als eine rollenspezifische Verhaltensdifferenzierung.

Auch YUKL und FALBE (1990) formulierten nach ersten empirischen Studien die
These, daß sich signifikante Unterschiede in den Einflußstrategien zwischen den drei
Rollen nachweisen ließen. Und auch KIPNIS und SCHMIDT (1988) ermittelten in ihren
späteren Analysen, daß die Verwendung der sechs unterschiedlichen Strategien besonders stark von dem jeweiligen Persönlichkeitsprofil des Beeinflussenden abhänge. Sie
bildeten danach vier Strategietypen: den Macher („Shotgun"), den Beziehungsspezia-
listen („Ingratiator"), den Diplomaten („Tactician") sowie den Mitläufer („Bystan-
der"). Sie wiesen nach, daß diese in signifikanter Weise von den sechs genannten Einflußdimensionen unterschiedlich Gebrauch machen (vgl. Abbildung 7 nach KIPNIS
und SCHMIDT, 1988, S. 530).

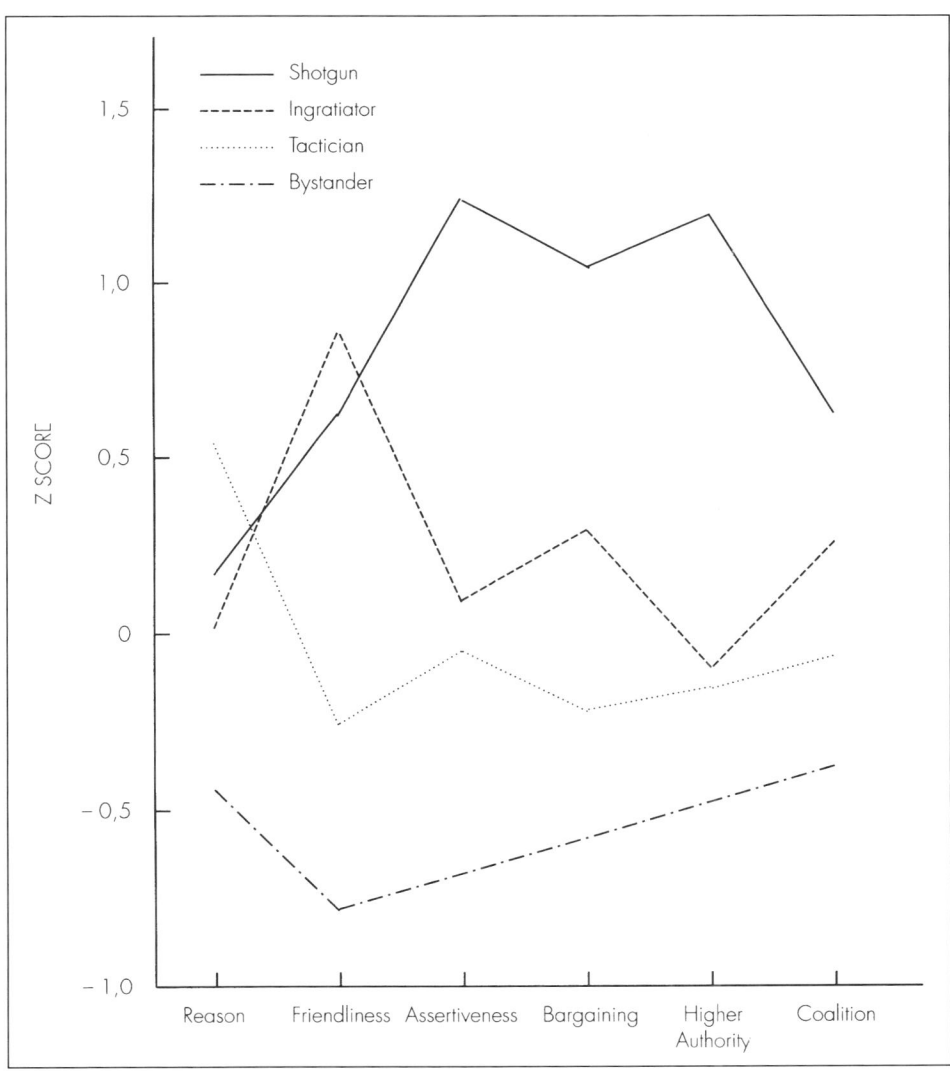

Abb. 7: Einsatz der Einflußstrategien bei vier Strategietypen

Danach ist es v. a. die Dimension „Reason" – nach Kipnis und Schmidt die rationale Argumentation bzw. das sachlich gut ausgearbeitete Ergebnis –, mit dem man bei der „Führung von unten" hierarchisch Höhergestellte am erfolgreichsten beeinflußt. Es ist also die optimal erfüllte „Stabsfunktion", mit der Vorgesetzte durch ihre Mitarbeiter besonders wirksam geführt werden können. Darauf folgt die Strategie „Ingratiation", also die freundliche, prosoziale Unterstützung der Vorgesetzten und ihrer emotionalen Bedürfnisse.

Auf einen Nenner gebracht: „Führung von unten" scheint generell dann erfolgreich, wenn sie sich auf gut vorbereitete und ausgearbeitete Vorschläge und Ergebnisse stützen und zusätzlich die fehlende formale höhere Autorität durch informelle prosoziale Einflußnahmen substituieren kann. Damit zeigt sich ein neues Substitutionsgesetz (vgl. Kerr, 1977) der „Führung von unten", wonach diesmal formale und strukturelle Regelungen durch informelle wirksam ersetzt werden.

In anderen Studien (vgl. hierzu v. a. Allen et al., 1979; Schilit & Locke, 1982; Yukl & Falbe, 1990; Deluga, 1991) wurden einzelne bevorzugte Verhaltensmuster bei der „Führung von unten" ermittelt. Sie zeigen ähnliche Resultate oder Tendenzen.

2.4 Welche Einflußgrößen haben die „Führung von oben" zugunsten der „Führung von unten" verändert?

Diese Frage läßt sich durch den Wandel von vier zentralen Einflußfaktoren auf die Führung erklären:

Einmal ist es der *Qualifikationswandel* der Mitarbeiter. Ihre gestiegene Qualifikation, verbunden mit höherer Arbeitsteiligkeit in Teams, führt zur „Vermehrung" von „Professionals", denen der direkte Vorgesetzte fachlich häufig nicht mehr überlegen sein kann. Als Spezialisten können sie nun wirksam auf der Aufgabenebene Einfluß nehmen. Die Chefs übernehmen dann vor allem Projektleiterrollen; sie sind nicht mehr – um eine Metapher zu verwenden – die Komponisten des „Werks", sondern vielmehr seine Dirigenten. Im weiteren Verlauf wandelt sich ihre Rolle dann vielleicht in die eines „Impresario", welcher in erster Linie für optimale Arbeitsbedingungen seiner „Künstler" (d. h. der professionellen Mitarbeiter) zu sorgen hat (vgl. Wunderer, 1992).

Der Wandel im *Organisationsverständnis* geht in die gleiche Richtung. Die Dezentralisierung der Führungsorganisation, die Reduzierung von Führungsebenen, die Möglichkeit von Mitarbeitern zu „eskalieren", also nächsthöhere Ebenen bei wichtigen, aber umstrittenen Entscheidungen in Anspruch zu nehmen, sind hier nur einige Schlagworte (vgl. aber: Das eiserne Gesetz der Macht nach Kipnis et al., 1984, S. 62).

Der *technische Wandel,* der nun einen direkten Zugriff der Mitarbeiter zu zahlreichen Informationen im „On-Line-Konzept" erlaubt, verstärkt die Unabhängigkeit des Mitarbeiters in zusätzlicher Weise (vgl. dazu Kipnis et al., 1984, S. 63).

Besonders ist es aber der *Wertewandel,* welcher die Bedeutung formaler Autorität im Führungsprozeß in allen Organisationen (Unternehmen, Militär, Ausbildungsinstitutionen) relativiert und damit sogar über entsprechende Sozialverfassungen den Einfluß von Mitarbeitern über konsultative bzw. kooperativ-delegative Führungskonzepte zu sichern versucht. Dabei erhalten im Führungsprozeß Werte wie Unabhängigkeit, Gleichberechtigung, Überzeugungsfähigkeit wachsendes Gewicht. Dagegen nimmt die Bedeutung von Gehorsam, formaler Autorität und Einordnung ab (vgl. Klages, 1984; Wunderer 1990 b und den Beitrag von Stengel, in diesem Band).

Die diskutierten, für die Führung wesentlichen vier Einflußfaktoren wirken also in die gleiche Richtung. Sie reduzieren, modifizieren oder substituieren insbesondere die formale – damit die rollenspezifische – Autoritätsgrundlage und -macht der direkten Vorgesetzten im Führungsprozeß und stärken zugleich die „Führung von unten".

Insgesamt zeigt sich also, daß zentrale Einflußgrößen aus der „Führungsumwelt" die Einflußchancen von Mitarbeitern auf ihre Chefs erhöhen. Dieser Trend dürfte weiter anhalten, so daß dieser Frage in Zukunft noch größere Bedeutung in Wissenschaft und Praxis zukommen wird.

3. Strategien für eine erfolgreiche „Führung von unten" – Empirische Analysen

3.1 Methodische Grenzen bei der Formulierung verallgemeinernder Empfehlungen

Die referierten Umfragen geben Aufschluß über bevorzugte Einflußformen – aus der Sicht von Unterstellten. Sie zeigen auch, daß die Motivstruktur der Befragten eine wesentliche Rolle dabei spielt, welche Strategien sie bevorzugen und in welcher Intensität sie diese einsetzen. Bei dieser Betrachtungsweise begeht man aber leicht den gleichen Fehler wie in der auf das Vorgesetztenverhalten ausgerichteten „Führungsstildiskussion". Hier wird der Mitarbeiter als „abhängige Variable" (ein statistischer Terminus) interpretiert, welche durch Verhaltensänderungen der „unabhängigen Variable" „Chef" in seiner Leistung oder/und Zufriedenheit fast beliebig und ohne wesentliche Berücksichtigung weiterer Situationsvariablen entscheidend beeinflußt werden kann. Zwar setzte F. Fiedler (1967) mit seinem Kontingenzmodell der Führung hier einen Kontrapunkt, indem er von einem grundsätzlich kaum veränderbaren Führerverhalten ausging und die Führungseffizienz als Aufgabe der Situationsanpassung des Vorgesetzten definierte, wobei aber der Geführte (bzw. die Beziehung zu ihm) auch als veränderbare Variable verstanden wurde. Das Reifegradmodell der Führung von Hersey und Blanchard (1977) machte dann umgekehrt den Führer zum Anpasser an die Qualifikation und Motivation („Reife" genannt) des Mitarbeiters. Aber in beiden Konzepten geht es grundsätzlich um unilineare und kausale Einflußgestaltung. Insofern hat sich auch in den bisher referierten Studien zum Geführteneinfluß das Denkkonzept noch kaum verändert.

3.2 Erweiterung der Perspektive

Die Berücksichtigung beider Akteure in der Führungsdyade (vgl. Graen & Scandura, 1987) ist schon eine Verbesserung, wie man den zu beeinflussenden Vorgesetzten in das Analysekonzept einbezieht.

Dazu werden im folgenden Untersuchungen von Schilit und Locke (1982) referiert. Diese verwendeten in der Pilotstudie 24, in der Hauptstudie 19 Einflußformen, die sie zur Kategorisierung der freien Antworten aus verschiedenen Studien übernahmen. Hier wurden dann 83 Personen aus der Untergebenenperspektive und 70 aus der Vorgesetztenperspektive nach erfolgreichen bzw. erfolglosen Einflußformen interviewt.

Dabei zeigt sich, daß die rationale, logische Präsentation von Ideen und Vorschlägen die mit Abstand am häufigsten genannte Einflußmethode war und zwar aus beiden Perspektiven. Es ergab sich dabei aber auch, daß diese zugleich am meisten erfolgreich wie erfolglos beurteilt wurde. Ein sehr ähnliches Ergebnis brachte eine Untersuchung von CASE et al. (1988).

Im Anschluß wurde nach Ursachen für Erfolg bzw. Mißerfolg der genannten Einflußversuche gefragt. Abbildung 8 zeigt einen Extrakt der bedeutsamsten sieben von 12 genannten Gründen. Hier zeigt sich auch die methodische Grenze des Selbstbefragungskonzepts. Die „engstirnige" Einstellung des Chefs wurde aus der Untergebenenperspektive zu mehr als 50 Prozent und damit als die häufigste Ursache erfolgloser „Führung nach oben" genannt. Aus der Vorgesetztenperspektive dagegen wurde dieser Aspekt nur von 2 Prozent angeführt. Der als günstig eingeschätzte Inhalt bzw. Gegenstand des Einflußversuches erwies sich in dieser Analyse (ebenso bei CASE et. al., 1988) als die am häufigsten genannte Erfolgsursache. Schließlich wurde noch nach den wesentlichen Folgen von Einflußversuchen gefragt. In beiden zitierten Studien stand die erfolgreiche Umsetzung, einschließlich gestiegener Produktivität und Einflußakzeptanz beim höheren Management mit Abstand an der Spitze der erfolgreichen Versuche (vgl. dazu CASE et. al., 1988, sowie SCHILLIT & LOCKE, 1982).

Die kritische Überprüfungsstudie der referierten Ergebnisse durch YUKL und FALBE (1990) brachte zwei wesentliche Ergebnisse: Erstens wurden zwei weitere zu den von KIPNIS und SCHMIDT verwendeten Einflußformen einbezogen, die dann bei Umfragen der Autoren auch häufig genannt wurden:

(a) Der Mitarbeiter formuliert inspirierende Anregungen oder Bitten im Sinne einer „charismatischen" Beeinflussung des Vorgesetzten („Inspirational Appeals").
(b) Der Mitarbeiter sucht den Rat des Vorgesetzten und nimmt damit gezielt Einfluß („Consultation Tactics").

Zweitens ergaben die Befragungen von berufsbegleitenden MBA-Studenten, daß die drei untersuchten Einflußrichtungen („downward, upward, lateral") keine signifikanten Unterschiede in der Strategiewahl zeigten, daß aber bestimmte Strategien generell häufiger als andere eingesetzt wurden. Abbildung 9 zeigt die Reihenfolge der von den Befragten bevorzugten acht Einflußstrategien in allen drei Richtungen (vgl. YUKL & FALBE, 1990, S. 139).

4. Ein situationaler Strategieansatz zu einer „Führung nach oben"

Aus betriebswirtschaftlich-organisatorischer Sicht sehen wir im Gegensatz zu den in Punkt 3 referierten individual- und sozialpsychologischen Ansätzen den Schwerpunkt der Förderung einer „Führung von unten" in der Gestaltung einer unterstützenden *Führungssituation*. Diese kann besonders durch Hauptfunktionen des Personalmanagement sowie durch spezifische Personalprogramme strategisch beeinflußt werden.

	Untergebenen-Perspektive (N = 83)		Vorgesetzten-Perspektive (N = 70)	
	erfolgreich	nicht erfolgreich	erfolgreich	nicht erfolgreich
1. Inhalt des Einflußversuchs ist günstig/ungünstig	79	35	67	56
2. Kompetenz/Inkompetenz des Mitarbeiters	63	13	54	35
3. Vorteilhafte/unvorteilhafte Art der Präsentation des Einflußversuchs	64	23	59	47
4. Gute/schlechte persönliche Beziehung zum Chef	45	32	54	16
5. Offene/engstirnige geistige Haltung des Chefs	23	52	42	2
6. Günstige/ungünstige Beschränkungen (z. B. Budget) innerhalb der Organisation	1	15	1	20
7. Gute/schlechte Unterstützung von Organisationsmitgliedern	20	6	13	3

Häufigkeiten in Prozent der Nennungen

Abb. 8: Gründe für Erfolg und Mißerfolg von Mitarbeitern bei „Führung von unten"

	„nach unten"	„lateral"	„nach oben"
1. Konsultation	1	1	2
2. Sachliche Überzeugung	2	2	1
3. Inspirierende Vorschläge	3	3	3
4. Beziehungs-Taktiken	4	4	5
5. Koalition	5	5	4
6. Druck ausüben	6	7	7
7. Höheres Management	7	6	6
8. Verhandlung – Austausch	8	8	8

Abb. 9: Einflußstrategien (Rangfolge benutzter Taktiken)

4.1 Gestaltung von Personalfunktionen und Programmen des Personalmanagement

Ansätze bei der Gestaltung von Personalmanagementfunktionen

Bei Verwendung eines Phasenmodells der Personalfunktionen wäre schon bei der Akquisition von neuen Mitarbeitern, insbesondere auch von Managern darauf zu achten, inwieweit bereits in der Stellenausschreibung Qualifikationen von Managern und Geführten zur „Führung von unten" ausdrücklich angesprochen werden. Hierzu gehört bei beiden in erster Linie eine sinnvolle Kombination von Selbstvertrauen bzw. Selbstbehauptung und Kooperations- bzw. Integrationsfähigkeit. Hinweise in der Ausschreibung auf entsprechende Intrapreneuring-Programme oder Konzepte des Coaching und Counselling, aber auch Organisationsentwicklungsmaßnahmen, wie Qualitäts- bzw. Werkstattzirkel, wären hier zu nennen (vgl. die entsprechenden Beiträge von COMELLI sowie von BUNGARD, in diesem Band).

In der anschließenden Selektionsphase müßte auf die für die „Führung von unten" förderlichen Anforderungskriterien speziell eingegangen werden. Dies gilt insbesondere für die Definition von Auswahlkriterien, z. B. im Assessment Center.

Bei internen Plazierungsmaßnahmen (Versetzung, Förderung) könnte man noch besonders auf eine optimale Abstimmung der gewünschten und erforderlichen Rollenverteilungen beim Einflußprozeß zwischen Vorgesetzten und Mitarbeitern achten. Bei der Führungs- und Arbeitsorganisation sollte z. B. von individualisierten „Job-Descriptions" auf Team- und Rollenbeschreibungen von Arbeitsgruppen übergegangen werden.

Im Rahmen von Personalentwicklungsmaßnahmen bieten sich viele Ansätze. Sie beginnen „in-the-job", z. B. über entsprechende Einführungs- sowie Förderungsprogramme für intrapreneurisches Verhalten. Ihr Schwerpunkt liegt bei „on-the-job"-Maßnahmen (wie Führungsstil, Coaching, Teambeziehung), ganz besonders aber auch bei Sonderaufgaben und Stellvertretungen. Sie enden bei der Entwicklung spezieller Bausteine (z. B. „Sich-führen-Lassen – Führung von unten") in der Führungsschulung. Besondere Bedeutung haben auch „near-the-job"-Programme, z. B. über Qualitätszirkel oder Task-forces.

Im Bereich der *Führungskonzepte* ist z. B. die unterstützende Formulierung und Implementierung von interaktiven Führungsstilen (von konsultativen bis kooperativ-delegativen Konzepten) angesprochen. Den gemeinsam geteilten und gelebten Kooperationswerten (Führungskultur) kommt dabei besondere Bedeutung zu.

Und bei der Gestaltung der *Anreizsysteme* geht es schließlich darum, die „Führung von unten" dadurch bewußt und explizit zu fördern. Dazu gehören das Vorschlagswesen, das Counselling des Mitarbeiters, Stellvertretungsregelungen, Intrapreneuring sowie darauf ausgerichtete Incentive-Programme.

Programme zur Unterstützung der „Führung von unten"

Im Rahmen der Personalmanagementfunktionen können allgemeine wie spezielle Personal- und Führungsprogramme zur Förderung der „Führung von unten" genutzt oder entwickelt werden. Dies beginnt mit der „Führungsverfassung" (z. B. Führungsgrundsätze) und der *Betriebsverfassung* (Partizipation der Mitarbeiter am unternehmenspolitischen Entscheidungsprozeß) sowie der *Führungsorganisation*. Neben diesen „harten" Maßnahmen sind aber spezielle Programme zur Förderung einer unterstützenden

Führungskultur hilfreich, die mit der Definition förderlicher Kooperationswerte in einer Führungsphilosophie oder in Führungsleitbildern beginnt und bei symbolischen Handlungen des Management zur Unterstützung intrapreneurischen Verhaltens endet. In diesem Zusammenhang sollte auch der erwünschte „Führungsstilkorridor" (z.B. von konsultativ bis delegativ) definiert werden, der eine „Führung von unten" unterstützen kann.

Eng damit verbunden sollten die schon genannten Maßnahmen zur *Personalentwicklung* sein. Uns scheint dabei wichtig, hier die Selbstverantwortung und Selbstentwicklung der Betroffenen zu betonen. Auch ist eine Stellvertretung durch Mitarbeiter ein probates Mittel zur Beobachtung der Fähigkeit von Chefs zur Akzeptanz einer zeitweisen „Führung von unten". Ebenso sind individuelle bis kollektive Fördermaßnahmen einschließlich der Formen kollektiver Entscheidungsfindung (z.B. über Konferenzen, Metaplan-Methoden, andere Organisationsentwicklungsmaßnahmen) zu nennen. Aber auch Sonderaufgaben, wie Task-forces oder Projektgruppen, aktivieren die „bottom-up"-Mitwirkung von Mitarbeitern.

Programme zum Vorschlagswesen, „Offene-Tür-Regelungen", „Offen-Gesagt-Aktionen" sowie die grundsätzliche Möglichkeit für Mitarbeiter, in ihrer Hierarchie zu „eskalieren", also bei wesentlichen Fragen das höhere Management einzuschalten, gehen in die gleiche Richtung. Ebenso kann die „Führung von unten" durch entsprechende Beurteilungsverfahren, wie z.B. die „Vorgesetztenbeurteilung", besonders unterstützt werden. In die gleiche Richtung geht der Versuch, entsprechende Kriterien in die Personalbeurteilung einzubauen (z.B. Offenheit für Vorschläge von Mitarbeitern, für Coaching und Counselling). Regelmäßige Meinungsumfragen bei den Mitarbeitern, die sich auf den Führungsstil und die Führungsqualität ihrer Vorgesetzten (auch bezüglich einer „Führung von unten") beziehen, haben dann besondere Bedeutung, wenn deren Ergebnis in einer entsprechenden Führungskultur auch ernst genommen wird und zu konsequenten Folgerungen in der Führungspolitik führt.

Diese Beispiele sind schon heute Bestandteil der Personal- und Führungspolitik mancher Unternehmen, insbesondere im High-Tech-Bereich. Die IBM war hier wohl der Vorreiter (vgl. WATSON, TH. JR., 1964). Diese Programme haben ganz sicherlich maßgeblich dazu beigetragen, trotz einer klaren hierarchischen Struktur und Führungskultur, Initiativen von Mitarbeitern konkret wie symbolisch zu fördern. Nach meiner persönlichen Kenntnis gehört IBM auch zu den wenigen Firmen, bei denen die erwähnten Personalprogramme bis zum obersten Management traditionell wirklich ernst genommen und durch konkrete Führungsmaßnahmen um- und durchgesetzt werden. Erst dies entscheidet über den Erfolg der Programme.

4.2   Einige Thesen zur Förderung der Qualifikation und Motivation einer „Führung von unten"

In den Kapiteln 2 und 3 wurden schon verschiedene Strategien zur Beeinflussung von Managern durch ihre Mitarbeiter behandelt. Hier werden nun ergänzende Grundsätze angesprochen, die schon intensiver in der wissenschaftlichen und unternehmenspraktischen Diskussion der „lateralen Kooperation" zwischen Gleichgestellten diskutiert sind (vgl. WUNDERER, 1991).

In erster Linie geht es dabei um eine entsprechende Kooperationsphilosophie. Die sogenannte *goldene Regel der Kooperation* (vgl. WUNDERER, 1997, S. 284) ist ausdrücklich formuliert in der „Bergpredigt" (Matthäus 7,12), dem „kategorischen Imperativ" (I. Kant) sowie in Computersimulationen von AXELROD (1984) mit der „tit-for-tat"-Regel (diese meint: „Wie Du mir, so ich Dir" – allerdings mit positivem Einstieg – im Gegensatz zu der aus dem Alten Testament bekannten Maxime – „Auge um Auge, Zahn um Zahn"). Dieses für alle Kulturen zentrale Verhaltensprinzip der Wechselseitigkeit ist also an erster Stelle zu nennen.

Wesentlicher Inhalt von neueren Verhandlungskonzepten (GORDON, 1991; FISHER & URY, 1984) ist die Maxime, daß beide Kooperationspartner ein „Null-Summen-Spiel" („Ich gewinne, Du verlierst – Du gewinnst, ich verliere") vermeiden und sich nach der Maxime „wir beide gewinnen" ausrichten sollten, wenn sie optimale Kooperationsergebnisse erreichen wollen.

Dies müßte nun zu einer Aufhebung der überkommenen Denkweise führen, die vor allem fragt, wer nun wen besonders beeinflusse. Denn im Vordergrund steht die „zielorientierte wechselseitige Beeinflussung zur Erfüllung *gemeinsamer Aufgaben"*. Wechselseitigkeit heißt dabei aber keinesfalls (und das wird meistens übersehen): Gleichzeitigkeit, gleiche Inhalte, gleiche Strategien, zu gleicher Zeit und mit gleicher Intensität. Gerade die Studien von AXELROD (1984) haben gezeigt, daß wechselseitige Kooperationskonzepte beispielsweise in kurzen Sequenzen viel mehr gefährdet sind als in tendenziell unendlichen Kooperationsverläufen.

Damit geht es auch nicht in erster Linie um die individuelle Motivation von Führern und Geführten. Im Mittelpunkt sollten vielmehr Effektivitätsziele bei der Erfüllung der gemeinsamen Arbeitsaufgaben, z. B. in einer Arbeitsgruppe, stehen. Das heißt, „Führung von unten" ist dann erfolgreich, wenn sie „von oben" zumindest akzeptiert, am besten auch gefördert wird, wenn sie zu einer optimalen Rollenmischung, -verteilung und -entwicklung in der Arbeitsgruppe führt, wenn es also gelingt, gerade dadurch Schwächen des einen durch Stärken des anderen auszugleichen – im Sinne einer Optimierung der gemeinsamen Aufgabenerfüllung.

5. Fazit

Gerade in Unternehmen mit hohen Innovationsforderungen ist das Konzept einer „Führung von unten" schon Realität geworden. Anders sieht es in der öffentlichen Verwaltung aus, in der schon entsprechende Briefbögen in symbolischer Weise deutlich machen, daß selbst der Sachbearbeiter „im Auftrag des Ministers" oder des „Behördenvorstehers" entscheidet und handelt.

Die in Kapitel 2.4 angeführten Einflußfaktoren aus Technik, Wirtschaft, Gesellschaft und Kultur haben Tendenzen zur „Führung von unten" eindeutig verstärkt. Ihre Betonung kann dabei als „Antithese" zur klassischen „Führung von oben" verstanden werden. Dies meinten wir mit der Metapher zur sich vom „Autor" oder „Komponisten" zum „Dirigenten" oder „Impresario" verändernden Führungsrolle (WUNDERER, 1992). Für manche Vorgesetzte – das kann man besonders in betrieblichen Führungsseminaren in dafür sonst aufgeschlossenen Unternehmen immer wieder feststellen – ist diese Neuinterpretation der Machtverteilung weder vorstellbar noch wünschenswert. Nicht selten gilt sie als Ausfluß einer falsch verstandenen postmodernen Demokratie-Interpretation, die schon im alten Griechenland mit der Maxime bekämpft wurde: „Quod licet jovi, non licet bovi". Daß die Entwicklung der

Vorgesetztenrolle vom „Boß zum Butler" (WUNDERER, 1992) aber keine Forderung unserer Zeit ist, können wir – wieder einmal – in der Bibel lesen: … „Sondern wer groß sein will unter euch, der sei euer Diener" (Matthäus 20, 26).

Literatur

ALLEN, R. W., MADISON, D. L., PORTER, L. W., RENWICK, P. A. & MAYES, B. T. (1979). Organizational politics: tactics and characteristics of its actors. In: California Management Review, 22/1, 1979, S. 77–83.

ALLEN, R. W. & PORTER, L. W. (Hrsg.). (1983). Organizational influence processes. Glenview, Ill. u. a. 1983.

AXELROD, R. (1984). The evolution of cooperation. New York 1984.

BASS, B. M. & AVOLIO, B. J. (1988). Transformational leadership, charisma and beyond. In J. G. HUNT u. a. (Hrsg.), Emerging leadership vistas. S. 29–50. Lexington u. a., 1988.

BLEICHER, K. (1991). Organisationslehre. Wiesbaden 1991.

BOSETZKY, H. (1991). Managementrolle: Mikropolitiker. In W. H. STAEHLE (Hrsg.), Handbuch Management. Wiesbaden 1991.

CASE, T., DOSIER, L., MURKISON, G. & KEYS, B. (1988). How managers influence superiors: a study of upward influence tactics. In: Leadership and Organization Studies Development Journal, 9/4, 1988, S. 25–31.

CONGER, J. A. & KANUNGO, R. N. (Hrsg.). (1988). Charismatic leadership. San Francisco u. a. 1988.

DELUGA, R. J. (1991). The relationship of upward-influencing behavior with subordinate-impression management characteristics. In: Journal of Applied Social Psychology, 21, 1991, S. 1145–1160.

DONAU-KURIER. (1985). 40 Jahre Audi Ingolstadt. Nr. 151/5. Juli (Beilage), 1985.

FISHER, R. & URY, W. (1984). Das Harvard-Konzept. Frankfurt/M. 1984.

FIEDLER, F. E. (1967). A theory of leadership effectiveness. New York 1967.

GABARRO, J. J. & KOTTER, J. P. (1980). Managing your boss. In: Harvard Business Review, 58/2, 1980, S. 92–100.

GORDON, T. (1991). Managerkonferenz. 5. Aufl. München 1991.

GRAEN, G. B. & SCANDURA, T. A. (1987). Toward a psychology of dyadic organizing. In L. L. CUMMINGS & B. M. STAW (Hrsg.), Research in Organizational Behavior, Vol. 9. 1987, S. 175–298. Greenwich, CT.

HERSEY, P. & BLANCHARD, K. H. (1977). Management of organizational behavior: Utilizing human resources. Englewood Cliffs, N. J. 1977.

KERR, S. (1977). Substitutes for leadership: Some implications for organizational design. In: Organization and Administratives Sciences, 8, 1977, S. 135–146.

KIPNIS, D., SCHMIDT, S. M., SWAFFIN-SMITH, C. & WILKINSON, I. (1984). Patterns of managerial influence: shotgun managers, tacticians, and bystanders. In: Organizational Dynamics, 12/Winter, 1984, S. 58–67.

KIPNIS, D., SCHMIDT, S. M. & WILKINSON, I. (1980). Intraorganizational influence tactics: explorations in getting one's way. In: Journal of Applied Psychology, 65, 1980, S. 440–452.

KIPNIS, D. & SCHMIDT, S. M. (1988). Upward-influence styles: relationship with performance evaluations, salary, and stress. In: Administrative Science Quarterly, 33, 1988, S. 528–542.

KLAGES, H. (1984). Wertorientierungen im Wandel. Frankfurt/M. 1984.

MOWDAY, R. T. (1978). The exercise of upward influence in organizations. In: Administrative Science Quarterly, 23, 1978, S. 137–150.

MOWDAY, R. T. (1979). The exercise of upward influence in organizational decision situations. In: Academy of Management Journal, Vol. 22, 1979, S. 709–725.

PINCHOT, G. (1985). Intrapreneurship: Why you don't have to leave the corporation to become an entrepreneur. New York 1985.

PORTER, L. W., ALLEN, R. W. & ANGLE, H. L. (1981). The politics of upward influence in organizations. In B. STAW & L. L. CUMMINGS (Hrsg.), Research in organizational behaviour, Vol. 3, 1981, S. 109–149.

ROSENSTIEL, L. V. (1991). Managerrolle – Geführter. In W. STAEHLE (Hrsg.), Handbuch Management. S. 383–410. Wiesbaden 1991.

SCHILIT, W. K. & LOCKE, E. A. (1982). A study of upward influence in organizations. In: Administrative Science Quarterly, 27, 1982, S. 304–316.

SIEGERT, W. (1990). Wie führe ich meinen Vorgesetzten? Ehningen 1990.

STAEHLE, W. H. (Hrsg.). (1991). Handbuch Management. Frankfurt/M. 1991.

TANNENBAUM, R. & SCHMIDT, W. H. (1958). How to choose a leadership pattern. In: Harvard Business Review, 36/2, 1958, S. 95–101.

WATSON, TH. JUN. (1964). IBM – ein Unternehmen und seine Grundsätze. München 1964.

WEBER, M. (1972). Wirtschaft und Gesellschaft. 1. Aufl. 1921. Köln 1972.

WUNDERER, R. (1990 a). Führungs- und personalpolitische Gedanken zum Übergang von der Plan- zur Marktwirtschaft. In D. ECKARDSTEIN u. a. (Hrsg.), Personalwirtschaftliche Probleme in DDR-Betrieben. S. 146–155. München 1990.

WUNDERER, R. (1990 b). Mitarbeiterführung und Wertewandel – Variationen zum schweizerischen 3-K-Modell der Führung. In K. BLEICHER & P. GOMEZ (Hrsg.), Zukunftsperspektiven der Organisation. S. 271–292. Bern 1990.

WUNDERER, R. (1991). Laterale Kooperation als Selbststeuerungs- und Führungsaufgabe. In R. WUNDERER (Hrsg.), Kooperation – Gestaltungsprinzipien und Steuerung der Zusammenarbeit zwischen Organisationseinheiten. S. 205–219. Stuttgart 1991.

WUNDERER, R. (1992). Vom Autor zum Herausgeber? – Vom Dirigenten zum Impresario – Unternehmenskultur und Unternehmensführung im Wandel. In F. INGOLD & W. WUNDERLICH (Hrsg.), Fragen nach dem Autor. S. 223–236. Konstanz 1992.

WUNDERER, R. & WEIBLER, J. (1992). Vertikale und laterale Einflußstrategien: Zur Replikation und Kritik des „Profiles of Organizational Influence Strategies (POIS)" und seiner konzeptionellen Weiterführung. In: Zeitschrift für Personal, 6/1992, S. 515–536.

WUNDERER, R. (1997). Führung und Zusammenarbeit. Beiträge zu einer unternehmerischen Führungslehre, 2. Aufl., Stuttgart 1997.

WUNDERER, R. & DICK, P. (1997). Frauen im Management. Besonderheiten und personalpolitische Folgerungen – eine empirische Studie. In R. WUNDERER & P. DICK (Hrsg.), Frauen im Management – Kompetenzen – Führungsstile – Fördermodelle. S. 5–205. NEUWIED et al. 1997.

YUKL, G. A. & FALBE, C. M. (1990). Influence tactics and objectives in upward, downward, and lateral influence attempts. In: Journal of Applied Psychology, 75, 1990, S. 132–140.

Zur Konkretisierung und weiteren Vertiefung wird empfohlen, im Fallstudienband die Fälle zu „Führung nach oben" zu bearbeiten.

Herbert E. Einsiedler

Die Führung von Führungskräften

1. Relevanz und Beachtung in Wissenschaft und Praxis

Geht man an das Thema „Führung von Führungskräften" heran, scheint die Relevanz auf den ersten Blick nicht in Frage zu stehen. Der Führung von Mitarbeitern und dem Führungsverhalten kommt entscheidende Bedeutung für den Erfolg von Organisationen zu. Es läßt sich sogar eine direkte Beziehung zwischen Führungsverhalten und Erfolg nachweisen (vgl. GEBERT u. a., 1987).

Wenn „Führung" diesen Stellenwert hat – und das scheint unbestritten – so müßte die gleiche Beachtung darauf liegen, wie diejenigen, die die „Führung von Mitarbeitern" zu verantworten haben, selbst geführt werden. Sieht man jedoch in die Führungsliteratur oder auf die Maßnahmen und Aktivitäten zur Führungskräfteentwicklung, so fällt auf, daß dem Thema „Führung von Führungskräften" geringe Beachtung geschenkt wird.

Betrachtet man die Fragestellung der drei Bereiche (vgl. hierzu auch HOFSTETTER, 1988, mit einer ähnlichen Einteilung)

- Führung von Mitarbeitern
- Führung an der Spitze
- Führung von Führungskräften

genauer, so stellt man fest, daß „Führung" auf der obersten und der untersten Führungsebene, hierarchisch gesehen, große Beachtung erfährt. Was dazwischen liegt, stellt aber im Grunde den „Normalfall der Führung" dar. Berücksichtigt man insbesondere, daß die Führung von Spezialisten in einigen Aspekten durchaus mit der Führung von Führungskräften vergleichbar ist, so wird die Bedeutung dieses Themenbereichs noch evidenter.

2. Bezugsrahmen für Führung

Was ist nun Führung?

In der klassischen Sichtweise ist Führung die „zielgerichtete Einflußnahme eines Vorgesetzten auf seine Mitarbeiter" (COMELLI & ROSENSTIEL, 1995, S. 97). Diese Einflußnahme zu untersuchen und zu verstehen, ist für Führungskräfte wichtig, auch für Führungskräfte von Führungskräften. Aber da ist noch mehr! WEIBLER (1994) kommt das Verdienst zu, auf den Einfluß des nächsthöheren Vorgesetzten hingewiesen zu haben. Somit erweitert sich das Modell der Führungsbeziehungen auf die „Positionstriade" nächsthöherer Vorgesetzter – Führer – Geführter (Abb. 2 im Beitrag von WEIBLER in diesem Band).

Aber auch dieses Modell reduziert die Führung auf die unmittelbare, persönliche Interaktion zwischen „Führer" und „Geführtem", wobei der „Führer" nach WEIBLER gleichzeitig beide Positionen inne hat.

Der Bezugsrahmen des Themas muß – auch um die praktische Situation dieser Führungskräfte abzubilden – noch wesentlich erweitert werden:

Führung in Organisationen wird über diese „Positionstriade" hinaus beeinflußt von einem äußeren Rahmen, d. h. der Umwelt und Gesellschaft, Kultur, Branche, Branchen-Kultur (vgl. EINSIEDLER, 1993), der Wettbewerbssituation, den Besonderheiten des Absatz-, Beschaffungs- und Personalmarktes, historischen und ökonomischen Gegebenheiten, staatlichen Rahmenbedingungen, politischen Verhältnissen und der sozialen Struktur (vgl. z. B. v. ROSENSTIEL, u. a. 1993).

Neben diesem bedeutsamen äußeren Rahmen wird Führung zum anderen beeinflußt durch ein inneres Beziehungsgeflecht der Organisation, das man durch die Systemelemente „Vorgesetzter", „Mitarbeiter", „Kollegen des Vorgesetzten" sowie „Vorgesetzter des Vorgesetzten" abbilden kann. Ergänzend kommen die Einflüsse von Projekt-Führungskräften, Produkt-Managern, Matrix-Strukturen, Verantwortlichen für Schlüsselprozesse etc. hinzu.

Dieses Beziehungsgeflecht läßt sich nun auf allen Hierarchieebenen darstellen. Es setzt sich für alle Vorgesetzten nach oben fort, es setzt sich für Vorgesetzte von Führungskräften auch nach unten fort. In dieser Betrachtungsweise ist die Situation der Führung von Mitarbeitern nur ein Spezialfall der Führung von Führungskräften.

Wählt man eine systemische Sichtweise (MALIK, 1993), erhält man einen einfacheren Zugang zum Problemkreis.

Die oben angeführten Rahmenbedingungen zeigen die Problematik einer rein auf Menschenführung konzentrierten Betrachtungsweise auf. „Die menschenbezogene Perspektive greift zu kurz, weil das Verhalten des Menschen, ob wir dieses nun als letztlich beherrschbar oder nicht ansehen, eben nicht allein aus der Interaktion von Führern und Geführten heraus verstanden werden kann, sondern auch wesentlich durch den Kontext mitbestimmt wird, in dem sich die personale Führung abspielt." (MALIK, 1993, S. 72). Dies bestreitet die interaktionsbezogene Führungslehre i. d. R. auch nicht, unterschätzt aber mitunter die Tatsache, „dass der Kontext in der Regel durch die Charakteristika des Gesamtsystems bestimmt wird." (MALIK, 1993, S. 72).

Was ist nun „Führung" unter diesen Rahmenbedingungen? Die (direkte) Interaktion zwischen Menschen reicht hier nicht aus. Es sind eine Vielzahl von Handlungsparametern zu berücksichtigen und deren Relevanz ist von der jeweiligen Situation abhängig.

In diesem Beitrag wird „Führung" daher in einer erweiterten Definition verstanden:

Führung bedeutet, sich in einem System (Organisation, Unternehmen) so zu verhalten, daß dieses das gewünschte Ergebnis hervorbringt.

3.   Einflußparameter zur Führung von Führungskräften

Ein bedeutender Einflußparameter bei der „Führung von Führungskräften" ist eine *komplexe Führungssituation*, in der die Führungskraft in einem offenen, komplexen System (WOTTAWA & GLUMINSKI, 1995, S. 49ff) zu handeln hat. Die Situation ist darüber hinaus vernetzt, d.h. vieles ist von vielem abhängig, sie ist intransparent, d.h. die Führungskraft verfügt nicht über alle (erforderlichen) Informationen und sie ist dynamisch, d.h. sie ändert sich im Zeitablauf (vgl. DÖRNER, 1989).

Ein zweiter Einflußparameter ist die *Mittelbarkeit der Führungssituation*. Im Gegensatz zur Führungskraft von Mitarbeitern besteht für sie nicht mehr die Möglichkeit, unmittelbar mit allen „zu Führenden" zu interagieren, sondern die Beziehungen werden mittelbar Transmissionsprozessen ausgesetzt und besitzen zeitliche Verzögerungen.

Dies führt auch zu einer *anderen Form der „Situationskontrolle"*. Wird die Kontrolle der jeweiligen Situation als vermindert erlebt (es kommt auf das Erleben an, nicht auf die objektiv gegebene Situationskontrolle), resultiert hieraus ein Streß-Phänomen, das sich durch die Mittelbarkeit der Situation von dem der Führungskräfte von Mitarbeitern unterscheidet (HOFSTETTER, 1988; dieser prägte hierzu auch den Begriff: „Leiden der Leitenden").

Dieser *indirekte Kontakt zum Geschehen* wird ergänzt durch eine weitaus *größere Distanz zur fachlichen Seite* des Aufgabenbereichs. Während jede Führungskraft schon gewarnt wird, bester Spezialist im Kreise ihrer Mitarbeiter zu sein, gilt dies insbesondere bei Führungskräften von Führungskräften. Bleibt man im Fachgebiet des Managers, so stellt sich schon das Problem, daß er aus der Größe seines Verantwortungsbereiches geringe, wenn nicht gar keine Möglichkeit mehr hat, die fachlichen Ergebnisse vollständig zu beurteilen. Ist sein Verantwortungsbereich interdisziplinär, steigt die fachliche Problematik in zwei Richtungen:

Zum einen kann er versucht sein, als „Amateur" mit den Profis in seinem Bereich mithalten zu wollen. Die Folge ist i. d. R. die völlige Überlastung dieser Führungskraft, da sie alleine gar nicht die intellektuelle und zeitliche Kapazität besitzt, eine Vielzahl von Fachgebieten auch nur annähernd zu beherrschen. Zum anderen entsteht ein weitaus gefährlicherer Effekt: Die Führungskraft definiert alle Problem- und Fragestellungen alleine im Kontext des eigenen Fachgebiets.

Nach dem Führungsmodell von Hersey und Blanchard (vgl. den einführenden Beitrag von v. ROSENSTIEL in diesem Band) ist der Führungsstil abhängig vom „aufgabenrelevanten Reifegrad des Mitarbeiters". Welchen Reifegrad hat nun eine eben erst beförderte Führungskraft, die jetzt Führungskräfte führen soll? Für diese neue Aufgabe sicherlich einen geringen! Dieser Erkenntnis stehen aber meist sowohl das Selbst- als auch das Fremdbild höherer Führungskräfte entgegen. Sich wieder als „Lernender" zu definieren ist ein wichtiger Schritt für eine Führungskraft von Führungskräften.

Ein weiterer Aspekt ist die Rolle derartiger Führungskräfte innerhalb der Organisation. Sie tragen Verantwortung nicht nur für das operative, tägliche Geschäft; sie sind für die Zukunft der Organisation mit verantwortlich. Mit zunehmender Hierarchieebene steigen die *Anteile strategischer Entscheidungen* deutlich. (vgl. Abb. 1, S. 65, im Beitrag v. ROSENSTIEL, Entwicklung und Training von Führungskräften in diesem Band.) Diesen Aufgabenstellungen ist gerecht zu werden.

Hinzu kommt eine *größere zeitliche Reichweite* dieser Verantwortung.

Letztlich ist ein wesentlicher, wenn nicht gar der wesentlichste Parameter die Art und Weise der Handhabung von *„Mikropolitik"* (vgl. NEUBERGER in diesem Band). Mikropolitik ist die Kunst, vom recht haben (also richtig liegen) zum recht behalten (also: sich durchsetzen)zu kommen.

4. Aufgabenstellungen

Was ist nun die Aufgabe der Führungskräfte von Führungskräften? Zum einen natürlich die unmittelbare Führung der eigenen Mitarbeiter. Aber was kommt noch dazu, wenn eine Führungskraft zur Führungskraft von Führungskräften wird? Eine Untersuchung (vgl. EINSIEDLER, 1990; MÜLLER, 1989), die auf der Befragung derartiger Manager beruht, ergab folgende Punkte:

- Wandel vom operativen zum strategischen Management
- Wandel vom Führungsspezialisten zum Führungsgeneralisten
- Erhöhung des Kontakt- und Repräsentationsspektrums

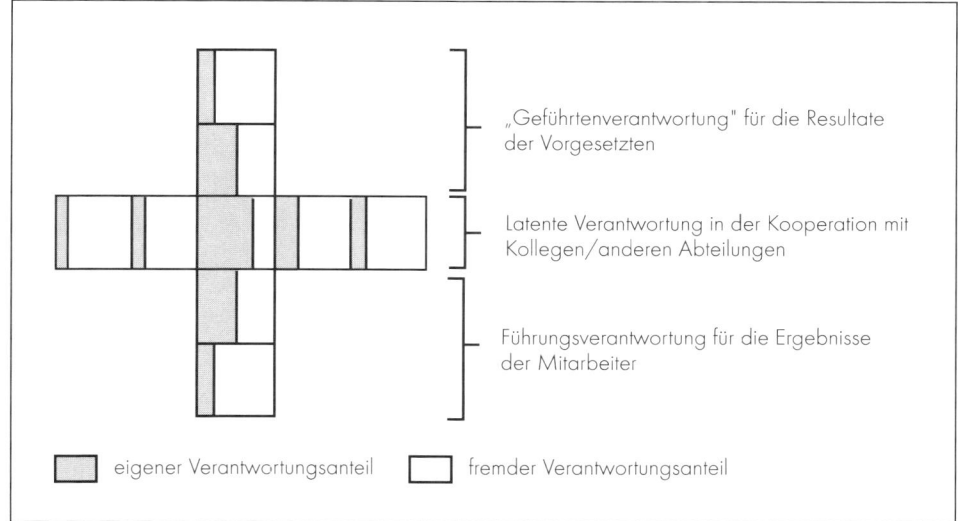

Abb. 1: Verantwortungskreuz der Führung (aus v. ROSENSTIEL & EINSIEDLER, 1987)

- (Mehr) Notwendigkeit zu unternehmerischem Denken
- Handhabung komplexer Systeme
- Steuerung von Intergruppenprozessen
- Personalpolitik, Personalauswahl und Personalentwicklung
- Ressourcenbereitstellung für Führungskräfte
- Definition von Prozessen
- Organisationsdesign und Organisationsentwicklung
- (Mehr) Selbstverantwortung für eigene Entwicklung

SENGE's (1996, S. 410ff) Arbeit über die Bedingungen einer „Lernenden Organisation" steuert einen weiteren Gesichtspunkt bei. Die Rolle einer Führungskraft in einer Lernenden Organisation – und diese Rolle läßt sich paßgenau auf die Führungskraft von Führungskräften beziehen – umfaßt hiernach drei Aufgabenstellungen:

- die des *Designers*
- die des *Stewards*
- die des *Lehrers*

„Die vernachlässigte Rolle ist die des Designers. Niemand hat einen weiterreichenden Einfluß als der Designer oder Konstrukteur des Schiffes. Der Kapitän erteilt vielleicht die Anweisung: ‚Haltet jetzt dreißig Grad Steuerbord', aber es nützt ihm wenig, wenn der Konstrukteur ein Ruder gebaut hat, daß sich nur nach Backbord drehen läßt oder das sechs Stunden braucht, um sich nach Steuerbord zu drehen. Eine schlecht geplante Organisation zu leiten ist ein fruchtloses Unterfangen. Ist es nicht interessant, daß kaum ein Manager an den Konstrukteur des Schiffes denkt, wenn er über die Führungsrolle nachdenkt?" (SENGE, 1996, S. 412)

Designarbeit, also die Definition der Art und Weise, wie eine Organisation konstruiert ist oder mittels welchem Prozeß sie durch ihre Mitglieder konstruiert wird, ist eine äußerst einflußstarke Führungsaufgabe. „Die Designarbeit ist ihrem Wesen nach

291

eine integrative Kunst, weil sie erfordert, daß man etwas entwickelt, was praktisch funktioniert." (Senge, 1996, S. 414)

Was ist nun die Rolle des „Stewards"?

In dieser Rolle entwickelt die Führungskraft eine Beziehung zu ihren persönlichen Visionen. „Sie wird zum Hüter, zum Steward ihrer Vision." (Senge, 1996, S. 419) Es bedarf eines Bewußtseins für den Zweck der eigenen Vision, etwas, das man als Sinngebung verstehen kann. Die Vermittlung von Sinn ist ein überaus starkes Führungsinstrument (vgl. Malik, 1997 mit Bezug auf Frankl), das gerade in mittelbaren Führungssituationen äußerst wichtig ist.

Die letzte Aufgabenstellung ist die des Führenden als Lehrer: „Eine Führungskraft hat in erster Linie die Pflicht, die Realität zu definieren" (Miller zit. nach Senge, 1996, S. 417).

Aber wie macht man das? Führungskräfte sollten daher andere dazu anregen, vier unterschiedliche Ebenen der Realität zu betrachten:

- die Ereignisse
- die Verhaltensmuster
- die systemischen Strukturen
- die „Sinngeschichte".

Durch diese Vermittlung aller vier Ebenen lehren Führungskräfte anderen, es ihnen gleich zu tun. In der Realität wird dies häufig ignoriert. Hier besteht die Erwartungshaltung, daß nachgeordnete Führungskräfte und Mitarbeiter Entscheidungen, für die ein Führungsteam Monate, ja mitunter Jahre zur Entwicklung und Entscheidung gebraucht hat, innerhalb von Tagen nachvollziehen und auch noch umsetzen können. Ohne die Rolle des Lehrenden – und zwar auf allen vier Ebenen – ein fast chancenloses Unterfangen.

5. Führungsinstrumente des Managers von Führungskräften

5.1 Mögliche Aktionsfelder

Grundsätzlich stehen einer Führungskraft von Führungskräften drei Aktionsfelder zur Bewältigung ihrer Aufgabe zur Verfügung:

- Leadership, d. h. persönliche Führung
- Business Aktivitäten
- Self-Management
  (vgl. Abb. 2)

Diese werden im folgenden schwerpunktmäßig dargestellt.

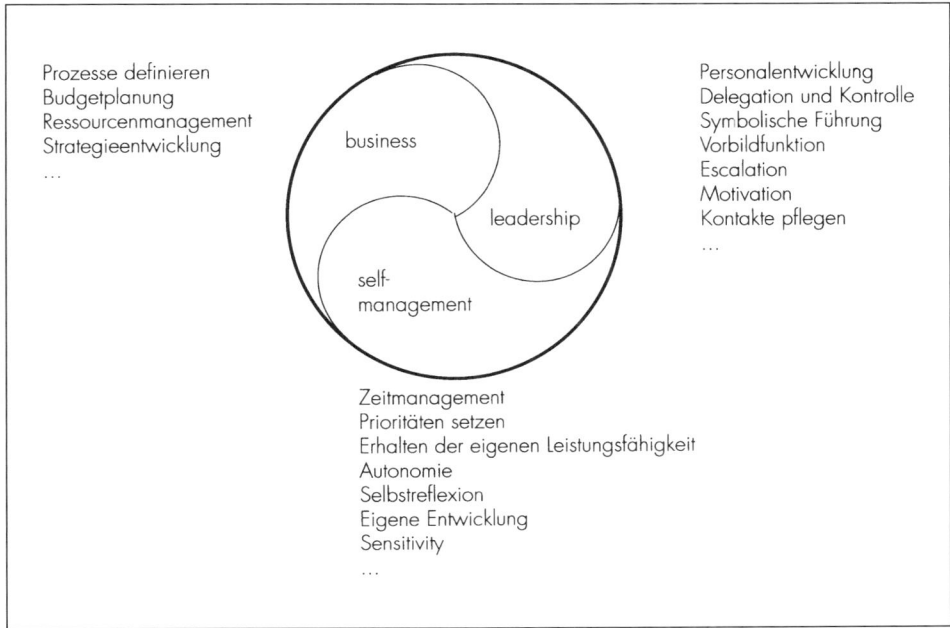

Prozesse definieren
Budgetplanung
Ressourcenmanagement
Strategieentwicklung
...

business

leadership

self-management

Personalentwicklung
Delegation und Kontrolle
Symbolische Führung
Vorbildfunktion
Escalation
Motivation
Kontakte pflegen
...

Zeitmanagement
Prioritäten setzen
Erhalten der eigenen Leistungsfähigkeit
Autonomie
Selbstreflexion
Eigene Entwicklung
Sensitivity
...

Abb. 2: Aktionsfelder der Führungskraft

5.2 Leadership

„Leadership" ist eines der drei Aktionsfelder für die Führungskraft von Führungskräften. Leadership ist hierbei nicht als Gegensatz von Management zu verstehen (vgl. MALIK, 1997a). „Leadership" im hier verstandenen Sinne umfaßt alle Aktivitäten, die auf den Humanbereich der Organisation gerichtet sind, und zwar unmittelbar. Leadership stellt somit eine Teilmenge von Management im allgemeinen dar. Letzteres umfaßt sowohl den Bereich „Business" als auch das Management der eigenen Person, also das „Self-management".

Was sind nun die besonderen „Leadership"-Aktivitäten einer Führungskraft von Führungskräften?

5.2.1 Delegation und Kontrolle

Wie oben ausgeführt, ist eine der bedeutenden Unterschiede zwischen Führungskräften von Mitarbeitern und Führungskräften von Führungskräften die der „Mittelbarkeit" des Führungszusammenhangs. Dies wird an der Art und Weise von Delegation und Kontrolle deutlich. Bei Führungskräften von Führungskräften werden nicht nur konkrete Aufgaben delegiert. Hier kommt hinzu, daß die Führungskraft von Führungskräften selbst noch ein Delegationsrecht – ja eine Delegationspflicht – hat. Hierzu gehört auch die Entscheidung, an wen weiter delegiert wird.

5.2.2 Symbolische Führung

Führung durch Führungskräfte von Führungskräften erfolgt zweifach: Unmittelbar gegenüber den direkten Mitarbeitern, mittelbar gegenüber deren Mitarbeitern.

Die Mitarbeiter können sich nur schwer oder mitunter gar kein authentisches Bild von der Führungskraft von Führungskräften machen; sie sind hier auf Mittler unterschiedlichster Art angewiesen. Eine Gruppe dieser Mittler sind die dieser Führungskraft zugeordneten (unterstellten) Führungskräfte. Weitere Gruppen sind eigene Vorgesetzte, Kollegen, diverse informelle Gruppen, Arbeitnehmervertretungen etc. Diese stellen Teile der organisationsinternen „Presse" der Führungskraft von Führungskräften dar. Sie geben Informationen, Meinungen, Eindrücke weiter, interpretieren diese, filtern und wählen aus, sehen diese im Lichte ihrer Meinungen, Interessen und Werthaltungen.

Symbolische Führung erfordert somit eine andere Form der Kommunikation: die der Nutzung der Organisation als Medium. Um symbolische Führung zielgerichtet einzusetzen, sind zwei Konstanten erforderlich, „nämlich jemanden, der ein bestimmtes Bild oder Profil aufbaut, und jemanden, der dieses Profil zu schätzen weiß." (BREDEMEIER, 1996, S. 35) Symbolische Führung zählt somit zur Kunst der *zielgerichteten Imagebildung.*

Handlungen, Verhaltensweisen und Aussagen dieser Führungskräfte wirken somit in ganz besonderer, verkürzter und prägnanter Weise: Sie werden zum Symbol.

Symbolische Führung durch Führungskräfte von Führungskräften wirkt doppelt: zum einen mittelbar in die Organisation, zum anderen als Rahmen für das Führungshandeln der geführten Mitarbeiter. Deren Führungsoptionen hängen stark vom Symbolverhalten ihres Vorgesetzten ab, dieses prägt auch deren Image.

Führungskräften von Führungskräften ist daher dringend anzuraten, ihr Verhalten auf die darin enthaltene „Symbolkraft" zu prüfen. Dabei ist stets zu berücksichtigen, daß für Symbole keine Erklärungsmöglichkeit besteht – diese wirken aus sich heraus im Rahmen der vorhandenen Unternehmenskultur.

Der bewußte Einsatz von Symbolen unterstützt andererseits die Führung mittelbar und wirkt als Unterstützung für die zugeordneten Führungskräfte, da bewußt und gut gewählte Symbole, symbolische Handlungen etc. die Wirkung eines Führungssystems potenzieren können.

5.2.3 Management der Unternehmenskultur

Führung bedeutet, sich so zu verhalten, daß die Organisation das gewünschte Ergebnis hervorbringt. Eine wichtige Rahmenbedingung, in der Verhalten geschieht und in der Verhalten gesehen wird, ist die Unternehmenskultur (vgl. MATENAAR, 1983; und v. ROSENSTIEL, Grundlagen der Führung, in diesem Band). Unternehmenskultur umfaßt hierbei die Werte, die Grundsätze und Einstellungen einer Organisation, sowie die Überzeugung, was richtig ist. Sie ist entstanden durch die Geschichte einer Organisation, deren Vorgehensweisen und Verfahren, die einmal erfolgreich waren. Sie ist verfestigt in den handelnden Personen, die diese (in der Vergangenheit) erfolgreichen Vorgehensweisen beherrschen, sich mit diesen identifizieren und auch durch diese definieren. Sie ist verwoben im Beziehungsgeflecht dieser Personen und Personengruppen. Die Zugehörigkeit zu Gruppen in Organisationen bedarf der Akzeptanz derartiger Wertesysteme. Auf diese Weise wird Unternehmenskultur weitergegeben.

Derartige Wertesysteme bilden den Rahmen für Führung in Organisationen.

Die Pflege als auch die Veränderung von Unternehmenskultur sind Aufgaben höherer Führungskräfte. Dies geschieht zum einen in der Pflege bisheriger Werte, der Durchführung traditioneller Veranstaltungen, der Aufrechterhaltung von wichtigen Ritualen etc. Wichtig ist hierbei, was der Unternehmenskultur und den Mitgliedern der Organisation wichtig ist – nicht das, was die Führungskraft für wichtig hält. Unsensibler Umgang mit derartigen Elementen von Kultur, Sparmaßnahmen ohne Rücksicht auf Symbolgehalte, können zu dysfunktionalen Effekten führen.

Zum anderen ist es Aufgabe der Führungskräfte von Führungskräften, – falls erforderlich – Änderungen in der Unternehmenskultur herbeizuführen. Sie haben hierbei das organisatorische Immunsystem (vgl. DE GEUS, 1997) zu berücksichtigen. Dazu zählt auch die Überlegung, welche Veränderungsintensität und -geschwindigkeit eine Organisation zuläßt, ohne ihre Abwehrkräfte zu mobilisieren.

5.2.4 Management von Widersprüchen

Eine Führungskraft von Führungskräften nimmt eine Mittelposition im Aufbau einer Organisation ein. Sie ist (noch) nicht der Mann oder die Frau „an der Spitze", sie zählt auch nicht (mehr) zum Lower-Management. Die letztgenannte Gruppe von Führungskräften „ist relativ homogen, … die Arbeitsbereiche sind exakt begrenzt und gekennzeichnet durch ziemlich geringe Dispositionsbefugnisse, starke Arbeitsteilung und Routinearbeit." (HOFSTETTER, 1988, S. 84)

Die Position der Führungskraft von Führungskräften ist die des „Man-in-the-middle" (HOFSTETTER, 1988, S. 135), sie hat eine Mittlerposition zwischen Top-Management und der operativen Führungsebene. Dazu kommt, daß sie je nach Sichtweise der anderen Gruppe zugeordnet wahrgenommen wird: für Mitarbeiter und das Lower-Management gilt sie als Teil des Top-Managements , vom Top-Management hingegen wird sie meist als ausführendes Organ angesehen. Das Selbstbild dieser Managementgruppe neigt dem Top-Management zu; HOFSTETTER (1988, S. 124) diagnostiziert hier eine „Selbstüberschätzung der Leitenden".

Aus dieser Zwischenposition heraus besitzen Führungskräfte von Führungskräften eine besondere Führungsaufgabe: das Management von Widersprüchen.

Diese Widersprüche entstehen zum einen aus Intra-Rollen-Konflikten, zum anderen müssen diese Führungskräfte Inter-Rollenkonflikte aushalten und managen.

Der Intra-Rollen-Konflikt entsteht aus unterschiedlichen, widersprüchlichen Anforderungen an eine bestimmte Rolle. Zum einen besteht die Anforderung des Top-Managements an die Führungskräfte zur Umsetzung und Durchsetzung von Entscheidungen, auch wenn diese an der Entscheidungsfindung nicht mitgewirkt haben oder diese Entscheidungen nicht teilen. Zum anderen sind die Anforderungen der Lower-Management-Führungskräfte zu erfüllen, deren Interessen „nach oben" zu vertreten. Dazu kommen die „Anforderungen" aus dem Selbstbild dieser Manager, das von hohem, wahrgenommenen Einfluß geprägt ist, wie auch die Anforderungen aus allen Bereichen des Führungsumfeldes. Die Handlungsmöglichkeiten und die Anforderungen an Handlung (von anderen und von sich selbst) stellen sich in dieser Managementgruppe besonders dissonant dar.

Intra-Rollenkonflikte werden (nach HOFSTETTER, 1988, S. 136) durch charakteristische, trickreiche Kommunikationsformen verarbeitet:

- Schaukelpolitik und Opportunismus: Man versucht, es sich mit keiner Seite zu verderben.
- „MANANA-Taktik": Umstrittene Handlungen werden möglichst lange hinausgezögert.
- Verschleierungstaktik: Eigene Meinungen und Verhalten werden bestmöglich getarnt.
- Weiterschieben des Schwarzen Peters
- Sozialer Rückzug: Dissonanten Ansprüchen wird durch Kommunikationsreduzierung aus dem Wege gegangen.
- Rhetorische Vermittlung: Verkaufen von Argumenten, Übersetzung in beide Richtungen.

Führungskräfte von Führungskräften besitzen aus ihrer Position heraus (siehe Kapitel 4) i.d.R. höchst unterschiedliche Rollen, die sie „unter einen Hut" bringen müssen. Es entsteht ein Inter-Rollen-Konflikt, d.h. die Anforderungen an die unterschiedlichen Rollen passen nicht zusammen.

Diese Rollenkonflikte lassen sich nicht vermeiden. Teilweise muß eine Führungskraft von Führungskräften diese schlicht aushalten und die dissonanten Auswirkungen auf die eigene Person handhaben.

Die durch die Rollen- und Erwartungskonflikte entstehenden Widersprüchlichkeiten werden somit zur komplexen Management-Aufgabe. Die Führungskraft von Führungskräften hat derartige Widersprüche zu managen, deren Auswirkungen auf die Organisation, auf die Führungskräfte und Mitarbeiter, für die sie Verantwortung trägt, und auf das Ergebnis des Unternehmens zu minimieren. Auf diese Weise trägt sie zur Funktionsfähigkeit der Organisation bei. Derartige Widersprüche sind in einem sich wandelnden Unternehmen „Normalität".

Kein Unternehmen, keine Organisation läßt sich widerspruchsfrei führen. Sowohl das Top-Management als auch das Lower-Management hat die Aufgabe, Widersprüche zu handhaben. Die eigentliche Aufgabe des Managements von Widersprüchen kommt jedoch der Führung von Führungskräften zu. Hier besteht eine Kommunikations-, Transmissions-, Übersetzungs-, Überzeugungs- und Durchsetzungsaufgabe, sowohl nach „oben" als auch nach „unten".

Einen Widerspruch hat jeder Manager von Führungskräften, weitaus stärker als Lower-Manager, zu managen und auszuhalten: Den Widerspruch zwischen seinen realen Management-Fähigkeiten als Mensch und den Ansprüchen, die die diverse Management-Literatur an ihn stellt. Diese Management-Literatur wird von den Mitarbeitern gelesen und als Maßstab für gute Führung verwandt. Nachwuchsführungskräfte nutzen ihre neuen Kenntnisse aus Führungstrainings nicht nur für die eigene Führungsaufgabe, sondern auch als Meßlatte für ihren Chef.

Um hier nicht falsch verstanden zu werden: Natürlich muß jede Führungskraft – und ganz besonders eine Führungskraft von Führungskräften – an sich selbst und an ihrer Führung arbeiten. Dabei kommt es aber darauf an, realistische und realisierbare Ziele anzustreben – und auch Schwächen zu erkennen, zu akzeptieren und als Teil der eigenen Persönlichkeit zu kommunizieren. Eine Führungskraft, die ihre eigenen Schwächen kennt und auch offen kommunizieren kann, hat die Chance, diese Schwächen durch die komplementären Fähigkeiten von Mitarbeitern (Stärke des Teams!) und durch entsprechende Prozesse aufzufangen und zu kompensieren.

Sich selbst nur an „unrealistischen Wunschbildern" zu messen und messen zu lassen, wird jedoch nicht zu erfolgreichem Management von Führungskräften führen.

5.2.5 Motivation

Eine bedeutende Führungsaufgabe ist die der Motivation (vgl. den Beitrag von Rosenstiel in diesem Band). Dies gilt auch für die Führung von Führungskräften in besonderem Maße.

Ein Motivationsinstrument, dem besondere Bedeutung für Führungskräfte von Führungskräften zukommt, ist die bereits angesprochene Vermittlung von Sinn (vgl. Malik, 1997). Die Motivationschance der Sinnvermittlung, die Führungskräften von Mitarbeitern wesentlich eingeschränkter zur Verfügung steht, kann die Führungskraft von Führungskräften nicht nur für sich, sondern auch als Gestaltungsmöglichkeit des Führungsrahmens der an sie berichtenden Führungskräfte nutzen.

5.2.6 Coaching

Der Begriff „Coaching" wird in Literatur und Praxis mit zwei Bedeutungsinhalten verwandt: zum einen als „psychologische Einzelberatung", also eine Art Supervision von Führungskräften (vgl. Böning in diesem Band). Zum anderen stellt Coaching ein Führungsinstrument für Führungskräfte von Führungskräften dar. „Die amerikanische „Ur-Form" von Coaching: Coach ist der direkte Vorgesetzte, der Coaching im Rahmen seiner Personalentwicklung als Qualifizierungshilfe für seine Mitarbeiter anbietet."(Hauser, 1993, S. 224)

Coaching im letztverstandenen Sinne ist die Hilfe des Vorgesetzen bei der Entwicklung des Mitarbeiters, Coaching ist aber auch Verantwortung des Vorgesetzen. Der Vorgesetzte hat – und übernimmt im Coachingprozeß – ein Stück Verantwortung für die Leistungsfähigkeit, die Qualität der Arbeit und die Art und Weise der Arbeit seiner Mitarbeiter. Letztlich geht Coaching – wenn auch nicht mit dieser Bezeichnung – auf den klassischen Meister des mittelalterlichen Handwerks zurück. Dieser war nicht nur Chef seines Betriebes, er war auch Ausbilder und Weiterbildner in einer Person. Er machte vor, seine Lehrlinge und Gesellen machten nach. Der mittelalterliche Meister bewegte sich hierbei überwiegend im fachlichen Bereich, hatte aber auch eine große gesellschaftliche Funktion (vgl. Einsiedler et al., i. V.).

Der moderne Coach ist weniger das fachliche Vorbild als mehr der Helfer, der die Arbeitsergebnisse – zusammen mit seinen Mitarbeitern – laufend verbessert.

Eine Führungskraft von Führungskräften trägt eine besondere Verantwortung für das Coaching der an sie berichtenden Führungskräfte. Ihre Aufgabe ist hierbei das Coaching von Führung. Durch dieses Coaching von Führung trägt sie nicht nur zur Entwicklung von Führungskräften bei, sie schafft auch eine Führungskultur, d.h. sie stellt sicher, daß in ihrem Verantwortungsbereich nach einer bestimmten Art und Weise geführt wird und somit das Führungssystem durch die Mitarbeiter als glaubwürdig und berechenbar erlebt wird.

5.2.7 Zielvereinbarung und Ergebniskontrolle

Zielvereinbarung als Führungsinstrument ist sowohl für die Führung von Mitarbeitern als auch für die Führung von Führungskräften bedeutend.

Unter Zielvereinbarung versteht man, daß sich Mitarbeiter und Führungskraft gemeinsam auf anzustrebende Ziele verständigen, diese formulieren und sich auch darauf einigen, woran die Zielerreichung zu erkennen ist (= Meßkriterien).

Diese Form der gemeinsamen Zielvereinbarung unterscheidet sich von der Zielvorgabe von oben nach unten.

Zielvereinbarung in dieser Form führt nicht nur zu einem gemeinsamen Verständnis darüber, was erreicht werden soll. Sie bietet sich auch als Kommunikationsinstrument und damit als Austausch von Informationen, Vorstellungen und (Er)Kenntnissen über die anzustrebenden Ziele über Hierarchieebenen hinweg an.

Führungskräften von Führungskräften kommt innerhalb eines Zielvereinbarungsprozesses, also über mehrere Stufen hinweg, eine besondere Bedeutung zu. Sie vereinbaren nicht nur Ziele mit ihrem Vorgesetzten oder nur mit Mitarbeitern; ihnen kommt auch eine „Moderatorenrolle" über die Stufen des Zielvereinbarungsprozesses zu, durch die sie zwischen Vorstellungen „an der Basis" und denen „on the Top" vermitteln müssen, um zu konsistenten und aufeinander abgestimmten Zielvereinbarungen zu kommen.

Bei Zielvereinbarungen mit Führungskräften kommt hinzu, daß neben deren operationalisierbaren Zielen auch deren „Gesamtauftrag" zu vereinbaren ist. Dieser ist allein durch segmentierte Teil-Ziele nur sehr lückenhaft zu beschreiben. Das „Assignment" (MALIK, 1997b, S. 104) stellt eine Klammer um die vereinbarten Ziele dar und beschreibt gesamtheitlich die Aufgabenstellung der Führungskraft.

5.2.8 „Escalation" als Führungsprinzip

Eine Möglichkeit des Gewinnens von Flexibilität und der Führung über Hierarchieebenen hinweg ist die der ‚Escalation'. (Im Englischen bedeutet ‚escalator' die Rolltreppe, also das ‚eine Stufe höher bringen'; die deutsche Übersetzung „Eskalation" wäre mißverständlich.) Diese bedeutet, daß Entscheidungs- und Interpretationsspielräume auf der Ebene der Betroffenen geklärt und entschieden werden sollten. Erst wenn es hier zu keiner Einigung kommt, wird der oder werden die Vorgesetzten eingeschaltet. Die Entscheidung über den Sachverhalt geht im Falle der ‚Escalation' an die höhere Ebene über. Es ist leicht einsehbar, daß die Fortsetzung des Escalations-Prozesses von der Bedeutung des Problems abhängt. Häufige Escalation eigentlich lösbarer Probleme kann leicht dazu führen, daß die beteiligten Manager als wenig kompromiß- und zusammenarbeitsfähig angesehen werden; es könnte die nötige Distanz zu den Problemen fehlen.

Im Escalations-Prozeß befindet sich der entscheidende Manager auch in der Rolle eines Konflikt-Managers für andere (vgl. den Artikel von BERKEL, Konflikte in und zwischen Gruppen, in diesem Band). Dies erfordert ein erhöhtes Fingerspitzengefühl, nicht nur nach ‚objektiven' Gegebenheiten zu entscheiden, sondern auch subjektive Vorgänge, versteckte Agenden u.ä. zu erkennen, um nicht unnötiges Konfliktpotential in der Organisation aufzubauen.

Die ‚Escalation' hat wesentliche *Vorteile* für die Führung von Führungskräften:

- Der Entscheidungsspielraum bleibt auf der betreffenden Ebene möglichst lange erhalten.
- Entscheidungen fallen möglichst nahe der Sachebene.
- Die Entscheidungsdauer ist wesentlich kürzer; es müssen im Rahmen der Zielvereinbarungen keine Wege über Hierarchien genommen werden.
- Die Problemlösekapazität wird entlastet, da Probleme, die auf anderer Ebene gelöst werden können, auch dort bleiben.

- Die Manager haben Kapazität frei, um sich auf strategischere Problemstellungen zu konzentrieren.
- Die Wandel- und Lernfähigkeit der Organisation wird erhöht.

Nachteile sind:

- Es kann zu Lösungen kommen, die nicht im Sinne des Managers sind.
- Der Manager erhält nur alle ‚verkorksten‘ Fälle, was zu psychologischen Problemen führen kann. (Er wird ja, wie gesagt, nur im Konfliktfall eingeschaltet.)
- Koordinations- und Kommunikationsaufwand steigen.

Diese Nachteile sind durch mehr Sorgfalt bei der Zielvereinbarung und durch entsprechendes Selbstmanagement durchaus handhabbar.

5.2.9 „Großvatergespräche“ und andere Möglichkeiten eines Gate-Keeper-Korrektivs

Eine Führungskraft, die Führungskräfte führt, steht vor einem Dilemma: Zum einen soll sie nicht in die Führung der an sie berichtenden Mitarbeiter unmittelbar eingreifen, zum anderen muß sie gut über den Zustand der Organisationseinheit, für die sie verantwortlich ist, informiert sein. „Gate-Keeper-Effekte“, also die gezielte und gefilterte Weitergabe von Informationen, ist ein großes Problem für diesen Personenkreis. Eine häufig angewandte Möglichkeit, diese Effekte zu vermeiden, ist die des „Management bei walking around“. Die Führungskraft ist sichtbar, erhält Informationen von unterschiedlichsten Stellen und sieht vieles, was im normalen Berichtswesen keinen Niederschlag findet.

Andererseits begibt sich die Führungskraft in die Gefahr, auf der Basis von Zufallsinformationen Entscheidungen zu treffen, andere Führungskräfte, deren Aufgaben diese Entscheidungen wären, zu übergehen oder wichtige Aspekte mangels Information nicht berücksichtigen zu können.

Einige wenige Regeln sind für dieses „walking around“ hilfreich:

- Entscheiden Sie nie spontan, ohne Rückfrage mit den zuständigen Mitarbeitern/ Führungskräften.
- Holen Sie vor einer Entscheidung *alle* relevanten Informationen ein; geben Sie die Chance zur Stellungnahme.
- Die Ansprache von Mitarbeitern erfolgt oft emotionalisierend. Schützen Sie sich vor raschen Fehlentscheidungen, indem Sie in diesen Fällen zwar Verständnis äußern, keinesfalls aber Äußerungen machen, die als Entscheidung interpretiert werden können.
- Treten Sie allen Versuchen, Sie und/oder Ihren Namen als Umsetzungs-Hilfe für Partialinteressen zu nutzen, entschieden entgegen.
- Bevor Sie in den Verantwortungsbereich eines Vorgesetzten eindringen, geben Sie ihm Gelegenheit, Sie über die anstehenden Probleme selbst zu informieren.
- Sprechen Sie mit diesem Vorgesetzten nach Ihrem Rundgang Ihre Eindrücke durch und geben Sie ihm Gelegenheit zur Stellungnahme.

Eine andere Möglichkeit zur Vermeidung des „Gate-Keeper-Effektes“ ist die eines sogenannten „Großvater-Gesprächs“. Hierbei handelt es sich um regelmäßige Gesprächstermine, z. B. einmal pro Jahr, zwischen Mitarbeitern und deren nächsthöherem Vorgesetzten. Wichtig für derartige Gespräche ist es, daß die Spielregeln zwischen „Großvater", „Vater" und „Enkel" klar sind:

- Es wird über Positives und Negatives gesprochen. Keine Vorgesetztenbeschimpfungen!
- Problempunkte sollten zuerst zwischen Vorgesetztem und Mitarbeiter angesprochen werden, bevor sie in ein „Großvater-Gespräch" gehören.
- Vor einer abschließenden Stellungnahme ist der unmittelbare Vorgesetzte zu hören.
- Der Vorgesetzte behält die Führungsverantwortung und die Führungs-Entscheidungskompetenz.
- Konflikte sind nach Möglichkeit in einem Dreiergespräch zu klären.
- Wichtige Informationen aus dem „Großvatergespräch" werden an den Vorgesetzten weitergegeben.

5.3 Business

Neben den Leadership-Aktivitäten zählen zum Aufgabenbereich eine Vielzahl von Business-Aktivitäten. Diese Gruppe von Führungskräften ist verstärkt für den ökonomischen Erfolg (mit) verantwortlich. Der Grad dieser Verantwortung mag organisationsspezifisch unterschiedlich sein. Sie ist jedoch immer vorhanden.

Aus dem weiten Feld von Führungsinstrumenten, die Führungskräften von Führungskräften zur Verfügung stehen, werden hier vier exemplarisch herausgegriffen: das Organisationsdesign, die Handhabung von Komplexität, das Netzwerkmanagement und das Kontaktmanagement. Zusätzlich kommen auf diese Führungskräfte auch weitere Instrumente zu, so etwa zur Verteilung und Zuordnung von Ressourcen (Geld, Menschen, Intelligenz etc.), operative und auch strategische Richtungsentscheidungen, Definition von Zielen, Controlling- und Planungsaktivitäten etc.

5.3.1 Organisationsdesign

Organisationsdesign als bedeutende Führungsaufgabe wird – wie bereits oben ausgeführt – mitunter übersehen. „Lao-tse bietet ... teilweise eine Erklärung dafür, warum das Design ein vernachlässigter Bereich der Führung ist: Der Designer erhält wenig Anerkennung. Seine Aufgaben sind selten sichtbar: er arbeitet hinter den Kulissen." (SENGE, 1996, S. 412) Andererseits ist das Organistionsdesign gerade ein Kennzeichen der Führung von Führungskräften. Man kann dies auch als *Organisationsverantwortung* bezeichnen.

Organisationsdesign stellt sicher, daß die Menschen, die Maschinen, die finanziellen Mittel, die Abläufe und die Informationen so zusammengestellt werden, daß das angestrebte Ergebnis anschließend auch erreicht wird. In der täglichen Arbeit tritt der Organisationsdesigner in den Hintergrund und überläßt das Feld den operativen Führungskräften. Er schafft aber die Voraussetzung für deren Erfolg.

Organisationsdesign beschränkt sich nicht darauf, Organisationsstrukturen vorzugeben. Organisationsdesign umfaßt auch das Design des Prozesses, wie neue Organisationsstrukturen entstehen. Dies wird auch als *„Organisationsentwicklung"* bezeichnet (vgl. COMELLI, Organisationsentwicklung, in diesem Band). Das Denken und Handeln in Prozessen, sowohl Business-Prozessen als auch Veränderungs-Prozessen, ist ein wichtiges Führungsinstrument für Führungskräfte von Führungskräften. Gerade im Aufgabenbereich des Business Reengineering wird dies deutlich: „Das obere Management trägt die Gesamtverantwortung für die Resultate der neugestalteten Unternehmensprozesse, ohne eine direkte Kontrolle über die Menschen auszuüben, die mit diesen Prozessen betraut sind." (HAMMER & CHAMPY, 1994, S. 108) Das Erstellen des Organisationsdesigns wird somit zum Führungsinstrument, das die unmittelbare und mittelbare persönliche Führung ergänzt.

5.3.2 Handhabung von Komplexität

Eine weitere Gruppe von Instrumenten, die einer Führungskraft von Führungskräften zur Verfügung stehen, dient der Handhabung von komplexen Situationen (vgl. hierzu DÖRNER, 1989).

Eine erste Aufgabenstellung bei der Handhabung von Komplexität ist die der Situationsanalyse bei unvollständiger Information und „probabilistischem" (d.h. Wahrscheinlichkeiten folgenden) Verhalten der Umgebung.

Um in komplexen Situationen zu agieren, empfiehlt es sich, neben einer Zielfestlegung (Was will ich letztlich?) geeignete Teilziele zu bilden. Anschließend sind die Aktivitäten, die für die Erreichung dieser Teilziele erforderlich sind, festzulegen und in ein Zeit- und Ressourcengerüst einzubinden.

Diese sind schriftlich festzuhalten und später anhand dieser schriftlichen Dokumente zu überprüfen.

Komplexe Problemstellungen und deren Handhabung benötigen aber nicht nur die eben skizzierten Elemente einer richtigen Projektbearbeitung. Das Management komplexer Systeme zeichnet sich darüber hinaus durch die Notwendigkeit

- der Handhabung von Unsicherheiten
- des Verständnisses von Abhängigkeiten (Interdependenzen),
- des Verstehens nichtlinearer Verläufe,
- des Denkens in Nebenwirkungen,
- eines klaren Blicks für nicht vereinbare Teilziele und
- der Fähigkeit zur Kompromiß-Bildung zwischen diesen Zielen aus.

Innerhalb des „Führungssystems" einer Organisation, also zwischen den Führungskräften und Fach-Führungskräften, ist die Handhabung von Komplexität auch gleichzeitig ein Kommunikations- und Abstimmungsproblem, da ein gemeinsames Verständnis über die komplexe Art der Situation und der erforderlichen Lösungsstrategie hergestellt werden muß.

5.3.3 Netzwerkmanagement

Als Antwort auf die steigende Komplexität des Unternehmens und dessen Umfeld, wurde ein Prinzip entwickelt, das mit dem Schlagwort Netzwerk-Management belegt wird. „Netzwerk-Management" wird verstanden als eine Art „Anti-These" zu hierarchischen und bürokratischen Managementstrukturen der Vergangenheit.

Was sind nun solche Netzwerke? Sie sind die praktische Ausprägung einer „Selbstorganistion als Ordnungsprinzip" (DYLLICK, 1982). Das Grundprinzip des Netzwerkes ist ein „Jeder-mit-Jedem", ohne daß hierarchische Informations- und „Befehls"-

Wege eingehalten werden müssen. Jedes Mitglied der Organisation kann mit jedem anderen Kontakt aufnehmen, Informationen austauschen und damit Einfluß ausüben. Dem Aufbau von individuellen Kontakten kommt hierbei entscheidender Einfluß zu.

Einige Unternehmen bieten dazu spezielle Foren an, wie z.B. regelmäßige Treffen, Informations-Börsen, die Einrichtung einer „Open-bar", Kaminabende u.ä. Diskussionsforen im hausinternen Intra-Net sind hier ebenso nützlich wie traditionelle Formen, z.B. ein Betriebsausflug u.ä.

Ist ein Netzwerk die „Anarchie" gegenüber geordneten, hierarchischen Strukturen? Wie arbeiten derartige Netzwerke? Vereinfachend kann man sagen: „In Netzwerken geht es zu wie auf einem Tauschmarkt: Informationen werden gegen Informationen getauscht. Netzwerke können sehr rasch, manchmal aber auch mit großer Zeitverzögerung arbeiten. Manager, die Netzwerkbildung in einem hierarchischen Unternehmen zulassen und fördern, sollten die möglichen Kosten dafür bedenken. Informelle Netzwerke erlauben allerdings sehr häufig Problemlösungen oder Veränderungen von komplexen Systemen zu geringen Kosten, sofern Informationen und günstige Gelegenheiten reichlich vorhanden sind." (MUELLER, 1988, S. 91 ff.)

Netzwerke hat es schon immer gegeben und wird es auch weiterhin geben. Es kommt für das Netzwerkmanagement auf deren Bewertung an. Durch Netzwerkmanagement werden diese Netzwerke bewußt und gezielt für das Unternehmen nutzbar gemacht, anstatt gegen „Gerüchtebörsen", „Seilschaften" u.ä. zu kämpfen.

„Balance zwischen Netzwerken und Hierarchie" (MUELLER, 1988, S. 73) ist der entscheidende Faktor. Zielgerichtetes Netzwerkmanagement muß Spielregeln festlegen und überwachen. Dies ist ebenso Aufgabe der Führungskräfte von Führungskräften wie die bewußte Unterstützung der Netzwerkbildung.

5.3.4 Kontaktmanagement

Eine wesentliche Aufgabe des Managers von Führungskräften ist die des Kontaktmanagements. „Ziel der Bemühungen ist es, bestehende Kontakte zu nutzen und neue zu begründen" (GROOTHOFF, 1989, S. 7). Kontaktmanagement ist somit die Aufgabe der Außenvertretung der Organisationseinheit oder der Organisation.

Kontaktmanagement bedarf einer sorgfältigen Steuerung, will es erfolgreich sein. Es orientiert sich an den Geschäftszielen, der langfristigen Planung und den Strategien des Unternehmens. Die Zielgruppen und deren Prioritäten sind hierauf abzustimmen. Kontaktmanagement ist eine strategische Aufgabe, die auf langfristige Ergebnisse gerichtet ist. Sie schafft die Potentiale, die in wichtigen, mitunter auch kritischen Situationen über Erfolg oder Mißerfolg entscheiden können. Daher erfordert dies eine geplante und bewußte Vorgehensweise und sollte nicht dem Zufall überlassen werden.

5.4 Selbstmanagement

Wie kann ein Manager andere Menschen managen, wenn er sich nicht einmal selbst managen kann?

Selbstmanagement ist eine Fähigkeit im Soll-Profil eines Managers von Führungskräften, die nicht gering eingeschätzt werden darf (vgl. hierzu den Beitrag von RÜHLE in diesem Band).

Für den Manager von Führungskräften ergeben sich aus seiner Rolle heraus einige beachtenswerte Aspekte:

- Der bisherige Kollegenkreis fällt beim Aufstieg weg. Dessen Korrektiv-Funktion für eigenes Verhalten geht – zumindest teilweise – verloren.
- Selbstmanagement ist immer auch verbunden mit der Vorbild-Funktion der Führungskraft und „Symbolischer Führung". Zum einen ist die Führungskraft Vorbild für andere und muß sich dessen bewußt sein; zum anderen muß sie aber auch mit der Situation fertig werden, daß die „Privatsphäre" des eigenen Verhaltens immer kleiner wird und die Aufmerksamkeit der eigenen Umgebung wie ein Scheinwerfer auf ihr ruht.
- Das Selbstmanagement – insbesondere die Selbstdisziplin – einer Führungskraft von Führungskräften ist Rahmen für das Selbstmanagement der an sie berichtenden Führungskräfte. Ein weit verbreiteter Irrtum ist es zu glauben, daß die Notwendigkeit zur Selbstdisziplin mit dem Aufstieg abnimmt; genau das Gegenteil ist der Fall! Nur die Rückmeldungen über mangelndes Selbstmanagement werden im Zuge das Aufstiegs „diplomatischer" oder Feedback fällt ganz weg. Mangelndes Selbstmanagement höherer Führungskräfte wird nicht nur zum Ressourcen-Fresser des Verantwortungsbereichs; es stellt auch einen erheblichen Kostenfaktor für Unternehmen dar.
- Selbstmanagement bestimmt auch die Verfügbarkeit und Ansprechbarkeit höherer Führungskräfte. Hier ist Systematik statt Zufall gefragt. Eigene Spontaneität mag die Führungskraft positiv bewerten. Für ihre Umgebung kann Mangel an Selbstmanagement zu wesentlichen Störungen im Informations- und Kommunikationsablauf führen.

Eine Führungskraft erkennt man daran, daß ihr nie die Arbeit ausgeht. Es ist immer mehr zu tun, als an persönlichen Ressourcen (Kraft und Zeit) vorhanden ist. Wichtige Aufgabe einer Führungskraft ist es daher, Wichtiges von Unwichtigem zu unterscheiden, Dringliches und Wichtiges gleichermaßen zu managen und Prioritäten zu setzen. Die sogenannte ABC-Analyse, zurückgehend auf den US-Präsidenten Eisenhower, ist dafür ein gutes Instrument.

Nach dieser Methode werden die Aufgaben klassifiziert nach ihrer Wichtigkeit, d. h. nach der Bedeutung der Auswirkungen der Ergebnisse der Aufgabenerfüllung, und nach deren Dringlichkeit, also der Zeit, die noch zur Verfügung steht, bis ein Ergebnis vorliegt.

A-Aufgaben sind alle Aufgaben, die wichtig und dringlich sind. Diese sollten sofort und selbst erledigt werden.

B-Aufgaben sind wichtig, aber nicht dringlich. Diese sind an zweiter Stelle in der Priorität zu setzen. Damit diese nicht vergessen werden, sind sie zu terminieren, gegebenenfalls zu delegieren, und die Delegation durch Setzen von Meilensteinen zu kontrollieren.

C-Aufgaben sind dringlich, aber nicht (besonders) wichtig. Diese kommen an 3. Stelle in der Prioritätsskala. Diese Aufgaben können andere erledigen, sie sind zu delegieren, z. B. nachgeordneten Führungskräften und deren Teams zu übertragen.

D-Aufgaben sind weder wichtig noch dringlich. Man kann sie einfach lassen.

Das Eisenhower-Prinzip klingt relativ simpel, enthält aber für die Prioritätensetzung ein Grundprinzip: Konzentration auf das, worauf es ankommt – und keine Ressourcen, weder eigene noch fremde, für Aufgaben verschwenden, die keinen Nutzen haben.

Letztlich zählt zum Selbstmanagement auch, eine gewisse Ausgeglichenheit zu schaffen: *Souveränität*. Souveränität gibt eigene Sicherheit, strahlt aber auch auf die

Umgebung aus und erhöht den Handlungsspielraum. Wie erreicht man diese Souveränität? Zum einen ist es wichtig, die emotionale Seite seiner eigenen Person ernst zu nehmen und das, was man auch als Emotionale Intelligenz (GOLEMAN, 1996) bezeichnet, wahrzunehmen, zu pflegen und zu entwickeln. Hierzu ist es wichtig, sich seine eigenen Werte und Glaubenssätze (beliefs; vgl. Ellis, 1996) bewußt zu machen und diese auf ihre Funktionalität oder Dysfunktionalität zu prüfen. Durch das Bewußtmachen derartiger Grundüberzeugungen und deren Umbewertung läßt sich ein Stück Gelassenheit gewinnen. Auch der Umgang mit emotionalen Beeinflussungsversuchen anderer („Emotional Blackmailing", vgl. FORWARD, 1997) läßt sich trainieren. Durch Aufbau entsprechender Selbstschutz- und Handhabungs-Strategien erreicht man eine höhere Situationskontrolle; ein wichtiger Schritt zu mehr Autonomie im emotionalen Bereich und damit zu einem erweiterten Handlungsspielraum.

Literatur

BREDEMEIER, K. (1996). Provokative Rhetorik? Schlagfertigkeit!. Zürich 1996.
COMELLI G. & v. ROSENSTIEL, L. (1995). Führung durch Motivation. München 1995.
DE GEUS, A. (1997). The Living Company. London 1997.
DÖRNER, D. (1989). Die Logik des Misslingens. Reinbeck 1989.
DYLLIK, T. (1982). Gesellschaftliche Instabilität und Unternehmensführung. Bern, Stuttgart 1982.
EINSIEDLER, H. E. (1990): Die Führung von Führungskräften. München 1990.
EINSIEDLER, H. E. (1993). Werte und Wertewandel aus der Sicht der Personalpolitik. In v. ROSEN-STIEL et al. (1993), S. 115 ff.
EINSIEDLER, H. E. et al. (in Vorb.). Die Organisation der Personalentwicklung. (in Vorbereitung).
ELLIS, A. (1996). Training der Gefühle. Landsberg am Lech 1996.
FORWARDS, S. (1997). Emotional Blackmail. London u. a. 1997.
GEBERT, D. (1987). Führungsstil und Absatzerfolg in Kreditinstituten. Wiesbaden 1987.
GOLEMAN, D. (1996). Emotionale Intelligenz. München, Wien 1996.
HAMMER, M. & CHAMPY, J. (1994). Business Reengineering, Frankfurt, New York 1994.
HAUSER, E. (1993). Coaching. In: v. ROSENSTIEL, L. v. et al. (Hrsg), Führung von Mitarbeitern. S. 223 ff.. 2. Auflage. Stuttgart 1993.
HOFSTETTER, H. (1988). Die Leiden der Leitenden. Köln 1988.
MALIK, F. (1993). Systemisches Management, Evolution, Selbstorganisation. Bern u. a. 1993.
MALIK, F. (1997). Motivation durch Sinn. In: M.o.M. 3/1997.
MALIK, F. (1997a). Management oder Leadership? In: M.o.M. 2/1997.
MALIK, F. (1997b). Personalauswahl und Stellenbesetzung. In: M.o.M. 5/1997.
MATENAAR, D. (1983). Organisationskultur und organisatorische Gestaltung. Berlin 1983.
MÜLLER, H. (1989). Die Entwicklung von Führungskräften, Unveröffentlichte Diplomarbeit, München 1989.
MUELLER, R. K. (1988). Betriebliche Netzwerke. Freiburg i. Br. 1988.
v. ROSENSTIEL, L. & EINSIEDLER; H. E. (1987). Führung durch Geführte. In KIESER, A. et al. (Hrsg.), Handwörterbuch der Führung. Stuttgart 1987.
v. ROSENSTIEL, L., DJARRAHZADEH, M., EINSIEDLER, H. E. & STREICH, R. K. (1993). Wertewandel. Stuttgart 1993.
SENGE, P. M. (1996). Die Fünfte Disziplin. Stuttgart 1996.
WEIBLER, J. (1994). Führung durch den nächsthöheren Vorgesetzten. Wiesbaden 1994.
WOTTAWA, H. & GLUMINSKI, I. (1995). Psychologische Theorien für Unternehmen. Göttingen 1995.

Zur Konkretisierung und weiteren Vertiefung wird empfohlen, im Fallstudienband die Fälle zu „Führung von Führungskräften" zu bearbeiten.

Jürgen Weibler

Führung der Mitarbeiter durch den nächsthöheren Vorgesetzten

1. Ausgangspunkt

Wer über Mitarbeiterführung in Organisationen nachdenkt, nimmt in aller Regel die Beziehung zwischen direktem Vorgesetzten (Führer) und Mitarbeiter (Geführter) zum Ausgangspunkt seiner Betrachtung. Dies verwundert nicht, beziehen sich Führungstheorien, Führungsmodelle, Führungsinstrumente oder auch Führungsseminare ebenfalls mehrheitlich auf diese Konstellation. Führung spielt sich in dieser Diskussion allein zwischen zwei unmittelbar aufeinanderfolgenden Hierarchieebenen ab. Diese Sichtweise setzt aber ungeprüft zweierlei voraus:

1. Der direkte Vorgesetzte wird als eine unabhängig agierende Person im Führungsprozeß verstanden.
2. Konkurrierende Einflußnahmen auf den Mitarbeiter werden faktisch ausgeschlossen.

Beide Annahmen sind aber bei näherer Beleuchtung unhaltbar. Führung in Organisationen ist wesentlich komplexer, als es den Anschein hat.

2. Einbindung des nächsthöheren Vorgesetzten in den Führungsprozeß

2.1 Zur positionalen Verflechtung von Führungspositionen

Vorgesetzte befinden sich in der Praxis in einem komplizierten *Einflußgeflecht*, aus dem heraus verschiedenste Erwartungen interner und externer Personen bzw. Anspruchsgruppen für ihre Position erwachsen. NEUBERGER (1992, Sp. 2289) bemerkt dazu: „Konzentriert man sich auf die Vorgesetzten-Mitarbeiter-Beziehungen, muß man sich bewußt sein, daß sie ein Ausschnitt aus einem viel umfassenderen Beziehungsnetz und oft genug erst von diesem her verständlich sind. Man ist zunächst geneigt, die Vorgesetzten-Mitarbeiter-Beziehung als eine *dyadische Relation* zu sehen, in der ein exklusives, d.h. von anderen Verbindungen abstrahierendes hierarchisches Verhältnis zur Diskussion steht ... Dabei wird jedoch ausgeblendet, daß ... Vorgesetzte und Mitarbeiter in weiteren organisations-internen und -externen Netzen verortet [sind] (z.B. Beziehungen zu Zentralabteilungen oder höheren Vorgesetzten oder zu Kunden ...)". YUKL (1989) hat diesen Sachverhalt anschaulich verdeutlicht (s. Abbildung 1).

Uns interessiert in diesem Zusammenhang die Frage, inwieweit sich diese Einflußvernetzung auf die Mitarbeiterführung des direkten Vorgesetzten auswirkt. Hier scheint die Position des nächsthöheren Vorgesetzten (in Abbildung 1 wäre dies der „Boss") besondere Aufmerksamkeit zu verdienen. Warum?

2.2 Die herausragende Position des nächsthöheren Vorgesetzten

Faktisch ist es doch so, daß wir in Unternehmen eine mehrstufige hierarchische Gliederung haben. Organisationsmitglieder sind – um ein Bild zu gebrauchen – wie *Kettenglieder* miteinander verbunden (vgl. GRAEN u.a., 1977). Offensichtlich ist somit, daß

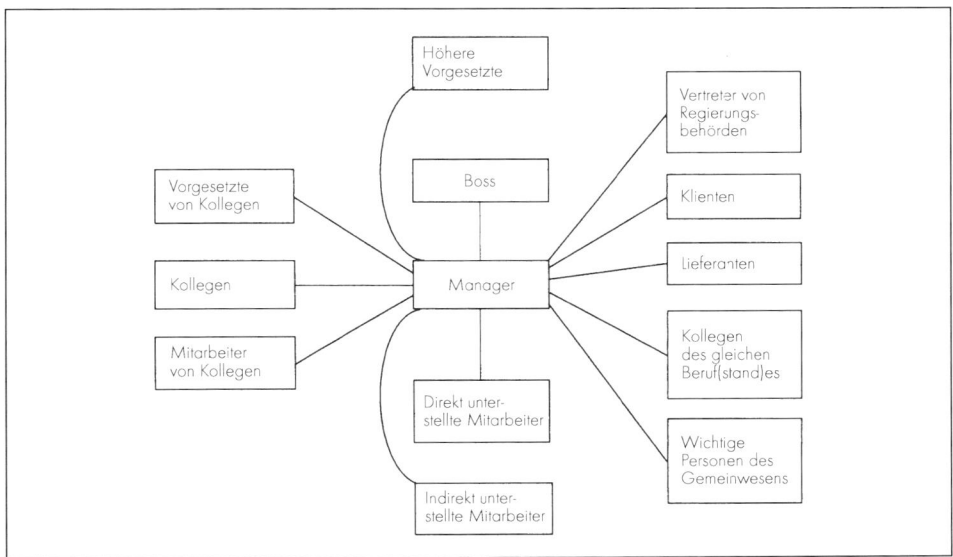

Abb. 1: Netzwerk der Kontakte eines Managers (nach YUKL, 1994, S. 23, übersetzt)

für die große Zahl der Mitglieder des Managements gilt, „daß sie gleichermaßen – was ihre formale Rolle betrifft – *Führende* und *Geführte* sind…" (v. ROSENSTIEL, 1991, S. 385). Jede Instanz besitzt formal die Gesamtverantwortung für die ihr nachgeordneten Instanzen. Führungskräfte müssen somit prinzipiell auf eine Erfüllung der ihr zugeordneten Aufgaben in ihrem gesamten Verantwortungsbereich achten. Hierfür werden sie wiederum von noch höheren Instanzen zur Rechenschaft gezogen. Auch aus diesem Grund werden Manager u. a. mittels Führung versuchen, die Aufgabenerfüllung untergeordneter Instanzen zu steuern (vgl. auch SCHOLZ 1989, S. 322). Aber wie weit reicht im Regelfall eine gezielte Einflußnahme indirekter Vorgesetzter im betrieblichen Alltag?

Wir nehmen in diesem Zusammenhang an, daß die formale Gesamtverantwortung einer Instanz für alle ihr untergeordneten Instanzen mit zunehmender hierarchischer Entfernung praktisch immer begrenzter wird und sich zielgerichtete Einflußnahmen zunehmend erschweren. Dies liegt zum einen an der individuell begrenzten Informationsbeschaffungs- und -verarbeitungskapazität dieser übergeordneten Instanz, zum anderen an ihrem limitierten Zeitbudget. Weiter steht zu vermuten, daß die materiellen wie immateriellen Kosten, die für einen höheren Vorgesetzten zur gezielten Beeinflussung hierarchisch tiefer positionierter Mitarbeiter entstehen, mit der Entfernung zu ihnen überproportional steigen. Umgekehrt ist der Nutzen, der mit einer gezielten Beeinflussung für den höheren Vorgesetzten verbunden ist, sehr wahrscheinlich mit wachsender hierarchischer Distanz zum Mitarbeiter überproportional abnehmend.

Die Effektivitäts- und Effizienzchancen einer Einwirkung sind also dort besonders hoch, wo eine möglichst geringe Distanz zum Beeinflussenden besteht. Der *nächsthöhere Vorgesetzte* wäre demzufolge – nach dem Führer (direkten Vorgesetzten) – also vergleichsweise am ehesten fähig und am meisten daran interessiert, einen moderierenden Einfluß auf die Führungsbeziehung „direkter Vorgesetzter-Mitarbeiter" zu be-

sitzen bzw. einen ergänzenden oder konkurrierenden Einfluß auf den Mitarbeiter auszuüben.

Die *Führungspraxis* macht diese besondere Stellung des nächsthöheren Vorgesetzten
deutlich. Zahlreiche mitarbeiterbezogene Regelungen, Anträge oder Maßnahmen bedürfen mehrheitlich einer Gegenzeichnung oder Einbindung des nächsthöheren Vorgesetzten (z.B. Stellenbeschreibungen, Beurteilungen, Beförderungen, wichtige Ein-
zelentscheide). Das schweizerisch-schwedische Versorgungs-und Elektronikunter-
nehmen ABB verankert z.B. die Bedeutung des nächsthöheren Vorgesetzten sogar seit
1992 in seiner konzernverbindlichen unternehmenspolitischen Selbstdarstellung für
alle zentralen Personalentscheide. Der deutsche Medienkonzern Bertelsmann thematisiert seit diesem Jahr ebenfalls in seiner Mitarbeiterbefragung diese Position. In der
Vereinsbank, um ein letztes Beispiel zu geben, ist der nächsthöhere Vorgesetzte im
Rahmen des Mitarbeitergesprächs regelmäßig neben dem direkten Vorgesetzten und
einem Vertreter der Personalabteilung bei der Potentialanalyse des Mitarbeiters eingebunden.

2.3   Ein neuer konzeptioneller Zugang zur Mitarbeiterführung

Betrachten wir Führung mit WUNDERER und GRUNWALD (1980, S. 62) als eine „zielorientierte soziale Einflußnahme zur Erfüllung gemeinsamer Aufgaben in/mit einer
strukturierten Arbeitssituation", so gilt es zu bestimmen, inwieweit der nächsthöhere
Vorgesetzte den Mitarbeiter in diesem Sinne führen kann. Zu diesem Zweck ist es
notwendig, Führung nun nicht mehr dyadisch, d.h. als eine wechselseitige Einflußbeziehung zwischen Führer (direktem Vorgesetzten) und Mitarbeiter (Geführtem) aufzufassen, sondern Führung triadisch zu verstehen (s. Abbildung 2).

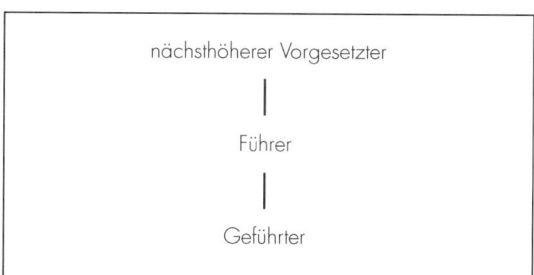

Abb. 2: Die Führungstriade

Durch diese Konzeption der *Führungstriade* wird der nächsthöhere Vorgesetzte selbst
zu einem integralen Bestandteil einer nun durch *drei* Personen zu definierenden Führungsbeziehung. Wird im „klassischen" Führungsverständnis davon ausgegangen, daß
nur eine personale Beeinflussungsgröße auf das Erleben und Verhalten des Mitarbeiters existiert, sind es nun deren zwei. Diese stehen wiederum selbst in einem Über-
bzw. Unterordnungsverhältnis. Damit wird die unrealistische Annahme einer Autonomie des direkten Vorgesetzten in der Führung seiner Mitarbeiter aufgegeben.

Fragen wir nun, *wie* der nächsthöhere Vorgesetzte Einfluß auf den Mitarbeiter des direkten Vorgesetzten nehmen kann. Hierzu sind zum einen die *Art der Führung* und der *Führungsweg* zu differenzieren.

Zur Art der Führung: Nach WUNDERER (1975) läßt sich Führung in zwei Dimensionen, eine interaktionelle und eine strukturelle, unterteilen. Die interaktionelle Führung spricht die situative, dezentrale, individuelle und informelle Ausrichtung von Führung an. Hier geht es darum, mit dem einzelnen Mitarbeiter individuelle Ziele zu vereinbaren, Wege zur Erreichung dieser Ziele vor Augen zu führen, Anreize zu geben, Ergebnisse zu diskutieren, Kommunikation zu ermöglichen, Sorgen und Nöte ernst zu nehmen, (Mit-)Entscheidungsrechte einzuräumen u.v.m. Die strukturelle Führung hingegen thematisiert die Führung über Kultur, Strategie und Organisation. Beispiele sind Einflußnahmen durch Systemgestaltung, über allgemeine Richtlinien und Regelungen, Grundsätze, Programme oder über die Arbeitssituation. Dem nächsthöheren Vorgesetzten stehen beide Arten dieser Führung offen (vgl. auch den einführenden Beitrag von v. ROSENSTIEL: Grundlagen der Führung, in diesem Band).

Zum Führungsweg: Zum einen ist hier eine Einflußnahme des nächsthöheren Vorgesetzten ohne Beteiligung/Einschaltung des direkten Vorgesetzten denkbar. Dies ist immer dann der Fall, wenn sich der nächsthöhere Vorgesetzte dem Mitarbeiter *unmittelbar* zuwendet oder Entscheidungen, Maßnahmen bzw. eigene Verhaltensweisen *unmittelbar* die Mitarbeiterposition berühren. Zum anderen kann der nächsthöhere Vorgesetzte *mittelbar* über die Führung des direkten Vorgesetzten einen Einfluß auf den Mitarbeiter ausüben.

3. Bisherige empirische Befunde zur Führung durch den nächsthöheren Vorgesetzten

Wir haben bereits darauf verwiesen, daß die Position des nächsthöheren Vorgesetzten in der Führungsforschung weitgehend unberücksichtigt geblieben ist. Es ist allerdings vereinzelt möglich, Erkenntnisse aus der empirischen Führungsforschung auf diese Thematik zu beziehen. Einige ausgewählte *Beispiele*, die durchgehend eine interaktionelle Führungsbeziehung zwischen nächsthöherem und direktem Vorgesetzten ansprechen, seien zur Veranschaulichung herausgehoben. Sie verdeutlichen, wie sich aus dieser Einflußbeziehung mittelbare Konsequenzen für die Mitarbeiter ergeben (vgl. im Detail WEIBLER, 1994).

Ursprüngliche Zielsetzung von DONALD PELZ (1952) war die Bestimmung von Einstellungen und Verhaltensweisen von Vorgesetzten, die bei ihren Mitarbeitern zu größerer Zufriedenheit führen. Seine Ergebnisse, die aufgrund eines Vergleichs effektiver und weniger effektiver Vorgesetzter ermittelt wurden, waren zunächst unbefriedigend. Erst die Aufnahme eines moderierenden Faktors ließ die gefundenen Ergebnisse plausibel erscheinen: die Macht bzw. der Einfluß, den der direkte Vorgesetzte innerhalb seiner Abteilung, konkret auf den nächsthöheren Vorgesetzten besaß. Ein unterstützendes (mitarbeiterorientiertes) Führungsverhalten des direkten Vorgesetzten führte nur dann zu einer höheren Zufriedenheit der Mitarbeiter, wenn ein Einfluß auf den nächsthöheren Vorgesetzten wahrgenommen wurde.

Der Grund für diesen Sachverhalt ist einleuchtend: Einfluß auf den nächsthöheren Vorgesetzten bedeutet, wichtige Ressourcen und Anreize für die Mitarbeiter vergleichsweise gut bereitstellen zu können. Zufriedenheit mit dem Vorgesetzten hat also nicht nur etwas mit seinem Verhalten den Mitarbeitern gegenüber zu tun, sondern auch mit seiner Möglichkeit, Mitarbeiterbedürfnisse befriedigen zu können. Vorgesetzte, die aus einer Position der Schwäche ein eher mitarbeiterorientiertes Führungsverhalten zeigen, werden von diesen schlechter als diejenigen beurteilt, die sich auf eine sachorientierte Führung unter gleichen Bedingungen beschränken. Freundlichkeit, Sympathie, Eingehen auf andere wirken also immer dann besonders authentisch, wenn sie aus einer gefestigten Position heraus gezeigt werden.

Eine weitere Einflußmöglichkeit des nächsthöheren Vorgesetzten auf den Mitarbeiter ist den empirisch gestützten Ausführungen von PFEFFER und SALANCIK (1975) zu entnehmen. Sie gehen davon aus, daß der nächsthöhere Vorgesetzte ganz bestimmte Erwartungen an den direkten Vorgesetzten stellt. Diese Erwartungen werden vom direkten Vorgesetzten für sein eigenes Führungsverhalten berücksichtigt, auch wenn sie den eigenen Ansichten zur Mitarbeiterführung nicht entsprechen. Insbesondere wenn der nächsthöhere Vorgesetzte eindeutige und dezidierte Vorstellungen über eine bestimmte Leistungsmenge und -güte hat, nimmt er starken Einfluß auf das arbeitsbezogene Führungsverhalten des direkten Vorgesetzten. So gelingt ihm über dessen Steuerung eine Einflußnahme auf die Mitarbeiter.

Ein abschließendes Beispiel soll eine mögliche Bedeutung des nächsthöheren Vorgesetzten für die Mitarbeiterleistung skizzieren. FIEDLER und GARCIA (1987) zeigen auf, daß Streßgefühle beim direkten Vorgesetzten, die durch eine unbefriedigende Beziehung zum nächsthöheren Vorgesetzten entstehen, sich zweifach leistungsmindernd auswirken. Dieser interpersonal begründete Streß führt zum einen beim direkten Vorgesetzten zu einer Verteilung der Aufmerksamkeit auf die Arbeitsaufgabe und die Streßquelle (z.B.: „Wie kann ich eine weitere Konfrontation vermeiden?") und senkt so sein eigenes Leistungsvermögen. Zum anderen provoziert diese Aufmerksamkeitsverlagerung eine Leistungsminderung der gesamten Arbeitsgruppe. In diesem Fall wirkt der nächsthöhere Vorgesetzte also als eine Störgröße für die Führungsbeziehung zwischen direktem Vorgesetzten und Mitarbeiter.

Insgesamt zeigen die bisher vorliegenden Studien auf, daß der nächsthöhere Vorgesetzte vor allem auf den direkten Vorgesetzten Einfluß nimmt, indem er

- eigene Erwartungen kommuniziert
- einen bestimmten Führungsstil zeigt
- bereit ist, Macht zu teilen (oder teilen muß)
- dessen Handlungs- und Führungsspielraum erhöht oder einengt.

Dadurch ist er prinzipiell in der Lage, individuelle oder organisationale Ziele auch auf tieferliegenden Hierarchieebenen mittelbar durchzusetzen. Gleichzeitig wird die Führungsbeziehung zwischen direktem Vorgesetzten und Mitarbeiter durch ihn verändert und dies nicht nur deshalb, weil er Einfluß auf das Führungsverhalten des direkten Vorgesetzten nimmt. Vielmehr hängt von der Qualität der Beziehung zum direkten Vorgesetzten auch ab, als wie kompetent die Mitarbeiter ihren Vorgesetzten einstufen, wie zufrieden sie mit ihm insgesamt sind und als wie hilfreich sie seine Unterstützung empfinden. Entscheidend ist aber gerade mit Blick auf die Wertwandeldiskussion, daß durch die angesprochene Beziehungsqualiät und durch den vorgelebten oder geforderten Führungsstil auch die Entscheidungspartizipation der Mitarbeiter berührt wird.

4. Neue empirische Befunde zur Führung durch den nächsthöheren Vorgesetzten

Wir haben zwölf führungstheoretische Ansätze dahingehend analysiert, inwieweit hieraus Aussagen zur Bedeutung des nächsthöheren Vorgesetzten für die Mitarbeiterführung zu gewinnen sind (WEIBLER, 1994). Die für die spezifische Fragestellung ergiebigsten Ansätze (z. B. soziale Lerntheorie, Weg-Ziel-Theorie) wurden einer *empirischen* Überprüfung unterzogen. An den insgesamt neun Studien nahmen über 200 Manager verschiedenster Branchen und Hierarchieebenen teil. Neben einer schriftlichen Befragung wurden in drei ausgewählten Unternehmen vertiefende Interviews geführt. Befragt wurden Organisationsmitglieder in ihrer Position entweder als nächsthöherer Vorgesetzter oder als direkter Vorgesetzter (Führer) oder als Mitarbeiter (Geführter).

Ziel war es, *führungsbezogene Rollenerwartungen* zur Position des nächsthöheren Vorgesetzten zu bestimmen. Hintergrund des rollentheoretischen Führungsansatzes (vgl. WISWEDE, 1977; FISCHER, 1992) ist die Auffassung, daß eine Beschreibung und Analyse von Führungsbeziehungen in Organisationen, wo wir es mit relativ stabilen Beziehungsgeflechten, gut eingespielten Arbeitsabläufen und einem vergleichsweise stark strukturierten Umfeld zu tun haben, gewinnbringend durch die Erfassung normativer Erwartungen anzugehen sind (vgl. auch STAEHLE, 1991; KIESER und KUBICEK, 1992).

Die wichtigsten empirischen Befunde zeigt Abbildung 3: allgemeine Erwartungen, konkrete Aufgaben, Anforderungen und Instrumente, die an den nächsthöheren Vorgesetzten gerichtet bzw. ihm legitimierweise zugesprochen werden. Insgesamt wird diese Charakterisierung von den befragten nächsthöheren und direkten Vorgesetzten sowie von den Mitarbeitern im Kern geteilt (für weitere theoretisch entwickelte Befunde vgl. WEIBLER, 1994).

Einige Zusammenhänge und hervorzuhebende Details seien näher erläutert:

1. Eine vom nächsthöheren Vorgesetzten erwartete Führung vollzieht sich zum einen mittelbar über die Position des direkten Vorgesetzten (wie wir es bereits z.T. in den weiter oben dargestellten empirischen Studien gesehen haben), wendet sich zum anderen aber auch unmittelbar an den Mitarbeiter selbst. Dabei handelt es sich im Vergleich zu den vorgestellten Literaturstudien bei beiden Varianten vornehmlich um eine strukturelle Führung. Entscheidende *Steuerungsgrößen* wären hier:
   – Gestaltung und Umsetzung von Unternehmenspolitik und strategischem Personalmanagement (z. B. Ausrichtung der einzelnen Führungsinstrumente am Führungsleitbild)
   – Formulierung übergreifender Zielsetzungen (z. B. Intensivierung von bestehenden Kundenkontakten oder primär Neuakquisition)
   – Prägung der Führungskultur (z. B. Walking around, Politik der offenen Tür, symbolische Aktionen, vgl. auch WEIBLER, 1995)
   – Durchsetzung eines einheitlichen Führungsverhaltens (z. B. Forderung nach einem kooperativ-delegativen Führungsstil) sowie
   – Einflußnahme auf die Arbeitssituation/-organisation (z. B. Genehmigung zusätzlicher Ressourcen, Forcierung von Projekt- und Teamarbeit).
2. Für die unmittelbare Führung des Mitarbeiters erweist sich das dem nächsthöheren Vorgesetzten zustande Recht, „Leistungen des Mitarbeiters mit positiven oder negativen Sanktionen zu belegen", als zentral. Es ist daran zu erinnern, daß dieses

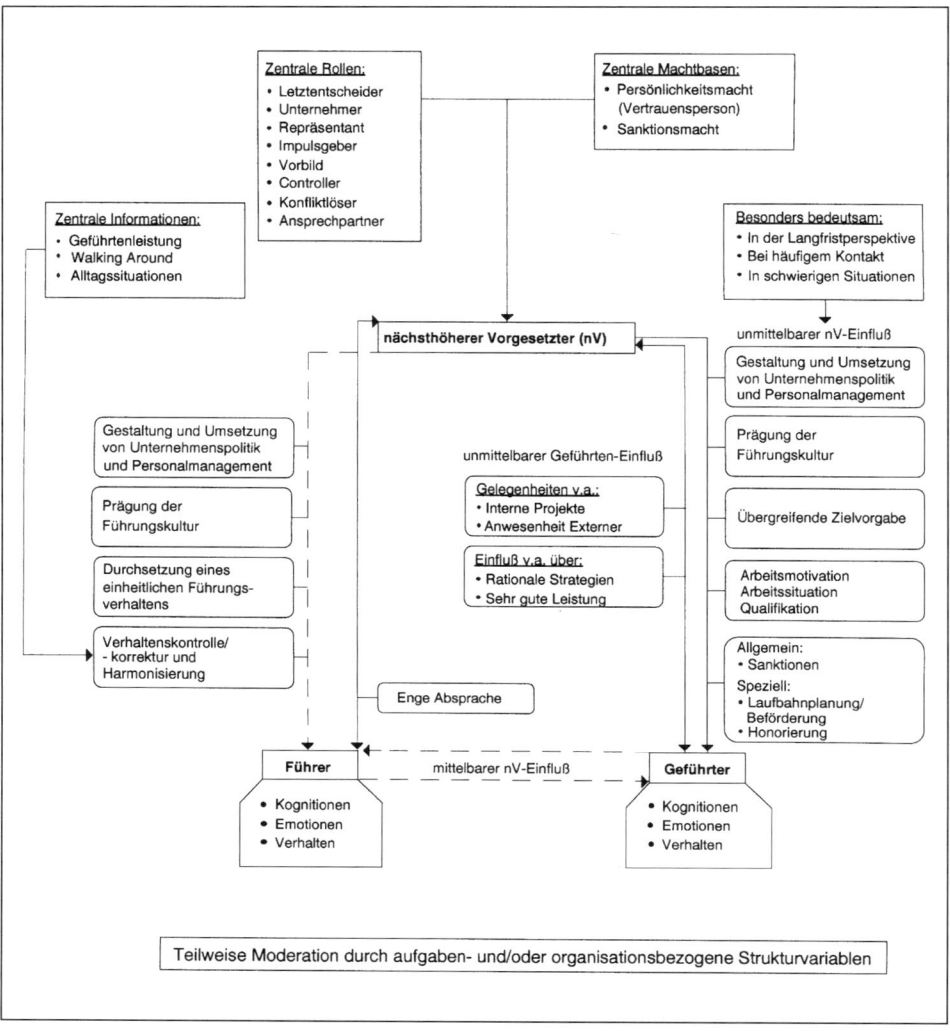

Abb. 3: Einflußgeflecht in der Führungstriade (WEIBLER, 1994)

Recht bereits antizipativ die Durchsetzung des vom nächsthöheren Vorgesetzten fachlich wie sozial gewünschten Verhaltens steuern kann. Dabei werden von ihm vergebene Anerkennungen vom Mitarbeiter vergleichsweise höher als die vom direkten Vorgesetzten gewichtet („Die Medaille aus der Hand des Königs ist mehr Wert als die vom Herzog"). Unterstrichen wird die Stellung dadurch, daß dem nächsthöheren Vorgesetzten in seiner Rolle als Letztentscheider v.a. für geführtenbezogene Personalentscheide ein wesentlicher Einflußspielraum eingeräumt wird (v.a. Laufbahnplanung und Beförderung bzw. Honorierung). Aus *Organisationssicht* kommt ihm somit eine Schlüsselstellung zur Rekrutierung des Managementnachwuchses aus den eigenen Reihen zu, aus *Mitarbeitersicht* ist er für die eigene Karriereplanung und ihre Verwirklichung von zentraler Bedeutung.

3. Es hat sich gezeigt, daß die Mitarbeiter vom nächsthöheren Vorgesetzten nur in einem geringen Ausmaß erwarten, konkret auf ihre eigene, spezifische Arbeitssituation Einfluß zu nehmen. Der Widerspruch, ihm dennoch eine Mitverantwortung, die beispielsweise deutlich über der der Personalabteilung liegt, für die Bereiche *Arbeitsmotivation, -situation und Qualifikation* zuzuschreiben, kann dahingehend aufgelöst werden, daß es sich hierbei im Regelfall um grundlegende Einflußnahmen handeln soll, die die Mitarbeiter in ihrer Gesamtheit betreffen (z.B. Qualifikationsrichtlinien). Dennoch ist auch dieser Einfluß nicht zu unterschätzen, wird hierdurch der Möglichkeitsraum mitbestimmt, in dem sich direkter Vorgesetzter und Mitarbeiter bewegen müssen.

4. Eine interaktionelle Führungsleistung des nächsthöheren Vorgesetzten wird dann mit seiner Position verbunden, wenn Konflikte in seinem Verantwortungsbereich auftreten, die zwischen direktem Vorgesetzten und Mitarbeiter selbst nicht zu lösen sind. Tritt diese Notwendigkeit nach unseren Erfahrungen auch eher selten auf, wirkt sich die Art der *Konflikthandhabung* jedoch entscheidend auf das Betriebsklima aus (Modellereffekt). Letzteres gilt auch für die *Motivierung* der Mitarbeiter. Hierzu stehen dem nächsthöheren Vorgesetzten zwei Wege offen: direkte Einzelgespräche mit dem Mitarbeiter oder gemeinschaftliche Sitzungen und Veranstaltungen. Auch hier gilt wieder, daß derartige Impulse eher selten gegeben und auch nur begrenzt erwartet werden, die Folgewirkungen aber sehr hoch sein können. Um diese und andere Funktionen erfüllen zu können, muß ein Vertrauensverhältnis zwischen nächsthöherem Vorgesetzten und Mitarbeiter bestehen. Dieses Vertrauensverhältnis wird von allen in der Führungstriade gefordert. Gelingt dies, besitzt der nächsthöhere Vorgesetzte eine „Persönlichkeitsmacht", die eine gute Grundlage für seine Führung darstellt. Nach unseren Studien kann der nächsthöhere Vorgesetzte folgendermaßen Vertrauen gewinnen (s. Abbildung 4; vgl. für eine grundsätzliche Betrachtung des Zusammenhangs zwischen Vertrauen und Führung, WEIBLER, 1997).

5. Direkter und nächsthöherer Vorgesetzter haben beide einen großen *Überschneidungsbereich* hinsichtlich ihrer zuerkannten Einflußchancen und der als typisch erachteten Führungsaufgaben mit Blick auf die Mitarbeiterposition. Erreicht die Intensität des erwarteten Einflusses des nächsthöheren Vorgesetzten vielfach auch nicht die des direkten Vorgesetzten, betreffen die zuerkannten Führungsaufgaben dort, wo sie sehr ausgeprägt sind, vielfach für den Mitarbeiter besonders bedeutsame Fragen. Unbestritten bleibt, daß der direkte Vorgesetzte die entscheidende Bezugsperson für den Mitarbeiter darstellen sollte. Dabei wird eine *enge Absprache* zwischen beiden Vorgesetztenpositionen einmütig gefordert.

6. Der nächsthöhere Vorgesetzte führt typischerweise abgehoben vom operativen Geschäft, sein Einfluß ist eher normativer und strategischer Art. Führungsleistungen, unmittelbar auf den Mitarbeiter bezogen, treten alles in allem eher *selten* auf, sind dann aber mit vornehmlich *langfristigen* Konsequenzen für den Geführten verbunden. Er soll für den Mitarbeiter primär im Hintergrund wirken (indem er z.B. das Führungsverhalten des direkten Vorgesetzten kontrolliert und korrigiert bzw. zwischen direkten Vorgesetzten harmonisiert), tritt aber bei Bedarf (z.B. Konfliktlösung) oder bei regelmäßigen Anlässen für alle offensichtlich hervor (z.B. Fachbereichsmeeting). Seine Führungsbeziehung zum Mitarbeiter ist vergleichsweise fachlich sowie menschlich weniger eng. Dabei gilt – zumindest aus Mitarbeitersicht – daß eine *Intensivierung des Kontaktes* auch einen stärkeren Einfluß als legitim erscheinen läßt.

313

Wie schaffe ich Vertrauen?

1. Stelle eine offene Kommunikation sicher:
   - Führe gemeinsame Sitzungen durch
   - Praktiziere eine Politik der "offenen Tür"
   - "Begehe" den Arbeitsbereich und suche selbst das Gespräch
   - Sprich auch Deine eigenen Probleme an

2. Stelle eine Einheit im Denken, Reden und Handeln sicher:
   - Habe eine klare Meinung und klare Ziele (darf auch einmal falsch sein)
   - Lebe Deine Forderungen anschaulich vor
   - Halte Deine Versprechungen ein
   - Stehe auch bei Schwierigkeiten zu den Mitarbeitern
   - Sei Du selbst

3. Übernimm die Verantwortung für eigene Fehler

4. Vermeide Bevorzugungen

5. Versuche möglichst sachkundig zu sein:
   - Arbeite gelegentlich selbst in Teams mit
   - Überzeuge durch Argumentation, vermeide Befehle
   - Nimm Ideen Deiner Mitarbeiter auf. Nichts ist schlimmer als endlos zuzuhören und dann nie etwas umzusetzen

6. Wisse auch über Außerfachliches, aber für den einzelnen Wichtiges Bescheid

7. Vergib nur Anerkennungen, deren Grundlage Du beurteilen kannst

8. Sprich den Rahmen für Kontakte außerhalb der direkten Weisungslinie mit allen klar ab

9. Gewinne Vertrauen durch Vertrauensbeweise:
   - Gewähre Freiräume
   - Suche Möglichkeiten, wo Vertrauen gebildet werden kann

Abb. 4: Vertrauensbildende Maßnahmen: Ein Forderungskatalog für den nächsthöheren Vorgesetzten aus Sicht der Mitglieder der Führungstriade

Dies bedeutet, daß in den Funktionsbereichen, die sich durch eine enge Kooperation verschiedener Hierarchieebenen auszeichnen (z. B. F & E, Marketing) und/oder wo Vorgesetztenpositionen eher durch „Insider" mit einem vergleichsweise hohem Fachwissen besetzt werden, der Einfluß des nächsthöheren Vorgesetzten zunimmt.

7. Seine vergleichsweise größere Distanz zum Mitarbeiter hindert ihn daran, zu tief in Führungsaufgaben einzusteigen, ermöglicht aber umgekehrt, daß er als ein Ansprechpartner für wichtige arbeitsbezogene oder persönliche Probleme fungieren kann, für die der direkte Vorgesetzte als tägliche Bezugsgröße möglicherweise weniger geeignet ist. Im Vergleich zum direkten wird der nächsthöhere Vorgesetzte als stärker zuständig für die Berücksichtigung von Zielsetzungen, die das Unternehmen in seiner Gesamtheit betreffen, gesehen. Diese Überlegungen bringt er in

seine Führung mit ein. Letztendlich verfolgt auch er nur die Interessen seines Verantwortungsbereichs, doch weisen diese notwendigerweise eine größere Schnittmenge mit denen der Gesamtunternehmung auf. Hieraus erwächst auch eine deutlich zuerkannte *Verantwortung für Innovation und organisatorischen Wandel* (Unternehmerrolle). In seiner Rolle als *Repräsentant* soll er seinen Verantwortungsbereich nach innen und außen vertreten. Charakteristisch ist ferner die noch eindeutigere Wahrnehmung dieser Position in Richtung Unternehmensspitze, obgleich er dieser im Vergleich zur Führerposition nur „einen Schritt" näher kommt.

8. Der nächsthöhere Vorgesetzte wirkt vielfältig auf den Mitarbeiter ein. Führung ist jedoch ein *wechselseitiger,* wenngleich asymmetrischer Einflußprozeß. Aus Mitarbeitersicht besteht hier allerdings ein noch größeres Ungleichgewicht, als dies bereits schon in der Beziehung zum direkten Vorgesetzten gilt. Die Anwendung von aus der Literatur bekannten Einflußstrategien, die wir in diesem Zusammenhang als Kriterium untersucht haben (vgl. WUNDERER: Führung des Chefs, in diesem Band), sind entweder aufgrund der größeren Distanz oder aufgrund der geringeren Abhängigkeit des nächsthöheren Vorgesetzten vom einzelnen Mitarbeiter hier weniger gut geeignet. Es hat sich gezeigt, daß der absolute Einfluß als *begrenzt* eingestuft wird. Dabei vertreten die Mitarbeiter diese Auffassung selbst am stärksten. Die besten *Chancen* ergeben sich für sie durch eine „rationale Argumentation" und durch eine „Koalitionsstrategie mit dem direkten Vorgesetzten". Ferner eignen sich „Überdurchschnittliche Arbeitsleistungen" noch sehr gut, Aufmerksamkeit beim nächsthöheren Vorgesetzten zu erregen und hierdurch Einflußpotential aufzubauen. Demnach sehen wir die besten Möglichkeiten dort, wo Mitarbeitern Gelegenheit gegeben wird, diese überdurchschnittlichen Leistungen unmittelbar unter Beweis zu stellen. Dies kann in gemeinsamen Projekten mit dem nächsthöheren Vorgesetzten gelingen oder in Veranstaltungen, wo der nächsthöhere Vorgesetzte zugegen ist (z. B. Fachbereichssitzungen, gemeinsame Kundenbesuche). Ergeben sich dabei Anlässe, wo neben beiden auch *Externe* beteiligt sind (z. B. Marketingpräsentation, Kreditbesuche bei wichtigen Kunden), kann sich die eigentlich ungünstige Gesamtsituation schlagartig ins Gegenteil verkehren: Zum einen erhält der nächsthöhere Vorgesetzte einen ungefilterten Eindruck von der Leistungsstärke des Mitarbeiters, zum anderen hat der Auftritt des Mitarbeiters für den nächsthöheren Vorgesetzten möglicherweise selbst Konsequenzen.

Moderierend für die Gesamteinschätzung wirkt sich der vom nächsthöheren Vorgesetzten praktizierte *Führungsstil* sowie die *Rigidität der Organisationsstruktur* aus. Bei einem konsultativen-kooperativen Führungsstil und einer durchlässigen Organisationsstruktur, die kommunikativen und partizipativen Elementen Raum gibt, verbessern sich die Chancen des Mitarbeiters.

5.   Resümee

Mitarbeiterführung in Organisationen ist ein Prozeß, der in Abkehr gängiger Sichtweisen womöglich besser triadisch als dyadisch zu beschreiben und zu analysieren ist. Dem nächsthöheren Vorgesetzten muß in diesem Zusammenhang aufgrund praktischer Erfahrungen, theoretischer Erkenntnisse und empirischer Befunde eine bedeutsame Rolle in der Mitarbeiterführung zugeschrieben werden. Zukünftig sind die dargestellten Zusammenhänge noch weiter zu präzisieren.

Die vorgestellten Überlegungen fordern den Führungspraktiker zuallererst zu einer vermehrten Reflexion über organisationale Führungsbeziehungen und über wahrgenommene Führungsstrukturen heraus. Durch eine derartige Reflexion der aufgezeigten gegenseitigen Abhängigkeiten der einzelnen Führungspositionen ist es zum einen möglich, unrealistische Erwartungen an die Position des direkten Vorgesetzten zu korrigieren. Zum anderen kann versucht werden, sich über die Intensität erwünschter Führungsvernetzungen auszutauschen und Strategien zu entwickeln, die zu ihrer Realisierung beitragen.

Es steht zu vermuten, daß durch die Verflachung der Führungsebenen in Organisationen die interaktiven Beziehungen zwischen den verbleibenden Positionen zunehmen. Es konnte aufgezeigt werden, daß die Mitarbeiter bei einer Zunahme der Kontakte zum nächsthöheren Vorgesetzten eine stärkere Führungsleistung von ihm erwarten. Um in dieser Situation nicht in einen potentiellen Konflikt mit dem direkten Vorgesetzten hineinzugeraten, der zweifelsfrei bei einer zu starken Stellung des nächsthöheren Vorgesetzten drohen wird, empfiehlt es sich für den nächsthöheren Vorgesetzten, seine interaktionelle Führung eher defensiv zu handhaben. Größeres Gewicht könnte er in die Gestaltung des strukturellen Anteils von Führung legen. Betreibt er jedoch eine Führung, die darauf abzielt, Mitarbeiter zum selbständigen, innovativen, integrierten und umsetzungsmotivierten Denken und Handeln zu bewegen, versucht er also, *unternehmerisch* zu führen (vgl. WUNDERER, 1994; HERMEIER und WEIBLER, 1995), und wird er dabei von der Absicht geleitet, sich selbst und die Führungsleistungen anderer ein Stück weit überflüssig zu machen, wäre dies eher als eine Chance denn als Gefahr für die zukünftige Mitarbeiterführung zu verstehen.

Literatur

FIEDLER, F. E. & GARCIA, J. E. (1987). New approaches to effective leadership. New York u.a. 1987

FISCHER, L. (1992). Rollentheorie. In E. FRESE, (Hrsg.), Handwörterbuch der Organisation, 3. Auflage, Stuttgart 1992, Sp. 2224–2234.

GRAEN, G. B., CASHMAN, J. F., GINSBURG, S. & SCHIEMANN, W. (1977). Effects of linking-pin quality of working life of lower participants. In: ASQ 1977, S. 491–504.

HERMEIER, B. & WEIBLER, J. (1995). Unternehmerische Ausrichtung der Führung und Zusammenarbeit – dargestellt am Beispiel der Karstadt AG. In R. WUNDERER & T. KUHN (Hrsg.), Innovatives Personalmanagement. Theorie und Praxis unternehmerischer Personalarbeit. S. 43–74. Neuwied u.a. 1995.

KIESER, A. & KUBICEK, H. (1992). Organisation. 3. Auflage, Berlin u.a. 1992.

NEUBERGER, O. (1992). Vorgesetzten-Mitarbeiter-Beziehungen. In E. GAUGLER & W. WEBER, (Hrsg.), Handwörterbuch des Personalwesens, 2. Auflage. Stuttgart 1992, Sp. 2288–2299.

PELZ, D. C. (1952). Influence: A key to effective leadership in the first-line supervisor. In: Personnel, 1952, S. 209–217.

PFEFFER, J. & SALANCIK, G. R. (1975). Determinants of supervisory behavior: A role set analysis. In: HR, 1975, S. 139–153.

ROSENSTIEL, L. v. (1991). Managementrolle: Geführter. In W. H. STAEHLE (Hrsg.), Handbuch Management. Wiesbaden 1991, S. 383–410.

SCHOLZ, C. (1989). Personalmanagement. München 1989.

STAEHLE, W. H. (Hrsg.). (1991). Handbuch Management. Wiesbaden 1991.

WEIBLER, J. (1994). Führung durch den nächsthöheren Vorgesetzten. Wiesbaden 1994.

WEIBLER, J. (1995). Symbolische Führung. In A. KIESER, G. REBER & R. WUNDERER (Hrsg.), Handwörterbuch der Führung. 2. Auflage. Stuttgart 1995, Sp. 2015–2026.

WEIBLER, J. (1997). Vertrauen und Führung. In R. KLIMECKI & A. REMER (Hrsg.), Personal als Strategie. NEUWIED u.a. 1997.

WISWEDE, G. (1977). Rollentheorie. Stuttgart u. a. 1977.

WUNDERER, R. (1975). Personalwesen als Wissenschaft. In: Personal, 1975, S. 33–36.

WUNDERER, R. (1994). Der Beitrag der Mitarbeiterführung für unternehmerischen Wandel. In P. GOMEZ, D. HAHN, G. MÜLLER-STEWENS & R. WUNDERER (Hrsg.), Unternehmerischer Wandel. Wiesbaden 1994, S. 229–271.

WUNDERER, R. & GRUNWALD, W. (1980). Führungslehre, Bd. 1. Berlin u. a. 1980.

YUKL, G. (1994). Leadership in organizations. 3. Auflage. Englewood Cliffs 1994.

Erika Regnet

Alkoholabhängige Mitarbeiter

1. Einleitung

Während Alkohol früher nur zu ganz bestimmten, z. B. festlichen Anlässen getrunken wurde, werden alkoholische Getränke heute überall angeboten. In den letzten 30 Jahren hat die Menge des in der Bundesrepublik Deutschland konsumierten Alkohols um 30 % zugenommen (BODEWIG, 1985); parallel dazu verläuft auch die Kurve des Alkoholismus. Diese Entwicklung macht auch vor dem Werkstor nicht halt: Nach einer Untersuchung der Bundeszentrale für Gesundheitliche Aufklärung aus dem Jahr 1983 trinken 52 % aller Berufstätigen zumindest gelegentlich, 11 % täglich oder fast täglich auch am Arbeitsplatz Alkohol. Gelegenheiten gibt es genug: private Anlässe und Betriebsfeiern, geschäftliche Verhandlungen, erfolgreiche Geschäftsabschlüsse oder die Pause in der Werkskantine.

In bezug auf Alkohol ist die Gesellschaft relativ tolerant, gelegentliches Trinken wird (insbesondere bei Männern) geradezu erwartet, Alkohol allgemein als Genußmittel hoch geschätzt. „Er" soll den Kontakt zu anderen erleichtern, Unsicherheiten überdecken, Erleichterung bringen oder zur Belohnung (z. B. bei Jubiläen) dienen. Selbst ein Rausch, der immerhin eine akute Alkoholvergiftung ist, wird oft als „Kavaliersdelikt" betrachtet; erst bei einer Häufung und nicht mehr kontrollierbarem Trinken ist mit gesellschaftlichen Sanktionen zu rechnen.

Es wird geschätzt, daß ungefähr 5 % der Bevölkerung Alkoholiker sind (zur Definition siehe Punkt 3.1). Nach dem Jahrbuch der Deutschen Hauptstelle gegen die Suchtgefahren (1997) gibt es in der Bundesrepublik rund 2 500 000 behandlungsbedürftige Alkoholabhängige. Hinzu kommen rund 1 400 000 Medikamentenabhängige bzw. stark -gefährdete (hiervon sind Frauen deutlich stärker als Männer betroffen) und etwa 150 000 Drogenabhängige. Die Schätzungen basieren auf Behandlungsstatistiken, Bevölkerungsumfragen und Polizeiangaben. Zahlen, die erschrecken müssen. Das Thema Alkohol ist von daher quantitativ das größte Problem und für Unternehmen auch deshalb das wichtigste, weil Rauschgiftabhängige – nicht zuletzt wegen der hohen Beschaffungskosten – weniger lange in das Berufsleben integriert sind. Tablettenmißbrauch dagegen ist weniger auffällig, schwerer von einer aus medizinischen Gründen notwendigen Einnahme abzugrenzen und sozial akzeptierter (vgl. RUSSLAND, 1988).

Alkoholmißbrauch führt im Betrieb vermehrt zu Arbeitsunfällen, Krankheiten, Fehlzeiten, Kosten für Ersatzpersonal, Fahrlässigkeit, Maschinenschäden, geringerer Arbeitsleistung und -qualität usw. Dadurch werden Schäden in Milliardenhöhe verursacht. Nach Schätzung der Bundesvereinigung der Arbeitgeberverbände entstehen einem Betrieb mit 10 000 Beschäftigten jährlich durch die Suchtkrankheit von Mitarbeitern Kosten von 1,5 bis 1,8 Millionen DM (Landesverband der Betriebskrankenkassen Nordrhein-Westfalen, 1988). Die Folgen des zwangsläufig gestörten Betriebsklimas und der belasteten zwischenmenschlichen Beziehungen lassen sich nicht quantifizieren.

Grundsätzlich sind zwei Situationen zu unterscheiden, die sowohl medizinisch als auch arbeitsrechtlich zu anderen Konsequenzen führen (vgl. den nachfolgenden Beitrag von BÖHM: Arbeitsrecht für Vorgesetzte):

(1) Alkoholmißbrauch, d. h. das Trinken während der Arbeitszeit oder die Arbeitsaufnahme in angetrunkenem Zustand, jedoch keine Abhängigkeit;
(2) Alkoholabhängigkeit.

Im folgenden werden zunächst die Wirkung von Alkohol sowie mögliche Indizien zur Erkennung von Alkoholmißbrauch aufgezeigt. Anschließend werden die Reaktionsmöglichkeiten des Vorgesetzten diskutiert.

2. Alkoholmißbrauch

2.1 Auswirkungen von Alkohol

Bereits geringe Mengen Alkohol führen zu Veränderungen im Verhalten, die in ihrer Intensität von der psychischen und physischen Konstitution des Individuums (z.B. Ermüdung und Körpergewicht), der Alkoholkonzentration im Getränk sowie der „Gewöhnung" an Alkohol abhängen. Von Alkoholmißbrauch spricht man, wenn entweder Menge oder Trinkzeitpunkt nicht angemessen ist.

Im subjektiven Erleben äußert sich Alkohol in einer stärkeren Kontaktfreudigkeit, dem Abbau von Hemmungen, dem Vergessen von Sorgen, kurzum dem „sich wohl fühlen". Wie kommt es dazu? Alkohol gelangt über Magen und Dünndarm direkt in das Blut und wird so in alle Körperteile und -organe verteilt. Ca. 30–60 Minuten nach dem Trinken ist die höchste Blutalkoholkonzentration zu verzeichnen. Abgebaut wird Alkohol fast ausschließlich in der Leber, nur 5% bis 10% werden unverändert ausgeschieden.

Folgende (kurzfristige) *Auswirkungen* auf psychische und physische Funktionen lassen sich nach Alkoholgenuß feststellen (nach FEUERLEIN, 1979).

— *Beeinträchtigung des zentralen Nervensystems:* Alkohol hat primär eine depressive Wirkung auf das zentrale Nervensystem, insbesondere auf die normalerweise hemmend wirkenden Gehirnzellen. Diese Enthemmung wird häufig – auch durch die Werbung suggeriert – mit „Entspannung" verwechselt.
— *Intellektuelle Leistungen:* Verbale und nonverbale Leistungen verschlechtern sich nach Alkoholgenuß erheblich. Während Routinetätigkeiten zunächst noch gut erledigt werden können, sind die Leistung unter Streßbedingungen und das Lösen abstrakter Probleme deutlich schlechter. Dem steht eine falsche, nämlich zu optimistische Einschätzung der eigenen Fähigkeiten gegenüber, außerdem steigt die Neigung zu riskanten Entscheidungen.
— *Sensorische Funktionen:* Optische und akustische Reize können weniger gut unterschieden werden, was zu einer Verminderung des Seh- und Hörvermögens führt. Die Schmerzschwelle ist erhöht.
— *Ermüdung:* Bereits bei einer Blutalkoholkonzentration von 0,8‰ lassen sich Ermüdungserscheinungen feststellen, die etwa denen nach einer durchwachten Nacht entsprechen.
— *Motorische Koordination:* Steh- und Gehvermögen werden durch Alkohol zunehmend beeinträchtigt. Vor allem Bewegungen, die sonst ganz automatisch ablaufen, z.B. Lenken oder Bremsen beim Autofahren, sowie Aufmerksamkeit und Konzentration werden bereits bei einer Blutalkoholkonzentration von 0,5‰ erheblich gestört. Die Reaktionsgeschwindigkeit verlangsamt sich bei einer Blutalkoholkonzentration von 0,8‰ um etwa 35% (Landesverband der Betriebskrankenkassen, 1988).

– *Stimmung und Emotion:* Zunächst sind Euphorie und Heiterkeit zu verzeichnen, gleichfalls ein gesteigerter Rededrang. Jedoch sind auch vermehrt Aggressivität und Gereiztheit zu beobachten.

Diese Auswirkungen können sich gegenseitig fatal verstärken. Geringere sensorische und intellektuelle Leistungen verbunden mit erhöhter Risikobereitschaft, Selbstüberschätzung, verzögerter Reaktionsschnelligkeit, insbesondere unter Streß, stellen eine explosive Mischung dar. Alkohol mindert von daher nicht nur die Arbeitsleistung, sondern führt auch zu erhöhter Selbst- und Fremdgefährdung.

Hierbei handelt es sich nur um kurzfristige, sofortige Auswirkungen nach einem Alkoholgenuß. Bei längerem, regelmäßig erhöhtem Alkoholkonsum treten – auch ohne Alkoholabhängigkeit – ernsthafte, zum Teil irreversible gesundheitliche Schädigungen auf. Nimmt beispielsweise ein Mann täglich mehr als 40 g Alkohol zu sich (dies entspricht etwa einem Liter Bier oder zwei Gläsern Wein), so ist lt. WHO bereits ein Risiko für das Auftreten alkoholbezogener Schäden gegeben (Deutsche Hauptstelle gegen die Suchtgefahren, 1997). Bei Frauen beträgt die Toleranzgrenze für Alkohol ca. 20 g täglich.

Zu beachten ist auch, daß nur ca. 0,1 bis 0,15 ‰ pro Stunde abgebaut werden und dies nicht, z. B. durch Kaffee, beschleunigt werden kann. Wenn also jemand bei einem Körpergewicht von 70 kg an einem Abend zwei Flaschen Sekt trinkt und um 1.00 Uhr nachts mit dem Taxi heimfährt, so hat er zu diesem Zeitpunkt möglicherweise etwa 1,7 Promille Alkohol im Blut. Geht er um 7.00 Uhr morgens zur Arbeit, dann sind daraus erst etwa 0,8 bis 1,1 ‰ geworden. Mit den oben genannten Ausfallerscheinungen muß also noch in den nächsten Stunden gerechnet werden.

2.2 Reaktionsmöglichkeiten betrieblicher Vorgesetzter

Nicht zuletzt wegen der erhöhten Eigen- und Fremdgefährdung kann Alkoholmißbrauch im Unternehmen nicht toleriert werden.

Der betriebliche Vorgesetzte ist bei diesem Thema besonders gefordert: Aufgrund seiner Fürsorgepflicht und in Erfüllung der Unfallverhütungsvorschriften gehört es zu seinen Aufgaben, angetrunkene Mitarbeiter von der Arbeitsstelle zu entfernen (s. UVV, § 38, Abs. 2). Dabei ist unerheblich, ob der Alkohol vor Arbeitsbeginn, während der Arbeitszeit oder in der Pause konsumiert wurde. Natürlich kann ein Vorgesetzter nicht verhindern, daß ein Mitarbeiter bereits betrunken zur Arbeit kommt oder in der Pause Alkohol zu sich nimmt. Doch es ist seine Aufgabe, den Arbeitnehmer unverzüglich vom Arbeitsplatz zu entfernen, insbesondere wenn er bereits Ausfallerscheinungen – z. B. unsicheres Sprechen oder Gleichgewichtsstörungen zeigt. Ihm können auch keine weniger gefährlichen Arbeiten übertragen werden.

Meist ist das Trinken alkoholischer Getränke während der Arbeitszeit schon durch Betriebsvereinbarungen untersagt. Doch selbst wenn eine solche Regelung fehlt, kann mit disziplinarischen Maßnahmen (dies dürfte zumeist eine Abmahnung sein – zur Gestaltung vgl. den nachfolgenden Artikel von Böhm) dagegen vorgegangen werden, da kein Arbeitnehmer sich selbst in eine Lage versetzen darf, in der er die vertraglich vereinbarten Leistungen nicht erbringen kann. Anspruch auf Lohn für die nicht geleistete Arbeit besteht nicht. Empfehlenswert ist, bei allen Maßnahmen, die bei Alkoholverdacht getroffen werden, auch ein Mitglied des Betriebsrates hinzuzuziehen.

Komplizierter wird es, wenn es sich nicht um – gelegentlichen – Alkoholmißbrauch, sondern um Abhängigkeit, die als Krankheit anerkannt ist, handelt. In diesem Fall sind nicht nur die individuellen Auswirkungen (körperliche und wirtschaftliche Schädigungen und Störungen der sozialen Beziehungen) stärker. Auch die Rechtslage unterscheidet klar (vgl. z.B. WILKE, 1986). Die Trennung dieser Gruppen ist jedoch in der Praxis nicht immer eindeutig.

3. Alkoholabhängigkeit

3.1 Definition

Bereits die Abgrenzung dessen, was unter Alkoholismus zu verstehen ist, ist schwierig. Die Weltgesundheitsorganisation (WHO) hat 1952 definiert: „Alkoholiker sind exzessive Trinker, deren Abhängigkeit vom Alkohol einen solchen Grad erreicht hat, daß sie deutlich Störungen und Konflikte in ihrer körperlichen und geistigen Gesundheit, ihren mitmenschlichen Beziehungen, ihren sozialen und wirtschaftlichen Funktionen aufweisen; oder sie zeigen Prodrome (Vorläufer) einer solchen Entwicklung. Daher brauchen sie Behandlung." Diese Definition zielt auf die Konsequenzen von exzessivem Alkoholkonsum hin. Wodurch aber ist Abhängigkeit, insbesondere die Abhängigkeit von Alkohol, gekennzeichnet?

In der Anfangsphase der Alkoholabhängigkeit, in der vermehrt und regelmäßig Alkohol in größeren Mengen getrunken wird, kommt es zunächst – aufgrund geänderter biochemischer Prozesse (vgl. FEUERLEIN, 1979, S. 17ff.) – zu einer *Toleranzerhöhung.* D. h. man braucht allmählich immer größere Mengen derselben oder stärkere Drogen (z.B. Wechsel von Bier zu Spirituosen), um dieselbe Wirkung zu erreichen. Dies wird häufig als „Gewöhnung" und „Trinkfestigkeit" sogar positiv beschrieben. Ein deutliches Indiz für eine Abhängigkeit sind *Entzugserscheinungen,* die auftreten, wenn Alkohol für eine bestimmte Zeit nicht mehr zugeführt wird. Sie reichen von leichteren Formen wie Händezittern, Unruhe, Nervosität bis hin zum lebensbedrohlichen Delirium tremens, das nach jahrelangem Alkoholmißbrauch auftreten kann und in medizinische Behandlung gehört.

Das letzte und vielleicht wichtigste Kriterium, das erfüllt sein muß, um von Abhängigkeit zu sprechen, ist der *Kontrollverlust.* Darunter ist zu verstehen, daß der Betroffene seinen Mengenkonsum nicht mehr kontrollieren kann. Sobald er begonnen hat zu trinken, kann er nicht nach einigen Gläsern aufhören, sondern wird bis zum Rausch weitermachen. Das heißt nicht, daß nicht auch Abhängige einige Tage, unter Umständen sogar Wochen oder Monate ganz auf Alkohol verzichten können. Wenn sie jedoch wieder anfangen zu trinken, geraten sie erneut in den bekannten Kreislauf. Dieser Kontrollverlust scheint irreversibel zu sein, deshalb auch die berühmte Forderung an „trockene Alkoholiker", nie wieder ein Glas Alkohol anzurühren.

Alkoholismus ist daher eine Krankheit, die durch den fortschreitenden Verlust der freien Handlungsfähigkeit und der Handlungskontrolle gekennzeichnet ist. Auf die sich daraus ergebenden Konsequenzen im Umgang mit Alkoholikern wird in Punkt 4 näher eingegangen.

3.2 Entstehung von Alkoholismus

Es wurde bereits darauf hingewiesen, daß mit ca. 5% Alkoholikern in der Bevölkerung (und im Unternehmen) gerechnet werden muß. Alkoholismus hat sich zunehmend zu einem Problem entwickelt, das alle Gesellschaftsschichten angeht: Es gibt den abhängigen gewerblichen Mitarbeiter ebenso wie den abhängigen Manager, man kann nicht mehr von einem „Elendsalkoholismus" wie in früheren Jahrzehnten ausgehen. Auch das Geschlechtsverhältnis der Betroffenen hat sich stark verändert. Noch in den 60er Jahren stand zehn abhängigen Männern nur eine Frau gegenüber, heute liegt dieses Verhältnis etwa bei 4:1 mit Tendenz zu 3:1.

Verschiedene Faktoren führen zu einer Abhängigkeit, am wichtigsten sind die Eigenschaften der Droge, das soziale Umfeld sowie psychologische und physiologische Besonderheiten des Individuums (Abbildung 1).

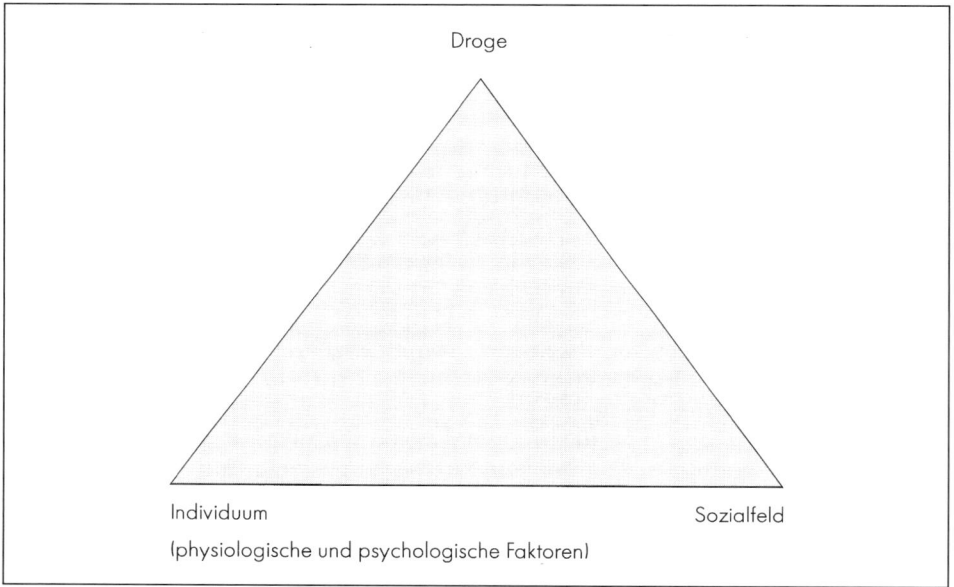

Abb. 1: Multikonditionalität der Entstehung von Abhängigkeit

Drogen haben ein unterschiedliches „Suchtpotential", d.h. sie führen verschieden schnell zur Abhängigkeit. Von Heroin z.B. wird man schnell abhängig, während dagegen die große Mehrheit der Menschen Alkohol trinkt, ohne jemals im Leben Probleme zu bekommen.

Das Sozialfeld unterscheidet sich hinsichtlich der Verfügbarkeit von Alkohol und der Toleranz gegenüber dem Gebrauch bzw. gegenüber dem Mißbrauch. Häufungen von Alkoholproblemen in verschiedenen Berufszweigen sind bekannt: Gefährdet sind vor allem Personen mit niedrigem Qualifikationsniveau, umgekehrt aber auch solche mit einem hohen Maß an Selbstkontrolle und Verhaltensautonomie (z.B. Selbständige ohne feste Arbeitszeit oder Außendienstmitarbeiter). Psychische Belastungen und geringer Handlungsspielraum wirken sich gleichfalls fördernd auf den Alkoholkonsum aus. Es sei jedoch darauf hingewiesen, daß bisher nicht zu klären ist, ob bestimmte Berufe zu erhöhtem Alkoholmißbrauch beitragen oder sich hier Personen mit entsprechenden Neigungen ansammeln.

Neben den Besonderheiten der Droge und des sozialen Umfeldes, der Gelegenheit zu trinken, also der „Griffnähe", sind die Eigenschaften der betroffenen Personen von besonderem Interesse: Zwar ist „eine direkte Vererbung des Alkoholismus (…) weder erwiesen noch wahrscheinlich" (FEUERLEIN, 1979, S. 32), jedoch treten − auch bei kontrollierten Adoptionsstudien − Alkoholiker gehäuft in bestimmten Familien auf, man spricht vom „Familienbild". Es gibt empirische Hinweise dafür, daß diese „highrisk"-Gruppe bei objektiv gleichen Auswirkungen von Alkohol subjektiv weniger Folgen wahrnimmt (POLLOCK et al., 1986), was zu einem größeren Konsum führen könnte. Eine spezifische „Suchtpersönlichkeit", wie sie häufig angenommen wird, konnte durch die empirische Forschung aber nicht belegt werden.

Die subjektiv erlebten Folgen des Alkoholkonsums sind zunächst sehr positiv besetzt: Spannung, Angst und Sorgen werden reduziert, die Stimmung wird durch die Beseitigung von störenden Hemmungen verbessert, Gefühle der Stärke werden gefördert, man fühlt sich überlegen und selbstsicher. Problematisch wird es, wenn gelegentliches „Erleichterungstrinken" zunehmend zu einer *universellen Lebensbewältigungsstrategie* wird und als fehlangepaßte Maßnahme des „Mehr desselben" für immer mehr Situationen und Gelegenheiten Verwendung findet. Je häufiger Alkohol getrunken wird, um so größer ist die Wahrscheinlichkeit der Toleranzerhöhung, der Entzugserscheinungen und der schleichenden Entstehung der Abhängigkeit. Die Versuchung ist groß, den täglichen Ärger mit einigen Gläsern Alkohol „hinunterzuspülen", doch gerade diese Gläser können die weiteren Probleme bringen. Denn mit der Zeit wird das Trinken immer unabhängiger von einzelnen auslösenden, äußeren oder inneren Ereignissen. Das Verhalten verselbständigt sich. Z. B. haben Alkoholiker keine geringere Toleranz als andere Menschen gegen Streß, sondern sie trinken aufgrund ihrer Lerngeschichte in streßreichen Situationen Alkohol.

3.3 Phasen des Verlaufs

JELLINEK (1960) hat aufgrund seiner Beobachtungen bei vor allem männlichen Alkoholikern und der Analyse von etwa 2000 Fallstudien folgenden prototypischen Verlauf herausgearbeitet, dessen Kenntnis auch für den „Laien" wichtig ist, um Problemtrinker identifizieren zu können:

− Am Anfang steht die sogenannte *präalkoholische Phase*. Hier handelt es sich um das oben beschriebene Erleichterungstrinken, Alkohol wird also instrumentell gebraucht. Allmähliche Toleranzerhöhung und leichte Entzugserscheinungen (z.B. Zittern, Schweißausbrüche) lassen sich bereits in dieser Phase feststellen, die in der Regel mehrere Monate bis Jahre dauert.
− Bei fortgesetztem Alkoholkonsum schließt sich die *prodromale* Phase an, das Vorstadium zur eigentlichen Alkoholkrankheit. Die Trinkart hat sich verändert, insbesondere die ersten Gläser werden schnell „hinuntergekippt". Obwohl meist kein deutlicher Rausch vorliegt, kann es bereits in dieser frühen Phase zu Erinnerungslücken kommen, außerdem hat Alkohol eine große Bedeutung für den Menschen gewonnen, man denkt ständig an ihn. Diese Veränderungen beobachtet das Individuum an sich selbst, entwickelt Schuldgefühle, die durch weiteres Trinken kompensiert werden. Der Betroffene versucht deshalb, möglichst wenig aufzufallen, heimlich zu trinken und Gespräche über Alkoholmißbrauch zu vermeiden.

Von der Umgebung werden diese Veränderungen häufig nicht registriert. Hier muß die Sensibilität geschärft werden, um bereits gefährdeten Personen zu helfen und nicht erst den kranken, die sich und ihre Bezugspersonen geschädigt haben.

– Denn wird hier nicht eingegriffen, so kann die Schwelle zur *kritischen Phase* überschritten werden. Hier ist das deutliche Symptom der Kontrollverlust (s. 3.1). Nun fallen Alkoholiker durch häufige Räusche, Bewußtseinstrübungen und Persönlichkeitsveränderungen wie aggressives Verhalten, Selbstmitleid, Ausreden etc. auf. Sie belasten ihre sozialen Beziehungen immer mehr und isolieren sich zunehmend. Alkoholiker interessieren sich nicht nur immer weniger für ihre Mitmenschen, sie vernachlässigen auch sich selbst und verlieren zusehends ihre Selbstachtung, können die Abhängigkeit aber nicht aus eigener Kraft beenden. Gleichzeitig kommt es zu organischen Schädigungen und auch zu einer Toleranzabnahme, d.h. man kann nicht mehr soviel trinken wie früher, da die durch chronischen Mißbrauch geschädigte Leber allmählich ihre Leistungsfähigkeit verliert. Zu diesem Zeitpunkt kann die Krankheit in der Regel nur noch durch vollkommene Abstinenz unter Kontrolle gebracht werden.

– Alkoholiker, die sich in der letzten Phase, der *chronischen,* befinden, dürften im Unternehmen kaum anzutreffen sein, da sie bereits vorher zu deutlich aufgefallen sind. Diese Personen trinken schon morgens regelmäßig und haben bei fehlender Alkoholzufuhr starke Entzugserscheinungen. Aufgrund des jahrelangen Mißbrauchs kommt es zu physischen und psychischen Störungen sowie einem deutlichen Persönlichkeitsabbau. Diese Phase endet in der Regel mit einem totalen körperlichen, seelischen und sozialen Zusammenbruch.

Es sei darauf hingewiesen, daß diese Phasen nicht in jedem Fall komplett und in der beschriebenen Reihenfolge durchlaufen werden müssen, sie stellen besonders typische Merkmale dar. Auch muß der Prozeß nicht immer bis zur letzten Phase fortschreiten. Bei Frauen scheint der Ablauf deutlich verkürzt zu sein.

3.4   Langfristige Folgen von Alkoholmißbrauch

Nach jahre-, unter Umständen jahrzehntelangem Alkoholmißbrauch kommt es neben sozialen und wirtschaftlichen Schädigungen vermehrt zu organischen Erkrankungen. Als wichtigste sind hier die Leberzirrhose, Fettleber, Hirn- und Magenschädigungen, Herz- und Gefäßerkrankungen zu nennen. Darüber hinaus treten gehäuft alkoholbedingte Geisteskrankheiten und Selbstmorde auf.

4.   Umgang mit Alkoholikern

4.1   Identifizierung

Alkoholismus entsteht nicht plötzlich, es handelt sich immer um eine längerfristige, mehrjährige Entwicklung, eine „Suchtkarriere". Je früher die Gefährdung erkannt wird, um so wirkungsvoller läßt sich gegensteuern.

Im Unternehmen gibt es neben den oben genannten Kriterien, die in den frühen Stadien nur bei genauer Beobachtung sichtbar werden, verschiedene Indizien. Allerdings handelt es sich dabei um unspezifische Hinweise, die nur als *Warnsignale,* aber nicht als Beweis gelten können, wobei die Beweisführung immer schwierig ist, da im Betrieb keine Zwangstests oder -untersuchungen zulässig sind.

Aufmerksam sollte der Vorgesetzte werden, wenn er bei einem Mitarbeiter Häufungen folgender Punkte feststellt:

– Nachlassen der Leistung oder starke Leistungsschwankungen;
– Vernachlässigung der Arbeit, Unzuverlässigkeit;
– Fehlzeiten, insbesondere unentschuldigtes Fernbleiben und rückwirkend genehmigte Urlaubstage;
– Unpünktlichkeit, Überziehen von Pausen;
– Verlassen des Arbeitsplatzes;
– Trinken am Arbeitsplatz, heimliches Trinken;
– Ruf der Trinkfestigkeit;
– auffälliges Benehmen, z.B. Streitsucht, Stimmungsschwankungen;
– Krankheiten (2,5mal häufiger als in der gesunden Vergleichsgruppe);
– Unfälle (3,5mal häufiger als in der Vergleichsgruppe).

Wenn ein Arbeitgeber gegen einen Mitarbeiter wegen Verletzung des Alkoholverbots vorgeht, so muß er dies auf jeden Fall beweisen können. Entweder muß das Trinken beobachtet worden sein oder ein dringender Verdacht objektiv begründbar sein. Untersuchungen durch den Werksarzt und Alkoholtests können zur Entlastung angeboten werden, sie sind jedoch ohne das Einverständnis des Betroffenen nicht zulässig. Von einer mangelnden Einwilligung darf auch nicht auf Fehlverhalten geschlossen werden.

4.2 Reaktionsmöglichkeiten im Betrieb

Die zum Teil jahrzehntelang andauernde Abhängigkeit ist nur durch Deckung im Privat- und Kollegenkreis möglich. Alkoholexzesse werden bagatellisiert, der Gefährdete wird gegenüber Vorgesetzten in Schutz genommen. Der Ruf der Trinkfestigkeit ist bekannt, häufig ist selbst die Abhängigkeit ein offenes Geheimnis. In diesem Fall werden die Bezugspersonen des Kranken zu „Co-Alkoholikern" (s. Abbildung 2). Durch die Abschirmung des Alkoholikers gegen die unangenehmen Folgen seines Verhaltens (z.B. Vertuschen von Fehlern) ermöglichen sie ihm, seinen Lebensstil fortzuführen, verlängern so aber den Leidensweg. Von Alkoholikern wird dies gezielt benutzt, häufig gibt es eine „sternförmige Kommunikation", bei der beispielsweise sowohl Ehepartner als auch Arbeitskollegen, Vorgesetzte und Betriebsarzt versuchen zu helfen, sich dabei aber mit Versprechungen vertrösten lassen.

Häufig werden der Alkoholkonsum und die Fehlleistung des betroffenen Mitarbeiters zunächst entschuldigt und von den Kollegen durch gesteigerten Arbeitseinsatz überspielt. Wenn sich das Trinkverhalten weiter verschlechtert, versuchen die Bezugspersonen nun, den Betroffenen zu kontrollieren; diese Phase endet in der Regel mit großen Enttäuschungen. Das Verhalten schlägt dann oft um und geht nahtlos in eine Anklagephase über, man möchte den Mitarbeiter so schnell wie möglich loswerden. Insbesondere, wenn die Leistung so weit absinkt, daß Aufgaben zunehmend von Arbeitskollegen übernommen werden müssen, schlägt die anfängliche „Hilfsbereit-

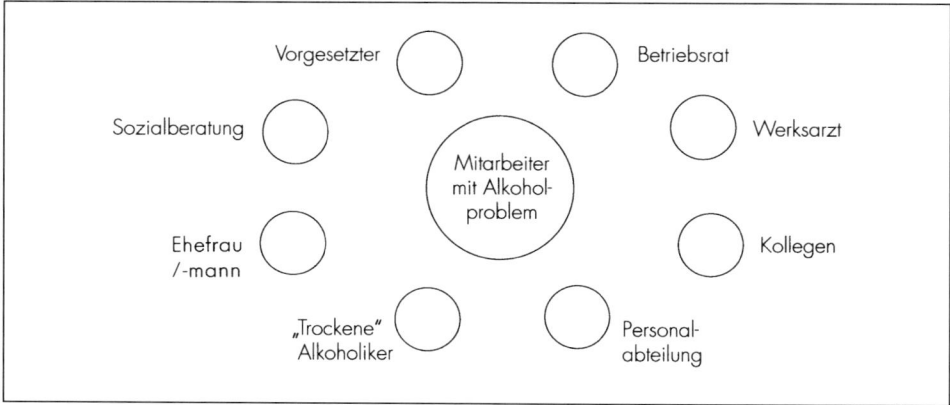

Abb. 2: Soziales Umfeld als Co-Alkoholiker

schaft" der Umgebung schnell in eine negative Haltung um. Dies wird durch die völlige Uneinsichtigkeit des Kranken – ein typisches Verhaltensmuster – noch weiter verstärkt.

Spätestens im dritten Stadium, der sogenannten kritischen Phase, fallen die Betroffenen durch ihre massiven Probleme auf. In dieser Situation nützen weder Ermahnungen noch Vorwürfe, denn sie werden der Situation des Alkoholikers nicht gerecht. Obwohl dieser durchaus von Selbstvorwürfen geplagt ist, ist er nicht mehr imstande, sein Verhalten aus eigener Kraft grundlegend zu ändern. Deshalb reagiert er mit Ausreden und einer ausgeprägten Verleugnung und Verharmlosung des Problems. Lediglich äußere Umstände werden verantwortlich gemacht, eine Problemeinsicht ist in der Regel nicht vorhanden. Erst wenn die negativen Konsequenzen des fortgeführten Trinkens schwerer wiegen als die durch Alkohol erreichte Entlastung, die Angst vor Entzugserscheinungen und einem Leben ohne Alkohol, ist eine Veränderungsbereitschaft zu erwarten. Dabei sollten die Betroffenen mit den anstehenden Schwierigkeiten konfrontiert werden, um einen konstruktiven Druck zu erzeugen.

Bei einem begründeten Verdacht ist ein offenes Gespräch sinnvoll, das zunächst Aufgabe des Vorgesetzten ist. Das Problem sollte dabei aufgedeckt und mit konkreten Beobachtungen unterlegt werden. Ein Ausweichen, das lieber über den Kranken Sprechen als mit ihm, verlängert nur die Abhängigkeit. Wichtig ist es, bei einem solchen Gespräch sachlich zu bleiben und keine Vorwürfe zu machen. Jedoch sollten die Konsequenzen eines weiteren Alkoholkonsums, letztlich die Infragestellung des Arbeitsverhältnisses, das dem Kranken meist sehr viel bedeutet, klar gemacht werden.

Gute Erfahrungen wurden damit gemacht, sich nicht auf (leere) Versprechungen einzulassen, sondern für weiteres Fehlverhalten (z.B. Trinken in oder vor der Arbeitszeit) Konsequenzen in einem „Vertrag" niederzulegen. Dies sieht meist so aus, daß in diesem Fall ärztliche Hilfe aufgesucht wird, denn die Aufgabe des Vorgesetzten kann nur in einer Konfrontation und Entwicklung der Behandlungsbereitschaft bestehen. Ziel aller Gespräche sollte die Vermittlung an qualifizierte Beratungsstellen und/oder Selbsthilfegruppen sein. Tatsächlich geholfen werden kann aber erst, wenn der Betroffene selbst bereit ist, Hilfe anzunehmen. Jedoch können nicht Fachleute, sondern nur die unmittelbare Umgebung zur Behandlung motivieren und die ersten entscheidenden Hilfsangebote machen; das soziale Umfeld hat deshalb Einfluß auf die Länge der

Krankheit. Im Unternehmen sollte es Ansprechpartner geben, bei denen sich Vorgesetzte, Kollegen und Angehörige über diese Krankheit informieren können (vgl. dazu ZIEGLER, 1984; LENFERS, 1988).

Als grundlegende Fehler im Umgang mit Problemtrinkern nennt ZIEGLER (1989):

- ein klärendes Gespräch wird aufgeschoben;
- findet das Gespräch statt, so wird es nicht ausreichend vorbereitet; es werden keine Abmachungen getroffen;
- Versprechungen des Mitarbeiters werden nicht ausreichend kontrolliert.

Zur Vorbereitung und Durchführung eines Mitarbeitergespräches wird der Führungskraft insbesondere empfohlen (vgl. LENFERS, 1993):

- zunächst eine Vertrauensbasis zu schaffen;
- unverzüglich und schnell zu handeln, da der Betroffene zur Gefahr für sich selbst und das Unternehmen werden kann;
- abfällige Bemerkungen und Ursachenforschung (führt in diesem Stadium zu nichts) zu vermeiden sowie sich nicht auf eine Diskussion über Trinkmengen einzulassen;
- als Aufhänger und Ansatzpunkt die verminderte Arbeitsleistung zu nehmen;
- die Konsequenzen unmißverständlich klar zu machen, allerdings nur solche Maßnahmen anzudrohen, die auch realisiert werden können;
- eindeutige Vereinbarungen zu treffen und Hilfe anzubieten;
- das Gespräch zu dokumentieren.

Betont werden muß im Gespräch, daß das Arbeitsverhältnis in Gefahr ist, wenn sich die Arbeitsleistung nicht bessert. Jedoch sollte die Entfernung vom Arbeitsplatz die letzte Maßnahme sein, die erst ergriffen wird, wenn der Problemmitarbeiter nicht bereit ist, qualifizierte Hilfsangebote anzunehmen. Helfen statt kündigen sollte die Devise sein.

4.3   Rückkehr des „trockenen Alkoholikers"

Stationäre Therapien, zu denen insbesondere Personen mit mehrjähriger Abhängigkeit zu raten ist, dauern zwischen ein und sechs Monaten. Genauso wichtig wie der Entzug und der Aufbau eines neuen Verhaltensrepertoires (ohne Alkohol) in der Therapie ist die Nachsorge, die Betreuung nach der Rückkehr. Bewährt hat sich die gegenseitige Unterstützung in Selbsthilfegruppen wie den Anonymen Alkoholikern, da die totale Abstinenz, die nun gefordert ist, in einer Gesellschaft, die Alkohol häufig als „soziales Schmiermittel" benutzt, schwer durchzuhalten ist.

Aus betrieblicher Sicht sollte überlegt werden, ob der Mitarbeiter an den alten Arbeitsplatz zurückkehren kann oder aber besser umgesetzt werden sollte. Letzteres empfiehlt sich, wenn die Beziehung zu Kollegen durch die Vorgeschichte belastet ist und alle früheren Bezugspersonen über die Abhängigkeit informiert sind. Wichtig ist es, dem Mitarbeiter dabei zu helfen, die Alkoholabstinenz aufrechtzuerhalten, ihn z.B. bei Feiern nicht unter Druck zu setzen, Alkohol zu sich zu nehmen. Jedoch sollte man versuchen, dem Mitarbeiter wieder Vertrauen entgegenzubringen, ständige Kontrollen und Nachfragen wirken sich nur negativ auf sein Selbstwertgefühl aus.

5. Rahmenbedingungen im Unternehmen

Im Unternehmen sollten zur *Prävention* Maßnahmen getroffen werden, um alkoholbedingte Schäden zu vermeiden und um Mißbrauch vorzubeugen. Ein generelles Ziel sollte in der Senkung des Gesamtkonsums von Alkohol und in einer Einstellungsänderung gegenüber diesem Getränk liegen.

In vielen Unternehmen gibt es ein absolutes Alkoholverbot, um glaubwürdig zu bleiben, dürfen einzelne Abteilungen nicht davon ausgenommen werden. Vorsorglich muß auch verboten werden, alkoholische Getränke mit in den Betrieb zu bringen (vgl. LENFERS, 1988). Dies können jedoch nur flankierende Maßnahmen sein. Alkoholprobleme lassen sich nicht allein mit Verboten aus der Welt schaffen, doch die „Griffnähe" von Alkohol zu reduzieren, ist ein erster Schritt zur Vorbeugung. Zumindest kann durch eine Betriebsvereinbarung der Umgang mit Alkohol klar geregelt sein.

Eine Einstellungsänderung bei allen Mitarbeitern ist dahingehend nötig, daß ein Problembewußtsein geschaffen wird und – konkret gesprochen – z.B. Feiern auch ohne Alkohol möglich werden. Einzelne Unternehmen sind bereits dazu übergegangen, bei geschäftlichen Verhandlungen alkoholische Getränke nur noch für die Gäste auf deren ausdrücklichen Wunsch auszuschenken. Auf die Vorbildfunktion der Vorgesetzten ist dabei besonders hinzuweisen. Andere Unternehmen veröffentlichen in der Werkszeitschrift Interviews mit trockenen Alkoholikern und deren Angehörigen, was große Betroffenheit bei den anderen Mitarbeitern auslöst.

Wichtig ist die Früherkennung gefährdeter Mitarbeiter, die wegen der starken Auswirkungen (s. o.) immer mehr zu einem wesentlichen Bestandteil betrieblicher Sozialpolitik wird. Voraussetzung für eine Früherkennung eines Problem-Trinkers ist, daß alle Mitarbeiter über die Gefahren von Alkoholmißbrauch informiert und sowohl über Alkoholabhängigkeit als auch über die Notwendigkeit ihrer Behandlung aufgeklärt sind.

Gleichzeitig muß allen Mitarbeitern klar sein, daß ein Zudecken, ein Verdrängen des Problems niemandem hilft und Helfen in diesem Zusammenhang nicht mit Denunzieren gleichgesetzt werden kann. Innerbetrieblich installierte Anlauf- und Kontaktstellen, z. B. früher selbst Abhängige, erleichtern es den Betroffenen, nach Hilfe für ihre Probleme zu suchen.

6. Abhängigkeit im Managementbereich

Ein weitgehend tabuisiertes Thema ist die Abhängigkeit im Managementbereich. Davon betroffen sind meist 45- bis 55jährige Männer, die sich nach jahrelangem Engagement für das Unternehmen an der Grenze ihrer Leistungsfähigkeit sehen. Der ständigen Überbeanspruchung, dem Streß, der Anspannung, der Verantwortung, aber auch den erlebten Frustrationen sind nicht alle gewachsen (vgl. LENFERS, 1988). Manchmal gilt „Trinkfestigkeit" gar als Führungskriterium, Bier während geschäftlicher Besprechungen, „härtere" Getränke am Abend und Champagner zum Geschäftsabschluß gehören zum Unternehmensbrauch. Gleichzeitig kann sich ein Manager oft besser tarnen als ein Mitarbeiter in der Produktion: Im Büro kann er sich von der Sekretärin abschirmen lassen, verstärkt Termine mit Trinkgelegenheit aufsuchen – und welcher Mitarbeiter legt sich schon mit einem abhängigen Vorgesetzten an? Manager werden deshalb auch als besonders gefährdete Berufsgruppe bezeichnet (z. B. LEMMER, 1988). Wie hilft man dem trinkenden Chef? Auch hier ist wieder der Vorgesetzte gefordert. Er muß spätestens dann eingreifen, wenn Leistungseinbußen und negative Verhaltensänderungen zutage treten, durch die sich die Führungskraft zunehmend selbst isoliert (vgl. ZIEGLER, 1989).

Um die eigene Alkoholgefährdung abschätzen zu können, wurde vom Max-Planck-Institut für Psychiatrie ein Kurzfragebogen (FEUERLEIN u. a., 1989) zum Selbsttest entwickelt. Dieser enthält Fragen wie:

– Leiden Sie in letzter Zeit häufiger an Zittern der Hände?
– Haben Sie in Zeiten erhöhten Alkoholkonsums weniger gegessen?
– Fühlen Sie sich ohne Alkohol gespannt und unruhig?

Generell empfiehlt es sich, die folgenden Verhaltensregeln zu beherzigen:

– Alkohol sollte nicht schon tagsüber und niemals auf nüchternen Magen getrunken werden.
– Alkoholische Getränke sollten nicht als Durstlöscher benutzt werden.
– Auf hochprozentige Getränke sollte man ganz verzichten.
– Man sollte sich und anderen klarmachen, daß Alkohol kein bloßes Getränk, sondern potentielles Suchtmittel ist.
– Um im Unternehmen eine Alkoholabstinenz zu erreichen, sollte das Management Vorbild sein und – auch bei Besprechungen – ganz auf Alkohol verzichten.

Literatur

BODEWIG, H. O. (1985). Alkohol am Arbeitsplatz – gesundheitliche Folgen. In: Der Berufsgenossenschaftliche Arbeitsmedizinische Dienst, BAD aktuell 3, 1985, S. 5f.
Deutsche Hauptstelle gegen die Suchtgefahren (Hrsg.). (1997). Jahrbuch Sucht 1998. Geesthacht 1997.
FEUERLEIN, B. (1979). Alkoholismus. Stuttgart 1979.
FEUERLEIN, W., KÜFNER, H., RINGER, CH. & ANTONS, K. (1989). Kurzfragebogen für Alkoholgefährdete KfA. Weinheim 1989.
JELLINEK, E. M. (1960). The disease concept of alcoholism. New Haven 1960: Yale University Press.
Landesverband der Betriebskrankenkassen Nordrhein-Westfalen (Hrsg.). (1988). Alkohol und Betrieb. Essen 1988.
LEMMER, R. (1988). Feuchtbiotop im Betrieb. In: Wirtschaftswoche, 40, 1988, S. 43–54.
LENFERS, H. (1988). Das ungebremste Risiko. Alkohol und Mitarbeiter. Eine Praxishilfe für Vorgesetzte. Frankfurt/M. 1988.
LENFERS, H. (1993). Alkohol am Arbeitsplatz. Entscheidungshilfen für Führungskräfte. Neuwied u. a. 1993.
POLLOCK, V. E., TEASDALE, T. W., GABRIELLI, W. F. & KNOP, M. D. (1986). Subjective and objective measures of response to alcohol among young men at risk for alcoholism. In: Journal of studies on alcohol, 47, 1986, S. 297–303.
RUSSLAND, R. (1988). Suchtverhalten und Arbeitswelt. Vorbeugen, aufklären, helfen. Frankfurt/M. 1988.
WILKE, K. H. (1986). Alkohol am Arbeitsplatz – rechtliche Aspekte. In K. H. WILKE & H. ZIEGLER, Probleme mit dem Alkohol. Köln 1986.
ZIEGLER, H. (Hrsg.). (1984). Alkoholismus in der Arbeitswelt. Hamburg 1984.
ZIEGLER, H. (1989). Suchtfragen am Arbeitsplatz – Prophylaxe als Führungsaufgabe. In: Personalführung, 7, 1989, S. 739.

Zur Konkretisierung und weiteren Vertiefung wird empfohlen, im Fallstudienband die Fälle zu „Alkohol im Betrieb" zu bearbeiten.

Wolfgang Böhm

Arbeitsrecht für Vorgesetzte

1. Arbeitsrecht als Führungswissen?

„Arbeitsrecht ist nichts für die Führung – dafür haben wir unsere Rechtsabteilung", hört man oft von Führungskräften. Und das ist im Ansatz sicherlich richtig. Denn Führungsprobleme werden nicht durch Paragraphenreiterei oder Interpretationskünste gelöst, sondern eher durch Vorbild, Kommunikation und Motivation (vgl. die vorausgehenden Beiträge). Geht es dagegen um die Technik der Vertragsgestaltung, z. B. um die präzise Formulierung eines Wettbewerbsverbots oder einer Versorgungszusage oder gar um eine gerichtliche Auseinandersetzung mit einem Mitarbeiter, ist die Sache bei der Rechtsabteilung sicherlich in besseren Händen.

Dennoch gibt es zwei Felder, bei denen ein Minimum an Arbeitsrechtskenntnissen für jeden Vorgesetzten unverzichtbar ist: nämlich beim Umgang mit dem einzelnen Mitarbeiter und dem Betriebsrat im *Vorfeld* juristischer Auseinandersetzungen.

Denn in beiden Fällen gilt: Werden hier sozusagen die Weichen juristisch falsch gestellt, kann auch eine noch so kompetente Rechtsabteilung nichts mehr retten. Der Fall ist fast immer schon entschieden, bevor die Rechtsabteilung sich damit befaßt.

Hier geht es um jene Fälle, in denen dem bislang so geduldigen Vorgesetzten endlich doch der berühmte Kragen platzt. Statt Hilfe erfährt er von der Personal- und Rechtsabteilung, was *er* alles falsch gemacht hat und daß man ihm so leider nicht helfen könne.

Man kann den Frust des Vorgesetzten, „von denen wieder einmal im Stich gelassen worden zu sein", gut nachempfinden. Bevor jedoch falsche Feindbilder aufgebaut werden, sollte man sich klarmachen: Eine professionell arbeitende Personal- bzw. Rechtsabteilung kann gar nicht anders handeln. Mit Fällen, die nicht zu gewinnen sind, geht man nicht vor Gericht. Und was nicht *vor* Abgang der Kündigung nachweislich und beweiskräftig Inhalt der Personalakte war, kann man bei einer gerichtlichen Auseinandersetzung getrost vergessen. Arbeitsrechtliche Konflikte werden zwar vom Gericht entschieden – inhaltlich ist aber der Fall immer schon entschieden durch die Professionalität der Personalaktenführung. Und auch hier ist wieder zu unterscheiden: Für alle Fragen der Technik ist selbstverständlich die personalaktenführende Stelle zuständig, und das ist meist die Personalabteilung. Aber die Frage, was überhaupt zu den Personalakten genommen wird, darüber entscheidet in erster Linie der Vorgesetzte. Er stellt die Weichen, *ob* etwas geschieht – die Personalabteilung sorgt dafür, daß es professionell dokumentiert wird.

Um keine Mißverständnisse aufkommen zu lassen, sei nochmals betont: Erfolgreiche Mitarbeiterführung ist keine Frage juristischer Besserwisserei. Aber wenn die juristische Auseinandersetzung unvermeidlich wird, hat wie immer im Rechtsleben derjenige die besseren Erfolgsaussichten, der diese Möglichkeit mitbedacht und entsprechende Vorkehrungen getroffen hat. Für die Mitarbeiterführung bedeutet das ganz konkret: Motivation wird nicht durch Androhung juristischer Konsequenzen und aufgeblähte Personalakten erzeugt – so wenig wie durch einen Eintrag in das Klassenbuch Disziplin und Lerneifer der Schüler gefördert werden. Wer Menschen motivieren will, muß sie überzeugen.

Aber: Angesichts der totalen Verrechtlichung der Arbeitsbeziehungen in unserem Lande zählt bei einer Auseinandersetzung am Ende nur, was mit Hilfe der Personalakte auch bewiesen werden kann; der Hinweis auf all die gutgemeinten Mitarbeitergespräche, die – im Sinne von Motivation mit gutem Grunde – nicht dokumentiert worden sind, werden vom Arbeitsrichter mit einer Handbewegung vom Tisch gewischt. Die Kunst der Mitarbeiterführung in guten und in schlechten Tagen besteht also darin, das eine – Motivation – zu tun, ohne das andere – Dokumentation – zu lassen. Die Schwierigkeit für den Betriebspraktiker ist der darin angelegte Widerspruch. Denn ein gutes Gespräch setzt Vertrauen voraus. Alles und jedes gleich schriftlich festzuhalten, ist hingegen Manifestation des Mißtrauens. Aber eben darauf käme es bei einer gerichtlichen Auseinandersetzung an.

Also hat der Vorgesetzte immer eine gute Chance, nachher darüber belehrt zu werden, daß man so Personalprobleme gerade nicht lösen könne: Setzt er bis zuletzt auf die „Motivationskarte" und damit auf vertrauensvolle Gespräche, wird ihm spätestens die Rechtsabteilung vorhalten, daß er besser etwas für die Personalakte hätte tun sollen, die sei nämlich jungfräulich rein und gebe deshalb juristisch nichts her. Macht der geplagte Vorgesetzte über alles Meldung, kommt er rasch in den Geruch des praxisfremden Bürokraten, der sich einbilde, daß Führungsprobleme durch Beschreiben von Papier gelöst würden. Dennoch ist die Entscheidung unvermeidlich: bis hierher Kommunikation und Motivation – von jetzt an Abmahnung und Dokumentation.

Obwohl die beweiskräftige Dokumentation von Kritik- und Abmahnungsgesprächen ausschlaggebend für eine erfolgreiche gerichtliche Auseinandersetzung ist, ist ihr wichtigster Zweck die Prozeßvermeidung. Natürlich will jeder, wenn der Prozeß schon nicht zu vermeiden ist, diesen gewinnen. Noch besser freilich ist, es kommt gar nicht erst zum Prozeß. Denn selbst der nach zwei oder drei Instanzen gewonnene Kündigungsschutzprozeß ist per Saldo für den Arbeitgeber ein ziemlich schlechtes Geschäft. Deshalb hat Prozeßverhütung (sprich: Vertragsänderung oder Trennung im gegenseitigen Einvernehmen) in der Praxis mit Recht einen so hohen Stellenwert. Aber auch dabei hilft eine gut geführte Personalakte: Erkennt der Betriebsrat oder der Mitarbeiter bzw. sein Rechtsvertreter, daß die Personalakte geradezu bilderbuchmäßig geführt worden ist, so daß eine Klage wenig oder gar nicht erfolgversprechend erscheint, so wird man sich in aller Regel zu akzeptablen Bedingungen einigen können. Hat man hingegen aus Menschenfreundlichkeit oder Rechtsunkenntnis allein auf das Gespräch und die Qualität der Argumente gesetzt und nichts für die Personalakte getan, so hat nunmehr der Mitarbeiter alle Trümpfe in der Hand. Er bestimmt die Konditionen, und das heißt praktisch: die Höhe der Abfindung. Denn man kann seiner Forderung nur nachgeben oder zurückstecken. Eine Kündigung ist sinnlos. Ohne entsprechenden Personalaktenvorlauf gewinnt der Kläger seinen Kündigungsschutzprozeß und bekommt überdies „im Namen des Volkes" bescheinigt, daß er völlig im Recht ist.

2. Rechtskenntnisse als Vorrats- und Katastrophenwissen

Ein wesentliches Ziel gerichtsfester Personalaktenführung ist also gerade zu verhindern, daß es überhaupt zu einer gerichtlichen Auseinandersetzung kommt. Das klingt paradox. Aber die Devise, gerichtliche Auseinandersetzungen tunlichst zu vermeiden, ist kein Grund, schlampige Personalakten zu führen. Im Gegenteil: Aussagekräftige und gerichtsfeste Personalakten sind die beste Prozeßprophylaxe!

Allerdings bedeutet das nicht, im Zweifel statt „idP" (in den Papierkorb) „zdPA" (zu den Personalakten) zu verfügen. Hier erlebt man als Gutachter zuweilen geradezu Kabarettreifes: Ein Urlaubsgruß aus der Karibik wird zu den Personalakten genommen – irgendeine Dokumentation über die angeblich unzähligen Kritikgespräche mit dem Mitarbeiter sucht man hingegen vergebens, und wenn, dann handelt es sich um juristisch irrelevante einseitige Aktennotizen.

Die Devise muß deshalb lauten: Personalakten sollen so „dünn" wie möglich sein; denn Bürokratie kostet nicht nur Zeit und Geld, sie zählt auch nicht gerade als Motivator. Andererseits müssen Personalakten so „dick" wie nötig sein; denn der Kündigungsschutzprozeß ist in Wahrheit zum „Urkundenprozeß" geworden. (Die nach § 128 ZPO vorgeschriebene mündliche Verhandlung besteht oft genug aus dem Stellen der Anträge – was unter Bezugnahme auf die Schriftsätze geschieht! – und dem geradezu orientalischen Feilschen um eine vergleichsweise Erledigung.) Die Gerichte gehen davon aus, daß zumindest mittlere und große Unternehmen über einen entsprechenden Apparat und geschultes Personal verfügen, und erwarten daher, daß relevante und beweiskräftige Unterlagen vorgelegt werden. Damit dem entsprochen werden kann, muß bereits der Vorgesetzte bei einem sich anbahnenden Personalkonflikt eine klare Vorstellung davon haben, worauf es juristisch ankommt.

3.   Systematik des Kündigungsschutzrechtes

Kündigungsrechtlich kommt es allein auf die *gesetzlichen* Kündigungsgründe an – und das ist häufig etwas ganz anderes als das, was den Vorgesetzten menschlich empört. So kann nach § 626 Abs. 1 BGB fristlos nur aus wichtigem Grund gekündigt werden. Dabei muß man freilich wissen, daß nach der Rechtsprechung des Bundesarbeitsgerichts (BAG) kleinere Diebstähle und Veruntreuungen als durchaus verzeihlich angesehen werden, zumal nach langjähriger Betriebszugehörigkeit (BAG v. 20. 9. 1984, DB 1985 S. 655 = NZA 1986 S. 286) – sozusagen als unkonventionelle Form der Vermögensbildung in Arbeitnehmerhand – oder bei drückenden Unterhaltspflichten (BAG v. 2. 3. 1989, DB 1989 S. 1679 = NZA 1989 S. 755) – sozusagen als Solidaritätsopfer zur Aufzucht künftiger Beitragzahler in der Rentenversicherung. Typischerweise besteht der „wichtige Grund" des § 626 Abs. 1 BGB in einem einmaligen groben Vertrauensbruch. (Zuspätkommen bis zu 1,5 Stunden an 104 Tagen im Laufe von 12 Monaten ist trotz Abmahnung kein wichtiger Grund, solange es deshalb nicht zu Produktionsausfällen kommt; BAG v. 17. 3. 1988, DB 1989 S. 329 = NZA 1989 S. 261.) Ein längerer Aktenvorlauf insbesondere mit Abmahnungen – ist deshalb hier nur selten erforderlich. Um so wichtiger ist es deshalb für den Vorgesetzten, daß hier der sofortigen *Beweissicherung* entscheidende Bedeutung zukommt (vgl. dazu Kapitel 4.3).

Während die Wirksamkeit einer fristlosen Kündigung stets davon abhängt, daß ein wichtiger Grund im Sinne des Gesetzes vorliegt, kommt es bei einer *ordentlichen Kündigung* (unter Einhaltung der Kündigungsfrist) in den ersten sechs Monaten des Arbeitsverhältnisses auf die Gründe für die Kündigung grundsätzlich nicht an (§ 1 KSchG = Kündigungsschutzgesetz). Um so wichtiger ist es, in dieser Zeit genauestens zu prüfen, ob der/die Neueingestellte tatsächlich die Erwartungen erfüllt. Zweckmäßigerweise organisiert man deshalb bei jeder Neueinstellung die Wiedervorlage in fünf Monaten, um in Ruhe prüfen zu können, ob das Arbeitsverhältnis in den gesetzlichen Kündigungsschutz hineinwachsen soll oder ob die Einstellungsentscheidung sich als korrekturbedürftig erweist. In diesem Falle genügt es, wenn die Kündigung dem Arbeitnehmer in den ersten sechs Monaten des Arbeitsverhältnisses zugeht. Allerdings sollten Kündigungen nicht in den letzten Tagen der Sechs-Monats-Frist zugestellt werden. Der Mitarbeiter ist enttäuscht, und Enttäuschung ist der wichtigste Prozeß-motivator. Man ist ohne Not dort, wo man nicht hinwollte und bei etwas mehr Fingerspitzengefühl auch nicht wäre: nämlich vor dem Arbeitsgericht. Ein Kündigung, die gegen die guten Sitten oder ein Gesetz wie z.B. das Diskriminierungsverbot des § 611a BGB oder das Maßregelungsverbot des § 612a BGB verstößt, ist selbstverständlich stets nichtig.

Exkurs: Die Erfahrung eines Juristen, der sich seit 20 Jahren ausschließlich mit Arbeitsrecht beschäftigt, zeigt, daß Arbeitnehmer nur selten auf ihr „Recht" im juristischen Sinne klagen; die meisten kennen die Einzelheiten des Arbeitsrechts so wenig wie ihre betrieblichen Gegenspieler. Ein Mitarbeiter klagt, wenn er sich ungerecht – und das heißt: schlecht – behandelt fühlt, während selbst einschneidende Personalmaßnahmen zumindest hingenommen werden, wenn der Mitarbeiter sich fair und anständig behandelt fühlt. So mancher Arbeitnehmer, der meinen arbeitsrechtlichen Rat suchte, weil er klagen wollte, konnte mir nicht sagen, worauf er klagen wolle. Das müsse ich schon entscheiden, schließlich sei ich ja der Fachmann. Er wisse nur, daß er sich „das" nicht gefallen lasse. Fazit: In der Praxis ist Fairneß eine weitaus effizientere Prozeßprophylaxe als der beckmesserische Ehrgeiz, juristisch alles 100%ig abzusichern (was sowieso nicht möglich ist!).

Zurück zum Thema: Besteht das Arbeitsverhältnis länger als sechs Monate, so steht es nach § 1 KSchG unter gesetzlichem Kündigungsschutz. Das bedeutet: Es kann nur noch aus den *drei gesetzlichen Kündigungsgründen* vom Arbeitgeber einseitig beendet werden. Die drei Kündigungsgründe sind in der Reihenfolge des Gesetzes: Gründe, die in der Person oder in dem Verhalten des Arbeitnehmers liegen, oder dringende betriebliche Erfordernisse, die einer Weiterbeschäftigung des Arbeitnehmers in diesem Betrieb entgegenstehen.

Systematisch hat der letzte Grund, die sogenannte *betriebsbedingte Kündigung,* mit den beiden anderen nichts zu tun. Nahezu alle betriebsbedingten Kündigungen sind Folge einer unternehmerischen Organisationsentscheidung, wie Betriebsstillegung oder -verlagerung, Einführung neuer Techniken, Rationalisierung von Arbeitsabläufen usw. Dem Arbeitsgericht obliegt in diesen Fällen lediglich die Überprüfung, ob aus der getroffenen Unternehmerentscheidung tatsächlich die behauptete Stellenreduzierung folgt und ob bei der Auswahl der zu entlassenden Personen die gesetzlichen Vorgaben berücksichtigt worden sind (§ 1 Abs. 3 KSchG). Vorbereitung und Durchführung betriebsbedingter Kündigungen sind damit naturgemäß nicht Sache des jeweiligen Vorgesetzten, sondern der Unternehmensleitung bzw. Personalabteilung.

Der personen- und verhaltensbedingten Kündigung ist gemeinsam, daß beide ihre Ursachen in der persönlichen Sphäre des Arbeitnehmers haben. Erfüllt der Arbeitnehmer korrekt seine Pflichten aus dem Arbeitsvertrag, kann eine Kündigung nur wegen dringender betrieblicher Erfordernisse gerechtfertigt sein. Kommt es hingegen zu Vertragsstörungen, die ihre Wurzeln in der persönlichen Sphäre des Vertragspartners Arbeitnehmer haben, so ist zu unterscheiden: Sind die Vertragsstörungen *dem Arbeitnehmer* im Rechtssinne *zurechenbar,* könnte er sie bei gutem Willen vermeiden, dann handelt es sich um den Typus der *verhaltensbedingten Kündigung.*

Liegt die zwar in der persönlichen Sphäre des Arbeitnehmers begründete Vertragsstörung *außerhalb seiner Beeinflussungsmöglichkeit* – wie z.B. Krankheit oder schicksalhafter Leistungsverfall –, spricht man von einer *personenbedingten Kündigung.*

Diese Unterscheidung ist nun keineswegs juristische Begriffsspielerei. Vielmehr folgen aus der Art des Kündigungsgrundes wichtige praktische Konsequenzen für die

Kündigungsvorbereitung. Die verhaltensbedingte Kündigung funktioniert nach dem Muster „das Maß ist voll". Das abgemahnte, aber nicht abgestellte Fehlverhalten in der *Vergangenheit* rechtfertigt die Auflösung des Arbeitsvertrages gegenüber dem illoyalen Mitarbeiter; er hat seinen Kündigungsschutz sozusagen in zurechenbarer Weise „verwirkt" (siehe Kapitel 4). Die personenbedingte Kündigung ist hingegen *zukunfts*orientiert. Nicht die Fehlzeiten oder Schlechtleistungen in der Vergangenheit sind der eigentliche Kündigungsgrund, sondern der vom Arbeitgeber zu führende Nachweis, daß die gestörte Austauschbeziehung zwischen Unternehmen und Mitarbeiter auch in Zukunft gestört bleiben wird, also irreparabel von einem gegenseitigen Vertrag zu einem einseitigen Versorgungsverhältnis zu denaturieren droht. Und genau hier liegen die spezifischen Probleme jeder personenbedingten Kündigung: nämlich heute beweisen zu müssen, was in Zukunft sein wird (siehe Kapitel 5).

4. Verhaltensbedingte Kündigung und Abmahnung

Bei den Vertragsstörungen, die dem Arbeitnehmer zurechenbar sind, unterscheidet die Rechtsprechung danach, ob die Störung im sogenannten Leistungsbereich oder im Vertrauensbereich liegt. Denn bei massiven Störungen im Vertrauensbereich kann ausnahmsweise auch ohne vorangegangene Abmahnung gekündigt werden. Es wird sich dann allerdings meist nicht um eine ordentliche (fristgemäße) Kündigung im Sinne von § 1 KSchG, sondern regelmäßig um eine außerordentliche und damit auch fristlos mögliche Kündigung nach § 626 BGB handeln. In allen übrigen Fällen verhaltensbedingter Kündigung – also bei Störungen im Leistungsbereich und bei minder gravierenden Störungen im Vertrauensbereich – gilt der eiserne Grundsatz: *Keine Kündigung ohne vorangegangene Abmahnung!*

Das gilt auch bei der außerordentlichen (fristlosen) Kündigung, sofern die Störung im Arbeitsbereich liegt. Paradebeispiel ist hier die beharrliche Arbeitsverweigerung. Dabei folgt die Beharrlichkeit der Arbeitsverweigerung nicht etwa daraus, daß der Mitarbeiter z.B. regelmäßig zu spät kommt. Hier könnte sogar ein „Gewohnheitsrecht" entstanden sein, wenn nämlich der betreffende Arbeitnehmer sein Fehlverhalten unbeirrt, in aller Offenheit und – das ist entscheidend! – *ungerügt* fortsetzt. Dadurch erweckt der Arbeitgeber nämlich objektiv den Eindruck, die tatsächlich erbrachte Arbeitsleistung als vertragsgerecht akzeptieren zu wollen. Beharrlich im Rechtssinne ist eine Arbeitsverweigerung deshalb nur und erst dann, wenn sie trotz *Abmahnung* fortgesetzt wird.

Ein kaufmännischer Angestellter bemüht sich um die Adoption eines Kindes. Am 21.7.1992 wird ihm mitgeteilt, daß die Adoption eines am 14.7.1992 geborenen Kindes möglich sei und die Adoptionspflege am 24.7.1992 aufgenommen werden müsse. Der Angestellte beantragt beim Arbeitgeber Erziehungsurlaub ab 24.7.1992 und erscheint von diesem Tage an nicht mehr zur Arbeit. Der Arbeitgeber kündigt am 29.7.1992 fristlos wegen Arbeitsverweigerung. ArbG und LAG machen seitenweise Ausführungen zur Einhaltung der Vier-Wochen-Ankündigungsfrist vor Antritt des Erziehungsurlaubs im Adoptionsfall.

> Das BAG hält die Sache aus einem einzigen Grund für entscheidungsreif: Das vom Arbeitgeber beanstandete Fehlverhalten liegt einzig und allein im Leistungsbereich. Deshalb wäre – sowohl für eine ordentliche wie auch für eine außerordentliche Kündigung – eine vorangegangene Abmahnung erforderlich gewesen. Da eine Abmahnung unstreitig nicht erfolgt war, ist das Arbeitsverhältnis durch die Kündigung – ob nun ordentlich oder außerordentlich – nicht beendet worden (BAG v. 17. 2. 1994, DB 1994 S. 1477 = NZA 1994 S. 656).

Wer sich mit Hilfe der Gesetze über die Abmahnung informieren will, wird vergeblich suchen. Der Begriff „Abmahnung" findet sich in keinem einzigen Arbeitsgesetz. Die Abmahnung ist – wenn man so will – eine „Erfindung" der Rechtsprechung. Das bedeutet allerdings nicht, daß man sie deshalb weniger ernst nehmen dürfte als gesetzliche Kündigungsvoraussetzungen. Denn es ist eine der markanten Besonderheiten des deutschen Arbeitsrechts, daß hier Richterrecht eine gesetzvertretende und zuweilen sogar gesetzverdrängende Rolle spielt.

Darin begründet liegt aber auch eine besondere Schwierigkeit bei der Darstellung des Rechtes der Abmahnung. Denn das Bundesarbeitsgericht schreibt keine Lehrbücher oder Kommentare, sondern entscheidet nach dem Prinzip der Gewaltenteilung den konkreten Einzelfall. Wichtig für den Praktiker ist, daß das Wort Abmahnung lediglich ein terminus technicus ist. Es handelt sich sozusagen um einen Kunstbegriff, mit dem Fachleute sich darüber vergewissern können, daß sie über dieselbe Sache sprechen.

Daraus folgt zweierlei: Einerseits ist die Bezeichnung eines bestimmten Vorgehens als „Abmahnung" nicht erforderlich. Andererseits ist die Bezeichnung einer bestimmten Maßnahme als „Abmahnung" aber auch nicht ausreichend. Nötig ist vielmehr, daß die nach der Rechtsprechung erforderlichen Funktionen der Abmahnung erfüllt sind. Und diese Funktion kann man charakterisieren als Rügefunktion, als Warnfunktion und als Beweisfunktion.

An dieser Stelle scheint noch eine weitere Klarstellung erforderlich. Eine Abmahnung in dem soeben dargestellten Sinne hat eine rein kündigungsrechtliche Bedeutung. Ein Arbeitgeber, der – aus welchen Gründen auch immer – nicht die Absicht hat zu kündigen, braucht auch keine den Anforderungen der Rechtsprechung genügende Abmahnung auszusprechen. Zugespitzt ließe sich sogar sagen: Wer keine Kündigungsabsicht hat, kann das tun, was er für zweckmäßig hält, ein weiches Motivations- oder ein hartes Kritikgespräch führen. Eine Abmahnung im hier darzustellenden juristischen Sinne ist weder erforderlich noch empfehlenswert. Denn nur wenige Mitarbeiter reagieren auf die Androhung juristischer Konsequenzen und der Dokumentation in den Personalakten mit einem Motivationsschub oder gar Höchstleistung. Drohungen und Einschüchterungsversuche haben erfahrungsgemäß eher Duckmäuserei oder Absentismus zur Folge nach dem Motto: „Wer arbeitet, kann Fehler machen. Laßt uns keine Fehler machen!" Wo hingegen eine leistungsbedingte Kündigung angestrebt wird, gibt es nach der Rechtsprechung zur Abmahnung keine Alternative!

4.1 Rügefunktion der Abmahnung

Aus der Rügefunktion muß zweierlei erkennbar werden: einmal, was überhaupt gerügt werden soll, und sodann, weshalb dies als nicht vertragsgerecht kritisiert wird.

Deshalb geht es zunächst einmal darum, klar und deutlich die Fakten darzustellen. Was ist wann und wo geschehen? Deshalb lautet der erste Satz einer Abmahnung stereotyp und der Struktur nach geradezu austauschbar: „Sie haben... (da und da) ... (dann und dann)... (das und das) gemacht." Starke Worte, rechtliche Bewertungen oder gar kränkende Unwerturteile über die Person des Mitarbeiters sind hier nicht nur überflüssig, sondern auch dysfunktional. Juristisch geht es nämlich bei der Abmahnung allein darum, daß der eine Vertragspartner den anderen zunächst einmal darüber informiert, welches Verhalten er als nicht vertragsgerecht ansieht.

Maßstab für die Kritik sind einzig und allein die Haupt- oder Nebenpflichten aus dem Arbeitsvertrag. Selbst kriminelles Verhalten – wie z.B. ein Ladendiebstahl oder unwahre und ehrenrührige Behauptungen über das Privatleben des Unternehmers – können nicht zum Gegenstand einer arbeitsrechtlichen Abmahnung gemacht werden, sofern sie nicht das Arbeitsverhältnis rechtlich tangieren.

Ebensowenig ist eine Abmahnung möglich, wenn bei einem Betriebsratsmitglied in Wahrheit seine Amtsführung kritisiert werden soll. Zu Schwierigkeiten kann dabei die Abgrenzung von Arbeits- und Amtspflichten führen.

Der fünfköpfige Betriebsrat eines Verlages beschließt, daß die stellvertretende Betriebsratsvorsitzende als Zuhörerin an der Arbeitsgerichtssitzung in einem Kündigungsschutzverfahren eines beim Verlag beschäftigten Arbeitnehmers teilnehmen soll. Der Verlag weist darauf hin, daß die Teilnahme an Arbeitsgerichtssitzungen über Individualstreitigkeiten nach ständiger Rechtsprechung nicht zu den Aufgaben des Betriebsrats i.S.v. § 37 Abs. 2 BetrVG zähle. Es kommt zu einem Schriftwechsel zwischen Geschäftsleitung und Betriebsrat, der mit einem Schreiben an die stellvertretende Betriebsratsvorsitzende endet, in welchem ihr das Verlassen des Hauses zwecks Teilnahme an der Gerichtssitzung untersagt wird. Sie nimmt dennoch in der Zeit von 11.30 bis 13.00 Uhr an der Gerichtssitzung teil und erhält daraufhin eine Abmahnung.

Die Abgemahnte klagt mit folgenden Gründen:

- Es habe sich um eine Auseinandersetzung über den Umfang ihrer Betriebsratstätigkeit gehandelt, die nicht im Wege einer individualrechtlichen Abmahnung geklärt werden dürfe.
- Sie habe guten Glaubens gehandelt, weshalb ihr kein – für eine Abmahnung erforderlicher – Schuldvorwurf gemacht werden könne.
- Die Abmahnung verstoße gegen das arbeitsrechtliche Übermaßverbot, weil ein verständiger Arbeitgeber angesichts des geringen Zeitausfalls und fehlenden Verschuldens über einen solchen Vorgang hinwegsehen müsse.

Das BAG (v. 31.08.1994, DB 1995 S. 1235 = NZA 1995 S. 225) folgt dem nicht:

- Die Abmahnung eines Betriebsratsmitglieds ist insoweit unzulässig, als ihm allein die Verletzung einer Amtspflicht vorgeworfen wird. Hier ist lediglich die Durchführung eines Ausschlußverfahrens nach § 23 Abs. 1 BetrVG möglich.

- Hat ein Betriebsratsmitglied durch sein Verhalten zumindest auch seine arbeitsvertraglichen Pflichten verletzt, kommt eine Abmahnung auch gegenüber Betriebsratsmitgliedern in Betracht. Bei dem hier gerügten unentschuldigten Fernbleiben von der Arbeit wird allein ein arbeitsvertragsbezogenes Fehlverhalten zum Gegenstand der Abmahnung gemacht.
- Für die Frage, ob eine Abmahnung zu Recht erfolgt ist, kommt es auf die subjektive Vorwerfbarkeit im Sinne eines Verschuldens nicht an. Entscheidend ist allein, ob der Vorwurf objektiv gerechtfertigt ist.
- Auch bei Abmahnungen ist der Grundsatz der Verhältnismäßigkeit zu beachten. Eine nicht unerhebliche Verletzung der Arbeitspflicht trotz entsprechender vorangegangener Belehrung durch den Arbeitgeber läßt eine Abmahnung nicht als Verstoß gegen das Übermaßverbot erscheinen.

Wie kompliziert die Abgrenzung von Wahrnehmung des Betriebsratsamtes und gewerkschaftlicher Betätigungsfreiheit einerseits von der von allen Mitarbeitern geschuldeten Einhaltung arbeitsvertraglicher Pflichten andererseits ist, mag ein sehr ähnlicher Fall verdeutlichen, der am Ende nicht nur das BVerfG beschäftigt hat, sondern dieses zu einer Änderung seiner bisherigen Rechtsprechung in Richtung Erweiterung gewerkschaftlicher Betätigungsfreiheit geführt hat.

Ein freigestelltes Betriebsratsmitglied bestellt einen Arbeitnehmer während der Arbeitszeit in das Betriebsratsbüro und übergibt ihm den sog. Leistungsausweis der Gewerkschaft. Darunter wird eine Auflistung der gewerkschaftlichen Verhandlungserfolge verstanden, verbunden mit der Aufforderung zum Gewerkschaftsbeitritt. Das Betriebsratsmitglied wird deswegen abgemahnt. Die hiergegen gerichtete Klage hat beim BAG (v. 13.11.1991, DB 1992 S. 843 = NZA 1992 S. 690) keinen Erfolg.

Das BVerfG (v. 14.11.1995, DB 1996 S. 1627 = NZA 1996 S. 381) hebt diese Entscheidung mit folgender Begründung auf:

- Der Schutz des Art. 9 III GG beschränkt sich nicht auf diejenigen Tätigkeiten, die für die Erhaltung und die Sicherung des Bestandes der Koalition unerläßlich sind. Er umfaßt *alle* koalitionsspezifischen Verhaltensweisen (insoweit Aufgabe der bisherigen „Kernbereichs-Theorie").
- Zu den geschützten Tätigkeiten gehört auch die Mitgliederwerbung durch die Koalitionen. Diese schaffen damit das Fundament für die Erfüllung ihrer in Art. 9 III GG genannten Aufgaben. Durch die Werbung neuer Mitglieder sichert die Koalition ihren Fortbestand. Von der Mitgliederstärke hängt zumal bei Gewerkschaften deren Verhandlungsstärke ab. Ein Gewerkschaftsmitglied, das sich darum bemüht, die eigene Vereinigung durch Mitgliederzuwachs zu stärken, nimmt das Grundrecht der Koalitionsfreiheit wahr.
- Deshalb bedarf die Mitgliederwerbung für eine Gewerkschaft auch während der Arbeitszeit aus verfassungsrechtlicher Sicht keiner besonderen Rechtsgrundlage. Vielmehr ist vom BAG als zuständigem Fachgericht allein zu prüfen, ob und weshalb durch die Mitgliederwerbung während der Arbeitszeit arbeitsvertragliche Pflichten konkret verletzt worden sind.

Empfehlenswert ist es deshalb in jedem Falle, den Arbeitsvertrag explizit zum Maßstab der Kritik zu machen: „Dieses Verhalten stellt einen (je nach Lage des Falles: schweren) Verstoß gegen Ihre Pflichten aus dem Arbeitsvertrag dar." Damit wird die Abmahnung einerseits gegen die bloße *„Ermahnung"* abgegrenzt. Unter „Ermahnung" verstehen die Gerichte eine Unmutsäußerung des Vorgesetzten oder Arbeitgebers, welche nicht die Ebene des Rechts erreicht, sondern lediglich menschliche oder kollegiale Enttäuschung signalisiert. Zugleich grenzt der ausdrückliche Hinweis auf die Pflichten aus dem Arbeitsvertrag die Abmahnung von sonstigen – ggf. nach § 87 Abs. 1 Nr. 1 BetrVG mitbestimmungspflichtigen – Disziplinarmaßnahmen ab. Denn mitbestimmungsfrei ist nur die auf Kündigung abzielende, aus der Gläubigerstellung abgeleitete vertragsrechtliche Abmahnung, nicht hingegen sonstige Maßnahmen kollektivrechtlicher Art, die primär die Ordnung des Betriebes und das Verhalten der Arbeitnehmer im Betrieb sicherstellen sollen.

Selbstverständlich werden vernünftige Vorgesetzte und Personalleiter nicht erst dann mit dem Betriebsrat reden, wenn sie sich endgültig zur Kündigung entschlossen haben. Die Gefahr ist nämlich groß, daß gerade ein verantwortungsbereiter Betriebsrat im Anhörungsverfahren nach § 102 BetrVG schon allein deswegen „Nein" zur Kündigung sagt, weil man seine Meinung erst einholt, nachdem die Kündigungsentscheidung längst gefallen ist. Daß die Abmahnung auch ohne Beteiligung des Betriebsrats wirksam ist, hat die rechtliche Konsequenz, daß keine Verfahrensfehler gemacht werden können. Praktisch bedeutet dies, daß die Beteiligung des Betriebsrats im Vorfeld der Kündigung eine Frage der Zweckmäßigkeit und nicht des formalen Zwanges ist.

4.2 Warnfunktion der Abmahnung

Wie ernst eine Abmahnung zu nehmen ist, muß sich aus den angedrohten Konsequenzen für weiteres Fehlverhalten ergeben. Allerdings ist eines zu beachten: Die letzte Abmahnung vor der Kündigung muß eine Kündigungsandrohung enthalten. Ist die Kündigung nicht angedroht worden, so kann sie auch nicht erfolgreich ausgesprochen werden, weil dann die unverzichtbare Warnfunktion nicht erfüllt wäre.

Sowenig wie die Benutzung des Wortes „Abmahnung" erforderlich ist, sowenig kommt es bei der Warnfunktion auf die Verwendung des Wortes „Kündigung" an. Denn es geht hier nicht um Begriffsprobleme, sondern um Sach- und Verständnisfragen. Deshalb ist es erforderlich, aber auch ausreichend, wenn der Arbeitnehmer klar erkennen kann, daß er bei weiteren Pflichtverletzungen den Bestand (durch Entlassungskündigung) bzw. Inhalt (durch Änderungskündigung) seines Arbeitsverhältnisses gefährdet. Wer sich nicht den Interpretationskünsten deutscher Arbeitsrichter aussetzen will und ein Freund klarer Worte ist, sollte allerdings offen die Kündigung bzw. Änderungskündigung androhen. Nicht empfehlenswert ist, jede Abmahnung mit der stets gleichen Formel enden zu lassen „. . . und werden wir Ihnen kündigen". Wie ein rheinischer Richter meint, könnte der abgemahnte Arbeitnehmer ein solches Stereotyp sonst allzu leicht als eine Art Grußformel mißinterpretieren. Eine Inflation von Kündigungsandrohungen konterkariert die Warnfunktion der Abmahnung. Weniger, aber Belangvolles ist hier mehr.

Vorgesetzter und Personalwesen sollten sich hier vorher auf das engste abstimmen: damit keine Kündigung angedroht wird, die nicht realisierbar ist, weil z. B. gerade Urlaubszeit ist und zusätzlich eine größere Anzahl Mitarbeiter wegen Krankheit ausfällt;

damit aber auch andererseits nicht eine geplante und mögliche Kündigung unterbleiben muß, weil sie aus Ängstlichkeit oder falscher Vornehmheit nicht angedroht worden ist.

Entschließt man sich zu einer Abmahnung, so muß man wissen, daß dies den Verzicht auf eine Kündigung einschließt, auch wenn die Gründe für eine Kündigung ausgereicht hätten. Denn den Formulierungen „im Wiederholungsfall" oder „bei weiteren Vertragsverstößen werden wir kündigen" ist im Umkehrschluß zu entnehmen: „Wenn Sie sich künftig endlich an Ihre vertraglichen Pflichten halten, aber eben nur dann, sind wir bereit, das Arbeitsverhältnis fortzusetzen." Der abgemahnte Fall kann also niemals zugleich der die Kündigung auslösende Fall sein.

Eine instruktive Entscheidung des BAG (BAG v. 10. 11. 1988, DB 1989 S. 1427 = NZA 1989 S. 633) mag dies verdeutlichen: Der Pilot einer kleinen Frachtbedarfsfluggesellschaft hatte öfter eine seiner Freundinnen – entgegen allen Vorschriften – mit auf Auslandsflüge genommen. Er unterschlägt dies in sämtlichen amtlichen Unterlagen; er „schleust" die Damen über den „Staff only Gate" im Ausland aus und wieder ein. Am 3. 11. 1986 erhält er folgendes Schreiben:

„Abmahnung: Hiermit untersage ich Ihnen letztmalig, für alle Flüge, die Sie als Kapitän selbst durchführen oder die Sie als Flugbetriebsleiter im Rahmen des Flugbetriebs zu verantworten haben, die Mitnahme irgendwelcher Passagiere und Mitarbeiter, wenn Ihnen hierfür nicht die Genehmigung der Geschäftsleitung vorliegt."

Am 4. 11. 1986 geht dem Piloten die fristlose Kündigung zu wegen unberechtigter Mitnahme von Passagieren, Fälschung der Bordbücher, Flight-Logs und ATC-Pläne sowie Verstoßes gegen Zoll- und Paßvorschriften.

Der Pilot klagt gegen die fristlose Kündigung und gewinnt zunächst beim BAG aus folgenden Gründen:

Bei einer Abmahnung kann der Arbeitgeber sich auf die Wahrnehmung seines vertraglichen Rügerechts beschränken. Die *Rügefunktion* dient vor allem dazu, den Arbeitnehmer ins Bild zu setzen, daß sein Verhalten als vertragswidrig angesehen und nicht hingenommen wird. Die Abmahnung kann aber auch der Vorbereitung einer Kündigung dienen. Dann ist die *Warnfunktion* (Kündigungsandrohung) unverzichtbar. In beiden Fällen bedeutet *Abmahnung Verzicht auf Kündigung* wegen des abgemahnten Sachverhalts.

Deshalb ist der Fall vom BAG an das Landesarbeitsgericht (LAG) zurückverwiesen worden, damit das LAG als Tatsacheninstanz prüfen kann, ob dem Arbeitgeber nach der Abmahnung neue Tatsachen bekanntgeworden sind und ob diese einen so schweren Vertrauensbruch darstellen, daß deswegen auch ohne Abmahnung gekündigt werden kann.

Liegen Gründe für eine – ggf. fristlose – Kündigung vor und soll aus diesen Gründen gekündigt werden, ist eine Abmahnung widersinnig. Es muß – bei fristlosen Kündigungen unter Beachtung der Zwei-Wochen-Ausschlußfrist des § 626 Abs. 2 BGB – gekündigt werden. Sollte das Gericht die Gründe nicht für ausreichend halten, so kann selbst nach verlorenem Kündigungsprozeß hierauf eine Abmahnung gestützt werden (BAG v. 7. 9. 1988, DB 1989 S. 284 = NZA 1989, S. 272). Abgemahnte Sachverhalte hingegen werden als eigenständige Kündigungsgründe „verbraucht".

Reicht ein Fehlverhalten selbst im Wiederholungsfalle für eine Kündigung ersichtlich nicht aus, sollte auch nicht mit Kündigung in der Abmahnung gedroht werden. Üblich ist es, dunkel „arbeitsrechtliche Konsequenzen" oder „geeignete Maßnahmen" anzukündigen. Das ist nicht nur Psychologie, das hat auch eine juristische Bedeutung. Selbst wenn im Wiederholungsfalle (noch) nicht gekündigt werden kann, so hat der Arbeitgeber durch seine Rüge deutlich gemacht, daß er das Verhalten als vertragswidrig ansieht und nicht hinzunehmen gedenkt. Juristisch heißt das: Es wird verhindert, daß eine *„betriebliche Übung"* entsteht. Eine Besonderheit des schnellebigen Arbeitsrechts ist nämlich, daß ein offen vertragswidriges Verhalten, das vom Arbeitgeber kritiklos hingenommen wird, im Laufe der Zeit zum vertraglichen „Besitzstand" wird. Verläßt ein Arbeitnehmer – offen und unbeanstandet – seit Jahren am Freitagnachmittag den Betrieb eine halbe Stunde vor Arbeitsschluß, dann gibt es nichts mehr abzumahnen. Dieser Mitarbeiter hat auf eigene Faust und völlig konfliktfrei die gewerkschaftliche Forderung nach ständiger Verkürzung der Arbeitszeit bei vollem Lohnausgleich verwirklicht.

Aber auch Abmahnungen ohne Kündigungsandrohung haben eine kündigungsrechtliche Bedeutung: Zwar genügen sie nicht den Anforderungen, die an die letzte Abmahnung zu stellen sind; sie spielen jedoch bei der Frage, ob dem Arbeitgeber das Fehlverhalten weiterhin zugemutet werden kann, eine beachtliche Rolle. Praktiker erwarten hier eine Quantifizierung etwa der Art: Drei Abmahnungen rechtfertigen die Kündigung. Das BAG hat eine solche Quantifizierung mit Recht stets abgelehnt. Bei der beharrlichen Arbeitsverweigerung reicht normalerweise, aber nicht in jedem Falle (BAG v. 21. 11. 1996, DB 1997 S. 832 = NZA 1997 S. 487), eine ernstzunehmende Abmahnung mit Arbeitsaufforderung – bei Unpünktlichkeiten im Bagatellbereich führen selbst drei erfolglose Abmahnungen nicht zur Kündigung. Abmahnungen werden von der Rechtsprechung nicht gezählt, sondern gewichtet. Natürlich ist die Praktiker-Faustregel „Im Zweifel drei Abmahnungen" nicht völlig realitätsfremd. Aber es ist eben nur eine Faustregel.

4.3 Beweisfunktion der Abmahnung

Aus dem Ultima-ratio-Prinzip leitet die Rechtsprechung ab, daß eine verhaltensbedingte Kündigung erst dann als sozial gerechtfertigt im Sinne von § 1 KSchG anerkannt werden kann, wenn mildere Maßnahmen – vor allem also die Aufforderung zu vertragsgerechtem Verhalten und der Hinweis auf die sonst zu erwartenden Konsequenzen – nicht ausreichen. Die erfolglose *Abmahnung* ist also Teil des gesetzlichen *Kündigungstatbestandes*. Nach § 1 Abs. 2 letzter Satz KSchG hat der Arbeitgeber die Tatsachen zu beweisen, die die Kündigung bedingen. Der Vollbeweis für das Vorliegen aller die Abmahnung konstituierenden Voraussetzungen ist deshalb Sache des Arbeitgebers.

Es ist bereits oben darauf hingewiesen worden, daß der Kündigungsschutzprozeß praktisch zum Urkundenprozeß geworden ist. Selbstverständlich muß das Gericht im Streitfall auch ordnungsgemäß angebotenen Zeugenbeweis erheben. Aber *praktisch* kann man nichts falsch machen, wenn man nach dem Satz verfährt: Wo eine beweiskräftige Urkunde erstellt werden kann, sollte man es nicht auf Zeugenbeweis ankommen lassen. Denn Zeugen können auswandern, versterben, krank oder im Urlaub sein, von ihrem Gedächtnis im Stich gelassen werden usw. All das ist bei einer Urkunde nicht zu befürchten. Sie steht im Eigentum des Unternehmens, kann jederzeit vorgelegt werden und erbringt nach § 416 ZPO, sofern sie unterschrieben ist, vollen Beweis dafür, daß die Erklärungen so abgegeben worden sind.

Optimal ist deshalb ein vom Betroffenen unterschriebenes Protokoll. Selbstverständlich ist der Arbeitnehmer nicht verpflichtet, das Protokoll über ein Kritik- bzw. Abmahngespräch zu unterschreiben. Und in Seminaren hört man oft: Warum sollte er? Berechtigter erscheint die Gegenfrage: Warum sollte er nicht? Denn wenn man fair und offen über alle Punkte gesprochen und Einvernehmen erzielt hat, was spricht dann dagegen, daß alle Gesprächsteilnehmer die hierüber angefertigte Niederschrift auch unterzeichnen? – „Das unterschreibt bei uns keiner" aus dem Munde eines Personalleiters ist eine verräterische Selbstaussage des Personalwesens über den Kredit, den man bei den Mitarbeitern hat. Vermutlich werden Mitarbeiter, die sich weigern, irgend etwas im Personalbüro zu unterschreiben, dafür gute Gründe haben!

Conditio sine qua non ist freilich, daß man den Mitarbeiter, seine Einlassungen und Erklärungen ernst nimmt und sie nicht ungeprüft als Ausflüchte vom Tisch wischt. Steht Aussage gegen Aussage und kann die Darstellung nicht widerlegt werden, dann muß man die Vorwürfe fallenlassen. Andernfalls werden nur unnötig die Personalakten aufgebläht und Entscheidungsgrundlagen geschaffen, die bei der Anhörung des Betriebsrats nach § 102 BetrVG, spätestens jedoch vor dem Arbeitsgericht wie ein Kartenhaus zusammenfallen. Das ist nicht nur ein überflüssiger Aufwand, das weckt auch über den konkreten Fall hinaus Zweifel an der Kompetenz der Verantwortlichen.

Bestreitet der Mitarbeiter hingegen zu Unrecht die gegen ihn erhobenen Vorwürfe oder weigert er sich grundlos, dies schriftlich zu bestätigen, muß zwangsläufig zur zweitbesten Lösung gegriffen werden: Möglichst zwei und möglichst zwei „unverdächtige" Zeugen (besser ein Mitglied des Betriebsrats als die eigene Sekretärin) bestätigen durch ihre Unterschrift die richtige Wiedergabe des Abmahngesprächs bzw. des Hergangs. Eine solche Urkunde „streitet" (wie Juristen sagen) zwar nicht gegen den Betroffenen, weil sie nicht von ihm selbst unterschrieben ist; aber in der betrieblichen und arbeitsgerichtlichen Praxis ist der Unterschied zum „echten" Urkundenbeweis minimal. Dennoch sollte zunächst versucht werden, das Gespräch so zu führen, daß das Protokoll hierüber auch vom Betroffenen akzeptiert werden kann. Schließlich „verliert" er nicht nur – er „gewinnt" auch. Denn jede Abmahnung bedeutet Kündigungsverzicht aus den abgemahnten Gründen (s. Kap. 4.2).

Völlig wertlos für den Fall einer juristischen Auseinandersetzung sind einseitige Aufzeichnungen, Aktennotizen, Meldungen usw. Sie beweisen lediglich, daß der Verfasser den Text geschrieben hat, nicht aber, daß die Darstellung auch zutreffend ist. Daraus darf jedoch nicht gefolgert werden, daß solche Aufzeichnungen gar keinen Wert haben. Sie haben keinen beweisrechtlichen Wert. Zur Unterstützung des Gedächtnisses und bei (juristisch) nicht begründungspflichtigen Personalmaßnahmen (z.B. Beförderungen und Gehaltserhöhungen) sind sie meist eine wertvolle Entscheidungshilfe.

Ausdrücklich gewarnt sei vor einem rein bürokratisch-formalen Umgang mit Abmahnungen. Denn die Abmahnung ist – wie eingangs bereits betont – Teil des Kündigungsgrundes und damit primär ein inhaltliches Problem.

Dagegen ist z.B. die Zustellung von Kündigungen ein verfahrenstechnisch-formales Problem: Eine Kündigung ist zugegangen, wenn sie „rückstandslos" in den Herrschaftsbereich des Empfängers (z.B. Briefkasten) gelangt ist; auf Kenntnisnahme

Geradezu ein „Lehrstück" in Sachen Abmahnung ist bei der früheren Bundespost aufgeführt worden. Ein Fernmeldehandwerker ist seit 10 Jahren dort tätig und in den letzten 3 Jahren ca. 50mal bis zu 5 Stunden zu spät gekommen. Entsprechende Lohnkürzungen hat er widerspruchslos hingenommen. Er ist bereits mehrfach abgemahnt worden – mit Postzustellungsurkunde! Als er innerhalb von 2 Monaten wieder dreimal je eine Stunde zu spät kommt, wird gekündigt. Der Gekündigte klagt und räumt ein, die letzten drei Male „verschlafen" zu haben. In allen anderen Fällen treffe ihn kein Verschulden, weil er krank bzw. beim Arzt gewesen, in einen Stau geraten sei usw. Die Post meint, damit könne der Kläger im Prozeß nicht mehr gehört werden; wer Abmahnungen und Lohnkürzungen widerspruchslos hinnehme, gestehe damit sein Fehlverhalten ein.

Das BAG (BAG v. 13. 3. 1987, DB 1987 S. 1494 = NZA 1987 S. 518) gibt dem Kläger recht: Bewiesen sei lediglich das Zuspätkommen in drei Fällen. Das reiche nach zehnjähriger Betriebszugehörigkeit für eine Kündigung nicht aus. Schweigende Hinnahme von Abmahnungen und Lohnkürzungen könne nicht als Geständnis gewertet werden, und bloße Indizien reichen für den nach § 1 Abs. 2 Satz 4 KSchG vom Arbeitgeber zu führenden Vollbeweis nicht aus. Der Arbeitnehmer *kann* seinen Tariflohn einklagen, aber er muß es nicht. Der Arbeitnehmer *kann* gegen ungerechtfertigte Abmahnungen vorgehen, z.B. durch Klage. Tut er dies nicht, so ist er nicht daran gehindert, die gegen ihn erhobenen Vorwürfe erst im Kündigungsschutzprozeß zu bestreiten.

Die Postjuristen verstehen die Welt nicht mehr. In Wahrheit sind sie jedoch nicht Opfer einer höchstrichterlichen Fehlentscheidung, sondern ihrer eigenen Bürokratenmentalität geworden. In jedem „normalen" Betrieb wäre der Mitarbeiter im wahrsten Sinne des Wortes zur *Rede* gestellt worden. Hätte er dann mit abenteuerlichen Ausflüchten aufgewartet, wären Zeit und Gelegenheit gewesen, diese aufzuklären und ggf. zu widerlegen. Nach dreijährigem Rechtsstreit ist das so gut wie unmöglich.

kommt es dabei nicht an. Bei der Abmahnung muß der Arbeitgeber hingegen beweisen, daß die „Botschaft" angekommen ist. Der Mitarbeiter muß nachweislich verstanden haben, worum es geht: nämlich den Verlust seines Arbeitsplatzes bei weiterem Fehlverhalten. Deshalb empfiehlt es sich, bei fremdsprachigen Mitarbeitern in Zweifelsfällen einen Dolmetscher einzuschalten.

Fazit und eiserne Regel für das Personalmanagement: *Erst reden – dann schreiben!* Und nur wo dies beim besten Willen nicht möglich ist, da muß man sich – notgedrungen – auf die verfügbaren Informationen verlassen und ohne Anhörung des betroffenen Mitarbeiters ein Abmahnschreiben verfassen.

4.4 „Verjährung" von Abmahnungen

Hinter der – juristisch unpräzise formulierten – Frage nach der „Verjährung" von Abmahnungen (denn nach § 194 BGB unterliegen allein Ansprüche der Verjährung), stehen zwei Praktikerprobleme: Kann der Arbeitnehmer nach einer bestimmten Zeit verlangen, daß selbst eine seinerzeit berechtigte Abmahnung aus den Personalakten entfernt wird? Und tritt irgendwann wegen sogenannter Uraltabmahnungen jedenfalls ein Verwertungsverbot im Kündigungsschutzprozeß ein?

Wegen der ersten Frage hat das BAG entschieden (BAG v. 14. 12. 1994, DB 1995 S. 981 = NZA 1995 S. 676. – Anders LAG Hamm v. 14. 5. 1986, BB 1986 S. 1296 = DB 1986 S. 1628; LAG Frankfurt/M. v. 23. 10. 1987, BB 1988 S. 1255): Es gibt keine bestimmte Regelfrist, nach der eine berechtigte Abmahnung allein wegen Zeitablaufs aus der Personalakte entfernt werden muß. Damit ist allerdings nur festgestellt, daß dies nicht aus allgemeinen arbeitsrechtlichen Grundsätzen folgt. Sehr wohl kann sich ein Entfernungsanspruch z.B. aus Tarifvertrag oder Betriebsvereinbarung ergeben. Möglich ist auch, daß in einem Betrieb eine entsprechende betriebliche Übung entstanden ist. Werden beispielsweise Abmahnungen – aus welchen Gründen auch immer – nach Ablauf von zwei Jahren routinemäßig aus der Personalakte entfernt, sofern in der Zwischenzeit keine weitere Abmahnung hinzugekommen ist, so kann im Einzelfall nicht willkürlich davon abgewichen werden.

Eine ganz andere Frage ist, welche Rolle eine zunächst berechtigte Abmahnung bei einer Jahre später erfolgenden Kündigung spielt. Und dazu hat das BAG in der genannten Entscheidung den Grundsatz bestätigt, der Praktikern auch vorher schon bekannt war, daß die Bedeutung von Abmahnungen mit zunehmendem Zeitablauf immer geringer wird – bis hin zur kündigungsrechtlichen Bedeutungslosigkeit.

Das allein ist jedoch kein Grund, wohlüberlegte Abmahnungen allein wegen ihres Alters ohne Not aus der Personalakte zu entfernen. Denn Personalakten dienen nicht nur der Vorbereitung von Kündigungen. Sie sollen vor allem zuverlässige Entscheidungshilfe für Personalmaßnahmen wie Gehaltserhöhung, Beförderung, Übertragung von Führungsaufgaben usw. bieten. Und hier gilt der Grundsatz: Ein Mehr an Information kann nicht schaden – ein Zuwenig leicht zu vermeidbaren Fehlentscheidungen führen.

Zu unterscheiden ist bei der Verwertbarkeit älterer Abmahnungen schließlich noch danach, ob es um die letzte Abmahnung vor einer Kündigung geht oder um solche, die lediglich unterstützend herangezogen werden. Die letzte Abmahnung vor der Kündigung sollte – so besagt eine probate Praktikerregel – nicht älter als ein Jahr sein. Aber das ist beileibe kein Dogma. So haben viele – zumeist ausländische – Arbeitnehmer häufig nur einmal im Jahr Gelegenheit, den Tatbestand der eigenmächtigen Urlaubsverlängerung zu verwirklichen. Ist der Arbeitnehmer im letzten Jahr ernstlich und letztmalig deswegen abgemahnt worden, so ist eine Kündigung auch im Wiederholungsfalle ein Jahr später in der Regel gerechtfertigt. Sollen ältere Abmahnungen hingegen lediglich dokumentieren, wieviel Geduld man gerade bei diesem Mitarbeiter aufgebracht hat, so gibt es im Grunde keinen Ausschluß wegen „Verjährung".

5. Krankheit als Kündigungsgrund

Die Krankheit ist der unpopulärste und strittigste der drei gesetzlichen Kündigungsgründe. Daß einem Arbeitnehmer gekündigt wird, der trotz aller Mahnungen nicht bereit ist, korrekt seinen Vertrag zu erfüllen, wird durchweg akzeptiert.

Selbst die betriebsbedingte Kündigung, Hauptverursacher von Massenarbeitslosigkeit, wird als ein wenn schon bitteres, so doch notwendiges Übel hingenommen, damit menschliche Arbeitskraft nicht vergeudet, sondern möglichst produktiv eingesetzt wird. Daß aber ein Kranker, der doch eigentlich Mitleid und Hilfe erwarten darf, statt dessen noch mit dem Verlust seines Arbeitsplatzes „bestraft" wird, ist für viele nur schwer nachvollziehbar.

Zunächst ist klarzustellen, daß „Kündigung wegen Krankheit" ein verkürzter und damit irreführender Sprachgebrauch ist. Nicht krankheitsbedingte Fehlzeiten in der Vergangenheit sind der gesetzliche Kündigungsgrund, sondern der vom Arbeitgeber zu führende Nachweis, daß die aus der Person des Arbeitnehmers resultierenden Vertragsstörungen irreparabel sind. Dabei kann Ursache der Vertragsstörung allerdings auch Krankheit sein; praktisch handelt es sich bei der ganz überwiegenden Zahl personenbedingter Kündigungen um krankheitsbedingte Vertragsstörungen. Allerdings wendet das BAG die aus dem Ultima-ratio-Prinzip abgeleitete Maxime „Reparieren geht vor Liquidieren" nirgendwo so konsequent an wie bei der krankheitsbedingten Kündigung.

Dafür hat das BAG (z. B. v. 21. 5. 1992, DB 1993 S. 1292 = NZA 1993 S. 497) ein dreistufiges Prüfschema entwickelt und daran in jahrelanger Rechtsprechung unbeirrt festgehalten:

1. Schritt: Persönliche Negativprognose
2. Schritt: Betriebliche Negativprognose
3. Schritt: Interessenabwägung.

1. Schritt: Persönliche Negativprognose

Wenn sich aufgrund des bisherigen Krankheitsverlaufs die Vermutung verdichtet, daß der betreffende Arbeitnehmer auch künftig unverhältnismäßig lang oder häufig krankheitsbedingt ausfallen könnte, ist es Sache des Arbeitgebers, diese Befürchtung durch geeignete Recherchen zu objektivieren. Der in diesem Zusammenhang gern verwendete Begriff „Recherchierungspflicht" ist streng juristisch verfehlt. Denn der Arbeitgeber ist im Rechtssinne nicht zu irgendwelchen Aktivitäten verpflichtet. Reagiert er allerdings auf langandauernde bzw. häufige Erkrankungen nicht, so kann er selbst bei extremen Fehlzeiten nicht krankheitsbedingt kündigen. Rechtzeitig Recherchen über den möglichen Verlauf einer Krankheit anzustellen, liegt also im wohlverstandenen Eigeninteresse des Arbeitgebers (sogenannte Obliegenheit).

Eine zuverlässige Prognose über die weitere Entwicklung des Krankheits- bzw. Gesundheitszustandes läßt sich angesichts des verfassungsmäßig garantierten Schutzes der Persönlichkeit und Entschließungsfreiheit allein mit und nicht gegen den Mitarbeiter erstellen. Deshalb entspricht der sogenannten Recherchierungspflicht des Arbeitgebers eine sogenannte Kooperationspflicht des Arbeitnehmers. Auch hier handelt es sich nicht um eine echte, gerichtlich einklagbare Rechtspflicht. Denn kein Arbeitnehmer ist gezwungen, sich auf Verlangen des Arbeitgebers einer Begutachtung durch den Werksarzt oder seines behandelnden Arztes zu unterziehen. Aber auch hier gilt: Verweigert der Mitarbeiter die Kooperation zur Erstellung einer fachmännischen Prognose, erleidet er Rechtsnachteile. Der Arbeitgeber darf dann mit Recht davon ausgehen, daß sich am Fehlzeitenbild auch künftig nichts ändern wird.

Freilich wird die sogenannte Kooperationspflicht nicht durch jede krankheitsbedingte Fehlzeit ausgelöst. Sechs Wochen Krankheit im Jahr gelten kraft Gesetzes als „normal" (§ 3 EFZG) und sind hinzunehmen. Aber auch Fehlzeiten leicht oberhalb von sechs Wochen liegen durchaus noch im Normbereich. Nach einer verbreiteten Faustregel kann erst bei Überschreiten des doppelten Entgeltfortzahlungszeitraums

(12 Wochen bzw. Vierteljahr) juristisch von einem Problemfall gesprochen werden, der Anlaß zur Nachfrage gibt. Aber auch hier entscheiden letztlich die konkreten Umstände des Einzelfalls. So scheiden etwa Fehlzeiten aufgrund eines Arbeitsunfalls oder aufgrund von Krankheiten, die einmalig aufgetreten und inzwischen abgeschlossen sind, für die persönliche Negativprognose von vornherein aus (BAG v. 14. 1. 1993, NZA 1994 S. 309). Auch gilt im Produktionsbereich oder im Außendienst häufig eine höhere Krankheitsquote als „normal" als etwa im Verwaltungsbereich und im Innendienst.

Weigert sich der langzeitig oder häufig kranke Mitarbeiter, Auskünfte über die ärztliche Prognose zu geben bzw. sich einer entsprechenden Begutachtung zu unterziehen, so darf der Arbeitgeber ein negatives Ergebnis unterstellen und hat nunmehr die betrieblichen Beeinträchtigungen zu prüfen und zu dokumentieren. Allerdings gebietet es die Fürsorgepflicht des Arbeitgebers, dies dem Arbeitnehmer in aller Deutlichkeit vor Augen zu führen und beweiskräftig zu dokumentieren.

Verfehlt ist es, in diesem Zusammenhang von Abmahnung zu sprechen. Wer krank ist, braucht nicht zu arbeiten, so daß von einer Verletzung der Arbeitspflicht keine Rede sein kann. Da im Rechtssinne auch keine wirkliche Mitwirkungspflicht (Auskunfts- oder Untersuchungspflicht) besteht, gibt es auch insoweit nichts abzumahnen. Bei aller Eindringlichkeit der Information sollten sich die Gesprächspartner auf seiten des Arbeitgebers jeglicher Unmutsäußerungen oder gar Mißbilligung gegenüber dem Kranken enthalten. Andernfalls kann auf Entfernung der Niederschrift aus den Personalakten geklagt werden (LAG Düsseldorf v. 6. 3. 1986, NZA 1986 S. 431).

Gibt der kranke Mitarbeiter selbst Auskunft über die Prognose des behandelnden Arztes oder befreit er den untersuchenden Arzt von der Schweigepflicht, so ist dies zu dokumentieren. Dabei geht es nie um die Diagnose im medizinischen Sinne, weil dies ein unerlaubter Eingriff in die Privat- und Intimsphäre des Arbeitnehmers wäre. Für den Arbeitgeber belangvoll und damit berechtigt sind jedoch ärztliche Aussagen dazu, welche Konsequenzen sich aus der Diagnose für die Fortsetzung des Arbeitsverhältnisses ergeben. Deshalb lauten die „klassischen" Fragen an den Arzt: „Ist der Arbeitnehmer in absehbarer Zeit und ggf. wann in der Lage, seine Arbeit in vollem Umfang wieder aufzunehmen? Gibt es aus ärztlicher Sicht Einschränkungen oder Auflagen für den Arbeitseinsatz und ggf. welche?"

Auf Basis des ärztlichen Gutachtens ist sodann über die weiteren Schritte zu entscheiden, besser noch: mit dem Arbeitnehmer Einvernehmen herzustellen. Kann nach Auskunft des Arztes in absehbarer Zeit mit der Wiederaufnahme der Arbeit gerechnet werden, muß der Arbeitgeber – selbst bei erheblichen Zweifeln an der Richtigkeit der Prognose – dies zunächst akzeptieren. Zweckmäßigerweise legt man sich die Akte auf Wiedervorlage, um den Fall unter Kontrolle zu behalten. Kann nach dem Gutachten mit der Wiederaufnahme der Arbeit gar nicht, nicht in absehbarer Zeit oder nur mit wesentlichen Einschränkungen gerechnet werden, ist auf dieser Basis im zweiten Prüfschritt zu klären und zu dokumentieren, welche betrieblichen/wirtschaftlichen Beeinträchtigungen dies zur Folge haben wird.

Obwohl die größere Sachnähe dafür spricht, Prognosen über die künftige Arbeitsfähigkeit dem Werksarzt zu überlassen, braucht der Arbeitnehmer auf diesen – auf jeden Fall sinnvollen – Vorschlag nicht einzugehen. Er genügt seiner Kooperationspflicht zunächst auch einmal dadurch, daß er ein Gutachten seines behandelnden Arztes vorlegt. Erweist sich dieses aufgrund der tatsächlichen Entwicklung als unzutreffend, wird man erneut eine Untersuchung durch den Werksarzt vorschlagen. Der Arbeitnehmer kann dies ablehnen. Allerdings darf der Arbeitgeber dann davon ausgehen, daß sich am Fehlzeitenbild auch künftig nichts ändern wird und zum „zweiten Prüfschritt" übergehen.

2. Schritt: Betriebliche Negativprognose

Als Kündigungsgrund kommen selbst vom Arzt prognostizierte weitere Fehlzeiten *nur* in Betracht, wenn sie zu erheblichen betrieblichen Störungen oder wirtschaftlichen Belastungen führen würden. In diesem Sinne ist jede Kündigung des Arbeitsverhältnisses ganz am Ende eine „betriebsbedingte" Kündigung. Selbst wenn nach ärztlichem Befund feststeht, daß der betreffende Mitarbeiter aus gesundheitlichen Gründen im Rahmen seines Arbeitsvertrages nicht weiterbeschäftigt werden kann, so rechtfertigt dies noch keine krankheitsbedingte Kündigung. Vielmehr ist nach § 1 Abs. 2 Satz 3 KSchG zunächst zu prüfen, ob eine Weiterbeschäftigung des Arbeitnehmers nach zumutbaren Umschulungsmaßnahmen und/oder unter geänderten Arbeitsbedingungen möglich ist, sofern er sich hiermit einverstanden erklärt hat. Naturgemäß war dabei insbesondere die Frage nach der Zumutbarkeit von Umschulungsmaßnahmen umstritten. Diese Frage hat das BAG auch in seiner neuesten Rechtsprechung nicht entschieden. Es hat aber immerhin ziemlich genau die Bedingungen beschrieben, die erfüllt sein müssen, bevor der Arbeitgeber eine Umschulung überhaupt in Betracht ziehen muß.

Eine 1954 geborene Laborfacharbeiterin ist nach ärztlichem Urteil wegen Allergie ganz allgemein auf Dauer nicht in der Lage, Arbeiten im Kontakt mit chemischen Stoffen durchzuführen. Ihr wird deshalb zum 31.3.1988 gekündigt. Gegen diese Kündigung klagt sie mit folgender Begründung: Zum einen hätte man sie außerhalb des Laborbereichs, z.B. in der Küche, einsetzen können. Zum anderen wäre dem Arbeitgeber ihre Umschulung zur Büroassistentin zumutbar gewesen; Bürokräfte seien bislang stets gesucht gewesen und würden vermutlich auch in der Zukunft benötigt werden. Mit diesen Argumenten gewinnt sie beim LAG Frankfurt/M. und verliert beim BAG (vom 7. 2. 1991, DB 1991 S. 1730 = NZA 1991 S. 806):

Die Weiterbeschäftigung auf einem anderen Arbeitsplatz zur Vermeidung einer krankheitsbedingten Kündigung setzt stets voraus, daß ein geeigneter Arbeitsplatz überhaupt frei ist. Der im Küchenbereich zu besetzende Arbeitsplatz ist so wenig geeignet wie ein Laborarbeitsplatz, weil der Kontakt mit chemischen Substanzen unvermeidlich ist. Aber auch eine Umschulung setzt voraus, daß bereits bei Beginn der Maßnahme feststeht, welcher konkrete Arbeitsplatz nach erfolgreichem Abschluß überhaupt in Betracht kommt. Dies wird bei kürzeren Maßnahmen, die sich nur unwesentlich von einer Einarbeitung unterscheiden zumal dann nicht besonders problematisch sein, wenn ohnehin lange Kündigungsfristen einzuhalten wären. Im entschiedenen Fall ging es um eine zweijährige Umschulungsmaßnahme. Angesichts des ständigen organisatorischen und technischen Wandels, der konjunkturellen Schwankungen und des Rechtes aller Mitarbeiter zur Eigenkündigung ist dies selbst bei detaillierter Personalplanung nicht vorhersehbar. Umgekehrt lehnt das BAG eine Verpflichtung des Arbeitgebers ab, zur Vermeidung von Kündigungen einen geeigneten Arbeitsplatz langfristig „einzuplanen". Denn gesetzlicher Kündigungsschutz wird nur nach Maßgabe

---

der bestehenden Personalplanung gewährt. Er zwingt den Unternehmer nicht zu einer bestimmten Personalplanung allein zur Vermeidung von Kündigungen. Deshalb konnte das BAG im konkreten Fall unentschieden lassen, was unter einer „zumutbaren" Umschulung i. S. v. § 1 Abs. 2 Satz 3 KSchG zu verstehen ist. Dies dürfte jedoch typisch für alle Fallkonstellationen sein, bei denen allein eine längerfristige Umschulungsmaßnahme künftige anderweitige Einsatzmöglichkeiten sichern würde.

Während betriebliche Störungen in Form von Stillstand, Produktionsausfällen, Reklamationen, Mitarbeiterbeschwerden usw. noch einigermaßen faßbar sind, wird seit Jahren darüber gestritten, wann von *erheblichen* wirtschaftlichen Belastungen gesprochen werden kann. Entgegen vielfältiger Kritik hat das BAG daran festgehalten, daß es dabei nicht auf die Tragbarkeit der Belastungen für den Betrieb insgesamt ankommt, sondern darauf, ob die finanziellen Belastungen im Hinblick auf das jeweilige Arbeitsverhältnis als erheblich anzusehen sind. Die zu erwartende wirtschaftliche Belastung des Arbeitgebers mit Entgeltfortzahlungskosten, die jährlich für einen Zeitraum von mehr als 6 Wochen aufzuwenden sind, stellen einen geeigneten Grund für eine Kündigung dar (BAG v. 29 7. 1993, DB 1993 S. 2439 = NZA 1994 S. 67).

Aber selbst eine negative Gesundheitsprognose, die nachweislich zu erheblichen betrieblichen Beeinträchtigungen bzw. finanziellen Belastungen führen würde, rechtfertigt nach der Rechtsprechung des BAG noch nicht die Kündigung.

3. Schritt: Interessenabwägung

Vielmehr ist in einer (nicht zum gesetzlichen Kündigungsgrund gehörenden!) abschließenden umfassenden Interessenabwägung zu prüfen, ob die erhebliche betriebliche Störung bzw. finanzielle Belastung dem Arbeitgeber *zumutbar* ist. Dabei kommt es einerseits auf die Dauer des ungestörten Bestandes des Arbeitsverhältnisses an. Andererseits sollen aber auch die persönlichen Verhältnisse des Arbeitnehmers und die Folgen eines Arbeitsplatzverlustes für ihn und die von seinem Arbeitseinkommen Abhängigen berücksichtigt werden. Mit Hilfe dieser unkalkulierbaren Rechtsprechung haben die Gerichte uns „zunehmend an die Fälle gewöhnt, in denen sich eine Kündigung zur allgemeinen Überraschung schließlich doch als unwirksam herausstellt" – wie der Göttinger Arbeitsrechtslehrer FRANZ GAMILLSCHEG böse, aber zutreffend formuliert (Anm. zu BAG EZA § 611 BGB Beschäftigungspflicht Nr. 9).

Eines jedoch läßt sich mit Sicherheit sagen: Ein Arbeitgeber, der eine krankheitsbedingte Kündigung nicht in der von der Rechtsprechung vorgezeichneten Weise vorbereitet, hat keinerlei Aussichten, sie gerichtlich durchzusetzen. Aber selbst wenn die Kündigung geradezu schulmäßig vorbereitet wird, bleibt die große Unbekannte bei der Prozeßprognose die gerichtliche Interessenabwägung. Deswegen werden nirgendwo so viele „Abfindungsvergleiche" abgeschlossen wie zur Vermeidung einer krankheitsbedingten Kündigung. Und erfahrene Personalleiter halten dies für eine sinnvolle Investition, weil diese Lösung auch von den übrigen Mitarbeitern als fair akzeptiert wird – ganz im Gegensatz zu Abfindungen bei verhaltensbedingten

Kündigungen, die oft als unverständliche Prämierung von Fehlverhalten kritisiert werden.

Und noch eine Tendenz zeichnet sich ab: Je kleiner der Betrieb ist und je exklusiver das Einsatzprofil des Mitarbeiters, desto eher werden unkalkulierbare krankheitsbedingte Fehlzeiten auch von den Gerichten als auf Dauer nicht zumutbar eingestuft. Je größer der Betrieb und je untypischer die Einsatzmöglichkeiten des Mitarbeiters, desto erfolgloser erweist sich der Versuch einer krankheitsbedingten Kündigung selbst bei extrem hohen Fehlzeiten. Mit gutem Grund verwenden Personalleiter – zumal bei älteren und langjährigen Mitarbeitern – Zeit und Energie lieber darauf, dem betreffenden Arbeitnehmer den Weg in die Rente zu ebnen. Das berücksichtigt nicht nur die Rechtslage; das dürfte auch personalpolitisch der überzeugendere Weg sein.

6. Kündigung wegen Leistungsschwäche

Sofern Fehl- oder Minderleistungen darauf beruhen, daß ein Mitarbeiter nicht gewillt ist, korrekt seinen Vertrag zu erfüllen, gehört dies rechtlich in die Kategorie „verhaltensbedingte Kündigung" und setzt entsprechende Abmahnungen voraus (siehe oben). Liegt die Ursache hingegen in persönlichen Leistungsgrenzen, kommt allenfalls eine personenbedingte Kündigung in Betracht.

Aber auch hier gilt: Nicht die Fehler der Vergangenheit sind der eigentliche Kündigungsgrund, sondern der vom Arbeitgeber zu führende Nachweis, daß sich dies auch künftig nicht wird abstellen lassen. Deshalb haben das Procedere und seine Dokumentation in der Personalakte im Grunde wie bei der krankheitsbedingten Kündigung zu geschehen: Dokumentation der Fehl- oder Minderleistung, Klärung der Ursachen im Mitarbeitergespräch, Dokumentation, Erörterung von Alternativen im Mitarbeitergespräch (Schulung, Versetzung), Dokumentation, Probelauf, Dokumentation usw., bis die vom Arbeitgeber beabsichtigte Maßnahme (Entlassungs- oder Änderungskündigung) von jedem vernünftigen und sozial denkenden Beobachter als alternativlos und somit gerechtfertigt akzeptiert werden muß.

Praktisch ist das größte Problem in diesem Zusammenhang, daß Vorgesetzte ihre – subjektiven – Erwartungen zum Maßstab ihrer Entscheidung machen. Das wird vom Gesetz in den ersten sechs Monaten eines Beschäftigungsverhältnisses durchaus akzeptiert. Denn in dieser Zeit gibt es noch keinen Kündigungsschutz. Aber nur einen Tag nach Ablauf der sechsmonatigen Wartezeit „greift" der gesetzliche Kündigungsschutz: Nach § 1 Abs. 2 Satz 4 KSchG hat der Arbeitgeber nunmehr die *Tatsachen* zu beweisen, aus denen sich ergibt, daß die aus der Person des Arbeitnehmers resultierenden Vertragsstörungen trotz beidseitiger Bemühungen nicht abgestellt werden können.

Dazu gehört zunächst eine „operationalisierbare" Zielvorgabe (vgl. zuletzt BAG v. 31. 1. 1996, DB 1996 S. 1629 = NZA 1996 S. 819). Geflügelte (aber selten beflügelnde) Vorgesetztensentenzen wie „Sie müssen... engagierter, präziser, kooperativer, erfolgreicher arbeiten" genügen nicht. Die Rechtsprechung erwartet ein so klar definiertes Vorgaberaster, daß Tatsachen daran gemessen werden können.

Vorgaben sind relativ einfach zu „operationalisieren", wo gezählt und gemessen werden kann: Wenn 100 Lötungen in der Stunde üblich sind, dann ist ein Output von 50 eklatant zuwenig. Aber so einfach liegen die Verhältnisse nur selten. Bei 2 Millionen DM Umsatzvorgabe beispielsweise bedeutet ein Umsatz von 1 Mio. DM rechnerisch eine Verfehlung des Ziels um 50%. Daß das relativ viel ist, wird niemand bestreiten können. Deshalb wird der Arbeitnehmer im Kritikgespräch nicht hier, sondern bei der Vorgabe ansetzen: Sie sei unrealistisch hoch. Aus diesem Grunde sollte auch die Vorgabe – für den Streitfall beweiskräftig – abgesichert werden. Und das geschieht praktisch und juristisch immer noch am besten durch eine schriftlich fixierte Zielvereinbarung.

Läßt sich der Mitarbeiter hierauf nicht ein, müssen notgedrungen einseitige Vorgaben gemacht werden. Diese müssen aber als erreichbar ausgewiesen sein. Deshalb ist als Vorbereitung auf das Kritikgespräch mit dem betreffenden Mitarbeiter, vor allem aber im Hinblick auf eine etwaige gerichtliche Auseinandersetzung, ein datenmäßiger Quervergleich mit Arbeitnehmern in gleicher Funktion unerläßlich. Selbst gegen das Argument, die Zahlen könnten so gar nicht miteinander verglichen werden (weil etwa die Verkaufsgebiete unterschiedlich groß, aufnahmebereit, finanzstark seien, weil es um andere Produkte, Konditionen, Mentalitäten gehe usw.), muß Vorsorge getroffen werden, indem die Zahlen des Urlaubs- oder Krankheitsvertreters herangezogen werden, der kritisierte Mitarbeiter vertretungsweise eine andere Aufgabe zugewiesen bekommt usw.

Schwieriger lösbar sind die Probleme einer überprüfbaren Zielvorgabe dort, wo nicht quantifiziert werden kann. Woran bemißt sich die Leistung eines Personalleiters oder Entwicklungsingenieurs? Einige Personalberater meinen, daß man die Leistung dann eben über ein ausgeklügeltes Punktesystem meßbar machen müsse. Juristen warnen davor, quantitative Beurteilungssysteme in einen direkten Bezug zu Vergütungs- oder Kündigungsfragen zu bringen: Sie schaffen hier mehr Probleme als sie lösen.

Gibt man die Wertungsmaßstäbe völlig frei, stellt sich alsbald eine Situation ein, die aus dem Zeugnisrecht hinlänglich bekannt ist: Alle sind zumindest durchschnittlich, einige sogar gut und hervorragend. Mehr als eine durchschnittliche Leistung ist jedoch vertragsrechtlich nicht geschuldet. Und da die meisten Vorgesetzten nicht nur möglichst wenig Konflikte haben wollen, sondern bei ihren Mitarbeitern auch beliebt sein wollen, kommt es zu jenen diffus wohlwollenden und aussagelosen Einheitsbeurteilungen, die juristisch gesehen die Unkündbarkeit der Mitarbeiter festschreiben. Dem wollen einige Beurteilungssysteme dadurch begegnen, daß die Quersumme aller Punkte das rechnerische Mittel der Punktspanne nicht überschreiten darf. Im Extremfall könnte dies bedeuten, daß bei einem System von 0 bis 10 Punkten ein Mitarbeiter mit „0" bewertet werden müßte, um einem anderen 10 Punkte geben zu können. Diese Vorgabe taugt ersichtlich nicht bei leistungsstarken Kleingruppen. Sind wirklich alle 10 Vertriebsbeauftragten vorzügliche Mitarbeiter, müßten sie entweder alle mit 5 Punkten als Durchschnitt gewertet werden oder man müßte einige als unterdurchschnittlich abqualifizieren, um andere entsprechend herausheben zu können.

Wohlgemerkt: Es soll hier nichts gegen Beurteilungssysteme (vgl. dazu die Beiträge von STEHLE: Mitarbeiterbeurteilung, und SCHULER: Auswahl von Mitarbeitern, in diesem Band) als Instrument der Personalführung und -entwicklung gesagt werden. Sie sollten nur nicht mit Vergütungs- und Kündigungsfragen befrachtet werden. Denn bei einer gerichtlichen Auseinandersetzung erweisen sie sich fast immer als kontraproduktiv. Praktisch bedeutet das, daß nicht von Richtlinien, Anweisungen und dergleichen auszugehen ist, sondern von der konkreten Fehlleistung, der Falschbuchung, der Terminüberschreitung, dem Kalkulationsfehler. Auf dieser Basis ist Ursachenforschung zu betreiben. Dabei ist dann der Nachweis zu führen, daß dies bei genauer Einhaltung der Dienstanweisungen, professioneller Kunstregeln usw. vermeidbar gewesen wäre. Insofern machen sich präzise und detaillierte Regelungen und Anweisungen durchaus bezahlt.

Das ist aber noch nicht der Kündigungsgrund. Vielmehr ist nunmehr mit dem Mitarbeiter zusammen zu klären, wie solche Fehler in Zukunft vermieden werden können. Erst wenn sich diese trotz aller Hilfen (Schulung, Umverteilung von Aufgaben, Vorgesetztenwechsel usw.) als nicht abstellbar erweisen, kann davon ausgegangen werden, daß der Arbeitnehmer für die vertraglich vereinbarte Aufgabe persönlich nicht geeignet ist. Aber selbst dann noch hat die Änderungskündigung Vorrang vor der Entlassung. Kann belegt werden, daß der Mitarbeiter das nicht kann, was er soll, und das nicht will, was er vielleicht könnte, dann ist die Kündigung sozial gerechtfertigt, weil praktisch alternativlos.

Öfter als man vermuten sollte, beruht Unzufriedenheit mit den Leistungen eines Mitarbeiters darauf, daß Vorgesetzte nicht genügend deutlich machen, was sie erwarten. Der Mitarbeiter merkt, daß man mit ihm unzufrieden ist, kann sich aber – subjektiv zu Recht – nicht erklären, warum. Auf die Frage des Richters, weshalb er denn dieses oder jenes nicht so gemacht habe, antwortet der Kläger unbefangen und unwidersprochen: „Weil mir das nie jemand gesagt hat." Das dürfte natürlich nicht passieren und passiert eben doch immer wieder.

Fazit:

Statt sich *über* Mitarbeiter zu ärgern, sollte man *mit* ihnen reden. Statt sich in wortstarken Allgemeinplätzen zu ergehen („umständliche Arbeitsweise", „mangelnde Kooperationsbereitschaft", „zeigt Unsicherheiten bei…" usw.), sollte man ganz nüchtern konkrete Fälle ansprechen und ausdiskutieren. Die Maximen erfolgreicher Personalführung weisen hier durchaus in dieselbe Richtung. Der eigentliche Unterschied zwischen praxisorientierter Personalarbeit und den Anforderungen an eine gerichtsfeste Dokumentation liegt weniger in der Sache als in dem aus jeder Verrechtlichung von Lebenssachverhalten resultierenden Zwang zur Formalisierung und Bürokratisierung. Das ist natürlich jedem Betriebspraktiker herzlich zuwider.

Aber zumindest einen positiven Aspekt hat auch der juristisch begründete Zwang, Kritik zu substantiieren und als beweisbare Fakten zu dokumentieren. Dies dient der schnelleren Auffindung des eigentlichen Problems. Die Notwendigkeit, die Kritik an einem Mitarbeiter im Streitfall juristisch „auf den Punkt" bringen zu müssen, hat schon manches vermeintliche Mitarbeiterproblem als Führunrgsproblem entlarvt.

Verzeichnis der verwendeten Abkürzungen

ArbG   – Arbeitsgericht
BAG   – Bundesarbeitsgericht
BB   – Betriebsberater, 10-Tages-Zeitschrift
BetrVG   – Betriebsverfassungsgesetz
BGB   – Bürgerliches Gesetzbuch
DB   – Der Betrieb, Wochenzeitschrift
EFZG   – Entgeltfortzahlungsgesetz
EZA   – Entscheidungssammlung zum Arbeitsrecht
KSchG   – Kündigungsschutzgesetz
LAG   – Landesarbeitsgericht

NZA   – Neue Zeitschrift für Arbeitsrecht
ZPO   – Zivilprozeßordnung

Zur Konkretisierung und weiteren Vertiefung wird empfohlen, im Fallstudienband die Fälle zu „Arbeitsrecht für Vorgesetzte" zu bearbeiten.

Teil IV
Führung und Arbeit in Gruppen

Einführung

Wegen der immer stärkeren Komplexität der Arbeitsaufgaben und der Zunahme abteilungsübergreifender Fragestellungen gewinnt Gruppenarbeit an Bedeutung. Das verändert auch die Führungsaufgabe: Der Vorgesetzte ist vor allem als Moderator und Koordinator gefordert, weniger dagegen als „oberster Problemlöser" und bester Fachmann. Dabei sind verschiedene Formen von Gruppenarbeit denkbar, die jeweils unterschiedliche Anforderungen an die Führungskraft stellen.

Im einführenden Artikel zu diesem Themenkomplex erläutert v. ROSENSTIEL, wann überhaupt von einer Gruppe zu sprechen ist, durch welche Besonderheiten und Gesetzmäßigkeiten sie sich auszeichnet und was die Gruppenbildung in Organisationen fördert. Da Teamarbeit nicht per se zu besseren Ergebnissen führt, wird weiterhin erläutert, wann Einzel- und wann Gruppenarbeit zu empfehlen ist.

Die stärkere Kooperation beinhaltet auf der anderen Seite eine Schnittstellenproblematik und Reibungsverluste; Konflikte in und zwischen Arbeitsgruppen werden bei erhöhter Interaktion und Zusammenarbeit zunehmend wahrscheinlicher. Die Führungskraft selbst ist nun als „Konfliktmanager" gefordert. Wie Spannungen frühzeitig zu erkennen sind und welche Handhabungsmöglichkeiten bestehen, ist bei BERKEL nachzulesen.

Besprechungen sind für Führungskräfte an der Tagesordnung, doch nicht immer sind sie effizient. Vielen gelten sie gar als Zeitfresser. Daß dies bei guter Planung, Vorbereitung, Durchführung und Nachbereitung nicht so bleiben muß, macht LAILA M. HOFMANN in ihrem Beitrag deutlich.

Teamarbeit erfordert neue Qualifikationen nicht nur bei der Führungskraft, sondern auch bei den Gruppenmitgliedern. Neben Fachwissen werden beispielsweise soziale Kompetenz, Flexibilität und die Bereitschaft zur Kooperation benötigt. Eine Möglichkeit, diese Fähigkeiten schrittweise zu verbessern und die Teammitglieder für Gruppenprozesse zu sensibilisieren, besteht in der Durchführung eines Teamentwicklungstrainings mit einer langfristig bestehenden Arbeitsgruppe. Wie bei der Teamentwicklung vorzugehen und was zu beachten ist, welche „Spielregeln" für Teammitglieder und Moderator gelten, zeigt COMELLI anhand des Ablaufs von Teamentwicklungstrainings schrittweise auf.

Im nächsten Beitrag geht JOCHUM auf das wichtige, in der Forschung aber bisher noch wenig beachtete Feld der Führung und Zusammenarbeit auf derselben Ebene – abteilungsintern und abteilungsübergreifend – ein. Typische Problemfelder und Möglichkeiten zu ihrer Handhabung werden aufgezeigt. Zum Abschluß dieses Artikels diskutiert JOCHUM Chancen der bisher noch kaum gebräuchlichen Kollegenbeurteilung als Instrument zur Förderung horizontaler Kooperation.

Die zunehmende Globalisierung erfordert u. a. interdisziplinär zusammengesetzte und zusammenarbeitende Teams, deren Führung im Teil V näher erläutert wird. Im nächsten Beitrag von DÉSIRÉE LADWIG geht es dagegen darum, „Diversity" in Teams darzustellen und in den Auswirkungen zu diskutieren. Gründe für Diversity, Verschiedenartigkeit und Vielfalt, können unterschiedliche kulturelle Rahmenbedingungen sein, aber auch Geschlecht oder Rasse. LADWIG erläutert insbesondere das Management solcher Diversity-Teams, deren Kreativitätschance gerade in der Verschiedenartigkeit der Mitglieder liegt, die allerdings zielorientiert zu koordinieren sind.

Auf spezielle Gruppenarbeitsformen verweist der letzte Beitrag dieses Themenbereichs: Die Leitung von Projektgruppen erfordert besondere Führungsstrategien, da eine solche Gruppe in der Regel nur zeitlich befristet zusammenarbeitet und dem Gruppenleiter zwar fachlich, aber nicht disziplinarisch unterstellt ist. Daß hier besondere Prozeßsteuerung notwendig ist, stellen HEINTEL und KRAINZ in ihrem Beitrag dar. Weiterhin diskutieren sie das Spannungsfeld zwischen hierarchischer Organisation und Projektarbeit.

Lutz von Rosenstiel

Die Arbeitsgruppe

In etwas überpointierender Weise hat man gelegentlich davon gesprochen, daß die gesamte Organisation als ein Gefüge von Arbeitsgruppen, die jeweils von Vorgesetzten koordiniert werden, verstanden werden könne. Wir wollen hier der Frage nachgehen, welchen Stellenwert Arbeitsgruppen in Organisationen haben, wie sie sich bilden, welche Merkmale sie auszeichnen und welche Bedingungen es begünstigen, daß sie ihre Ziele erreichen und als soziale Einheiten bestehen bleiben (vgl. dazu ausführlich v. ROSENSTIEL, 1992).

1. Organisation: Arbeitsteilung und Führung

Eine Organisation läßt sich als ein seiner Umwelt gegenüber offenes System verstehen, das zeitlich überdauernd existiert, spezifische Ziele verfolgt, sich aus Individuen bzw. Gruppen zusammensetzt, also ein soziales Gebilde ist und eine bestimmte Struktur aufweist, die meist durch Arbeitsteilung und eine Hierarchie von Verantwortung gekennzeichnet ist. Menschen und Mittel werden dabei innerhalb des „Zweckmodells" der Organisation durch eine die Aktivitäten und Ressourcen koordinierende Führung rational so eingesetzt, daß sie optimal zum Organisationsziel beitragen können. Innerhalb eines so verstandenen zweckrationalen Gebildes werden zur Erfüllung bestimmter Teilziele überschaubare Anzahlen von Personen zusammengeführt. Im Zuge dieser Zusammenarbeit entstehen in der Regel Arbeitsgruppen, deren Aktivitäten freilich keineswegs immer im Sinne des zweckrationalen Sollmodelles in optimaler Weise zum Organisationsziel oder den daraus abgeleiteten Teilzielen beitragen.

2. Plan und soziale Wirklichkeit

Wer macht was, mit wem, bis wann, mit welchen Hilfsmitteln, auf welche Weise? Dies alles läßt sich bis ins Detail festlegen und bestimmt in vielen Organisationen auch sehr konkret darüber, welche Personen gemeinsam welche Aufgaben zu erfüllen haben und wie sie sich dabei verhalten sollen. Beziehen sich derartige Pläne auf die Zusammenarbeit einer überschaubaren Anzahl von Personen, so spricht man in den Organisationswissenschaften nicht selten von „formellen Gruppen". Nach psychologischem Verständnis allerdings handelt es sich um Sollvorschriften und keineswegs um die soziale Realität von beobachtbaren Gruppen.

Relativ früh wurde registriert, daß die beobachtbare soziale Realität in nahezu allen Organisationen mehr oder weniger deutlich vom Plan abweicht – und zwar unter ganz verschiedenen Aspekten. So beschreiben etwa ROETHLISBERGER und DICKSON (1939) im Rahmen der berühmt gewordenen Hawthorne-Untersuchungen, daß sich im „bank wiring observation room", in dem nach dem Plan eine soziale Einheit bestimmte Aufgaben erledigen sollte, sich zwei – im Plan keineswegs vorgesehene Gruppen – bildeten, die sich wechselseitig bekämpften und somit auch Aktivitäten nachgingen, die nach dem Ablaufplan der Organisation gewiß nicht vorgesehen waren. Derartige in ihrer Zusammensetzung und in ihren Aktivitäten vom Plan abweichende Gebilde werden nun häufig „informelle Gruppen" genannt. Die Planabweichung kann sich dabei auf die Mitglieder und/oder deren Aktivitäten beziehen. Es ist also vorstellbar, daß Personen, die nach dem Plan an der Aufgabenerfüllung mitwirken sollten, sich aus diesem Prozeß zurückziehen und sich anderen oder gar keinen Aufgaben zuwenden, oder daß Personen dazustoßen, die eigentlich dafür nicht vorgesehen waren. Es kann darüber hinaus beobachtet werden, daß Personen Aktivitäten ergreifen, von denen innerhalb der Stellenbeschreibungen keine Rede ist, z.B. Planungen und Kontrolltätigkeiten, für die eigentlich eine andere Abteilung zuständig ist, Sympathie und freundschaftliche Gefühle für einander entwickeln oder sich trickreich darum bemühen, Organisationsvorschriften zu umgehen. Die planabweichenden Aktivitäten können nachträglich von der Organisation begrüßt werden, ihr gleichgültig sein oder aber negativ bewertet werden.

Fragt man danach, warum in so starkem Maße Abweichungen vom Plan zu beobachten sind, warum es also zur Bildung von „informellen Gruppen" kommt, so erhält man in der Regel die Antwort, daß plankonforme Mitgliedschaft oder plankonformes Verhalten nicht in der Lage sei, menschliche Bedürfnisse generell oder doch die Bedürfnisse der Planstelleninhaber spezifisch zu befriedigen. Arbeitende Menschen lassen sich nicht zu einem reinen Produktionsfaktor innerhalb des zweckrationalen Organisationsmodells reduzieren. Sie haben Bedürfnisse nach Abwechslung, nach ganzheitlicher Tätigkeit, nach Entspannung, aber auch nach Zusammengehörigkeit, sozialer Unterstützung oder gar Freundschaft. Dort, wo im Sinne der formellen Gruppe ein reines Zusammenarbeiten vorgesehen war, wird innerhalb der informellen Gruppe die Befriedigung vielfältiger menschlicher Bedürfnisse ermöglicht.

3. Was fördert die Gruppenbildung in Organisationen?

Bei Aufgaben, die quantitativ oder qualitativ so umfangreich oder komplex sind, daß sie von einem einzelnen nicht bewältigt werden können, sieht der Organisationsplan vor, daß mehrere Personen gemeinsam das Ziel erreichen, indem sie zusammenarbeiten, sich wechselseitig informieren, ihre physischen Kräfte, ihr Wissen, ihre Kreativität in den Dienst des Aufgabenzieles stellen. Wir finden also eine Mehrzahl von Personen, die über längere Zeit in direkter Interaktion zusammenarbeiten und dabei die vom Plan vorgesehene Rollendifferenzierung beachten, d.h. einen Vorgesetzten und Spezialisten aufweisen, die sich bei ihrem Zusammenwirken an bestimmte Normen halten, die sich aus den fixierten Betriebsvereinbarungen, Arbeitszeitregelungen, Führungsgrundsätzen, Stellenbeschreibungen etc. ergeben.

Wechselseitige Interaktion ist allerdings nur auf der Sachebene vorgesehen, die Rollendifferenzierung bezieht sich ausschließlich auf die im Plan vorgesehenen Positionen, die gemeinsamen Normen erwuchsen nicht aus der Gruppe, sondern wurden in schriftlich fixierten Regelungen vorgeschrieben. Eine Gruppe im psychologischen Sinne ist dies nicht, denn es fehlt eine auch die Beziehungsebene berührende Kommunikation, eine aus dieser Kommunikation erwachsende Rollendifferenzierung; es fehlen gemeinsame, von der Gruppe selbst entwickelte Normen und Werte, und es fehlt schließlich das die einzelnen zur Gruppe zusammenfügende „Wir-Gefühl". All dies aber entsteht in der Regel dort, wo Menschen über längere Zeit zusammenarbeiten, falls bestimmte Vorbedingungen gegeben sind. Auf diese Bedingungen sei nachfolgend näher eingegangen.

3.1 Bedingungen in der „Natur des Menschen"

Gruppenbildung wird durch sozialpsychologische Gesetzmäßigkeiten des Zusammenlebens von Menschen gefördert. Diese allerdings können nur wirken, wenn bestimmte materiale und organisationale Bedingungen gegeben sind. Beide sollen knapp beschrieben werden, wobei wir uns zunächst den sozialpsychologischen Gesetzmäßigkeiten zuwenden wollen.

(1) Kontakthäufigkeit

Der Soziologe HOMANS (1950) geht davon aus, daß die zwischenmenschliche Sympathie proportional zur Anzahl der Kontakte steigt. Kurze Überlegung lehrt, daß dies zu positiven Rückkopplungsprozessen führt, denn wenn Sympathie sich bildet, ist es wahrscheinlich, daß die Kontakthäufigkeit sich erhöht.

Die im Organisationsplan vorgesehene Zusammenarbeit, die Verpflichtung zur wechselseitigen Information, die räumliche Nähe etc. erhöhen die Wahrscheinlichkeit derartiger Kontakte, aus denen sich dann wechselseitige Sympathie und ein sich intensivierendes Wir-Gefühl ergeben können. Experimentelle Untersuchungen der Sozialpsychologie und Feldstudien der Organisationspsychologie erhärten dies. Allerdings machen diese Studien auch deutlich, daß die Sympathie nicht allein aus der Häufigkeit der Kontakte erwuchs, sondern durch Ereignisse intensiviert wurde, die sich als das Erleben eines „gemeinsamen Feindes", einer „gemeinsamen Not", eines „gemeinsamen Vorteils" und einer „gemeinsamen Freude" fassen lassen. Auch die schon einmal zitierten Beobachtungen im „bank wiring observation room" innerhalb der Hawthorne-Studien (ROETHLISBERGER & DICKSON, 1939) machten deutlich, daß sich jene Personen zu sich wechselseitig befehdenden Gruppen zusammenschlossen, die räumlich enger miteinander arbeiteten und – das sei hier bereits vermerkt – zugleich jeweils ähnliche, jedoch von den anderen abweichende Aktivitäten verrichteten.

Mehrere Untersuchungen machen wahrscheinlich, daß der Kontakt allein das Gefühl der Zusammengehörigkeit nicht ausreichend begründet, wenn nicht zusätzliche Bedingungen hinzukommen. Wenn also BASS (1960, S. 60) postuliert: „Eine Gruppe ist um so attraktiver, je größer die Belohnungen sind, die durch Mitgliedschaft in der Gruppe erworben werden können, und je größer die Erwartung ist, sie zu erwerben", so ist die Kontakthäufigkeit nur dann als konstituierend für die Gruppenbildung anzusehen, wenn die einzelnen sich daraus positive Konsequenzen erwarten, nicht dagegen, wenn der Kontakt als lästig, unangenehm oder enttäuschend erlebt wird.

Was die Person nun allerdings als positive, was sie als negative Konsequenz einstuft, hängt von der jeweiligen Bedürfnislage ab, dürfte aber bei neutralen Bedingungen im Regelfall so geartet sein, daß Kontakt sozialer Isolierung in der Mehrzahl der Fälle vorgezogen wird.

Bevorzugt dürfte allerdings meist der Kontakt mit solchen Personen werden, von denen angenommen wird, daß sie der eigenen Person ähnlich sind. Damit sind wir bei einem zweiten wichtigen, die Gruppenbildung fördernden Faktum, der wahrgenommenen Ähnlichkeit.

(2) Wahrgenommene Ähnlichkeit

Deutsche Sprichworte machen höchst Unterschiedliches plausibel. Da heißt es einerseits: „Gegensätze ziehen sich an" und andererseits „Gleich und gleich gesellt sich gern". Die sozialpsychologische Forschung zeigt, daß man dem zweiten dieser Sprichworte eher trauen sollte. Tatsächlich scheint die vermutete Ähnlichkeit des Partners – in bezug z.B. auf die existentielle Situation, zentrale Einstellungen, angestrebte Ziele, übergreifende Wertorientierungen – den Wunsch nach Kontakt und Nähe zu begünstigen.

SCHACHTER (1959) setzte durch experimentelle Manipulation Studentinnen in die Erwartungshaltung, einen äußerst schmerzhaften Elektroschock vor sich zu haben. Die Versuchspersonen wurden danach vor die Wahl gestellt, ob sie lieber allein oder gemeinsam mit anderen Personen auf diese peinigende Prozedur warten wollten. Wurden diese anderen Personen nun ebenfalls als Studentinnen, die den Schock vor sich hatten, vorgestellt, so zog es die Mehrheit der Befragten vor, mit diesen gemeinsam auszuharren; wurden die anderen dagegen als Studentinnen bezeichnet, die auf die Sprechstunde ihres Dozenten warteten, so war nicht eine der Befragten bereit, mit diesen gemeinsam die Zeit zu überbrücken.

Wahrgenommene Ähnlichkeit hinsichtlich wichtiger Inhalte begünstigt offensichtlich den Kontaktwunsch und steigert die Sympathie.

Wahrgenommene Ähnlichkeit kann die subjektive Wahrscheinlichkeit erhöhen, bestehende Probleme gemeinsam besser zu lösen. Dies ist jedoch eine spezielle Voraussetzung. Generell dürfte als eine ganz wesentliche Bedingung der Gruppenbildung der Umstand gelten, daß – wie vielfach nachgewiesen – wahrgenommene Ähnlichkeit zu zwischenmenschlicher Sympathie führt. Das wiederum erhöht die Wahrscheinlichkeit der Kontaktaufnahme; dadurch verstärkt sich Sympathie, und der Gruppenzusammenschluß wird abermals wahrscheinlicher. Eine derartig breit zu verstehende, wahrgenommene Ähnlichkeit ist in der Regel bei Personen gegeben, die zusammenarbeiten. Meist hat man ein gleiches Ziel, ähnliche Aufgaben, eine ähnliche Ausbildung, konkurriert mit den gleichen Einheiten innerhalb und außerhalb der Organisation, leidet unter dem gleichen Vorgesetzten, ärgert sich gemeinsam über die bürokratische Unternehmensverwaltung und feiert gemeinsam erreichte Erfolge.

3.2 Bedingungen der Organisationsgestaltung

Für Menschen, die gemeinsam arbeiten, können häufige Kontakte, wahrgenommene Ähnlichkeit und ähnliche Bedingungen der Gruppenbildung nur wirken, wenn der organisationale Rahmen dies zuläßt oder gar begünstigt. Ohne Anspruch auf Vollständigkeit sollen mit eher exemplarischer Zielsetzung einige wichtige Faktoren genannt werden:

- räumliche Nähe derer, die zusammenarbeiten;
- Möglichkeiten zur unmittelbaren Kommunikation, z.B. durch Dämpfung des Lärmes im Arbeitsraum, durch Stellung der Arbeitsplätze zueinander, durch Möglichkeiten informeller Kommunikation (Teeküche, Kantine, „Kommunikationsecken");
- Formalisieren von Kommunikationsmöglichkeiten (Arbeits- oder Abteilungsbesprechungen);

- Bewahren der Möglichkeit der direkten Kommunikation; d.h. Verhindern, daß Kommunikation nur noch ausschließlich über elektronische Medien erfolgt;
- Schaffen kleiner Arbeitseinheiten, damit die Möglichkeit gewährleistet bleibt, daß jeder mit jedem unmittelbar Kontakt aufnimmt;
- Strukturieren der Arbeitsinhalte in einer Weise, daß ein Miteinander der Arbeit im Sinne echter Teamarbeit einen Arbeitsfortschritt konstituiert;
- Zusammensetzen der Mitglieder einer Arbeitseinheit in der Form, daß sie sich nicht nur fachlich ergänzen, sondern einander als ähnlich erleben und Sympathie füreinander empfinden.

Bildet sich auf diese Weise eine Gruppe, hat dies Folgen und Nebenwirkungen, die WITTE und ARDELT (1989, S. 463) so zusammenfassen:

„(1) Eine generelle Abwertung der Außengruppe und/oder eine Aufwertung der Binnengruppe,
(2) die Wahrnehmung überakzentuierter Unterschiede in anderen Merkmalen zwischen Binnen- und Außengruppe sowie
(3) Handlungen, die die Binnengruppe relativ bevorzugen, z.B. die Wahl von Entlohnungsmöglichkeiten."

Die Bildung von Arbeitsgruppen in Organisationen wird also damit erkauft, daß die Distanz zu anderen Arbeitseinheiten akzentuierend vergrößert wird und somit auch Interessengegensätze überakzentuiert wahrgenommen werden, was wiederum die Wahrscheinlichkeit von Intergruppenkonflikten erhöht (vgl. die Artikel von BERKEL und JOCHUM).

4. Aufgabenstellung und zwischenmenschlicher Kontakt

Die Art der in einer Organisation zu bewältigenden Aufgaben bringt es mit sich, daß die arbeitsbedingte Nähe zum anderen höchst unterschiedlich ausfallen kann. Manche Aufgaben lassen sich besser allein bewältigen, bei einigen ist koagierende Zusammenarbeit (das Nebeneinander) ratsam, die darin besteht, daß jeder unabhängig vom anderen einen Teil der Aufgabe erledigt, ohne daß echte Interaktion erforderlich wird, wie das z.B. nicht selten in der Produktion gilt. Andere Aufgaben machen kontraagierende Zusammenarbeit (das Gegeneinander) erforderlich, die dann anliegt, wenn aus widersprüchlichen Meinungen oder Gesichtspunkten Ziele oder Arbeitsprozesse austariert werden müssen. Interagierende Zusammenarbeit (das Miteinander) wird überall dort erforderlich, wo die Interaktion ein wesentlicher Bestandteil des Arbeitsprozesses ist, also der eine ohne den Beitrag des anderen kaum etwas zum Ziel beitragen kann, wie es z.B. bei einem interdisziplinär zusammengesetzten Forschungsteam der Fall ist.

4.1 Einzelarbeit oder Gruppenarbeit?

Die Frage, ob man in der Organisation besser allein oder besser in Gruppen arbeiten sollte, ist ebenso alt wie falsch gestellt. Tatsächlich kommt es entscheidend darauf an, welches Kriterium der Bewertung man verwendet, um welche Art von Aufgaben es sich handelt, welche Struktur die Gruppe hat und Personen welchen Typs in ihr zusammengefaßt werden.

Orientiert man sich an Aufgaben vom Typus der psychomotorischen Leistungen und wählt man als Kriterium die Leistung, so ist es ganz offensichtlich, daß z. B. zum Heben großer Lasten, die der einzelne nicht bewältigen kann, eine Mehrzahl erforderlich wird. Empirische Analysen zeigen, daß der *relative* Anteil jedes einzelnen an der Gesamtleistung mit steigender Gruppengröße zurückgeht. Die Gründe dafür liegen zum einen wohl in der Reduktion von Anstrengung. Je weniger die individuelle Leistung erkennbar wird, desto mehr sinkt die Motivation, einen individuellen Beitrag zu erbringen. Ein weiterer Grund dürfte in der unzureichenden Koordination der individuellen Beiträge liegen, die zu sogenannten „Reibungsverlusten" führt.

Geht es nicht um psychomotorische Leistungen, sondern beispielsweise um solche des Schätzens, so ist die Überlegung naheliegend, daß bei Unabhängigkeit der Schätzer das Prinzip des statistischen Fehlerausgleichs wirkt und die gemittelten Schätzungen zu Ergebnissen führen, die deutlich über den Schätzungen des besten einzelnen liegen können. Es ist ebenso offensichtlich, daß dieser Effekt dann verlorengehen mag, wenn Schätzungen in realen Gruppen vorgenommen werden, da möglicherweise der stärkste Einfluß auf die anderen von einer Person ausgeht, die auf dem Felde der Aufgabenstellung geringe Kompetenz aufweist.

Geht es dagegen um Problemlösungen, Kreativitätsaufgaben und Entscheidungen, so ist für die Frage der Leistungsüberlegenheit von zentraler Bedeutung, um welchen Typ von Aufgabe es sich handelt. Es kommt wesentlich darauf an, daß die Aufgabe unter irgendeiner Perspektive – sei es eine inhaltliche oder methodische – teilbar erscheint. Nur dann kann man sich unter dem Aspekt der Leistung aus der Gruppenarbeit einen Vorteil versprechen. Doch selbst wenn die Aufgabe vom Typus her für die Bearbeitung durch Gruppen geeignet erscheint, müssen spezifische Voraussetzungen gegeben sein, damit der positive Effekt eintritt:

- Die Gruppe sollte klein sein, ca. fünf Mitglieder umfassen, da bei weiter ansteigender Gruppengröße einschlägige Beiträge von Einzelmitgliedern nicht mehr eingebracht werden, der relative Zugewinn an lösungsrelevanter Information also zurückgeht und durch die steigenden Reibungsverluste in der Gruppe aufgehoben wird.
- Die unterschiedlichen Aspekte der Aufgabe sollten durch jeweils dafür kompetente Mitglieder repräsentiert sein, die zudem alle am Gesamtproblem interessiert sind.
- Die Gruppenmitglieder sollten durch strukturale und personale Bedingungen bereit und befähigt dazu sein, miteinander in einer gleichen Sprache zu sprechen.
- Die interpersonalen Beziehungen sollten nicht belastet sein, d. h. Widerspruch in der Sache dürfte nicht als Ausdruck bestehender Antipathie eingesetzt werden.
- Die Gruppe sollte sich an spezifische Arbeitsregeln halten, wie sie z. B. als Vorbereitungs-, Moderations-, Diskussions- und Dokumentationstechniken für entsprechende Arbeitsgruppen entwickelt worden sind.

Die Vielzahl der Bedingungen, die gegeben sein müssen, damit Gruppen zu besseren Ergebnissen kommen, weist darauf hin, daß Einzelarbeit häufig auch dort empfohlen werden kann, wo nach allgemeiner Auffassung Gruppenarbeit von Vorteil ist.

Dennoch gibt es viele Argumente dafür, in Gruppen zu arbeiten. STIRN (1970, S. 150) faßt sie zusammen (Kasten 1).

Vorteile der Gruppenarbeit sind:
1. Die Gruppe vermag Leistungen zu vollbringen, die einem einzelnen überhaupt nicht möglich sind, z.B. das Fortbewegen eines mehrere Zentner schweren Steines ohne technische Hilfsmittel.
2. Das Urteilsvermögen ist besser.
3. Die Möglichkeit der Informationsübermittlung (die Information braucht, wenn alle Gruppenmitglieder versammelt sind, nur einmal übermittelt zu werden) ist besser.
4. Die Kontaktintensität ist größer, weil in einer Gruppe sofort jeder mit jedem in Verbindung treten kann.
5. Es kommen in der Regel mehrere Arten von Geschicklichkeit, verschiedenes Sachwissen u.a. zusammen, um eingesetzt werden zu können (Ergänzung des geistigen und sonstigen Rüstzeugs).
6. Die Informationsspeicherkapazität ist größer als beim einzelnen; der Erhebungsaufwand für Informationen und die „Abrufzeit" sind geringer.
7. Die Zieleinhaltungskontrolle ist größer.
8. Die Lernfähigkeit ist besser.
9. Die Möglichkeiten für den Einsatz von Maschinen sind besser.
10. Die kollektive Kontrolle bietet Vorteile.
11. Die „Phantasiekapazität" wird angereichert, weil sich die Assoziationsfelder der Gruppenmitglieder ergänzen.

Kasten 1: Argumente für Gruppenarbeit

Trotz dieser denkbaren Vorteile weist die empirische Forschung darauf hin, daß in einer Vielzahl von Fällen Einzelarbeit zu empfehlen ist. Kritisch ist also jeweils die dreifache Frage zu beantworten:

(1) Wann ist die Gruppenleistung gleich der besten Einzelleistung?
(2) Wann ist die Gruppenleistung schlechter als die beste Einzelleistung?
(3) Wann ist die Gruppenleistung besser als die beste Einzelleistung?

4.2 Das Nebeneinander

Häufig trifft man in Organisationen darauf, daß mehrere Menschen nebeneinander an einem übergeordneten Ziel arbeiten, ohne daß dabei koordinierende Kommunikation erforderlich ist. Man denke etwa an Verkäufertätigkeiten in einem Warenhaus, an Akkordarbeit in der Produktion oder das Räumen von Schnee nach einer niederschlagsreichen Winternacht. Es arbeiten also Menschen weitgehend kommunikationslos nebeneinander.

Es hat nun relativ früh interessiert und ist experimentell untersucht worden (vgl. zusammenfassend HACKMAN, 1976; v. ROSENSTIEL, 1978), ob dies Einfluß auf die individuelle Leistung hat. Die Ergebnisse erscheinen zunächst widersprüchlich. Nachanalysen der vorliegenden empirischen Forschung führten zu einer Klärung der Widersprüche. Die individuelle Leistung wird durch die Gegenwart anderer bei maximal gelernten Verhaltensweisen, z.B. Routineaufgaben, erhöht, während der Erwerb neuer Kompetenzen oder kreative Prozesse dadurch behindert werden. Erklären läßt sich dies durch den Grad der psychophysiologischen Aktiviertheit, der mit der Anwesenheit anderer – vor allem bedeutsamer – Personen korreliert ist. Aktivierung begünstigt die Ausführung maximal gelernter Verhaltensweisen, während sie als Barriere beim Verlassen „ausgefahrener Gleise" im Wege steht. Abbildung 1 nach HACKMAN (1976) veranschaulicht dies in schematisierter Weise.

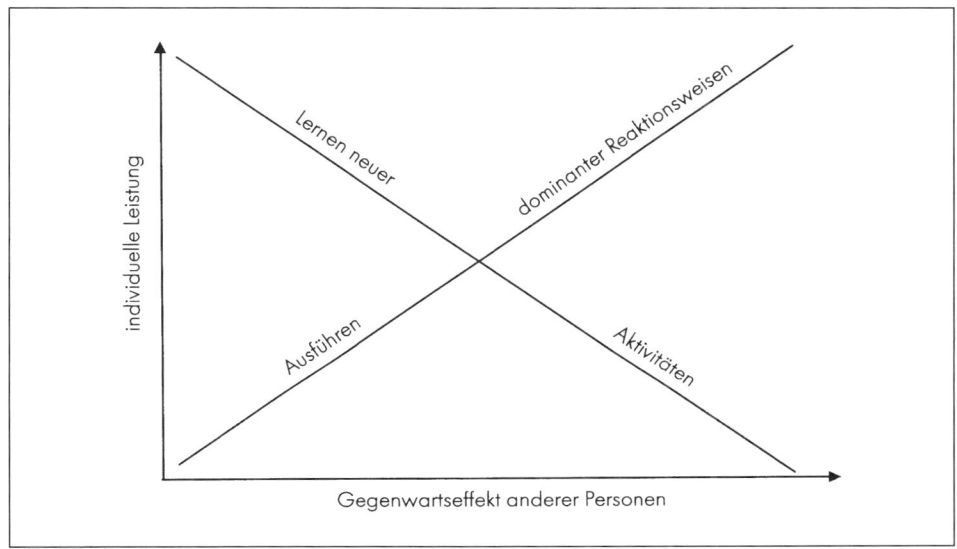

Abb. 1: Welche Arten von Aufgaben werden durch die Gegenwart anderer begünstigt, welche behindert?

Es kommt in diesem Zusammenhang allerdings nicht allein auf die Art der Aufgabe an; wichtig ist ebenfalls, um welche Personen – unterschieden z.B. nach dem Grad der Extraversion – es sich handelt. Während einige durch eine stark aktivierende Situation zu höheren Leistungen gelangen, werden andere dadurch irritiert und in ihrer Leistung reduziert.

Freilich sollte man diese in der „reinen" Laborsituation gefundenen Ergebnisse nicht unreflektiert generalisieren. Selbst wenn Menschen weitgehend kommunikationsios nebeneinander arbeiten, können sie dennoch erkennen, ob von den anderen eine eher akzeptierende Haltung oder Ablehnung ausgeht; nonverbale Kommunikation signalisiert ihnen Sympathie oder Feindseligkeit bzw. Zustimmung zu oder Ablehnung von bestimmten Aktivitäten. Außerdem dürfte die Leistung im Sinne eines Beobachtungslernens mitbeeinflußt werden. Wird beobachtet, daß ein Mitglied der Arbeitseinheit durch bestimmte Verhaltensweisen, z.B. eine neu entdeckte Arbeitsmethodik, zu sichtbar besseren Arbeitsergebnissen gelangt, so darf man annehmen, daß die anderen diese erfolgversprechendere Verhaltensweise übernehmen.

Zumindest aber sollte in Organisationen aufgrund des vorliegenden Forschungsstandes überlegt werden, welche Personen man bei welchen Aufgabenstellungen z.B. in ein Großraumbüro setzt und welchen man die Möglichkeit gibt, ihre Arbeit in Einzelzimmern zu bewältigen.

4.3 Das Gegeneinander

Angesichts des komplexen Zielsystems eines Unternehmens und der darin auffindbaren unterschiedlichen Sichtweisen und Interessenlagen ist es häufig erforderlich, daß Personen mit unterschiedlichen oder nahezu gegensätzlichen Standpunkten zusammenarbeiten, um Kompromisse zu finden oder aus der Unterschiedlichkeit der Standpunkte zu integrierten innovativen Zielen oder Lösungswegen zu gelangen (vgl. den folgenden Beitrag von BERKEL: Konflikte in und zwischen Gruppen).

4.4 Das Miteinander

Beim Miteinander wird Kommunikation zwischen den Mitgliedern der Arbeitseinheit zu einem wesentlichen Bestimmungsmerkmal der Arbeit; sie ist dann gegeben, wenn die Mitglieder bei der Ausführung ihrer Aufgabe in sequentieller Abhängigkeit stehen. Während bei vielen der komplexen Tätigkeiten in Produktion und Montage, bei interdisziplinären Forschungsaufgaben, Projektgruppen zur Implementierung von EDV-Systemen in Fachabteilungen etc. sich allein aus der Aufgabenstellung zwingend interagierende Kooperation ergibt, ist es bei vielfältigen Diskussions-, Problemlösungs- und Entscheidungsgruppen durchaus fraglich, ob der interagierenden Gruppe bessere Arbeitsergebnisse als dem besten einzelnen zuzutrauen sind. Bei aller wissenschaftlichen Kontroverse in Detailfragen läßt sich mit BRANDSTÄTTER (1989) zusammenfassend folgern, daß Gruppen zur Problemlösung unerläßlich sind, wenn das benötigte Wissen auf mehrere Gruppenmitglieder verteilt ist und wenn sich eine Person allein in der zur Verfügung stehenden Zeit das benötigte Wissen nicht verschaffen kann.

5. Besonderheiten einer Gruppe

Wenn im Sinne des Miteinanders Aufgabenstellungen in der Organisation bewältigt werden sollen, so sind spezifische sozial- und organisationspsychologische Forschungsergebnisse zu berücksichtigen. Diese sollen nachfolgend an dem jeweiligen Bestimmungsteil des Gruppenbegriffs diskutiert werden. Eine Gruppe läßt sich kennzeichnen als eine Mehrzahl von Personen, die bei Bestehen unmittelbarer Interaktionen und Überwiegen der Binnenkontakte für eine längere Dauer beisammen sind, dabei Rollen ausdifferenzieren, gemeinsame Normen, Werte und Ziele entwickeln sowie Kohäsion in dem Sinne zeigen, daß die Zusammengehörigkeit für die Mitglieder attraktiv ist, woraus sich ein Wir-Gefühl ergibt (SADER, 1976; v. ROSENSTIEL, 1978).

5.1 Mehrzahl von Personen

Selbstverständlich besteht eine Gruppe aus mehreren Personen. Wo aber liegt die Unter-, wo die Obergrenze? Was darf als optimale Gruppengröße angesehen werden?
Obwohl Mehrzahl ja schon bei zwei gegeben wäre, sieht in weitgehender Übereinstimmung die sozialpsychologische Literatur bei der Zahl drei die Untergrenze, da erst

hier spezifische gruppendynamische Phänomene wie z. B. Mehrheit gegen Minderheit, Koalitionsbildung und Koalitionswechsel beobachtbar werden.

Mehr Mühe bereitet die Festlegung einer Maximalgröße für Gruppen. Um sie zu bestimmen, sollte man zunächst klar vor Augen haben, daß Gruppe nicht einfach mit Menge oder Plural von Personen gleichgesetzt werden kann (HOFSTÄTTER, 1971). Unmittelbare Kommunikation zwischen den Mitgliedern über eine längere Zeit kommt ja als konstituierendes Begriffsmerkmal hinzu. Dies wiederum macht es plausibel, zunächst die Bedingungen zu analysieren, unter denen die Zusammenarbeit in der Organisation erfolgen soll. Sind die Mitglieder der Arbeitseinheit räumlich dicht beieinander oder über verschiedene Stockwerke oder gar Orte verteilt? Ist zeitlich unbeschränkte Zusammenarbeit vorgesehen, oder ist diese – etwa im Rahmen eines Projektes – auf wenige Monate oder gar im Rahmen einer Entscheidungsgruppe auf wenige Stunden begrenzt? Es ist offensichtlich, daß die Obergrenze für die Gruppengröße höher angesetzt werden kann, wenn eine lange Zusammenarbeit bei räumlicher Nähe vorgesehen ist, wie das z. B. bei Schulklassen gilt, weil sich dann die Möglichkeit ergibt, daß jeder mit jedem unmittelbar kommuniziert.

Die Größe der Gruppe wird in der Praxis häufig durch das Konzept der Leitungsspanne bestimmt. Man versteht darunter die Zahl der Personen, die einem Vorgesetzten unmittelbar unterstellt werden. Obwohl in der Organisationsforschung relative Einigkeit darin besteht, daß die Leitungsspanne unter 10 liegen sollte, steht dieses Orientierungskonzept im Gegensatz zu der Forderung, die Organisation möglichst „flach" zu halten. Man findet daher häufig die Empfehlung, daß in solchen Fällen, in denen jeder einzelne Unterstellte Experte auf einem anderen Gebiet ist und somit Führung zu einer Koordination der Spezialisten wird, die Leitungsspanne nicht über 6 bis 8 hinausgehen sollte, während dort, wo alle Unterstellten nahezu gleiche Tätigkeiten ausüben, wie das z. B. für wenig qualifizierte Tätigkeiten in Produktion, Dienstleistung oder Verwaltung gilt, Leitungsspannen bis zu 30 für noch vertretbar gehalten werden (DALE, 1959; vgl. auch WIENDIECK: Führung und Organisationsstruktur, in diesem Band).

Die Sozial- und Organisationspsychologie hat sich bei der Suche nach einer optimalen Gruppengröße vor allem mit Problemlösungs- und Entscheidungsgruppen beschäftigt. Bei fünf Personen ist der Kompromiß aus dem aus verschiedenen Perspektiven eingebrachten Wissen und der Koordination der verschiedenen Beiträge günstig. Da man in größeren Gruppen seltener die Chance bekommt, eigene Beiträge einzubringen, sinken mit wachsender Größe auch die Zufriedenheit mit der Gruppenmitgliedschaft sowie die Bereitschaft zur Identifikation mit dem erarbeiteten Ergebnis.

5.2 Direkter Kontakt

Bilden sich Gruppen, so findet man in der Regel, daß die Kontakte zwischen den Gruppenmitgliedern sehr viel häufiger sind als die Kontakte der Gruppenmitglieder zu anderen Personen (SADER, 1976; WITTE & ARDELT, 1989). Kommunikation eines jeden Gruppenmitgliedes mit jedem anderen wird entsprechend auch zu einem Bestandteil vieler Gruppendefinitionen. Allein daraus ergibt sich ja auch die Begrenzung der Gruppengröße nach oben. Bedenkt man, daß die Anzahl der Diagonalen im N-Eck bei N x (N–1) : 2 liegt, so findet man für eine Diskussionsgruppe von 15 Personen bereits 105 mögliche Verbindungen, was wiederum bedeutet, daß 105 Minuten ($1\,^3/_4$ Stunden) vergehen würden, wenn jeder nur einmal mit jedem eine Minute lang Argumente austauscht.

(1) Kommunikationsstrukturen

Zu den „klassischen" experimentellen sozialpsychologischen Untersuchungen zählen jene, die zu den Auswirkungen von Kommunikationsstrukturen durchgeführt wurden. Typische Kommunikationsstrukturen zeigt Abbildung 2.

Es zeigte sich, daß bei komplexen Aufgaben die „Totale", zu besseren Leistungen führt. Die Erklärung dafür dürfte vor allem darin liegen, daß bei komplexen Problemen die Informationsverarbeitungskapazität einer Zentralperson, wie wir sie etwa beim „Rad" finden, überfordert wäre. Dagegen werden einfache Aufgaben schneller und fehlerfreier bei einer Radstruktur gelöst. Formalisierte Kommunikationsstrukturen in Arbeitsgruppen müßten also den Aufgabenstrukturen entsprechend gestaltet werden (IRLE, 1975). Dabei sollte die Kommunikationsstruktur nicht grundsätzlich mit der Entscheidungsstruktur gleichgesetzt werden, da beide prinzipiell unabhängig sind. So kann etwa bei konsultativen Entscheidungen, d.h. der gemeinsamen Beratung des Problems, die Kommunikationsstruktur der Totalen entsprechen, während die Entscheidung durch den Vorgesetzten eher dem zentralistischen Stern entspricht.

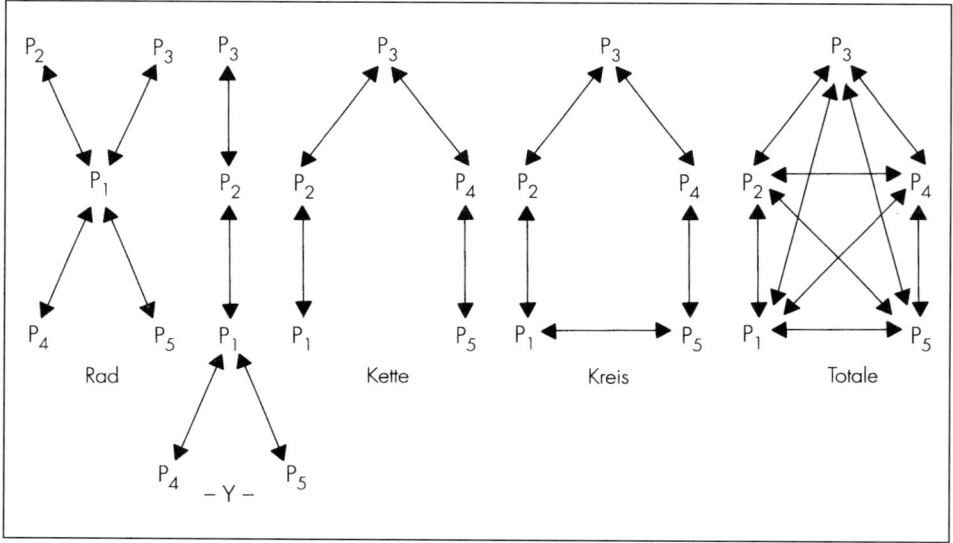

Abb. 2: Kommunikationsstrukturen in Gruppen

(2) Sachebene und Beziehungsebene

In den Untersuchungen zu Kommunikationsstrukturen wurde der Fluß der Sachinformation lösungsrelevanten Wissens manipuliert. Kommunikation ist jedoch weiter zu verstehen; sie bezieht sich also nicht nur auf sachliche Fakten, sondern auch darauf,

370

ob man den anderen mag oder nicht, ob man sich ihm öffnen möchte, ob das zwischenmenschliche Klima als gelöst oder gespannt erlebt wird etc. Neuberger (1982) hat in seinem auf didaktische Griffigkeit hin konzipierten TALK-Modell diesen Ansatz weiter differenziert. Dabei steht:

T für Tatsachen (es ist),
A für Ausdruck (ich bin),
L für Lenkung (du sollst),
K für Klima (wir sind).

Es gilt nun – analysiert man verbale und nonverbale Kommunikation in Arbeitsgruppen – zu prüfen, was unter dieser vierfachen Perspektive jeweils gesendet wurde (vgl. auch den Beitrag von Comelli: Teamentwicklungstraining, in diesem Band). Sagt etwa ein Mitglied einer Projektgruppe zu einem anderen: „Ich halte diesen Vorschlag für völlig unsinnig", so könnte – in ganz unterschiedlichem Mischverhältnis – gemeint sein:

T: diese Information ist für die Lösung unseres Problems wenig hilfreich;
A: ich bestimme hier, was richtig oder falsch ist;
L: du sollst nicht ständig dazwischenreden;
K: die Beziehung zwischen uns ist gespannt.

Es ist ja ein bekannter Umstand, daß Widerspruch in der Sache häufig völlig zurückgenommen wird, wenn eine andere Person den gleichen Tatbestand äußert, da Widerspruch hier nur das Instrument dafür ist, Beziehungsspannungen auszutragen oder Machtansprüche zu artikulieren. Eine Vielzahl empirischer Untersuchungen konnte zeigen, daß erlebte Emotionen die Sachebene beeinflussen, z.B. erlebte Sympathie dazu führt, dem Kontrahenten in der Sache entgegenzukommen, oder freundlich vorgetragene Argumente den Partner öfter zum Nachgeben veranlassen als unfreundliche Beiträge, während aggressive Opponenten an Einfluß verlieren.

(3) Kommunikation und Technik

Mitglieder einer Arbeitsgruppe kommunizieren nicht in einem „freien Raum". Sie bewältigen gestellte Aufgaben innerhalb vorgegebener Strukturen unter Nutzung bestimmter technischer Hilfsmittel. Dadurch wird die Kommunikation nachhaltig beeinflußt (Meissner, 1976). So ist aufgaben- und situationsbedingt bei werkstattähnlicher Fertigung die verbale Kommunikation zwischen den Arbeitenden intensiver ausgeprägt als bei Fließbandfertigung. Am Fließband intensiviert sich die nonverbale Kommunikation, was möglicherweise auf die räumliche Distanz der Arbeitenden zueinander, auf den am Arbeitsplatz herrschenden Lärm und die Unmöglichkeit, den Arbeitsplatz für Gesprächszwecke zu verlassen, zurückgeführt werden kann.

Derartige Kommunikationsmöglichkeiten entfallen, wenn – bedingt durch die Entwicklung elektronischer Kommunikationssysteme – die „face to face"-Kommunikation zurückgeht. Frese und Brodbeck (1989) vermuten, daß sich zunehmend mehr elektronisch kommunizierende Arbeitsgruppen entwickeln werden. Dies hat, wie inzwischen empirisch gezeigt werden konnte, Einfluß auf das Kommunikationsverhalten und die Kommunikationsinhalte. Dies wiederum ist für die Planung von „Computerkonferenzen" oder Systeme der „elektronic mail" wichtig. Da dabei der Status des Senders nicht so leicht identifizierbar ist, kommt es einerseits stärker zum demokratischen Argumentationswettbewerb, andererseits zu einer Tendenz, die eigene Position zu unterstreichen. Sendungen innerhalb elektronischer Postsysteme sind deutlich weniger empfängerorientiert als vielmehr ich-zentriert. Häufiger als bei unmittelbarer Kommunikation werden Kommunikationsnormen überschritten, Vulgärausdrücke verwendet und relativ ungehemmt auch schlechte Nachrichten mitgeteilt.

Man darf vermuten, daß die soziale Kompetenz von Gruppenmitgliedern zurückgehen wird, wenn elektronische Kommunikationsmedien nicht als Ergänzung, sondern als Ersatz üblicher Kommunikationsformen verwendet werden.

5.3 Dauer

Definitionsmerkmal von Gruppen ist eine relative zeitliche Erstreckung. Gruppen brauchen Zeit, um sich zu bilden.

Für Arbeitsgruppen hat die hier angesprochene zeitliche Perspektive unter zwei Gesichtspunkten eine besondere Bedeutung. Arbeitsgruppen können relativ geschlossen sein, d. h. ihre Zusammensetzung kann über Jahre unverändert bleiben. Es ist aber auch möglich, daß aufgabenbedingt oder bedingt durch die Vermutung, daß ständige Job-Rotation die Qualifikation der Mitarbeiter steigert sowie die Flexibilität und die Vernetzung der Organisation erhöht, die Gruppenmitglieder beständig ausgetauscht werden. Die Gruppe ist dann relativ offen.

Tatsächlich unterliegen lange bestehende geschlossene Gruppen der Gefahr, relativ starre Normen zu bilden, Normabweichungen massiv zu sanktionieren und die Offenheit für Argumente von außen zu verlieren. Dagegen muß bei ständig wechselnder Gruppenmitgliedschaft der gruppendynamische Prozeß der Strukturierung jeweils neu beginnen. Das häufig notwendig werdende Neustrukturieren einer Gruppe wird offensichtlich zur Beanspruchung. Daraus können sich psychosomatische Störungen ergeben (vgl. den Artikel von REGNET: Streß und Möglichkeiten der Streßhandhabung, in diesem Band).

Der Aspekt der Dauer gewinnt in vielen Organisationen dadurch zusätzlich an Bedeutung, daß herkömmliche stabile Linienorganisationen aufgelöst und durch Projektgruppenorganisationen (vgl. den entsprechenden Artikel von HEINTEL & KRAINZ, in diesem Band) abgelöst oder zumindest ergänzt werden.

5.4 Rollendifferenzierung

Für nahezu jede Arbeitsgruppe legt der Organisationsplan durch Arbeitsverträge, Organigramme sowie Tätigkeits- oder Stellenbeschreibungen Rollendifferenzierungen fest. Da gibt es einen Vorgesetzten, seinen Stellvertreter sowie Stelleninhaber für die Erfüllung unterschiedlicher Aufgaben. Dies ist jedoch der Plan. Empirisch ist es höchst reizvoll zu prüfen, ob die beobachtbare Rollendifferenzierung dem Plan entspricht und ob sich gar Rollen entwickeln, die im Plan nicht vorgesehen sind. Tatsächlich ist es eine der zentralen Erkenntnisse der sozialpsychologischen und mikrosoziologischen Gruppenforschung, daß es in Gruppen relativ rasch und spontan zu Rollendifferenzierungen kommt.

Rollendifferenzierung in Gruppen erfolgt mehrdimensional. Besonderes Interesse hat die vertikale Differenzierung gefunden, die sogenannte „Hackordnung", d. h. die

Rangreihe an Macht und Einfluß, die u.a. für die Privilegienvergabe maßgeblich ist und vom „Alpha" bis zum „Omega" reicht.

Es stellt sich allerdings die Frage, ob bei menschlichen Gruppen die Vertikale als nur eine Dimension zu sehen ist. Geht man davon aus, daß es in Gruppen um *Zielerreichung* (Lokomotion) und um *Zusammenhalt* (Kohäsion) geht, so ist bei der Führung von Gruppen Arbeitsteilung gut vorstellbar. Der eine Führer bemüht sich darum, die Gruppe zum Sachziel zu führen, während der andere sich um ihren Zusammenhalt kümmert. Wenn die beiden gut kooperieren, ist eine leistungsorientierte Gruppe anzunehmen. In der Praxis gehen entsprechende Empfehlungen dahin, den formalen Führer, d.h. den ernannten Vorgesetzten, als Tüchtigkeitsführer zu interpretieren und den sich aus dem Gruppenprozeß herausbildenden informellen Führer als Beliebtheitsführer zu sehen und ihn zum Stellvertreter zu machen.

Neben der vertikalen spielen auch unterschiedliche horizontale Dimensionen eine wesentliche Rolle. Da bilden sich in der Gruppe Spezialisten für bestimmte Aufgaben, Mitläufer, Außenseiter, Sündenböcke heraus, die alle in der gruppendynamischen Literatur vielfältig beschrieben und gedeutet wurden.

In der organisationspsychologischen Literatur allerdings hat eine Rolle besondere Aufmerksamkeit gefunden: die des Führenden. Und dies ist – direkt oder indirekt - Thema des hier vorliegenden Buches insgesamt.

5.5   Gemeinsame Normen, Ziele und Werte

Vielfach wurde gezeigt, daß auf solchen Feldern offenen und verdeckten Verhaltens, die den Gruppenmitgliedern wichtig sind, die Streuung zurückgeht und ein hochgradig standardisiertes Denken und Handeln sich entwickelt. Es bilden sich Normen, d.h. von allen Gruppenmitgliedern geteilte Erwartungen, wie die Mitglieder der Gruppe in bestimmten Situationen denken und handeln sollten. Es gibt in der Gruppe bestehende Aufforderungen, in ganz bestimmten wiederkehrenden Situationen spezifisches Verhalten zu zeigen oder zu unterlassen. Die Beachtung bestimmter Verhaltensrichtlinien bringt voneinander abhängigen Personen Vorteile, während das Abweichen – auch nur eines einzigen – für alle mit Nachteilen verbunden ist. Vor diesem Hintergrund verwundert es nicht, daß Personen einer Gruppe in bezug auf bestimmte Verhaltenssegmente starke, in bezug auf andere geringe Übereinstimmung zeigen. Normbeachtung ist eben auf ganz bestimmten Feldern für die Zielerreichung der Gruppe wesentlich, auf anderen dagegen nicht.

Es ist schon früh qualitativ beschrieben worden (Roethlisberger & Dickson, 1939), welche Prozesse sich in Gruppen abspielen, wenn bestimmte Mitglieder sich nicht an die Norm halten – z.B. in bezug auf das Leistungsverhalten –, und wie es dadurch zum Phänomen der „Leistungsrestriktion" kommt. Normabweichende Personen werden zunächst mit von außen kaum wahrnehmbaren Sanktionen, sodann durch verbale und schließlich gar durch körperliche Attacken dazu bewegt, die Gruppennorm zu beachten.

Im Hinblick auf die Leistung in Arbeitsgruppen hat der Aspekt der Norm in verschiedenen Zusammenhängen Beachtung gefunden. So konnte einerseits nachgewiesen werden, daß das Bestehen hoher Leistungsnormen in Arbeitsgruppen mit hohem Zusammenhalt kurz- und längerfristig gute Leistungen bei geringer Streuung garantiert, daß aber andererseits in Problemlösungs- und Entscheidungsgruppen durch die

Einhaltung von Normen innovative Leistung eher behindert wird, da diese in der Regel von einigen, die eher als Außenseiter zu interpretieren sind, eingebracht wird.

5.6 Wir-Gefühl und Gruppenkohäsion

Es war bereits darauf verwiesen worden, daß in Arbeitsgruppen auf zwei Aspekte besonders geachtet werden muß, nämlich auf den Zusammenhalt (Kohäsion) und die Bewegung auf das Ziel hin (Lokomotion).

Kohäsion einer Gruppe läßt sich dabei als das Ausmaß wechselseitiger positiver Gefühle umschreiben (SADER, 1976). In dem Maße, in dem die Kohäsion anwächst, zu erlebter Zusammengehörigkeit führt, entwickelt sich auch das „Wir-Gefühl", ein konstituierender Bestandteil vieler Gruppendefinitionen. Die Mitglieder sprechen voneinander als „Wir".

Nun darf keinesfalls die Kohäsion mit dem Insgesamt der Kräfte gleichgesetzt werden, die die Mitglieder in der Gruppe halten. Neben den positiven Gefühlen kann auch anderes ausschlaggebend sein, z.B. schlicht Trägheit, die ein Drängen auf Veränderung unterbindet, obwohl die Mitgliedschaft in der Gruppe weder durch die Sympathie den anderen gegenüber, noch durch Furcht vor Nachteilen im Falle des Ausscheidens motiviert ist.

Bedeutsam für das Verbleiben in einer Gruppe ist auch die Dependenz von der Gruppe, also die Abhängigkeit des Gruppenmitglieds von der Gruppe, d.h. man fürchtet bei Verlust der Gruppenmitgliedschaft Vorteile einzubüßen, die man woanders nicht zu erreichen glaubt (IRLE, 1975; v. ROSENSTIEL, 1978).

Hoher Gruppenzusammenhalt, d.h. eine intensive Kohäsion in Arbeitsgruppen, wird in aller Regel in der Praxis für wünschenswert gehalten, obwohl nicht selten besonders schwache Gruppenarbeitsergebnisse, z.B. in Form von Leistungsrestriktionen oder Fehlentscheidungen aufgrund des Gruppendrucks in Gruppen mit hoher Kohäsion beobachtet werden können.

(1) Gruppenkohäsion als Folge

Als über die Bildung von Gruppen in Organisationen gesprochen worden war, hatten wir bereits darauf verwiesen, daß die Häufigkeit von Kontakten und die wahrgenommene Ähnlichkeit die Gruppenentstehung begünstigen, also zur Festigung des Wir-Gefühls beitragen. Und dies ist besonders wahrscheinlich, wenn Personen, die unter als wichtig erlebten Aspekten einander ähnlich sind, bei räumlicher Nähe in kleiner Zahl über längere Zeit beieinander bleiben.

Für Arbeitsgruppen besonders wichtig erscheint, daß auch der Arbeitsinhalt die Kohäsion erhöhen kann. Der Versuch, eine Aufgabe effizient zu bewältigen und gemeinsam zu Erfolgen zu gelangen, verbindet.

Weitere Bedingungen müssen jedoch hinzukommen, damit der erlebte Zusammenhalt sich intensiviert. Die Gruppe wird vor allem dann eine hohe Attraktivität für ein jedes Mitglied haben, wenn sie als Mittel zu dem Zweck wahrgenommen wird, Bedürfnisse des einzelnen zu erfüllen. Vor diesem Hintergrund ist – wie bereits beim Konzept der sozialen Unterstützung besprochen – vor allem darauf zu achten, daß zum einen Gruppenmitgliedschaft auf der Ebene des Emotionalen Geborgenheit zu vermitteln in der Lage ist und auf dem Gebiete der Handlung durch die Chance des gemeinsamen Tuns den einzelnen vor dem Erleben des Kontrollverlustes schützen kann (GEBERT & V. ROSENSTIEL, 1989).

(2) Gruppenkohäsion als Ursache

Ein intensiv ausgeprägtes Wir-Gefühl, d.h. eine hohe Kohäsion der Gruppe, die alle Mitglieder umfaßt, bewirkt vor allem zweierlei:

– hohe Zufriedenheit und
– striktere Einhaltung der für die Gruppe wichtigen Normen.

Unter dem Aspekt der Beziehung zwischen Gruppenkohäsion und Arbeitszufriedenheit überrascht es nicht, daß von hier aus Beziehungen zur Fehlzeiten- und Fluktuationsrate vermutet und untersucht wurden. Nicht selten wird argumentiert, daß Fehlzeiten und Fluktuation auf einer Dimension lägen, d.h. die Kündigung gewissermaßen die extremere Ausprägung der zeitlich begrenzten Abwesenheit vom Arbeitsplatz sei. IRLE (1975) verweist nun auf negative Korrelationen zwischen Absentismus und Fluktuationsneigung und geht davon aus, daß Fluktuation nur dann zu erwarten sei, wenn die Gruppenkohäsion und die Dependenz von der Gruppe gering sind, während Fehlzeiten eher dann angenommen werden können, wenn die Kohäsion zwar niedrig, die Dependenz von der Gruppe aber hoch ist.

Unter dem Aspekt der Korrelation zwischen Gruppenkohäsion und Normbeachtung ist es wesentlich, danach zu differenzieren, ob spezifische Verhaltensweisen für die Gruppenmitglieder als bedeutsam gelten oder nicht. Nur bei Verhaltensweisen, die für das Selbstverständnis der Gruppenmitglieder bzw. der Gesamtgruppe bedeutsam erscheinen, sind versteckte oder offensichtliche Sanktionen gegen Abweichungen – bis hin zum Gruppenausschluß, der bei hoher Kohäsion natürlich besonders schmerzlich ist – zu erwarten.

In Arbeitsgruppen zählt zu diesen wichtigen Handlungsbereichen in der Regel das Leistungsverhalten (HACKMAN, 1976). Es fanden sich nun schon früh Hinweise darauf, daß unter bestimmten Konstellationen – z.B. wenn die Gruppenmitglieder als Folge hoher Leistung negative Konsequenzen vermuten – in der Gruppe die Leistungsmenge bewußt zurückgehalten wurde und Überschreitungen der informellen Norm durch ein Mitglied von den anderen sanktioniert wurden (s. Punkt 5.5).

Differenzierte Analysen dieses Phänomens gelangen in laborexperimentellen Untersuchungen. Es zeigte sich, daß nur bei hoher Gruppenkohäsion die Leistungsziele streng beachtet wurden, d.h. nur bei hoher Gruppenkohäsion und positiven Zielsetzungen waren die Leistungen bei geringer Streuung hoch, während sie bei hoher Gruppenkohäsion und niedriger Zielsetzung bei geringer Streuung niedrig ausgeprägt waren. Hier stoßen wir also auf das Phänomen der „Clique". Im Fall geringer Gruppenkohäsion streuten die Leistungen weit, d.h. es entwickelte sich keine sehr ausgeprägte Leistungsnorm.

6.   Abschluß

Nahezu jeder Berufstätige ist Mitglied einer oder mehrerer Arbeitsgruppen. Dies erscheint unter dem Aspekt der Organisations- und Humanziele bedeutsam. Ziele bei komplexen Aufgaben können nur erreicht werden, wenn unterschiedliche Spezialisten in kurz- oder langfristig bestehenden Arbeitsgruppen kooperieren. Dabei werden die Arbeitsziele nur dann optimal erfüllt, wenn auch die sozialen Bedürfnisse der Gruppenmitglieder befriedigt werden. Bei der Bildung von Arbeitsgruppen darf also nicht nur gefragt werden:

– Was ist vom Sachlichen her gefordert? Wer muß – um die Zielerreichung zu garantieren – mit wem zusammenarbeiten, und wie muß er zuvor fachlich qualifiziert werden?

Sondern auch:

– Was ist vom Zwischenmenschlichen her gefordert? Wer findet mit wem Kontakt, und wie muß zuvor kommunikative Kompetenz – Gesprächs- und Gruppenfähigkeit – erarbeitet werden?

Literatur

BASS, B. M. (1960). Leadership psychology and organizational behavior. New York 1960.
BRANDSTÄTTER, H. (1989). Problemlösen und Entscheiden in Gruppen. In E. ROTH (Hrsg.), Organisationspsychologie, Enzyklopädie der Psychologie. Bd. 3, S. 505–527. Göttingen 1989.
DALE, E. (1959). Planning and developing the company organization structure. New York 1959.
FRESE, M. & BRODBECK, F. (1989). Computer in Büro und Verwaltung. Berlin 1989.
GEBERT, D. & ROSENSTIEL, L. v. (1989). Organisationspsychologie. Stuttgart 1989.
HACKMAN, J. R. (1976). Group influence on individuals. In M. D. DUNNETTE (Hrsg.), Handbook of industrial and organizational psychology. Chicago 1976: Rand McNally.
HOFSTÄTTER, P. R. (1971). Gruppendynamik. Reinbek 1971.
HOFMANS, G. C. (1950). The human group. New York 1950.
IRLE, M. (1975). Handbuch der Sozialpsychologie. Göttingen 1975.
MEISSNER, M. (1976). The language of work. In R. DUBIN (Hrsg.), Handbook of work, organization, and society. S. 205–279. Chicago 1976.
NEUBERGER, O. (1982). Miteinander arbeiten – miteinander reden! München 1982: Bayerisches Staatsministerium für Arbeit und Sozialordnung.
ROETHLISBERGER, F. J. & DICKSON, W. J. (1939). Management and the worker. Cambridge/Mass. 1939: Harvard University Press.
ROSENSTIEL, L. v. (1978). Arbeitsgruppe. In A. MAYER (Hrsg.), Organisationspsychologie. S. 263–271. Stuttgart 1978.
ROSENSTIEL, L. v. (1992). Kommunikation und Führung in Arbeitsgruppen. In H. SCHULER (Hrsg.), Lehrbuch Organisationspsychologie. Bern 1992: Huber.
SADER, M. (1976). Psychologie der Gruppe. München 1976.
SCHACHTER, S. (1959). The Psychology of affiliation. Experimental studies of the source of gregariousness. Stanford 1959.
STIRN, H. (1970). Die Arbeitsgruppe. In A. MAYER & B. HERWIG (Hrsg.), Handbuch der Psychologie, Betriebspsychologie. Bd. 9, S. 494–520. Göttingen 1970.
WITTE, E. H. & ARDELT, E. (1989). Gruppenarten, -strukturen und -prozesse. In E. ROTH (Hrsg.), Organisationspsychologie, Enzyklopädie der Psychologie. Bd. 3, S. 463–483. Göttingen 1989.

Zur Konkretisierung und weiteren Vertiefung wird empfohlen, im Fallstudienband die Fälle zu „Arbeitsgruppe" und zu „Gruppen- versus Einzelarbeit" zu bearbeiten.

Karl Berkel

Konflikte in und zwischen Gruppen

1.   Konfliktbewältigung als Führungsaufgabe

Konflikte in und zwischen Gruppen werden zunehmend wahrscheinlicher. Das hat verschiedene Gründe:

- Die (Zusammen-)Arbeit in Gruppen gewinnt an Bedeutung, weil die Aufgabenstellungen differenzierter und das Fachwissen spezialisierter werden. Um das Ziel zu erreichen, muß deshalb eine Gruppe dafür sorgen, daß die Mitglieder ihr unterschiedliches Spezialwissen ergänzen und aufeinander abstimmen. Spezielles Wissen, eigene Erfahrungen und Sichtweisen sowie ganz persönliche Wertvorstellungen schaffen in jeder Gruppe ein differenziertes *kognitives* Feld, das leicht in Spannungen umschlagen kann.
- Wo immer Menschen zusammenleben und zusammenarbeiten, gibt es Sympathie wie Antipathie, Anziehung wie Abstoßung. Die Persönlichkeit der einzelnen, ihre Vorlieben und Abneigungen, ihre Wünsche und Befürchtungen, ihre Ansprüche und Zielsetzungen formen die zwischenmenschlichen Beziehungen. Und die Vorstellungen darüber sind heute anspruchsvoller geworden (Selbstverwirklichung, Wertewandel). Die manchmal narzißtisch anmutende Rücksichtnahme auf das eigene Wohlbefinden, die erhöhte Sensibilität gegenüber Machtansprüchen, die Neigung, normative Regelungen zu hinterfragen, erzeugen *emotionale* Spannungen innerhalb jeder Gruppe.
- Organisationen können heute nur überleben, wenn sie flexibel, und das heißt auch variabel und intelligent auf Umweltveränderungen reagieren. Das setzt ein hohes Maß an innerer Effizienz voraus, die nur zu erreichen ist, wenn die Reibungsverluste gering und die Synergien hoch sind (vgl. auch den Beitrag von Jochum: „Laterale" Führung und Zusammenarbeit, in diesem Band). Die Organisation muß sich weitgehend instrumentalisieren, um jederzeit und geschmeidig die gesetzten Ziele zu erreichen.

  Dieser Zusammenhang gerät aber sehr schnell in Widerspruch zu Forderungen nach einer *ethischen* Begründung institutionellen/organisatorischen Handelns. Das wendige Agieren einer Organisation wird von der Öffentlichkeit, zunehmend auch von den eigenen Mitgliedern, nur dann akzeptiert, wenn der Bezug zu Werten und Zielen hergestellt und transparent gemacht werden kann, die allgemeinen Konsens gefunden haben (vgl. den Beitrag von Stengel: Wertewandel, in diesem Band). Diesen Konsens überhaupt zu stiften, wird so zu einer Voraussetzung organisatorisch effektiven Handelns und damit zu einer immer wichtigeren Führungsaufgabe (Ulrich, 1983).
- Konflikte in und zwischen Gruppen gewinnen deshalb an Umfang und Ausmaß, folglich wird es für Führungskräfte immer wichtiger, Konflikte nicht nur zu erkennen, sondern sie auch aktiv anzugehen, zu steuern und zu bewältigen. Das entspricht im übrigen empirischen Befunden, die die Kunst des Konfliktmanagements als Kern moderner Führung ausmachen (Luthans et al., 1985).

2.   Was ist ein Konflikt?

Ein Konflikt liegt immer dann vor, wenn eine Partei oder beide Parteien zum gleichen Zeitpunkt Handlungen beabsichtigen oder durchführen, die zur Folge haben könnten oder haben, daß sich die andere Partei behindert, blockiert, bedroht oder verletzt fühlt

(Rüttinger, 1988; Berkel, 1992). Zu dieser weiten Begriffsbestimmung sind aber bestimmte Merkmale hinzuzufügen, um in der Praxis Konflikte erkennen und bewältigen zu können.

(1) Ein Konflikt spielt sich immer zwischen zwei (manchmal auch mehr) Personen oder Parteien ab, die sich gegenseitig beeinflussen können. Ohne die Möglichkeit realer *wechselseitiger Einflußnahme* kann es zu Stimmungen (wie am Stammtisch), aber nicht zum Konflikt kommen. Jede Organisation und jede Arbeitsgruppe ordnet über die Aufgabenstellung Personen einander zu und unter und schafft damit überhaupt erst die Voraussetzung, daß Konflikte entstehen können.

(2) Ein Konflikt existiert schon dann, wenn Parteien *Pläne* oder Absichten *hegen,* deren Verwirklichung jemand anderen beeinträchtigen würde. Umgekehrt liegt auch schon dann ein Konflikt vor, wenn sich eine Partei durch das Verhalten einer anderen behindert und beeinträchtigt, also frustriert *fühlt.* Der Konflikt ist in beiden Fällen zwar noch nicht offen, aber *latent* vorhanden. Ob er jemals offen, also beobachtbar, ausbricht und ausgetragen wird, hängt von zusätzlichen Bedingungen ab.

Beispiel: Eine Arbeitsgruppe nimmt einen neuen Kollegen auf, der aus drei Bewerbern ausgewählt wurde. Ein Mitglied lehnt den neuen Kollegen von vornherein ab, sagt aber (vorerst!) nichts, weil es erkennt, daß die anderen ihn akzeptieren. Ob aus der verborgenen Abneigung eines Tages ein offener Konflikt wird, hängt von weiteren Umständen ab: ob das Mitglied seine Aversionen innerlich abbauen kann; ob es Anlässe im Arbeitsablauf gibt, die gleichsam als „Zündfunke" den Ausschlag geben, die Animosität sachlich zu legitimieren; ob der neue Kollege ihm Gefälligkeiten erweist; ob er so selbstbewußt auftritt, daß man nur schwer gegen ihn ankommen kann usw.

Oder: Eine Gruppe entwickelt die Vorstellung, daß die Einführung eines neuen Leistungsbeurteilungssystems nur den Zweck verfolge, noch mehr Leistung aus den Leuten herauszuholen. Da die Mitglieder ohnehin dem Unternehmen skeptisch gegenüberstehen, fühlen sie sich durch das neue System bedroht, zumindest befürchten sie unerfreuliche Dispute mit höheren Vorgesetzten. Obwohl weder das eine zutrifft noch das andere (zunächst) eintritt, heizen sie durch ihre Verdächtigungen andere Gruppen auf und erzeugen dadurch emotionsgeladene Auseinandersetzungen mit der Personalabteilung und letztlich auch mit ihren Chefs, was sie darin bestärkt, daß sie von Anfang an recht hatten.

Auf die Existenz latenter Konflikte aufmerksam zu machen, ist nicht überflüssig. Konfliktfähigkeit entwickeln heißt nicht nur zu lernen, Konflikte frühzeitig zu erkennen, sondern auch zu prüfen, welche Konflikte vom einzelnen selber innerlich zu verarbeiten und zu regulieren, also der Gruppe oder Gemeinschaft nicht aufzubürden sind. Es gibt eine Reihe von Konflikten, die auf der zwischenmenschlichen Ebene gar nicht oder nur unbefriedigend „gelöst" werden können und deshalb unabweislich beim einzelnen verbleiben. Andererseits gibt es, gerade auch in Arbeitsgruppen, Konflikte, die aus Neid, Mißgunst, Antipathie, Rivalität resultieren und sich auf der zwischenmenschlichen Ebene destruktiv auswirken. Zu einer Psychohygiene des Umgangs mit Konflikten gehört es, daß die einzelne Partei ihren eigenen „Beitrag" zum Konflikt erkennt und zu unterscheiden lernt, welche Konflikte von ihr selbst zu bewältigen sind und welche auf der zwischenmenschlichen Ebene ausgetragen werden (müssen!).

(3) Gruppenmitglieder behindern oder beeinträchtigen sich nicht ohne Grund. Irritationen wegen einer zufälligen oder unbeabsichtigten Beeinträchtigung können mit einer Entschuldigung rasch aus der Welt geschafft werden, sie weiten sich nicht zu einem Konflikt aus. Jedem Konflikt dagegen liegt ein *Thema* zugrunde, das im Brennpunkt steht, aber nicht notwendigerweise die Ursache darstellt. Es ist denkbar, daß das vorgebrachte Thema, an dem sich ein Konflikt entzündet, vorgeschoben ist, um von anderen Themen abzulenken, die entweder nicht recht bewußt sind oder nicht ausgesprochen werden dürfen, weil sie tabuisiert sind.

Beispiel: Ein Abteilungsleiter hat sich für eine bestimmte Produktstrategie entschieden. Nicht alle in der Gruppe sind damit einverstanden, aber jeder weiß, daß der Chef allergisch reagiert, falls jemand es wagen würde, dieses Thema noch einmal zur Debatte zu stellen. Kurz darauf kommt es in einer Besprechung zu einem langatmigen Disput zwischen zwei Kollegen über eine, wie die anderen meinen, Bagatelle einer neuen Arbeitsverteilung. In diesem Fall dürfte die Wurzel des Streits nicht hier, sondern in der Verärgerung über das autoritäre Vorgehen des Chefs liegen. Der beobachtbare Konflikt ist sowohl sachlich (Arbeitsverteilung) als auch personal (Kollegen) verschoben worden. Für die Konfliktdiagnose folgt daraus: Erstens ist zu klären, was das Thema ist, an dem sich der Konflikt entzündet (der Streitpunkt). Zweitens ist herauszufinden, ob das Thema in sich strittig oder nur vorgeschoben ist. Eine Verschiebung ist dann zu vermuten, wenn Beobachter kein rechtes Verhältnis zwischen dem Streitpunkt und der Intensität des Konfliktes erkennen können.

(4) Zwischen dem Stadium, in dem sich ein Konflikt innerhalb einer Partei aufbaut (Latenz), und dem offenen Ausbruch zwischen den Parteien liegen in der Regel gewisse Hemmschwellen, die erst überwunden werden müssen. Diese Hemmschwellen können sowohl im Innern einer Partei als auch in den Umständen liegen. Äußere oder innere Ereignisse fungieren aus *Auslöser,* die die Hemmschwelle senken und die Bereitschaft zum offenen Konfliktaustragen fördern. Innere Hemmschwellen können sein: die Einstellung einer Partei zur anderen (freundschaftliche Verbundenheit), Befürchtungen (das Gesicht zu verlieren), die Einschätzung der Lage (sich jetzt nicht durchsetzen zu können). Als äußere Hemmschwellen können wirken: Gruppennormen (erst einmal eine Nacht darüber schlafen), Machtstrukturen („der Ober sticht den Unter"), zeitliche und räumliche Begrenzungen (z.B. wichtigere Termine haben Vorrang, kein Ort für ein Gespräch unter vier Augen).

(5) Wenn eine Seite durch ihr Verhalten eine andere behindert oder beeinträchtigt, ist der Konflikt *offen* ausgebrochen. Das zu beobachtende Verhalten kann von einem nonverbalen Signal (z.B. enttäuschtes Kopfschütteln) bis zum Einsatz physischer Gewalt reichen. Es gibt kein Verhalten, das als ausgesprochenes Konfliktverhalten zu klassifizieren wäre. Jedes Verhalten kann zum Konfliktverhalten werden, das darauf abzielt, die andere Seite „zu treffen" und von ihrem Ziel abzuhalten oder abzubringen. Die Behinderung der anderen Partei kann Ziel (direkter Konflikt) oder Mittel (strategischer Konflikt) sein.

Beispiel: Ein Gruppenleiter setzt beim Bereichsleiter durch, daß sein Mitarbeiter Projektleiter wird; durch diesen Coup hindert er seinen Abteilungsleiter, den Mitarbeiter eines Kollegen zu befördern (direkter Konflikt). – Ein Fußballpräsident schlägt seinen Geschäftsführer nicht mehr zur nächsten Wahl vor, weil er sich mit einem neuen Geschäftsführer bessere Chancen für eine Wiederwahl ausrechnet (strategischer Konflikt). Der strategische Konflikt kann leicht in einen direkten Konflikt umschlagen (z. B. wenn der Geschäftsführer selber für das Präsidentenamt kandidiert). Dann eskaliert der Konflikt, indem er personalisiert wird. Die Gefahr eines solchen Umschlags ist grundsätzlich bei allen zunächst als „bloß" strategisch gedachten Konflikten gegeben. Bei Organisationsveränderungsprozessen ist dieser mögliche „Kippeffekt" unbedingt im Auge zu behalten.

(6) Jeder Konflikt, ob offen ausgetragen oder nicht, hat *Folgen.* Wenn die Parteien den Konflikt so bewältigen, daß beide Nutzen davon haben, wird das ihre Beziehung festigen und die Bereitschaft erhöhen, beim nächsten Konflikt wieder eine gemeinsame Lösung zu suchen. Sollte der Konflikt dagegen mit dem Sieg der einen und der Niederlage der anderen Partei enden, dann ist es nicht schwer, sich auszumalen, daß die unterlegene Partei nur eine günstige Gelegenheit abwartet, um die Scharte wieder auszuwetzen.

3. Die Auswirkungen von Konflikten

Das angespannt-lähmende Moment, das die Anfangsphase eines Konflikts kennzeichnet, löst bei den am Konflikt beteiligten Parteien charakteristische Veränderungen aus, die sich verdichten und verstärken, je länger der Konflikt andauert (s. Tab. 1). Besonders davon betroffen und in den „Strudel" der Konfliktereignisse hineingezogen werden

- das Wahrnehmen, Denken und Vorstellungsleben
- die Gefühle, Stimmungen und Einstellungen
- die Motive, Ziele und Absichten sowie
- das verbale und nonverbale Verhalten (vgl. GLASL, 1990, S. 34 ff.).

Die Auswirkungen von Konflikten auf die seelischen Prozesse der Beteiligten beeinflussen sich gegenseitig. Dadurch entwickeln sich Konflikte oft zu einem Knäuel ineinanderverwobener Wahrnehmungen, Gefühle, Motive und Verhaltensweisen, die es sowohl den Konfliktparteien selbst als auch einer dritten Partei schwer machen, eine sachliche Problemlösung voranzutreiben. Wenn Konflikte „emotionalisiert" und „personalisiert" erscheinen, hat dies genau hier seine Ursache. Für die Konfliktbewältigung folgt daraus, daß zunächst einmal dieses Geflecht angegangen und aufgelöst werden muß, bevor an eine inhaltliche Lösung zu denken ist. Viele sozialwissenschaftliche Methoden und Strategien der Konfliktbehandlung wurden genau dazu entwickelt und erprobt, um den Parteien zu helfen,

- verzerrte Wahrnehmungen aufzudecken und polarisierte Denkweisen zu korrigieren,
- wieder Kontakt zu den eigenen Gefühlen zu finden und sich in die Gegenseite hineinzuversetzen,
- die grimmige Fixierung auf das Entweder-Oder aufzulösen und sich der eigenen Zerstörungsabsichten bewußt zu werden,
- das verbale und nonverbale Verhaltensrepertoire zu flexibilisieren und zu erweitern.

Konflikte haben aber nicht diese destruktiven und unproduktiven Auswirkungen, die viele Menschen allein schon bei dem Gedanken an mögliche Auseinandersetzungen zurückschrecken lassen. Sie können, zumal längerfristig gesehen, durchaus positive Folgen zeitigen, worauf besonders DEUTSCH (1976) aufmerksam macht (s. Tab. 2).

Wahrnehmen, Denken und Vorstellungen verzerren sich	Gefühle, Empfindungen und Haltungen verengen sich	Motive, Ziele und Absichten korrumpieren	Verbales und nonverbales Verhalten und Handeln verarmen
– die an sich schon selektiven Wahrnehmungen werden noch stärker gefiltert, verzerrt und auf immer weniger Möglichkeiten eingeengt – im Denken gewinnen Entweder-Oder-Kategorien, Pauschalisierungen und Verallgemeinerungen die Oberhand – die Parteien sehen sich gegenseitig nur noch in Schwarz-Weiß-Bildern	– das Verhalten, ja schon die Person des Konfliktgegners löst überhöhte Empfindlichkeit und Reizbarkeit aus – die Einstellungen zum anderen verlieren ihre Nuancen und Facetten und werden einseitig negativ – die Parteien kapseln sich voneinander ab und verlieren die Fähigkeit, sich in den anderen einzufühlen	– in der Absicht, sich durchzusetzen, versteift sich der Wille auf immer weniger Alternativen – die angestrebten Ziele werden starr und unflexibel an bestimmte Mittel gebunden – in Zorn und Wut brechen tiefsitzende primitive Triebe auf, die die Hemmungen gegen die Zerstörungslust und die Neigung zur Gewalt hinwegschwemmen	– das Verhalten wird stereotyp, unbeweglich und auf vorhersagbare Muster fixiert – das Handeln ist nicht mehr auf das Ziel gerichtet, sondern auf den Gegner: ihn gilt es zu besiegen oder gar auszuschalten – Handeln und Verhalten ventilieren mehr die Konfliktspannung, als daß sie zur Problemlösung beitragen

Tab. 1: Die Auswirkungen von Konflikten auf seelische Vorgänge

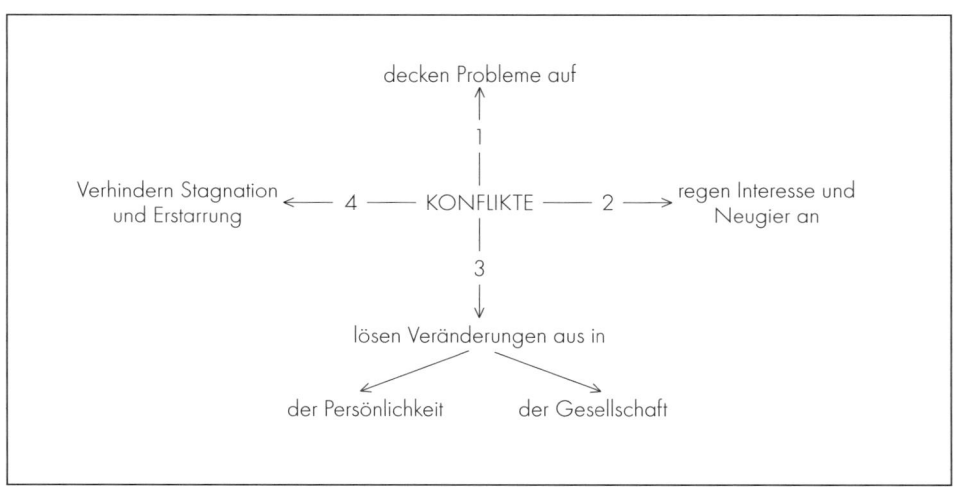

Tab. 2: Positive Funktionen von Konflikten

In jedem Konflikt steckt aufgrund der gebundenen Handlungsenergie ein Kraftpotential, das in die Wucherung und Aufblähung des Konflikts fließen, das aber auch in den zu Veränderungen notwendigen Schub investiert werden kann. Wie diese Energie genutzt und eingesetzt wird, hängt nicht unwesentlich davon ab, wie entschlossen die direkt oder indirekt betroffenen Parteien einen Konflikt als Chance erkennen und wie rechtzeitig sie die möglichen destruktiven Tendenzen eindämmen.

Im folgenden sollen zwei Aspekte näher beschrieben werden, die bei Konflikten in und zwischen Gruppen eine wichtige Rolle spielen: das Konfliktpotential und die Konfliktdynamik.

Das *Konfliktpotential* umfaßt die Gesamtheit der Bedingungen, unter denen es zu einem Konflikt kommt; es ist für das Entstehen von Konflikten notwendig. Die weitere Entfaltung des Konflikts jedoch – ob er latent bleibt oder offen zutage tritt, welchen Verlauf er nimmt und wie er endet – wird durch die *Konfliktdynamik* bestimmt.

4. Das Konfliktpotential

Das Konfliktpotential hat zwei Seiten: eine objektive und eine subjektive (vgl. Glasl, 1990, S. 115 ff.). Die folgende Zusammenstellung objektiver und subjektiver Faktoren ist exemplarisch, nicht erschöpfend. Die hinzugefügten Fragen können zu ersten diagnostischen Klärungen führen.

4.1 Die objektive Seite des Konfliktpotentials

Dazu zählen alle ideellen, normativen und materiellen Gegebenheiten, die von den handelnden Personen und Parteien abhängig sind.

(1) Werte, Visionen, Ziele
Dies umfaßt Ethik und Grundsätze des Unternehmens, Visionen und Zukunftsvorstellungen, Führungsphilosophie und -richtlinien, strategische Ziele und Planungen, lang- und mittelfristige Vorhaben:

- Sind sie klar oder unklar?
- Sind sie widerspruchsfrei oder umstritten/umkämpft?
- Werden sie von Konsens getragen oder von oben diktiert?
- Gelten sie als verbindlicher Maßstab oder Lippenbekenntnis?

(2) Organisationsaufbau und Organisationsstruktur
Hierunter fallen Größe und Umfang, Anzahl der Hierarchieebenen, Distanz zwischen den Parteien, homogene oder heterogene Mitgliedschaft, genau festgelegte Stellenbeschreibungen oder variable Zielvereinbarungen, Aufstiegs- und Entwicklungsmöglichkeiten:

- Ist die unmittelbare Kontaktaufnahme, auch zur Spitze, leicht möglich?
- Werden Macht- und Statusunterschiede herausgestellt?
- Sind Art und Niveau der fachlichen Qualifikation ähnlich?
- Sind Kompetenzen und Verantwortungsbereiche genau abgegrenzt?
- Welche vertikalen Aufstiegs- und horizontalen Entwicklungsmöglichkeiten gibt es?

(3) Normen und Regeln
Damit sind Richtlinien zur Einstellung, Beurteilung, Förderung, Arbeitsanweisungen, Kontrollsysteme und -pläne, Dienstwege sowie Entscheidungsprozeduren gemeint:

- Sind sie allen bekannt?
- Werden sie situationsbezogen gehandhabt?
- Welche Folgen haben Abweichungen?

(4) Mittel und Ressourcen
Dies umfaßt Personalstellen, Räume, Maschinen, Einrichtungen, Budget usw.:

- Wie begehrt sind sie?
- Sind sie vermehrbar?
- Sind sie ersetz- und austauschbar (konvertibel)?
- Wie stark sind sie an die Zielerreichung gekoppelt?

(5) Aufgaben und Arbeitsabläufe
In diesen Bereich gehören Anreize, Anforderungen, Belastungen, Entscheidungsspielräume, Kompetenzen:

- Sind die Aufgaben herausfordernd?
- Sind die Aufgabenstellungen klar und eindeutig?
- Ist die Tätigkeit interessant und abwechslungsreich?
- Welche Unterstützung erfährt die Gruppe?
- Welche Entscheidungsspielräume kann eine Gruppe nutzen?
- Zwingt die Arbeit dazu, sich fort- und weiterzuwickeln?

Die in Tabelle 3 von NEUBERGER (1980, S. 131 ff.) wiedergegebenen Dimensionen des
Organisationsklimas können auch zur Analyse der objektiven Seite des Konfliktpoten-
tials herangezogen werden (vgl. auch den Artikel von BÖGEL: Organisationsklima und
Unternehmenskultur).

4.2   Die Subjektseite

Konflikte entwickeln sich nie allein durch objektive Bedingungen, immer steuern
Menschen das ihrige dazu bei, indem sie Sachverhalte als widersprüchlich erleben oder
Handlungen ausführen, die andere beeinträchtigen. Die subjektive Seite eines Konflikts umfaßt Persönlichkeitsmerkmale, Einstellungen, Wahrnehmungen und Verhaltensweisen innerhalb und zwischen Gruppen.

(1) Persönliche Merkmale
Darunter fallen Flexibilität, Kommunikationsfreudigkeit, Ambiguitätstoleranz, komplexes Denken, Aggressivität:

- Sind Merkmale vorhanden, die die Neigung zu Konflikten fördern?
- Ist eine Partei genügend belastbar?
- Sind die Merkmale starr und wenig veränderbar?

(2) Einstellungen und Motive
Dies umfaßt kooperative Grundeinstellung, Vertrauen, Konkurrenz, Leistungsmotivation, Loyalität zur Organisation, Identifikation mit der Arbeit:

- Wie stark fühlen sich die Parteien ihren Werthaltungen verpflichtet?
- Berühren die Einstellungen die Identität einer Partei?

Regelung		
Planlosigkeit	←——————→	Bürokratisierung
Durcheinander	←——————→	Reglementierung
Unverbindlichkeit	←——————→	Routine
Mehrdeutigkeit	←——————→	Vereinheitlichung

Selbständigkeit		
Abhängigkeit	←——————→	Selbständigkeit
Machtlosigkeit	←——————→	Handlungsspielräume

Unterstützung		
Mißtrauen	←——————→	Vertrauen
Kälte, Ablehnung	←——————→	Wärme, Achtung
Distanz	←——————→	Nähe, Hilfe
Einseitige Kommunikation nur von oben	←——————→	Zweiseitige Kommunikation zwischen oben und unten

Leistungsorientierung		
Trägheit	←——————→	Schwung, Motivation
Desinteresse	←——————→	Engagement
Lahmheit	←——————→	Energie, Dynamik
Leistungsablehnung	←——————→	Leistungsbetonung

Zusammenarbeit		
Spannungen	←——————→	Solidarität
Cliquenbildung	←——————→	Einheit
Konkurrenz	←——————→	Kooperation
Konfrontation	←——————→	Harmonie
Nebeneinander	←——————→	Miteinander

Belohnungen		
Niedrige, wenige Belohnungen	←——————→	Hohe, starke Belohnungen
Starke Bestrafungen	←——————→	Kaum Bestrafungen
Ungerechtigkeit	←——————→	Fairneß
Unausgewogenheit	←——————→	Gerechtigkeit
Unkalkulierbarkeit	←——————→	Berechenbarkeit

Innovation		
Starrheit, Intoleranz	←——————→	Änderungsbereitschaft
Sicherheitsdenken	←——————→	Risikoneigung
Unbeweglichkeit	←——————→	Flexibilität
Dogmatismus	←——————→	Offenheit

Hierarchie und Kontrolle		
Machtunterschiede	←——————→	Gleichheit
Unterordnung	←——————→	Partnerschaftlichkeit
Kontrolle, Überwachung	←——————→	Eigenständigkeit

Tab. 3: Dimensionen des Organisationsklimas (nach NEUBERGER, 1980)

– Sind die Einstellungen Ergebnis der bisherigen Beziehungen?
– Stehen Einstellungen im Widerspruch zu Erwartungen der Organisation?

(3) Wahrnehmungen und Kenntnisse
Das bezieht sich auf das Gespür für die Details der Situation, faktengestützte oder intuitive Sicht der Dinge, Wahrnehmung sozialer Vorgänge und Erwartungen, Kenntnis der Auswirkungen des eigenen Verhaltens:

– Wird die Situation klar und differenziert wahrgenommen?
– Kennen die Parteien ihren eigenen Anteil am Konflikt?
– Kennen die Beteiligten die aneinander gerichteten Erwartungen?
– Wie wird die eigene Lage relativ zur anderen Partei eingeschätzt?

(4) Verhaltensweisen
Dies meint das Führungsverhalten, Arbeitsverhalten, Kommunikationsfähigkeiten, Flexibilität und Weite des Verhaltensrepertoires, sprachliche und nichtsprachliche Ausdrucksfähigkeit:

– Ist das Verhalten der Situation angepaßt?
– Überwiegen rationale, emotionale oder affektgeladene Anteile?
– Respektiert eine Partei die Verletzbarkeit der anderen?

(5) Beziehungen
Hierunter fallen Vertrauen, Offenheit, Macht, Partnerschaft, gegenseitige Abhängigkeit:

– Sind die Beziehungen symmetrisch oder asymmetrisch?
– Können sich die Parteien schweren Schaden zufügen?
– Welche Geschichte hat sich zwischen ihnen entwickelt?
– Welchen Organisationsgrad weist eine Partei auf?
– Stehen die Parteien direkt in Kontakt miteinander?

In Tabelle 4 ist das sogenannte Konfliktsyndrom nach DEUTSCH (1976, S. 36) abgebildet. Ein Konflikt äußert sich auf der Subjektseite in den vier Konfliktsymptomen, die sich gegenseitig ergänzen: Sobald ein Symptom vorliegt, zieht es die anderen nach sich.

5.   Die Konfliktdynamik

In jedem Konflikt steckt ein dynamisches, d. h. vorwärtstreibendes Moment. Die Eigenantriebskraft resultiert daraus, daß ein Konflikt, solange er existiert, die Gruppe(n) davon abhält, Ziele geschlossen anzustreben, Aufgaben koordiniert abzuwickeln und Beziehungen vertrauensvoll zu gestalten. Der Konflikt unterbricht das nach „außen" auf Personen und Aufgaben gerichtete Erleben und Handeln, wie es für die menschliche Arbeit charakteristisch ist. Er stört diesen kontinuierlichen Ablauf und muß folglich beseitigt werden, damit das Erleben und Handeln wieder konzentriert möglich wird.

   An dieser Stelle, an der die Störung und damit der Konflikt auftreten, „staut" sich die nach vorne drängende Energie, „haftet" der vorauseilende Blick, „verengt" sich

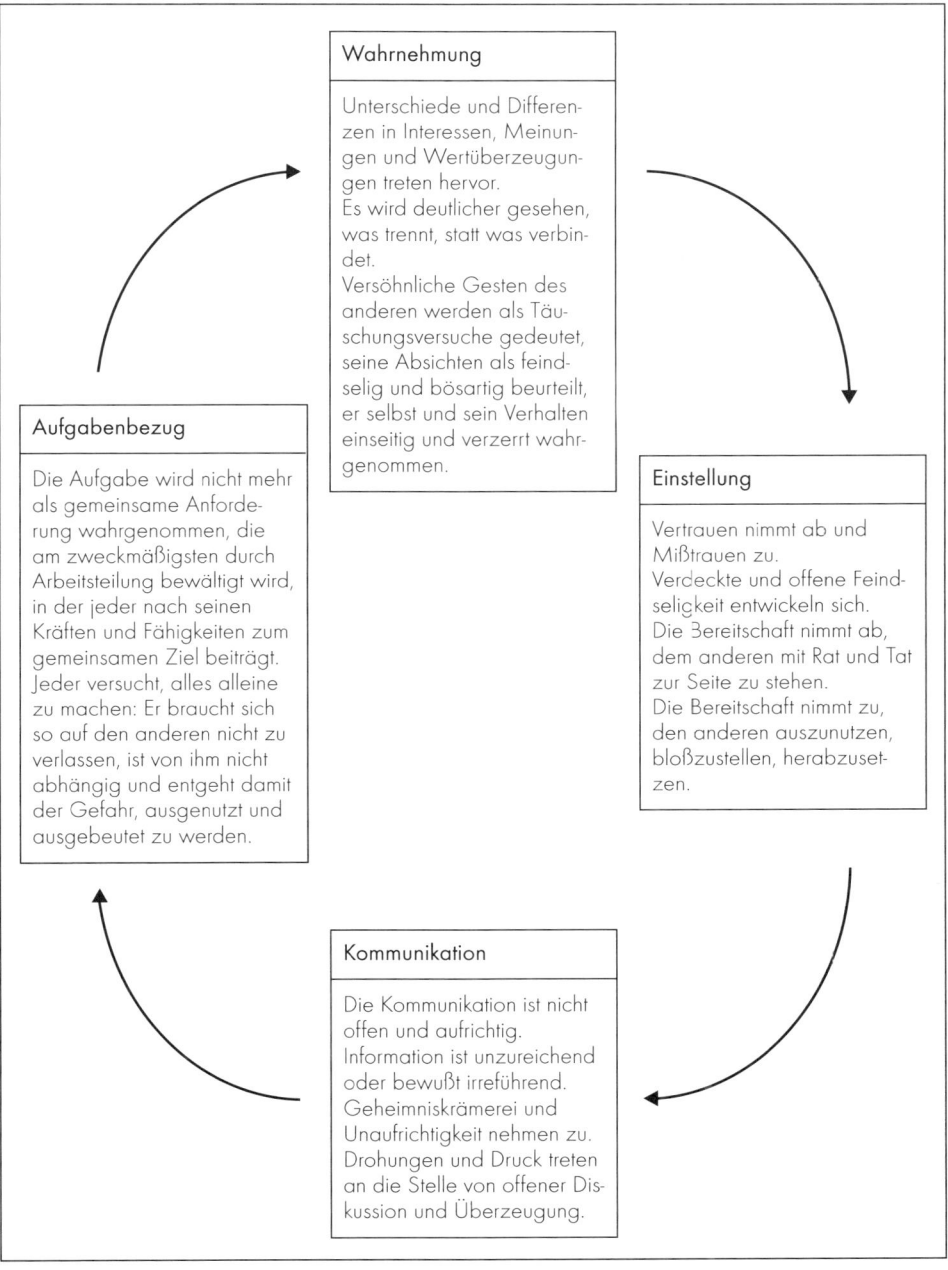

Wahrnehmung

Unterschiede und Differenzen in Interessen, Meinungen und Wertüberzeugungen treten hervor.
Es wird deutlicher gesehen, was trennt, statt was verbindet.
Versöhnliche Gesten des anderen werden als Täuschungsversuche gedeutet, seine Absichten als feindselig und bösartig beurteilt, er selbst und sein Verhalten einseitig und verzerrt wahrgenommen.

Aufgabenbezug

Die Aufgabe wird nicht mehr als gemeinsame Anforderung wahrgenommen, die am zweckmäßigsten durch Arbeitsteilung bewältigt wird, in der jeder nach seinen Kräften und Fähigkeiten zum gemeinsamen Ziel beiträgt. Jeder versucht, alles alleine zu machen: Er braucht sich so auf den anderen nicht zu verlassen, ist von ihm nicht abhängig und entgeht damit der Gefahr, ausgenutzt und ausgebeutet zu werden.

Einstellung

Vertrauen nimmt ab und Mißtrauen zu.
Verdeckte und offene Feindseligkeit entwickeln sich.
Die Bereitschaft nimmt ab, dem anderen mit Rat und Tat zur Seite zu stehen.
Die Bereitschaft nimmt zu, den anderen auszunutzen, bloßzustellen, herabzusetzen.

Kommunikation

Die Kommunikation ist nicht offen und aufrichtig.
Information ist unzureichend oder bewußt irreführend.
Geheimniskrämerei und Unaufrichtigkeit nehmen zu.
Drohungen und Druck treten an die Stelle von offener Diskussion und Überzeugung.

Tab. 4: Merkmale eines Gruppenkonflikts (nach DEUTSCH, 1976)

die ausgreifende Orientierung. Es kommt zu einer konzentrierten, „explosiven" Gemengenlage. Die weitere Entwicklung kann in verschiedene Richtungen gehen:

– Die Störung verliert ihre Dringlichkeit, die Spannung fließt in verschiedene Erlebnis- und Handlungsfelder ab: Der Konflikt *versickert*. Gerade gesellschaftspolitische

Konflikte zwischen Gruppen nehmen nicht selten diesen Verlauf (weshalb die Strategie des „Aussitzens" mitunter durchaus funktional sein kann).
- Der Konflikt wird von einer Partei *innerlich,* seelisch oder sozial, *verarbeitet* (was belastbaren Personen und in kooperativen Beziehungen eher gelingt).
- Die Spannung „entlädt" sich mehr oder weniger bewußt und absichtlich entweder in *spontanen* Reaktionen oder in *strategischen* Aktionen.

Entwickelt sich ein Konflikt im Sinne der beiden erstgenannten Richtungen, dann weitet er sich, zunächst jedenfalls, nicht mehr aus. Erfahrungsgemäß tritt das aber weitaus seltener auf als die dritte Form, bei der zumindest eine Partei den Konflikt in erkennbarer Weise austrägt oder anspricht. Indem sie das tut, hat der Konflikt ein neues Stadium erreicht, das von den Interaktionen der verschiedenen Parteien, sowohl der im Konflikt unmittelbar involvierten als auch der von ihm mittelbar betroffenen, gekennzeichnet ist. Die Äußerungen und Anstrengungen aller Parteien zielen letztlich darauf ab, den Konflikt und damit die Störung zu beseitigen. Falls im konkreten Fall Zweifel auftauchen, ob eine Partei den Konflikt wirklich beenden will, dann rühren sie in der Regel daher, daß diese Partei entweder Mittel einsetzt, die die anderen als untauglich beurteilen, oder aber nicht aufdeckt, daß sie, während der Konflikt hier andauert, ihre eigenen Ziele anderswo ungestört zu erreichen hofft. Daher können alle Bemühungen der Konfliktparteien (unbeabsichtigt) bewirken oder (gezielt) bezwecken, daß die Störung und damit der Konflikt

- entweder abnehmen oder beseitigt werden, d. h. *deeskalieren,*
- oder zunehmen und sich auswachsen, d. h. *eskalieren.*

Eskalation und Deeskalation bezeichnen den dynamischen Verlauf eines Konflikts, wie er sich aus den Handlungen der Parteien heraus entwickelt. In Tabelle 5 werden Verhaltensweisen im Konflikt unter zwei Gesichtspunkten beschrieben: nach der Strategie bzw. Wirkung (eskalierend – deeskalierend) einerseits und nach der Form der Bewußtheit, in der sich eine Partei äußert (spontan – strategisch) andererseits (VAN DE VLIERT, 1984, 530 ff.).

Die nicht oder unzureichend gebändigte Eskalation weist eine typische Phasenabfolge auf (vgl. BERKEL, 1994; s. Tab. 6).

		Strategie / Wirkung	
		eskalierend	deeskalierend
	spontan	Das Thema personalisieren	Den Konflikt nicht wahrnehmen oder verleugnen
		Die andere Partei attackieren (= heißer Konflikt)	Konflikt direkt ansprechen
		Die Beziehungen abbrechen (= kalter Konflikt)	Hemmschwellen nutzen (z. B. Hierarchie) oder verstärken
Bewußtheit	strategisch	Das System in Frage stellen Strukturen und Abläufe intransparent machen Streitpunkte ausweiten Verbündete suchen	Das Konfliktpotential abbauen Den Konflikt als gemeinsames Problem angehen Versöhnlich und humorvoll reagieren

Tab. 5: Verhaltensweisen zur Konfliktdynamik (nach VAN DE VLIERT, 1984)

Debatte	Taten	Kampf
Debatten stehen am Anfang: die Beteiligten reden, ja streiten miteinander, sie tragen ihre Meinungsverschiedenheiten mit Worten aus. In dieser Phase verstehen sie sich immer noch als **Partner,** die etwas Gemeinsames verbindet. Bleiben die Gespräche ergebnislos, dann besteht der Konflikt mit seiner Spannung weiter fort. Früher oder später wird einer der Beteiligten die Geduld verlieren, er läßt nun $\longrightarrow$	**Taten** folgen, um die andere Seite in Zugzwang zu bringen: Fakten werden geschaffen, hinter die eine Seite, ohne das Gesicht zu verlieren, nicht mehr zurückgehen kann (z.B. indem andere Personen oder übergeordnete Stellen eingeschaltet werden). Diese Handlungen folgen der (Psycho-)Logik einer Strategie, d.h., es sind bewußt kalkulierte Spiel- oder Schachzüge, die den anderen „matt" setzen sollen. In dieser Phase stehen sich die Beteiligten als **Gegner** gegenüber, die einander besiegen und übereinander triumphieren wollen. Hilft auch das nicht weiter, dann wächst die Bereitschaft zum $\longrightarrow$	**Kampf,** der als letztes Mittel angesehen wird, um den Konflikt zum Abschluß zu bringen. Am Beginn mögen noch zivilisierte Mittel stehen, wozu auch der Rechtsstreit gehört, dann aber obsiegt zunehmend die Bereitschaft, Drohgebärden und ausgesprochene Drohungen, schließlich auch Gewalt und unerlaubte Mittel einzusetzen, alles mit dem Ziel, die andere Seite, die inzwischen zum **Feind** geworden ist, in die Knie zu zwingen. In extremen Fällen werden, um den Feind zu vernichten, auch eigene Verluste in Kauf genommen.

Tab. 6: Eskalationsstufen eines Konflikts

6. Konfliktbewältigung

Konflikte können auf verschiedene Weise gelöst werden: durch Kompromiß, durch den Sieg der einen und die Niederlage der anderen Seite oder durch eine Regelung, die alle Beteiligten zufriedenstellt. Letzteres wird sicherlich am meisten gewünscht und ist doch am schwersten zu erreichen. Immerhin lassen sich drei grundsätzliche Strategieansätze unterscheiden, die im Sinne einer aktiven Konfliktbehandlung eine solche produktive Lösung anstreben:

(1) der Abbau bzw. die Verringerung des *Konfliktpotentials*
(2) das kooperative *Aushandeln* zwischen den Konfliktparteien
(3) das Einwirken einer *dritten Partei*.

6.1. Konfliktabbau durch Verringerung des Konfliktpotentials

Der wichtigste Beitrag, den Organisationen zur Konfliktbewältigung leisten können, liegt darin, daß sie vorausschauend Arbeitsbedingungen und Kooperationsformen schaffen oder gestalten, die das Auftreten von Konflikten auf ein vernünftiges Maß zurückführen. *Konfliktprophylaxe* ist daher inneres Moment von Führung selbst und kann nicht einfach an andere Stellen – z.B. das Personalwesen – delegiert werden. Bezogen auf die von RÜTTINGER (1988) vorgeschlagene Typologie von Konflikten sind bestimmte Maßnahmen, die in jeder Organisation möglich sind, geeignet, das Entstehen von Konflikten von vornherein einzuschränken (s. Tab. 7).

Konfliktart	Konfliktreduzierende Maßnahmen
Bewertungskonflikte	– Entwicklung einer Organisationskultur, die auf einer überzeugenden Vision und klaren Mission aufbaut – Auswahl und Beförderung von Mitarbeitern nach Kriterien, die ein hohes Maß an Übereinstimmung in den gemeinsam vertretenen Wertüberzeugungen garantieren
Beurteilungskonflikte	– Verstärkung des horizontalen und vertikalen Informationsaustausches – Vereinbarung regelmäßiger Treffen, um Probleme schon im Vorfeld zu erkennen, zu klären und gemeinsam zu lösen
Beziehungskonflikte	– Eine Kultur des Vertrauens und der Offenheit entwickeln, in der es leicht fällt, Unbehagen und Unstimmigkeiten an- und auszusprechen – Klare und verbindliche Festlegung von Tätigkeitsbereichen mit den dazugehörigen Entscheidungskompetenzen und Verantwortlichkeiten

Tab. 7: Verringerung des Konfliktpotentials

390

Diese Maßnahmen tragen dazu bei, Konflikte weniger wahrscheinlich zu machen, aber nicht, sie gänzlich auszuschalten (was auch nicht wünschenswert wäre). In einer Organisation mit geringem Konfliktpotential treten unnötige Konflikte erst gar nicht auf, in ihr herrscht vielmehr ein Klima, in dem unvermeidliche Konflikte von den beteiligten Parteien direkt oder unter Einschalten einer dritten Partei konstruktiv bewältigt werden können.

6.2. Das Aushandeln zwischen den Konfliktparteien

Die gemeinsame kooperative Bewältigung eines Konflikts unter den Parteien selbst wird aus mehreren Gründen immer wichtiger:

– Eine Partei wird nur dann eine Lösung akzeptieren, wenn sie auch ihr selbst Vorteile bringt; dies gilt besonders dann, wenn sie in den Konflikt stark verwickelt ist.
– Gemeinsame Lösungen werden hinterher weniger in Frage gestellt oder unterlaufen.
– Gemeinsame Lösungen erhöhen das Vertrauen ineinander und stärken die Zusammenarbeit, weil nun gemeinsame Ziele verfolgt werden.

Zur Durchführung einer kooperativen Konfliktbewältigung sind einige Regeln zu beachten:

1) *Mit leichten Punkten beginnen, die eine rasche Einigung zulassen*
Erfolgreiche, kooperative Konfliktbewältigung entwickelt sich im Fortgang des Verhandelns. Wenn es gelingt, einen ersten Fortschritt oder Durchbruch zu erzielen, so ermutigt das die Parteien, in der gemeinsamen Suche fortzufahren. Daher ist es wichtig, möglichst rasch erste Resultate zu erzielen, was am ehesten mit weniger schwierigen Themen gelingt.
2) *Zwei-Phasen-Abfolge*
a) Zunächst ist es wichtig, sich auf einen *Rahmen* festzulegen, d. h. einige wenige, gemeinsam zu erreichende Ziele zu benennen.
b) Dann erst ist es sinnvoll, *Details* auszuarbeiten. Das heißt: Sich nicht sofort in Detailfragen verbeißen!
3) *Trennung von Diskussion und Lösung*
Damit auch wirklich neue Lösungen ins Blickfeld gelangen können, ist es erforderlich, zunächst einmal die Konfliktthemen möglichst breit zu diskutieren. Dabei ist der Irrtum zu vermeiden, jeder Punkt müsse so lange diskutiert werden, bis man eine Einigung erzielt habe. Erst wenn das gesamte Spektrum andiskutiert wird, lassen sich Möglichkeiten erkennen, wo eine Seite Konzessionen machen, Kompensationen anbieten kann usw.
4) *Verhandlungsabfolge festlegen*
Man kann nicht gleichzeitig über alles diskutieren. Wenn man sich andererseits auf eine Abfolge der zu diskutierenden Punkte festlegt, gerät man in Gefahr, die Vorteile von Punkt 3, daß konzessionsfähige Themen zu verschiedenen Zeitpunkten angesprochen werden, zu verhindern.
Empfehlung: Zu Beginn die Regel aufstellen, daß kein Element des Schlußergebnisses endgültig gebilligt wird, bevor nicht alle Punkte diskutiert worden sind. Damit ist es möglich, früher diskutierte Punkte mit den später diskutierten zu vergleichen.

5) *Gegeneinander gerichtete und kooperative Konfliktbewältigung auf verschiedene Personen verteilen*

Häufig laufen beide Strategien zur Lösung von Interessenkonflikten nebeneinander her. Härte und Unnachgiebigkeit werden nach wie vor demonstriert, doch werden mittlerweile Fühler ausgestreckt, um die Möglichkeiten einer gemeinsamen Lösung zu erkunden. In politischen und geschäftlichen Verhandlungen werden diese beiden Strategien auf verschiedene Personengruppen aufgeteilt, um den Rollenkonflikt der Verhandelnden gering zu halten. Während niedrigrangige Personen die Aufgabe haben, Einigungsmöglichkeiten auszuloten, können die höherrangigen abwarten. Falls es zu keiner Einigung kommt, haben sie wenigstens ihr Gesicht gewahrt.

6) *Konfliktanalyse durch gefühlsgeladenen Konfliktausdruck ergänzen*

Eine rein rationale Konfliktanalyse kann Verhandlungen austrocknen. Sie muß ergänzt werden durch gefühlsgeladene Gesten, die der anderen Seite deutlich signalisieren, wie wichtig die Sache ist. Zu vermeiden sind allerdings aggressive Handlungen wie Beleidigungen, endloses Hinauszögern der Debatte, juristische Spitzfindigkeiten usw. Die Beschränkung auf die rein rationale Seite erzeugt oft genug nicht die notwendige Betroffenheit, die zum Einlenken nötigt.

7) *Für eine entspannte Atmosphäre sorgen*

Eine zur Entspannung einladende Umgebung, Unterbrechungen durch ein gutes Essen, Einstreuen von humorvollen Episoden, Austausch von Geschenken können die Stimmung merklich bessern. Wünschenswert wäre eine Mischung von Ernsthaftigkeit und spielerischer Lässigkeit.

8) *Rollentausch praktizieren*

Die Kommunikation zwischen den Verhandelnden kann durch einen Rollentausch verbessert werden. Dabei formuliert jeder so genau wie möglich die Standpunkte und Forderungen der anderen Seite.

Rollentausch erhöht das Verständnis für die Position der Gegenseite, kann aber auch bewirken, daß die eigenen Forderungen, wenn sie so verständnisvoll von der Gegenseite formuliert werden, erst recht als berechtigt erscheinen und um jeden Preis durchgesetzt werden.

6.3. Das Einwirken einer dritten Partei

Konflikte, die schon einen bestimmten Eskalationsgrad erreicht haben, können von den Konfliktparteien selbst nicht mehr gelöst werden. Das Ineinandergreifen der verschiedenen Prozesse des Wahrnehmens, Fühlens, Wollens und Handelns (s. o.) läßt einen *Teufelskreis* entstehen, in dem sich die Parteien gegenseitig hochschaukeln und immer unfähiger werden, den Konflikt konstruktiv zu beenden. Hier ist das Eingreifen einer kompetenten und erfahrenen dritten Partei unerläßlich (s. Tab. 8). Aufgabe der dritten Partei ist es *nicht,* sich Lösungen auszudenken und den Konfliktparteien aufzudrücken oder geschickt zu „verkaufen", sondern Rahmenbedingungen zu setzen und einen Weg vorzuschlagen, der es den Beteiligten erlaubt, selbst eine konstruktive Lösung zu entwickeln.

Beitrag der dritten Partei	Vorgehen
Diagnose der Situation	- Herausfinden, welche Streitpunkte die Parteien gegeneinander vorbringen und welche Konfliktgeschichte sie schon hinter sich haben - Feststellen, welchen Eskalationsgrad der Konflikt bisher erreicht hat und ob er die Form eines „heißen" oder „kalten" Konflikts aufweist
Rahmenbedingungen für die Aussprache festlegen	- Dafür Sorge tragen, daß Machtunterschiede nicht durchschlagen (z. B. durch Unterstützen der schwächeren Seite) - Gewährleisten, daß jede Seite die Streitpunkte aus ihrer Sicht mit den dadurch ausgelösten Empfindungen vorbringen kann - Die Parteien dahin führen, sich in die andere Seite hineinzuversetzen - Dazu beitragen, daß trotz emotionaler Spannungen die Parteien kreative Lösungsmöglichkeiten entwickeln und deren Vor- und Nachteile abwägen
Regelung verbindlich machen	- Eine konkrete Lösung verbindlich vereinbaren - Sich gegenseitig verpflichten, bestimmte Verhaltensweisen wie bisher beizubehalten, häufiger als bisher zu zeigen oder gänzlich zu unterlassen
Aus dem Konflikt lernen	- Die vereinbarte Regelung mit den persönlichen und organisatorischen Gegebenheiten abstimmen - Folgerungen festlegen, die im Falle des Befolgens oder Nichtbefolgens eintreten

Tab. 8: Beitrag und Handlungsmöglichkeiten einer dritten Partei

7. Fazit

Konflikte gehören zum Leben in und zwischen Gruppen, sie können nicht vermieden oder ausgeschaltet, sondern nur aufgegriffen und produktiv gelöst werden. Die Verbindung der verschiedenen seelischen Prozesse – Wahrnehmen und Denken, Fühlen und Empfinden, Wollen und Handeln – emotionalisiert und personalisiert Konflikte. Dazu kommt, daß Konflikte, wenn sie nicht rechtzeitig und entschieden angegangen werden, eskalieren und einen destruktiven Teufelskreis initiieren. All dies trägt dazu bei, daß die meisten Menschen schon bei dem Gedanken, sie könnten in eine Auseinandersetzung geraten, Unbehagen empfinden. Daher ist es unerläßlich, ja geradezu eine Voraussetzung für jede produktive und konstruktive Bewältigung von Konflikten, daß die Mitglieder von (Arbeits-)Gruppen lernen, ihre *inneren Ängste vor einem aktiven Umgang mit Konflikten abzubauen*. Alle sozialwissenschaftlich bewährten Methoden und Verfahren zur Konfliktbewältigung zielen im Kern darauf ab, das Austragen von Konflikten zu versachlichen und konstruktive Lösungen zu ermöglichen. Dazu kommt es in oder zwischen Gruppen aber erst dann, wenn die Mitglieder fähig und willens sind, ihre eigenen Anteile am Entstehen und Ausufern eines Konflikts zu erkennen, zu überprüfen und zu ändern.

Literatur

BERKEL, K. (1994). Konflikttraining. 3. Aufl. Heidelberg 1994.

DEUTSCH, M. (1976). Konfliktregelung. Konstruktive und destruktive Prozesse. München 1976.

GLASL, F. (1990). Konfliktmanagement. Ein Handbuch für Führungskräfte und Berater. 2. Aufl. Bern und Stuttgart 1990.

LUTHANS, F. et al. (1985). What do successful managers really do? An observation study. In: Journal of Applied Behavioral Science, 21, 1985, S. 255–270.

NEUBERGER, O. (1980). Organisationsklima als Einstellung zur Organisation. In C. GRAF HOYOS, W. KROEBER-RIEL, L. v. ROSENSTIEL & B. STRÜMPEL (Hrsg.), Grundbegriffe der Wirtschaftspsychologie. S. 128–137. München 1980.

RÜTTINGER, B. (1988). Konflikte als Chance. Konfliktmanagement. Problemfeld 2: Besser führen. München 1988: Institut Mensch und Arbeit.

ULRICH, P. (1983). Konsensus-Management: Die zweite Dimension rationaler Unternehmensführung. In: Betriebswirtschaftliche Forschung und Praxis, 35, 1983, S. 70–84.

VAN DE VLIERT, E. (1984). Conflict – prevention and escalation. In P. J. D. DRENTH et al. (eds.), Handbook of work and organizational psychology. S. 521–551. London 1984: Wiley.

Zur Konkretisierung und weiteren Vertiefung wird empfohlen, im Fallstudienband die Fälle zu „Konflikte" zu bearbeiten.

Laila Maija Hofmann

Besprechungsmanagement

1. Problemfelder von Besprechungen – Beobachtungen aus der Praxis
2. Besprechungsleitung als Management-Prozeß – Warum?
3. Der Management-Prozeß
4. Beachtenswertes darüber hinaus

1. Problemfelder von Besprechungen – Beobachtungen aus der Praxis

Befragt man Führungskräfte nach ihren Erfahrungen mit Besprechungen, bekommt man selten Positives zu hören. Die meisten gestehen zwar ein, daß Besprechungen sein müssen (s. dazu den Beitrag von RÜHLE: Zeitmanagement, in diesem Band), empfinden sie aber eher als notwendiges Übel:

– Besprechungen finden zu häufig statt;
– sie dauern zu lange;
– sie sind schlecht organisiert;
– die Kommunikation ist selten offen und ehrlich;
– oft wird am Thema vorbei diskutiert;
– Besprechungen werden von Teilnehmern zur Profilierung mißbraucht;
– Beschlüsse werden selten umgesetzt;
– ständig hat man mit der Unpünktlichkeit einzelner zu kämpfen.

So lautet der Grundtenor einer Analyse von Gruppenbesprechungen (HIRZEL, 1986):

– Je weniger Teilnehmer anwesend sind, desto geringer ist der Zeitaufwand bei den Gruppensitzungen;
– rund ein Drittel der Teilnehmer sind überflüssig, sie haben weder Fach- noch Entscheidungskompetenz;
– die Zufriedenheit der Teilnehmer ist bei längeren Besprechungen geringer;
– nach ca. 45 Minuten nimmt die Konzentration der Teilnehmer rapide ab;
– rund ein Drittel der Teilnehmer geht gut vorbereitet in eine Gruppensitzung;
– die vorgegebene Zeit wurde bei ca. 45 % aller Sitzungen überschritten;
– Protokolle wurden gerade in jeder zweiten Sitzung angefertigt.

Im folgenden geht es nicht um „Einzelbesprechungen" also um Gespräche „unter vier Augen" (siehe dazu die Beiträge von REGNET: Kommunikation und Gesprächsführung, und NEUMANN: Das Mitarbeitergespräch, in diesem Band). Auch die sog. „Informationsbesprechung", die in der Hauptsache dem Wissensaustausch dient, vielleicht noch zusätzlich den sozialen Kontakt zwischen den Besprechungsteilnehmern fördern soll, wird hier nicht in den Mittelpunkt der Betrachtung gerückt. Vielmehr wollen wir uns „Problemlöse-Besprechungen" ansehen und nach Möglichkeiten suchen, diese Art von Kommunikation positiv zu gestalten.

Eine *Besprechung* in diesem Sinn ist die geplante Kommunikation in einer Gruppe von Menschen, die eine gemeinsame Aufgabe zu bewältigen haben und die dazu unter der Leitung einer Führungskraft zusammengekommen sind. (Auf Videokonferenzen wird im folgenden nicht eingegangen.)

2. Besprechungsleitung als Management-Prozeß – Warum?

Im Rahmen der Aufgabe „Führung von Mitarbeitern" gilt es bei Besprechungen für den einzelnen Vorgesetzten ebenso seiner Verantwortung der Unternehmung gegenüber – was die Verantwortung seinen Mitarbeitern gegenüber miteinschließt – gerecht zu werden wie bei seinen sonstigen Managementaufgaben: Das bedeutet Optimierung des Output bei gegebenen Ressourcen. Die Ressourcen, mit denen eine Führungskraft in diesem Zusammenhang zu wirtschaften hat, sind zum einen sein eigenes Zeitbudget, sein persönliches Befinden, zum anderen aber natürlich auch das Zeitbudget und das Befinden der anderen Besprechungsteilnehmer. Falls die anderen die eigenen Mitarbeiter sind, muß der motivationalen Lage dieser Personen besonderes Augenmerk geschenkt werden. Ineffiziente und ineffektive Besprechungen, die vielleicht auch noch in unangenehmer Atmosphäre abgehalten werden, können dazu führen, daß Mitarbeiter keinen Sinn in Besprechungen mehr sehen, demzufolge am Problemlösungsprozeß nicht mitwirken oder unter Vorwänden den Sitzungen ganz fernbleiben.

Welche „ökonomische" Bedeutung Besprechungen zukommt, vermitteln folgende Zahlen: Mittels teilnehmender Beobachtung fand SCHREYÖGG (1992) heraus, daß Führungskräfte ca. 76 % ihrer Arbeitszeit auf mündliche Kommunikation verwenden. Dieses Ergebnis bestätigt die Zahlen, die MINTZBERG bereits 1975 in einer ähnlich angelegten Studie über die Arbeit von Managern publizierte. Mit welchen Kosten Besprechungen verbunden sind, kann sich jede Führungskraft anhand des Zeitaufwandes und der Stundensätze der eigenen Organisationseinheit leicht selbst ausrechnen. Hinzu kommen Kosten für die benutzten Räumlichkeiten und gegebenenfalls notwendigen Materialien.

Ein systematisches Herangehen an die Planung, Durchführung und Nachbereitung einer derart kostenintensiven Tätigkeit erscheint somit mehr als sinnvoll.

3. Der Management-Prozeß

3.1 Planung

Problemfelder: Besprechungen finden zu häufig statt, sie dauern zu lange und sind schlecht organisiert.

Dem Problem, daß Besprechungen *zu häufig stattfinden* und meist *zu lange dauern,* kann mit einer sorgfältigen Vorbereitung entgegengewirkt werden.

Prüfen Sie dabei zunächst, ob eine Besprechung für die vorliegende Aufgabenstellung überhaupt notwendig ist:

— Können Sie die Entscheidung auch allein treffen? (Würde die Motivation der anderen Betroffenen darunter leiden?) (s. dazu den Beitrag von v. ROSENSTIEL: Die Arbeitsgruppe, in diesem Band)
— Eignet sich die Fragestellung für eine Besprechung?
— Rechtfertigt das angestrebte Ergebnis die geschätzten Kosten?

Falls Sie zu dem Schluß kommen, daß eine Besprechung notwendig ist, fragen Sie sich weiter:

— Gibt es fest vorgegebene Rahmenbedingungen?
  • Existieren Vorschriften/Vorgaben bzgl. des Veranstaltungsortes und der Zeit?
  • Gibt es bestimmte Personen, die eingeladen werden müssen?
  • Welchen Entscheidungsspielraum hat die Besprechungsgruppe?
— Sind diese Rahmendaten tatsächlich nicht beeinflußbar?

Im Anschluß an die Klärung dieser Fragen folgt die *inhaltliche Vorbereitung* der Besprechung:

Für eine „Problemlöse"-Besprechung muß die Aufgabenstellung als *eindeutige Frage* formuliert werden, um nach der Besprechung feststellen zu können, ob das Ziel erreicht wurde. Manchmal ist es sinnvoll, die Aufgabenstellung in *Teilprobleme* zu untergliedern, die auch in Frageform gefaßt werden. Formulieren Sie dann das *Ziel* für die geplante Besprechung. Das Ziel muß nicht unbedingt die Problemlösung sein. Bei sehr komplexen Fragestellungen bietet es sich an, eine *Besprechungsreihe* zu planen, so daß man für eine Besprechung in einem zeitlich sinnvollen Rahmen bleibt (beachte Abschnitt 1: „Nach ca. 45 Minuten nimmt die Konzentration der Teilnehmer rapide ab.") Das Ziel einer solchen Teil-Besprechung muß jedoch gleichfalls klar formuliert sein, damit die *Zielerreichung* überprüft werden kann.

Nachdem wir uns mit der inhaltlichen Vorbereitung auseinandergesetzt haben, wenden wir uns den *Teilnehmern* zu. Führen wir uns die Ergebnisse der Untersuchung von HIRZEL (1986; siehe Abschnitt 1) vor Augen, ergeben sich wichtige Hinweise: Die Gruppe sollte nicht zu groß, aber auch nicht zu klein sein, da die Besprechung ansonsten entweder in allgemeines, zeitraubendes „Geplauder" ausartet oder aber andererseits nicht genügend Sichtweisen miteingebracht werden.

Als *optimale Gruppengröße* hat sich eine Personenzahl zwischen fünf und neun erwiesen (STROEBE, 1977*).* Die Teilnehmer sollten über ausreichend *Fach- und/oder Entscheidungskompetenz* verfügen.

Stellen Sie sich als Besprechungsleiter deshalb vorab folgende Fragen:

- Wer sind die Beteiligten?
- Welche Funktionen bekleiden sie?
- Welche Ziele verfolgen die einzelnen Besprechungsteilnehmer?
- Wie gut sind sie informiert?
- Gibt es Konflikte zwischen einzelnen Teilnehmern? Wie kann ich damit umgehen? Wie kann ich vorbeugen (z. B. durch eine Sitzordnung oder durch Zuweisung von Verantwortungsbereichen)? Eine gedankliche Vorwegnahme von möglichen Konfliktsituationen erhöht die Sicherheit im Umgang mit den jeweiligen Besprechungsprozessen.

Zur *organisatorischen Vorbereitung* gehören auch Überlegungen über den *Raum,* die *Zeit* und die *Form der Einladung;* denn häufig werden „Kleinigkeiten" nicht bedacht und stören dann den Besprechungsablauf: Für eine „herkömmliche" Besprechung muß ausreichend Platz vorhanden sein (ca. 4 qm pro Teilnehmer). Tageslicht und ausreichend Frischluftzufuhr fördern die Aufmerksamkeit. Die Sitzordnung sollte so gewählt werden, daß alle Beteiligten untereinander im Blickkontakt stehen können.

Bei einer moderierten Besprechung sollten 8 bis 10 qm pro Teilnehmer (STROEBE, 1977) zur Verfügung stehen, um die Interaktionen zu ermöglichen.

Zur *zeitlichen Gestaltung* einer Besprechung ist folgendes zu empfehlen:

- Eine Besprechung sollte so lang wie nötig, aber so kurz wie möglich sein.
- Bedenken Sie „natürliche" Endpunkte!
  Wenn eine Besprechung um 9.00 h beginnt, endet sie meist um 12.00 h zur Mittagspause. Sie endet aber auch um 12.00 h, wenn sie ab 10.00 h anberaumt wird.
- Der zeitliche Rahmen muß allen Beteiligten klar sein.
- Die Besprechung nicht in die physiologischen Leistungstiefs legen! D. h. nicht am

frühen Nachmittag, aber auch nicht nach 16.00 h tagen. Die Beteiligten beschäftigen sich so spät gedanklich mehr mit ihrem Privatleben als mit der Problemlösung.
– Sehen Sie bei längeren Besprechungen Pausen vor; die erste nach spätestens 45 Minuten.

Aus einer *Einladung* schließlich, die einige Tage vor der Besprechung bei den Teilnehmern schriftlich (auf Papier oder als Notiz in einem EDV-Programm) vorliegen sollte, müssen die Punkte

– Ort und zeitlicher Rahmen,
– Teilnehmer,
– Themenstellung und Zielsetzung,
– ggf. Verweis auf weitere Besprechungstermine,
– notwendige Vorabinformationen

hervorgehen.

3.2 Durchführung

Problemfelder: Die Kommunikation in Besprechungen ist selten offen und ehrlich; oft wird am Thema vorbei diskutiert. Besprechungen werden von Teilnehmern zur Profilierung mißbraucht. Ständig hat man mit der Unpünktlichkeit einzelner zu kämpfen.

Gehen wir auf den letzten Problempunkt zuerst ein: Was kann man dagegen tun?

Die Hilflosigkeit bei der Beantwortung dieser Frage führt bei den meisten Besprechungen dazu, daß gar nichts passiert; was einer Bestrafung der sich korrekt verhaltenden Pünktlichen gleichkommt. Auf Dauer fühlt sich keiner mehr verpflichtet, rechtzeitig anwesend zu sein. Auch damit lassen sich die häufigen (siehe Abschnitt 1) zeitlichen Überziehungen erklären.

Zur Beseitigung dieses Verhaltens kann man versuchen, eine Art Gruppendruck herzustellen, indem der Vorgesetzte die Besprechung unterbricht und den Verspäteten zur Rede stellt. Somit wird deutlich, daß er dies nicht für das normale Benehmen hält. Es sollte allerdings von vornherein, vielleicht durch eine Notiz auf der Einladung, darauf hingewiesen werden, daß mit pünktlichem Erscheinen gerechnet wird, daß bei absehbaren Verspätungen entweder ganz auf die Teilnahme verzichtet werden sollte oder aber daß der Besprechungsleiter vorher über den zeitlichen Engpaß informiert werden muß.

Somit kann der Leiter die Abwesenheit oder aber die Verspätung erklären. Durch diesen Begründungszwang, der oft unangenehm ist, führen meist wirklich nur wichtige Dinge noch zu einer Unpünktlichkeit.

Es soll schon Besprechungsleiter gegeben haben, die „Aussperrungen" durchführten und anschließend mit einer Informationssperre den unpünktlichen Mitarbeiter in echte Bedrängnis brachten.

Für welche Methode Sie sich entscheiden, wird sehr von Ihrem persönlichen Führungsstil abhängen, aber natürlich auch von Ihrem Leidensdruck.

Regeln für den Ablauf von Besprechungen wurden beispielsweise von Janis (1977) erarbeitet:

– Der Leiter sollte ausdrücklich zur Kritik auffordern.
– Der Leiter und andere wichtige Mitglieder sollten ihre Meinungen nicht zu früh nennen, sondern zunächst andere sprechen lassen.
– Bei wichtigen Entscheidungen sollten zwei Gruppen unabhängig voneinander einen Entscheidungsvorschlag ausarbeiten: Beide Vorschläge sollten dann in die Gesamtgruppe eingebracht werden.
– Alle Gruppenmitglieder sollten dazu aufgefordert werden, das Entscheidungsproblem in ihren Abteilungen mit solchen Personen zu diskutieren, die nicht zur Entscheidungsgruppe gehören.
– Externe Mitglieder sollten dazu aufgefordert werden, ihre Auffassungen unabhängig von der Gruppe zu entwickeln und darzulegen.
– Es sollte routinemäßig ein „advocatus diaboli" bestimmt werden, der bewußt und kompromißlos die Gegenposition zur Gruppenmehrheitsmeinung vertritt, sobald sich Einigkeit in der Gruppe anzudeuten scheint.
– Die Entscheidungsgruppe sollte nicht beständig zusammenarbeiten, sondern zeitweilig in Untergruppen aufgespalten werden.
– Hat sich die Gruppe geeinigt, so sollte das Ergebnis bewußt noch einmal gänzlich in Frage gestellt werden.

Nach der *Begrüßung* und einer eventuellen *Protokollverabschiedung* stellt der Besprechungsleiter nochmals die *geplanten Inhalte,* die bereits aus der Einladung hervorgehen, und seine *Methodik* vor.

An dieser Stelle sollten sich alle Beteiligten über einige *Kommunikationsregeln* einigen, die während der gesamten Besprechung für alle sichtbar angebracht werden:

– Es redet immer nur eine(r)!
– Die Redezeit für einzelne Beiträge ist auf zwei Minuten beschränkt!
– Störungen haben Vorrang!

Für die Strukturierung von „Problemlöse-Besprechungen" bietet sich das *4-Phasen-Modell des Problemlöseprozesses* (Stroebe, 1977) an:

1. Phase: Problemdefinition und Zielformulierung
2. Phase: Problemanalyse
3. Phase: Sammeln und Bewerten von Lösungsvorschlägen
4. Phase: Beschluß

In der ersten Phase klärt die Gruppe gemeinsam Fragen zu der in der Einladung formulierten Aufgabenstellung und Zielsetzung. Am Ende von Phase 1 sollten alle Teilnehmer die Zielsetzung verstanden haben, und alle sollten sich damit identifizieren können.

Die Analysephase dient der Information über die Problemstellung und der Untersuchung der Ursachen. Am Ende von Phase 2 sollten alle Teilnehmer auf dem gleichen Informationsstand sein.

Der eigentlich kreative Prozeß findet in der dritten Phase statt. Zunächst werden Lösungsvorschläge gesammelt, auf ihre Konsequenzen hin überprüft und schließlich bewertet. Der Besprechungsleiter muß hierbei sorgfältig auf die Trennung von Sammlung, Überprüfung und Bewertung achten, da man ansonsten Gefahr läuft, ausgefallene Ideen von vornherein „abzuwürgen".

In der vierten Phase schließlich muß überprüft werden, ob das Besprechungsziel erreicht bzw. ob das Problem gelöst wurde und ob das Besprechungsergebnis von allen Beteiligten getragen wird. An dieser Stelle wird auch ein Aktionsplan erstellt, der die zur Umsetzung notwendigen Schritte enthält und die jeweils dafür Verantwortlichen sowie die Termine festschreibt.

Zu den Aufgaben des Leiters gehört es weiterhin, auf die Einhaltung des Zeitrahmens zu achten. Bewährt hat sich die Erstellung eines Zeitrasters für die einzelnen Besprechungsphasen. Sind Zeitprobleme absehbar, muß sich die Gruppe über das weitere Vorgehen verständigen.

Um die häufig sehr trockenen Besprechungen lebhafter zu gestalten, bietet sich (für einzelne Phasen) auch die *Moderationsmethode* an, die dem Anspruch an die Führungskraft, partizipativ zu führen (vgl. dazu auch den Beitrag von v. ROSENSTIEL: Grundlagen der Führung, in diesem Band), Rechnung trägt:

„Moderation – was im ursprünglichen Sinn Mäßigung bedeutet – meint hier, daß der Vorgesetzte sich nicht mehr als derjenige versteht, der ohne seine Mitarbeiter zu fragen, sagt, was richtig und zu tun ist, sondern ihr Wissen, ihre Ideen und Vorstellungen in seine Entscheidungen einbezieht, in bestimmten Fällen die Gruppe selbst entscheiden läßt" (SEIFERT, 1990, S. 75).

E. SCHNELLE entwickelte in den 70er Jahren eine Technik, die als *Metaplanmethode* heute sehr erfolgreich für *Moderationen* eingesetzt wird. Auch für Besprechungen hat sich die Visualisierungstechnik als sinnvoll herausgestellt, da

— der Aufmerksamkeitsgrad steigt,
— die Behaltensquote zunimmt,
— der gesamte Gesprächsverlauf jederzeit nachvollziehbar bleibt und somit der rote Faden beibehalten werden kann,
— der Ideenprozeß angeregt wird und
— eine höhere Kommunikationsdichte erreicht werden kann.

Vergleicht man den Ablauf eines Problemlösungsprozesses mit einem Moderationsablauf, erkennt man die Parallelitäten (vgl. Abbildung 1).

Unter Moderationsmethode versteht KLEBERT (1987, S. 160) ein „System von Techniken und Einzelmethoden" zur Durchführung von Gruppengesprächen. „Wichtigste Elemente sind die *Visualisierungstechnik,* die *Gruppenfragetechnik* und der Wechsel von Plenum und Kleingruppe".

Die Mittel der *Visualisierung* sind vielfältig, hier sind der eigenen Kreativität kaum Grenzen gesetzt. Getreu dem Volksmund, „Ein Bild sagt mehr als tausend Worte", entstanden in den letzten Jahren immer ausgefeiltere Techniken (SINN, 1991). Zu den bekanntesten zählen die Textgestaltung mittels Symbolen, Graphiken und Diagrammen sowie der Einsatz von Farben.

In der Moderationstechnik werden darüber hinaus zur Gestaltung von Informationen farbige Kärtchen verwendet, die an Pinnwänden befestigt werden. Die *Hilfsmittel* zur Visualisierung sollten für jeden Teilnehmer leicht zugänglich sein.

Die *Gruppenfragetechnik* gewährleistet in der Moderation, daß alle Teilnehmer miteinbezogen werden können, Stimmungen offengelegt werden und Gruppenkonsens hergestellt werden kann (SEIFERT, 1990). Die wichtigste Fragetechnik in der Moderation ist die Kartenabfrage. Hierbei stellt der Besprechungsleiter eine auf Pinnwand

Besprechungsphase	Eröffnung Begrüßung Protokoll Inhalt Methodik	1. PHASE Problemdefinitionund Zielformulierung	2. PHASE Problemanalyse	3. PHASE Sammeln und Bewerten	4. PHASE Entschlußfassung	Verabschiedung und Ausblick
Moderationsschritt	Einstieg Begrüßung ggf. Vorstellung Erwartungen Methodik Thema	Themen sammeln	Thema auswählen	Thema bearbeiten	Maßnahmen planen	Abschluß Rückblick Ausblick Verabschiedung
Moderationsmethodik als Vorschlag für eine Besprechung	Visualisierung mit Pinnwand und Flipchart Erwartungsabfrage	Visualisierung Zuruf-Frage oder Kartenabfrage Themenspeicher	Mehrpunktabfrage	Kartenabfrage Matrix Mehrpunktabfrage	Aktionschart	Blitzlicht

Abb. 1: Vergleich eines Problemlösungsprozesses mit einer Moderation (nach SEIFERT, 1990)

visualisierte Frage an die Teilnehmer. Zur Beantwortung werden Karten verteilt mit der Bitte, die gestellte Frage schriftlich zu bearbeiten. Dabei muß der Lesbarkeit wegen darauf geachtet werden, daß die Karten mit Druckbuchstaben, groß und deutlich und mit maximal drei Zeilen pro Karte beschriftet werden. Auf jeder Karte soll außerdem nur ein Gedanke festgehalten sein, um später eine inhaltliche Bündelung vornehmen zu können.

Anschließend werden die Karten eingesammelt und für alle sichtbar zu der Frage an die Pinnwand geheftet. Wobei bei jeder Karte durch die Gruppe überprüft wird, ob eine Zuordnung zu einer bereits angepinnten Karte getroffen werden kann. Nachdem alle Karten an der Wand angebracht wurden, wird die Zuordnung nochmals von der Gruppe kontrolliert, und es werden für die einzelnen Kartencluster Überschriften festgelegt.

3.3 Nachbereitung

Problem: Beschlüsse werden nur selten umgesetzt.

Um die *Umsetzung der Problemlösung* zu gewährleisten, ist ein systematisches „Controlling" der Besprechung notwendig. Die Überprüfung der vereinbarten Aktionen kann nur anhand eines Protokolls vorgenommen werden. Häufig ist der Aktionsplan als Protokoll völlig ausreichend.

Kurze schriftliche Zwischenreports über den Verlauf von vereinbarten Teilaktionen signalisieren den Besprechungsteilnehmern, daß die Planungen nicht „im Sande verlaufen".

4. Beachtenswertes darüber hinaus

Im vorangegangenen Aufsatz über das Besprechungsmanagement konnten – wie natürlich immer – nicht alle für dieses Thema bedeutsamen Aspekte angesprochen werden.

Der gesamte Bereich der *Gruppendynamik* wurde außer acht gelassen. Bei der Vorbereitungsphase (s. Abschnitt 1.1) wurde auf die Wichtigkeit der gedanklichen Vorwegnahme von möglichen Konflikten eingegangen. Im Verlaufe der Besprechungen ist oft die Fähigkeit zum Steuern von Gruppenprozessen gefragt. GERHARD COMELLI gibt in seinem Aufsatz zur Teamentwicklung (in diesem Band) einige wertvolle Hinweise.

Wenn man mit der Art der derzeit normalerweise durchgeführten Besprechungen unzufrieden ist, muß man sich klarmachen, daß der erfolgversprechendste Ansatz zur Veränderung über die eigene Person verläuft. Jeder Veränderungsprozeß braucht aber seine Zeit. Also lassen Sie sich nicht gleich entmutigen, wenn für einzelne bspw. die Moderationstechnik noch völlig ungewohnt ist und demzufolge erst einmal auf Ablehnung stößt. Sie werden bald bemerken, daß diese Art von Besprechungen sowohl dem Leiter als auch den Teilnehmern viel mehr Spaß macht und somit meist auch erfolgreicher ist.

Haben Sie Mut zu Neuerungen! Probieren geht über Studieren!

Literatur

HIRZEL, M. (1986). Management-Effizienz. Wiesbaden 1986.

JANIS, J. L. (1977). Decision making – a psychological analysis of conflict, choice and commitment. New York 1977.

KLEBERT, K. (1987). KurzModeration. 2. Aufl. Hamburg 1987.

MINTZBERG, H. (1975). The manager's job folclore and fact. In: Harvard Business Review, 53, 1975, S. 49–61.

SCHREYÖGG, G. (1992). Manager in Aktion: Ergebnisse einer Beobachtungsstudie in mittelständischen Unternehmen. In: zfo Zeitschrift für Führung und Organisation, 2, 1992, S. 82–89.

SEIFERT, J. (1990). Visualisieren – Präsentieren – Moderieren. 2. Aufl. Speyer 1990.

SINN, J. (1991). Der richtige Auftritt für Entscheider. In: Management Wissen, 10, 1991, S. 94–106.

STROEBE, R. (1977). Kommunikation II – Kommunikation in Besprechungen. Heidelberg 1977.

Gerhard Comelli

Qualifikation für Gruppenarbeit: Teamentwicklungstraining

1. Anlässe für Teamentwicklungsmaßnahmen

Maßnahmen zur Teamentwicklung (TE) gehören seit Jahren zu den am weitesten verbreiteten und populärsten Organisationsentwicklungsmaßnahmen: Permanent oder längere Zeit bestehende Arbeitsgruppen in Organisationen (family groups) oder aber Projektgruppen, die nur für die Dauer eines Projektes oder einer bestimmten Aufgabenstellung zusammenarbeiten und sich dann wieder auflösen, gehen in ein gemeinsames Training, um die Art und Weise ihrer Zusammenarbeit zu optimieren und ihre Effizienz zu steigern. Teamentwicklung bezieht sich stets auf kleine, überschaubare und natürliche organisatorische Einheiten. Das ist mit dem Vorteil verbunden, daß nicht die Organisation als Ganzes oder ganze Organisationsbereiche in den Prozeß involviert sein müssen.

Die steigende Anzahl von Teamentwicklungstrainings läuft synchron mit einer überall zu spürenden Tendenz zu mehr partizipativen Arbeitsformen. Die Komplexität von Aufgabenstellungen wächst, die Erwartungen der nachrückenden Mitarbeitergeneration drängen stark in Richtung Mitbeteiligung und Mitwirkung. Da drängt sich die Einsicht förmlich auf, daß wohl am ehesten durch mitarbeiterorientierte Formen der Zusammenarbeit die in einem Team schlummernden Potentiale zu wecken und für die Zielerreichung zu mobilisieren sind (vgl. dazu auch die Beiträge von v. ROSENSTIEL: Grundlagen der Führung und Die Arbeitsgruppe, in diesem Band). Schon 1975 haben PORTER, LAWLER III und HACKMAN diese Entwicklung in einer „Sequenz von Zielen zur Erhaltung einer Organisation" (Abbildung 1) dargestellt. Die von ihnen vorgelegte Zielfolge bezeichnet die Optimierung bzw. Zunahme von Kooperation und Teamarbeit als unbedingt notwendige Voraussetzung für die Fähigkeit einer Organisation, innovativ zu sein und sich zu revitalisieren. Die Basisvoraussetzung für diese gesteigerte Kooperations- und Teamfähigkeit ist eine tragfähige Vertrauensbasis zwischen den Kooperationspartnern. Diese wiederum sorgt für eine offene Kommunikation untereinander und befähigt die Beteiligten, die bei teamorientierten Arbeiten unvermeidbaren Konfliktsituationen zu bestehen und ihre Konflikte erfolgreich zu regeln.

Allerdings reichen Begeisterung und Motivation für Teamarbeit allein nicht aus, um eine Gruppe effizient zu machen. Eine Gruppenleistung hängt noch von zwei

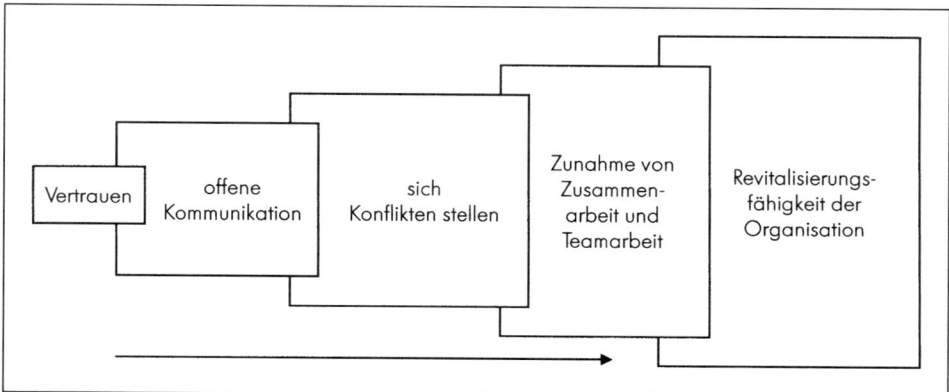

Abb. 1: Hypothetische Sequenzen von notwendigen Zielen für die Erhaltung einer Organisation (aus PORTER, LAWLER III & HACKMAN, 1975, S. 408)

weiteren Faktoren ab: Man muß es auch *können* (= Fähigkeit) und *dürfen* (= Möglichkeit). Dabei reicht das ‚Dürfen‘ von den situativen Rahmenbedingungen wie genügend Zeit und teamfreudigen Vorgesetzten bis hin zu rein technischen Voraussetzungen wie das Vorhandensein von Arbeitsmaterial und Ausstattung (z.B. Pinnwände) für die Durchführung von Teamarbeit.

Die Hauptauslöser für Teamentwicklungsmaßnahmen sind die beiden folgenden Problemfelder:

– Störungen in der Zusammenarbeit untereinander und/oder mit dem Vorgesetzten (z.B. Vertrauensdefizite, Konflikte o.ä.) behindern die Effizienz.
– Mangelnde kommunikative Fähigkeiten und/oder Methodenkenntnisse bei den Teammitgliedern blockieren oder erschweren eine wirkungsvolle Zielerreichung (z.B. mangelhafte oder fehlende Beherrschung von Kommunikations- oder Arbeitstechniken, unsystematische Vorgehensweise, Fehlen von normierenden „Spielregeln" usw.).

Es muß nicht unbedingt erst der Krisenfall eintreten, bevor man sich zu Teamentwicklungsmaßnahmen entschließt. Teamentwicklung kann man auch sozusagen präventiv betreiben: Eine neue Arbeitsgruppe oder ein frisch zusammengestelltes Team beginnt die gemeinsame Arbeit gleich mit einem Training (‚start-up-meeting‘), um bei diesem Anlaß von Anfang an die Grundlagen und die Spielregeln für eine vertrauensvolle Zusammenarbeit in der Zukunft festzulegen. Dies schließt die Vereinbarung von Regeln für eventuelle Konflikt- oder Krisenfälle ein. Auf diese Weise soll von vornherein die betreffende Arbeits- oder Projektgruppe mit dem notwendigen „Rüstzeug" (Vorgehensweisen und Arbeitstechniken) sowie einer optimalen Startbasis (gegenseitiges Vertrauen und Akzeptanz) für erfolgreiche Zusammenarbeit ausgestattet werden.

Bei bereits länger bestehenden Teams, die möglicherweise an Kraft verloren haben oder in Routine erstickt sind, gibt es typische Krisensymptome als Hinweis, daß u.U. ein Teamentwicklungstraining angebracht wäre: ineffektive Besprechungen, unzureichende Kommunikation untereinander oder zwischen Mitarbeitern und Vorgesetztem, Häufung von Mißverständnissen und Kommunikationsstörungen, ungenügende Einbeziehung der Mitarbeiter in Entscheidungsprozesse, schwindende Identifikation mit den Zielen, Mangel an Engagement bei den Teammitgliedern, Resignation, Leistungsabfall in der Gruppe, Bilden einer „Notgemeinschaft" der Mitarbeiter gegen den Chef u.a.m.

2.   Ziele von Teamentwicklung und Phasen eines Teamentwicklungsprojektes

Teamentwicklungstrainings können also entweder darauf abzielen, neugebildete Teams schnellstmöglich zu voller Leistungsfähigkeit zu bringen oder bestehende Teams in ihrer Effizienz zu optimieren bzw. – im Störfall – die Leistungskraft und die Leistungsbereitschaft bestehender Teams wieder neu zu entzünden. VARNEY (1977) nennt in Anlehnung an eine amerikanische Quelle folgende Hauptziele von Teamentwicklungstrainings (frei übersetzt):

(1) Verbesserung des Verständnisses für die Rolle eines jeden Teammitgliedes innerhalb der Arbeitsgruppe;

(2) Verbesserung des Verständnisses für die Beschaffenheit (character) des Teams und seine Rolle innerhalb der Gesamtabläufe der Organisation;

(3) Verbesserung der Kommunikation zwischen den Teammitgliedern über alle Punkte, welche die Effektivität der Gruppe angehen;

(4) Stärkung der gegenseitigen Unterstützung (support) unter den Gruppenmitgliedern;

(5) Klares Verständnis für die ablaufenden Gruppenprozesse, d. h. für jene gruppendynamischen Ereignisse, die in jeder Gruppe vorkommen, in der Leute eng zusammenarbeiten;

(6) Finden von effektiveren Wegen für die Gruppe, die in ihr bestehenden Probleme auf der Sach- wie auf der Beziehungsebene zu bewältigen;

(7) Entwickeln der Fähigkeit, Konflikte positiv (statt destruktiv) zu nutzen;

(8) Verstärkung der Zusammenarbeit zwischen den Teammitgliedern und eine Verringerung jenes Wettbewerbs, der auf Kosten der jeweiligen Gruppe bzw. der Organisation geht;

(9) Verbesserung der Fähigkeit des Teams, mit anderen Arbeitsgruppen innerhalb der Organisation zusammenzuarbeiten;

(10) Stärkung des Bewußtseins des gegenseitigen Aufeinanderangewiesenseins innerhalb des Teams.

Unter Teamentwicklungstraining wird nun nicht eine spezielle Intervention verstanden, sondern man faßt darunter – je nach Problemlage – eine Fülle unterschiedlichster Maßnahmen (Interventionen) zusammen. In diesem Zusammenhang sei darauf hingewiesen, daß sich ein außerordentlich umfangreicher Katalog von Maßnahmen, Anregungen und Hilfsmitteln zur Teamentwicklung (in der englischsprachigen Literatur meist ‚team-building‘ genannt) bei DYER (1977) findet. Bei aller Variation im Detail läuft jedoch in der Regel ein Teamentwicklungsprojekt über folgende fünf Schritte ab:

– Kontaktphase und Kontrakt mit dem Auftraggeber,
– Kontaktphase und Kontrakt mit den Betroffenen,
– Diagnosephase/Datensammlung,
– Durchführung des Teamentwicklungstrainings,
– „Nachfassen“.

3. Die Vorbereitung

3.1 Kontaktphase und Kontrakt mit dem Auftraggeber

Impulse zu Teamentwicklungsmaßnahmen können von einem höheren Vorgesetzten ausgehen, der in seinem Zuständigkeitsbereich ein nicht optimal funktionierendes Team festgestellt hat und dagegen etwas tun möchte, oder aber von den unmittelbar Betroffenen, d. h. entweder von dem Team selbst und/oder von seinem Vorgesetzten. Im letzteren Fall kann man davon ausgehen, daß zumindest schon bei einem Teil der Betroffenen ein gewisses Problembewußtsein vorhanden ist, während im erstgenannten Fall die Betroffenen u. U. noch für den Gedanken eines Teamentwicklungstrainings gewonnen werden müssen.

Unabhängig davon, ob eine Teamentwicklungsmaßnahme von einem externen oder internen Trainer bzw. Moderator begleitet werden soll, ist jetzt zunächst zu klären, wie das Problem bzw. der Trainingsbedarf sowohl von dem Initiator als auch von den Betroffenen gesehen wird, wie die Veränderungs- und Kooperationsbereitschaft bei den Betroffenen einzuschätzen ist und welche Ergebnisse bzw. Ziele erreicht werden sollen. Weiterhin müssen gemeinsam „Spielregeln" für die Zusammenarbeit festgelegt sowie Vereinbarungen getroffen werden über die zeitliche Perspektive, die Rahmenbedingungen der Durchführung, den Grad und die Form eventuell notwendiger Unterstützung, Vertraulichkeit, einzusetzende diagnostische Verfahren, Reaktionen im eventuellen Konfliktfall etc. Es ist außerordentlich wichtig, daß sowohl bezüglich der Problemlage als auch bezüglich der Zielsetzungen, der Vorgehensweise und der gegenseitigen Erwartungen von Anfang an Mißverständnisse möglichst ausgeschlossen werden. Dazu gehört auch eine grundsätzliche *Rollenklärung* und Abstimmung der gegenseitigen Erwartungen zwischen dem *Moderator* und dem Auftraggeber: Der Moderator stellt seine Methoden(kenntnisse), „Werkzeuge" und Techniken sowie sein Prozeßwissen bzw. seine Prozeßerfahrung zur Verfügung. Er investiert Offenheit, Ehrlichkeit und Engagement im Rahmen des Projektes und bei den Problemlösungen, und er garantiert den Beteiligten Vertraulichkeit. Gleichzeitig kann und darf er „Nein" sagen, d. h. im Rahmen seiner Mitwirkung am Prozeß kann er sich frei und unabhängig entscheiden, in welche Verpflichtungen und/oder Risiken er sich hineinbegibt. Das soll nicht heißen, daß er machen kann, was er will, sondern vor allem klarstellen, daß er gegenüber den Trainingsteilnehmern in seinen Aktivitäten von verdeckten Aufträgen bzw. Weisungen anderer Personen oder Gruppen (z. B. der Geschäftsleitung, höherer Vorgesetzter o. ä.) unabhängig ist.

Ich empfehle externen wie internen Moderatoren dringend, darüber mit dem Auftraggeber einen schriftlichen *Kontrakt* abzuschließen oder aber zumindestens die Vereinbarungen und Ergebnisse aus den Vorgesprächen in Form einer schriftlichen Bestätigung zu dokumentieren.

3.2   Kontaktphase und Kontrakt mit den Betroffenen

Eine ähnliche Klärung wie vorstehend beschrieben muß nun auch mit den unmittelbar Betroffenen stattfinden, d. h. mit dem *Teamleiter* bzw. dem *Vorgesetzten* sowie mit den *Teammitgliedern*. Die Klärung der gegenseitigen Erwartungen, Ziele, Rahmenbedingungen und Spielregeln usw. sollte auf jeden Fall in zwei Schritten vollzogen werden: In einem ersten Schritt sind zunächst alle wichtigen Punkte und Positionen mit dem betroffenen Vorgesetzten/Teamleiter durchzusprechen und abzuklären, in einem zweiten separaten Schritt erfolgt dann die Abstimmung mit den Gruppenmitgliedern. Mit beiden Seiten ist auch die Rolle des Moderators (siehe oben) und die *eigene Rolle als Prozeßbeteiligte* im Training zu klären: Die Teilnehmer liefern Daten, Fakten, Eindrücke, Anregungen und Ideen. Sie verpflichten sich – wie der Moderator – ebenfalls zu Offenheit, Ehrlichkeit und Engagement in dem Prozeß, sie sichern ebenfalls Vertraulichkeit zu, und auch sie haben das Recht, an jeder Stelle des Prozesses „Nein" zu sagen. Wenn man möchte, kann man noch gegenseitig vereinbaren, daß ein „Nein" gegenüber den übrigen Beteiligten begründet werden soll.

(1) Abstimmung mit dem Vorgesetzten/Teamleiter

Was die Rolle und die Mitwirkung des Vorgesetzten anbetrifft, sollte man (in Anlehnung an DYER, 1977) bei der Vorbereitung unbedingt noch die nachfolgenden beiden Punkte klären.

— *Prüfung der persönlichen Haltung des Vorgesetzten*
Ist der Vorgesetzte wirklich bereit, in Zukunft Entscheidungen zusammen mit seinen Mitarbeitern in einer partnerschaftlichen Atmosphäre zu treffen? Ist er bereit, seine eigene Rolle, eventuell auch seine eigenen Leistungen in einem solchen Training vor allen und/oder durch andere in Frage stellen zu lassen? Ist er sich darüber klar, daß er wahrscheinlich auch unerwartetes und kritisches Feedback bekommen wird, und kann er damit umgehen? Weiß er (einigermaßen), worauf er sich einläßt? usw.

— *Prüfung des vorhandenen Spielraumes*
Partizipatives und mitarbeiterorientiertes Arbeiten – was ja durch Teamentwicklungstraining angestrebt wird – kostet Zeit. Ist der Vorgesetzte bereit, diese zeitlichen Rahmenbedingungen zu schaffen? Ist gewährleistet, daß das Team zu den jeweils erforderlichen Besprechungen zusammenkommen und störungsfrei arbeiten kann? Stehen die notwendigen Ausstattungen (z.B. Flip-Charts, Pinnwände etc.) zur Verfügung? usw.

Diese Fragen sollen dem Vorgesetzten bewußt machen, was (besonders) von ihm bei einem solchen Projekt erwartet wird und auf was er sich einläßt. Seine Aussagen zu diesen Fragen können unter Umständen bereits darüber entscheiden, ob überhaupt Teamentwicklungsmaßnahmen angezeigt sind. Die oben angeführten Fragen sind nicht zu unterschätzende Check-Punkte, die für den späteren Erfolg bzw. Mißerfolg des Teamentwicklungstrainings entscheidend werden können. Man soll sich nicht darüber täuschen, daß Teamentwicklungsmaßnahmen dem betroffenen Vorgesetzten sehr „unter die Haut" gehen und von ihm zumindest anfangs stark als persönliches Risiko erlebt werden können. Immerhin läßt sich der Vorgesetzte in seiner Rolle und in seinem Leistungs- bzw. Führungsverhalten von den Teammitgliedern in Frage stellen. Darüber sollte man den Vorgesetzten nicht im unklaren lassen, wenngleich man ihm auch die mit einer solchen Maßnahme verbundenen Chancen für alle Beteiligten deutlich herausstellt.

In dieser Kontaktphase sollte mit dem Vorgesetzten bzw. Teamleiter schließlich auch die Form seiner unmittelbaren Mitwirkung im Teamentwicklungstraining besprochen werden. Da nicht auszuschließen ist, daß er in bestimmten Phasen des Trainings für den Prozeß störend sein könnte (vielleicht weniger als Person, sondern vielmehr als Hierarch und Machtträger), sollte für diesen Fall eine Spielregel vereinbart werden. Beispielsweise gibt es folgende Möglichkeiten:

1) Das Training beginnt zunächst ohne den Vorgesetzten. Die Gruppe startet mit einer Daten- oder Problemsammlung, die sie ungestört und offen durchdiskutieren kann. Sie entscheidet dann, welche Punkte nun zusammen mit dem Vorgesetzten, der jetzt hinzukommt, besprochen und bearbeitet werden sollen. Durch eine kurze Prozeßpräsentation der bis dahin gelaufenen Aktivitäten durch die Gruppe wird der Vorgesetzte auf den Stand der Dinge gebracht und über die bisherigen Abläufe informiert.

2) Der Vorgesetzte ist von Anfang an „präsent" – aber nur indirekt, indem er dem

Team seine Gruppen- und/oder Problemdiagnose schriftlich zur Verfügung stellt. Die Gruppe diskutiert zunächst in seiner Abwesenheit; erst danach stößt er zur Gruppe hinzu und wird wie vorstehend beschrieben integriert.

3) Der Vorgesetzte ist von Anfang an dabei, aber die Gruppe entscheidet bei Bedarf durch verdeckte Abfrage, ob er bei bestimmten Phasen des Trainings „stört" und ob er gegebenenfalls gebeten wird, die Gruppe für eine bestimmte Zeit allein zu lassen. Die Abfrage erfolgt entweder auf Anregung des Moderators, der zu einem bestimmten Zeitpunkt mit der Gruppe lieber alleine arbeiten möchte, oder aber auf Antrag aus der Gruppe.

Diese letzte Spielregel sollte man auf jeden Fall grundsätzlich vorab mit dem beteiligten Vorgesetzten vereinbaren, da in einem Teamentwicklungstraining jederzeit damit gerechnet werden muß, daß die Gruppenmitglieder bestimmte Punkte zunächst einmal „in Abwesenheit der Hierarchie" diskutieren möchten. Für diesen Fall muß zwischen allen Beteiligten klar sein, unter welchen Bedingungen die Situation verändert werden kann. Die einfachste Methode dazu ist eine verdeckte Kartenabfrage, bei der die Teilnehmer mit einem Plus- oder Minuszeichen auf ihrer Karte der Anwesenheit des Vorgesetzten während eines bestimmten Arbeitsaktes zustimmen oder sie ablehnen. Für die betreffenden Vorgesetzten sind solche Abstimmungsergebnisse oft ein wichtiges, mitunter auch schmerzhaftes Feedback. Viele Vorgesetzte überschätzen nämlich den Grad ihrer Integration in die Gruppe und übersehen, daß sie von ihren Mitarbeitern nicht nur als ‚Mensch', sondern eben auch in ihrer Rolle als unternehmerischer Willensträger und damit als ‚outgroup' erlebt und wahrgenommen werden. Gleichzeitig macht ein solches Abfrageverfahren den Teilnehmern übrigens am schnellsten bewußt, wie praxisfern eigentlich das Hinausschicken des Vorgesetzten ist. Meistens ergibt sich sehr schnell eine entsprechende Diskussion mit dem Ergebnis, daß der Vorgesetzte eigentlich doch bleiben solle, denn „man arbeitet ja auch sonst von morgens bis abends zusammen .

(2) Abstimmung mit der Gruppe

Nachdem man also zunächst alleine mit dem Vorgesetzten gesprochen hat, empfiehlt es sich nun, in einem weiteren Schritt *alleine mit den betroffenen Gruppenmitgliedern* zu reden. Dabei wird die Gruppe exakt und absolut offen über die Gespräche und Vereinbarungen des Moderators mit ihrem Vorgesetzten informiert. Außerdem werden auch hier die bereits weiter oben beschriebenen Klärungen vollzogen. Es ist meist mehr eine psychologische Geste als eine sachliche Notwendigkeit, diese Abstimmungen mit der Gruppe in Abwesenheit des Vorgesetzten zu vollziehen. Die Beteiligung des Vorgesetzten kann in dieser Phase allenfalls darin bestehen, den Moderator, den er schon kennt, der Gruppe vorzustellen und dann die Runde zunächst zu verlassen. Dies sollte er auf jeden Fall tun, denn er hat den Moderator ja auch „alleine gehabt".

Es besteht übrigens auch die Möglichkeit, die Vereinbarungen mit der Gruppe in Form eines sogenannten *„Vorseminars"* zu erarbeiten. Dabei wird dann auch über die Vorgehensweise bzw. den Ablauf des geplanten Trainings informiert und eine erste Beschreibung der Problemlage angefertigt. Teammitglieder und Moderator können sich bei dieser Gelegenheit schon einmal gegenseitig „beschnuppern" – ein nicht zu unterschätzender Vorteil. Da das Vorseminar bereits vollen Workshop-Charakter hat, stellt dies nicht nur eine Art ‚warming-up' dar, sondern die potentiellen Teilnehmer erleben eine erste Kostprobe des Trainings und können die geplante Zusammenarbeit schon einmal erproben. Für ein solches Vorseminar sollte man mindestens einen halben Tag Zeit einplanen. Es sollte vereinbart werden, daß der Vorgesetzte auf jeden Fall (spätestens) gegen Schluß hinzukommt.

Am Ende der Vorgespräche und/oder des Vorseminars steht der Appell an alle Beteiligten, die angesprochenen Punkte noch einmal zu durchdenken, sich darüber klarzuwerden, was auf sie zukommt, und danach zu entscheiden, ob sie (a) das Training nun wirklich wollen und ob sie (b) unter den vereinbarten Bedingungen und Spielregeln mit dem betreffenden Moderator zusammenarbeiten wollen.

Die Bedenkzeit sollte mindestens einige Tage betragen, und der Vorgesetzte sollte gebeten werden, das Votum der Gruppe in einer formalen Besprechung abzufragen. Wichtig ist, daß einem Teamentwicklungstraining *alle* Beteiligten zustimmen. Für den Fall, daß einzelne Gruppenmitglieder nicht zustimmen sollten, müssen die Kontaktgespräche noch einmal neu aufgenommen werden. In bestimmten Ausnahmefällen kann vereinbart werden, daß dann eben nur Problempunkte angesprochen und bearbeitet werden, denen alle zustimmen. Für den Fall, daß ein oder einzelne Gruppenmitglieder durch ihr „Nein" ein Teamentwicklungsprojekt grundsätzlich torpedieren und dies vorher nicht erwartet wurde, stellt sich eine neue (Krisen-)Situation, die speziell behandelt und neu angegangen werden muß.

Noch eine Anmerkung: Für den Fall, daß die Anregung zu einem Teamentwicklungstraining unmittelbar von den Betroffenen ausgegangen sein sollte, empfehle ich – natürlich in Abstimmung mit diesen –, in der Regel den nächsthöheren Vorgesetzten einzuschalten, ihn über das beabsichtigte Projekt zu informieren und auch mit ihm die oben beschriebenen Klärungen herbeizuführen. Dies geschieht weniger, um den Prozeß sozusagen „nach oben abzusichern", sondern vielmehr um den nächsthöheren Vorgesetzten verantwortlich einzubinden. Er sollte nicht nur wissen, daß in seinem unmittelbaren Einflußbereich ein solches Projekt initiiert wird, sondern er sollte auch darauf hingewiesen werden, daß unter Umständen seine Unterstützung zur Förderung der initiierten Prozesse notwendig ist.

4. Diagnosephase/Datensammlung

Nach Vereinbarung der Maßnahme und Festlegung ihrer Durchführung startet man nun – entsprechend dem Konzept der Organisationsentwicklung (vgl. den Artikel zur Organisationsentwicklung, in diesem Band) – mit einem diagnostischen Schritt. Teamentwicklung bedeutet Training „am echten Fall", und will man gemeinsam mit den Betroffenen und Beteiligten konkrete Maßnahmen und Empfehlungen zur Optimierung der Teameffizienz entwickeln, dann setzt dies beim Moderator wie bei den Beteiligten ein möglichst umfassendes und exaktes Verständnis der Problemlage voraus. Deshalb benötigt man vor allem Informationen über:

– den zu bearbeitenden Problemzustand (z.B. derzeitiger IST-Zustand, gewünschter oder angestrebter SOLL-Zustand);
– die vermuteten Ursachen des Problems, ggf. auch seine Vorgeschichte;
– den Zustand der Gruppe (z.B. Beziehungen der Mitglieder untereinander und Beziehungen zum Vorgesetzten);

- die Entwicklung bzw. Vorgeschichte der Gruppe (Hat es z. B. in jüngster Zeit irgendwelche Veränderungen gegeben? Was hat man schon unternommen, um das Problem zu lösen?);
- Stärken und Schwächen sowie über die Stellung der Gruppe innerhalb der Gesamtorganisation;
- Stärken und Schwächen der Gruppe sowie über die Beherrschung bzw. Kenntnisse von Arbeitstechniken/Teamtechniken.

Während der Diagnosephase sammelt der Moderator also möglichst umfassend alle nur verfügbaren Fakten und Hintergrundinformationen, die ihn in die Lage versetzen, bis zu diesem Zeitpunkt den Problemzustand zu verstehen. Zudem benötigt er diese Daten unbedingt für das Teamentwicklungstraining selbst, um die dort ablaufenden Gruppenprozesse zu diagnostizieren, d. h. sie verstehen und bewerten zu können. Bei den in den diagnostischen Vorbereitungsprozeß eingebundenen Beteiligten schärft in aller Regel die Diagnosephase das Problembewußtsein und eröffnet unter Umständen auch neue Einsichten in Problemzusammenhänge.

4.1   Einige diagnostische Instrumente

Dem Moderator steht für die Datensammlung ein umfangreiches diagnostisches Instrumentarium zur Verfügung. Beschreibungen zahlreicher diagnostischer Verfahren finden sich bei COMELLI (1985). Für Teamentwicklung eignen sich zum Beispiel:

- individuelle Interviews;
- Gruppeninterviews mit dem ganzen Team oder Untergruppen davon;
- Erstellung von Problemkatalogen;
- ‚Sensing meetings‘ (d. h., in einer Art Rollenspiel berichten die Vertreter unterschiedlicher betrieblicher Ebenen oder Instanzen, was man über das Team „so denkt oder auch spricht", worüber „man sich Sorgen macht" und was „man am liebsten geändert sehen würde" o. ä.);
- Einsatz selbst erstellter Fragebögen oder Kurzabfragen zu bestimmten Problembereichen (z. B. Information, Qualität der Besprechungen, Mitwirkungsmöglichkeiten, Führung im Team etc.);
- Einsatz standardisierter Fragebögen – etwa zur allgemeinen Arbeitszufriedenheit – mit anschließender Diskussion der Ergebnisse in der Gruppe (Survey-feedback-Methode);
- Verhaltensbeobachtungen und sogenannte Prozeß-Analysen;
- Auswertung von ‚critical incidents‘ und Analyse betrieblicher Vorgänge und Abläufe;
- Inhaltsanalyse von betrieblichen Dokumenten (Aktennotizen, Protokolle etc.);
- Blitzabfragen und sogenannte „Stimmungsbarometer" (siehe weiter unten);
- sogenannte „Projektive Verfahren", z. B. Anfertigen einer Karikatur oder Collage („Stellen Sie Ihr Team einmal als Maschine dar!") oder als journalistische Aufgabe („Schreiben Sie einen Bericht über die Verhältnisse in Ihrer Gruppe im Stil der Bild-Zeitung!" o. ä.);
- Kraftfeldanalysen (Beispiel weiter unten).

Dabei muß gleich hinzugefügt werden, daß der Einsatz dieser diagnostischen Instrumente nicht ausschließlich in der Vorbereitungsphase erfolgt, sondern auch später während des laufenden Trainings bzw. anschließend beim „Nachfassen", d.h. zur Überprüfung der Trainingserfolge.

Als Informanten kommen natürlich in erster Linie die unmittelbar Beteiligten, also die Teammitglieder, in Betracht. Bei kleineren Gruppen wird man mit dem Vorgesetzten sowie mit allen Gruppenmitgliedern (meist halb- oder umstrukturierte) Einzelinterviews machen und zusätzlich noch eine gemeinsame Gruppendiskussion. Ist es bei größeren Gruppen nicht möglich, alle Beteiligten individuell zur Problemlage zu befragen, sollte man auf jeden Fall dafür sorgen, daß alle in irgendeiner Form einen Input geben können – sei es als Teilnehmer von Einzelinterviews, Teilnehmer einer Gruppendiskussion oder von beidem.

Neben Interviews und Gruppendiskussionen kann man zur Erfassung der allgemeinen Problemsituation beispielsweise auch noch einen Problemkatalog erstellen lassen (Vorseminar) und/oder *„Hausaufgaben"* verteilen, die dem Trainer vorab zugeschickt werden müssen und von diesem – u. U. zunächst in anonymisierter Form – zu Beginn des Trainings präsentiert werden, als Startbasis sozusagen. Dabei wird man einige strukturierende Fragen vorgeben, zum Beispiel: „Was läuft gut in unserer Gruppe?", „Worauf sind wir stolz?", „Wo ‚hakt' es, oder wo sind wir schlecht?", „Was sollte geändert werden, damit wir als Team effizienter werden?", „Was sollte auf keinen Fall geändert werden?" u. ä. Oder man läßt angefangene Sätze fortsetzen wie: „Wenn ich in der Gruppe das Sagen hätte, würde ich als erstes ..." oder: „Was mir schon lange ‚stinkt' ist, ..." usw.

Neben den unmittelbar Beteiligten gibt es natürlich noch weitere „Sachkundige im Problem", die als Informationslieferanten wertvolle Daten beitragen können, so z.B. Vorgesetzte höherer Ebenen, Mitarbeiter und Kollegen aus anderen Abteilungen und Bereichen, aber auch externe Beobachter wie z.B. Kunden, Aushilfskräfte oder Lieferanten. Wie weit man den Kreis der Datenerfassung zieht und welche Verfahren zur Datenbeschaffung man anwendet, hängt vom inhaltlichen Schwerpunkt des Trainings ab und ist in der Kontaktphase (ggf. auch später noch) mit der Gruppe und möglicherweise auch noch mit dem Auftraggeber – wenn nicht identisch – zu vereinbaren.

4.2 Diagnoseverfahren während des Teamentwicklungstrainings

Teamentwicklung und entsprechend Teamentwicklungstrainings werden als *Prozeß* verstanden. Dieser Prozeß ist gekennzeichnet durch experimentelles Lernen, durch Lernen „am eigenen Leib". Das wiederum bedeutet, daß man diagnostische Instrumente haben muß, um den Lernprozeß zu beobachten und auszuwerten. Das diagnostische Instrumentarium steht aber nicht nur dem Moderator bzw. dem Trainer zur Verfügung, sondern auch den Teammitgliedern: Teamarbeit heißt nichts anderes, als Gruppenprozesse möglichst effizient auf ein Ziel hinzusteuern, und deshalb müssen die *Prozeßbeteiligten* selbst *diagnostische Fähigkeiten entwickeln,* um die in ihrer Gruppe ablaufenden Prozesse wahrzunehmen, sie richtig zu bewerten und entsprechende Handlungsalternativen abzuleiten. Im Prinzip eignen sich also alle in einem Teamentwicklungstraining eingesetzten Diagnoseverfahren auch für die „normale" Arbeit (ohne Trainer) im betrieblichen Alltag. Jedes Training hat deshalb – neben weiteren Zielsetzungen – auch immer das Ziel, die Teilnehmer zu guten Diagnostikern zu machen. Nachfolgend sind die am häufigsten verwendeten diagnostischen Verfahren aufgeführt:

Prozeßanalyse

Die Prozeßanalyse gehört zu den Standardinstrumenten, wenn es darum geht, die Kommunikation in oder zwischen Gruppen zu verbessern. Bei der (täglichen) Arbeit kann man unterscheiden zwischen Arbeits*ergebnis* und Arbeits*prozeß*. Natürlich bestimmt die Qualität des Prozesses maßgeblich die Qualität des Ergebnisses.

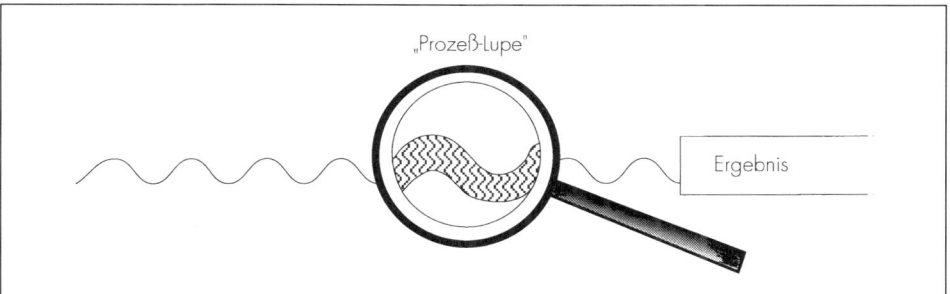

Abb. 2: Der Prozeß wird unter die „Lupe" genommen

Der Prozeß (d.h. der Weg) bestimmt stark das Ergebnis (d.h. das Ziel). Dabei sollen Aufwand und Ertrag natürlich in einem vernünftigen Verhältnis zueinander stehen. Man nimmt also gemeinsam eine bestimmte Arbeitseinheit kritisch unter die „Prozeß-Lupe" (Abbildung 2), um daraus für die Zukunft zu lernen und Verbesserungsmöglichkeiten zu erkennen. Es ist so eine Art „Manöverkritik" (meist etwas strukturierter) über eine Teamarbeit. Im Teamentwicklungstraining kann man Prozeßanalysen über eine kurze Gruppendiskussion ebenso anfertigen wie über einen halben oder ganzen Trainingstag und/oder das ganze Training. Der Trainer ist von seiner Rolle her permanenter Prozeßanalytiker, aber er wird die Teilnehmer anleiten, ihre eigenen Aktivitäten selbst zu untersuchen, beispielsweise mit Fragen wie:

– Was war oder klappte gut?
– Wo „hakte" es?
– Wo gab es Störungen oder Konflikte? Warum?
– Fühlte ich mich frei, meine Meinung zu äußern?
– Wurden auch abweichende Meinungen konstruktiv aufgenommen?
– Sind wir ziel- und prozedurbewußt vorgegangen?
– Wie war das Verhältnis der Gruppenmitglieder untereinander?
– Fühle (fühlte) ich mich wohl in der Gruppe?
– Was kann man beim nächsten Mal (oder in der Zukunft) besser machen? usw.

Prozeßanalyse setzt allerdings die Fähigkeit zur *Metakommunikation* voraus, d.h. die Fähigkeit, über die eigene Kommunikation zu kommunizieren und auf diese Weise sich selbst zum Gegenstand der Betrachtung zu machen. Den meisten fällt es auf Anhieb nicht leicht, als unmittelbar Betroffene und Beteiligte von sich selbst Abstand zu nehmen. Deshalb muß Prozeßanalyse geübt werden. In Trainings ist dazu eine Videoaufzeichnung der Gruppenaktivität(en) außerordentlich hilfreich. Im späteren Betriebsalltag kann man ähnlich eine Besprechung, eine Konferenz, einen Arbeitstag, eine Arbeitswoche oder ein Projekt analysieren; oder einfach immer dann, wenn Störungen oder „Sand im Getriebe" das Geschehen unangenehm beeinflussen.

Prozeßanalysen schärfen das Bewußtsein für Dinge, „die so in Gruppen laufen", und die Teilnehmer lernen sehr schnell, in Prozesse *über* und *unter* der Oberfläche (Abb. 3) zu unterscheiden. Das abgelaufene Sachgeschehen oder besser: das, was in der Interaktion sichtbar (und/oder hörbar) geworden ist, sind Prozesse über der Oberfläche. Diese Prozesse sind aber oftmals nur Signale für das, was sich unter der Oberfläche abspielt (z. B. Gefühle und Empfindungen wie Ängste, Unsicherheit, Ärger, Enttäuschung, aber auch Vertrauen, Zufriedenheit, Gruppennormen, Beziehungen der Mitglieder untereinander, Konformitätsdruck, Abhängigkeiten etc.). Die entscheidenden Prozesse – positiv wie negativ – spielen sich meist unter der Oberfläche ab. Diese Prozesse beeinflussen das Gruppen- und Arbeitsklima, sie bestimmen die Dynamik von Situationen, und sie wirken sich *immer* auf das Ergebnis aus.

Abb. 3: Prozesse über und unter der Oberfläche

Problemkatalog

Ist die Erstellung eines Problemkataloges beabsichtigt, dann geschieht dies meistens bereits in einem Vorseminar oder in der Vorbereitung. Man kann aber auch im Training selbst Problemkataloge erstellen. Dies geschieht dann meist als Einstieg. Der in der Regel per Kartenmethode erarbeitete Katalog wird nach Problemfeldern geordnet und gewichtet, um die nachfolgenden Arbeitsschwerpunkte festzulegen.

Spontanabfragen

Spontanabfragen kann man sozusagen als ständigen diagnostischen „Meßfühler" einsetzen. Klassische Spontanabfragen sind die Abfrage von „Erwartungen" (positiv/ negativ), „Befürchtungen" o. ä. als Trainungseinstieg sowie die Feedback-Abfragen am Ende eines Trainingstages oder des gesamten Trainings (z. B. „Was hat gefallen?", „Was hat mir etwas gebracht?", „Was hat mir nicht gefallen oder mich gestört?", „Anregungen" etc.).

Ein weiteres typisches Beispiel für eine spontane Abfrage ist das sogenannte *„Blitzlicht"*: An einer entsprechenden Stelle des Prozesses (z. B. eine Störung blockiert das Weiterkommen) wird eine Abfrage in der Teilnehmerrunde gemacht und jeder gebeten, seine momentane Befindlichkeit, seine Stimmung und/oder das, was er gerade denkt, kurz zu formulieren. Mit Hilfe dieses Materials wird dann versucht, die Situation zu klären.

416

Weiterhin kann man kurze, vorgefertigte Diagnosebögen zu bestimmten Themenbereichen einsetzen. Meistens sind dies einige Statements, die sich schnell „ausstricheln" lassen (Abbildung 4).

1. Ich fühle mich wohl in der Gruppe	+ +	+	0	–	– –
2. Mein Chef versteht es, mich zu begeistern	+ +	+	0	–	– –
3. Ich erhalte von ihm klare und realistische Zielvorgaben	+ +	+	0	–	– –
4. Mein Chef gibt mir genügend Lob und Anerkennung	+ +	+	0	–	– –
5. Mein Chef kritisiert mich fair und sachlich	+ +	+	0	–	– –
6. Mein Chef ist launisch	+ +	+	0	–	– –
7. Mein Chef hört sich Ideen und Anregungen aufmerksam an	+ +	+	0	–	– –

Abb. 4: Kurzfragebogen zur Diagnose

Solchen vorbereiteten Abfragen sehr ähnlich ist dann das sogenannte „Stimmungsbarometer". Dies dient zur laufenden Kommunikationsklärung und wird in erster Linie eingesetzt, um die oft nur feinen Signale für Störungen möglichst rechtzeitig zu erfassen, sie an die Oberfläche zu holen und damit besprechbar zu machen. Man tut dies in Form einer jederzeit möglichen anonymen Kurzbefragung, bei der die Teilnehmer zu spontan formulierten Statements per Antwortkarte den Grad ihrer Zustimmung bzw. Ablehnung mit Hilfe einer vorgegebenen Skala markieren können. Die Antwortkarten werden eingesammelt, ausgewertet, und das Ergebnis (Häufungen und Streuung der Antworten) wird sofort präsentiert und besprochen. Welche Statements der Trainer formuliert oder aus einem bei ihm bereits vorhandenen Fragenpool auswählt, ist von seiner subjektiven Einschätzung der jeweiligen Situation abhängig. Stimmungsbarometer-Fragen können z. B. sein:

- Diese Sitzung ist nur eine Scheinkonferenz – es ist ja doch schon alles geregelt.
- Es hat gar keinen Sinn, sich hier den Kopf zu zerbrechen, man kann ja doch nichts ändern.
- Mich stört es, daß der Vorgesetzte dabei ist.
- Ich habe Lust, hier mitzuarbeiten.
- Hier wird zuviel „unter den Teppich gekehrt".
- Ich glaube, jetzt kommen wir voran.
- Ich gebe dieser Sitzung eine echte Chance.
- Ich würde mich freier fühlen, wenn einige nicht dabei wären.
- Ich habe noch Punkte, die ich gerne ansprechen würde.
- Hier muß man aufpassen, was man sagt.

Mit dem Stimmungsbarometer kann der Trainer allerdings meistens nur erfahren, *daß* in der Gruppe etwas „los" ist, aber nur selten *was*. Er muß also versuchen, die (kritischen) Hinweise aus dem Stimmungsbarometer besprechbar zu machen und den Prozeß zu offener Kommunikation hinzulenken.

Eine noch behutsamere Methode, verdeckte Signale zu erfassen, ist die „Stille Post". Bei der „Stillen Post" bietet der Trainer den Teilnehmern an, sich auch während der laufenden Sitzung jederzeit verdeckt per Zettel mit ihm in Verbindung zu setzen. Ob er dann auf diese Botschaften reagiert und wie er sie in das Training einbaut, bleibt seiner Situationseinschätzung überlassen.

Schließlich kann man in einem Teamentwicklungstraining die bereits weiter oben angesprochenen *projektiven Verfahren* als diagnostische Intervention einsetzen, d.h., man läßt die Teilnehmer einzeln oder in Gruppen Collagen, Karikaturen, Texte o. ä. zu Ereignissen oder Verhältnissen anfertigen. Von hohem diagnostischen Wert, vor allem im Sinne einer Bewußtmachung von Situationszusammenhängen und Verhältnissen, kann eine *Kraftfeldanalyse* sein. Darunter versteht man die Durchleuchtung des kompletten Einflußfeldes, dem eine Person oder Gruppe in ihrer beruflichen Tätigkeit oder auch insgesamt ausgesetzt ist. Dies geschieht am besten auf einer Pinnwand in Form einer „Landkarte", auf der alle irgendwie betroffenen oder beteiligten Personen, Gruppen oder Instanzen aufgezeichnet und ihre Querverbindungen und Beziehungen (Erwartungen, Einschätzungen, Machtverhältnisse etc.) eingetragen werden. Abbildung 5 zeigt eine solche Kraftfeldanalyse. Es geht hier um eine Gruppe, die mit ihrer Arbeit nicht klarkam und starken Leistungsabfall aufwies. Der Gruppe war (deshalb?) ein auf Zeit mitarbeitender externer Ingenieur beigestellt worden.

Die abgebildete Kraftfeldanalyse ist noch nicht komplett, denn die vielen Fragezeichen bei zahlreichen Querverbindungen zeigen, daß hier noch Informationsdefizite vorliegen.

5.   Durchführung des Teamentwicklungstrainings

Man kann davon ausgehen, daß die Vorbesprechungen und Voruntersuchungen zumindest grob zutage gefördert haben, welche Problemschwerpunkte im Training angepackt und welche (Lern-)Ziele nach Möglichkeit erreicht werden sollen. Allgemein betrachtet kann Lernbedarf in folgenden Feldern vorliegen:

- Bestimmte bei Teamarbeit angebrachte Prozeduren und Arbeitstechniken sind unbekannt und/oder werden nicht (ausreichend) beherrscht.
- „Spielregeln" zur Optimierung von Gruppenarbeit sind nicht bekannt und/oder werden nicht praktiziert.
- Zwischen den Teammitgliedern oder einzelnen von ihnen herrschen gestörte Beziehungen; Kommunikationsprobleme und sogar Konflikte behindern eine effiziente Zielerreichung.
- Es mangelt an sozialen Fähigkeiten bzw. Fertigkeiten, um eine reibungslose Zusammenarbeit zu gewährleisten.
- Die Gruppe wird „Opfer" bestimmter gruppendynamischer Prozesse, die sie entweder nicht kennt und/oder nicht wahrnimmt und demzufolge auch nicht steuern und beeinflussen kann.

In Abstimmung mit der Gruppe und unter Berücksichtigung des jeweiligen Problemdrucks sowie der für das Training zur Verfügung stehenden Zeit werden die Lernzielprioritäten festgelegt.

5.1   Design des Trainings

Die Schwerpunkte eines Teamentwicklungstrainings sind immer akute oder zukünftige Probleme der täglichen Zusammenarbeit. Die Arbeit an konkreten (Vor-)Fällen,

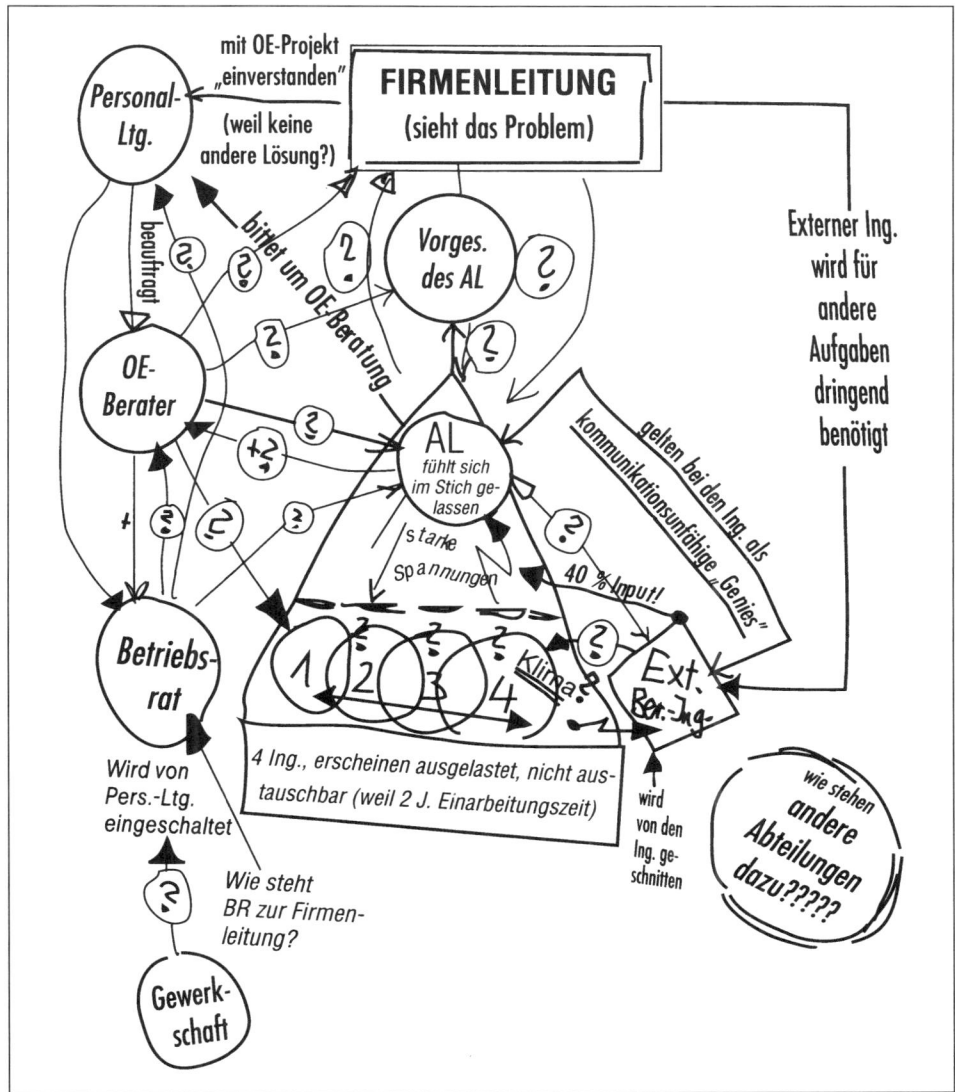

Abb. 5: Beispiel für eine Kraftfeldanalyse

von denen man unmittelbar betroffen ist, steht also im Mittelpunkt. Wissensvermittlung und Übungen beschränken sich auf das für den Lernprozeß unbedingt Notwendige. Deshalb ist es auch von großem Vorteil, wenn die Trainingsteilnehmer bereits kommunikatives Grundwissen und Grundkenntnisse in den notwendigen Arbeitstechniken haben, um der Gefahr zu begegnen, daß das Training wegen des zu hohen Bedarfs an kognitivem Input zu einer „normalen Schulung" umfunktioniert wird.

In Abbildung 6 ist dargestellt, in welchen drei Feldern (auch in Abhängigkeit von der Gruppengröße) bei einem solchen Training gearbeitet werden kann.

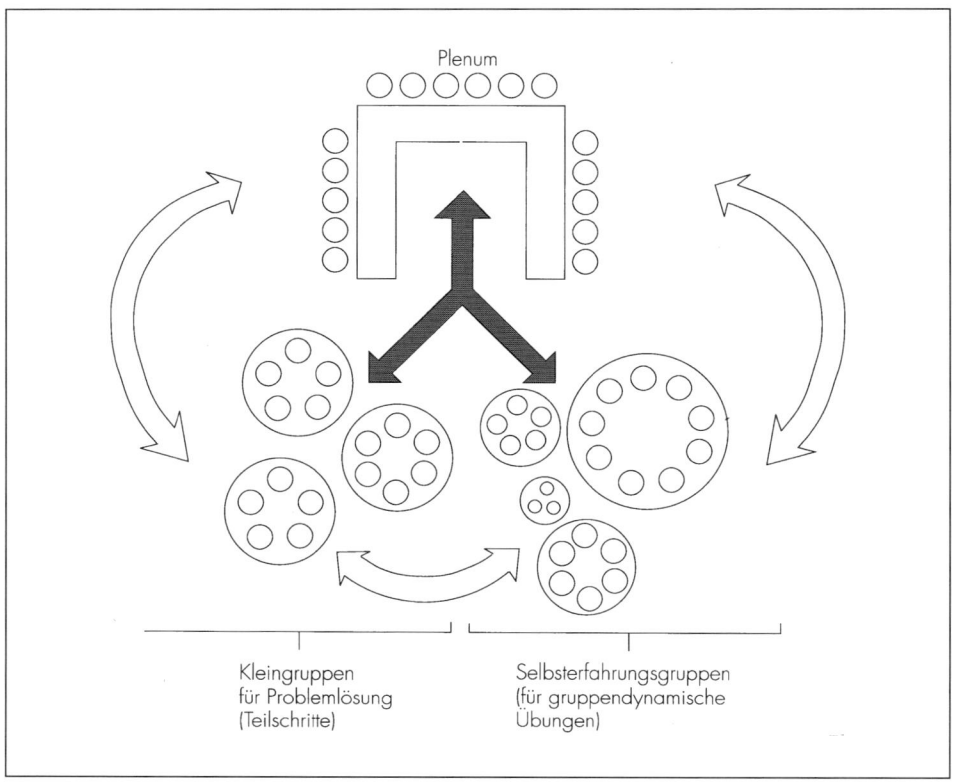

Abb. 6: Die drei möglichen Arbeitsfelder in einem Teamentwicklungstraining

Im *Plenum, d. h.* in der Gesamtgruppe, erfolgen grundsätzliche Abstimmungen und Diskussionen, gemeinsame Problemlösearbeit, Präsentation und Besprechung der Ergebnisse von Teilgruppen sowie die allgemeine Wissenvermittlung. *Kleingruppen* werden im Rahmen eines Problemlöseprozesses nach Bedarf gebildet. Sie arbeiten parallel, entweder an gleichen oder unterschiedlichen Teilaspekten (Stafetten-System) eines Problems, oder sie stellen Untergruppen dar, die ihre jeweiligen Standpunkte oder Interessen herausarbeiten. Zur Präsentation und Diskussion trifft man sich dann wieder im Plenum. Schließlich können ad hoc noch *Selbsterfahrungsgruppen* gebildet werden. Ergibt sich im Laufe des Trainings die Notwendigkeit, den Teilnehmern bestimmte Erfahrungen über oder an sich selbst zu vermitteln (z.B. Kommunikation, Wettbewerb, soziale Wahrnehmung, Vertrauen o.ä.), dann ist hier der Ort für entsprechende gruppendynamische Übungen. In der Literatur findet sich hierzu ein umfangreiches Arsenal an Übungen für die verschiedensten Lernziele, so z.B. bei ANTONS (1973) oder KÜCHLER (1979).

5.2 Mögliche Inhalte

(1) Arbeitstechniken

Bei vielen, nicht selten auch noch hochmotivierten Teams ist festzustellen, daß sie oft die einfachsten Regeln effizienter Zusammenarbeit nicht beherrschen. Es mangelt an Kenntnissen und Übung in Problemlöse- und Entscheidungstechniken, Techniken der Ideenfindung und Präsentation ebenso wie am Umgang mit Arbeits- und Hilfsmitteln wie z. B. Pinnwänden und Karten (Metaplantechnik) oder mit Flip-Chart. Die Folgen davon sind unökonomisches Arbeiten, unsystematische Vorgehensweise, falsche oder unklare Rollenverteilungen und am Ende vielleicht Frustration. Im Teamentwicklungstraining vermittelt der Trainer die fehlenden Techniken und übt sie „am echten Fall" mit den Teilnehmern ein. Dabei betätigt er sich als ständiger Prozeßanalytiker bzw. fordert die Teilnehmer zu eigener Prozeßanalyse auf. Sind solche Techniken der Lernschwerpunkt, macht man am besten einen sogenannten *Problemlöse-Workshop,* in dem die Teilnehmer Schritt für Schritt lernen, ein vorliegendes eigenes oder betriebliches Problem systematisch und prozedurbewußt zu analysieren, Lösungsalternativen zu entwickeln, diese nach bestimmten Kriterien zu bewerten, eine Entscheidung zu treffen sowie die Umsetzung der beschlossenen Maßnahmen zu planen und vorzubereiten.

(2) Soziale Fähigkeiten und „Spielregeln"

Betrachtet man die Entwicklung der Anforderungen an Führungskräfte wie Mitarbeiter von früher bis heute, kann man – wenn auch etwas vereinfachend – sagen, daß sich die Anforderungsbereiche etwa folgendermaßen entwickelt haben (Abbildung 7).

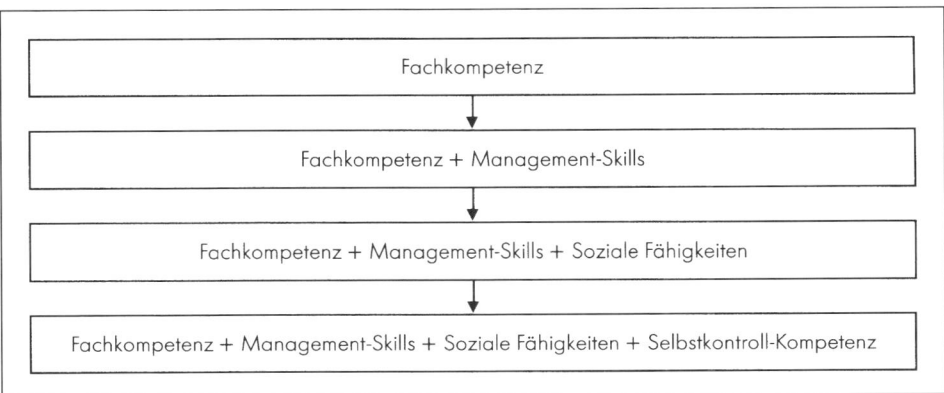

Abb. 7: Entwicklung der Anforderungen an Führungskräfte

Dies gilt für Vorgesetzte wie Mitarbeiter, denn bis auf die unterste Ebene ist jeder Mitarbeiter auf der nächsttieferen Ebene wiederum Vorgesetzter. Zwar sagte man auch schon früher, ein guter Vorgesetzter habe „ein Händchen" im Umgang mit Menschen, doch heute kommt dieser Fähigkeit, die man jetzt als „soziale Fähigkeit" (social skills) oder auch als *„soziale Intelligenz"* bezeichnet, eine immer größere Bedeutung zu. Dies verwundert eigentlich nicht in einer Zeit, in der fachlich immer kompetentere Mitarbeiter ihrem Vorgesetzten gegenüber (auch) bezüglich der betrieblichen Zusammenarbeit und Kommunikation höhere Ansprüche anmelden. Nachstehend eine kurze, beispielhafte Auflistung, was man u. a. unter sozialen Fähigkeiten versteht:

– sich verständlich ausdrücken können (d. h. sich bemühen, in Diktion und Wortwahl so zu reden, daß der andere es versteht oder daß er mitkommt);
– zuhören können (d. h. einem anderen, der redet, seine volle Aufmerksamkeit zur Verfügung stellen, aber auch Techniken des „aktiven Zuhörens" beherrschen wie z. B. Paraphrasieren und Verbalisieren);
– mitkriegen, was mit dem anderen „los" ist (einschließlich Situationen erfassen) – statt „auf der Leitung stehen";
– eigene Gefühle ausdrücken/mitteilen können;
– sich trauen, den Mund aufzumachen;
– offen und direkt kommunizieren – statt „verdeckte Botschaften" zu senden;
– authentisch sein (d. h. Denken, Fühlen und Handeln sind kongruent);
– seine eigene Wirkung kalkulieren können;
– Feedback-fähig sein (d. h. sowohl wissen, wie man „sozial intelligent" Feedback gibt, als auch wie man auf ein erhaltenes Feedback optimal reagiert);
– durch eigenes Verhalten nicht unnötig konfliktauslösend oder konfliktverschärfend wirken.

Während die sozialen Fähigkeiten hauptsächlich darauf ausgerichtet sind, ein optimales Funktionieren des „Wir", d. h. der Gruppe, sicherzustellen, bezieht sich der in jüngster Zeit immer mehr ins Bewußtsein rückende Begriff *Selbstkontroll-Kompetenz* auf das „Ich". Hier geht es darum, wie ein Individuum innerhalb einer Gruppe, daher auch innerhalb eines größeren Zusammenhanges (z. B. Arbeitssituation bzw. gesamte Lebensperspektive) mit sich selbst umgeht. So wird man unter Selbstkontroll-Kompetenz beispielsweise verstehen:

– die Fähigkeit, seine Arbeit und seine Angelegenheiten zu planen und zu organisieren und somit sozusagen „sich selbst einzuteilen";

aber auch:
– sich selbst steuern können (im Sinne von Selbstkontrolle);
– mit Streß und/oder stressigen Situationen umgehen können;
– sich darüber klar sein, was mit einem selbst „los" ist (statt z. B. Emotionen/Gefühle zu leugnen);
– mit sich selbst klarkommen;
– Verantwortung für sich selbst und für die eigenen Handlungen übernehmen können (und wollen);
– für sich selbst einstehen;
– sein Leben richtig „einteilen" können;
usw.

Vor allem bei den sozialen Fähigkeiten liegen die Schwerpunkte eindeutig im kommunikativen Bereich (vgl. auch den Beitrag von NEUMANN: Das Mitarbeitergespräch, in diesem Band), und deshalb sind soziale Fähigkeiten auch in der Teamarbeit enorm wichtig. Sozial „unintelligentes" Verhalten schafft Konflikte und gefährdet die Zusammenarbeit. Im Rahmen der Prozeßanalyse wird entsprechendes Feedback gegeben, d.h., Fehler und Defizite werden angesprochen sowie bessere Verhaltensalternativen aufgezeigt. Bei Bedarf wird „neues" Verhalten eingeübt.

Um von Anfang an für gute Kommunikationsbedingungen zu sorgen, ist es eigentlich geübte Praxis, bei Teamentwicklungstrainings gleich zu Beginn gemeinsam „Spielregeln" für das gegenseitige Miteinander-Umgehen zu vereinbaren. Man folgt dabei dem Konzept der sogenannten „Themenzentrierten Interaktion" (TZI): Eine optimale Zusammenarbeit in einer Gruppe oder in einem Team ist am ehesten dann möglich, wenn die Bedürfnisse und Interessen des einzelnen (ich) und der Gruppe (wir) gleichermaßen berücksichtigt werden und dabei das Ziel (Thema) nicht aus den Augen verloren wird (Abbildung 8).

Um diesen Prozeß optimal zu gestalten, werden bestimmte Kommunikationsregeln vereinbart. Mit ihrer Hilfe kann man verdeckte Kommunikation offenlegen und dafür sorgen, daß alle eine gemeinsame Basis haben und Mißverständnisse möglichst vermieden werden. Diese Spielregeln werden nicht einfach „gesetzt", sondern vom Trainer vorgeschlagen, jeweils begründet und erläutert. Hier die wichtigsten dieser Regeln (in Anlehnung an COHN, 1970):

Balance zwischen Ziel – ich – wir
Nur wenn Ziele und Interessen der Beteiligten in einem ausgewogenen Verhältnis berücksichtigt werden, kann das Ergebnis für alle befriedigend sein.

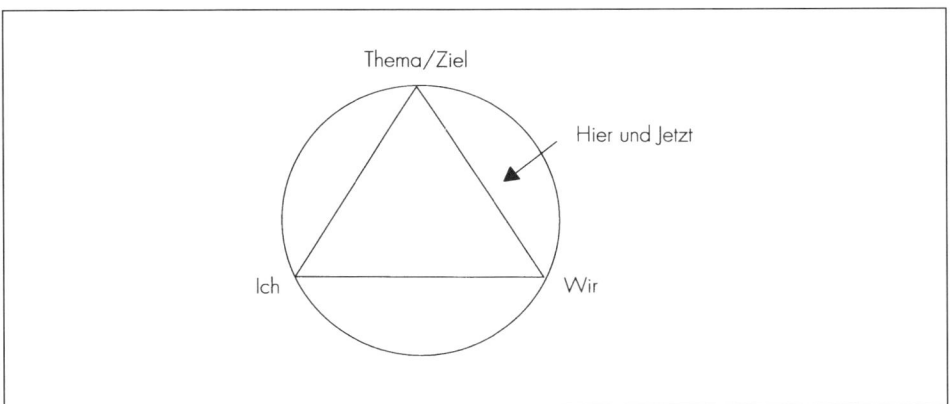

Abb. 8: Themenzentrierte Interaktion (TZI)

Hier und Jetzt
Je konkreter sich die Themen an der gegenwärtigen Situation orientieren, desto konstruktiver können Verbesserungen für die Zukunft erarbeitet werden. Ständig in der Vergangenheit zu leben („Früher war alles besser..." oder: „Wenn man damals nicht..., dann...") ist genauso ineffektiv, wie nur auf die Zukunft zu hoffen („Wenn wir andere Arbeitsbedingungen hätten, dann könnten wir besser..."). Beides ist Flucht aus der Wirklichkeit!

Jeder ist für sich selbst verantwortlich
Jeder Teilnehmer hat die freie Entscheidung und Verantwortung, wie er die Trainingszeit nutzen will. Niemand außer ihm selbst kann wissen, ob die behandelten

Themen seinen Interessen gerecht werden und ob alle für ihn wichtigen bzw. offenen Fragen beantwortet sind. Das bedeutet: Für das Einbringen eigener Anliegen in das Training ist jeder selbst verantwortlich.

Der Gedanke der Eigenverantwortlichkeit ist auch die Grundlage für die Regel: „Ich kann jederzeit ‚Nein' sagen", d.h., jeder Teilnehmer muß selbst einschätzen und wissen, worauf er sich einlassen kann und worauf nicht.

Ich spreche per „ich", und nicht per „man", „wir" oder „es"
Jeder sollte durch ICH-Formulierungen bekunden, daß er zu seiner persönlichen Meinung steht. Wer per „wir", „man" oder „es" spricht, versteckt sich hinter Global-aussagen, für die er keine Verantwortung übernimmt (oder übernehmen möchte). Außerdem spricht er immer für andere mit, ohne zu wissen, ob diese das überhaupt wünschen: „Man versteht das nicht", „Wir können damit nichts anfangen", „Es ist uninteressant" usw. Ein „wir" ist nur dann angebracht, wenn jemand anderes oder eine Gruppe mich autorisiert hat, stellvertretend für sie und in ihrem Namen zu reden. Jeder ist also nur „befugt", für einen einzigen Menschen auf der Welt zu spre-chen: für sich selbst (und da kann ihm auch keiner hereinreden!).

Störungen haben Vorrang / Ich vermeide Seitengespräche
Wer zum Beispiel gelangweilt, verärgert oder aus einem anderen Grund abgelenkt ist, kann an einem Gespräch oder einer Gruppenarbeit nicht wirklich teilnehmen. Des-halb sollte eine „Störung" in der Gruppe möglichst unverzüglich angesprochen wer-den! Ein „Abwesender" verliert nicht nur die Möglichkeit seiner Interessenverfol-gung, er bedeutet auch einen Verlust für die Gruppe.

Was ich sage, meine ich auch – offen und ehrlich – vertraulich
Ich muß nicht alles sagen, was ich denke; aber alles, was ich sage, sollte wahr sein und meine ehrliche Meinung wiedergeben. Je offener die Probleme angesprochen werden, desto eher sind sie zu klären. Wer seine Meinung zurückhält oder seinen Gesprächs-partnern „kommunikative Kreuzworträtsel" aufgibt, darf sich nicht wundern, wenn sich niemand darum kümmert. Persönliches sollte aber in der Gruppe bleiben und von niemandem weitergetragen werden, d.h., ich wahre Vertrauen und Vertraulichkeit.

Die vom Trainer vorgeschlagenen und begründeten Spielregeln werden mit den Teilnehmern diskutiert und vereinbart. Meistens geschieht dies *schriftlich in Art eines regelrechten Vertrages* (das hat auch etwas mit „sich vertragen" zu tun!), und die unter-zeichneten Regeln hängen allseits sichtbar auf einem Flip-Chart im Arbeitsraum. Dem einzelnen geben solche Normen Orientierung für sein eigenes Verhalten. Gleichzeitig wird das Verhalten der anderen, die sich ebenfalls an den Normen orien-tieren, kalkulierbarer. Das gibt Sicherheit und Verläßlichkeit in der Kommunikation. Die Einhaltung solcher Spielregeln – besonders der Regel: „Jeder ist für sich selbst verantwortlich" – bedeutet aber auch für jeden Teilnehmer, daß er nun seinen Anteil an Verantwortung für die Gestaltung der gemeinsamen Situation übernimmt.

(3) Diagnose und Beeinflussung sozialer Prozesse

Das Wichtigste hierzu wurde bereits oben ausgeführt: Zur *Teamfähigkeit* gehört es auch, daß man ein guter *Diagnostiker* ist. Vor allem im Rahmen der Prozeßanalyse können und sollen die Teilnehmer lernen, soziale Prozesse – besonders diejenigen unter der Oberfläche – wahrzunehmen, sie zu bewerten und natürlich daraus auch entsprechende Handlungskonsequenzen abzuleiten. Dazu braucht man besonders gruppenpsychologische Kenntnisse und Erfahrungen. Diese ergeben sich entweder im Training bei der Arbeit an konkreten Problemen und werden dann durch die Prozeß-analyse bewußt gemacht, oder sie werden mittels dafür angezeigter *gruppendynamischer Übungen* vermittelt. So sollten Teammitglieder beispielsweise Bescheid wissen über:

– die Risiken und Konsequenzen mehrfacher Rollenzuteilung auf eine Person (z.B. Problemträger bzw. Schriftführer und Konferenzleiter in einer Person);
– die gruppendynamischen Auswirkungen von Erfolgserlebnissen (Gruppeneuphorie, Unterschätzung von anderen Gruppen, u.U. bis hin zum Realitätsverlust);
– die sogenannte Risiko-Verschiebung (geringere Einschätzung und Bewertung von Risiken und Gefahrensignalen durch Gruppen im Vergleich zu einem einzelnen);
– Normen- und Rollenkonflikte;
– Beeinflussungsprozesse durch Macht- und Statusstrukturen bzw. -träger;
– Meinungsbeeinflussungsprozesse durch die Gruppe (Nivellierungseffekt, Konformitätsdruck);

aber auch über:

– die Notwendigkeit einer guten Beziehungsebene zwischen den Teammitgliedern;
– die Wichtigkeit eines Zusammengehörigkeitsgefühles (Kohäsion) neben der Zielorientierung;
– die Wichtigkeit offener Kommunikation (z.B. Offenlegen eigener Bedürfnisse und Interessen) für eine optimale Kompromißfindung.

In einem ersten Schritt werden die Teammitglieder lernen, daß es solche Phänomene und Effekte gibt und wie man sie wahrnimmt. In einem zweiten Schritt lernen und üben sie dann, wie man damit umgeht.

6. „Nachfassen"

Man sollte keine Teamentwicklungsmaßnahme betreiben, ohne von vornherein klarzumachen, daß man den initiierten Prozeß evaluieren möchte. Grundsätzlich sind Teamentwicklungsmaßnahmen nicht als isolierte Einzelaktivitäten zu verstehen, sondern als „rollierender Prozeß". Wenn nicht ohnehin gleich mehrere Trainingsrunden mit dem Team vereinbart wurden, ist es in der Regel üblich, auf jeden Fall wenigstens einmal „nachzufassen". Dies sollte frühestens nach einem Monat und spätestens nach etwa drei Monaten geschehen. Benötigt wird dazu mindestens ein Workshoptag. Bei diesem Anlaß soll festgestellt werden, was und wieviel von den Trainingsinhalten in die betriebliche Praxis transferiert wurde. Außerdem wird gemeinsam untersucht, was nicht umgesetzt wurde und woran dies vielleicht gelegen hat. Dies ist ein wichtiger Lernprozeß für alle Beteiligten – einschließlich Trainer.

Das „Nachfassen" ist auch als prozeßstützende Maßnahme zu verstehen. So hat allein die allen bekannte Tatsache, daß „noch etwas kommt", bereits aktivierende Wirkung. Eine weitere Maßnahme, um den Transfer zu stützen, ist der sogenannte *„letter to myself"*: Jeder Teilnehmer entwickelt einen persönlichen Aktivitätsplan von Dingen, die er sich vornehmen will, und legt diese in einem Brief „an sich selbst" nieder. Diesen Brief, von dem er sich vielleicht eine Kopie angefertigt hat, übergibt er verschlossen und mit seiner Anschrift versehen dem Trainer, der ihn nach einer bestimmten Zeit als Erinnerung an die gefaßten Vorsätze zuschickt. Noch intensiver wirkt es, wenn am Ende des Trainings jeder Teilnehmer in der Gruppe eine Art „öffentliche Erklärung" über seine gefaßten Vorsätze abgibt und damit die anderen regelrecht zur sozialen Kontrolle herausfordert. Ein solcher Akt hat eine sehr starke bindende und verpflichtende Wirkung.

Abschließend will ich noch darauf hinweisen, daß nicht endlos „nachgefaßt" werden darf (und in der Regel auch nicht wird). Ziel von Teamentwicklungstrainings ist es schließlich, Gruppen zu befähigen, aus *eigener* Kraft effizient zu sein und nicht von einem Trainer abhängig zu werden.

7. Bedingungen für den Erfolg von Teamentwicklungsmaßnahmen

Wenngleich bei jedem Team die organisatorischen Rahmenbedingungen und seine Funktion ebenso unterschiedlich sind wie die (Vor-)Geschichte, die Zusammensetzung, die Aufgabenstellung und die Problemlage, sollen nachfolgend dennoch auf der Basis persönlicher Erfahrungen einige wenige Bedingungen für den Erfolg von Teamentwicklungsmaßnahmen formuliert werden:

(1) Der unmittelbare Vorgesetzte muß voll und glaubwürdig hinter dem Projekt stehen. Wenn das Training vorbei ist, ist schließlich *er* der Prozeßverantwortliche, der sich sozusagen in der Rolle eines Co-Trainers um die Umsetzung der Vorsätze bzw. der vereinbarten Maßnahmen kümmern muß.

(2) Fair play! Vor allem die vereinbarten Vertraulichkeitsklauseln und Zusagen müssen eingehalten werden. Der Trainingserfolg ist hinfällig, wenn beispielsweise Offenheit in der Trainingssituation später gegen einen Teilnehmer verwendet wird. Dies wird besonders dem Vorgesetzten übelgenommen. Geschieht dies, wird der Zustand der Gruppe mit hoher Wahrscheinlichkeit schlechter als vor dem Training.

(3) Die Akzeptanz des Trainers bei der betreffenden Gruppe sowie bei dem Vorgesetzten ist wichtig. Wenn die „Chemie" zwischen dem Moderator/Trainer und den Beteiligten nicht stimmt, sollte man nicht in ein Training gehen oder – wenn sich dies erst während der Maßnahme herausstellt – den Mut haben, „Nein" zu sagen.

(4) Eine gründliche Problemdiagnose und klare Vereinbarungen in der Startphase sind eine hervorragende Grundlage für ein erfolgreiches Projekt.

Dies sind wohl die wichtigsten Erfolgsbedingungen bei Teamentwicklungsprojekten. Weiterhin sollte man noch berücksichtigen, daß während des Projektes nicht gerade eine Umorganisation geplant oder in Sicht ist, daß eine „Kontinuität der Köpfe" gewährleistet ist und daß – auch unter dem Gesichtspunkt der Erfolgssicherung – keine zu hohen Ziele bzw. keine zu großen Projektschritte vereinbart werden.

Literatur

ANTONS, K. (1973). Praxis der Gruppendynamik. Göttingen 1973.

COHN, R. (1970). Das Thema als Mittelpunkt interaktioneller Gruppen. In: Gruppendynamik, 2/1970, S. 251–276.

COMELLI, G. (1985). Training als Beitrag zur Organisationsentwicklung. München, Wien 1985.

DYER, W. B. (1977). Team building: Issues and alternatives. Reading, Mass. 1977: Addison Wesley.

KÜCHLER, J. (1979). Gruppendynamische Verfahren in der Aus- und Weiterbildung. München 1979.

PORTER, L. W., LAWLER, E. E. III & HACKMAN, J. R. (1975). Behavior in organizations. New York 1975: McGraw-Hill.

VARNEY, G. H. (1977). Organization development for managers. Reading, Mass. 1977: Addison Wesley.

Zur Konkretisierung und weiteren Vertiefung wird empfohlen, im Fallstudienband die Fälle zu „Teamentwicklungstraining" zu bearbeiten.

Eduard Jochum

„Laterale" Führung und Zusammen-arbeit – Der Umgang mit Kollegen

1. Begriffliche Grundlagen und Abgrenzung

In zunehmendem Maße werden in Wissenschaft und Praxis Ansätze für kooperative, partizipative und partnerschaftliche Zusammenarbeit diskutiert. Aber vergleichsweise wenig Ansätze und Untersuchungen oder Führungsleitlinien berühren partnerschaftliche Zusammenarbeit unter dem Aspekt einer formal hierarchiefreien (horizontalen) Führung.

Bei „lateraler" Führung manifestieren sich die Führungsbeziehungen nicht in einer vertikalen Einflußnahme, sondern vielmehr in den Funktionen der Führung; aufgrund derer kann Führung als zielorientierte, soziale, interpersonelle Verhaltensbeeinflussung mit Hilfe von Kommunikationsprozessen zur Erfüllung gemeinsamer Aufgaben verstanden werden. Laterale Führungs- oder Kooperationsbeziehungen bestehen bei Kollegen, die der gleichen hierarchischen Stufe angehören und gemeinsame abteilungs-(gruppen-)interne oder -externe Aufgaben erfüllen.

Im Gegensatz zu hierarchischen Führungsstrukturen können Konflikte hier nicht durch Weisungen behoben werden, sondern durch gegenseitige Abstimmung und Konsens innerhalb des jeweiligen Kollegenkreises, z.B. teamintern oder innerhalb der Gruppe der Abteilungsleiter unterschiedlicher Organisationseinheiten eines Unternehmens. Kollegen-„Führung" kann als der Proto- oder Idealtyp selbststeuernder Gruppen gesehen werden, bei denen direkte hierarchische Führungseingriffe die Ausnahme bilden sollten (WUNDERER, 1987). Unterschiedliche Möglichkeiten der Einflußnahme innerhalb der Gruppe können bei den gleichgestellten Kollegen, wie in demokratischen Systemen, z.B. aufgrund unterschiedlicher Seniorität oder fachlicher und/oder sozialer Kompetenzen bestehen.

Einer der wesentlichsten Steuerungsfaktoren horizontaler Kooperation ist die Erreichung gemeinsamer Ziele, was allerdings gerade bei abteilungsübergreifender Kollegenkooperation häufig übersehen wird. Die nachfolgenden Ausführungen beziehen sich sowohl auf

— abteilungs-(gruppen-)interne Kollegen-Kooperation, insbesondere bei starker arbeitsteiliger Aufgabenerfüllung, als auch auf
— abteilungsübergreifende Kollegen-Kooperation, bei der aufgrund von Aufgabenüberschneidungen unterschiedlich enge Beziehungen bestehen können (so z.B. der Kollegenkreis der Gruppen-, Abteilungs- oder Bereichsleiter).

Bei der Betrachtung sollen Problemfelder aufgezeigt und Handhabungsmöglichkeiten vorgestellt werden.

2. Problemfelder beim Umgang mit Kollegen

Mit zunehmender Komplexität und Differenzierung von Aufgaben steigen sowohl die Anforderungen an das individuelle fachliche Know-how als auch an die individuellen Fähigkeiten und die Bereitschaft, dieses Know-how in den Problemlösungsprozeß einzubringen. Komplexe Aufgaben liegen z.B. besonders in der industriellen Forschung und Entwicklung vor, bei Bau-Großprojekten oder bei der Führung von Unternehmen. Diese Aufgaben sind nur in einem arbeitsteiligen Prozeß als „Team-Arbeit" zu lösen (vgl. den Artikel von v. ROSENSTIEL: Die Arbeitsgruppe, in diesem Band).

Häufig wird die effiziente Aufgabenerfüllung gerade durch Konflikte zwischen den Teammitgliedern behindert. Diese Behinderungen beruhen dabei weniger auf sachlicher Basis, sondern laufen vielmehr auf der emotionalen Ebene zwischen den Gruppenmitgliedern ab (vgl. dazu auch die vorausgehenden Artikel von BERKEL und COMELLI) .

In umfangreichen Untersuchungen von WUNDERER (1985) zeigte sich, daß von 746 Führungskräften in zwei Unternehmen 43% bzw. 63% der Befragten insbesondere die Kooperationsbeziehungen zu *anderen* Organisationseinheiten als stärkste Konfliktquelle wahrnahmen. Abteilungsinterne Konflikte werden dagegen nur von 23% bzw. 12% der Befragten genannt. Dabei sollte allerdings berücksichtigt werden, daß konfliktäre (Gruppen-)Situationen häufig nicht als solche angesehen werden, weil psychische Abwehrmechanismen gegen „problem"geladene Situationen bestehen. Es besteht daher die Tendenz, Konfliktursachen bei abteilungsexternen Quellen zu suchen. Aus diesen Gründen erscheint es notwendig, zunächst einmal eine kognitive und emotionale Bereitschaft zu schaffen, konflikthaltige Konstellationen in ihrer Besonderheit auch teamintern wahrzunehmen, um damit eine Basis zu finden für individuelle Verhaltensänderungen.

Basierend auf empirischen Untersuchungen WUNDERERS (1985) bei 1186 Führungskräften in Unternehmen zu Konfliktursachen zwischen Organisationseinheiten und Erkenntnissen zu Konflikten innerhalb von Gruppen (NAASE, 1978; TÜRK, 1981) können die Ursachen in zwei Hauptbereiche differenziert werden, wobei Überschneidungen nicht zu vermeiden sind.

Zum einen handelt es sich um eher strukturelle Ursachen, die wiederum in aufgabenspezifische und organisatorische Ursachen differenziert werden. Zum anderen handelt es sich um personelle Konfliktursachen aufgrund führungspolitischer bzw. führungsverhaltensspezifischer, eigenschaftsspezifischer und verhaltensbedingter Unterschiede der einzelnen Kollegen.

(1) Strukturelle Konfliktquellen

Aufgabenspezifische Konfliktquellen:
– Aufgabenkomplexität und mangelnde Überschaubarkeit der Gesamtaufgabe;
– unzureichende Aufgabendefinition und -abgrenzung gegenüber anderen Teamkollegen und insbesondere gegenüber anderen Organisationseinheiten;
– konkurrierende Aufgabenziele.

Organisatorische Konfliktquellen:
– Abhängigkeit von den Leistungen anderer Teamkollegen oder anderer Organisationseinheiten;
– funktionale Weisungsrechte und Entscheidungskompetenzen von Kollegen einer Organisationseinheit gegenüber Kollegen einer anderen Einheit trotz formaler Gleichstellung in der Führungsorganisation oder innerhalb eines Teams;
– unzulängliche Kommunikationsmittel und schlecht ausgebaute oder lange Kommunikationswege zwischen Kollegen einer oder verschiedener Organisationseinheiten;
– ungleiche Personal- und/oder Sachmittelausstattung einzelner Organisationseinheiten;

- externer Druck (z. B. von Kunden, Behörden), der an andere Kollegen weitergeleitet wird;
- fachspezifische Barrieren aufgrund unterschiedlicher Teamstrukturen und Ausbildungsrichtungen;
- sprachliche Barrieren, insbesondere bei internationalen Kooperationsbeziehungen.

(2) Personenbedingte Konfliktquellen

Führungsverhaltensbedingte Konfliktquellen:
- Erfolgs- und Anerkennungschancen von Teamkollegen, insbesondere in verschiedenen Organisationseinheiten, werden ohne sachliche Begründung unterschiedlich gehandhabt;
- Leistungs- und Termindruck werden auf Kollegen unterschiedlich verteilt;
- partizipative Freiräume werden durch autoritäres oder patriarchalisches Vorgesetztenverhalten eingeengt sowie die Entwicklung und Entfaltung einer selbststeuernden Gruppe behindert;
- inkompetente und schwache Vorgesetzte behindern durch mangelnde Entscheidungskraft offene Konfliktbewältigungen;
- durch das betriebliche Anreizsystem wird das individuelle Kooperationsverhalten nicht ausreichend gefördert (Belohnungscharakter fehlt); das Belohnungssystem bewirkt zu starkes Konkurrenzdenken, indem vor allem die individuelle Zielerreichung gefördert wird.

Personelle Konfliktquellen:
- mangelnde Kenntnisse der Aufgaben und Probleme der Kollegen;
- mangelndes Verständnis für die Probleme anderer und mangelnde Achtung der Leistungen anderer Kollegen;
- mangelndes Vertrauen in die Kompetenzen anderer Kollegen;
- egoistische Orientierung an den eigenen Aufgaben und Zielen sowie Vernachlässigung gemeinsamer Ziele;
- Selbstüberschätzung, Fehler werden anderen zugeschoben, Erfolg wird der eigenen Leistung zugeschrieben;
- mangelnde soziale Kompetenzen, insbesondere hinsichtlich teamorientierten Verhaltens;
- mangelnde Bereitschaft zur Kooperation mit anderen;
- mangelnde Einsicht in die Notwendigkeit kooperierenden Verhaltens.

Die differenzierte Betrachtung vorhandener Konfliktquellen bietet die Chance, unterschiedliche Konflikthandhabungsstrategien und -maßnahmen einzuleiten (vgl. dazu den Artikel von BERKEL zum Thema Konflikt, in diesem Band).

Veränderungen liegen dabei immer auch Handlungs- bzw. *Verhaltens*änderungen der Beteiligten zugrunde. (So ist z. B. bei einer „ungenau definierten Aufgabe" die veränderte Handlung, daß ein Kollege oder ein Vorgesetzter die Aufgaben genauer auf einem Blatt Papier schriftlich präzisiert.)

Häufig sind Verhaltensänderungen verbunden mit Einstellungsänderungen und beinhalten auch emotionale Komponenten. Wie aus verhaltenswissenschaftlichen Erkenntnissen hervorgeht, sind wesentliche Verhaltensänderungen auch nicht kurzfristig zu erreichen, da sich Verhalten über viele Jahre zunehmend gefestigt hat (vgl.

dazu auch den Artikel von v. ROSENSTIEL: Entwicklung und Training von Führungskräften, in diesem Band). So werden wir z. B. bereits als Kind durch viele Gesellschaftsspiele dazu erzogen, siegen zu müssen, wodurch bereits ein Ursprung gelegt wird für konkurrierendes und weniger für kooperierendes Handeln (WUNDERER, 1974).

Wie sehr solches häufig unzweckmäßiges Rivalitäts- und Konkurrenzdenken in unserem Verhalten verankert ist, kann Trainingsteilnehmern meist eindrucksvoll in gruppendynamischen „Nullsummen-Spielen" verdeutlicht werden. So wird z. B. die Aufforderung: „Möglichst viele Punkte im Spiel erreichen", aufgrund der eigenen „Psycho-Logik" in Verhandlungsspielen von den Partnern fast immer interpretiert als „Mehr Punkte als die anderen sammeln". Die Erkenntnis, daß man selbst den größten Nutzen dann hat, wenn man dem Partner auch eine Chance läßt, kommt meist erst nach mehreren Übungen. Die Übertragung in die Praxis stellt dann aber noch einen weiteren Schwierigkeitsgrad dar.

Wie wichtig Kooperations- und Kommunikationsprozesse in der Praxis für die eigene Leistungsfähigkeit sind, wird besonders bei sehr komplexen Aufgabenstellungen sichtbar, die nicht mehr durch Einzelleistungen zu bewältigen sind, sondern nur noch in arbeitsteiliger Teamarbeit.

In einer eigenen Untersuchung (JOCHUM, 1987) wurden 181 Führungskräfte aus der industriellen Forschung und Entwicklung zu personellen Einflußfaktoren der Zusammenarbeit befragt. Die Führungskräfte sollten dabei u. a. beschreiben, welches Verhalten „teamfähige" und „team*un*fähige" Mitarbeiter besonders kennzeichnet. Aus mehr als 1100 Verhaltensbeschreibungen ließen sich – nach der Häufigkeit der Nennungen – nachfolgende Verhaltensweisen zu Verhaltensdimensionen zusammenfassen. Bei jeder Dimension werden typische Beispiele der Verhaltensbeschreibungen genannt:

Teamfähiges Verhalten:
- *Kooperationsverhalten.* Dies umfaßt Unterstützung anderer (Gruppenmitglieder); Bereitschaft zur Aufgabenteilung; Erkennen gemeinsamer Ziele; Einsatz für gemeinsame Ziele; Teilung des Erfolgs mit anderen; Achtung der Leistungen anderer Teammitglieder; Kompromißbereitschaft; Suche nach dem Konsens; Bereitschaft zum Gedankenaustausch als Grundlage für Problemlösungen, insbesondere Bereitschaft zum gegenseitigen Informationsaustausch; Einbringen eigener Beiträge und Akzeptanz von Kritik.
- *Informationsverhalten.* Darunter ist allgemein die arbeitsbezogene Kommunikationsfreudigkeit zu nennen; die Weitergabe von Informationen sowohl in qualitativer als auch in quantitativer Hinsicht und die Informationsakzeptanz, die sich besonders im „Zuhören können" zeigt.
- *Integrationsverhalten.* Im Gegensatz zum „kooperativen" Verhalten ist das Integrationsverhalten vor allem durch „Konsensstreben" gekennzeichnet. Darunter verstehen die Befragten vor allem: Einordnung in eine Gruppe; Toleranz gegenüber den Kollegen, aktive Förderung des Gruppenklimas durch Vermittlung bei Konflikten; Eingehen auf andere Teammitglieder etc.
- (Aufgabenbezogene) *Aufgeschlossenheit.* Darunter fallen vor allem die Bereitschaft und Flexibilität, sich mit anderen Gebieten und Meinungen inhaltlich auseinanderzusetzen sowie sich in andere Gebiete einzuarbeiten und einzudenken.

– *Selbstkontrolle.* Diese zeigt sich in selbstkritischen Äußerungen sowie in der Annahme von Kritik, Selbstbewußtsein, (realer) Selbsteinschätzung und schließlich auch in sachlich ausgeglichenem Verhalten.
– *Arbeitsantrieb.* Personenbezogen sind es besonderes Engagement, ausdauerndes, bereitwilliges und begeistertes Arbeiten; personenübergreifend wirkt sich dies auf motivationaler Ebene positiv motivierend auf andere aus.
– *Kontaktfreude.* Dies meint die generelle Bereitschaft oder Fähigkeit, mit anderen zu kommunizieren.
– *Durchsetzungsvermögen.* Dieses zeigt sich vor allem in überzeugender Darstellung des eigenen Standpunktes sowie in der Durchsetzung der eigenen Ideen.

Teamunfähiges Verhalten:
– *Konkurrenz-Verhalten.* Folgende adjektivischen Beschreibungen wurden besonders häufig genannt: egoistisch, eigensinnig, egozentrisch, kompromißlos, neidisch und mißgünstig. Die gesamte Teamarbeit wird stark unter dem persönlichen Eigennutz gesehen, ohne auf die Gesamtziele der Gruppe zu achten; nicht das Gesamtergebnis steht im Vordergrund, sondern die Eigenleistung.
– *Mangelndes Kontaktverhalten.* Dazu zählen vor allem „eigenbrötlerisches", kontaktarmes Verhalten. Die so charakterisierten Wissenschaftler wurden auch als verschlossen beschrieben, da sie eher abgekapselt und zurückhaltend arbeiten und gegenüber anderen mißtrauisch sind.
– *Mangelndes Informationsverhalten.* In eher *passiver* Art drückt sich diese Verhaltensweise in der Nichtausnutzung vorhandener Informationsquellen aus. Informationen werden von teamunfähigen Kollegen als „Bringschuld" angesehen; der teamunfähige Kollege hört auch kaum zu, wenn er informiert wird. In eher *aktiver* Art äußert sich dieses Verhalten in geringer Mitteilsamkeit über Lösungswege und Vermeiden von Problemdiskussionen sowohl mit Kollegen im eigenen Team als auch in Nachbarabteilungen.
– *Selbstüberschätzung.* Überschätzt die eigenen Fähigkeiten, ist wenig selbstkritisch, rechthaberisch, brüskiert die Kollegen durch „Besserwisserei", ist überheblich und arrogant, gibt ungern Wissenslücken zu.
– *Intellektuelle Fähigkeiten.* Besonders bedeutend ist das unflexible und unbewegliche, stark fachbezogene und uneinsichtige Denken. An eigenen Ideen wird dabei schwerfällig festgehalten; neue Vorschläge werden abgelehnt; die Anpassung an veränderte Situationen erfolgt nur zögernd; die Arbeit wird auf genau definierte Aufgaben beschränkt, und auch das Hineindenken in die Arbeit und Probleme der anderen Teammitglieder erfolgt nicht.
– *Mangelndes integratives Verhalten.* Ein solcher Mensch ist herabsetzend kritisch; intolerant und rücksichtslos gegenüber anderen; die vermeintlich eigene Stärke wird hervorgehoben, für die Fehler sind andere verantwortlich; man paßt sich Spielregeln nicht an.
– *Geringe emotionale Stabilität.* Dazu gehört empfindliches Reagieren auf Kritik; Unsicherheit im Verhalten mit anderen, indem nur dann Beiträge gebracht werden, wenn man sich seiner Sache absolut sicher ist.

In verschiedenen Untersuchungen zur Konfliktforschung zeigt sich übereinstimmend mit subjektiven Erfahrungen aus der Unternehmenspraxis, daß die personellen Konfliktquellen die entscheidendste Konfliktkomponente darstellen. Nach den Erkenntnissen von WUNDERER (1985) trifft dies vor allem bei abteilungsübergreifender Kooperation mit Kollegen anderer Organisationseinheiten zu.

Konflikte sind besonders dort vorprogrammiert, wo sogenannte „produktive" Bereiche und „Verwaltungsbereiche" gemeinsam Probleme zu lösen haben. Bereits eine terminologisch unachtsam vorgenommene Bezeichnung von „Produktiv-Bereich" und „Verwaltungs-Bereich" kann auch inhaltlich eine mangelnde Ganzheitsbetrachtung widerspiegeln. Denn damit kann die semantisch vorgeprägte Statusgewichtung auch leicht eine inhaltliche Statusgewichtung determinieren. Die Kollegen der „produktiven" „Auftragsabteilungen", bei WUNDERER (1974) als „Bowler-Abteilungen" (Bowler = bestimmter Hut) bezeichnet, sehen sich schnell in einer Funktion mit höherer Entscheidungskompetenz gegenüber den „Butler-Abteilungen" oder Dienstleistungs-, Verwaltungsabteilungen (neutraler den „indirekten Bereichen"). So zeigte sich z. B. bei der Untersuchung von WUNDERER (1974, 1985), daß in den „Dienstleistungsbereichen" relativ starke interne Spannungen als Folge externer Kooperationskonflikte auftreten, insbesondere dann, wenn das interne Arbeitsklima – häufig aufgrund dieser Konfliktbelastung – leidet. Die Untersuchungsergebnisse zeigen, daß „Dienstleistungsabteilungen", wie Finanz- und Rechnungswesen, Datenverarbeitung, Personal- und Sozialwesen, Controlling, in den unternehmensinternen Statushierarchien trotz organisatorischer Gleichstellung am unteren Ende stehen.

Anachronistische Funktionsbezeichnungen und -zuweisungen wie „Finanzverwaltung", „Personalverwaltung" etc. können eine zweiseitige und steigende Kooperationsbelastung bedingen. Insbesondere wenn die Funktionsinhaber ihre Funktion nicht als Butler-Funktion sehen, sondern unter eher kosmopolitischen Gesichtspunkten ihre Zielsetzungen erfüllen wollen. Machtkämpfe und Friktionsverluste sind vorprogrammiert. Dominieren bei solchen Positionsstreitigkeiten die „Bowler-Abteilungen", dann wird man in den „Butler-Abteilungen" nur Mitarbeiter halten können, die tatsächlich nur „verwalten" wollen bzw. Butler-Funktionen wahrnehmen, was wiederum dazu führt, daß ein informelles Statusgefälle zementiert wird. Dabei können dann kaum noch inflationäre Namens- und Funktionsbezeichnungen helfen – um im obigen Bild zu bleiben: indem alten Köpfen neue Hüte aufgesetzt werden. Beispielhaft könnte dies an der Begriffsvielfalt für Bereiche des Finanz- und Rechnungswesens gezeigt werden, die sich gerne den imageträchtigeren Controlling-Begriff zunutze machen.

Aufgrund der bisher gezeigten vielfältigen Konfliktquellen sollen nachfolgend strategische und instrumentelle Möglichkeiten zur Konflikthandhabung beim Umgang mit Kollegen diskutiert werden.

3. Strategische und instrumentelle Maßnahmen zur Konflikthandhabung

Alle Handhabungsmaßnahmen haben das Ziel, Konfliktpotentiale in der kollegialen Zusammenarbeit abzubauen und die organisationsspezifischen Ziele effizienter zu erreichen. Da alle Konfliktquellen jeden einzelnen Kollegen in seinem Handeln beeinflussen, bedeutet eine wirksame Handhabung letztendlich immer auch eine Verhaltensänderung, ein anderes Handeln des einzelnen. – „Unzureichende Aufgabenabgrenzung" als Konfliktquelle kann als Verhaltenskorrektur bedeuten, daß die betroffenen Kollegen zukünftig präzisere Formulierungen mit Hilfe eines bestimmten Beschreibungsformulars, das gewissen Anforderungen genügen muß, vornehmen;

oder „mangelnde Gelegenheit zu Gesprächen mit Kollegen" als Konfliktquelle kann bedeuten, daß zukünftig gemeinsame Gesprächsrunden eingeplant werden, bei denen alle anwesend sein müssen. – Wie WUNDERER (1985) auch empirisch belegen konnte, sind die beiden wesentlichsten Konfliktquellen:

– mangelnde Bereitschaft zur Zusammenarbeit und
– mangelnde Einsicht in die Notwendigkeit besserer Zusammenarbeit mit anderen Führungsbereichen.

Trotz dieser reduktionistischen Betrachtungsmöglichkeiten, Konflikthandlungen auf individuelle Verhaltensänderungen zurückzuführen, erscheint eine parallele Betrachtung unterschiedlicher Handhabungsmaßnahmen zweckmäßiger, um die Konfliktpotentiale gleichzeitig durch unterschiedliche Maßnahmen zu verändern.

3.1 Strategien und Maßnahmen zur Verbesserung „lateraler" Führungsbeziehungen

Eine wesentliche Voraussetzung für eine Verbesserung „lateraler" Führungsbeziehungen ist die Unterstützung durch die oberste Führungsebene. Diese muß die Überzeugung gewonnen haben, daß Partizipation der Mitarbeiter und deren Selbststeuerung in arbeitsteiligen Teams nicht nur eine normative Forderung demokratischer Unternehmensphilosophien ist, sondern funktionale Grundlage für eine zielorientierte Team- und Organisationsentwicklung (vgl. die entsprechenden Beiträge von COMELLI in diesem Band). Utopismus ist dabei aber ebensowenig gefragt wie die reine Verkündigung von Appellen an die Mitarbeiter.

Allerdings können von der Mehrheit getragene und von den Vorgesetzten in Vorbildfunktion gelebte Leitlinien und Führungsgrundsätze eine wesentliche Grundlage für überdauernde Veränderungsprozesse bilden. Wichtig ist, daß diese Grundsätze und Leitlinien ständig in der täglichen Praxis von den Kollegen verwirklicht werden können und als Maßstab für eine zielorientierte Verbesserung dienen (WUNDERER & HEIBÜLT, 1986).

Zur Reduktion oder Handhabung von Konflikten zwischen Kollegen erscheinen folgende Maßnahmen von Bedeutung:

– Auswahl und Förderung von Führungs- und Führungsnachwuchskräften, die hinreichende soziale Kompetenzen besitzen. Dazu zählt z. B. das Vertrauen in die eigenen Fähigkeiten und Stärken als Voraussetzung für Vertrauen in die Kompetenzen anderer Kollegen;
– Förderung horizontalen Kooperationsverhaltens durch Anerkennung, Belohnung und Sanktionierung von „Bowler-Attitüden";
– Job Rotation zum genaueren Kennenlernen und größeren Verständnis für Kollegen in anderen Organisationseinheiten oder Aufgabenbereichen;
– Bildung von abteilungsübergreifenden Gremien und Kollegien (SEIDEL, 1989) zur Festigung überlappender Gruppenstrukturen und übergreifender Kooperationsbeziehungen (vgl. BUNGARD: Qualitätszirkel und neue Technologien, in diesem Band);
– Einsatz von „Veränderungshelfern", Organisationsentwicklern (change agents) zur Implementierung von Führungsgrundlagen und -leitlinien und als Schlichter bei akuten Kooperationsbelastungen;

- exakte Definition und Abgrenzung von Aufgabenbereichen;
- Schaffung von Möglichkeiten, Konflikte offen zu diskutieren (MÜLLER, 1988);
- Seminare und Trainings, in denen Informationen und Einsichten in die Notwendigkeit und Funktionalität horizontalen Kooperationsverhaltens vermittelt werden und die gleichzeitig die Möglichkeit zum persönlichen Kennenlernen von Kollegen anderer Organisationseinheiten bieten;
- Einführung von Führungsinstrumenten, die „laterale" Führungsbeziehungen zwischen Kollegen fördern.

3.2 Kollegenbeurteilung als Instrument zur Förderung horizontaler Kooperation und zur Teamentwicklung

Personalbeurteilungen werden allgemein in Organisationen als Führungsinstrumente eingesetzt und sollen damit letztendlich eine zielorientierte Verhaltensveränderung erreichen. Bei nahezu allen Personalbeurteilungsverfahren liegt ein eher traditionelles Führerverständnis zugrunde, bei dem nur dem Vorgesetzten die Rolle eines Beurteilers zugebilligt wird (vgl. STEHLE: Mitarbeiterbeurteilung, in diesem Band).

Anders dagegen bei einer Kollegen- oder Gleichgestelltenbeurteilung, bei der „Führung" auf horizontaler Ebene vor allem an den Funktionen „soziale, zielorientierte gegenseitige Einflußnahme" manifestiert wird. Bei einer Kollegenbeurteilung können vor allem soziale Verhaltenskomponenten Beurteilungsgegenstand sein, um aufgrund von unmittelbarem Kollegen-Feedback Verhaltensveränderungen zu bewirken (JOCHUM, 1987). Die Kollegenbeurteilung ist dabei als Prozeß anzusehen, bei dem

- Kollegen der gleichen hierarchischen Stufe
- sich gegenseitig Feedback geben über
- das zielorientierte und soziale Leistungsverhalten
- um darauf aufbauend dysfunktionales Verhalten
- im gemeinsamen Kooperationsprozeß abzubauen
- und das gesamte Team zu effizienteren Kooperationsbeziehungen zu entwickeln.

Die Kollegenbeurteilung, die z.B. auf schriftlich gegebenen anonymisierten Feedbacks aufbaut, soll im Rahmen einer Teamentwicklung folgende Funktionen erfüllen:

- Zunächst ist sie Diagnose-Instrument, indem jedem einzelnen ein detailliertes „Fremdbild" durch die Kollegen gegeben wird. Damit sollen individuelle Veränderungs- und Lernprozesse aufgrund von Selbstbild-/Fremdbild-Divergenzen und von kritischer Selbstreflexion erreicht werden (*Self-Development-Funktion*).
- Die individuellen sozialen Kompetenzen im Team sollen zur Schaffung eines sozio-emotional intakten Arbeitsklimas gesteigert werden, indem Konfliktquellen im Team analysiert und die Handhabungsmaßnahmen darauf aufgebaut werden, um ein offeneres Informationsklima, größere gegenseitige Akzeptanz und eine individuelle Verbundenheit mit den gemeinsam festgelegten Gruppenzielen zu fördern (*Interpersonnel Approach*).
- Und schließlich darauf aufbauend werden permanente Veränderungsprozesse initiiert, indem die individuellen und kollektiven Ziele in einem gemeinsamen Prozeß festgelegt werden (*Goal-Setting-Prozeß*).

Die schriftlich gegebenen anonymisierten Kollegenurteile können wesentliche Feedback-Grundlage für ein gemeinsames Teamentwicklungsseminar sein, bei dem sich die Teilnehmer vor allem über die in der Vergangenheit aufgetretenen Konfliktursachen klarwerden, um das individuelle und kooperative Verhalten besser zu verstehen und dann zu verändern.

Eigene praktische Erfahrungen mit der Durchführung von Kollegenbeurteilungen haben z. B. gezeigt, daß gleichgestellte Kollegen häufiger als Vorgesetzte exakte Verhaltensbeispiele nennen können, aus denen der Kollege ein genaueres Feedback erhält.

In einem Beispielfall ging es um Konflikte mit einem Gruppenleiter-Kollegen, der der Überzeugung war, für die Übernahme der Abteilungsleiterstelle der am besten geeignete Kandidat zu sein. Die Bewertungen durch seinen Vorgesetzten waren für ihn persönlich irrelevant, weil der Vorgesetzte keine präzisen Aussagen getroffen hatte und auch im Gespräch den Argumenten des Gruppenleiters nicht gewachsen war. Der Gruppenleiter drohte mit Kündigung, wenn seinen Aufstiegswünschen nicht entsprochen werden könnte. Erst aufgrund anonymisierten Feedbacks durch die Gruppenleiter-Kollegen, die präzise waren und zahlreiche Konfliktquellen aufgedeckt hatten, war der betroffene Gruppenleiter bereit, sein Verhalten selbstkritisch zu hinterfragen und schließlich auch Verhaltensveränderungen vorzunehmen.

Häufig werden gegen Kollegenbeurteilungen eine Reihe von Vorurteilen eingeworfen, die sich in verschiedenen empirischen Überprüfungen als unzutreffend erwiesen haben. Die bisherigen Beispiele ermutigen sogar sehr stark, dieses Führungsinstrument insbesondere zur Verbesserung horizontaler Kooperationsbeziehungen einzusetzen, um die Selbständigkeit, Eigenverantwortung und den Selbststeuerungsmechanismus eines Teams, Kollegiums oder einer Führungsmannschaft zu fördern (JOCHUM, 1987).

4. Zusammenfassung

„Laterale" Führung wird zunehmend als Alternative zur traditionellen hierarchischen Führung diskutiert. Sie beinhaltet im wesentlichen horizontale Kooperationsbeziehungen zwischen abteilungsinternen oder -externen Kollegen.

Die größten Kooperationsbelastungen treten dabei weniger aufgrund struktureller Konfliktquellen als vielmehr aufgrund personeller Ursachen auf. Daher ist es besonders wichtig, durch personelle Veränderungsprozesse dysfunktionales Verhalten zu verändern. Unter verschiedenen Handhabungsalternativen scheint die Kollegenbeurteilung ein geeignetes Führungsinstrument zur Kooperationsverbesserung und Konflikthandhabung zu sein.

Literatur

JOCHUM, E. (1987). Gleichgestelltenbeurteilung – Führungsinstrument in der industriellen Forschung und Entwicklung. Stuttgart 1987.

MÜLLER, G. (1988). Offene Konflikte als Führungsaufgabe. In: Zeitschrift für Arbeits- und Organisationspsychologie, 32, 1988, S. 168–173.

NAASE, CH. (1978). Konflikte in Organisationen. Stuttgart 1978.

Seidel, E. (1989). Betriebliche Kollegienarbeit in kultureller Sicht. In: ZfO, Zeitschrift für Organisation, 58, 1989, S. 174–178.

Türk, K. (1981). Personalführung als soziale Kontrolle. Stuttgart 1981.

Wunderer, R. (1974). Lateraler Kooperationsstil. In: Personal, 26, 1974, S. 166–170.

Wunderer, R. (1985). Zusammenarbeit zwischen Organisationseinheiten – Zur Analyse von Grundmustern lateraler Kooperationsbeziehungen. In G. Probst & H. Siegwart (Hrsg.), Integriertes Management. S. 509–527. Bern 1985.

Wunderer, R. (1987). Laterale Kooperation als Führungsaufgabe. In A. Kieser, G. Reber & R. Wunderer (Hrsg.), Handwörterbuch der Führung. Sp. 1295–1311. Stuttgart 1987.

Wunderer, R. & Heibült, U. (1986). Entwicklung und Einführung von Leitsätzen für die Zusammenarbeit – Eine Studie zur verhaltensbezogenen Rahmenempfehlung in den Bundesministerien. Der Bundesminister des Innern. 1986.

Zur Konkretisierung und weiteren Vertiefung wird empfohlen, im Fallstudienband die Fälle zu „Laterale Führung und Zusammenarbeit" zu bearbeiten.

Désirée H. Ladwig

Team-Diversity –
Die Führung gemischter Teams

1. Einleitung

Mit dem Thema Diversity beschäftigen sich seit einigen Jahren zunehmend die betriebliche Praxis sowie nationale und internationale Managementveröffentlichungen. Insbesondere im Zusammenhang mit neuen Managementkonzepten wurde eine „multidimensionale Mixture von Mitarbeitern" (Teams, Task Forces, Zirkeln, Gemien etc.) in den Kern des Interesses gerückt (JACKSON & RUDERMANN, 1996, S. 1). Die Diversity-Diskussion sprang Anfang bis Mitte der 90er Jahre aus den USA (vgl. BARRY & BATEMAN, 1996, S. 757) auch nach Europa über (ähnlich wie andere Themen, z. B. Reengineering, Lean Management). In den USA fokussiert die Diversity-Diskussion insbesondere unter Chancengleichheitsgesichtspunkten auf die Parameter: Rasse, Geschlecht und Disability. Die in den USA sehr starken Interessengruppen bemühen sich u. a. über die Diversity-Diskussion, den Unternehmen die Vorteile von nicht-diskriminierender Einstellungs- und Karriereförderungspolitik schmackhaft zu machen.

In Europa generell und in Deutschland speziell zeigt sich aber, daß die angloamerikanischen Managementkonzepte nicht eins-zu-eins – wenn überhaupt – übertragen werden können. In Europa und Deutschland sieht man sich eher unter anderen Gesichtspunkten (insbesondere Globalisierung der Wirtschaft einerseits und die zunehmende Wirtschaftsverflechtung in der EU andererseits) veranlaßt, sich dem Diversity-Thema zuzuwenden (vgl. u. a. ENGELHARD, 1996).

Die Diskussion über und die Analyse von Diversity-Teams sind nunmehr in den Mittelpunkt des Interesses gerückt, da es nicht unwesentlich für den Erfolg ist, wie ein Team zusammengesetzt wird, wie es geführt wird und mit welchen Aufgabenstellungen es sich beschäftigt. Diversity in Teams werden entsprechend Vor- und Nachteile bescheinigt (vgl. Abbildung 1, in Anlehnung an ADLER, 1986, S. 106).

In vielen Unternehmen nahm daraufhin in den frühen und mittleren 90er Jahren aufgrund einer Teameuphorie die Zahl der unternehmensinternen Projektgruppen/ Teams/Arbeitsgruppen etc. so stark zu, daß die Mitarbeiter mehr Zeit in Sitzungen und Meetings verbrachten als bei anderen Tätigkeiten.

Die folgenden Ausführungen sollen zum einen generell einen Überblick über die aktuelle Diversity-Diskussion geben und zum anderen konzeptionell-systematisch die relevanten Faktoren von Diversity-Teams vorstellen und anwendungsbezogen/praxisnah diskutieren.

2. Diversity-Management

In den USA wurde „Workplace Diversity" 1993 noch als „a virgin field, lacking theoretical frameworks" (TRIANDIS ET AL., 1993, S. 770) bezeichnet. Diversity bedeutet übersetzt nur Vielfalt. Die exakte Eingrenzung und theoretische Fundierung des Begriffs „Diversity-Management" zeigen sich schwierig angesichts der Vielzahl möglicher Ansatzpunkte.

Je nach Focus (international, national, unternehmens- und/oder gruppenbezogen) erhält der Diversity-Begriff andere Auslegungsfacetten. Auf europäischer Ebene wird zum Beispiel im Zuge der zunehmenden wirtschaftlichen Integration über einen „European Diversity Management"-Ansatz nachgedacht, der sich von den angloamerikanischen und japanischen Managementkonzepten abheben und den vielfältigen

Vorteile	Nachteile
Diversity forciert erhöhte Kreativität:	Diversity bedingt eine Verringerung
• mehr und bessere Ideen • weniger „Gruppenblindheit" • differenziertere Perspektiven	• Mißtrauen • Kommunikationsprobleme • Streß
Diversity fordert mehr Aufmerksamkeit/Sensibilität	
Verständnis für einander bzgl.: – Meinungen – Ideen – Argumente ⇓	⇓
Erhöhte Kreativität kann zu folgenden Vorteilen führen: • bessere Problemdefinition • mehr Alternativen • bessere Entscheidungen • bessere Kompromisse	Verringerte Gruppenzusammengehörigkeit kann zu folgenden Nachteilen führen: • fehlende Konsensfähigkeit • kein reibungsloser Arbeitsablauf • unbrauchbare Ideen • kein Focussieren der Kräfte auf ein gemeinsames Ziel

Abb. 1: Vorteile und Nachteile von Diversity in Teams

europäischen Kulturaspekten Rechnung tragen soll (vgl. CALORY & DE WOOT, 1994). „Diversity-Management" wird in vielen (US-)Firmen – sehr eng gefaßt – als die erfolgreiche Integration von Minoritätengruppen bezeichnet (vgl. BARRY & BATEMAN, 1996, S. 765).

Diversity-Management soll im folgenden nur unternehmensbezogen diskutiert werden und für den kreativen Umgang mit gemischten Gruppen/Teams/Gremien (nicht nur von Minoritätengruppen) in Unternehmen gelten.

2.1 Diversity-Parameter

Um ein heterogenes Team erfolgreich zu führen, ist es zunächst notwendig, sich über die relevanten Diversity-Parameter klarzuwerden. Abbildung 2 unterscheidet verschiedene Parametergruppen (in Anlehnung an MCGRATH & BERDAHL & ARROW, 1995, S. 23).

Jedes einzelne Mitglied eines Teams weist eine individuelle Ausprägungsform der einzelnen Parameter auf. Sich über Alter, Geschlecht, Ausbildung und Berufserfahrung eines potentiellen Teammitglieds zu informieren, wird jede Führungskraft als notwendig ansehen, zumal diese objektiven Daten recht leicht zu erheben sind. Schwieriger gestaltet sich dies für andere Parameter, z.B. Persönlichkeit und Wertesystem. Geeignete (Einstellungs- und/oder Potential-)Assessmentcenter bieten hier oft gute Ausgangsanalysedaten. Die Führungskraft benötigt viel Einfühlungsvermögen, Sensibilität und eigene Wertneutralität, um mit den Diversity-Parametern sachdienlich umgehen zu können. Vieles erschließt sich erst durch langjährige Zusammenarbeit (vgl. auch COX & BEALE, 1997).

A. Demographische Merkmale, z. B.:
• Alter
• Geschlecht
• Religion
• Körperliche Konstitution   (Körperliche und/oder geistige Behinderung, angeboren oder unfallbedingt etc.)
• Kultureller Hintergrund   (Geburtsland, Rasse, familiäre Wurzeln, z. B. Adel, Bürgertum, Arbeiterklasse etc.)
• Ausbildung   (Facharbeiter, Akademiker, Fachrichtungen: Ingenieur, Betriebswirt etc.)

• Familienstand
     (Single, gebunden, verheiratet, ohne Kinder, mit großen oder kleinen Kindern, mit pflege-
     bedürftigen Familienmitgliedern)

B. Know-How und Erfahrungen, z. B.:
• aufgabenbezogenes Wissen
• Fähigkeiten aus unterschiedlichen Karrierewegen
• frühere Einsatzgebiete
• Berufserfahrungen

C. Wertesystem, z. B.:
• Werte
• Glauben
• Geisteshaltung

D. Charakter/Persönlichkeit, z. B.:
• Verhalten
• Auftreten
• Ausstrahlung
• Arbeitsorganisation

E. Sozialer Status, z. B.:
• Rang
• Position/Hierarchie
• Macht
• Netzwerkzugehörigkeit
• Meinungsführerschaft

Abb. 2: Diversity-Parameter

Typische „Diversity-Problembereiche", die in konkreten Teamsituationen auftreten, lassen sich entsprechend der Parameterklassifizierung differenzieren (in Anlehnung an LAMBERT & MYERS, 1994, S. 13 ff.):

Demographische Probleme:
Bestehen hohe Altersdifferenzen zwischen den Teammitgliedern, kann es bei einem geringen persönlichen Reifegrad zu Kompetenzspannungen zwischen Jung und Alt und zu Cliquenbildung kommen (die „Jungen" gegen die „Alten"). Problematisch ist dies insbesondere, wenn die Älteren auf ihre „Senioritätsmacht" pochen, das Projektproblem aber innovative, unkonventionelle Lösungen und den Einsatz neuer Informationstechnologien erfordert, die häufig gerade von jüngeren Mitarbeitern wesentlich souveräner gemeistert werden.

Reine „Youngster-Teams" zeigen oft hohe interne Streßwerte, da hier Konkurrenzdruck und Machtkämpfe besonders stark ausgeprägt sind. Jeder will und/oder muß sich noch profilieren, was häufig auf Kosten des Teamerfolges geht.

Problematisch können auch geschlechtsspezifische Polarisierungen sein. Nur eine Frau in einem reinen Männerteam kann genauso wie ein einzelner Mann in einem Frauenteam Interaktionsprobleme hervorrufen. Die Einzelperson ist aufgrund ihres exponierten Status gestreßt, und bei den restlichen Gruppenmitgliedern verstärken sich eher alte Rollenverhalten (vgl. den Beitrag von FRIEDEL-HOWE „Frauen und Führung"). Es empfiehlt sich deshalb, wenn möglich, eine eher paritätische Mischung der Geschlechter.

Im Zuge der zunehmenden Globalisierung und internationalen Wirtschaftsverflechtungen sehen sich auch deutsche Manager immer stärker gezwungen, in kulturgemischten, international zusammengesetzten Teams zusammenzuarbeiten. Hier können schon im europäischen Kontext erhebliche Kulturunstimmigkeiten auftreten, verstärkt aber im amerikanischen und/oder asiatischen Kontext (vgl. den Beitrag von THOMAS „Mitarbeiterführung in interkulturellen Arbeitsgruppen").

Die Familiensituation der einzelnen Familienmitglieder kann die Teamsolidarität ebenfalls auf eine harte Probe stellen, wenn einige Teammitglieder z.B. aufgrund akuter, unvorhersehbarer familiärer „Ausfälle" das Team belasten (vgl. weiterführend KEITA, 1994).

Probleme mit Know-How und Erfahrungen
Sind in einem Diversity-Team die Fähigkeiten und Erfahrungen durchweg bunt gemischt, kann dies weniger problematisch sein als starke Polarisierungen innerhalb des Teams. Eine Teamhälfte besteht z.B. aus EDV-Spezialisten, die anderen sind nur Anwender. Hier kann die Expertenmacht zu erheblichen Kommunikationsproblemen führen. Sollen in ein Team Berufsanfänger/Unternehmensneulinge integriert werden, so kann es zu Arbeitsablaufproblemen kommen, da diesen die unternehmensspezifische Arbeitsorganisation unbekannt ist. Hierfür empfehlen sich Coaches, die die Neulinge entsprechend begleiten und aufbauen.

Probleme mit dem Wertesystem
Disziplin, Gehorsam und Einsatzbereitschaft sind Werte, die in vielen Unternehmen gewünscht bzw. vorausgesetzt werden. Gerade die „Wertewandelgeneration" hat diesbezüglich heutzutage aber oft ganz andere Vorstellungen. Hier läßt sich oft sehr eindrucksvoll der Sozialisationsprozeß im Unternehmen beobachten, der innerhalb von zwei bis drei Jahren durch Gruppen- und Vorgesetztendruck meist subtil auf die Positionierung des Mitarbeiternachwuchses wirkt. Bewerber mit allzu offensichtlichen Wertediskrepanzen werden allerdings oft schon im Zuge des Bewerbungsprozesses ausselektiert.

Probleme mit dem sozialen Status
In einer stark hierarchieorientierten Firma kann es schwierig werden, sog. Strategiezirkel mit hochrangigen Führungskräften und Führungsnachwuchskräften bzw. einfachen Fachspezialisten zusammenzusetzen. Die Bereitschaft zur Zusammenarbeit scheitert oft am Führungsmythos. In vielen Unternehmen existieren die sog. „Old boys networks". Diese sind oft als „closed shops" konzipiert und können die Arbeit eines Teams behindern, wenn das Netzwerk stärker als die Teamsolidarität ist und es zu Zielkonflikten kommt.

Weiterhin zeigt sich in Gruppenanalysen, daß die Teammitglieder mit dem höchsten Status die meiste Aufmerksamkeit genießen und die höchste Interaktionsfrequenz aufweisen (vgl. ADLER, 1986, S. 107). Dies kann zur Diskriminierung von weniger „angesehenen" Teammitgliedern führen und diese langfristig so demotivieren, daß sie überhaupt keinen Gruppeninput mehr geben und die Interaktionen ihrerseits minimieren. Welche konkreten Auswirkungen diese Diversity-Problembereiche in welcher Weise tatsächlich auf den Gruppenerfolg haben, hängt von den Projektanforderungen und dem „Reifegrad" der Teammitglieder ab, über die im folgenden diskutiert wird.

2.2 Auswirkungen von Diversity in Teams

Der folgende integrative Diversity-Ansatz soll verdeutlichen, in welcher Weise die oben ausdifferenzierten Diversity-Parameter auf den Gruppenerfolg, definiert als Gruppenoutput und Gruppenklima, wirken (vgl. Abbildung 3).

Dieser Erklärungsansatz ist eine Weiterentwicklung der in der Literatur bereits diskutierten Ansätze (vgl. McGRATH et al., 1995, S. 24 ff.). Alle diese Ansätze gehen zunächst davon aus, daß die demographischen Parameter direkten Einfluß auf die Ausbildung von Werten, des Charakters und im weiteren auf die Fähigkeiten/Erfahrungen des Teammitgliedes nehmen (vgl. u. a. MURRAY, 1989). Zusammen beeinflussen diese Parameter das Verhalten und wirken damit auf den Gruppenerfolg.

Hinzugefügt wurden die verschiedenen Machtgefüge, Sympathien, Antipathien etc. zwischen den einzelnen Teammitgliedern, hier veranschaulicht an den Interaktionen zwischen Teammitglied A und B. Jedes Teammitglied hat einen bestimmten sozialen Status in der Gruppe. Die resultierenden Interaktionen beeinflussen den Gruppenerfolg ebenso wie der individuelle Input jedes Teammitgliedes.

Man kann die Teamaktivitäten grundsätzlich in die folgenden Tätigkeitsschwerpunkte gliedern: Zielsuche bzw. Zielvorgabe/Zieldefinition, Lösung technischer und

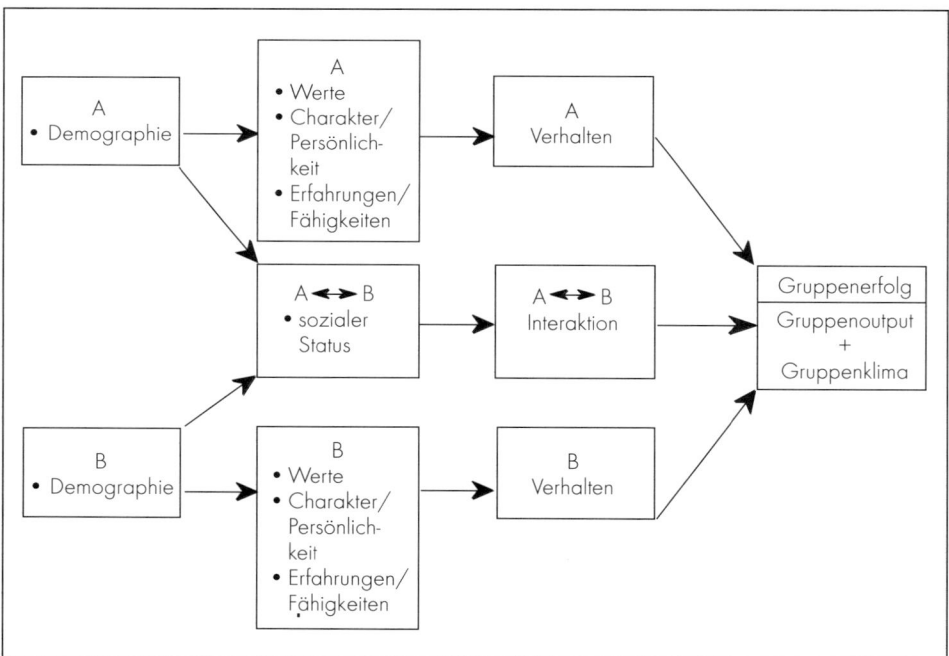

Abb. 3: Integrativer Diversity Ansatz

446

teambezogener Probleme, Ausführung/Aufgabenerledigung, Evaluierung/Erfolgskontrolle.

Diversity in einem Team in bezug auf das Know-How und die Erfahrungen kann sehr vorteilhaft für die Zielsuche, die Lösung technischer Probleme und die Ausführung/Aufgabenerledigung sein. Wichtig ist hierbei natürlich, daß die Teammitglieder über problemrelevante Fähigkeiten verfügen. Diversity in Teams in bezug auf Werte kann zu Schwierigkeiten bei der Zielsuche/Zieldefinition führen, wenn es den Teammitgliedern schwer fällt, einen Kompromiß zu schließen. Es kann zu so heftigen teambezogenen Problemen kommen, daß keine Zeit mehr für die eigentliche Lösung der Teamaufgaben bleibt. Auf der anderen Seite können zu homogene Wertvorstellungen die Qualität der Zielauswahl reduzieren (vgl. McGrath et al., 1995, S. 25 ff.).

Setzt sich ein Team nur aus dominanten Teammitgliedern zusammen, kann der Gruppenkonflikt an der Frage des Machtanspruches eskalieren. Werden zu viele Denker und zu wenig handelnde Teammitglieder zusammengeführt, reduziert sich der Output des Teams im negativsten Fall nur auf Lippenbekenntnisse. Fehlen einem Team allerdings die visionären Querdenker, wird es sich schwertun, Innovationen hervorzubringen.

2.3 Diversity-Team-Aufbau

Die Zusammensetzung eines erfolgreichen Diversity-Teams hängt davon ab, um welche Form von Team es sich handelt und welche Aufgabenstellung konkret gelöst werden soll. Es lassen sich u. a. folgende Teamformen unterscheiden:

– stabile, unternehmensinterne Teamkonstellationen (z. B. Abteilungsgruppen und Leitungen)
– temporäre Teams (z. B. projektbezogene Forschungsteams)
– unternehmensintern vernetzte Teams mit Gatekeepern (strategische Focusgruppen)
– unternehmensübergreifende Teams/Gruppen (Beiräte, Expertengremien mit Mitgliedern aus Unternehmen, staatliche Institutionen, Universitäten etc. – vgl. den Beitrag von Heintel & Krainz zum Projektmanagement)

Die *Aufgaben* von diversifizierten Teams können ebenso vielfältig/unterschiedlich sein wie ihre Zusammensetzung (eine vollständige Auflistung aller möglichen Teamformen würde den Rahmen der vorliegenden Ausführungen sprengen):

– *Strategiezirkel (Strategische Unternehmensplanung)*
Hier empfehlen sich langfristig bestehende Teams, die in jährlichen Klausurtagungen (unter Umständen moderiert durch externe Experten) über die strategische Ausrichtung des Unternehmens diskutieren und dem Vorstand berichten. Es sollten alle Unternehmensbereiche vertreten sein und neben den Bereichsleitungen ausgewählte Führungsnachwuchskräfte hinzugezogen werden, die für kreativen, innovativen Input sorgen können (vgl. den Beitrag von Domsch zur „Personalplanung und -entwicklung").

– *F & E-Teams (Forschungs- und Entwicklungsprojekte)*
F & E-Teams werden bereits zu Beginn von Entwicklungsprojekten zunehmend durch Marketing- und Vertriebsleute verstärkt, da es sich keine Firma mehr leisten kann, ohne konkreten Marktbezug zu forschen.

– Marketing-Teams (Produktneuentwicklungen)
Die Marketing-Bereiche von Unternehmen gelten traditionell als die innovativsten und fortschrittlichsten, auch im Einsatz neuer Methoden und Techniken. So bilden einige Firmen schon seit Jahren temporäre Kreativteams mit Studenten unterschiedlicher Studienrichtungen und entsprechenden Produktmanagern aus der Hierarchie (Diversity). Im Rahmen von Klausursitzungen werden diesen Studenten bestimmte Problemstellungen genannt, z. B.: „Entwickeln Sie ein neues innovatives Singlegericht mit Fischkomponenten inkl. Marketingstrategie". Mit Hilfe von Kreativtechniken (z. B. Brainstorming, Synektik, Bionik etc.) werden die Problemstellungen von den Studenten selbständig bearbeitet. Die Produktmanager halten sich zunächst zurück, stehen aber als Supervisoren und Berater zur Verfügung. Auf solchen Klausurtagungen werden meist Dutzende neuer Produktideen geboren. Auch wenn nur zwei bis drei dieser Ideen Marktreife erlangen, ist dies eine extrem kostengünstige Produktideen-entwicklungsmethode.

– Expertengremien (Gesellschaftspolitik)
Auch Regierungen, Länder, Kommunen und andere staatliche Institutionen haben die Vorteile diversifizierter Gruppen erkannt und bedienen sich verstärkt Expertenbeiräten, die sich aus hochrangigen Persönlichkeiten verschiedener gesellschaftlicher Bereiche zusammensetzen. Hierdurch erhalten sie zum einen direkte Informationen über die gesellschaftlichen und wirtschaftlichen Entwicklungen. Zum anderen spiegelt die gemischte Zusammensetzung heterogene Meinungsbilder wider und bietet kreativen Input für zukunftsweisende politische Programme.

– Produktionsteams (teilautonome Arbeitsgruppen)
Im Zuge des zunehmenden Einsatzes von teilautonomen Arbeitsteams in Produktionsprozessen steht gerade hier die Frage nach einer erfolgreichen Zusammenstellung der Teammitglieder im Vordergrund. Für routinierte, genau vorgegebene Arbeitsabläufe empfehlen sich eher homogene Teams (homogen in bezug auf Arbeitsorganisation, Arbeitseinstellung, Werte, Ausbildungsstand etc.). Kreativität ist weniger gefragt als Präzision ohne langandauernde Diskussionen (vgl. den Beitrag von Bungard „Qualitäts-Zirkel und neue Organisationsstrategien" in diesem Band).

2.4   Diversity-Team-Führung

Um den Führungsanforderungen eines Diversity-Teams gerecht zu werden, müssen situativ, d. h. je nach Zusammensetzung, Aufgabenstellung und Reifegrad des Teams, unterschiedliche Führungskonzepte zum Einsatz gebracht werden (vgl. dazu den Beitrag v. Rosenstiel „Grundlagen der Führung", insbesondere Kapitel 5.3). Ein *autoritärer Führungsstil* ist empfehlenswert, wenn das Diversity-Team nur über einen geringen aufgabenbezogenen Reifegrad verfügt. Einem reiferen Team ist mit einem *integrierenden Führungsstil* entgegenzukommen. Mit zunehmender Reife kann die Entscheidungsfindung mehr und mehr partizipativ erfolgen *(partizipativer Führungsstil)*, und Teams mit einem extrem hohen Reifegrad sollten mit einem *delegierenden Führungsstil* geführt werden, im Extremfall unter Verzicht auf Führung. Das Team erhält die Zielvorgaben und entscheidet über Mittel und Wege eigenständig (vgl. ausführlicher Scholz, 1994, S. 462 ff.).

Problematisch für die Führungskraft stellt sich der Fall sehr unterschiedlicher Reifegrade innerhalb eines Teams dar. Auf der einen Seite ist ein einheitlicher Führungs-

Erklärungsvariable	Ausprägung	Kurzdefinition
IP Interessenpotential	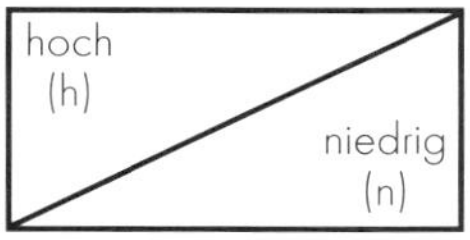 hoch (h) / niedrig (n) IP	tatsächliche Bereitschaft und Interesse, zielorientiert und konstruktiv zum Gruppenergebnis beizutragen
FP Fähigkeitenpotential	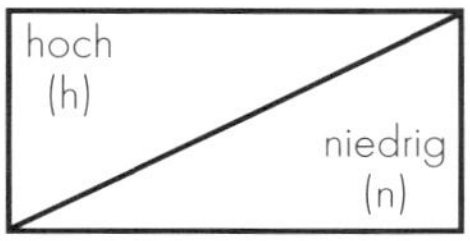 hoch (h) / niedrig (n) FP	tatsächliche Fähigkeit, sensibel die Vielfalt im Team wahrzunehmen und zu würdigen, um in Folge produktiv zum Gruppenerfolg beitragen zu können
EP Entwicklungspotential	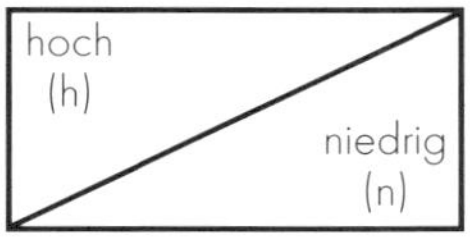 hoch (h) / niedrig (n) EP	tatsächliches Potential, sich in das Team zu integrieren, sich anzupassen und sich im Teamsinne weiterzuentwickeln
RP Realisierungspotential	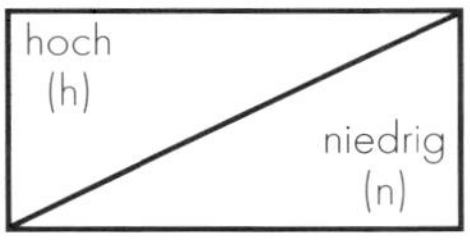 hoch (h) / niedrig (n) RP	tatsächliche Fähigkeit, im Team das Gruppenziel inhaltlich, methodisch, didaktisch, politisch etc. zu erreichen

Abb. 4: Team-Potentialbestimmung

stil wichtig. Auf der anderen Seite können weniger reife Teammitglieder nicht partizipativ geführt werden, und sehr selbstbestimmte, erfahrene Teammitglieder werden durch einen zu dirigistischen Führungsstil demotiviert. Der Austausch von Teammitgliedern, aus welchen Gründen auch immer (Beförderung, Versetzung o.ä.), kann ebenfalls zu Turbulenzen im Team führen, da das neue Teammitglied sich erst einmal in die bestehende Teamstruktur integrieren muß. In dieser Situation sind spezielle integrierende Maßnahmen von seiten der Teamführung angebracht (z.B. intensive Information, Vernetzung, Forcierung der Knüpfung persönlicher Kontakte etc.).

Der Erfolg von Diversity-Teams hängt demnach nicht de facto davon ab, daß sie heterogen zusammengesetzt sind, sondern wie sie in ihrer Heterogenität gemanagt werden (vgl. auch ADLER, 1986, S. 111).

2.5 Diversity-Team-Entwicklung

Um den Gruppenerfolg eines Diversity-Teams langfristig aufzubauen, kann es notwendig sein, den Reifegrad des Teams bzw. einzelner Teammitglieder zu erhöhen. Dazu muß zunächst die Soll-Ist-Differenz zwischen anzustrebendem und tatsächlich realisiertem Reifegrad ermittelt werden, um darauf abgestimmt zielgerichtete Personalentwicklungsmaßnahmen zu initiieren.

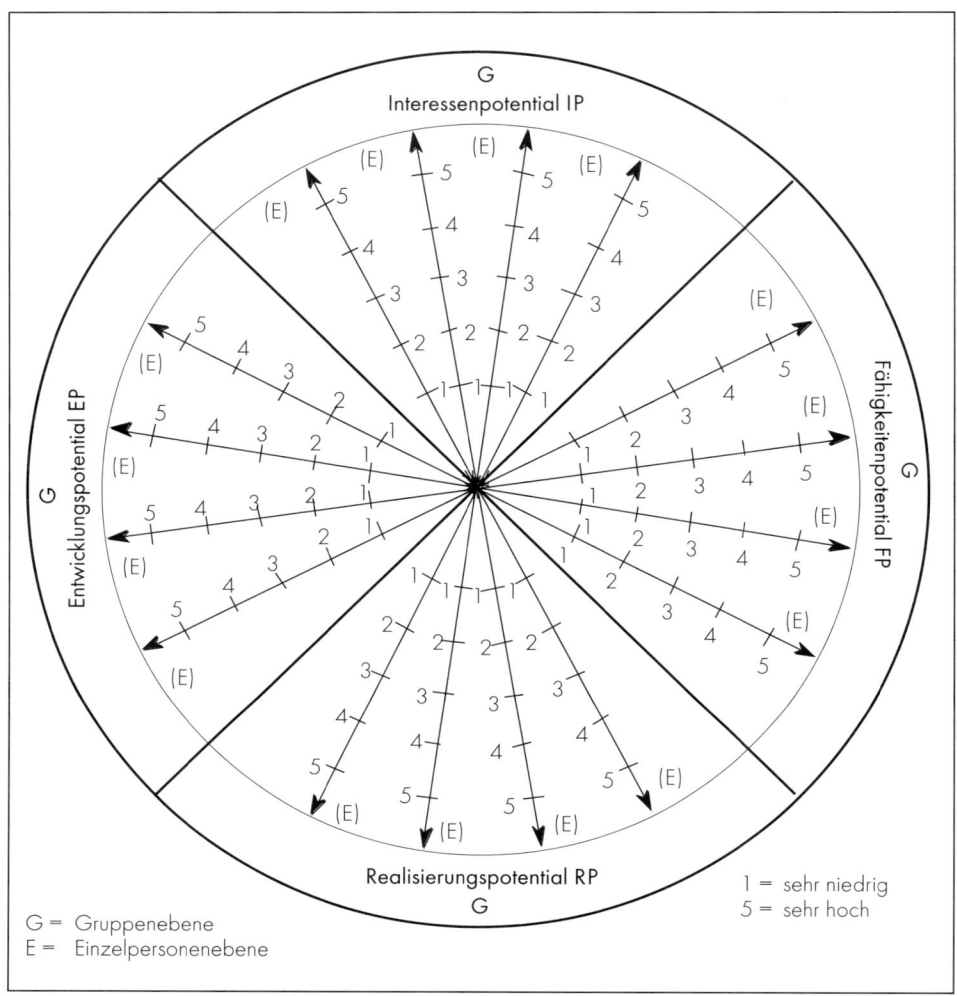

Abb. 5: Team-Potentialprofil

Für eine fundierte Analyse der entwicklungsbedürftigen und -fähigen Diversity-Para-meter bietet sich der Einsatz des sog. Kulturmarktmodells als Diagnoseinstrument an (vgl. DOMSCH & LADWIG, 1994, S. 97 ff.; DOMSCH & LADWIG, 1995, S. 105 ff.). Das Modell wurde entwickelt, um im Rahmen von Joint Ventures auf beide Kooperati-onspartner abgestimmte Personalentwicklungsmaßnahmen initiieren zu können. Übertragen auf das Diversity-Team geht es darum, mit Hilfe des Diagnoseinstruments die Einzel- und Gruppenpotentiale zu bestimmen (vgl. Abbildung 4).

Der Analyseansatzpunkt muß zunächst beim Indiviuum liegen, das heißt, es ist im Sinne der Projektzielsetzung zu eruieren, über welches Interessen-, Fähigkeiten-, Ent-wicklungs- und konkretes Problemrealisierungspotential jedes einzelne Teammitglied verfügt. Das Teampotential kann hierbei nicht als die Summe aller Einzelpotentiale definiert werden, sondern es sind ebenso die Interaktionen zwischen den Teammit-gliedern sowie zwischen dem Team und Externen als weitere Parameter zu berück-

Phase	Inhalt	Parallelaktivitäten
1. Phase	Situationsanalyse/Potentialanalyse mit Hilfe des I.P.A.-Erklärungsmodells	
2. Phase	Planung des Personalentwicklungsprogramms auf individueller und auf Teamebene	• Information und Kommunikation über Prozeßfortschritt
3. Phase	Kontinuierliche Personalentwicklung (getrennt und gemeinsam) des Teams mit Unterstützung durch Lernstatt-Konzepte, Lernpartnerschaften etc.	• Netzwerk-Umfeld-Aktivitäten (Verbände, Gremien etc.)
4. Phase	Patenschaftsprogramme der Personalentwicklung (Go-Together-Programm; Twin Assignment-Programm)	• Prozeß-Controlling inkl. Evaluerung mit Rückkopplung, Anpassung etc.
5. Phase	Personalentwicklung für Fach- und Führungskräfte (Input-Seminare)	• Supervision
6. Phase	Work-Together im Diversity-Team mit kontinuierlichen Gruppen- und Individualbeurteilungen/ Selbst-Fremdeinschätzungen	

Abb. 6: Diversity Development Training

sichtigen. Informationen können u. a. liefern: Interviews, Diskussionen, Real-Assessmentcenter, Teamklausuren, Gruppen- und Selbsteinschätzungen etc. (vgl. den Beitrag von COMELLI zur „Teamentwicklung").

Als Ergebnis erhält man ein Potentialprofil jedes einzelnen und des gesamten Teams (welches man z.B. im Rahmen eines unternehmensinternen Benchmarkingprozesses mit den Potentialprofilen anderer Diversity-Teams vergleichen kann – vgl. Abbildung 5). Der aus der Diagnose resultierende Weiterentwicklungsbedarf sollte durch ein strategisch orientiertes, ganzheitliches Personalentwicklungsprogramm befriedigt werden. Dieses Programm kann nicht nur primär in der Übermittlung von fachlichem Wissen bestehen (vgl. DOMSCH & LADWIG, 1994, S. 107). So können z.B. bekannte Ansätze aus der „Lernstatt"-Bewegung hilfreich sein (vgl. Abbildung 6). Nach der Potentialanalyse empfiehlt sich die Planung eines zielgerichteten individuellen und kollektiven Personalentwicklungsprogramms. Manager, die Probleme haben, mit qualifizierten Frauen in einem Team zusammenzuarbeiten, müssen ein anderes Training erhalten als Manager, denen spezielles, projektnotwendiges Know-how fehlt.

Die Personalentwicklungsmaßnahmen werden dann in dem Team bzw. mit der Einzelperson durchgeführt. In der Praxis bewährt haben sich sog. Lernpartnerschaften und/oder Twin-Assignment-Programme, in denen zu bestimmten Entwicklungsthemen Solidargemeinschaften gebildet werden. Diese können den Zusammenhalt im Team verbessern. Den Abschluß des Personalentwicklungsprogramms bildet ein Real-Assessment in Form eines konkreten Projektes, an dessen Ende mittels Individual- und Gruppeneinschätzung die Höhe/Stärke der Reifegradentwicklung festgestellt werden soll.

„Never change a winning team." Diese Aussage verdeutlicht, daß Teams, die den notwendigen Teamreifegrad erreicht haben und zum einen über eine effiziente Arbeitsorganisation verfügen und zum anderen über interne Interaktionsprozesse eine gute Gruppendynamik aufgebaut haben, sehr viel Energie aufwenden mußten (vgl.

Brewer, 1996, S. 57). Jeder Wandel, der in der sich rasant ändernden Wirtschaftspraxis unvermeidbar ist, kann zur Störung dieses labilen Gleichgewichts führen, mit der Notwendigkeit zu Anpassungsprozessen, die wiederum Energieaufwand bedeuten (McGrath et al., 1995, S. 40).

3. Ausblick

Mit dem Thema Diversity werden sich auch in Zukunft Wissenschaft und Praxis intensiv auseinandersetzen müssen. Denn die zunehmende Komplexität der Wirtschaft erfordert immer stärker gut funktionierende Teamarbeit, da Einzelkämpfer kaum mehr in der Lage sind, aus der angebotenen Informationsflut die relevanten Daten zeitgerecht zusammenzutragen und themenbezogen auszuwerten. Die Komplexität der Problemstellungen bedingt immer stärker eine produktive Zusammenarbeit unterschiedlicher Qualifikationen (z.B. Informatiker, Konstrukteure, Produktionstechniker, Vertriebsspezialisten). Die zunehmende Dynamik der Wirtschaftsprozesse verlangt eine größere Reaktionsgeschwindigkeit auf die Marktentwicklungen und den technologischen Fortschritt. Ebenso streben immer mehr hochqualifizierte Frauen in wirtschaftliche Schlüsselpositionen, so daß die Auswahl gemischtgeschlechtlicher Teams, z.B. auch im Vertrieb – einer früher reinen Männerdomäne –, zunehmen wird (vgl. den Beitrag von Friedel-Howe zu „Frauen und Führung").

Im Zuge der Globalisierung sind in Zukunft weltumspannende Teamnetzwerke zu beachten, die durch elektronische Medien verbunden rund um die Uhr an bestimmten Problemlösungen arbeiten oder bestimmte Serviceleistungen erbringen. Die Übergabe von Teilarbeitsschritten und die inhaltliche Abstimmung erfolgen nur noch über e-mail und/oder andere Kommunikationstechnologien (vgl. weiterführend Jamieson & O'Mara, 1991). Der Trend zur Schaffung virtueller Unternehmen erfordert so ein spezielles, vertrauenschaffendes Team-Diversity-Management im globalen Netzwerk.

Literatur

Adler, N.J. (1986). International Dimensions of Organizational Behavior. Boston 1986.

Barry, B. & Bateman, T.S. (1996). A social trap analysis of the management of diversity. In: Academy of Management Review, 21, 3/1996, S. 757–790.

Brewer, M.B. (1996). Managing Diversity: The role of social identities. In S.E. Jackson & M.N. Ruderman (Hrsg.), Diversity in work teams: research paradigms for a changing workplace. S. 47–68. Washington, DC. 1996.

Calory, R. & de Woot, P. (1994). A European management model: beyond diversity. London, New York 1994.

Cox, T.H. & Beale, R.L. (1997). Development competency to manage Diversity. San Francisco 1997.

Domsch, M.E. & Ladwig, D.H. (1994). Joint Venture Development Training – Entscheidungen über die Personalentwicklung bei osteuropäischen Joint Ventures auf der Basis eines Kultur-Markt-Modells. In: L.M. Hofmann & E. Regnet (Hrsg.), Innovative Weiterbildungskonzepte. Trends, Inhalte und Methoden der Personalentwicklung in Unternehmen. S. 97–113. Göttingen 1994.

Domsch, M.E. & Ladwig, D.H. (1995). Transformation through Joint-Culture Ventures in the

Formerly Socialist Countries: A Human Resource Perspective with „Cultural Model". In: R. CULPAN & B. N. KUMAR (Hrsg.), Transformation Management in Postcommunist Countries – Organizational Requirements for a Market Economy. S. 105–118. Westport 1995.

ENGELHARD, J. (Hrsg.). (1996). Strategische Führung internationaler Unternehmen. Wiesbaden 1996.

JAMIESON, D. & O'MARA, J. (Hrsg.). (1991). Managing workforce 2000: gaining the diversity advantage. San Francisco 1991.

JACKSON, S. E. & RUDERMAN, M. N. (Hrsg.). (1996). Diversity in work teams: research paradigms for a changing workplace. S. 1–13. Washington, DC 1996.

KEITA, G. P. (Hrsg.) (1994). Job stress in a changing workforce: investigating gender, diversity and family issues. Washington, DC 1994.

LAMBERT, J. & MYERS, S. (1994). 50 Activities for Diversity Training. Amherst 1994.

McGRATH, J. E., BERDAHL, J. L. & ARROW, H. (1995). Traits, Expectations, Culture and Clout: The dynamics of Diversity in Work Groups. In: S. E. JACKSON & M. N. RUDERMAN (Hrsg.), Diversity in work teams: research paradigms for a changing workplace. S. 17–45. Washington, DC 1995.

MURRAY, A. I. (1989). Top management group heterogenity and firm performance. In: Strategic Management Journal, 10, 1989, S. 125–141.

SCHOLZ, CH. (1994). Personalmanagement, 4. Auflage. München 1994.

TRIANDIS, H. C., KUROWSKI, L. & GELFAND, M. J. (1993). Workplace diversity. In H. C. TRIANDIS & M. DUNNETTE & L. HOUGH (Hrsg.), Handbook of industrial and organizational psychology, 4. S. 769–827. Palo Alto, 4, 1993

Peter Heintel und Ewald E. Krainz

Führungsprobleme im Projektmanagement

1. Führung im Widerspruch

1.1 „Führung" oder „Prozeßsteuerung"

Wenn wir im weiteren Projektmanagement unter besonderem Hinblick auf die Führungsproblematik abhandeln, müssen wir vorausschicken, daß wir im Projektmanagement keine bloße Technik sehen, die man eben anwendet, so als wäre Projektmanagement der letzte Schrei auf dem Sektor der *„management-by"*-Erfindungen. Man kann darüber hinaus die Einführung von Projektmanagement in einer Organisation nicht einmal vorbehaltlos empfehlen, ohne warnend auf vermutlich eintretende Schwierigkeiten hinzuweisen, deren Bearbeitung und Handhabung dann zur herausforderndsten Führungsaufgabe werden müssen.

Über Führung zu reden, bedeutet immer, an bestehende Vorstellungen von Führung anzuschließen, die für unseren Zusammenhang ihrerseits überprüfungsbedürftig erscheinen. Der Begriff Führung und sein assoziatives Umfeld, d. h., was man gemeinhin damit verbindet, scheinen allzusehr für ein unmittelbares Mensch-zu-Mensch-Geschehen zwischen Vorgesetzten und Untergebenen reserviert zu sein. Gerade im Fall des Projektmanagements ist dieses Führungsverständnis irreführend, zumindest greift es zu kurz. Zweifellos verlaufen auch hier die weichenstellenden Entscheidungen letztlich als Geschehen zwischen Personen; „indirekte" Einflußnahmen aber, die Gestaltung von sozialen bzw. organisatorischen Rahmenbedingungen, das soziale *design* von Projekten, die Koordination verschiedener Subsysteme, die Abstimmung und der ständige Interessenausgleich zwischen einem Projekt und seiner organisatorischen Umgebung, all das sind Führungs- bzw. Managementaufgaben, die vielleicht mit dem Wort *Prozeßsteuerung* zutreffender bezeichnet werden können als mit der etwas belasteten Vokabel Führung. Prozeßsteuerung (gemeint sind natürlich soziale Prozesse) macht auch nicht die enge Anbindung der Steuerungstätigkeit an eine einzelne Person notwendig, wie dies im Fall der Führung geschieht, die ja von Führungskräften zu leisten ist, und nicht – was man ja auch könnte – als Steuerungspotential eines sozialen Systems.

Beim Gegeneinanderabwägen von Führung und Prozeßsteuerung werden die jeweiligen Implikationen deutlich, die für Projektmanagement wesentlich sind und die keineswegs nur auf der Ebene der Begrifflichkeit liegen. Was Führung bzw. Prozeßsteuerung real im Projektmanagement heißt, läßt sich nur sehr begrenzt im Sinne einzelner zu absolvierender Schritte angeben, dazu sind die Voraussetzungen zu unterschiedlich, von denen aus Organisationen bzw. Projekte in Organisationen ihren Ausgang nehmen. Verschiedentlich finden sich in der Literatur stufenweise Durchführungspläne für Projekte, an die man sich im Anwendungsfall zu halten hätte. Mit Plänen hat es seine eigene Bewandtnis. Sie stellen gewissermaßen einen Vorgriff auf die Zukunft dar, denn wenn man gut geplant hat, weiß man heute schon, was morgen sein wird. Ihre Funktion ist die Herstellung von Sicherheit angesichts von Unsicherheit. Nun läßt sich Wirklichkeit aber nicht reaktionslos herbeizwingen. Man operiert ja nicht im leeren Raum, sondern in einem sozial-emotionalen Kräftefeld, in dem jede Bewegung Gegenbewegungen stimuliert. Projektmanagement kann man daher nicht nach Rezept planen, „Kochbücher" helfen hier nicht. Jeder vorweg festgesetzte Plan ist abstrakt und theoretisch, er ignoriert das „Störpotential", das Organisationen in sich haben. Anders verhält es sich mit Plänen, die im Verlauf eines Projekts und für dieses erarbeitet werden, weil sie Festlegungen und Orientierungen für Entscidungen und Abläufe fixieren, die Ergebnis eines Verhandlungsprozesses sind, der auf mehreren Ebenen stattfindet: innerhalb des Projekts und zwischen dem Projekt und seiner organisatorischen Umgebung.

1.2 Die hierarchische Ordnung

Zwar kann man nicht generell sagen, „wie man's macht", wir können aber die Schwierigkeiten benennen, die entstehen, wenn Organisationen sich entschließen, Projektmanagement einzuführen. Das hervorstechendste Ordnungsprinzip unserer Organisationen ist die Hierarchie; darüber hinaus ist uns menschheitsgeschichtlich noch nicht viel eingefallen (vgl. den Artikel von WAGNER: Führung und Organisationsstruktur, in diesem Band). Hierarchien in Unternehmen sind mehr oder weniger „streng", mehr oder weniger zeremoniell und – was mehr noch als z. B. Demokratisierungsbestrebungen oder Initiativen zur Humanisierung der Arbeitswelt alternative Strukturierungsversuche in Organisationen nach sich zieht – mehr oder weniger effektiv in der Erreichung ihrer Ziele. Hierarchie läßt sich als Ordnung der Kommunikationswege beschreiben. Im Prinzip ist genau festgelegt, wer mit wem worüber zu reden hat, was ins Gegenteil gewendet auch heißt, zwischen welchen Organisationsmitgliedern Kommunikation verboten ist. In der Ahndung von Überschreitungen solcher Kommunikationsverbote sind Organisationen unterschiedlich streng; größere Empfindlichkeiten bestehen hinsichtlich des vertikalen Informationsflusses. In der Verwaltungsbürokratie ist die Einhaltung des „Dienstweges" geboten, und in Unternehmen wird *„bypassing"* auch nicht sonderlich geschätzt. Nicht erlaubte Querkommunikation wird zwar nur bei Geheimhaltungsfragen verfolgt, hat aber keinen organisatorisch zugewiesenen Platz und strömt daher ins informelle System ab. Auch im Sprachgebrauch mancher Organisationen wird Hierarchie als Kommunikationsstruktur definiert; man fragt z. B. nicht mehr: Wer ist Ihr Vorgesetzter?" oder: „Wem sind Sie unterstellt?", sondern: „An wen berichten Sie?"

Die sternförmig auf eine Spitze zulaufende Ordnung von Kommunikationswegen kommt nicht von ungefähr. Daß Organisationen nach diesem Prinzip gebaut sind, hat entwicklungsgeschichtlich mit Prozessen der Machtbildung zu tun, als deren Ergebnis eine Funktionslogik von Hierarchie vorliegt, die auf vier „Axiomen" beruht (SCHWARZ, 1985, S. 166). Diese vier sind das Entscheidungsaxiom (die Letztentscheidung und Gesamtverantwortung hat die Spitze bzw. das Zentrum), das Wahrheitsaxiom (aufgrund der zentralistischen Ordnung der Kommunikationswege verfügt die Spitze über die meiste Information), das Weisheitsaxiom (in strittigen Punkten fällt die Spitze den entscheidenden Spruch – in früheren Hierarchien waren die Könige auch die obersten Richter, „von Gottes Gnaden" oder gar selbst Götter) und das Dependenzaxiom (von der Spitze bis zur Basis der hierarchischen Pyramide gibt es abgestufte Abhängigkeiten; was oben entschieden wurde, ist für die Untertanen bindend). Führung in der klassischen Hierarchie bedeutete im wesentlichen die Verwaltung dieser Axiome; die später so genannte Legitimationsfrage stellte sich überhaupt nicht. Das blieb im wesentlichen so bis zum Beginn der Neuzeit und dem danach folgenden Zurückdrängen des Einflusses der Religion. Moderne Organisationen versuchen sich vorrangig nach sachlogischer Funktionalität zu orientieren, haben aber dennoch einen „mythologischen Rest" in sich (Hierarchie heißt wörtlich übersetzt ja auch „heilige Herrschaft").

Projektmanagement „verletzt" nun die Funktionslogik hierarchisch strukturierter Organisationen gröblichst, es ist ein System, das nach ganz anderen Gesichtspunkten aufgebaut ist. Es verstößt sowohl gegen die hierarchische Ordnung, weil verschiedene Hierarchieebenen kurzgeschlossen werden, als auch gegen die sachlogisch funktionsteilige Organisationsstruktur, weil in Projekten Mitarbeiter aus verschiedenen Abteilungen eines Unternehmens kombiniert werden.

1.3   Die Krise der Hierarchie

Auf der Suche nach Alternativen zur Hierarchie (z. B. HERBST, 1976) wurden schon seit längerem Systeme mit bereichsübergreifender Querkommunikation vorgeschlagen, beginnend von der „Auflösung" der Hierarchie im System überlappender Gruppen, wo der jeweilige Vorgesetzte Verbindungsglied zweier Gruppen ist (der, der er als Chef angehört, und der, wo er selbst Untergebener ist), bis hin zu netzwerkartigen Vorstellungen. Erwägungen dieser Art unterschlagen ein unseres Erachtens bedeutendes Moment (ausführlicher dazu HEINTEL & KRAINZ, 1990): Die wechselseitige Abhängigkeit zweier unterschiedlicher organisatorischer Systeme in ein und derselben Organisation erzeugt einen *Widerspruch*. Ein Widerspruch ist etwas anderes als ein Unterschied. Projektmanagement und Hierarchie sind nicht nur verschieden, sondern stören einander wechselseitig, kommen aber heute zunehmend ohne einander nicht mehr aus. Aus diesem Grund kann man Projektmanagement nicht einfach zur bestehenden Organisationsstruktur additiv hinzufügen. Führung bzw. Prozeßsteuerung bedeutet in dieser Situation den ständigen Zwang zu Synthetisierungsleistungen zwischen zwei Systemen, die einander „nicht mögen".

Warum gibt es überhaupt Projektmanagement? Es gibt Aufgabenstellungen, die die Leistungsfähigkeit der bestehenden Organisationen und ihrer hierarchischen Struktur überfordern, sei es, daß der Apparat zu behäbig ist, sei es, daß bestimmte Projekte die Zusammenarbeit mehrerer Organisationen erfordern und die dafür notwendigen Strukturen erst geschaffen werden müssen. Die Einrichtung einer Projektorganisation ist sozusagen ein Dokument, das der Hierarchie ihre begrenzte Leistungsfähigkeit vor Augen führt, was gewissermaßen zum ständigen Ärgernis werden kann. Nun ist „die Hierarchie" oder „das Projektmanagement" zwar kein beseeltes Wesen, dennoch aber entstehen Phänomene, die von uns „*Systemabwehr*" genannt werden. Die Hierarchie als System wehrt Projektmanagement als System ab und umgekehrt. Die Abwehr wird natürlich von Personen geäußert, man kann diese Vorgänge mit Positionen im Unternehmen in Zusammenhang bringen, wer sich mit welchem System mehr identifiziert, wer von welchem System mehr Vorteile erwartet u. ä. mehr.

Ob sich gänzlich hierarchiefreie Organisationen vorstellen lassen, läßt sich allenfalls spekulativ beantworten. Gegenwärtig ist uns kein Fall einer hierarchielosen Organisation bekannt. Auch ist nicht in Sicht, wie eine nur mehr projektmäßig aufgezogene Organisation ohne koordinierende Zentralfunktionen auskommt. Ohne also prophetisch sein zu wollen, kann man wohl im Sinne einer Gegenwartsdiagnose sagen, daß Führung in Organisationen mit Projektmanagement vor die Aufgabe gestellt ist, die Leistungsvorteile von Gruppen mit der Notwendigkeit der Hierarchie in Einklang zu bringen und zugleich mit den dadurch entstehenden Widersprüchen fertig zu werden. Nicht immer tun sich weniger hierarchische Unternehmen dabei leichter. Wir kennen z. B. eines, das sich seine „flache" Hierarchie (d. h. wenige Rangabstufungen) zugute hält. Darüber hinaus duzen sich alle, weil man meint, auf diese Weise den

Standards der amerikanischen Mutter besser entsprechen zu können. Tatsächlich führt dies jedoch zu einer süddeutschen Merkwürdigkeit, weil sich nunmehr jeder aufgerufen fühlt, sich in fremde Bereiche einzumischen, da die klare Abgrenzung von Zuständigkeiten offenbar als Vergehen am Teamgeist ausgelegt wird, was Außenstehende aber eher an Verwahrlosung erinnert. Projektmanagement in einer solchen Situation bedeutet mehr noch als anderswo Grenzmanagement; es müssen erst soziale „Körper" mit klaren Zuständigkeiten geschaffen werden, damit sich der Widerspruch und die produktive Reibung einstellen können.

Exkurs: Externe Beratung im Projektmanagement

Ein Großunternehmen will Projektmanagement einführen, weil die Organisation nach Angaben eines Vorstands für die im Vorstand gefallene Entscheidung zu schwerfällig ist, verstärkt bisher eher nebenbei laufende Produktgruppen zu forcieren. Die Organisationsabteilung wird mit der Erarbeitung eines Konzepts beauftragt, diese bindet die Schulungsabteilung für spätere Betreuung und Implementierung mit ein. Das Konzept ist gut gebaut, es sieht überlappende Gruppen vor, in jedem wichtigen Punkt gibt es eine Rückbindung an die betroffenen Linien, also eine Ankopplung ans hierarchische System. Hier greift der Vorstand ein und bestimmt die Projektleitungen. Zu einem *„kick-off-meeting",* bei dem der offizielle Projektstart stattfinden sollte, wird ein Berater beigezogen, der die Klausur moderieren und seine Expertenmeinung äußern soll. Es stellt sich im Zuge der Präsentation des Konzepts und der Vorentscheidungen heraus, daß hinter dem ganzen Projekt die Intention steckt, die Abteilung Forschung & Entwicklung zu entmachten (die ein als zu luxuriös empfundenes Eigenleben im Unternehmen führte, über zuviel Geld verfügte, bestimmte Hobbys kultivierte usw. – was alles nicht laut gesagt wurde, aber verbreitete Meinung war). Die Vorstandsentscheidung über die Auswahl der Projektleiter war so ausgefallen, daß niemand von der Forschung & Entwicklung in einer entscheidenden bzw. einflußreichen Position zu finden war.

Unseres Erachtens kommt hier der Einschaltung externer Beratung eine außerordentlich wichtige Funktion zu. Im Verlauf der Klausur in unserem Fallbeispiel waren diese Umstände natürlich zunächst tabu, es brauchte einen ganzen Tag, bis man sich moderationstechnisch zu ihnen vorgearbeitet hatte. Der halb bewußte, halb unbewußte Versuch der Entmachtung von F & E hätte, wenn er „gelungen" wäre, enorme Auswirkungen auf den Projektverlauf gehabt. Die von oben eingesetzten Projektleiter, die sämtlich aus anderen Bereichen stammten, wären bei den F- & -E-Leuten permanent auf Kooperationsverweigerungen gestoßen. Man kann sich vorstellen, daß die Besprechung dieser Verhältnisse einige Veränderungskraft mit sich bringt. Die Funktion externer Berater (s. dazu JANES & SCHOBER, 1990) ist dabei vor allem die, den „Hintergrundspielen", die jede Organisation lebt, nicht aufzusitzen, nicht mitzuspielen. Das qualifiziert externe vor interner Beratung. In den Schulungsabteilungen vieler Unternehmen versammeln sich nicht nur Ausbilder und Trainer, sondern zunehmend auch interne Berater, die bei Organisationsentwicklungsvorhaben herangezogen werden. Sie sind aber immer auch Bestandteil der „Kultur", die u. U. das Problem ist, was man von vornherein nicht wissen kann. In der Beratungspraxis haben sich Kooperationen von internen und externen Beratern schon oft als günstig erwiesen.

Die Enttabuisierung von Organisationsverhältnissen läßt sich nur durch eine gesetzte Differenz erreichen. Es muß irgend etwas „anders" sein, damit Bewußtsein entsteht. Eine solche Differenz ist Projektorganisation gegenüber Hierarchie, aber auch intern gegenüber extern. Welche Freiräume ein Projekt wirklich hat oder, umgekehrt gesagt, wie sehr ein Projekt dem hierarchischen System untergeordnet ist – dies vorweg herauszufinden, zu verhandeln, festzulegen, gehört unseres Erachtens zu den Führungsaufgaben im Rahmen von Projektmanagement. Soweit wir sehen können, sind die diesbezüglichen Qualifikationen aber nicht übermäßig ausgeprägt. Im Sinne der „Systemabwehr" sind es oft dieselben Personen in hierarchisch hoch angesiedelter Stellung, die ein Projekt zuerst einsetzen und es dann behindern. Es entstehen oft völlig paradoxe Situationen. In nicht wenigen Organisationen werden Projektgruppen mit der Bearbeitung bestimmter Themen und mit der Beibringung von Lösungsvorschlägen beauftragt, die dann eine Zeitlang vor sich hinarbeiten, ihr Produkt abliefern und nie mehr etwas davon hören; von Umsetzung ist keine Rede, das Ergebnis wurde „schubladisiert". Abgesehen von den fatalen Folgen für die Motivationslage der Leute, die so behandelt werden, ist so etwas kein besonders ökonomischer Umgang mit Energie.

Die Heranziehung externen Potentials für Beratungszwecke hat katalysatorische Funktion. Wir erleben immer wieder, wie versucht wird, Autorität an Berater zu delegieren, wozu man sich differenziert zu verhalten hat. Im Sinne des Katalysatorischen hält man sich aus der Sache heraus, übernimmt aber „Prozeßautorität". Man steuert über Sitzungs*design* und Gesprächs*setting* einen Vergemeinschaftungsprozeß, der latente „Spiele" nicht unbetroffen läßt und der im besten Fall in der Erarbeitung von Verträgen endet, die für die Projektabwicklung einschließlich der Abstimmung mit der hierarchischen Organisationsumgebung „Verfassungscharakter" haben, also auf möglichst breitem Konsens aller vom Projekt Betroffenen beruhen. Im Prinzip halten wir dies für eine Führungsaufgabe, die von wichtigen Organisationsvertretern zu leisten ist und, wenn ein Projekt dann läuft, vom Projektteam oder einem Projektleiter ständig besorgt werden muß. In vielen Fällen gleicht diese Anforderung an Organisationen allerdings der Situation des Münchhausen, der sich am eigenen Zopf aus dem Sumpf zieht. Externe Beratung kann hier einiges erleichtern.

2. Die Entstehung von Bewußtsein in Organisationen

Projektmanagement bedeutet oft gleichzeitig Krisen- und Konfliktmanagement; in gewissem Sinn ist Projektmanagement ja Ausdruck der Hierarchiekrise, und in der Abstimmung zwischen Hierarchie und Projekt sind Konflikte häufig vorprogrammiert, zwangsläufig und unvermeidlich. Das wichtigste „Element" in einem Projekt ist die Projektgruppe. Aus dem Studium der Beziehungsdynamik in Gruppen (in laborhaft experimentellen Gruppen ebenso wie in wirklichen Teams in Organisationen) kennt man mittlerweile sehr gut die Auseinandersetzungen um die Wahrnehmung von Führungsfunktionen. In der Wirklichkeit unserer Organisationen ist jeder Gruppe ein von der Hierarchie vorgesetzter Leiter beigegeben, der sich bestmöglich müht, seiner Aufgabe gerecht zu werden. Wenn man nun bedenkt, welche Funktionen in einer Gruppe wahrgenommen werden müssen, damit ihre Arbeitsfähigkeit gewährleistet ist, erkennt man schnell, daß eine einzelne Person, etwa der von der Hierarchie eingesetzte Leiter, all diese Funktionen gar nicht wahrnehmen kann. Die längste Zeit hat man in der Führungsforschung das Problem zu sehr personalisiert und ist damit gewissermaßen autoritätsfixiert geblieben; man hat nämlich nach Eigenschaften Ausschau gehalten, die eine potentielle Führungskraft zu haben hätte. Daß sich dabei keine signifikanten Eigenschaften oder Eigenschaftskombinationen herausstellten, hat einige Zeit für Irritation gesorgt. Die Gruppendynamik hat die Frage anders gestellt, nämlich als Frage nach der Funktionsfähigkeit einer Gruppe in der Aufgabenbewältigung. Dabei wurden seminaristische Arrangements entwickelt, in denen sich Gruppen diese Frage selbst stellen lernten.

Generell lassen sich drei relevante Funktionsarten in Gruppen unterscheiden (s. dazu SCHWARZ, 1985, S. 129): zielorientierte, gruppenerhaltende und analytische. In der Vorgabe von Zielen müssen unsere Unternehmen am wenigsten lernen, Zielvorgabe ist dem Wesen von Hierarchie immanent, in anderen Organisationen gibt es Dienstanweisungen oder werden Befehle erteilt. Gruppenerhaltende Funktionen sind in Hierarchien weniger verbreitet. Zwar weiß jeder, daß ein gutes Klima arbeitsförderlich ist, aber wie macht man Klima? Wer fühlt sich dafür zuständig? Wie ist es mit der Bearbeitung von Konflikten in Gruppen? Wer darf wieviel Einfluß nehmen? Wer begrüßt den Einfluß anderer, wen stört das eher? Wie ist es um das Vertrauen untereinander bestellt? Solche emotionalen Phänomene in Gruppen gehören geklärt, wenn man wissen will, was eine Gruppe braucht, um arbeitsfähig zu sein. Wenn sich die hierarchisch Vorgesetzten dieser Dinge persönlich annehmen, erreichen sie oft gar nichts, weil sie eben die hierarchisch Vorgesetzten sind und von Gruppen oft mit einem „Mißtrauensvorschuß" bedacht werden (vgl. den Artikel von COMELLI: Teamentwicklungstraining, in diesem Band).

Gruppen sind häufig so strukturiert, daß es drei verschiedene Arten von Führern gibt, die kaum in einer Person zusammenfallen: Es gibt den hierarchischen Vorgesetzten, es gibt einen Leistungsführer und drittens einen Beliebtheitsführer. Wenn sich Gruppen Zeit nehmen bzw. von der Organisation Zeit zur Verfügung gestellt wird, entsteht in den Gruppen ein Bewußtsein darüber, wie die Struktur der Beziehungen aussieht, welche Bedürfnisse vorliegen, welche Maßnahmen einzuleiten sind, um Veränderungen herbeizuführen usw. Dies alles ist nur möglich, wenn die analytischen Funktionen wahrgenommen und eingeübt werden. Hierarchie hat nun demgegenüber die unangenehme Eigenheit, von ihrer Thematisierung wenig zu halten, sie umgibt sich gern mit einem „Reflexionstabu", an das sich Mitarbeiter auch halten (lediglich im informellen Bereich wird dieses „Sprechverbot" durchbrochen). Wenn man Wert darauf legt, bewußte Gruppen zu haben, muß Führung besprochen werden können. Noch schärfer gesagt: Es ist Aufgabe der (organisatorisch eingesetzten) Führung, Führung zur Disposition zu stellen. Diesen Rückbezug auf sich selbst und möglicherweise sinnvolle Funktionen, die man als hierarchisch Vorgesetzter haben könnte, diese Infragestellung von sich selbst ist in unseren Organisationen nicht besonders verbreitet. Zu sehr glauben Führungskräfte, ihr Gesicht zu verlieren und in der Folge vielleicht ihre Position.

Eine Projektgruppe hat noch zusätzliche Probleme, die mit der organisatorischen Umgebung zu tun haben. Eine eigene Führungsaufgabe ist daher das Management der „Außenpolitik", nicht nur der Steuerung der internen Arbeitsabläufe selbst. Theoretisch könnten Gruppen ja bestimmte Funktionen, die sie intern entwickelt haben, nach dem Rotationsprinzip einmal von der einen Person, dann wieder von einer anderen wahrnehmen lassen. Bedenkt man aber, daß die organisatorische Umgebung eines Projekts nicht über einen gleich hoch entwickelten Grad von Bewußtheit verfügt, gilt es, im Sinne der Außenpolitik Zugeständnisse an die Hierarchie zu machen. Es kann sich daher empfehlen, den hierarchisch Höchststehenden in der Projektgruppe zu Verhandlungen mit den Chefs bestimmter Unternehmensbereiche zu schicken, obwohl die Gruppe intern jemand anderen bevorzugen würde oder der Ranghöchste selbst gar nicht mag. Um abzusichern, daß die Projektgruppe nicht konsequenzlos vor sich hinarbeitet, empfiehlt sich wiederum die „Patenschaft" eines Hochrangigen bzw. Einflußreichen in der Hierarchie. Projektgruppen werden also in ihrer Selbststeuerung ständig zu Kompromißbildungen zwischen Teamarbeit und Hierarchie genötigt. Aus zwei Gründen ist dies störend. Einmal haben Gruppen generell, wenn sie gut intern zusammenarbeiten, wenig Interesse an der Außenwelt. Gruppen entwickeln dabei eine Sogwirkung nach innen, sie funktionieren gewissermaßen wie ein Trichter. Es grenzt oft an Gewaltakte, sich zusammenzureißen und die emotionale Barriere zu überspringen, die eine Kommunikation mit der Außenwelt darstellt. Zum zweiten besteht, wenn man ranghohe Projektmitglieder mit bestimmten Funktionen betraut, tatsächlich die Gefahr einer inneren Hierarchisierung der Projektgruppe, die zunächst klimatische Auswirkungen hätte, was in der Folge auch für die Leistungsfähigkeit der Gruppe von Nachteil wäre. Wenn Umstände dieser Art erwogen und „Taktiken" überlegt werden, entsteht etwas, was wir gerne „*Organisationsbewußtsein*" nennen.

Im Projektmanagement tritt damit ein neues Problem auf, weil im Projekt komplexer gedacht wird als außerhalb. In der Abstimmung mit der Organisationsumgebung wird daher oft viel Erklärungsaufwand benötigt, der von den Projektmitarbeitern tendenziell als Belästigung empfunden wird. Wenn ein Projekt eingerichtet wird, dann soll die Organisation auch bereit sein, die Konsequenzen auf sich zu nehmen – so hätten es die am Projekt Beteiligten gerne, und hätten es damit gerne einfacher. Über den zu treibenden Erklärungsaufwand vermittelt sich Organisationsbewußtsein allerdings auch über die Grenzen des Projekts hinaus. Damit trägt Projektmanagement u. U. sehr wirksam zu einem Prozeß bei, der dann wirklich den Namen Organisationsentwicklung verdient, wenn man darunter mehr verstehen will als ein paar Veränderungen im Organigramm (vgl. auch den Beitrag von COMELLI: Organisationsentwicklung, in diesem Band).

Hierarchie ist die eine Art von organisatorischer Umgebung, die andere sind diejenigen Unternehmensbereiche, die im Projekt vertreten sind. Wenn Personen aus ihren Abteilungen für ein Projekt abgezogen werden, dann selten hundertprozentig, sondern immer nur bis zu einem gewissen Prozentsatz; der andere Teil ihrer Arbeitszeit wird weiterhin in der Abteilung verbracht. In dieser organisatorischen Konstruktion ist die Projektgruppe ein Sonderfall einer „Gruppe von Gruppenvertretern" (CLAESSENS, 1977). Die Gruppen- und Organisationsdynamik wird damit vielschichtig: Es gibt eine Dynamik innerhalb der „Entsendergruppe" und ein bestimmtes Verhältnis zwischen dem Vertreter einer Gruppe im Projekt und den von ihm Vertretenen. Innerhalb der Projektgruppe ist die Dynamik keine bloß von Mensch zu Mensch, man reagiert aufeinander als Repräsentanten von Unternehmensbereichen und deren Interessen („Sie vom Verkauf, der Produktion, der Qualitätssicherung …"). Wenn die Projektmitarbeiter aus den verschiedenen Unternehmensbereichen quasi Interessenvertreter sind, gibt es laufend das Problem, was im Projekt mit den Interessen eigentlich geschieht; werden sie aufgenommen, vertreten, durchgesetzt, dominieren schon wieder die von der Abteilung XY? usw. Die Projektarbeit wird also für die Projektmitarbeiter auch hinsichtlich ihrer Position in der Herkunftsabteilung bedeutsam. Dient die Mitarbeit am Projekt ihrem Aufstieg in der Abteilung, dem Ausstieg aus der Abteilung, ist sie ein Karrierebaustein (hier verzahnt sich Projektmanagment mit Personalentwicklung), oder ist sie für all das unwichtig? Wie überträgt sich schließlich der „Vorsprung" an Organisationsbewußtsein auf die Herkunftsabteilung – löst die analytischere Sprache Befremden aus, entsteht Abwehr, oder wird Information interessiert aufgenommen? Auch im Zusammenhang mit der Repräsentation ergibt sich ein Hierarchieproblem: Wem „gehört" der Projektmitarbeiter, wann und zu wieviel Prozent? Wer hat angesichts der Doppelunterstellung „Vorfahrt"? Die Handhabung solcher Schnittstellenkonflikte gehört jedenfalls zu den Führungsaufgaben im Projektmanagement. Wenn hier nicht Klarheit geschaffen wird, steigen die informellen Abstimmungsnotwendigkeiten mit oft nur reparativem Charakter, nicht selten sieht man dann Projektverantwortliche in diplomatischer Mission zwischen verschiedenen Unternehmensbereichen umherirren.

3. Historischer Nachsatz

Es sollte klargeworden sein, daß im Projektmanagement mehr zur Debatte steht als nur die Projektdurchführung. In jüngerer Zeit ist verstärkt das Unbewußte von Organisationen thematisiert worden (HEINTEL & KRAINZ, 1989), weil man allenthalben registriert, daß man mit vielen Gewohnheiten im Management mehr Schwierigkeiten erzeugt als beseitigt. Die zielgerichtete funktional-technische Rationalität ist für komplexere Entscheidungsmaterien, für die Stimulierung und Ausschöpfung kreativen Potentials, für die Arbeit in und mit Gruppen ungeeignet oder nur begrenzt tauglich. Wenn die normalen hierarchischen Effizienzkategorien auf das Projektmanagement übertragen werden, können Projekte zugrunde gehen. Zugleich ist unsere gegenwärtige Lage aber davon gekennzeichnet, daß ein anderes Management-*Know-how* in breiterem Ausmaß noch nicht in unserer Verfügung ist. Wohl gibt es Organisationen, die dafür schon mehr „Gespür" entwickelt haben als andere. Im großen, d.h. menschheitsgeschichtlich gesehen, stehen wir aber erst am Beginn einer neuen Epoche, die das Führungsverständnis nicht unbeeinflußt lassen wird. Das zukünftige Führen wird eine Toleranzerweiterung mit sich bringen müssen – gegenüber unterschiedlichen Formen des Lebens, Handelns, Entscheidens; ein anderes Zeitbewußtsein wird sich einstellen in bezug auf Rhythmik des Lebens und Arbeitens; der Begriff der Arbeit ist im Wandel; das Verhältnis von Eigenständigkeit und Fremdbestimmung ist (immer wieder) neu zu regeln. All dies läuft auf die Frage zu, wie man sich Steuerung überhaupt in Zukunft zu denken hat. Warum folgt man einer Autorität? Woher leitet Führung heute ein sicheres Fundament ab? Warum glaubt man, daß Führung eine „höhere" Berechtigung hat? Im Projektmanagement wie in modernen Führungskonzeptionen überhaupt sind die gewohnten Sicherheiten weg. Woher aber soll die Sicherheit genommen werden, die uns erlaubt, unserem Handeln bestimmte Richtungen zu geben? Aus uns selbst? Wer aber ist dieses Selbst? Wir können einige Sicherheit aus der Gemeinschaft mit anderen schöpfen, sofern diese nicht allzu groß ist. (Das hat im übrigen auch seine negativen Seiten, vom Gruppendruck bis zur Selbstaufopferung.) In der bisherigen Geschichte ist dies aber noch nicht wirklich entwickelt worden. Bisher suchen wir bevorzugt nach einem Außenhalt, ob in der Primitivversion als Suche nach dem starken Mann oder in der „gebildeteren" als Suche nach wissenschaftlichen Modellen. Von einer Sicherheit auf massengesellschaftlicher Basis wissen wir noch nichts. Im Projektmanagement ist diese Frage bereits angelegt: Wie gewinnt ein soziales System Sicherheit aus sich selbst? Stellt sich Autorität als Resultat von Vergemeinschaftungsprozessen dar, ändert dies radikal ihre Stellung. Diesbezügliche Veränderungen werden sich nur über die verbreitete Entwicklung von „Systemreflexion" einleiten lassen.

Literatur

CLAESSENS, D. (1977). Gruppe und Gruppenverbände. Darmstadt 1977.

HEINTEL, P. & KRAINZ, E. E. (1990). Projektmanagement. Eine Antwort auf die Hierarchiekrise? 2. Auflage. Wiesbaden 1990.

HEINTEL, P. & KRAINZ, E. E. (1989). Die Rückseite der Vernunft. In: Hernsteiner, 1, 1989, S. 4–7.

HERBST, PH. G. (1976). Alternatives to hierarchies. Leiden 1976: Martinus Nijhoff Social Science Division.

JANES, A. & SCHOBER, H. (1990). Systemische Beratung in einem Großprojekt. In P. HEINTEL & E. E. KRAINZ, Projektmanagement. Eine Antwort auf die Hierarchiekrise? 2. Aufl. Wiesbaden 1990.

SCHWARZ, G. (1985). Die „heilige Ordnung" der Männer. Patriarchalische Hierarchie und Gruppendynamik. Opladen 1985.

Zur Konkretisierung und weiteren Vertiefung wird empfohlen, im Fallstudienband die Fälle zu „Projektmanagement" zu bearbeiten.

Teil V
Personalentwicklung
und Personalpolitik

Einführung

Erfolgreiche Führung und Zusammenarbeit setzen eine wohldurchdachte und praxisorientierte Personalentwicklung im Rahmen einer abgestimmten Personalpolitik voraus.

Im einführenden Beitrag zu diesem Themenkomplex geht DOMSCH zunächst auf entsprechende Grundlagen der Personalplanung und -entwicklung ein. Hierbei wird eine Vielzahl von bereits in der Praxis eingesetzten Verfahren und Instrumenten vorgestellt. Einen besonderen Schwerpunkt legt der Autor auf alternative Laufbahnstrukturen wie Fachlaufbahn und Projektlaufbahn, die zunehmend in der Praxis an Bedeutung gewinnen. Sie entsprechen der geforderten Flexibilisierung und Individualisierung der Personalarbeit.

Leistungsorientierte variable Bezahlung gilt z.Zt. vielen als besondere Hoffnung, um mehr Motivation und Leistung der Organisationsmitglieder zu erreichen. EVERS stellt dar, worauf bei einem aktiven Vergütungsmanagement zu achten ist, um vom reinen Kostenfaktor Gehalt zum Steuerungsinstrument zu kommen. Desweiteren betont er die notwendige Verbindung mit einem zielorientierten Führungssystem.

Im nächsten Artikel greift DOMSCH ein spezielles, inzwischen von verschiedenen Unternehmen angewandtes Verfahren auf: die „Vorgesetztenbeurteilung". Richtig eingesetzt trägt sie zur Teamentwicklung bei und fördert – durch wechselseitiges Feedback – die Zusammenarbeit zwischen Vorgesetzten und ihren Mitarbeitern.

Nach diesen grundsätzlichen Darstellungen beginnen DOMSCH und LICHTENBERGER die Diskussion über spezielle Themen der Personalentwicklung. Sie gehen in ihrem Beitrag auf den internationalen Einsatz von Mitarbeitern ein. Diese Fragestellung betrifft bei der vorhandenen und sich weiter fortsetzenden Globalisierung der Unternehmenstätigkeit ein zentrales Problem der Personalentwicklung und der gesamten Personalpolitik.

Mitarbeiterführung in interkulturell zusammengesetzten Arbeitsgruppen ist das Thema des Beitrags von THOMAS. Interkulturelle Handlungskompetenz ist das Ziel, das das Erkennen eigener und fremder „Kulturstandards" voraussetzt.

Ebenso zeichnet sich ab, daß die bisher oft männerdominierte Personalentwicklung in eine natürliche Form der gleichberechtigten Personalentwicklung von Männern und Frauen übergehen muß. FRIEDEL-HOWE zeigt auf, mit welchen Problemen, insbesondere in Form von Behauptungen, stereotypen Vorstellungen und Vorurteilen, karriereorientierte Frauen dabei konfrontiert sind.

Allerdings können – privat wie betrieblich – Personalentwicklungsmaßnahmen zusätzlich erschwert sein, wenn sie Personen betreffen, die in einer Partnerschaft leben, in der beide karriereorientiert sind. DOMSCH und KRÜGER-BASENER widmen sich – auf Basis einer empirischen Untersuchung – in ihrem Beitrag diesen „Dual

Career Couples". Unternehmen, die einerseits die mangelnde Mobilitätsbereitschaft der Mitarbeiter beklagen, andererseits aber in ihrer Personalplanung und -entwicklung dieser Lebensform ihrer Mitarbeiter und Mitarbeiterinnen nicht gerecht werden, grenzen einen Teil der Realität bei der Personalarbeit aus. Daraus folgende Schwierigkeiten sind dann die Regel.

Bedarfsorientierte Weiterbildung erfordert von Seiten der Unternehmen hohe Investitionen, insbesondere für Teilnahmegebühren/Trainerhonorare und Personalausfallzeiten. Um so attraktiver wird selbstorganisiertes Lernen, das vom einzelnen selbst initiiert und gesteuert wird sowie außerhalb der Arbeitszeit stattfindet. HEYSE diskutiert anhand empirischer Ergebnisse die Nutzung selbstorganisierter Lernprozesse in unterschiedlichen Weiterbildungsbereichen und in ihrer Bedeutung gerade für erfolgreiche Unternehmer/-innen.

Der Anteil älterer Menschen in der Gesellschaft und damit verbunden auch in Organisationen steigt weiter, demographische Untersuchungen verweisen schon lange darauf. Daß nicht von einem generellen Rückgang der kognitiven Fähigkeiten und der Leistungsbereitschaft mit zunehmendem Lebensalter ausgegangen werden kann, zeigt HAEBERLIN in seinem Beitrag auf. Diskutiert werden zudem mögliche betriebliche Maßnahmen, um der speziellen Situation älterer Arbeitnehmerinnen und Arbeitnehmer gerecht zu werden.

Die Europäisierung des Arbeitsrechts nimmt schleichend, allmählich, doch inzwischen weitreichend Einfluß auf bisher national bestimmte Regelungen. Besonders weitreichend, da bindend und nicht durch Wahlen oder neue Gesetze zu verändern, sind die Entscheidungen des Europäischen Gerichtshofes. BÖHM macht anhand von mehreren Beispielen den von Personalleitern und Linienverantwortlichen bisher kaum wahrgenommenen Einfluß anschaulich deutlich.

Michel E. Domsch

Personalplanung und Personalentwicklung für Fach- und Führungskräfte

1.   Grundlagen

1.1   Ziele der Personalplanung und –entwicklung

Es ist unbestritten, daß erfolgreiche Unternehmen einen hohen Bedarf an qualifizierten und motivierten Fach- und Führungskräften haben. Eine systematische Personalplanung und –entwicklung ist daher für die kurz-, mittel- und langfristige Sicherung und den Ausbau des Unternehmenserfolges unabdingbar (RKW, 1990). Insbesondere durch die zunehmende Globalisierung wird eine steigende Nachfrage an entsprechend qualifiziertem Potential auf dem Arbeitsmarkt vorausgesagt. Dies gilt sowohl für Führungskräfte mit umfangreicher Personalverantwortung bzw. Führungsnachwuchskräfte, besonders aber für Fachkräfte, bei denen eine hohe Sach- und Fachverantwortung überwiegt. Darüber hinaus entspricht eine quantitative und qualitative Personalplanung und –entwicklung den berechtigten Ansprüchen der Mitarbeiter, als (angeblich) „wichtigstes Gut" und als „Humanvermögen" bzw. „human capital" auch so behandelt zu werden. Die Wertewandeldiskussion (vgl. den entsprechenden Beitrag von STENGEL, in diesem Band) hat schon seit Jahren verdeutlicht, daß Mitarbeiter Entfaltungs-, Mitwirkungs- und Entwicklungsmöglichkeiten vom Unternehmen erwarten und sich bei entsprechenden Maßnahmen mit herausragender Leistungsbereitschaft und -fähigkeit erfolgreich und verantwortungsbewußt für das Unternehmen einsetzen (v. ROSENSTIEL u. a., 1989).

Mit einer systematischen Personalplanung und –entwicklung werden daher im wesentlichen zwei Zielrichtungen verfolgt:

–   Differenzierte Ermittlung des erforderlichen Bedarfs an Fach- und Führungskräften der unterschiedlichsten Qualifikationen unter Berücksichtigung des vorhandenen Personalbestandes;
–   Berücksichtigung unternehmens- und mitarbeiterorientierter Ziele im Hinblick auf einen verbesserten Einsatz am jetzigen Arbeitsplatz und/oder zur Vorbereitung auf einen nationalen bzw. internationalen Positionswechsel. Eingeschlossen sind damit Aus- und Weiterbildungsaktivitäten ebenso wie Laufbahnentwicklungsüberlegungen und deren Umsetzung.

1.2   Standort und Ablauf der Personalplanung und –entwicklung

Selbstverständlich ist, daß eine Personalplanung und –entwicklung nicht isoliert erfolgen kann, sondern einen integrierten Bestandteil im Gesamtsystem Unternehmen darstellt. Dazu gehören u.a. Elemente der Unternehmenskultur, Unternehmensleitlinien, die gesamte Unternehmensplanung, Informations- und Controllingsysteme sowie der Bezug zum Umfeld des Unternehmens (Abbildung 1). Ebenso sind dabei Konzentrations- und Anpassungsprozesse zu beachten (BÖCKLY, 1995; GEISSLER, BEHRMANN & PETERSEN, 1995). Darauf soll hier im Detail nicht näher eingegangen werden.

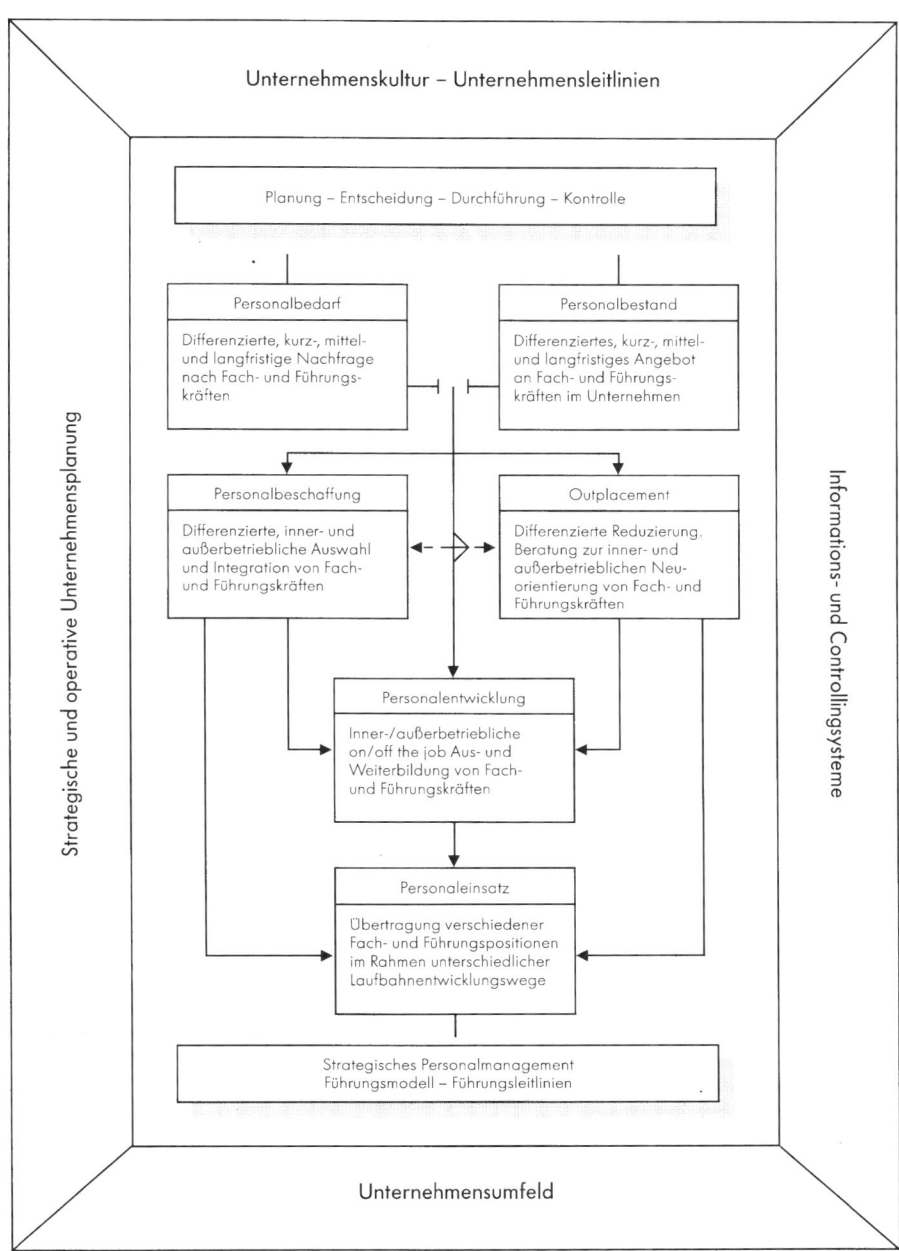

Abb. 1: Einbindung der Personalplanung und –entwicklung

2. Instrumente der Personalplanung und -entwicklung

Bestimmte personalwirtschaftliche Instrumente sind für eine erfolgreiche Personalplanung und -entwicklung unabdingbar (DRUMM & SCHOLZ, 1988). Sie betreffen zum einen die Nachfrage (Personalbedarf) nach Fach- und Führungskräften, zum anderen das entsprechend differenzierte inner- und außerbetriebliche Angebot (Personalbestand).

2.1 Nachfrage nach Fach- und Führungskräften

Die Charakterisierung der konkreten Nachfrage nach Fach- und Führungskräften im Planungszeitraum setzt unabdingbar voraus:

- *Organisationspläne,* in denen – aufbauend auf den üblichen Organigrammen – für das gesamte Unternehmen die (zukünftigen) organisationalen Einheiten und ihre vertikalen wie horizontalen Verbindungen ausgewiesen werden. Kommen beispielsweise neue Vertriebsabteilungen dazu, werden bestehende Forschungsbereiche neu aufgeteilt, werden ausländische Produktionsstätten eingerichtet, wird ein Werk geschlossen, so ist dies jeweils mit spezifischen Angaben im Organisationsplan auszuweisen.
- *Stellenpläne,* in denen – aufbauend auf den üblichen Stellenübersichten (Ist-Zustand) – für die zukünftig relevanten Fach- und Führungspositionen ihre hierarchische Eingliederung sowie die Positionshöhe/-bewertung in das gesamte Unternehmen aufgenommen werden.
- *Funktionsbeschreibungen-Soll,* in denen die wesentlichen zukünftigen Anforderungen an die potentiellen Stelleninhaber festgehalten werden.
  In Unternehmen, in denen bisher keine Funktionsbeschreibungen bestehen, muß dies nachgeholt werden. Zwar ist unter dem Stichwort „Stellenbeschreibung" der Meinungsstreit über „pros" und „cons" in der Praxis nach wie vor umfangreich (SCHWARZ, 1988). Diese Diskussion ist jedoch im Zusammenhang mit der Personalplanung und -entwicklung unverständlich, es sei denn, man versteht darunter umfangreiche und damit stets änderungsbedürftige Detailbeschreibungen, die pflegeintensiv und oft obsolet sind. Aber ohne für den Planungszeitraum gültige Funktionsbeschreibungen (Soll) sind eine erfolgreiche Fach- und Führungsplanung sowie eine Personalentwicklung nicht möglich, da unklar bleibt, für welche Anforderungen konkret Potential gesucht und entwickelt werden soll.

2.2 Angebot an Fach- und Führungskräften

Nach einer systematischen Potentialanalyse bei Fach- und Führungskräften (GRIEGER, 1977) sind diese Schlüsselinformationen für die Personalentwicklung zu dokumentieren. Dafür stehen in der Praxis üblicherweise folgende Möglichkeiten zur Verfügung:

(1) *Entwicklungskarteien*

Sie enthalten zum einen für die jeweilige Person die bisherigen Aus- und Weiterbildungsmaßnahmen, Tätigkeiten und Beurteilungen. Zum anderen werden sowohl aus Unternehmens- wie aus Mitarbeitersicht Informationen über erforderliche/empfohlene/geplante/bereits vorgesehene Bildungsmaßnahmen, Positionserweiterungen, Job-Rotationen, Versetzungen/Beförderungen aufgenommen.

(2) *Nachfolgepläne*

Nachfolgepläne sind Erweiterungen von Stellenplänen, in denen pro Position nicht nur der bisherige bzw. vorgesehene Stelleninhaber vermerkt ist, sondern weitere Kandidaten ausgewiesen sind, die für eine Übernahme in Frage kommen. Durch Zusatzbemerkungen wird die Einschätzung des Potentials verdeutlicht. Natürlich kann eine Person als mögliche Nachfolge bei mehreren Positionen erscheinen. Nicht alle Kandidaten können schon in Nachfolgepläne aufgenommen werden.

(3) *Fach- und Führungskräfte-Pools*

Alle Mitarbeiter, die in die Potentialbetrachtungen einbezogen werden und für die ein weiterführendes Potential erkannt wird, sind in „F & F-Pools" aufzunehmen – unabhängig davon, ob für sie bereits konkrete Nachfolgeplanungen bestehen oder nicht.

Es ist unmittelbar einsichtig, daß aufgrund neuerer Erkenntnisse Informationen entfallen, dazukommen, modifiziert und aktualisiert werden.

Jedoch setzt die Berücksichtigung in diesen Informations- und Dokumentationsmedien voraus, daß das Potential der einzelnen Personen bereits erfaßt worden ist. Ein wesentliches Problem der Personalplanung und -entwicklung liegt jedoch in dieser Diagnose bzw. systematischen Erfassung des Potentials selbst (Sarges, 1995). In der Praxis haben sich hierfür die in Abbildung 2 aufgeführten personalwirtschaftlichen Instrumente bewährt (vgl. dazu auch Schuler: Auswahl von Mitarbeitern, und Stehle: Mitarbeiterbeurteilung, in diesem Band).

Allerdings sind diese Erfassungsmöglichkeiten nicht als Alternativen aufzufassen. Sie sind vielmehr je nach Situation gleichermaßen einzusetzen, und die gewonnenen Erkenntnisse sind zu kombinieren, um ein möglichst genaues Gesamtbild des jeweiligen Führungspotentials und des Entwicklungsbedarfs (Böhnisch, 1988) einer Person zu erhalten.

Für die Erfassung des Fachkräftepotentials sind sie nur bedingt geeignet. Hier gelten zusätzlich inner- und außerbetriebliche Expertenurteile, die auf den bisherigen fachlichen Arbeitsleistungen und dem innovativen Entwicklungspotential im Fachgebiet basieren.

2.3 Organisation der Personalplanung und -entwicklung

Eine wirksame Personalplanung und -entwicklung, die eine permanente Aufgabe darstellt, setzt mehrere organisatorische Maßnahmen voraus:

(1) Grundsätzlich sind für eine Personalplanung und -entwicklung sowohl der Vorgesetzte und die Personalabteilung als auch der Mitarbeiter selbst verantwortlich. Entsprechend ist in diesem Beziehungsfeld ein geregelter Informationsfluß zu gewährleisten.

Instrumentarium	Kurzbeschreibung
Potential- beurteilung	Einschätzung des Führungspotentials auf Basis der bisherigen Leistungen anhand von bestimmten Potentialkriterien bezogen auf die unterschiedlichen, relevanten, zukünftigen Verwendungen. Diese Beurteilung erfolgt z. B. durch den Vorgesetzten, den nächsthöheren Vorgesetzten, Kollegen und/oder durch ein Gremium. Beurteilungskriterien können u. a. sein: unternehmerische Sichtweise, Kreativi- tät, Konflikthandhabungsfähigkeit, soziale Kompetenz, Umweltbewußtsein.
Assessment Center	Es erfolgt eine vergleichende Beurteilung mehrerer Teilnehmer (z. B. zwölf) durch mehrere Beobachter (z. B. sechs) mit dem Ziel, Potential zu ermitteln und/oder zu fördern. Dabei werden verschiedene Instrumente wie Interviews, Tests, Bearbeitung von Fallstudien, Postkorbübungen, Gruppendiskussionen und Rollenspiele über mehrere Tage hinweg eingesetzt. Grundlage ist jeweils eine ausführli- che Anforderungsanalyse, in der Besonderheiten der jeweiligen Position(en) ermittelt werden (Arbeitskreis Assessment Center, 1989; Lattmann, 1989). Sonderform: Einzel-Assessment Die Analyse der Stärken und Schwächen erfolgt mit einem Kandidaten über einen Tag.
Biographischer Fragebogen	Die Kandidaten beschreiben sich in Termini demographischer, erfahrungs- bezogener oder einstellungsbedingter Variablen, von denen angenommen wird oder erwiesen ist, daß sie in systematischer Beziehung zur Persönlich- keitsstruktur, Persönlichkeitsentwicklung oder Erfolg in sozialen, schulischen oder beruflichen Situationen stehen. Diese Informationen werden mit den Werten erfolgreich in diesen Berufen Tätiger verglichen. Aus der Ähnlichkeit der Profile wird das Maß an Eignung für den betroffenen Beruf abgeleitet (Schuler & Stehle, 1990).
Mitarbeiter- befragung	Mit Hilfe von (teil-)standardisierten Fragebögen werden anonym und auf freiwilliger Basis bei allen Mitarbeitern (oder einer repräsentativen Stich- probe oder einer bestimmten Zielgruppe) Informationen über die Qualität und Zufriedenheit mit der Führung und Zusammenarbeit erhoben, um daraus Hinweise für Stärken und Schwächen zu erhalten und um darauf aufbauend Veränderungsprozesse einzuleiten (Domsch & Schneble, 1992).
Mitarbeiter- gespräch	Gespräch zwischen Vorgesetztem und Mitarbeiter, in dem – anhand der Zielvereinbarungen die bisherigen Arbeitsergebnisse, – die Zusammenarbeit zwischen Vorgesetztem und Mitarbeiter, mit den Kollegen und anderen Personen und Bereichen, – künftige Ziele, Aufgaben, organisatorische Veränderungen etc. und – die Personalentwicklung des Mitarbeiters (Bildung / Laufbahn) behandelt werden.

Abb. 2: Instrumente der Potentialanalyse (Beispiele)

(2) Dieser Informationsfluß ist organisatorisch durch – soweit wie sinnvoll – standardisierte Formblätter (z.B. Dokumentation der Potentialbeurteilung, der Ergebnisse des Mitarbeitergesprächs, der Personalentwicklungsmaßnahmen) und durch eine entsprechende Ablauforganisation zu unterstützen. Damit soll nicht die Bürokratie erhöht werden, sondern ein systematischer und rationeller Ablauf sowie Gleichbehandlung gewährleistet werden.

(3) Dies bedingt ein entsprechendes Personal-Informationssystem, in dem alle relevanten Daten der Potentialnachfrage und des Potentialangebotes gespeichert und aufbereitet werden sowie bei Bedarf abrufbar sind. Nachdem über viele Jahre über Möglichkeiten und Grenzen EDV-gestützter Systeme diskutiert und die Vor- wie Nachteile abgewogen wurden, hat sich inzwischen in vielen Unternehmen ihr Einsatz auch für die Personalplanung bewährt.

(4) Die gesamte Palette der Personalplanung und -entwicklung sollte nicht einzelnen Vorgesetzten oder der Personalabteilung überlassen werden. Bewährt haben sich Fach- und Führungskräftekommissionen, die – z.B. im jährlichen Abstand – die bisherigen Informationen überprüfen und aktualisieren. Diese Kommissionen sollten unter der Koordination des Personalbereiches mit Vertretern aus dem Top-Management besetzt sein. Sie sind außerdem jeweils um Ressortvertreter zu ergänzen, wenn über Potential in deren Verantwortungsbereich diskutiert wird.

(5) Damit der gesamte Prozeß der Personalentwicklung von der Planung bis zur Evaluierung von Maßnahmen tatsächlich sachgerecht und möglichst umfassend abläuft sowie eine ständige Überprüfung durch erneute Einschätzungen stattfindet, ist ein Personal-Controllingsystem (GERPOTT & SIEMERS, 1995) auch für diese personalwirtschaftliche Aufgabe zu empfehlen. Organisatorisch zuständig sollte eine koordinierende Stabsfunktion sein.

3. Alternative Laufbahnstrukturen

Neben der traditionellen Laufbahnentwicklung (z.B. Aufstieg über Gruppenleiter, Abteilungsleiter, Hauptabteilungsleiter etc.) werden in der Praxis zunehmend weitere Modelle konzipiert und eingeführt. Hierzu gehören insbesondere die Fachlaufbahn und die Projektlaufbahn (Abbildung 3).

Diese Laufbahnformen stehen nicht isoliert nebeneinander, sondern eine Gesamtkonzeption ermöglicht natürlich Wechsel zwischen diesen grundsätzlich verschiedenen Laufbahnstrukturen. Grenzen und Möglichkeiten sind jedoch auf den Einzelfall abzustellen.

3.1 Fachlaufbahn

Eine Fachlaufbahn (DOMSCH & GERPOTT, 1988; FRIELING & KLEIN, 1989; DOMSCH & SIEMERS, 1994) ist ein neben der traditionellen Leitungshierarchie (Führungslaufbahn) existierendes hierarchisches Positionsgefüge für hochqualifizierte Spezialisten. Sie sieht Rangstufen parallel zu verschiedenen Leitungsebenen mit spezifischen Bezeichnungen und Anreizen vor.

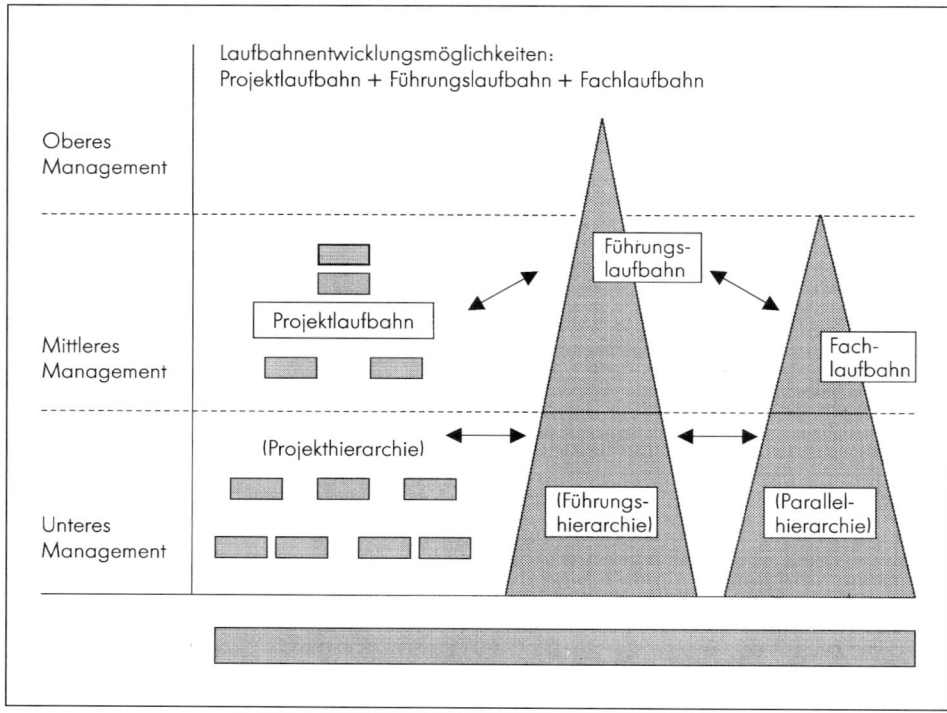

Abb. 3: Alternative Laufbahnstrukturen

Charakteristisch für Positionen in der Fachlaufbahn sind ein hoher Anteil an reinen Fach- und ein geringer Umfang an Personalführungs- und Verwaltungsaufgaben. Synonym für eine Fachlaufbahn werden oft Bezeichnungen wie Parallel-, Spezialisten-, Professional- oder Duallaufbahn/-hierarchie gebraucht. Oberziel einer Fachlaufbahn ist die Förderung, Erhaltung und Belohnung besonderer fachlicher Leistungen. Sie soll für Spezialisten ohne Personalverantwortung ein transparentes System von zusätzlichen Aufstiegsmöglichkeiten schaffen, wobei der Aufstieg in dieser Hierarchie primär auf nachgewiesener fachlicher Kompetenz beruht und nicht mit einem Zuwachs an Managementaufgaben einhergehen soll. Durch eine Fachlaufbahn kann mittelbar die Fluktuation demotivierter Spezialisten verringert und können die Rekrutierungschancen für qualifizierte Nachwuchskräfte verbessert werden.

Fachlaufbahnen sind grundsätzlich für alle Unternehmensbereiche geeignet, in denen in großem Umfang Fachspezialisten tätig sind. Als Beispiele sind zu nennen: Forschung und Entwicklung, Datenverarbeitung und Bildungsbereich.

Damit eine Fachlaufbahn in der Praxis zu einem effektiven Motivationsinstrument für Spezialisten wird, ist vom Management eine Reihe von Aspekten zu beachten im Hinblick auf

– das Design der Fachlaufbahn selbst,
– die Vorgehensweise bei der Fachlaufbahneinführung,
– die Nutzung/Pflege der Fachlaufbahn im Zeitablauf.

(1) Fachlaufbahndesign

Der strukturelle Entwurf einer Fachlaufbahn wird zweckmäßigerweise einer Arbeitsgruppe übertragen, in der anerkannte Spezialisten, hochrangige Manager und Vertreter der Personalabteilung zusammenarbeiten. Zu den Aufgaben dieser Designgruppe zählen:

– Festlegung der verschiedenen sachlich begründeten, klar unterscheidbaren Rangstufen der Fachlaufbahn. Dabei ist grundsätzlich zwischen einer relativen und einer absoluten Fachlaufbahn zu unterscheiden (Abbildung 4).

Relative Fachlaufbahn			Absolute Fachlaufbahn		
Rang-stufe	Leitungs-ebene	Fachlaufbahn-stufe	Rang-stufe	Leitungs-ebene	Fachlaufbahn-stufe
1	Direktor	Wissenschaftlicher Berater	1	Direktor	Höherer fachwissenschaftlicher Berater
2	Bereichs-leiter		2	Bereichs-leiter	Fachwissenschaft-licher Berater
3	Abteilungs-leiter		3	Abteilungs-leiter	Wissenschaftlicher Experte
4	Gruppen-leiter	Wissenschaftlicher Experte	4	Gruppen-leiter	Fachwissenschaftler
5	Mitarbeiter		5	Mitarbeiter	Wissenschaftlicher Assistent

Abb. 4: Aufstiegsmöglichkeiten in der Fachlaufbahn (Beispiele)

– Erstellung von Beschreibungen für typische Positionen auf den einzelnen Stufen der Fachlaufbahn. Als Beschreibungskriterien kommen dabei unter anderem der Anteil und die Komplexität fachlicher Spezialaufgaben, Personalführungsverantwortung, Reporting-Beziehungen und die Bedeutung für den Unternehmenserfolg in Betracht.
– Bestimmung der Gehaltsbandbreiten sowie sonstiger Anreize/Statussymbole (beispielsweise Freiräume bei der individuellen Arbeitszeitgestaltung oder Büroausstattung) für alle Rangstufen der Fachlaufbahn, und zwar dergestalt, daß sie den entsprechenden Stufen der Managementlaufbahn wirklich gleichwertig sind.
– Definition der Eingangsvoraussetzungen/Auswahl- und Leistungsbeurteilungskriterien für jede Fachlaufbahnstufe.
– Festlegung des Ernennungsverfahrens (zum Beispiel Initiativrechte, Entscheidungsträger). Hier hat sich die Einrichtung eines Auswahlgremiums bewährt, dem auch angesehene Spezialisten angehören.

(2) Einführung der Fachlaufbahn

Die Akzeptanz einer Fachlaufbahn bei den betroffenen Mitarbeitern kann durch eine partizipative Einführungsstrategie positiv beeinflußt werden. Eine solche Strategie beinhaltet nach Abschluß der Designphase eine Informationsphase, in der Fachlauf-bahnziele, -struktur und -auswahlprozeduren auch durch Vertreter des Topmanagements bekannt gemacht werden. Parallel hierzu sollten Vertreter des Personalwesens gemeinsam mit Ressortvertretern Positionsanalysen vornehmen, um die konkrete Einordnung von Stellen in die Fachlaufbahn festzulegen. In einer ergänzenden personenbezogenen Betrachtung ist weiter zu untersuchen, inwieweit derzeitige Positionsinhaber die Voraussetzungen für eine Einordnung in eine bestimmte Fachlaufbahnebene erfüllen. Die förmliche Ernennung der Bewerber, die die positionsbezogenen Anforderungen erfüllen, sollte zumindest auf den oberen Ebenen der Fachlaufbahn durch die Geschäftsleitung selbst erfolgen und auch in geeigneter Form sichtbar gemacht werden (Organigrammänderung, Rundbrief etc.). Hierbei kann eine Anpassung der Positionsausstattung und Vertragsgestaltung notwendig werden. Um den exklusiven Charakter und damit den Anreizwert von Fachlaufbahnpositionen hervorzuheben und zu sichern, sollten Ernennungen eher konservativ gehandhabt werden: Ein Verhältnis von Management- zu Fachlaufbahnpositionen von 5:1 oder höher hat sich als zweckmäßig erwiesen.

(3) Fachlaufbahnnutzung

Eine Fachlaufbahn als alternative Laufbahnstruktur wird langfristig dann am ehesten die an einer Karriere als Spezialist interessierten Mitarbeiter motivieren, wenn die positiven Erfahrungen beachtet und die negativen Erfahrungen im eigenen Unternehmen vermieden werden. Abbildung 5 enthält hierzu eine Gegenüberstellung. Besonders ist hervorzuheben:

- Die Ernennung muß sich streng an der fachlichen Leistung orientieren. Das heißt, Fachlaufbahnpositionen dürfen keinesfalls als „Abstellgleis" für erfolglose oder freigesetzte Manager mißbraucht werden.
- Die materielle sowie immaterielle Ausstattung einer Fachlaufbahnposition muß einen gleich hohen Stellenwert wie bei der vergleichbaren traditionellen Managementlaufbahn haben.
- Die Einordnung der jeweiligen Fachposition in das Hierarchiesystem muß für den Positionsinhaber und für das gesamte Unternehmen transparent und nachvollziehbar sein. Dies setzt auch eine analoge, evtl. gemeinsame Veröffentlichung mit dem Organigramm voraus.
- Das personalwirtschaftliche Instrumentarium (z.B. Personalauswahlsysteme, Positions-/Funktions-/Stellenbeschreibungen, Beurteilungen, Mitarbeitergespräche, Entgelt- und Beteiligungssystem, Personalentwicklung) ist ebenso für die fachorientierte Laufbahn zu konzipieren und einzusetzen wie für die traditionelle Führungslaufbahn.

3.2 Projektlaufbahn

Viele Unternehmensbereiche weisen ganz oder teilweise projektorientierte Organisationsstrukturen auf. In Ergänzung zum bestehenden, hierarchisch aufgebauten Organisationsgefüge wird zunehmend projektbezogen und teamorientiert, sowohl bereichsintern wie bereichsübergreifend, gearbeitet (vgl. auch den Artikel von HEINTEL

positive Erfahrungen	negative Erfahrungen
– wirksame Anreiz- und Belohnungsfunktion	– sinkende Flexibilität der Wissenschaftler
– zusätzliche Aufstiegschancen	– Förderung der Einseitigkeit
– kein Zwang, Spezialisten in Führungspositionen zu befördern	– Sackgasse / Einbahnstraße / Altersruhesitz / Treuebonus
– sinnvolle Aufgabentrennung zwischen Personalführungs-, Verwaltungs- und Fachaufgaben: keine bzw. geringere Personalführungs- und Verwaltungsaufgaben bei der Fachlaufbahn	– Schwierigkeiten bei der Beurteilung für eventuelle Beförderungen
	– zusätzlicher administrativer Aufwand
– Möglichkeit zur Berücksichtigung unterschiedlicher individueller Zielvorstellungen	– Verschärfung des Konkurrenzkampfes zwischen den Mitarbeitern
– flexible Entgeltfindung	– Personalführungsprobleme
– Förderung von Spezialwissen	

Abb. 5: Erfahrungen mit Fachlaufbahnen

& KRAINZ: Führungsprobleme im Projektmanagement, in diesem Band). Die Forderung nach größerer Flexibilität bei der Zusammenarbeit und nach flacheren Hierarchien tragen dazu bei. In Abbildung 6 sind wichtige Projektformen und die damit verbundenen Laufbahnentwicklungsmöglichkeiten beispielhaft aufgeführt.

Dabei zeigt sich neben der traditionellen Führungslaufbahn und der Fachlaufbahn für die Projektlaufbahn eine dritte Laufbahnstruktur (s. auch Abbildung 3). Besonders hinzuweisen ist darauf, daß es sich hier nicht um die schon immer bestehende Projektarbeit als Mitarbeiter oder Projektleiter handelt. Hier geht es um eine *systematische Einbindung* der Projektarbeit in ein *Personalentwicklungskonzept*.

Eine Projektlaufbahn schafft nicht nur zusätzliche Möglichkeiten, die Karrieren eines ausgewählten Personenkreises durch Alternativen der Laufbahnentwicklung zu ermöglichen. Der zeitlich begrenzte Einsatz eines Mitarbeiters als Projektleiter kann vom Management auch zur Identifikation und Förderung von Führungspotential genutzt werden (Personalauswahl- und Entwicklungsfunktion). Es handelt sich um eine Art „reales" Assessment Center (vgl. den Artikel von SCHULER: Auswahl von Mitarbeitern, in diesem Band).

Um den Anreiz von Projektleiterpositionen zu erhöhen, sollten auch diese Positionen formal im Organisationsplan ausgewiesen und dann in die für Führungskräfte üblichen Informations- und Entscheidungsprozesse eingebunden werden. Auch für Spezialisten ohne Interesse an Projektleiterpositionen – oder solche ohne Potential dafür – bietet eine Projektlaufbahn durchaus Entwicklungsmöglichkeiten, wenn im Rahmen von Projektarbeiten zunehmend komplexere Fachaufgaben übertragen werden.

Generell sollten mit dem Mitarbeiter bereits bei Übernahme einer Position in der Projekthierarchie seine Einsatzmöglichkeiten nach Projektende besprochen werden. Denn es wird sich ja grundsätzlich um einen zeitlich begrenzten Einsatz handeln. Aber

Projektform	Projektlaufbahn	
	Kurzbeschreibung	Laufbahnentwicklung (Beispiele)
traditionelle Projekte	Eine bestimmte Anzahl von Team-Mitgliedern, die sich aus allen für die Projektaufgaben bedeutsamen Unternehmensbereichen rekrutieren, arbeiten auf Zeit an einer Problemstellung.	– Team-Mitglied – Projektleiter (kleinere Projekte) – Projektleiter (komplexere Projekte)
Task Force	Einer bestimmten Anzahl von Mitarbeitern wird die Aufgabe gestellt, mit höchster Priorität innerhalb einer bestimmten Zeit eine Idee / eine Vorgabe unter wirtschaftlichen, juristischen, technischen usw. Gesichtspunkten zu penetrieren und deren Umsetzung zu forcieren.	– Team-Mitglied – Projektleiter (kleinere Projekte) – Projektleiter (komplexere Projekte)
New Venture Team	Eine Gruppe von Mitarbeitern, die in der Regel aus unterschiedlichen Unternehmensbereichen kommen, wird beauftragt, nach neuen Geschäftsfeldern für das Unternehmen zu suchen. Sonderform: „Spielwiesen" Einer Gruppe von Mitarbeitern, die in der Regel aus unterschiedlichen Unternehmensbereichen kommen, wird ein bestimmtes Budget („Spiel"-Geld, Arbeitsräume, Laborkapazität etc.) für eine bestimmte Zeit zur Verfügung gestellt. Vorgaben (Projektthemen, Entwicklungsideen u. ä.) bestehen ansonsten nicht. Die Gruppe soll sich überlegen, was sie mit dem Budget im Sinne des Unternehmens anfangen würde.	– Team-Mitglied – Projektleiter – Verantwortliche Position bei neuen Geschäftsaktivitäten – Team-Mitglied – Projektleiter – Verantwortliche Position bei neuen Geschäftsaktivitäten
Produktteam	Mitarbeiter aus den relevanten Unternehmensbereichen (Forschung/Entwicklung, Produktion, Vertrieb national/international, Planung, Rechnungswesen, Personal etc.) managen als Produkt(gruppen-)leitung einen bestimmten produktbezogenen Geschäftsbereich (Unternehmen im Unternehmen).	– Team-Mitglied – Team-Sprecher (Vorsitzender in kleineren Produktbereichen) – Team-Sprecher (Vorsitzender von größeren Produktbereichen)
Zirkel	Eine Gruppe von Mitarbeitern trifft sich in einer Serie von regelmäßig durchgeführten und moderierten Gesprächsrunden (Qualitätszirkel, Innovationszirkel, Lernstatt, Werkstattzirkel etc.), um über Probleme, Schwachstellen, neue Ideen und Ansätze im Zusammenhang mit ihrem Tätigkeitsbereich zu diskutieren, Lösungsansätze zu erarbeiten und diese zu präsentieren. Auch an der Umsetzung sollen die Gruppenmitglieder so weit wie möglich beteiligt werden.	– Mitglied von Zirkeln – Moderator von Zirkeln – Koordinator der Zirkelarbeit

Abb. 6: Verschiedene Projektformen und damit verbundene Laufbahnentwicklung

gerade zur Potentialerkennung und -entwicklung bieten auch diese projektgebundenen Zeiten wertvolle Hinweise.

Mit dem Einsatz der Projektlaufbahn sind in der Praxis positive und negative Erfahrungen gesammelt worden. Hierzu enthält die Abbildung 7 eine Zusammenstellung.

positive Erfahrungen	negative Erfahrungen
– wirksame Anreiz- und Belohnungsfunktion	– Laufbahnentwicklung (zunächst) auf Zeit
– zusätzliche Aufstiegschancen	– fehlender Einbezug der Projektlaufbahn in die Personalplanung (reentry-Problematik, ähnlich wie beim Auslandseinsatz)
– größere Flexibilität bei der Personalentwicklung	
– Potentialerkennung („reales" Assessment Center) im Hinblick auf z. B. Kreativität, Verantwortungsbereitschaft, Teamfähigkeit, Kontaktfähigkeit, Konflikthandhabung, fachliche Anforderungen bei komplexen innovativen Aufgabenstellungen, Personalführungsqualifikation	– keine Positionsbestimmung (Vergleichbarkeit mit Führungs- und Fachlaufbahn) für Projektlaufbahn
	– keine organisatorische Zuordnung und Veröffentlichung in Ergänzung zum Organigramm
– Entwicklung unternehmerischer Fähigkeiten bei der Leitung bereichsübergreifender Projektteams	– unklare Kompetenzregelung, insb. für den Projektleiter bei Sach- und Personalfragen
– Erkennen erforderlicher Personalentwicklungsmaßnahmen und Potentialförderung	– Personalführungsprobleme (insb. unklare Trennung zwischen fachlicher und disziplinarischer Unterstellung der Projektmitarbeiter und insbesondere der Projektleiter)
– Möglichkeit zur Berücksichtigung unterschiedlicher individueller Zielvorstellungen	
– flexiblere Entgeltfindung (z. B. durch Projektzulagen)	

Abb. 7: Erfahrungen mit Projektlaufbahnen

4.   Ausblick

Das Mitarbeiterpotential wird zunehmend zum strategischen Erfolgsfaktor für die Unternehmen. Daher werden die Anstrengungen für ein wirksames Personal-Marketing, eine systematische Potentialplanung und -entwicklung weiterhin zunehmen. Insofern werden entsprechende Investitionen im Personalbereich in Zukunft – auch durch verstärkte Dienstleistungsorientierung – mit Sicherheit die Sach- und Finanzinvestitionen oft übersteigen. Um aber auch bei Personalinvestitionen einen hohen „return on investment" sicherzustellen, werden entsprechende Bemühungen in der Weiterentwicklung des traditionellen Instrumentariums der Personalplanung und -entwicklung unabdingbar sein.

Unternehmen, die diese hohe Relevanz von Personalinvestitionen für die Sicherung des Unternehmenserfolges noch nicht erkannt haben, eventuell nur „im Prinzip" und „selbstverständlich", dafür aber allgegenwärtig darüber reden, werden in Zukunft kaum eine erfolgreiche Rolle spielen. Engagierte und qualifizierte Mitarbeiter, die spüren, daß ihr Unternehmen für sie keine umfangreichen Personalinvestitionen vornimmt, sollten schnellstmöglichst ihre Arbeitssituation verändern. Potentialplanung und -entwicklung ist für Arbeitgeber/Personalabteilung, Vorgesetzte und Mitarbeiter im Rahmen einer kooperativen Führung und Zusammenarbeit Bring- und Holschuld.

Literatur

Arbeitskreis Assessment Center (Hrsg.). (1989). Das Assessment Center in der betrieblichen Praxis. Erfahrungen und Perspektiven. Hamburg 1989.

Böckly, W. (1995). Personalanpassung. Ludwigshafen 1995.

Böhnisch, W. (1988). Führung und Führungskräftetraining. Stuttgart 1988.

Domsch, M. & Gerpott, T. J. (1988). Personalführung als Erfolgsfaktor in Forschung und Entwicklung. In: Harvard manager, o. Jg., 2. Quartal, 1988, S. 64–70.

Domsch, M. & Schneble, A. (Hrsg.). (1992). Mitarbeiterbefragungen. Instrumente zeitgemäßer Führung und Zusammenarbeit. 2. Aufl. Heidelberg 1992.

Domsch, M. & Siemers, S. (Hrsg.). (1994). Fachlaufbahnen. Heidelberg 1994.

Drumm, H.-J. & Scholz, Ch. (1988). Personalplanung. Planungsmethoden und Methodenakzeptanz. 2. Aufl. Bern/Stuttgart 1988.

Frieling, E. & Klein, H. (1989). Fachlaufbahn für Konstrukteure. In: Personalwirtschaft, o. Jg., Heft 10, 1989, S. 22–29.

Geissler, H., Behrmann, D. & Petersen, J. (Hrsg.). (1995). Lean Management und Personalentwicklung. Frankfurt a. M. 1995.

Grieger, J. (1997). Hierarchie und Potential: Informatorische Grundlagen und Strukturen der Personalentwicklung in Unternehmungen. Neustadt/Coburg 1997.

Gerpott, T. J. & Siemers, S. H. (Hrsg.). (1995). Controlling von Personalprogrammen. Stuttgart 1995.

Lattmann, Ch. (Hrsg.). (1989). Das Assessment-Center-Verfahren der Eignungsbeurteilung. Sein Aufbau, seine Anwendung und sein Aussagegehalt. Heidelberg 1989.

RKW Rationalisierungs-Kuratorium der Wirtschaft (Hrsg.). (1990). RKW-Handbuch Personalplanung. 2. Aufl. Neuwied 1990.

Rosenstiel, L. v., Nerdinger, F. W., Spiess, E. & Stengel, M. (1989). Führungsnachwuchs im Unternehmen. Wertkonflikte zwischen Individuum und Organisation. München 1989.

Sarges, W. (Hrsg). (1995). Management-Diagnostik. Göttingen 1995, 2. Aufl.

Schuler, H. & Stehle, W. (Hrsg.). (1990). Biographischer Fragebogen als Methode der Personalauswahl. 2. Aufl. Stuttgart 1990.

Schwarz, H. (1988). Arbeitsplatz-Beschreibungen. 11. Aufl. Freiburg 1988.

Wunderer, R. & Sailer, M. (1987). Die Controlling-Funktion im Personalwesen. In: Personalführung, o. Jg., 1987, S. 505–509 und S. 600–606.

Zur Konkretisierung und weiterer Vertiefung wird empfohlen, im Fallstudienband die Fälle zur „Personalpolitik", zu „Personalplanung und -entwicklung" sowie zu „Alternative Laufbahnentwicklung" zu bearbeiten.

Heinz Evers

Vergütungsmanagement

1. Vom Kostenfaktor zum Führungsinstrument

Vergütungsmanagement beinhaltet die wirksame Ausgestaltung und Bemessung der materiellen Leistungen, die die Unternehmen ihren Mitarbeitern als Gegenwert für ihre Arbeitsleistung bieten. In der Wirtschaft wächst die Erkenntnis, daß Mitarbeiter nicht primär als Kostenverursacher, sondern als Gewinnproduzenten bzw. als Garanten der Unternehmenszielerreichung zu betrachten sind. Damit wandelt sich auch die Rolle der Vergütung vom Kostenfaktor zum Führungsinstrument.

Der Vergütung kommt zum einen eine *Selektionsfunktion* zu. Unternehmen, die überdurchschnittlich zahlen, können auch eher qualifizierte Mitarbeiter für sich gewinnen und auf Dauer halten. Zum anderen besitzt die Vergütung eine wichtige *Anreiz- und Steuerungsfunktion*. Sie soll dazu beitragen, die Mitarbeiter zu einem Arbeitsverhalten zu motivieren, das die nachhaltige Erreichung der Unternehmensziele sicherstellt. Dies setzt einen engen Bezug zwischen Vergütung und zu erbringender Leistung voraus.

Die Vergütung der ausführenden Mitarbeiter ist in weiten Bereichen – dies gilt für die monetären Bezüge, aber auch für verschiedene Zusatzleistungen – tarifvertraglich oder gesetzlich vorgegeben. Für ein eigenständiges Vergütungsmanagement bleibt den Unternehmen hier nur geringer Handlungsspielraum. Dagegen wird die Vergütung der Führungskräfte, die überwiegend zu den außertariflichen oder leitenden Angestellten zählen, weitgehend auf einzelvertraglicher Basis oder betriebsindividuell geregelt und unterliegt somit einer höheren Gestaltungsautonomie. Infolgedessen richten sich die vergütungspolitischen Bestrebungen der Unternehmen in besonderer Weise auf dieses Segment. Die Vergütung der Führungskräfte spielt dabei immer mehr die Pilotrolle für die künftige Entwicklung der Vergütung auch der übrigen Mitarbeiter. Dieses wird künftig um so bedeutsamer, je mehr Unternehmen versuchen, die bisher von den Sozialpartnern geregelte Vergütung in stärkerem Maße in ihre betriebliche Entscheidungskompetenz zurückzuholen. Aus diesem Grund legen auch die folgenden Ausführungen zum Vergütungsmanagement ihren Schwerpunkt auf die Führungskräftevergütung.

Die Vergütung der Führungskräfte in deutschen Unternehmen setzt sich heute im allgemeinen aus drei Hauptkomponenten zusammen:

- *Grundgehälter*

Grund- oder Festgehälter sind entweder – wie vor allem im oberen Management – in einem festen Jahresbetrag vereinbart oder umfassen (auf das Jahr bezogen) die festen Monatsgehälter multipliziert mit Anzahl der Zahlungen im Jahr zuzüglich eventuell gesondert gezahlter Weihnachts- und Urlaubsgelder.

Die Grundgehälter bilden das Fundament der Managementvergütung. Als ihr weitaus gewichtigster Teil umfassen sie derzeit je nach Hierarchiestufe und Vergütungsstruktur zwischen 65 % und 95 % der gesamten monetären Bezüge. Sie dienen darüber hinaus vielfach als Bezugsbasis für die Bemessung der variablen Bezüge.

- *Variable Bezüge*

Diese Bezüge beinhalten zusätzliche monetäre Vergütungen in Form von Erfolgsbeteiligungen, Tantiemen, Prämien, Boni oder sonstigen Jahresabschlußvergütungen. Sie sind überwiegend dem Grunde nach zugesagt, in ihrer Höhe mehr oder weniger variabel. Die Höhe ist zumeist vertraglich an betriebliche oder individuelle Erfolgs- und Leistungskriterien gebunden oder basiert auf Ermessensentscheidungen übergeordneter Leitungs- oder Aufsichtsorgane.

Die variablen Bezüge reichen im Durchschnitt bei Führungskräften mit steigender Hierarchiestufe von 5 % bis 35 % der monetären Bezüge.

- *Zusatz- und Sozialleistungen*

Diese Vergütungskomponente umfaßt alle sonstigen Sach- und Geldleistungen sowie Leistungszusagen, die die Unternehmen über die monetären Bezüge hinaus ihren Mitarbeitern zuwenden. Hierunter fällt neben den gesetzlich normierten Arbeitgeberanteilen zur Sozialversicherung die gesamte Palette der freiwilligen Zusatzleistungen. Sie reicht von Zusagen zur betrieblichen Altersversorgung über die Stellung von Dienstwagen zur privaten Nutzung oder Unfallversicherungen bis zur Fortzahlung der Bezüge bei Krankheit und Tod.

Ihr Gesamtwert schwankt zwischen den Unternehmen je nach Firmengröße und Hierarchiestufe erheblich. Er liegt für Führungskräfte im Durchschnitt bei 25 % bis 35 % der monetären Gesamtbezüge.

2. Marktwerte als Orientierungsrahmen

Da die Unternehmen am Arbeitsmarkt nicht unabhängig voneinander operieren und auch die Führungskräfte ihre individuellen Ansprüche an marktüblichen Vergütungen ausrichten, bilden die externen Marktwerte für die verschiedenen Führungsfunktionen den Orientierungsrahmen für ein wirksames Vergütungsmanagement.

Diese Arbeitsmarktwerte beinhalten die Vergütungen, die die wesentlichen Wettbewerber in der jeweiligen Branche, aber auch am regionalen Arbeitsmarkt ihren Führungskräften in vergleichbaren Funktionen bieten. Da dem einzelnen Unternehmen in seiner Marktforschung relativ enge Grenzen gesetzt sind, sind die Marktwerte durch systematische überbetriebliche Erhebungen, wie sie durch spezialisierte Beratungsunternehmen durchgeführt werden, zu erfassen und zu analysieren. Diese Erhebungen sollten sich zum einen auf alle wesentlichen Vergütungselemente erstrecken, zum anderen die relevanten Einflußfaktoren der Vergütung – durch eine umfangreiche Datenbasis fundiert – so nachvollziehbar ausweisen, daß sich der Marktrahmen für das einzelne Unternehmen zuverlässig abstecken läßt.

Innerhalb dieses Rahmens müssen sich die Unternehmen entsprechend ihrer langfristigen Unternehmens- und Personalstrategie vergütungspolitisch positionieren. Ob sie ihre Führungskräftevergütung im unteren Bereich, im Mittelfeld oder in der Spitzengruppe vergleichbarer Unternehmen ansetzen, diese Entscheidung hat erhebliche Auswirkungen auf die Qualität und das Engagement des Managements und damit zugleich auf den Geschäftserfolg.

Während sich deutsche Unternehmen aufgrund von Kostenerwägungen noch überwiegend für eine mittlere Positionierung ihrer Führungskräftevergütung entscheiden, streben ausländische Tochtergesellschaften vor allem US-amerikanischer Konzerne unter Selektions- und Motivationsaspekten vergütungspolitisch häufig ausdrücklich eine Spitzenstellung an. Diese Sichtweise werden sich künftig auch deutsche Unternehmen stärker zu eigen machen müssen, um den immer härteren Wettbewerb um die besten Führungskräfte nicht zu verlieren.

Innerhalb des so eingegrenzten Marktsegmentes ist die Vergütung der eigenen Führungskräfte festzulegen und zu strukturieren.

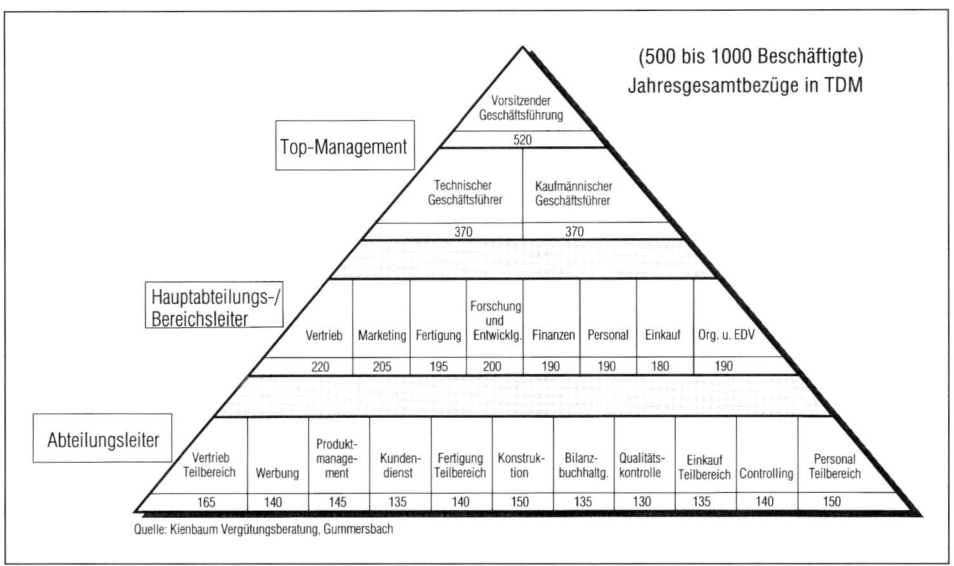

Abb. 1: Typische Vergütungsstruktur eines Industrieunternehmens

Hauptkriterien der Vergütungsbemessung und -differenzierung sind dabei
– die relative Wertigkeit der Führungspositionen im Sinne ihres Beitrages zum Unternehmenserfolg sowie
– die individuelle Leistungsstärke der jeweiligen Stelleninhaber.

Damit die angestrebte Selektions- und Anreizwirkung der Vergütung voll zur Geltung kommt, sollte die Gesamtvergütung in Höhe und Struktur so gestaltet sein, daß sie für hervorragende Mitarbeiter deutlich über Marktniveau liegt und insofern hohe Attraktivität besitzt. Mitarbeiter mit schlechteren Leistungen hingegen sollten durch eine unter den Marktwerten liegende Vergütung eindeutige Signale erhalten, ihre Leistungen zu steigern oder aber das Unternehmen zu verlassen. Damit dies funktioniert, ist zugleich ein hoher variabler Anteil der Bezüge sowie eine entsprechende Leistungsreagibilität anzustreben.

3. Aktuelle vergütungspolitische Gestaltungsfelder

Bezogen auf die Hauptkomponenten der Führungskräftevergütung ergeben sich heute drei wesentliche vergütungspolitische Gestaltungsfelder:

3.1 Funktions- und marktwertorientierte Gehaltssysteme

Angesichts der gewichtigen Rolle, die die Grundgehälter innerhalb der Führungskräftevergütung spielen, kommt ihrer Bemessung und Strukturierung eine zentrale Bedeutung zu. Zur vergütungsmäßigen Einstufung und Differenzierung der Führungsfunktionen bieten sich verschiedene Verfahren der Stellenbewertung an.

484

In der Vergangenheit wurden zumeist komplexe *analytische Bewertungssysteme* von Wissenschaft und Praxis zur Anwendung empfohlen und in vielen Unternehmen auch eingeführt. Diese überwiegend anforderungsorientierten Systeme haben die an sie gestellten Erwartungen im allgemeinen nicht erfüllt. Sie erwiesen sich nicht nur als äußerst arbeits- und kostenaufwendig in der Einführungsphase, sie zeigen auch in der praktischen Anwendung erhebliche Mängel. Beklagt werden neben dem hohen administrativen Aufwand vor allem ihre bürokratische Schwerfälligkeit und Inflexibilität gegenüber internen und externen Veränderungen sowie die verstärkte Einflußnahme der Betriebsräte auf die Führungskräftevergütung. Hinzu kommt die wachsende Einsicht, daß selbst die aufwendigsten Bewertungssysteme die propagierten Ansprüche auf Objektivität und Gerechtigkeit nur sehr bedingt erfüllen und Ermessensentscheidungen nach wie vor breiten Raum lassen.

Aus diesem Grund bevorzugt man in letzter Zeit im Führungskräftebereich zunehmend einfach handhabbare, praktikablere Einstufungsverfahren. Diese vermeiden zumeist den aufwendigen Umweg der Analytik – von den Stellenaufgaben über die Erfassung und Bewertung verschiedener Anforderungsarten zur Gehaltsbestimmung – und verknüpfen statt dessen die Führungsaufgaben direkt mit den Bezügen. Die verschiedenen Funktionen werden dabei entsprechend ihrer externen Marktwerte sowie ihrer innerbetrieblichen Wertigkeit in ein System von Gehalts- bzw. Funktionsstufen eingeordnet. Die interne Wertigkeit wird entweder summarisch eingeschätzt oder mit Hilfe weniger möglichst objektiv feststellbarer Bewertungskriterien, die sich vorwiegend an den Ergebnisbeiträgen sowie am Verantwortungsrahmen der Funktionen orientieren, ermittelt.

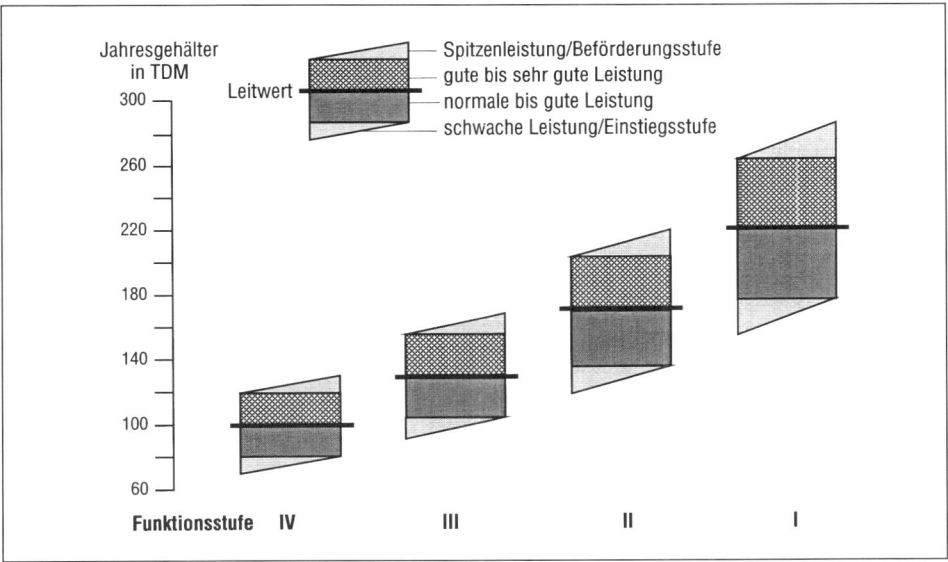

Abb. 2: Gehaltssystem im AT-Bereich

Die Zahl der Funktionsstufen ist gegenüber den herkömmlichen Systemen deutlich reduziert. Vier bis sechs einander überlappende Stufen für den AT-Bereich erweisen sich auch in Großunternehmen zumeist als völlig ausreichend. Dafür sind die finan-

485

ziellen Bänder zwischen den unteren und oberen Grenzwerten der einzelnen Funktionsstufen gegenüber den herkömmlichen Systemen regelmäßig weiter gespannt. Bandbreiten von ± 30 % bis mehr als ± 50 % um die jeweiligen Leitwerte bieten größere Spielräume für Leistungsentwicklung und -honorierung innerhalb der Funktionsstufen und zugleich höhere Flexibilität bezogen auf die immer rascheren organisatorischen Veränderungen.

Soweit in diesen Gehaltssystemen Leistungsbeurteilungsverfahren integriert sind, konzentriert sich die Beurteilung auf wenige, möglichst klar definierte, aus der Tätigkeit abgeleitete Bewertungskriterien. Anders als in den traditionellen Verfahren handelt es sich dabei weniger um individuelle Eigenschaften oder Fähigkeiten der Führungskräfte, als vielmehr um das jeweils gezeigte Leistungsverhalten und seine Ergebnisse. Dies erleichtert sowohl dem Vorgesetzten die Bewertung und das diesbezügliche Feedback, als auch den beurteilten Führungskräften die Akzeptanz der Bewertungsergebnisse und ihrer vergütungspolitischen Konsequenzen. Zugleich werden ihnen konkrete Handlungsfelder zur Leistungsverbesserung aufgezeigt.

3.2 Zielorientierte Bonussysteme als Umsetzungshebel

Bei den variablen Bezügen konzentrieren sich die Bestrebungen derzeit vor allem auf die Konzeption und Implementierung von Zielbonussystemen. Diese honorieren die Erreichung von Ergebnis- und Leistungszielen, die zwischen den Führungskräften und ihren Vorgesetzten jährlich vereinbart werden, und ergänzen die Führungssysteme zu einem integrierten Gesamtkonzept ergebnisorientierter Unternehmenssteuerung.

Die Führungskräfte handeln in diesem Konzept gleichsam als Subunternehmer. Nach umfassender Information über die Unternehmens- und Bereichsziele definieren sie zu Beginn des Geschäftsjahres gemeinsam mit ihren Vorgesetzten ihre individuellen Beiträge zur Erreichung dieser Zielsetzungen. Zugleich wird als Anreiz und zur Honorierung eine Bonusvereinbarung getroffen. Innerhalb des Geschäftsjahres arbeiten die Führungskräfte weitgehend eigenständig an der Realisierung der vereinbarten Leistungsbeiträge. Am Jahresende werden die tatsächlichen Zielerreichungen gemeinsam festgestellt und die daraus resultierenden Boni ermittelt. Der Zielbonus fungiert damit als Umsetzungshebel der Unternehmenszielsetzungen und -strategien.

Die Ergebnis- und Leistungsziele, die mit den Führungskräften individuell vereinbart werden, leiten sich unmittelbar aus der jährlichen Unternehmensplanung und -budgetierung ab oder ergeben sich aus der spezifischen Aufgabenstellung der Führungskraft vor dem Hintergrund der generellen Unternehmens- bzw. Bereichsstrategien. Sie beinhalten zum einen zentrale Leistungsstandards zu den Hauptaufgaben der jeweiligen Funktion. Zu diesen durchweg quantitativ faßbaren Zielkategorien zählen vor allem das Erreichen von Ergebnis- und Umsatzzielen oder die Durchsetzung von Kostenreduzierungen. Zum anderen leiten sie sich situationsbezogen aus der laufenden Geschäftstätigkeit ab, zielen auf Verbesserung bestehender Zustände und Abläufe oder umfassen einmalige Aktions- oder Projektziele, wie z.B. die Erschließung neuer Marktsegmente, den Abschluß von Reorganisationsmaßnahmen oder die erfolgreiche Einführung eines neuen Controllingsystems. Die Zielsetzungen dieser Kategorie lassen sich vielfach nicht quantitativ fassen, sondern verlangen eine qualitative Beurteilung.

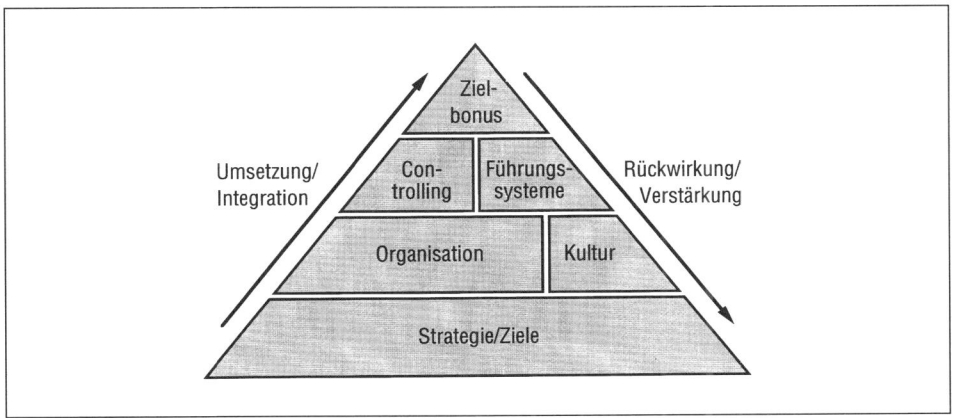

Abb. 3: Zielbonus als Umsetzungshebel

Drei bis vier solcher Ziele – nach betrieblicher Priorität gewichtet – bieten eine fundierte Basis für leistungsmotivierende variable Bezüge. Die Untermauerung durch Maßnahmen- und Zeitpläne ermöglicht die laufende Fortschrittskontrolle durch die Vorgesetzten und zugleich die erwünschte Eigensteuerung. Neben der Honorierung funktionsspezifischer Zielerreichung sollten insbesondere für die oberen Führungskräfte Teile ihrer variablen Bezüge mit der Erreichung übergeordneter Firmenziele verknüpft werden. Durch diese Verknüpfung wird die Identifikation der Führungskräfte mit dem Gesamtunternehmen erhöht, ihr Teamgeist gefördert, ihre gemeinsame Verantwortung für Geschäftsprozesse unterstrichen und zugleich einem unerwünschten Ressortegoismus vorgebeugt.

Für die Wirksamkeit dieser Bonussysteme ist entscheidend, daß sich die Bonusgewährung primär an erzielten Resultaten, nicht an bloßen Leistungsbemühungen orientiert. Auf diese Weise partizipieren die Führungskräfte mit ihren Bezügen in angemessener Form an den unternehmerischen Chancen und Risiken ihres Unternehmens sowie am Erfolg oder Mißerfolg ihres Verantwortungsbereiches bzw. ihrer eigenen Aktivitäten.

Zugleich ist es wichtig, die für die Zielerfüllung verantwortlichen Führungskräfte weitgehend in den Prozeß der Zielfindung und -festlegung einzubeziehen. Dies erhöht ihre Identifikation mit den vereinbarten Zielen und steigert so ihr Engagement für die Zielerfüllung. Dieser Einbezug der Führungskräfte darf allerdings nicht dazu führen, daß die vereinbarten Ziele ihren herausfordernden Charakter einbüßen und statt dessen einer übervorsichtigen Planungsmentalität Vorschub geleistet wird. Hier ist die Unternehmensplanung in besonderer Weise gefordert, für anspruchsvolle, aber realistische Zielsetzungen die fundierte Informationsbasis zu schaffen.

Zielorientierte variable Bezüge sind um so einfacher und wirkungsvoller einzuführen, je stärker die Führungskräfte in der Vergangenheit bereits partizipativ geführt wurden. Aber auch für Unternehmen, die diese Art der Führung bisher nicht praktizierten, lohnt sich die Einführung solcher Zielbonussysteme. Für sie ist es zugleich ein wichtiger Schritt zu einer zeitgemäßeren Mitarbeiterführung.

Der Erfolg des Managementkonzeptes „Führen mit Zielen" hängt entscheidend davon ab, daß die Unternehmensziele über die verschiedenen Leitungsebenen hinweg kaskadenförmig bis auf die einzelnen Mitarbeiter bzw. Mitarbeitergruppen heruntergebrochen werden, die durch ihre Leistungsbeiträge diese Zielerreichung letztlich sicherstellen. Aus diesem Grund werden auch die Zielbonussysteme künftig über den Kreis der Führungskräfte hinaus erheblich an Bedeutung gewinnen. Am Ende dieser Entwicklung steht ein Gesamtkonzept der Führung und Vergütung, das für alle Mitarbeiter gilt und sich konsequent auf die Unternehmensziele und ihre Erreichung ausrichtet.

3.3   Zusatzleistungen auf dem Prüfstand

Freiwillige betriebliche Zusatzleistungen erfreuen sich bei Führungskräften einer ungebrochen hohen Wertschätzung. Die Attraktivität resultiert zum einen aus Wirtschaftlichkeitserwägungen vor allem im Hinblick auf ihre steuerliche Behandlung, zum anderen aber auch aus Sicherheits- und Anerkennungsbedürfnissen der Führungskräfte.

Wichtige Zusatzleistungen für leitende Angestellte (1. Ebene) – Verbreitung und Ausgestaltung –	
Betriebliche Altersversorgung Empfänger: 80% Höhe: 20-25% der Festbezüge	**Firmenwagen zur Privatnutzung** Empfänger: 70% Ø Anschaffungspreis: 65 TDM
Gehaltsfortzahlung bei Krankheit Empfänger: 85% Ø Dauer: 6 Monate	**Unfallversicherung** Empfänger: 80% Ø Versicherungssumme bei – Tod: 200 TDM – Invalidität: 350 TDM
Gehaltsfortzahlung bei Tod Empfänger: 65% Ø Dauer: 3 Monate	

Der stetige Zwang zur Rationalisierung und Personalkostensenkung führt die Unternehmen derzeit auch bei den Zusatzleistungen zu kritischer Revision. Dabei darf es allerdings nicht bei einer bloßen Reduzierung des Gesamtaufwandes für diese Leistungen bleiben. Es gilt vielmehr, trotz niedrigeren Kostenrahmens die Attraktivität des Leistungsangebotes möglichst unverändert zu halten oder doch die verfügbaren Mittel für jeden Mitarbeiter mit dem größtmöglichen Nutzen einzusetzen.

Hierzu bietet sich zunächst die Umstrukturierung an der Angebotspalette von kaum noch bedarfsgerechten und insofern wenig attraktiven Leistungen zu solchen Leistungen, die sich bei Führungskräften aufgrund ihrer spezifischen Bedürfnisstruktur besonderer Wertschätzung erfreuen. Die individuelle Attraktivität der jeweiligen Leistungen ist dabei durch fundierte Analysen der Mitarbeiterpräferenzen zu erfassen.

In die gleiche Richtung zielen die Bestrebungen zu einer stärkeren Flexibilisierung und Individualisierung der bisher zumeist starren, kollektiv geregelten Leistungsangebote. Die Spannweite der Möglichkeiten reicht von einer stärker gruppenspezifischen Differenzierung von Inhalt und Kosten der angebotenen Zusatzleistungen, etwa nach einzelnen Funktionsstufen, Familienstand oder Lebensaltersgruppen, bis zu Cafeteriasystemen, in denen sich die Führungskräfte jährlich aus einer Leistungspalette im Rahmen eines fixierten Kostenbudgets individuell die für sie passenden Elemente und Ausgestaltungen entsprechend ihrer persönlichen Bedürfnisstruktur auswählen.

Zwar handelt es sich bei diesen Systemen noch durchweg um vergütungspolitische Visionen, deren betriebliche Realisierung in Deutschland im Gegensatz etwa zu den USA aufgrund der erheblichen arbeits- und steuerrechtlichen Restriktionen erst in Einzelfällen gelungen ist. Dennoch liefert ihre Leitidee, durch individuelle Auswahl der Leistungen ein Höchstmaß an Attraktivität sicherzustellen, für die sinnvolle Ausgestaltung der Zusatzleistungen wertvolle Impulse. Gleiches gilt für die Forderung nach weitgehender Transparenz von Inhalt und Wert der gebotenen Leistungen. Sie ist in deutschen Unternehmen durchweg nicht gegeben. Ein verbreitetes Informationsdefizit über Kosten und Leistungsinhalte selbst attraktiver Zusatzleistungen, etwa der betrieblichen Altersversorgung, verhindert vielfach bei den begünstigten Führungskräften die volle Entfaltung der Anreizwirkung. Das in den meisten Unternehmen geübte eher defensive Informationsverhalten über Zusatzleistungen muß zu diesem Zweck in eine offensive Informationspolitik umgestaltet werden. „Gutes tun und darüber reden" wird im Bereich der Zusatzleistungen eine zunehmend notwendige personalpolitische Maxime.

Besondere Aktualität hat in letzter Zeit eine – wenn auch begrenzte – Cafeteria-Option gewonnen. Angesichts der spürbaren Zurückhaltung der Unternehmen bei betrieblichen Pensionszusagen erhält die Eigenvorsorge der Führungskräfte derzeit einen erhöhten Stellenwert. Zugleich bietet sich mit der „Aufgeschobenen Vergütung" (Deferred Compensation) ein steuerlich interessanter, inzwischen auch rechtlich abgesicherter Weg, Teile der monetären Bezüge als Eigenleistung der Mitarbeiter der betrieblichen Altersversorgung zuzuführen. Diese Option sollten die Unternehmen ihren Führungskräften unbedingt einräumen.

Schließlich findet auch bei den Zusatzleistungen das Prinzip der Leistungs- und Erfolgsorientierung zunehmende Beachtung. Dies gilt bislang vor allem für die betriebliche Altersversorgung. Hier bietet sich die Einbeziehung der variablen Bezüge in die Bemessungsgrundlage der Versorgungsleistungen an. Auch die in jüngster Zeit eingeführten „beitragsorientierten" Systeme zielen in diese Richtung. Die Versorgungszusagen sind hier nicht länger in Prozenten des letzten Gehaltes, sondern in Beiträgen der in den verschiedenen Jahren jeweils erzielten Gesamtbezüge definiert und berücksichtigen auf diese Weise die unterschiedliche Erfolgs- und Leistungsentwicklung im Zeitablauf in stärkerem Maße. Zwar stehen diese Bestrebungen noch an ihrem Anfang, doch dürften sie die Zusatzleistungspolitik der nächsten Jahre entscheidend prägen.

4. Vergütungsmanagement als Chefsache

Die Qualität und das Engagement der Führungskräfte bestimmen maßgeblich den Erfolg ihrer Unternehmen. Sie werden in Zukunft zu einem entscheidenden Wettbewerbsfaktor. Angesichts der zentralen Rolle, die ein attraktives, effizient gestaltetes Vergütungsmanagement spielt, um qualifizierte Führungskräfte zu gewinnen und zielgerichtet zu beeinflussen, ist hier die Unternehmensleitung in besonderer Weise gefordert. Sie darf diese unternehmerische Aufgabe keineswegs den Personalabteilungen allein überlassen. Sie selbst sollte vielmehr in die zukunftsorientierte Gestaltung des Vergütungsmanagements ihrer Führungskräfte deutlich mehr Zeit und Engagement investieren, als es bislang in den meisten Chefetagen geschieht. Indem sie sich dieser Herausforderung stellt, leistet sie zugleich einen wichtigen Beitrag zu einer erfolgs- und leistungsorientierten Unternehmenskultur.

Literatur

BECKER, F G. (1987). Anreizsysteme für Führungskräfte im strategischen Management. 2. Aufl. Bergisch Gladbach, Köln 1987.

EVERS, H. (1993). Incentives. In H. STRUTZ (Hrsg.), Handbuch Personalmarketing. S. 558–565. 2. Aufl. Wiesbaden 1993.

EVERS, H. (1994). Zukunftsweisende Anreizsysteme für Führungskräfte. In J. Kienbaum (Hrsg.), Visionäres Personalmanagement. S. 439–455. 2. Aufl. Stuttgart 1994.

EVERS, H. (1995). Entgeltpolitik für Führungskräfte. In A. KIESER, G. REBER, R. WUNDERER (Hrsg.), Handwörterbuch der Führung. Sp. 297–306. 2. Aufl. Stuttgart 1995.

EVERS, H., v. HÖREN, M. (1996). Bonussysteme als Umsetzungshebel zielorientierter Unternehmensführung. In: Personal, 9/1996, S. 456–461.

KIENBAUM VERGÜTUNGSBERATUNG (Hrsg.). Vergütung 1997, Bd. I: Leitende Angestellte. Gummersbach 1997.

WINTER, S. (1997). Möglichkeiten der Gestaltung von Anreizsystemen für Führungskräfte. In: Die Betriebswirtschaft 57/1997, S. 615–629.

WAGNER, D. (1991). Anreizpotentiale und Gestaltungsmöglichkeiten von Cafeteria-Modellen. In G. SCHANZ (Hrsg.), Handbuch Anreizsysteme in Wirtschaft und Verwaltung. S. 91–109. Stuttgart 1991.

Michel E. Domsch

Vorgesetztenbeurteilung

1. Grundlagen

1.1 Ausrichtung

„Vorgesetztenbeurteilungen" führen zur Teamentwicklung. Im Rahmen partizipativer Führung und Zusammenarbeit muß es das Anliegen des Vorgesetzten sein, teamorientiert zu führen und sich als Teil des Teams zu empfinden. Hierzu gehören auch die Einschätzung des Vorgesetztenverhaltens durch die anderen Teammitglieder und eine entsprechende intensive Diskussion darüber.

Das Thema „Vorgesetztenbeurteilung" war allerdings in der Praxis lange tabuisiert. In den letzten Jahren hat sich das auffällig geändert. Denn diese Form der Beurteilung findet als Ergänzung zu gängigen Personalbeurteilungsformen seit Ende der 70er Jahre in der Praxis immer mehr Beachtung (DOMSCH, 1992; LUDWIG, 1994; HOFMANN, KÖHLER & STEINHOFF, 1995). Dazu beigetragen haben:

- die generellen Diskussionen über Art und Umfang partizipativer Führung im Zusammenhang mit einer konsequenten Demokratisierung der Wirtschaft;
- die individuellen Wünsche der Mitarbeiter nach mehr Selbst- und Mitbestimmung auch im Arbeitsleben im Rahmen der Wertewandeltendenzen (v. ROSENSTIEL, 1992);
- Konzeptionen und Erfahrungen mit den vielfältigsten Formen der Organisations- und Teamentwicklung.

Im Rahmen dieser Tendenzen ist die Zusammenarbeit zwischen Vorgesetzten und ihren Mitarbeitern häufig intensiver, vielfältiger, konstruktiver und angstfreier geworden. Gewachsen ist auch die Einsicht, daß teamorientierte Verhaltensweisen erfolgversprechender sind als isolierte Einzelaktionen. Und zur erforderlichen Kommunikation innerhalb eines Teams gehören auch der Austausch und die Diskussion von gegenseitigen Einschätzungen der bisherigen Leistung, des beobachteten bzw. empfundenen Verhaltens und des vermuteten Potentials. Dies gilt für beide Richtungen:

- für Vorgesetzte mit Blick auf ihre Mitarbeiter („traditionelle Mitarbeiterbeurteilungen" bzw. „Abwärtsbeurteilungen")
- für Mitarbeiter mit Blick auf ihre Vorgesetzten („Vorgesetztenbeurteilungen" bzw. „Aufwärtsbeurteilungen").

Im Rahmen der empirischen Sozialforschung ist die Führungsforschung schon lange üblich. Dort dient die Beschreibung von Führungsverhalten durch unterstellte Mitarbeiter der Gewinnung theoretischer allgemeingültiger Aussagen, u.a. über Dimensionen des Führungsverhaltens, über die Bildung von Führungsstiltypen, über die Wirkungen verschiedener Führungsstile oder etwa über die Wirkung relevanter intervenierender Variablen. Vorgesetztenbeurteilungen gehören außerdem zu den festen Bestandteilen der 360°-Beurteilungen.

1.2 Begriff

Unter einer Vorgesetztenbeurteilung wird hier somit verstanden:

- ein personalwirtschaftliches Instrument der Einschätzung von Leistung, Verhalten und Potential des Vorgesetzten

- durch die ihm unterstellten Mitarbeiter
- mit Hilfe eines systematisierten und standardisierten Vorgangs
- mit dem generellen Ziel einer konstruktiven, partnerschaftlichen und erfolgreichen Gestaltung
- des Beziehungsfeldes Vorgesetzte – Mitarbeiter
- als ein Element der partizipativen Führung und Zusammenarbeit
- eingebunden in eine Teamentwicklung
- in einer hierfür reifen Unternehmenskultur.

Obwohl die Bezeichnung „Vorgesetztenbeurteilung" oft eine emotionale, zum Teil aggressive Reaktion insbesondere bei einem Teil der Führungskräfte auslöst („Vorgesetzte werden nicht beurteilt"; „Mitarbeiter besitzen gar nicht die Fähigkeit, den Überblick schon gar nicht, Vorgesetzte zu beurteilen"; „Mit diesen basisdemokratischen, neumodischen Dingen werden bewährte Strukturen destruktiv in Frage gestellt" etc.), wird sie hier verwendet. Trotzdem kann es nicht übersehen werden, daß der Begriff „Beurteilung" auch weniger in das Bild des Managers für die 90er Jahre paßt. Hier wird eher der „Moderator" oder der „Coach" gesehen, der Teams beratend und motivierend zur Verfügung stehen soll. Insofern ist die Grenze zu einem primus inter pares im Rahmen einer Gruppenkonstellation nähergerückt. Der Begriff „Beurteilung" könnte der Vorstellung einer teamorientierten Zusammenarbeit widersprechen. Unter Berücksichtigung dieser grundsätzlichen Kommentierung wird jedoch der Begriff „Vorgesetztenbeurteilung" in diesem Beitrag weiterhin benutzt.

1.3 Ziele

Mit einer Vorgesetztenbeurteilung kann eine Vielzahl von Zielen verbunden sein. Hierzu gehören insbesondere:

- Informationsgewinnung im Sinne einer Marktforschung, um herauszufinden, inwieweit die Mitarbeiter als „Kunden" des Führungsverhaltens des Vorgesetzten sein Auftreten empfinden, akzeptieren oder sich eine Veränderung wünschen (Diagnosefunktion);
- Überprüfung von verändertem Verhalten dahingehend, ob und inwieweit für die betroffenen Mitarbeiter Veränderungen spürbar werden (Kontrollfunktion);
- Umsetzung des Gedankenguts über partizipative Führung und Zuammenarbeit in konkrete Maßnahmen, hier durch das Instrument der Vorgesetztenbeurteilung selbst (Partizipationsfunktion);
- Integration eines Elementes der Organisations- und Teamentwicklung in den Vorgesetzten-Mitarbeiterbereich (Teamentwicklungsfunktion);
- Entwicklung von Führungseigenschaften (Personalentwicklungsfunktion);
- Erhöhung der Arbeitszufriedenheit (Motivationsfunktion);
- Leistungssteigerung im Vorgesetzten-Mitarbeiterbereich (Leistungsfunktion).

Im konkreten Anwendungsfall kann eine Mischung oder Auswahl der genannten Ziele relevant sein.

Allerdings sollte nicht übersehen werden, daß die primären Ziele der „Vorgesetztenbeurteilung" eine Leistungssteigerung und/oder Erhöhung der Arbeitszufriedenheit im „Team Vorgesetzter-Mitarbeiter" sind. Dabei ist zu beachten, daß in der Regel diese Zielgrößen nicht alleine von dem erfolgreichen Einsatz eines personalwirtschaftlichen Instrumentes abhängen. Insofern ist die Vorgesetztenbeurteilung als Bestandteil der gesamten Unternehmenskultur, des gelebten Führungskonzeptes und des vorhandenen betrieblichen Anreizsystems zu sehen.

1.4 Methodische Anforderungen

Bei der konkreten Ausgestaltung sind aus der Sicht der Personalforschung (Reinecke, 1983; Martin, 1988) verschiedene methodische Anforderungen zu beachten. Hierzu zählen insbesondere:

- *Relevanz:* Die Informationen müssen auf den Beurteilungszweck bezogen und für das Vorgesetztenverhalten bedeutungsvoll sein.
- *Verständlichkeit:* Der Vorgesetzte muß die Informationen inhaltlich aufnehmen und verstehen können.
- *Verifizierbarkeit:* Die Aussagen müssen belegbar und nachprüfbar sein.
- *Begrenzung:* Der Umfang der Informationen darf die Aufnahme- und Verarbeitungskapazität des Vorgesetzten nicht überschreiten.
- *Beeinflußbarkeit:* Der Vorgesetzte muß die Möglichkeit haben, durch sein Verhalten (bzw. durch Verhaltensänderungen) die Feedback-Aussagen beeinflussen zu können.
- *Vergleichbarkeit:* Der Vorgesetzte muß in der Lage sein, seine Beurteilung anhand bestimmter Standards oder Beurteilungsmaßstäbe einordnen zu können.
- *Offenheit:* Die Feedback-Aussagen dürfen nicht als ein endgültiges Urteil verstanden werden, sondern sind als Ausgangspunkt von Entwicklungsprozessen zu betrachten.
- *Respekt:* Die Feedback-Aussagen dürfen die persönliche Integrität des Vorgesetzten nicht verletzen. Sie müssen von Respekt und Achtung vor der anderen Person getragen sein.
- *Wechselseitigkeit:* Vorgesetzte und Mitarbeiter müssen sich der beiderseitigen Verantwortung bewußt sein und sich den „reciprocal character of feedback" in den Führungsbeziehungen vergegenwärtigen.

Auf die allgemein bekannten und auch für die Vorgesetztenbeurteilung wichtigen Gütekriterien wie Reliabilität (Zuverlässigkeit) und Validität (Gültigkeit) sowie auf spezifische Urteilstendenzen (vgl. den Beitrag „Mitarbeiterbeurteilung" von Stehle, in diesem Band) wird hier nur hingewiesen.

Allerdings kommt es natürlich im betrieblichen Alltag oder in bestimmten Situationen wiederholt geplant wie auch spontan zu „Beurteilungen" – auch des Vorgesetzten. Unabhängig davon, daß diese oft „in Gedanken" stattfinden, treten sie in Einzelgesprächen am Arbeitsplatz, im Rahmen von Mitarbeitergesprächen, bei Abteilungssitzungen, während Fortbildungsveranstaltungen, in Zirkelgruppen etc. auf. Damit gehören „Beurteilungen", „Einschätzungen", „Meinungsäußerungen" zum betrieblichen Alltag. Bei der hier darzustellenden Vorgesetztenbeurteilung wird jedoch eine ganz bestimmte Gruppe personalwirtschaftlicher Instrumente beschrieben. Durch sie wird die Beurteilung in einer systematischen und standardisierten Form provoziert.

2.   Formen

Grundsätzlich ist eine Vielzahl verschiedener Formen von Vorgesetztenbeurteilungen denkbar. In diesem Zusammenhang wird zwischen inhaltlichen, formalen und methodischen Gestaltungskomponenten unterschieden. Sie ergeben insgesamt gesehen jeweils eine bestimmte Form einer Vorgesetztenbeurteilung.

2.1   Komponenten

Abbildung 1 weist im Rahmen eines morphologischen Kastens eine Auswahl besonders wichtiger formaler Beschreibungskomponenten und ihrer möglichen Ausprägungen aus.

Durch die Festlegung bestimmter inhaltlicher und methodischer Komponenten sowie ihrer Ausprägungen wird die konkrete Form einer Vorgesetztenbeurteilung beschrieben.

2.2   Ausgewählte Konzeptionen

Aus der Vielzahl denkbarer Konzeptionen wird hier eine Auswahl getroffen. Dargestellt werden drei einfache Verfahren. Auf einschlägige Literatur, in der weitaus differenziertere Konzeptionen vorgestellt und diskutiert werden, wird am Schluß des Beitrages hingewiesen.

Modell A: „Radar-Diagramm"
Während im Rahmen von Vorgesetztenbeurteilungen die einzelnen Verhaltensbereiche der Führung und Zusammenarbeit jeweils durch mehrere unterschiedliche Fragen behandelt werden (analytische Variante), kann es sinnvoll sein, sich zunächst auf eine aggregierte Betrachtungsweise zu konzentrieren (summarische Variante). So werden zum Beispiel zu Beginn eines moderierten Workshops Mitarbeiter aufgefordert, „offen" oder „verdeckt in einer Wahlkabine" durch das Kleben von Punkten auf einen „Radarschirm" (Abbildung 2) das von ihnen empfundene Führungsverhalten ihres Vorgesetzten einzuschätzen. Damit können in einer zeitökonomischen Vorgehensweise relativ schnell besonders problematische Bereiche identifiziert und einer intensiven und detaillierten Behandlung (Diskussion über Beispiele, Ursachen, Beteiligte, Motive, Änderungsmöglichkeiten etc.) zugeführt werden. Hier empfiehlt es sich allerdings, diesen Erhebungs- und Diskussionsprozeß zunächst ohne den betroffenen Vorgesetzten, aber mit Unterstützung eines Moderators, durchzuführen. Erst nach der Erarbeitung einer Gruppenaussage sollte im nächsten Schritt der Kreis erweitert werden. Ansonsten besteht die Gefahr, daß kritische Meinungen zurückgehalten werden, da anwesende Vorgesetzte dominierend und abwehrend den Gruppenprozeß beeinflussen.

Zudem kann der Vorgesetzte aufgefordert werden, ein „Selbstbild" in dem „Radar-Diagramm" zu erstellen. Gegenüberstellungen seiner Einschätzung mit den Einschätzungen der Mitarbeiter ergeben in der Regel interessante und fruchtbare Diskussionen sowie wesentliche Schritte in Richtung einer gemeinsamen Teamentwicklung unter der Begleitung eines erfahrenen Moderators. Denn das „Radar-Diagramm" selbst kann zunächst nur grobe Hinweise geben.

Beschreibungsmerkmale (Auswahl)	Ausprägungen (Auswahl)			
Erfassungsform	schriftlich (per Fragebogen)	mündlich (per Interview/Gespräch)	teils schriftlich/teils mündlich	
Verbindlichkeit	freiwilliger Einsatz	vom Unternehmen vorgeschrieben/umfassend initiiert		
Personenbezug	direkter Vorgesetzter	direkter und nächsthöherer Vorgesetzter	bestimmte Zielgruppen aus dem Vorgesetztenbereich	Management insgesamt
Einbindung	nur Vorgesetztenbeurteilung	in eine umfassende Mitarbeiterbefragung integriert		
Prozeßumfang	nur Durchführung der Vorgesetztenbeurteilung	auch Diskussion der Ergebnisse mit den beurteilenden Mitarbeitern	Integration in einen Prozeß der Organisations- und Teamentwicklung	
Anonymität	vollständig anonym (ohne Namensangabe)	mit Namensangabe des Beurteilenden		
Standardisierung	vollständig standardisiert	teil-standardisiert	nur freie Antworten	
Häufigkeit	einmalig	fallweise	regelmäßig (z. B. im Verbund mit dem Mitarbeitergespräch)	
Richtung	Beurteilung nur durch die Mitarbeiter (Fremdbild/einseitig)	auch Beurteilung/Selbsteinschätzung durch Vorgesetzte (Selbstbild/zweiseitig)		
Feedback	Ergebnisse nur an die beurteilten Vorgesetzten	Ergebnisse an die beurteilten Vorgesetzten und deren Mitarbeiter	Ergebnisse an Vorgesetzte, Mitarbeiter und Personalabteilung/Geschäftsleitung	

Abb. 1: Formale Komponenten der Vorgesetztenbeurteilung

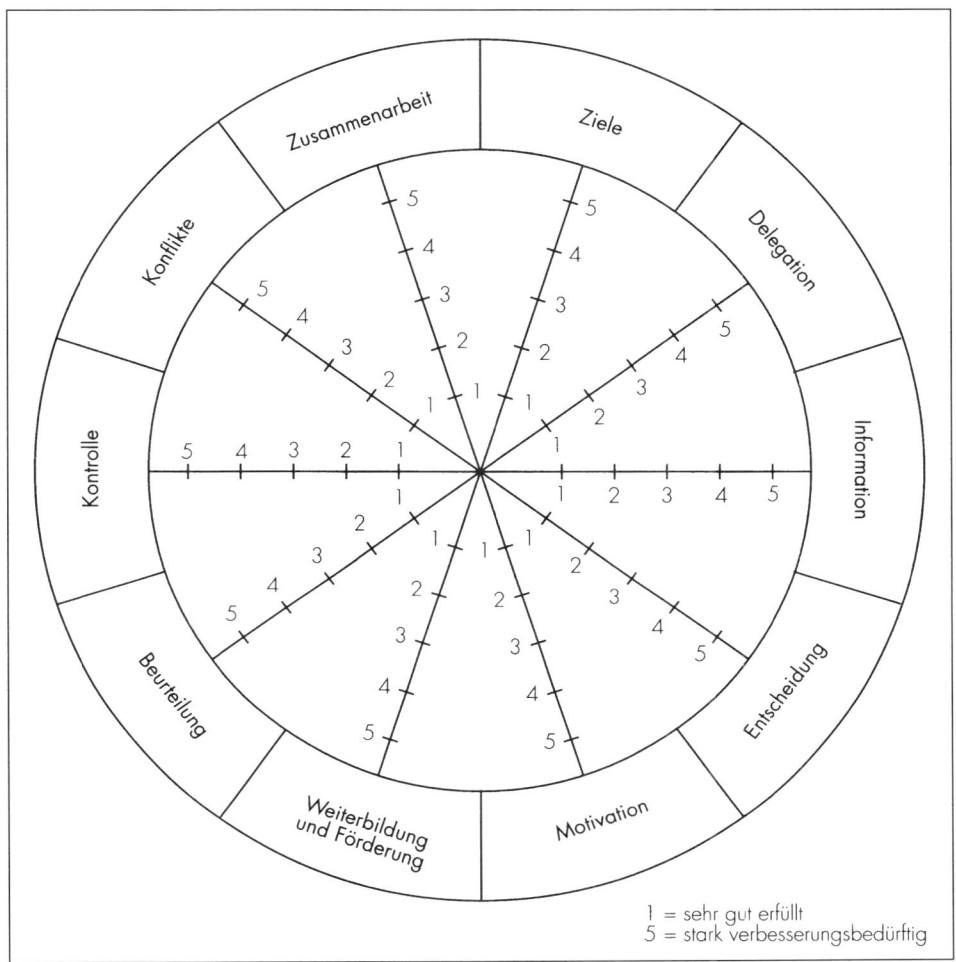

Abb. 2: „Radar-Diagramm"

Modell B: „Traditionelle Mitarbeiterbefragungen"
Die Form der globalen, indirekten „Vorgesetztenbeurteilung" wird unter der Bezeichnung „Mitarbeiterbefragung" seit ca. 20 Jahren zunehmend im deutschsprachigen Raum eingesetzt (BUNGARD & JÖNS, 1997).

Obwohl auch hier die vielfältigsten Formen diskutiert werden, hat sich die Benutzung des „Standardfragebogens" der Projektgruppe „Mitarbeiterbefragung" durchgesetzt (DOMSCH & SCHNEBLE, 1992; vgl. auch den entsprechenden Beitrag in diesem Band). Angesprochen werden hier mit 57 Fragen die Themen Arbeitsplatz, Arbeitssituation, Information, Weiterbildung und Entwicklung, Führung, Kooperation/Koordination, Einkommen und Sozialleistungen, Unternehmensimage, Bindung an das Unternehmen, Statistik, offene Fragen.

Inzwischen liegen umfangreiche Erfahrungen über den Einsatz dieses Instrumentes vor. Es wird natürlich nicht nur zum Zwecke der „Vorgesetztenbeurteilung" eingesetzt. Aber alleine 16 Fragen betreffen unter dem Stichwort „Führung" Leistung und

Verhalten der Führungskräfte. Hier wird diese Form der Mitarbeiterbefragung als Möglichkeit zur „Vorgesetztenbeurteilung i. w. Sinne" genannt. Eine spezielle Erweiterung und ausschließliche Anwendung der Führungsfragen ist natürlich möglich und üblich.

Modell C: „Vorgesetzten-Check"
In diesem Modell der Vorgesetztenbeurteilung werden Leistung, Verhalten und Potential des Vorgesetzten anhand von vier Schwerpunktbereichen eingeschätzt:

- Identifikation mit dem Unternehmen
- Identifikation mit der Arbeit
- Einsatzbereitschaft
- Initiative.

Diese werden weiter untergliedert. Abbildung 3 zeigt das Erfassungsformular, das entsprechend modifiziert auch als „Selbstbild"-Aufnahme benutzt werden kann. Auch hier kann es sich zunächst nur um einen ersten Einstieg in eine intensive und moderierte Gruppendiskussion handeln. Insbesondere ist es wichtig, zu den kritischen Aussagen „critical incidents" zu sammeln und zu diskutieren.

Mein Vorgesetzter …	ja			nein	
A. Identifikation mit dem Unternehmen					
1. … kennt Wertsystem und Ziele des Unternehmens	1	2	3	4	5
2. … fühlt sich als Bestandteil der Firmenkultur	1	2	3	4	5
3. … respektiert das Unternehmen, ist loyal	1	2	3	4	5
4. … folgt den Leitlinien der Führung und Zusammenarbeit	1	2	3	4	5
5. … fühlt sich mitverantwortlich für die Zukunft des Unternehmens	1	2	3	4	5
B. Identifikation mit der Arbeit					
1. … stellt sich sowohl den Licht- als auch den Schattenseiten seiner Arbeit	1	2	3	4	5
2. … identifiziert sich mit seinem Handeln	1	2	3	4	5
3. … ist Partner im Arbeitsalltag	1	2	3	4	5
4. … zeigt Begeisterung, Spaß, Humor	1	2	3	4	5
5. … fühlt sich sicher	1	2	3	4	5
C. Einsatzbereitschaft					
1. … besitzt Lernbereitschaft	1	2	3	4	5
2. … besitzt Teambereitschaft	1	2	3	4	5
3. … ist bereit, sich hohen Belastungen auszusetzen	1	2	3	4	5
4. … ist bereit, sich Konflikten zu stellen	1	2	3	4	5
5. … ist risikobereit	1	2	3	4	5
D. Initiative					
1. … denkt mit, führt nicht nur aus	1	2	3	4	5
2. … hat Vorstellungen darüber, worauf es ankommt	1	2	3	4	5
3. … nutzt Handlungs- und Entscheidungsspielraum	1	2	3	4	5
4. … liefert einen hohen Leistungsbeitrag	1	2	3	4	5
5. … kommuniziert offen und intensiv	1	2	3	4	5

Abb. 3: Vorgesetzten-Check: Fremdbild über den Vorgesetzten

3.   Prozeßmanagement

3.1   Umsetzungsmaßnahmen

Obwohl bereits die Informationsgewinnung und die Diskussion der Ergebnisse für alle Beteiligten in der Regel von großem Nutzen sind, schließen sich folgerichtig gemeinsam besprochene Maßnahmen an. Beispiele enthält Abbildung 4, wobei unterschieden wird zwischen:

- individuellen Maßnahmen, die sich als Folge der Vorgesetztenbeurteilung auf einzelne Vorgesetzte und/oder Mitarbeiter beziehen;
- gruppen-/teamorientierten Maßnahmen, die sich auf Projektteams, ganze Abteilungen, Bereiche, Sparten, Außendiensteinheiten etc. oder bestimmte Gruppierungen daraus beziehen;
- unternehmensbezogenen Maßnahmen, die sich auf das ganze Unternehmen beziehen.

Natürlich können diese Maßnahmen in der Regel nicht isoliert durchgeführt werden, üblicherweise sind mehrere miteinander verbunden. Darüber hinaus sind sie in die gesamte Personalarbeit zu integrieren.

individuelle Maßnahmen	gruppen-/teamorientierte Maßnahmen	unternehmensbezogene Maßnahmen
• Besuch von verhaltensorientierten Weiterbildungsseminaren	• Durchführung von Teamentwicklungsseminaren	• Modifikation der Personalauswahlsysteme
• Erlernen von Self-Management-Techniken	• Einrichtung von informellen „come together"-Treffen	• Einführung des Instrumentes des Mitarbeitergesprächs
• Durchführung individueller Coaching-Gespräche	• Gemeinsamer Abbau von bürokratischen Hemmnissen	• Veränderung der Diagnose und Entwicklung von Führungspotential
• Teilnahme an Selbsterfahrungsgruppen	• Durchführung von Schnittstellenklausuren	• Umstrukturierung des gesamten Bildungsprogramms
• Beteiligung an Supervisions-Treffen	• Einführung neuer Informationsmedien	• Durchführung von speziellen Mitarbeiterbefragungen
• Beeinflussung eigener Karrierevorstellungen	• Verbesserung des Sitzungsmanagements	• Änderung von Führungsstrukturen und Laufbahnsystemen
• Einflußnahme auf Laufbahnentscheidungen	• Installation von Zirkelarbeit	• Einführung eines Personal-Controllings
• Gestaltung von job enlargement und job enrichment	• Überarbeitung/Aktualisierung der Stellenbeschreibungen und Kompetenzabgrenzungen	• Moderatorentraining für alle Führungskräfte
• Änderungen des individuellen Führungsverhaltens	• Änderung von Konflikthandhabungen von und in der Gruppe	• Einführung von Leitlinien der Führung und Zusammenarbeit
• Verändertes Verhalten zum eigenen Vorgesetzten		

Abb. 4: Umsetzung von Ergebnissen aus „Vorgesetztenbeurteilungen" (Beispiele)

3.2 Wirkungsanalyse

Vorgesetztenbeurteilungen sind weder Selbstzweck noch Allheilmittel für eine erfolgreiche Teamentwicklung im Bereich Führung und Zuammenarbeit. Deshalb ist es wichtig, auf Wirkungen hinzuweisen, die bei ihrem Einsatz auftreten können, natürlich aber nicht müssen. Dabei wird hier unterschieden zwischen:

– funktionalen Wirkungen, also zielentsprechenden Effekten, und
– dysfunktionalen Wirkungen, die den Zielsetzungen von Vorgesetztenbeurteilungen widersprechen.

Auch hier wird auf mögliche Synergieeffekte hingewiesen. Erfahrungen aus der Praxis führen zu einer Fülle von Hinweisen über funktionale und dysfunktionale Wirkungen, die in Abbildung 5 mit wesentlichen Beispielen ausgewiesen werden. Besonders ist natürlich bereits in der Planungsphase auf eventuelle dysfunktionale Wirkungen zu achten, so daß sie möglichst gar nicht auftreten. Dabei spielt eine erhebliche Rolle, inwieweit eine positive Einstellung aller betroffenen Personen(kreise) zur „Vorgesetztenbeurteilung" hinsichtlich der Teamentwicklung von Vorgesetzten/Mitarbeitern besteht. Mit allem Nachdruck ist abschließend darauf hinzuweisen, daß hier nur ein Teilelement der Teamentwicklung angesprochen wurde, das in den Gesamtprozeß zu integrieren ist (vgl. den entsprechenden Beitrag von COMELLI, in diesem Band).

4. Ausblick

Vorgesetztenbeurteilungen sind ein Element partizipativer Führung und Zusammenarbeit. Alles spricht dafür, daß in den 90er Jahren dieses gruppen- und teamorientierte Führungskonzept im Verbund mit anderen Personalbeurteilungsverfahren weiter ausgebaut wird. Insofern werden in diesem Rahmen auch Vorgesetztenbeurteilungen noch mehr als bisher an Bedeutung gewinnen. Allerdings setzt der Einsatz dieses personalwirtschaftlichen Instrumentes eine hierfür reife Unternehmenskultur voraus. Deshalb ist es bisher auch nur für einen Teil der Unternehmen relevant. Hier ist ebenfalls die anfängliche Bemerkung zu wiederholen, daß es sich weniger um eine „Beurteilung" im traditionellen Sinne, sondern primär um eine Facette in einem umfassenden Organisations- und Teamentwicklungsprozeß handelt.

Bereich	Funktionale Wirkungen	Dysfunktionale Wirkungen
1. Vorgesetztenbereich	● Wissenszuwachs über Zusammenhänge von Führungsverhalten, Motivation und Leistungsverhalten ● Positive Einstellung zur partizipativen Führung und Zusammenarbeit ● Stärkeres Interesse an Beurteilungsprozessen ● Stärkeres Interesse am eigenen Führungsverhalten und dessen Wirkung ● Konkrete Ansätze für eigene Personalentwicklung ● Input für Mitarbeitergespräche und deren Gestaltung ● Grundlage für Zielvereinbarungen ● Hinweise für erforderliche Organisations-/Teamentwicklungen	● Verunsicherungen des Vorgesetzten über das eigene Führungsverhalten ● Belastung durch „Doppeldruck" von Vorgesetzten und Mitarbeitern („Schraubstockeffekt") ● Generelle Ablehnung von Beurteilungsverfahren ● Verkrampfung und Trotzreaktionen bei kritischen Beurteilungsergebnissen ● Permanente Tendenz, den Mitarbeiterwünschen entsprechen zu wollen ● Veränderung des Führungsverhaltens vor der Beurteilung zur Erreichung positiver Ergebnisse ● Unrealistische Erwartungen hinsichtlich konkreter positiver Veränderungen
2. Mitarbeiterbereich	● Höhere Mitverantwortung für kooperative Zusammenarbeit ● Überdenken des eigenen Verhaltens und des Kollegenverhaltens ● Steigerung von Motivation, Selbstwertgefühl und Identifikation durch Chance zur direkten Partizipation ● Höhere Sensibilität für Gruppenprozesse und Teamentwicklung ● Chance, Leidensdruck abzubauen ● Besseres Verständnis für das Vorgesetztenverhalten im Alltag und in speziellen Konfliktsituationen ● Erhöhung der Arbeitszufriedenheit sowie Verbesserung des Leistungsverhaltens ● Konstruktivere Durchführung von Mitarbeitergesprächen	● Verunsicherung wegen erhöhter Partizipationsmöglichkeit ● Opportunistisches Verhalten gegenüber Vorgesetzten ● Angst vor Sanktionen des Vorgesetzten ● Unrealistische (zu hohe/zu niedrige) Erwartungen bezüglich konkreter Veränderungen ● Auslegung als Basisdemokratie im Alltag ● Bewußte Manipulation der Beurteilung durch überzogene Kritik („Rache") am Vorgesetzten ● Überschätzung des eigenen Einflusses auf Veränderungsprozesse ● Überforderungsgefühl durch falsch verstandene Demokratisierung ● Empfinden der Vorgesetztenbeurteilung als Belastung aus Erziehung und Erfahrung heraus ● Versuch, gute Beurteilungen gegen Vorteile „einzutauschen"
3. Unternehmensbereich	● Versachlichung der Vorgesetzten-Mitarbeiter-Beziehungen ● Frühwarnsystem für Motivationsschwund, sinkende Arbeitszufriedenheit, Leistungseinbrüche etc. ● Offenere Diskussion über tatsächliches Führungsverhalten ● Überdenken der bisherigen Führungskonzeption ● Gemeinsame Gestaltung von Führungsleitlinien und deren Umsetzung in partizipative Umgangsformen ● Sensibilisierung für Organisations- und Teamentwicklungen ● Neukonzeption des Bildungsprogramms ● Einführung neuer partizipativer Elemente (Qualitätszirkel, Problemlösungsklausuren, Mitarbeiterbefragungen etc.)	● Auslegung als „basisdemokratische" Erschütterungen ● Gegenwehr von Arbeitnehmervertretungen (Betriebsrat wie Sprecherausschuß) ● Arbeitszeitverlust durch „endlose", „unproduktive" Diskussionen über die Ergebnisse und deren Umsetzung ● Überschätzung der Wirkungen von Vorgesetztenbeurteilungen ● Ablehnung von Veränderungsnotwendigkeiten aufgrund unterschiedlichster „Killerphrasen" ● Bürokratisierung des Beurteilungsvorgangs ● Einrichtung von „Klassengesellschaften" gemäß der Beurteilungsergebnisse

Abb. 5: Wirkungen von „Vorgesetztenbeurteilungen" (Beispiele)

Literatur

BUNGARD, W. & JÖNS, J. (Hrsg.). (1997). Mitarbeiterbefragung. Ein Instrument des Innovations- und Qualitätsmanagements. Weinheim 1997.

DOMSCH, M. (1992). Vorgesetztenbeurteilung. In R. SELBACH & K.-K. PULLIG (Hrsg.), Handbuch Mitarbeiterbeurteilung. S. 255–298. Wiesbaden 1992.

DOMSCH, M. & SCHNEBLE, A. (Hrsg.). (1992). Mitarbeiterbefragungen. 2. Aufl. Heidelberg 1992.

HOFMANN, K., KÖHLER, F. & STEINHOFF, V. (Hrsg.). (1995). Vorgesetztenbeurteilung in der Praxis. Konzepte, Analysen, Erfahrungen. Weinheim 1995.

LUDWIG, H. (1994). Vorgesetztenbeurteilung von unten nach oben. Ein personalpolitisches Instrument bei der Esso AG. In: Personalführung, o. Jg., 1994, S. 650–657.

MARTIN, A. (1988). Personalforschung. München und Wien 1988.

REINECKE, P. (1983). Vorgesetztenbeurteilung. Ein Instrument partizipativer Führung und Organisationsentwicklung. Köln u. a. 1983.

ROSENSTIEL, L. v. (1992). Führungs- und Führungsnachwuchskräfte. Spannungen und Wandlungen in Phasen gesellschaftlichen Umbruchs. In: Zeitschrift für Personalforschung, 6, 1992, S. 327–351.

Michel E. Domsch und Bianka Lichtenberger

Der internationale Personaleinsatz

1. Einleitung

Die zunehmende Verflechtung der Weltwirtschaft zwingt auch Unternehmen mit Stammsitz in der Bundesrepublik Deutschland in eine immer intensivere Auslandsorientierung. Damit verbunden ist die Entscheidung, durch Produktionsstätten und Vertriebseinheiten verstärkt im Ausland vertreten zu sein (KUMAR & HAUSSMANN, 1992; PERLITZ, 1996; MACHARZINA & OESTERLE, 1997).

Die Gründe für den Aufbau oder den teilweisen Erwerb von Tochtergesellschaften im Ausland sind vielfältig. Sie reichen von geringeren Produktionskosten, kürzeren Transportwegen und der Sicherung von Marktchancen, die nur durch örtliche Repräsentanzen erzielbar ist, bis zur Verringerung von Währungsrisiken oder der Anpassung an rechtliche Bestimmungen. Fast alle diese Investitionen sind nur denkbar, wenn zugleich auch Führungskräfte entsandt werden oder im Ausland eine Führungsmannschaft aufgebaut wird. Hiermit verbunden sind Anforderungen an das Personalmanagement, mit denen rein national operierende Unternehmen nicht konfrontiert sind (KAMMEL & TEICHELMANN, 1994; CLERMONT & SCHMEISSER, 1997).

Hinzu kommt, daß die Produktions-, Vertriebs- und Dienstleistungsstätten im Ausland immer verantwortungsvollere Aufgaben erfüllen (PAUSENBERGER, 1994). Dieser hohe Leistungsstandard der ausländischen Niederlassungen führt zu hohen Anforderungen an die dort eingesetzten Fach- und Führungskräfte. Da die Entwicklung in vielen Bereichen auch in Zukunft zu einer weiteren Spezialisierung der Tochtergesellschaften führt, bedarf es zur Leitung dieser Unternehmen solcher Führungskräfte, die über hervorragende Führungsqualitäten, Markt-, Produkt- und Verfahrenskenntnisse, betriebswirtschaftliches Wissen und über Sensibilität für ein fremdes soziokulturelles Umfeld verfügen (ADLER, 1986; HOLTBRÜGGE, 1995).

Der Entsendung von Führungskräften kommt dabei eine entscheidende Bedeutung zu. In den vergangenen Jahren wurden zunehmend auch Mitarbeiter des Gastlandes für Führungsaufgaben in den Tochtergesellschaften herangezogen (MACHARZINA & WOLF, 1996). Dadurch verringert sich die Zahl der Auslandsentsendungen, nicht aber die qualitativen Anforderungen an die entsandten Führungskräfte. Vielmehr bedeutet die Einbeziehung aller Führungskräfte sowohl des Stammhauses als auch der Niederlassung eine Ausweitung der Gestaltungsaufgaben für einen internationalen Personaleinsatz. Dieser Transfer von Führungskräften gestaltet sich in der Praxis vor allem durch folgende Faktoren als schwierig und anspruchsvoll:

— die gewandelte Mobilitätsbereitschaft der Entsendungskandidaten;
— das zunehmende Selbstbewußtsein einzelner, besonders unterentwickelter Länder, Führungskräfte des eigenen Landes einsetzen zu wollen;
— der höhere Verflechtungsgrad der Weltwirtschaft und der dadurch verschärfte Wettbewerb um geeignete Auslandsmanager;
— die stetig steigenden Entsendungs-, Aus- und Fortbildungskosten;
— die zum Teil sehr anspruchsvollen Personalplanungs- und Auswahlverfahren (v. ROESSEL, 1988);
— die schwierige und intensive Vorbereitung auf den Auslandseinsatz.

Besonders die betroffenen Entsandten selbst klagen über Unzulänglichkeiten bei der Gestaltung des Auslandseinsatzes. Enttäuschte Erwartungen und nicht eingehaltene Versprechen demotivieren lokale Führungskräfte. So spüren die Unternehmen oft selbst die Schwächen bei der Transfergestaltung. Zu wenig geeignete Entsendungskandidaten, personelle Fehlentscheidungen, verpaßte Marktchancen und hohe Fluktuationsraten in den Niederlassungen machen dies deutlich.

Neben dieser Erweiterung des Auslandsengagements haben vor allem die veränderten Einstellungen einer Reihe von Gastländern gegenüber Auslandsgesellschaften zusätzliche Probleme geschaffen. Dadurch, daß die Gründung und Führung von eigenen Tochtergesellschaften mitunter sogar ausgeschlossen ist, werden verstärkt Joint-ventures in den Gastländern angestrebt. Dies bedeutet zwar eine Reduzierung mancher Aufgaben, die der lokale Partner übernimmt. Im Gegenzug erhöhen sich aber die Erfordernisse an die Entsandten bei der Zusammenarbeit innerhalb der Joint-ventures, da Entscheidungen in Abstimmung mit dem lokalen Partner getroffen werden müssen. Dies verdeutlicht die Bedeutung, die einer international orientierten Personalpolitik für die Gewinnung und Entwicklung sowie den Einsatz von Auslandsmanagern zukommt (SCHENKER, 1995; SCHERM, 1995).

2. Ziele des internationalen Personaleinsatzes

Veränderte Rahmenbedingungen haben seit mehreren Jahren zu der Erkenntnis geführt, daß eine erfolgreiche Führung von ausländischen Tochtergesellschaften nur durch eine ausgewogene Zusammensetzung der Führungsmannschaft aus lokalen und internationalen Führungskräften möglich ist. In der oben genannten Befragung sind nach Ansicht der Unternehmen die Begrenzungen des Führungskräftetransfers auf Entsendungen von Stammhausmitarbeitern vor allem mit folgenden Nachteilen verbunden:

- einer Verringerung des Führungskräftepotentials;
- fehlenden Motivationsinstrumenten für Führungskräfte in Niederlassungen;
- einem höheren finanziellen Aufwand bei der Entsendung;
- Schwierigkeiten bei der Besetzung einzelner Positionen durch gesetzliche Auflagen der Gastländer und
- mangelnde Verfügbarkeit von Stammhausmitarbeitern.

Diese Einflußfaktoren lassen die zugrundeliegende Entscheidung eines Unternehmens für eine mehr ethnozentrische oder eher geozentrische Führungskräftestruktur in Auslandsniederlassungen überflüssig werden. Obwohl sich in der Praxis die Mehrzahl der Unternehmen auch weiterhin vorbehält, einzelne Schlüsselpositionen in ausländischen Niederlassungen nur mit Entsandten aus dem Stammhaus zu besetzen, ist in den Formulierungen zum Aufbau eines internationalen Führungskräftetransfers das Ziel der Gleichbehandlung aller Mitarbeiter zu finden (vgl. BARTLETT & GOSHAL, 1989).

Im internationalen Einsatz von Führungskräften bieten sich daher drei Formen des Führungskräftetransfers an (vgl. auch Abbildung 1):

- kurzfristige Einsätze zwischen drei bis sechs Monaten von Führungskräften der unteren und mittleren Ebene außerhalb ihres jeweiligen Heimatlandes zu Aus- und Weiterbildungszwecken;
- kurz- und mittelfristige Einsätze von bis zu drei Jahren von Führungskräften der mittleren Ebene außerhalb ihres Heimatlandes (Rotationen);
- langfristige Einsätze bis zu zehn Jahren von international erfahrenen Führungskräften im Top-Management, die eine längere Verweildauer erfordern.

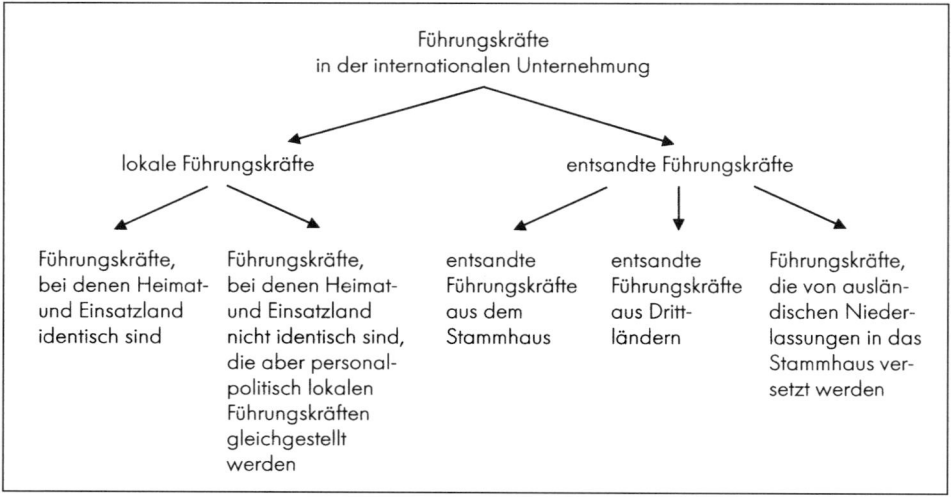

Abb. 1: Unterscheidung verschiedener Kategorien von Führungskräften in international tätigen Unternehmungen

Aus der Fülle der Motive und Ziele, die in der Literatur und in der Praxis direkt und indirekt als Basis des internationalen Personaleinsatzes angesehen werden, gelten die in Abbildung 2 aufgeführten Gründe als unerläßlich. Welche Ziele davon Priorität haben, wird u. a. dadurch beeinflußt, um welche der oben genannten Transferformen es sich jeweils handelt. Die im Rahmen einer Untersuchung am I. P. A. in Hamburg durchgeführten Interviews (LICHTENBERGER, 1992) zeigen darüber hinaus, daß unabhängig von der Art und Dauer eines Einsatzes der Transfer von Fachwissen in das Entsendungsland und – im Rahmen der internationalen Führungskräfteentwicklung – die Möglichkeit, Erfahrungen und Kenntnisse in einem anderen als dem Heimatland zu gewinnen, absoluten Vorrang unter den Zielen des internationalen Personaleinsatzes haben.

Motive, die aus der Sicht der Betroffenen gegen einen Auslandsaufenthalt sprechen, sind in ihrer Bedeutung von der Einzelperson abhängig. Die häufigsten Ablehnungsgründe sind:

– Weigerung des Partners, z. B. aufgrund eigener Berufstätigkeit
– schulpflichtige Kinder
– Desinteresse an beruflicher Aufgabe im Ausland
– das jeweilige Niederlassungsland
– Sorge, durch den Auslandseinsatz den Anschluß an die Karriere im Stammhaus zu verlieren.

3.   Auswahl der Führungskräfte

Wie bei jeder vergleichbaren Stellenbesetzung im Inland gelten auch für die Besetzung einer Auslandsposition die fachlichen und beruflichen Fähigkeiten als Grundvoraussetzung schlechthin. Die für Auslandspositionen gegenüber Inlandspositionen zusätz-

Ziele des Auslandseinsatzes	
aus Unternehmenssicht	aus Mitarbeitersicht
– Verwirklichung eines Know-how Transfers (und zwar in beiden Richtungen) – Auslandsentsendung als Teil der Laufbahnplanung; sie gilt insb. der Entwicklung von Führungsfähigkeiten bei Nachwuchskräften – Kompensation fehlender einheimischer Führungskräfte – Entstehung/Heranbildung eines unternehmerischen kosmopolitischen Bewußtseins; darunter ist u. a. die globale Einschätzung über die Entwicklungsmöglichkeiten eines Unternehmens in Abhängigkeit von den wirtschaftlichen Tendenzen zu verstehen – Verwirklichung/Durchsetzung einer einheitlichen Führungskonzeption im Konzern – Ausbildung und Einweisung einheimischen Führungspersonals – Einheitliche Berichterstattung (= einheitliches Kommunikationssystem) zwischen dem Stammhaus und den ausländischen Tochterunternehmen – Repräsentanz in den verschiedenen ausländischen Entscheidungsgremien, Institutionen etc.	– Auslandsaufenthalt ist ein Teil der unternehmerischen Personalpolitik – Verbesserung der allgemeinen Berufschancen, nicht nur im augenblicklichen Unternehmen – Erreichung einer höheren Qualifikation und damit Steigerung der Karrierechancen – Reiz des unter Umständen zu erwartenden höheren Entgelts und dadurch zu erwartende höhere Ersparnisse – Ein in vielen Ländern zu erwartender – insbesondere im orientalischen und asiatischen Raum – höherer Status als im Stammhaus – Der Wunsch, etwas anderes kennenzulernen; eine gewisse Abenteuerlust

Abb. 2: Ziele des Auslandseinsatzes

lich erforderlichen Fähigkeiten werden in der Entsendungspraxis häufig zusammengefaßt unter den Bedingungen einer fremden Umweltstruktur leben und erfolgreich arbeiten zu können. Die hierfür erforderliche physische und psychische Anpassung muß sowohl an die örtlichen Lebensbedingungen als auch an die besonderen soziokulturellen Umweltfaktoren und an die Mitarbeiterbeziehung im täglichen Arbeitsablauf erfolgen. Dabei ist es unabdingbar, sich mit den verschiedenen, oft länderspezifischen Rahmenbedingungen und speziellen Führungskulturen auseinanderzusetzen (Tyson, 1997). Generell lassen sich aufgaben- und personenbezogene Anforderungskriterien unterscheiden.

Die *aufgabenbezogenen Auswahlkriterien* beziehen sich auf:
- fachliche Qualifikation, wie die Erfüllung von Aufgaben unter zusätzlichen Anforderungen und Belastungen im Ausland;
- Kommunikationsfähigkeit im Hinblick auf den Transfer von Kenntnissen und Fähigkeiten im Ausland, aber auch um Informationen für die Niederlassung im Herkunftsland zu gewinnen;

- Führungsfähigkeit als Organisationstalent, das einwirkt auf das Verhalten (Motivation) der lokalen Mitarbeiter, sowie ferner Teamfähigkeit zum Aufbau von Umweltbeziehungen.

Die *personenbezogenen Auswahlkriterien* umfassen eine Vielzahl von Eigenschaften wie:
- Anpassungsfähigkeft an geographische und soziokulturelle Bedingungen;
- Gefühl für die Mentalität oder Philosophie des Stammhausunternehmens;
- physische Aspekte, d.h. die gesundheitliche Eignung bei extremen klimatischen Bedingungen;
- Motivation und Aufgeschlossenheit zu einer andersartigen Umwelt;
- Familiensituation.

Erstaunlich häufig kommt es jedoch gar nicht erst zu einer Auswahl bei der Entscheidung für die Besetzung einer Position im Ausland, da es keine Alternativen zu einem Kandidaten gibt. Im Zusammenhang mit der jeweiligen Aufgabenstellung sind die Anforderungen an einen Bewerber so speziell ausgerichtet, daß selbst in größeren Unternehmen nicht mehr als ein Bewerber zur Verfügung steht.

Ausschlaggebend für die Auswahl eines Bewerbers sind häufig die fachlichen Kriterien. Die Aufgabenbezogenheit sowie die Annahme, daß nur so die Akzeptanz der lokalen Mitarbeiter gegenüber einem ausländischen Vorgesetzten gewährleistet ist, bewegen Unternehmen zu dieser Entscheidung. Eine Reihe von Untersuchungen belegen indes, daß die Familiensituation und die Fähigkeit zur Integration in eine andere Kultur entscheidender für den Erfolg einer Auslandtätigkeit sind als rein technische Fähigkeiten. Abbildung 3 zeigt die Anforderungsmerkmale für Führungskräfte im Ausland.

Fachbezogene Kenntnisse	Persönlichkeitsbezogene Merkmale
Vertriebskenntnisse	Motivation/Zielstrebigkeit
Führungsfähigkeiten	Gesundheit/physische Belastbarkeit
Verwaltungskenntnisse	Psychische Belastbarkeit
Produktionskenntnisse	Loyalität
Kenntnisse der Unternehmensspezifika	Toleranz und Flexibilität
Kenntnisse der Landessprache	Kontakt und Kommunikationsfähigkeit
Kenntnisse der soziokulturellen Umwelt-	Disziplin
bedingungen	Anpassungsfähigkeit
	Alter und Familienstand

Abb. 3: Anforderungsmerkmale für Führungskräfte in Auslandsniederlassungen

In bezug auf die Organisationshierarchie ist bei der Besetzung von Top-Management-Positionen vor allem die Fähigkeit zum konzeptionellen Denken ausschlaggebend, während für untere Management-Ebenen die technischen Selektionskriterien wichtiger sind. Wenig beachtet wird bislang die Problematik der Übertragbarkeit von Selektionskriterien auf Mitarbeiter aus anderen Kulturräumen.

Zur Personalbeschaffung stehen grundsätzlich der interne und externe Arbeitsmarkt zur Verfügung, wobei häufig aus Gründen der Aufgabenstellung (Personalentwicklung, Know-how-Transfer) und der kurzfristigen Stellenbesetzung zunächst auf den internen Arbeitsmarkt zurückgegriffen wird.

Falls in den Unternehmen eine Nachfolgeplanung oder Personaldatei fehlt, aus der unmittelbar ein Besetzungsvorschlag erfolgen kann, bleiben zur internen Personalbeschaffung die Möglichkeit der internen Stellenausschreibung, die Benennung durch entsprechende Fachabteilungen sowie eine direkte schriftliche Befragung der Mitarbeiter über ihre Mobilitätsbereitschaft. Erst wenn diese Möglichkeiten erfolglos geblieben sind, wird man in der Regel auf den externen Arbeitsmarkt ausweichen.

Besondere Beachtung kommt den Auswahlverfahren zu, da von diesen die Effizienz bezüglich einer erfolgreichen Stellenbesetzung im internationalen Führungskräftetransfer abhängt. Dabei ist das Problem unzureichender Stellenbeschreibungen weit verbreitet. Ohne die genaue Spezifizierung der zukünftigen Aufgabenstellung und der damit verbundenen Umweltkonstellation läßt sich aber nur schwerlich der geeignete Bewerber herausfinden. Im Hinblick auf die Auswahlverfahren lassen sich unterscheiden:

– der fachliche Eignungsnachweis,
– die Feststellung persönlichkeitsbezogener Eignungen sowie
– der Nachweis physischer Eignung.

Fachliche Eignungen lassen sich entweder durch die Form der Ausbildung, der beruflichen Bildung oder einer langfristigen Personalbeurteilung nachweisen. Die Feststellung persönlichkeitsbezogener Eignung gestaltet sich dagegen schwieriger. Ein Ergebnis der kritischen Auseinandersetzung mit der Verwendung von psychometrischen Eigenschafts- und Profilanalysen ist (zu den geläufigen psychometrischen Methoden gehören z.B. das Minnesota Multiphasen Persönlichkeitsinventar, MMPI, und der 16-PF-Test von CATTELL), daß für die Auswahl von Führungskräften das Eignungsgespräch bevorzugt wird (EVANS et al., 1989, S. 133). Zu beachten ist, daß empirisch nachgewiesen werden konnte, daß das dem Gespräch vorausgehende Vorgesetzten-Mitarbeiterverhältnis das Ergebnis der Auswahl wesentlich beeinflußt hat.

Eine weitere Möglichkeit zur Auswahl von Führungskräften bieten Assessment Centers, bei denen entweder eine Gruppe von Kandidaten (Gruppen-Assessment) oder ein Einzelkandidat (Einzel-Assessment) mittels verschiedener Auswahlverfahren (Tests, Diskussionen, Fallstudien) beobachtet wird (vgl. den Artikel von SCHULER: Auswahl von Mitarbeitern, in diesem Band). Die Ergebnisse werden von einer Prüfungsgruppe aufgenommen, diskutiert und bewertet. Kritisiert wird die Selektionseignung von Assessment Centers hauptsächlich wegen unrealistischer Simulationen, in denen die Kandidaten Entscheidungen zu treffen haben, und wegen ihrer Innovationsfeindlichkeit. Bei der Konzeption würde oft nicht darauf geachtet, daß gerade im Auslandseinsatz unter oft außergewöhnlichen Umständen gearbeitet werden muß.

4. Vorbereitung

In der Vorbereitung auf einen Auslandseinsatz stehen die zukünftige Tätigkeit und die andersartige Umwelt im Mittelpunkt (CLERMONT & SCHMEISSER, 1997). Die Maßnahmen der fachlichen, landeskundlichen und interkulturellen Vorbereitung lassen sich übersichtlich in sechs Kategorien darstellen:

– Länderstudienprogramme, in denen über Umwelt, Kultur und Wirtschaft eines speziellen Gastlandes informiert wird;
– Sprachprogramme, die den Teilnehmer in die Lage versetzen sollen, grundlegende Arbeitsprozesse in der jeweiligen Landessprache durchführen zu können;
– Feldprogramme, die Auslandskandidaten und ihren Familien oder Lebenspartnern

durch Informationsreisen oder Urlaubsvertretungen einen Eindruck von ihrer zukünftigen Arbeitsumgebung vermitteln helfen;

- Sensitivity Trainings, bei denen Führungskräfte in die Lage versetzt werden, Gruppenprozesse, individuelle Bedürfnisstrukturen und offene Feedbackprozesse bewußt wahrzunehmen, um ein Gefühl für Probleme und Einflüsse der Kultur ihrer Einsatzländer zu entwickeln;
- Kulturassimilator, in dem die Führungskraft mit typischen Situationen des Gastlandes konfrontiert wird, dazu können auch Gespräche und Erfahrungsaustausch mit bereits zurückgekehrten Führungskräften aus dieser Niederlassung zählen;
- Kontrast-Kultur-Übung, in der das kulturelle Eigenbewußtsein gefördert wird im Hinblick auf ein besseres Verständnis anderer Kulturen.

Kurzfristige Entscheidungen für eine Stelle im Ausland lassen jedoch häufig aus zeitlichen Gründen für die Mehrzahl der entsandten Mitarbeiter aus dem Stammhaus keine Vorbereitung zu. Ferner spielt die geringe Akzeptanz der Effizienz von Vorbereitungsmaßnahmen, die nicht rein fachlich orientiert sind, eine große Rolle. Empirisch belegt ist, daß bis zu 70 % der deutschen entsandten Führungskräfte keine Vorbereitungsmaßnahme in Anspruch nehmen konnten (vgl. LICHTENBERGER, 1992). Am häufigsten wurden Sprachprogramme und ein- bis zweitägige landeskundliche Informationen als Vorbereitungsmaßnahmen angegeben. Über die Vorbereitung von lokalen Mitarbeitern auf einen Auslandseinsatz existieren keine systematisierbaren Unterlagen. Die geringe Inanspruchnahme einer Reihe von Vorbereitungsmaßnahmen erstaunt um so mehr, da der Zusammenhang zwischen intensiven Trainingsprogrammen vor dem Auslandseinsatz und dem erfolgreichen Einsatz von Führungskräften in Auslandsniederlassungen empirisch belegt ist.

5. Aufenthaltsdauer und Wiedereingliederung

Die Wiedereingliederung von ins Ausland versetzten Führungskräften umfaßt zwei Grundkomponenten:

- die Personalplanungskomponente, d.h. die Bereitstellung einer Position nach der Rückkehr, und
- die Sozialisations- oder Eingliederungskomponente.

Die zum Zeitpunkt der Entsendung geplante Dauer der Auslandstätigkeit ist ein erstes und wichtiges Kriterium für die Erfassung des Wiedereingliederungstermins. Auslandseinsätze zu Koordinations- und Kontrollzwecken dauern zwischen vier und zehn Jahren, Auslandstätigkeiten im Hinblick auf die Übertragung von Know-how oder zur Vorbereitung auf neue Aufgaben in der Regel nicht mehr als drei Jahre. Eine realistische Wiedereingliederungsplanung muß aber ins Kalkül ziehen, daß eine geplante Verweildauer durch unternehmensexterne sowie persönliche Faktoren verkürzt oder verlängert werden kann (vgl. Abbildung 4).

Unsicherheiten im Geschäftsverlauf erschweren eine langfristige Rückkehrplanung. Aus diesem Grunde scheuen viele Führungskräfte einen Auslandseinsatz. Die Angst vor einem Karriereknick, die Sorge um die Aufrechterhaltung des Arbeitsplatzes bei der Rückkehr und befürchtete Anpassungsprobleme herrschen immer noch bei einer Mehrzahl der deutschen Führungskräfte vor. Erst dort, wo der Zusammenhang

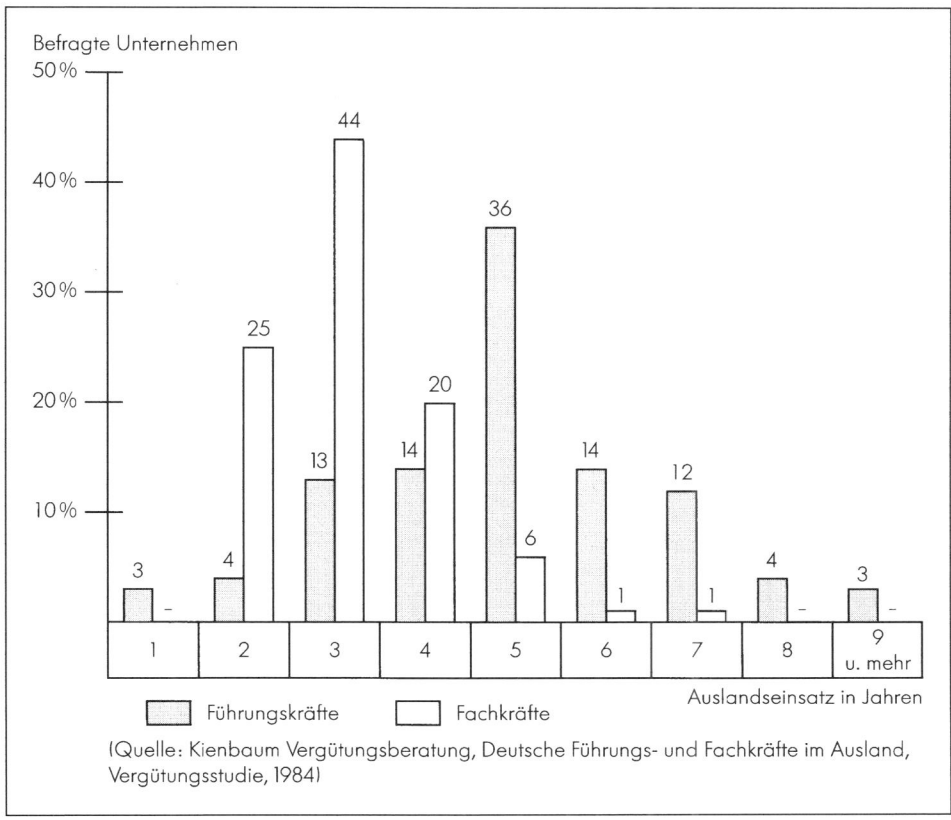

(Quelle: Kienbaum Vergütungsberatung, Deutsche Führungs- und Fachkräfte im Ausland, Vergütungsstudie, 1984)

Abb. 4: Durchschnittliche Einsatzdauer im Ausland

von Auslandseinsatz und anschließendem beruflichen Fortkommen deutlich ist, klagen Unternehmen nicht über einen Mangel an entsendungsbereiten Kandidaten (DOWLING & SCHULER, 1990). Die in vielen Unternehmen inzwischen eingeführte Praxis der Rückkehrgarantie darf aber nicht mit einer umfassenden Reintegrationsplanung gleichgesetzt werden. Neben der Bestimmung des Angebotes an Rückkehrpositionen gehört dazu vor allem die Festlegung der qualitativen Dimension, die die Ziele des zurückkehrenden Mitarbeiters, den Leistungs- und Eignungsstand sowie Fragen des funktionsüberschreitenden Wechsels und des hierarchischen Aufstiegs umfaßt. Die außerhalb ihres Heimatlandes eingesetzten Führungskräfte sollten von Anfang an in die Wiedereingliederungsplanung miteinbezogen werden. Dazu gehört auch, die Entsandten über Veränderungen in den Unternehmen des Heimatlandes auf dem laufenden zu halten. In der Praxis hat sich dabei das Paten- oder Coachingsystem bewährt (vgl. den Artikel von BÖNING: Coaching für Manager, in diesem Band). Auch bei längeren Auslandsaufenthalten werden die Interessen und Informationsbedürfnisse durch den direkten Kontakt zu einem Kollegen, der ein früherer Vorgesetzter oder ein Mitglied der Geschäftsleitung sein kann, gewahrt. Die intensive Betreuung durch die entsprechende Personalabteilung „Ausland" sollte selbstverständlich sein.

Literatur

ADLER, N. (1986). International dimensions of organizational behavior. Boston 1986: PWS-Kent.

BARTLETT, C. & GOSHAL, S. (1989). Managing across borders: The transnational solution. London 1989.

CLERMONT, A. & SCHMEISSER, W. (Hrsg.). (1997). Internationales Personalmanagement. München 1997.

DOWLING, P. J. & SCHULER, R. (1990). International Dimensions of Human Resource Management. Boston 1990: PWS-Kent.

EVANS, P., LANK, E. & FARQUHAR, A. (1989). Managing Human Resources in the international firm: Lessons from practice. In P. EVANS, Y. DOZ & A. LAURENT (Hrsg.), Human Resource Management in International Firms. S. 113–143. Houndsmills 1989.

HOLTBRÜGGE, D. (1995). Personalmanagement multinationaler Unternehmungen in Osteuropa. Bedingungen – Gestaltung – Effizienz. Wiesbaden 1995.

KAMMEL, A. & TEICHELMANN, D. (1994). Internationaler Personaleinsatz. Konzeptionelle und instrumentelle Grundlagen. München und Wien 1994.

KUMAR, B. & HAUSSMANN, H. (Hrsg.). (1992). Handbuch der internationalen Unternehmenstätigkeit. München 1992.

LICHTENBERGER, B. (1992). Interkulturelle Mitarbeiterführung. Überlegungen und Konsequenzen für das internationale Personalmanagement. Stuttgart 1992.

MACHARZINA, K. & OESTERLE, M.-J. (Hrsg.). (1997). Handbuch Internationales Management. Grundlagen – Instrumente – Perspektiven. Wiesbaden 1997.

MACHARZINA, K. & WOLF, J. (Hrsg.). (1996). Handbuch Internationales Führungskräfte-Management. Stuttgart u. a. 1996.

PAUSENBERGER, E. (Hrsg.). (1994). Internationalisierung von Unternehmungen. Strategien und Probleme ihrer Umsetzung. Stuttgart 1994.

PERLITZ, M. (1996). Internationales Management. 2. Aufl. Stuttgart 1996.

ROESSEL, R. v. (1988). Führungskräftetransfer in internationalen Unternehmungen. Köln 1988.

RONEN, S. (1986). Comparative and multinational management. New York 1986.

SCHERM, E. (1995). Internationales Personalmanagement. München und Wien 1995.

SHENKER, O. (Hrsg.). (1995). Global Perspectives of Human Resource Management. Englewood Cliffs, N. J. 1995.

TYSON, S. (Hrsg.). (1997). The Practice of Human Resource Strategy. London 1997.

Zur Konkretisierung und weiteren Vertiefung wird empfohlen, im Fallstudienband die Fälle zu „Internationales Personalmanagement" zu bearbeiten.

Alexander Thomas

Mitarbeiterführung in interkulturellen Arbeitsgruppen

1. Das Problemfeld

Drei Entwicklungstrends sind dafür verantwortlich, daß der Führung interkultureller Arbeitsgruppen besondere Aufmerksamkeit gewidmet werden muß:

– die Internationalisierung der Produktionsfaktoren Arbeit und Kommunikation/ Information,
– die Betonung der Schlüsselqualifikationen „Teamfähigkeit" und „Kommunikationsfähigkeit",
– die Veränderungen in Funktion und Rollenzuschreibungen von „Führung" in Organisationen.

Ein zentraler Faktor zur Existenzsicherung moderner Unternehmen ist der Erhalt und die Stärkung der Wettbewerbsfähigkeit gegenüber Konkurrenten. Diversifikation, Rationalisierung, Kundenorientierung, Personalmanagement u. ä. sind gängige Methoden der Wettbewerbssicherung. Hinzu kommt für viele der bisher auf den einheimischen Markt konzentrierten Unternehmen die Internationalisierung ihrer wirtschaftlichen Aktivitäten. Der bereits seit einigen Jahrzehnten beobachtbare Internationalisierungsschub nicht nur der traditionell weltweit operierenden Großunternehmen, sondern auch mittelständischer Unternehmen bis hin zu Familienbetrieben wird sich in rasantem Tempo weiter fortsetzen. Voraussetzungen dafür sind, günstige politische Rahmenbedingungen bleiben erhalten oder werden neu geschaffen, z. B. Europäische Union, Abbau protektionistischer Maßnahmen, internationale Vereinbarungen über freien Welthandel, bi- und multinationale Wirtschaftskooperationen.

Auch Unternehmen, die bisher schon weltweit operierten, werden von diesen Entwicklungen nicht unberührt bleiben, denn weltweiter Export von Produkten oder die Nutzung kostengünstiger Produktionsstandorte macht aus einem nationalen Unternehmen noch keinen internationalen oder transnationalen Konzern. Um es in einem Bild zu sagen, ein pauschalreisender Tourist, der in der Geborgenheit seiner deutschen Reisegruppe die Welt erkundet, hat subjektiv durchaus den Eindruck, viel von der Welt, von unterschiedlichen Kulturen und Gesellschaften gesehen zu haben und zu verstehen, er fühlt sich womöglich schon als „global player", obwohl seine Erfahrungen und Kenntnisse über fremde Kulturen allenfalls sehr oberflächlicher Natur sind und bei weitem nicht das Niveau z. B. eines Entwicklungsexperten erreichen, der mit einem einheimischen Partner kooperieren muß, um seine Projektziele zu erreichen. Wer ein weltweit begehrtes Produkt anzubieten hat, das zudem noch konkurrenzlos, gut und billig ist, oder wer bereit ist, Arbeitsplätze zu schaffen in einem Land, in dem Arbeit gesucht wird, operiert aus einer völlig anderen Machtposition heraus als ein Unternehmer, der sich im internationalen Wettbewerb um einen Auftrag oder ein Joint-venture bemüht. Je stärker der internationale Konkurrenzdruck, je wirtschaftlich entwickelter die Marktteilnehmer, je technisch entwickelter das Produkt oder je komplexer die Dienstleistung und je anspruchsvoller der Kunde, um so höher sind die Anforderungen an ein effektives interkulturelles Management und die Qualitätsansprüche an die internationale Kooperation (Abbildung 1).

Die technologische Entwicklung hin zu immer komplexeren technischen Produkten, Anlagen und Systemen ebenso wie die Marktentwicklung weg von der Serienfertigung hin zur kundenspezifischen Einzelfertigung erzwingt verstärktes Arbeiten im Team oder zumindest einen intensiveren Informationsaustausch zwischen den Arbeitseinheiten. Kommunikationsfähigkeit und Teamfähigkeit sind deshalb zentrale Qualitätsmerkmale menschlicher Arbeit in modernen Unternehmen, die möglichst

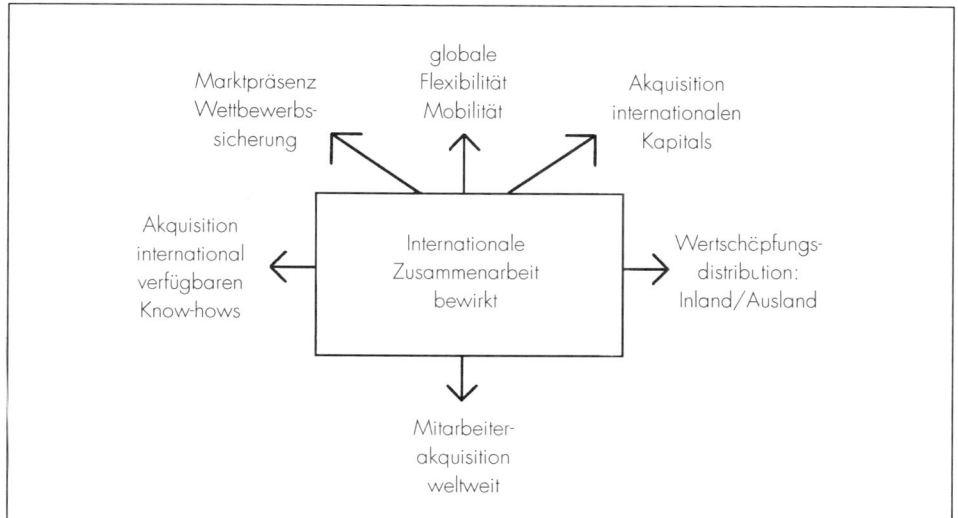

Abb. 1: Wirtschaftliche Konsequenzen internationaler Zusammenarbeit

früh gelernt und über die gesamte Lebensarbeitszeit hin gefördert werden sollen. Wegen der hohen Qualitätsansprüche an die internationale Kooperation kommt der interkulturellen Kommunikation sowie dem Arbeiten in bi- und multinational zusammengesetzten Arbeitsteams deshalb eine herausragende Bedeutung zu (MEAD, 1990). Dabei ergeben sich für die Zusammenarbeit in internationalen Arbeitsteams und deren Führung im Vergleich zu nationalen Arbeitsgruppen sehr spezifische Probleme, auf die im weiteren näher eingegangen wird.

Unterschiedliche Führungspositionen gegenüber bzw. in Gruppen zeigt Abbildung 2.

Lean management zu Ende gedacht kann dazu führen, daß jeder Mitarbeiter sein eigener Führer wird, womit Führung überflüssig wird, denn ohne Geführte gibt es keinen Führer, in welcher Form auch immer. Die Ausprägungen von Führungsfunktionen und die damit einhergehenden Rollenerwartungen an Führer und Geführte sind Kulturprodukte mit einem hohen Grad an Veränderungsresistenz, da sie in kulturellen und gesellschaftlichen Gefügen und in den Traditionen fest verankert sind (LICHTENBERGER, 1992).

2. Erscheinungsformen interkultureller Gruppen

Nach dem erreichten Grad der Internationalisierung lassen sich nationale, internationale, multinationale und transnationale Unternehmen unterscheiden (vgl. den Beitrag von DOMSCH & LICHTENBERGER, in diesem Band). Letztere waren einmal in einer Kultur verankert, Produktion, Vertrieb, wirtschaftliche Aktivität sowie die Mitarbeiter im Unternehmen sind inzwischen aber über viele Länder/Kulturen hinweg verteilt. Auf allen Seiten besteht ein Bemühen um die Integration in unterschiedliche Kulturen, die als nahezu gleichwertig behandelt werden.

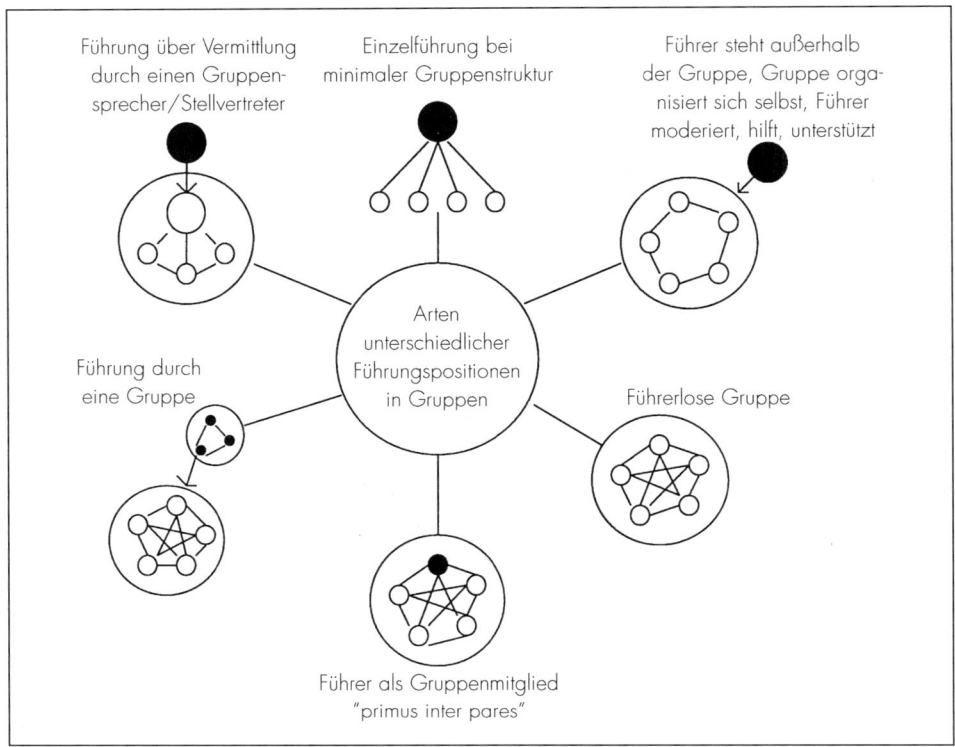

Abb. 2: Führungspositionen in Gruppen

Auf Unternehmensebene entstehen Probleme hauptsächlich dann, wenn der Übergang von einem Typ zu einem anderen geleistet werden muß. Übergänge dieser Art verändern das Bild und das Selbstverständnis des Unternehmens nach innen und nach außen. So kann man z. B. fragen: Wie lange ist ein deutsches Traditionsunternehmen mit einem französischen Mehrheitseigner noch ein deutsches Unternehmen oder bereits ein französisches? Ist ein deutsches Textilunternehmen, das neunzig Prozent seiner Produkte im Ausland fertigt, diese über ausländische Handelsfirmen international vertreibt und in Deutschland lediglich noch eine Organisationszentrale (oft immer noch sehr euphemistisch „Stammhaus" genannt) unterhält, noch ein deutsches Unternehmen? Soll sich ein solches Unternehmen überhaupt noch nach innen und nach außen als deutsches Unternehmen darstellen oder als z. B. taiwanisches, wenn auch mit einer deutschen Firmentradition? Welche Konsequenzen haben solche Veränderungsprozesse für Organisationsentwicklung, Personalentwicklung, Marketing, Unternehmensstrategie, Unternehmenskultur, die Identifikation der Mitarbeiter mit dem Unternehmen („corporate identity") und das Ansehen der Firma bei den Marktteilnehmern usw.?

Auf der Ebene von interkulturellen Arbeitsgruppen lassen sich in diesem Kontext verschiedene Erscheinungsformen nach den Merkmalen Gruppenleiter, Gruppenmitglieder, Unternehmen, Arbeitsplatz, Arbeitsziel und Arbeitsprodukt identifizieren (s. Abbildung 3).

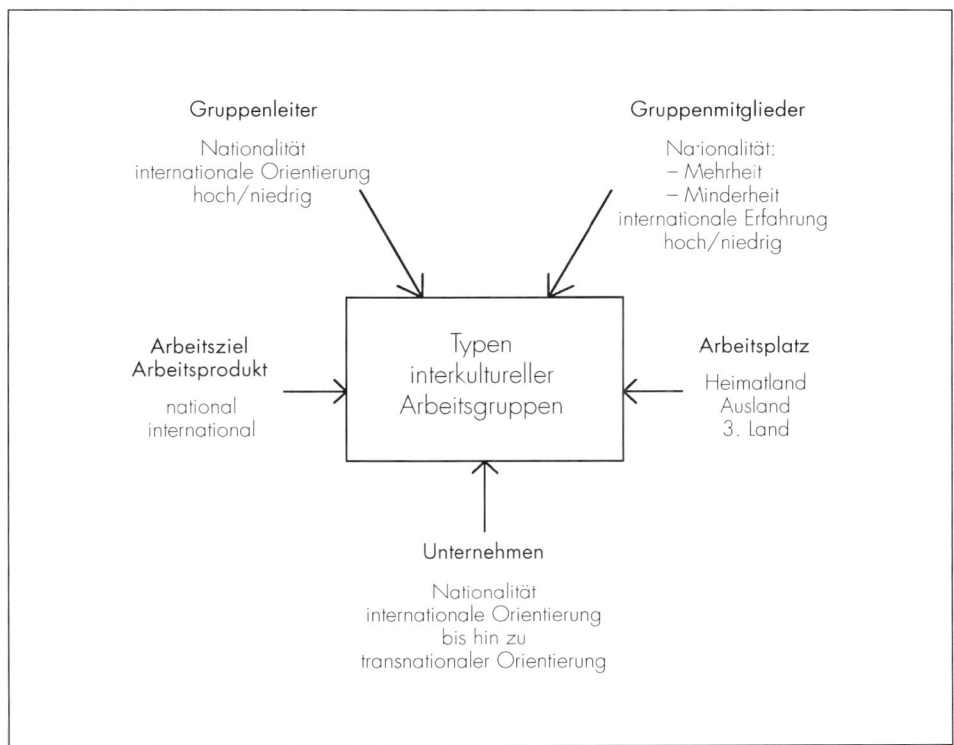

Abb. 3: Klassifikationsmerkmale interkultureller Arbeitsgruppen

Bei der Bildung von Arbeitsgruppen in internationalen Wirtschafts- und Arbeitszusammenhängen, bei Fragen nach einer angemessenen und effektiven Führung dieser Gruppen und zur Prognose der in ihr zu erwartenden kulturbedingten Konfliktpotentiale sowie der Abschätzung ihrer Arbeitseffektivität ist die ganzheitliche Analyse der Grundstrukturen und des Zusammenspiels der oben genannten fünf Klassifikationsmerkmale eine zentrale Grundvoraussetzung, um Eingriffs- und Gestaltungsmöglichkeiten zu identifizieren.

Die Analyse interkultureller Arbeitsgruppen wirft eine Fülle forschungsmethodischer Probleme auf, da die konkrete Alltagsarbeit solcher Gruppen für den Forscher normalerweise nicht zugänglich ist. Selbst die relativ wenig „störende" Methode der teilnehmenden Beobachtung ist meist nicht praktikabel. Es bleibt so oft nur die Informationsgewinnung über Experteninterviews, also die Befragung von Gruppenleitern und erfahrenen Teilnehmern in interkulturellen Arbeitsgruppen in Kombination mit computersimulierten Verhaltensplanspielen, in denen bi- oder multikulturell zusammengesetzte Gruppen komplexe Problemstellungen bearbeiten, wie im Forschungsprojekt „Interkulturelle Synergie in Arbeitsgruppen" an der Universität Regensburg (ZEUTSCHEL, 1997, 1998).

3. Psychologische Probleme der Mitarbeiterführung in interkulturellen Gruppen

3.1 Kulturell bedingte Mißverständnisse

Worin unterscheiden sich die Probleme der Mitarbeiterführung in nationalen und kulturell homogenen Arbeitsgruppen von multinational zusammengesetzten interkulturellen Arbeitsgruppen? Eine einfache Antwort könnte lauten: nur dadurch, daß die interkulturellen Arbeitsgruppen alle bereits bekannten Gruppen-, Führungs- und Interaktionsprobleme in verstärktem Maße aufweisen. Wenn der Zusammenhalt der Gruppe, die Stärkung der Gruppenkohäsion oder die Herstellung von Konvergenz zwischen gemeinsamen Gruppenzielen und individuellen Einzelzielen zentrale Probleme der Gruppenführung in kulturell homogenen Gruppen sind, dann treten sie erst recht in kulturell inhomogenen Gruppen auf (vgl. die Beiträge von VON ROSENSTIEL: „Die Arbeitsgruppe", und von COMELLI: „Teamentwicklungstraining", in diesem Band).

Wichtiger als die Erkenntnis, daß alle Probleme genauso vorhanden sind, nur in noch verstärkterem Maße, wäre aber die Prüfung, ob bei interkulturellen Arbeitsgruppen spezifischere zusätzliche Probleme hinzutreten. Ein Beispiel in Form einer Karikatur kann dies verdeutlichen: Ein Kreuzfahrtschiff mit internationalem Publikum an Bord rammt einen gewaltigen Eisberg und beginnt langsam zu sinken. Da die Rettungsboote klemmen, gibt der Kapitän den Befehl, daß die Passagiere unverzüglich die Schwimmwesten anlegen und von Bord springen sollen. Nach zehn Minuten kehrt der Erste Offizier verzweifelt zurück und meldet: „Keiner ist bereit zu springen. Was sollen wir tun?" Da geht der Kapitän selbst von der Brücke, und nach weiteren zehn Minuten sind alle Passagiere von Bord. „Wie haben Sie das denn bloß gemacht?" fragt der Erste Offizier erstaunt. „Ganz einfach, mein Lieber", sagt der Kapitän, „den Engländern habe ich gesagt, es sei unsportlich, nicht zu springen, den Franzosen, es sei schick, den Deutschen, dies sei ein Befehl, den Japanern, es sei gut für die Potenz, den Amerikanern, sie seien versichert, und den Italienern, daß es verboten sei." Zweifellos wäre bei einer rein deutschen Gruppe von Schiffbrüchigen bereits der Erste Offizier erfolgreich gewesen, und es hätte nicht der kulturellen Sensibilität des Kapitäns bedurft, alle Passagiere von Bord zu bringen.

Das folgende Beispiel stammt aus einer Untersuchung über deutsch-amerikanische Arbeitsgruppen zur Entwicklung einer komplizierten elektronischen Anlage (SCHROLL-MACHL, 1992, 1996). In dieser Arbeitsgruppe, die über mehrere Jahre hinweg zusammenarbeitete, beklagten sich die Amerikaner immer wieder darüber, daß der deutsche Gruppenleiter ihnen keine Rückmeldung über die von ihnen erledigten Teilarbeitsschritte gab. Aus ihrer Sicht schien der deutsche Chef überhaupt kein Interesse an ihrer Arbeit zu haben. Er fragte sie nicht, was sie bereits erledigt hätten, was noch fehlte, welche Schritte sie als nächstes vorhätten, wo er sie unterstützen könne, und er gab auch keine Auskunft, ob er mit den Zwischenresultaten zufrieden oder unzufrieden sei. Die amerikanischen Gruppenmitglieder beobachteten zwar, daß der deutsche Gruppenleiter auch den deutschen Teammitgliedern keine Vorschläge machte, und sie registrierten auch, daß den Deutschen das offensichtlich nichts ausmachte, sie selbst konnten dieses Verhalten aber nicht verstehen und ärgerten sich über das Desinteresse ihres Gruppenleiters. Eine nähere Analyse dieses Vorgangs zeigte, daß die Amerikaner es gewohnt sind, über ihre einzelnen Arbeitsschritte und ihre dabei gewonnenen Erkenntnisse und Zwischenergebnisse sowohl mit ihren Kollegen in der Arbeitsgruppe als auch mit ihrem Vorgesetzten intensiv zu diskutieren, dabei sachbezogene Informationen und Leistungsbewertungen einzuholen, um auf diese Weise Sicherheit darüber zu bekommen, ob ihr Vorgehen sozial akzeptiert, anerkannt und „richtig" ist. Die deutschen Gruppenmitglieder sind es demgegenüber eher gewohnt, einen übernommenen Arbeitsauftrag für sich alleine zu bearbeiten und erst zu einem viel späteren Zeitpunkt die dabei gewonnenen Erkenntnisse und Arbeitsergebnisse in einer eigens dazu einberufenen Arbeitsgruppensitzung vorzutragen und diskutieren zu lassen. Zwischenzeitliche Berichterstattung, Anfragen, Rückmeldungen u. ä. erscheinen den Deutschen eher als lästige Unterbrechung ihres übernommenen Arbeitsauftrags.

Der deutsche Chef ist es gewohnt, daß eine qualifizierte Fachkraft nicht ständig bei ihm nachfragt und sich bei ihm über die Richtigkeit ihres Tuns vergewissert, sondern weiß, was zu tun ist, nachdem sie den Arbeitsauftrag verstanden und übernommen hat. Häufiges Nachfragen stört ihn in seinem Arbeitsrhythmus und zeigt, daß der Mitarbeiter mit der Aufgabe offensichtlich überfordert ist.

Die amerikanischen ebenso wie die deutschen Mitarbeiter in dieser Arbeitsgruppe brauchen selbstverständlich die zustimmende oder kritische Rückmeldung ihres Gruppenleiters und ihrer Kollegen aus der Gruppe. Beide werden Lob und Anerkennung begrüßen, Ablehnung, Tadel und harsche Kritik befürchten. Das Problem in der Arbeitsgruppe liegt darin, daß Amerikaner eine andere Rückmeldefrequenz gewohnt sind und erwarten als die Deutschen. Im Unterschied zu den Deutschen sind für sie eine intensive, permanente Diskussion und gegenseitige Abstimmung in der Gruppe und mit dem Vorgesetzten von zentraler Bedeutung zur Förderung ihrer Arbeitsmotivation, zur Befriedigung ihrer Bedürfnisse nach sozialem Vergleich, Leistungsbewertung, Selbstdarstellung und sozialer Anerkennung. Wenn einem Amerikaner eine andere Kultur keine Möglichkeit zur Befriedigung dieser Bedürfnisse bietet, dann sinkt sein Interesse am Arbeitsauftrag, an der Gruppenarbeit und an der Kooperation mit dem Vorgesetzten: Warum soll er sich anstrengen, wenn der Gruppenleiter selbst kein Interesse an seiner Arbeitsleistung zeigt? Da sich in dieser kulturellen Überschneidungssituation weder die Deutschen noch die Amerikaner über ihre kulturspezifischen Routinen im Umgang mit leistungsbezogenem Feedback im klaren sind und auch keine Informationen über die in der fremden Kultur üblichen Regeln leistungsbezogenen Feedbacks besitzen, kommt es zwangsläufig zu Interaktionskonflikten, die sich über mehrere Jahre hinziehen können und von den Partnern selbst nicht zu lösen sind (Schroll-Machl, 1996).

Dieses Beispiel zeigt, daß kulturbedingte Interaktionsprobleme nur schwer oder überhaupt nicht zu beheben sind, wenn die beteiligten Personen auf die Divergenzen in den kulturellen Orientierungssystemen und auf die aus einer Begegnungssituation resultierenden Konsequenzen nicht vorbereitet sind (Thomas, 1984). Die Partner selbst können günstigenfalls mit Vermeidung konfliktträchtiger Situationen, z. B. durch Reduzierung der Interaktion mit den ausländischen Kollegen, mit geduldigem Ertragen oder allmählicher Gewöhnung an das ihnen fremde Verhalten reagieren. Der Fremdheitseindruck, die Quelle der Verärgerung, die Last der kritischen Auseinandersetzung bleiben aber erhalten. Für integrativen, produktiven Umgang mit dem fremdkulturellen Orientierungssystem fehlen die notwendigen Kenntnisse und Handlungsstrategien.

3.2 Kulturdefinitionen

Bevor weiter von „Kultur", von „interkultureller" Zusammenarbeit usw. gesprochen wird, muß kurz darauf eingegangen werden, was hier unter Kultur verstanden wird: „Kultur ist ein universelles, für eine Gesellschaft, Organisation und Gruppe aber sehr typisches Orientierungssystem. Dieses Orientierungssystem wird aus spezifischen Symbolen gebildet und in der jeweiligen Gesellschaft, Organisation und Gruppe tradiert. Es beeinflußt das Wahrnehmen, Denken, Werten und Handeln aller ihrer Mitglieder und definiert somit deren Zugehörigkeit zu einer bestimmten Gesellschaft, Organisation und Gruppe. Kultur als Orientierungssystem strukturiert ein Handlungsfeld, das für die sich der Gesellschaft zugehörig fühlenden Individuen spezifisch ist und schafft somit die Voraussetzung zur Entwicklung eigenständiger Formen der Umweltbewältigung" (Thomas, 1993, S. 380).

Zentrale Merkmale des kulturspezifischen Orientierungssystems lassen sich als „Kulturstandards" definieren. „Unter Kulturstandards werden alle Arten des Wahrnehmens, Denkens, Wertens und Handelns verstanden, die von der Mehrzahl der Mitglieder einer bestimmten Kultur für sich persönlich und für andere als normal, selbstverständlich, typisch und verbindlich angesehen werden. Eigenes und fremdes Verhalten wird auf der Grundlage dieser Kulturstandards beurteilt und reguliert. Als zentrale Kulturstandards sind solche zu bezeichnen, die in sehr unterschiedlichen Situationen wirksam werden und weite Bereiche der Wahrnehmung, des Denkens, Wertens und Handelns regulieren, und die insbesondere für die Steuerung der Wahrnehmungs-, Beurteilungs- und Handlungsprozesse zwischen Personen bedeutsam sind. Die individuelle und gruppenspezifische Ausprägung von Kulturstandards kann innerhalb eines gewissen Toleranzbereichs variieren, doch werden Verhaltensweisen und Einstellungen, die außerhalb der Toleranzgrenzen liegen, abgelehnt und sanktioniert. Zentrale Kulturstandards einer Kultur können in einer anderen Kultur völlig fehlen oder von peripherer Bedeutung sein. Verschiedene Kulturen können ähnliche Kulturstandards aufweisen, die aber von unterschiedlicher Bedeutung sind und verschieden weite Toleranzbereiche aufweisen. Kulturstandards und ihre handlungsregulierende Funktion werden nach erfolgreicher Sozialisation vom Individuum innerhalb der eigenen Kultur nicht mehr bewußt erfahren. Erst im Kontakt mit fremdkulturell sozialisierten Partnern können die Kulturstandards und ihre Wirkungen in Form kritischer Interaktionserfahrungen bemerkt werden" (Thomas, 1993, S. 380 f.).

Interkulturelles Lernen findet statt, wenn eine Person bestrebt ist, im Umgang mit Menschen einer anderen Kultur deren spezifisches Orientierungssystem der Wahrnehmung, des Denkens, Wertens und Handelns zu verstehen, mit dem eigenen Orientierungssystem zu verbinden und auf sein Denken und Handeln im fremdkulturellen Handlungsfeld anzuwenden. Interkulturelles Lernen bedingt neben dem Verstehen fremdkultureller Orientierungssysteme eine Reflexion des eigenkulturellen Orientierungssystems. Es ist erfolgreich, wenn die Fähigkeit entwickelt worden ist, zentrale Merkmale fremdkultureller Orientierungssysteme (Kulturstandards) bei der eigenen Handlungsplanung und -ausführung mit zu berücksichtigen.

Interkulturelles Handeln findet statt, wenn der Handelnde sein eigenes, kulturspezifisches Orientierungssystem zur Handlungssteuerung in einem fremdkulturell strukturierten Handlungsfeld verwendet. Zur Vermeidung kulturell unangepaßten Handelns und daraus resultierender Handlungsstörung bedarf es einer Veränderung und Erweiterung des eigenkulturellen Orientierungssystems in Richtung auf das fremdkulturelle. Zur effektiven Handlungssteuerung in kulturellen Überschneidungssituationen müssen beide Orientierungssysteme zum Einsatz kommen. Dies ist das zentrale Kennzeichen interkultureller Handlungskompetenz. Produktive Arbeit in interkulturellen Arbeitsgruppen setzt bei der Führung und den Gruppenmitgliedern die Bereitschaft und Fähigkeit zum interkulturellen Lernen mit dem Ziel des interkulturellen Verstehens und der interkulturellen Handlungskompetenz voraus (THOMAS, 1996).

3.3 Beispiele kultureller Überschneidungssituationen

Zwei Beispiele aus dem Arbeitsalltag deutscher Manager im Ausland sollen die sich daraus ergebenden Probleme verdeutlichen. Ein deutscher Manager berichtet von seinen Erfahrungen in China:

„In meinem Werk sind eine ganze Reihe hochqualifizierter chinesischer Ingenieure beschäftigt, mit denen ich tagtäglich im Rahmen meiner Arbeitsaufgaben zu tun habe. Vor einiger Zeit ist mir einer dieser Ingenieure als besonders fachlich qualifiziert, aufgeschlossen, vielfältig interessiert und sehr kommunikativ aufgefallen. Ich habe mich immer wieder gerne mit ihm unterhalten. Außerdem war er einer der wenigen chinesischen Ingenieure, von denen ich spontan den Eindruck hatte, daß er nicht nur aufgrund seiner Sprachgewandtheit, sondern auch aufgrund seiner Intelligenz komplizierte Probleme sofort begreift und sich an einer Diskussion produktiv beteiligen kann. Ich habe mich deshalb auch fachlich häufiger mit ihm unterhalten, spendierte ihm öfter einmal ein Bier, besorgte ihm deutsche Illustrierte und ließ ihm im Laufe der Zeit hier und da auch einmal einige kleinere Vergünstigungen zukommen. Als ich ihn dann eines Abends zu mir nach Hause zum Essen einlud, lehnte er höflich, aber sehr bestimmt ab. Am nächsten Tag erschien er nicht mehr zur Arbeit, und ich habe ihn seitdem auch nicht mehr in seiner Arbeitsgruppe gesehen. Auf Nachfragen wurde mir mitgeteilt, daß er auf einen anderen Arbeitsplatz gewechselt habe. Über dieses sehr eigentümliche Verhalten des Ingenieurs Wang habe ich mich doch sehr gewundert und bis heute dafür eigentlich keine Erklärung gefunden."

Chinesen legen außerordentlich großen Wert auf harmonische soziale Beziehungen, besonders in ihrer Familie und ihren beruflichen Bezugsgruppen. Herr Wang verzichtete aus Solidarität gegenüber seinen Arbeitskollegen auf die Einladung bei dem deutschen Ingenieur. Die bereits erfolgte und womöglich noch zu erwartende Vorzugsbehandlung durch den deutschen Chef würde ihn so sehr aus seiner Gruppe herausheben und zu einem „Außenseiter" mit Privilegien werden lassen, daß er sich seiner Gruppe gegenüber schuldig fühlen und massive Kritik aus seiner Gruppe befürchten müßte. Offensichtlich war schon jetzt die besondere Beziehung zwischen dem deutschen Ingenieur und Herrn Wang für ihn und seine Gruppe zu einer Belastung geworden, so daß er bzw. seine Arbeitsgruppe und die chinesischen Vorgesetzten es vorzogen, ihn „aus dem Verkehr zu ziehen", um die gestörte Gruppenharmonie wiederherzustellen.

Ein deutscher Personalleiter berichtet von seinen Erfahrungen mit seinen französischen Kollegen in einem deutsch-französischen Gemeinschaftsunternehmen:

„In diesem Unternehmen ist es üblich, daß die Arbeitsverträge neuer Mitarbeiter von der französischen und der deutschen Seite unterzeichnet werden. Eines Tages machte ich einen neu einzustellenden Mitarbeiter mit meinem Kollegen, Monsieur Leconte, Personalleiter wie ich und für die Mitarbeitereinstellung zuständig, bekannt. Nachdem sich Monsieur Leconte lange und angeregt mit dem Kandidaten unterhalten hatte, wollte ich wissen, wann er den Arbeitsvertrag unterschreiben würde. Monsieur Leconte bat noch um etwas Bedenkzeit, um sich erst noch einmal die Personalakte anzusehen, obwohl es so aussah, als habe er grundsätzlich keine Einwände. Erst einige Tage später erhielt ich dann vom Chef von Monsieur Leconte die erbetene Unterschrift. Ich habe mich gefragt, warum das alles nur so kompliziert sein muß, obwohl es doch nur eine Formsache ist. Immer wieder beobachte ich, daß die Franzosen selbst bei Routineentscheidungen immer in der Hierarchie weit nach oben steigen, um Entscheidungen abzusichern."

Für den deutschen Personalleiter ist die Entscheidung über die Neueinstellung ein Routinefall, den sein französischer Kollege durch Unterschrift besiegelt. Er hat den Kandidaten kennengelernt, keine Einwände geäußert, und er braucht ja auch nicht mit ihm zusammenzuarbeiten.

Für den französischen Partner sind Personalentscheidungen eine so wichtige Angelegenheit, daß sie der Zustimmung des Vorgesetzten bedürfen. Ihn in einer solchen Angelegenheit nicht um seine Zustimmung zu bitten, obwohl er auf jeden Fall zustimmen würde, wäre ein Verstoß gegen die Etikette und eine Mißachtung der Rangposition seines Vorgesetzten. Also muß zur Dokumentation der Rangunterschiede, zur Festlegung und Bekräftigung der Vorgesetztenfunktion dessen Zustimmung eingeholt werden. Der französische Chef von Monsieur Leconte nimmt das „Angebot" seines Untergebenen an und unterzeichnet den Einstellungsvertrag sogar selbst. Die Unterschrift ist aus französischer Sicht also keineswegs ein Routinevorgang, sondern dient der Kompetenzdokumentation und folgt den Regeln des Kulturstandards „Hierarchieorientierung".

3.4   Vom Eigenkulturellen zum Interkulturellen

Die spezifischen Anforderungen der Führung und der Kooperation in interkulturellen Arbeitsgruppen ergeben sich aus drei für die Zusammenarbeit zentralen Themenkomplexen: eigenkulturelle Thematik, fremdkulturelle Thematik und interkulturelle Thematik.

3.4.1 Eigenkulturelle Thematik

Üblicherweise gehen wir davon aus, daß sich alle anderen Menschen auf dieser Welt so wie wir verhalten. Diese Annahme ist vernünftig und richtig, denn meist geraten wir mit unseren Mitmenschen nicht in ernsthafte Konflikte, sondern kommen mit ihnen relativ gut aus. Wenn wir erfahren, daß Menschen in unserer Umgebung sich nicht so verhalten, wie wir es tun bzw. wie wir es gewohnt sind, dann führt dies zur Beunruhigung und macht uns nachdenklich. Andere Formen der Wahrnehmung, der Beurteilung und Beeinflussung erscheinen uns falsch, nicht ganz richtig, lückenhaft, primitiv usw. Wir versuchen herauszufinden, warum diese Person, diese Personen oder Gruppen nicht so agieren, wie wir es gewohnt sind und erwarten. Die eigenen kulturspezifischen Formen der Wahrnehmung, des Urteilens, des Verhaltens und der Beeinflussung sind uns im Laufe unserer Entwicklung zur Gewohnheit geworden. Sie sind im Vollzug nicht mehr bewußtseinspflichtig und werden nicht mehr als etwas

Besonderes bemerkt. Dabei zeigt uns gerade das Bewußtwerden eigener Wahrnehmungs-, Urteils- und Verhaltensweisen in *konflikthaften Situationen*, daß diese Gewohnheiten und Selbstverständlichkeiten durchaus bewußt gemacht werden können.

Wann aber wird nun das „Eigene", das „Gewohnte", das „Selbstverständliche" zum Thema? In der eigenen Kultur meist nur dann, wenn wir Kinder, alte Menschen, Behinderte oder Fremde beobachten. Bei Kindern, alten Menschen, Behinderten und Fremden fallen uns dazu auch sofort die entsprechenden Erklärungen ein: Kinder können es noch nicht, alte Menschen können es nicht mehr, Behinderte können es aufgrund ihrer spezifischen Behinderung nicht, und Fremde können es nicht, weil sie nicht zu uns gehören und nicht gelernt haben, wie man sich bei uns „richtig" zu verhalten hat, und überhaupt nicht wissen, was „sich gehört". Deshalb müssen die *eigenkulturellen Bedingungen* des Wahrnehmens, Denkens und Verhaltens thematisiert, reflektiert, erkannt und verstanden werden.

3.4.2 Fremdkulturelle Thematik

Menschen aus anderen kulturellen, religiösen und sozialen Traditionen, aus anderen Wert-, Rechts- und Wirtschaftstraditionen haben andere Formen des Wahrnehmens, Urteilens, Empfindens und Handelns entwickelt. Diese Menschen sind über viele Generationen hinweg unter anderen geographischen, klimatischen, wirtschaftlichen, politischen, sozialen und geistig-kulturellen Umweltbedingungen aufgewachsen. Sie haben andere Überlebensstrategien und Formen der Problembewältigung entwickelt als wir.

Vielleicht hat sich in anderen Kulturen manches so entwickelt wie bei uns, aber sicherlich ist vieles auch sehr anders. Hier schließt sich die Diskussion über die universelle oder kulturrelative Geltung psychologischer Gesetzmäßigkeiten an (THOMAS, 1993). Damit in Zusammenhang steht auch der Streit zwischen den Konvergenztheoretikern und den Divergenztheoretikern (CHILD, 1981; ADLER, 1983). Die Konvergenztheoretiker meinen, daß Organisationen mit zunehmender Internationalisierung dazu tendieren, sich allmählich so einander anzugleichen, daß das Verhalten ihrer Manager immer ähnlicher und kulturunspezifischer, universeller wird. Konvergenztheoretiker suchen nach universell gültigen Managementtheorien, Führungsstilen, Konfliktregulationsverfahren, Personal- und Organisationsentwicklungsmethoden. Die Anhänger der Divergenztheorie finden demgegenüber in ihren Studien, daß bei aller Internationalisierung die nationalen und kulturellen Besonderheiten beibehalten oder sogar noch betont werden. Kulturvergleichende Managementstudien und empirische Analysen zur Prüfung der Konvergenz- resp. Divergenzkonzepte weisen nach, daß Organisationen in ihrem äußeren Erscheinungsbild und in manchen ihrer formalen Strukturen mit zunehmender Internationalisierung ähnlicher werden, daß aber zentrale Verhaltensmerkmale der Organisationsmitglieder weiterhin kulturspezifisch ausgeprägt sind. Es ist deshalb anzunehmen, daß sich Konvergenz und Divergenz auf verschiedenen Ebenen vollziehen und in verschiedenen Teilbereichen von Organisationen wirksam werden. Bei Organisationsmerkmalen und Prozessen, die weitgehend von psychologischen Faktoren determiniert sind (z. B. informelle Kommunikation, Interaktionsformen, Identifikation, Gruppenbindung, Konfliktmanagement, Motivations- und Kontrollprozesse u. a.), muß mit fest verankerten kulturspezifischen Ausprägungen gerechnet werden.

Daraus ergeben sich spezifische Anforderungen im Zusammenhang mit interkulturellem Lernen, Verstehen und Handeln: Erkennen der *fremdkulturellen Bedingungen* des Wahrnehmens, Denkens, Urteilens, Empfindens und Handelns und Verstehen dieser fremdkulturellen Formen der Lebens- und Problembewältigung; Akzeptanz, daß diese Formen durchaus ebenso vernünftig und sinnvoll sein können wie die eigene Lebensbewältigung.

3.4.3 Interkulturelle Thematik

Die eigene Betroffenheit setzt spätestens dann ein, wenn man mit Menschen aus anderen Kulturen *zusammenarbeitet*. In diesem Falle reicht es nicht mehr aus, das Eigene zu reflektieren und das Fremde zur Kenntnis zu nehmen. Der Zwang bzw. die Absicht zur Zusammenarbeit provoziert und erzwingt die Bewältigung einer neuen Anforderung. *Eigenes und Fremdes* muß unter den Bedingungen interkultureller Zusammenarbeit aufeinander *abgestimmt werden*. Ein angestrebtes Ziel kann nur zusammen mit einem zunächst Fremden erreicht werden.

3.5   Konsequenzen für interkulturelle Arbeitsgruppen

Für interkulturelle Arbeitsgruppen, deren Planung, Organisation, Führung, Zusammensetzung und für die Vorbereitung der Gruppenmitglieder und der Führungskräfte ergeben sich aus den Darlegungen im vorherigen Abschnitt die im folgenden dargestellten Handlungsschritte:

3.5.1 Kulturelle Identität, Kompatibilität, Akkommodation

Jedes Gruppenmitglied muß prüfen, inwieweit das Eigene und das Fremde miteinander übereinstimmen (kulturelle Identität), in welchem Maße Eigenes und Fremdes voneinander abweichen (kulturelle Differenz) und inwieweit Elemente des Eigenen und des Fremden nebeneinander bestehen können (kulturelle Kompatibilität) oder unvereinbar sind (kulturelle Inkompatibilität). Kompatible Elemente können sein: Begegnungs- und Kommunikationsrituale, Organisationsregeln. Inkompatible Elemente können sein: religiös begründete und wertbehaftete Tabubereiche, Menschenrechtsfragen usw. Vor diesem Hintergrund muß geprüft werden, was von dem Eigenen in Richtung auf das Fremde geändert werden kann. Wieweit kann und sollte man sich dem Fremden anpassen? Keinerlei Anpassung(sbereitschaft) führt eventuell zu direkten Konflikten. Ein solches Verhalten kann von den fremden Gruppenmitgliedern als arrogant, hochnäsig, dominant und als abweisend empfunden werden. Völlige Anpassung an Fremdes kann zur Karikatur werden und ins Lächerliche abgleiten.

3.5.2 Kulturelle Assimilation

Jedes Gruppenmitglied muß zudem prüfen, wie das Fremde in Richtung auf das Eigene geändert werden kann, welche Möglichkeiten bestehen, den Fremden auf die eigenen Ziele und Verhaltensgewohnheiten so hinzuweisen, daß er bereit ist, sie zu erkennen, anzuerkennen und sich ihnen eventuell anzunähern. Oft wird der Fremde direkt gezwungen, oder die Lebens- und Arbeitsverhältnisse zwingen ihn indirekt, die Verhaltensgewohnheiten der Majorität zu assimilieren (KIM & GUDYKUNST, 1988).

3.5.3 Kulturelle Synergie

Unter dem Begriff kulturelle Synergie versteht man „das Zusammenfügen kulturell unterschiedlich ausgeprägter Elemente wie Orientierungsmuster, Werte, Normen, Verhaltensweisen usw. in einer Art und Weise, daß sich ein die Summation der Elemente übersteigendes neues Gefüge ergibt. Das Gesamtresultat ist dann qualitativ hochwertiger als jedes Einzelelement oder die Summe der Elemente" (THOMAS, 1993, S. 408). In internationalen Arbeitsgruppen können die kulturellen Divergenzen als Barriere wirken und eine gegenseitige Verständigung der Gruppenmitglieder erschweren oder gar verhindern. Die interkulturellen Differenzen in solchen Arbeitsgruppen können aber auch als leistungsförderliches Potential erkannt und nutzbar gemacht werden, indem sie zur Erweiterung der Handlungsalternativen, zur wechselseitigen Kompensation von Defiziten sowie zur Förderung synergetischer Effekte genutzt werden. Das Reflektieren des Eigenen, das Erkennen des Fremden, die Wertschätzung des Andersartigen sowie die Fähigkeit, Eigenes und Fremdes gleichermaßen als zieldienliches Lösungspotential zu handhaben, bilden die Grundlagen für interkulturelle Synergie in Arbeitsgruppen.

Die Gruppenmitglieder müssen prüfen, welche produktiven und destruktiven Konsequenzen solche Änderungsbemühungen in Richtung auf das Fremde, das Eigene und ein entwickeltes Drittes für die Gruppenzusammenarbeit haben. Viel erreicht ist zwar schon, wenn ein hohes Maß an gegenseitiger Toleranz in der Arbeitsgruppe praktiziert wird und wenn der Fremde nicht mehr als minderwertig behandelt wird, sondern eine Wertschätzung erfährt. Für die Zusammenarbeit in Arbeitsgruppen und die Qualität des Arbeitsergebnisses produktiver wäre es aber, wenn die kulturbedingten Unterschiede im Erfassen von Objekten und Zusammenhängen, im Lösen von Problemen, in der zwischenmenschlichen Kommunikation, im Umgang mit Zeit und Raum, im Situationsmanagement und ähnliches und im Verhalten insgesamt als wertvolles Potential zur Qualifizierung der Gruppenarbeit und Gruppenleistung wahrgenommen und behandelt werden. Die Gruppenmitglieder müssen dann von sich aus und unterstützt durch den Gruppenleiter in der Lage sein, ihre kulturspezifischen Verhaltensmodalitäten so aufeinander abzustimmen, daß auf dem Wege der Arbeitsbewältigung die beschriebenen Synergieeffekte entstehen, die für die Gruppenarbeit selbst und die Gruppenleistung produktiv sind. Nicht das Minimieren kultureller Divergenzen durch Akkommodations- und Assimilationsleistungen der Gruppenmitglieder oder der einseitige Akkulturationszwang gegenüber der kulturellen Minderheit, die sich der Mehrheit anzupassen hat, sondern die effektive Nutzung der kulturellen Potentiale in der Gruppe wären dann das Ziel der Gruppenführung (ZEUTSCHEL, 1997).

Eine weitere Quelle schwer zu lösender Probleme in interkulturell zusammengesetzten Arbeitsgruppen ergibt sich aus der Tatsache, daß Menschen danach trachten, sich selbst, die Menschen, die zu ihnen gehören, und damit die Gruppen, denen sie sich verbunden wissen (Eigengruppe), möglichst positiv einzuschätzen und gegen Angriffe und Kritik von außen zu verteidigen. In der Theorie der sozialen Identität (TAJFEL, 1981; TURNER & GILES, 1985) sind diese das Selbstwertgefühl erhöhende sozialen Prozesse innerhalb und zwischen Gruppen ausführlich beschrieben und empirisch-experimentell untersucht worden. Angewandt auf interkulturelle Arbeitsgruppen lassen sich aus diesen Forschungen folgende bedeutsamen Konsequenzen für die Gruppenprozesse und -führung ziehen:

Mitglieder interkultureller Arbeitsgruppen werden, wie alle sonstigen Gruppenmitglieder, bestrebt sein, sich eine möglichst angesehene Position innerhalb ihrer Gruppe zu sichern. Dazu bietet sich die nationale Zugehörigkeit als Unterscheidungs- und Abgrenzungskriterium an. Die deutschen Mitglieder in einer Arbeitsgruppe oder die Franzosen in einer Arbeitsgruppe werden versuchen, sich als Teilgruppe zu definieren. Dies geschieht dadurch, daß sie ihre nationale Zugehörigkeit nutzen, um eine „Eigengruppe" zu bilden, die sie besonders positiv bewerten und gegenüber den negativ bewerteten Mitgliedern der anderen nationalen „Fremdgruppe" abgrenzen. Sie werden ihre eigenen Leistungen eher überschätzen und die der anderen unterbewerten. Sie werden Fähigkeiten und Fertigkeiten, Einstellungen und Wertvorstellungen bei den Eigengruppenmitgliedern sehr genau zu differenzieren wissen und die Individualität jedes einzelnen Gruppenmitglieds betonen, jedoch gegenüber den anderen Gruppenmitgliedern eher zur Homogenisierung und Depersonalisierung neigen. Die Mitglieder der anderen Teilgruppe treten nicht so sehr als Einzelpersonen in Erscheinung mit eigenständigen Zielen, Fähigkeiten, Fertigkeiten, Leistungen und Verantwortlichkeiten, sondern werden als Teile einer homogenen Gruppe eher als unfähiger, unqualifizierter, weniger fleißig und einsatzfreudig usw. bewertet und als typische Vertreter der Fremdgruppe etikettiert und disqualifiziert. Je weniger die soziale Identität des einzelnen Gruppenmitglieds in seiner Gruppe und die der Eigengruppe im sozialen Gefüge einer größeren Arbeitseinheit und des Unternehmens gesichert ist und je stärker die soziale Identität bedroht ist, um so mehr wächst die Tendenz zur Abgrenzung von der Fremdgruppe, zur Eigengruppenbevorzugung, zur Homogenisierung und Depersonalisierung zur Fremdgruppe bis hin zur Fremdgruppendiskriminierung (THOMAS, 1992).

Alle diese Prozesse sind den Gruppenmitgliedern in aller Regel nicht bewußt. Erlebt werden allenfalls Kommunikations- und Interaktionsstörungen, deren Ursachen im Fehlverhalten der anderen Person oder der anderen Gruppe gesucht werden. Die Gruppenmitglieder schreiben sich gegenseitig die Verantwortung für Störungen zu, ohne zu wissen und zu bemerken, daß die wechselseitigen Fehlwahrnehmungen und -interpretationen bedingt sind durch die kognitiven und emotionalen Folgen interpersonaler und intergruppenspezifischer Kategorisierungen und Stereotypisierungen, die in konflikthaften Interaktionssituationen provoziert werden.

Diese Intergruppentendenzen, die den Zusammenhalt in interkulturellen Arbeitsgruppen gefährden und die Gruppenleistung erheblich beeinträchtigen, können nur bei wirksamem Einsatz folgender Maßnahmen begrenzt werden:

1. Das Bedürfnis nach Selbstwerterhöhung und Eigengruppenfavorisierung muß auf andere Weise befriedigt werden als dadurch, daß die Leistungen der Fremdgruppenmitglieder abgewertet werden. Ein stabiles Selbstwertgefüge aller Gruppenmitglieder macht den sozialen Vergleich und die Eigen- vs. Fremdgruppenabgrenzung über die Klassifizierungen der Arbeitsgruppenmitglieder nach nationalen Zugehörigkeitskategorien überflüssig.
2. Ein von allen Gruppenmitgliedern gleichermaßen hoch bewertetes Ziel muß formuliert und von allen als etwas gemeinsam zu Erreichendes anerkannt werden.
3. Es müssen Möglichkeiten zur Identifikation mit „überlappenden Kategorien"

(THOMAS, 1994) geschaffen werden, d.h. Kategorien, die von allen Gruppenmitgliedern geschätzt werden und für alle bedeutungshaltig sind.

In interkulturellen Arbeitsgruppen ist noch zu beachten, welcher Nation der Gruppenführer angehört. Menschen neigen dazu, in Situationen mit einem hohen Grad sozialer Verunsicherung, z.B. bei der Bildung neuer Gruppen oder bei der Zusammenarbeit mit bisher unbekannten Personen – womöglich noch solchen aus völlig fremden Kulturen, mit andersartigen Verhaltensgewohnheiten, Wert- und Normvorstellungen usw. –, über den Prozeß des sozialen Vergleichs und der Ähnlichkeitszuschreibung neue, tragfähige soziale Identitäten und Orientierungsstrukturen aufzubauen. Deshalb werden die Arbeitsgruppenmitglieder mit einer identischen nationalen Zugehörigkeit wie der Gruppenleiter diesen als zu ihrer Eigengruppe gehörend betrachten, um daraus Vorteile gegenüber anderen Gruppenmitgliedern zu ziehen. Sie werden bestrebt sein, mit Unterstützung durch den Gruppenleiter, dem sie sich ähnlicher fühlen als den anderen, die Arbeitsgruppe zu dominieren.

Interkulturelle Arbeitsgruppen stehen immer in der Gefahr, die nationale Zugehörigkeit der Gruppenmitglieder und des Gruppenführers sowie die nationalen Traditionen des Unternehmens und die nationale Lokalisierung des Arbeitsplatzes zu thematisieren, um über diese Kategorisierungen Unterscheidung, Abgrenzung, Auf- und Abwertung und wertbezogene Eigenschaftszuschreibungen (Attribuierungen) vorzunehmen. Alle diese Prozesse sind von großem Wert zur Festigung der sozialen Identität, dienen der Selbstwerterhöhung und insgesamt der Orientierung in einem komplexen sozialen Gefüge. Dies muß der Gruppenleiter interkulturell zusammengesetzter Arbeitsgruppen wissen, bei der Festlegung seiner eigenen Position beachten und sich in seinem Führungsverhalten darauf einstellen können.

4. Die Praxis der Führung interkultureller Gruppen

Viele Probleme im Zusammenhang mit dem Thema „Interkulturelles Management" sind auch für die Führung interkultureller Arbeitsgruppen relevant, denn interkulturelles Management ist in vielen Bereichen nichts anderes als interkulturelles Gruppenmanagement. So lassen sich aus der Forschung und Praxiserfahrung zum interkulturellen Management Erkenntnisse zur Klärung und Lösung der hier diskutierten Probleme gewinnen (LANDIS & BRISLIN, 1983; RONEN, 1986; HARRIS & MORAN, 1991; BERGEMANN & SOURISSEAUX, 1992).

Für das Führen von interkulturellen Arbeitsgruppen gilt als Faustregel: Je divergenter die aufeinandertreffenden Kulturen, die daraus resultierenden Orientierungssysteme und die spezifischen Kulturstandards sind, um so zahlreicher sind auch die kritischen Stellen kultureller Überschneidung bei der Kooperation in interkulturellen Arbeitsgruppen und um so handlungswirksamer ist das sich bildende Konfliktpotential. Effektives interkulturelles Management ebenso wie das Management von interkulturellen Arbeitsgruppen erfordert die Regulation der interkulturellen Divergenzen. Dies kann grundsätzlich auf folgende vier Arten geschehen:

1. *Dominanzkonzept*: Die eigenkulturellen Werte und Normen werden fremden Kulturen gegenüber als überlegen angesehen. Sie sollen sich gegen Fremdeinflüsse durchsetzen und das Interaktionsgeschehen dominieren: z.B. deutsche Führungskonzepte, Arbeitstugenden, Methoden der Konfliktbehandlung, des Krisen-

managements, Problemlösestrategien usw. werden als die besten, bewährtesten und sachgerechtesten Lösungen angesehen und gegenüber anderen Lösungsformen durchgesetzt. Auf alle anderen Gruppenmitglieder wird so lange Anpassungsdruck ausgeübt, bis sie gelernt haben, sich in ihrem Verhalten nach den deutschen (also aus der Sicht der dominierenden Gruppenteilnehmer „richtigen") Kulturstandards zu orientieren.

2. *Assimilationskonzept*: Die fremdkulturellen Werte und Normen werden bereitwillig übernommen und in das eigene Handeln integriert. Die Anpassungstendenzen an die fremde Kultur können so stark werden, daß ein Verlust der eigenen kulturellen Identität und ein völliges Aufgehen in der Fremdkultur die Folge sind. Die Gruppenmitglieder passen sich den nationalen und firmenspezifischen Normen und Werten einer Kultur, meist der überlegenen, mächtigen an, um so der ständigen Kritik an ihrem Verhalten zu entgehen und den Anpassungsdruck seitens der Gruppenmitglieder und der Führung zu minimieren.

3. *Divergenzkonzept*: Werte und Normen beider Kulturen werden als bedeutsam und effektiv angesehen. Viele Elemente sind allerdings inkompatibel und führen in der Anwendung zu ständigen Widersprüchen. Da eine Integration nicht gelingt, kommt es zu unauflösbaren Divergenzen und ständigen Schwankungen zwischen beiden Kulturen. Besonders in der Anfangsphase der Bildung interkultureller Arbeitsgruppen bzw. beim Übergang eines Unternehmens von einem internationalen zu einem transnationalen Unternehmen sind solche Prozesse zu beobachten. Dies führt zu Verunsicherungen bezüglich der nun für die Zusammenarbeit gültigen Werte, Normen und Verhaltensregeln und langfristig zur Reduzierung der Arbeitsmotivation und der Gruppenkohäsion.

4. *Synthesekonzept*: Den Gruppenmitgliedern gelingt es, bedeutsame Elemente beider Kulturen zu einer neuen Qualität (Gesamtheit) zu verschmelzen. Das Resultat besteht dann nicht mehr in der Bevorzugung einer der beiden Kulturen, sondern in einer aus den „Ressourcen" beider Kulturen gewonnenen Neudefinition wichtiger Elemente (Synergie), die dann für alle Gruppenmitglieder normgebend werden.

Welches der verschiedenen Konzepte praktiziert wird, richtet sich nach den situativen Bedingungen, den Management- und Unternehmenstraditionen, den individuellen Erfahrungen im Umgang mit fremdkulturellen Partnern und der Qualifikation des Führungspersonals zur Regulation interkultureller Überschneidungssituationen. Das Synthesekonzept erfordert eine höhere Qualität interkultureller Handlungskompetenz auf seiten des Gruppenleiters wie der Gruppenteilnehmer als das Dominanz- oder Assimilationskonzept (ZEUTSCHEL, 1997).

Wenn man Kultur auffaßt als ein Handlungsfeld, das einerseits Handlungsmöglichkeiten und -ziele bietet, die mit bestimmten Mitteln erreichbar sind, das aber andererseits auch Handlungsbedingungen stellt und Grenzen setzt für mögliches oder „richtiges" Handeln (BOESCH, 1980), dann ergeben sich daraus eine Reihe von Konsequenzen. Effektives Management interkultureller Gruppen müßte aus der Kenntnis genau dieser kulturellen Handlungsmöglichkeiten und -grenzen heraus eine Integration der kulturellen Einflußfaktoren erreichen. Dabei ist neben der Bevorzugung eines der vier Konzepte unter bestimmten Umständen die effektive Anwendung aller vier Konzepte denkbar. In einem komplexen interkulturellen Gruppengefüge können bestimmte Interaktions- und Handlungsbereiche durchaus sinnvoll nach dem Dominanzkonzept und dem Assimilationskonzept geregelt werden.

Mit der Anwendung des Synthesekonzepts wird zwar auf lange Sicht der höchste

Nutzeffekt und ein höheres Maß an Zufriedenheit der Gruppenmitglieder erzielt, doch bedarf es zu seiner Anwendung differenzierter kulturspezifischer Kenntnisse und einer hochentwickelten interkulturellen Sensibilität und Kompetenz sowohl auf der Ebene des Teamleiters sowie der Gruppenmitglieder. Dies ist aber ohne spezifische Vorbereitung der betroffenen Personen auf die besondere Interaktions- und Kommunikationsproblematik und ohne kulturspezifisches Sensibilisierungs- und Orientierungstraining nicht zu verwirklichen.

Die zentrale Trainingsaufgabe in diesem Zusammenhang besteht in der Sensibilisierung für handlungsrelevante Merkmale fremdkultureller Orientierungssysteme, also für kulturspezifische Handlungsmöglichkeiten wie -grenzen, für die verborgenen Merkmale des eigenkulturellen Orientierungssystems. Dazu muß die Fähigkeit zum Denken in den Bezügen zunächst fremder, dann aber immer vertrauter werdender Orientierungssysteme kommen. Hier stehen eine ganze Reihe von Trainingsmaßnahmen zur Verfügung (LANDIS & BRISLIN, 1983; THOMAS & HAGEMANN, 1992; BITTNER, 1996).

Interkulturelle Arbeitsgruppen entstehen wohl selten aufgrund freiwilliger Entscheidungen der Gruppenmitglieder, dies gibt es allenfalls bei wissenschaftlichen Arbeitsgruppen, sondern meist aufgrund wirtschaftlicher, technologischer und politischer Zwänge. Zur Stärkung der Marktposition fusioniert z.B. ein deutsches Maschinenbauunternehmen mit seinem bisherigen Konkurrenten im europäischen Markt, einem englischen Unternehmen, um so weltweit wettbewerbsfähig zu bleiben. Aus dieser Fusion werden sich zwangsweise bi- und eventuell multinationale Arbeitsgruppen entwickeln, die mal unter deutscher Leitung, mal unter englischer Leitung oder eventuell unter einer aus einem Drittland stammenden Führungskraft arbeiten. Ein weiteres Beispiel: Zur Entwicklung eines wettbewerbsfähigen Produktes der Mikroelektronik bedarf es eines speziellen Know-how, das nur in den USA vorhanden ist. Dies zwingt ein deutsches Unternehmen, amerikanische Spezialisten für drei bis fünf Jahre anzuwerben und diese mit deutschen Mitarbeitern in einer Entwicklungsgruppe zusammenarbeiten zu lassen. Militärische Verbände, die aus Soldaten verschiedener Nationen gebildet werden (Eurokorps), sind Beispiele für erzwungene interkulturell zusammengesetzte Arbeitsgruppen aufgrund politischer Entscheidungen (THOMAS, KAMMHUBER & LAYES, 1997).

Zur effektiven Führung solcher Arbeitsgruppen, zur Reduzierung der kulturbedingten Kommunikations- und Interaktionsprobleme ebenso wie zur Ausschöpfung der gerade in diesen Gruppen vorhandenen besonderen Handlungsmöglichkeiten und Leistungspotentiale ist zu beachten, daß Gruppen keine starren sozialen Gebilde sind, sondern dynamische Einheiten. Gruppen haben eine Geschichte, ihre Mitglieder wirken gestaltend nach innen (in die Gruppe hinein) und nach außen (z.B. als Vertreter der Gruppe gegenüber anderen). Gruppenmitglieder aus unterschiedlichen Kulturen bringen neben ihren ganz persönlichen Erfahrungen im Umgang mit Gruppenprozessen bestimmte kulturbedingte, mehr oder weniger unterschiedliche Orientierungssysteme und Kulturstandards zur Bewertung und Steuerung zentraler gruppendynamisch relevanter Determinanten mit. So hat HOFSTEDE (1984, 1993) in umfangreichen Untersuchungen bei über 70 Kulturen spezifisch ausgeprägte Orientierungsmuster identifiziert, die sich nach den folgenden vier Dimensionen klassifizieren ließen:

1. *Machtdistanz*, d.h. wie hoch oder niedrig die Distanz zwischen Vorgesetztem und Untergebenem ausgeprägt ist.

2. *Unsicherheitsmeidung*, d. h. in welchem Ausmaß ein Mitarbeiter komplexe und unklare Situationen selbständig meistern kann oder ob er solche Situationen vermeidet.
3. *Individualismus vs. Kollektivismus*, d. h. ob die Mitarbeiter stärker nach dem Erreichen und der Verwirklichung individueller Ziele streben oder stärker gruppenorientiert handeln.
4. *Maskulinität vs. Femininität*, d. h. inwieweit die Mitarbeiter leistungsorientiert denken und arbeiten oder stärker auf sozial integrative Formen der Zusammenarbeit Wert legen.

Gruppenmitglieder aus Kulturen mit einem hohen Machtgefälle, in denen der Vorgesetzte die alleinige Entscheidungs- und Befehlsgewalt besitzt und von den Mitarbeitern bedingungslosen Gehorsam und blinde Pflichterfüllung verlangt, werden in einer Arbeitsgruppe mit Kollegen aus einer Kultur mit niedrigem Machtgefälle, die es gewohnt sind, auch wichtige Entscheidungen selbst zu treffen und sich lediglich mit den Vorgesetzten abzustimmen, hinsichtlich der Qualifikationsmerkmale Selbständigkeit, Entscheidungsfreudigkeit, Selbstverantwortlichkeit überfordert sein. Sie kämen sich treulos, anmaßend und widerspenstig vor, wenn sie ohne Anweisung des Vorgesetzten von sich aus Entscheidungen träfen, weil all dies in ihrem kulturbedingten Orientierungssystem anders geregelt ist.

Gruppenmitglieder aus eher kollektivistischen Kulturen, die auf die Einhaltung sozialer Harmonie, gegenseitiges Einvernehmen und auf gemeinsame Gruppenziele hin orientiert sind, werden das Verhalten von Gruppenmitgliedern aus individualistischen, auf das persönliche Wohlergehen, die eigene Anerkennung und individuelle Leistungsbefriedigung hin orientierten Kulturen nicht verstehen können. Sie werden das individuelle, konkurrenzorientierte Verhalten in der Gruppe nicht als leistungsförderlich, sondern als bewußt gruppenschädigendes Verhalten wahrnehmen, bewerten und entsprechend mit Ablehnung reagieren. Personen, die auf solche kulturspezifisch unterschiedlichen Erfahrungen und Handlungsregeln in interkulturellen Gruppen *nicht* vorbereitet sind, werden das an den anderen Gruppenmitgliedern beobachtete „Fehlverhalten" nicht den fremden Orientierungssystemen zuordnen, sondern den einzelnen Gruppenmitgliedern persönlich anlasten und sie folgerichtig als egoistisch, unsozial usw. beurteilen.

Für interkulturelle Gruppenprozesse und deren Management sind deshalb folgende Themen und Problemfelder besonders zu beachten:

1. Vorgesetzte-Mitarbeiter-Beziehung:
   a) Machtdistanz
   b) Art der Motivierung der Mitarbeiter
   c) Leistungskontrolle gegenüber den Mitarbeitern
   d) Ergebnisrückmeldung (feedback) durch den Vorgesetzten
   e) Entscheidungsspielraum und Verantwortungsspanne der Mitarbeiter
   f) Partizipationsgrad
   g) Loyalität

2. Interaktionsprozesse in Arbeitsgruppen:
   a) Statusmerkmale
   b) Rollenzuschreibung und Rollendifferenzierung
   c) Konfliktregulation
   d) Informationsaustausch

e) Identitätsmerkmale
f) Die Gruppenkohäsion stabilisierende Verhaltensweisen
g) Abstimmungsprozesse
h) Umgang mit Raum/Zeit/Qualität usw.

3. Individuum-Gruppe-Beziehung:
   a) Subjektive Interpretation und Identifikation mit dem Gruppenziel
   b) Konvergenz und Divergenz zwischen Individualziel und Gruppenziel
   c) Identifikation mit der Gruppe
   d) Identifikation mit dem Gruppenführer
   e) Subjektive Interpretation der Gruppenziele und ihre Akzeptanz
   f) Befriedigung sozial emotionaler Bedürfnisse

5. Zusammenfassung und Schlußbetrachtung

Das Führen international zusammengesetzter Arbeitsgruppen mit kulturell divergierenden Orientierungssystemen zwischen der Gruppenleitung und den Gruppenmitgliedern sowie innerhalb der Gruppe wird zukünftig eines der zentralen Managementthemen sein. Die Annahme der Konvergenztheoretiker, die davon ausgehen, daß sich mit zunehmender Internationalisierung die noch bestehenden kulturellen Divergenzen minimieren und auf einen gemeinsamen globalen Standard hin konvergieren (s. o.), hat sich als falsch erwiesen. Tendenzen zur Konvergenz sind durchaus in gewissen Bereichen wirtschaftlichen Handelns und Managementverhaltens zu beobachten, zur gleichen Zeit aber bleiben kulturbedingte Divergenzen bestehen bzw. werden noch verstärkt. Die Internationalisierung führt nicht zwangsläufig zur Konvergenz und Vereinheitlichung, sondern verstärkt auch Tendenzen zur Partikularisierung und zum Betonen der nationalkulturellen, organisations-/betriebskulturellen Eigenständigkeit (CHILD, 1981; ADLER, 1983).

Bisher wurde dem Thema „Führen interkultureller Arbeitsgruppen" weder seitens der Sozialwissenschaften noch der Wirtschaftswissenschaften die ihm gebührende Aufmerksamkeit geschenkt. Auch in der betrieblichen Praxis bleibt es meist dem Geschick und dem Einfühlungsvermögen der einzelnen Führungskräfte überlassen, mit den in solchen Gruppen entstehenden Problemen produktiv und sozial verträglich umzugehen. Eine Einführung in diese Thematik oder ein vorbereitendes Training findet in der Regel nicht statt. So lange weder von den Wissenschaften noch aus der Praxis mit fundierten Erkenntnissen über effektives Gruppenmanagement und eine Vorbereitung auf die kulturspezifisch verursachten Probleme des Führens interkultureller Arbeitsgruppen zu rechnen ist, wird man sich mit einer Übertragung allgemeiner Erkenntnisse aus dem Bereich der interkulturellen Managementforschung auf die spezifische Problemlage interkultureller Arbeitsgruppen begnügen müssen.

Literatur

ADLER, N. J. (1983). Cross-cultural management: Issues to be faced. In: International Studies of Management and Organization. Vol. XIII (No. 1–2), 1983), S. 745–755.
BERGEMANN, N. & SOURISSEAUX, A. L. J. (Hrsg.). (1992). Interkulturelles Management. Berlin, 1992.

BITTNER, A. (1996). Psychologische Aspekte der Vorbereitung und des Trainings von Fach- und Führungskräften auf einen Auslandseinsatz. In A. Thomas (Hrsg.), Psychologie interkulturellen Handelns. S. 317–339. Göttingen 1996.

BOESCH, E. E. (1980). Kultur und Handlung – Eine Einführung in die Kulturpsychologie. Bern, 1980.

CHILD, J. D. (1981). Culture, contingency and capitalism in the cross-national study of organizations. In L. L. CUMMINGS & B. M. STAW (Eds.), Research in organizational behavior, Vol. III (S. 303–356). Greenwich, Conn., 1981.

HARRIS, P. R. & MORAN, R. T. (1991). Managing cultural differences. Houston, 1991.

HOFSTEDE, G. (1984). Culture's consequences. International differences in work related values. Beverly Hills, 1984.

HOFSTEDE, G. (1993). Interkulturelle Zusammenarbeit. Kulturen, Organisationen, Management. Wiesbaden, 1993.

KIM, Y. Y. & GUDYKUNST, W. B. (Eds.). (1988). Cross-cultural adaptation. Newbury Park, 1988.

LANDIS, D. & BRISLIN, R. W. (Eds.). (1983). Handbook of intercultural training, Vol. 1–3. New York, 1983.

LICHTENBERGER, B. (1992). Interkulturelle Mitarbeiterführung. Stuttgart, 1992.

MEAD, R. (1990). Cross-cultural Management communication. Chichester, 1990.

RONEN, S. (1986). Comparative and multinational management. New York, 1986.

SCHROLL-MACHL, S. (1992). Untersuchung über deutsch-amerikanische Arbeitsgruppen zur Entwicklung einer komplizierten elektronischen Anlage. Universität Regensburg: unveröffentlichtes Manuskript, 1992.

SCHROLL-MACHL, S. (1996). Kulturbedingte Unterschiede im Problemlöseprozeß bei deutsch-amerikanischen Arbeitsgruppen. In A. Thomas (Hrsg.), Psychologie interkulturellen Handelns. S. 383–409. Göttingen 1996.

TAJFEL, H. (Ed.). (1978). Differentiation between social groups: Studies in intergroup behavior. London, 1978.

TAJFEL, H. (1981). Human groups and social categories. Cambridge, Mass., 1981.

THOMAS, A. (Hrsg.). (1984). Interkultureller Personenaustausch in Forschung und Praxis. Saarbrücken, 1984.

THOMAS, A. (1992). Grundriß der Sozialpsychologie, Bd. 2. Individuum, Gruppe, Gesellschaft. Göttingen, 1992.

THOMAS, A. (Hrsg.). (1993). Kulturvergleichende Psychologie – Eine Einführung. Göttingen, 1993.

THOMAS, A. (1994). Können interkulturelle Begegnungen Vorurteile verstärken? In A. THOMAS (Hrsg.), Psychologie und multikulturelle Gesellschaft. Göttingen, 1994.

THOMAS, A. (Hrsg.). (1996). Psychologie interkulturellen Handelns. Göttingen 1996.

THOMAS, A. & HAGEMANN, K. (1992). Training interkultureller Kompetenz. In N. BERGEMANN & A. SOURISSEAUX (Hrsg.), Interkulturelles Management (S. 35–58). Heidelberg, 1992.

THOMAS, A., KAMMHUBER, S. & LAYES, G. (1997). Interkulturelle Kompetenz: Ein Handbuch für internationale Einsätze der Bundeswehr. In: Bundesministerium der Verteidigung – P II 4 (Hrsg.), Untersuchungen des Psychologischen Dienstes der Bundeswehr 32, 1997, München 1997.

TURNER, J. C. & GILES, H. (Eds.). (1985). Intergroup behaviour. Oxford, 1985.

ZEUTSCHEL, U. (1997). Unterschiede und Ergänzungspotentiale bei deutschen und U.S.-amerikanischen Problemlösegruppen. ssip-texte, Nr. 5. Hilden 1997.

ZEUTSCHEL, U. (1998). Intercultural synergy in professional teams: Views from the field of practice. SIETAR Congress '96 Proceedings ,Meeting the Intercultural Challenge'. Sternenfels 1998.

Zur Konkretisierung und weiteren Vertiefung wird empfohlen, im Fallstudienband die Fälle zu „Internationales Personalmanagement" zu bearbeiten.

532

Heidrun Friedel-Howe

Frauen und Führung: Mythen und Fakten

1. Das Problem

Das Recht auf Berufstätigkeit im Sinne auch sozialer Billigung wird den Frauen heute kaum noch streitig gemacht. Anders verhält es sich jedoch, wenn Frauen nicht nur einen „Job" wollen, sondern auch eine Karriere, also ein energie- und zeitintensives, in eine Führungsposition mündendes berufliches Engagement. Hier scheint gegenwärtig die soziale Toleranzgrenze zu liegen: weibliche Berufstätigkeit nur insoweit, wie sie mit der Familienrolle der Frau („Mutter und Hausfrau") nicht (allzusehr) kollidiert! Ein Zweites dürfte aber noch hinzukommen: Mit dem Anspruch auf Führung und Autorität im beruflichen Bereich – und im hier interessierenden Bereich der privaten Wirtschaft noch besonders – kündigt die Frau ihren (untergeordneten) „Platz" im beruflich-funktionellen Ranggefüge, ein Vorgang, der manchen (und nicht nur den Männern!) Unbehagen bereiten mag.

Ursache und Folge zugleich solchen Unbehagens sind zahlreiche Mythen in Form von Behauptungen, stereotypen Vorstellungen und Vorurteilen zumeist unbekannten Realitätsgehaltes. Die sechs wichtigsten Mythen zum Thema „Frau und Führung" werden im folgenden in bezug auf ihren Inhalt, ihre mögliche Wirkungsweise und daraufhin untersucht, was an ihnen Fiktion ist und was Fakt. Getrennt wird dabei nach Mythen vor dem Aufstieg in eine Führungsposition und solchen, die sich auf die Frau im Management beziehen.

2. Mythen im Vorfeld des Aufstiegs

2.1 Mythen um „Können" und „Wollen" der Frauen (Kompetenzmythen)

Mythos 1: „Frauen können nicht führen"

Inhalt: Die Tatsache, daß sich nur wenige Frauen, aber sehr viele Männer im Management befinden, verleitet zu der Schlußfolgerung, daß hierin ein Geschlechtsunterschied in der Eignung für Führungsaufgaben zum Ausdruck kommt. Das sogenannte „männliche Management-Modell" besagt nicht nur, daß Manager Männer sind (was fast der Realität entspricht), sondern vor allem, daß Manager Männer sein *sollten,* weil diese die besseren Führungskräfte abgeben.

Wirkungen: Der Wirkungsmechanismus subjektiver Kompetenzüberzeugungen von der Art des Mythos 1 besteht darin, daß sie beim Träger zunächst Erwartungen auslösen und über diese dann dessen Verhalten steuern. Schlüsselfigur für die frühe Identifikation und Förderung von Führungspotential ist der (zumeist männliche) Vorgesetzte. In dem Maße, in dem er glaubt, Frauen taugten für Führungsaufgaben schlechter als Männer, wird er – ohne sich dessen notwendig bewußt zu sein – seine Mitarbeiterinnen diesbezüglich weniger beobachten und fördern als seine Mitarbeiter. Das männliche Management-Modell kann auch bei Frauen auftreten. In diesem Fall bewirkt es „Selbststereotypisierung": Obwohl objektiv vielleicht durchaus befähigt, glaubt die betreffende Frau nicht daran, daß auch sie leisten könnte, was „offensichtlich" (95 % Männer im Management) fast nur Männer schaffen.

Forschungsergebnisse: Für die Wirksamkeit des Mythos sprechen zunächst die weite Verbreitung und die (über Jahrzehnte hinweg) hohe Persistenz des männlichen Management-Modells auf seiten der Männer wie auch (wenngleich weniger ausgeprägt) der Frauen (vgl. FRIEDEL-HOWE, 1990 a). Da viele Forschungsergebnisse (vgl. die folgenden Mythen) darauf hindeuten, daß der Zugang zum Management für Männer und Frauen gegenwärtig aus anderen als reinen Eignungsgründen unterschiedlich durchlässig ist, ist eine inhaltliche Verifizierung oder Widerlegung des Mythos zur Zeit nicht möglich. Gesicherter Forschungsbefund ist immerhin ein hohes Maß an Führungseffizienz bei jenen Frauen, die bisher in Führungsfunktionen tätig waren (vgl. FRIEDEL-HOWE, 1990 a).

Mythos 2: „Die Frauen wollen den Aufstieg gar nicht wirklich"

Inhalt: „Jetzt, wo ich könnte, weiß ich nicht mehr, ob ich eigentlich will" (MARTIN u. a., 1987). Karriereambivalenz dieser Art, mangelndes Selbstvertrauen bei der Ergreifung von Karrierechancen, mangelnde Karrieremotivation überhaupt und eine zu geringe Bereitschaft, sich den „mikropolitischen Spielregeln" (vgl. den entsprechenden Beitrag von NEUBERGER in diesem Band) beim Kampf um Aufstieg und Macht anzupassen, wird den Frauen vor allem dann angelastet, wenn es um die Erklärung des oft nur mäßigen Erfolgs sogenannter „Frauenförderungsmaßnahmen" für den Aufstieg in das Management geht.

Wirkungen: Ein Geschlechtsunterschied in Karriereorientierung und Karriereverhalten hätte zur Folge, daß bei sonst gleichen Bedingungen (z.B. in bezug auf den Eignungsaspekt, vgl. Mythos 1) die Männer häufiger und zügiger aufsteigen als die Frauen. Frauenförderung für das Management müßte dann stärker als bisher darüber nachdenken, wie sich die „Aufstiegskompetenz" der Frauen (Motivation und auch relevante Verhaltensfertigkeiten) verbessern ließe.

Forschungsergebnisse: Generell, wenngleich keinesfalls ausnahmslos, deuten die vorliegenden Forschungsbefunde auf einen gewissen Realitätsgehalt des Mythos 2 hin.

– Es gibt Anzeichen für ein *„Selbstunterschätzungssyndrom"* bei den Frauen. Vielfach untersucht wurde in diesem Zusammenhang die „Selbstwirksamkeits-Erwartung" im Sinne der persönlichen Einschätzung, bestimmte berufsbezogene Ziele erreichen zu können. Je höher die Selbstwirksamkeits-Erwartung, desto
  – höher liegt das selbstgesetzte Anspruchsniveau (z.B. eine Führungsposition anstreben);
  – größer sind Durchhaltebereitschaft und Ausdauer in der Zielverfolgung bei auftretenden Widerständen;
  – größer ist die Risikobereitschaft in bezug auf die Übernahme neuer Aufgaben und Verantwortlichkeiten.
  Bereits im Kindesalter zeigt sich und setzt sich später auch fort, daß Mädchen/Frauen deutlich ängstlicher, zögerlicher und weniger selbstvertrauend an Leistungsanforderungen herangehen als Jungen/Männer, indem sie dazu neigen, ihre persönlichen Erfolgschancen zu niedrig anzusetzen. Allerdings findet sich eine für den hier gegebenen Zusammenhang signifikante Ausnahme: Akademikerinnen (als wichtigste Quelle des weiblichen Führungsnachwuchses) sind in aller Regel nicht weniger von ihren Leistungsmöglichkeiten überzeugt als ihre männlichen Gegenstücke (vgl. LENT & HACKETT, 1987).

Für eine Neigung zur Selbstunterschätzung sprechen ferner auch Befunde, denen zufolge Frauen ihre eigenen Leistungsergebnisse sehr viel kritischer beurteilen als andere Personen (Vorgesetzte oder Kollegen). Dabei kompliziert das Bild sich noch weiter dahingehend, daß diese Frauen auch noch glauben, die anderen sähen ihre Leistungen negativer als sie selbst (vgl. HEILMAN & KRAM, 1983). Bei den Männern verhält es sich einfacher: Sie überschätzen ihre Leistungen und glauben dasselbe von den anderen. Ähnlich sieht es bei den Erklärungen („Attributionen") aus, die man selbst für die eigenen Leistungsergebnisse findet. Frauen schreiben ihre Mißerfolge eher der eigenen Inkompetenz zu als ihre Erfolge der eigenen Kompetenz; die Männer machen es umgekehrt und bauen damit ihr Selbstbewußtsein dort auf, wo die Frauen ihres selbst untergraben. Aber auch hier gilt wieder die zuvor konstatierte Ausnahme in bezug auf die Akademikerinnen, die diesen Status ohne einen gewissen Fundus an günstiger Selbsteinschätzung wohl auch kaum hätten erreichen können.

- Verschiedene Untersuchungen fanden, daß die Frauen zwar in ihren allgemeinen Karriereorientierungen (Karriereplanung u.ä.) nicht unbedingt hinter den Männern zurückstehen, daß sie aber die Bedeutung der „informalen" Karriereaktivitäten in Form mikropolitischen Verhaltens falsch einschätzen (z.B. PAZY, 1987). Zu sehr vertrauen sie darauf, daß „gute Leistungen" für den (schließlichen) Aufstieg reichen, und übersehen, daß es – im Sinne von Karriere-Taktik – die „richtigen" Leistungen sein müssen, die man zum „richtigen" Zeitpunkt in die Aufmerksamkeit der „richtigen" Leute zu rücken weiß; eine Grundregel des Aufstiegs„spiels", die die Männer sehr viel besser beherrschen bzw. zu befolgen bereit sind.

Manchem Praktiker mögen die beschriebenen Symptome „bekannt" vorkommen, und er mag sie auch bei den „Ausnahme"-Frauen, also den Frauen mit hoher (akademischer) beruflicher Qualifikation beobachtet haben. Auch hier kann die Forschung einiges zur Klärung beitragen, wenngleich die Ergebnislage insgesamt unbefriedigend ist, weil es an objektiven Verhaltensdaten mangelt. Aus der subjektiven Wahrnehmung (Befragung) der weiblichen wie der männlichen Beteiligten heraus jedenfalls scheinen karrierewillig in die Organisation eintretende Frauen intraorganisational nicht selten einem diesbezüglich demotivierenden Lernprozeß zu unterliegen. Zum ersten sind sie überhöhten Leistungsansprüchen ausgesetzt. Sie müssen „besser" sein als die männlichen Kollegen, um das Gleiche zu erreichen, bzw. erreichen sie es nicht, wenn sie „nur" Gleiches leisten (vgl. FERNANDEZ, 1981; ASPLUND, 1988). Zum zweiten haben es Frauen im Führungsnachwuchs schwer, Zugang zum „informalen Förderungsnetz" zu finden. Die Männer versuchen, „unter sich zu bleiben", aus Gründen, die an späterer Stelle erörtert werden (Mythos 5), und die Frauen sind zumeist zu wenige und zu wenig einflußreich, um einander (aufstiegs-)wirksam zu unterstützen (vgl. FERNANDEZ, 1981; ASPLUND 1988).

Mythos 1 und Mythos 2: Wechselwirkungen und Implikationen

Mythen zu ein und demselben Gegenstand (hier: Frauen und Führung) wirken nicht unabhängig voneinander. Vielmehr treten sie in Wechselwirkungen, die vor allem dann besondere Dysfunktionalitäten bedingen, wenn sie auf eine wechselseitige Verstärkung hinauslaufen. Dieses gilt tendenziell für die beiden Kompetenz-Mythen (Können und Wollen). Vorgesetzten- und Personalpraktiken, die auf der Annahme

eines Geschlechtsunterschiedes in der Führungseignung zu Lasten der Frauen gründen, werden im Verlauf der Zeit genau diesen Unterschied de facto produzieren, denn
Führungseignung will – wie jede andere Eignung, die nicht verkümmern soll – entwickelt und geübt werden (s. u.). Um so eher tritt nun eine solche *„sich selbsterfüllende
Prophezeiung"* auf, als Frauen in ihrer Karriereorientierung insgesamt wahrscheinlich
leichter zu verunsichern sind als Männer und im o. g. Prozeß ja auch keine Bestärkung
erfahren. Irgendwann geben sie dann selbst auf, und beide Mythen haben sich „bestätigt".

Auf eine Implikation ist hinzuweisen: Die Diskussion um den Anforderungswandel
im Management in Richtung auf größere Sozialkompetenz, Transparenz und Authen-
tizität des Führungsverhaltens (vgl. den Artikel von v. ROSENSTIEL: Grundlagen der
Führung, in diesem Band) läßt befürchten, daß die Aufstiegs„effizienz" in unseren
Unternehmen oft ein schlechter Prädiktor für die spätere Führungseffizienz ist, weil
sie z. T. konträre Verhaltensweisen verlangt. In diesem Fall würden Personen (vor
allem viele Frauen) „ausgefiltert", die an sich wichtige Beiträge zur „eigentlichen"
Effizienz beisteuern könnten.

2.2 Mythen um die „Ökonomie" der weiblichen Führungs(nachwuchs)kraft

Mythos 3: „Frauen verkörpern ein erhöhtes Kostenrisiko"

Inhalt: Der Mythos nimmt seinen Ausgang von einer gegenüber den Männern höheren Fluktuationsrate der Frauen. Infolgedessen steigt das Risiko der Entstehung von
Fluktuationskosten (Leistungsausfall, Wiederbeschaffung) proportional zum Frauenanteil in einem Funktionsbereich. Basis des Mythos ist die soziale Normierung der
Primärverantwortlichkeiten der Geschlechter in bezug auf die Familie. Während der
Mann die „Letztverantwortung" für die Ernährerrolle trägt und daher die Berufsrolle
nur im äußersten Notfall aufgeben „darf", verhält es sich bei der Frau umgekehrt: Im
(Rollen-)Konfliktfall hat sie sich gegen die Berufsrolle zu entscheiden, um ihrer Letzt-
verantwortlichkeit als Mutter und Hausfrau nachzukommen.

Wirkungen: Unterstellt man bei den Frauen ein a priori erhöhtes Fluktuationsrisiko, so
ist es Gebot der ökonomischen Rationalität, die erwarteten Fluktuationskosten möglichst niedrig zu halten. Man stellt sie daher dort nicht ein, wo Fluktuation besonders
„teuer" wird (Führungsnachwuchs-, Führungsbereich), und man investiert nur wenig
in sie (Entwicklungs-, Qualifizierungsmaßnahmen), um Fehlinvestitionen möglichst
zu vermeiden.

Forschungsergebnisse: Zwei wesentliche Ergebnisse hat die einschlägige Forschung der
letzten Jahre erbracht. Zum ersten zeigt sich – bei den berufstätigen Frauen im allgemeinen –, daß im Vergleich zu früheren Jahren (vor 1980)

- „weniger Frauen ihre Berufstätigkeit unterbrochen hatten,
- eine Unterbrechung später und nach längerer Berufstätigkeit erfolgte,
- familiale Verpflichtungen als Hauptunterbrechungsgrund an Bedeutung verlieren
  und die Arbeitsmarktentwicklung zunehmend Gewicht bekommt, und
- die Unterbrechungsdauer kürzer ist" (ENGELBRECH, 1989).

Zum zweiten treffen die zuvor angeführten Ergebnisse in erhöhtem Maße auf die hier speziell interessierende Gruppe der hochqualifizierten Frauen zu (vgl. Tabelle 1, nach ENGELBRECH, 1987).

Im Gesamtergebnis macht die neuere Fluktuationsforschung deutlich, daß die Geschlechtsvariable im Vergleich zu anderen Variablen, insbesondere Alter, Ausbildungsniveau und gebotene Entwicklungschancen (!), einen nur sehr begrenzten Vorhersagewert für Fluktuation besitzt (vgl. FARRELL & STAMM, 1988; BLAU, 1989; KIECHL, 1989).

| Aspekt | Insgesamt | Berufstätige Frauen | | |
		keine abge-schlossene Berufsaus-bildung	betriebliche Berufsaus-bildung	Hochschul-, Fachhoch-schulaus-bildung
keine Berufs-unterbrechung	55%	39%	33%	69%
mindestens eine Unterbrechung	45%	61%	67%	31%
durchschn. Unter-brechungsdauer	6.6 J.	8.4 J.	7.0 J.	4.9 J.
Grund: Heirat/Kinder*	51%	52%	54%	17%
Grund: Arbeitslosigkeit	28%	30%	28%	25%
Grund: Umschulung, aufgenommene Ausbildung	10%	6%	8%	49%

*entspricht dem „Mythos"

Tab. 1: Berufsunterbrechung, durchschnittliche Unterbrechungsdauer und Unterbrechungsgründe bei berufstätigen Frauen unterschiedlicher Qualifikationsebenen

Mythos 4: „Weibliche Führungskräfte kann man nur beschränkt einsetzen"

Inhalt: Während zuvor real erwartete höhere Kosten durch die Integration von Frauen in den Aufstiegspool des Unternehmens thematisiert wurden, liegt jetzt der Akzent auf der Annahme einer geringeren „Nützlichkeit" der Frau, wenn sie (schließlich) Führungskraft geworden ist. Thema ist also ein gegenüber den Männern (unterstelltes) ungünstigeres Kosten-Leistungs-Verhältnis der Frauen. Zum einen herrscht die Vorstellung, daß eine Managerin größeren Beschränkungen in der Einsatzbreite unterliegt, was vor allem auch für den Außenkontakt des Unternehmens gelten soll (Kunden, Lieferanten und sonstige Geschäftspartner). Zum anderen bestehen Zweifel an ihrer Belastbarkeit in bezug auf die Einsatzintensität, wozu Zeitaufwand und auch (regionale) Mobilität zählen (vgl. den folgenden Artikel von DOMSCH & KRÜGER-BASENER: Dual Career Couples). Hintergrund des letztgenannten Mythos-Aspekts ist das den Frauen – sofern sie Familie haben – gern unterstellte „geteilte Commitment" (vgl. Mythos 3).

Wirkungen: Die Wirkungen sind inhaltlich den beim Fluktuations-Mythos spezifizierten gleich; jedoch begründet sich die geringe Bereitschaft, in Frauen zu investieren, mehr aus der Überzeugung, daß dieses sich vom Ergebnis her nicht recht „lohne".

Forschungsergebnisse: Selbstberichte und Fallbeispiele – verläßlichere Daten liegen nicht vor – zeigen, daß das Argument der geringeren Einsatzbreite der Managerin nicht völlig ohne Berechtigung ist (vgl. STILL, 1988). Restriktionen im Sinne mangelnder Akzeptanz bestehen zunächst im Auslandseinsatz, wenn es sich um Länder außerhalb des westlichen Kulturkreises handelt, in denen die Rolle der Frau Beruf und gar Führung nicht vorsieht.

Weniger speziell und auch nicht nur im Außenkontakt ein potentielles Problem ist, daß die Managerin aufgrund der geringen Vertretung ihres Geschlechts im Management häufig Aufmerksamkeit und Neugier auf sich zieht, die nicht unbedingt nur auf ihre fachliche Kompetenz gerichtet sind. Bei Verhandlungen etwa liegen darin Chancen und Risiken. Gelingt es der Frau, eine überzeugende Mischung von Weiblichkeit und Kompetenz zu liefern (vgl. NEUBAUER, 1990) oder (notfalls) auch nur ihre Kompetenz zu beweisen, so steht sie gegenüber ihren männlichen Konkurrenten aus anderen Unternehmen u. U. im Vorteil, weil man(n) ihr besser zuhört, sich intensiver mit ihren Argumenten auseinandersetzt. Werden Verhandlungserfolge allerdings weniger am Verhandlungstisch und mehr an der Bar eines Nachtlokals erzielt, so gerät die Managerin in einen Nachteil. Beim gegenwärtigen Stand der Dinge sind ihre (Einsatz-)Möglichkeiten der „Betreuung" von Geschäftspartnern „außer Haus" und außerhalb der Geschäftszeiten wohl in der Tat beschränkter als die eines männlichen Managers. Jedoch dürften hier auch wieder Mythen – dieses Mal über die Praxis des erfolgreichen Verhandlungsabschlusses – eine Rolle spielen.

Ist eine Managerin familiengebunden, was sehr häufig nicht der Fall ist (vgl. FRIEDEL-HOWE, 1990 a), so dürfte sie stärker als ihr männlicher Kollege einer Doppelbeanspruchung ausgesetzt und damit in ihrem zeitlich-energetischen Berufsengagement auch eingeschränkter als dieser sein. Allerdings trauen die „Mütter-Manager" sich selbst mehrheitlich zu, „beides" zu schaffen (vgl. BARON, 1987). Von Interesse ist eine Forschungsarbeit zur Mobilität weiblicher und männlicher Manager (FERNANDEZ, 1981). Zwar war die Mobilitätsbereitschaft der Männer insgesamt größer als die der Frauen, sofern damit ein Aufstieg verbunden sein sollte. Jedoch stellte sich auch heraus, daß den Frauen zum Zeitpunkt der Untersuchung sehr viel seltener als den Männern überhaupt ein entsprechendes Mobilitätsangebot gemacht worden war. Sie hatten somit weniger als die Männer Gelegenheit, auf den „Geschmack des Erfolges" durch Mobilität zu kommen, denn als wichtigste Determinante der Mobilitätsbereitschaft der Männer erwies sich die vorangegangene Anzahl „erfolgreicher" Versetzungen.

Mythos 3 und Mythos 4: Fazit

Die Daten zeigen, daß die Fluktuation von Frauen aus Familiengründen – und besonders die von Frauen mit hoher beruflicher Qualifikation – tendenziell überschätzt wird. Diese Fehlbeurteilung dürfte nicht zuletzt auch durch eine Personalpraxis aufrechterhalten bleiben, die verhindert, daß die Unternehmen sich vom Gegenteil überzeugen können. Scheidet nämlich eine für den Aufstieg geförderte („Modell"-)Frau tatsächlich (dennoch) aus, so tritt ein Mechanismus ein, den man als „Gruppenhaftung" bezeichnen kann: Die Fluktuation einer Frau, in die man Hoffnungen gesetzt und in die man investiert hat, wird dann als „typisch" für die gesamte weibliche Geschlechtsgruppe bewertet, mit der Folge, daß die Stelle „sicherheitshalber" mit einem Mann wiederbesetzt wird. Andere aufstiegsfähige Frauen erhalten dann gar nicht mehr die Chance, dieses Vorurteil zu widerlegen.

Realer als das Fluktuationsproblem dürfte das Problem des „geteilten Commitment" der Frau im Aufstieg bzw. im Management sein, wenn sie Mutter geworden ist. Allerdings sind die Unternehmen auch hier nicht ohne Einflußmöglichkeiten. Ergreifen sie die Chance, das Commitment auf der beruflichen Seite durch entsprechende Investitionen (Kinderphasen-Management, weitere Aufstiegsförderung „trotz Kind") zu festigen, so wird sie das in der mittel- bis langfristigen Perspektive weniger kosten, als wenn die betreffende Frau zwar nicht äußerlich kündigt, dafür aber „innerlich", weil die berufliche Seite der privaten nichts entgegenzusetzen hat, das zur Mobilisierung vielleicht noch unerschlossener Zeit- und Energiereserven anregen könnte.

2.3   Männermythen

Die im folgenden unter Mythos 5 zusammengefaßten Spekulationen werden – wohl naturgemäß – sehr selten von Männern geäußert, dafür aber um so häufiger von Frauen, wenn es um die Erklärung des weiblichen Aufstiegsdefizites geht.

Mythos 5: „Die Männer haben Angst vor der Frau im Management"

Inhalt: Schenkt man dem (öffentlichen) Reden von Personalchefs und anderen Personalverantwortlichen Glauben, so gelangt man zu dem Eindruck, daß nichts ihnen willkommener wäre als viele Frauen im Management. Die Gründe dafür, daß dieser Zustand noch in weiter Ferne zu liegen scheint, werden dann bevorzugt den Frauen selbst (vor allem mangelnder Karrieremotivation, vgl. Mythos 2) oder „der Gesellschaft", die den Frauen die Doppelbelastung aufzwingt (vgl. Mythos 3 und 4), zugeschoben. Indes: Theorie, Plausibilität und auch Forschung sprechen dafür, daß auf seiten der Männer selbst mehr Vorbehalte und Ängste gegenüber weiblichem Zuwachs im Management bestehen, als sie zugeben (und vielleicht selber wissen). Verschiedene Gründe sind möglich:

(1) *Angst der Männer vor der weiblichen Konkurrenz* um knappe Ressourcen: Eine Vergrößerung des Frauenanteils im Management bedeutet zwangsläufig eine Verringerung des Männeranteils und damit Nichtaufstieg von Männern, die andernfalls in den Genuß der Vorteile einer Führungsposition gelangt wären. Um so mehr trifft diese Spekulation die Realität, je weniger die Männer an den für die Zukunft

prognostizierten (und herbeigeredeten?) Führungsnachwuchsmangel glauben. Auch Befürchtung eines verstärkten qualitativen Konkurrenzdrucks ist denkbar: Führen „im Vergleich" mit Frauen könnte unbequem werden, wenn diese tatsächlich den gestiegenen Anforderungen an die soziale Kompetenz besser gerecht werden als ihre männlichen Führungskollegen (vgl. den Artikel von REGNET: Neue Anforderungen an die Führungskraft, in diesem Band).

(2) *Bedrohung der männlichen Identität:* Eine „Verweiblichung" des Management würde einen Angriff nicht nur auf den Status quo der materiellen Ressourcenverteilung zwischen den Geschlechtern bedeuten, sondern auch die tieferen Schichten der männlichen Persönlichkeit, namentlich seine Identität als Mann (be-)treffen. Häufiger und intensiver müßten die Männer sich mit der (beruflich) „kompetenten Frau", womöglich sogar mit der kompetenteren Frau auseinandersetzen. Eine zweite potentielle Bedrohung kommt hinzu: die „weibliche Emotionalität", der von den Männern oft als irritierend empfundene freiere Umgang der Frauen mit eigenen und fremden Gefühlen. War man(n) damit bisher am Arbeitsplatz allenfalls bei untergeordneten weiblichen Personen konfrontiert, so würde das „Ärgernis" jetzt in größere persönliche Nähe rücken und verbindlichere Reaktionen fordern.

(3) *Ambivalenz aufgrund der sexuell-erotischen Implikationen:* Mit dem Eintreten der Frauen in die Männerdomäne „Management" materialisiert sich mehr oder weniger zwangsläufig auch die sexuelle Dimension der Geschlechterbeziehung, und zwar jetzt – ungewohnt für beide Seiten – auf der Kollegenebene. Im Einzelfall schon erlebte und ansonsten antizipierte Störungen des psychosozialen Gleichgewichts der bisherigen „Männergesellschaft" mögen dazu beitragen, sich lieber nicht allzu viele Frauen in das Management zu wünschen.

(4) *Angst vor Statusverlust:* „If lots of women do the job, it will be like teaching, the pay and the status in the community will go down" (SMITH, 1981, S. 91)…

(5) *Angst vor den häuslichen Konsequenzen:* Weibliche Karriereambitionen und -ansprüche haben in den letzten Jahren schon manche Partnerschaft in Bedrängnis gebracht. Unausgesprochene Befürchtung manch männlichen Managers mag es daher sein, durch ein „Mehr" an Frauen im Management selbst einmal – im Sinne einer „Ansteckung" der eigenen Partnerin – von dieser Entwicklung getroffen zu werden.

Wirkungen: Angst vor einer sozialen Gruppe in Kombination mit Macht über dieselbe verkörpert die sozialpsychologische Grundvoraussetzung für „Diskriminierung", d.h. bewußte und systematische Benachteiligung der unterlegenen Gruppe mit dem Ziel, sie von der Macht und anderen begehrten Ressourcen fernzuhalten.

Forschungsergebnisse: In der Natur der Sache liegt es, daß zum Angst-der-Männer-Mythos direkte Befunde kaum verfügbar sind. Von Interesse sind jedoch einige Ergebnisse aus sachlich einschlägigen Forschungsarbeiten.

Einer der Kernpunkte des Angst-Mythos ist die Beeinträchtigung des männlichen „Ego" durch die Konfrontation mit weiblicher Kompetenz und Emotionalität. Verschiedene Untersuchungen zur männlichen Identität stützen diese Hypothese. THOMPSON und PLECK (1986) z.B. fanden die folgende Inhaltsstruktur in Form dreier Dimensionen:

(1) *Statusbedürfnis:* Männliche Identität ist stark geprägt durch den eigenen sozialen Status in bezug auf Macht, Ansehen und Respektierung durch andere;

(2) *Unemotionalität/„Stärke“:* Ein Mann hat (zeigt) keine Gefühle, hat die Situation stets unter Kontrolle …

(3) *Anti-Weiblichkeit:* Die Identität als Mann nährt sich nicht zuletzt aus der Überzeugung, den Frauen (im allgemeinen, vor allem aber im Beruf) überlegen zu sein.

Gern geben Männer (ganz abweichend von den Frauen selbst) auch die „zu starke emotionale Steuerung“ der Frau als Hauptmangel bezüglich ihrer Führungseignung an (vgl. z.B. LIEBRECHT, 1985: 68,3% der befragten männlichen Manager, aber nur 33% der befragten Frauen). Der oben beschriebene Befund läßt zudem auf Statusängste schließen. Einschlägig sind hier Untersuchungen, die dies belegen: Mit zunehmendem Frauenanteil sinkt das Sozialprestige einer Tätigkeit.

Auch die unterstellten Konkurrenzängste der Männer wären angesichts des „Faktums“ der Diskussion um Frauenquoten bei der Beförderung und um positive Diskriminierung der Frauen bis zum Erreichen des ihnen zustehenden Anteils am Management nur allzu begreiflich. Schließlich kann der von den Männern praktizierte Ausschluß der Frauen aus „ihren“ (Karriere-)Netzwerken und Assoziierungszirkeln („Good Old Boys Networks“), die nicht zuletzt auch der Bewahrung und „Pflege“ der männlichen Identität dienen (vgl. FARR, 1988), als frauendiskriminierendes Verhalten und damit angstmotiviert betrachtet werden. Bleiben abschließend noch die privaten Befürchtungen: Zwar sind die Ergebnisse der (zahlreichen) Arbeiten zu den Auswirkungen des weiblichen Berufs- und Karriereengagements auf den Partner keineswegs einheitlich. Jedoch wurde nicht selten eine psychische Beeinträchtigung, zumindest aber erhebliche Verunsicherung des Mannes gefunden. Der „emanzipationsgeschädigte“ (Ehe-)Mann, den jeder irgendwie kennt, ist also auch wissenschaftlich keine Fiktion.

3. Mythen um die Frau im Management

Selbst wenn eine Frau alle aufstiegserschwerenden Mythen erfolgreich überwunden hat, bleibt sie als Managerin weiterhin „ein Thema“. Der nachfolgend beschriebene Mythos ist der am meisten verbreitete.

Mythos 6: „Die Managerin – sozial bleibt sie eine Außenseiterin“

Inhalt: Kern des Mythos ist wiederum das „männliche Management-Modell“ (vgl. Mythos 1). Jetzt bewirkt er, daß die Managerin als Frau in der Führungsrolle nicht recht akzeptiert und daher nicht als vollgültiges Mitglied des Managements integriert wird.

Wirkungen: Meldet eine Frau – vor dem Hintergrund der männlichen Normierung der Führungsrolle – diesbezügliche Ansprüche an, so gerät sie unversehens in die Lage, die Berechtigung dieser Ansprüche erst beweisen zu müssen. Allein aufgrund ihres Geschlechts kommt sie gleichsam auf den Prüfstand, eine Prüfung, die einem Mann in dieser Form (normengemäß) erspart bleibt. Aufgrund der kritischen, tendenziell ablehnenden Haltung des sozialen Umfeldes – vor allem der Managementkollegen und der unterstellten Mitarbeiter (hier insbesondere der Männer) – sieht die Managerin sich mit mehr oder weniger subtilen Widerständen konfrontiert. Mangelnde

Kooperationsbereitschaft und Unterstützung, Vorenthaltung von Informationen, Umgehung von Weisungen sowie Ausschluß von informellen sozialen Aktivitäten und allgemeine Distanzierung führen – dem Mythos zufolge – zu einer Reihe negativer Konsequenzen: Beeinträchtigung der Führungseffizienz und der persönlichen Befindlichkeit der Managerin, Benachteiligung bei der Allokation von Ressourcen (Einkommen, Macht, weiterer Aufstieg) sowie – im ungünstigen Fall – auf seiten der Managerin überkompensierende Reaktionen in Form etwa betont maskulinen Verhaltens oder des sogenannten „Bienenkönigin"-Syndroms. Letzteres verkörpert eigentlich einen eigenen Mythos dahingehend, daß Frauen anfangen, die Frauen-Vorurteile ihrer männlichen Managementkollegen zu übernehmen, um sich bei ihnen besser behaupten zu können und ihre Anerkennung zu gewinnen. Sich selbst deklarieren sie dann zur „Ausnahme"-Frau und bemühen sich, diesen Status dadurch zu erhalten, daß sie andere Frauen möglichst am Aufstieg hindern.

Forschungsergebnisse: Die vorliegenden Forschungsergebnisse stützen den Mythos nur zum Teil. Sie bestätigen im großen und ganzen zwar den tendenziellen Außenseiterstatus der Managerin und ihre Benachteiligung bei der Ressourcenzuteilung, keineswegs jedoch die Konsequenz einer beeinträchtigten Führungseffizienz. Aufgrund fehlender Daten ist eine Beurteilung der Vorkommenshäufigkeit des Bienenkönigin-Syndroms nicht möglich.

Wie schon beim Mythos 1 aufgezeigt, sind die Ergebnisse zur Führungseffizienz weiblicher Manager – gemessen an der erbrachten Sachleistung und an der Mitarbeiterzufriedenheit – eindeutig und positiv. Sofern sich hier überhaupt Geschlechtsunterschiede finden, dann zugunsten der Frauen (vgl. FRIEDEL-HOWE, 1990 a).

Anders verhält es sich beim Aspekt der sozialen Integration von Managern unterschiedlichen Geschlechts. Durchgängiger Befund ist hier, daß weibliche Manager geschlechtsbedingt mit größeren Akzeptanzwiderständen seitens ihrer eigenen Kollegen und seitens ihrer unterstellten Mitarbeiter konfrontiert sind (vgl. u. a. FERNANDEZ, 1981; ASPLUND, 1988; FRIEDEL-HOWE, 1990 b) und dieses selbst auch als „Sonder-Streß" erleben (vgl. DAVIDSON & COOPER, 1983).

Erklärungbedürftig ist die Diskrepanz zwischen einerseits der zumeist ausgeprägten spontanen Präferenz eines Vorgesetzten männlichen Geschlechts und entsprechender Ablehnung einer Frau als Vorgesetzter (vgl. exemplarisch Tabelle 2) und andererseits der offensichtlichen Zufriedenheit unterstellter Mitarbeiter mit weiblichen Vorgesetzten (s. o.). Eine wesentliche Rolle dürfte dabei die faktische persönliche Erfahrung mit einer weiblichen Vorgesetzten spielen, die angesichts der geringen Frauenquote im Management bei der überwiegenden Mehrzahl aller Befragten nicht vorhanden ist und dann zu Festlegungen im Sinne des männlichen Management-Modells (vgl. Mythos 1) führt. Vor diesem Hintergrund müßten die zuvor konstatierten Akzeptanzprobleme weiblicher Manager dann eher vorübergehender Natur sein. Allerdings schränken die Befunde zur Ressourcenallokation diese Schlußfolgerung wieder ein. Es scheint danach, als würden gute weibliche Managementleistungen nicht ganz so gut wie gleiche männliche Managementleistungen eingestuft. Entsprechend finden sich ausgeprägte Geschlechtsunterschiede im Einkommen (bei vergleichbarer Position), im positionalen Macht- und Einflußstatus (z. B. befinden Frauen sich sehr viel seltener als Männer in Linienpositionen) und im Aufstiegstempo (These von der „glass ceiling", an die Frauen stoßen, wenn sie in das obere Management vorrücken wollen), (vgl. FRIEDEL-HOWE, 1990 a).

Vor-gesetzter	Gesamt (N = 1093)	männliche Manager	weibliche Manager	männliche Studenten	weibliche Studenten
Mann	51,8	68,5	30,8	57,0	45,6
Frau	18,7	7,7	21,7	16,2	26,7
offen	29,5	23,8	47,5	26,8	27,7

Angaben in Prozent der Befragten

Tab. 2: Bevorzugtes Geschlecht beim/bei der eigenen Vorgesetzten (nach STILL, 1988)

4. Resümee

Ziel dieses Beitrags war die Entmystifizierung des Themas „Frauen und Führung". Aufgrund gänzlich fehlender oder nicht sehr zuverlässiger Daten ließ sich dieses Ziel nur zum Teil verwirklichen. Gewonnen wäre aber auch schon einiges, wenn das eine oder andere persönliche „Wissen" zum Thema nunmehr als möglicherweise bloßer Mythos erkannt und dementsprechend künftig mit größerer Vorsicht gehandhabt würde.

Literatur

ASPLUND, G. (1988). Women managers – changing organizational cultures. Chichester u.a. 1988: John Wiley & Sons.

BARON, A. S. (1987). Working partners: career-committed mothers and their husbands. In: Business Horizons, 30, Nr. 5, 1987, S. 45–50.

BLAU, G. (1989). Testing the generalizability of a career commitment measure and its impact on employee turnover. In: Journal of Vocational Behavior, 35, 1989, S. 83–103.

DAVIDSON, M. & COOPER, C. (1983). Stress and the woman manager. New York 1983: St. Martin's Press.

ENGELBRECH, G. (1987). Erwerbsverhalten und Berufsverlauf von Frauen: Ergebnisse neuerer Untersuchungen im Überblick. In: Mitteilungen der Arbeitsmarkt- und Berufsforschung, Heft 2, 1987, S. 181–196.

ENGELBRECH, G. (1989). Erfahrungen von Frauen an der „dritten Schwelle". In: Mitteilungen der Arbeitsmarkt- und Berufsforschung, Heft 1, 1989, S. 100–113.

FARR, K. A. (1988). Dominance bonding through the good old boys sociability group. In: Sex Roles, 18, 1988, S. 259–276.

FARRELL, D. & STAMM, C. L. (1988). Meta-analysis of the correlates of employee absence. In: Human Relations, 41, 1988, S. 211–227.

FERNANDEZ, J. P. (1981). Racism and sexism in corporate life. Lexington, Mass., Toronto 1981: Lexington Books.

FRIEDEL-HOWE, H. (1990 a). Ergebnisse und offene Fragen der geschlechtsvergleichenden Führungsforschung. In: Zeitschrift für Arbeits- und Organisationspsychologie, 34, Heft 1, 1990, S. 3–16.

FRIEDEL-HOWE, H. (1990 b). Zusammenarbeit von männlichen und weiblichen Fach- und Führungskräften. In M. DOMSCH & E. REGNET (Hrsg.), Weibliche Fach- und Führungskräfte – Wege zur Chancengleichheit. Stuttgart 1990.

HEILMAN, M. E. & KRAM, K. E. (1983). Male and female assumptions about colleagues' views of their competence. In: Psychology of Women Quarterly, 7, 1983, S. 329–337.

KIECHL, R. (1989). Einflußfaktoren der Fluktuation. In: Die Unternehmung, 43, 1989, S. 35–48.

LENT, R. W. & HACKETT, G. (1987). Career self-efficacy: empirical status and future directions. In: Journal of Vocational Behavior, 30, 1987, S. 347–382.

LIEBRECHT, C. H. (1985). Die Frau als Chef. Frankfurt 1985.

MARTIN, J., PRICE, R. L., BIES, R. J. & POWERS, M. E. (1987). Now that I can have it, I'm not sure I want it: the effects of opportunity on aspirations and discontent. In B. A. GUTEK & M. E. LARWOOD (Eds.), Women's career development. S. 42–65. Newbury Park u. a. 1987: Sage Publications.

NEUBAUER, R. (1990). Frauen im Assessment Center – ein Gewinn? In: Zeitschrift für Arbeits- und Organisationspsychologie, 34, Heft 1, 1990, S. 29–36.

PAZY, A. (1987). Sex differences in responsiveness to organizational career management. In: Human Resource Management, 26, 1987, S. 243–256.

SMITH, M. (1981). Avoiding the male backlash. In C. L. COOPER (Ed.), Practical approaches to women's career development. S. 89–92. Oxford 1981: MSC.

STILL, L. V. (1988). Becoming a top woman manager. Sydney u. a. 1988: ALLEN & UNWIN.

THOMPSON, E. H. & PLECK, J. H. (1986). The structure of male sex role norms. In: American Behavioral Scientist, 29, 1986, S. 531–543.

Zur Konkretisierung und weiteren Vertiefung wird empfohlen, im Fallstudienband die Fälle zu „Frauen im Management" zu bearbeiten.

Michel E. Domsch und Maria Krüger-Basener

Personalplanung und -entwicklung für Dual Career Couples (DCCs)

1. DCCs als spezielle Arbeitsmarkt- und Mitarbeitergruppe in der Personalplanung

Betriebliche Personalplanung hilft, die Aufgaben, Strategien und Ziele der Personalpolitik zu bestimmen, und versucht, diese durch die Festlegung zukünftiger personeller Maßnahmen zu erreichen (vgl. dazu den Beitrag von DOMSCH: Personalplanung und -entwicklung, in diesem Band). Dafür ist es erforderlich, die Besonderheiten verschiedener Mitarbeitergruppen abzuschätzen und sie in die Planung der zukünftigen personalwirtschaftlichen Maßnahmen einzubeziehen.

DCCs bilden eine spezielle Mitarbeitergruppe, die für das Unternehmen eine zunehmend größere Bedeutung erlangt und deren Besonderheiten deshalb in der allgemeinen Personalplanung und insbesondere in der Personalentwicklung Berücksichtigung finden müssen.

1.1 Definition der DCCs und ihrer Personalentwicklung

Schon seit etwa zwanzig Jahren (erstmals RAPOPORT & RAPOPORT, 1969) beschäftigt man sich im angloamerikanischen Sprachraum mit Paaren/Familien, bei denen beide Partner/Eltern karriereorientiert berufstätig sind und gleichzeitig Wert auf ihre Partnerschaft/ihr Familienleben legen. Dazu wurden Begriffe wie „Dual Career Couple", „Professional Couple", „Dual Professional Couple", „Two Paycheck Marriage" und „Commuter Marriage" geprägt (BALSWICK & BALSWICK, 1995; BARNETT & RIVERS, 1996; CARTER & CARTER, 1995). Im folgenden wird die Abkürzung „DCC" (Dual Career Couple) verwendet.

Karriere wird hier als eine sich ständig – im Sinne der traditionellen Hierarchie – nach oben weiterentwickelnde berufliche Positionsabfolge gesehen. Eine Personalplanung und -entwicklung für DCCs ermöglicht dann die mehr oder weniger planmäßige Steuerung dieser Positionsabfolge durch das Unternehmen. Dabei sollen bzw. müssen die individuellen Karriereziele und -strategien der DCCs als Rahmenbedingungen miteinbezogen werden (DOMSCH & LADWIG, 1997).

1.2 Verbreitung von DCCs

DCCs werden als Mitarbeitergruppe auch für deutsche Unternehmen zunehmend wichtiger: Einerseits gibt es immer mehr hochqualifizierte Frauen, die nicht auf Partnerschaft und Familie verzichten. Darauf weist nicht nur der gestiegene Anteil der Erwerbstätigen bei verheirateten Frauen hin, sondern insbesondere auch die Zunahme des Verheirateten-Anteils bei weiblichen Führungskräften (BECKMANN & ENGELBRECH, 1994). Auch die Zahl der Männer, die z.B. Frauen mit Hochschulausbildung heiraten, hat sich erhöht. Außerdem steigen die absolute Zahl, aber auch der prozentuale Anteil der Frauen in Studienfächern, die, wie z.B. Betriebswirtschaftslehre, an eine Karriere heranführen und bislang überwiegend von Männern gewählt wurden.

Außerdem stellt sich für die Unternehmen die Frage, ob und wann sie auf Gleichberechtigungsforderungen von Frauen und auf Veränderungen im Erwerbs- und Rollenverhalten in der Gesellschaft eingehen wollen oder müssen (vgl. den Artikel von FRIEDEL-HOWE: Frauen und Führung).

In jedem Fall werden Unternehmen nicht nur zunehmend mehr qualifizierte Frauen in ihrem Bewerberaufkommen finden, sondern sie werden auch immer mehr männliche Mitarbeiter einstellen müssen, die selbst als DCC-Partner mit karriereorientierten Frauen verbunden sind und die typischen DCC-Abstimmungsprobleme für das Unternehmen erwarten lassen.

2. Betrieblich wichtige Besonderheiten von DCCs

Mitarbeiter, die in einer DCC-Partnerschaft leben, müssen ihre beruflichen Belange nicht nur mit den Anforderungen des Familienlebens abstimmen, sondern auch mit den beruflichen Belangen des Partners (SILBERSTEIN, 1992; COOPER & LEWIS, 1993). Durch die karriereorientierte Berufstätigkeit beider Partner entfällt zudem eine größere Unterstützung in Haushalt und Familie, die ansonsten der eine für den anderen leisten könnte.

Damit muß die Einzelperson vom Unternehmen im Extremfall immer als DCC-Bestandteil gesehen werden, denn ihre berufliche und private/familiäre Situation wird in viel stärkerem Maß, als es bei Nicht-DCCs der Fall ist, von den Belangen des Partners beeinflußt.

Folgende typische Besonderheiten von DCCs sind für Unternehmen von Bedeutung (DOMSCH & LADWIG, 1998).

2.1 Hohe Leistungsbereitschaft und gegenseitige Förderung

DCCs verfügen häufig über eine sehr hohe Leistungsbereitschaft. Dazu können das stimulierende Konkurrenzdenken zwischen den Partnern und eine (auch daraus resultierende) hohe Leistungsmotivation genauso führen wie eine gegenseitige Förderung im beruflichen Bereich.

Große finanzielle und körperliche Investitionen ins Berufsleben (z.B. lange Arbeitswege, zumindest vorübergehend getrennte Wohnsitze) sind dabei relativ selbstverständlich und kommen häufig vor.

In einer vom I. P. A. Institut für Personalwesen und Arbeitswissenschaft der Universität der Bundeswehr Hamburg 1987/88 begonnenen Untersuchung wurden erstmals deutsche DCC-Paare befragt, u. a. auch nach der Förderung durch den Partner. Die befragten Paare stammten aus unterschiedlichen Branchen und waren in der Mehrheit zwischen 30 und 40 Jahre alt. Mann und Frau beantworteten dabei unabhängig voneinander ihre Fragebögen.

Von einer Förderung durch den Partner berichten 38 % der Männer und 26 % der Frauen. Andererseits fühlen sich von den Männern nur 1,5 % durch ihre DCC-Frauen in ihrer beruflichen Entwicklung gehemmt. Bei den Frauen, also den Partnerinnen dieser Männer, sind es jedoch 9,4 %. An anderer Stelle berichten eher Frauen als Männer vom Zwang zu Kompromissen etc. in einer DCC-Partnerschaft, was darauf hinweist, daß bei den befragten DCCs eher die Förderung des Mannes durch die Frau erfolgt als umgekehrt.

Interessanterweise ist die Förderung der DDC-Frau durch ihren Partner aber um so stärker, je größer der Altersunterschied zum (älteren) Mann ist. Liegt es daran, daß der große Altersabstand zu weniger Konkurrenz und Neid zwischen den Partnern führt, oder daran, daß der beruflich etabliertere Partner über wesentlich mehr Förderungsmöglichkeiten verfügt? Bei den Männern hingegen, deren Frauen älter sind, gibt es eine starke Förderung nur dann, wenn der Altersunterschied nicht mehr als zwei bis drei Jahre beträgt.

Übrigens wird von immerhin 20 % der DCC-Männer, aber von fast 80 % der DCC-Frauen mit Kindern ihr Vorhandensein als hemmend beschrieben (vgl. die Beschreibung der Untersuchungsergebnisse in DOMSCH & KRÜGER-BASENER, 1990).

2.2 Einkommenssituation und finanzielle Unabhängigkeit

Etablierte DCCs verfügen – auch zum Neid vieler Kollegen, die die entsprechenden Opfer im Berufs- und Privatleben leicht übersehen – trotz der deutschen Einkommenssteuergesetzgebung über eine überdurchschnittlich gute finanzielle Ausstattung (STOLTZ-LOIKE, 1992). Diese wird häufig stark durch die Kosten des DCC-Lebens geschmälert, die aus Fahrtkosten, Bezahlung von Hilfskräften, Restaurantrechnungen, Kosten für eine etwaige zweite Wohnung und Telefon und nicht zuletzt aus denen für eine Kinderbetreuung bestehen können. Trotzdem sind DCCs finanziell vergleichsweise unabhängiger als Nicht-DCCs.

2.3 Belastungen von DCCs

Paare, bei denen beide Partner karriereorientiert berufstätig sind, investieren sehr viel Energie und Zeit in den Beruf. Für ihr Privatleben bleiben dann relativ wenig Ressourcen übrig. Erschwerend kommt für ihre gemeinsame Freizeit hinzu, daß Überstunden, Urlaube und Reisetätigkeiten nicht immer zu koordinieren sind. Das Sozialleben ist weiter dadurch eingeschränkt, daß die gemeinsamen Bekannten den ständigen Zeitdruck und die Planung auch des Privatlebens häufig nicht akzeptieren. Bezeichnenderweise kennen DCCs überdurchschnittlich viele andere DCCs und pflegen fast überwiegend Kontakt mit Auch-DCCs. Insgesamt gesehen verfügen sie oft über einen eher eingeschränkten privaten Bekanntenkreis und über weniger freiwillige „Hilfssysteme" und Netzwerke als Nicht-DCCs.

Zu den praktischen Belastungen der DCCs kommen des weiteren solche, die aus der Beurteilung ihrer besonderen sozialen Position resultieren: DCCs sind zahlenmäßig (noch) in der Minderheit. Ihr Verhalten stößt oft auf wenig Verständnis in der Gesellschaft und auch im Unternehmen. Diese Ablehnung von „Doppelverdienern" trifft beide Partner: Die kritische Betrachtung trifft zunächst vorrangig den weiblichen DCC-Partner. Indirekt wird davon aber auch der DCC-Mann betroffen, dessen Frau in der erwarteten traditionellen Rolle als „Unterstützerin" oder „Frau an seiner Seite" oft nicht zur Verfügung stehen kann. Eine Übernahme von typisch weiblichen Haushaltsaufgaben durch den DCC-Mann, wie sie ohne die Hilfe von Dritten bei einer partnerschaftlichen Aufgabenteilung unerläßlich ist, trägt heute nicht unbedingt zu seinem beruflichen Ansehen bei. Wenn dann die Frau beruflich noch erfolgreicher als ihr Partner ist, kommt es zu weiteren Rollenproblemen.

2.4 Abstimmungsbedarf von DCCs

DCCs haben einen hohen Abstimmungsbedarf, da sich der eine Partner nicht unbedingt immer „automatisch" dem anderen anpassen kann bzw. wird. Dieser Abstimmungsbedarf bezieht sich zum einen auf Dinge des täglichen Lebensablaufs, wie gemeinsame Freizeit, Einkaufen, Organisation der Hilfe Dritter oder Kinderbetreuung. Zum anderen sind davon strategische Entscheidungen betroffen, die die gesamte DCC-Laufbahn beider Partner betreffen. Dazu zählen z. B. Wohnortentscheidungen, Positionswechsel des einen mit entsprechenden Unsicherheiten und Belastungen auch des anderen oder Entscheidungen zur Familiengründung bzw. -erweiterung (PEUCKERT, 1989). Zentrales Anliegen ist das mehr oder weniger erfolgreiche Bemühen, Beruf/Karriere und Privatleben/Familie miteinander möglichst positiv zu vereinbaren (LIZOTTE & LITWAK, 1995).

2.5 Beziehung zwischen Berufs- und Privatleben im Vergleich zu Nicht-DCCs

Für DCCs ist das Privatleben in besonderem Maße mit dem Berufsleben verknüpft: Aus Sicht des Unternehmens gehört zum Privatleben des DCC-Mitarbeiters auch das Berufsleben seines Partners. Dessen Berufsleben nimmt – wie bereits gezeigt – in der Regel zusätzlichen Einfluß auf die Karrieremöglichkeiten eines DCC-Mitarbeiters.

In Abbildung 1 wird deutlich, wie DCC-Männer und -Frauen im Vergleich zu Nicht-DCC-Männern ihre Beziehung zwischen Berufs- und Privatleben empfinden. Gleichzeitig wird für die Männer die Sicht ihrer Partnerinnen dargestellt. Die Daten für die DCC-Männer und -Frauen wurden in der oben genannten I. P. A.-Untersuchung ermittelt.

Betrachtet man die Daten genauer (vgl. Abbildung 1), so fällt auf, daß die DCC-Männer in viel stärkerem Maße als die Nicht-DCC-Männer die Beziehung zwischen Berufs- und Privatleben als „Konflikt" beschreiben. Dies wird auch von ihren (DCC-)Frauen so empfunden. Demgegenüber sehen die Frauen der Nicht-DCC-Männer, daß das Leben ihrer Männer häufiger aus zwei unabhängigen Sphären „Beruf" und „Privatleben" besteht (vgl. dazu den Artikel von STREICH: Rollenprobleme von Führungskräften, in diesem Band).

Zieht man die Einschätzung von DCC-Frauen für ihre eigene Situation heran, so bestätigt sich auch bei ihnen, daß Berufs- und Privatleben von DCCs als relativ konfliktär erlebt werden.

3. Personalentwicklung von DCCs

Personalplanung und insbesondere Personalentwicklung versuchen, die betrieblichen Ziele mit den individuellen Zielen des Mitarbeiters weitestgehend in Einklang zu bringen (vgl. den Artikel von DOMSCH: Personalplanung und -entwicklung, in diesem Band). DCCs als karriereorientierte Mitarbeiter, die über relativ große (auch finanzielle) Unabhängigkeit vom Unternehmen verfügen, müssen in besonderem Maße Zielgruppe für eine erfolgversprechende betriebliche Personalentwicklung sein, wenn das Unternehmen diese Mitarbeitergruppe gewinnen und motivieren will.

Beziehung zwischen Berufs- und Privatleben	DCC-Männer		Führungskräfte ohne DCC-Partnerin		DCC-Frauen
	aus eigener Sicht	aus Sicht der Partnerin	aus eigener Sicht	aus Sicht der Partnerin	aus eigener Sicht
Überlauf Berufs- und Privatleben beeinträchtigen sich gegenseitig positiv und negativ	51%	40%	52%	41%	44%
Unabhängigkeit Berufs- und Privatleben existieren Seite an Seite und sind praktisch unabhängig voneinander	20%	23%	20%	34%	22%
Konflikt Berufs- und Privatleben stehen in Konflikt miteinander und können nicht ohne weiteres in Einklang gebracht werden	21%	25%	12%	7%	22%
Instrumentalität Bei Berufs- und Privatleben ist das eine in erster Linie ein Mittel, etwas zu erlangen, das im anderen gewünscht wird	6%	10%	8%	18%	4%
Kompensation Bei Berufs- und Privatleben dient eines zum Ausgleich dessen, was im anderen fehlt	2%	2%	8%	0%	8%

Abb. 1: Beziehung zwischen Berufs- und Privatleben bei DCC-Mitarbeitern und bei Führungskräften ohne DCC-Partnerin

3.1 Betriebliche Bedeutung der Personalentwicklung von DCCs

Geht man von den bereits beschriebenen demographischen Entwicklungen aus, so wird deutlich, daß immer mehr Mitarbeiter, die zur *Personalbedarfsdeckung* herangezogen werden, Partner eines DCC sein können bzw. sein werden. Füllt man die entstehenden Deckungslücken mit vorhandenen karriereorientierten Frauen, so schafft man durch diese Personalrekrutierung selbst immer mehr DCC-Partner.

Ein anderer personalwirtschaftlicher Aspekt betrifft die Amortisierung von *Personalinvestitionen*. DCC-Mitarbeiter sollen dem Unternehmen ihre Einarbeitungs-, Ausbildungs- und Weiterbildungskosten durch Leistungen während ihrer Betriebszugehörigkeit mindestens aufwiegen. Bei der Kalkulation der Investitionen für diese Mitarbeitergruppe (hinsichtlich der Dauer der Betriebszugehörigkeit) muß den DCC-Besonderheiten Rechnung getragen werden.

Desweiteren können Anregungen, die stärker aus dem gesellschaftlichen Umfeld des Unternehmens stammen, zur Berücksichtigung von DCCs im Rahmen einer *gesellschaftsorientierten Unternehmensführung* beitragen. Eine solche Unternehmensführung wird ein geändertes Rollenverhalten und neue berufliche Ansprüche von Mann und Frau in ihre grundsätzlichen Überlegungen mit aufnehmen; sie wird sie vielleicht sogar als „fortschrittliches Unternehmen" gezielt berücksichtigen und sich dadurch einen Arbeitsmarktvorteil verschaffen. Gleichberechtigungs- bzw. Emanzipationswünsche von Frauen wie auch eine stärker als bisher übliche Familienorientierung von Männern würden dann nicht mehr als sozial unerwünscht unerwähnt bleiben, sondern offengelegt in die betriebliche Laufbahnentwicklung für DCC-Partner miteinbezogen werden.

3.2 Typische DCC-Karrieren

Für eine realistische Personalplanung und -entwicklung ist es erforderlich, die typischen individuellen Karrierestrategien von DCCs zu berücksichtigen. DCCs treten zwar als Einzelpersonen an den Arbeitsmarkt, aber ihre Verflechtungen mit dem Berufsleben des jeweils anderen sind – wie bereits beschrieben – unübersehbar. In der I. P. A.-Untersuchung berichteten viele DCCs, daß sich ihre beiden Karrieren, „einfach so ergeben" haben. Andere hingegen weisen darauf hin, daß sie ihre beruflichen Entwicklungen gemeinsam planen, aber die Möglichkeit vorsehen, auch Änderungen vorzunehmen.

Die Untersuchungen zum Karriereverlauf von DCCs lassen drei Typen unterscheiden:

- *Typ 1:* Beide DCC-Partner versuchen, gleichrangig beruflich etwa gleich viel zu erreichen. Kompromisse müssen von beiden gemacht und abwechselnd getragen werden.
  Damit sind beispielsweise gemeinsame regionale Wechsel nur dann erlaubt, wenn der Partner am neuen Wohnort seine bisherige berufliche Position zumindest wieder erreichen kann. Eine andere Strategie besteht darin, daß beide immer abwechselnd eine Karrieremöglichkeit wahrnehmen.
  Auch Phasen, in denen das berufliche Engagement verringert oder die Berufstätigkeit ausgesetzt wird, werden gleich verteilt. Einige örtlich unvereinbare Berufsziele werden durch getrennte Wohnsitze ermöglicht.
- *Typ 2:* Die Karriere des einen DCC-Partners hat faktisch Vorrang. Der andere Partner versucht, im Rahmen der dann vorgegebenen Möglichkeiten das Optimale für seinen beruflichen Werdegang zu erreichen.
  Eine charakteristische Strategie besteht hier in der Förderung desjenigen, der es beruflich voraussichtlich weiter bringen wird, weil er z.B. über die bessere Ausbildung verfügt, in der besser bezahlenden Branche arbeitet oder nicht die beruflichen Ausfallzeiten für Kindererziehung auf sich nehmen wird. Im Extremfall kann sich so der andere DCC-Partner zum „Zuverdiener" ohne Karriereambitionen verändern (vgl. Typ 3).
  Eine weitere Form des faktischen Vorranges für einen DCC-Partner besteht in der Strategie, daß derjenige gefördert wird, der es beruflich nötiger braucht, weil er bei-

spielsweise noch berufliche Defizite abbauen muß oder sich für ihn die Situation am Arbeitsmarkt schwieriger gestaltet. Es paßt sich also der DCC-Partner an, der am Arbeitsmarkt keine Probleme zu erwarten hat und für den ein Wechsel aus beruflichen Gründen des anderen kaum zu einer Beeinträchtigung der Karriere führt.
- *Typ 3*: Das DCC-Leben besteht nur eine Zeitlang und wird dann zugunsten einer „Zuverdiener-Ehe" ohne Karriereambitionen oder zugunsten einer „Two Person Career" aufgegeben.
  Auch ein Auseinanderbrechen der Partnerschaft durch Trennung bzw. Scheidung wird in diesem Zusammenhang berichtet.

Die beschriebenen DCC-Karrieretypen und -strategien werden im Laufe eines DCC-Lebens durchaus gewechselt, z. B. in Abhängigkeit von Arbeitsmarktänderungen oder von neuen Gewichtungen bei Privat- und Berufsleben. Viele der vom I. P. A. befragten DCCs berichten von ständigen Neuplanungen.

4. Auswirkungen der DCC-Besonderheiten und DCC-Karrierestrategien

Die DCC-Besonderheiten führen zu Anforderungen an die beruflichen Positionen, die in besonderem Maße die DCC-Bedürfnisse erfüllen, und beeinflussen die Wahl der Positionen, die für die DCC-Partner in Frage kommen. Darüber hinaus wirken sich diese Strategien auf die vom Unternehmen erwünschte Wechselbereitschaft und auf die vom Partner beeinflußten Wechselabsichten (regionale Mobilität und Fluktuation) aus. Zusätzlich werden das Arbeitsengagement und der augenblickliche Aufstiegswille stark von der jeweils verfolgten Karrierestrategie beeinflußt. Auch der Wunsch nach verringerter Arbeit (Abbau von Überstunden, Teilzeitmöglichkeiten etc.) ist von der jeweiligen Karrierestrategie abhängig.

4.1 Bedeutung der DCCs für die Personalplanung

Die oben aufgeführten Gesetzmäßigkeiten für die spezielle Mitarbeitergruppe der DCCs müssen in die Personalplanung übernommen werden. Angesichts der bislang (noch) geringen Anzahl der DCCs lassen sich sicherlich keine verläßlichen Normwerte für diese Gruppe ermitteln. Ein erfolgversprechenderer Weg wäre es, die Einzelfälle zu betrachten und von ihnen auszugehen. Dazu ist es zunächst erforderlich, in einem Klima der Offenheit die nötigen Informationen zu bekommen und sich damit als erstes Informationen über den DCC-Status zu verschaffen.

In der *Personaleinsatzplanung* wird dann geprüft, inwieweit für DCCs Arbeitsplätze möglich sind, die die nötige Flexibilität versprechen, um die DCC-Karriereziele *und* ein erfülltes Privatleben zu erreichen. Das führt zu Positionen, die Arbeitszeitflexibilisierungen, Teilzeitwünsche, vorübergehende Ausstiege berücksichtigen könnten. Auch endgültige Ausstiegsmöglichkeiten aus dem Unternehmen, die durch die beruflichen Belange des anderen begründet sind, sollten dabei bedacht werden.

Darüber hinaus müssen die Fragen nach der zeitlichen Belastung insgesamt, nach Reisetätigkeit und örtlicher Flexibilität bzw. Residenzpflicht (Wohnung am Arbeitsort) geprüft werden. Auch die Ansprüche der Position an den Partner, z.B. bei Repräsentationsaufgaben, dürfen nicht unberücksichtigt bleiben, denn ein DCC-Partner kann häufig aus zeitlichen oder örtlichen Gründen dafür nicht zur Verfügung stehen.

Aus der *Personalbedarfsplanung* kann einerseits abgeleitet werden, welche Positionen das Unternehmen den DCCs in Zukunft konkret anbieten kann bzw. für welche Positionen es speziell DCCs einsetzen möchte. Andererseits wird hier der Personalersatzbedarf ermittelt, der sich bei einer steigenden DCC-Mitarbeiterzahl durch deren charakteristische Besonderheiten ergeben wird.

Die *Personalbeschaffungsplanung* wird unter Berücksichtigung der Personalbedarfsplanung und der zu erwartenden Arbeitsmarktbedingungen die DCC-Vorteile den DCC-Nachteilen und den DCC-Restriktionen gegenüberstellen. Danach ergibt sich eine Entscheidung für oder gegen eine aktive DCC-Einstellpolitik. Eine aktive DCC-Einstellpolitik berücksichtigt unter anderem, daß auch Frauen für karriereorientierte Positionen in Frage kommen, daß DCCs bei Bewerbungen häufig unter Zeitdruck ihre Einstellungszusage geben müssen und daß sie einen gemeinsamen Wohnort suchen. Auch die Anwendung von Anti-Nepotismusregelungen, die eine zu enge betriebliche Zusammenarbeit von Partnern steuern bzw. unterbinden soll, muß bei einer aktiven DCC-Einstellpolitik überlegt werden.

Die *Personalnachfolgeplanung* beschäftigt sich mit dem DCC-typischen Bleibeverhalten, um einen Nachfolgebedarf für konkrete Positionen zu ermitteln. Andererseits muß sie – unter den Bedingungen der Personaleinsatzmöglichkeiten von DCCs – die Eignung der DCCs als Nachfolger für bestimmte Stellen prüfen.

Als letztes sei noch die *Personalkostenplanung* erwähnt, die auch die freiwilligen Sozialleistungen kalkulieren muß, die das Unternehmen als flankierende Maßnahmen speziell für die DCCs entwickelt (vgl. Kapitel 5).

4.2 Bedeutung der DCCs für die Personalentwicklung

Weiterhin ist es nützlich, die individuellen Karriereziele und -strategien der DCCs zu ermitteln und in die betrieblichen Überlegungen zu integrieren. Denn DCCs sind hoch karrieremotiviert. Sie suchen Aufstiegschancen und brauchen damit eine gute individuelle Personalentwicklungsplanung. Andererseits zwingen sie ihre Besonderheiten oftmals zu Karriereunterbrechungen, wie sie für Nicht-DCCs weniger üblich sind. Darüber hinaus müssen die Karrierewege für DCCs auch den Flexibilisierungsbedarf berücksichtigen und die Einstellvorbehalte im Unternehmen zur Kenntnis nehmen.

Die individuelle Karriereplanung für die DCCs versucht deshalb, Karrierepfade für die einzelnen DCC-Mitarbeiter zu finden, die die DCC-Nachteile für das Unternehmen reduzieren und die DCC-Vorteile ausbauen, um einen langfristig positiven Gesamtnutzen auch für den Arbeitgeber zu erreichen.

Wenn beide Partner bei demselben Unternehmen beschäftigt sind, so bieten sich die Formen des *direkten „Twin-Assignments"* an, die – soweit möglich – eine gemeinsame Laufbahnentwicklung in demselben Unternehmen bis hin zu gemeinsamen regionalen Wechseln beider Partner vorsehen. Der wohl seltene Extremfall des Jobsharing durch ein DCC-Paar setzt allerdings dieselbe Qualifikation und Teilzeitbeschäftigung bei beiden sowie eine solche teilbare Position im Unternehmen voraus.

Ein direktes Twin-Assignment schließt auf jeden Fall die strengen Formen der Anti-Nepotismusregelungen aus, die eine Beschäftigung von (Ehe-)Partnern in einem Unternehmen verbieten. Lockere Formen der Nepotismusregelungen sind jedoch damit vereinbar und größtenteils auch betrieblich erforderlich, so daß z. B. Unterstellungsbeziehungen zwischen den DCC-Partnern oder Kontrollfunktionen des einen Partners für den Aufgabenbereich des anderen verhindert werden.

Ein *indirektes Twin-Assignment* – also unternehmensübergreifende Aktivitäten bei der Beschäftigung und Laufbahnentwicklung von DCCs – wird bislang überwiegend bei regionaler Mobilität berichtet. Hier sind die Grenzen da zu finden, wo z. B. Konkurrenzbeziehungen zwischen den Unternehmen die Beschäftigung des DCCs ausschließen.

Im übrigen stellt die Frage der regionalen Mobilität die Personalentwicklung für DCCs fast immer vor Probleme, denn auch der DCC-Partner müßte am neuen Wohnort eine Position mit adäquaten Karrieremöglichkeiten finden können. Wenn der DCC-Mitarbeiter Versetzungsangebote diskutieren kann, ohne daß dies gleich als Absage an die berufliche Karriere gewertet wird, sind die Mobilitätsprobleme zwar für den DCC-Mitarbeiter und das Unternehmen nicht gelöst. Ein Unternehmen kann sich aber eher überlegen, ob es durch flexiblere oder großzügigere Trennungsregelungen für den DCC-Mitarbeiter größere Härten im finanziellen wie im privaten Bereich verhindern und somit seine Mobilitätswünsche dennoch realisieren kann. Eine umfassende *Mobilitätspolitik* kann darüber hinaus auch Hilfestellung bei der Arbeitsplatzsuche des DCC-Partners in der neuen Region vorsehen, z. B. in Form des oben geschilderten indirekten Twin-Assignments.

Eine weitere Personalentwicklungsüberlegung kann darin bestehen, DCCs trotz vorübergehender „Ausstiege" (z. B. durch Familienphasen) längerfristig an das Unternehmen zu binden. Während der Zeiten der Nichtbeschäftigung kann über das Versenden der Firmenzeitschrift, Einladungen zu betrieblichen Veranstaltungen, Seminarangebote, vorübergehende Reduktion der Arbeitszeit, regelmäßige Urlaubsvertretungen bis hin zu Wiedereinarbeitungsmöglichkeiten vom Unternehmen der *Kontakt gepflegt* werden. Ob dadurch eine Karriereoption für die Betroffenen aufrechterhalten wird, hängt natürlich stark von den sich in der Zwischenzeit weiterentwickelnden betrieblichen Möglichkeiten ab.

Für DCC-Mitarbeiter können im Rahmen der Personalentwicklung auch Laufbahnmodelle interessant sein, die ein vorübergehendes oder endgültiges Ausscheiden eher ermöglichen: *Fachlaufbahnen,* bei denen der Mitarbeiter schon nach relativ kurzer Einarbeitszeit selbständig Leistungen erbringt und dort entsprechend fachlich weiterentwickelt wird, oder *Projektlaufbahnen,* bei denen nach jedem Projektabschluß ein etwaiger „Ausstieg" weniger disruptiv wirkt (DOMSCH & SIEMERS, 1994; vgl. auch den Beitrag von DOMSCH: Personalplanung und -entwicklung, in diesem Band).

5. Flankierende personalwirtschaftliche Maßnahmen für DCCs

Über die Personalplanung hinaus können für DCCs „flankierende Maßnahmen" eingesetzt werden, die sie im Unternehmen stabilisieren und – soweit gewünscht – auch an das Unternehmen binden.

Für DCCs besonders interessant sind alle Formen der *Arbeitszeitflexibilisierung.* Hier reichen die Möglichkeiten von gleitender Arbeitszeit über Jahresarbeitszeitmodelle, in denen Zeitguthaben auch über größere Zeiträume kumuliert werden können, bis hin zu Teilzeitmodellen. Alle Flexibilisierungen helfen den DCCs, mehr (gemeinsame) Zeit für Erholung und Familienleben zu gewinnen. Inwieweit dadurch die DCC-Karriereziele erreicht werden können, läßt sich für Führungspositionen nur sehr schwer abschätzen.

Eine vorgelagerte Strategie, DCC-Probleme zu vermeiden oder zu mindern – für das Unternehmen *und* für die DCCs –, kann darin bestehen, eine systematische übergreifende *Laufbahnberatung* von DCCs durch z. B. die Personalabteilung einzuführen. Dabei müssen Themen wie Familienphasen oder Karriereziele trotz des Wunsches nach Reduktion der Arbeitszeit offen angesprochen werden können, ohne daß negative betriebliche Folgen für die DCCs zu erwarten sind. In Deutschland (bislang) kaum diskutiert sind betriebliche Maßnahmen wie Kindertagesstätten bzw. Kindergärten, die dem *familiären Umfeld* der DCCs zugute kommen und gleichzeitig dem Unternehmen neue Arbeitsmärkte auch für andere Mitarbeitergruppen erschließen können.

6. Ausblick

Inwieweit nicht-materielle Aspekte wie Kinderbetreuung oder Umzugsunterstützung die DCCs mehr als finanzielle Maßnahmen reizen, die oft als Statussymbol für die Leistung gelten und zusätzlich den individuellen DCC-Lebensstil finanzieren, ist nicht eindeutig geklärt. Die Palette der Möglichkeiten, DCCs nicht nur in der Personalplanung zu berücksichtigen, sondern auch durch eine entsprechende Personalentwicklung zu motivieren, sollte für jeden Einzelfall geprüft werden. Dabei sollte man auch hier durchaus an ein Cafeteriasystem denken, das die individuellen Bedürfnisse optimal berücksichtigen könnte. Allerdings darf eine solche gezielte Förderung der DCCs nur in einem Klima der Gleichberechtigung verschiedener Karrierestile stattfinden, das den Nicht-DCC-Mitarbeitern in gleicher Weise die betriebliche Aufmerksamkeit und Förderung zukommen läßt.

Literatur

BALSWICK, J. & BALSWICK, J. (1995). The dual career marriage – The elaborate balancing act. Grand Rapids, MI (USA) 1995.

BARNETT, R. C. & RIVERS, C. (1996). She works, he works. How two-income families are happier, healthier, and better off. New York 1996.

BECKMANN, P. & ENGELBRECH, G. (Hrsg.). (1994). Arbeitsmarkt für Frauen 2000 – Ein Schritt vor oder ein Schritt zurück. Nürnberg 1994.

CARTER, J. & CARTER, J. D. (1995). He works, she works – successful strategies for working couples. New York 1995.

COOPER, G. & LEWIS, S. (1993). The Workplace Revolution. Managing today's dual-career families. London 1993.

DOMSCH, M. & KRÜGER-BASENER, M. (1990). Personalplanung und Mobilität: Dual Career Couples. In M. DOMSCH & E. REGNET (Hrsg.), Weibliche Fach- und Führungskräfte: Wege zur Chancengleichheit. Stuttgart 1990.

DOMSCH, M.E. & LADEWIG, A. (1988). Dual Career Couples: Die unbekannte Zielgruppe. In: W. GROSS (Hrsg.), Karriere 2000. Hoffnungen – Chancen – Perspektiven – Probleme – Risiken. S. 126–143. Bonn 1998.

DOMSCH, M.E. & LADEWIG, A. (1997). Dual Career Couples (DCC's). Einsichten und Aussichten für Karrierepaare und Unternehmen. In: Report Psychologie, 22/1997, S. 310–315.

DOMSCH, M. & SIEMERS, S. (Hrsg.). (1994). Fachlaufbahnen. Heidelberg 1994.

LIZOTTE, K. & LITWAK, B.A. (1995). Balancing Work and Family. New York 1995.

PEUCKERT, R. (1989). Die Commuter-Ehe als „alternativer" Lebensstil. Zur Ausbreitung einer neuen Form ehelichen und familialen „Zusammenlebens" in der individualisierten Gesellschaft. In: Zeitschrift für Bevölkerungswissenschaft, 15/1989, S. 175–187.

RAPOPORT, R. & RAPOPORT, R.N. (1969). The Dual Career Family. In: Human Relations, 22 (1), 1969, S. 3–30.

SILBERSTEIN, L.R. (1992). Dual Career Marriage. A system in transition. Hillsdole, N.J. 1992.

STOLTZ-LOIKE, M. (1992). Dual Career Couples: New Perspective for Counseling. Alexandria, VA 1992.

Zur Konkretisierung und weiteren Vertiefung wird empfohlen, im Fallstudienband die Fälle zu „Frauen im Management" sowie zu „Familie und/versus Beruf" (Teil VII) zu bearbeiten.

558

Volker Heyse

Selbstorganisiertes Lernen

1. Ausgangspunkt

Firmenspezifisches Wissen und personenspezifische Kompetenzen – das sogenannte intellektuelle Kapital (IK) und das darüber hinausführende Kompetenzkapital (KK) – haben in der Unternehmenswelt längst eine weit größere Bedeutung als viele Sachwerte wie Finanzbeteiligungen, Immobilienbesitz oder Lagervorräte. „Ein Blick auf General Motors und Microsoft – die zwei Symbole des industriellen Zeitalters und der Informationstechnologie – genügt, um die Bedeutung des intellektuellen Kapitals zu veranschaulichen. Die Börsenkapitalisierung des Autogiganten GM, einem Unternehmen, das über bedeutende herkömmliche Vermögenswerte verfügt, wird auf ungefähr 40 Milliarden Dollar geschätzt. Microsoft, der Computerriese, der mit Ausnahme des Firmendomizils am Hauptsitz in Seattle kaum Sachwerte besitzt, wird vom Markt heute mit rund 70 Milliarden Dollar bewertet. „Wenn die 50 führenden Programmierer Microsoft plötzlich den Rücken kehrten, würde der Kurs der Aktie vermutlich sofort auf Tauchstation gehen" (Ross, 1997, S. 14). Bemerkenswert ist, daß dabei Individuen und nicht mehr die Firmen selbst dieses Wissen und diese Kompetenzen monopolisieren und somit die wichtigsten Träger von Wettbewerbsvorteilen sind.

Will man in Zukunft tatsächlich dazu übergehen, das firmenspezifische Wissen, das sogenannte intellektuelle Kapital (IK), in die Bestimmung des Ertragspotentials einer Firma und in die Personalplanung einzubeziehen, so ist es unumgänglich, vorhandene Kompetenzen und ihre Entwicklungsmöglichkeiten zu berücksichtigen. Denn es handelt sich um abrufbares Fach- und Methodenwissen; dieses ist in der Regel auch anderen bekannt oder zugänglich. Es handelt sich vielmehr um Dispositionen, solches Wissen sowohl auf der Unternehmens- wie auf der Mitarbeiterebene in künftige Unternehmensvorhaben kreativ einzubinden – also um Fach- und Methoden*kompetenzen*. Hinzu kommen auf beiden Ebenen Dispositionen, Kundenbeziehungen kreativ auszubauen (Beziehungskapital), Geschäftsprozesse kreativ zu gestalten (Geschäftsprozeßkapital) und das Unternehmen, das Unternehmensleitbild wie auch die eigene Persönlichkeit weiterzuentwickeln (Geschäftsentwicklungspotential). Es handelt sich also um sozial-kommunikative *und* personale Kompetenzen.

Das führt zu tiefgreifenden Veränderungen in der betrieblichen Weiterbildung und im Training – wie aus Abbildung 1 ersichtlich.

Die Komplexität moderner Unternehmen, ihres internen Informationsaustausches, ihrer stofflichen und kommunikativen Umwelt- und Kundenorientierungen läßt sich im Bild des *selbstorganisierten* Systems treffend fassen. Management wird zum Organisieren in selbstorganisierenden Systemen (Probst, 1987). Der Übergang von der inflexiblen, regeldeterminierten zur flexiblen, lernenden Organisation, bei der vitale Visionen, eine echte Unternehmensphilosophie und entsprechende unternehmenskulturelle Grundwerte im Mittelpunkt stehen, ist unumgänglich.

Die kompetente Organisation wird zur Zielvorstellung (Frei, Hugentobler, Duell & Ruch, 1994).

Diese erfordert den kompetenten Mitarbeiter, der auf die Unternehmenskomplexität und -flexibilität mit Selbstverantwortung, Selbstentwicklung und Selbstverwirklichung reagiert. Er läßt sich ebenfalls als ein *selbstorganisierendes* „System" auffassen. Er muß in der Lage sein, schnell Kontakte zu knüpfen und immer neue Arbeitsbeziehungen herzustellen. Er muß seine Stärken und Schwächen einzuschätzen wissen und im Sinne eines Selbstmanagements beherrschen. Er muß, neben seinen Fach- und Methodenkompetenzen über sozial-kommunikative und personale Kompetenzen verfügen.

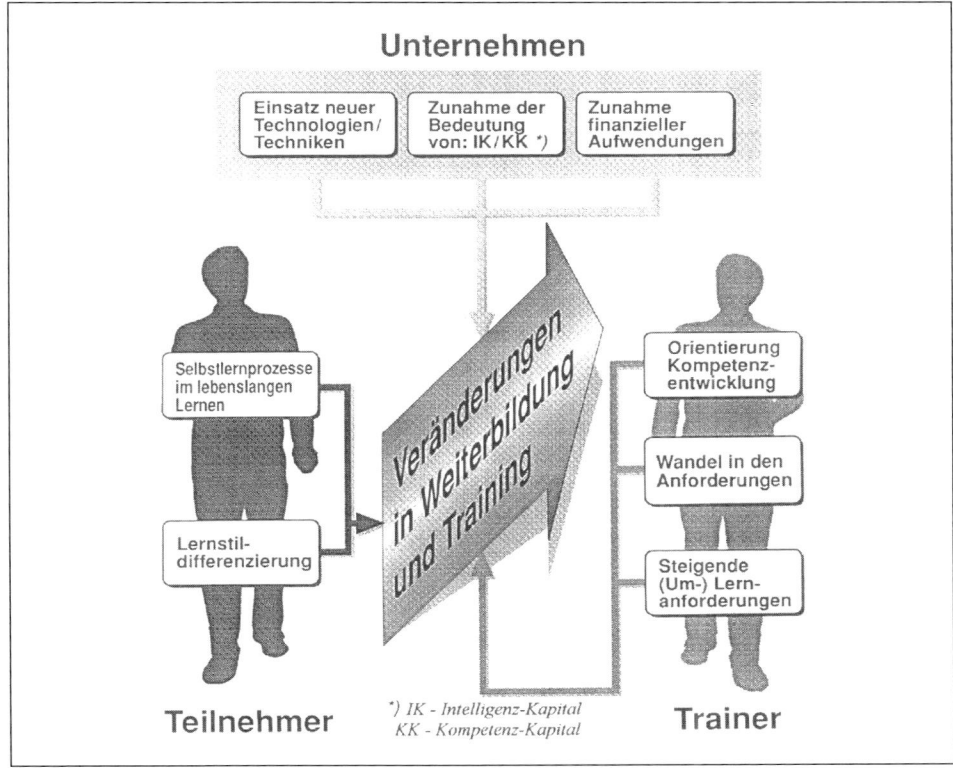

Abb. 1: Internationale Veränderungen in Weiterbildung und Training

Waren noch vor zwei, drei Jahrzehnten die *Positionsbestimmungen* Qualität eines Unternehmens und Qualifikation eines Mitarbeiters hinreichende Garantien für zukünftige Erfolge, sind es jetzt die *Dispositionsbestimmungen* für künftiges unternehmerisches und individuelles Handeln: die Kernkompetenzen des Unternehmens und die Handlungskompetenzen der Mitarbeiter, darunter vor allem die sozialen und personalen. Es handelt sich bei diesen Kompetenzen also um *Selbstorganisationsdispositionen*.

In diesem Zusammenhang steigen die Anforderungen an die Führungskräfte beim Entwickeln ihrer Mitarbeiter in zweifacher Richtung:

- Ermöglichung von Gestaltungsräumen, Abbau von Motivationshindernissen, Verbesserung der Arbeits*bedingungen*, partizipative Führung
- Bereitstellung und ständige Weiterentwicklung der vielfältigen Formen und Wege.

Abbildung 2 faßt umfangreiche Trendanalysen der Jahre 1993–1996 zum Weiterbildungsbedarf zusammen (WEISS, 1994; ERPENBECK & HEYSE, 1996) und bekräftigt diese Anforderungen an die Führungskräfte.

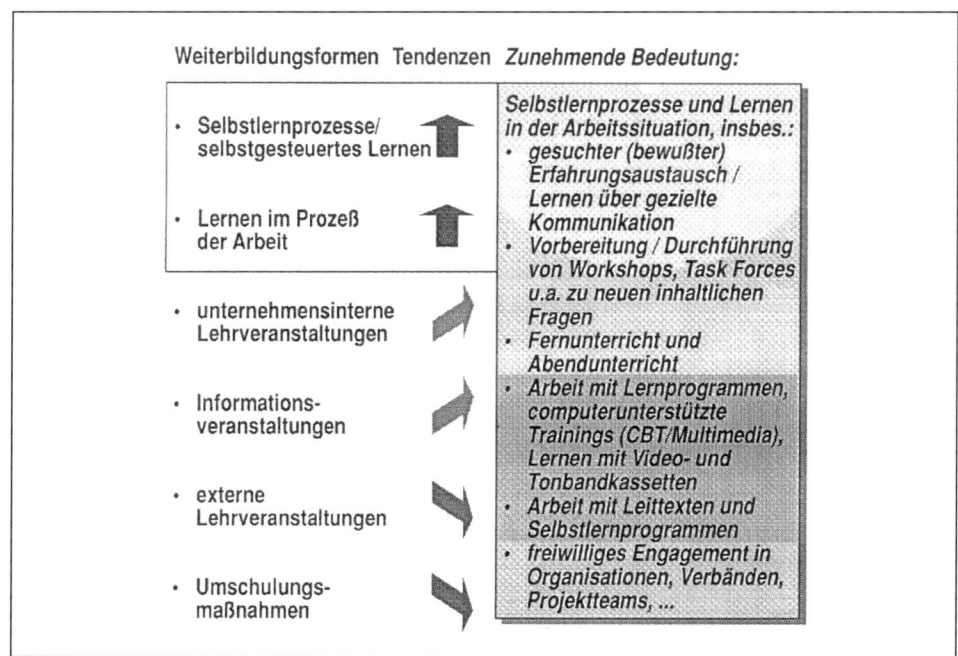

Abb. 2: Weiterbildungstrends und Weiterbildungsformen (Veränderungen)

2. Kompetenzentwicklung und *selbstorganisiertes* Lernen

Für den einzelnen stellt sich das selbstorganisierte biographische Lernen als Herausforderung durch die Veränderungen seines anschaulichen, gegenständlichen und sozialen Umfeldes dar. Herausgefordert sind alle im Menschen aktivierbaren Potentiale. Zu entwickeln sind – klassische Muster der Arbeitsteilung überwindende – neue Kompetenzzuschnitte und Dispositionen zur Selbstorganisation mit einer erhöhten Risikobereitschaft, die weniger denn je an Dritte delegiert werden kann. Die erforderliche Aktivierung der Potentiale des Mitarbeiters ist möglich, wenn es gelingt, diesen *Aktivierungsprozeß* als „Lernen" zu beschreiben.

Was kann unter „Kompetenzen" verstanden werden? Tabelle 1 geht auf den Zusammenhang von Handlungen und Selbstorganisationsdisposition ein (ERPENBECK & HEYSE, 1998).

Kompetenzen (Dispositionen, Handlungs*möglichkeiten*), *Werte* (die wesentlichen Bestimmungs- und Beeinflussungsmomente für Kompetenzen) und das *Realisierungsvermögen* (Antrieb, Wille) individueller Selbstorganisation stehen in einem unmittelbaren Zusammenhang und werden damit zu wichtigen Führungsgrößen (vgl. die Beiträge von v. ROSENSTIEL „Motivation" und von STENGEL „Wertewandel" in diesem Band).

Was ist nun aber unter „selbstgesteuert" und „selbstorganisiert" zu verstehen? Beide Begriffe überlagern sich im alltäglichen Sprachgebrauch vielfältig, doch beinhal-

562

Kompetenzen sind Selbstorganisationsdispositionen des Individuums	
Was wird vom Individuum **selbstorganisiert**? In der Regel **Handlungen**, deren Ergebnisse aufgrund der Komplexität des Individuums, der Situation und des Verlaufs (System, Systemumgebung, Systemdynamik) nicht oder nicht vollständig voraussagbar sind.	
Welche Handlungen dieser Art werden **selbstorganisiert**? Es sind dies:	
Geistige Handlungen	z. B. Problemlösungsprozesse, kreative Denkprozesse, Wertungsprozesse
Instrumentelle Handlungen	z. B. manuelle Verrichtungen, Arbeitstätigkeiten, Produktionsaufgaben
Kommunikative Handlungen	z. B. Gespräche, Verkaufstätigkeiten, Selbstdarstellungen
Reflexive Handlungen	z. B. Selbsteinschätzungen, Selbstveränderungen, neue Selbstkonzeptbildungen
Handlungsgesamtheiten	z. B. gesamte Handlungsspektren kreativer Mitarbeiter
Die unterschiedlichen **Dispositionen** (Anlagen, Fähigkeiten, Bereitschaften), eben diese Handlungen **selbstorganisiert** auszuführen, bilden verschiedene **Kompetenzen**. Man kann folglich unterscheiden:	
Fachkompetenzen	Die Dispositionen, geistig selbstorganisiert zu handeln, d.h. mit fachlichen Kenntnissen und fachlichen Ferigkeiten kreativ Probleme zu lösen, das Wissen sinnorientiert einzuordnen und zu bewerten
Methodenkompetenzen	Die Dispositionen, instrumentell selbstorganisiert zu handeln, d.h. Tätigkeiten, Aufgaben und Lösungen methodisch kreativ zu gestalten und von daher auch das geistige Vorgehen zu strukturieren
Sozialkompetenzen	Die Dispositionen, kommunikativ und kooperativ selbstorganisiert zu handeln, d.h. sich mit anderen kreativ auseinander- und zusammenzusetzen, sich gruppen- und beziehungsorientiert zu verhalten, um neue Pläne und Ziele zu entwickeln
Personale Kompetenzen (Individualkompetenzen)	Die Dispositionen, reflexiv selbstorganisiert zu handeln, d.h. sich selbst einzuschätzen, produktive Einstellungen, Werthaltungen, Motive und Selbstbilder zu entwickeln, eigene Begabungen, Motivationen, Leistungsvorsätze zu entfalten und sich im Rahmen der Arbeit und außerhalb kreativ zu entwickeln und zu lernen
Handlungskompetenzen	Die Dispositionen, gesamtheitlich selbstorganisiert zu handeln, d.h. viele oder alle der zuvor genannten Kompetenzen zu integrieren

Tab. 1: Handlungen und Selbstorganisationsdispositionen

ten sie sehr unterschiedliche Sichtweisen. Der Begriff *Steuerung* macht nur Sinn, wenn ein System – ein technisches Gerät, ein Individuum, eine Gruppe, ein Unternehmen – auf ein festgelegtes Ziel hin dirigiert wird. Das Ziel muß also von vornherein, wenigstens im Umriß, festliegen. In bezug auf das Lernen müssen folglich Lernziele, Bildungsziele festliegen. *Selbstgesteuert* ist das Lernen dann, wenn Lernziele Operationen/ Strategien, Kontrollprozesse und ihre Offenheit teilweise oder vollständig vom lernenden System selbst bestimmt werden. *Selbstorganisiert* ist Lernen dann, wenn wechselnd Lernziele, Operationen, Strategien, Kontrollprozesse und ihre Offenheit vom lernenden System selbst so angegangen und bewältigt werden, daß sich dabei die Systemdispositionen erweitern und vertiefen, wenn es primär um diese Erweiterung und Vertiefung geht.

Wir können demnach fremdgesteuertes, selbstgesteuertes, fremdorganisiertes und selbstorganisiertes Lernen gegenüberstellen. Im folgenden sollen praktische Ergebnisse und einsetzbare Instrumente zum selbstorganisierten Lernen vorgestellt werden.

3.   Selbstorganisiertes Lernen

Ausgehend von umfassenden praxisorientierten Lernstilanalysen aus den siebziger und achtziger Jahren (KATCHER, 1981; STERNBERG & GRIGORENKO, 1997) können neun „Merkmale eines lernenden Individuums" unterschieden werden (vgl. HEYSE & ERPENBECK, 1997).

In umfassenden neuen Untersuchungen zu Kompetenzbiografien erfolgreicher Unternehmer innovativer kleiner und mittlerer Unternehmen (GOEBEL, 1990; ERPENBECK & HEYSE, 1998) wurde der Frage nachgegangen, welchen Stellenwert organisier-

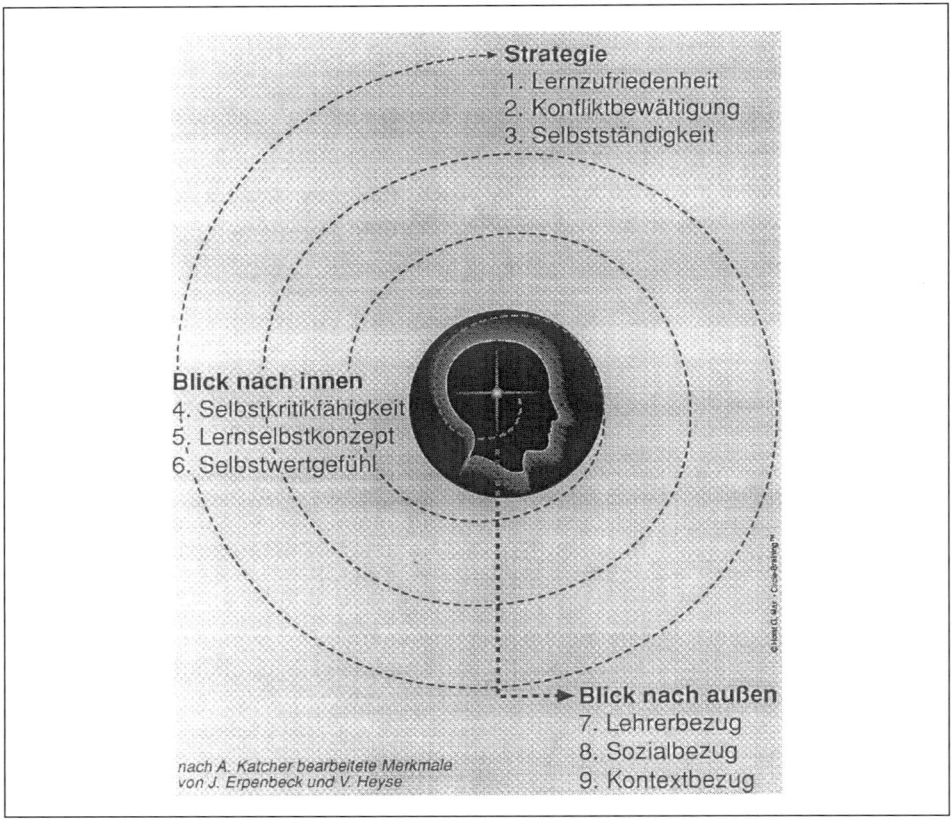

Abb. 3: Merkmale des lernenden Individuums

564

tes und selbstorganisiertes Lernen für diese Personen, die in hohem Maße veränderungsorientiert und lernoffen sein müssen, haben, was und wie innerhalb der individuellen Lernprozesse verändert wird, ob Veränderungen nur bestimmte Seiten des komplexen Systems „Persönlichkeit" betreffen oder aber den gesamten Menschen als autonomes System (ERPENBECK & HEYSE, 1998). Nach den Selbstaussagen der Befragten kommt man zu folgender Bedeutungsrangreihe:

1. Selbständigkeit
2. Lernselbstkonzept
3. Sozialbezug
4. Selbstwertgefühl
5. Kontextbezug
6. Lehrerbezug
7. Konfliktbewältigung
8. Kritik (Selbstkritik)
9. Lernzufriedenheit

Unter den ersten vier rangieren solche Merkmale dicht nebeneinander, die eher der personalen, sozial-kommunikativen sowie Handlungskompetenz zugeordnet werden können und am deutlichsten selbstorganisiertes und selbstgesteuertes Lernen charakterisieren.

Bei einer weiteren Differenzierung der neun Merkmale und deren Belegung mit jeweils typischen Originalzitaten kommen wir dem Geheimnis der Erfolgsstrategien selbstorganisierten Lernens schon näher; zumindest wird deutlich, was mit der Orientierung „erfolgreiches unternehmerisches Denken und Handeln" lernseitig zusammenhängt. Die Reihenfolge der Merkmale, ihrer Einzelaspekte und typischer Zitate wurde gemäß der Bedeutsamkeitsrangreihe gewählt (im folgenden ausgewählte Beispiele und Originalzitate)

3.1 Selbständigkeit

3.1.1 Unabhängigkeit von fremden Urteilen, Hilfen, Orientierungen; ausgeprägte Selbstmotivation:

* Ich habe mich schon seit jeher gegen äußere Zwänge *durchgesetzt*. Eine frühere Erfahrung ist, daß Vorstellungen erfüllbar sind, wenn man es *will*.
* Ich habe bei mir die Fähigkeit herausgebildet, an der eigenen Wirksamkeit *nicht* mehr zu *zweifeln*.
* Man muß sich über starre Strukturen, Denkstrukturen *hinwegsetzen* können.
* Für das Studium habe ich 30– 40% der Zeit aufgebracht. Die andere Zeit habe ich gearbeitet oder mich mit Politik befaßt, eine Art *Praxisstudium*.
* Ich habe nicht über Kurse, sondern über mein *eigenes Denken* gelernt. Man muß Forderungssituationen annehmen und suchen. Das sind Situationen, wo man die eigenen Grenzen wirklich mitkriegt, *gefordert wird* oder scheitert. Das sind doch die Situationen, wo man lernt. Die eigene Betroffenheit ist das einzige, was zählt. Natürlich sind ein paar Background-Informationen wichtig.

3.1.2 Zielbeharrlichkeit und Durchsetzungsvermögen

- Man soll nicht machen müssen, was man *nicht will* ... Ich *entscheide* für mich *selbst*. Und auch bei den Mitarbeitern muß man viel mehr Gewicht darauf legen, dieses „*Ich will*" herauszubilden.
- Man muß herausfinden, was man selbst will, muß eine Selbstbestimmung haben und eine kritische Wahrnehmung davon entwickeln, was ist. Und ich muß auch unpopuläre *Entscheidungen gegen* meine Umwelt *treffen*, wenn ich es für gut finde.
- Wenn man nicht permanent irgendwelche Sachen *einfordert*, dann wachsen die Mauern im Sinne von Trägheit, „Aussitzen".

3.1.3 Veränderungsoffenheit, Vielseitigkeit, Umgang mit Komplexität

- Ich habe immer Lust, etwas *Neues auszuprobieren*, natürlich auf der Grundlage guter Fachkompetenz.
- Ich habe immer *Zufälle genutzt*, die gar keine sind.
- Ich könnte auch etwas *anderes machen* (Beisp. von Technikern: Literaturwissenschaft, Medizintechnik, Architektur, asiatische Heilpraktiken, Betriebswirtschaft ...).
- Ich habe mich immer für Geschichte interessiert. Geschichte, die nicht zum Studium führte, aber als ein breitbandiges Begleitmoment aller Zeiten, die ich bisher durchleben konnte. Das ist genauso wichtig wie der Beruf. Denn viel Lesen über Geschichte und verschiedene Autoren zum selben Punkt, spitzt auch das eigene Denken dieser geschichtlichen Ereignisse und deren *Zusammenhänge*.
- Mich interessiert das *erzwungene Neue*; es macht mir Spaß, mich *mit Neuem auseinanderzusetzen* (z.B. Wirtschaft, Recht, Managementaufgaben ...). Dann sage ich mir: Das hättest Du studieren/machen sollen ...
- Und zur Zeit habe ich im Prinzip den Eindruck von mir oder das Gefühl, daß ich eigentlich, je älter ich werde, *um so mehr lerne*. Und nicht umgekehrt. Ich fühle mich auch, je älter ich werde, um so *freier* und um so glücklicher. Ich weiß nur, es ist nicht andersrum.
- Die wahnsinnigsten und nachhaltigsten Lernprozesse waren immer dann, wenn ich in kurzer Zeit völlig Neues schaffen wollte. ... Ich saß dann Tag und Nacht dran.
- Wenn es darum geht, ein neues Produkt zu entwickeln, muß man versuchen, von der komplizierten Ebene immer zur einfacheren zu kommen. Da haben wir in unserem Unternehmen viele Beispiele. Dieser Zwang, dieses *Hinschieben zum einfachen Denken* bringt letztlich auch einfache Produkte, die der Mensch auch annimmt, weil sie einfach sind. Warum entwickelt man solche Produkte? Einfach, weil es einem Spaß macht, weil es interessant ist.
- Ich bin durchaus *risikofreudig* gegenüber *neuen Herausforderungen*, Bewährungssituationen und offen gegenüber *Unbestimmtheiten*, undeutlichen Situationen, wenn sie für alle *neu* sind.

3.2   Selbstlernkonzept

3.2.1   Persönlicher Stellenwert selbstorganisierten Lernens

- Bei der Weiterbildung der Mitarbeiter sollte vor allem auf das geachtet werden, was nicht im Ausbildungsplan steht, was *darüber hinausgeht*, denn das stellt die Zukunft dar. Und so Weitergebildete müssen mobilisiert werden, das *Wissen* an die Profis *weiterzugeben*. Das baut sie auf und macht sie stolz.
- Ich habe meine Kernstärken nicht in der Ausbildung gefunden, sondern in *Bewährungssituationen*.
- Ich stelle hohe Anforderungen und die eigene *Selbstlernfähigkeit* und an das *Selbstlernen-Wollen* der Mitarbeiter und Kinder.
- Man muß *lernen zu lernen*. Eigentlich ist es egal, was man studiert bzw. lernt; man muß sowieso *umlernen* im Leben.

3.2.2   Selbstanspruch

- Ich suche immer nach dem schnellsten Weg, um die Zeit *besser zu nutzen*.
- Wenn ich der Meinung bin, ich kann alles, dann lerne ich nichts mehr hinzu. Ich bin *gegen* jegliche *Arroganz* und *für Bescheidenheit*, aus der heraus man sich immer wieder anpassen kann.
- Ich gehe im allgemeinen Konfrontationen mit Herstellern, mit Nutzern aus dem Wege. Statt dessen versuche ich, über eine *konsensorientierte Kommunikation* gemeinsam Möglichkeiten zu finden – oder mit dem Gefühl, daß der andere mit eingeschlossen war, Lösungen zu finden.
- Ich brauche „*schützende Begegnungen*": eine enge Bindung zu einzelnen Personen und breite Kommunikation. Das ist für mich ein wichtiger Schutz vor Überschnappen und Überheblichkeit. Zugleich sind solche Begegnungen eine dankbare Fügung.
- Ich habe immer die Leute gesucht, die mich verstanden haben; das hat manchmal eine Weile gedauert. Dann hab' ich gesagt: „So, du erklärst mir das jetzt". Sozusagen immer auf Mann gespielt. Für meine Begriffe höchst effektiv. Man traut sich, die dusseligsten Fragen der Welt zu stellen, die ja für einen persönlich sowieso nicht dusselig sind.

3.3.2   Sozialer Lernbezug (soziale Verantwortung)

- Man muß das eigene *Umfeld erziehen*. Es hängt davon ab, was man selbst ausstrahlt.
- Ich bin *emotional*. Ich halte es deshalb für eine Stärke, weil ich auf Dinge reagiere, über die ein anderer vielleicht hinweggeht. Also, wenn ein Mitarbeiter mir eine Sache erzählen will von seinem Kind, von der Schule, da nehme ich mir Zeit, höre mir das an und spreche ihn auch einige Wochen später daraufhin an. Das heißt, ich vermittle ihm, daß es mich interessiert hat. Und ich teile ihm auch ähnliches über meine Tochter mit. Das hat Auswirkungen auf das soziale Verhalten. Trotz allem bin ich ein autoritärer Mensch. Ich vereine beides. Aber ich bin kein sturer autoritärer Mensch. Und das halte ich für wichtig.

- *Personalführung* ist immer eine sehr große Herausforderung für mich gewesen, weil ich denke, das Personal ist das Herz der Firma, nicht so sehr ich, der Unternehmer. Ich bin vielleicht derjenige, der die Kontakte machen kann, aber diejenigen, die die Arbeit machen, diejenigen sind die Substanz der Firma und die müssen sich mit der Firma identifizieren.

3.4 Selbstwertgefühl

3.4.1 Individueller Lebensanspruch, Sinn, Werte

- *Lebensqualität* – das ist nichts vorrangig Materielles, sondern Ruhe, Gelassenheit, Eigenforderung.
- Wichtig für mich ist ein hohes *Verantwortungsgefühl*, aber mit einer inneren *Distanz zur Macht*. Ich habe ein großes Mißtrauen gegenüber *Macht* und dem Eingrenzen der inneren *Freiheit*. Ich bin gegen *Egoismen*, die den *Idealismus* dauernd bremsen – auch seitens Dritter, z. B. in Familien.
- Ich habe mich schon sehr früh mit *unternehmerischen Werten* auseinandergesetzt.
- Eine wichtige Stärke von mir ist die *relative Bedürfnislosigkeit*. Das ist auch eine Mentalitätsfrage: bedürfnislos leben. Das ist eine Sache der Überlebensfähigkeit, bedürfnislos leben können. Man muß es ja nicht, aber man muß es können.
- Ein *Ziel* sollte man nicht an Zahlen orientieren, denn sobald man die Zahl sieht, ist man gebunden, gefangen, eingeschränkt. Man muß die Zahl haben. Aber wenn ich die Aufgabe erfülle, dann erfülle ich auch die Zahl – und nicht umgekehrt. Denn die Zahl kann falsch sein, aber die Aufgabe steht immer da. Nicht immer klar, aber sie ist da. Und da muß man sich nicht Gedanken machen, was verdiene ich nicht mehr, sondern, *wenn ich die Aufgabe erledigt habe, dann klappt alles weitere*.
- Mich hat das immer alles, was die *richtigen Lebensfragen* sind, was Schicksal ist, was die *wirklichen Werte* sind, was die *spirituellen Sachen* sind, interessiert. Da bin ich enorm breit orientiert, da interessiert mich eigentlich alles … Mir wird oft sehr viel klar, weil ich mich für diese *menschlichen, spirituellen Themen* interessiere.
- Die schlimmste Aussage, die man hört ist: „Es geht nicht". Ich sage *statt dessen*: „Es geht so nicht". Das ist etwas ganz anderes und ermöglicht *neue Problembetrachtungen und -lösungen*.

3.5 Kontextbezug

3.5.1 Informationssuche und -auswahl

- Wenn ich irgendetwas nicht weiß, dann besorge ich mir die entsprechende *Literatur* oder irgendeinen *Fachmann* und *knie' mich hinein*.
- Mein Lernen ist im wesentlichen ein *„Learning by doing"*: ein Produkt aus Lesen, Arbeiten, Probieren, Diskutieren, Erleben. Immer *Ratio* und *Emotionen*.
- *Selbstlernen* ist für mich: viel *kommunizieren*, viel reden, *vergleichen* und *dabeisein* (Tagungen, IHK-Ausschüsse …).
- Auf die Richtung der Grundausbildung kommt es eigentlich nicht an, Hauptsache

und Sprungbrett für das eigene spätere Leben ist überhaupt eine *solide Grundausbildung* mit *Bewährungssituationen*.

3.5.2 Weiterbildungsformen

- *Seminare* sind nur dann für mich interessant, wenn in kurzer Zeit viel geboten wird. Es muß praktisch verwertbar sein.
- *Weiterbildungskurse* sind eine unproduktive Zeit. Jeder lernt anders, jeder nimmt anders auf. Ich lerne, wenn ich lese. Wenn es mich interessiert, dann lerne ich auch, wenn es mir einer erzählt.
- Ich wurde nie zu einer Weiterbildung geschickt. Das war immer *meine Initiative*.
- Wenn ein Mitarbeiter zu einem Seminar geschickt wird, dann vollzieht sich bei uns so eine Art Schneeballeffekt, daß die anderen dann wieder mitgeschult werden. Damit kann man auf der anderen Seite auch Kosten sparen.

3.5.3 Kundenorientierung, Resultatsbedeutung

- Gegenüber den *Kunden* offenbare ich das, was ich für mich selbst vertrete. Die *Zufriedenheit der Kunden* ist für mich das wichtigste Resultat meiner Arbeit.
- Ich glaube, daß der Kunde schon merkt, wo etwas bloß äußerlich gelernt ist, und wo Erfahrungen vorhanden sind. Das sind wesentliche Kontakte, die ich zu langjährigen Kunden habe.
- Ich suche die *Aufgabenlösung für den Kunden* oder Menschen, zu dem sie passen sollte. Ich frage mich, wie kann ich dem eine *Freude machen*, das *Leben erleichtern*, und wieviel *Zufriedenheit* wird er haben. Das reicht vollkommen, um den richtigen Weg zu finden … Es ist ein großer Unterschied, ob ich sage, ich will Nutzen schaffen oder ich will dienen. Wenn die Dienstleistung im Vordergrund steht, macht man auch viel weniger Dinge falsch. Das „Dienen" wollen viele nicht mehr hören. Man serviert halt etwas, man bringt halt etwas, aber es kommt nicht von innen.
- Ich bin kein wirtschaftlicher Intellektueller in dem Sinne, daß mich nur das Wort interessiert. Das ist zwar notwendig, und ich beschäftige mich damit auch, und wenn, dann sehr genau. Aber eigentlich *interessiert* mich mehr die *Tat*. Was ist die praktische Konsequenz, und wie erreiche ich sie – das war mir stets wichtiger.
- Ich *lerne* in erster Linie *vom Kunden*. Die Kunden haben festgestellt, daß sie ein Problem haben. Dann beraten wir sie, und bei dieser Beratung kommen wir selbst voran.

3.6 Lehrerbezug

3.6.1 Einfluß von Bezugspersonen

- In meinem Leben gab es viele Zufälle über Schlüsselpersonen. Vielleicht eine Kopplung von Mut, Offensivkraft und nonkonformem Denken.
- Ein *Ausbilder* von mir war eigentlich ein „fauler Hund", aber genial. Er sagte: „Jede

unnütze Bewegung schwächt den Körper, aber Qualität muß sein". Das hat meine Arbeitsorganisation beeinflußt.

- Meine *Vorfahren* waren sehr *aktiv* und haben viel bewirkt mit viel Gemeinsinn. Irgendwie prägt und verpflichtet das.

3.6.2 Eigener Vermittlungsanspruch

- Es gibt im Prinzip gar keinen Unterschied zwischen den Problemen, nur verschiedene Inhalte. Aber die Probleme sind eigentlich immer dieselben. Und das muß man jungen Menschen vermitteln.
- Die Leute müssen Bildung *im* Betrieb bekommen. Es muß *hier* umstrukturiert werden und *hier* im Kopf und jetzt und heute. Und dafür setze ich mich in hohem Maße ein.
- Ich glaube, man muß vor allem *junge Leute mit eigener Motivation begeistern*, sich vor die Leute stellen, wenn Fehler gemacht wurden. Und ich hasse Grundsätze, weil sie in der Regel nicht anwendbar sind.
- Für mich war immer das *Motivieren zum Tun* wichtig, andere zum Tun motivieren. Aber auch sich selbst immer wieder zu motivieren; ich meine Selbstmotivation.

3.7 Konfliktbewältigung

3.7.1 Grundeinstellung, Auseinandersetzung mit (Lern-)Schwierigkeiten

- Ich muß auch sagen, *negative Erfahrungen* sind ein Stück des Lebens, die gehören dazu. Und die möchte ich nicht missen. Von den *negativen Erfahrungen* … habe ich auch profitiert. Nach einem *Tief* kommt ein *Hoch*. Und immer war das Hoch bis jetzt ein Übergang.
- Die meisten *tiefgreifenden Erfahrungen* habe ich durch *Niederlagen* gemacht bzw. durch besonders harte *Auseinandersetzungen*. Da weiß man, was man das nächste Mal besser macht – vorausgesetzt, man wertet die *Niederlagen* als *Erkenntnischancen* (aus).
- Wer sagt, ich kann alles, der lügt. Man muß lernen, zu fragen und sich *auseinanderzusetzen*.

3.7.2 Auseinandersetzung mit der (Lern-)Umwelt

- Situationen mit starken *Herausforderungen* haben mich sehr stark geprägt; solche Situationen, wo man richtig Wut im Bauch hat und wo dann einer sagt: Wir gehen nicht eher aus dem Hause, bevor das Problem gelöst ist. Solche Situationen gab es ja häufig mal in allen möglichen Sachen: einordnen, unterordnen und einschätzen, wo man hingehört, das ist eine wichtige Sache.
- Ich neige dazu, viel selbst zu machen, insbesondere bei zähen Massen, bei Zähigkeit von Gedankenflüssen, zu langsamem Reagieren. Hier habe ich so meine eigene *Ungeduld*, und ich habe diese Ungeduld eigentlich nie für mich behalten, sondern versucht, andere dadurch zu *mobilisieren*.

- Ich muß auch *bei Diskrepanzen offen* bleiben. Wenn ich mit einer Sache, Version nicht einverstanden bin, dann muß ich es nicht grundsätzlich ablehnen. Im nächsten Moment kann daraus eine Herausforderung, Aufgabenstellung für mich oder für uns gemeinsam erwachsen. Aber bei ethisch nicht Vertretbarem bleibe ich grundsätzlich dagegen.

3.8   Kritik und Selbstkritik

3.8.1 Eigene Stärken und Schwächen

- Man muß sich selbst und das Produkt *in Frage stellen können*, sonst fängt man an, schlampig zu werden.
- Ich habe immer *Schwierigkeiten*, mich zurückzunehmen; mir geht vieles einfach zu langsam.
- Es kostet mich keine Kraft, mich nicht zu verstellen.
- Ich habe eigentlich *nie eine Scheu* gekannt, die andere haben, vor Autoritäten *Kritik zu äußern*. Im Gegenteil, wenn ich sehe, daß es für mich wichtig ist, dann scheue ich mich nicht, auch öffentlich sehr bekannte Personen *anzusprechen*. Ich habe einfach zu wenig Zeit, um selbst zu lesen, recherchieren …
- Für mich ist es sehr wichtig – von meinen bisherigen Stärken und Erfahrungen ausgehend –, daß ich *gut zuhören* kann, sehr gut herausbekomme, wo der Bedarf des Kunden ist, wo vielleicht auch seine begrenzte Sicht gegenwärtig existiert, und ihn nicht überfordere, aber auch ihn nicht zu unterfordern. Dieses Zuhören trainieren – das ist mir eigentlich durch die schulische Tätigkeit, auch in meiner dortigen Funktion als Schulsprecherin mitgegeben worden.

3.8.2 Umgang mit Stärken und Schwächen anderer

- Von meinen Mitarbeitern *fordere* ich, daß sie loyal sind zum Unternehmen. Das Schlimmste, was mir passieren könnte, wäre, jemanden zu haben, dem irgendwo der Geruch der Unloyalität anhaftet. Dann *würde* ich mich *sofort* von ihm *trennen*. Loyal heißt ja nicht Blindheit, sondern loyal ist einer, der auch zu mir kommt und sagt: Das ist doch Quatsch, was hier veranstaltet wird, ich halte das für schlecht und empfehle dieses und jenes. Das ist loyal für mich.
- Ich setze mit meinen Mitarbeitern *Prioritäten* und arbeite mit ihnen klare *Maßstäbe* heraus zum Trennen zwischen „sehr wichtig" und „weniger wichtig". Ich habe eine eigene worst-case-Planung … Und so *nehme ich* dann die Leute *zur Seite* in ihrem Streß und *kann sagen*, da und da … Das machst du auf jeden Fall. Wenn du das auch noch schaffst, wäre das sehr gut, und wenn du das noch schaffst, das wäre ganz toll, mußt du aber nicht …"
- Ich versuche, mich durchzukämpfen und ich *versuche herauszubekommen*, welche Fähigkeiten die Leute haben … Im Grunde genommen sind die Zeugnisse für mich uninteressant. Ich gucke mir eigentlich mehr die Leute an, *was sie wollen*.
- Ich bin persönlich kein Überwacher, ich delegiere viel. Ich *schaue* auch *über Fehler hinweg*, wenn ich sehe, daß diese Fehler ja ihre Logik hatten bzw. wir gemeinsam oder die einzelnen *Mitarbeiter aus den Fehlern lernen konnten*.

3.9 Lernzufriedenheit

- Ich bin mit den einzelnen Etappen meines Lebens insgesamt *zufrieden* – auch wenn ich aus heutiger Sicht etliches anders machen und damit erheblich viel Zeit sparen würde. Ein wichtiger Maßstab für mich war und ist: *Neues zu realisieren.*
- Das, was ich erreicht habe, habe ich erreicht durch persönliches Engagement, Selbstmotivation gerade in schwierigen Situationen, dem Wissen um Leute, die mir im Notfall helfen würden *und* ohne daß ich mich verbogen habe. Das erfüllt mich mit *Dankbarkeit.*
- Ich bin *froh* über die Gabe, aufgeschlossen sein zu können gegenüber Neuem – und sei es noch so ungewöhnlich.
- Ich habe bei allen Wechselbädern immer *Spaß* an der Selbständigkeit gehabt, am eigenen *Erfolg.*
- Es macht mir einfach *Spaß. Hobby und Beruf* sind bei mir irgendwie *verschmolzen.* Ich könnte gar nicht anders, auch wenn ich wollte.
- Es macht mir *Spaß*, Oberflächen bei Menschen und Strukturen zu durchschauen, auf den Kern vorzudringen.
- Ich habe – glaube ich – stärkste finanzielle, nervliche Motivations-Belastungen *durchlebt.* Dadurch habe ich heute mehr Überlegenheit, ja – Gelassenheit auch der Zukunft gegenüber.
- Für die *Selbstmotivation* ist es doch sehr wichtig, von einem selbst sagen zu können: „Du hast da etwas *Besonderes geleistet*, Du hast wahrscheinlich *mehr erreicht* als viele andere."

In mehreren Untersuchungen wurde ein Fragebogen zur „Nutzung *organisierter* bzw. *selbstorganisierter* Lernprozesse in Abhängigkeit von 31 unterschiedlichen Weiterbildungsinhalten" verwendet. Mit diesem Fragebogen können interessierte Führungskräfte und Mitarbeiter feststellen, welche für ihre Arbeit wichtigen Weiterbildungsinhalte mit welchen Lernprozeß-Formen (organisiert/selbstorganisiert) angeeignet wurden, wie aktiv oder passiv sie Lernprozesse gestalten. Dabei wurde zwischen jeweils fünf organisierten (institutionalisierten) und selbstorganisierten Lernprozeß-Formen unterschieden (vgl. Tabelle 2).

Für „Selbstdiagnosen" (Führungskräfte/Mitarbeiter, einzeln/im Team) können folgende Fragen beantwortet werden:

- Welches sind die drei wichtigsten bzw. am meisten bevorzugten Lernprozeß-Formen und wie wurden sie in der Praxis realisiert (Beispiele)?
- Wo habe ich im Vergleich zu anderen Teilnehmern (bzw. anderen Vergleichspersonen) inhaltliche Defizite, und was nehme ich mir vor, um diese mittelfristig zu beheben? Welche Lerninhalte über welche Formen?
- Wie will ich den zukünftigen Anforderungen an Selbstlernprozesse gerecht werden und welche Folgerungen werde ich ziehen bzgl.
  a) der erweiterten Anwendung verschiedener Selbstlernprozeß-*Formen* (z.B. Multimedia, Projektteammitarbeit, …)?
  b) der bewußten Erweiterung meiner Lern*stile* (Lernstärken)?

Betrachtet man bei der Auswertung bisheriger Untersuchungen die Gruppen „Führungskräfte" und „Leistungsträger/engagierte Mitarbeiter mit teilweiser Führungsverantwortung", dann fallen folgende Trends auf, die den Stellenwert selbstorganisierten Lernens bekräftigen:

Die Nutzung organisierter bzw. selbstorganisierter Lernprozesse in Abhängigkeit von unterschiedlichen Weiterbildungsbereichen (Fragebogenausschnitt)

Weiterbildungsthemen	Nutzung von organisierten Lernprozessen (innerhalb der institutionalisierten Erwachsenenbildung)					Nutzung von selbstorganisierten Lernprozessen (außerhalb der institutionalisierten Erwachsenenbildung)				
	Verhaltensregelungen (-grundsätze, Vorschriften)	Informationsveranstaltungen, unternehmensweite Schulungsveranstaltungen	Unternehmensweite Workshops, zielgruppenspezifische Seminare/Workshops	Individuelle Informationsseminare (extern/intern) individuelles Verhaltenstraining (extern/intern)	Teamtraining, handlungsbegleitendes Training	Übernahme von Sonderaufgaben, Mitwirkung an Projekten/Task Forces, Qualitätszirkel	Nutzung von Lernmedien (Video, PC, Multimedial) in der Freizeit	Individuelles Selbststudium, selbstgewählte Fernkurse, Abendschule, Bildungsurlaub	Freiwilliger Erfahrungsaustausch mit Kollegen innerhalb und außerhalb des Unternehmens	Learning by doing, Lernen im Leben außerhalb der Berufsarbeit im engeren Sinne
1. Kommunikation/Besprechungen										
2. Arbeitsrecht für Führungskräfte										
3. Problemlöse-/Entscheidungstechnik										
4. Kaufmännisches Wissen										
5. Zeitmanagement										
6. Arbeit mit Qualitätszirkeln										
7. Führen durch Zielsetzung und Kontrolle										
8. Persönliche Arbeitsmethodik										
9. Praxis des Betriebsverfassungsgesetzes										
......										
30. Kreativitätstechniken										

Tab. 2: Häufigkeit der unterschiedlichen Lernprozesse

Zahlenmäßig handelt es sich um ein Verhältnis 1 (Nutzung von organisierten Lernprozessen) zu 2,5 (Nutzung von selbstorganisierten Lernprozessen). Da hier lediglich Bildungs- bzw. Weiterbildungsereignisse *unabhängig* von ihrer Dauer erfragt wurden, also beispielsweise die einige Stunden umfassende Informationsveranstaltung der möglicherweise Monate dauernden Projektteilnahme gleichgestellt wird, ergäbe sich bei Berücksichtigung des Zeitfaktors eine weitere Bedeutungszunahme des selbstorganisierten Lernens.

Im Detail kann man die Ereignisse in zwei Richtungen analysieren: (1) Welche Lernprozesse besitzen die größte, welche die geringste Bedeutung; und (2) Welche Weiterbildungsthemen werden für besonders wichtig oder eher unwichtig gehalten: Ausgehend von der Häufigkeit der Nennungen wurden Rangplätze errechnet. Tabelle 3 gibt die Verteilung der Rangplätze (238 Personen) wieder:

Verhaltensregelungen (-grundsätze, Vorschriften)	Informationsveranstaltungen, unternehmensweite Schulungsveranstaltungen	Unternehmensweite Workshops, zielgruppenspezifische Seminare/ Workshops	Individuelle Informationsseminare (extern/intern) individuelles Verhaltenstraining (extern/intern)	Teamtraining, handlungsbegleitendes Training	Übernahme von Sonderaufgaben, Mitwirkung an Projekten/Task Forces, Qualitätszirkel	Nutzung von Lernmedien (Video, PC, Multimedia) in der Freizeit	Individuelles Selbststudium, selbstgewählte Fernkurse, Abendschule, Bildungsurlaub	Freiwilliger Erfahrungsaustausch mit Kollegen innerhalb und außerhalb des Unternehmens	Learning by doing, Lernen im Leben außerhalb der Berufsarbeit im engeren Sinne
(7.)	(5.)	(9.)	(3.)	(8.)	(6.)	(10.)	(4.)	(2.)	(1.)

Tab. 3: Rangreihe der unterschiedlichen Lernprozesse

Bei Nennung der Lernprozesse liegt das learning-by-doing, das Lernen im Leben außerhalb der Berufsarbeit mit einer fast dreifachen Anzahl von Nennungen auf dem 1. Rang, vor dem 2. Rang, dem freiwilligen Erfahrungsaustausch mit Kollegen innerhalb und außerhalb der Unternehmen. Beides ist hoch charakteristisch.

Neueren Untersuchungen zufolge (vgl. STAUDT & MEIER, 1996, S. 264) finden ca. 80% des Lernens Erwachsener außerhalb von institutionalisierter Erwachsenenbildung statt. Das spiegelt sich in der hohen Nennungsquote des 1. Ranges wider.

Von der überwiegenden Mehrzahl der Befragten wurde bei der Frage nach den Formen des Kompetenzerwerbs auf die Bedeutung des Kontakts zu Kollegen, Freunden, Beratern, Fachleuten verwiesen – oft mit dem Unterton, „eigentlich" müsse man ja auch mal wieder Weiterbildungsveranstaltungen besuchen, aber im persönlichen Kontakt erfasse man notwendige Erfahrungen gezielter, schneller und effektiver. Diese Form von Kompetenzerwerb ist neben dem learning-by-doing die von den Befragten bevorzugte. Sie macht sich die sozial-kommunikativen Kompetenzen zunutze. Auf dem 3. Rang liegen individuelle Informationsseminare und individuelles Verhaltenstraining, sowohl betriebsintern wie –extern. Hier handelt es sich zweifellos um Formen *organisierter* Weiterbildung, gleichzeitig ist jedoch hervorzuheben, daß es gegenüber den vier anderen benannten Formen organisierter Weiterbildung diejenige mit den größten Möglichkeiten ist, den Besuch *selbst* zu wählen, selbst zu gestalten, selbst zu organisieren, also diejenige mit der größten Nähe zu den selbstorganisierten Lernprozessen.

Den 4. Rang nehmen die eher traditionellen Formen selbstorganisierten Lernens ein, das individuelle Selbststudium, Fernkurse, Abendschule und Bildungsurlaub, auf dem 5. Rang liegen die ebenso traditionellen Formen organisierter Weiterbildung wie

Informationsveranstaltungen und Schulungen. Eine geringere Rolle spielen bei den selbstorganisierten Lernprozessen mit dem 6. Rang noch die Übernahme von Sonderaufgaben und die Mitwirkung an Projekten sowie Qualitätszirkel und bei den organisierten Lernprozessen auf dem 7. Rang die Übernahme von Regeln und Vorschriften sowie mit dem 8. Rang Formen von Teamtraining und handlungsbegleitendem Training.

Eine sehr geringe Bedeutung haben mit dem 9. Rang unternehmensweite Workshops und zielgruppenspezifische Seminare.

Ganz zuletzt, auf dem 10. Rang, kommt die Nutzung von Lernmedien (Video, PC, Multimedia) in der Freizeit. Hier bestätigt sich zunächst nur, daß diese Form, obwohl sie doch für selbstorganisiertes Lernen prädestiniert ist, offenbar kaum die erwünschten Kompetenzen zu vermitteln vermag. Das wird allerdings sofort verständlich, wenn man in Betracht zieht, daß gegenwärtig hauptsächlich Fachinformationen, schon viel weniger Methoden, kaum aber sozialkommunikative und personale Kompetenzen multimedial zu vermitteln sind.

Der Fragebogen gestattet also, das Primat selbstorganisierter gegenüber den organisierten Lernprozessen zu bestätigen, die wichtigen und die weniger wichtigen organisierten und selbstorganisierten Lernprozesse als Kompetenzentwicklungsprozesse herauszuarbeiten und eine Rangordnung der eher häufig oder eher selten frequentierten Weiterbildungsthemen zu vermitteln.

4.   Lernstile

Zur praktischen Umsetzung *selbstorganisierten* Lernens ist es sinnvoll, zu Anfang eines Lernprozesses individuelle Stärken und Schwächen der *Lernkompetenz* der Lernenden mit entsprechender Rückmeldung an diese zu analysieren. Die Menschen unterscheiden sich in der Art und Geschwindigkeit ihrer Informationsaufnahme und -verarbeitung, in der Qualität und Quantität dauerhaft gespeicherter Gedächtnisinhalte und Problemlösestrategien, in ihrer Motivstruktur und in der Art, auf welche Ursachen sie Erfolge und Mißerfolge ihres Lernens zurückführen. Darüber hinaus bringen sie dem Lerngegenstand unterschiedlich hohes Interesse aus unterschiedlichen Gründen entgegen, hegen unterschiedliche, mit verschiedenen Emotionen verknüpfte Erwartungen bezüglich der Lernsituation und differieren zudem in der Struktur ihrer allgemeinen Persönlichkeitseigenschaften und in der Art, wie gern und wie effizient sie mit ihrer sozialen Umwelt interagieren. Die Analyse des individuellen *Lernstils* ermöglichst es dem Lernenden, seinen Lernprozeß so zu gestalten, daß er seine individuellen Lernstärken effizient einsetzen und weiterentwickeln kann. Außerdem kann er gezielt an der Behebung seiner Schwächen arbeiten oder zumindest Strategien zu ihrer Kompensierung entwickeln. Der „blinde Fleck" der eigenen Kompetenz wird so verkleinert und ermöglicht ein realitätsangemessenes Lernverhalten (Kolb, 1995, S. 41 ff.).

4.1 LIFO®-Stilanalysen

Gegenwärtig ist das LIFO®-Diagnostik- und Trainingssystem das am weitesten entwickelte und für die betriebliche Praxis am besten geeignete System. Es wurde von ATKINS & KATCHER (1973, 1979, 1988, 1996) entworfen und weltweit zur Anwendung gebracht.

Kern der LIFO®-Methode ist ein Fragebogen, mit dem *Verhaltensstile* und grundlegende *Einstellungen* quantifiziert und beschrieben werden. Die vier Grundwerte und Ziele der LIFO-Stile sind *Leistung* (Unterstützend/Hergebend), *Aktivität* (Bestimmend/Übernehmend), *Vernunft* (Bewahrend/Festhaltend) und *Kooperation* (Anpassend/Harmonisierend); der erste Begriff in der Klammer ist ein Synonym für die Stärke, der Zweite für die Schwäche der Grundwerte.

Alle Menschen benutzen diese Stile, zeigen aber unterschiedliche Ausprägungsgrade. Mit Hilfe der LIFO®-Methode sollen die eigenen Verhaltensmuster erkannt und Stärken bewußt gemacht werden. Das Individuum soll dadurch in die Lage versetzt werden, die eigenen Stärken zu kontrollieren, zu erweitern, zu verbinden und zu verändern.

Die vier grundlegenden Verhaltensorientierungen gehen auf Erich Fromm zurück. Für den LIFO®-Lebensorientierungs-Fragebogen wurden aus mehreren hundert Items über Faktorenanalysen schließlich 72 herausgefiltert und übernommen. Neben Arbeiten von Fromm, insbesondere seinen Überlegungen zum Stärken-Schwächen-Paradoxon, wurde der Ansatz von Rogers zur gegenseitigen Wertschätzung als Voraussetzung für Veränderungsprozesse sowie die Arbeiten von Drucker zum Stärkenmanagement und zur Stärkeentwicklung in Unternehmen zum Ausgangspunkt des LIFO-Systems gewählt.

Die LIFO®-Stilbeschreibung stützt sich auf vier Grundstile (bzw. Stärken), die jedoch stets in ihren Verbindungen untereinander und in ihren Ausprägungen unter günstigen (normalen Alltags-)Bedingungen und unter ungünstigen Bedingungen (Streß, Konflikte) betrachtet werden. Dahinter steht die Frage nach den individuellen Bewältigungsstrategien gegenüber Komplexität und Dynamik sowohl unter fachlich-methodischen als auch unter sozialen und personellen Anforderungsaspekten. Damit kommt der LIFO® kompetenzdiagnostischen Fragestellungen schon sehr nahe. LIFO® beschreibt insgesamt 91 Zweier- und Dreierkombinationen bevorzugter Verhaltensstile (Stärken) unter günstigen und ungünstigen Bedingungen sowie die jeweiligen vernachlässigten Stile.

Im Vergleich von Stärken und Schwächen werden Schwächen in erster Linie aus der Übertreibung von Stärken und in zweiter Linie aus der geringeren Nutzung vorhandener Stärken heraus erklärt.

Das LIFO-System weist im Vergleich zu anderen persönlichkeitsorientierten Methoden eine Reihe von Vorteilen auf und scheint die gegenwärtig am meisten fundierte Methode zu sein. LIFO® ist nicht in erster Hinsicht als Meßinstrument entwickelt worden, sondern vorrangig als Coaching- und Trainingssystem im Bereich des Selfmademanagements, der Unterstützung individueller Entwicklungsabsichten. Indem es die Veränderung und Selbstorganisation in den Vordergrund stellt, negiert es jegliche starre Typologien – auch wenn es ein Klassifikationssystem zum Ausgangspunkt nimmt.

LIFO® analysiert neben der individuellen Grundausrichtung und Mischung der Stile das Verhalten in unterschiedlichen Anforderungssituationen und Tätigkeiten und ist damit auch in der Gruppe der tätigkeitsorientierten Methoden vertreten. Stark vereinfacht können die vier LIFO®-Grundorientierungen (-Stärken) folgendermaßen beschrieben werden:

(1) Die Verhaltensorientierung *Leistung* (Unterstützend – Hergebend: U/H) beruht auf den Grundwerten Verantwortung und Loyalität. Zugrundeliegende Bedürfnisse sind die Orientierung an Werten und Idealen und der Wunsch, als zugänglicher, wertvoller Mensch geschätzt, verstanden und akzeptiert zu werden.
Der vorrangig leistungsorientierte Mensch ist freundlich und idealistisch, in Lernprozessen kann er gut zuhören, nimmt sich Zeit und exploriert gern, das Führungsverhalten ist mitarbeiterorientiert. In betrieblichen Trainingssituationen schätzt er Geduld, Verständnis, Ermutigungen und Hilfestellungen des Trainers, von dem er Interesse, Vertrauenswürdigkeit und Zuverlässigkeit erwartet. Er lernt sehr gewissenhaft und bevorzugt die Verdeutlichung des Lernstoffs durch Beispiele. Oft stellt er zu hohe Ansprüche an sein eigenes Lernvermögen, kann durch Mißerfolge entmutigt werden und macht sich manchmal zu sehr von der Unterstützung anderer abhängig. Seine typischen Rollen innerhalb eines Unternehmens sind die des social workers, der bei emotionalen Problemen hilft und die des company workers, der anpackt und seine Arbeit macht. Seine Stärken (Unterstützen) sind Vertrauen und Loyalität gegenüber anderen, die er unterstützt und in Schutz nimmt, und sein hohes Anspruchsniveau. Seine Schwächen (Hergeben) sind Enttäuschung und Kritik, das Geben unnötiger Hilfe und Ratschläge und eine zu starke Orientierung an anderen. Er ist nicht bereit, Energie in eine Sache zu investieren, deren Wert er nicht sieht.

(2) Die Grundwerte der Handlungsorientierung *Aktivität* (Bestimmend – Übernehmend: B/Ü) sind Produktivität und Initiative. Grundlegende Bedürfnisse sind die Wünsche, ein aktiver und fähiger Mensch zu sein, Hindernisse zu überwinden und Alternativen zu sehen. Besonders starke Vertreter dieses Stils sind „Macher" und „Realisten", sie neigen eher zu zielorientiertem Führungsverhalten. In Lern- und Problemlöseprozessen haben sie ungeduldig das Ziel und den direktesten Weg dorthin im Auge. In Trainings bevorzugen sie Möglichkeiten zum aktiven Experimentieren und zur praktischen Umsetzung des Gelernten, erwarten unmittelbares Feedback und konkrete Beispiele. Sie beurteilen den Wert eines Trainings nach ihrem persönlichen Vorteil (Was habe ich davon?) und fordern den Trainer durch häufiges, manchmal ungeduldiges Fragen. Sie wollen schnell Fortschritte ihres Lernprozesses sehen und können daher zu leicht abgelenkt oder zu ungeduldig sein, um sich diszipliniert komplexen und vertiefenden Lernprozessen zu stellen. Die Stärken des aktiven Typs (Bestimmen) liegen in der Bereitschaft, die Führung zu übernehmen und dominanten Einfluß auszuüben. Er betrachtet alle auftretenden Probleme als Herausforderung und sucht nach verborgenen Widerständen. Seine Schwächen (Übernehmen) sind übertriebene Dominanz, Ungeduld und die Unterdrückung anderer. Er schafft eine Atmosphäre der Unsicherheit in seiner Umgebung, nimmt unnötige Risiken auf sich und wendet sich schnell neuen Aufgaben zu, ohne laufende konsequent zu verfolgen. Seine Gruppenrollen sind die des shapers, der zusammenfaßt und konkretisiert, und die des chairmans, der ständig vorantreibt.

(3) Die Basis des Verhaltensstils *Vernunft* (Bewahrend – Festhaltend: B/F) sind die Werte Kontinuität und Analyse. Ihm liegen die Bedürfnisse nach Objektivität und Vernunft zugrunde. Risiken wollen vermieden oder beseitigt werden. Personen mit Dominanz dieses Stils neigen eher zu verfahrensorientiertem Führungsverhal-

ten, in Lernprozessen gehen sie Schritt für Schritt vor und sammeln Details und Fakten. Ihr Verhalten in Trainings ist durch Sorgfalt, Detailtreue und eine sequentielle Vorgehensweise gekennzeichnet. Sie benötigen eine klare Strukturierung und Organisation der Lerninhalte mit einem möglichst genau festgelegten Lehrplan, können sich Lernziele Schritt für Schritt diszipliniert erarbeiten und legen Wert auf die Feststellung von Grundprinzipien und übergreifenden Zusammenhängen. Sie akzeptieren rational begründete Kritik. Oft mangelt es ihnen an Flexibilität, so daß sie nicht vorhersehbaren Lehrplanänderungen und einer geringen Strukturiertheit des Kurses sehr skeptisch gegenüberstehen. Neuer Lernstoff sollte auf vorhandenem Wissen aufbauen. Ihre Stärken (Bewahren) liegen in der Analyse, Interpretation und Schaffung von Fakten. Sie gehen sehr sorgfältig, methodisch begründet und umsichtig/abwägend an Aufgaben heran und können bereits vorhandene Lösungsansätze ausarbeiten und optimieren. Ihre Schwächen (Festhalten) sind fehlende Offenheit für Neues, ein übertriebenes Kontrollbedürfnis durch hohe Strukturierung und Systematisierung und die Verliebtheit in Details und Fakten, die andere das Interesse an der Sache verlieren lassen. Durch zu viele mögliche Alternativen sind sie leicht zu verwirren. Ihre Rollen in Teams sind die des monitors-evaluators, der beobachtet und Prozesse lenkt, und die des completers-finishers, der Sachen konsequent zu Ende denkt und auf Details aufmerksam macht.

(4) Grundwerte der Verhaltensorientierung *Kooperation* (Anpassend – Harmonisierend: A/H) sind „Kommunikation mit anderen", „Flexibilität" und „Optimismus". Seine Bedürfnisse bestehen aus dem Streben, ein liebenswerter und beliebter Mensch sein zu wollen, an dem andere Gefallen finden und der jeden Beteiligten zufriedenstellt. In Lerntätigkeiten zeigt eine Person mit besonders ausgeprägten expressiven und synthetischen Verhaltensweisen ein sprunghaftes, den Rahmen sprengendes Verhalten, das neuartige Verbindungen schafft. Sein Führungsstil ist eher integrationsorientiert. In Trainingssituationen legt er Wert darauf, im Mittelpunkt zu stehen, zu kooperieren und eine persönliche Beziehung zum Trainer aufzubauen. Eine freundliche, interessante Lernatmosphäre mit häufigen Ermutigungen und positivem Feedback ist ihm sehr wichtig. Er bevorzugt eine lockere, flexible und intuitive Lernweise mit Raum für Humor, Kreativität und dem Ausprobieren neuer Möglichkeiten. Persönliche Kritik und negatives Feedback wirken entmutigend, er orientiert sich oft zu stark an der Aufrechterhaltung eines positiven Verhältnisses zu seinen Kollegen und Vorgesetzten. Ihm fehlt manchmal der nötige Ernst und die nötige Disziplin zu lernen, die er als Einschränkung empfindet, und er möchte zu sehr im Mittelpunkt einer Gruppe stehen. Seine Stärken (Anpassen) sind die Fähigkeiten, zwischen gegensätzlichen Meinungen zu vermitteln, eine optimistische Arbeitsatmosphäre zu schaffen und sein Gespür für die Gefühle und Bedürfnisse anderer. Er handelt nicht nach festgefahrenen Mustern und reagiert sehr flexibel auf plötzliche Änderungen. Seine Schwächen (Harmonisieren) liegen in der Zurückhaltung eigener Ansichten zugunsten einer übertriebenen Anpassung an andere. Er verbringt seine Arbeitszeit gerne in Sitzungen und gemütlichen Zusammenkünften und macht auch Scherze, wenn es eigentlich nicht angebracht ist. Seine Rollen sind die des Ideenproduzenten und des *resource investigators*, der bisher noch nicht genutzte Ressourcen findet und erschließt. Für diesen Ansatz zur Lernstilbeschreibung ist charakteristisch, daß er allgemeine Persönlichkeitsmerkmale des Lerners sichtbar und erfaßbar macht, die weitreichende Konsequenzen für den erfolgreichen Einsatz fachlicher Kompetenzen in Lernpro-

zessen haben. Auch betont er, daß sich dieses Verhalten letztlich aus der Kombination der oben beschriebenen Idealtypen ergibt, d. h. entweder aus der charakteristischen Zusammensetzung verschiedener Motive und Bewältigungsstile (Stärken) oder aus der individuellen Mischung bevorzugter bzw. vernachlässigter Lernstile des LIFO®-Systems. Die Ergebnisse des LIFO®-Systems lassen konkrete Aussagen zur Performance eines Menschen in Abhängigkeit von der Situation zu, d. h. Stärken und Schwächen einer individuellen Stilmischung und ihrer Ausprägung werden unter konkreten, günstigen oder ungünstigen Bedingungen betrachtet.

4.2   Auswertung und Interpretation der Lernstile

Der LIFO®-Fragebogen zu den Lernstilen kann für jede Organisation, die sich mit Fort- und Weiterbildung beschäftigt, eine wertvolle Hilfe sein. Der LIFO®-Fragebogen bietet zwei wichtige Vorteile:

1. Er ermittelt für den Lernenden (Autodidakt, Lehrgangsteilnehmer, Trainingsteilnehmer, …) das günstigste Umfeld zum Lernen.
2. Er ermöglicht dem Vermittler (Lehrer, Führungskraft, Trainer, …), die Lernumgebung und die Trainingsmethode so zu gestalten, daß sie für den einzelnen Lernenden optimal sind.

Die nachfolgenden Interpretationshinweise berücksichtigen die oben dargestellten neun Merkmale des lernenden Individuums nach KATCHER.

Um einen konkreten Anwendungsfall für den Einsatz des Lernstile-Fragebogens zu demonstrieren, werden die vier Grundstile auf betriebliche Trainingssituationen bezogen dargestellt und zwar aus Sicht des Trainingsteilnehmers/der Trainingsteilnehmerin

Auch ohne den LIFO®-Lernstilfragebogen kann man mittels der Tabelle 4 feststellen, welche Lernstile persönlich bevorzugt werden. Die weniger ausgeprägten Lernstile zeigen Unterschiede zu anderen vergleichbaren Personen auf. Zugleich kann man auf das eigene Lehr-/Informationsvermittlungs-Verhalten schließen. Die nachfolgende Übersicht zeigt typische Lehrstilprobleme und -vorteile von Führungskräften, Trainern und Lehrern.

5.   Schlußfolgerungen

(1) Erfolgreiche UnternehmerInnen zeigen bei aller individueller lebensgeschichtlicher Verschiedenheit zugleich untereinander auffallend hohe Übereinstimmungen in ihren Unabhängigkeits-, Erfolgs-, Veränderungs-, Selbstlern-, Werte- und Verantwortungsorientierungen. Das gilt auch für differenzierte Vergleiche zwischen Männern und Frauen, älteren und jüngeren Unternehmern sowie für Unternehmer ausländischer Herkunft.

Ihr Erfolg beruht zu einem hohen Maße auf dem Zusammenspiel von überdurchschnittlichen personalen und Handlungsaktivitäten, und letztere beziehen sich vor allem auf individuelle Antriebs- und Willenseigenschaften. Das gilt sowohl für allgemeine Bewältigungs- wie auch für spezifische Lernsituationen.

Grundwert Ideale/Leistung: Unterstützend-hergebender Lernstil

- Achtet auf den langfristigen Nutzen des Lernens
- Schätzt Geduld bei einem Trainer/Vermittler ...
- Bevorzugt jemanden, der Hilfestellung und Anleitung gibt, der durch Verständnis hilft und einen ermutigt
- Muß den Trainer als vertrauenswürdig und zuverlässig empfinden, um neuen Stoff und neue Ideen akzeptieren zu können; will einen „Fachmann" als Trainer
- Will einen Trainer, der sich wirklich für ihn/sie interessiert
- Die Möglichkeit, die grundsätzliche Richtung zu akzeptieren, hilft ihm/ihr beim Lernen
- Ist beim Lernen ernsthaft bei der Sache
- Mag es, wenn Beispiele gebracht werden
- Verwendet einen Denkstil, der von Idealismus geprägt und nicht explorierend ist
- Kann von der Unterstützung und Hilfestellung durch andere manchmal zu stark abhängig sein
- Kann in bezug auf den Anspruch an das eigene Lernen zu perfektionistisch werden; kann durch Mißerfolge entmutigt werden und sich unfähig fühlen zu lernen
- Wird sich über Lehrform und Lehrart beschweren, wenn er/sie durch das Lernen frustriert ist

Grundwert Kommunikation/Kooperation: Anpassend-harmonisierender Lernstil

- Besonders wichtig sind die Atmosphäre beim Lernen und die persönliche Beziehung zum Trainer, Schlüsselelemente sind Freundlichkeit und Interesse
- Genießt es, mit anderen etwas zu unternehmen sowie Gelegenheiten, die ihn/sie ins Rampenlicht rücken
- Wichtig ist positives Feedback und Ermutigung; abwartendes Feedback hat auf den Teilnehmer negativen Einfluß
- Mag Aktivitäten, die es erlauben, neue Möglichkeiten zu erkunden
- Bevorzugt Flexibilität in der Lernmethode und der Lernerfahrung; fühlt sich durch sehr diszipliniertes Vorgehen übermäßig eingeschränkt
- Positive Einstellung Dritter dem Lerner gegenüber sowie ihm/ihr als Person gegenüber sind sehr wichtig
- Humor und Witze machen ihm/ihr beim Lernen Spaß
- Kreative Möglichkeiten werden als anregend empfunden
- Möglichkeiten, Erfahrungen aus anderen Bereichen heranzuziehen, sind hoch willkommen
- Kann durch persönliche Kritik entmutigt werden, besonders, wenn sie mit einem Ansehensverlust bei den Kollegen verbunden ist
- Kann möglicherweise beim Lernen nicht ernsthaft genug sein; kann sich in Gruppen wichtig machen
- Verwendet weitgehend intuitive Lernprozesse

Die Grundwerte und persönlichen Ziele, die den individuellen Lernstilen LIFO® zugrunde liegen

Grundwert Vernunft/Analyse: Bewahrend-festhaltender Lernstil

- Benötigt übergreifenden Zusammenhang
- Klare Struktur ist wichtig, bevorzugt schrittweises Vorgehen auf der Basis von Grundprinzipien; neuer Lernstoff muß auf dem alten aufbauen und zu bereits vorhandenen Wissen in Beziehung stehen
- Will Dingen auf den Grund gehen; ist bereit, viel Zeit darauf zu verwenden, Details zu lernen und einzelne Schritte auszuprobieren
- Mag Trainer, die organisiert, sorgfältig und kenntnisreich sind
- Bevorzugt Fortschritte gemäß genauem Plan
- Kann Kritik objektiv entgegennehmen, wenn sie nicht emotional, sondern rational vorgebracht wird
- Akzeptiert die Notwendigkeit, beim Lernen und bei Übungen diszipliniert zu sein
- Wünscht Bedingungen, spezifische Beispiele und Informationen, die die Lernprinzipien und die Anwendung unterstützen
- Die Persönlichkeit des Trainers ist weniger wichtig als dessen Lernfähigkeit
- Wenn beim Lernen frustriert, wird er/sie versuchen herauszufinden, was passiert ist, und bereit sein, es nochmals zu versuchen
- Legt Wert auf Überprüfungslisten, die die Hauptschwierigkeiten aufzeigen
- Steht Veränderungen bezüglich des vorgesehenen Lehrplans oder zu geringer Strukturiertheit kritisch gegenüber

Grundwert Aktivität/Initiative: Bestimmend-übernehmender Lernstil

- Muß die persönlichen Vorteile beim Lernen sehen
- Mag Lernbedingungen, die die Möglichkeit des Ausprobierens und des praktischen Umsetzens gestatten
- Bevorzugt Erklärungen, die die Grundprinzipien und ihren Zusammenhang mit den Auswirkungen betonen – und dies knapp organisiert und fokussiert
- Bevorzugt Wissensvermittler/Lehrer/Trainer, die zuversichtlich, erfahren und in dem Fachgebiet Experten sind
- Wünscht unmittelbares Feedback, entweder vom Trainer oder durch eigenes Ausprobieren
- Mag es, das eigene Wissen zu erweitern, um feststellen zu können, ob die eigene Thematik von ihm/ihr beherrscht wird
- Schätzt konkrete und erfolgversprechende Beispiele
- die Bereitschaft, Verantwortung zu übernehmen, erzeugt bei ihr/ihm Respekt
- Sehr vertiefendes, komplexes und detailliertes Lernen kann die Bereitschaft zum Lernen reduzieren; er/sie muß Fortschritte sehen
- Wird den Trainer fragen, drängt auf nötige Informationen und fordert sogar den Trainer heraus, wenn die erwarteten Ergebnisse nicht eintreten
- Kann zu leicht abgelenkt werden und ungeduldig sein, diszipliniertem Vorhehen zu folgen
- Weitgehend intuitive und geradlinige Art zu denken

Tab. 4: Vier Lernstile (Grundformen)

580

Das Zusammenspiel von Rationalität *und* Emotionalität erleichtert anscheinend Schritte in die Selbständigkeit und kennzeichnet bestimmte Seiten ihrer Kreativität (Assoziationsfreudigkeit, Ideenflüssigkeit und -vielfalt; ausgeprägte Fähigkeit zur Kombination und Variation, Denken in Analogien).

(2) Erfolgreiche UnternehmerInnen lernen frühzeitig – in ihren Biographien nachweisbar sehr zeitökonomisch und vorwiegend *selbstorganisiert*. Dabei sind besonders charakteristisch:

- Die Suche nach transparenten Erfahrungen Dritter und gewinnbringende Verarbeitung, verbunden mit offensiver (aufschließender) Kommunikation, hoher Identifikation mit der Aufgabe und Hingabe an sie.
- Ein antizipatorisches Denken und Handeln.
- Ein beständiges Interesse an Neuem auf der Grundlage ausgeprägter persönlicher und instrumenteller Werte.
- Ein ambivalentes Erleben und Handeln (Nähe-Distanz; Individualität-soziales Engagement; Macht-Ohnmacht; Selbstsicherheit-Selbstzweifel) aufgrund ausgeprägter Emotionalität und Rationalität.
- Eine selbstkritische bis selbstzweifelnde Entwicklung und immerwährende Bewährungssuche – unabhängig vom Lebensalter.

(3) Die untersuchten Entwicklungsverläufe zeigen die Bedeutsamkeit:

- Frühzeitiger Ermutigungen zur Selbständigkeit *und* Kreativität durch die Familie und (in seltenen Fällen) Schule; insbesondere, wenn letztere die allgemeine Kompetenzentwicklung und die Innovationsfähigkeit genauso wichtig nahm wie die Wissensvermittlung und -kontrolle.
- Frühzeitiger praktischer Bewährungen, sei es durch eine gründliche Berufsausübung in der Praxis, sei es durch frühzeitige außerordentliche materielle oder soziale Verantwortung mit zeitweiligen Leistungskonflikten, sei es durch die willentlich herbeigeführte Kombination von praktischer Tätigkeit *und* Studium.
- Wichtig war die frühzeitige Konfrontation mit der Praxis und die klare Orientierung auf Wesentliches, auf Resultate.

(4) Erfolgreiche UnternehmerInnen orientieren sich an relativ wenigen Bezugspersonen, um so nachhaltiger ist jedoch die Prägung durch diese. Sie wurden schon früh zu Eigentümern und Autoren der eigenen Entwicklung, trugen bewußt die Verantwortung für ihre Entwicklung und bezeichnen sich selbst als lebenslange Lerner. Sie unterstützen in hohem Maße das Streben nach Selbständigkeit und Unabhängigkeit bei den eigenen Kindern und Enkeln.

(5) Wie aus den Einzelinterviews deutlich hervorgeht, gestalten die erfolgreichen Unternehmer die Weiterbildung in ihren Unternehmen zum Teil mit originellen, unkonventionellen Methoden und Mitteln, auch unter der Gefahr, daß Abschlüsse zeitweilig nicht anerkannt werden.

(6) Die Erfahrungen der erfolgreichen Unternehmer können breit verallgemeinert werden, um das Klima für Unternehmertum und Selbständigkeit zu verbessern. „Learning lessons" aus den unternehmerischen Erfahrungen, insbesondere aus zugänglichen Kompetenz(Lern-)biographien sind zu ziehen. Ein neuer Glaube, neue Werte, ein neues Klima für Selbständigkeit muß in *allen* Teilen der Gesellschaft gefördert werden: Visionen, Sinngehalte, praktische Beispiele erfolgreich vollzogener Veränderungen und anerkannte Höchstleistungen auf vielen Gebieten sind gefragt. Werte, die Wettbewerbsfähigkeit unterstützen, müssen *gegen* die derzeitig herrschende Staats- und Subventionsorientierung und Mittelmäßigkeit etabliert werden.

(7) Neue Möglichkeiten des Erfahrungsaustausches und des gegenseitigen Lernens, die über die Veranstaltungen der Unternehmerverbände, Marketingklubs u. a. hinausführen, sind zu entwickeln und aufmerksam zu erproben. Dabei ist sowohl an das Networking und das Lernen mit potentiellen Partnerfirmen, als auch an die Intensivierung der Kommunikation mit Know-how-Trägern in der Region bzw. überregional – und insbesondere an eine flexible und innovative Kommunikation mit Kommunal-, Landes- und Bundespolitikern zu denken. Von rund 92 Millionen westeuropäischen Erwerbstätigen sind etwa 66 Millionen in kleinen und mittleren Unternehmen (KMU) tätig; in der Bundesrepublik Deutschland betrifft das ebenso rund zwei Drittel.

Diese Unternehmen gilt es künftig sozial aufzuwerten und intensiver zu unterstützen. Dabei sind einerseits Vorurteile gegenüber der Selbständigkeit (Macht, Geld, Korruption usw.) und andererseits der Nimbus der Unerreichbarkeit abzubauen; statt dessen muß umfassend die Erkenntnis vermittelt werden, daß Selbständigkeit vor allem durch individuelle Tatkraft, intensiven Einsatz, in hohem Maße eigenverantwortliches Handeln und durch lebenslanges, vorwiegend selbstorganisiertes Lernen erreichbar ist.

„Lerngemeinschaften" (getragen von Kommunen, Bildungseinrichtungen, Privatpersonen, Stiftungen, Organisationen und KMU, an „einem Strang ziehend") müssen angeregt, gefördert und in Pilotprojekten getestet werden.

(8) Zukünftig treten Fragen der Lern- und Lehrstile, der Lern- und Lehrgewohnheiten weit mehr in den Vordergrund als bisher, um eine höhere Effizienz im Umgang mit zunehmender Komplexität und im lebenslangen Lernen zu erwirken. Die bewußte Gestaltung des eigenen Lern- und Lehrverhaltens ist ein wichtiger Teil des individuellen Stärkenmanagements.

Literatur

ATKINS, S. & KATCHER, A. (1973, 1979, 1988, 1996). LIFO®-System. Allan Katcher International, Inc. New York 1973, 1979, 1981, 1988, 1996.

BERGERMAIER, R. & CZICHOS, R. (1994). LIFO® in Anwendung. München 1994.

CZICHOS, R. (1995). Creatives Account-Management. München/Basel 1995.

ERPENBECK, J. & HEYSE, V. (1996). Berufliche Weiterbildung und berufliche Kompetenzentwicklung? In: Kompetenzentwicklung '96. Münster u. a.1996.

ERPENBECK, J. & HEYSE, V. (1998). Die Kompetenzbiographie. Strategien der Kompetenzentwicklung durch selbstorganisiertes Lernen und multimediale Kommunikation. Münster/New York 1998.

FREI, F., HUGENTOBLER, M., ALIOTH, A., DUELL, W. & RUCH, L. (1994). Die kompetente Organisation. Stuttgart 1993.

GOEBEL, P. (1990). Erfolgreiche Jungunternehmer: lieber kleiner Herr als großer Knecht. München 1990.

HEYSE, V. & ERPENBECK, J. (1997). Der Sprung über die Kompetenzbarriere. Bielefeld 1997.

HEYSE, V. (1997). Kundenbetreuung im Banken- und Finanzwesen. Praxisbeiträge zur Kompetenzentwicklung. Münster/New York 1997.

KOLB, D. (1995). Organisational Behaviour. New Jersey 1995.

PROBST, G. J. B. (1987). Selbstorganisation. Ordnungsprozesse in sozialen Systemen aus ganzheitlicher Sicht. Berlin/Hamburg 1987.

ROSS, J. (1997). Das intellektuelle Kapitel. In: io management, 1997, S. 3.

STAUDT, E. & MEIER, A. J. (1996). Reorganisation betrieblicher Weiterbildung. In: Kompetenzentwicklung ,96. Münster/New York 1996.

Sᴛᴇʀɴʙᴇʀɢ, R. J. & Gʀɪɢᴏʀᴇɴᴋᴏ, E. L. (1997). Styles of thinking, abilities and academic performance. In: Exceptional Children, 1997, S. 63.
Wᴇɪss, R. (1994). Betriebliche Weiterbildung. Köln 1994.

Friedrich Haeberlin

Ältere Mitarbeiter im Betrieb

1. Einleitung

Läßt man sich auf das gestellte Thema ein und versucht herauszufinden, was an ihm eigentlich bemerkens- und damit behandelnswert sein könnte, dann wird schnell deutlich, daß zunächst nicht viel mehr zur Verfügung steht als die beiden Merkmale der im Zentrum stehenden Personen: Kennzeichnend für diese ist es zum einen, berufstätig zu sein, und zum anderen, nicht mehr zu den Jüngeren gezählt zu werden. Weder das eine noch das andere ist an sich besonders bedeutungsvoll. Prominent wird das Ganze erst durch die Verknüpfung der beiden Ereignisse und durch die Brisanz, die der Kombination von „Alter" und „Berufstätigkeit" derzeit anhaftet. Letzteres rührt vor allem daher, daß das Altwerden und das Altsein häufig noch mit längst überholten Vorstellungen verbunden wird und Ergebnisse der modernen Alternsforschung kaum aufgenommen werden. Gleichzeitig verändern sich Industriegesellschaften in ihrem demographischen Aufbau seit vielen Jahrzehnten besonders schnell, ohne daß dies in der Bevölkerung so richtig zur Kenntnis genommen würde.

Die folgenden Ausführungen gehen zunächst auf einige Aspekte der demographischen Entwicklung in unserer Gesellschaft ein und skizzieren dabei kurz einige der wichtigsten Entwicklungstendenzen. Anschließend werden einige zentrale Determinanten beschrieben, die die Art und Weise bestimmen, wie wir heute altern. Im vierten Teil dieses Beitrags werden Maßnahmen vorgeschlagen, mit deren Hilfe sich Betriebe wie Mitarbeiter auf der Grundlage sowohl demographischer als auch gerontologischer Forschungsergebnisse auf die derzeit absehbaren Entwicklungen vorbereiten können.

2. Die demographische Entwicklung

Ungefähr im letzten Viertel des neunzehnten Jahrhunderts begannen zwei Entwicklungen, die die demographischen Verhältnisse nicht nur in Europa immer schneller und deutlicher veränderten. Einerseits werden immer weniger Kinder geboren, und andererseits steigt die Lebenserwartung stetig an. Dies bedeutet, daß der Anteil älterer und alter Menschen im zwanzigsten Jahrhundert und weit darüber hinaus beständig zunimmt, während die Zahl der Jüngeren und der Umfang der mittleren Jahrgänge in unserer Gesellschft beständig sinken. Waren 1990 zweiundzwanzig Prozent der Gesamtbevölkerung sechzig Jahre und älter, werden es im Jahre 2010 schon 28 Prozent sein und weitere 20 Jahre später wird weit mehr als ein Drittel der Bevölkerung in unserem Lande sechzig Jahre oder älter sein. Die Gruppe derjenigen, die dann zwischen 20 und 60 Jahre alt sind, wird nicht einmal mehr die Hälfte ausmachen, und die ganz Jungen unter zwanzig werden, höchst exklusiv, gerade noch 15 Prozent beisteuern (s. Tabelle 1).

Generationen	1985	1990	2000	2010	2020	2030
unter 20 Jahre	24	20	20	17	15	15
20 bis unter 60 Jahre	56	58	55	55	54	47
60 Jahre und älter	20	22	25	28	31	37

Tab. 1: Zukünftiger prozentualer Anteil der Generationen an der Gesamtbevölkerung (RISTAU & MACKROTH, 1993)

Gleichzeitig werden in der Arbeitswelt immer Jüngere bereits zu den Älteren gerechnet. So gehören nach einer Definition der OECD zu den älteren Arbeitnehmern Personen in der zweiten Hälfte des Berufslebens, die das Pensionsalter noch nicht erreicht haben. Unternehmensleitungen und Betriebsräte zählen meistens Arbeitnehmer ab fünfzig dazu und für die Bundesanstalt für Arbeit sind es bereits jene Mitarbeiter, die das fünfundvierzigste Lebensjahr überschritten haben. Dies führt dazu, daß jene, die aufgrund längerer Ausbildungszeiten erst gegen Ende des dritten Lebensjahrzehnts in das Berufsleben eintreten, mehr als die Hälfte ihrer Erwerbstätigkeit als ältere Mitarbeiter verbringen, wenn sie bis zum regulären Verrentungszeitpunkt berufstätig bleiben.

Dagegen steht jedoch die Tatsache, daß der Anteil der Beschäftigten, die vor dem 65. beziehungsweise 63. Lebensjahr aus dem Erwerbsleben ausscheiden, in der Regel höher liegt als 95 bzw. 75 Prozent. Dies gilt sowohl für Angestellte als auch für Arbeiter und ist unabhängig vom Qualifikationsniveau. Standen 1970 noch drei Viertel aller 60- bis 65jährigen Männer in einem Arbeitsverhältnis, ist es gut zwanzig Jahre später nur noch ein Viertel.

Arbeitsmarktpolitische, betriebstechnische und gesundheitliche Gründe sorgen dafür, daß Erwerbstätige heute im Durchschnittsalter von weniger als 60 Jahren in den Vor-Ruhestand gehen. Dabei stellen mehr als zwei Drittel von ihnen aufgrund körperlicher Beschwerden ihre vorzeitigen Rentenanträge im Alter von durchschnittlich 53 Jahren. Dieser anhaltende Trend zur Frühverrentung, ein für Industriestaaten typisches Phänomen, drängt die Erwerbsphase auf eine immer kürzer werdende Zeitspanne zusammen, während die berufsfreie Altersphase immer mehr an Gewicht gewinnt. Dies um so mehr, als die Lebenserwartung weiterhin zunimmt. So konnte ein um die Wende vom 19. in das 20. Jahrhundert Geborener im Durchschnitt 45 Lebensjahre erwarten. Heute hingegen sind es für Männer 72 und für Frauen 79 Jahre. Haben sie erst einmal das 60. Lebensjahr erreicht, so dürfen sie sogar mit weiteren 18 bzw. 22 Jahren rechnen.

Die demographische Entwicklung im zwanzigsten Jahrhundert ist natürlich kein Ereignis, das sich unberührt von anderen Prozessen abspielt. Sie ist vielmehr verknüpft mit höchst unterschiedlichen Einflußbereichen und wirkt selbst wieder auf vielerlei Weise in andere Bereiche hinein. Der Sozialwissenschaftler und Gerontologe TEWS (1993) hat für die neunziger Jahre fünf besonders typische Kennzeichen ausgemacht, die eng mit der aktuellen demographischen Lage verknüpft sind.

Verjüngung: Ältere Menschen halten sich heute für jünger als früher. Vor 20 bis 30 Jahren schätzte sich die Mehrheit der über 70jährigen als „alt" ein, heute tut dies höchstens ein Drittel der 75jährigen. Auch das Aussehen und das Erscheinungsbild älterer Menschen haben sich in den letzten Jahrzehnten ständig verjüngt und mehr Ältere als je zuvor sind sportlich aktiv. Gleichzeitig werden die Menschen heute früher mit Altersproblemen konfrontiert; bereits 40- bis 45jährige gelten, wie gesagt, gegenwärtig als ältere Arbeitnehmer.

Entberuflichung: Durch frühe Berufsaufgabe und höhere durchschnittliche Lebenerwartung verlängert sich die Phase des Alters ohne Berufstätigkeit. Bereits die 50jährigen müssen sich heute deutlich häufiger mit früher Berufsaufgabe auseinandersetzen. Für die Betroffenen ist es wichtig, wie sie den Prozeß der Berufsaufgabe erleben, in welcher Form sie erfolgt, und wie sich die Anpassung an die nachberufliche Lebensphase vollzieht.

Feminisierung: Noch vor 100 Jahren gab es ungefähr gleich viele alte Männer und Frauen. Unsere heutige Altersgesellschaft ist bei den über 60jährigen zu zwei Dritteln, bei den über 75jährigen sogar zu drei Vierteln eine Frauengesellschaft. Dieses Geschlechterverhältnis wird, bedingt durch die höhere Lebenserwartung der Frauen und die nachwirkenden Kriegsfolgen, bis ins nächste Jahrhundert unausgeglichen bleiben.

Singularisierung: Der Anteil allein lebender alter Menschen nimmt zu. Bedingt durch Witwenschaft und gestiegene Scheidungsquoten wird Alleinleben für immer mehr Ältere zum „Lebensstil", eine Lebensform, mit der nach Befragungsergebnissen Männer deutlich schlechter fertig werden als Frauen. Trotz zunehmender Singularisierung müssen Isolation und Einsamkeit nicht zunehmen, wenn bereits in jüngeren Jahren über längere Zeit ein individualisierender Lebensstil praktiziert wurde, wovon bei den nachwachsenden Altersgenerationen ausgegangen werden kann.

Hochaltrigkeit: Die Wahrscheinlichkeit, sehr alt zu werden, nimmt weiter zu. Im Mittelalter erreichten die Menschen im Durchschnitt ein Lebensalter von 30 bis 35 Jahren. Zum Ende des 19. Jahrhunderts lag die Lebenserwartung für Neugeborene bei 45 Jahren. Heute kann ein Junge mit einer Lebensdauer von 72,6 Jahren rechnen, ein Mädchen sogar mit 79,9 Jahren. Die Tendenz ist dabei steigend. Prognosen gehen davon aus, daß die Lebenserwartung gegenwärtig pro Jahr um drei Monate zunimmt. Im Jahre 2030 läge sie dann für Mädchen bei fast 90 Jahren. Gleichzeitig steigt mit der Wahrscheinlichkeit, sehr alt zu werden, allerdings auch die Wahrscheinlichkeit, die negativen Seiten des hohen Alters zu erleben wie z.B. die Abnahme der geistigen Leistungsfähigkeit und die Zunahme an Krankheiten und die damit verbundene Hilfs- und Pflegebedürftigkeit. Neuere Befragungen haben allerdings auch ergeben, daß für einen Großteil der Hochaltrigen diese negativen Seiten nicht lebensbestimmend sind.

Die deutliche „Entberuflichung des Alters" wird von den meisten Bertoffenen begrüßt. Sie erleben den Ruhestand als verdiente Gegenleistung zu einem oft belastenden Berufsalltag, als Befreiung von gesundheitlichen Beeinträchtigungen, von Enttäuschungen und Zukunftsängsten, und sie ziehen in der Regel einen abrupten Ausstieg dem langsamen Übergang in die nachberufliche Lebensphase vor. Dabei akzeptieren sie häufig schon lange zuvor die weit verbreitete Auffassung, daß sich für sie berufliche Weiterbildung nicht mehr lohne, und sie vergrößern so die qualifikatorische Distanz zu den nachrückenden Jahrgängen. Dem entspricht auf der betrieblichen Seite die große Neigung, gestiegenen Qualifikationsanforderungen dadurch gerecht zu werden, daß ältere Beschäftigte durch jüngere ersetzt werden (BARKHOLDT, 1997). So kommt es dann in vielen Betrieben zu dem, was heute gerne als „olympiareife Belegschaften" bezeichnet wird, die zwar jung, hochmotiviert und -qualifiziert sind, gleichzeitig aber unter einer hohen Gesamtbelastung stehen und sich nicht selten vor ihren potentiellen Nachfolgern fürchten.

Bei all dem übersehen diejenigen, die fast schon fluchtartig ihre Erwerbsarbeit frühzeitig beenden, daß mit ihr häufig auch Befriedigung und Persönlichkeitsentwicklung verbunden waren. Auf der anderen Seite unterschätzen gerade die, die eine „rechtzeitige" Verjüngung ihrer Belegschaft ständig im Blick haben, daß ein Betrieb nur einen begrenzten Aderlaß an „know how" und Innovationsfähigkeit verkraften kann (SCHWERES, 1997).

Und die älteren Mitarbeiter im Betrieb? Sie werden derzeit immer weniger und, wie eingangs erwähnt, immer jünger.

3. Determinanten des Alterns

Die Exklusivität einer Altersgruppe

Die gesellschaftliche Bewertung älterer Menschen hängt zum einen von den materiellen Lebensbedingungen der betreffenden Gesellschaft und zum anderen von dem Seltenheitswert dieser Personengruppe ab. In vielen Kulturen genoß das Alter besondere Verehrung. Die Alten galten als Weise, gelegentlich sogar als Mittler zwischen der Welt der Lebenden und dem Reich der Geister und Götter. Man begegnete ihnen mit Ehrfurcht und Verehrung, versorgte sie mit allem, was sie zum Leben benötigten. Gesellschaften, bei denen der Kampf um das tägliche Überleben alle Kräfte beanspruchte, waren allerdings häufig gezwungen, ihre alten Mitglieder sich selbst zu überlassen oder sich ihrer zu entledigen. In einigen Kulturen war es sogar selbstverständlich, freiwillig aus dem Leben zu scheiden, bevor man zu einer Last für die Gemeinschaft wurde. Außerdem scheint es so zu sein, daß – ähnlich wie alte Gegenstände dann positiv bewertet werden, wenn sie selten sind – auch alte Menschen in Gesellschaften, in denen hohes Alter Seltenheitswert hat, eine besondere Wertschätzung erfahren. Mit der Zunahme der Zahl fällt, wie bei alten Kühlschränken, der Wert des einzelnen.

Die in der Gesellschaft verbreiteten Altersstereotype

Bei diesen handelt es sich um wenig hinterfragte Vorstellungen über den Zusammenhang zwischen Lebensalter und Lebenstüchtigkeit. Sie bilden den zentralen Kern der sogenannten Defizittheorie, die sich vor allem auch deshalb so lange auf Jahrhunderte alte Traditionen stützen konnte, weil die moderne Alternsforschung erst seit gut dreißig Jahren ein bis dahin vor allem an Kranken und Siechen gewonnenes Altenbild durch moderne Forschungsergebnisse zurechtrückt und ersetzt. Als zwar weit verbreitete, aber dennoch unzutreffende Vorurteile erwiesen sich z.B. die Annahmen, daß Leistung, Lernfähigkeit, Leistungsbereitschaft und Interesse an modernen Entwicklungen mit dem Alter abnehmen, wohingegen der Wunsch nach Rückzug und Alleinsein, die allgemeine Anfälligkeit für Krankheiten und die Unfallgefährdung mit den Jahren zunehmen.

Große interdisziplinäre Altersstudien der letzten Jahre zeigen hingegen, daß die kognitive Leistungsfähigkeit bis in das hohe Erwachsenenalter erhalten bleibt. Läßt sie nach, dann meistens erst sehr spät, sehr langsam und über einen langen Zeitraum hinweg. Dabei kann der beobachtbare „Abbau" meistens durch Trainingsprogramme positiv beeinflußt werden.

Auch die weitverbreitete Überzeugung, daß alte Menschen lieber zurückgezogen leben als sich aktiv am alltäglichen Leben zu beteiligen, erweist sich als falsch. Älteren fehlt es weniger an Motivation als vielmehr an Begegnungsangeboten und nicht selten auch an Fortbewegungsmitteln.

Die Generationszugehörigkeit eines Menschen

Die Mitglieder eines Geburtenjahrganges erleben im Laufe des Erwachsenwerdens als zunächst junge und später ältere Erwachsene meistens ganz selbstverständlich viele Dinge auf eine für ihren Jahrgang oder, wie man auch sagt, für ihre Alters-Kohorte ziemlich gleichartige Weise.

Schon ihre Eltern legen ein für sie und ihre Zeit typisches Erziehungsverhalten an den Tag. Die Schul- und Ausbildungserfahrungen, politische Ereignisse wie Krieg oder Inflation, Kleidermoden und Musik, ein für sie ganz typisches Freizeitverhalten, aber auch an sie während des Sozialisationsprozesses herangetragene Erwartungen und

Forderungen prägen und formen die Mitglieder einer Kohorte und unterscheiden sie somit gemeinsam von Älteren und Jüngeren.

Das für sie und ihresgleichen Typische ist damit weniger auf ihr Lebensalter zurückzuführen als vielmehr auf ihre Kohortenzugehörigkeit. So hatten bis heute ältere Kohorten z.B. geringere Lern- und Bildungsmöglichkeiten und weniger Welterfahrung als jüngere Jahrgänge, und sie lebten in starreren sozialen Beziehungen sowohl innerhalb als auch zwischen ihren Herkunftsschichten. Bei aller, insbesondere von außen beobachtbaren Ähnlichkeit zwischen den Mitgliedern einer Alterskohorte darf jedoch nicht übersehen werden, daß sich ihre Angehörigen hinsichtlich vieler Eigenschaften und wichtiger Merkmale wie z.B. der Intelligenz, der Begabung oder der Interessen untereinander genauso unterscheiden wie von anderen Menschen. Und diese Unterschiede bleiben, wie könnte es auch anders sein, bis ins hohe Alter erhalten.

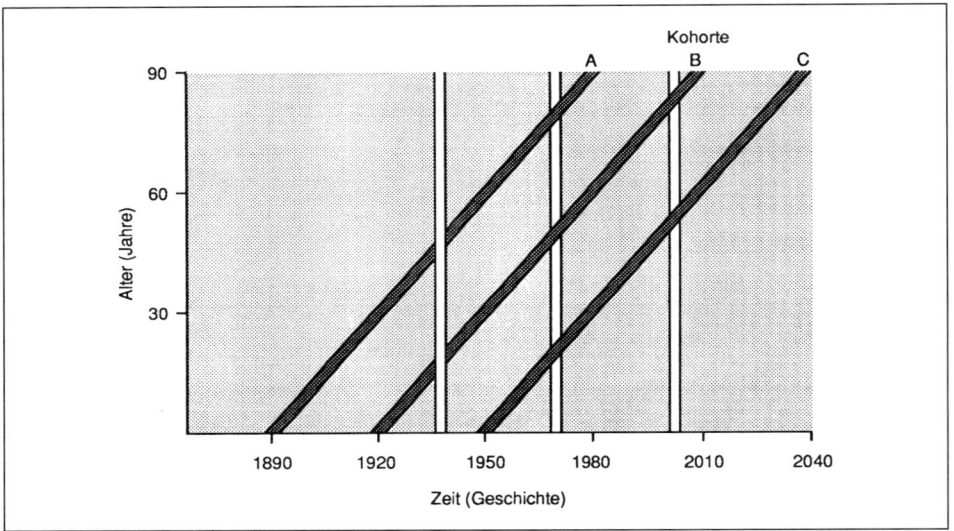

Abb. 1: Eine schematische Darstellung von Altern im Kontext gesellschaftlicher Veränderung (RILEY & RILEY, 1994, S. 450)

Zur Erläuterung dieser Abbildung:

„Die diagonalen Linien stellen sukzessive Kohorten von Menschen dar, die in bestimmten Zeitperioden geboren wurden und dann altern. Während die Menschen altern, bewegen sie sich durch die Zeit und durch die soziale Struktur nach oben; durch die sukzessiven Rollen im Familienleben, in der Ausbildung, im Berufsleben, im Ruhestand, bis sie schließlich sterben. Während sie altern, verändern sie sich biologisch, psychologisch und sozial und entwickeln ihre sehr unterschiedlichen individuellen Stärken und Schwächen.

Zudem lenken die vielen diagonalen Linien die Aufmerksamkeit auf folgendes Prinzip: Weil sukzessive Kohorten zu verschiedenen Zeiten geboren werden und unterschiedliche Segmente der historischen Zeit durchleben, altern die Menschen verschiedener Kohorten auf verschiedene Weise. ... Die vertikalen Linien stellen die ganz andersartige Dynamik des strukturellen Wandels dar. Betrachten wir beispielsweise das Jahr 2010. Hier ist die Linie ein Querschnitt durch alle diagonalen Linien. Er stellt schematisch die Altersstruktur der Gesellschaft dar. Er gibt an, auf welche Weise sowohl die Menschen als auch ihre sozialen Rollenstrukturen in einem bestimmten historischen Augenblick in Altersgruppen organisiert sind, von den Jüngsten ganz unten bis zu den Ältesten ganz oben." (RILEY & RILEY, 1994, S. 450 f.)

Persönliche Lebensumstände und soziale Lebensbedingungen

Daß aber auch die ganz persönlichen Lebensumstände eines Menschen und die sozialen Lebensbedingungen, unter denen er heranwächst und später als Erwachsener sein Leben führt, ganz wesentlich die Art und Weise bestimmen, wie er altert und im Alter lebt, liegt auf der Hand. Die Summe von Erfahrungen und Prägungen im Laufe einer Biographie bestimmt in starkem Maße das Erleben und Verhalten im Alter. So sind z. B. die Pläne für das Rentenalter und die damit verbundenen Vorbereitungen bei Beschäftigten, in deren beruflicher Tätigkeit Planungs- und selbständige Zielsetzungsanforderungen besonders ausgeprägt vorkommen, häufig viel differenzierter als bei jenen, deren Arbeitstätigkeit überwiegend restriktiv und anforderungsarm ist. Dabei hat dann, wie RICHTER (1992) herausfand, die Arbeitsbiographie einen größeren Einfluß auf die Alterspläne als beispielsweise die formale Testintelligenz. Auf ein ähnliches Phänomen stoßen viele Weiterbildner: Die Häufigkeit und Intensität des Besuchs von beruflichen und außerberuflichen Weiterbildungsveranstaltungen steht in enger Beziehung zur früheren Ausbildungsdauer und dem Ausbildungsniveau der Weiterbildungsteilnehmer.

Biologische Alterungsprozesse

Forschungsergebnisse aus der Medizin und ganz besonders der Arbeitsmedizin unterstützen die Ablehnung des oben erwähnten Defizitmodells des Alterns und zeigen auf, daß ältere Arbeitskräfte in der Regel nicht als *leistungsgemindert*, sondern vielmehr als *leistungsgewandelt* zu betrachten sind. Dabei ist unbestritten, daß sich das Leistungsvermögen, also das Leistungspotential, im Lebenslauf verändert (SCHWERES, 1997). Zur Bewertung der Leistungsfähigkeit eines Mitarbeiters eignet sich jedoch das kalendarische, also chronologische Alter nicht. Will man Personen gleichen Alters hinsichtlich des jeweiligen Alternsfortschrittes vergleichen, muß man vielmehr das biologische Alter heranziehen.

Betrachten wir zunächst einige Determinanten der physiologischen Leistungsfähigkeit. Dabei zeigt sich, daß die Masse der Skelettmuskulatur und die Muskelkraft, das Lungenvolumen und die maximale Sauerstoffaufnahme im Laufe der Jahre abnehmen. In allen genannten Bereichen bestehen allerdings, zumindest bis zum 70. Lebenjahr, geeignete Trainingsmaßnahmen zur individuellen Kompensation. Die Wahrnehmungsfähigkeit, das Hören und Sehen also, nehmen mit den Jahren ab, was über Hör- und Sehhilfen nur teilweise kompensiert werden kann. Die Psychomotorik, mithin die Geschicklichkeit und Gelenkigkeit, sinkt ebenfalls ab, doch läßt sich der Bewegungsablauf durch körperliches und mentales Training verbessern.

Bei den Determinanten der psychischen Leistungsfähigkeit wird im Alltag bevorzugt auf das nachlassende Gedächtnis hingewiesen. Doch das Langzeitgedächtnis und die Erinnerungsfähigkeit insgesamt verändern sich mit zunehmendem Alter nicht. Lediglich das Kurzzeitgedächtnis nimmt ab, wobei ein Gedächtnistraining hilft, die Beeinträchtigung auszugleichen.

Zwar sinkt im Laufe der Jahre die Lerngeschwindigkeit einer Person, und auch die Art des Lernens ändert sich, doch bleibt die Anfangsbegabung im Alter nicht nur erhalten, sondern weiterhin entwicklungsfähig. Dabei ist anzumerken, daß für die erfolgreiche Bewältigung von Aufgaben im Alltag und im Beruf „nicht nur und nicht einmal in erster Linie allgemeine kognitive Fähigkeiten oder rein logische Kompetenzen – entscheidend sind – sondern die Quantität und die Qualität des inhaltsspezifischen Wissens, die persönliche Erfahrung mit ähnlichen Problemen und die automatischen Routinen, kurz: die verfügbare Expertise für einen bestimmten Aufgabenbereich" (WEINERT 1994, S. 193).

Gemeinsame Merkmale älterer Mitarbeiter
Aus dem bisher Dargestellten wird deutlich, daß die Anzahl an Lebensjahren, obwohl sie die Zugehörigkeit zur Gruppe der älteren Mitarbeiter formal bestimmt, ungeeignet ist, um daraus im Einzelfall eine auch nur annähernd zutreffende Beschreibung abzuleiten. Unterschiede zwischen Personen kommen vielmehr zustande durch

- die jeweilige Grundausstattung einer Person,
- die Kohortenzugehörigkeit,
- die früheren und aktuellen Lebensumstände,
- die in der Gesellschaft verbreiteten Vorstellungen über das Alter.

Daß sich die Art und Weise der Leistungsfähigkeit eines Menschen mit den Jahren wandelt, ist offenkundig. Bei näherem Hinsehen erweist sich dieser Wandel allerdings als ein lebenlanger Lern- und Entfaltungsprozeß, als eine Entwicklung, die durch zunehmende Erweiterung, Ausdifferenzierung, Integration von Erfahrungen, mithin durch einen fortlaufenden Auf- und Ausbau von Kompetenzen am besten beschrieben wird.
Abbildung 2 macht diesen Kompetenzgewinn besonders deutlich.

4. Maßnahmen zur Vorbereitung auf künftige Entwicklungen

Was ergibt sich nun aus dem bis hierher Dargestellten für die älteren Mitarbeiter? Abbildung 3 faßt ganz kurz zusammen, was im folgenden in unterschiedlicher Breite behandelt werden soll.

4.1 Betriebliche Maßnahmen

Qualifizierungsmaßnahmen
Die demographische Entwicklung unserer Gesellschaft macht deutlich, daß in den nächsten Jahrzehnten die Bevölkerungszahl beständig abnimmt und dabei die Anzahl der älteren Mitarbeiter jene der jüngeren Erwerbspersonen zunehmend übersteigt (s. Tabelle 1). Dies bedeutet, daß in allernächster Zukunft der Anteil der aus dem Erwerbsleben ausscheidenden Mitarbeiter nicht mehr durch Mitglieder aus nachfolgenden Kohorten vollständig ersetzt werden kann. Natürlich wandern auch weiterhin Arbeitskräfte aus anderen Ländern zu, doch kann dies die Alterung und Verringerung des Potentials an Arbeitskräften ebenso wenig ausgleichen wie die Forcierung der Berufstätigkeit von Frauen oder eine allgemeine Erhöhung der Arbeitsproduktivität. Mehr Erfolg verspricht dabei auf den ersten Blick vor allem, sich des Produktionspo-

Kompetenzwechsel im Alter		
Mit steigendem Lebensalter		
erhöhen sich in der Regel folgende menschliche Eigenschaften bis zum individuellen Maximum	bleiben folgende menschliche Fähigkeiten **weitgehend erhalten**	**verringern** sich folgende menschliche Fähigkeiten
Körperliche (physische) Eigenschaften und Fähigkeiten		
Geübtheit (in Abhängigkeit von Art und Dauer der Tätigkeit)	Widerstandsfähigkeit gegen physische Dauerbelastung unterhalb der Belastungsgrenze	Muskelkraft, Beweglichkeit, Widerstandfähigkeit gegen kurzzeitige Belastungen, Seh-, Hörvermögen, Tastsinn
Geistige (psychische) Eigenschaften und Fähigkeiten		
Erfahrung, Geübtheit in Abhängigkeit von Art und Dauer der Tätigkeit, Urteilsvermögen, Ausdrucksvermögen, sprachliche Gewandtheit, Selbständigkeit, Verantwortungsbewußtsein, Zuverlässigkeit, Sicherheitsbewußtsein, Ausgeglichenheit u. Beständigkeit, Einschätzung eigener Fähigkeiten, Toleranz, soziale Kompetenz, Kooperation, Entscheidungs- und Handlungsökonomie, dispositives Denken	Allgemeinwissen, Fähigkeit zur Informationsaufnahme und -verarbeitung, Aufmerksamkeit, Konzentrationsfähigkeit, Merkfähigkeit (Langzeitgedächtnis), Widerstandsfähigkeit gegen eine im Arbeitsprozeß übliche Belastung	geistige Beweglichkeit und Umstellungsfähigkeit, Geschwindigkeit der Informationsaufnahme und -verarbeitung (Reaktionsvermögen) bei komplexer Aufgabenstellung, Widerstandfähigkeit bei hoher psychischer Dauerbelastung, Abstraktionsvermögen, Kurzzeitgedächtnis, Risikobereitschaft, Erleben von Eigenbetroffenheit in potentiell belastenden Situationen

Abb. 2: Kompetenzwechsel im Alter; modifiziert nach „Psychologie Heute", November 1984

+ Persönliche Maßnahmen, wie z. B.	
sich von Alterstereotypen lösen; ein angemessenes Gesundheitsverhalten an den Tag legen; lebenslang lernen; Ambiguitätstoleranz trainieren; soziale Kontakte pflegen; prinzipiengeleitete Rollenflexibilität entwickeln	
+ Betriebliche Maßnahmen, wie z. B.	
Qualifizierungs- und Arbeitszeitregelungsmaßnahmen sowie Maßnahmen zum Arbeits- und Gesundheitsschutz	
+ Politische Maßnahmen wie z. B.	
familien- und arbeitsmarktpolitische Maßnahmen; Altersgrenzen und arbeitszeitpolitische Maßnahmen; renten- und migrationspolitische Maßnahmen	

Abb. 3: Persönliche, betriebliche und politische Maßnahmen zur Vorbereitung auf künftige Entwicklungen

tentials älterer Mitarbeiter zu besinnen. Gewissermaßen als „Humankapital" gewinnen sie mit den in sie bereits investierten Fort- und Weiterbildungsbemühungen mehr und mehr an Bedeutung, wobei diese wichtige Ressource, bei der mit zunehmendem Alter ja wichtige Kompetenzen steigen, nicht durch ungeeignete Vorruhestandregelungen vernachlässigt werden sollte.

Bei näherem Hinsehen wird jedoch Folgendes deutlich:
Der technologische Wandel wird auch künftig zügig weitergehen, und die Arbeits- und Qualifikationsanforderungen werden anspruchsvoller werden und sich dabei inhaltlich ändern. Dadurch werden die Anforderungen an die beruflichen Fähigkeiten und Fertigkeiten sowie an die Flexibilität der Beschäftigten zunehmen. Gleichzeitig veralten aber formelle Ausbildungsabschlüsse immer schneller, in High-Tech-Bereichen rechnet man inzwischen mit einer „Halbwertzeit" beruflicher Qualifikationen von gerade noch drei Jahren, und die Erwartungen an die Weiterbildungsbreitschaft steigen (Barkholdt, 1997).

Die Weiterbeschäftigung älterer Arbeitnehmer wird unter diesen Umständen ganz wesentlich davon abhängen, inwieweit sie mit den sich rasch verändernden qualifikatorischen Anforderungen Schritt halten können. So könnte bei betrieblichen Umstrukturierungen ein bis dahin bewährtes Erfahrungswissen plötzlich eher im Wege sein. Eine sich über Jahrzehnte erstreckende gleichartige Tätigkeit könnte das individuelle Qualifizierungsvermögen reduziert haben. Solche Effekte und die allgemeine Praxis, in den Betrieben Weiterbildungsangebote für ältere Mitarbeiter eher zurückhaltend vorzusehen, kennzeichnen das, was als Qualifizierungsrisiko älterer Arbeitnehmer bezeichnet wird (Naegele & Frerichs, 1996).

Die künftige Nutzung des Produktionspotentials älterer Arbeitnehmer als Beitrag zur Kompensation der Alterung und Schrumpfung der Erwerbskohorten erfordert, und darauf weisen in jüngster Zeit Fachleute immer häufiger hin, eine deutliche Veränderung bisheriger Erwerbsstrukturen:

In innovativen Arbeitsstrukturen müssen künftig unter lernförderlichen Bedingungen kontinuierlich Maßnahmen zur Qualifikationsanpassung und -erhaltung aller Altersgruppen stattfinden. Nur unter der Leitidee des lebenslangen Lernens läßt sich eine möglichst altersresistente Lernfähigkeit und Lernbereitschaft entwickeln und damit der Gefahr alterstypischer Qualifizierungsrisiken präventiv begegnen. Nur durch regelmäßige Aus-, Fort- und Weiterbildung aller Mitarbeiter lassen sich Qualifikationen den sich im technologischen Wandel immer schneller verändernden Anforderungen anpassen. Dabei sind, was Arbeitswissenschaftler wie Berufspädagogen immer wieder betonen, arbeitsplatznahe, tätigkeits-, alters-, geschlechts- und lebensphasenübergreifende Qualifizierungsprozesse u. a. auch deshalb herkömmlichen Vorgehensweisen vorzuziehen, weil sie die Stigmatisierung älterer Mitarbeiter lindern und den Erfahrungs- und Wissensaustausch über höchst unterschiedliche Barrieren hinweg ermöglichen.

Natürlich können an dieser Stelle kaum Hinweise auf besonders qualifizierungsträchtige Themenbereiche gegeben werden. Daß aber z. B. Veranstaltungen über neue Lern- und Gedächtnisstrategien, zur Ideenfindung oder zum Zeitmanagement für alle Altersgruppen geeignet sind und älteren Mitarbeitern besonders zugute kommen, sollte nicht übersehen werden.

Eine sicherlich nicht ganz einfach zu lösende Aufgabe kommt in dem hier behandelten Zusammenhang auf alle Fälle auf die Personalentwicklung zu. Sie muß geeignete Maßnahmen zum Abbau von Altersstereotypen entwickeln. Dies verlangt neben großer Beharrlichkeit und Mißerfolgstoleranz vor allem viel Phantasie und Einfühlungsvermögen. Sollen doch bei den Adressaten aller Ebenen und Fachrichtungen scheinbar bewährte Selbstverständlichkeiten und verläßliche Welterklärungen nicht nur in Frage gestellt, sondern auch außer Dienst gestellt werden. Es geht um die Veränderung der Unternehmenskultur, wenn darum geworben wird, daß alle ihre Einstellungen gegenüber dem Altern und dem Alter grundlegend wandeln und dementsprechend ihr Verhalten nachhaltig modifizieren (HAEBERLIN, 1996).

Mit all dem wird auf der einen Seite das Beschäftigungsrisiko älterer Mitarbeiter reduziert und auf der anderen Seite die Innovationsfähigkeit der Betriebe heraufgesetzt.

Arbeitszeitregelungen
Künftig sind, wie die bisherigen Ausführungen gezeigt haben, in den modernen Industrieländern die Menschen

– langlebiger,
– gesünder,
– besser ausgebildet und
– länger berufstätig.

Dies stellt die derzeit übliche Abfolge von Geburt, Kindheit, Ausbildung, Beruf und Ruhestand, die aus einer vorindustriellen Epoche stammt, über kurz oder lang in Frage.

Gerade jetzt, wo aufgrund rapider demographischer Veränderungen die Kompetenzen älterer Mitbürger nicht nur in Wirtschaft und Industrie künftig mehr und mehr nachgefragt werden, muß darüber nachgedacht werden, wie sich die Lebensphasen der Menschen, ihre Lebensbedürfnisse und -erwartungen unter den neuen Rahmenbedingungen mit den arbeitsweltlichen Anforderungen synchronisieren lassen.

Es geht also um die Entwicklung innovativer Arbeitszeitkonzepte, die, anders als bisherige Modelle des gleitenden Ruhestands oder der Altersteilzeit, nicht auf eine einzige Lebensphase ausgerichtet sind, sondern lebensphasenübergreifend zu einer Neugestaltung von Lage, Verteilung und Dauer der Arbeitszeit kommen (NAEGELE & FRERICHS, 1996; vgl. auch den Beitrag von STRÜMPEL, WILKENS und PAWLOESKY in diesem Band). Dann könnten z. B. junge Mitarbeiter Modelle bevorzugen, die Berufs- und Familienwelten für gewisse Zeiten zugunsten der letzteren untereinander vereinbaren. Um einmal etwas ganz anderes zu machen, um ganz neue Erfahrungen zu sammeln oder um wieder aufzutanken, könnten Beschäftigte mittleren Alters möglicherweise von einem Sabbathjahr profitieren. Ältere Mitarbeiter hingegen könnten u. U. ein über mehrere Jahre dauerndes allmähliches Auswandern aus dem Beruf planen.

Wesentlich für die neuen Ansätze müßte also sein, daß sie die traditionelle Verknüpfung von Lebensphasen (-alter) und typischen Zeitverwendungen möglichst aufheben und damit z. B. die noch immer als selbstverständlich erlebte sog. „Entberuflichung des Alters" nicht nur in Frage stellen, sondern sogar auflösen. Die starre Verbindung zwischen Lebensaltersstufen und primären Tätigkeitsbereichen einer altersdifferenzierten Gesellschaft wird im Modell einer Altersintegration zunehmend aufgehoben (s. Abbildung 4).

„Auf der linken Seite von Abbildung ... teilen altersdifferenzierte Strukturen die gesellschaftlichen Rollen und ihre Träger in drei Kästchen ein: Ruhestand oder Freizeit für ältere Menschen; Arbeitsrollen für Menschen mittleren Alters; an Schule oder Universität gebundene Rollen für die Jüngeren. ... Auf der rechten Seite von Abbil-

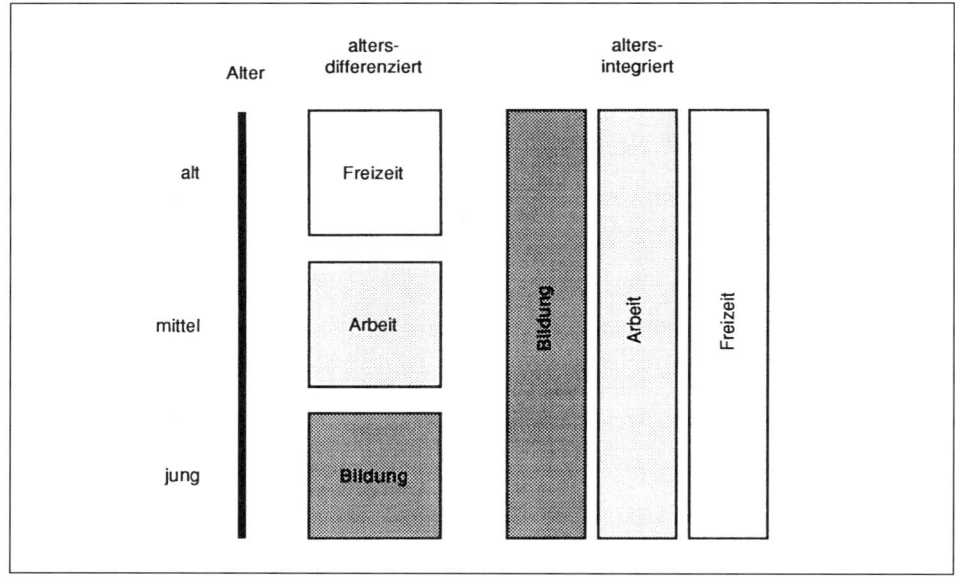

Abb. 4: Schematische Darstellung einer altersdifferenzierten und einer altersintegrierten Gesellschaft (RILEY & RILEY, 1994, S. 454)

dung 4 beschreiben die Balken den Idealtypus der altersintegrierten Strukturen. Hier sind Altersbarrieren gefallen. Menschen jeden Alters stehen Rollenmöglichkeiten in allen Strukturen – Bildung, Arbeit und Freizeit – offen. Das bedeutet, daß in allen gesellschaftlichen Bereichen Menschen aller Altersstufen zusammenkommen" RILEY & RILEY, 1994, S. 454).

Das starre Muster einer sogenannten Normalbiographie – Ausbildungszeit, ununterbrochene Berufstätigkeit, Ruhestand – wird sich weiter auflösen und auch umkehrbar werden. Die Lebensstile werden sich so verändern, daß die Übergänge zwischen Ausbildung und Arbeit, zwischen Erwerbstätigkeit und Nicht-Erwerbstätigkeit fließend werden und sich so die Lebensläufe künftig viel weiter ausdifferenzieren und individualisieren als dies früher üblich war.

Arbeits- und Gesundheitsschutz
Neben der beständigen Entwicklung der Fähigkeiten und Fertigkeiten aller Mitarbeiter ist unter der Perspektive der zunehmenden Alterung einer ganzen Belegschaft schließlich auch über Maßnahmen des präventiven Arbeits- und Gesundheitsschutzes nachzudenken. Neben der Reduktion körperlicher und gesundheitlicher Belastungen für alle Beschäftigtengruppen sind z. B. immer wieder die Arbeitsvollzüge, die Gestaltung von Arbeitsräumen, die Wirkungen des Arbeitsumfeldes zu analysieren und zu verbessern. „Dabei darf es nicht allein um altersgerechte Arbeitsplätze gehen, die es auch künftig für leistungsgewandelte Beschäftigte geben muß, als vielmehr um solche Arbeitsplätze, auf denen man alt werden kann" (NAEGELE & FRERICHS, 1996, S. 42).

Ein weiterer Aspekt, der gewöhnlich in anderen Zusammenhängen behandelt wird, soll hier kurz angesprochen werden. Vor allem organisations- und arbeitspsychologische Untersuchungen weisen seit langem darauf hin, daß das Arbeitsklima in einer Abteilung oder einem ganzen Betrieb nicht nur ganz wesentlich die innovatori-

596

sche Kraft aller Beteiligten mitbestimmt, sondern auch einen ganz besonders großen Einfluß auf das physische und psychische Wohlbefinden der Mitarbeiter ausübt. Ähnliches gilt für den Führungsstil der jeweiligen Führungskräfte.

Schließlich ist unter dem Stichwort „Gesundheitsförderung" auf jenen Bereich hinzuweisen, der in vielen Häusern im Rahmen der Gesundheitsreform große Einbußen hinnehmen mußte. Es ist unbestritten, daß betriebliche Fitneßprogramme, Rükkenschulung und Ratschläge zum Umgang mit und der Bewältigung von Belastungen für alle Altersgruppen förderlich sind.

4.2 Persönliche Maßnahmen

Schon die wenigen, in den drei Maßnahmebereichen angesprochenen Aspekte machen deutlich, wie umfangreich und wie innovativ die vor allem in den Betrieben zu entwickelnden Problemlösungen in absehbarer Zeit sein müssen. Nur eine frühzeitige, kreative sowie zielorientierte Planung und Umsetzung verspricht Aussicht auf Erfolg.

Und die älteren Mitarbeiter? Sie ganz besonders, aber Mitglieder jüngerer Jahrgänge auch, sollten sich in aller Nüchternheit der eigenen Lage bewußt werden.

– Sie sollten sich darüber klar werden, was die oben angesprochene demographische Entwicklung für ihre Alterskohorte ganz allgemein und für sie ganz persönlich bedeuten kann. Es geht also um die nüchterne Einschätzung der persönlichen künftigen Möglichkeiten.
– Am besten mit Hilfe guter Bücher sollten sie sich ausführlich und immer wieder einmal über neue Erkenntnisse der Alternsforschung informieren und sich dabei mit Nachdruck von überkommenen Altersstereotypen und Altersvorurteilen freimachen.
– Als nächstes wäre die eigene Lebensführung daraufhin zu überprüfen, wie weit das praktizierte Gesundheitsverhalten einen zweckdienlichen Beitrag für die prognostizierte Lebenserwartung leistet.
  Schlußfolgerungen daraus könnten
  – zu regelmäßigem Ausdauertraining,
  – zum Besuch einer Gymnastikgruppe,
  – zur Wiederaufnahme einer vernachlässigten Sportart,
  – zu bewußterer Ernährung,
  – zum Erlernen von Entspannungstechniken oder
  – zum intensiven Training einer fernöstlicher Kontemplationsmethode führen.
– Ein weiterer Entschluß sollte beständiges Lernen als Lebensaufgabe enthalten und zwar nicht nur, weil berufliches Wissen immer schneller veraltet, sondern weil lebenslanges Lernen ein langes Leben überhaupt erst lebenswert macht.
– Körperliche wie geistige Beweglichkeit sind wichtige Voraussetzungen für eine anspruchsvolle Teilhabe an unserer immer komplexer und damit komplizierter werdenden Welt. Sich immer wieder auch neue Erfahrungen zuzumuten, schafft erst die Grundlage für eine selbstbewußte Offenheit gegenüber den Ereignissen der Welt und für die notwendige Toleranz gegenüber noch ungeklärten Gegebenheiten (Ambiguitätstoleranz).
– Vor allem die Ergebnisse der Streßforschung machen darauf aufmerksam, wie wichtig es für das Wohlbefinden und das gesundheitliche Wohlergehen des einzel-

nen ist, sich in schwierigen und belastenden Lebenslagen vertrauensvoll an andere Menschen wenden zu können (vgl. den Beitrag von REGNET zum Thema Streß in diesem Band). Daher empfiehlt es sich in guten Zeiten, ernsthaft in positive Beziehungen zu anderen Menschen zu investieren.

– Gelingt es in den kommenden Jahren, die tradierte enge Beziehung zwischen Lebensaltersphasen und Lebensaufgaben allmählich zu lockern, dann wird sich für den einzelnen viel häufiger als bisher die Möglichkeit bieten, Lebenslagen zu wechseln und damit neue oder zumindest andere Rollen zu übernehmen (z.B. Abteilungsleiter – Kindererzieher – Weiterbildungsteilnehmer – Unternehmer). Auch dieses wird ein nicht geringes Maß an Übung verlangen, einerseits um der Gefahr von Beliebigkeit und Persönlichkeitsverlust zu entrinnen, andererseits um prinzipiengeleitete Rollenflexibilität zu gewinnen.

4.3 Politische Maßnahmen

Nach der Behandlung von betrieblichen Maßnahmen zur Vorbereitung auf die sich anbahnenden Veränderungen und Empfehlungen an jüngere wie ältere Mitarbeiter sei in aller Kürze angemerkt, daß natürlich das gesellschaftliche Bewußtsein und die gesetzlichen Rahmenbedingungen sich für den bevorstehenden demographischen Wandel und seine Konsequenzen ebenfalls ändern müssen. Der Vollständigkeit halber sei auf die notwendige Verzahnung von familien- und arbeitsmarkt-, von altersgrenzen- und arbeitszeit- sowie von renten- und migrationspolitischen Maßnahmen verwiesen.

Literatur

BARKHOLDT, C. (1997). Qualifikationssichernde Arbeitsbedingungen – Voraussetzungen für die Erwerbstätigkeit auch im Alter. In: WSI Mitteilungen, 1/1997, S. 50–56.

HAEBERLIN, F. (1996). Personalentwicklung älterer Mitarbeiter. In K. SCHWUCHOW & J. GUTMANN (Hrsg.), Jahrbuch Weiterbildung 1996 – Managementweiterbildung/Weiterbildungsmanagement, S. 91–95. Düsseldorf 1996.

NAEGELE, G. & FRERICHS, F. (1996). Situation und Perspektiven der Alterserwerbsarbeit in der Bundesrepublik Deutschland. In: Aus Politik und Zeitgeschichte B 35/1996, S. 33–45.

RICHTER, P. (1992). Kompetenz im höheren Lebensalter – Arbeitsinhalte und Arbeitspläne. In: Psychosozial, 4/1992, S. 33–41.

RILEY, M. W. & RILEY, J. W. (1994). Individuelles und gesellschaftliches Potential des Alterns. In P. B. BALTES, J. MITTELSTRASS & U. M. STAUDINGER (Hrsg.), Alter und Altern: Ein interdisziplinärer Studientext zur Gerontologie, S. 437–459. Berlin 1994.

RISTAU, M. & MACKROTH, P. (1993). Latente Macht und neue Produktivität der Älteren. In: Aus Politik und Zeitgeschichte B 44/1993, S. 27–38.

SCHWERES, M. (1997). Frühverrentung (Alterssozialpläne) oder Altersteilzeit? In: Sozialer Fortschritt, 8/1997, S. 175–177.

TEWS, H. P. (1993). Neue und alte Aspekte des Strukturwandels des Alters. In G. NAEGELE & H. P. TEWS (Hrsg.), Lebenslagen im Strukturwandel des Alters. . 15–42. Opladen 1993.

WEINERT, F. E. (1994). Altern in psychologischer Perspektive. In P. B. BALTES, J. MITTELSTRASS & U. M. STAUDINGER (Hrsg.), Alter und Altern: Ein interdisziplinärer Studientext zur Gerontologie, S. 180–203. Berlin 1994.

Wolfgang Böhm

Die (un-)heimliche Überlagerung der Arbeitsbeziehungen durch europäisches Recht

Von der Öffentlichkeit nahezu unbemerkt hat sich in Maastricht eine Entwicklung angebahnt, die die Europäische Union langfristig auf eine noch größere Zerreißprobe stellen könnte als alle Wirtschafts- und Währungsfragen – nämlich das Ringen um eine europäische Sozialpolitik. Supermarkt oder Sozialraum? Das soll die Frage sein. Euroskeptiker – und die gibt es nicht nur im Vereinigten Königreich und deren konservativer Partei – meinen, die Schaffung eines Binnenmarktes mit weit über 300 Millionen Verbrauchern sei eine historisch beispiellose Leistung, die erst einmal gelebte Normalität werden müsse. Jedes Mehr – ob der Traum von den Vereinigten Staaten Europas, einer gemeinsamen Währung oder gar eines „Sozialraums Europa" – werde die Gemeinschaft in existenzbedrohende Zerreißproben führen statt sie zu konsolidieren. Daran ist sicherlich richtig, daß bereits die Integration so unterschiedlich leistungsfähiger und strukturierter Volkswirtschaften wie die von Dänemark und Griechenland schon Aufgabe genug wäre. Dennoch erscheint diese Aufgabe lösbar, weil das Wirtschaften in Europa trotz aller Unterschiede im wesentlichen nach den gleichen Spielregeln „funktioniert".

Überzeugte Europäer weisen demgegenüber darauf hin, daß allein ein gewaltiger Binnenmarkt nach Art einer Freihandelszone nicht krisenresistent sei. Die Erfahrungen der 70er Jahre – bekannt als sog. Ölkrise – hätten gezeigt, daß alle Staaten unter ökonomischem Druck wieder zu Egoismus, Protektionismus oder schlimmstenfalls zu Nationalismus neigten. Gebilde, die allein auf ökonomischem Erfolg beruhten, müßten zwangsläufig zerbrechen, wenn dieser Erfolg ausbleibe. Ohne einheitsstiftende und zukunftsweisende Idee könne es keine stabile, auch in wirtschaftlichen Krisenzeiten funktionierende Gemeinschaft geben. Als eine solche einheitsstiftende Idee wird deshalb immer wieder der „Sozialraum Europa" ins Gespräch gebracht.

Nun ist ein „Sozialraum Europa" heute sicherlich noch Vision. Aber von den Verträgen zur Gründung der Europäischen Wirtschaftsgemeinschaft 1947 in Rom, die noch eine reine Zoll-, Agrar- und Wirtschaftsunion war, bis zum Abkommen über die Sozialpolitik 1991 in Maastricht sind bedeutende sozialpolitische Meilensteine gesetzt worden: Freizügigkeit für Arbeitnehmer in der Gemeinschaft, die sog. Wanderarbeiterregelung, Europäisierung des Arbeitsschutzes, die Europäische Sozialcharta von 1989 bis zur Richtlinie über Europäische Betriebsräte 1994.

1. Koordinierung der Sozialversicherungssysteme

Dabei verfolgt die europäische Normsetzung im Sozialrecht andere Ziele als im Arbeitsrecht und geht demzufolge auch andere rechtstechnische Wege. Die in Art. 48 EGV garantierte Freizügigkeit der Arbeitnehmer wäre lediglich ein Programm, solange der Bürger eines Mitgliedstaates Gefahr laufen würde, nach Aufnahme einer Beschäftigung in einem anderen Mitgliedstaat aus sämtlichen Systemen der sozialen Sicherheit herauszufallen. Eine denkbare Lösung wäre, ein einheitliches europäisches Sozialrecht mit gigantischen europäischen Sozialbehörden zu schaffen. Dann würde der Einsatz eines italienischen Staatsbürgers im Auftrag einer deutschen Firma in Dänemark keine anderen Rechtsfragen aufwerfen als der Einsatz eines Bremers in Diensten einer hamburgischen Firma in Bayern. Diesen Weg ist der europäische Gesetzgeber nicht gegangen. Es ist und bleibt Sache der einzelnen Mitgliedstaaten, über ihr System der sozialen Sicherheit und dessen Anwendungsbereich selbst zu entscheiden. Dies gilt insbesondere für die Frage, wer versichert sein soll. Folgerichtig muß bei grenzüberschreitender Beschäftigung einerseits verhindert werden, daß mehr als eine Rechtsordnung Anspruch auf Anwendbarkeit erhebt („positiver Konflikt"). Und es muß andererseits ausgeschlossen sein, daß überhaupt keine Rechtsordnung greift („negativer Konflikt"). Deshalb bedarf es – notwendigerweise supranationaler – Regelungen darüber, welches nationale Recht im Konfliktfall anwendbar ist.

Dies geschieht durch Verordnungen, die unmittelbar geltendes Recht in allen Mitgliedstaaten sind (Art. 189 Abs. 2 EGV). Sie bedürfen – anders als die für das Arbeitsrecht typischen Richtlinien – keiner Umsetzung in nationales Recht und sind von allen Behörden und Gerichten der Mitgliedstaaten unmittelbar anzuwenden. Im Sozialrecht haben die Verordnungen den Charakter von Kollisionsnormen. Ihr Zweck ist nicht die Harmonisierung, sondern die Koordinierung der Systeme sozialer Sicherheit in der Gemeinschaft. Sie gewährleisten, daß ein EU-Bürger, der in einem anderen Mitgliedsstaat einer Erwerbstätigkeit nachgeht, immer unter den Schutz eines und nur eines Sozialversicherungssystems fällt. Das ist eine komplexe und komplizierte Aufgabe, und dementsprechend kompliziert ist das Regelwerk – aber es funktioniert! Die Leistung der oft geschmähten Eurokratie, einen tatsächlich funktionierenden transnationalen Arbeitsmarkt für 15 souveräne Staaten geschaffen zu haben, findet nur selten die verdiente Anerkennung. Friktionen im Einzelfall sind dabei unvermeidlich. Sie als grand malheur zu beklagen, ist lächerlich – sie als warnende Beispiele gegen die zunehmende Europäisierung ins Feld zu führen polemisch. Zu einer gewissen Berühmtheit hat es in diesem Zusammenhang in Deutschland der Fall Paletta gebracht.

Vittorio Paletta, seine Ehefrau Raffaela sowie ihre beiden Kinder Carmela und Alberto sind italienische Staatsangehörige. Sie arbeiten bei der Brennet AG in Deutschland. Seit Jahren werden alle vier entweder während des Urlaubs oder im Anschluß an den Urlaub von derselben italienischen Behörde bis zu sechs Wochen krank geschrieben. Als sie im Jahre 1989 wiederum alle vier für die Zeit vom 17.7. bis zum 12.8.1989 krank geschrieben werden, bezweifelt der Arbeitgeber die Richtigkeit der Arbeitsunfähigkeitsbescheinigungen und verweigert die Entgeltfortzahlung. Das Arbeitsgericht Lörrach legt die Sache dem Europäischen Gerichtshof vor mit der zentralen Frage, ob ein deutscher Arbeitgeber nach EG-Recht in jedem Falle an die Arbeitsunfähigkeitsbescheinigung aus einem anderen Mitgliedsstaat gebunden sei. Der EuGH bejaht diese Frage uneingeschränkt (EuGH vom 3.6.1992, DB 1992 S. 1577 = NZA 1992 S. 735):

Ein Arbeitgeber, der zur Entgeltfortzahlung im Krankheitsfall nach nationalem Recht verpflichtet ist, ist als „zuständiger Träger von Sozialleistungen" i.S.v. Art. 18 VO EWG 574/72 anzusehen. Daraus folgt, daß ein deutscher Arbeitgeber in tatsächlicher und rechtlicher Hinsicht an die vom Leistungsträger des Wohn- oder Aufenthaltsortes getroffenen ärztlichen Feststellungen über den Eintritt und die Dauer einer Arbeitsunfähigkeit unbedingt gebunden ist. In Zweifelsfällen besteht nach Art. 18 Abs. 5 der genannten VO lediglich die Möglichkeit, daß der Arbeitgeber den krank geschriebenen Arbeitnehmer durch einen Arzt seiner Wahl untersuchen läßt. Richtig ist zwar, daß diese Möglichkeit im konkreten Fall praktisch nicht besteht, weil dem Arbeitgeber die Arbeitsunfähigkeitsbescheinigung über die Krankenkasse zugeht und dies in vielen Fällen mehrere Wochen dauert. „Dies kann die vom Gerichtshof getroffene Auslegung jedoch nicht in Frage stellen."

Kasten 1: Bindungswirkung EU-ausländischer Arbeitsunfähigkeitsbescheinigungen (Fall Paletta)

Skurriles Ergebnis: Bei *Deutschen* und *Nicht*-EU-Ausländern kann der Arbeitgeber bei entsprechendem Mißbrauchsverdacht die Beweiskraft einer Arbeitsunfähigkeitsbescheinigung jederzeit in Frage stellen und damit den Mitarbeiter zwingen, seinerseits Beweis für die behauptete Arbeitsunfähigkeit zu führen. Allein bei EU-Ausländern besteht diese Möglichkeit nicht. Es ist verständlich, daß diese Entscheidung einen Sturm der Entrüstung ausgelöst und sogar den Bundesarbeitsminister höchstpersönlich zur Urteilsschelte veranlaßt hat. Grund für dieses sicherlich ärgerliche Ergebnis ist jedoch die Inkompatibilität von deutschen und europäischen Versicherungsstrukturen und nicht etwa Inkonsequenz oder gar Willkür des EuGH.

Für eine Rechtsgemeinschaft ist unverzichtbar, daß Behörden und Gerichte des einen Staates an Feststellungen und Entscheidungen von Behörden und Gerichten eines anderen Gemeinschaftsstaates gebunden sind. Es wäre unerträglich, daß das Wohnstättenfinanzamt des einen Bundeslandes die Feststellungen und Entscheidungen des Betriebsstättenfinanzamtes in einem anderen Bundesland in Zweifel ziehen und eigene Feststellungen treffen könnte. Zweifelsfragen müssen im Verkehr der Behörden untereinander geklärt werden; dem Bürger müssen der Staat und die Gemeinschaft als Einheit begegnen.

Die Besonderheit des Falles besteht darin, daß hier nicht eine Behörde an die Feststellung einer anderen gebunden ist, sondern ein privater Arbeitgeber, der auf das Verwaltungshandeln einer ausländischen Behörde keinerlei Einfluß hat. Diese Ungereimtheit ist jedoch nicht im europäischen Kollisionsrecht, sondern im deutschen Entgeltfortzahlungsrecht angelegt. Wird das Risiko der Erkrankung eines Arbeitnehmers zum Gegenstand einer Pflichtversicherung gemacht, so hat hierfür der „zuständige Träger von Sozialleistungen" einzustehen. Das deutsche Recht der Entgeltfortzahlung im Krankheitsfalle macht einen Teil dieses Risikos zum Unternehmerrisiko. Dieser Systembruch ist – je nach Sicht – eine Altlast oder ein Erbgut aus der Weimarer Republik: Als den Krankenkassen die Zahlungsunfähigkeit drohte, wurde – damals lediglich für Angestellte – das Zahlungsrisiko bei Krankheit des Arbeitnehmers von der Krankenkasse auf den Arbeitgeber abgewälzt. Nach dem Kriege ist diese Systemwidrigkeit nicht beseitigt worden, sondern im Namen der Gleichbehandlung auf Arbeiter ausgedehnt worden.

Daß der deutsche Arbeitgeber „zuständiger Träger von Sozialleistungen" i.S.d. EWG-Verordnung ist, soweit das nationale Recht dies systemwidrig vorsieht, wird inzwischen nicht mehr in Frage gestellt. Der erneute Vorlagebeschluß des BAG in dieser Sache fragt nur noch an, ob die vom EuGH bejahte Bindungswirkung auch für den Fall dringenden Verdachts auf Mißbrauch gelte. Der EuGH hat dies mit Beschluß vom 2.5.1996 (Paletta II – DB 1996 S. 1039 = NZA 1996 S. 635) bejaht: Bei nachgewiesenem Rechtsmißbrauch entfällt – wie stets im Recht – der Beweiswert und damit die Bindungswirkung der von der Behörde eines Mitgliedstaates getroffenen Feststellung. Selbst ein dringender Verdacht auf Mißbrauch reicht hingegen nicht aus, um die europarechtlich festgeschriebene Bindungswirkung zu beseitigen. Vielmehr ist es Sache des Arbeitgebers, Gegenbeweis zu führen.

2.   Arbeitsrechtsstatut und Entsende-Richtlinie

Um die gemeinschaftsrechtlich garantierte Freizügigkeit der Arbeitnehmer zu gewährleisten, ist eine Koordinierung der Arbeitsrechtssysteme durch europäische

Normen nicht erforderlich. Geregelt werden muß jedoch, welches Arbeitsrecht bei grenzüberschreitendem Arbeitskräfteeinsatz Anwendung findet. Dies ist Gegenstand des sog. Internationalen Privatrechts, richtiger gesagt der nationalen Kollisionsnormen über das anzuwendende Privatrecht. Im Prinzip gilt dies auch für die Europäische Union. Allerdings sind die nationalen Normen über das anzuwendende Schuld- und damit auch Arbeitsrecht in allen Mitgliedstaaten der Gemeinschaft inhaltsgleich. Die seit dem 1.9.1986 geltende Fassung der Art. 27 bis 37 EGBGB stellt die Überführung des Römischen Übereinkommens vom 19.6.1980 (EuVÜ) in deutsches Recht dar. Und durch die Brüsseler Protokolle vom 19.12.1988 wurde dem EuGH die Zuständigkeit zur Auslegung des EuVÜ übertragen, um seine einheitliche Interpretation in allen Mitgliedstaaten zu gewährleisten. Nach diesen auf europäischen Übereinkommen beruhenden Vorgaben konkurrieren beim Arbeitsverhältnisstatut der Grundsatz der Rechtswahl (Art. 27 EGBGB = Art. 3 EuVÜ) mit dem Grundsatz der objektiven Schwerpunktanknüpfung (Art. 30 Abs. 1 EGBGB = Art. 6 EuVÜ).

Von Interesse ist hier vor allem die objektive Anknüpfung nach Art. 30 Abs. 2 Nr. 1 EGBGB, wonach für das Arbeitsverhältnis das Recht des Staates, in dem der Arbeitnehmer gewöhnlich seine Arbeit verrichtet (gewöhnlicher Arbeitsort) maßgeblich ist, selbst wenn er vorübergehend in einen anderen Staat entsandt ist. Daraus folgt: Arbeitet ein portugiesischer Staatsangehöriger bei einem deutschen Bauunternehmer in Deutschland, gilt deutsches Arbeitsrecht. Erhält ein portugiesischer Bauunternehmer in der Bundesrepublik Deutschland einen Auftrag und entsendet er zu dessen Erledigung seine portugiesischen Mitarbeiter nach Deutschland, so gilt portugiesisches Arbeits- und Arbeitsvertragsrecht, insbes. in bezug auf Lohn- und Lohnersatzleistungen. Insoweit entspricht das Arbeitsstatut dem Sozialversicherungsstatut. Juristisch scheint alles klar: Arbeits- und Sozialrecht befinden sich trotz unterschiedlicher Regelungstechniken prinzipiell im Gleichklang.

Genau hier fangen jedoch die tatsächlichen Probleme an: Entgegen dem in Art. 117 EGV festgeschriebenen Ziel ist die Union von einer Angleichung der Lebens- und Arbeitsbedingungen noch weit entfernt. Die Kostenvorteile von Anbietern aus Niedriglohnländern haben in der Bundesrepublik Deutschland inzwischen dazu geführt, daß z.B. im Januar 1997 über 400.000 deutsche Bauarbeiter arbeitslos und über 100.000 in Kurzarbeit waren (Monatsbericht der Bundesanstalt für Arbeit, Nürnberg). Das entspricht etwa der geschätzten Zahl von – legalen und illegalen – ausländischen Bauarbeitern in Deutschland. Durch die am 24.9.1996 – gegen den Widerspruch Portugals und des Vereinigten Königreichs – verabschiedete (arbeitsrechtliche) EG-Entsenderichtlinie soll diese Situation entschärft werden. Jeder Mitgliedstaat soll das Recht haben, einen sog. harten Kern von Arbeitsbedingungen festzuschreiben, der ohne Rücksicht auf das Vertragsstatut für die auf seinem Gebiet tätigen Arbeitnehmer gelten soll. Dabei können Mindestlohnsätze durch die Rechtsvorschriften und/oder Praktiken des Mitgliedstaates bestimmt werden, in dessen Hoheitsgebiet der Arbeitnehmer entsandt wird (Art. 2 Abs. 2 Untersabsatz 2 EG-Entsenderichtlinie). Dies schließt auch allgemein verbindlich erklärte Tarifverträge nach deutschem Recht ein.

Das am 1.3.1996 in Deutschland in Kraft getretene Arbeitnehmer-Entsendegesetz, das jedoch nur für die Bauwirtschaft gilt, bestimmt: Sofern ein Tarifvertrag

- einen einheitlichen Mindestlohn für alle unter seinen Geltungsbereich fallenden Arbeitnehmer vorsieht,
- für jede Arbeit gilt, die in seinem räumlichen Geltungsbereich erbracht wird, und
- für allgemeinverbindlich erklärt worden ist,

gelten seine Normen zwingend auch für in die Bundesrepublik Deutschland entsandte ausländische Arbeitnehmer eines ausländischen Unternehmens.

Da kaum damit zu rechnen ist, daß ein aus einem Niedriglohnland entsandter Arbeitnehmer seinen Arbeitgeber vor den Gerichten seines Heimatstaates verklagt, begründet § 7 AEntG für entsandte ausländische Arbeitnehmer einen zusätzlichen Gerichtsstand in Deutschland. Aber nicht einmal die Nutzung dieser Möglichkeit traut der Gesetzgeber den Berechtigten zu. Deshalb wird die Nichtgewährung zwingender Arbeitsbedingungen als Ordnungswidrigkeit verfolgt (§ 5 AEntG). Zuständig sind die Bundesanstalt für Arbeit und die Hauptzollämter (§ 5 Abs. 4 i.V.m. § 2 AEntG). Wie immer man zu dieser Regelung stehen mag, die Freizügigkeit der Arbeitnehmer in Europa hat nicht zu Deregulierung, sondern zu Reglementierung, Bürokratisierung und Bevormundung nichtdeutscher Arbeitnehmer durch deutsche Arbeits- und Zollbehörden geführt.

3. Artikel 119 EGV: Verbot der Geschlechtsdiskriminierung

Die älteste europäische Arbeitsrechtsvorschrift ist Art. 119 EGV. Er beinhaltet den Grundsatz des gleichen Entgelts für Männer und Frauen bei gleicher Arbeit und ist seit 1975 durch zahlreiche Richtlinien, insbesondere durch RL 76/207/EWG zur Verwirklichung des Grundsatzes der Gleichbehandlung von Männern und Frauen hinsichtlich des Zugangs zur Beschäftigung, zur Berufsbildung und zum beruflichen Aufstieg sowie in bezug auf die Arbeitsbedingungen ergänzt worden. Der vor allem auf Drängen Frankreichs in den Vertrag aufgenommene Artikel beruhte seinerzeit weniger auf rechts- und sozialpolitischen Erwägungen, sondern entsprang der Angst vor Wettbewerbsnachteilen durch billige Frauenarbeit in südlichen Nachbarstaaten. Was – zumindest für die entwickelteren (industrialisierten) – Mitgliedsstaaten wie eine bare und deshalb vermeintlich folgenlose Selbstverständlichkeit erschien, hat inzwischen – zumal durch die Rechtsprechung des EuGH – eine unerhörte Dynamik entwickelt.

Die Firma Urania-Immobilienservice oHG gibt im „Hamburger Abendblatt" folgende Stellenanzeige auf:

„Für unseren Vertrieb suchen wir eine versierte Assistentin der Vertriebsleitung. Wenn Sie mit den Chaoten eines vertriebsorientierten Unternehmens zurechtkommen können, diesen Kaffee kochen wollen, wenig Lob erhalten und viel arbeiten können, sind Sie bei uns richtig…"

Herr Draehmpaehl bewirbt sich. Er erhält weder eine Antwort, noch werden ihm die Bewerbungsunterlagen zurückgesandt. Mit der Begründung, daß er offensichtlich wegen seines Geschlechts diskriminiert worden sei, verlangt er Schadenersatz in Höhe von 3 1/2 Monatsentgelten. Urania beruft sich darauf, daß

- bei der tatsächlichen Einstellung das Geschlecht überhaupt keine Rolle gespielt habe,
- Schadenersatzansprüche kraft Gesetzes auf drei Monatsentgelte beschränkt seien (§ 611 a Abs. 2 BGB),

- mit Rücksicht auf Parallelverfahren die gesetzliche Höchstentschädigungssumme für alle Diskriminierten sechs Monatsentgelte nicht übersteigen dürfe (§ 61 b ArbGG).

Auf Vorlage des ArbG Hamburg erklärt der EuGH (22.4.1997, DB 1997 S. 983 = NZA 1997 S. 645) wesentliche Teile der deutschen Regelung für gemeinschaftsrechtswidrig:

Eine nationalrechtliche Regelung, die wie §§ 611 a Abs. 1 und 2 BGB für einen Anspruch auf Schadenersatz wegen Diskriminierung aufgrund des Geschlechts bei der Einstellung Verschulden voraussetzt, ist mit dem Gemeinschaftsrecht nicht vereinbar. Dem nationalen Gesetzgeber bleibt es unbenommen, die Höhe der Entschädigung danach zu differenzieren, ob die Schädigung des Bewerbers/der Bewerberin lediglich in der diskriminierenden Nichtbefassung mit der Bewerbung besteht oder ob wegen des Geschlechts eine Einstellung unterblieben ist. Besteht die Schädigung des Bewerbers/der Bewerberin lediglich im diskriminierenden Umgang mit der Bewerbung, ist eine gesetzliche Vermutung, daß der Schaden drei Monatsentgelte nicht übersteigt, nicht zu beanstanden. Besteht die Schädigung in einer diskriminierenden Nichteinstellung, ist eine gesetzliche Obergrenze der Entschädigung jedenfalls dann nicht zu rechtfertigen, wenn dem jeweiligen nationalen Recht Obergrenzen für Schadenersatzleistungen prinzipiell fremd sind (wie z. B. dem deutschen Recht).

Kasten 2: Sanktionen bei geschlechtsspezifischer Stellenausschreibung (Fall Urania)

Mit dieser Entscheidung hat der EuGH nicht nur das Prinzip der Verschuldenshaftung partiell beseitigt, sondern auch zentrale Vorschriften des deutschen Vertrags- und Verfahrensrechts für unwirksam erklärt. Für die Praxis wichtiger ist jedoch, daß selbst unbeabsichtigte und unvermeidliche Fehler bei der Stellenausschreibung zu unlimitierten Schadenersatzverpflichtungen führen können. Diskriminierung wegen des Geschlechts war auch der Auslöser für eine in den Mitgliedstaaten immer noch nicht abgeschlossene Restrukturierung zunächst der betrieblichen Altersversorgung und der staatlichen Rentenversicherungssysteme. Ganz untypisch begann diese Entwicklung mit der Klage eines Mannes.

Nach früherem britischen Recht konnten Frauen mit 57 Jahren vorzeitig in Vollrente gehen, Männer jedoch erst ab 62. Eine betriebliche Regelung über Zusatzversorgungsleistungen paßt sich dem an und sieht vor, daß Frauen, die ab 57 Jahren aufgrund einer betriebsbedingten Kündigung ausscheiden, volle betriebliche Zusatzversorgung erhalten; Männer erhalten die volle Zusatzversorgung erst ab 62 Jahren und bei vorherigem Ausscheiden lediglich eine nach versicherungsmathematischen Grundsätzen gekürzte Betriebsrente. Mr. Barber, der mit 52 Jahren zum 31.12.1980 aus seinem Betrieb ausscheidet, fühlt sich seit 1985 durch diese Regelung wegen seines Geschlechts benachteiligt und klagt.

Der Court of Appeal London legt die Rechtsfrage dem EuGH vor, der Mr. Barber Recht gibt (EuGH vom 17.5.1990, DB 1980 S. 1824 = NZA 1990 S. 775):

Der Gerichtshof stellt zunächst fest, daß eine Betriebsrente als „sonstige Vergütung zu verstehen ist, die der Arbeitgeber aufgrund des Dienstverhältnisses dem Arbeitnehmer… zahlt". Deshalb ist Art. 119 EGV einschlägig, der von den nationalen Gerichten der Gemeinschaftsstaaten als unmittelbar anwendbares Recht zu beachten ist. Den Einwand, daß der Arbeitgeber gar keine Entgeltdifferenzierung und damit -diskriminierung vorgenommen habe, weil er lediglich den staatlichen Vorgaben gefolgt sei, läßt der EuGH nicht gelten. Art. 119 EGV sei eine rein arbeitsrechtliche Regelung, die allein den Arbeitgeber in Pflicht nehme und an der er sich – unabhängig vom nationalen Sozialversicherungsrecht – messen lassen müsse. Nach Auffassung des Gerichtshofs stellt auch das der Zusatzversorgung zugrunde liegende staatliche Rentenrecht eine geschlechtsspezifische Diskriminierung dar, doch biete Art. 119 EGV allein die Möglichkeit, Geschlechtsdiskriminierungen im Rahmen des Arbeitsverhältnisses entgegenzutreten. Soweit sich ein Bürger eines Mitgliedsstaates durch staatliche Maßnahmen wegen seines Geschlechts diskriminiert fühle, müsse er sich an die nach nationalem Recht zuständigen Gerichte wenden.

Kasten 3: Sozialrente und betriebliche Zusatzversorgung (Fall Barber)

So ärgerlich diese Entscheidung für den betreffenden Arbeitgeber sein mag, der sich mit seiner Zusatzversorgung guten Glaubens an die staatliche Regelung „angehängt" hatte, die Entscheidung ist inhaltlich und formal zutreffend: Denn alle geldwerten Vorteile, ob im oder nach dem Arbeitsverhältnis, die der Arbeitgeber seinen Mitarbeitern im Hinblick auf das Arbeitsverhältnis gewährt, werden nun einmal in allen Staaten der Gemeinschaft – schon aus fiskalischen Gründen – als Arbeitsentgelt angesehen. Andererseits fehlt dem EuGH die Befugnis, die Regelung öffentlicher Versorgungsleistungen auf den Prüfstand des Art. 119 EGV zu legen. Damit war aber gerade in den Industriestaaten der Gemeinschaft ein tiefer Riß zwischen staatlichen Grundrenten und den lediglich als Zusatzversorgung gedachten Betriebsrenten entstanden. Weil aber die Strukturierung der Zusatzversorgung durch die alle nationalen Gerichte bindende Entscheidung des EuGH vorgegeben war, konnte die Harmonisierung von staatlicher Grund- und betrieblicher Zusatzrente nur noch über eine entsprechende Änderung der staatlichen Rentenversicherungssysteme erreicht werden – ein indirekter, aber tiefer Eingriff des europäischen Arbeitsrechts in das Rentenversicherungssystem der Mitgliedsstaaten.

4.   EuGH: „Mittelbare Frauendiskriminierung"

Ging es im Fall Barber immer noch – wennschon mit weitreichenden Folgen – um die Beseitigung von *Geschlechts*diskriminierung, so hat der EuGH im Fall Bilka diese Beschränkung fallengelassen und unter dem Schlagwort der *mittelbaren Geschlechtsdiskriminierung* ein allgemeines europarechtliches Diskriminierungsverbot entwickelt. Dabei verrät die selbstgewählte Terminologie von der mittelbaren Geschlechtsdiskriminierung, daß dies mit dem ursprünglichen Auftrag von Art. 119 EGV, den Grundsatz des gleichen Entgelts für Männer und Frauen herzustellen und zu sichern, direkt nichts mehr zu tun hat. Es geht in Wahrheit um die Rechte der Teilzeitkräfte.

In der Kaufhaus Bilka GmbH besteht eine betriebliche Altersversorgung. Nach der Versorgungsordnung haben Teilzeitbeschäftigte nur dann Anspruch auf betriebliches Altersruhegeld, wenn sie während einer Betriebszugehörigkeit von 20 Jahren mindestens 15 Jahre als Vollzeitbeschäftigte tätig waren. Frau Weber war zwar über 15 Jahre als Verkäuferin bei der Bilka GmbH beschäftigt, jedoch nur 11 Jahre als Vollzeitkraft, weshalb der Arbeitgeber eine Anwartschaft auf betriebliche Altersversorgung ablehnt. Auf die Klage von Frau Weber legt das BAG dem Europäischen Gerichtshof zwei Fragen zur Vorabentscheidung vor:

- Stellt die Personalpolitik eines Kaufhausunternehmens, durch die Teilzeitbeschäftigte von den betrieblichen Versorgungsleistungen ausgeschlossen werden, eine durch Art. 119 EGV verbotene Diskriminierung dar, wenn dieser Ausschluß wesentlich mehr Frauen als Männer betrifft?
- Kann die erklärte Politik des Arbeitgebers, für Teilzeittätigkeit möglichst geringe Anreize zu bieten, als „objektiv gerechtfertigte wirtschaftliche Gründe" i.S. der EuGH-Rechtsprechung angesehen werden, mit der andere Ziele als die Diskriminierung von Frauen verfolgt werden?

Unter Berufung auf sein Urteil vom 31.3.1981 in der Rs. Jenkins stellt der EuGH klar, daß eine (mittelbare) Diskriminierung von Frauen dann gegeben sei, wenn unter den Ausschluß der Teilzeitbeschäftigten von der betrieblichen Altersversorgung tatsächlich erheblich mehr Frauen als Männer fallen. Ob es im konkreten Einzelfall vernünftige und objektiv gerechtfertigte Differenzierungsgründe gibt, die mit einer Diskriminierung aufgrund des Geschlechtes nichts zu tun haben, ist allein vom jeweiligen nationalen Gericht zu klären und festzustellen.

In seiner Anschlußentscheidung vom 14.10.1986 (DB 1987 S. 994 = NZA 1987 S. 445) verneint das BAG das Vorliegen objektiv rechtfertigender Gründe für eine unterschiedliche Behandlung von Voll- und Teilzeitkräften bei der Altersversorgung. Die personalpolitische Entscheidung eines Unternehmens, aus organisatorischen Gründen der Vollzeitbeschäftigung Vorrang vor der Teilzeitbeschäftigung einzuräumen, reiche dafür nicht aus. Vielmehr müsse ein „wirkliches Bedürfnis" vorliegen und nachweisbar sein.

Kasten 4: Teilzeitkräfte und betriebliche Altersversorgung (Fall Bilka)

Ebenfalls unter Berufung auf mittelbare Frauendiskriminierung in Form der Lohndiskriminierung nimmt der EuGH einen tiefen Eingriff in das System der britischen Tarifverhandlungen vor. Zwar respektiert der EuGH, daß in einem marktwirtschaftlichen System am Ende der Markt über den Wert menschlicher Arbeit entscheidet. Die Feststellung, ob eine tarifliche Vergütung marktgerecht ist, soll jedoch Sache der nationalen Gerichte sein, während die Philosophie des „collective bargaining" gerade die ist, daß die Koalitionen mit ihren spezifischen Verhandlungs- und Kampfmitteln in eigener Verantwortung und frei von staatlicher Bevormundung die uralte Frage nach dem „gerechten Lohn" beantworten.

Im englischen Tarifsystem werden die Vergütungen für Logopäden im öffentlichen Gesundheitsdienst im Tarifwerk A geregelt, die Tarife für Apotheker im Tarifwerk B. Logopäden erhalten nach dem Tarifvertrag A ein Jahresgehalt von 10.106,– Pfund, während nach Tarifvertrag B Apotheker 14.106,– Pfund erhalten. Die Logopädin Dr. Pamela Mary Enderby fühlt sich als Frau diskriminiert, weil der Beruf der Logopädin überwiegend von Frauen, der Beruf des Apothekers aber überwiegend von Männern ausgeübt werde. Studienvoraussetzungen, Studiendauer und das wissenschaftliche Niveau des Studiums seien aber für Logopäden und Apotheker vergleichbar und ihre Tätigkeit gleichwertig. Der Court of Appeal of England and Wales fragt den EuGH, ob im Falle der Gleichwertigkeit beider Tätigkeiten in der geringeren Bezahlung von Logopädinnen gegenüber Apothekern eine mittelbare Frauendiskriminierung zu erblicken sei.

Der EuGH (vom 27.10.1993, NZA 1994 S. 797) antwortet:

Wenn aussagekräftige Statistiken einen merklichen Unterschied im Entgelt zweier gleichwertiger Tätigkeiten erkennen lassen, von denen die eine fast ausschließlich von Frauen und die andere hauptsächlich von Männern ausgeübt wird, hat der Arbeitgeber den Nachweis zu erbringen, daß dieser Unterschied durch Faktoren sachlich gerechtfertigt ist, die nichts mit einer Diskriminierung aufgrund des Geschlechts zu tun haben. Im vorliegenden Falle kann der Unterschied im Entgelt nicht damit gerechtfertigt werden, daß die Festsetzung der Vergütungen Ergebnis unterschiedlicher Tarifverhandlungen sei. Es ist Sache des nationalen Gerichts zu beurteilen, ob die Marktlage für die Festlegung der Höhe des Entgelts so bedeutsam war, daß sie den Unterschied teilweise oder in vollem Umfang sachlich rechtfertigen kann.

Kasten 5: Lohndiskriminierung durch Tarifsystem (Fall Enderby)

Gescheitert ist der EuGH hingegen mit seinem Versuch, die ehrenamtliche Tätigkeit im Betriebsrat nach deutschem Recht im Namen Europas in bezahlte Berufstätigkeit „umzufunktionieren".

Frau Bötel ist bei der Arbeiterwohlfahrt der Stadt Berlin als Teilzeitkraft mit einer durchschnittlichen wöchentlichen Arbeitszeit von 29,25 Stunden beschäftigt. Sie ist seit 1985 Vorsitzende des Betriebsrats. Im Jahr 1989 nimmt sie an sechs Schulungsveranstaltungen für Betriebsratsmitglieder ihrer Gewerkschaft teil. Der Arbeitgeber zahlt ihr die vereinbarte Vergütung fort. Frau Bötel verlangt Entgeltfortzahlung wie bei Vollzeitbeschäftigten. Teilzeitbeschäftigt seien nämlich überwiegend Frauen. Sie werde deshalb als Frau gegenüber Männern in Vollzeitbeschäftigung diskriminiert, wenn ihr lediglich die ausgefallenen Arbeitsstunden, nicht aber die tatsächlich für die Schulung aufgewendeten Stunden bezahlt würden.

Der vom LAG Berlin angerufene EuGH folgt der Logik von Frau Bötel (Entscheidung vom 04.06.1992, DB 1992 S. 1481 = NZA 1992 S. 687):

Ein Anspruch nach deutschem Betriebsverfassungsrecht besteht nach Meinung des EuGH nicht, weil § 37 Abs. 6 BetrVG als Freistellungsanspruch mit Entgeltfortzahlung ausgestaltet sei, weshalb Vergütungsansprüche immer nur in Höhe der ausgefallenen Arbeitszeit anfallen können. Der Vergütungsanspruch folgt jedoch unmittelbar aus Art. 119 EGV und der Richtlinie 75/117 EWG des Rates, weil sowohl unter der Zahl aller Beschäftigten wie auch unter der Zahl aller Betriebsratsmitglieder eine erheblich größere Zahl von Frauen teilzeitbeschäftigt sei. Besonderheiten des nationalen Rechts können nach Meinung des EuGH an seiner Auslegung der gemeinschaftsrechtlich gebotenen Entgeltgleichheit zwischen Männern und Frauen nichts ändern.

Kasten 6: Betriebsratstätigkeit als Ehrenamt oder Beruf? (Fall Bötel)

Obwohl der EuGH in der Rs. Lewark (06.02.1996, DB 1996 S. 379 = NZA 1996 S. 319) und in der Rs. Freers (07.03.1996, DB 1996 S. 887 = NZA 1996 S. 443) seine Aussagen in der Rs. Bötel bestätigt hat, ist das BAG nicht bereit, bei teilzeitbeschäftigten Frauen den in die Freizeit fallenden Teil der Betriebsratsschulung als zu vergütende Arbeitszeit anzuerkennen. In der Sache Lewark hat das BAG (05.03.1997, DB 1997 S. 580 = NZA 1997 S. 1242) ausgeführt:

Mit der Ausgestaltung des Betriebsratsamts als unentgeltliches Ehrenamt und der damit bezweckten Unabhängigkeit der Amtsführung wird eine legitime sozialpolitische Zielsetzung verfolgt, die in keinem Zusammenhang mit einer Geschlechtsdiskriminierung steht. Die aus dem Ehrenamtsprinzip folgende Benachteiligung teilzeitbeschäftigter Frauen ist zur Sicherung der inneren und äußeren Unabhängigkeit der Betriebsräte hinzunehmen. Die Bestimmungen des Betriebsverfassungsgesetzes zum Grundsatz der Ehrenamtlichkeit der Betriebsratstätigkeit genügen den Anforderungen des gemeinschaftsrechtlichen Verhältnismäßigkeitsgrundsatzes.

5. EuGH-Entscheidung „Christel Schmidt": Outsourcing out?

Die Geschichte von § 613 a BGB/RL 77/187/EWG ist die Geschichte der Destruktion bzw. Transformation von Tatbestandsmerkmalen. Auf den ersten Blick erscheint alles klar und einfach: Geht ein Betrieb oder Betriebsteil durch Rechtsgeschäft auf einen neuen Inhaber über, so gehen kraft zwingender gesetzlicher Anordnung auch die Arbeitsverhältnisse auf diesen über.

Bereits die Rechtsprechung des BAG hat das Tatbestandsmerkmal „durch Rechtsgeschäft" bis zur Konturenlosigkeit aufgelöst. Zunächst wurde für unerheblich erklärt, daß das Rechtsgeschäft zwischen dem alten und dem neuen Inhaber abgeschlossen sein müsse, so daß auch Miet- und Pachtnachfolge einen rechtsgeschäftlichen Übergang begründen. Sodann wurde erkannt, daß ein rechtsgeschäftlicher Übergang auch dann gegeben sei, wenn ein eigentumsrechtlich in „Streubesitz" befindlicher Betrieb (Eigentumsvorbehalte bei Lieferanten, Sicherungsübereignungen an Banken, Grundstück unter Zwangsverwaltung usw.) durch „Zusammenkaufen" vom Erwerber wieder in einer Hand vereinigt wird. Zunächst wurde auch ein nichtiges Rechtsgeschäft (Erwerb von einem Geschäftsunfähigen) und schließlich sogar ein Nicht-Rechtsgeschäft (Anmaßung von Verwertungsrechten) als ausreichend anerkannt. Das positive Tatbestandsmerkmal „durch Rechtsgeschäft" ist also sukzessive in ein lediglich negatives Ausschlußmerkmal transformiert worden: Die Anwendung von § 613 a BGB/RL 77/187/EWG ist praktisch nur noch ausgeschlossen, wenn der Erwerb originär, vor allem im Wege der Zwangsverwertung erfolgt.

Ähnlich ist auch das Tatbestandsmerkmal *Betrieb* bzw. *Betriebsteil* durch die BAG-Rechtsprechung bis zur Konturenlosigkeit aufgelöst worden: So stellt z. B. der Erwerb der Berechtigung, Straßenverkehrsschilder mit dem RAL-Gütesiegel zu versehen, einen „Betriebsübergang" dar, weil angesichts der Anschaffungspraxis der Kommunen diese Berechtigung den marktentscheidenden Wettbewerbsfaktor darstelle (BAG vom 16.2.1993, DB 1993 S. 1374 = NZA 1993 S. 643). Auch die Übertragung der Verwaltung eines Depots durch die US-Streitkräfte auf ein anderes Unternehmen – ohne eigene Betriebsmittel – sei ein Betriebsübergang, weil der bisherige Betriebszweck mit denselben Betriebsmitteln lediglich von einem anderen Unternehmer fortgesetzt werde (BAG vom 27.7.1994, DB 1995 S. 431 = NZA 1995 S. 222). Zwar sucht das BAG stets nach einem sog. *Substrat* als zentralem Gegenstand des Betriebsüberganges (und findet dieses bei Bedarf auch) – der Prozeß fortschreitender „Entmaterialisierung" des Betriebsbegriffs durch die BAG-Rechtsprechung ist jedoch unverkennbar. Deshalb ist es schwer nachvollziehbar, weshalb die Entscheidung des EuGH in der Rs. Christel Schmidt (14.4.1994, DB 1994 S. 1370 = NZA 1994 S. 545) soviel Aufgeregtheit auslösen konnte.

Christel Schmidt war einzige Reinigungskraft bei einer Sparkasse. Nach deren Umbau überträgt die Sparkasse die Reinigungsarbeiten auf die Firma Spiegelblank. Das LAG Schleswig-Holstein legt dem EuGH zwei Ausschlußfragen zur Entscheidung vor:

1. Führt allein der Umstand, daß bei der Übertragung von Aufgaben keinerlei Betriebsmittel übergehen, zur Unanwendbarkeit der RL 77/187/EWG?
2. Spielt es eine Rolle, daß hiervon nur ein einziger Mitarbeiter betroffen ist?

Der EuGH verneint beide Fragen und stellt auf folgende Positiverfordernisse ab: Entscheidend ist, daß eine wirtschaftliche Einheit unter Wahrung ihrer Identität – also bei unveränderten Organisationsstrukturen und Schnittstellen zu anderen wirtschaftlichen Einheiten – lediglich in neue Inhaberschaft übergeht. Was ist denn das anderes als das vom BAG stets gesuchte und bei Bedarf auch gefundene „Substrat" des Betriebsübergangs? Allerdings macht der EuGH keinerlei Unterschied mehr zwischen dem Outsourcing von Produktionsschritten und Dienstleistungen. Davon ist jedoch weder in § 613 a BGB noch in der RL 77/187/EWG die Rede. Außerdem weist der EuGH immer wieder und ausdrücklich darauf hin, daß die Feststellung und Würdigung aller den Vorgang betreffenden Einzelheiten einzig und allein Aufgabe des jeweiligen nationalen Gerichts sei, so zuletzt in der Rs. Ayse Süzen (11.3.1997, DB 1997 S. 628 = NZA 1997 S. 433). Auch hier antwortet der EuGH auf die ihm gestellte Vorlagefrage lediglich – negativ –, daß die bloße Übertragung einer Tätigkeit (Reinigungsarbeiten) von einem Unternehmen auf ein anderes nicht den Schluß rechtfertige, daß allein deshalb vom Übergang einer wirtschaftlichen Einheit ausgegangen werden dürfe.

Kasten 7: Funktionsnachfolge als Betriebsübergang (Fall Christel Schmidt)

Tatarenmeldungen wie „outsourcing is out" sind deshalb unzutreffend; Befürchtungen, daß künftig jedes Outsourcing von Dienstleistungen einen Personalübergang zur Folge habe, sind unbegründet. Voraussetzung ist vielmehr, daß die Aufgabenübertragung unter Wahrung der Erledigungsstrukturen trotz Inhaberwechsels erfolgt. Ein Stahlwerk, das üblicherweise nur eigenen Schrott verarbeitet, übernimmt nicht den Betrieb eines Schrotthändlers, wenn es bei Bedarf Schrott hinzukauft. Ein Montagebetrieb, der bislang nur Rohlinge bezogen hat, übernimmt nicht das Personal des Lieferanten, weil künftig montagefertige Einzelteile gekauft werden. Ein Großunternehmen übernimmt nicht das Personal einer Rechtsanwaltskanzlei, nur weil künftig alle Prozeßsachen bereits in erster Instanz an diese abgegeben werden. Daß der typisch deutsche Rechtsbegriff des Betriebs bzw. Betriebsteils in der Rechtsprechung des EuGH durch den europarechtlichen Begriff der „wirtschaftlichen Einheit" ersetzt wird, ist weder ein Verlust an Rechtskultur noch an Berechenbarkeit.

Transfervorschriften wie § 613 a BGB bzw. die RL 77/187/EWG können allenfalls technische Probleme auslösen. Diese sollen und dürfen nicht unterschätzt werden: Da gibt es z. B. die heikle Frage nach der Zuordnung der Mitarbeiter zum übergehenden Betriebsteil bzw. zur outgesourcten Aufgabe. Da besteht – allerdings allein im deutschen Recht – das Problem, daß jeder Mitarbeiter den Übergang seines Arbeitsverhältnisses zum neuen Unternehmen durch Widerspruch verhindern kann, was jede Planung mit schwer kalkulierbaren Risiken behaftet.

Inhaltlich schränken weder § 613 a BGB/RL 77/187/EWG noch die Entscheidung „Christel Schmidt" des EuGH die unternehmerische Gestaltungsfreiheit ein. Denn sowohl nach deutschem wie auch nach europäischem Recht kann der neue Inhaber alles machen, was auch der bisherige Inhaber hätte machen können, aber nicht gemacht hat. Für vertragsrechtliche Änderungen ist dabei lediglich die Veränderungssperre von einem Jahr zu beachten. Die Richtlinie und der sie ins deutsche Recht umsetzende § 613 a BGB regeln deshalb letztlich, wer die Folgekosten notwendiger Umstrukturierungen und Personalanpassungsmaßnahmen trägt. Und diese Entscheidung fällt zu Lasten des neuen Inhabers aus. Die eigentlichen Probleme der Personalanpassung bei Umstrukturierung, Lean Production, Outsourcing usw. beruhen deshalb nicht auf europäischem Transferrecht, sondern auf nationalrechtlichen Besitzstandsvorschriften – genauer gesagt auf der Mischung aus Besitzstand nach nationalem Recht und ihrer Festschreibung bei Aufgabenverlagerung nach europäischem Recht.

6. Europäischer Arbeits- und Umweltschutz

Der Arbeitsschutz stellt den geschlossensten und umfangreichsten Teil des europäischen Arbeitsrechts dar, und die Rahmen-RL 89/391/EWG kann mit Recht als „Grundgesetz des europäischen Arbeitsschutzes" bezeichnet werden. Geändert haben sich nicht nur die Strukturen, Kompetenzen und Inhalte, sondern vor allem die gesamte „Sicherheits-Philosophie". Dies wird die deutschen Manager zu grundsätzlichem Umdenken zwingen. Die deutsche Sicherheitsphilosophie ist bislang beherrscht von zwei Merkmalen:

– krasse Trennung von innen (Arbeitsschutz) und außen (Umweltschutz) und
– staatliche Vorgaben mit polizeilichen Kontrollen.

Dies hat zum einen historische, zum anderen Mentalitätsgründe. Der Arbeitsschutz als Teil der Bismarckschen Sozialgesetzgebung war fixiert auf den Schutz des Arbeitnehmers. Zentralbegriffe waren der „Arbeitsunfall" und die „Berufskrankheit". Ziel war zwar neben der Kompensation auch sehr bald die Prävention. Aber es ging allein um den Schutz des Arbeitnehmers – Leben und Gesundheit der Menschen außerhalb des Betriebes und auch die Umwelt sind dabei völlig ausgeblendet. Dies sei an einem Beispiel dargestellt: Wenn Staub am Arbeitsplatz anfällt und dieser durch einen Hochleistungsventilator 100%ig abgesaugt wird, sind die Arbeitsschutzvorgaben voll erfüllt. Ob der abgesaugte Staub ordnungsgemäß entsorgt oder einfach in die Umwelt geblasen wird, war kein Thema des betrieblichen Arbeitsschutzes.

Das Europarecht wählt hier einen anderen, integrativen Ansatz. Durchgesetzt hat sich damit eine Philosophie, die im Schwedischen mit dem Stichwort „Arbedsmiljöh" charakterisiert wird und in Art. 2 des Abkommens über die Sozialpolitik als „Arbeitsumwelt" in deutscher Übersetzung erscheint. Es geht nicht mehr um den Schutz des Arbeitnehmers einerseits und den Umweltschutz andererseits, sondern um die Gesundheit und Sicherheit von Menschen, gleich ob innerhalb oder außerhalb des Betriebes. Darüber hinaus ist der integrative europäische Ansatz dadurch gekennzeichnet, daß nicht mehr vorrangig von zu schützenden Personen und Gütern ausgegangen wird, sondern das Ziel die Eliminierung bzw. Beherrschung einer Gefahrenquelle ist.

Aber auch noch eine andere – nicht nur deutsche, sondern kontinentaleuropäische – Grundüberzeugung ist durch die Europäisierung ins Wanken geraten: Die Idee, daß ein Optimum an Schutz und Sicherheit dadurch zu erreichen sei, daß der Staat Mindestnormen setzt und sie durch staatliche Behörden laufend kontrolliert sowie bei Nichteinhaltung durch Polizeistrafen sanktioniert. Das mag dort sinnvoll sein, wo es darum geht, ob eine Anlage abgeschaltet oder ein Produkt vom Markt genommen werden muß. Das Fixieren von und Fixiertsein auf Grenzwerte verschüttet jedoch die Frage, ob Belastungen überhaupt sein müssen und ob nicht noch geringere Belastungen möglich sind. Dies ist der angelsächsisch-skandinavische Ansatz: Man setzt nicht primär auf Fremdprüfung, sondern auf Selbstprüfung sowie indirekte Sanktionen und Anreize, wie z.B. Haftung, Steuervorteile, Firmenimage und den Ehrgeiz, besser als andere sein zu wollen.

„Der Arbeitgeber ist verpflichtet, die erforderlichen Maßnahmen des Arbeitsschutzes unter Berücksichtigung der Umstände zu treffen, die Sicherheit und Gesundheit der Beschäftigten bei der Arbeit beeinflussen. Er hat die Maßnahmen auf ihre Wirksamkeit zu überprüfen und erforderlichenfalls sich ändernden Gegebenheiten anzupassen. Dabei hat er eine Verbesserung von Sicherheit und Gesundheit der Beschäftigten anzustreben" (§ 3 Abs. 1 ArbSchG). § 13 ArbSchG nimmt die gesetzlichen Vertreter und Führungskräfte im Rahmen ihrer Aufgaben auch persönlich in die Pflicht. Zwar kann der Arbeitgeber nach § 13 Abs. 2 ArbSchG zuverlässige und fachkundige Personen schriftlich damit beauftragen, ihm obliegende Aufgaben nach diesem Gesetz in eigener Verantwortung wahrzunehmen. Dadurch wird jedoch die originäre Verantwortung der gesetzlichen Vertreter und der zuständigen Führungskräfte nicht beseitigt.

Dieser Paradigmenwechsel hat seinen Niederschlag in Art. 130 r EGV gefunden mit den Strukturprinzipien Vorsorge, Verursacherverantwortlichkeit und Subsidiarität, die als Teil der anderen Politiken der Gemeinschaft definiert sind (sog. Querschnittsklausel). Der europäisch geprägte integrative Arbeits- und Umweltschutz wird bestimmt durch

- Vorrang der Prävention
- rechtliche Steuerung durch Selbstregulierung
- Beteiligung der Betroffenen innerhalb und außerhalb des Betriebes (Öffentlichkeit)
- ein dynamisches Konzept der ständigen Überprüfung und Verbesserung.

Mag es nun Zufall sein oder nicht: Genau das sind auch die Merkmale der modernen Qualitätssicherungssysteme nach ISO 9000 ff. Nun scheinen zwar die internationalen ISO-Normen, die der Qualitätssicherung dienen, mit den betrieblichen Arbeits- und Umweltschutzfragen von Haus aus nichts zu tun zu haben. Ihnen liegt jedoch dieselbe Philosophie zugrunde: In Abkehr von den traditionellen DIN-Normen, die Qualität durch Vermessen der Ergebnisse sichern wollen, setzen die ISO-Normen eher auf das Qualitätsbewußtsein aller Mitarbeiter, auf Beteiligung statt Anordnung, auf Selbstprüfung statt Fremdprüfung, auf Prozeß statt Ergebnis usw.

Dem europäischen Arbeits- und Umweltschutz und den aus einer ganz anderen Richtung, nämlich der Qualitätssicherung, kommenden ISO-Normen ist mithin eines gemeinsam: Normen sind keine Meßlatten mehr, die lediglich angelegt werden müssen, um Arbeitssicherheit, Umweltverträglichkeit, Qualität testieren zu können. Es gibt auch keine staatlichen Instanzen mehr, die im Sinne von Vorgaben sagen können, welche Grenzwerte unterschritten oder erreicht werden müssen, um den Anforderungen zu genügen. Die Anforderung lautet nämlich sehr einfach: Tut alles, um die höchstmögliche Sicherheit, Umweltverträglichkeit, Qualität usw. zu gewährleisten. Das löst nicht nur Existenzängste, z.B. bei den Inspektoren der Staatlichen Gewerbeaufsichtsämter aus. Auch mancher gestandene deutsche Manager reagiert auf diese Herausforderung zu eigenverantwortlichem und ganzheitlichem Denken und Handeln eher mit Verunsicherung als mit Begeisterung. Und manch hochmütige Äußerung, britische Politiker oder Unternehmer wollten ja gar keine höheren Sicherheits-, Umwelt-, Qualitätsstandards, erweist sich als schief: Sie wollen es nur anders – weniger bürokratisch und autonomer – und liegen damit zumindest im Augenblick voll im europäischen Trend.

7. Europäische Betriebsräte

RL 94/95/EG des Rates vom 22.9.1994 „über die Einsetzung eines europäischen Betriebsrats oder die Schaffung eines Verfahrens zur Unterrichtung und Anhörung der Arbeitnehmer in gemeinschaftsweit operierenden Unternehmen und Unternehmensgruppen" hat eine 25-jährige Vorgeschichte. Für die schließliche Einigung unter deutscher Präsidentschaft ist seinerzeit ein hoher Preis gezahlt worden. Rechtsgrundlage ist das in Maastricht abgeschlossene Abkommen über die Sozialpolitik, an dem das Vereinigte Königreich nicht beteiligt war. Aufgrund der Richtlinie 97/74/EG vom 15.12.1997 (sog. Erweiterungsrichtlinie) können noch vor dem in Amsterdam beschlossenen Beitritt des Vereinigten Königreichs zum Sozialprotokoll auch hier Europäische Betriebsräte gebildet werden.

Am 01.11.1996 ist das Europäische Betriebsräte-Gesetz vom 28.10.1996 in Kraft getreten, welches die europäischen Vorgaben sozusagen 1:1 in deutsches Recht umsetzt: Euro-betriebsratspflichtig sind Unternehmen oder Unternehmensgruppen, die insgesamt mindestens 1000 Arbeitnehmer in den Mitgliedsstaaten beschäftigen und davon jeweils mindestens 150 Arbeitnehmer in mindestens zwei Mitgliedsstaaten.

Partner der Grundlagenvereinbarung zur Errichtung eines Europäischen Betriebsrats ist ein sog. Besonderes Verhandlungsgremium, das in einem komplizierten Verfahren eingesetzt wird. Eine Besonderheit des deutschen Rechts ist dabei, daß die Bestellung der deutschen Mitglieder im Besonderen Verhandlungsgremium ohne Rücksicht darauf, ob die zentrale Leitung in Deutschland oder in einem anderen Mitgliedsstaat liegt, stets durch die zuständigen Gremien nach dem Betriebsverfassungsgesetz erfolgt. Nach europäischem und deutschem Recht haben freie Vereinbarungen über alle Fragen der Errichtung, Größe, Geschäftsführung, Tagungshäufigkeit und -dauer usw. Vorrang vor der Errichtung kraft Gesetz. Letzteres geschieht nur, wenn die zentrale Leitung Verhandlungen verweigert oder diese Verhandlungen innerhalb von drei Jahren nicht zu einem Ergebnis führen. Dann greift die RL 94/95/EG einschließlich der im Anhang niedergelegten Subsidiären Vorschriften.

Angesichts seiner gesetzlichen Aufgaben ist „Europäischer Betriebsrat" ein etwas hochstaplerischer Ausdruck für ein Gremium, dem lediglich Informations- und Konsultationsrechte zustehen. Irgendwelche Beteiligungs- oder gar Mitbestimmungsrechte hat der Europäische Betriebsrat nicht. Es wird also vor allem darauf ankommen, was die Partner daraus machen. Zumindest bietet der Europäische Betriebsrat eine geeignete Plattform, um auch und gerade in schwierigen Situationen für transnational operierende Unternehmen Information und Kommunikation mit den Mitarbeitern und ihren Repräsentanten nicht abreißen zu lassen. Freilich ist dafür u. U. aufgrund extrem hoher Reise- und Dolmetscherkosten ein Preis zu zahlen, den zumal mittelständische transnational operierende Unternehmensvertreter für ruinös halten. Jedoch haben im europäischen Recht einvernehmliche Lösungen – anders als im deutschen Betriebsverfassungsrecht – prinzipiell Vorrang vor staatlicher Zwangsreglementierung.

8.   Fazit

Eine Bestandsaufnahme des europäischen Arbeits- und Sozialrechts führt heute zu sehr differenzierten Befunden. Die Koordinierung der Sozialversicherungssysteme ist jedenfalls soweit vorangeschritten, daß es jedem Bürger eines Mitgliedsstaates tatsächlich möglich ist, einer Beschäftigung in jedem anderen Mitgliedsstaat nachzugehen. Selbstverständlich gibt es auch hier noch ungelöste Probleme, und einige könnten eher größer als kleiner werden. So erkennt das britische Recht die freie Entscheidung seiner Bürger zu freiem Unternehmertum, selbst wenn dies ökonomisch zu Kümmerexistenzen weit unterhalb des jeweiligen Tarifniveaus führt, schon heute in weitaus größerem Umfang an als etwa das französische oder deutsche Recht. Wenn eine SPD-geführte Bundesregierung – wie angekündigt – durch Neudefinition des Arbeitnehmerbegriffs die sog. Scheinselbständigkeit der Sozialversicherungspflicht unterwerfen sollte, werden die Wettbewerbsverzerrungen zwischen der Beschäftigung deutscher Bauarbeiter und dem Einsatz britischer Ein-Mann-Bauunternehmen mit der vom Department of Employment ausgestellten Form 101 sich fraglos weiter verschärfen.

Im Bereich des Arbeitsschutzes ist es – entgegen ursprünglichen kontinentaleuropäischen Widerständen – erfreulicherweise gelungen, sich nicht nur auf eine gemeinsame Sicherheitsphilosophie zu einigen, die stärker auf Eigenverantwortung als auf beckmesserische Kontrollen setzt. Auch bei den Standards hat man sich auf ein Niveau geeinigt, das den Vergleich mit entwickelten Industrienationen weltweit nicht zu scheuen braucht. Am wenigsten hat die Europäisierung die eigentlichen Kernmaterien des Arbeitsrechts erfaßt. Hier gibt es sozusagen „Inseln" europäischen Rechts, die nicht miteinander verbunden sind und zuweilen auch nur schwer mit den nationalen Arbeitsrechtssystemen kompatibel gemacht werden können.

Das zusammenwachsende Europa, die zunehmende Regelungsdichte im Wirtschafts- und Wettbewerbsrecht, die Europäisierung der nationalen Arbeitsmärkte sowie die Schaffung einer gemeinsamen Währung werden den Zwang zu besserer Koordinierung der Sozialversicherungssysteme und weiterer Harmonisierung des Arbeitsrechts gleichwohl verschärfen. Führungskräfte mit Personalverantwortung sind deshalb gut beraten, zumindest bei strategischen Entscheidungen der europäischen Gesetzgebung und Rechtsprechung gleich große Aufmerksamkeit zu schenken wie der nationalen.

Abkürzungsverzeichnis

Abs.	Absatz
AEntG	Arbeitnehmer-Entsendegesetz vom 26.02.1996
ArbGG	Arbeitsgerichtsgesetz
ArbSchG	Arbeitsschutzgesetz v. 07.08.1996
Art.	Artikel
BAG	Bundesarbeitsgericht
BGB	Bürgerliches Gesetzbuch
BVerfG	Bundesverfassungsgericht
DB	Der Betrieb, Wochenschrift, Düsseldorf, Frankfurt (Handelsblatt)
EGBGB	Einführungsgesetz zum Bürgerlichen Gesetzbuch
EGV	Vertrag zur Gründung der Europäischen Gemeinschaft v. 25.03.1957 (1991 ergänzt durch den Unionsvertrag von Maastricht)
EuGH	Europäischer Gerichtshof, Luxemburg
EuGVÜ	Übereinkommen vom 19.06.1980 über das auf vertragliche Schuldverhältnisse anwendbare Recht
ISO	International Organization for Standardization, Genf
LAG	Landesarbeitsgericht
NZA	Neue Zeitschrift für Arbeitsrecht, Zweiwochenschrift, München und Frankfurt a.M. (Beck)
Rs.	Rechtssache (beim EuGH)
RL	Richtlinie
TV	Tarifvertrag
VO	Verordnung

TEIL VI
Organisationsstrukturen und ihre Veränderung

Einführung

Trotz umfangreicher Forderungen nach Flexibilität der Personalarbeit kommt ein Unternehmen nicht ohne ein Netz geregelter Beziehungen aus. WIENDIECK zeigt die wichtigsten Formen praxisrelevanter Organisationsstrukturen auf. Dabei geht er auch auf die Vor- und Nachteile verschiedener Organisationsmodelle ein, denn letztendlich ist eine geeignete Auswahl nur situativ zu begründen.

In Erweiterung dieser Vorstellungen kommt man zur Gestaltung durch Organisationsentwicklung. COMELLI beschreibt die wesentlichen Elemente und Ansätze dieses geplanten, gelenkten und systematischen Prozesses zur Veränderung der Kultur, der Systeme und des Verhaltens einer Organisation bei der Lösung ihrer Probleme und der Erreichung ihrer Ziele. Zentrales Thema ist hierbei der Einbezug der Betroffenen und die Vermeidung von „Bombenwurfstrategien", die das spezielle Wissen der Mitarbeiter negieren und langfristig zu Demotivation und Verunsicherung führen können.

Change Management, die effiziente Steuerung des Wandels in der Organisation, wird immer mehr zu einer zentralen Anforderung für Führungskräfte. „Lernende Organisation", „Virtuelle Unternehmensführung" oder „TQM" sind aktuelle Schlagworte in der Managementliteratur. Doch wie lassen sie sich in der gewachsenen Organisation erreichen? REISS verdeutlicht Instrumentarien eines Change Managements und geht insbesondere auch auf den Umgang mit Widerständen und zu beachtende Risiken im Veränderungsprozeß ein.

Prozeßoptimierung durch Veränderung der Organisationsstrukturen und Ausrichtung der Geschäftsprozesse auf die tatsächlichen Kundenanforderungen gilt vielen als Rettungsweg in der Krise. KIERYSCH beschreibt, wie dabei vorzugehen und was zu beachten ist.

Organisatorische Veränderungen betreffen grundsätzlich alle betrieblichen Bereiche. Gerade die Einführung neuer Techniken erfordert angepaßte Arbeitsformen sowie erweiterte Fähigkeiten und Fertigkeiten der betroffenen Mitarbeiter. Eine Möglichkeit zur Motivierung und gleichzeitig Qualifizierung von Mitarbeitern sind Qualitäts-Zirkel, die schon längst nicht mehr nur auf die Produktion beschränkt sind, sondern inzwischen in verschiedenen Hierarchieebenen und Funktionsbereichen Anwendung finden. BUNGARD beschreibt neue Entwicklungen auf diesem Gebiet und erläutert die Chance des QZ-Konzeptes beispielsweise bei der Einführung von neuen Techniken, deren Auswirkungen er ausführlich diskutiert, bei neuen Organisationsformen und bei der Förderung der Kooperation von Mitarbeitern an isolierten Arbeitsplätzen.

Die Gestaltung der Führung und Zusammenarbeit kann zwar von der Unternehmensspitze aus erfolgen. Diese Vorgehensweise birgt jedoch zum einen die Gefahr der

Fehleinschätzung der Bedürfnisse, entspricht zum anderen auch in keiner Weise der Forderung nach Partizipation. Vor der Beteiligung der Betroffenen steht deshalb die Informationssammlung über ihre Erfahrungen, Wünsche und Erwartungen. Domsch und Schneble zeigen am Beispiel von Mitarbeiterbefragungen auf, welche Möglichkeiten und Grenzen beim Einsatz dieses Instrumentes bestehen.

Neue Produkte der Kommunikations- und Informationstechnik wie Datensichtgeräte, Textsysteme, Personal Computer usw. haben die Bürowelt von heute bereits verändert. Die Entwicklung wird sich fortsetzen, die Akzeptanzproblematik bei den betroffenen Mitarbeitern ist von Vorgesetzten in Rechnung zu stellen. Reichwald und Möslein verdeutlichen die Chancen einer gezielten Mediennutzung in der Managementkommunikation.

Bögel zeigt auf, daß sich Veränderungen im Rahmen des jeweiligen Organisationsklimas und der jeweiligen Organisationskultur vollziehen. Gleichzeitig sind diese nicht starr, organisatorische Veränderungen gestalten Klima und Kultur neu für die Zukunft. Gerade auf die Meß- und Gestaltungsproblematik wird in diesem Beitrag eingegangen.

Organisationen und ihre Abläufe unterliegen weiterhin gesellschaftlichen und politischen Rahmenbedingungen, die in Form einklagbarer Ansprüche im Betriebsverfassungsgesetz niedergelegt sind. Kapitalbesitz allein legitimiert kein volles Weisungsrecht. Der Mitarbeiter hat – als mündiger Bürger –, repräsentiert durch die von ihm Gewählten, ein Recht auf Mitsprache. Wie dies auf der Grundlage des Betriebsverfassungsgesetzes in den Unternehmen wirkt, wo es zu Konflikten führen kann und wie schließlich damit umzugehen ist, zeigt Böhm im abschließenden Beitrag dieses Themenkreises.

Gerd Wiendieck

Führung und Organisationsstruktur

1.   Alte und neue Konzepte

Was eine Organisation ist, scheint auf den ersten Blick klar zu sein: Ein Unternehmen, eine Behörde oder eine Partei, also eine Institution, die klare Ziele verfolgt, eine innere Struktur aufweist und ihre Mitglieder durch Verhaltensregeln steuert. Dauerhaftigkeit, Festigkeit und Strukturiertheit wären demnach typische Elemente einer Organisation. Bei genauerem Hinsehen wird es jedoch schwieriger, denn „Organisationen sind wie Wolken. Je nach Betrachtungsstandpunkt verändern sie ihre Konturen, und kommt man ihnen näher, so verschwimmen sie ganz." (STARBUCK, 1976) Dies scheint heute in besonderem Maße zu gelten, da sich die Organisationen nicht nur unter dem Eindruck des Betrachters, sondern unter dem tatsächlichen Druck der Umwelt wandeln, und ihre Vielfalt ständig zunimmt. Sie scheinen ihre Festigkeit zu verlieren, indem die Anpassungs- und Wandlungsfähigkeit betont und genau hierin ihre eigentliche Stärke gesehen wird. Statt Stabilität wird Flexibilität propagiert, und der Hinweis auf Strukturen erinnert bereits an Bürokratien und wirkt daher merkwürdig antiquiert. Statt dessen wird von offenen Netzwerken, Kooperationssynergien oder Lernkulturen gesprochen. Gleiches gilt für Führung und für Führungskräfte. Auch hier wird Erneuerung verlangt: Sie sollen umlernen, neue Rollen einüben, auf Macht und Einfluß verzichten und anderen eine Chance geben. Selbst der Führungsbegriff steht zur Disposition, wenn nicht mehr von Planen und Lenken, sondern von Coaching und Counselling die Rede ist. Der Wandel der Führungsrolle entspricht dabei nicht einfach nur dem Zeitgeist oder erklärt sich als späte Einsicht in die Überlegenheit demokratischer Steuerungen, sondern ergibt sich als Notwendigkeit aus dem Wandel der organisationalen Strukturen.

2.   Organisationen sind Regelsysteme

Bei aller Unterschiedlichkeit der Organisationsformen läßt sich jedoch rasch Einvernehmen darüber erzielen, daß Organisationen der Leistungssteigerung dienen und hierzu das Verhalten ihrer Mitglieder koordinieren. Organisierte Arbeit liefert Synergieeffekte, also ein Leistungsplus gegenüber der bloßen Aggregation der Arbeitsergebnisse einzelner Menschen, sofern deren Tätigkeit aufeinander bezogen und auf ein übergeordnetes Ziel hin ausgerichtet wird. Dies ist die Kernaufgabe der Führung, die sich hierzu unterschiedlicher Instrumente bedient. Nur eines davon ist die personale Führung, also die persönliche Interaktion zwischen Führungskräften und Mitarbeitern. Andere verhaltenssteuernde Instrumente sind struktureller Art, wie z.B. organisationale Regeln und Standards (z.B. Verfahrensanweisungen zur Qualitätssicherung in Unternehmen oder ministerielle Erlasse zur Steuerung nachgeordneter Behörden) oder technisch bedingte Abläufe (z.B. die Reihenfolge der Arbeitsschritte in Montageprozessen oder die menügeführte Dateneingabe in IT-Systemen) oder das System der hierarchisch gegliederten Stellen und Zuständigkeiten (vgl. den Beitrag von v. ROSENSTIEL „Grundlagen der Führung" in diesem Band). Schließlich stellt auch die Organisationskultur mit ihren Werten und Normen ein System der Verhaltenssteuerung dar, das ebenso wirksam wie unbemerkt funktioniert, allerdings auch nicht so beliebig und rasch gestalt- und veränderbar ist, wie dies für formale Regeln gilt.

Organisationen verfügen also über unterschiedliche Steuerungssysteme, die sich ergänzen können und in ihrer Redundanz eine höhere Steuerungssicherheit versprechen. Wenn hohe Kundenorientierung und Qualitätssicherung nicht nur im Hochglanzpapier des Unternehmensleitbilds erscheinen, sondern durch Qualitätshandbücher vorgeschrieben, durch Ausbildung unterstützt und durch die besondere Aufmerksamkeit der Vorgesetzten hervorgehoben werden, so dürfte diesen Prinzipien erhöhte Akzeptanz und Gefolgschaft sicher sein.

Diesen Regel- und Steuerungssystemen ist gemeinsam, daß sie den einzelnen Menschen von Unsicherheit und Entscheidungsdruck entlasten und zugleich die Organisation vom einzelnen Individuum unabhängig machen. Wer neu in die Organisation eintritt, findet Regeln vor, die auch nach seinem Ausscheiden Bestand haben. Falls es dennoch zu Koordinationsproblemen kommen sollte, greifen weitere Regeln, etwa der Verweis an die nächsthöhere Hierarchieebene. Diese Regeln stabilisieren die Organisation und erlauben eine Steigerung der Rationalität und Effizienz. Nicht Tradition oder Ideologie bestimmt die Regel, sondern Wissen, Erfahrung und Erfolg. Zumindest entspricht dies dem Grundprinzip des tayloristischen „Scientific Management", das die Entwicklung der Organisationsstrukturen und Führungsstile bis in die heutige Zeit beeinflußt hat. Vergleichbar dem Bürokratiemodell von Weber hatte Taylor eine klare Arbeitsteilung, hierarchische Gliederungen, strukturierte Regeln und deren präzise Überwachung gefordert. Damit sind auch zugleich die wesentlichen Strukturdimensionen umrissen, anhand derer sich Organisationen unterscheiden lassen (vgl. REIMANN, 1975):

1. Spezialisierung
Dies betrifft den Grad der Arbeitsteilung, also die Frage, wie weit die Gesamtaufgabe in Teilschritte oder gar einzelne Handgriffe zergliedert wird. Der leistungssteigernde Effekt der Arbeitsteilung stößt jedoch bei stark partialisierten Tätigkeiten an seine Grenzen bzw. kehrt sich um, weil der Koordinationsaufwand unverhältnismäßig steigt. Dieser Aufwand bezieht sich dabei nicht nur auf die Koordination der Arbeitstätigkeiten, sondern vor allem auf die Kontrolle der Arbeitskräfte. Hoch arbeitsteilige Spezialisierungen machen die Arbeit inhalts- oder sinnleer, verringern ihre intrinsischen Anreize und behindern die Identifikation mit der Aufgabe.

2. Formalisierung/Standardisierung
Dies betrifft den Grad, in dem Zuständigkeiten und Arbeitsabläufe durch vorgegebene, meist schriftlich fixierte Regeln und Standards festgelegt werden. Die Leitungssysteme (z. B. Stab-Linien- oder Matrixorganisationen) und ihre jeweiligen Stellenbeschreibungen definieren Aufgaben und Zuständigkeiten. Diese Stellenbeschreibungen wurden vielfach unter dem Gesichtspunkt der Klärung und Verpflichtung erlassen, d. h. sie klären, wozu der Stelleninhaber verpflichtet ist. Damit ist zugleich eine Entpflichtung von all jenen Aufgaben gegeben, die nicht eigens aufgeführt waren. Der formal korrekte Hinweis, nicht zuständig zu sein, erwies sich jedoch zunehmend als problematisch. Auch die Regelung von Verfahrensabläufen – etwa im Rahmen von TQM oder ISO – kann rasch eine Doppeldeutigkeit und Eigenständigkeit annehmen, wenn ihr Zielbezug verloren geht und sie nur noch schematisch als solche befolgt werden. Die Regeleinhaltung ist dann wichtiger als die Zielerreichung. So verliert die Regel ihre instrumentelle Funktion und wird zum Selbstzweck.

3. Zentralisierung

Dies betrifft die Zuordnung von Entscheidungskompetenz und die davon abgeleiteten Weisungsmöglichkeiten über verschiedene Hierarchieebenen hinweg. So wird geregelt, wer worüber und wieweit entscheiden darf. In streng zentralistisch strukturierten Organisationen reduziert sich die Führungsaufgabe dann auf die Kontrolle der Einhaltung von Vorgaben und Normen. Dies mindert den Einfluß der Vorgesetzten und schützt sie zugleich vor den Mitarbeiteransprüchen, da es nichts zu verhandeln gibt. Kommunikation zwischen den Ebenen verengt sich auf die Weitergabe von Anordnungen nach unten und Kontrollmeldungen nach oben. Die Führung verliert ihre eigentliche Steuerungs- und Bindungsfunktion und beschränkt sich auf ihre Weisungs- und Überwachungsfunktionen. Emotionale Bindungen würden dysfunktional und störten einen Mechanismus, der gerade ohne Ansehen der Person funktionieren soll. Die normative Forderung nach partizipativer Führung läuft hier ins Leere. Wo keine Handlungsspielräume gegeben sind, braucht auch nicht verhandelt zu werden. Die Partizipation erschöpft sich dann in unpersönlicher Freundlichkeit, die gerade nicht strukturkorrigierend, sondern -stabilisierend wirkt. So wird Zentralisierung zum Mittel der Eliminierung persönlicher Macht. Der Preis dafür ist Inflexibilität (CROZIER, 1971).

Während für Max Weber diese hier idealtypisch formulierten Strukturmerkmale jeweils nur Ausprägungen einer einheitlichen Dimension waren, verweisen PUGH und HICKSON (1971) sowie REIMAN (1975) darauf, daß es sich um unabhängige Dimensionen handelt und Organisationen demnach nicht lediglich mehr oder minder bürokratisch, sondern ganz unterschiedlich strukturiert sein können. Damit wird auch die Auffassung obsolet, daß organisatorische Entwicklungen im Kern stets auf eine Perfektionierung des zweckrationalen Bürokratiemodells hinauslaufen.

Es spricht viel für die Annahme, daß sich die gesellschaftlichen Umfeldbedingungen, in denen Organisationen agieren, geändert haben, und so neue Anforderungen und damit auch neue Organisationsstrukturen entstanden sind. Der Wandel und die Globalisierung der Märkte, die Zunahme des Wettbewerbs, der Anstieg und die Differenzierung der Kundenerwartungen sowie die technologischen Entwicklungen haben zu einer höheren Umweltkomplexität und -dynamik geführt, die mit rein zweckrational und zentral gesteuerten Organisationen nicht zu beherrschen ist. Der Mangel an Flexibilität erwies sich als die eigentliche Achillesferse tayloristischer Organisationen, die mit „Übersteuerung", „Überstabilisierung" und „Überkomplizierung" gleich alle drei von TÜRK (1976) differenzierten Pathologien einer Organisation auf sich vereinigen konnten.

3.   Mangel an Motivation oder an Möglichkeiten

Die Mitgliedschaft und Mitwirkung in einer Organisation werden weitgehend durch eine freie Willensentscheidung bestimmt und folgen der einfachen Abwägung, ob sich der Einsatz lohnt oder nicht. Dies ist nicht lediglich materiell im Sinne eines Gehaltsvergleiches zu sehen, sondern bezieht zunehmend andere Faktoren mit ein, etwa die Frage, ob die Organisation sinnvolle Ziele verfolgt, ein ansprechendes Sozialklima bietet und Entwicklungschancen bereithält (vgl. den Beitrag von v. ROSENSTIEL „Motivation" in diesem Band). Der Wunsch nach sinnvoller Tätigkeit und angemessenen Handlungsspielräumen ist im Zuge des Wertewandels gewachsen. Dem stehen immer noch erstarrte organisationale Strukturen gegenüber. Dies zeigt sich bei der einfachen Frage, wie weit es den Organisationen gelingt, das volle Leistungspotential ihrer Mitarbeiterinnen und Mitarbeiter zu nutzen. Die Antworten sind oft betrüblich dürftig: Folgende einfache – in Führungsseminaren gestellte – Frage ergab immer wieder gleichartige Ergebnisse, die Abbildung 1 zeigt.

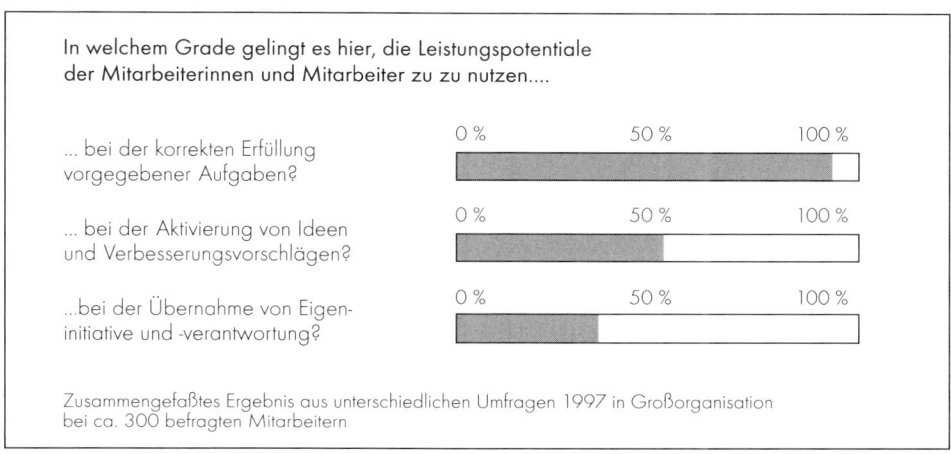

Abb. 1: Leistungspotentiale der Mitarbeiter

Dieser Mangel an Kreativität und Initiative wird durch den Hinweis auf fünf Faktoren erklärt:

1. Zeitdruck und Arbeitsbelastung lassen kaum Möglichkeiten für Kreativität und Initiative
2. Einengung durch bürokratische Vorgaben und Regeln
3. Beharrungstendenz des Gewohnten oder Widerstand gegen Wandel
4. Fehlende Anreize für Innovation und Initiative
5. Angst vor Fehlern und Bloßstellung

Hier werden zentralistische Strukturen und dirigistische Führungsstile als kreativitäts- und initiativfeindlich dargestellt. Die Mitarbeiter sind durch externe Vorgaben eingegrenzt und verlieren mit dem äußeren Bewegungsraum auch ihre inneren Antriebsenergien, bis schließlich der Mangel an Motivation dem Mangel an Möglichkeiten entspricht. Selektions- und Sozialisationseffekte verstärken diesen Prozeß, so daß diese Strukturen schließlich für jene Mitarbeiter attraktiv sind, deren Leistungsmotivation eher durch Mißerfolgsmeidung als durch Erfolgssuche und deren Handlungstendenzen eher durch ängstliches Abwarten als durch offene Aktivität gekennzeichnet sind (WEIBLER, 1989). Dann verliert die Enge der organisationalen Struktur auch ihre psychisch aversive Wirkung und kann statt dessen geradezu als Schutz vor bedrohlich erlebten Änderungen begrüßt werden. Allerdings lassen sich auch die gegenteiligen Effekte finden, wenn die strukturelle Enge gepaart mit unpersönlicher Führung geradezu zum Widerstand herausfordert. BERNDSEN (1997) schreibt diesen Strukturen sogar eine sabotagebegünstigende Wirkung zu und zeigt, daß einzelne Mitarbeiter gerade durch organisationsfeindliche Aktionen bestrebt sein können, ihre verlorenen Handlungsspielräume wiederherzustellen.

4.   Schlanke Organisationsstrukturen

Inflexibilität, Demotivation und Destruktion sind angesichts dynamischer Umwelten sowohl einzel- wie gesamtwirtschaftliche Erfolgshemmnisse ersten Ranges. Der Ruf nach neuen, flexibleren Organisationsstrukturen ist unüberhörbar, übrigens nicht nur in der Wirtschaft, sondern ebenso im Bereich der öffentlichen Verwaltungen. Einen entscheidenden Innovationsanstoß gab die weltweite, empirisch fundierte MIT-Studie von WOMACK u.a. (1991) zu neuen Produktionskonzepten in der Autoindustrie. Die Analyse der insbesondere bei Toyota realisierten Managementstrategien lenkte die Aufmerksamkeit auf die eigentlichen Wertschöpfungsketten, auf die Vermeidung jeglicher Verschwendung, auf kontinuierliche Verbesserungsprozesse, flache Hierarchien, die Reduktion indirekter Funktionen und den Einsatz von Gruppenarbeitskonzepten, was insgesamt in dem populären Label „lean production" zusammengefaßt wurde.

Es wurde mehrfach und zu Recht darauf hingewiesen, daß ein bloßer Ersatz „tayloristischer" durch „toyotistische" Strukturen den spezifischen historischen, kulturellen und auch branchentypischen Bedingungen europäischer Organisationen nicht gerecht werden könne (vgl. ZINK, 1995, S. 19). Während die bundesrepublikanische Diskussion auch durch das Bemühen um eine menschengerechte, d.h. lern- und persönlichkeitsfördernde Arbeitsgestaltung beeinflußt wurde (ULICH, 1994, S. 287), geht es bei den japanischen lean production-Strategien „nicht um eine Humanisierung, sondern um eine konsequente Rationalisierung der Arbeit unter Rundumnutzung der menschlichen Arbeitskraft" (STAEHLE, 1994, S. 694).

Während sich im privatwirtschaftlichen Bereich die im Gefolge dieser Studie publizierten Erfolgsrezepte zu überschlagen scheinen und den Beratungsmarkt für Managementkonzepte überschwemmen, konzentriert sich im öffentlichen Sektor die Diskussion auf das New Public Management (NPM), das in der Bundesrepublik unter dem Namen „Neue Steuerungsmodelle" firmiert.

Ein grundlegender Ansatz dieses Strukturwandels liegt in der Erweiterung der strukturell verengten Handlungsspielräume und dem systematischen Einbezug der Mitarbeiter. Dies betrifft die drei Dimensionen des Entscheidungs-, Tätigkeits- und Interaktionsspielraums. Mitarbeiter werden als Mitdenker und Mitgestalter gesehen, wenn ihnen zunehmend mehr Entscheidungs- und Mitwirkungskompetenz zuerkannt wird. Damit übernehmen sie Führungsfunktionen, die bislang bei den Vorgesetzten lagen. Dies ermöglicht und erfordert den Abbau von Hierarchieebenen bzw. die Entwicklung flacher Strukturen. Die Arbeitsaufgaben werden nicht weiter zerstückelt, sondern zu ganzheitlicheren Arbeitspaketen zusammengefaßt: Integration statt Partialisierung ist das Motto. Dies zeigt sich besonders klar in den Produktionsbereichen, wenn ehemals indirekte Tätigkeiten wie Wartung, Instandhaltung, innerbetriebliche Logistik oder Qualitätssicherung von den direkten Produktionsbereichen übernommen werden. Die Aufgabenkomplexität steigt und erfordert erweiterte Qualifikationen. Schließlich werden die Synergieeffekte der Gruppenarbeit genutzt, wenn die Teammitglieder ihren Arbeitseinsatz untereinander koordinieren. Job rotation sorgt dabei nicht nur für höhere Einsatzflexibilität, sondern fördert die Qualifikation und Identifikation mit der Gesamtaufgabe und der Arbeitsgruppe. Dies ist Voraussetzung dafür, daß komplexe Probleme in der Gruppe aufgegriffen und kompetent gelöst werden können.

Die Erweiterung der Handlungsspielräume kann jedoch auch unerwünschte Nebenwirkungen bringen, etwa die Angst vor Überforderung und Verantwortung,

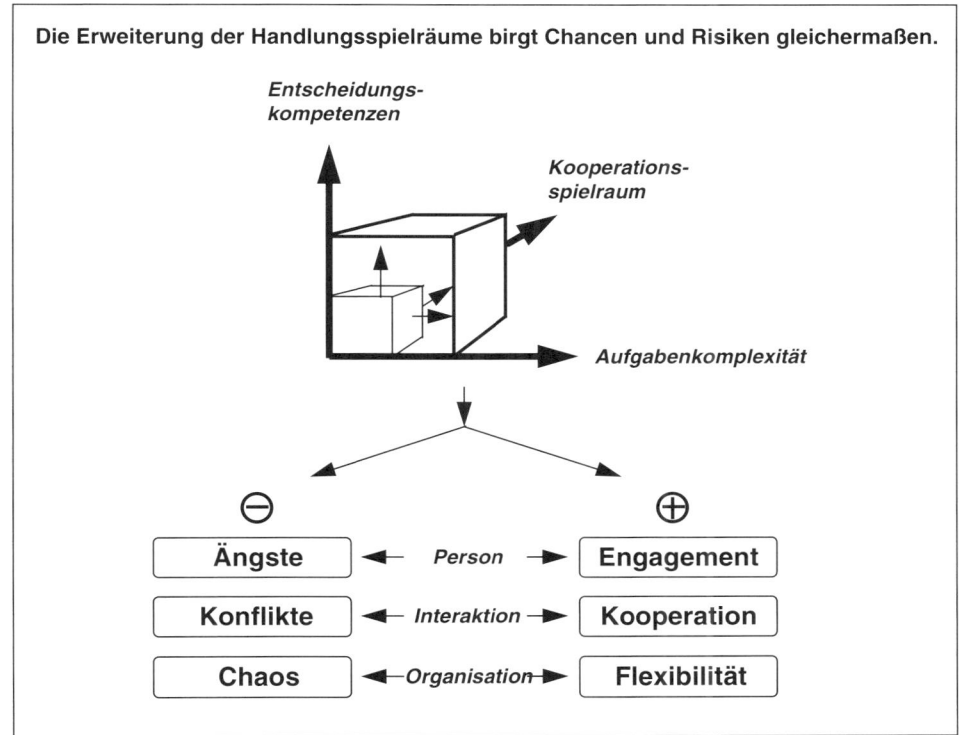

Abb. 2: Chancen und Risiken erweiterter Handlungsspielräume

die Zunahme destruktiver Konflikte sowie die Gefahr eines Mangels an Gesamtkoordination (s. Abbildung 2). Daher sind mit der Erweiterung der Handlungsspielräume weitere flankierende Maßnahmen zur Vermeidung dieser Risiken notwendig.

Zu diesen risikominimierenden Strategien gehören insbesondere die Präzisierung der organisatorischen Ziele und das Bemühen, sie durch einen systematischen Zielvereinbarungsprozeß auf alle Ebenen und Funktionen hinunterzubrechen. Ziele – weniger Regeln – sollen handlungsleitende Funktionen übernehmen. Die partizipative Zielvereinbarung soll dabei die Zielbindung erhöhen und so die notwendige Akzeptanz für die Übernahme der Ergebnisverantwortung stärken. Hierzu gehört weiterhin, daß die Mitarbeiter tatsächlich den Prozeß der Leistungserstellung durch eigenes Handeln beeinflussen können und um ihre Einwirkungsmöglichkeiten wissen. Daher ist neben der Messung der Zielerreichung und der entsprechenden Ergebnisrückkopplung auch die systematische Qualifizierung der Mitarbeiter eine wichtige Voraussetzung für die Funktionsfähigkeit dieses Prozesses.

Diese strukturellen Bedingungen der neuen Organisationskonzepte lassen sich im Kern auf drei wesentliche Entwicklungslinien reduzieren, die übrigens sowohl in den privatwirtschaftlich verfaßten Unternehmen, als auch bei den non-profit Organisationen der öffentlichen Verwaltungen wiederzufinden sind (s. Abbildung 3).

Der Wandel der organisationalen Struktur bedingt und erfordert auch einen Wandel der personalen Führung. Während die partizipative Haltung in bürokratisch/tayloristisch strukturierten Organisationen noch überwiegend beschwichtigend wirken

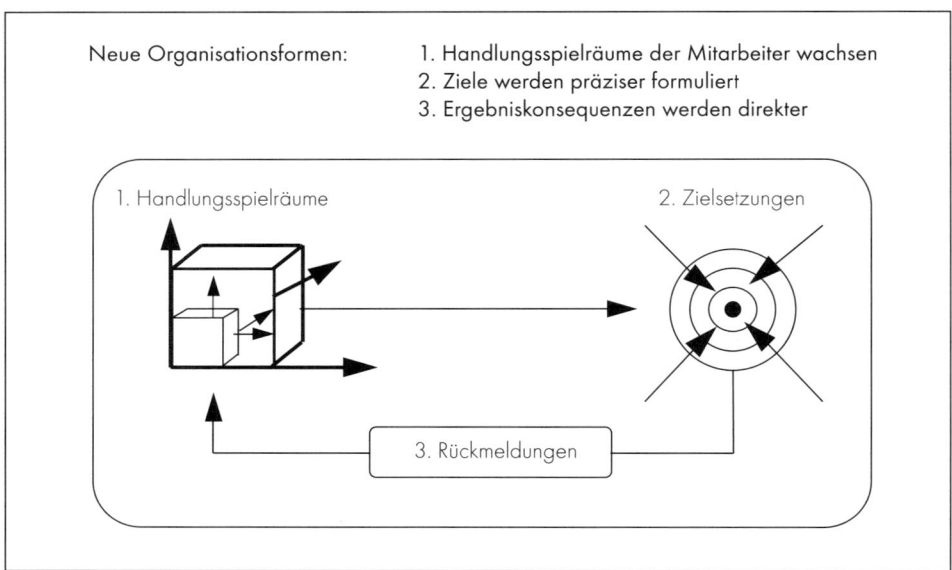

Neue Organisationsformen:
1. Handlungsspielräume der Mitarbeiter wachsen
2. Ziele werden präziser formuliert
3. Ergebniskonsequenzen werden direkter

1. Handlungsspielräume

2. Zielsetzungen

3. Rückmeldungen

Abb. 3: Konsequenzen neuer Organisationsformen

und mit den unpersönlichen Strukturen versöhnen sollte, geht es nun darum, die motivationalen Ressourcen der Mitarbeiter zu aktivieren, ihre Kreativität zu fördern und ihre Initiativen zu bündeln.

Der größere organisationale Freiraum stimuliert zu Eigeninitiativen, die jedoch – je nach Standpunkt – auch als Eigenmächtigkeiten interpretiert werden können. Konflikte werden wahrscheinlicher und verlangen nach Lösungen, die nicht bereits durch Regelsysteme vorgegeben, sondern erst gefunden werden müssen.

Die personale Führung ist hier kein „Anhängsel" mehr, kein Residualfaktor einer noch nicht perfektionierten strukturellen Steuerung, sondern erfüllt die zentralen Funktionen der Orientierung und Integration von Mitarbeitern. Zugleich wandelt sich das Bild der Mitarbeiter vom unselbständig Beschäftigten zum selbständigen Mitgestalter.

5. Führung selbständiger Mitarbeiter

Die neuen Organisationsstrukturen haben ein neues Dilemma geschaffen: Den Zielkonflikt zwischen Kreativität und Kontrolle. Wie sollen Führungskräfte – so fragt Simons (1995) – das Geschehen in ihren Organisationen angemessen kontrollieren und zugleich Mitarbeitern genügend Raum lassen, um Flexibilität, Erneuerungsstreben und Kreativität zu praktizieren? Angesichts steigender Kundenanforderungen bei nachlassender Kundenbindung können Fehlentwicklungen rasch gravierende Risiken, dauerhafte Imageschäden oder gar existentielle Krisen auslösen. Es wird nicht reichen, nur gute Leute einzustellen, für Anreize zu sorgen und ansonsten auf das Beste zu hoffen. Simons (1995) differenziert vier Kontrollsysteme, die jeweils unterschiedliche Funktionen erfüllen und daher erst in ihrer Kombination ein sinnvolles System ergeben:

626

1. Diagnostische Kontrollsysteme

Diese Systeme funktionieren wie die Anzeigeinstrumente im Cockpit eines Flugzeuges oder der Steuerungswarte eines Kraftwerks. Sie machen möglichst zeitnahe realistische Aussagen über relevante Teilaspekte des gesamten Prozesses der Leistungserstellung. Diese vom Controlling bereitgestellten und differenziert aufbereiteten Daten erlauben nicht nur den Führungskräften eine Feinsteuerung des Prozesses, sondern geben jedem Mitarbeiter Rückmeldungen über seinen Leistungsstand und seine Zielerreichung. Vergleichende Berechnungen (benchmarking) zeigen erreichbare Ziele und spornen vor dem Hintergrund der weiten Handlungspielräume zur Leistung an, vor allem dann, wenn die Zielerreichung mit Gratifikationen verbunden ist. Die Wirksamkeit dieser Systeme ist unbestritten. Sie bergen jedoch gerade deswegen eine Gefahr: Die Internalisierung externer Vorgaben und die Verinnerlichung der Leistungsnormen kann einen Druck erzeugen, der die Versuchung zur Datenmanipulation fördert. Simons (1995) berichtet von verschiedenen Fällen, bei denen hohe Ziele zu hohen Versagensängsten und dann nicht zur Vermeidung, sondern nur noch zur Verschleierung von Fehlentwicklungen führten. Daher bedürfen diagnostische Systeme der Einbindung in Bekenntnissysteme.

2. Bekenntnissysteme

Hiermit sind Wertorientierungen und Normen gemeint, die die Soll-Kultur einer Organisation beschreiben. Solche Bekenntnissysteme werden als „mission statements" oder „Unternehmensleitlinien" notwendigerweise auf hohem Abstraktionsniveau formuliert, um für möglichst viele Bereiche und Situationen Gültigkeit zu haben. Damit diese Ausagen jedoch nicht in die Unverbindlichkeit des Abstrakten abheben, müssen sie lebendig gehalten und durch Beispiele konkretisiert werden. Die Glaubhaftigkeit des Führungshandelns im Sinne der Grundwerte ist notwendig. So wird verhindert, daß diese Grundwerte als Modetrend oder Werbegag belächelt werden. Insbesondere komplexe und dezentrale Strukturen erschweren die Entwicklung eines Gefühls der Zugehörigkeit. Auch dieses kann durch sinnstiftende Grundwerte erleichtert werden. Da Grundwerte normativ formuliert sind, weichen sie von der Realität ab. Diese Diskrepanz spricht nicht gegen, sondern für sie, da sie andernfalls überflüssig wären. Allerdings darf die Diskrepanz nicht so groß sein, daß sie als unerreichbares Ideal ihre Orientierungsfunktion verliert.

3. Abgrenzungssysteme

Dies sind negativ formulierte Standards, die unerwünschte Verhaltensweisen charakterisieren. Hier werden Handlungen definiert, die jenseits des Erlaubten, aber wegen ihrer Verlockung noch im Bereich des Möglichen liegen. Solche Kodizes sind organisationsspezifischer gefaßt als ethische oder gesetzliche Vorgaben. Im übrigen wäre die Wiederholung allgemeiner sittlicher Normen nicht nur redundant, sondern dysfunktional, da sie implizit ihre Mißachtung innerhalb dieser Organisation unterstellt. Entscheidend ist, daß Normverstöße auch geahndet werden, wobei dem Führungsverhalten wegen seiner Vorbildfunktion besonders enge Grenzen gesetzt sind. Diese Abgrenzungen sind nicht auf moralische Aspekte begrenzt, sondern können auch strategische Bereiche umfassen. Simons (1995) berichtet von einem Computerhersteller, der in einem strategischen Planungsverfahren grüne und rote Bereiche definiert hat, um Produktentwicklung und Marketing vor den Aktivitäten zu warnen, die zwar im Kompetenzbereich des Unternehmens, aber jenseits der langfristigen Strategieziele liegen.

4. Interaktive Kontrollsysteme

Hiermit ist ein System von Dialogen und Debatten gemeint, das anstelle unregelmäßiger oder zufälliger Gespräche installiert wird, um den Informations- und Gedankenaustausch in relevanten Fragen zu forcieren. Mitunter werden „multi-level" Gespräche eingeführt, um die Hierachieebenen durchlässiger und Themen besprechbar zu machen, die sonst vermieden werden. Damit bieten Gesprächsrunden nicht nur aktuelle Feinabstimmungen, sondern wirken auch als Alarmsystem für Fehlentwicklungen, die sonst erst relativ spät wahrnehmbar wären. Voraussetzung ist allerdings die Schaffung und Aufrecherhaltung einer Diskussionskultur, die zielorientiert, aber dennoch offen ist für ungewöhnliche, abweichende oder widersprechende Meinungen.

Diese vier von SIMONS (1995) beschriebenen Führungssysteme verlangen von den Führungskräften eine aktive, aber nicht dirigistische Haltung. Sie sollen offen, aber nicht ziellos sein und Zuversicht vermitteln, ohne illusionär zu werden. Hier wird deutlich, daß neue Organisationsstrukturen neue Qualifikationen nicht nur beim Mitarbeiter, sondern vor allem bei den Führungskräften fordern (vgl. den Beitrag von REGNET „Neue Anforderungen" in diesem Band). Dies ist sicherlich ein Grund für die Aktualität des Themas „Kernkompetenzen der Führung", das in verschiedenen Unternehmen diskutiert wird.

Die Definition von Kernkompetenzen scheint verlockend, wenn damit personale Erfolgsfaktoren gemeint sind, die entweder durch entsprechende Testverfahren diagnostiziert oder durch Entwicklungsmaßnahmen gefördert werden. Hier schimmert allerdings die längst überwunden geglaubte Eigenschaftstheorie der Führung durch, die trotz ihrer „theoretischen Unfruchtbarkeit (…) und der (…) enttäuschenden empirischen Befunde" (NEUBERGER, 1990, S. 73) immer wieder beschworen wird, wenn es gilt, komplexe soziale Prozesse durch überschaubare Faktoren zu erklären und damit handhabbar zu machen.

Sinnvoller als diese oft inhaltsarmen Aufzählungen (Ichkompetenz, Methodenkompetenz, Sozialkompetenz, Kulturkompetenz…) ist eine Analyse der realen Rollen und tatsächlichen Handlungen von Führungskräften. Dann wird deutlich, daß – auch erfolgreiche – Führungskräfte vielfach ganz anderes tun, als die Beraterliteratur empfiehlt. MINTZBERG (1973) konnte zeigen, daß Managementaktivitäten kurz, abwechslungsreich, stark fragmentiert und vielfach ungeplant sind. Es dominieren Gespräche, zu denen auch viele informelle Kontakte zählen, bei denen gleichsam am Rande wichtige Informationen gesammelt und gegeben werden können. Etwa die Hälfte der Aktivitäten dauert weniger als neun Minuten; nur 10% dauern länger als eine Stunde. Angesichts dieser Befunde wird klar, daß ein zentrales Problem dieser Berufsgruppe darin besteht, „sich rasch auf wechselnde Situationen, auf neue Rollenanforderungen einstellen zu müssen, dabei aber ihre Identität und unverwechselbaren Persönlichkeitsmerkmale nicht zu verlieren" (STAEHLE, 1991, S. 15). Neben dieser gleichsam therapeutischen Mahnung, nicht im Chaos der äußeren Kurzzykligkeit unterzugehen, bleibt freilich die parallele Führungsaufgabe, die Organisation bei wechselnden Anforderungen und Umfeldbedingungen auf Kurs zu halten. Auch hierbei geht es weniger um die Entwicklung optimaler Konzepte, als um deren reale Implementierung.

6. Organisationsentwicklung als Führungsaufgabe

Der Übergang von alten zu neuen Strukturen vollzieht sich wohl nur in seltenen Fällen linear und planvoll. Vor allem dann nicht, wenn radikale Restrukturierungen intendiert sind. Statt nahtloser Übergänge finden sich hier eher Brüche, Krisen und Konflikte. Diese sind weniger ein Zeichen unvollkommener Strukturkonzepte, sondern deuten oft auf unzureichende Implementierungsstrategien hin. Widerstand gegen Wandel richtet sich nämlich vielfach nicht gegen das Neue, sondern gegen die Art und Weise seiner Durchsetzung: Wer nicht informiert, beteiligt oder gefragt wird, erfährt so gleichsam nebenbei, daß er nichts zu sagen hat und getrost übergangen werden kann. Akzeptanz kann hier nicht mehr erwartet werden (vgl. die Beiträge von Reiss „Change Management" und Comelli, „Organisationsentwicklung" in diesem Band). Partizipative Strategien vermeiden diese Fallstricke und bieten wegen der Ideengenerierung noch obendrein die Chance einer auch sachlich besseren Lösung. Das Abweichen von ursprünglichen Umsetzungsplänen ist dabei keineswegs ein Mangel an Durchsetzungskraft, sondern kann ebenso als Beispiel eines sensiblen schrittweisen Vorgehens gedeutet werden. Reiss und Zeyer (1994) entwickeln eine Reihe von Transitionsstrategien, deren Gemeinsamkeit gerade in der Abkehr von einseitigen top-down Entscheidungen liegt und die machbare Veränderung zum Ziel haben.

Literatur

Berndsen, D. (1997). Sabotage: Die bewußte und absichtliche Schädigung von Organisationen durch ihre Mitarbeiter. Frankfurt 1997.

Crozier, M. (1971). Der bürokratische Circulus vitiosus und das Problem des Wandels. In R. Mayntz (Hrsg.), Bürokratische Organisation. S. 277–288. Köln 1971.

Mintzberg, H. (1973). The Natur of Managerial Work. New York 1973.

Neuberger, O. (1990). Führen und Geführt werden. 3. Aufl. Stuttgart 1990.

Pugh, D.S. & D.J. Hickson (1971). Eine dimensionale Analyse bürokratischer Strukturen. In R. Mayntz (Hrsg.), Bürokratische Organisation. S. 82–93. Köln, Berlin, 1971.

Reimann, B.C. (1975). Strukturdimensionen bürokratischer Organisationen: Eine empirisch fundierte Würdigung. In K. Türk (Hrsg.), Organisationstheorie. S. 18–31. Hamburg 1975

Reiss, M. & Zeyer, U. (1994). Transitionsstrategien im Management des Wandels. In: Organisationsentwicklung 4, 1994, S. 37–44.

Simons, R. (1995). Kontrolle bei selbständig handelnden Mitarbeitern. In: Harvard Business manager, 17, 1995, S. 98–105.

Staehle, W.H. (1994). Management. 7. Aufl. München 1994.

Staehle, W.H. (1991). Handbuch Management. Die 24 Rollen der exzellenten Führungskraft. Wiesbaden 1991.

Starbuck, W.H. (1976). Organizations and their environment. In M.D.Dunnette (Hrsg.), Handbook of industrial and organizational psychology. S. 1069–1124. Chicago 1976.

Türk, K. (1976). Grundlagen einer Pathologie der Organisation. Stuttgart 1976.

Ulich, E. (1994). Arbeitspsychologie. 3. Aufl. Zürich, Stuttgart 1994.

Weibler, J. (1989). Rationalisierung im Wandel. Chancen und Risiken einer technologischen Entwicklung für das Individuum in der betrieblichen Organisation. Frankfurt 1989.

Womack, J.P. Jones, D.T. & Roos, D. (1991). Die zweite Revolution in der Autoindustrie: Konsequenzen aus der weltweiten Studie des Massachusetts Institute of Technology. 6. Aufl. Frankfurt 1991.

Zink, K.J. (1995). Erfolgreiche Konzepte zur Gruppenarbeit. Human Resource Management für Theorie und Praxis. Neuwied 1995.

Gerhard Comelli

Organisationsentwicklung

Der Begriff ‚Organisationsentwicklung' (abgekürzt: OE) ist in den vergangenen Jahren nicht nur in der sozialwissenschaftlichen und betriebswirtschaftlichen Fachliteratur populär geworden, sondern ist inzwischen auch in der betrieblichen Praxis fast schon ein Modewort. Die analoge Abkürzung in der englischsprachigen Literatur lautet OD. Sie steht für den etwas mißverständlichen Ausdruck „organizational development" (wörtlich etwa: organisatorische Entwicklung) bzw. für die inzwischen bevorzugte und präzisere Bezeichnung „organization development" (etwa: Entwicklung von Organisationen). Gemeint ist mit der auch im Deutschen nicht ganz eindeutigen Bezeichnung ‚Organisationsentwicklung' die ständige Fort- und Weiterentwicklung von Organisationen und/oder von Organisationseinheiten in einer sich laufend verändernden Umwelt. Hingegen ist mit OE nicht die organisatorische Veränderung im Sinne der klassischen Umorganisation gemeint.

1.   Die Selbstverständlichkeit des Wandels

Organisationen – gleich ob Wirtschaftsunternehmen oder öffentliche Institutionen, ob Kirchen oder Verbände – sind sozusagen lebendige Organismen, die in Wechselbeziehungen zu der sie umgebenden Umwelt stehen. Sie entwickeln und verändern sich. Organisationen oder – um einen anderen Begriff zu nehmen – Institutionen können groß oder klein sein, jung oder reif, flexibel oder unbeweglich, innovativ oder verknöchert. Sie sind nicht von Natur aus so, sie haben sich dahin entwickelt. Und wenn Organisationen sich entwickeln, dann „paßt von Zeit zu Zeit der Anzug nicht mehr", dann müssen die Organisationsmitglieder umdenken und eingeschliffene Verhaltensmuster überprüft werden. Denn:

– Geänderte Menschen, d.h. Mitarbeiter mit neuen Einstellungen und geänderten Wertsystemen, erwarten eine andere Art des Umgangs und der Führung.
– Die zu bewältigenden Aufgaben und Problemstellungen werden immer komplexer. Gleichzeitig verringert sich der Zeitrahmen zu ihrer Bewältigung. Dies erfordert neue Bewältigungsstrategien, neue Denk- und Entscheidungstechniken.
– Marktverhältnisse ändern sich: die Kunden, der Wettbewerb, Produkte und Dienstleistungen ebenso wie Service und Vertriebsformen. Quantitativ wie qualitativ werden neue oder andere Standards gesetzt. Produzenten und Anbieter sind gezwungen zu reagieren.
– Der Einsatz neuer Techniken verändert ganze Betriebsstrukturen, Inhalte und Formen der Arbeit sowie die Anforderungsprofile für die Beschäftigten.
– Die Zeittakte werden kürzer: Die Lebenszyklen von Produkten nehmen ab, die Reaktionszeiten des Wettbewerbs werden schneller, so daß beispielsweise die Phase des sogenannten Imitationsschutzes (d.h. jene Frist, bis man von Wettbewerbern ein- bzw. sogar überholt wird) kürzer wird. Dies alles erfordert schnelleres Reagieren und höhere Flexibilität.
– Neue oder zusätzliche gesellschaftliche Impulse, gesetzliche Vorschriften und gewandelte Ansprüche der Öffentlichkeit (z.B. Umweltschutz) nehmen Einfluß auf Unternehmen und auf unternehmerische Entscheidungen.
– Veränderte demographische Verhältnisse haben Auswirkungen auf den Personalmarkt. Neue Strategien bei der Beschaffung von Personal und andere Formen der

Arbeitsgestaltung und Zusammenarbeit werden notwendig, um eine möglichst optimale Ausschöpfung der Mitarbeiterressourcen zu erreichen.

Dies sind nur einige Beispiele. Sie stehen stellvertretend für die Unzahl von Veränderungsimpulsen, die ständig auf Unternehmen und Organisationen einwirken (siehe dazu u. a. v. ROSENSTIEL, EINSIEDLER & STREICH, 1987). Veränderungen finden also immer statt, und deshalb lautet die entscheidende Frage nicht: „Veränderung – ja oder nein?", sondern die beiden Kernfragen sind:

(1) Auf *welche Veränderungssignale* soll bzw. muß eine Organisation eingehen und *reagieren?* (Am besten möglichst rechtzeitig, damit überlegte Anpassungsstrategien entwickelt werden können und nicht ein sich eskalierender Veränderungsdruck die Gesetze des Handelns diktiert.)
(2) *Wie,* d. h. in welcher Form, sollen die für notwendig erachteten Anpassungs- bzw. Veränderungsprozesse betrieben werden?

Eine von verschiedenen Möglichkeiten, notwendige Veränderungs- und Anpassungsprozesse zu betreiben, ist nun die Methode der Organisationsentwicklung. Diese Bezeichnung ist inzwischen ein sozialwissenschaftlicher Fachterminus. Er steht für ein ausgesprochen *partizipatives Konzept* und bedeutet: eine bestimmte Art und Systematik des Vorgehens, bestimmte Methoden der Steuerung und Beeinflussung des Veränderungsprozesses sowie – dahinterstehend – eine bestimmte, für OE kennzeichnende Denkweise und ‚Philosophie'.

Eigentlich sollte man annehmen, daß die Tatsache stetiger Veränderung fest im Bewußtsein der Menschen verankert ist und mit einer hohen Bereitschaft, sich rechtzeitig und möglichst intelligent anzupassen, einhergeht. Doch man muß sich damit abfinden, daß die meisten Menschen in ihrem Veränderungsbewußtsein nicht übermäßig sensibilisiert sind und ihre Einsicht in die Notwendigkeit von Veränderungen relativ enge Grenzen hat. Um aber auf den ständigen Wandel Einfluß nehmen zu können bzw. um auf ihn möglichst synchron mit Anpassungsmaßnahmen zu reagieren, muß man relevante Veränderungssignale so frühzeitig wie möglich erkennen; d. h. zumindest gedanklich die (vermeintliche) Geborgenheit und Sicherheit der Gegenwart verlassen und sich in die Komplexität und Unwägbarkeiten der Zukunft hineindenken. Dazu bedarf es eines besonderen Lern- und Erfahrungsprozesses. GOERKE (1981) stellt dies als Problem in einer Grafik (Abbildung 1) dar. Danach stellt sich das Gefühl der Betroffenheit bei Veränderungen am intensivsten und am häufigsten ein, wenn diese zeitlich schon recht bald anstehen und das persönliche Umfeld relativ unmittelbar tangiert wird. Veränderungszeichen und Problemhinweise verlieren hingegen ihren bewußtmachenden Signalcharakter, je weiter sie zeitlich und räumlich entfernt sind. Das Problembewußtsein nimmt ab, während gleichzeitig die Komplexität der Zusammenhänge steigt.

2.   Ziele und Definition von OE

Es gibt verschiedene Möglichkeiten, notwendige Veränderungen und Anpassungen in Organisationen zu vollziehen, beispielsweise als Crash-Programm und/oder Gewaltakt „ohne Rücksicht auf Verluste", als mehr oder weniger aufwendiges Umorganisationsprojekt unter Assistenz von Spezialisten und Beratern, als improvisierendes „Durch-

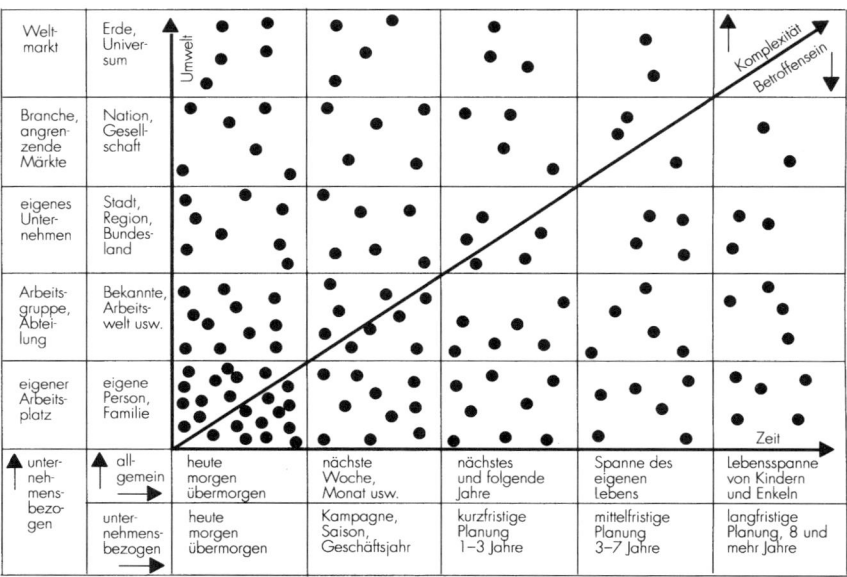

Abb. 1: Verteilung und Bewußtsein allgemeiner und unternehmensbezogener Probleme (aus GOERKE, 1981, S. 18)

wursteln" (vielleicht getragen von einer Kombination aus Glück und Instinkt) oder eben in Form der Organisationsentwicklung, die oben bereits als eine ausgesprochen partizipative Methode bezeichnet worden ist. OE ist mit dem Gedanken verbunden, daß Organisationen schließlich aus Menschen bestehen und daß eine Veränderung in einer Organisation eben mehr ist als das Nachjustieren oder Optimieren von Produktionsfaktoren und Kostenaspekten bzw. mehr als das Planen, Organisieren und Administrieren von betrieblichen Abläufen. Mit wachsender Einsicht, daß Organisationen lebendige soziale Systeme sind und daß diesen eine ausschließlich auf funktionale Aspekte reduzierte Betrachtung (möglichst noch: der Mensch als Störfaktor!) nicht gerecht wird, fing man an, über soziale Beziehungen und Bezugssysteme in Organisationen nachzudenken. Akzeptiert man zudem, daß die in Organisationen tätigen Individuen ein Recht auf eigene Gestaltungsbeiträge und Sinnerfüllung in der Arbeit haben, denkt man bereits in Kategorien der Organisationsentwicklung. Hinzu tritt der Gedanke, daß die Anpassung einer Organisation an eine sich ständig verändernde Umwelt in Form des *geplanten Wandels* vollzogen werden sollte und nicht als Ergebnis von mehr oder weniger zufälligen Entscheidungsprozessen bzw. als erzwungene Reaktion auf Druck von innen oder außen.

In der Literatur findet sich inzwischen eine fast unübersehbare Zahl von Zielbeschreibungen für Organisationsentwicklung sowie von OE-Definitionen. Was die Zielbeschreibungen betrifft, sind sich eigentlich alle Autoren darin einig, daß Organisationsentwicklung *sowohl die Organisationsmitglieder als auch die Organisation selbst profitieren* läßt. Stellvertretend sind nachfolgend die beiden Hauptziele von OE genannt, die GEBERT (1974) formuliert hat:

(1) Humanisierung der Arbeitswelt, um mehr Raum für die Persönlichkeitsentwicklung und Selbstverwirklichung der Mitarbeiter zu schaffen, und *gleichzeitig*

(2) Erhöhung der Leistungsfähigkeit einer Organisation sowie mehr Flexibilität, Veränderungs- und Innovationsbereitschaft.

Auf den ersten Blick mag es so erscheinen, daß diese beiden Hauptzielsetzungen von OE unvereinbare Gegensätze sind. Für die Betrachtungsweise der Organisationsentwicklung allerdings tut sich hier ein Dilemma auf, das eigentlich gar nicht existiert bzw. nicht existieren muß. Die Leistungsgerichtetheit einer Organisation und die humane Gestaltung von Arbeitsprozessen und -strukturen schließen sich nicht zwingend gegenseitig aus. Es herrscht die Überzeugung, daß (auch) in Wirtschaftsorganisationen ‚Gewinner-Gewinner-Strategien‘ möglich sind, d. h. daß es Wege und Methoden gibt, um die Stärkung der Effektivität und Leistungskraft einer Organisation *und* eine Humanisierung der Arbeit unter Berücksichtigung menschlicher Bedürfnisse gleichzeitig zu erreichen.

Wer zu dem Begriff ‚Organisationsentwicklung‘ eine klare, eindeutige und unumstrittene *Definition* erwartet, muß enttäuscht werden. Zwar meinen FRENCH und BELL (1977), der OE-Begriff sei inzwischen „ziemlich genau" beschrieben und die Auffassungen würden nur noch „gelegentlich etwas" voneinander abweichen, aber in der Literatur finden sich dennoch gleich dutzendweise Definitionen, die sich nicht nur im Grad ihrer Präzisierung unterscheiden. Ich bevorzuge eine zwar umfangreiche, dafür aber auch umfassende Definition, die RUSH (1973) im Rahmen eines Reports für das New Yorker Wirtschaftsforschungsinstitut „The Conference Board Inc." vorgelegt hat:

Organisationsentwicklung ist ein geplanter, gelenkter und systematischer Prozeß zur Veränderung der Kultur, der Systeme und des Verhaltens einer Organisation mit dem Ziel, die Effizienz der Organisation bei der Lösung ihrer Probleme und der Erreichung ihrer Ziele zu verbessern.

An dieser Definition wird deutlich, daß Organisationsentwicklung ein umfassender und gezielt unternommener Prozeß der Veränderung ist. Dieser Prozeß wird betrieben, um die Organisation auch unter gewandelten Verhältnissen überlebensfähig und effizient zu erhalten. Die Art und Weise des Vorgehens bei OE wird – wenn auch etwas plakativ – am treffendsten durch den Slogan „Die Betroffenen zu Beteiligten machen!" beschrieben. Die Beschäftigung mit den verschiedenen Quellen der Organisationsentwicklung erklärt die Entstehung eines solchen Konzeptes.

3. Die Quellen der Organisationsentwicklung

Wer als erster den Begriff Organisationsentwicklung prägte, läßt sich nicht mehr exakt und verläßlich feststellen. FRENCH und BELL (1977), denen die wohl am sorgfältigsten recherchierte Darstellung über die Geschichte der Organisationsentwicklung zu verdanken ist, schreiben es den amerikanischen Autoren ROBERT BLAKE, HERBERT SHEPARD und JANE MOUTON zu. Einigermaßen Einigkeit herrscht über die Datierung erster OE-Projekte. Genannt werden die Namen von MCGREGOR (der sich ab 1957 bei Union Carbide in den USA mit der Optimierung des Lerntransfers von Laboratoriumstrainings in die Praxis beschäftigte) sowie BLAKE und SHEPARD (die etwa zur gleichen Zeit bei Esso Standard Oil in verschiedenen Raffinerien Programme entwickelten, die auf einer Befragung und Diagnose mit später anschließender Auswertung in Gruppensitzungen basierten). Die eigentlichen Wurzeln der Organisationsentwicklung liegen zum Teil jedoch noch einige Zeit früher. Vier verschiedene Quellen haben zum Konzept der Organisationsentwicklung beigetragen:

(1) Die sogenannte Laboratoriumsmethode

Sie ist verbunden mit dem Namen KURT LEWIN und seinen Mitarbeitern, die 1946 im Rahmen von Experimenten und Beobachtungen zum Problemlöseverhalten in Gruppen mehr per Zufall entdeckten, daß *gruppendynamische Prozesse* unter bestimmten Umständen außerordentlich intensive *Lernvorgänge* darstellen und *Erfahrungen* vermitteln können (Lernen „am eigenen Leib"). Die verschiedensten Formen des gruppendynamischen Trainings (Sensitivity-Training, Selbsterfahrungsgruppen, T-Gruppen o. ä.) sind daraus entstanden.

(2) Die Survey-Feedback-Methode

Darunter versteht man die Durchführung von Einstellungsumfragen bei Mitgliedern einer Organisation bzw. einer Gruppe mit der anschließenden Rückkopplung der erlangten Ergebnisse an die Beteiligten sowie deren Verarbeitung in Workshops. Im Deutschen bezeichnet man diese Methode auch als Datenerhebungs- und Rückkopplungsmethode bzw. einfach als *Daten-Rückkopplungsmethode*. Auch bei diesem Verfahren stößt man wieder auf den Namen von KURT LEWIN und auf sein Forschungsteam. Während bis dahin Befragungsergebnisse von den Forschern nach Auswertung, Zusammenstellung und Interpretation der erhobenen Daten dem Auftraggeber, beispielsweise der Unternehmensleitung, in Form eines Untersuchungsberichtes mit Handlungsempfehlungen übergeben wurden, beschritt man jetzt mit der Survey-Feedback-Methode einen neuen Weg: Die Befragten wurden zu Arbeitssitzungen (Workshops) eingeladen, diskutierten „ihre" Ergebnisse und entwickelten dann gemeinsam Alternativen und Maßnahmen für Änderungen. Kennzeichnend für diese neue Vorgehensweise ist, daß die „Produzenten" der erhobenen Daten mit der Rückkopplung der Befragungsergebnisse aufgefordert werden, als im wahrsten Sinne des Wortes Betroffene selbst den Prozeß der Veränderung in die Hand zu nehmen.

(3) Der Tavistock-Ansatz

Forscher des Londoner Tavistock Institute of Human Relations waren Ende der 40er Jahre bei Untersuchungen von Produktivitätseinbußen und hohen Fehlzeitquoten im englischen Kohlebergbau auf wichtige Zusammenhänge zwischen Veränderungen in der Technologie und Veränderungen in den sozialen Beziehungen der dort arbeitenden Menschen gestoßen. Sie entwickelten ihre *Theorie der sozio-technischen Systeme,* wonach eine Veränderung von Technologien zwingend auch eine Veränderung von Sozialstrukturen zur Folge hat (vgl. den folgenden Beitrag von BUNGARD: Qualitäts-Zirkel und neue Organisationsstrategien). Sie forderten, daß sich technische und soziale Strukturen im Einklang befinden und in sinnvoller Ergänzung ineinandergreifen müßten, damit eine optimale Funktionstüchtigkeit gegeben sei.

Die von FRIEDLANDER und BROWN (1974) vorgenommene Klassifizierung von OE–
Maßnahmen (Abbildung 2), die in sogenannte *human-prozessuale* und in *techno-struktu-relle* Ansätze unterscheidet, macht den starken Bezug von OE zum Tavistock-Ansatz
deutlich.

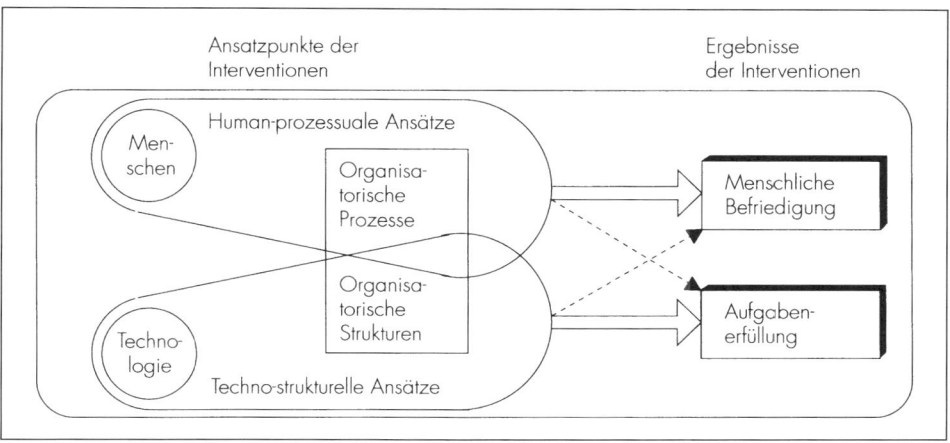

Abb. 2: Human-prozessuale und techno-strukturelle Ansätze (nach FRIEDLANDER &
BROWN, 1974)

Ähnlich unterscheidet GEBERT (1974) den *personalen* Ansatz (d.h. Veränderung der
‚inneren' Situation, z.B. über Gruppendynamik) und den *strukturalen* Ansatz (d.h.
Veränderung der ‚äußeren' Situation, z.B. durch Dezentralisierung).

(4) Die Aktionsforschung

Unter Aktionsforschung versteht man einen sich ständig wiederholenden Wechsel
von Aktionen und ihrer Auswertung (Evaluierung) mit Daten-Rückkopplung an das
Betroffenensystem. Aktionsforschung versteht sich also als Prozeß. Im Rahmen dieses
Prozesses greift man bestimmte Probleme auf und formuliert Hypothesen. Aus dem
Feedback der erhobenen Daten ergeben sich eventuell weitere Hypothesen und/oder
werden Aktionen zur Veränderung einzelner Systemvariablen entwickelt. Durch weitere Datensammlungen werden die Ergebnisse dieser Aktion dann wieder überprüft,
ausgewertet usw. So entsteht ein *„rollender" Prozeß empirischen Lernens.*
    In Abbildung 3 ist dargestellt, wie sich die aktionsforscherische Vorgehensweise in
einem OE-Prozeß abbildet. Der ständige Wechsel zwischen Aktion (Handlung),
Datensammlung und Daten-Feedback und dann wieder Handlung wird deutlich.

4.   Die Philosophie der Organisationsentwicklung

Wenn man unter Organisationsentwicklung nicht jede Art von Veränderungen von
oder in Organisationen versteht, sondern eine besondere Art des Konzeptes und des
Vorgehens, dann muß sie sich kennzeichnen lassen durch bestimmte Grundannahmen

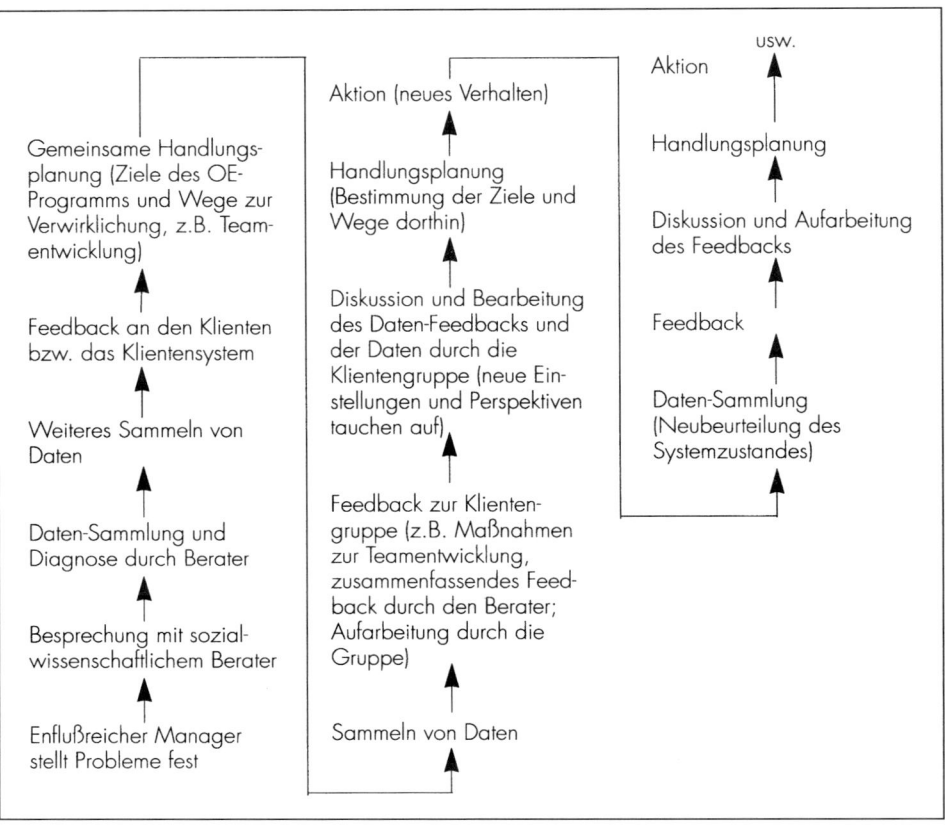

Abb. 3: Der Aktionsforschungsprozeß bei Organisationsentwicklung
(aus W. FRENCH & C. H. BELL JR., 1977, S. 112)

und Grundüberzeugungen. So formulieren beispielsweise KOCH, MEUERS und SCHUCK (1980) vier Hypothesen, die ihrer Meinung nach für Organisationsentwicklung typisch sind:

- Jeder Mensch ist prinzipiell entwicklungsfähig. Genauso wie bestimmte Verhaltensweisen erlernt worden sind, können sie auch schrittweise wieder verlernt werden.
- Um bestehende personale und strukturale Lernunfähigkeiten, -widerstände und -barrieren zu überwinden, bedarf es planmäßiger Anstöße bzw. Interventionen von außen.
- Leistungsoptimierung bzw. Effektivität der Organisation und Bedürfnisberücksichtigung der Arbeitnehmerinteressen schließen sich nicht prinzipiell aus, sondern bedingen sich wechselseitig und können sich in engem Zusammenhang mit Veränderungen der Umwelten gegenseitig befruchten.
- Methoden zur Veränderung von Organisationen haben dann die besten Realisierungschancen und die höchste Erfolgswahrscheinlichkeit, wenn organisatorische Veränderungen unter Einbeziehung der Wünsche und Hoffnungen der Beteiligten und Betroffenen durchgeführt werden.

638

Solche Grundannahmen kann man auch als ‚Philosophie‘ der Organisationsentwicklung bezeichnen. Damit wird ausgedrückt, daß sich darin jene Denkweisen und Wertorientierungen abbilden, die organisationsentwicklerisches Handeln kennzeichnen und tragen. Nachfolgend sind sechs Positionen genannt, die für OE typisch und wichtig sind. Sie gehen über die Nennungen von KOCH, MEUERS und SCHUCK hinaus bzw. ergänzen sie. Die Reihenfolge der Nennung stellt keine Rangreihe dar; jede der Thesen sollte bei Organisationsentwicklungsmaßnahmen möglichst weitgehend verwirklicht werden.

(1) Anwendung sozialwissenschaftlicher Erkenntnisse bei Planung, Durchführung und Bewertung von Veränderungsprozessen

In Abgrenzung zum instrumentalen Organisationsbegriff der Betriebswirtschaft versteht sich Organisationsentwicklung im institutionalen Sinne als Wissens-, Einstellungs- und Verhaltensbeeinflussung bei einer möglichst großen Anzahl von Organisationsmitgliedern bzw. bei Schlüsselpersonen. D. h. OE ist auf das Individuum bezogen und damit eine verhaltenswissenschaftliche Konzeption. Da liegt es nahe, sich bei Planung, Durchführung und Evaluation von Veränderungsmaßnahmen auch des einschlägigen Wissenschaftszweiges, d.h. der Sozialwissenschaften, zu bedienen. Ein reichhaltiges und laufend wachsendes Angebot an Methoden sowie an Erkenntnissen über das Verhalten und Erleben von Menschen bzw. Gruppen in Organisationen steht zur Verfügung. Es kann zur Diagnose und Bewertung organisatorischer Verhältnisse ebenso genutzt werden wie zur Steuerung von Lernprozessen bei den Organisationsmitgliedern oder zur Entwicklung und Implementierung neuer Strukturen. Sozialwissenschaftliche Erkenntnisse können einen wertvollen Input bei Entscheidungsprozessen darstellen und helfen, Konflikte, unnötige Widerstände und Reibungsverluste zu vermeiden.

(2) Bindung an ein bestimmtes, der Humanistischen Psychologie entliehenes Menschenbild

Das jeweilige Bild vom Mitarbeiter, welches die Führungspersonen einer Organisation, d.h. die Inhaber von Macht- und Entscheidungspositionen in sich tragen, bestimmt nicht nur deren eigenes Verhalten, sondern überhaupt die Art und Weise, wie in dieser Organisation mit Menschen umgegangen wird und welche Strukturen geschaffen werden. OE geht von dem Bild eines Menschen aus, der sich von Natur aus verwirklichen und entfalten möchte und der im wahrsten Sinne des Wortes ‚wert-voll‘ ist. Ein solcher Mensch strebt danach, seinen Neigungen und Interessen nachzukommen, er sucht nach Sinn in der Arbeit, er ist zu Engagement und Initiative fähig, strebt nach Verantwortung und kann (auch) in der Arbeit Spaß und Befriedigung finden. Durch die Schaffung von ‚mensch-gerechten‘, d.h. bedürfnis-gerechten Strukturen sollten Organisationen dem entgegenkommen und Verhältnisse schaffen, die – zum beiderseitigen Gewinn – den Mitarbeiter zur Entfaltung und persönlichen Entwicklung herausfordern.

(3) Möglichst transparente und weitgehende Beteiligung der Betroffenen

Das OE-Konzept geht davon aus, daß Mitarbeiter den legitimen Wunsch haben, die sie betreffenden Veränderungsprozesse mitzugestalten und Anregungen oder auch Bedenken einzubringen. Dadurch, daß die *Betroffenen zu Beteiligten* gemacht werden, lassen sich auch das Wissen und die Fähigkeit derjenigen, die die betreffende Situation vielleicht am allerbesten kennen, in sinnvoller Weise nutzen. Die Erkenntnisse über die Wirkung der Partizipation (bessere Entscheidungsqualität, Verringerung von Durchsetzungwiderständen, Steigerung der Innovationsrate) bestätigen den Sinn eines solchen Vorgehens. Dies wiegt den Nachteil kooperativer Strategien, nämlich den höheren Zeitaufwand, in aller Regel auf. Nach Möglichkeit sollte sich die Beteiligung der Betroffenen, beginnend mit der Planung, über den ganzen Prozeß erstrecken. Allerdings muß sich Partizipation an den Rahmenbedingungen der Realität orientieren. Die Grenzen können dort erreicht sein, wo äußere Zwänge (z.B. Zeitdruck, Krise) den Handlungsspielraum beschränken oder aber die Mitarbeiter in ihrer Kooperations*fähigkeit* überfordert sind. Aus dem letzten Punkt geht hervor, daß OE-Konzepte an die Betroffenen bestimmte Forderungen stellen und daß Mitarbeiter (und Organisationen) unter Umständen erst zur „OE-Reife" entwickelt werden müssen.

(4) Betonung des Erfahrungslernens

Mit der Entdeckung gruppendynamischer Lehr- und Lernmethoden entstand die Formel vom Lernen „am eigenen Leib", durch eigene Erfahrung. Dies ist besonders für soziales Lernen und zur Entwicklung sozialer Fertigkeiten geeignet. Bei der Organisationsentwicklung bevorzugt man das Lernen an echten Fällen, an wirklichen Ereignissen. Diese Form des Lernens geht weit über die bloße Vermittlung von Faktenwissen hinaus und nutzt alle drei Zugänge zur Person: Lernprozesse bei OE sollen den Menschen kognitiv, emotional und aktional involvieren. Erlebnisse und Erfahrungen können auch über gruppendynamische Übungen, über Selbsterfahrung, über Modelllernen (Vorbild!) und über Training „on the job" vermittelt werden. Was die On-the-job-Situation anbetrifft, so kommt nach einer OE-Intervention, beispielsweise nach einem Teamentwicklungstraining (vgl. den entsprechenden Artikel des Autors in diesem Band), dem unmittelbaren Vorgesetzten eine besondere Bedeutung zu. Um den Transfer der erzielten Lernerfolge in die betriebliche Alltagssituation und an den Arbeitsplatz („back home") möglichst gut zu gewährleisten, muß der Vorgesetzte sozusagen als Co-Trainer gewonnen werden, der sich bei der Umsetzung des Gelernten fördernd engagiert.

Der Begriff ‚Erfahrungslernen' legt auch nahe, die Wechselbeziehungen zwischen Verhältnissen und Verhalten zu berücksichtigen: *Verhältnisse* prägen *Verhalten,* lautet eine Formel, aber geändertes Verhalten kann auch Auswirkungen auf die Verhältnisse haben. Schließlich soll noch angemerkt sein, daß OE zwar Betroffene zu Beteiligten machen möchte, aber daß es oftmals zuvor notwendig ist, über den Weg des Erfahrungslernens *Beteiligte zu Betroffenen zu* machen, d.h. überhaupt erst einmal Problembewußtsein zu schaffen.

(5) Betonung des Prozesses (d. h. das WIE ist mindestens so wichtig wie das WAS)

Bei OE wird der Prozeß betont. Nicht nur das zu erreichende Ziel (= WAS) steht im Zentrum des Interesses, sondern mindestens ebenso intensiv wird geplant und überlegt, auf welche Weise (= WIE) dieses Ziel erreicht werden soll. Von Beginn an wird deshalb auch der Diagnose des Problems bzw. der Problemlage die größtmögliche Aufmerksamkeit geschenkt. Ohne exakte Problembeschreibung und ohne Kenntnis der Problemzusammenhänge bzw. -hintergründe lassen sich weder optimale Lösungsalternativen entwickeln, noch ist eine wirkungsvolle Umsetzung von Maßnahmen gewährleistet.

Der typische Ablauf eines OE-Prozesses entspricht im Prinzip der klassischen Problemlöse-Systematik (s. Abbildung 4). Der erste Schritt ist die *Erkennung akuter und/ oder zukünftiger Probleme*. Weiter oben wurde bereits angemerkt, daß dies die Entwicklung von Problembewußtsein voraussetzt. Für den Start des Prozesses ist dies notwendigerweise verbunden mit einer *Identifikation mit dem Problem*. D. h. man akzeptiert das Problem als vorhanden, statt es zu leugnen oder die Problemsymptome „unter den großen Harmonie-Teppich zu kehren". Weit vor jeder Maßnahmenplanung ist es nun zunächst erforderlich, daß man sich sachkundig im Problem macht, es folgt die *Daten-Sammlung*. Dies ist aber nur die erste Hälfte der diagnostischen Phase, denn betriebliche Probleme stehen nicht isoliert im Raum, sondern sie sind verwoben mit der Organisation als Gesamtsystem. Die Vernetzung des Problems sowie seiner Ursachen soll die *Organisations-Diagnose* zutage fördern. Eine profunde Kenntnis der innerorganisatorischen Verhältnisse ist zudem unabdingbare Voraussetzung für die Entwicklung fruchtbarer Lösungsalternativen. Nun folgt die *Datenrückkopplung an die Betroffenen* (Survey-Feedback-Ansatz). Die Vorlage der Diagnoseergebnisse stellt dabei nicht nur einen Akt der Partizipation dar, sondern in dieser Phase findet auch eine wichtige

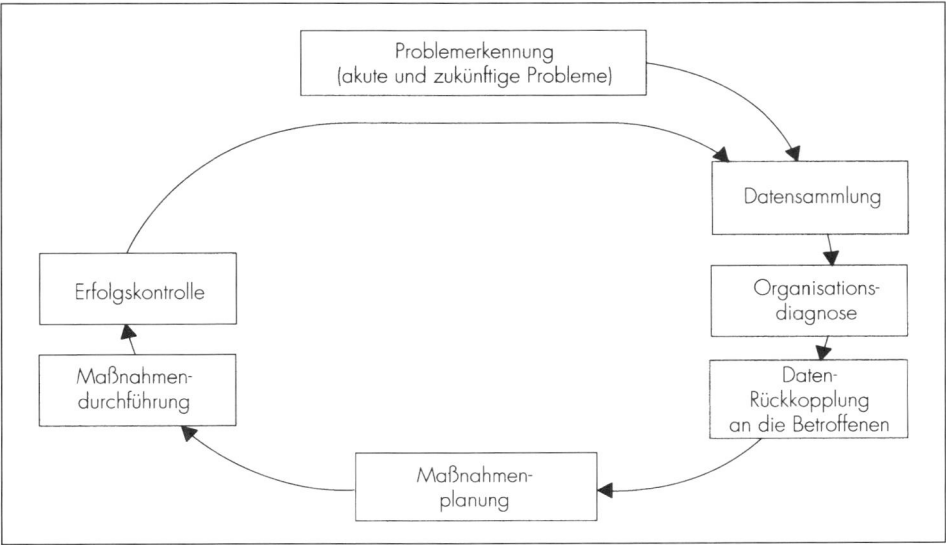

Abb. 4: Phasenmodell eines Veränderungsprozesses nach dem OE-Konzept (in Anlehnung an Rush, 1973)

Validitätsprüfung der bisher erhobenen Fakten und entwickelten Hypothesen durch die Betroffenen statt. Die dann folgende *Maßnahmen-Planung* ist gekennzeichnet durch die Sammlung möglichst vieler Lösungsalternativen und deren Prüfung auf Konsequenzen und Nebenwirkungen, bevor man sich für bestimmte Maßnahmen entscheidet. So vorbereitet, kann dann die *Maßnahmen-Durchführung* in Angriff genommen werden. Es entspricht dem aktionsforscherischen Ansatz, daß der Prozeß mit einer *Erfolgskontrolle* abschließt. Diese Überprüfung der Auswirkungen der beschlossenen Maßnahmen stellt gleichzeitig schon wieder eine Daten-Sammlung dar, die unter Umständen die nächste Prozeßrunde einleitet. Auf diese Weise ergibt sich ein ständiger Kreislauf von Diagnose, Aktion und Evaluation. Man spricht deshalb auch von *rollierender Planung* und bezeichnet den Gesamtvorgang als *experimentelles Lernen*.

Nachstehend eine (sicherlich nicht vollständige) Auflistung typischer Mängel bzw. Vorgehensfehler bei betrieblichen Veränderungsprozessen:

- kein oder zu geringes Problembewußtsein (besonders bezüglich zukünftiger Probleme);
- kopfloses Reagieren auf Probleme; es fehlen eine seriöse Problemanalyse und das Entwickeln und Prüfen von Lösungsalternativen (Motto: „Problem erkannt – action!");
- Konsequenzen und Nebenwirkungen von Lösungsmaßnahmen werden nicht ausreichend oder nur einseitig bedacht („Denken in Netzen" fehlt);
- kein oder zu spätes Einbeziehen der Betroffenen, die oft längst über informelle Kanäle von der geplanten Veränderung erfahren haben (schafft Unsicherheit bzw. Widerstände oder demoralisiert);
- eine Evaluation von durchgeführten Maßnahmen findet nicht statt (und auf diese Weise wird eine Lernchance vertan).

(6)   Betonung des Systemdenkens (d.h. Denken in Netzen)

Organisationen sind dynamische und sich entwickelnde Systeme, die ihrerseits wiederum aus verschiedenen Subsystemen bestehen. Diese Subsysteme stehen in Wechselwirkung untereinander und sind „in sich" durchlässig. Außerdem interagieren die Organisation und ihre Subsysteme mit ihrer Umgebung, mit ihrer Umwelt, mit der Gesellschaft. Organisationen sind demnach *offene Systeme*. Sie beeinflussen und werden beeinflußt: Mit ihren Maßnahmen, Entscheidungen, Produkten bzw. ihren Dienstleistungen wirken sie nach draußen, und das, was draußen passiert (z.B. Änderungen von Werten und Einstellungen bei den Menschen, gesetzliche Bestimmungen, politische Veränderungen etc.) „bleibt nicht beim Pförtner hängen", sondern greift wiederum in die Organisation ein oder wird durch Organisationsmitglieder hineingetragen (vgl. hierzu auch Teil VII, S. 783 ff.).

Neben dem externen System (Umwelt) werden in der Abb. 5 drei interne Subsysteme unterschieden: das *soziale System* (gekennzeichnet u.a. durch Menschen mit ihren Fähigkeiten, Fertigkeiten, Erwartungen, Zielen, Normen, Wertsystemen, Beziehungen etc.), das *betrieblich/technische System (es* umfaßt in erster Linie die physikalische Umwelt wie Maschinen, Geräte, Materialien, Technologien, Bauten, Standort etc.) und das *administrative System* (mit allen Regeln, Grundsätzen, ‚policies', den

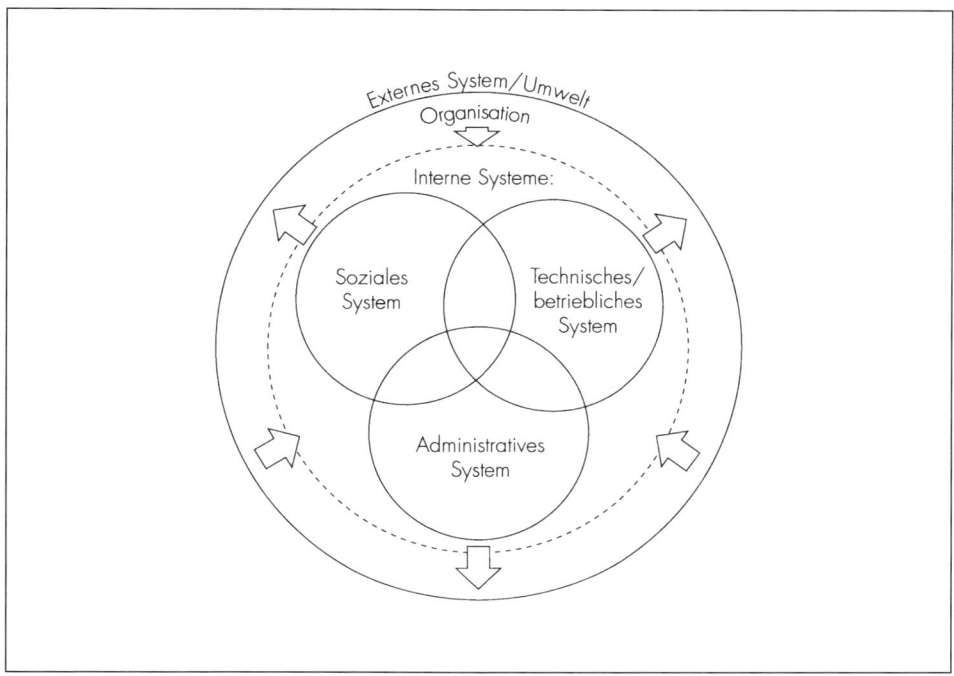

Abb. 5: Eine Organisation mit ihren Subsystemen als offenes System in der Umwelt

Unternehmenszielen, Budgetwesen usw.). Sind die internen Subsysteme bestmöglich untereinander sowie mit den externen Faktoren abgestimmt, dann bewirkt dies einen optimalen Output der Organisation. Es reicht also nicht aus, nur in einem oder zwei der Subsysteme „gut zu sein".

Die Vernetzung der Subsysteme untereinander bedeutet für die Organisationsentwicklung, daß sogenanntes *„Denken in Netzen"* erforderlich ist. Schon bei der Problemanalyse wird man darauf achten, daß sich in einem Subsystem möglicherweise (nur) die Symptome des Problems zeigen, während die eigentlichen Ursachen in einem anderen Subsystem aufzufinden sind. Bei der Lösung immer komplexer werdender Probleme reicht lineares oder einfaches Kausaldenken nicht mehr aus, sondern ganzheitliches, systemübergreifendes Denken (Systemdenken) ist vonnöten. Dies kennzeichnet den Organisationsentwickler. Er hat gelernt, nicht nur die unmittelbaren Folgewirkungen einer Maßnahme zu berücksichtigen und einzukalkulieren, sondern auch die weiteren Auswirkungen auf andere Subsysteme und die eventuell dadurch ausgelösten Wechselwirkungen. Man kann davon ausgehen, daß Veränderungen in einem der Subsysteme mit Sicherheit mehr oder weniger starke Auswirkungen in allen anderen Subsystemen haben.

Diese sechs Grundpositionen kennzeichnen die Haltung eines Organisationsentwicklers. Sie bestimmen sein Denken und Handeln. In der Abbildung 6 wird zusammenfassend der Ansatz der Organisationsentwicklung noch einmal konkret dargestellt und dabei in Kontrast gesetzt zu den üblichen Formen der Management-Entwicklung bzw. der traditionellen Organisationsplanung.

	Organisationsentwicklung (OE)	Übliche Formen der Management-Entwicklung	Traditionelle Organisationsplanung
Wer	organisatorische „Familien" → natürliche organisatorische Einheiten → Gruppen/Abteilungen/Betriebe	eine bunt zusammengewürfelte Schar von Teilnehmern, die sonst wenig oder gar nichts miteinander zu tun haben	eine Beratungsfirma, die Geschäftsleitung, die zentrale Stabsstelle für Organisation (oder eine daraus zusammengesetzte „Mafia")
Was	konkrete Probleme der täglichen Zusammenarbeit und der gemeinsamen Zukunft → Sachprobleme und Kommunikationsprobleme → interne und externe (Umwelt-)Beziehungen	theoretischer Wissensstoff	organisatorische Strukturen und Abläufe
Wie	offene Information und aktive Beteiligung der Betroffenen → Kommunikation in und zwischen Gruppen → direkte Mitwirkung, Partnerschaft	vorgegebener Lehrplan, Fachlektionen, Fallstudien, Sandkastenspiele	Eingriffe von oben aufgrund einsamer Entscheidungen (hierarchische Macht) und/oder bilateraler Absprachen (Manipulation)
Wann	fortlaufend, regelmäßig → kontinuierlicher Prozeß → rollende Planung	punktuelle „Ein-für-allemal"-Veranstaltungen oder kurz befristete Lernprozesse mit minimalen oder gar keinen Transferchancen	plötzliche, unvorhersehbare und in den Kausalzusammenhängen undurchschaubare Einzelmaßnahmen und „Hauruck"-Aktionen
Wo	Arbeitsplatz, Betrieb → On-the-Job-Training in Problemlösungen → integrierter Bestandteil der täglichen Arbeit	in der keimfreien Atmosphäre eines Bildungsinstituts, eines Hotels oder allenfalls eines internen Schulungsraums	im stillen Kämmerlein von Chefetagen und an den Schreibtischen interner und externer Experten
Warum	Leistungsfähigkeit der Organisation (Produktivität) und Qualität des Arbeitslebens (Humanität) → Motivation/Kooperation/Flexibilität → Selbständigkeit/Beteiligung/Wachstum	Aufbau von Wissen und Fertigkeiten bei ausgewählten Einzelindividuen (ohne Berücksichtigung der gegebenen Strukturen und Abläufe)	Steigerung der Effizienz der Organisation (ohne Berücksichtigung der Bedürfnisse, Einstellungen und Verhaltensweisen der Menschen)

Abb. 6: Kriterien zur Differentialdiagnose zwischen Organisationsentwicklung, Managemententwicklung und Organisationsplanung (aus LAUTERBURG, 1980, S. 3)

5. OE-Interventionen

5.1 Ablauf eines OE-Prozesses

Wenngleich die eigentlichen Organisationsentwicklungsmaßnahmen im Hinblick auf die Problem- und Bedürfnislage der jeweiligen Organisation quasi „maßgeschneidert" werden, folgt die Vorgehensweise stets einem bestimmten Schema. Die nachfolgenden Phasen beschreiben die klassische Abfolge eines jeden OE-Prozesses.

– *Kontaktphase*
Auftraggeber und Organisationsentwickler (gleichgültig, ob internes Organisationsmitglied oder externer Berater) treten miteinander in Kontakt. Die Problemlage wird skizziert, und eine grobe Zielsetzung des geplanten OE-Projektes wird festgelegt. Weiterhin werden „Spielregeln" für die Zusammenarbeit (z.B. Vertraulichkeit, Ein-

beziehung von Betroffenen etc.) vereinbart, die Rolle des Organisationsentwicklers geklärt sowie Einigkeit hergestellt bezüglich der einzusetzenden Diagnoseverfahren und der geplanten Interventionen. Auch die für den Prozeß notwendige Unterstützung des Projektes durch Entscheidungsträger wird gesichert. Dies geschieht spätestens dann, wenn über die Vorgehensstrategie gesprochen wird. Man unterscheidet allgemein folgende Strategien:

– *Von der Spitze nach unten (top-down):* Der Prozeß beginnt an der Spitze und setzt sich dann schrittweise über die Hierarchie nach unten fort. Zu Recht bezeichnet die Mehrheit der Autoren dies als die wirkungsvollste Vorgehensweise, da hier der Prozeß durch jene Einfluß- (und auch Macht-)Strukturen unterstützt wird, die auch alle anderen wichtigen Prozesse in der Organisation verantworten.
– *Keil-Strategie:* Man beginnt in der Mitte und versucht dann, den Prozeß nach oben und unten auszudehnen. Eine mühsame Vorgehensweise; häufig eine Notlösung in der Anfangsphase von Projekten, wenn man die Führungsspitze (noch) nicht gewinnen konnte.
– *Punktuelle Strategie:* Man verzichtet auf das übergreifende Gesamtkonzept und „zündet viele kleine Feuer an“. Geeignet für begrenzte Problemstellungen; wird häufig genutzt, um sozusagen erst einmal „dezentral“ die Wirksamkeit und den Erfolg des OE-Konzeptes unter Beweis zu stellen.
– *Sandwich-Strategie:* Man startet ein Projekt gleichzeitig an der Spitze und unten. Dies hat den Nachteil, daß sich die mittlere Führungsebene leicht „eingeklemmt“ bzw. übergangen und deshalb verunsichert fühlt.
– *Von unten nach oben (basis-upwards):* Von unten nach oben ist ein mühsamer und meistens unökonomischer Weg. Diese Strategie wird in Reinkultur praktisch nie angewendet. Ausnahme: begrenzte Basis-Probleme.

– *Kontrakt*
Die getroffenen Vereinbarungen sollten in Form eines *schriftlichen Kontraktes* dokumentiert werden (mindestens aber in Form eines Ergebnisprotokolls der Vorgespräche). Dies schafft Klarheit und beugt unnötigen Mißverständnissen vor.

– *Diagnosephase*
Mit Hilfe der verschiedenen diagnostischen Verfahren (siehe weiter unten) macht sich nun der Organisationsentwickler sozusagen „sachkundig im Problem“. Für ihn ist dies die unabdingbare Voraussetzung dafür, daß er später die geeigneten Interventionen für die Projektdurchführung auswählen sowie den Prozeß in seinem Ablauf verstehen und steuern kann. Die diagnostischen Interventionen haben darüber hinaus für die daran Beteiligten Bewußtmachungscharakter, bzw. sie können bei diesen auch neue Einsichten in die Problemzusammenhänge schaffen.

– *Maßnahmendurchführung*
Auf Basis der ermittelten Problemlage erfolgt nun die Auswahl konkreter OE-Maßnahmen (Interventionen) – jeweils in Abstimmung mit den Betroffenen. Unter Umständen erfolgt auch eine Neudefinition der Ziele und/oder des Kreises der in das Projekt einbezogenen Leute.

– *Erfolgsüberprüfung*
Organisationsentwicklung ist ‚experimentelles Lernen‘. D. h. es muß überprüft werden, ob die durchgeführten Maßnahmen den gewünschten Erfolg hatten und welche

Ursachen gegebenenfalls anzunehmen sind, wenn der angestrebte Erfolg nicht oder nur teilweise eingetreten ist. Dies ist ein wichtiger Lernschritt – nicht zuletzt auch für den Organisationsentwickler.

5.2 Diagnostische Interventionen

Dem Organisationsentwickler steht ein recht umfangreiches diagnostisches Instrumentarium zur Verfügung, wobei *Betroffene* und *Beteiligte* in erster Linie als Datenquelle in Frage kommen. Weitere Informationslieferanten finden sich aber auch im engeren oder weiteren Umfeld dieses Kreises. So können Kunden, Lieferanten, externe Berater o. ä. ohne weiteres als „Sachkundige im Problem" angesprochen werden. Aus ihrer speziellen Perspektive geben sie oft sehr wertvolle Hinweise zum Verständnis des Problems oder sogar schon Hinweise auf mögliche Lösungsalternativen.

Grundsätzlich gilt, daß der Organisationsentwickler in Abstimmung mit dem Klientensystem und in Abhängigkeit von der jeweiligen Problemlage (Umfang, Bedeutung, Problemdruck) entscheiden muß, welche diagnostischen Eingriffe er für notwendig hält und wie tief er in das System eingreifen will. Nachfolgend die wichtigsten diagnostischen Verfahren:

Befragungen

Die mündliche oder schriftliche Befragung von Betroffenen und/oder Beteiligten steht vor allen anderen Methoden. Bei organisationsumfassenden Projekten wird man entweder alle Organisationsmitglieder befragen oder eine repräsentative Stichprobe und/oder sogenannte Meinungsführer (= Delphi-Methode). Eine umfassende Befragung wird man wahrscheinlich mit einem vorgefertigten und standardisierten Fragebogen (solche Fragebögen stehen in verschiedensten Formen zur Verfügung – vgl. den Artikel von DOMSCH & SCHNEBLE: Mitarbeiterbefragungen) durchführen, wenn man sich nicht entschließt, selbst ein auf die Problemsituation zugeschnittenes Befragungsinstrument zu entwickeln. Auf eine Ergänzung der schriftlichen Befragung durch Einzel- und Gruppeninterviews (halb- oder unstrukturiert) sollte man nicht verzichten.

Bei Projekten, die nur einzelne Gruppen oder überschaubare Bereiche einer Organisation betreffen, wird man – vielleicht abgesehen von checklistenartigen Kurzabfragen – der mündlichen Befragung den Vorrang geben. Den Schwerpunkt werden dabei individuelle Interviews bilden, die durch Gruppendiskussionen ergänzt werden.

Diagnose-Workshops

Solche Workshops werden mit einer überschaubaren Anzahl von Teilnehmern durchgeführt. Sie können sich durch die Zusammensetzung der Teilnehmer (horizontal, vertikal, family groups o. ä.) stark unterscheiden. Nachfolgend werden verschiedene Varianten diagnostischer Sitzungen dargestellt.

Erstellung eines Problemkataloges: Die Teilnehmer sammeln alle ihnen bekannten relevanten Probleme (z. B. per Karten-Methode), strukturieren die Problemnennungen nach Problemfeldern und erstellen eine Rangreihe. Unter Umständen steigt man anschließend bei einigen ausgewählten Problemen mit Hilfe strukturierender Check-Fragen bereits in die genauere Beschreibung der Problemlage und in die Hypothesenbildung (vermutete Ursachen des Problems) ein.

Sensing-Meeting (Sensibilisierungstreffen): Bei einem solchen Treffen diskutieren Mitglieder der verschiedenen Ebenen und Bereiche der Organisation darüber, was die Leute aufregt, was sie denken, worüber sie reden und was man ihrer Meinung nach besser machen könnte (und wie). Man unterscheidet das vertikale Sensing, bei dem Mitglieder verschiedener Ebenen miteinander diskutieren, und das horizontale, hier treffen Mitglieder verschiedener Bereiche zusammen.

Senior-Boards: Hierbei handelt es sich um Diskussionsgruppen von Mitgliedern, die aufgrund ihrer langjährigen Zugehörigkeit die Organisation sehr genau kennen und deshalb umfangreiche Erfahrungen haben.

Erstellen einer „Sozialbilanz": Dies entspricht sozusagen einer Bestandsaufnahme und Bewertung des betrieblichen Verhaltensrepertoires. Erwünschte und nicht erwünschte bzw. in der Organisation belohnte und nicht belohnte Verhaltensweisen werden aufgelistet und einander gegenübergestellt.

Kraftfeldanalyse: Mit Hilfe einer grafischen Darstellung wird das Einflußfeld, dem eine Person oder Gruppe in ihrer beruflichen Tätigkeit ausgesetzt ist, durchleuchtet und in einer Art „Landkarte" eingetragen. Dadurch können Beziehungen zwischen Interaktionspartnern deutlich gemacht werden (vgl. Abbildung 5, S. 419).

Projektive Verfahren: „Heiße" oder beängstigende Themen bzw. Verhältnisse werden symbolisch und sozusagen „in verpackter Form" angegangen. Bestimmte Zustände werden oft dadurch erst faßbar und besprechbar. So kann man beispielsweise die Gruppe auffordern, das Unternehmen oder Teile davon in Form einer Karikatur oder Collage als Maschine, Betriebssportfest, Heerlager, Entwicklungsland o. ä. darzustellen. Oder man bittet die Teilnehmer, betriebliche Vorgänge oder Verhältnisse durch eine erfundene Zeitungsschlagzeile oder eine Meldung (etwa im Stil der Bild-Zeitung) zu kennzeichnen.

Beobachtung betrieblicher Vorgänge

Dies ist in aller Regel ein relativ zeitaufwendiges, in manchen Fällen aber absolut angebrachtes Verfahren. Man unterscheidet zwischen teilnehmender und nicht-teilnehmender Beobachtung. Dabei kann den Betroffenen die Tatsache der Beobachtung bekannt oder verborgen sein. Eine verdeckte Beobachtung muß auf jeden Fall anschließend aufgeklärt und erläutert werden. Außerdem müssen die erhobenen Daten vor ihrer Weiterverwendung von den Betroffenen „freigegeben" werden.

Auswertung betrieblicher Vorgänge, Ereignisse und Abläufe

Am bekanntesten ist die Auswertung sogenannter ‚critical incidents', d.h. kritische, negativ wie positiv besonders herausstechende Ereignisse werden „unter die Lupe" genommen und in bezug auf ihre Hintergründe und Ursachen analysiert. Hingegen bezieht sich die ‚Analyse von Life-Items' auf ganz „normale" betriebliche Abläufe oder Ereignisse. Sie werden nachrecherchiert und ausgewertet, weil sich auch in ihnen innerbetriebliche Verhältnisse und/oder Beziehungen zwischen Beteiligten abbilden können. Schließlich können in besonderen Fällen unter Umständen auch simulierte Vorfälle (d.h. Nachspielen scheinbar echter betrieblicher Vorfälle) etwas über die Reaktion von (Sub-)Systemen oder von Organisationsmitgliedern aussagen.

Dokumentenanalyse

Sämtliche betriebliche Dokumente können hier herangezogen werden. Die sogenannte *Inhaltsanalyse* von beispielsweise Regeln und Vorschriften, Aktennotizen, Stellenbeschreibungen, Besprechungsnotizen, Sitzungsprotokollen eröffnet eine Fundgrube an Informationen über Machtverhältnisse, interpersonelle Beziehungen, Kommunikationsstörungen, Entscheidungsprozesse, Normen und Werte etc. innerhalb der betreffenden Organisation. Die betrieblichen Dokumente sind ein wichtiges und aussagekräftiges „Kulturgut" jeder Organisation.

Bleibt noch zu bemerken, daß sich alle diagnostischen Verfahren auch für die spätere Evaluation der initiierten Prozesse eignen.

5.3   OE-Maßnahmen auf verschiedenen Ebenen

Eine Klassifizierung der verschiedenen OE-Maßnahmen (Interventionen) kann auf unterschiedliche Weise erfolgen. So wird beispielsweise in strukturelle, technische und personale (oder humane) Ansätze unterschieden. Eine umfangreiche Zusammenstellung diagnostischer Verfahren und OE-Interventionen findet man bei COMELLI (1985); hier werden die eigentlichen Veränderungsmaßnahmen nach den Eingriffsebenen klassifiziert und unterschieden in

- Interventionen auf der *individuellen Ebene,*
- Interventionen auf der *interpersonellen und Team-Ebene,*
- Interventionen auf der *Intergruppen- und Organisationsebene.*

Dabei können die Interventionen in unterschiedlichen Subsystemen der Organisation stattfinden. Die spezielle Abfolge der im Hinblick auf die besondere Situation und Problemlage zusammengestellten Maßnahmen wird als *Interventionsstrategie* bezeichnet.

Interventionen auf der individuellen Ebene

Hier handelt es sich um Maßnahmen, die auf den einzelnen Mitarbeiter abzielen. Dies kann sich auf die Steigerung seiner sozialen Kompetenz ebenso beziehen wie auf die Gestaltung seiner individuellen Arbeitssituation oder auf die Entwicklung seiner Fähigkeit, mit den (Arbeits-)Belastungen klarzukommen bzw. umzugehen (selfmanagement). Die möglichen Maßnahmen reichen von gruppendynamischen Übungen und/oder verschiedenen Arten des (Sensitivity-)Trainings bis hin zu individuellem Feedback, Umstrukturierung der Arbeit sowie Coaching (vgl. den entsprechenden Beitrag von BÖNING, in diesem Band). Individuelle Beratung bezüglich der Lebens-

und Karrieregestaltung ist ebenso denkbar wie Beratung zur persönlichen Entwicklung oder zur Vorbereitung auf den Ruhestand (vgl. den entsprechenden Artikel von Reimann, in diesem Band).

Interventionen auf der interpersonellen und Team-Ebene

Bei Interventionen auf dieser Ebene zielt man darauf ab, die Zusammenarbeit und das Miteinander-Klarkommen von Menschen auf Gruppenebene zu optimieren und/oder besser zu organisieren. Neben gemeinsamen Trainings zur Steigerung der sozialen Fertigkeiten kann man beispielsweise Maßnahmen zur Rollenanalyse bzw. Rollenklärung durchführen. In den meisten Fällen geschieht dies innerhalb von Klausurtagungen – einerseits, um die sonst unvermeidbaren betrieblichen Störungen fernzuhalten, andererseits, weil es sehr förderlich sein kann, „heiße" Sitzungen sozusagen „auf neutralem Boden" und im Rahmen einer positiven Atmosphäre durchzuführen. In solchen Klausuren können beispielsweise auch „Spielregeln" (Normen) zur Förderung einer reibungslosen und weniger konfliktanfälligen Zusammenarbeit (per Kontrakt) vereinbart sowie Problem- oder auch Konfliktlöse-Workshops veranstaltet werden. Die populärste OE-Maßnahme auf dieser Ebene ist das sogenannte Teamentwicklungstraining (vgl. den entsprechenden Beitrag). In solchen TE-Trainings arbeiten Arbeitsgruppen (family groups) oder Projektgruppen unter Moderation eines Trainers daran, die Art und Weise ihrer Zusammenarbeit zu optimieren und die Leistungskraft des Teams zu steigern. Die Skala der Zielsetzungen in Teamentwicklungstrainings reicht von der Einübung besserer Arbeitstechniken und -systematiken bis hin zur Beziehungsklärung und Steigerung der diagnostischen Kompetenz (mitkriegen, was „läuft").

Interventionen auf der Intergruppen- und Organisationsebene

Bei Interventionen dieser Art sind mehrere Gruppen, ganze Organisationsbereiche oder die Gesamtorganisation in den Prozeß einbezogen. Aktivitäten zum Aufbau oder zur Verbesserung der Zusammenarbeit zwischen Gruppen (Inter-group-building) sind die häufigsten Maßnahmen. Dabei stehen u. a. gruppendynamische Übungen, Selbstbild/Fremdbild-Beschreibungen, Problemlöse-Workshops, Kooperationstrainings, Sitzungen zur Konfliktbewältigung sowie Konfrontationssitzungen als mögliche Maßnahmen zur Wahl. Die meisten Autoren beziehen auch Qualitätszirkel (vgl. den folgenden Artikel von Bungard) und das Lernstatt-Konzept mit ein. An organisationsübergreifenden Maßnahmen sind beispielsweise die Institutions- bzw. Prozeßberatung und das „vorkonfektionierte" Entwicklungspaket des sogenannten GRID-Systems (vgl. Blake & Mouton, 1968) zu nennen.

6. Auswirkungen von OE

Einen empirisch gesicherten Beweis über die Auswirkungen von OE-Projekten zu erbringen, ist mit großen methodischen Schwierigkeiten verbunden. Dennoch gilt es als unumstritten, daß OE faßbare Erfolge bringen kann, die – zumindest subjektiv –

von Betroffenen, Beteiligten und Beobachtern den durchgeführten Maßnahmen zugeschrieben werden. OE-Projekte befassen sich mit echten Vorgängen, und diese sind der Realität „ausgesetzt". Damit sind die Vorgänge einer komplexen Vielzahl von beeinflussenden Faktoren unterworfen. Das methodische Problem der Erfolgsmessung bei OE liegt denn auch weniger in der Erfassung der Auswirkungen als vielmehr in der gesicherten Zuschreibung der Erfolge zu den Maßnahmen.

Über folgende Auswirkungen von OE-Projekten wird jedoch u.a. immer wieder berichtet:

- Änderung des Führungsstils in Richtung zu mehr Mitarbeiter-Orientierung,
- Klimaverbesserung,
- Verbesserung der Kommunikation (offener, direkter) und der Zusammenarbeit (effizienter, weniger störanfällig),
- größere Aufgeschlossenheit für Feedback (sowohl beim Geben als auch beim Annehmen von Feedback),
- bessere Fähigkeit, mit Konflikten umzugehen bzw. sie zu vermeiden,
- Praktizieren effektiverer Techniken der Teamarbeit,
- bessere Entscheidungsqualität durch Partizipation von Betroffenen,
- Schaffung effizienterer und akzeptierterer Strukturen und Regeln,
- gestiegenes Vertrauen in die Organisation, weniger Widerstände bei notwendigen strukturellen Anpassungen,
- gestiegenes Veränderungsbewußtsein und größere Veränderungsbereitschaft,
- mehr Zufriedenheit, größeres Engagement.

Praktisch alle Nennungen lassen sich subsummieren unter die gemeinhin bekannten Auswirkungen von Partizipation – was nicht verwundert, da OE eine partizipative Methode der Veränderung ist.

7.   Bedingungen für den Erfolg von OE

Jede Problemsituation ist anders, und jede Organisation unterscheidet sich von der anderen. Dennoch will ich versuchen – mehr auf der Erfahrungsebene –, einige Bedingungen bzw. Postulate für den Erfolg von Organisationsentwicklung zu formulieren:

(1) *Top-down-Strategie bevorzugen.* Selbst bei begrenzten Projekten sollte die (nicht nur verbale) Unterstützung mindestens der übernächsten Entscheidungsebene gesichert sein. Bei Projekten, die ganze Bereiche oder die Gesamtorganisation umfassen, muß die Unternehmensleitung hinter dem Projekt stehen und sich dafür verantwortlich fühlen.

(2) *Veränderungsziele klar definieren.* Dies gibt nicht nur eine klare Orientierung für alle Beteiligten, sondern soll auch absichern, daß OE nicht als Deckmantel für verdeckte Ziele mißbraucht wird. Die Veränderungsabsicht muß echt sein.

(3) *Gründliche Problemdiagnose.* Sie ist einerseits Voraussetzung für das richtige Verständnis des Prozesses, andererseits die unabdingbare Basis für eine optimale Maßnahmenplanung.

(4) *Kein ungesunder Zeitdruck* und eine gewisse „*Kontinuität der Köpfe*". OE ist eine partizipative Methode, deshalb ist sie zeitaufwendiger als weniger kooperative

Ansätze. Außerdem muß gewährleistet sein, daß der Veränderungsprozeß nicht durch andere plötzliche Veränderungen bei den Betroffenen und Beteiligten (Umstrukturierung, Umbesetzung) gestört wird.

(5) *Die Prinzipien der Offenheit, Vertraulichkeit und Transparenz sind nicht verhandelbar.* Dies heißt: Verzicht auf jegliche Manipulation.

(6) *Problembewußtsein muß vorhanden sein.* Der erste Schritt für jede Veränderung ist die Identifikation mit dem Problem. Ist dieser Zustand noch nicht erreicht, muß erst Problembewußtsein geschaffen werden.

(7) *Die Organisation muß ‚reif' sein für OE.* Es muß abgesichert sein, daß durch den partizipativen Ansatz von OE das Betroffenensystem nicht überfordert wird: Wo man sich besser nicht trauen sollte, den Mund aufzumachen, ist die Zeit und ist die Situation noch nicht reif für OE.

(8) *Die Organisation dort abholen, wo sie steht.* Dieser aus der Gruppendynamik stammende Satz gilt auch für Organisationen. Selbst bei „gigantischen" Visionen startet jede Veränderung mit dem ersten Schritt – und der beginnt bei der Realität! OE braucht Geduld.

(9) *Der Organisationsentwickler muß zur Organisation passen.* Nicht jeder Organisationsentwickler paßt zu jeder Organisation, oder besser: zu jeder Organisationskultur. Nach meinen Erfahrungen ist die Akzeptanz des Organisationsentwicklers bei den Betroffenen eine nicht zu vernachlässigende Erfolgsvariable im Prozeß.

(10) *Keine zu großen Schritte planen.* „Don't push too hard!" – sagen die Angelsachsen. Kleine Schritte überfordern das Betroffenensystem nicht und sorgen zudem relativ schnell für erste stabilisierende Erfolgserlebnisse.

Literatur

BLAKE, R. R. & MOUTON, J. S. (1968). Verhaltenspsychologie im Betrieb. Düsseldorf 1968.

COMELLI, G. (1985). Training als Beitrag zur Organisationsentwicklung. München/Wien 1985.

FRENCH, W. L. & BELL, C. H. JR. (1977). Organisationsentwicklung. Bern 1977.

FRIEDLANDER, F. & BROWN, L. D. (1974). Organization development. In: Annual Review of Psychology, 25, 1974, S. 219–341.

GEBERT, D. (1974). Organisationsentwicklung. Stuttgart 1974.

GOERKE, W. (1981). Organisationsentwicklung als ganzheitliche Innovationsstrategie. Berlin 1981.

KOCH, U., MEUERS, H. & SCHUCK, M. (Hrsg.). (1980). Organisationsentwicklung in Theorie und Praxis. Europäische Hochschulschriften: Reihe 5, Volks- und Betriebswirtschaft, Bd. 275, Frankfurt 1980.

LAUTERBURG, C. (1980). Organisationsentwicklung – Strategie der Evolution. In: Management-Zeitschrift IO, 49/1, 1980, S. 1–4.

ROSENSTIEL, L. v., EINSIEDLER, H. & STREICH, R. (Hrsg.). (1987). Wertewandel als Herausforderung für die Unternehmenspolitik. Stuttgart 1987.

RUSH, H. M. F. (1973). Organization development: A reconnaissance. New York 1973: The Conference Board Inc.

Zur Konkretisierung und weiteren Vertiefung wird empfohlen, im Fallstudienband die Fälle zu „Organisationsentwicklung" zu bearbeiten.

Michael Reiß

Change Management

1.   Change Management als Führungsaufgabe

Wer die derzeit typischen Kennzeichen und Rahmenbedingungen von sozialen Gebilden wie Unternehmen, Branchen, Volkswirtschaften, aber auch Familie und persönliche Netzwerke „auf den Punkt" bringen will, wird hierfür wohl Charakterisierungen wie „Dynamik", „Transformation", „Umbruch", „Ungleichgewicht", „Diskontinuitäten", „revolutionäre Umwälzungen" usw. verwenden. „Change" fungiert als Sammelbegriff für alle diese tiefgreifenden, breit angelegten und teilweise dramatisch verlaufenden Veränderungen. Der für die Mitarbeiterführung relevante Wandel findet auf mindestens drei Ebenen statt: Auf der *individuellen* Ebene in Form von familiären Veränderungen, Auslandsentsendungen oder „midlife crisis". Auf der *gesellschaftlichen* Ebene in Gestalt von globaler Integration, Automatisierung, Veränderungen in der Altersstruktur, Wertewandel und Ökologisierung. Und schließlich auf der *Unternehmensebene*, wo Wandel alle Sektoren eines Unternehmens erfaßt. Das Spektrum umfaßt den Wandel der Strategien (Expansion über Diversifikation, Konzentration auf Kernkompetenzen usw.), der Mitarbeiter (z. B. gestiegener Anteil an Akademikern, Frauen und ausländischen Führungskräften), der Technologien und Systeme (Inter- und Intranet, Bildschirmarbeit u. ä.), der Strukturen (z. B. Holding-Strukturen, Teamarbeit, Prozeßorientierung) und der Kulturen (Dienstleistungskultur, Selbstverständnis eines global players usw.).

Der „Change Survey 1997" des Management Centre Europe ergab, daß zwei Drittel der befragten Manager in den letzten fünf Jahren einen signifikant gestiegenen Bedarf für organisatorischen Wandel registriert haben. Die Haupttreiber des Wandels waren Kundenwünsche, Kosten- und Wettbewerbsdruck.

Das Change Management als Gesamtheit aller Aktivitäten zur Handhabung von tiefgreifenden Veränderungen verfolgt ein Hauptziel: Das „Management des Wandels" soll eine veränderungsfreundliche Umgebung schaffen für alle Prozesse des Wandels. Dies kann einmal im Rahmen eines *reaktiven* Change Managements geschehen. Hierbei geht es vor allem um die Bewältigung von Übergangsphasen zwischen „Alt" und „Neu". Man denke etwa an Projekte zum Gemeinkostenmanagement, zum Downsizing, zur Einführung einer Holding-Struktur bzw. zur Migration zwischen zwei Software-Generationen. Die Auslöser für solche Change Projekte stammen vornehmlich aus dem unternehmensexternen Kontext. Das *proaktive* Change Management will hingegen ein nachhaltiges Veränderungspotential schaffen, d. h. durch *Organisationsentwicklung* eine Veränderungsfähigkeit und –bereitschaft aufbauen (Shell-Slogan: „Change before you have to!"). Zu diesem Zweck werden Verkrustungen aufgebrochen oder ganz vermieden, eine Toleranz gegenüber Instabilitäten, Ungleichgewichten und Fehlern aufgebaut sowie eine Streit- und Lernkultur implementiert. Mit proaktivem Change Management kann man erreichen, daß Veränderungsimpulse aus dem Unternehmen selbst kommen und daß man auf externen Veränderungsdruck besser vorbereitet ist.

Laut Change Survey 1997 fühlten sich nur etwa die Hälfte der befragten Manager gut auf die Herausforderungen des Change Managements vorbereitet. Ohne den aktiven Beitrag der Führungskräfte kann aber Change Management nicht gelingen. Sie werden als *Promotoren des Wandels* benötigt. Von solchen „Change Agents" erwartet man zwei sehr unterschiedliche Formen von Unterstützung:

Zum einen sind sie als *Visionäre*, *Missionare* und *Vorbilder* gefordert. Sie sollen die Betroffenen von der Notwendigkeit des Wandels überzeugen, Leitbilder entwickeln und das geänderte Verhalten und Selbstverständnis aktiv vorleben. Zum anderen werden aber auch die methodischen Kompetenzen von Führungskräften benötigt. Dies betrifft etwa die Auswahl geeigneter Projektmitarbeiter, deren Schulung, die Moderatorentätigkeit in Workshops, die permanente Informationspolitik, die Planung des Projektablaufs, das Management der Projektkosten und das Marketing für die Veränderung, etwa durch die Veranstaltung von Road Shows (Projektpräsentationen in den Niederlassungen und Werken) oder eines Innovations-Wettbewerbs. Mehrere Untersuchungen signalisieren, daß „Visionäre" und „Handwerker" eine unterschiedliche Einstellung zu Veränderungsvorhaben besitzen: Die Visionäre aus dem Top-Management beurteilen die Umsetzungschancen für Veränderungen stets optimistischer als die Handwerker aus dem mittleren Management und den Stabsabteilungen.

Das Anforderungsprofil an die „Agenten des Wandels" wirft die Frage auf, ob die erforderlichen Skills ein „Kuppelprodukt" der Standard-Führungsqualifikationen sind oder ob hierfür *zusätzliche Qualifikationen* benötigt werden. Vieles spricht dafür, daß Führungskräfte diverse Zusatz-Skills erwerben müssen, um für ihre Funktion in Veränderungsvorhaben gerüstet zu sein. Wer gut führen kann, kann noch nicht automatisch auch Neuerungen gut einführen.

Besonders im Leadership-Ansatz wird ein Gegensatz zwischen dem traditionellen „Management" als Alltagsführung und der für Change Management benötigten „*Leadership*" aufgebaut. Dabei geht es nicht um die immer wieder geforderte Umgewichtung von sachbezogenen Führungsfunktionen (Task Management) auf personenbezogene Führungsfunktionen (People Management). Leadership zeichnet sich vielmehr durch strategische, innovative und wertorientierte Führung aus, die mit „weichen" Führungsinstrumenten einen Orientierungsrahmen vorgibt, innerhalb dessen sich die selbstorganisatorischen Kräfte entfalten können.

Die Führungskräfte aus der Linie sind nicht die einzigen *Träger des Change Managements*. Die Federführung für Veränderungsprogramme liegt meist in den Händen von zentralen Stabs- bzw. Serviceabteilungen (z. B. Konzernentwicklung, strategische Planung, Personalwesen). Einige Firmen haben interne Beratungs-Netzwerke eingerichtet. Eine erfolgskritische Rolle spielen im Veränderungsmanagement die *externen Berater*. Sie bringen methodische Routine in Sachen Change Management sowie ein gewisses Maß an Autorität ein. Die Kooperation mit diesen Beratern ist enger und folgt mitunter auch anderen Spielregeln als etwa die mehr oder weniger vertraute Zusammenarbeit mit Personalberatern.

2. Programme des Wandels

Change Management wird auf Unternehmensebene oft im Rahmen eines *Change-Programms* betrieben. Beispiele für diese unternehmensweiten Vorhaben sind „Kultur-Evolution" (Henkel), „Lernendes Unternehmen" (FESTO), „Leadership through Quality" (Xerox), „Customer Relationship Management" (IBM), „P/3S: Phoenix, schlank, schnell, stark" oder „ZEMA: Zeitgemäß Erfolgreich Miteinander Arbeiten" (Mann+Hummel). Nach Angaben der Teilnehmer am Change Survey 1997 arbeiten 80 % der Firmen derzeit an umfassenden Change-Programmen.

Den Hintergrund für die firmenindividuellen Programme bilden breite Strömungen im Management. Bei wohlwollender Betrachtung haben sie den Charakter von Paradigmen, bei kritischer Betrachtung den Charakter von Moden. Diese Strömungen wurden in letzter Zeit verstärkt von weltweit tätigen Unternehmensberatungen kreiert. Hierzu gehören in den 90er Jahren etwa die Programme Business Process Reengineering, Lernende Organisation, Virtuelle Organisation, Lean Management und Total Quality Management. Die einzelnen Strömungen gehen mit jeweils spezifischen Anforderungen an die Mitarbeiterführung einher.

2.1 Business Process Reengineering

Im Business Process Reengineering soll eine Umstellung von der isolierten Optimierung der Wertschöpfungsfunktionen (Vertrieb, Entwicklung, Einkauf usw.) zu einer Optimierung von funktionsübergreifenden *Kernprozessen* erfolgen. Die Produktentwicklung, die Auftragsabwicklung, das Business Planning, die Kundenakquisition und andere Prozesse besitzen für die Wettbewerbsfähigkeit eine erfolgskritische Bedeutung. Process Reengineering führt gewissermaßen zu einem Drehen der Struktur von einer vertikalen Funktionsorganisation in eine horizontale Prozeßorganisation. Für die definierten und optimierten Prozesse müssen dann Prozeßverantwortliche gefunden werden. Hier kommen nebenamtliche Prozeßpaten oder hauptamtliche Rundumsachbearbeiter oder Auftragszentren in Betracht.

Prozeßorientierung ist Auslöser von weiteren Veränderungen. Aufbauorganisatorisch ist Prozeßverantwortung meist mit einer Verflachung der Hierarchie verbunden. Die Radikalität des Reengineering wird etwa von Siemens Nixdorf oder Bayer deshalb auch dadurch visualisiert, daß das Organigramm auf den Kopf gestellt wird. Nicht mehr die Vorstände und Bereichsleiter, sondern die kundennah tätigen Außendienstmitarbeiter stehen dann an der Spitze der Pyramide. Hand in Hand mit dem Abbau von Hierarchie kommt es zu einem *Empowerment*, sprich zu einer Verlagerung bestimmter Kompetenzen an die Basis.

Eine zentrale Herausforderung an die Führung bilden Qualifizierungs- und Rekrutierungsmaßnahmen zur Sicherung der Prozeßkompetenz, also etwa die Schulung von Methodenkompetenzen (DV-Schulung, Analysetechniken usw.) und von systemischer Denk- und Arbeitsweise. Flankierend muß in Anreizsysteme für ein „Unternehmertum im Unternehmen" investiert werden.

2.2 Lernende Organisation

Sehr viele Unternehmen sehen sich „auf dem Weg zum Lernenden Unternehmen". Lernende Organisation ist gewissermaßen der Inbegriff für ein proaktives Change Management. Im *weiteren* Sinne dient Lernende Organisation als Bezeichnung für alle „weichen", vertrauensfokussierten Change-Programme (z.B. „LeO" bei Veba Oel), die nicht primär eine Verbesserung der Kostensituation bezwecken und sich darüber hinaus bewußt von den harten Ratio-Programmen distanzieren wollen. Im *engeren* Sinne meint Lernende Organisation alle Programme, in deren Mittelpunkt der Aufbau von *Kompetenzen* (bei der Deutschen Bank insgesamt 11 Kernkompetenzen wie z.B. Kommunikation, Kundenservice, Leadership und Teamwork), das Management des im Unternehmen verfügbaren *Wissens*, vor allem die Verbesserung dieser kognitiven Wissensbasis stehen. Prozesse, Potentiale, Strukturen und Kultur des Lernens bilden die zentralen Bausteine der Lernenden Organisation (vgl. Abbildung 1).

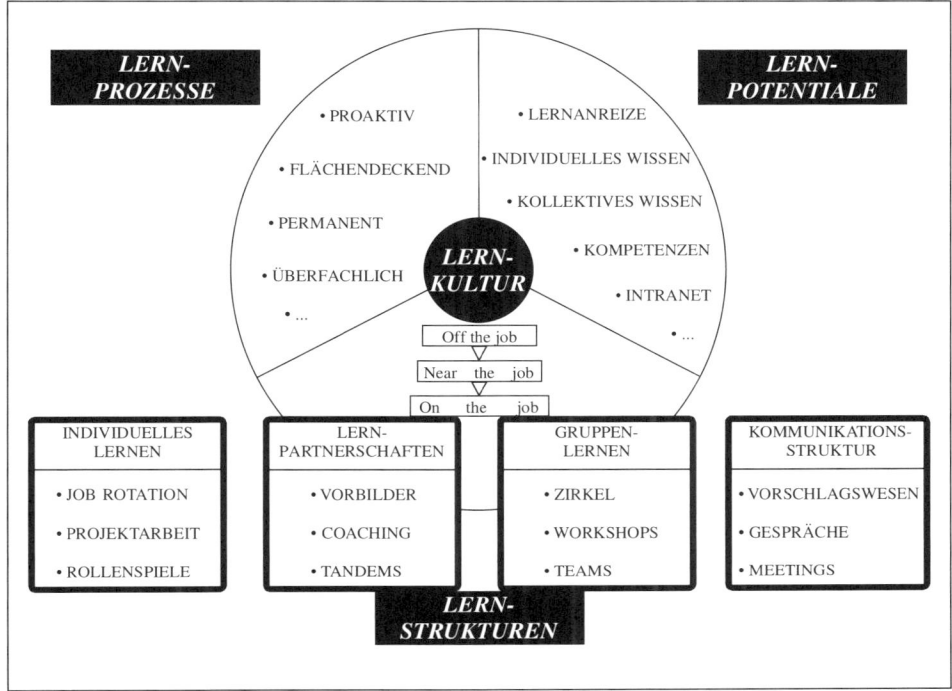

Abb. 1: Bausteine der lernenden Organisation

Individuelles Lernen repräsentiert die klassische Lernform, die von der Personalentwicklung strukturiert wird. Bilaterale *Lernpartnerschaften* ermöglichen nicht zuletzt ein „Lernen vom Vorbild", insbesondere ein Lernen von der Best Practice im Rahmen eines Benchmarking. Eine zentrale Rolle spielen alle Formen von *Gruppenlernen*, weil sie die Überführung von indivduellem Wissen in kollektives Wissen (und umgekehrt) optimal unterstützen. Die Wissenskollektivierung verdeutlicht, daß das organisationale Wissen keinesfalls deckungsgleich ist mit der Summe aller individuellen Wissensbestände. Jede Form des Wissenstransfers setzt eine funktionstüchtige *Kommunikationsstruktur* voraus. Hierfür ist u. a. ein Investment in ein internes und externes Vorschlags- und Beschwerdewesen erforderlich. Die Lernkultur beinhaltet u. a. eine konstruktive Einstellung zu Fehlern im Lernprozeß, etwa im Sinne der Maxime „Fehler sind Schätze!".

Bei Xerox beispielsweise wurde zur strukturellen Unterstützung der Prozeßoptimierung im Rahmen der Vision „Xerox 2000" ein *Lern- und Kompetenz-Netzwerk* installiert. Prozeßinhaber (für Teilprozesse), Prozeß-Champions (für Kernprozesse), Prozeß-Gremien (aus Prozeß-Inhabern und -Champions), der Business Process Board (aus Prozeß-Champions und Top Management), eine Expertenabteilung „Business Process Management" und externe Berater sind die zentralen Strukturelemente der lernenden Organisation, mit der ein proaktiver Nonstop-Change-Prozeß auf der Basis von Benchmarking bewerkstelligt werden soll.

2.3   Virtuelle Organisation

Weltweit vollzieht sich ein Wandel von monolithischen Konzernstrukturen zu netzwerkförmigen Strukturen. Mitunter werden pauschal alle *Netzwerk-Unternehmen* als virtuelle Unternehmen charakterisiert (z. B. Benetton, Dell). Damit will man zum Ausdruck bringen, daß mit der Auflösung von konventionellen Unternehmensstrukturen bestimmte klassische Unternehmensmerkmale wie z. B. eine umfangreiche interne Wertschöpfung (Insourcing), die monopolistische Machtkonzentration im Hauptquartier und das formalisierte Arbeiten streng nach Organigramm erodieren.

Unter virtueller Organisation im *engeren* Sinne versteht man die besonders flexiblen Formen von informationstechnisch unterstützten und zeitlich befristeten Kooperationen zwischen mehreren juristisch selbständigen Firmen und Personen zur Erfüllung von Kundenaufträgen, z. B. im Mediensektor und bei der Software-Entwicklung. Virtuelle Organisationen im engeren Sinne arbeiten improvisiert (statt nach Organisationsrichtlinien), räumlich verteilt und zeitlich entkoppelt (statt räumlich konzentriert und zeitgleich) unter der Koordination eines „Maklers" (statt einer Geschäftsleitung). Damit fehlen den virtuellen Netzwerkstrukturen zugleich auch einige Führungsmechanismen, die herkömmlicherweise die Corporate Identity und Kultur eines Unternehmens schaffen. Die resultierende „Kulturerosion" in virtuellen Unternehmen hat ein deutlich geschwächtes Zugehörigkeitsgefühl und Motivationsniveau der virtuellen „Randbelegschaft" (Telearbeiter, Teilzeitkräfte, Freelancer usw.) zur Folge. Die Virtualisierung wirft noch weitere Führungsprobleme auf. Man denke hier z. B. an die Renaissance von Spezialistentum, an die Scheinselbständigkeit von Auftragnehmern, freien Mitarbeitern und anderen Unternehmern sowie an Konfliktpotentiale innerhalb einer Zweiklassengesellschaft aus Stammbelegschaft und Randbelegschaft.

2.4   Schlankes und agiles Management

Gerade in Westeuropa wurde Lean Management in einer sehr engen Interpretation mit dem *Abmagern* von Unternehmen via Downsizing (z. B. Komplexitätsreduktion in Richtung „schlanke Holding") und Kostenreduktion (z. B. schlanker Staat) gleichgesetzt. Im ursprünglichen Sinne dient das schlanke Management dem Kampf gegen Verschwendung und für die *Fitneß* von Fabriken und ganzen Unternehmen. Dieser Fitneß-Aspekt wird im westlichen Pendant zum Lean Management, dem agilen Management, besonders betont.

Im Mittelpunkt dieser Strömung steht der technikunterstützt agierende Mitarbeiter, der primär als geeignetes *Mittel* zur Bewältigung der Komplexität von Wertschöpfungsprozessen fungiert. Darüber hinaus findet – mit Blick auf eine Reduktion der eigenen Wertschöpfungstiefe (Outsourcing) – eine enge *Integration von Zulieferern* in die Prozesse der Produktentwicklung und Auftragsabwicklung im Rahmen von Zuliefer-Kooperationsprogrammen statt, z. B. durch die Programme „Tandem" (Mercedes-Benz), „Supply Management" (ABB) oder „Vision Einkauf" (Robert Bosch). Parallel wird die *Integration von Abnehmern* in die Produktentwicklung (Pilotanwender) und in Beschwerdesysteme forciert. Auch horizontal kommt es zu einem Übergang auf eine arbeitsteilige und vernetzte Produktion. Hierzu zählen vielfältige Formen der Gemeinschaftsproduktion, der Systemzulieferung und des Just in Time-Sourcing über Rahmenverträge.

Teamwork bildet im Lean Management die dominante Arbeitsform, Einzelarbeit wird lediglich in Ausnahmefällen praktiziert. Die teamförmige Kooperation prägt einerseits die Projektarbeit im Modell des Simultaneous Engineering: Dort werden unter der Leitung eines „Schwergewichts-Projektmanagers" sowohl alle unternehmensinternen Funktionsbereiche als auch die unternehmensexternen Lieferanten von Teilen, Modulen, Werkzeugen und Anlagen in die frühen Phasen der Produktentwicklung integriert. Andererseits erfolgen auch alle routinemäßigen Wertschöpfungsprozesse im Team. Wie andere aktuelle Management-Konzepte zeichnet sich auch das schlanke bzw. agile Management durch eine Betonung der Prozeßorientierung aus.

Ein zentraler Baustein der Agilität ist der *Kontinuierliche Verbesserungsprozeß* (KVP): Lernprozesse finden hier nicht nur „near the job" innerhalb einer moderierten Zirkelarbeit statt. Sie sind „on the job" in die alltäglichen Arbeitsprozesse integriert: Der Arbeitsort wird zum Lernort. Agile Unternehmensstrukturen bestehen aus dezentralen, autarken und *selbststeuernden Organisationseinheiten* (Unternehmen im Unternehmen, Fabriken in der Fabrik, Fraktale). Diese Center übernehmen unternehmerische Verantwortung für Qualität, Kosten und Profit.

Aus der Führungsperspektive ist zu bemängeln, daß dem schlanken Management das unrealistische Menschenbild eines uneingeschränkt lernfähigen und lernwilligen Mitarbeiters zugrunde liegt. Tatsächlich ist der Anteil solcher „Olympioniken" an der Belegschaft jedoch relativ gering. Bestenfalls in „Grüne Wiese-Organisationseinheiten" kann durch eine entsprechende Rekrutierung für die erforderliche „Agilität" der Gesamtbelegschaft gesorgt werden.

2.5 Total Quality Management

Der Total Quality Management-Ansatz (TQM) repräsentiert heute einen weltweit gültigen Standard für Qualitätsmanagement als Führungskonzept. Er beinhaltet die Qualitätsanforderungen des ISO 9000 ff.- Regelwerks an Produkte, Prozesse und Potentiale, geht aber weit über die reine ISO-Zertifizierung hinaus.

Die Gleichsetzung von Qualität mit *Kundennutzen* hat zur Folge, daß TQM in der Praxis häufig in kundenfokussierte Qualitätsprogramme wie z.B. Projekt Kundennähe (Deutsche Bank) oder Market Driven Quality (IBM) eingebettet ist. Die Definition anhand des Kundennutzens geht deutlich über die technisch-ingenieurmäßige Definition als Zuverlässigkeit hinaus und umfaßt auch „Vertrauenswürdigkeit", „Entgegenkommen" und „Kundenverständnis".

TQM bedeutet letztlich die *flächendeckende Verankerung* von Qualitätsverantwortung in allen Organisationseinheiten und bei jedem Mitarbeiter. Des weiteren signalisiert das Merkmal „Total" auch die Ganzheitlichkeit des Ansatzes. Vor diesem Hintergrund wird verständlich, daß die Einführung von TQM häufig mit einem *Kulturwandel* einhergeht. Qualitätsorientierung steht dann auch für verbesserte Kommunikation, Motivation und Kooperation. Besonders deutlich wird dies an einer europäischen TQM-Variante, dem European Foundation for Quality Management-Modell (EFQM). Qualität wird in diesem Modell nicht nur an den Geschäftsergebnissen, sondern auch an der Kunden- und Mitarbeiterzufriedenheit sowie an der gesellschaftlichen Verantwortung gemessen. Diese Performance-Kriterien sind von fünf Kompetenzgrößen („Befähiger") gesteuert: Führung, Mitarbeiterorientierung, Politik/Strategie, Ressourcen und Prozesse.

Typisch für das TQM ist der Einsatz von „Qualitätsoscars" zur Förderung einer Qualitätsmotivation. Bei diesen sog. *Awards* handelt es sich um Anreizsysteme, die auf einem Wettbewerbsmechanismus aufbauen. Unternehmensintern wird in diesem Sinne ein Wettbewerb zwischen Gruppen, Abteilungen oder Geschäftseinheiten um Auszeichnungen und Titel (z. B. „Qualitätsteams des Jahres") veranstaltet. Das Award-Konzept wurde auch ausgedehnt auf die Prämierung von besonders zuverlässigen Lieferanten (z. B. „Supplier of the Year-Award" von GM).

Wer als Führungskraft für die TQM-Einführung verantwortlich ist, sollte sich des *Spannungsfelds zwischen Freiwilligkeit und Flächendeckung* stets bewußt sein: Die freiwillige Teilnahme an TQM-Programmen ist ein Garant für Motivation. Eine flächendeckende Übernahme läßt sich allerdings nur durch ein top down-initiiertes Breitenprogramm realisieren. Ein Ansatz zur Überwindung des Spannungsfelds ist sicherlich die zentrale Förderung der Verbreitung von freiwilligen Initiativen in den dezentralen Bereichen.

3. Instrumentarium des Change Managements

3.1 Diagnoseinstrumente

Diagnoseprozesse dienen hauptsächlich der Ermittlung des *Veränderungsbedarfs* und des *Veränderungserfolgs*. Einige der hierbei eingesetzten Instrumente sind aus der alltäglichen Führungspraxis vertraut, allen voran die Mitarbeiterbefragung (vgl. den entsprechenden Beitrag von DOMSCH & SCHNEBLE in diesem Band). Diagnose im Change Management wird aber auf der Basis einer „360-Grad-Beurteilung" betrieben: Zusätzlich zur Mitarbeiterbefragung kommen Kundenbefragungen (von externen und internen Kunden), Vorgesetztenbeurteilungen und Benchmarking-Vergleiche mit Best Practices zum Einsatz.

Bedarfsmessung und Erfolgsmessung müssen sich an den Kriterien der *Effektivität* des Wandels und der *Effizienz* des Wandels (Kosten und Geschwindigkeit) orientieren. Besondere Schwierigkeiten bereitet die Beantwortung der Frage „Wie läßt sich die Effektivität von Change-Programmen messen?". Die Erfolgsdiagnose kann an zwei Punkten ansetzen (vgl. Abbildung 2): Zum einen ist anhand der Ganzheitlichkeit (vollständig/überwiegend/teilweise) und des Umsetzungsgrads (vollkommen/annähernd/modifiziert/reduziert) zu prüfen, inwieweit das geplante Konzept (Gruppenarbeit, flache Hierarchie usw.) tatsächlich verwirklicht wurde. Zum anderen ist anhand des Verbreitungsgrads und des Verankerungsgrads zu ermitteln, inwieweit der betroffene Kontext für die Veränderung gewonnen werden konnte.

Der Verankerungsgrad mißt die Akzeptanz der Veränderung durch den einzelnen betroffenen Mitarbeiter, Manager, Lieferanten oder Kunden. Der Grad der Akzeptanz hängt von vier Akzeptanzfaktoren ab:

– Je besser die Betroffenen die Veränderung *kennen*,
– diese durch passende Qualifikationen handhaben *können*,
– die Umstellung *wollen* und
– aktiv am Veränderungsprozeß teilnehmen *sollen*,

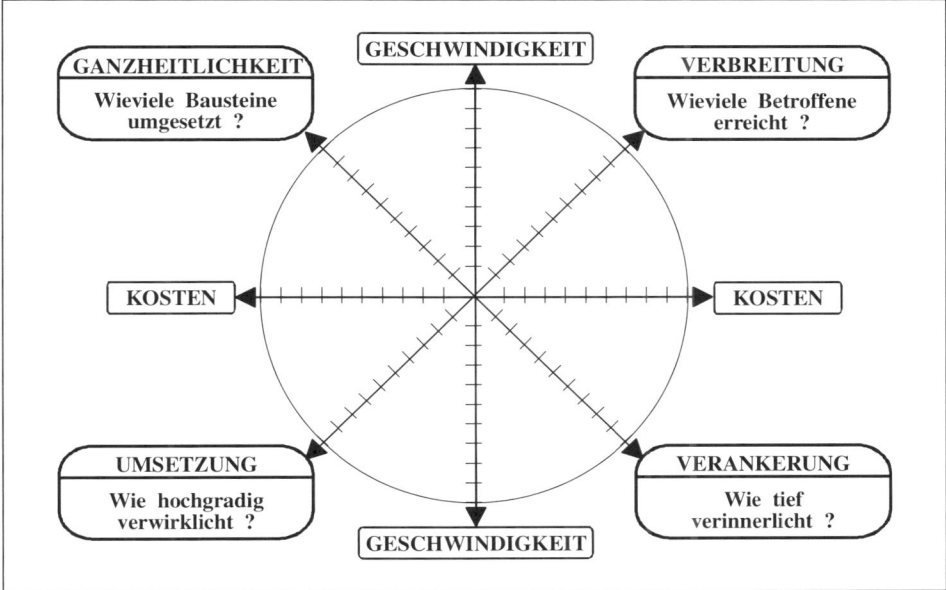

Abb. 2: Erfolgsdimensionen des Change Managements

desto positiver fällt die Haltung gegenüber der Veränderung aus. Um für Effektivität und Effizienz von Change-Prozessen zu sorgen, müssen die Change Manager mit einem Fundus aus „weichen" und „harten" Instrumenten umgehen können.

3.2 Informationsinstrumente

In Change-Vorhaben besitzt die Führungsaufgabe „Kommunikation" einen erfolgs-kritischen Stellenwert. Zur besseren Partizipation und Motivation der Betroffenen empfiehlt es sich, Möglichkeiten für eine *Zweiwegkommunikation* zu installieren und sich nicht auf einseitige Werbefeldzüge zu beschränken. Je ausgeprägter die Kommunikationskultur, desto mehr Informationsaktivitäten lassen sich über die vorhandene formelle und informelle Kommunikations-Infrastruktur (Mitarbeiterzeitschrift, regelmäßige Meetings, Gespräche, Stammtische usw.) abwickeln. Spezielle Informationsinstrumente wie Workshops, Hotlines und Sprechstunden kommen flankierend zum Einsatz.

Für eine offensive Informationspolitik und gegen eine Politik der Nachrichtensperren und Vernebelungstaktiken sprechen pragmatische Überlegungen: Jeder Betroffene hat in der Regel Zugang zu mehreren Informationskanälen. Dadurch entsteht die Gefahr, daß Mitarbeiter aus inoffiziellen Quellen (aus der Zeitung, von Kollegen, von den Vertrauensleuten usw.) von einer bevorstehenden Veränderung erfahren. Dies führt zu einem Verlust an Glaubwürdigkeit der autorisierten Informationsquellen sowie zu einer praktisch unkontrollierbaren Gerüchteküche.

3.3 Qualifikationsinstrumente

Qualifikationsmaßnahmen sollen den Betroffenen das erforderliche Können für den Umgang mit dem neuen DV-System, der neuen Organisationsform oder der neuen Strategie vermitteln. Sie erstrecken sich auf alle Kompetenzsparten, d. h. auf die *Fach-, Methoden-* und die *Sozialkompetenz*. Besonders die ganzheitlichen Change-Programme stehen im Zeichen der Schulung von Methodenkompetenzen (z. B. Visualisierungstechniken, Schnittstellenanalyse) und Sozialkompetenzen (z. B. Kooperationsfähigkeit, Kundenkontakt). Die einschlägigen Qualifizierungsprogramme basieren auf einer Mischung aus *Off-the-job-*, *Near-the-job-* und *On-the-job-Training*. Dabei ist zu beachten, daß Qualifizierungsbedarf auch bei den implementierungsverantwortlichen Führungskräften auftritt. Hiermit ist in erster Linie die Notwendigkeit einer Moderatoren- und Projektleiterschulung angesprochen.

3.4 Motivationsinstrumente

Dreh- und Angelpunkt aller Motivationsmaßnahmen ist der Einsatz *akzeptanzförderlicher Anreize*. Diese können als intrinsische Vorteile in der einzuführenden Veränderung selbst verankert sein, etwa in Gestalt eines motivationsförderlichen Job Enrichment durch Empowerment. Die in Anlehnung an die Oscars aus dem Qualitätswesen konstruierten materiellen oder symbolischen Awards stimulieren und honorieren besondere Leistungen von Niederlassungen, Teams, Führungskräften usw. im Einführungsprozeß. *Abfindungen* werden zum Ausgleich von materiellen Nachteilen im Zusammenhang mit einer Veränderung (z. B. Betriebsänderung gemäß Betriebsverfassungsgesetz) gewährt. Sie sollen eine „Duldung" der Veränderung bewirken. Bei *Gegengeschäften* (etwa im Rahmen von Standortsicherungsverträgen) wird für einen bestimmten Zeitraum eine Gegenleistung (z. B. Beschäftigungssicherheit) zum Ausgleich für eine geforderte Verhaltensänderung (z. B. Arbeitszeiterhöhung) gewährt.

3.5 Organisationsinstrumente

Auch der organisatorische Wandel muß organisiert werden. Ziel ist die aktive Integration von möglichst vielen Betroffenen nach der Devise „Viele Lokomotiven des Wandels!", und nicht bloß „Viele Anhänger des Wandels!". Mit dem Modell der lernenden Organisation verfolgt man das Anliegen, Change-Vorhaben aus dem in der Regelorganisation existierenden Veränderungspotential heraus zu initiieren und zu bewerkstelligen. Vorliegende Untersuchungen verdeutlichen jedoch, daß für die meisten Veränderungsvorhaben eine Sonderorganisation in Gestalt einer *Projektorganisation* benötigt wird. Eine solche Übergangsorganisation geht ablauforganisatorisch mit einem beträchtlichen Investment in die gruppendynamischen Prozesse des Forming (Zusammenfinden), Storming (Rollenfindung) und Norming (Spielregeln) einher. Erst dann sind die erforderlichen Grundlagen für das Performing geschaffen. Außerdem müssen Machtpromotoren (Sponsoren aus dem Top Management), Fachpromotoren (z. B. Strategie-, DV-, Rechts- und Steuer-Experten) sowie ein Prozeßpromotor als Koordinator in die Projektorganisation integriert werden.

Bewährt hat sich folgende Form der Projektorganisation: Ein harter „Projektkern" wird nach dem Vorbild der reinen Projektorganisation für das Projekt freigestellt. Alle anderen Beteiligten verbleiben in ihren Linienfunktionen und sorgen somit für eine funktionstüchtige Verbindung zwischen Projekt und Linie.

In aller Regel werden *externe Berater* als Fach- und Prozeßpromotoren in ein Change-Vorhaben integriert. Das Zusammenwirken von externen Beratern und internen Promotoren hat nicht selten den Charakter einer symbiotischen Verbindung: Die internen Promotoren setzen die externen Berater als unbefangene und nicht betriebsblinde Außenstehende ein, die mitunter auch die Rolle des Sündenbocks für unpopuläre Maßnahmen übernehmen müssen. Die externen Berater benötigen die Insider als Informationsquellen und Türöffner für ihre Erhebungsarbeit.

3.6 Planungs- und Controllinginstrumente

Führungskräfte sind in allen Veränderungsvorhaben auch als Planer und Controller gefordert. Besonders bei den komplexen ganzheitlichen Konzepten bedarf es einer fundierten *Ablaufplanung* für die stufenweise Einführung von Reengineering, EFQM oder Virtualisierung. Zunächst gilt es unter Beteiligung der lokalen Führungskräfte herauszufinden, welche Bereiche des Unternehmens sich als „Baustellen" und damit als Lernfelder für die Einführung eignen. Außerdem muß man die optimale Reihenfolge der Einführung der einzelnen Konzept-Bausteine bestimmen. Hierbei geht es weniger um eine exakte netzplanbasierte Terminplanung als vielmehr um eine Beachtung der bestehenden Abhängigkeiten zwischen Teamarbeit, Geschäftsprozessen, Visionen, Entgeltsystemen und Kulturen im Hinblick auf die erzielbaren Akzeptanz-Effekte.

Darüber hinaus müssen die involvierten Führungskräfte auch über *Controlling-Know how* verfügen. Neben einem Controlling der Projektkosten ist auch der Einsatz von „weichen" Kennzahlen eine typische Aufgabe von Change Agents. Einen Härtetest bildet hier die Evaluation von Verbesserungs- und Lernprozessen anhand von Kennziffern: Die Kennzahl „Anzahl der eingereichten Vorschläge" sagt viel über die Involvierung der Mitarbeiter, aber wenig über die Qualität des Verbesserungsprozesses aus. Die Umsetzungsquote informiert primär über die Akzeptanz der an der Basis entwickelten neuen Ideen durch die übergeordneten Instanzen. (Netto-)Ersparnisbeträge geben Auskunft über die „Ergiebigkeit" der Vorschläge aus Unternehmenssicht und eignen sich zur Erfassung der Qualität von Ideen. Prämien und Ausschüttungsquoten sind unter Motivationsaspekten von Interesse. Allerdings lehnen einige Firmen die einsparungsorientierte Prämierung von Vorschlägen als „Bestechungsgelder" ab, setzen hier ausschließlich symbolische Anreize ein und arbeiten folglich nicht mit dieser Kennzahl.

3.7 Marketinginstrumente

Jede Führungskraft hat in der Rolle des Change Agents auch etwas zu verkaufen: Der passende Führungsstil im Change Management ist nicht das „Telling", sondern vielmehr das „Selling" (vgl. den Beitrag „Grundlagen der Führung" von v. ROSENSTIEL, insbesondere Abbildung 6). Um diese schwierige Aufgabe zu meistern, bedarf es einiger Qualifikationen auf dem Gebiet des *internen Marketing*. Dazu zählt die Orientierung von Umsetzungsaktivitäten an den verschiedenen Zielgruppen („Kundensegmenten") wie z.B. die einzelnen Führungskreise, Gewinner oder Verlierer, interne oder externe Betroffene. Auf der Zielgruppenbestimmung baut der Einsatz der Instrumente aus dem

Marketing-Mix auf: Schon bei der Namensgebung für das Change-Programm sollte auf ein prägnantes Motto, auf eingängige Botschaften und auf die konzeptgerechte Verpackung (z. B. Verzicht auf hierarchiegeprägte Bezeichnungen und Charts) geachtet werden. Wird der Name des Change-Programms innerhalb eines Mitarbeiterwettbewerbs ermittelt (und nicht von einer Werbeagentur entwickelt), läßt sich „Selling" und „Participating" relativ problemlos in Einklang bringen.

Eine wichtige Rolle für die „*Distribution*" der Neuerungen spielen beispielsweise Meinungsführer, die identifiziert und als „Absatzmittler" gewonnen werden müssen. Ohne den professionellen Einsatz von *Werbematerialien* (Videos, Broschüren, Bildschirmschoner usw.) läßt sich kein ausreichender Aufmerksamkeitseffekt und damit auch kein Einführungserfolg erzielen.

4. Herausforderungen des Change Managements

Nur ungefähr die Hälfte der befragten Firmen im Change Survey 1997 gab an, mit ihren Veränderungsprogrammen die angestrebten Ziele weitestgehend erreicht zu haben. Die Erfolgsquoten von radikalen Reengineering-Programmen liegen noch niedriger. Ein durchgängig anzutreffendes Indiz für Umsetzungsschwierigkeiten ist die Kluft zwischen dem Änderungswunsch einerseits und der tatsächlich realisierten Veränderung andererseits. Offensichtlich kämpft man in Change-Vorhaben mit Herausforderungen, die deutlich über diejenigen des tagtäglichen Managements hinausgehen.

Der Katalog von Herausforderungen, also *Barrieren*, *Gefahren* und *Mißerfolgsfaktoren*, reicht von fehlender Top-Management-Involvierung, Zeitmangel, Widerständen, Inflexibilität (z. B. durch Besitzstanddenken), mangelndem Leidensdruck und Aufmerksamkeit über Zwang zum kurzfristigen Erfolgsnachweis bis hin zu unsystematischem Vorgehen und Unerfahrenheit.

Die Schwierigkeiten treten kumuliert in bestimmten Phasen des Veränderungsprogramms auf. Im Lebenszyklus eines Wandels kann man drei Phasen unterscheiden: Die anfängliche *Konfusionsphase* ist durch Fehler, Kinderkrankheiten, Hektik, Ängste und Unkenntnis gekennzeichnet. Hier wird eine Führungskraft in erster Linie als Coach gefordert. Sie muß dafür Sorge tragen, daß der Veränderungsprozeß nicht in einem bloßen Aufbrechen der alten Strukturen stecken bleibt, sondern sich zu einem echten Aufbruch entwickelt. Die anschließende *Diffusionsphase* entspricht der Penetrations- und Verbreitungsphase von neuen Produkten. Hier agieren Führungskräfte primär als Verkäufer und Multiplikatoren einer neuen Idee. In der *Erosionsphase* läßt die verhaltenssteuernde Wirkung der neuen Regeln nach. Im Falle einer Strohfeuer-Akzeptanz tritt diese Phase sehr früh ein. Hier sind Führungskräfte in ihrer klassischen Funktion gefordert. Sie müssen die Einhaltung der neuen, von den Betroffenen grundsätzlich akzeptierten Spielregeln durchsetzen und einen Rückfall in alte Gewohnheiten und Praktiken verhindern. Möglicherweise signalisieren Erosionserscheinungen aber bereits die Notwendigkeit eines neuen Veränderungsprozesses, weil sich am „neuen" Konzept schon Zeichen einer Veralterung bemerkbar machen.

Widerstände
Herausforderungen ergeben sich zunächst aus den Widerständen der Betroffenen gegen die geplante Veränderung. Sie lassen sich auf ein „*Nicht-Kennen*", „*Nicht-Kön-*

nen", „*Nicht-Wollen*" und „*Nicht-Dürfen*" zurückführen. Diese ablehnenden Einstellungen können sich in einem Oppositionsverhalten (Blockade, Sabotage) niederschlagen. Die Widerstände richten sich möglicherweise pauschal gegen jede Art von Veränderung, weil diese grundsätzlich als unbequem empfunden wird. Verschärft wird eine derart prinzipiell ablehnende Haltung durch den Modecharakter von Change-Programmen. Dieser induziert ein gewisses Maß an Abgestumpftheit gegenüber allen Veränderungsoffensiven.

Für Widerstände können auch spezifische Merkmale konkreter Veränderungsprojekte verantwortlich sein. Man denke etwa an die *Angst vor Schlechterstellung* durch den forcierten Wettbewerb zwischen jungen und alten Mitarbeitern bzw. zwischen internen und externen Zulieferern. Solche Realängste werden subjektiv leicht verallgemeinert und auf alle – weiche wie harte – Programme der Veränderung ausgedehnt. Dadurch erhalten alle Programme das Image eines Job Killers. In der Tat läßt sich auch objektiv nachweisen, daß selbst viele „weiche" Restrukturierungen mit einem Stellenabbau einhergehen. In solchen Situationen muß sich der Coach mitunter einer rigorosen Argumentation bedienen, etwa „Abbau einzelner Stellen oder Schließung der ganzen Unternehmenseinheit". Es läßt sich unschwer nachvollziehen, daß das Coaching-Potential von involvierten Führungskräften bei umfangreichen Personalanpassungen bald an seine Grenzen stößt. In diesen Fällen müssen externe Stellen die Entscheidungen über die Verwirklichung des erforderlichen Personalabbaus fällen und gegenüber den Betroffenen vertreten.

Komplexität

Die Komplexitätstreiber in Veränderungsvorhaben liegen auf der Hand: Je *breiter, tiefer* und *zügiger* ein Change-Projekt angelegt ist, desto komplexer ist die Führungsarbeit im Veränderungsprozeß. Komplexitätstreibend für Beteiligte wie Betroffene wirkt auch die *Überlagerung* durch alte und neue Spielregeln, sprich Führungsgrundsätze, Auswahlrichtlinien, Gehaltssysteme usw. in einem Übergangszeitraum. Hierdurch wird nicht zuletzt die Einhaltung des Gleichbehandlungsgrundsatzes erheblich erschwert, wenn nicht sogar ganz unmöglich gemacht.

Taugliche Ansatzpunkte für eine *Komplexitätsreduktion* im Change Management lassen sich nicht leicht finden. Man denke hier beispielsweise an den Komplexitätsfaktor „Erforderliche Breite der Akzeptanz": Wieviel Prozent der Belegschaft müssen für eine Veränderung gewonnen werden, damit sich der Veränderungsprozeß von selbst trägt? Gerade in den ganzheitlichen Veränderungsprogrammen wird hier mit der – realitätsfernen – Prämisse operiert, daß man jeden als „Fan" für die Veränderung gewinnen muß.

Risiken

Veränderungsmanagement bedeutet einerseits, die *Chancen* des Wandels zu nutzen. Hierzu zählen günstige Gelegenheiten für ein Change-Vorhaben (z.B. die Einführung des Euro oder die Einführung von SAP-Software als Anlaß für eine grundsätzliche Überprüfung von Geschäftsprozessen) ebenso wie eine Überlebenskrise oder eine „Crisis of Opportunity" (wie bei Xerox). Andererseits müssen Change Manager gegen die vielfältigen *Risiken* in Veränderungsprozessen kämpfen. Das Spektrum reicht hier von Marktrisiken wie z.B. Konjunkturveränderungen (die den Leidensdruck beeinflussen) über den Ausfall von Promotoren bis hin zur Fluktuation im Projekt, die die Einhaltung von Endterminen gefährden kann. Hinzu kommen Risiken infolge eines ungenügenden Investments in das Instrumentarium des Change-Managements, z.B. Schulungsdefizite oder mangelhafte Aufklärungsarbeit. Eine besonders diffizile Kategorie von Risiken im Veränderungsprozeß stellen die schlecht sichtbaren *Fallen* dar.

Besonders die „innovativen" und ruhelosen Change Manager manövrieren ihr Unternehmen in eine „*Beschleunigungsfalle*": Die Lebensdauer einer organisatorischen Veränderung wird systematisch durch immer neue Veränderungsvorhaben verkürzt. Dies beeinträchtigt auf Dauer die erzielbare Akzeptanzwirkung. Werden von ambitionierten Change Agents zahlreiche Einzelvorhaben gleichzeitig gestartet, gerät man leicht in eine *Aktionismus-Falle*. Setzt man in pragmatischer Manier zunächst provisorische Lösungen (z.B. Aufbau eines umfangreichen Zentralcontrolling) ein, hat das meist hohe Kosten bei der späteren Auflösung dieser Provisorien (im Zuge einer Dezentralisierung des Unternehmens) zur Folge, weil sich diese Provisorien einer Auflösung widersetzen. Mit einer spezifischen Falle ist im Zusammenhang mit allen Bestrebungen zur Steigerung des Unternehmenswertes (Shareholder Value) zu rechnen. Die angestrebte Verbesserung von Output-Input-Kennzahlen (z.B. Kapitalrentabilitäten) läßt sich sowohl durch Kostenabbau („Nenner-Management") als auch durch Kompetenz-Aufbau („Zähler-Management") bewerkstelligen. Der Verbund zwischen Zähler-Management und Nenner-Management ist jedoch asymmetrisch. Während die Maßnahmen des Kompetenzaufbaus (z.B. Ideentransfer, Lernkultur, Erfahrungsdatenbanken) die Bestrebungen um Kostenreduktion (Erfahrungskurven-Effekte, Gemeinkostenabbau usw.) unterstützen, wirken Rationalisierungsmaßnahmen verunsichernd und demotivierend. Sie behindern dadurch die Bemühungen um Innovationsförderung.

Die Herausforderungen lassen sich konstruktiv nur durch eine Fokussierung auf Erfolgsfaktoren von Veränderungsvorhaben bewältigen. Hier haben sich Kommunikation, Partizipation, Kultur, Vision, Projektmanagement und Training herauskristallisiert. Einer dieser Erfolgsfaktoren ist zweifellos die Involvierung von Führungskräften (Leadership) in das Change Management. Massiver Handlungsbedarf ergibt sich allerdings aus der Tatsache, daß bislang zwar viel in ein „Change Management für die Betroffenen", dafür aber recht wenig in ein „Change Management für die Change Manager" investiert wurde. Als Schwachpunkt erweist sich hier vor allem die Motivationsarbeit: Man geht offensichtlich davon aus, daß die Agenten des Wandels immer für eine Veränderungsidee „Feuer und Flamme" sind. Angesichts der aufgezeigten Widerstände und (durchaus auch karriereschädlicher) Risiken handelt es sich hierbei um eine unrealistische Annahme über die Position von Führungskräften im Change Management.

Literatur

BRUHN, M. (Hrsg.). (1995). Internes Marketing. Wiesbaden 1995.

DOPPLER, K. & LAUTERBURG, CH. (1997). Change Management. Den Unternehmenswandel gestalten (6. Aufl.). Frankfurt, New York 1997.

GOMEZ, P. u.a. (1994). Unternehmerischer Wandel: Konzepte zur organisatorischen Erneuerung. Wiesbaden 1994.

HANSMANN, K.-W. (Hrsg.). (1997). Management des Wandels. Wiesbaden 1997.

HILMER, F.G. & DONALDSON, L. (1997). Jenseits der Management-Mythen. Kontinuität statt Trendhopping. Landsberg/Lech 1997.

KOTTER, J.P. (1990). A Force for Change. How Leadership Differs from Management. New York, London 1990.

PROBST. G.J. & BÜCHEL, B. (1994). Organisationales Lernen. Wiesbaden 1994.

REISS, M., ROSENSTIEL, L. VON & LANZ, A. (Hrsg.). (1997). Change Management. Programme, Projekte und Prozesse. Stuttgart 1997.

WUNDERER, R., GERIG, V. & HAUSER, R. (Hrsg.). (1997). Qualitätsorientiertes Personalmanagement. Das Europäische Qualitätsmodell als unternehmerische Herausforderung. München, Wien 1997.

Peter V. Kierysch

Prozeßoptimierung – Veränderungen der Organisationsstrukturen

1. Einleitung

Flache Hierarchien, Lean Management, Hochleistungsteams, Lean Produktion oder Lean Banking sind nur einige Schlagworte für einen Trend, mit dem sich inzwischen viele Unternehmen auseinandersetzen. Gibt es einen eindeutigen Zusammenhang zwischen Organisationsform und Erfolg? Oder handelt es sich bei diesen Reorganisationen um einen kurzlebigen Trend, mit dem man in wirtschaftlich schwierigen Zeiten wieder zu Gewinn und Wachstum kommen möchte? Dezentralisierung von Verantwortung, ganzheitliche Bearbeitung von Vorgängen und Teamarbeit lassen sich jedoch nur erreichen, wenn sie als dauerhafte Tendenzen im Unternehmen verankert sind.

In vielen großen Unternehmen wurde in letzter Zeit der Abbau von Hierarchien zum Ziel erklärt. JOHN NAISBITT (1993) beurteilt diese Entwicklung für die 500 größten Unternehmen in den USA, also die Fortune 500 Liste, so, daß ein guter Teil der Namen, die heute dort noch stehen, nach der Jahrtausendwende nicht mehr bekannt sein werden. Diese altmodisch geführten, industriell orientierten, großen bürokratischen Gebilde werden sich schwer tun, ihre Strukturen schnell genug zu ändern. PETER F. DRUCKER (1992) stellt in diesem Zusammenhang fest „Die Fortune 500 sind Schnee von gestern". Ein entscheidender Faktor für den Erfolg durch veränderte Organisationsstrukturen wird demnach sein, mit welcher Geschwindigkeit Prozeßoptimierungen durchgeführt werden.

Wenn man sich den Wettbewerb auf den Weltmärkten ansieht, dann ist festzustellen, daß flache Organisationen die erfolgreichsten sind. Sie sind gekennzeichnet durch Tendenzen zur ganzheitlichen Gestaltung von Arbeitsabläufen, der Aufhebung von Informationsprivilegien und der Betonung der Teamarbeit. Gerade junge Nachwuchskräfte haben in Schule und Hochschule gelernt, in Teams zu arbeiten und erfolgreich zu sein. Sie haben sich in sachlichen Auseinandersetzungen erproben können. Sie sträuben sich gegen Reglementierungen, die Freiheiten nehmen, ohne zu überzeugen. Teamorientierung und Enthierarchisierung, verbunden mit Gestaltungsspielraum und Entscheidungsmöglichkeiten kommen ihren Vorstellungen entgegen.

Deshalb ist auch ein neues Konzept des Führens erforderlich. Denn Weisungsbefugnis, einst das wichtigste Führungsinstrument, wird in der neuen Unternehmenswelt durch das Werkzeug Information ersetzt. Gefragt sein wird, wer stark im Dialog und sozial kompetent ist, wer, die eigene Person zurücknehmend, sich für die Sache und den Erfolg anderer engagiert (vgl. dazu den Beitrag von REGNET: Anforderungen an die Führungskraft der Zukunft, in diesem Band). Eine Führungskraft wird nicht mehr nach der Anzahl der Mitarbeiter beurteilt, die ihr zugeordnet sind. Dieser Richtwert sagt über die Komplexität der Aufgabe nichts aus, nichts über die Informationen, die der Betreffende nutzt und hervorbringt, nichts über die Art der Beziehungen, die erforderlich sind, um die Aufgabe zu erfüllen. Die Abflachung der Hierarchien bringt eine quantitative Verringerung der Führungspositionen und damit eine Reduzierung der heutigen Aufstiegsmöglichkeiten mit sich.

Flache und schlanke Organisationen werden zwar jüngeren Führungsnachwuchskräften eher entgegenkommen. Wenn dies allerdings dazu führt, daß gut ausgebildete und leistungsfähige Mitarbeiter wegen mangelnder Führungspositionen keine Karriere machen können, bringt dies Frustration. Deshalb sind neue Konzepte für den beruflichen Aufstieg erforderlich, die sich nicht wie bisher an Kategorien wie Positionen oder Karrierepfaden orientieren, sondern daran, wie man Aufgaben übernehmen kann, und zwar eine nach der anderen.

Wie aber läßt sich eine Prozeßoptimierung durch veränderte Organisationsstrukturen in einer traditionellen, seit Jahrzehnten durch Hierarchien und Titel geprägten Unternehmenskultur einführen? Insbesondere dann, wenn ein solches Unternehmen auch seit Jahren sehr erfolgreich agiert und ein Problembewußtsein für diesen Weg zur Zukunftssicherung nur vereinzelt vorhanden ist. Welche Konsequenzen ergeben sich aus einem solchen Prozeß für die Führung?

Es gibt nicht nur einen richtigen Weg für die Veränderung von Organisationsstrukturen. Nachfolgend wird eine Möglichkeit dargestellt, die zu einer erfolgreichen Implementierung einer neuen Organisationsstruktur führte und die damit verbundenen Herausforderungen an das Personalmanagement aufzeigt.

2. Dialog mit allen Mitarbeitern (Mitarbeiterbefragung)

Der erste Schritt zu organisatorischen Veränderungen kann der Dialog mit den Mitarbeitern durch eine Befragung sein. Dabei ist wichtig, daß die Mitarbeiter bereits von Anfang an ausführlich und offen über den Prozeß informiert werden. Denn der erste Schritt einer Reorganisationsmaßnahme ist schon eine beispielhafte Vorwegnahme dessen, was einmal ein soll.

Unternehmenskultur, das sind Gewohnheiten, Einstellungen und Wertvorstellungen, die das alltägliche Verhalten gegenüber Kunden ebenso wie das Miteinander im Unternehmen prägen, aber auch die Vorstellungen vom Unternehmen und dessen Zukunft. Die Mitarbeiterbefragung kann dazu beitragen, daß die Unternehmenskultur noch besser auf Ziele und dies heißt letztlich auf die Bedürfnisse der Kunden und Mitarbeiter ausgerichtet werden kann. Denn wie gut man den Interessen der Kunden gerecht wird, wird entscheidend mitbestimmt von der Qualität der internen Zusammenarbeit, der Art des Umgangs der Mitarbeiter untereinander und von deren Selbstverständnis.

Ein erster außerordentlich wichtiger Schritt zur besseren Ausrichtung auf diese Ziele ist ein offener und konstruktiver Dialog. Dazu gehört, daß im Rahmen der Mitarbeiterbefragung Dinge, die für verbesserungsbedürftig und verbesserungsfähig gehalten werden, offen geäußert werden können. Damit dabei die Anonymität der Befragung gewährleistet wird, sollte ein externes Institut mit der Datenerfassung und Auswertung der Ergebnisse beauftragt werden.

Um ein differenziertes Meinungsbild aus der Mitarbeiterbefragung zu erhalten, sind Fragen zu folgenden Themenkomplexen angebracht (vgl. den Beitrag von Domsch & Schneble: Mitarbeiterbefragungen, in diesem Band): Ansehen/Situation des Unternehmens, Arbeitsbedingungen, Tätigkeit, Organisation, Führungsstil, Mitwirkungsmöglichkeiten, Information und Kommunikation, Zusammenarbeit, Anerkennung und Kritik, soziale Leistungen/Bezahlung, Ausbildung der Mitarbeiter, Weiterbildung, persönliche Entwicklungsmöglichkeiten. Die aus der Befragung gewonnenen Daten sind keine „harten" Meßergebnisse, sondern subjektive Hinweise. Die Befragungsdaten sind Hinweise (Indikatoren), die auf ihren Realitätsgehalt bzw. ihre Bedeutung geprüft werden müssen (Verifizierung bzw. Validierung). Deshalb ist es empfehlenswert, die Befragungsergebnisse nochmals mit allen Beteiligten zu diskutieren und zu prüfen, „was an den Hinweisen dran ist". Hierzu können Informationsveranstaltungen zur Vorstellung der Befragungsergebnisse und Einzelgespräche in den Auswertungseinheiten dienen.

Diese Veranstaltungen und Gespräche bieten allen Mitarbeitern Gelegenheit, vor dem Hintergrund ihrer spezifischen Kenntnisse und Erfahrungen im Unternehmen zu erläutern, was sie für verbesserungsbedürftig oder auch für vorbildlich halten.

Solche Erklärungsbemühungen geben die Chance, Ansatzpunkte für Verbesserungen zu erkennen. Sicher ist es aufwendig, eine Vielzahl solcher Veranstaltungen durchzuführen. Sie bieten aber die Möglichkeit, eine große Zahl von Mitarbeitern in den Prozeß zur Neuausrichtung einzubeziehen. Durch einen solchermaßen konstruktiven Dialog können erste tragende Grundsteine für Prozeßoptimierungen erreicht werden.

3. Prozeß der strategischen Orientierung

Was erfolgreiche Unternehmen so herausragen läßt, kann nicht auf solche Faktoren wie exklusive Technologie, eine brillante Idee, ein strategisches Geheimnis oder den Einsatz eines besonderen Instrumentariums wie z.B. Qualitätssicherung zurückgeführt werden. Solche Ideen fließen leicht über die Unternehmensgrenzen hinweg (WATERMAN, 1994). Die Unterschiede, die Spitzenunternehmen auszeichnen, sieht Waterman darin, wie sie ihre Organisation ausgerichtet haben. Sie sind darauf ausgerichtet, den Bedürfnissen ihrer Mitarbeiter besser gerecht zu werden. Dadurch gewinnen sie letzten Endes bessere Mitarbeiter als die Wettbewerber, und diese Mitarbeiter sind, gleich was sie tun, motiviert, qualitativ hochwertige Arbeit zu leisten. Sie sind von der Organisation her darauf ausgerichtet, den Bedürfnissen ihrer Kunden besser zu entsprechen. Dadurch sind sie durchgängig innovativ auf die Vorwegnahme der Kundenbedürfnisse ausgerichtet und zuverlässig in der Erfüllung der Kundenerwartungen. Damit sind zugleich die aufgelaufenen Gesamtkosten, ehe ein Produkt geliefert oder eine Dienstleistung erbracht werden kann, geringer.

Ein Unternehmen so zu organisieren, daß es den Bedürfnissen der eigenen Mitarbeiter gerecht wird, bedeutet zu verstehen, was Menschen motiviert, und die Unternehmenskultur, Systeme, Strukturen – genauso wie Mitarbeiterfähigkeiten und die Unternehmensführung – auf Dinge auszurichten, die von innen heraus motivieren.

Die Ergebnisse aus der Mitarbeiterbefragung stellen deshalb eine gute Grundlage für den Prozeß der strategischen Orientierung eines Unternehmens dar. Zur Bearbeitung der verschiedenen Themenkomplexe aus der Mitarbeiterbefragung bieten sich Projektgruppen an, die interdisziplinär und hierarchieübergreifend gebildet werden sollten. Der feste Wille, die aus der Befragung erkannten Schwachstellen zum Positiven zu verändern, wird dadurch unterstrichen, daß zu jedem strategischen Themenkomplex ein Vorstandsmitglied bzw. ein Mitglied der obersten Führungsebene als Pate benannt wird.

Bei der Analyse der Befragungsergebnisse und der Suche nach Prozeßoptimierungen sollten die Projektgruppen sich nicht auf die „Abläufe" beschränken. Diese bisher üblichen „Ablaufanalysen" finden innerhalb von Abteilungen statt. Jede Abteilung untersucht dann ihre Aufgaben, um auf diese Weise Einsparungsmöglichkeiten aufzudecken und die Kosten – häufig um einen pauschal vorgegebenen Prozentsatz – zu senken, Stichwort: Gemeinkostenwertanalyse.

Im Gegensatz zu diesen quantitativen Analysen bietet die Optimierung von Geschäftsprozessen die Möglichkeit, eine qualitative Veränderung einzuleiten. Bei der Betrachtung von Geschäftsprozessen werden die Abteilungsgrenzen durchbrochen. Dadurch, daß nicht nur der kleine Ausschnitt des Ablaufs in einer Abteilung betrachtet wird, sondern der gesamte Leistungsprozeß, lassen sich einfacher Doppelarbeiten und Überschneidungen aufdecken und Möglichkeiten finden, Aufgaben zusammenzuziehen. Durch die Analyse der Geschäftsprozesse können aber nicht nur Abläufe vereinfacht und beschleunigt werden, sondern auch Kostenstrukturen offengelegt werden. Man kann beispielsweise feststellen, was genau die Kreditbearbeitung in einer Geschäftsstelle kostet. Wenn man bisher nur die Kosten der gesamten Geschäftsstelle kannte, so lassen sich mit Hilfe des Geschäftsprozesses die Stückkosten ermitteln. Dadurch werden Deckungsbeiträge transparent, die Voraussetzung für eine fundierte Produktpolitik sind.

Außerdem läßt sich durch die Betrachtung der Geschäftsprozesse feststellen, an welchen Stellen einer Ablaufkette Engpässe bestehen können und der Einsatz zusätzlicher Mitarbeiter sinnvoll ist oder wegen Überbesetzung Personal abgebaut werden muß. Die Geschäftsprozeßanalyse wird damit zu einem auch für die Mitarbeiter nachvollziehbaren Instrument der Personalpolitik.

Die Ergebnisse der verschiedenen Projektgruppenarbeiten sollten in einer Zusammenführungsklausur mit den Mitgliedern der Führungsspitze diskutiert und einer Entscheidung zugeführt werden. Mit der Neuausrichtung der Strukturen lassen sich für die verschiedenen Unternehmensbereiche unterschiedliche Ziele verbinden. So können zum Beispiel für die marktorientierten Einzelheiten und die zentralen Funktionen folgende Ziele formuliert werden:

Marktorientierte Einheiten
Ziel der neuen Struktur ist, das Geschäftspotential des Marktes und das Leistungspotential der Mitarbeiter noch stärker als bisher auszuschöpfen. Leitgedanke ist, durch größere Freiräume für unternehmerisches Handeln bei gleichzeitiger Ergebnisverantwortung den Mitarbeitern der marktorientierten Bereiche mehr Möglichkeiten zu eigenständigem, teamgestütztem und ertragsorientiertem Arbeiten zu geben sowie gleichzeitig Ablaufprozesse zu straffen. Die Neugestaltung der Strukturen verbindet damit im Rahmen eines Profit Centers individuelle Verantwortung mit Kollegialität und ermöglicht der Geschäftsstellenleitung und autarken Marktteams, durch höhere Transparenz von Aktivitäten Auswirkungen des eigenen Handelns schnell zu überschauen.

Zentrale Bereiche
Ziel der Neuausrichtung ist eine signifikante Steigerung des Beitrags der Zentrale zur Kostensenkung und Produktivitätsverbesserung. Die Ausrichtung der Aufgaben soll an den Kernprozessen des Unternehmens, durch die Konzentration und die Beschränkung auf das Wesentliche erfolgen, z. B. durch Verzicht auf zentrale Dienste oder Outsourcing der Entgeltabrechnung. Darüber hinaus werden Tätigkeiten zusammengefaßt und gebündelt. Beispielsweise kann sich der Personalbereich bei der Personalauswahl auf Kernfragen beschränken und die Führungskräfte beraten und trainieren, den gesamten Auswahlprozeß (incl. Analyse der Bewerbungsunterlagen, Interwiews, Besprechung der Konditionen) selbständig durchzuführen. Entscheidungswege sowie die operative Durchführung werden dadurch schneller. Damit verbunden ist die Einführung der Teamorganisation in der Zentrale.

Diese strategischen Leitgedanken für die unterschiedlichen Unternehmenseinheiten können die Ausgangsbasis für eine neue Unternehmensstruktur bilden. Alle weiteren Ausrichtungen sind daran zu messen, ob sie diesen Anforderungen Rechnung tragen.

4. Auswirkungen auf das Personalmanagement

Durch die strategische Neuausrichtung eines Unternehmens und der damit verbundenen Abflachung der hierarchischen Ebenen und der Einführung von Teamstrukturen ergeben sich eine Vielzahl von Anforderungen an das Personalmanagement. Mit Hilfe der personalwirtschaftlichen Instrumente werden die Überlegungen aus dem strategischen Prozeß operationalisiert. Deshalb hat der Personalbereich eine Schlüsselrolle bei der Begleitung des Veränderungsprozesses.

4.1 Aufbauorganisation/Team-Struktur

Unter einem Team ist eine kleine Gruppe von Personen zu verstehen, deren Fähigkeiten einander ergänzen und die sich für eine gemeinsame Sache, gemeinsame Leistungsziele und einen gemeinsamen Arbeitseinsatz engagieren und gegenseitig zur Verantwortung ziehen (Katzenbach & Smith, 1993).

Das heißt, daß ein Team eine Ausrichtung auf ein klar definiertes, anspruchsvolles Ziel braucht. Eine klare Aufgabenzuordnung und die Bereitschaft, sich an strengen Leistungsmaßstäben messen zu lassen, sind eine Voraussetzung für das erfolgreiche Arbeiten im Team. Die Rollenverteilung sollte auf den Stärken des einzelnen aufbauen. Die Teammitglieder sollten Verantwortung für die gegenseitige Weiterentwicklung übernehmen und für den Erfolg der anderen Teammitglieder einstehen.

Für die Einführung und Strukturierung von Teams sind deshalb folgende Grundlagen zu beachten:

— Ein Team ist zuständig für ein prozeßorientiertes Aufgabenbündel.
— Ein Team ist verantwortlich für die Erreichung klar definierter anspruchsvoller Leistungsziele/-größen.
— Die Größe eines Teams richtet sich nach der Komplexität der Aufgaben und umfaßt in der Regel 6 bis 12 Mitarbeiter.
— Die Teamführung wird einem Mitarbeiter (Teamleiter) übertragen.
— Teams können auch auf Zeit gebildet werden (z.B. Projektteams).
— Die Wertigkeit eines Teams und jedes einzelnen Mitgliedes richtet sich ausschließlich nach der Komplexität der Aufgaben, der zu übernehmenden Verantwortung für Leistungsziele und dem Leistungsstand des Teams bzw. der einzelnen Teammitglieder.
— Gesamtvergütung und Titel der Teammitglieder leiten sich aus dieser Wertigkeit ab.
— Für jedes Team sind Aufgabenbeschreibungen, Verantwortungen, Leistungsziele und -größen sowie Stellenbewertungen zu entwickeln. Hieraus ergibt sich die individuelle Wertigkeit der Stelleninhaber. Auf dieser Basis ist die Gesamtvergütung zu bestimmen.

Wie ein Beispiel der Einführung von Teamstrukturen für zentrale Funktionen zeigt (Abbildung 1), gibt es unterhalb des Vorstands nur noch zwei Führungsebenen. Die Teams (Teamleiter) sind einem Bereichsleiter zugeordnet. Die Funktion des Teamleiters kann im Einzelfall auch von einem Bereichsleiter wahrgenommen werden. Genauso ist die Führung mehrerer Teams durch einen Teamleiter möglich.

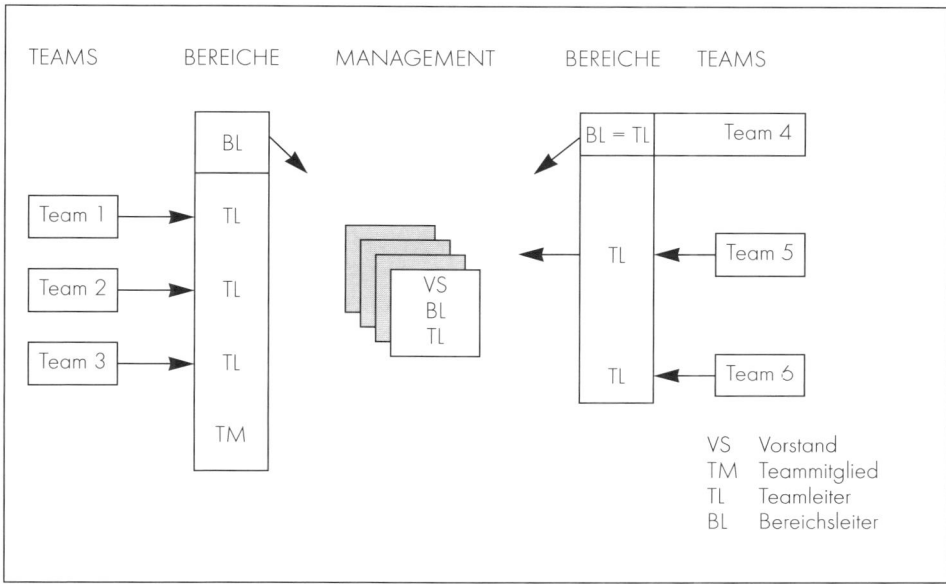

Abb. 1: Team-Struktur

Besonders wichtig ist ein teamorientiertes Rollenverständnis des Bereichsleiters. Denn das „Hineinregieren" in ein Team zerstört den Teamgedanken. Folgende Punkte skizzieren die neue Rolle des Bereichsleiters:

— Die Gesamtverantwortung für die Aufgabenerledigung, die strategische Weiterentwicklung, die Planung und die Zielvereinbarung/-erreichung im Bereich trägt der Bereichsleiter.
— Der Bereichsleiter berät und koordiniert gemeinsam mit den Teamleitern und ggf. einzelnen ausgewählten Mitarbeitern die Aufgaben des Bereiches.
— Für die operative Steuerung, die Aufgabenerledigung, den Ressourceneinsatz, die Planung und Ergebniskontrolle im Team ist der jeweilige Teamleiter verantwortlich.
— Der Bereichsleiter übt Coachingfunktion im Bereich aus und paßt ggf. Teams an neue Anforderungen an. Er nimmt eine herausragende Kernaufgabe im Bereich selbst wahr, wenn erforderlich und sinnvoll auch als Teamleiter.

Zur effizienten Prozeßsteuerung im Unternehmen und zur Überwindung von Ressort-Egoismen sollten Managementteams gebildet werden. Das Managementteam kann sich zusammensetzen aus prozeßverantwortlichen Vorstandsmitgliedern, Bereichsleitern und ggf. einzelnen ausgewählten Mitarbeitern.

4.2 Anforderungen an ein neues Führungssystem

In einer Teamstruktur, die nur wenige Führungsebenen aufweist und direkt der Kundenzufriedenheit dient, muß der einzelne mehr als je zuvor Verantwortung für sich selbst übernehmen. Eine Führungskraft muß diese Bereitschaft fördern, indem sie den Teammitgliedern die Bedeutung der Aufgabe klar macht und die Richtung vermittelt, um das notwendige Selbstverständnis zu schaffen.

Für die langfristige Anpassung des Führungssystems können die in Abbildung 2 dargestellten drei Prinzipien gelten.

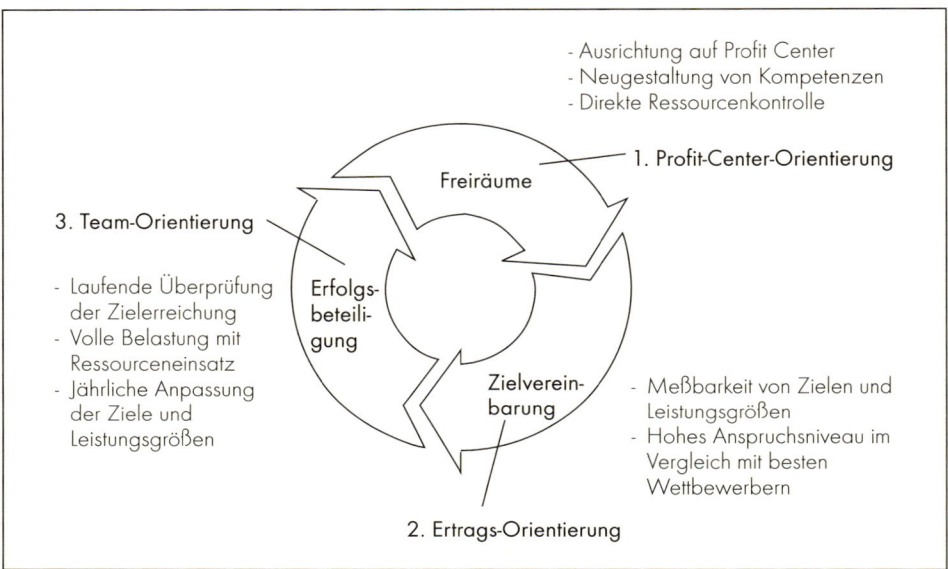

Abb. 2: Drei Prinzipien für die langfristige Anpassung des Führungssystems

Von der Führung sind klare Verhaltensregeln, leistungsorientierte Aufgaben und anspruchsvolle Ziele festzulegen. Die Vorgesetzten müssen lernen, mit Situationen zurechtzukommen, in denen sie nicht zu einzelnen Arbeitsschritten direkte Kontrolle ausüben können, sondern die Resultate zählen. Ihre Macht wird durch Verantwortung ersetzt.

Die Einführung einer Teamstruktur ändert nicht zwangsläufig das bisherige Führungsverhalten. Die Veränderung ist ein langfristiger Prozeß, der durch entsprechende Führungsinstrumente und Führungstrainings sowie ein authentisches Verhalten der obersten Führungsebene unterstützt werden muß.

4.3 Beurteilungssystem/Zielvereinbarung

Die Teamorganisation verlangt Mitarbeiter, die eigenverantwortlich arbeiten wollen bzw. aufgrund ihrer Tätigkeit auch weitgehend selbständig agieren müssen. Diesen Bedingungen müssen auch die Führungsinstrumente wie u.a. das Beurteilungssystem Rechnung tragen. Qualifizierte Mitarbeiter lassen sich langfristig nicht mit „Zuckerbrot und Peitsche" motivieren. Wichtiger ist die Überzeugungskraft des Führenden, sein Vorbild, der Übereinstimmungsgrad zwischen Reden und Handeln. Motivation ist bei den neuen Ansprüchen (Wertewandel) qualifizierter Mitarbeiter vor allem durch Mitwirkung, durch Einbezug in Entscheidungs- und Veränderungsprozesse zu erzielen. Nur gut informierte Mitarbeiter können mitdenkende und mitentscheidende Mitarbeiter sein (vgl. den Beitrag von VON ROSENSTIEL: Motivation von Mitarbeitern, in diesem Band).

Deshalb ist es wichtig, daß die Mitarbeiter über die strategischen und operativen Ziele des Unternehmens informiert sind und diese in ihren Zielfindungsprozeß einbeziehen können. Dies erst ermöglicht eine Identifikation mit den Zielen des Unternehmens bzw. des Bereichs und des Teams. Ein Beurteilungssystem, bei dem in jährlichen Mitarbeitergesprächen Ziele für den Aufgabenbereich des Mitarbeiters vereinbart und überprüft werden, entspricht diesen Anforderungen.

Durch „Führen mit Zielvereinbarung" lassen sich u. a. folgende Ziele erreichen:

– Gestaltungsfreiraum für den Mitarbeiter (das Ziel steht fest, aber der Weg dorthin kann in gewissen Grenzen selbst bestimmt werden),
– hohe Motivation der Mitarbeiter,
– Orientierungsfunktion für Führungskräfte und Mitarbeiter,
– Förderung der Kommunikation zwischen Vorgesetzten und Mitarbeitern,
– Konzentration der Kräfte auf ein gemeinsames Ziel,
– Realisierung von Gesamtzielen (Team, Bereich, Unternehmen) durch die Erreichung von Teilzielen (Mitarbeiter).

Neben dem persönlichen Leistungsstand im Rahmen der Zielerreichung sind auch die fachliche und persönliche Kompetenz sowie Leistungsmotivation, Belastbarkeit, Problemlösefähigkeit, Initiative, Teamfähigkeit und Führungsverhalten zu beurteilen.

Aus der Diskussion über Zielerreichung und neue Ziele lassen sich die für den Mitarbeiter sinnvollen Qualifizierungs- und Entwicklungsmaßnahmen ableiten. Zum Abbau bestimmter Schwächen oder als gezielte Vorbereitung auf neue Anforderungen sind in diesem Beurteilungsgespräch konkrete Schritte festzulegen.

4.4 Leistungsabhängige Vergütung

Die Teamstruktur verlangt Mitarbeiter, die nicht mehr nur nach Anweisung arbeiten, sondern bereit sind, Verantwortung für die Durchsetzung von Veränderungen und die Erreichung von Zielen zu übernehmen. Gefragt sind „Unternehmer im Unternehmen". Deshalb ist es nur konsequent, daß die Mitarbeiter am Unternehmenserfolg, den sie mit erwirtschaftet haben, teilhaben.

Neben dem individuellen Leistungsbild des Mitarbeiters sollten die leistungsabhängigen Vergütungskomponenten auch den Team- und Unternehmenserfolg berücksichtigen (Abbildung 3). Die einzelnen Vergütungskomponenten sind so zu gestalten, daß sie markt-, funktions- und insbesondere leistungsgerecht sind.

Daraus ergibt sich für die Mitarbeiter sowohl ein Anreiz als auch eine Steuerung zur Erreichung von Ergebnissen. Werden gesetzte individuelle Ziele oder Teamziele erreicht, so wird der Erfolg mit zusätzlichem Einkommen anerkannt. Wichtig ist, daß die Anforderungen bzw. Ziele auf die passenden Meßgrößen bezogen werden und die Anerkennung des individuellen Leistungsbeitrags im Verhältnis zum Teamergebnis ausreichend anerkannt wird. Denn erst die Summe der Einzelleistungen ergibt das

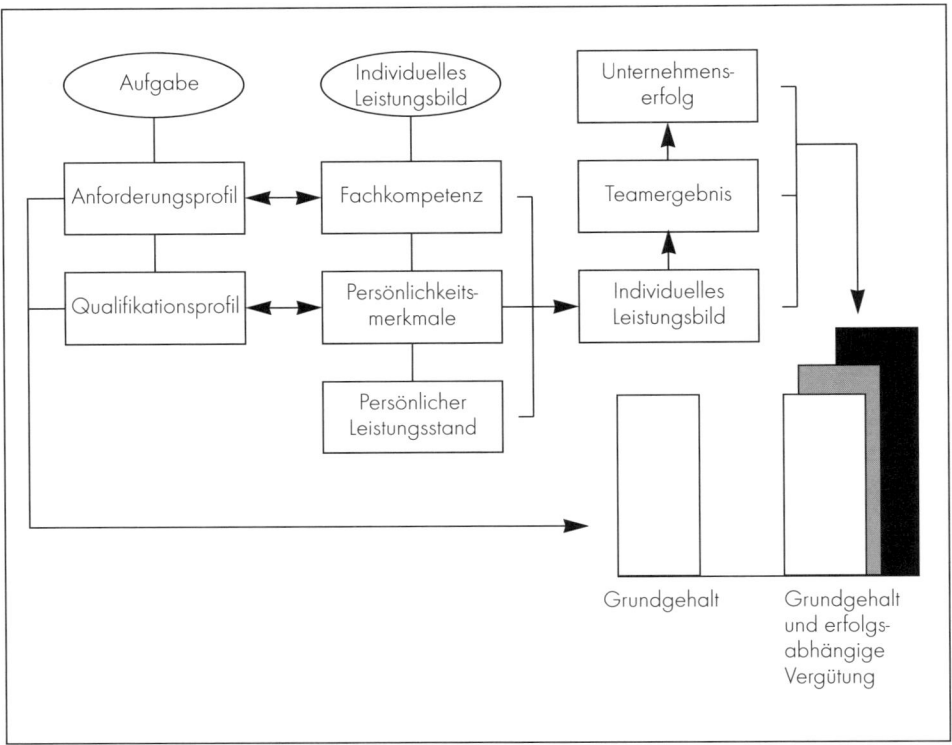

Abb. 3: Leistungsabhängige Vergütungsbestandteile

Teamergebnis. Für die Beurteilung der Mitarbeiter am Unternehmenserfolg sprechen gewichtige Vorteile, denn in der direkten Koppelung von Anerkennung und Gehalt steckt nach wie vor ein wichtiger Motivator.

4.5 Trainingsmaßnahmen zum Teambildungsprozeß

Auch wenn im Unternehmen bereits im Rahmen von Projektgruppen oder Qualitätszirkeln Teamarbeit praktiziert wird, stellt die Teamorganisation doch neue bzw. weitergehende Anforderungen an die Mitarbeiter und Führungskräfte. Der Teambildungsprozeß, die Wechselwirkungen zwischen Führungsverhalten und Teamentwicklung oder die Fähigkeiten, Störungen und Konflikte im Team zu lösen, beeinflussen entscheidend den Teamerfolg.

Die Einführung einer Teamstruktur mit partizipativen Arbeitsformen wird durch begleitende Trainingsmaßnahmen eher zum gewünschten Erfolg führen. Schwerpunkte der Trainingsmaßnahmen können der Teambildungsprozeß, Führen in Teams und die Erarbeitung von Verbesserungspotentialen für die Zusammenarbeit im Team sein (Abbildung 4 – vgl. auch den Beitrag von COMELLI: Teamentwicklungstraining, in diesem Band).

	Führen von Teams	Teambildung	Teamworkshop
Teil- nehmer	Team-, Bereichsleiter	alle Mitarbeiter des Teams	alle Mitarbeiter des Teams
Ziele	Wirksames Führen von Teams unter Beachtung unterschied- licher Aufgaben, Ziele und Zusammenarbeitsformen ken- nenlernen. Zusammenhänge zwischen definierten Zielen und dem Freisetzen von Lei- stungspotentialen erkennen.	Erarbeiten von Aufgabenstel- lungen und Zielfindung im Team, Spannungsfeld Einzel- interessen – Teaminteressen erkennen und damit umgehen können. Teambildungspro- zesse aktiv gestalten (von der Arbeitsgruppe zum Team)	Erarbeiten von Verbesserungs- potentialen für die Zusam- menarbeit im Team zur Ziel- erreichung
Inhalte	* Hohe Identifikation der Team-Mitglieder durch Errei- chung gemeinsamer Ziele	* Lernen, im Team das gegen- seitige Vertrauen und das Verständnis füreinander sowie für das übergeord- nete Ziel zu entwickeln	* Strukturen, Organisations- formen und Instrumente für wirksame Teamarbeit
	* Bereitschaft fördern, Verant- wortung zu übernehmen und Leistung zu erbringen	* Spielregeln und Grund- sätze, trotz wechselnder Rahmenbedingungen konsequent einhalten	* Verbesserung der Kommu- nikation zw schen Teammitgliedern
	* Vertrauen und gegenseitige Akzeptanz aufbauen * Rahmenbedingungen für offene und direkte Kommu- nikation verstehen und optimieren	* Frustrierender und uneffi- zienter Teamarbeit gemein- sam gegensteuern * Die Zusammenarbeit zwischen verschiedenen Teams fördern	* Stärken der gegenseitigen Unterstützung * Finden von effektiven Wegen für das Team, die bestehenden Probleme zu bewältigen
	* Bedingungen für fachliche und persönliche Weiterent- wicklung des Teams und des einzelnen kennen * Problemlösungskapazität der Gruppe und jedes einzelnen ausschöpfen		* Entwickeln der Fähigkeit, Konflikte positiv zu nutzen
Dauer	2 Tage	1 Tag	1/2 – 1 Tag
Ort	Workshop vor Ort	Workshop vor Ort	Workshop vor Ort

Abb. 4: Trainingsmaßnahmen zur Unterstützung des Teambildungsprozesses

4.6 Personalentwicklung

Der Aufbau eines Unternehmens als Pyramide mit vielen Mitarbeitern unten, wenigen oben und zahlreichen dazwischen ist nicht das Modell einer Teamorganisation.
Das bedeutet, daß beruflicher Aufstieg nicht mehr nur vertikal, sondern auch horizontal erfolgen wird. Ein heutiger Projektleiter kann morgen in einem noch größeren
Projekt als Projektmitarbeiter tätig sein. Aufgaben und Leistung sind wichtiger als die
Anzahl der Mitarbeiter oder das Kostenbudget. Die Karriere eines Mitarbeiters knüpft
sich nicht mehr an Titel, Statussymbole, Unterschriftsberechtigung oder Gehaltsgrup-

pen, sondern an die Wichtigkeit des Mitarbeiters für das Unternehmen. Eine Heraus-forderung für die Zukunft wird sein, den Mitarbeitern einen Aufstieg entsprechend ihrer beruflichen Qualifikation aufzuzeigen.

5. Fazit

Im Gegensatz zu einer verbreiteten Einschätzung implizieren Teams nicht notwendi-gerweise die Zerstörung von Hierarchien. Eher das Gegenteil ist der Fall, denn Teams und Hierarchien veranlassen einander zu höherer Leistung. Strukturen und Hierar-chien erzeugen Leistungen innerhalb genau definierter Grenzen, die wiederum von Teams in produktiver Weise überbrückt werden, damit noch mehr und bessere Lei-stung möglich wird. Die prozeßorientierte Betrachtung von Organisationen wird zwar Hierarchien aufbrechen, aber Hierarchien und Strukturen werden nicht verschwin-den, solange sie einen Leistungsmehrwert schaffen.

Die Teamorganisation führt dazu, daß die Information und Kommunikation direk-ter erfolgt, Entscheidungswege kürzer werden, der Teamgeist gestärkt wird sowie die Ausrichtung auf ein gemeinsames Ziel und die Ergebnisorientierung zunehmen. In einem gewissen Rahmen sind die Mitarbeiter autark, was zum Denken und Handeln als „Unternehmer im Unternehmen" führt.

Eine Prozeßoptimierung durch die Neuausrichtung der Organisationsstrukturen ist ein längerfristiger Prozeß. Zum Zeitpunkt der Einführung der Teamorganisation exi-stieren nicht alle für die neue Unternehmenskultur erforderlichen Rahmenbedingun-gen. Doch jeder Weg beginnt mit dem ersten Schritt. Für das Personalmanagement ergeben sich eine Vielzahl von Aufgaben im Hinblick auf Führungsverhalten, Mitar-beiterverhalten, Mitarbeiterentwicklung, Teamzusammensetzung, Zielvereinbarung, Beförderung und Vergütung, die entsprechend der Organisationsentwicklung weiter-zuentwickeln sind.

Literatur

Drucker, P. F. (1992). Make Your Office More Productive. Fortune, 1992, S. 26.
Katzenbach, J. R. & Smith, D. K. (1993). Teams. Wien 1993.
Naisbitt, J. (1993). Flache Hierarchien. Handelsblatt 1993/Nr. 16, S. JK4.
Waterman, R. (1994). Die neue Suche nach Spitzenleistungen. Düsseldorf 1994.

Walter Bungard

Qualitäts-Zirkel
und neue Organisationsstrategien

1. Einleitende Bemerkungen: Qualitäts-Zirkel in der Bundesrepublik Deutschland – die bisherigen Zielsetzungen und Erfahrungen

Im Zuge der sich Ende der 70er Jahre ausbreitenden „Japanhysterie" wurden verschiedene fernöstliche Managementtechniken in die Bundesrepublik Deutschland importiert, und die damals noch in unseren Betrieben völlig unbekannten Qualitäts-Zirkel (QZ) haben dabei besonders Furore gemacht. Dieses soziotechnische Instrument versprach nämlich zugleich die Lösung motivationaler Probleme, beispielsweise in Form einer signifikanten Senkung der Fehlzeiten, als auch eine Erhöhung der Produktivität, berechnet auf der Basis entsprechender „return of investment"-Quotienten. QZ wurden folglich „über Nacht" als fernöstliche Wunderwaffe auch bei uns eingesetzt (BUNGARD & WIENDIECK, 1986; BUNGARD, 1991). Es entstand in den 80er Jahren eine in ihren Dimensionen nicht vorhersehbare QZ-Bewegung, die inzwischen flächendeckend nahezu alle Branchen bzw. Arbeitsbereiche erfaßt hat. Die Expansion erfolgte dabei in verschiedenen Phasen: Die ersten QZ wurden zunächst in größeren Produktionsbetrieben eingeführt (Automobilindustrie, Chemie-Unternehmen, Elektrobranche), es folgten dann mittelgroße bzw. kleine (Zulieferer-)Betriebe; seit Mitte der 80er Jahre wurde die QZ-Philosophie auch *auf typische Dienstleistungsbereiche übertragen* (wie z. B. Banken und Versicherungen), schließlich versuchen seit einigen Jahren die „Pionier-Firmen", QZ auch in den Büro- und Verwaltungsbereichen einzusetzen (ANTONI, BUNGARD & LEHNERT, 1992).

Mit der explosionsartigen Ausweitung dieser neuen Gruppenarbeitskonzeption und aufgrund der sich kumulierenden Erfahrungen wandelten sich im Laufe der Zeit auch die Zielsetzungen: Es wurde zusehends deutlich, daß in unseren Organisationskulturen die motivationalen Effekte besonders stark zum Tragen kamen und daß die „erfolgreichen" Problemlösungen sich auf Verbesserungen des Arbeitsumfeldes und des Arbeitsablaufs bezogen. Die ursprünglich unterstellten direkten Auswirkungen auf die Qualität der Produkte (im engeren Sinne) und die von einigen Promotoren angekündigten *spektakulären Produktivitätssteigerungen* konnten zunehmend kurzfristig nicht realisiert werden.

Zusammenfassend betrachtet lag der eigentliche Erfolg der QZ primär in einem „foot-in-the-door-Effekt": Mit dem Einzug dieser Gruppen in den Arbeitsalltag wurde die Problemlösungskompetenz der Mitarbeiter vor Ort erstmals anerkannt bzw. aufgewertet. Es begann die Krise der Spezialisten in entfernt liegenden Stäben, und einige Grundprinzipien der Organisationsentwicklung (vgl. den entsprechenden Beitrag von COMELLI, in diesem Band), beispielsweise der Aspekt der frühzeitigen Einbeziehung von Betroffenen, wurden nunmehr unter einem neuartigen Etikett hoffähig. Mit der Etablierung der QZ begann u.a. die Organisationskultur-Diskussion, und es ist sicherlich kein Zufall, daß zeitgleich seit Anfang der 80er Jahre intensiv über die Problematik einer oft fehlenden oder zu schwach ausgeprägten Corporate-Identity in unseren Betrieben diskutiert wurde (vgl. den Artikel von BÖGEL: Organisationsklima und Unternehmenskultur, in diesem Band).

Für diese hier unterstellte Vorläufer- oder Eisbrecher-Funktion des QZ-Konzepts spricht weiterhin die Tatsache, daß die einzelnen QZ-Aktivitäten fast ausnahmslos heftige innerbetriebliche Konflikte ausgelöst haben, ein Phänomen, das ausgiebig in der Literatur beschrieben und analysiert worden ist (WIENDIECK, 1986; ANTONI, 1990; BUNGARD, 1992). Im Vordergrund stand dabei vor allem die Reaktanz des mittleren

Management, dessen Existenz offenbar durch diese „basisdemokratischen Umtriebe" besonders gefährdet schien. Im nachhinein betrachtet ist dieser Prozeß verständlich, da gerade diese Führungsebene das klassische Organisationsparadigma repräsentierte und das neue Organisationsparadigma eben diese Hierarchiestufen als obsolet erscheinen läßt.

Abgesehen von diesem vorprogrammierten Konfliktpotential konnte ubiquitär in den verschiedenen Bereichen eine weitere Erfahrung gemacht werden: Das QZ-Konzept ist kein Selbstläufer. Nach der ersten Euphorie der Zirkelteilnehmer über die unverhofften Handlungsspielräume, nach der anfänglich überraschenden Erkenntnis, daß Lösungsvorschläge in vielen Fällen vom oberen Management tatsächlich (aus welchen Gründen auch immer) akzeptiert, unterstützt und umgesetzt wurden, also schließlich nach der Startphase, in der die dringlichen Probleme thematisiert und im Idealfall beseitigt wurden, geht der ursprüngliche Schwung häufig verloren. Die Teilnehmer suchen krampfhaft nach neuen Themen, die QZ werden als organisatorischer „bypass" für spezifische Interessen mißbraucht, die zunehmende Routine und vielleicht auch der allmählich wieder spürbare bürokratische Würgegriff lähmen. Diese Symptome zeigen deutlich, daß die QZ in der bisherigen Form tatsächlich nur eine Zwischenperiode darstellen und daß die vorübergehenden, zunächst überwiegend positiven Erfahrungen vor allem daraus abgeleitet werden können, daß lange Zeit verschlossene Türen geöffnet wurden. Das allein reicht aber auf die Dauer nicht aus, denn der nunmehr betretbare Raum muß selbst Anreize bieten.

An dieser Stelle wird deutlich, daß das QZ-Konzept nur dann überleben kann, wenn es in übergreifende Organisationsstrategien eingebettet wird und wenn sich daraus längerfristig aktivierbare Funktionen der QZ ergeben. Durch QZ sind vorübergehend quasi in einem Organisations-Vakuum Kräfte mobilisiert worden, die aber nur dann wirksam bleiben können, wenn sie durch konkrete Zielsetzungen *kanalisiert* werden und *instrumentalistisch* in das Organisationsgeschehen stärker *integriert* werden.

Wie könnte eine derartige Entwicklung konkret aussehen? Die Antwort auf diese Frage kann nur vor dem Hintergrund gesehen werden, daß sich die Arbeitswelt in den letzten Jahren zum Teil drastisch durch die Einführung neuer Techniken und vor allem durch die Realisierung neuer Organisationskonzepte im Sinne des Leanmanagement-Ansatzes (WOMACK et al., 1991; BÖSENBERG & METZEN, 1993) bzw. der Kaizen-Philosophie (IMAI, 1992) verändert hat, wobei das Schicksal der QZ zwangsläufig davon abhängt, inwieweit die neuen Techniken und Organisationsstrukturen mit dem QZ-Gedanken kompatibel sind. In diesem Beitrag soll dieser Aspekt näher beleuchtet werden. Zunächst werden die neuen Schlüsseltechnologien kurz skizziert, und die Auswirkung auf die Mitarbeiter und die Organisationen wird thesenartig dargestellt. Im Anschluß daran werden daraus ableitbare zukünftige Funktionen von QZ erörtert.

2. Neue Techniken in der Arbeitswelt – Auswirkungen auf die Organisationen und auf die betroffenen Mitarbeiter

Durch die Einführung neuer Techniken ist unsere Arbeitswelt, wie bereits gesagt, innerhalb weniger Jahre zum Teil völlig verändert worden. Viele Berufe mit einer traditionsreichen Vergangenheit sind über Nacht „ausgestorben", wichtige Tätigkeitsfelder auf der anderen Seite neu entstanden. Das Tempo all dieser Wandlungsprozesse wird zur Zeit eher noch beschleunigt. Ermöglicht wurde ein derartiger gravierender Innovationsschub durch den Siegeszug der Mikroelektronik als sogenannter Schlüsseltechnologie (BUNGARD, 1988 a).

Im Bereich des Werkzeugbaus konnte beispielsweise mit Hilfe der Mikroelektronik die altbewährte manuell zu bedienende Fräsmaschine durch CNC-Maschinen ersetzt werden. Das Kürzel CNC steht dabei für „Computerized Numerical Control". Man schätzt, daß heute über 90% aller Werkzeugmaschinen derartige CNC-Maschinen sind.

Mit der explosionsartigen Weiterentwicklung der Mikroelektronik konnte in allen typischen Produktionsbereichen eine hochgradige Flexibilität und Automatisierung der Fertigung durch Industrieroboter bewirkt werden. Die größten Potentiale für die nächsten Jahre werden bei der Werkzeughandhabung im Bereich der Montage vermutet, wenn die Entwicklungen auf dem Gebiet der integrierten Sensoren weiter fortgeschritten sind. Zur Erzielung einer flexiblen und automatisierten Produktion lassen sich CNC-Maschinen und Roboter in Kombination mit elektronisch gesteuerten Transportsystemen zu komplexen, flexiblen Fertigungssystemen oder automatisierten Montagesystemen zusammenstellen.

Die Situation in den Fabriken wird aber nicht allein durch die neuen Fertigungstechniken und durch die flexiblen Fertigungssysteme im engeren Bereich der Produktion geprägt, sondern auch in anderen Sektoren setzt zunehmend die Mikroelektronik ihren Siegeszug fort: Die Produktionsplanung und -steuerung erfolgt schon heute teilweise über einen Rechner als zentrales Informationssystem, in welchem alle möglichen Daten über Kundenaufträge, Materialfluß, Produktionszahlen, Termine usw. gespeichert werden (PPS: Produktionsplanungs- und Steuerungs-Systeme). Auch das Entwickeln und Konstruieren von Neuteilen kann heute mit Hilfe von Computern effektiver und schneller erfolgen, man spricht von der sogenannten CAD-Technik (Computer Aided Design).

Alle zuvor aufgeführten neuen Techniken und Steuerungssysteme lassen sich schließlich in absehbarer Zeit zu einem Gesamtsystem integrieren, die neue Zauberformel heißt CIM, Computer Integrated Manufacturing (SCHEER, 1987).

Im Büro- und Verwaltungsbereich werden zur Zeit mit Hilfe der Mikroelektronik neue Informationsverarbeitungs- und Kommunikationstechniken implementiert, man denke hierbei neben den inzwischen bereits überall bekannten PCs an die ISDN-Technik, an Videokonferenzen usw. Das Büro der Zukunft, so die Prognose der Experten, wird mit den bisherigen Vorstellungen nur noch wenig zu tun haben.

Für unsere weiteren Überlegungen ist es wichtig festzuhalten, daß mit dem Einzug der hier nur in aller Kürze aufgezählten Techniken die gesamte Organisationsstruktur neu überdacht werden muß und daß sich die Situation für die Mitarbeiter in den Betrieben möglicherweise völlig verändert (BUNGARD, 1988a, 1990a):

— Betrachten wir als erstes die Organisation als Ganzes. Ein erster schwerwiegender Effekt resultiert aus der Tatsache, daß diese Techniken Arbeitskräfte freisetzen, und zwar dort, wo einfache, repetitive Tätigkeiten beispielsweise durch Roboter ersetzt werden. Ob diese innerhalb des Betriebes tatsächlich zum „Jobkiller" werden und Mitarbeiter arbeitslos werden, hängt letztlich davon ab, inwieweit die freigesetzten Arbeitskräfte in anderen Unternehmensbereichen wieder beschäftigt werden können. Jedenfalls hat die *Angst vor einem Arbeitsplatzverlust* durch neue Techniken unabhängig von den tatsächlichen Gefährdungen in den letzten Jahren extrem zugenommen.

– Durch die neuen Kommunikations- und Steuerungstechniken und die neuen Fertigungstechniken verändern sich zweitens die *Schnittstellen* zwischen Mensch und Maschine. Der Einsatz der Technik führt grundsätzlich zu einer größeren Entkoppelung des Mitarbeiters von maschinellen Abläufen, so daß eine zeitliche und räumliche Trennung der konkreten Arbeitstätigkeit vom rein technischen Produktionsvorgang ermöglicht wird. Es eröffnen sich damit neue Chancen für *flexible Arbeitszeitregelungen* (vgl. den entsprechenden Beitrag von WEIDINGER, in diesem Band). Mit der Entkopplung ist gleichzeitig auch partiell eine neue Möglichkeit einer zentralen Erfassung des individuellen Leistungsverhaltens gegeben. Es entstehen neue, technikbedingte Kontrollstrukturen.

– Die veränderten Schnittstellen zwischen Mensch und Maschine und die zur Technik komplementären Tätigkeiten im Sinne einer Steuerungs- und Kontrollfunktion erfordern drittens eine dazu passende Arbeitsorganisation bzw. Organisationsstruktur. Diese „neuen" *Organisationsstrukturen* sind inbesondere dadurch gekennzeichnet, daß die tayloristisch geprägte Trennung zwischen direkten und indirekten Bereichen teilweise aufgehoben wird. Das bedeutet z. B. konkret, daß eine zentralistisch organisierte Instandhaltung zunehmend obsolet wird. Der Instandhaltungsfachmann muß unmittelbar vor Ort sein, er überblickt nur noch die komplizierte Technik in einem speziellen Bereich, die vorbeugende Instandhaltung wird von dem „Produktionsarbeiter" selbst übernommen. Die Tendenz geht also dahin, ganzheitliche Produktionsstätten durch Integration ehemaliger Spezialistenstäbe zu schaffen.

– In engem Zusammenhang mit diesen neuen Formen der Arbeitsorganisation muß die Tendenz gesehen werden, daß die tägliche Arbeit zunehmend in Gruppen oder Teams durchgeführt wird. Darüber hinaus werden auch schnittstellenübergreifende Fragen verstärkt im Rahmen von Teamsitzungen diskutiert, weil die durch die vernetzte Technik und Steuerung anfallenden Probleme nur durch die *Kooperation verschiedener Experten* gelöst werden können. Gleichzeitig steigt aber auch die Zahl der „isolierten" *Arbeitsplätze* an, man denke beispielsweise an Kontroll- und Überwachungstätigkeiten in Schalterzentralen oder an die Materialzulieferarbeiten.

– Aus den vielfältigen Auswirkungen der neu eingeführten Techniken ergeben sich zwangsläufig partiell völlig *veränderte Qualifikationsstrukturen*. Dabei tritt in vielen Bereichen eine Polarisierung folgender Art ein: Ein Teil der Mitarbeiter erhält minderwertige, zumeist monotone Arbeiten mit entsprechend niedrigem *Qualifikationsniveau*. Zu den „Rationalisierungsverlierern" gehören typischerweise diejenigen, die Material an- oder abliefern, Einlegearbeiten verrichten oder für die Sauberkeit am Arbeitsplatz sorgen. Der andere Teil des verbleibenden Personals erhält eindeutig höherqualifizierte Arbeiten, da sie beispielsweise Planungs- und Steuerungsaufgaben oder kleinere „vorbeugende" Instandhaltungtätigkeiten übernehmen. Mit den neuen Qualifikationen wird auch eine anders akzentuierte Weiterbildung erforderlich, die durch Dezentralisierung und die Bedeutung des On-the-job-Trainings gekennzeichnet ist.

– Es ergeben sich auch andersartige Anforderungs- bzw. Belastungsstrukturen. Nehmen wir als typisches Beispiel die automatisierten CNC-Werkzeugmaschinen und flexiblen Fertigungssysteme im Vergleich zu konventionellen Drehmaschinen. In zahlreichen empirischen Studien (SONNTAG, 1985) konnten die *veränderten Anforderungsstrukturen* bei derartigen Maschinen mit Hilfe kombinierter Beobachtungs-

und Befragungsverfahren analysiert werden. Dabei zeigte sich durchgehend, daß die Anforderungen beim Bedienen und Aufspannen in flexiblen Fertigungssystemen insgesamt stark angestiegen sind. Diese Steigerungen ergeben sich nicht im sensu-motorischen Bereich, sondern vor allem auf dem Gebiet der kognitiven Anforde-rungen, der Kommunikations- und Kooperationserfordernisse und der Notwen-digkeit selbständiger Entscheidungen. Dieser Befund ist grundsätzlich auch auf andere Techniken wie z.B. Industrieroboter oder die CAD-Technik übertragbar (BECHMANN u.a., 1979).

– Die Einführung der neuen Techniken stellt die Mitarbeiter auch vor neuartige Akzeptanzprobleme (vgl. auch den Beitrag von HELMREICH: Innovation im Büro) und konfrontiert sie mit einem Phänomen, das es in dieser extremen Ausprägung bislang nicht gegeben hat, nämlich Streß durch den Kontrollverlust aufgrund der nicht mehr durchschaubaren Technik.

Kontrolle – definiert als Verhältnis zwischen dem Ausmaß der Anforderungen der Umwelt an den Menschen und den Möglichkeiten, diesen Anforderungen zu ent-sprechen – ist in letzter Zeit zu einem zentralen Forschungsthema der Psychologie geworden. Anhand entsprechender Studien konnte gezeigt werden, daß die *Wah-rung der Kontrollmöglichkeiten in verschiedenen Umweltbereichen* einen wichtigen Indika-tor für das physische und psychische Wohlbefinden eines Individuums darstellt. Das Ausbleiben und der Verlust von Kontrollerleben haben negative Auswirkun-gen bezüglich des psychischen und physischen Zustandes der betroffenen Person. Man spricht dann von „gelernter Hilflosigkeit", die zu Streß, Depressionen und psychosomatischen Erkrankungen führen kann (vgl. den Beitrag von REGNET zum Thema Streß, in diesem Band). Die neuen Techniken erfüllen in vielen Situationen gerade diese Bedingungen, d.h. sie sind oft für den einzelnen nicht mehr durch-schaubar, in ihrem Systemcharakter nicht mehr verständlich, subjektiv nicht kon-trollierbar, und produzieren von daher einen fortlaufenden Streß.

Seit einigen Jahren haben sich die Akzente beim „Innovationsmanagement" extrem verschoben. Nach dem „Technologie-Schub" erfolgte Ende der 80er Jahre ein „Orga-nisationsschub". Damit ist gemeint, daß nicht zuletzt unter dem Druck der wirtschaft-lichen Rezession weitere Rationalisierungspotentiale durch eine Veränderung der Organisationskonzepte gesucht wurden. In diesem Zusammenhang spielt sicherlich die Publikation der „Lean-Management-Bibel" von WOMACK u.a. (1991) eine große Rolle, in der die Überlegenheit der japanischen Organisationsphilosophie anhand einer Vielzahl von empirischen Belegen dargestellt wird. Das Zauberwort lean, schlank, athletisch, fit, macht spätestens seit Anfang der 90er Jahre in den Artikeln Furore; dahinter steht ein in sich kohärentes System einzelner Strategien, auf die an dieser Stelle nicht im einzelnen eingegangen werden kann. Auswirkungen dieser neuen Philosophie, die auch eng mit dem Total-Quality-Management-Ansatz ver-knüpft ist, laufen z.T. auf eine weitere Verstärkung der zuvor durch die neuen Tech-niken ausgelösten Effekte hinaus.

Die Ängste vor einem Arbeitsplatzverlust sind angesichts der oft beobachteten organisationalen Magersucht extrem gestiegen, die Tendenz zur Gruppenarbeit nimmt weiter zu, zumal weitere indirekte Funktionen in derartige schlanke Teams integriert wurden. Auch die qualitativen Anforderungen an Führungskräfte verändern sich extrem, da im Zuge der Konzentration auf Wertschöpfungsprozesse insbesondere auf das Selbstorganisationsprinzip Wert gelegt wird (vgl. den Beitrag von REGNET: Neue Anforderungen an die Führungskraft, in diesem Band).

All diese organisationalen Neuerungen in Kombination mit der parallel dazu weiter stattfindenden Technik-Innovation haben in der Tat einen Betrieb in einen sich permanent weiterentwickelnden Lernort verwandelt. Und es sieht so aus, als wenn sich das Tempo noch weiter erhöhen sollte.

3. Neue Perspektiven für den Einsatz des QZ-Konzeptes

Wie der Überblick im vorherigen Abschnitt zu zeigen versuchte, hat sich die Arbeitswelt in den letzten Jahren durch den Einsatz neuer Techniken und aufgrund des vielzitierten gesellschaftlichen Wertewandels (vgl. den entsprechenden Beitrag von Stengel, in diesem Band) in der Tat auf zum Teil völlig veränderte Bedingungen einstellen müssen. In vielen Bereichen stehen diese Wandlungsprozesse noch bevor, wenn man z. B. an den Büro- bzw. Verwaltungsbereich denkt.

Wie werden sich nun angesichts dieser einschneidenden Prozesse die Einsatzmöglichkeiten für QZ verschieben? Verlieren sie an Bedeutung, oder ergeben sich neue Perspektiven? Um die Frage vorab thesenartig zu beantworten: Die QZ werden, unter welchem Namen auch immer, nach der ersten Einstiegsphase im Sinne der einleitend beschriebenen Eisbrecherfunktion in Zukunft sicherlich eine andere Funktion übernehmen, und der Zielkatalog wird sich dabei im Zusammenhang mit den neuen Techniken deutlich erweitern. Ihre Bedeutung wird insgesamt betrachtet sogar noch steigen.

Im folgenden sollen diese zum Teil neuen Einsatzpotentiale auf fünf verschiedenen Bereichen dargestellt werden. Die Punkte werden dabei nur künstlich analytisch getrennt, denn es gibt wechselseitige Beziehungen, die beachtet werden müssen. Weiterhin sind wir stellenweise bei derartigen Spekulationen über die zukünftigen technischen und gesellschaftlichen Entwicklungen von Prozessen abhängig, die nicht unbedingt eintreffen müssen. Insofern können die nachfolgenden Überlegungen lediglich als Arbeitshypothesen verstanden werden, die jederzeit aufgrund neuer Informationen ergänzt bzw. modifiziert werden müssen.

3.1 QZ als Instrument zur Mitarbeiterqualifizierung

Im Zusammenhang mit den veränderten Qualifikationsanforderungen wurde zuvor auf die Notwendigkeit des On-the-job-Trainings hingewiesen, weil nur so der Mitarbeiter die durch die Technik bedingte Vernetztheit verschiedener Arbeitsabschnitte zu verstehen lernt. Zu den extrafunktionalen Fähigkeiten, die die Mitarbeiter in Zukunft immer dringender benötigen werden, gehören soziale Kompetenzen, sie müssen teamfähig sein – wie immer man diesen Aspekt erfassen mag – und ganzheitlich denken können. Der Katalog läßt sich noch um weitere Punkte ergänzen, aber die wenigen Beispiele genügen bereits, um auf folgendes hinzuweisen: Die bisherigen Erfahrungen mit QZ haben bereits gezeigt, daß genau diese Fähigkeiten dabei gelernt bzw. gefördert werden (Bungard, 1988 b). Durch die Auseinandersetzung mit eigenen und „benachbarten" Problemen, bei der Suche nach Ursachen und Lösungsmöglichkeiten erhält ja das einzelne QZ-Mitglied implizit eine Fülle von Hintergrundinformationen, die es vorher wahrscheinlich nicht hatte. Dieser *Lernprozeß* findet außerdem eingebettet in eine Gruppensituation statt, so daß gleichzeitig soziale Kompetenzen erworben werden können. „Teamtraining" findet demnach in den QZ-Sitzungen in idealer Form statt, weil der Druck des Routinebetriebes ausgeklammert ist und außerdem bei Störungen in der Zusammenarbeit derartige Probleme direkt thematisiert und aufgearbeitet werden können (vgl. den Artikel von COMELLI: Teamentwicklungstraining, in diesem Band).

Der Lerneffekt bezieht sich aber nicht nur auf die Mitarbeiter, sondern auch die Meister und sonstigen Vorgesetzten erlernen im Rahmen des QZ-Trainings und der anschließenden QZ-Arbeit eine neue Führungsrolle als Moderatoren, die in wesentlichen Punkten den zukünftigen Anforderungen an Führungskräfte in der nach den Prinzipien der Selbstorganisation strukturierten Fabrik entspricht. Neben dem fachlichen Aspekt gewinnt nämlich auch für Führungskräfte die soziale Kompetenz bzw. sozialkommunikative Kompetenz an Bedeutung (vgl. dazu REGNET: Neue Anforderungen an die Führungskraft, in diesem Band). Sie übernehmen die Rolle des Moderators bei Diskussionen oder Problemlösungssitzungen und sollen dabei, im Gegensatz zu früher, gerade nicht selbst die Probleme lösen wollen. Im Vordergrund müssen vielmehr eine problemadäquate Situationsdefinition und Reflexion stehen, und der Moderator der Gruppe muß deshalb der innerbetrieblichen Dynamik im Sinne eines Entscheidungszwangs unter Zeitdruck entgegensteuern. Früher war er aufgrund des Rollenverständnisses gerade der Hauptpromotor bzw. Puscher und „Terminjäger" bei derartigen „Löschaktionen". Erschwert wird die Situation zusätzlich noch dadurch, daß zunehmend Problemfälle auftauchen, die nicht mit standardisierten Verhaltensweisen gelöst werden können.

Die beste Vorbereitung auf all diese Führungsaufgaben ist den bisherigen Erfahrungen nach das QZ-Moderatoren-Training und das anschließende ‚learning by doing' in den QZ-Sitzungen, weil gerade dieses „Rollenprofil" dort propagiert und eingeübt wird.

3.2   QZ als funktionale Ergänzung zur täglichen Gruppenarbeit

Wie im zweiten Kapitel bereits aufgeführt, werden durch neue Techniken häufig *Gruppenarbeitsplätze* neu geschaffen, Teamarbeit gewinnt zunehmend an Bedeutung. Derartige Konzeptionen werden schon seit vielen Jahren unabhängig von dem technologischen Aspekt als Humanisierungsmaßnahme gefordert, man denke beispielsweise an die Etablierung der teilautonomen Arbeitsgruppen bei Volvo Anfang der 70er Jahre (BERGREN, 1991). Die Mitarbeit in derartigen Gruppen ist auch sicherlich für den einzelnen im Vergleich zur klassischen „isolierten" Fließbandarbeit attraktiver, aber es wäre falsch, davon auszugehen, daß diese neue Form der Zusammenarbeit allein nur deshalb schon harmonischer und konfliktfreier abläuft. Im Gegenteil, durch die gegenseitige Abhängigkeit in der täglichen Arbeit, durch den engen Kontakt zwischen verschiedenen Persönlichkeitstypen, durch die unterschiedlich ausgeprägte Teamfähigkeit der Mitglieder und schließlich durch die Notwendigkeit, zahlreiche Entscheidungen trotz divergierender Interessen gemeinsam zu treffen, entstehen notwendigerweise Reibungsverluste und Spannungen innerhalb der Gruppen (FRIELING & SONNTAG, 1987). Diese Konflikte werden u. U. in „Kleinkriegen" während der Arbeitszeit ausgetragen und führen zu den bekannten Phänomenen, die letztlich die Effizienz der Gesamtgruppe beeinträchtigen (vgl. dazu BERKEL: Konflikte in und zwischen Gruppen, in diesem Band).

Nun gehört es inzwischen zu den arbeits- und organisationspsychologischen Binsenwahrheiten, daß derartige Konflikte nicht unter dem Druck der täglichen Sollerfüllung während der normalen Schicht bereinigt werden können. Gruppenmitglieder, die eng miteinander zusammenarbeiten, brauchen deshalb regelmäßige, institutionalisierte Gesprächsrunden, in denen außerhalb des routinemäßigen Geschäfts allgemeine Fragen der Kooperation erörtert werden. Analog zu den „Familienkonferenzen" (GORDON, 1978) oder zu den politischen Diskussionen an den zur Zeit vielzitierten runden Tischen müssen gerade auch Arbeitsgruppen periodisch ihr soziales System auf der Metaebene analysieren und im Sinne der Terminologie von WATZLAWICK et al. (1974) auf der Beziehungsebene potentielle oder offen ausgebrochene Konflikte besprechen. Andernfalls eskalieren die Probleme auf der Inhaltsebene, d.h. die Reibungen belasten dann zunehmend die tägliche Arbeit.

Wie immer man nun diese Besprechungsrunden bezeichnen mag, vom Grundgedanken her handelt es sich dabei eindeutig um QZ-ähnliche Zusammenkünfte. Der Unterschied zur herkömmlichen Form besteht darin, daß unter Umständen alle Mitglieder der Arbeitsgruppe teilnehmen und daß die Problemauswahl aufgrund der funktionalen Ergänzung zur täglichen Zusammenarbeit (wo die Einzelprobleme sowieso bereits in der Gruppe erörtert werden) schwerpunktmäßig auf die Schwierigkeiten der Kooperation oder auf allgemeine Fragen des Arbeitsablaufs fokussiert wird.

Fazit: Wo immer Gruppenarbeitsplätze geschaffen werden, entsteht die Notwendigkeit, als funktionale Ergänzung quasi im Sinne einer Ventilfunktion regelmäßige Gesprächsrunden zu etablieren, die zur Stabilisierung des sozialen Systems dienen. QZ eignen sich hervorragend für diese Aufgabenstellung, weil dort gerade solche Aussprachen stattfinden können.

3.3 QZ mit komplementären Funktionen bei „isolierten" Arbeitsplätzen

Zuvor wurde auf den Polarisierungseffekt aufgrund neuer Techniken hingewiesen, wonach parallel zur Zunahme von Gruppenarbeitsplätzen gleichzeitig auch die Zahl der isolierten Arbeitsplätze ansteigt. Auf den ersten Blick scheinen QZ für derartige „Einzelkämpfer" nicht die Methode der Wahl zu sein. Die bisherigen Erfahrungen haben uns aber genau das Gegenteil gelehrt. Gerade weil die isolierten Mitarbeiter darunter leiden, daß sie sich abgesondert, „abgeschoben", von Firmeninformationen abgeschnitten und deshalb benachteiligt fühlen, muß man den Versuch machen, diese Personen in nicht direkt funktionale Gruppen zu integrieren.

Im Vertriebsbereich hat man mit derartigen QZ sehr gute Erfahrungen gemacht. Fahrer, die als einzelne ständig unterwegs sind und nur bei der Übernahme der Waren Kontakt zu ihrem Betrieb haben, profitieren von derartigen Gesprächsrunden allein schon dadurch, daß Probleme ausgetauscht und diskutiert werden. Sie erkennen, daß sie mit ihren Schwierigkeiten nicht alleine stehen, daß andere offensichtlich mit den gleichen, vom Job her bedingten Tücken zu kämpfen haben. In der Diskussion können auch gemeinsame Lösungen gefunden werden, aber im Vordergrund steht bei diesen QZ vor allem die *komplementäre Funktion* im Sinne einer *Integrationsfunktion* mit gruppendynamischen Effekten. Es handelt sich um ein institutionalisiertes Korrektiv zum Isolationseffekt.

Die Zusammensetzung der QZ muß dabei nicht unbedingt so gestaltet sein, daß nur Betroffene berücksichtigt werden. Auch die Integration von isolierten Mitarbeitern in andere betriebsinterne QZ kann sehr sinnvoll sein. So sollten z.B. Materialanlieferer oder Mitarbeiter mit Überwachungtätigkeiten an der Peripherie von Produktionsbereichen in die bestehenden Kreise der Produktion einbezogen werden, obwohl sie unter formalen Gesichtspunkten da nicht hineinpassen.

Fazit: Mit der Integrationsfunktion derartiger komplementärer QZ werden die psychischen Belastungen durch den Isolations- bzw. Vereinsamungseffekt zumindest teilweise aufgefangen. Zum anderen können im Zuge dieser „psychohygienischen" Effekte die möglicherweise auftretenden Kontrollverluste und *Ängste reduziert* werden, weil bei gegenseitigem Gedankenaustausch auch Informationen über neue Techniken erfahren werden können, die zumindest eine sekundäre Kontrolle erleichtern.

3.4 QZ als strategisches Konzept zur Implementierung neuer Techniken

Der „technologische Imperativ" (BUNGARD & LENK, 1988), wonach die Einführung einer neuen Technik allzuoft zur Existenzfrage des Unternehmens hochstilisiert wird, hat in den letzten Jahren dazu geführt, daß die Veränderungen zum Teil flächendeckend quasi über Nacht vorgenommen wurden, ohne die Betroffenen frühzeitig in diesen Prozeß einzubeziehen. Die Anpassung der Organisationsstruktur und der Mitarbeiter an die jeweilige Technik wird in diesem Zusammenhang konsequenterweise als einseitige Reaktion und unwiderrufliche Notwendigkeit interpretiert. In der Praxis haben sich jedoch auf sehr unterschiedlichen Einsatzbereichen *erhebliche Akzeptanzprobleme* ergeben: Die Mitarbeiter fühlen sich überfordert, sie erleben Kontrollverluste und entwickeln oft diffuse Ängste vor der Technik bzw. vor den Technikfolgen (z.B. Arbeitsplatzverlust). Die optimale Nutzung der neuen Techniken scheitert oft an dieser sogenannten *„Akzeptanzlücke".*

Auf der Suche nach effizienten Implementierungsstrategien muß *notwendigerweise* dem *Akzeptanzproblem* eine vorrangige Aufmerksamkeit gewidmet werden. Der Grundgedanke besteht darin, Mitarbeiter frühzeitig in die Planungs- und Umsetzungsphase einzubinden. Bei einem derartigen betriebsinternen Marketing haben sich schriftliche Broschüren, Filmvorführungen oder Großveranstaltungen wenig bewährt. Mitarbeiter bevorzugen eher eine Situation, in der der jeweilige Vorgesetzte u.U. mit der Unterstützung eines Experten vor einem kleineren Kreis über die geplanten Neuerungen spricht und wo der einzelne die Möglichkeit hat, Fragen zu stellen, Bedenken zu äußern und Anregungen zu geben.

In der Automobilindustrie wurden in der Bundesrepublik Deutschland in den 80er Jahren alle Anläufe von neuen Modellen, die fast immer mit erheblichen Innovationen im Bereich der Fertigungstechniken verbunden waren, mit breitangelegten Informationsprogrammen vorbereitet, bei denen die Mitarbeiter im oben skizzierten Sinne über die anstehenden Veränderungen *aufgeklärt* wurden (BUNGARD, 1990 b; 1992). Diese Gruppengespräche vor allem in der unmittelbaren Umstellungs- bzw. Anlaufphase haben sich dann als besonders effizient erwiesen, wenn die Teilnehmer selbst Verbesserungsvorschläge unterbreiten konnten, die von der Gruppe oder von externen Spezialisten aufgegriffen und realisiert wurden. Positive Erfahrungen liegen analog hierzu auch aus dem Bürobereich vor, wenn bei Einführung von PCs solche Implementierungs-Zirkel für die zukünftigen Anwender eingerichtet werden (HEEG, 1986).

Fazit: Zur Schließung der Akzeptanzlücke können in der Startphase des Entscheidungs- und Implementierungsprozesses Kleingruppenaktivitäten gestartet werden, die von der Konzeption und Organisation her betrachtet mit der QZ-Idee nahezu identisch sind. Der Unterschied zur bisherigen QZ-Praxis besteht darin, daß der Blickwinkel auf die Technik gelenkt wird und in der Anfangsphase zunächst eine ausführliche Information der Gruppe stattfindet, indem beispielsweise Experten zu den QZ-ähnlichen Sitzungen eingeladen werden.

3.5 QZ zur Gestaltung der neuen Techniken

Die frühzeitige Einbindung von Mitarbeitern lohnt sich nicht nur zur Schließung der Akzeptanzlücke. Der optimale Einsatz neuer Techniken scheitert oft auch an der sogenannten *„Softwarelücke"*. D. h. die Technik als solche, die Hardware, ist bereits ausgereift und einsetzbar, aber bei der konkreten Anpassung an die jeweiligen Erfordernisse am einzelnen Arbeitsplatz entstehen möglicherweise große Probleme. Die Softwaregestaltung, so die bisherigen Erfahrungen, kann nur dann effizient erfolgen, wenn detaillierte „Ortskenntnisse" vorliegen, und über diese verfügen die „Frontkämpfer" eher als die Generalisten in den direkten Bereichen. Dieses Know-how der Mitarbeiter muß deshalb notwendigerweise bei der Planung und Anpassung der neuen Techniken in die Einführungs- und Umsetzungsstrategien einbezogen werden. Die Gründung von QZ-ähnlichen Teams ist also auch zur Schließung der Softwarelücke unumgänglich.

Die konkrete Realisierung eines derartigen Konzepts ist natürlich je nach Anwendungsbereich sehr unterschiedlich. Im Bürobereich ist zum Beispiel die Grundsatzentscheidung, ob PCs in einer Organisation eingeführt werden sollen, nicht unbedingt ein Thema für derartige Implementationsteams; aber schon bei der Auswahl des Systems und erst recht bei der Festlegung der einzelnen Komponenten, der Software, bei der Gestaltung des Schulungskonzepts usw. müssen die Mitarbeiter beteiligt werden, wenn vernünftige Lösungen gefunden werden sollen.

Im Rahmen dieser Implementierungs- und Gestaltungsphase könen QZ-ähnliche Gruppen auch die Technikeinführung mit Hilfe von Rollenspielen bzw. Planspielen simulieren, um so wichtige Erkenntnisse zu sammeln. Bei Mercedes (Trainingsbereich Gaggenau) wurden Planspiele in diesem Sinne erfolgreich durchgeführt (AUMÜLLER, 1989).

Fazit: Bei der Einführung neuer Techniken können im Vorfeld und auch während der *Umstellungsphase* mit Hilfe von QZ-ähnlichen Mitarbeitergesprächsrunden wertvolle Hinweise zur Softwaregestaltung aufgegriffen und entsprechend berücksichtigt werden. In vielen Fällen ist die frühzeitige Einbindung der späteren Nutzer der Technik sogar eine notwendige Voraussetzung für den optimalen Einsatz dieser neuen Techniken (vgl. ANTONI, BUNGARD & DORR, 1994).

4. Zusammenfassende Diskussion

Wie auch immer in Zukunft die gemeinsamen Gespräche von Mitarbeitern in QZ-ähnlichen Sitzungen genannt werden, die Grundidee der QZ wird sich zunehmend gerade aufgrund der neuen Techniken durchsetzen. Wie im letzten Abschnitt anhand einiger Beispiele gezeigt wurde,

– dienen diese „neuen" QZ u. a. als Instrument zur Mitarbeiterqualifizierung, insbesondere im Hinblick auf die neuen *Anforderungen* (wie extrafunktionale Kenntnisse, soziale Kompetenzen);
– übernehmen sie eine zentrale Ergänzungs- oder Komplementär-Funktion zur zunehmend wichtig werdenden Gruppenarbeit bzw. zur Arbeit in sozialer Isolation;
– tragen diese Zirkel zur Schließung der Akzeptanzlücke bei;
– können bzw. müssen solche Aktivitäten schließlich zur konkreten Softwaregestaltung eingesetzt werden.

In der Praxis müssen natürlich diese verschiedenen Aspekte in ihrer wechselseitigen Abhängigkeit gesehen werden. Wenn beispielsweise in einem bestimmten Produktionsbereich durch den Einsatz von Robotern und anderen Techniken die Fließbandtätigkeit auf eine Inselfertigung und auf eine damit verbundene Tätigkeit im Sinne teilautonomer Gruppen umgestellt wird, dann muß eine derartige organisatorische Maßnahme sorgfältig und frühzeitig vorbereitet werden. Im Zuge einer solchen Vorbereitungsstrategie können Mitarbeiter aus diesem Bereich in QZ-Sitzungen zunächst über die anstehenden Umstellungen informiert werden. Die zukünftigen Mitarbeiter in einer solchen Fertigungsinsel wachsen bereits vor dem eigentlichen Beginn als Mannschaft zusammen, sie erlernen bereits in dieser Vorphase die Kooperation in derartigen Teams (eventuell sogar durch erste gemeinsame Trainingssitzungen an einer Pilot-Fertigungsinsel), sie können weiterhin im Vorfeld bei simulierten Einsätzen oder aufgrund ihrer bisherigen Erfahrungen Hinweise für die konkrete Festlegung der Arbeitsabläufe bzw. -umfänge geben u. a. m. Das Beispiel macht deutlich, daß hier Lerneffekte in Kombination mit Informations- und Gestaltungseffekten auftreten, so daß dann zum Zeitpunkt der konkreten Umstellung die verbleibenden Anpassungsschwierigkeiten nicht mehr so groß sind und die bereits konstituierte Gruppe über entsprechende Problemlösungsheuristiken verfügt, um diese Anlaufschwierigkeiten zu überwinden.

Die bisherigen Erfahrungen z. B. aus dem Automobilbereich zeigen, daß durch eine solche Vorgehensweise in der Tat die Reibungsverluste bei derartigen Technik-induzierten Umstrukturierungen minimiert werden können.

Auf einen wichtigen Aspekt soll abschließend hingewiesen werden: Ein zentrales Problem jeder Organisation besteht in der (sozialen) Kontrolle seiner Mitglieder, damit sichergestellt wird, daß sich die einzelnen im Sinn der Organisationsziele einsetzen. Dieses Kontrollsystem wird durch die neuen Techniken und insbesondere durch die Einführung von Selbstorganisationskonzepten zum Teil erheblich verändert, weil beispielsweise die klassische Kontrolle in Form der Überwachung am Arbeitsplatz durch einen Vorgesetzten gar nicht mehr möglich ist. Sei es, weil die entsprechende Führungskraft nicht die erforderlichen Sachkenntnisse zur Überprüfung der Tätigkeit des Spezialisten hat, sei es, weil die Transparenz zur Überprüfung gar nicht mehr gegeben ist, man denke z. B. an die zeitliche und örtliche Flexibilität bzw. Entkopplung. Die bisherigen äußeren Kontrollen müssen deshalb in solchen Fällen durch sogenannte innere Kontrollen ersetzt werden. Oder anders ausgedrückt: Organisationale Kontrolle ist beim Einsatz neuer Techniken zunehmend nur noch dann möglich, wenn sich der Mitarbeiter mit den Organisationszielen identifiziert, wenn seine Loyalität zum Unternehmen hoch ist. Eine derartige Corporate Identity kann heute primär dadurch erzielt werden, daß der Arbeitsplatz für den Mitarbeiter attraktiv und damit motivierend ist und er „Mitbestimmungs-Möglichkeiten" hat.

D.h. die klassischen Forderungen der *humanistischen Psychologen* müssen nunmehr ernsthaft auch für Mitarbeiter in *unteren* Hierarchieebenen erfüllt werden. Des weiteren muß die Kluft zwischen gesellschaftlichen Wertvorstellungen außerhalb der Betriebe und den tatsächlichen Führungsideologien innerhalb der Unternehmen schrittweise beseitigt werden, da sonst der „Zerfall der Arbeitsmoral" nur weiter fortschreiten wird.

Die Erfahrungen der letzten Jahre haben gezeigt, daß bei diesem Einstellungswandel die QZ eine wichtige Eisbrecherfunktion gehabt haben. Der Bedarf, *alte Strukturen* „aufzutauen", wird in den nächsten Jahren mit der Einführung neuer Techniken ständig wachsen. Nicht zuletzt aus diesem Grunde wird folglich die QZ-Philosophie in Kombination mit den oben aufgezählten Funktionen eine immer relevantere „Schlüsselrolle" spielen.

Literatur

Antoni, C. (1990). Qualitätszirkel als Modell partizipativer Gruppenarbeit. Analyse der Möglichkeiten und Grenzen aus der Sicht Betroffener. Bern 1990.

Antoni, C. & Bungard, W. (1989). Quality Circles im Büro-, Verwaltungs- bzw. Angestelltenbereich. In: Investitionen in die Zukunft: QC; Szenarien 2000/ 7. Deutscher Quality-Circle-Kongreß. S. 197–210. Mannheim 1989.

Antoni, C., Bungard, W. & Dorr, H.J. (1994). Wettbewerbsfaktor Gruppe – Prozeßorientierte Organisationsgestaltung durch Gruppenarbeit. Eschborn 1994 (im Druck).

Antoni, C., Bungard, W. & Lehnert, E. (1993). Gruppenarbeitskonzepte mittlerer Industriebetriebe. Ludwigshafen 1993.

Aumüller, R. (1989). Technologieplanspiele als Instrument zur Vorbereitung von Mitarbeitern auf die Implementierung neuer Technologien. Diplomarbeit am Lehrstuhl Psychologie I, Universität Mannheim 1989.

Bechmann, G., Vahrenkamp, R. & Wingert, B. (1979). Modernisierung geistiger Arbeit. Eine sozialwissenschaftliche Untersuchung zum Rechnereinsatz in der Konstruktion. Frankfurt 1979.

Bergren, C. (1991). Von Ford zu Volvo. Berlin 1991.

Bösenberg, D. & Metzen, H. (1993). Lean Management. 3. Auflage. Landsberg 1993.

Bungard, W. (1988 a). Neue Technologien in der Arbeitswelt: Chancen und Risiken für psychisch Kranke. In: Gruppendynamik, Heft 2, 1988, S. 113–135.

Bungard, W. (1988 b). Arbeitsplatzorientiertes Lernen durch Qualitätszirkel. In P. Meyer-Dohm, E. Tuchfeldt & E. Wesner (Hrsg.), Der Mensch im Unternehmen. S. 311–334. Bern, Stuttgart 1988.

Bungard, W. (1990 a). Führung im Lichte veränderter Mitarbeiterqualifikationen. In G. Wiendieck & G. Wiswede (Hrsg.), Führung im Wandel. Stuttgart 1990.

Bungard, W. (1990 b). Das Emder Integrations-Programm – Anmerkungen zu einer Organisations-Entwicklungsmaßnahme in einem VW-Werk. In M. Twardy (Hrsg.), Wirtschafts-, Berufs- und Sozialpädagogische Texte, Bd. 3. S. 43–60. 1990.

Bungard, W. (1991). Qualitätszirkel – Ein soziotechnisches Instrument auf dem Prüfstand. Mannheim 1991.

Bungard, W. (Hrsg.). (1992). Qualitätszirkel als Gegenstand der Arbeits- und Organisationspsychologie. Göttingen 1992.

Bungard, W. et al. (1992). Qualitätszirkel und Technikgestaltung. Unveröffentlicher Forschungsbericht. Universität Mannheim 1992.

Bungard, W. & Lenk, H. (1988). Technikbewertung. Philosophische und psychologische Perspektiven. Frankfurt 1988.

BUNGARD, W. & WIENDIECK, G. (Hrsg.). (1986). Qualitätszirkel als Instrument zeitgemäßer Betriebsführung. Landsberg/Lech 1986.

FRIELING, E. & SONNTAG, K. (1987). Lehrbuch Arbeitspsychologie. Bern, Stuttgart, Toronto 1987.

GORDON, T. (1978). Familienkonferenz: die Lösung von Konflikten zwischen Eltern und Kind. Hamburg 1978.

HEEG, F. J. (1986). Einführung neuer Technologien – ein gruppenorientierter Ansatz. In: Zeitschrift für Organisation, 1, 1986, S. 41–46.

IMAI, M. (1992). Kaizen. München 1992.

SCHEER, A. W. (1987). CIM. Der computergesteuerte Industriebetrieb. Berlin 1987.

SONNTAG, K. (1985). Qualifikationsanforderungen im Werkzeugmaschinenbereich. In K. SONNTAG (Hrsg.), Neue Produktionstechniken und qualifizierte Arbeit. S. 81–100. Köln 1985.

WATZLAWICK, P., BEAVIN, J. H. & JACKSON, D. D. (1974). Menschliche Kommunikation, Formen, Störungen, Paradoxien. Bern 1974.

WIENDIECK, G. (1986). Widerstand gegen Qualitätszirkel – Eine Idee und ihre Feinde. In W. BUNGARD & G. WIENDIECK (Hrsg.), Qualitätszirkel als Instrument zeitgemäßer Betriebsführung. S. 207–221. Landsberg 1986.

WOMACK, J. P., JONES, D. T. & ROOS, D. (1991). Die zweite Revolution in der Automobilindustrie. Frankfurt 1991.

Zur Konkretisierung und weiteren Vertiefung wird empfohlen, im Fallstudienband den Fall zu „Qualitätszirkel" zu bearbeiten.

Michel E. Domsch

Mitarbeiterbefragungen

1. Begriff und Funktionen

Mitarbeiter erwarten heute eine partizipative Führung und Zusammenarbeit. Diese schließt eine intensivere Kommunikation und erweiterte Gestaltungsmöglichkeiten im eigenen Verantwortungsbereich ein. Überzeugende Erkenntnisse aus empirisch orientierten Motivationsstudien sowie positive Erfahrungen aus Organisationsentwicklungsprojekten (vgl. den Beitrag von COMELLI) haben deshalb in zahlreichen Unternehmen eine Unternehmenskultur entstehen lassen, in der partizipatives Verhalten zum Besitzstand des Denkens, Sprechens und Handelns geworden ist. Es wird unterstützt und ergänzt durch personalpolitische Instrumente wie Mitarbeitergespräche, Problemlösungsklausuren, Zirkelarbeit etc. Ebenso werden in diesem Zusammenhang Mitarbeiterbefragungen mit großem Erfolg in der Wirtschaftspraxis bei kontinuierlichen Verbesserungsprozessen sowie beim Innovations- und Qualitätsmanagement eingesetzt (BUNGARD & JÖNS, 1997).

Unter einer Mitarbeiterbefragung – synonyme Begriffe sind z. B. Betriebsumfragen, Betriebsklimaanalysen, betriebliche Meinungsumfragen, innerbetriebliche Einstellungsforschung (DOMSCH & LADWIG, 1995) – wird hier verstanden:

- Ein Instrument der partizipativen Unternehmensführung, mit dem
- im Auftrag der Unternehmensleitung,
- in Zusammenarbeit mit den Arbeitnehmervertretungen,
- mit Hilfe von standardisierten und/oder teilstandardisierten Fragebögen,
- anonym und
- auf freiwilliger Basis
- bei allen Mitarbeitern (oder einer repräsentativen Stichprobe oder bestimmten Zielgruppe),
- unter Beachtung methodischer, organisatorischer und rechtlicher Rahmenbedingungen,
- Informationen über die Einstellungen, Erwartungen und Bedürfnisse der Mitarbeiter,
- bezogen auf bestimmte Bereiche der betrieblichen Arbeitswelt und/oder der Umwelt gewonnen werden,
- um daraus Hinweise auf betriebliche Stärken und Schwächen zu erlangen,
- deren Ursachen im Dialog zwischen Mitarbeitern und Führungskräften sowie der Unternehmensleitung zu klären sind,
- um gemeinsam konkrete Veränderungsprozesse einzuleiten.

Eine Mitarbeiterbefragung hat also insbesondere folgende Funktionen:
(1) Sie ist Diagnoseinstrument und damit Grundlage von gestalterischen Maßnahmen:
  - Sie zeigt den Grad der allgemeinen Arbeitszufriedenheit der Mitarbeiter.
  - Sie bekundet die Zufriedenheit bzw. Unzufriedenheit der Mitarbeiter mit bestimmten Teilaspekten der Arbeit und dient insofern als Instrument der Schwachstellenanalyse.
  Die Mitarbeiterbefragung kann hier zur Versachlichung der Diskussion zwischen Arbeitgebern und Arbeitnehmern bzw. Arbeitnehmervertretungen beitragen.

(2) Die Mitarbeiterbefragung ist selbst ein gestalterischer Eingriff in die Organisation mit verschiedenen Folgewirkungen:

- Die Mitarbeiter werden an den Belangen des Unternehmens beteiligt und haben somit die Sicherheit, „zu Wort zu kommen", „gehört zu werden", „zur Unternehmensentwicklung direkt beizutragen".
- Sie verringert die soziale Distanz zwischen Unternehmensleitung und Mitarbeitern.
- Sie führt zu einer intensiveren und offeneren Kommunikation.
- Sie trägt zur Erhöhung der Arbeitszufriedenheit bzw. zur Verbesserung des Betriebsklimas bei.

(3) Sie kann als eine Grundlage mitarbeiterorientierter Unternehmensentwicklung eingesetzt werden:
- Mit der Einbeziehung der Daten aus Mitarbeiterbefragungen können die Zuverlässigkeit und Qualität der Entscheidungsprozesse des Unternehmens in vielen Bereichen gesteigert werden.
- Bei notwendigen Neuerungen in der Organisation (z.B. Maßnahmen zur Arbeitsstrukturierung) und im Rahmen des Qualitätsmanagements kann die Mitarbeiterbefragung zur Unterstützung und Sicherung arbeitnehmergerechter Lösungen eingesetzt werden.
- Die Mitarbeiterbefragung kann der Erfolgskontrolle nahezu jeder betrieblichen Maßnahme dienen und damit Grundlage für eine erneute Planung sein.

2. Form

Bei der Form von Befragungen kann grob unterschieden werden zwischen

- schriftlichen–mündlichen/telefonischen Befragungen,
- anonym–offenem Vorgehen.

Hinsichtlich der Gestaltung von Fragebögen kann unterschieden werden

- nach Art der Fragestellung (direkte–indirekte Befragung),
- nach der Art der Fragen (offene–geschlossene Fragen),
- nach Art und Umfang der Standardisierung des Fragenkataloges usw.

Diese Unterscheidungsmöglichkeiten entsprechen der hinlänglich aus der empirischen Sozialforschung und aus der Marktforschung bekannten Differenzierung und Gestaltungsmöglichkeit. Fast alle Ausprägungsformen lassen sich im Rahmen innerbetrieblicher Mitarbeiterbefragungen durch Beispiele aus der Praxis belegen. Allerdings hat sich die schriftliche, anonym durchgeführte, strukturierte und standardisierte Befragung mit geschlossenen und teilweise auch offenen Fragestellungen in der Praxis durchgesetzt. Letztendlich richtet sich die gewählte Form vorrangig nach Ziel und Operationalisierung der Befragung.

3. Inhalt

Der konkrete Inhalt einer Mitarbeiterbefragung resultiert unmittelbar aus den angestrebten Befragungszielen. Für breit angelegte Befragungen muß der Umfang des Fragebogens naturgemäß relativ groß sein. Er sollte ein möglichst breites Spektrum aller

Lfd.-Nr.	Kernbereich	Anzahl der Fragen
1	Arbeitsplatz	2 (+ 1 Statistik)
2	Arbeitssituation	8
3	Information	3
4	Weiterbildung und Entwicklung	4
5	Führung	16
6	Kooperation / Koordination	4
7	Einkommen und Sozialleistungen	5
8	Unternehmensimage	3
9	Bindung an das Unternehmen	2
10	Statistik	9
11	Offene Frage	1
		= 57

Abb. 1: Inhalt und Struktur des „Standardfragebogens"

relevanten Variablen, die Einfluß auf Arbeitsqualität und -organisation haben, erfassen. Dem Umfang des Fragebogens sind allerdings Grenzen gesetzt durch

– die Bereitschaft der Befragten, lange Fragebögen auszufüllen,
– die unter Umständen beträchtlichen Kosten umfangreicher Untersuchungen.

Der Umfang der Fragen sollte bei ca. 50 Fragen liegen, die in 30 bis 40 Minuten zu beantworten sind. Grundsätzlich kann unterschieden werden nach:

– *Umfassenden Mitarbeiterbefragungen*
Dabei werden Fragen zu relativ vielen Kernbereichen gestellt. Eine beispielhafte Übersicht enthält Abbildung 1. Hierauf bezieht sich z. B. der sogenannte „Standardfragebogen" der Projektgruppe „Mitarbeiterbefragung".

– *Spezielle Mitarbeiterbefragungen*
Inhalt sind hier Fragen, die ein spezielles Thema betreffen. Damit kann ein Themenbereich viel ausführlicher angesprochen werden. Die Auswertung gewonnener Daten und die Diskussion der Ergebnisse können zielorientierter erfolgen. Oft handelt es sich bei speziellen Mitarbeiterbefragungen um Aktionen, die sich an umfassende Befragungen anschließen, nachdem man erkannt hat, welche Bereiche besonders veränderungsbedürftig sind.
Spezieller Befragungsbereich können z. B. der Bildungsbedarf, die Laufbahnentwicklung, die Zusammenarbeit zwischen Vorgesetzten und Mitarbeitern (DOMSCH, 1992; LUDWIG, 1994; HOFMANN, KÖHLER & STEINHOFF, 1995, sowie der Beitrag zum Thema „Vorgesetztenbeurteilung", in diesem Band) oder etwa die Entlohnungspolitik und Fragen zur Arbeitszeitflexibilisierung sein. Grundsätzlich kann jedes Thema in eine Befragung umgesetzt werden. Erfahrungen liegen inzwischen in großem Umfang vor. Dies gilt auch für die Integration von Mitarbeiterbefragungen in 360°-Beurteilungen/Feedbackprozesse.

Zudem trifft man in der Praxis statt einer Gesamtbefragung, in die grundsätzlich alle Mitarbeiter des Unternehmens miteinbezogen werden, zunehmend Teilbefragungen, bei denen spezielle Mitarbeitergruppen (z.B. nur Führungskräfte oder nur Außendienstmitarbeiter) oder nur bestimmte Teilbereiche des Unternehmens (z.B. nur Werk XY, Sparte Z oder Standort W) befragt werden. Als Beispiele für spezielle Mitarbeiterbefragungen gelten:

(1) Imagebefragung

Die Mitarbeiter werden mit einem Fragebogen konfrontiert, in dem sie ihr Unternehmen, ihren Unternehmensbereich, ihr Werk o.ä. aufgrund einer vorgegebenen und individuell ergänzbaren Merkmalsliste einschätzen sollen. Ein Beispiel enthält Abbildung 2.

Wenn ich meinem besten Freund unser Unternehmen beschreiben sollte, welches Profil würde ich zeichnen?						
fortschrittlich	1	2	3	4	5	rückständig
wirtschaftlich	1	2	3	4	5	unwirtschaftlich
klar	1	2	3	4	5	verwirrend
aufgeschlossen	1	2	3	4	5	verschlossen
großzügig	1	2	3	4	5	kleinlich
unbürokratisch	1	2	3	4	5	bürokratisch
zukunftsvoll	1	2	3	4	5	aussichtslos
weitsichtig	1	2	3	4	5	kurzsichtig
fördernd	1	2	3	4	5	hemmend
beratend	1	2	3	4	5	befehlend
traditionsvoll	1	2	3	4	5	traditionslos
zuverlässig	1	2	3	4	5	unzuverlässig
sozial	1	2	3	4	5	unsozial
offen	1	2	3	4	5	verheimlichend
gerecht	1	2	3	4	5	ungerecht
sicher	1	2	3	4	5	unsicher
beweglich	1	2	3	4	5	starr
freundlich	1	2	3	4	5	unfreundlich
anregend	1	2	3	4	5	langweilig
kollegial	1	2	3	4	5	unkollegial
demokratisch	1	2	3	4	5	undemokratisch
_____	1	2	3	4	5	_____
_____	1	2	3	4	5	_____

Abb. 2: Imageprofil

Daraus ergeben sich Individualprofile der Mitarbeiter, die dann auf Gruppenniveau zusammengefaßt werden können. Häufigkeitsverteilung, Mittelwerte und Streuungsmaße ergeben dann zusätzliche Informationen. Die Ergebnisse können Ausgangspunkt für Diskussionen darüber sein, warum die Mitarbeiter z.B. den betrachteten Bereich eher als unwirtschaftlich oder undemokratisch einschätzen. Sie sind also erste Diagnosewerte, die zu interpretieren und zu konkretisieren sind, um darauf aufbauend konkrete Veränderungsmaßnahmen zu diskutieren, vorzuschlagen und umzusetzen. Außerdem hat sich bewährt, daß die Meinung der Mitarbeiter der Einschätzung des/ der Vorgesetzten gegenübergestellt wird. Abweichungen wie Übereinstimmungen können Grundlage für weitere Diskussionen sein.

(2) „Check up"

Bei der Überprüfung der eigenen Arbeit, insbesondere aber bei Schnittstellenproblemen (z.B. EDV-Abteilung versus Anwenderbereich oder Vertrieb versus Produktion oder Entwicklung) hat sich der Einsatz des in Abbildung 3 dargestellten Frageschemas als kurze Einstiegsbefragung bewährt.

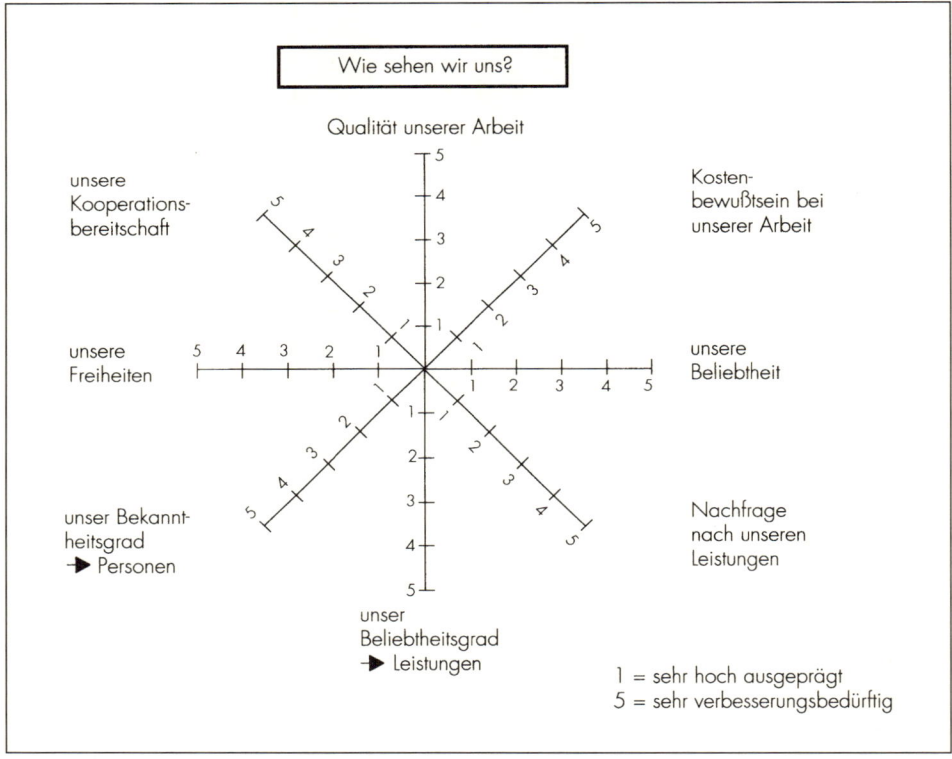

Abb. 3: Fragemöglichkeit zur Selbstanalyse

An die zunächst ausgewiesene Frage „Wie sehen wir uns?" sollten sich weitere Fragen anschließen, wobei das gleiche Bewertungsraster zugrunde gelegt wird. Zum Beispiel sind Antworten auf die Fragen interessant:

- Wie sehen uns die anderen?
- Wie sehen sich die anderen?
- Wie sehen wir die anderen?

Dabei werden Selbst- und Fremdbilder erzeugt, deren Vergleich hervorragende Grundlage für die Diskussion auf Gruppenebene mit den betroffenen Mitarbeitern und Vorgesetzten über Wahrnehmungsunterschiede, Informationsdefizite, mangelnde Kooperation etc. darstellen. Daraus sind Empfehlungen für die Zukunft ableitbar. Auch hier stehen also Diagnose- und Gestaltungsfunktionen im Mittelpunkt.

(3) Führungs-Verhaltens-Analyse

Sieht man als personalen Unternehmenserfolg z.B. das Ausmaß der Umsetzung von kooperativer Führung und Zusammenarbeit im betrieblichen Alltag aus der Sicht der Mitarbeiter, dann haben sich zur Informationsgewinnung ebenfalls spezielle Mitarbeiterbefragungen bewährt. Abbildung 4 enthält ein Beispiel zur Formulierung des geforderten Führungsstils. In vielen Unternehmen enthalten Leitlinien der kooperativen Führung und Zusammenarbeit entsprechende Übersichten.

Auf dieser Basis sowie aufgrund der Wertvorstellungen und praktischen Erfahrungen werden die Mitarbeiter (einer Abteilung, eines Bereiches etc.) gebeten, das in Abbildung 5 ausgewiesene Erfassungsformular auszufüllen.

Daraus ergeben sich individuelle Realisierungs- und Wichtigkeitsprofile, die wiederum auf Gruppen-, Abteilungsebene usw. zusammengefaßt werden können.

Selbstverständlich sind auch hier Zusatzinformationen über Häufigkeitsverteilung, Streuung etc. zu geben. Vorgesetzte können ihre eigene Einschätzung (Selbstbild) dem Mitarbeiterprofil (Fremdbild) gegenüberstellen. Die Ergebnisse dienen dann zu einer anschließenden detaillierten Analyse der Stärken und Schwächen in der Zusammenarbeit von Vorgesetzten und ihren Mitarbeitern sowie zu Veränderungsdiskussionen.

4. Ablauf

Für eine erfolgswirksame Abwicklung einer betrieblichen Mitarbeiterbefragung ist es notwendig, das gesamte Projekt detailliert vorauszuplanen (BORG, 1995; DOMSCH & SCHNEBLE, 1992). Abbildung 6 enthält ein Beispiel für einen derartigen Ablaufplan, der sich in sieben Hauptphasen gliedert.

Selbstverständlich ist für jeden speziellen Anwendungsfall eine weitere Detailplanung im Rahmen konkreter Aktivitäten und deren Abwicklung erforderlich. Insofern ist das dargestellte Ablaufschema als Grob-Planung anzusehen. Allerdings wird deutlich, daß die Befragung selbst (3. Phase) nur eine Teilmenge der gesamten Aktion darstellt. Insbesondere ist hervorzuheben, daß auf Basis der Befragungsergebnisse detaillierte und intensive Diskussionen mit den Beteiligten erfolgen müssen, um konkrete Maßnahmen daraus abzuleiten, umzusetzen und in ihrer Wirksamkeit zu überprüfen. Gerade diese Anschlußaktivitäten nach der Befragung sind von großer Wichtigkeit, da der Informationsgewinn durch die Befragung in der Regel nur diagnostischer Art sein kann und für die weitere Maßnahmenplanung zu grob ist.

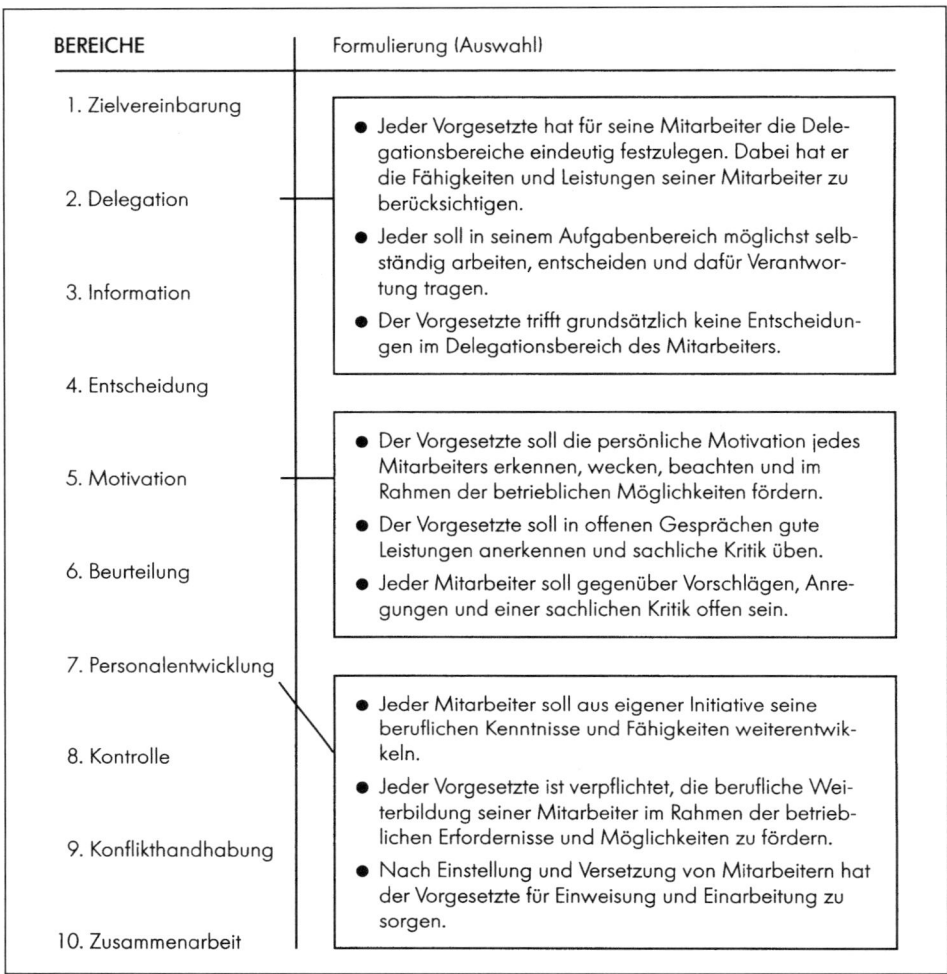

BEREICHE	Formulierung (Auswahl)
1. Zielvereinbarung	
2. Delegation	• Jeder Vorgesetzte hat für seine Mitarbeiter die Delegationsbereiche eindeutig festzulegen. Dabei hat er die Fähigkeiten und Leistungen seiner Mitarbeiter zu berücksichtigen. • Jeder soll in seinem Aufgabenbereich möglichst selbständig arbeiten, entscheiden und dafür Verantwortung tragen. • Der Vorgesetzte trifft grundsätzlich keine Entscheidungen im Delegationsbereich des Mitarbeiters.
3. Information	
4. Entscheidung	
5. Motivation	• Der Vorgesetzte soll die persönliche Motivation jedes Mitarbeiters erkennen, wecken, beachten und im Rahmen der betrieblichen Möglichkeiten fördern. • Der Vorgesetzte soll in offenen Gesprächen gute Leistungen anerkennen und sachliche Kritik üben. • Jeder Mitarbeiter soll gegenüber Vorschlägen, Anregungen und einer sachlichen Kritik offen sein.
6. Beurteilung	
7. Personalentwicklung	• Jeder Mitarbeiter soll aus eigener Initiative seine beruflichen Kenntnisse und Fähigkeiten weiterentwickeln. • Jeder Vorgesetzte ist verpflichtet, die berufliche Weiterbildung seiner Mitarbeiter im Rahmen der betrieblichen Erfordernisse und Möglichkeiten zu fördern. • Nach Einstellung und Versetzung von Mitarbeitern hat der Vorgesetzte für Einweisung und Einarbeitung zu sorgen.
8. Kontrolle	
9. Konflikthandhabung	
10. Zusammenarbeit	

Abb. 4: Bereiche des personalen Unternehmenserfolges auf der Basis schriftlich fixierter Leitlinien der Führung und Zusammenarbeit

5. Auswahl besonderer Probleme

Der Erfolg einer Mitarbeiterbefragung hängt zum einen unmittelbar von der Genauigkeit der zeitlichen und inhaltlichen Vorbereitung bzw. Planung des gesamten Projektes ab. Zum anderen wirkt sich insbesondere auch der Grad der Akzeptanz durch alle Beteiligten entscheidend auf den Erfolg aus. Die Unternehmensleitung als Durchführende sowie die Befragten und Arbeitnehmervertretungen müssen sich mit den Zielen der Befragung identifizieren und sie unterstützen, denn Skepsis und Ablehnung können sich auf vielfältige Weise nachteilig auswirken, z. B. durch

– zu geringe Beteiligung an der Befragung;
– bewußte oder unbewußte Verfälschung der Antworten;
– geringe Änderungsbereitschaft und Kooperation in der Umsetzungsphase.

FÜHRUNG UND ZUSAMMENARBEIT

ABTEILUNG:

DATUM:

Inwieweit sehen Sie in Ihrer eigenen Arbeitssituation unsere „Leitlinien der Führung und Zusammenarbeit" umgesetzt?

Bitte kreuzen Sie zeilenweise, also für jeden Bereich, je einen Wert bei „Wichtigkeit" und bei „Realisierung" an.

BEREICH	Wichtigkeit						Realisierung					
	0 = überhaupt nicht wichtig	1 = sehr gering wichtig	2 = gering wichtig	3 = von gewisser Wichtigkeit	4 = von hoher Wichtigkeit	5 = von sehr hoher Wichtigkeit	0 = überhaupt nicht erfüllt	1 = sehr gering erfüllt	2 = gering erfüllt	3 = etwas erfüllt	4 = umfangreich erfüllt	5 = sehr umfangreich erfüllt
1. Zielvereinbarung												
2. Delegation												
3. Information												
4. Entscheidung												
5. Motivation												
6. Beurteilung												
7. Personalentwicklung												
8. Kontrolle												
9. Konflikthandhabung												
10. Zusammenarbeit												

Abb. 5: Erfassungsformular zur Führungs-Verhaltens-Analyse

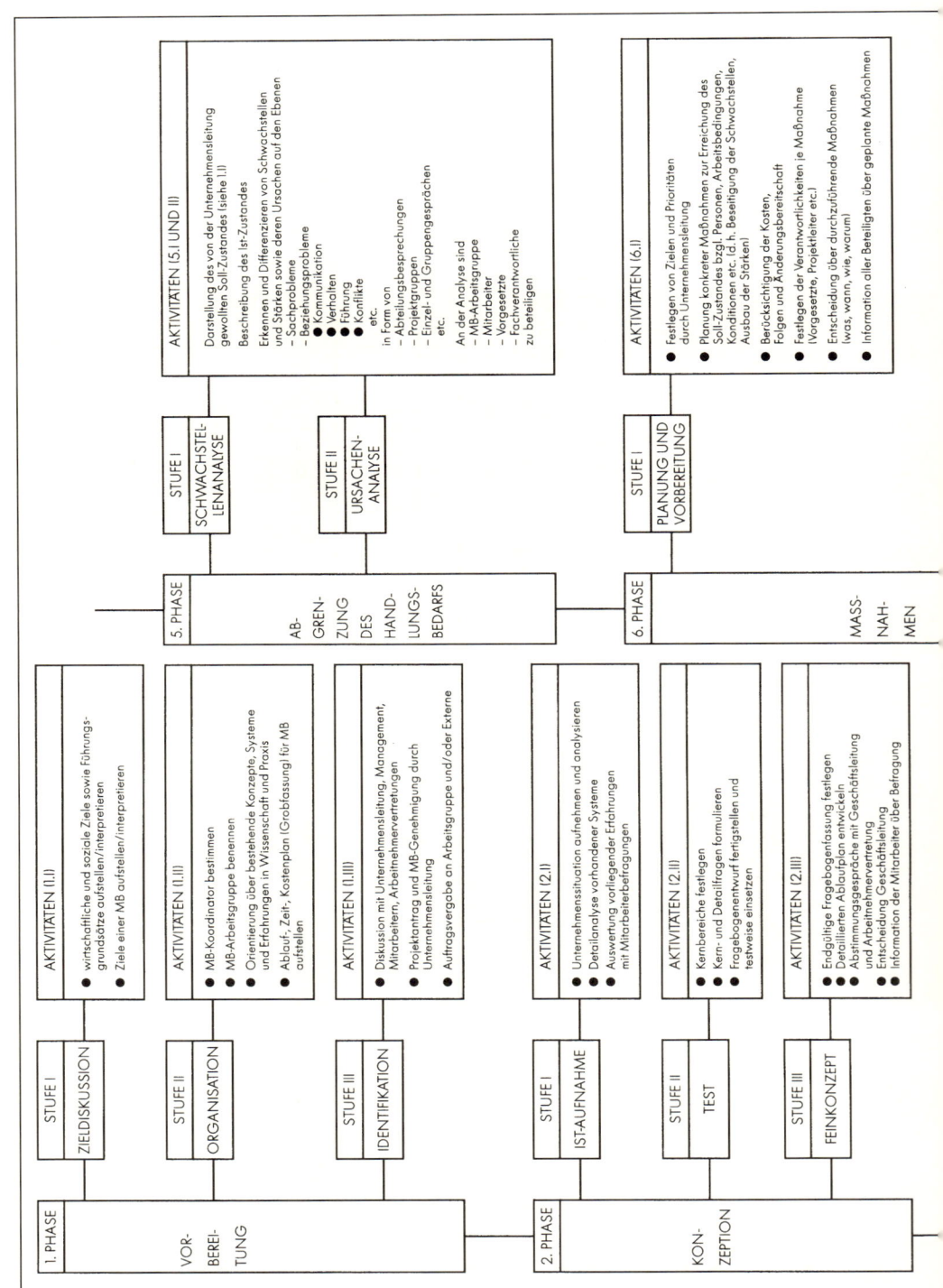

Abb. 6: Projektplanung „Mitarbeiterbefragung"

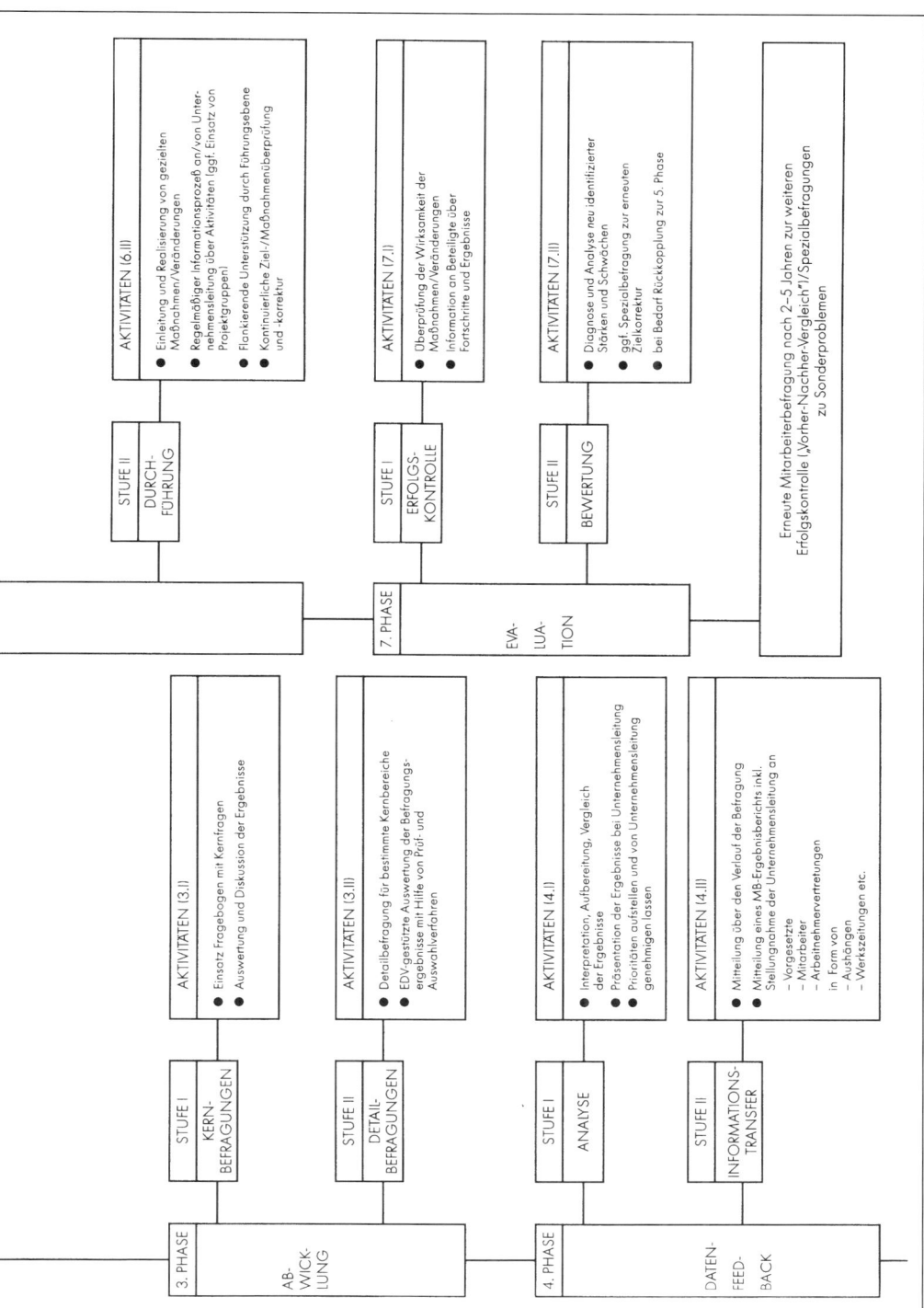

Wenn es Widerstände gegen eine Befragung gibt, so haben sie meist folgende Ursachen:

(1) Die *Unternehmensleitung*:
- bezweifelt den Nutzen einer Mitarbeiterbefragung;
- scheut die mit einer Mitarbeiterbefragung verbundenen Aktivitäten und Kosten;
- fürchtet, mit einer Mitarbeiterbefragung „schlafende Hunde" zu wecken, d. h. Probleme zu verstärken bzw. erst zu schaffen.

(2) Die *befragten Arbeitnehmer*:
- fürchten, daß die Anonymität der Befragung nicht gewährleistet ist und sich möglicherweise Sanktionen für den einzelnen Befragten ergeben könnten;
- bezweifeln, daß für sie positive Auswirkungen von einer Befragung ausgehen.

(3) Die *Arbeitnehmervertretungen*:
- befürchten, daß aufgrund des direkten Dialogs zwischen Arbeitgeber und Arbeitnehmer ihre Rolle als Interessenvertretung geschwächt wird;
- fürchten, daß die Unternehmensleitung Befragungsergebnisse dazu mißbrauchen könnte, Arbeiternehmerinteressen zu blockieren;
- bezweifeln, daß der Anspruch auf absolut anonyme und vertrauliche Behandlung der gemachten Aussagen gewahrt werden kann.

Zur Überwindung dieser Widerstände tragen folgende Maßnahmen bei:

— *Wahrung der Anonymität*:
Um eine hohe Beteiligung an der Mitarbeiterbefragung zu erzielen, muß die absolute Anonymität aller beteiligten Gruppen (Führungskräfte, Mitarbeiter, Mitarbeitervertreter) zugesichert werden. Die Voraussetzung für ehrliche und aussagekräftige Ergebnisse ist, daß Antworten einzelner Mitarbeiter nicht zu identifizieren sind, die auswertende Stelle die Befragungsteilnehmer nur als ,Code-Nummern' kennt und das EDV-Programm eine Sperre vorsieht, nach der keine Antworten einzelner Mitarbeiter, sondern nur zusammengefaßte Antworten mehrerer Mitarbeiter ausgewertet werden können.

— *Freiwilligkeit*:
Es muß garantiert werden, daß die Teilnahme an Mitarbeiterbefragungen freiwillig ist.

— *Innerbetriebliche Aufklärungsarbeit*:
Widerstände sind zu einem großen Teil Ausdruck von Angst bzw. Unsicherheiten und Fehleinschätzungen. Präzise und sachliche Informationen über Ziele, Inhalt, organisatorischen Ablauf und Auswertungsverfahren der Befragung können bereits viele Ursachen für Widerstände beseitigen und die psychologische Schwelle bei Mitarbeitern und Vorgesetzten abbauen helfen. Die innerbetriebliche Aufklärungsarbeit sollte mindestens in zwei Schritten erfolgen:

(1) Generelle Informationen über das Vorhaben im Kreis der Führungskräfte, in Sitzungen mit Mitarbeitervertretungen, in Rundschreiben, in der Werkszeitung, auf Informationsmärkten etc.
(2) Schriftliche Instruktion, die dem Fragebogen als Begleitschreiben beigefügt ist.

Darüber hinaus kann es zweckmäßig sein, im Rahmen einer Einführungsveranstaltung auf spezielle Problemstellungen einzugehen und auf Fragen zu antworten. Die Offenlegung der der Befragung zugrundeliegenden Prinzipien und Ziele schafft und stärkt das für einen Erfolg des Projektes notwendige Vertrauensverhältnis zwischen Fragenden und Befragten.

— *Mitwirkung des Betriebsrates:*

Mitarbeiterbefragungen bewegen sich nicht in der traditionellen Beurteilungsrichtung Vorgesetzter – Mitarbeiter, sondern Mitarbeiter äußern ihre Meinungen über das Unternehmen und die Vorgesetzten. Es handelt sich, wenn nicht auf einen einzelnen Mitarbeiter geschlossen werden kann, nicht um ,Personalfragebögen' (§ 94 Abs. 1 Betr.VG) oder um ,Auswahlrichtlinien' (§ 95 Betr.VG). Ein gesetzliches Mitbestimmungsrecht des Betriebsrates läßt sich aus vorliegenden Gutachten und Urteilen nicht ableiten, sofern die genannten Voraussetzungen erfüllt sind.

Unabhängig von dieser rechtlichen Situation liegt es im eigenen Interesse der Unternehmensleitung, zu einem Konsens mit dem Betriebsrat zu kommen, denn der Erfolg einer Befragung hängt in entscheidendem Maße von der Zusammenarbeit zwischen Unternehmensleitung und Betriebsrat ab (DOMSCH & SIEMERS, 1994). Dies zeigen auch die positiven Erfahrungen in den Unternehmen, die Mitarbeiterbefragungen bereits erfolgreich eingesetzt haben. Eine Beteiligung des Betriebsrates bereits in der Konzeptionsphase des Projekts – als Ausdruck des angestrebten kooperativen Führungsstils und eines partnerschaftlichen Verhältnisses von Arbeitnehmerschaft und Unternehmensleitung – erlaubt es ihm, unternehmensspezifische Ergänzungen zur Befragung einzubringen, frühzeitig Vorbehalte und Befürchtungen vorzutragen und sie mit der Unternehmensleitung zu diskutieren und zu klären.

— *Kostenreduzierung durch Kooperation:*

Die Kosten einer Mitarbeiterbefragung reduzieren sich beträchtlich, wenn durch Einsatz des ,Standardfragebogens' Entwicklungszeit und -aufwand eingespart und vorhandene EDV-Auswertungsprogramme anderer Unternehmen genutzt werden.

6. Ausblick

Der Einsatz von Mitarbeiterbefragungen wird weiterhin zunehmen. Die bisherigen Erfahrungen sind ermutigend. Allerdings zeichnen sich folgende Trends ab:

- weniger umfassende Mitarbeiterbefragungen, dafür stärkere Verbreitung von speziellen Mitarbeiterbefragungen;
- zusätzlicher Einsatz der Datenverarbeitung (insbesondere PC's) und neuer Informationstechniken zur schnelleren Erfassung, Auswertung der Befragungsdaten und Aufbereitung von Ergebnissen bei der Befragung kleinerer Gruppen (z.B. 20 Teilnehmer einer Fortbildungsveranstaltung);
- bessere Aufbereitung, Interpretation und Begutachtung der Ergebnisse;
- Intensivierung der Umsetzung von Befragungsergebnissen; dies gilt sowohl organisatorisch als auch inhaltlich;
- stärkere Verzahnung von Mitarbeiterbefragungen mit anderen Formen der partizipativen Zusammenarbeit und dem Qualitätsmanagement incl. Benchmarkingaktivitäten;

– verstärkte Kooperation mit den Arbeitnehmervertretungen von Anbeginn bis zur Umsetzung und deren Überprüfung;
– intensive Evaluierung der geplanten Veränderungsprozesse.

Mitarbeiterbefragungen liefern einen wertvollen Beitrag zur zeitgemäßen Führung und Zusammenarbeit. Da zu erwarten ist, daß partizipative Formen in Zukunft eher noch zunehmen, werden auch Mitarbeiterbefragungen ihren Stellenwert behalten und ausbauen.

Literatur

BORG, J. (1995). Mitarbeiterbefragungen. Strategisches Aufbau- und Einbindungsmanagement. Göttingen 1995.

BUNGARD, W. & JÖNS, J. (Hrsg.). (1997). Mitarbeiterbefragung. Ein Instrument des Innovations- und Qualitätsmanagements. Weinheim 1997.

DOMSCH, M. (1992). Vorgesetztenbeurteilung. In R. SELBACH & K.-K. PULLIG (Hrsg.), Handbuch Mitarbeiterbeurteilung. S. 225–298. Wiesbaden 1992.

DOMSCH, M. & LADWIG, D. (1995). Mitarbeiterbefragungen als marktorientiertes Instrument einer professionellen Personalarbeit. In M. BRUHN (Hrsg.), Internes Marketing. Integration der Kunden und Mitarbeiterorientierung. Grundlagen – Implementierung – Praxisbeispiele. S. 415–432. Wiesbaden 1995.

DOMSCH, M. & SCHNEBLE, A. (1992 b). Mitarbeiterbefragungen. Heidelberg 1992.

DOMSCH, M. & SIEMERS, S. (1994). Mitarbeiterbefragungen und Betriebsverfassungsrecht. In H. GLAUBRECHT, G. HALBERSTADT & E. ZANDER (Hrsg.), Betriebsverfassungsrecht in Recht und Praxis. S. 1/319–348. Freiburg i. Br. 1994.

HOFMANN, K., KÖHLER, F. & STEINHOFF, V. (Hrsg.). (1995). Vorgesetztenbeurteilung in der Praxis. Konzepte, Analysen, Erfahrungen. Weinheim 1995.

LUDWIG, H. (1994). Vorgesetztenbeurteilung von unten nach oben. Ein personalpolitisches Instrument bei der Esso AG. In: Personalführung, o.Jg., 1994, S. 650–657.

Zur Konkretisierung und weiteren Vertiefung wird empfohlen, im Fallstudienband die Fälle zu „Mitarbeiterbefragung" zu bearbeiten.

Ralf Reichwald und Kathrin Möslein

Management und Technologie

1. Management als Kommunikationsprozeß

Management ist eine *Kommunikationsaufgabe*. Das erklärt sich aus der Organisationstheorie und manifestiert sich in der Organisationspraxis. Aus Sicht der Theorie ist Organisation immer dann notwendig, wenn Aufgaben arbeitsteilig zu bewältigen sind, die nicht von einer Person in einem Schritt erledigt werden können. Die meisten Aufgaben verlangen folglich nach Organisation. Das bedeutet dann erstens, die Aufgabe in geeigneter Form auf mehrere Schultern zu verteilen *(Arbeitsteilung)*, und zweitens, die Teilaufgaben der einzelnen Akteure wieder auf das Gesamtziel hin zusammenzuführen *(Koordination)*. Hierin liegt der Kern der Managementaufgabe: Es geht um die Koordination und Führung in arbeitsteiligen Leistungssystemen. Für die Lösung sowohl des Abstimmungsproblems als auch des Anreizproblems kommt der *menschlichen Kommunikation eine Schlüsselfunktion* zu. Es sind Informationen darüber auszutauschen, wem in einem solchen System der Arbeitsteilung welche Rolle zukommt, wie diese Rolle auszufüllen ist, welche Beiträge vom einzelnen zu leisten sind und welche Anreize ihn zur Leistung dieser Beiträge motivieren. Diese Koordinationsprozesse bedingen Kommunikation, besonders für diejenigen, die mit der Führung von Mitarbeitern befaßt sind.

In der Managementforschung zeigt sich dieser Sachverhalt hoher Kommunikationsintensität im Alltag von Führungskräften besonders deutlich. Alle Studien über die Arbeit im Führungsbereich belegen übereinstimmend, daß Kommunikation zwischen 50 und 90 Prozent der Arbeitszeit von Führungskräften ausfüllt (vgl. z.B. GOECKE, 1997). Dabei dominiert die Face-to-face-Kommunikation in Meetings und Dialogen deutlich.

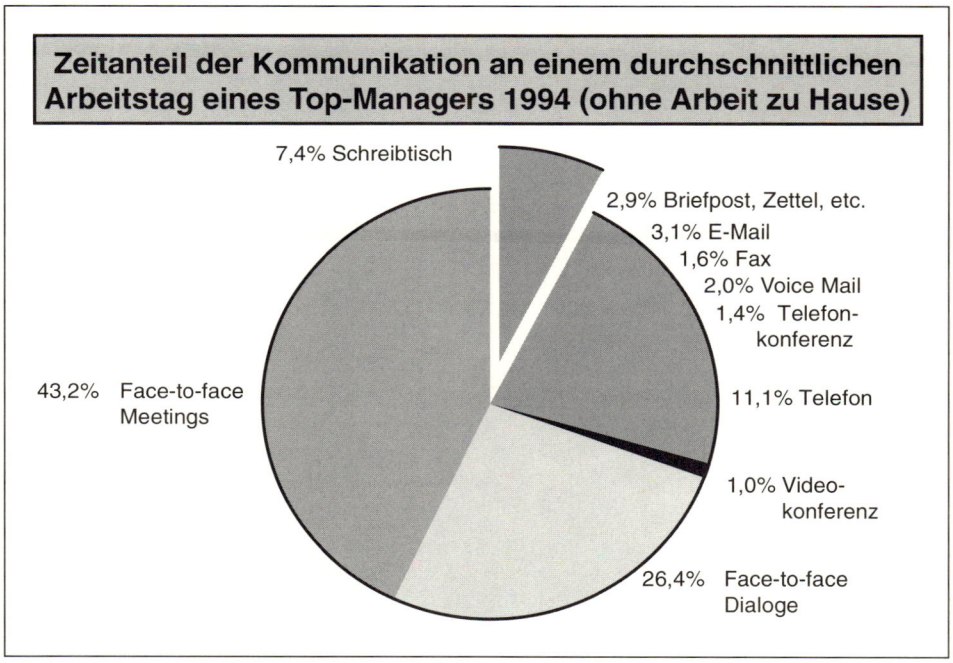

Abb. 1: Zeitprofil der Arbeit im oberen Führungsbereich (nach PRIBILLA, REICHWALD & GOECKE, 1996, S. 159)

710

Abbildung 1 zeigt das Ergebnis einer Tätigkeitsanalyse am Arbeitsplatz von Top-Managern auf der Basis von 14 Fallstudien im obersten Führungsbereich dreier global operierender Unternehmen der Computer- und Telekommunikationsbranche (vgl. PRIBILLA, REICHWALD & GOECKE, 1996): 90% ihrer Arbeitszeit verbrachten die Top-Manager im Untersuchungsfeld im Durchschnitt mit Kommunikation, 10% mit Schreibtischarbeit einschließlich der Beschäftigung mit Briefpost und Zetteln. Interessant ist auch der Vergleich der Zeitanteile, die Führungskräfte auf verschiedene Kommunikationskanäle verwendeten. Fast 70% der Gesamtarbeitszeit entfiel auf Face-to-face-Kommunikation, wobei in verschiedenen Fallstudien der Anteil zwischen 50% (Minimum) und 90% (Maximum) variierte. Dies zeigt sehr deutlich, welcher Stellenwert in der geschäftlichen Kommunikation von Führungskräften dem Beziehungsaspekt der Kommunikation zukommt (vgl. WATZLAWICK, BEAVIN & JACKSON, 1967). Führungsarbeit ist also in erster Linie Kommunikationsarbeit (vgl. die Beiträge von REGNET und NEUMANN zur Kommunikation bzw. dem Mitarbeitergespräch, in diesem Band).

Obwohl in der dargestellten Untersuchung weniger als 10% der Arbeitszeit auf die Medienkommunikation, beispielsweise über Voice Mail, E-Mail, Fax-Mail oder Videokonferenz entfällt, beeinflussen diese Medien die Arbeitssituation im Management dennoch erheblich. Der Medieneinsatz im Management verändert die Aktivitätsstrukturen, die Arbeitssituation sowie das Kooperationsmuster von Führungskräften (vgl. z.B. PRIBILLA, REICHWALD & GOECKE, 1996; GOECKE, 1997). Der vorliegende Beitrag widmet sich diesem Phänomen der Mediennutzung und des Mediennutzens im Führungsbereich.

2. Potentiale neuer Technologien

Neue technologische Möglichkeiten im Bereich von Informationstechnik und Telekommunikation gelten heute als Auslöser für nachhaltige Veränderungsprozesse in Wirtschaft und Gesellschaft. Der Preisverfall der Informations- und Kommunikationstechnik bei gleichzeitigem Leistungszuwachs führt zu einer immer breiteren Verfügbarkeit leistungsfähiger informations- und kommunikationstechnischer Infrastrukturen. Zugleich schwindet der ökonomische Zwang zu möglichst hoher Auslastung. Komponenten, Bauteile und Endgeräte unterliegen einer fortschreitenden Miniaturisierung. Personal Computer und Workstations sind in immer stärkerem Maße eingebunden in lokale, regionale und globale Rechnernetzwerke. Computertechnik und Telefonie wachsen zusammen. Die Herausbildung verteilter Arbeits- und Organisationsformen (Telearbeit, Telekooperation, Electronic Commerce) stehen stellvertretend für die damit verbundenen Innovationen in Unternehmen und Märkten (vgl. REICHWALD & MÖSLEIN, 1996; PICOT, REICHWALD & WIGAND, 1998; REICHWALD et al., 1998).

Telemedien führen zu neuen Möglichkeiten, Distanzen zu überwinden, entfernte Räume und Zeitzonen zu vernetzen. Nicht nur Standortrestriktionen können überwunden werden, auch Zeitgrenzen verlieren unter dem Einfluß neuer Informations- und Kommunikationstechnologien an Bedeutung. Diese neuen Freiheitsgrade raumzeitlicher Unabhängigkeit sind für die Organisationsformen der Wirtschaft von fundamentaler Bedeutung: Im klassischen Organisationsmodell erwiesen sich Raum und Zeit als Barrieren des Managements arbeitsteiliger Prozesse, ihre Überwindung verursachte Informationsverluste und bedeutete folglich zusätzliche Abstimmungskosten. Vor dem Hintergrund aktueller technologischer Entwicklungen verschieben sich die Freiheitsgrade für die Gestaltung von Arbeitsteilung und Leistungserstellung. In immer stärkerem Maße eröffnen sich Möglichkeiten räumlicher und zeitlicher Unabhängigkeit, auch für eine gemeinschaftliche Aufgabenbewältigung. Für den Bereich der Managementkommunikation ist dieses Potential neuer Informations- und Kommunikationstechnologien zur Überwindung raum-zeitlicher Barrieren von fundamentaler Bedeutung. Erreichbarkeit und rasche Informationsflüsse bei globaler Verteilung und Mobilität werden zunehmend zu wettbewerbsentscheidenden Faktoren.

3. Managementkommunikation und Aufgabenbezug

Neue Technologien bergen für die Unterstützung der Kommunikationsprozesse im Management erhebliche Potentiale, deren Realisierung jedoch nicht leicht ist. Bevor daher auf zentrale Aspekte der Medienwahl und Medienwirkung im Management eingegangen werden kann, sind zunächst einige grundsätzliche Fragen zu beantworten:

— Was heißt Kommunikation? *(Kapitel 3.1)*
— Welche Merkmale prägen die Managementkommunikation? *(Kapitel 3.2)*
— Welche Kommunikationsanforderungen stellt die Aufgabe? *(Kapitel 3.3)*

3.1 Was heißt Kommunikation?

Der Kommunikationsbegriff wird in den Disziplinen, die sich mit Kommunikation auseinandersetzen, unterschiedlich weit gefaßt. In der Nachrichtentechnik wird der Vorgang des Transportes von Informationen, das Codieren, die physikalische Übertragung und das Dekodieren einer Information mit dem Begriff Kommunikation verbunden. Ausgeklammert bleiben Aspekte des Verstehens, Interpretierens und der Bedeutungszuordnung, die sich bei kommunizierenden Menschen vollziehen. Der Verständigungsaspekt der Kommunikation steht dagegen im Mittelpunkt der sozialwissenschaftlichen Betrachtung. Kommunikation zwischen Menschen – so der Standpunkt der Kommunikationspsychologie – hat immer mehrere Komponenten, nämlich *inhaltliche* und *verhaltensbezogene* Komponenten. Das Kommunikationsmodell von WATZLAWICK u. a. (1967) richtet die Betrachtung vor allem auf die verhaltensbezogenen Wirkungen der zwischenmenschlichen Kommunikation. WATZLAWICK, BEAVIN UND JACKSON betonen, daß jede Kommunikation einen Inhalts- und einen Beziehungsaspekt aufweist.

Der Inhaltsaspekt vermittelt die zwischen den Kommunikationspartnern auszutauschenden Daten im Sinne von Sachinformationen; der Beziehungsaspekt bringt zum Ausdruck, wie diese Daten zu interpretieren sind. Damit stellt der Beziehungsaspekt eine Art Metakommunikation dar. Kommunikation dient also nicht nur der sachlichen Erfüllung von Aufgaben, sondern wirkt in hohem Maße auf die sozialen Beziehungen zwischen den Kommunikationspartnern ein. Über Kommunikation wird Vertrauen geschaffen, Sympathie und Antipathie hergestellt, wird eine Beziehung gepflegt oder gestört. Nicht selten wird durch Kommunikation primär die Pflege sozialer Beziehungen bezweckt und erst sekundär die Übermittlung von Sachinformationen. Umgekehrt gilt, was jeder Referent beim Vortrag erlebt: Je besser das Gesprächsklima in einem Raum ausgeprägt ist, je besser die Beziehung zwischen Vortragendem und Zuhörern ist, desto besser kann eine Botschaft vermittelt werden, und um so erfolgreicher ist der Referent. Das gilt auch für den geschäftlichen Bereich: Je besser man miteinander auskommt, desto leichter läßt sich eine Verhandlung führen, um so ungestörter kommen geschäftliche Vereinbarungen zustande.

Das beschriebene Kommunikationsmodell ordnet den beiden Komponenten der zwischenmenschlichen Kommunikation auch unterschiedliche Kommunikationsträger zu. Der *Inhaltsaspekt* von Kommunikation, das heißt die Übermittlung von Sachinformationen, erfolgt durch Sprache, z. B. in Schriftform durch alphanumerische Zeichen und deren Verknüpfungsregeln. *Beziehungsaspekte* hingegen werden vorwiegend durch Körperhaltung, Tonlage, Mimik, Gestik, d. h. also auf bildhafte, symbolische, assoziative Weise übertragen (vgl. den Beitrag von NEUMANN zum Mitarbeitergespräch).

3.2 Welche Merkmale prägen die Managementkommunikation?

Das betriebswirtschaftliche Verständnis von Kommunikation richtet sich unter Berücksichtigung psychologischer und sozialer Aspekte vor allem auf den geschäftlichen Vorgang, bei dem Informationen zwischen Menschen zum Zwecke der *aufgabenbezogenen Verständigung* ausgetauscht werden (vgl. REICHWALD, 1993). In der geschäftlichen Kommunikation steht dabei der Beziehungsaspekt zwischen Kommunikationspartnern, d. h. die ungestörte Informationsübertragung für die Aufgabenerfüllung, gleichgewichtig neben dem Inhaltsaspekt. Im Vordergrund steht das Ziel der Verständigung, wenn Menschen bei ihren Aufgaben miteinander kommunizieren; diese Verständigung hat Auswirkungen auf das Gesprächs-, Verhandlungs- oder Organisationsklima.

Die Betrachtung der geschäftlichen Kommunikation mit ihren unterschiedlichen Merkmalen, vor allem die Betonung der beiden „Säulen von Kommunikation", dem Beziehungsaspekt und dem Inhaltsaspekt, sind für die Einschätzung des Anwendungsspektrums der neuen Kommunikationsmedien im Management von besonderer Bedeutung. Sie machen zugleich auch die Grenzen technisch gestützter Kommunikation für die gegenseitige Verständigung deutlich.

3.3 Welche Kommunikationsanforderungen stellt die Aufgabe?

Managementprozesse werden auf allen Ebenen vom Informationsaustausch begleitet, wobei Art und Weise der Beschaffung, des Austausches und der Bearbeitung von Informationen je nach Aufgabensituation unterschiedliche Rollen einnehmen können. Wenn bekannt ist, welche Funktion die Kommunikation für die Aufgabenerfüllung übernimmt, kann die Frage beantwortet werden, welche Kommunikationsform am besten geeignet ist, die jeweilige Aufgabenerfüllung möglichst optimal zu unterstützen. Die Organisationsforschung, die dieses Thema auch empirisch in zahlreichen Untersuchungen aufgegriffen hat, hebt als relevante Aufgabenmerkmale besonders hervor (PICOT & REICHWALD, 1987 und REICHWALD & GOECKE, 1995):

— die Strukturiertheit der Aufgabe,
— die Planbarkeit des Informationsbedarfs,

- die Kooperationsbeziehungen sowie
- die Standardisierbarkeit des Lösungsweges.

3.3.1 Welche Rolle spielt die Strukturiertheit von Aufgaben?

Die Strukturiertheit einer Aufgabe bezeichnet das Ausmaß, in dem eine Problemstellung in exakte, einander eindeutig zuordenbare Lösungsschritte zerlegt werden kann. Hochstrukturierte Aufgaben haben die Eigenschaft, daß der angestrebte Output sowie der notwendige Input für die Aufgabenerfüllung weitgehend bekannt sind. Beispiele bilden Routineaufgaben, die regelmäßig wiederkehren und nach gleichem Muster ablaufen, z.B. Bestellungen im Einkauf, Buchungen in der Rechnungslegung oder die Auftragsabwicklung im Massengeschäft. Demgegenüber sind niedrig strukturierte Aufgaben in der Regel immer auf den Einzelfall bezogen. Im Falle niedrig strukturierter Aufgaben ist das Ergebnis weitgehend unbekannt, und die erforderlichen Inputs stellen sich erst im Laufe der Aufgabenerledigung endgültig ein. Zu dieser Kategorie der niedrig strukturierten Aufgaben zählen vor allem Führungsaufgaben, die von Fall zu Fall individuell bewältigt werden müssen, z.B. der Abschluß eines Kaufvertrages im Anlagengeschäft, unternehmenspolitische Entscheidungen mit langfristiger Wirkung, Investitionsentscheidungen oder Entscheidungen im Projektmanagement. Die Ursache-Wirkungs-Beziehungen der Aufgabenbewältigung sind schlecht analysierbar. Während Routineaufgaben relativ unveränderlich sind und damit nach standardisiertem Muster ablaufen können, sind niedrigstrukturierte Aufgaben im Führungsbereich hochveränderlich, also dynamisch.

In jedem Bereich arbeitsteiliger Leistungserstellung wechseln Routine- und Individualaufgaben einander ab. Wenn Aufgaben immer gleichbleibend nach festen Regeln abgewickelt werden können, dann sind die notwendigen Informationen und Kommunikationsprozesse auch im voraus exakt planbar und letztlich auch exakt programmierbar.

3.3.2 Welche Rolle spielt die Planbarkeit des Informationsbedarfs?

Die Planbarkeit des Informationsbedarfs bezieht sich zum einen auf den Entstehungshintergrund der Aufgabe und zum anderen auf die Feststellung des Bedarfs nach relevanten Informationen. Einen besonderen Aufgabentyp hat MINTZBERG bei seinen Untersuchungen im Management-Aufgabenbereich entdeckt. MINTZBERG (1973) hat belegt, daß ein großer Anteil der kommunikativen Tätigkeiten der Führungskräfte auf *Ad-hoc-Aktivitäten* entfällt. Zumindest für das höhere bis mittlere Management gehören diese Aufgaben im Arbeitsalltag zu denen, die auf irgendeine Weise bewältigt werden müssen. Diese Beobachtung hat sich auch in den Untersuchungen von BECKURTS und REICHWALD (1984) bestätigt.

Mit der Unterscheidung von geplanten Aufgaben und Ad-hoc-Aufgaben geht auch die Frage der *Planbarkeit des Informationsbedarfs* einher. Je weniger Aufgaben routinemäßig abgewickelt werden können, desto weniger kann der Informationsbedarf im einzelnen vorausgeplant werden. Erst wenn eine Bestellung, eine Anfrage, ein Schriftsatz auf den Schreibtisch kommt, müssen Überlegungen angestellt werden, welche zusätzlichen Informationen zu beschaffen sind: Unterlagen aus der eigenen oder aus der zentralen Ablage oder Informationen, die telefonisch, schriftlich oder über persönliche

Besprechungen einzuholen sind. Der Informationsbedarf ist in vielen Fällen nur unscharf und schwer zu präzisieren. Letztlich resultiert der Informationsbedarf aus den Aufgabenstellungen, den zu verfolgenden Zielen sowie den Eigenschaften der Aufgabenträger.

3.3.3 Welche Rolle spielen Kooperationsbeziehungen?

Für die Anforderungen an das Kommunikationssystem eines Unternehmens ist die Frage von Bedeutung, welche Kooperationsprozesse stattfinden. Für Routineaufgaben, die nach festen Regeln oder Programmen ablaufen, sind auch die Kommunikationsprozesse und Kooperationspartner im wesentlichen gleichbleibend. Anders liegen die Verhältnisse im Bereich der Individualaufgaben. Kooperations- und Kommunikationspartner können von Fall zu Fall verschieden sein, und die Partner können sich fallweise innerhalb oder außerhalb der Organisation befinden. Unsicher ist, welche Informationen mit den Kooperationspartnern auszutauschen sind. Auch die Wahl des Kommunikationsweges ist im einzelnen unterschiedlich.

Gerade Führungskräfte sind als Träger von Individualaufgaben in der Regel in ein Netz von Kooperationsbeziehungen eingebunden mit wechselseitigen Abhängigkeiten zu Kollegen, unterstellten Mitarbeitern und Assistenzkräften. Eine besondere Rolle spielt dabei das Sekretariat. Diese Kooperationsbeziehungen und Arbeitsverflechtungen haben für die Funktionsfähigkeit, die Entscheidungsqualität und die Effizienz von Managementprozessen eine entscheidende Bedeutung.

Aus der Analyse der Kooperationsbeziehungen ergibt sich, inwieweit die Kommunikationsprozesse strukturiert und durch neue Informations- und Kommunikationstechnologien unterstützt werden können. Die neueren technischen Lösungen für die Unterstützung von Kooperationsprozessen sind zunehmend so angelegt, daß mediengestützte Lösungen sowohl zu einer Optimierung gut strukturierter Geschäftsprozesse als auch zur Unterstützung schlecht strukturierter Kooperations- und Führungsprozesse beitragen (vgl. Abbildung 2).

3.3.4 Welche Rolle spielt die Standardisierbarkeit des Lösungsweges?

Nur Routineaufgaben mit planbarem Informationsbedarf können nach festgelegten Regeln, d. h. nach einem standardisierten Schema oder Programm, gelöst werden. Der Versuch, auch den Nicht-Routinebereich zu standardisieren, führt zwangsläufig dazu, den Lösungsweg in ein Korsett zu zwingen, in das die Aufgabe nicht hineinpaßt. Die Folge ist eine Behinderung des Aufgabenträgers und die Bürokratisierung der Informationsverarbeitung und der Kooperation. Je weiter man in den Bereich eindringt, wo die individuelle Aufgabe dominiert, desto mehr sind die Aufgabenträger abhängig von spontanen und direkten Kommunikationsmöglichkeiten.

Das Wechselspiel zwischen Informationsbeschaffung, Informationsverarbeitung, Kommunikation, Informationsablage und Wiederauffinden muß dem individuellen Fall folgen können. Die Aufgabenabwicklung in diesem Bereich muß durch die Infrastruktur und die Arbeitsorganisation individuell zugeschnitten sein. Durch das Zusammenwachsen von Datenverarbeitung und Kommunikationstechnik zu integrierten Werkzeugen am Arbeitsplatz kann den Bedürfnissen nach individueller Aufgabenabwicklung Rechnung getragen werden.

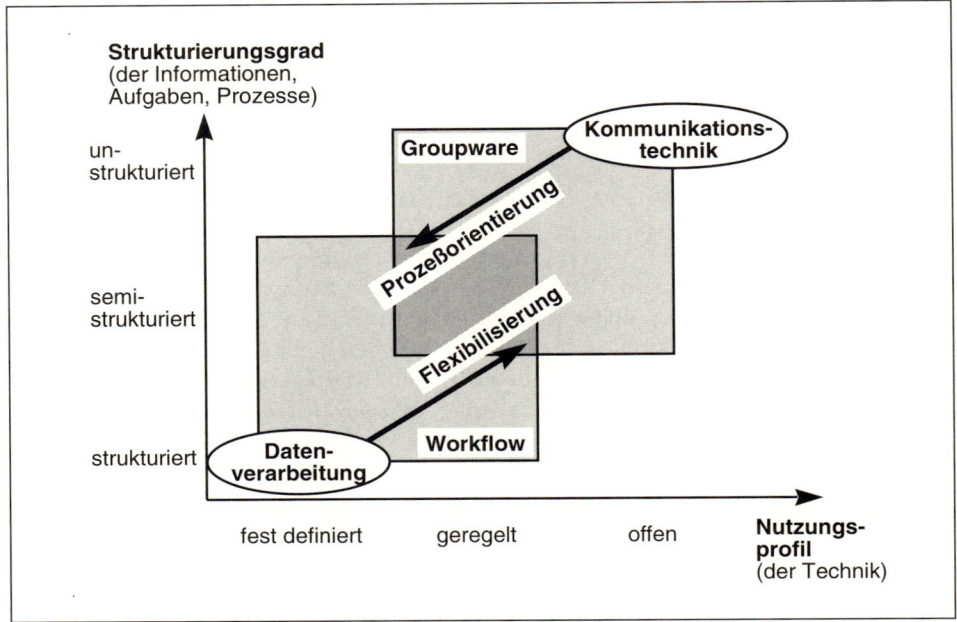

Abb. 2: Aufgabenbezogenes Nutzungsprofil des Technologieeinsatzes
(nach BULLINGER, 1994, S. 271)

Der *Zusammenhang von Aufgabenmerkmalen und Kommunikationsanforderungen* läßt sich im Ergebnis wie folgt zusammenfassen: Je nach Ausprägung der Aufgabenmerkmale ergeben sich unterschiedliche Anforderungen an die Medienunterstützung. Für Geschäftsprozesse, die hochstrukturiert sind, gibt es einen objektiv bestimmbaren Informationsbedarf, die Informationsbearbeitung ist einfach, der Kommunikationsbedarf ist bekannt, der Flexibilitätsbedarf ist niedrig. Für niedrig strukturierte Aufgaben ist der Informationsbedarf vorwiegend subjektiv bestimmbar, die Informationsverarbeitung ist komplex und der Kommunikationsbedarf ist hoch mit vielen und wechselnden Kooperationspartnern. Deshalb ist der Flexibilitätsbedarf ebenfalls hoch. Semistrukturierte Aufgaben belegen das breite Mittelfeld zwischen den beiden beschriebenen Aufgabentypen.

4. Die Wahl des Medieneinsatzes in der Managementkommunikation: Ergebnisse der Media-Choice-Forschung

Welche Medien erfüllen nun die jeweiligen Anforderungen besser oder schlechter? Diese Frage nach der Eignung bestimmter technischer Kommunikationswege für die Unterstützung von Kommunikationsaufgaben, insbesondere Aufgaben der Managementkommunikation, wird im Rahmen der sogenannten *Media-Choice-Forschung* in zahlreichen empirischen Untersuchungen analysiert. Immer wieder tritt dabei der enge Zusammenhang zwischen den Merkmalen der Kommunikationsaufgabe und den Charakteristika des Kommunikationsweges deutlich hervor. Es zeigt sich aber auch die zentrale Unterscheidung von Inhalts- und Beziehungsaspekt menschlicher Kommunikation, wenn es um die Bestimmung einer adäquaten Medienunterstützung geht.

4.1 Einflußfaktoren auf die Medienwahl

Immer wenn Kommunikation nicht direkt – also Face-to-face, von Angesicht zu Angesicht – zur gleichen Zeit am gleichen Ort erfolgen kann, ist eine Unterstützung durch Medien erforderlich. Sei es der klassische Brief, das Fax oder die elektronische Nachricht, sei es das Telefon oder die Videokonferenz – das Spektrum der Medien zur Unterstützung menschlicher Kommunikation über die Grenzen von Raum und Zeit hinweg ist groß, und das Angebot alternativer Kommunikationsdienste wächst beständig. Doch ist es für den Erfolg eines Kommunikationsprozesses nicht unerheblich, für welche Form der Medienunterstützung man sich entscheidet. Die Kommunikationsforschung versucht, solchen Zusammenhängen auf die Spur zu kommen. Sie fragt nach Einflußfaktoren der Medienwahl – also danach, was Menschen veranlaßt, sich in bestimmten Kommunikationssituationen für bestimmte Medien zu entscheiden. Und sie fragt nach der Wirkung des Medieneinsatzes – also nach den Effekten, die die Entscheidung für ein bestimmtes Kommunikationsmedium auf den Erfolg oder Mißerfolg von Kommunikationsprozessen hat. Aus der Sicht unterschiedlicher Media-Theorien werden heute auch unterschiedliche Einflußfaktoren für Auswahl und Einsatz bestimmter Medien verantwortlich gemacht:

- Aus Sicht der *Theorie der subjektiven Medienakzeptanz* bestimmen der persönliche Arbeitsstil und die Kommunikationspräferenzen des einzelnen die Medienwahl. (Unterstützt das Medium die eigene Vorliebe für Schnelligkeit oder Bequemlichkeit?)
- Aus Sicht des *Social-Influence-Ansatzes* entscheidet die Akzeptanz des Mediums im Umfeld der Kommunikationspartner über die Auswahl. (Was bevorzugt mein Gegenüber?)
- Aus Sicht des *aufgabenorientierten Ansatzes der Medienwahl* stellt die geschäftliche Kommunikationsaufgabe jeweils bestimmte Grundanforderungen, die vom eingesetzten Medium zu erfüllen sind. (Wie gut erfüllt ein Medium die Anforderungen der Aufgabe?)
- Aus Sicht der *Media-Richness-Theorie* dominieren die objektiven Eigenschaften des Mediums für analoge und digitale Kommunikationsinhalte. (Ist das Medium „reich" oder „arm"?)

Keine dieser Theorien ist für sich allein genommen vollständig erklärungskräftig, und noch immer bleiben in diesem Bereich viele Fragen offen. Doch die bisherigen Erkenntnisse machen folgendes deutlich: Neue Technologien können nicht allein aufgrund ihrer Potentiale als geeignet zur Überwindung räumlicher und zeitlicher Grenzen bewertet werden. Nur unter Berücksichtigung weiterer Einflußfaktoren und Wirkungszusammenhänge läßt sich verstehen und erklären, warum beispielsweise in der Geschäftswelt trotz Verfügbarkeit von Telekonferenzen und Multimedia immer noch Kosten und Zeitaufwand in erheblichem Maße in Kauf genommen werden, um persönlich zu kommunizieren.

4.2 Medienwahl aus Sicht der Theorie der subjektiven Medienakzeptanz

Einsatz und Nutzung bestimmter Medien ist aus Sicht der *Theorie der subjektiven Medienakzeptanz* in hohem Maße vom persönlichen Stil der Aufgabenerfüllung abhängig. Demnach sind für die Wahl eines Kommunikationsmediums nicht alleine dessen objektive Leistungsmerkmale ausschlaggebend. Vielmehr bestimmt der subjektiv wahrgenommene Nutzen des Mediums über Akzeptanz oder Ablehnung. „Perceived usefulness" und „perceived ease of use" sind aus dieser Sicht zentrale Bestimmungsgrößen der Medienakzeptanz (vgl. z.B. DAVIS, 1989). Dieser wahrgenommene Nutzen oder die wahrgenommene Bequemlichkeit des Medieneinsatzes sind jedoch nicht unbeeinflußbar. Teilweise mögen die subjektiven Einschätzungen zwar Ausdruck persönlicher Charaktereigenschaften sein, doch fördern Übung und positive persönliche Erfahrung im Umgang mit einem Medium durchaus die Einschätzung seines Nutzens. Häufig sind zu einer wirklich effektiven Nutzung (und damit zu einem Nutzenempfinden) darüber hinaus Qualifikationsmaßnahmen wie Anleitung, Schulung und Training erforderlich. Diese sind dann zugleich Wegbereiter für Akzeptanz und nutzbringenden Medieneinsatz.

4.3 Medienwahl aus Sicht des Social-Influence-Ansatzes

Der Social-Influence-Ansatz, der auch als *Theorie der kollektiven Medienakzeptanz* bezeichnet wird, verweist darauf, daß neben den individuellen Präferenzen vor allem das soziale Umfeld die Akzeptanz oder Ablehnung bestimmter Medien beeinflußt. Das bedeutet, daß die individuelle Medienwahl auch davon bestimmt wird, welche Medien von den Arbeitskollegen, den Kooperationspartnern oder vom Vorgesetzten verwendet werden, welche symbolische Bedeutung dem Einsatz eines Mediums zugeschrieben wird und welche Verbreitung ein Medium im Arbeitsumfeld hat (vgl. hierzu ausführlich GOECKE, 1997):

- Wie sehr Einstellungen, Erfahrungen und Nutzungsmuster im Arbeitsumfeld die persönliche Medienwahl beeinflussen, machte bereits eine frühe empirische Untersuchung von SCHMITZ (1987) deutlich: 20% der Varianzen, die beim Einsatz von E-Mail in verschiedenen Abteilungen auftraten, waren mit dem Anwendungsverhalten des jeweiligen Vorgesetzten zu erklären.
- Welche Rolle die symbolische Bedeutung des Medieneinsatzes spielt wird offenkundig, wenn beispielsweise in manchen Organisationen die persönliche Mediennutzung durch Führungskräfte als Zeichen für Innovationsfähigkeit steht, in anderen Organisationen hingegen die persönliche Mediennutzung im Management als nicht angemessen gilt.
- Welche Bedeutung dem Adoptionsverhalten und der Verbreitung eines Kommunikationsmediums im Arbeitsumfeld zukommt, verdeutlichen Überlegungen zum Phänomen der sogenannten „kritischen Masse": Es ist eine typische Eigenschaft von Kommunikationsmedien, daß ihr Nutzen für den einzelnen Teilnehmer erst dann entsteht, wenn er mit einer ausreichenden Anzahl von Kommunikationspartnern über dieses Medium in Kontakt treten kann. Die Attraktivität des Mediums steigt mit der Zahl seiner Nutzer. Ab einer gewissen kritischen Anzahl an Nutzern

gewinnt die Entscheidung für ein bestimmtes Medium so den Charakter eines Selbstläufers.

Soziale Einflußfaktoren in Form anerkannter Normen, symbolischer Zuschreibungen oder kollektiver Handlungsmuster sind damit aus dieser Perspektive mitbestimmend für persönliche Medienpräferenzen.

4.4 Medienwahl aus Sicht des aufgabenorientierten Ansatzes

Auf den Zusammenhang zwischen der Kommunikationsaufgabe einerseits und der Wahl des Kommunikationsmediums andererseits hat die deutsche Kommunikationsforschung bereits zu Beginn der 80er Jahre mit dem *„Modell der aufgabenorientierten Medienwahl"* aufmerksam gemacht (vgl. PICOT & REICHWALD, 1987). Bei der Einführung neuer Formen der Bürokommunikation wurde ein Zusammenhang von Aufgabe und Kommunikationsweg entdeckt: Aufgaben stellen unterschiedliche Anforderungen an die Kommunikation; alternative Medien können diesen Anforderungen jeweils verschieden gut gerecht werden (vgl. auch Abschnitt 3). Die aufgabenorientierte Eignung eines Mediums bestimmt damit maßgeblich über Akzeptanz und Einsatz.

Das Modell zeigt, daß jeder geschäftliche Kommunikationsprozeß vier Grundanforderungen an den Kommunikationsweg stellt. Diese Anforderungen sind je nach Aufgabeninhalt und Einschätzung der Aufgabenträger von unterschiedlichem Gewicht für die Aufgabenerfüllung (vgl. Abbildung 3):

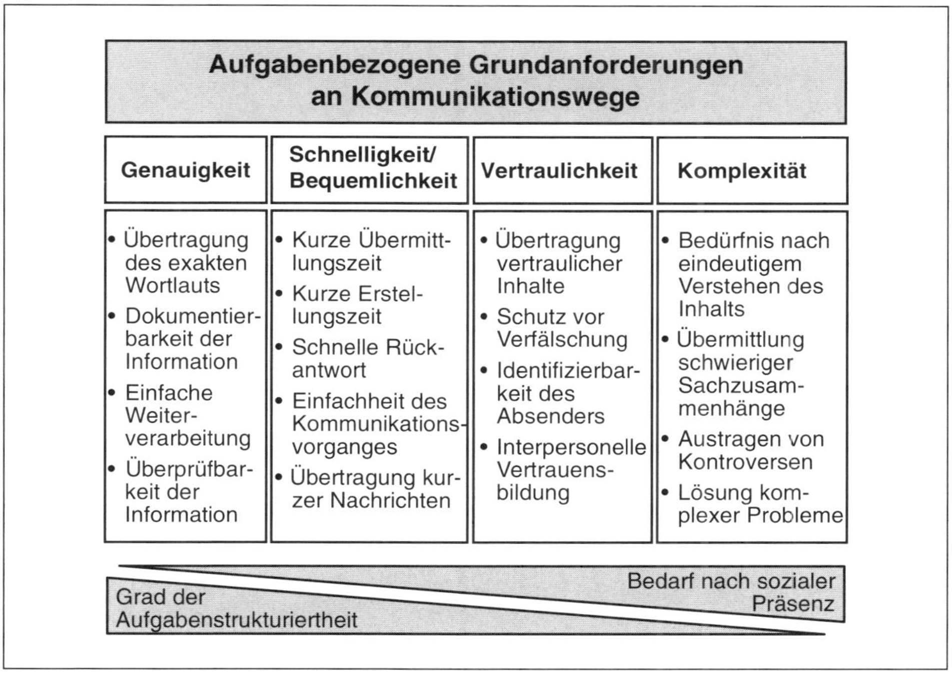

Aufgabenbezogene Grundanforderungen an Kommunikationswege

Genauigkeit	Schnelligkeit/ Bequemlichkeit	Vertraulichkeit	Komplexität
• Übertragung des exakten Wortlauts • Dokumentierbarkeit der Information • Einfache Weiterverarbeitung • Überprüfbarkeit der Information	• Kurze Übermittlungszeit • Kurze Erstellungszeit • Schnelle Rückantwort • Einfachheit des Kommunikationsvorganges • Übertragung kurzer Nachrichten	• Übertragung vertraulicher Inhalte • Schutz vor Verfälschung • Identifizierbarkeit des Absenders • Interpersonelle Vertrauensbildung	• Bedürfnis nach eindeutigem Verstehen des Inhalts • Übermittlung schwieriger Sachzusammenhänge • Austragen von Kontroversen • Lösung komplexer Probleme

Grad der Aufgabenstrukturiertheit · Bedarf nach sozialer Präsenz

Abb. 3: Das aufgabenorientierte Kommunikationsmodell (nach REICHWALD, 1993, S. 457)

- *Genauigkeit* der Kommunikation hat als Grundmerkmal beispielsweise in bürokratischen Führungsprozessen, aber auch in Abstimmungsprozessen für technische Fachaufgaben eine entscheidende Bedeutung. Die formale Genehmigung von Investitionsvorhaben ist ein Beispiel für Kooperationsprozesse im Führungsbereich, bei denen es auf besondere „Genauigkeit", also inhaltliche Aspekte der Kommunikation, ankommt.
- *Schnelligkeit und Bequemlichkeit* der Kommunikation stehen dann im Vordergrund, wenn Informationen in möglichst kurzer Zeit und ohne größeren Aufwand ausgetauscht werden müssen. Erfordern Kommunikationsprozesse z. B. schnelle Dispositionen oder die sofortige Reaktion auf unerwartete Ereignisse, dann ist schnelle und bequeme Kommunikation besonders wichtig.
- *Vertraulichkeit* als Anforderung an einen Kommunikationsprozeß spielt vor allem dann eine Rolle, wenn es um die Erzielung einer wertorientierten Übereinkunft zwischen Kooperationspartnern geht, wenn die interpersonelle Vertrauensbildung als sozialer Aspekt der Kommunikation im Vordergrund steht. Das Merkmal „Vertraulichkeit" beinhaltet jedoch auch den Schutz vor unberechtigtem Zugriff, Verfälschung und Identifizierbarkeit des Absenders von Nachrichten.
- *Komplexität* charakterisiert Kommunikationsaufgaben, bei denen es um die Klärung schwieriger Inhalte geht oder bei denen komplizierte sachliche und personenbezogene Fragen wechselseitig verstanden werden müssen. Komplexität stellt besondere Anforderungen an die Direktheit des Dialogs, erfordert unmittelbare Rückkopplung sowie das Wechselspiel zwischen verbaler und non-verbaler Kommunikation.

Diese vier Grundanforderungen stellen die Bedingungen für jede geschäftliche Kommunikationsbeziehung dar. Im Vordergrund stehen die effektive Aufgabenerfüllung und die ungestörte Verständigung zwischen den Kommunikationspartnern. In Abhängigkeit vom Typ der Aufgabe und der subjektiven Einschätzung von Seiten der Aufgabenträger erfolgt die Wahl der Kommunikationsmedien (vgl. ausführlich REICHWALD, 1993). Für eine optimale Aufgabenunterstützung ist deshalb die Wahlmöglichkeit, also die Ausstattung des Arbeitsplatzes mit alternativen Zugängen zu neuen Kommunikationsmedien, von höchster Bedeutung. Dies gilt gleichermaßen für die Abwicklung von Geschäftsprozessen wie für die Arbeit des Managers in der Unternehmensleitung.

4.5 Medienwahl aus Sicht der „Media-Richness-Theorie"

Die anschaulichste Erklärung hierfür bietet die Theorie der *Media Richness*, die „arme" und „reiche" Kommunikationsformen unterscheidet. Nach dieser Theorie haben technische und und nicht-technische Kommunikationsformen unterschiedliche Kapazitäten zur authentischen Übertragung analoger und digitaler Informationen. Die Face-to-face-Kommunikation in der persönlichen Begegnung ist dementsprechend eine „reiche" Kommunikationsform. Sie bietet eine Vielzahl paralleler Kanäle (Sprache, Tonfall, Gestik, Mimik, …), ermöglicht unmittelbares Feedback, stellt ein reiches Spektrum an Ausdrucksmöglichkeiten zur Verfügung und erlaubt auch die Vermittlung und unmittelbare Wahrnehmung persönlicher Stimmungslagen und Emotionen. Dagegen stellt der Austausch von Dokumenten, z. B. per Fax, eine „arme" Kommunikationsform mit sehr niedrigem Media-Richness-Grad dar.

Auf der Basis empirischer Untersuchungen haben DAFT UND LENGEL (1984, 1986) ein Modell „armer" und „reicher" Medien entwickelt, das in Abbildung 4 dargestellt

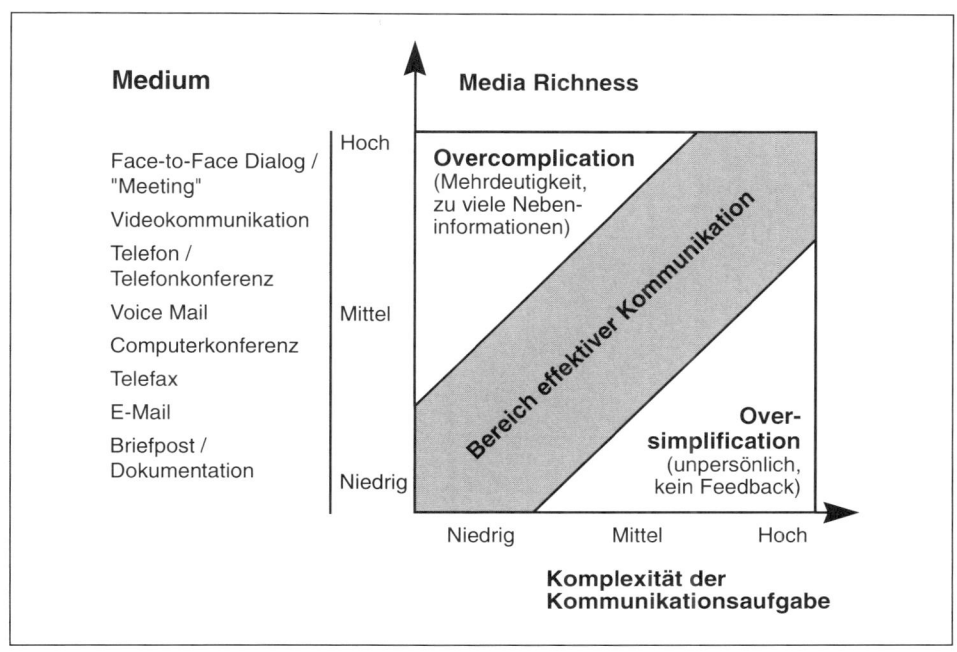

Medium

Face-to-Face Dialog /
"Meeting"

Videokommunikation

Telefon /
Telefonkonferenz

Voice Mail

Computerkonferenz

Telefax

E-Mail

Briefpost /
Dokumentation

Media Richness

Hoch

Overcomplication
(Mehrdeutigkeit,
zu viele Neben-
informationen)

Bereich effektiver Kommunikation

Mittel

Niedrig

**Over-
simplification**
(unpersönlich,
kein Feedback)

Niedrig   Mittel   Hoch

**Komplexität der
Kommunikationsaufgabe**

Abb. 4: Das Media-Richness-Modell nach Daft & Lengel (nach Rice, 1992)

ist. Das Modell klassifiziert zunächst Kommunikationsformen nach ihrem „Reichtum" im Spektrum vom persönlichen Dialog bis zur Briefpost. Doch es geht noch einen Schritt weiter: Das Modell räumt auf mit der naheliegenden „lean and mean"-Vermutung. Reiche Medien sind nicht automatisch besser und arme Medien per se schlechter. Das Gegenteil ist der Fall: Der Bereich effektiver Kommunikation liegt gerade zwischen einer unnötigen Komplizierung (*Overcomplication*) und einer unangemessenen Simplifizierung (*Oversimplification*). Welches Medium „paßt", hängt von der Komplexität der Aufgabe ab, die zu erledigen ist (Rice, 1992):

– Die Kommunikation über „reiche" Medien ist um so effektiver, je komplexer die zugrunde liegende Aufgabe ist.
– Die Kommunikation über „arme" Medien ist um so effektiver, je strukturierter eine Aufgabe ist.

Diese Ergebnisse wären nun nicht weiter erstaunlich, hätten Daft, Lengel & Trevino (1987) nicht zusätzlich herausgefunden, daß sich erfolgreiche Führungskräfte offensichtlich gerade durch einen theoriekonformen Medieneinsatz auszeichnen: „Mediensensitive" Manager, deren Medienwahl in verschiedenen Aufgabensituationen den Media-Choice-Regeln entsprach, wurden in ihrem Unternehmen fast doppelt so oft als „High Performer" eingestuft wie Führungskräfte, die ihre Kommunikationsmedien nicht wie im Modell postuliert nutzten und sich dadurch als „medien-insensitiv" erwiesen (vgl. Abbildung 5).

Wenn Daft und Lengel mit ihrem Modell recht haben, ergeben sich spannende Konsequenzen für die Medienunterstützung im Management: Welche Kommunikationswege sind im Management zu wählen, um sich im Bereich effektiver Kommuni-

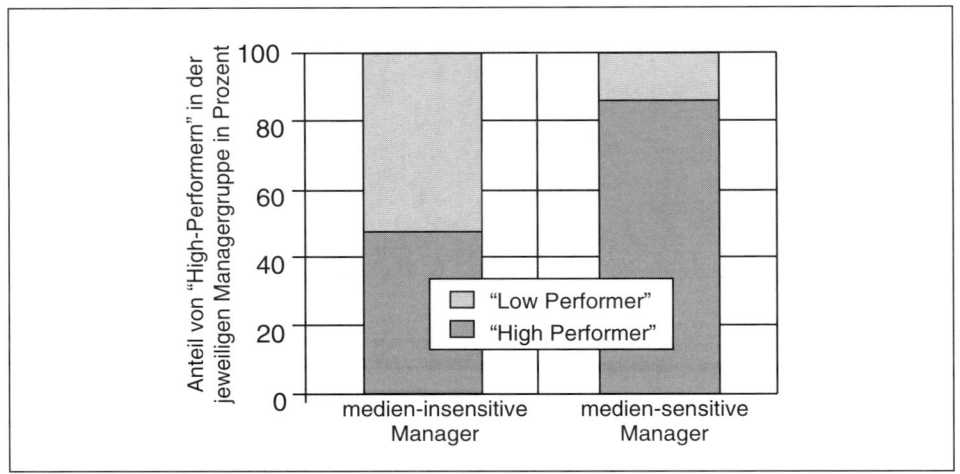

Abb. 5: Mediensensitivität und Managementerfolg (nach DAFT, LENGEL & TREVINO, 1987)

kation zu bewegen? Hier schließen sich an die Fragen nach der Medienwahl unmittelbar Fragen nach der Wirkung des Medieneinsatzes an. Mit ihnen befaßt sich der folgende Abschnitt dieses Beitrags.

5. Die Wirkung des Medieneinsatzes in der Managementkommunikation: Ergebnisse der Media-Impact-Forschung

Die Media-Impact-Forschung fragt nach der Wirkung des Medieneinsatzes zur Unterstützung geschäftlicher Kommunikationsprozesse. Sie untersucht die Auswirkungen auf die *individuelle Arbeitssituation* (z. B. Informationsversorgung, persönliche Arbeitsmuster, Reisetätigkeit), auf *Kooperationsprozesse* (z. B. Problemlösungsprozesse, Interaktionsmuster, Vorgangsbearbeitung) sowie *organisatorische und soziale Kooperationsstrukturen* (z. B. Dezentralisierungstendenzen, Macht- und Kontrollstrukturen, Beziehungsnetze) insbesondere unter dem Aspekt der Effektivität und Effizienz. Zahlreiche Analysen in Labor- und Feldexperimenten sind diesem Einfluß neuer Medien auf Arbeits- und Kooperationsprozesse nachgegangen. Nur wenige Untersuchungen jedoch beziehen sich direkt auf die Auswirkungen des Medieneinsatzes auf die Managementkommunikation in Führungsprozessen und die Zusammenhänge zwischen Technologieeinsatz und Führungserfolg.

5.1 Der Einfluß des Medieneinsatzes auf das Führungsverhalten

Zusammenhänge zwischen dem Einsatz verschiedener Kommunikationsmedien im Führungsbereich und ihren Auswirkungen auf das Führungsverhalten werden beson-

ders in den empirischen Untersuchungen von GROTE (1994) deutlich. Das Führungsverhalten eines Managers läßt sich anhand der beiden unabhängigen Dimensionen
„*Lokomotion*" (auch Leistungsorientierung oder Zielorientierung) und „*Kohäsion*"
(auch Mitarbeiterorientierung oder Gruppenorientierung) beschreiben (vgl. hierzu
ausführlich v. ROSENSTIEL „Grundlagen der Führung", in diesem Band). Dabei wird
die adäquate Kombination dieser beiden Führungsdimensionen als wesentlich für den
spezifischen Erfolg unterschiedlicher Führungsstile angesehen: Eine Führung, die sich
allein auf die Erreichung inhaltlicher Arbeitsziele konzentriert, läuft Gefahr, die ebenfalls erfolgsrelevanten Faktoren des Arbeitsklimas zu vernachlässigen und so schlechtere Leistungen in Folge niedriger Arbeitszufriedenheit nach sich zu ziehen. Ebenso
wird eine rein mitarbeiterorientierte Führung zwar in der Regel mit einer hohen
Arbeitszufriedenheit, nicht jedoch mit hoher Leistung der Mitarbeiter in Verbindung
gebracht.

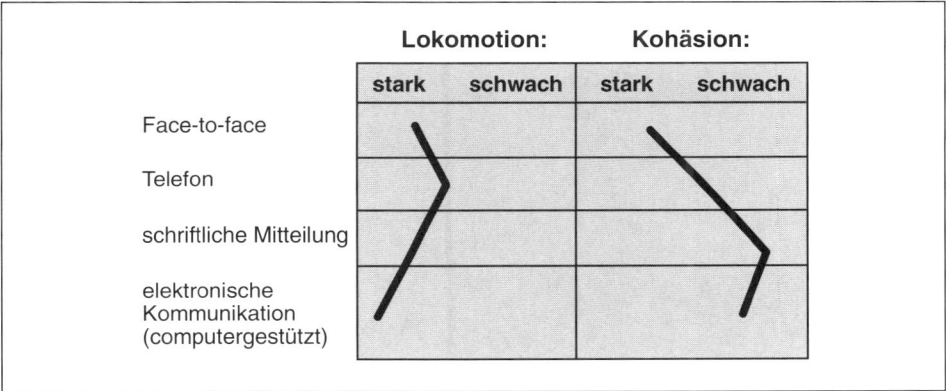

Abb. 6: Auswirkungen elektronischer Kommunikation auf Führungsprozesse (nach
GROTE, 1994)

Die Untersuchung von GROTE ergab nun anhand von Befragungen eine unterschiedliche Eignung verschiedener Kommunikationsmedien in bezug auf die Unterstützung
der Leistungs- bzw. Mitarbeiterorientierung im Management: Demnach ist der Einsatz technischer Kommunikationsmedien hauptsächlich für die Unterstützung der
Lokomotion in Mitarbeitergruppen geeignet, während die *Kohäsion* vor allem mit persönlicher Face-to-face-Kommunikation verbunden ist (vgl. Abbildung 6). Aufgrund
der unterschiedlichen Media-Richness neuer Kommunikationstechnologien stellt
sich daher die Frage, ob die heute beobachteten Substitutionseffekte zwischen Kommunikationsformen mit unterschiedlicher sozialer Präsenz auch Auswirkungen auf
Führungsstrukturen oder die Gestaltung der Organisationskultur haben.

5.2 Wirkungen des Medieneinsatzes auf Arbeit und Kooperation im Führungsbereich

Wenngleich heute weitgehend unbestritten ist, daß Ausbreitung und Einsatz neuer
Medien auch die Arbeit und Kooperation im Führungsbereich maßgeblich verändern,

ist der Kenntnisstand der Media-Impact-Forschung in diesem Feld dennoch relativ gering. Mit Ausnahme weniger Untersuchungen (z.B. BECKURTS & REICHWALD, 1984; GROTE, 1994; GOECKE, 1997) beruhen die Erkenntnisse über Wirkungen des Medieneinsatzes bislang weitgehend auf Studien, die sich nicht speziell auf Führungsprozesse oder den oberen Führungsbereich konzentrierten. Gleichwohl zeigt sich, daß Erkenntnisse in andersartigen Arbeitskontexten nur sehr bedingt auf Führungsprozesse übertragen werden können und daß rein analytische Überlegungen und Prognosen über zu erwartende Wirkungen des Medieneinsatzes reale Entwicklungstendenzen im Bereich der Führung nur unzureichend beschreiben. Untersuchungen über den Technologieeinsatz im Management fördern daher immer auch Überraschungen zutage.

Optimistische Erwartungen zur Wirkung des Medieneinsatzes bezogen sich in der Vergangenheit insbesondere auf eine Verringerung des persönlichen Kommunikationsaufwandes, auf Zeiteinsparungen bei der Face-to-face-Kommunikation oder eine Reduzierung von Sitzungshäufigkeit und Reisetätigkeiten – insgesamt also auf eine Entlastung des kommunikationsintensiven Manageralltags durch kommunikationsunterstützenden Medieneinsatz. Ein Vergleich tatsächlicher Zeit- und Aktivitätsprofile, wie sie heute im oberen Führungsbereich anzutreffen sind, mit Zeit- und Aktivitätsprofilen von Führungskräften, wie sie sich der Managementforschung in den 1970er Jahren darstellten (als die meisten der relevanten Kommunikationsmedien noch gar nicht zur Verfügung standen) zeigt jedoch ein anderes Bild.

Ein solcher Vergleich von Zeit- und Aktivitätsniveaus aktueller Untersuchungen (PRIBILLA, REICHWALD & GOECKE, 1996; GOECKE, 1997) mit früheren Untersuchungen von Mintzberg in den 70er Jahren (MINTZBERG, 1973) ist in mancher Hinsicht problematisch. Er kann deshalb gewagt werden, weil die Untersuchungsmethodik der aktuellen Analyse sich in wesentlichen Punkten an den Untersuchungsmethoden von MINTZBERG ausrichtete. Abbildung 7 zeigt den Vergleich der Zeit- und Aktivitätsprofile zwischen den aktuellen Ergebnissen und den Ergebnissen der Untersuchung von MINTZBERG.

Selbsterklärend ist das unterschiedliche zeitliche Ausmaß der durchschnittlichen Nutzung von E-Mail, Fax- und Voice Mail, die zum Zeitpunkt der Untersuchung von MINTZBERG noch nicht verfügbar waren. Erstaunlicher ist schon der gestiegene Anteil der telefonischen Kommunikation gegenüber den MINTZBERG'schen Ergebnissen und dies trotz der heute verfügbaren asynchronen Kommunikationsmedien. Die größte Überraschung des Zeitvergleichs aber ist der beinahe unveränderte Anteil der Face-to-face-Kommunikation. Denn heute ebenso wie vor 25 Jahren verbringen Führungskräfte im Durchschnitt mehr als sechs Stunden am Tag mit persönlichen Gesprächen oder Besprechungen. Allen Prognosen über die Substitutionsmöglichkeiten von Face-to-face-Kommunikation – besonders wenn sie mit der Überwindung von räumlichen Distanzen verbunden sind – zum Trotz, zeigt dieser Vergleich eindrucksvoll, daß die Face-to-face-Kommunikation im obersten Management offenbar nicht oder nur im geringen Ausmaß durch die verfügbaren Medien substituiert wird. Inwieweit diese Aussage sich auch auf die Bewegtbild-Kommunikation bzw. auf Multimedia-Ausstattungen des Managerarbeitsplatzes übertragen läßt, kann hier nicht vertieft werden.

Eines steht jedoch fest: Die Face-to-face-Kommunikation, das persönliche Gespräch, die persönliche Begegnung – sie ist eine Konstante im Kommunikationsverhalten. Sie spielt im Unternehmen heute wie in der Vergangenheit die dominierende Rolle für die Arbeit des Managers. Mit diesem Ergebnis bleiben auch alle schon

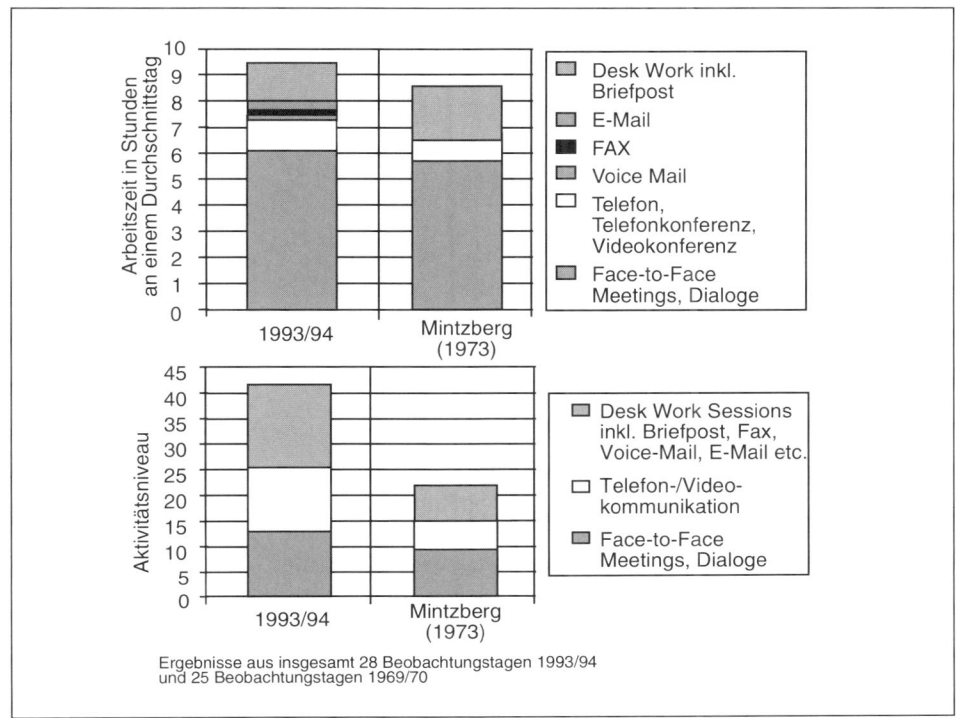

Abb. 7: Vergleich der Zeit- und Aktivitätsprofile im oberen Führungsbereich (nach PRIBILLA, REICHWALD & GOECKE, 1996)

in früheren Untersuchungen (vgl. BECKURTS & REICHWALD, 1984) festgestellten Konsequenzen der Face-to-face-Kommunikation gleichermaßen aktuell: Das Problem der hohen Abwesenheitszeiten und die mit der Face-to-face-Kommunikation verbundene Nicht-Erreichbarkeit des Managers. Wie kann der Informationsfluß zwischen Führungskräften und ihrem unmittelbaren Arbeitsumfeld (Sekretariat, persönliche Mitarbeiter, interne Partner) während der Zeit dieser kommunikationsbedingten Abwesenheit vom Arbeitsplatz aufrechterhalten werden? Die Vermutung liegt auf der Hand, daß hier die wesentlichen Innovationen für die Arbeit der obersten Führungskräfte ansetzen, die mit dem Medieneinsatz erreicht werden können.

Der Unterschied in der Arbeitszeit wirft Fragen nach Erklärungen für die Verlängerung der Arbeitstage auf, die sich im Zeitvergleich ergeben. Stark zugenommen hat vor allem die Kommunikation über technische Kommunikationsmedien. Etwas zurückgegangen ist die Arbeitszeit am Schreibtisch (Desk Work). Dazu geben die meisten Manager an, daß im Tagesgeschäft für Dinge wie das Lesen von Berichten oder Protokollen, Erarbeiten von Konzepten oder Literaturlektüre immer weniger Zeit bleibt, d. h. Schreibtischarbeiten werden auf das Wochenende oder in die häusliche Nachtarbeit verlagert. Das Management ist in der Zeitfalle – Zeitdruck, ein hohes Aufgabenvolumen, schnelles Reagieren in kritischen Situationen, Kundenorientierung, Beziehungspflege, Führen nach innen und Networking nach außen (vgl. den Beitrag von RÜHLE „Zeitmanagement" in diesem Band). Die Manager im Untersuchungsbereich haben heute ein Aktivitätsniveau zu absolvieren, das sich im Vergleich zur Situation vor 25 Jahren fast verdoppelt hat (vgl. Abbildung 7, unten), und diese Situation im obersten Führungsbereich droht sich weiter zu verschärfen. In dieses Bild paßt der Medieneinsatz, vor allem der Einsatz asynchroner Kommunikationsmedien wie Voice Mail, Fax und E-Mail, die das steigende Aktivitätsaufkommen in einem zeitlich verträglichen Maß abfangen. Dieser Sachverhalt erklärt die aktuelle Situation im Vergleich mit dem Bild des Managers der 1970er Jahre: Bei gleichbleibendem zeitlichen Niveau für Face-to-face-Kommunikation (verbunden mit etwas höherer Anzahl von Face-to-face-Kontakten) konzentriert sich das hohe Maß zusätzlicher Arbeits- und Kommunikationsaktivitäten auf die Wege der Telekommunikation, finden Substitutionen vor allem der herkömmlichen Briefkommunikation durch Medieneinsatz statt.

Als Fazit dieses Zeit- und Aktivitätsvergleichs bleibt festzuhalten: die Vorteile des Medieneinsatzes – besonders die Vorteile der asynchronen Telekommunikationsformen – sehen die Führungskräfte in der schnellen, bequemen Kontaktaufnahme mit räumlich nahen und entfernten Partnern. Nicht zu übersehen ist aber auch, daß die Medien selbst zu einem allgemeinen Anstieg des Aktivitätsniveaus beitragen, und die Erwartungen nach unmittelbarer Rückkoppelung, schneller Reaktion und schnellen Entscheidungen verstärken. Für das Zeit- und Aktivitätsdilemma des Managements erweisen sich die neuen Technologien damit gleichermaßen als Problemlöser, aber auch Problemverstärker. Die Managementforschung stößt hier auf zahlreiche offene Fragen.

Literatur

BECKURTS, K.-H. & REICHWALD, R. (1984). Kooperation im Management mit Integrierter Bürotechnik – Anwendererfahrungen. München 1984.

BULLINGER, H.-J. (1994). Einführung in das Technologiemanagement: Modelle, Methoden, Praxisbeispiele. Stuttgart 1994.

DAFT, R. L. & LENGEL, R. H. (1984). Information Richness: A New Approach to Managerial Behavior and Organization Design. In B. M. STAW & L. L. CUMMINGS (Hrsg.), Research in Organizational Behavior, 6, 1984, S. 191–233.

DAFT, R. L. & LENGEL, R. H. (1986). Organizational Information Requirements, Media Richness and Structural Design. In: Management Science, 5,1986, S. 554–571.

DAFT, R. L., LENGEL, R. H. & TREVINO, L. K. (1987). Message Equivocality, Media Selection and Manager Performance: Implications for Information Systems. In: MIS Quarterly, 11, 1987, S. 355–366.

DAVIS, F. (1989). Perceived Usefulness, Perceived Ease of Use, and User Acceptance of Information Technology. In: MIS Quarterly, Vol. 13, 1989, S. 319–339.

GOECKE, R. (1997). Kommunikation von Führungskräften. Fallstudien zur Medienanwendung im oberen Management. Wiesbaden 1997.

GROTE, G. (1994). Auswirkungen elektronischer Kommunikation auf Führungsprozesse. In: Zeitschrift für Arbeits- und Organisationspsychologie, 12, 1994, S. 71–75.

MINTZBERG, H. (1973). The Nature of Managerial Work. Englewood Cliffs 1973.

PICOT, A. & REICHWALD, R. (1987). Bürokommunikation. Leitsätze für den Anwender. 3. Aufl., Hallbergmoos 1987.

PICOT, A., REICHWALD, R. & WIGAND, R. (1998). Die grenzenlose Unternehmung. Information, Organisation und Management. 3. Aufl. Wiesbaden 1998.

PRIBILLA, P., REICHWALD, R. & GOECKE, R. (1996). Telekommunikation im Management – Strategien für den globalen Wettbewerb. Stuttgart 1996.

REICHWALD, R. (1993). Kommunikation. In M. BITZ, K. DELLMANN, M. DOMSCH & H. EGNER (Hrsg.), Vahlens Kompendium der Betriebswirtschaftslehre. Bd. 2, S. 447–494. 3. Aufl. München 1993.

REICHWALD, R. & GOECKE, R. (1995). Bürokommunikation und Führung. In A. KIESER, G. REBER & R. WUNDERER (Hrsg.), Handwörterbuch der Führung. Sp. 164–182. 2. Aufl. Stuttgart 1995.

REICHWALD, R. & MÖSLEIN, K. (1996). Telearbeit und Telekooperation. In H.-J. BULLINGER & H. J. WARNECKE (Hrsg.), Neue Organisationsformen im Unternehmen. Ein Handbuch für das moderne Management. S. 691–708. Berlin u. a. 1996.

REICHWALD, R., MÖSLEIN, K., SACHENBACHER, H., ENGLBERGER, H. & OLDENBURG, S. (1998). Telekooperation – Verteilte Arbeits- und Organisationsformen. Berlin, Heidelberg u. a. 1998.

RICE, R. E. (1992). Task Analysability, Use of New Media, and Effectiveness: A multi-site exploration of media richness. In: Organization Science, 1992, S. 475–500.

SCHMITZ, J. (1987). Electronic Messaging: System use in local governments. Paper presented at the International Communication Association, Montreal, Canada 1987.

WATZLAWICK, P., BEAVIN, J. H. & JACKSON, D. D. (1990/1967). Menschliche Kommunikation: Formen, Störungen, Paradoxien. 8. Aufl. Bern u. a. 1990 (Original unter dem Titel „Pragmatics of Human Communication". New York 1967).

Rudolf Bögel

Organisationsklima und Unternehmenskultur

In der Praxis werden verwandte Begriffe wie Arbeits- und Betriebszufriedenheit, Arbeitsmoral, „Esprit de corps", Organisations- und Betriebsklima, Organisations- und Unternehmenskultur, Corporate Identity, Corporate Culture u. a. m. oft wenig unterschieden und in einen Topf geworfen. Wenn hier Organisationsklima und Unternehmenskultur abgehandelt werden, heißt das auch, daß eine Abgrenzung gegenüber den anderen angesprochenen Begriffen not tut. Schwerpunktmäßig wollen wir aber fragen: Was haben die beiden angesprochenen Begriffe gemein, und was trennt sie? Welche Konsequenzen hat dies für die Praxis von Diagnose und Gestaltung der Unternehmenskultur bzw. des Organisationsklimas?

1. „Klima" im Betrieb?

Der Klimabegriff findet umgangssprachlich weite Anwendung, und es ist nicht nur die durchschnittliche Wetterlage damit gemeint. In Anlehnung an die Wetterkunde und im ursprünglich verwandten Sinn spricht man vielleicht noch vom Raumklima, dies insbesondere bei sog. „Klima-Anlagen"; dann jedoch findet er im übertragenen Sinn seine Anwendung, wenn wir vom Börsenklima, Investitionsklima, Arbeitsklima, Organisations- und Betriebsklima sprechen. Der naturkundlich geprägte Klimabegriff, der eine längerfristige, durchschnittliche, für eine Region typische Wetterlage meint, kann hier hilfreich sein, wenn es darum geht, von vagen oder metaphorischen Umschreibungen zu einer brauchbaren Definition und Operationalisierung zu kommen.

1.1 Das Betriebsklima

Zuerst gilt es, das Verhältnis von Organisations- und Betriebsklima zu durchleuchten, denn auch hier handelt es sich um unterschiedliche Ansätze, die nicht einfach gleichzusetzen sind. Das Organisationsklimakonzept ist von der traditionellen deutschen Betriebsklimaforschung (BRIEFS, 1934) und der Human-Relations-Bewegung (ROETHLISBERGER & DICKSON, 1939) belastet. Demnach und landläufig versteht man unter Betriebsklima die Stimmung oder Atmosphäre, wie sie für einen ganzen Betrieb oder Teileinheiten davon typisch sind und von den Mitarbeitern bewertet werden. Es hat seinen Ursprung in der durchaus wichtigen Entdeckung des Mitarbeiters als eines auch sozialen Wesens in den 30er Jahren. Das Modell des „homo oeconomicus", des umfassend informierten und allzeit rational entscheidenden Menschen wurde durch das des „social man" ersetzt. Die Beeinflussung von sozialen Beziehungen und informellen Gruppen wurde daraufhin Programm psychologischer und vor allem soziologischer Intervention im Betrieb. Die einseitige Beachtung der personalen und sozialen Beziehungen, also der Subjektseite des Betriebes, und eine gewisse Blindheit gegenüber strukturellen Bedingungen, also der Objektseite gegenüber, hat der Human-Relations-Bewegung den Vorwurf der Eindimensionalität und versuchten Manipulation der Mitarbeiter eingebracht (FRIEDEBURG, 1963; IRLE, 1975). Die der Einseitigkeit dieses Ansatzes folgenden Implementierungen in der betrieblichen Praxis haben in der Regel auch nur recht begrenzte oder kurzfristige Wirkungen und werden gleichsam als Hygienemaßnahmen „weggesteckt", wie anhand von Betriebsausflügen, gemütlichem Beisammensein etc. aufgezeigt werden kann. Als naiv muß auch die damit verbundene Erwartung einer längerfristigen positiven Wirkung auf die Mitarbeitermotivation bezeichnet werden. Hier soll, um Mißverständnisse zu vermeiden, keineswegs die Abschaffung von Hygienemaßnahmen gepredigt werden, vielmehr gewinnen diese ihre Bedeutung in einer ganzheitlichen Betrachtung betrieblicher Maßnahmen wie z. B. im Rahmen des Organisationsklima- bzw. Unternehmenskulturkonzepts.

1.2 Das Organisationsklima

Die Betriebsklimaansätze haben ihren Ursprung in der deutschen industriesoziologischen Forschung (DAHRENDORF, 1959), während die Organisationsklimaansätze in der US-amerikanischen Sozialpsychologie gründen, insbesondere in der Feldtheorie KURT LEWINS (1951). Demnach ist das Erleben und Verhalten der Mitarbeiter nicht einseitig an die Person gebunden – bloß subjektiv –, sondern ist das Ergebnis der Interaktion von Person und Situation. Das heißt zuerst, daß nicht nur soziale Qualitäten das Organisationsklima bestimmen, sondern das Insgesamt der organisationalen Gegebenheiten, das mehrdimensional angelegt ist. Es beeinflussen aber auch objektiv strukturale Aspekte der Organisation die Wahrnehmung der Subjekte. Der qualitativ bewertenden Sichtweise des Betriebsklimakonzepts steht damit die objektiv – im Sinne kollektiv geteilter Wahrnehmung – beschreibende Sichtweise des Organisationsklimakonzepts gegenüber. Die betrieblichen Gegebenheiten sind zwar durch die Brille der Wahrnehmung gefiltert, aber Wahrnehmung ist kein idiosynkratischer Akt isolierter Individuen (vgl. dazu insbesondere SCHNEIDER, 1991).

Beim Konzept des Organisationsklimas handelt es sich um ein sogenanntes hypothetisches Konstrukt, das zwischen den objektiven Merkmalen der Organisation und dem Verhalten der Mitarbeiter steht. Es kann definiert werden als

- typisch für eine Organisation bzw. einzelne Organisationseinheiten,
- mehrdimensional,
- das Verhalten der Mitarbeiter beeinflussend,
- längerfristig stabil,
- kollektiv wahrnehmbar und damit
- meßbar und
- gestaltbar.

Meßbar ist das Organisationsklima somit nicht an den objektiven, strukturalen Gegebenheiten, sondern durch Mitarbeiterbefragung (vgl. den Artikel von DOMSCH & SCHNEBLE: Mitarbeiterbefragungen, in diesem Band). Gestaltbar ist nicht ein verdinglichtes „Klima", sondern die Bedingungen, die es in den verschiedenen Dimensionen prägen; die Objektivität des Organisationsklimas im Sinne intersubjektiv geteilter Wahrnehmung zeigt sich bei der Messung der Varianz (DOMSCH & GERPOTT, 1986). Das Typische einer Organisation ist an der Konstellation der gemessenen Werte bzw. einem Zug von Werten abzulesen, der senkrecht wie waagrecht durch die Organisation und die gebildeten Einheiten verläuft (BÖGEL, 1988). Die verschiedenen Zufriedenheits- und Klima-Konzepte lassen sich mittels Facettenanalyse (PAYNE et al., 1976) voneinander abgrenzen. Man unterscheidet dabei zwischen

- Analyseeinheit: Individuum versus Kollektiv,
- Analyseelement: Arbeit versus Organisation, und
- Art der Messung: Bewertung versus Beschreibung.

Konzept	A	B	C	D	E	F	G	H
Facetten: Analyseeinheit	Individuum	Individuum	Individuum	Individuum	soziales Aggregat	soziales Aggregat	soziales Aggregat	soziales Aggregat
Analyseelement	Arbeit	Arbeit	Organisation	Organisation	Arbeit	Arbeit	Organisation	Organisation
Art der Messung	Bewertung	Beschreibung	Bewertung	Beschreibung	Bewertung	Beschreibung	Bewertung	Beschreibung
	Arbeitszufriedenheit	Arbeitscharakteristika	Organisationszufriedenheit	Organisationscharakteristika	Arbeitsmoral	Arbeitsklima	Rollenklima	Organisationsklima
							Betriebs-Klima	

Abb. 1: Facettenanalytische Differenzierung von Klima- und Zufriedenheitskonzepten

Die facettenanalytische Klassifikation (Abbildung 1) ist keineswegs nur von formal-logischer Bedeutung. Sie kann, wie v. ROSENSTIEL et al. (1982) gezeigt haben, weitgehend in einem Untersuchungsinstrument operationalisiert werden, d.h. in Fragen umgesetzt werden, die tendenziell beschreibenden und nicht bewertenden Charakter haben. Ein Fragebogenitem heißt dann entsprechend nicht: „Ich bin mit meinem Meister zufrieden", sondern „Unsere Vorgesetzten kritisieren Mitarbeiter vor anderen" mit den Antwortmöglichkeiten von „stimmt" bis „stimmt nicht" auf einer 5stelligen Skala.

Die facettenanalytische Klassifikation löst allerdings noch nicht alle Probleme der Operationalisierung, für Form und Inhalt wurden deshalb in einer konkreten Konzeption folgende Kriterien festgelegt:

- Insgesamt sollte der Fragebogen nicht mehr als 80 Fragen beinhalten, um die Anzahl in einem für die Nutzer zumutbaren Umfang zu halten.
- Die Inhalte sollten in Fragebereichen zusammengefaßt und entsprechend gegliedert sein und wichtige Sachverhalte durch mehrere Frageitems abgedeckt werden.
- Die einzelnen Fragen sollten Problembereiche der IST-Situation beschreiben, und es sollten möglichst keine bloßen Zufriedenheitsfragen, Fragen nach dem SOLL, nach Wünschen oder sonstige hypothetische Fragen gestellt werden.
- Der Fragenkatalog sollte positiv und negativ formulierte Fragen beinhalten, um einseitigen Antworttendenzen bzw. einer „Schönfärberei" entgegenzuwirken.
- Es sollten keine Fragen zu Persönlichkeitsmerkmalen gestellt werden und möglichst wenige zu sozio-demographischen Merkmalen.
- Die Frageninhalte sollten prototypisch für alle Tätigkeits- und Organisationsbereiche beantwortbar sein.

Auch die Inhalte des Fragebogens bedürfen einer konzeptionellen Abstimmung mit der Praxis, wie sie z.B. von NEUBERGER (1980) aufgestellt wurden und von BERKEL auf S. 377 ff. in diesem Band zitiert werden.

1.3 Management des Organisationsklimas

Der in Deutschland gebräuchlichen Redensart vom Betriebsklima treu bleibend wird auch dann noch meistens vom Betriebsklima gesprochen, wenn bei Untersuchungen die Konzeption vom Organisationsklima zugrunde gelegt wird (v. Rosenstiel et al., 1982). In der betrieblichen Praxis wird das dann problematisch, wenn beim Entscheidungsträger über einzuleitende Maßnahmen die Vorstellung vom Betriebsklima überwiegt, die einseitig den Subjekten, ihrer „falschen Wahrnehmung" und „Zufriedenheit" zugeschrieben wird. So kommen dann höchstens kosmetische Maßnahmen ins Visier; möglicherweise soll die Untersuchung längst beschlossene Rationalisierungsmaßnahmen kaschieren oder fällige Personalentscheidungen legitimieren. Derartige Konsequenzen widersprechen dem Konzept des Organisationsklimas, das „Klima" wird sich dadurch in der Regel nur verschlechtern. Zweifellos wecken Mitarbeiterbefragungen oder Organisationsklimauntersuchungen meist Erwartungen, die zumindest graduell erfüllt sein wollen, d.h. die Mitarbeiter müssen merken, daß die Untersuchung ernst gemeint ist und Verbesserungen in Angriff genommen werden. Wiendieck (1997) zählt hierzu vier Prinzipien auf:

1. Freiwilligkeit,
2. Anonymität,
3. Offenheit sowie
4. Ernsthaftigkeit.

Die Betriebs- und Organisationsklimauntersuchung hat sich vor allem als Ist-Feststellung im Sinne einer Schwachstellenanalyse über die Breite einer Organisation hin bewährt, d.h. im Regelfall durch die Einbeziehung aller Mitarbeiter und aller Organisationseinheiten. Für die Durchführung in der Praxis ist es dabei wichtig, realitätsgerechte Untersuchungsgruppen, d.h. so wie die Mitarbeiter vor Ort zusammenarbeiten, zu bilden (Rosenstiel & Bögel, 1992). Standardisierte Untersuchungskonzepte haben den Vorteil, daß die Inhalte, Fragen und Dimensionen zwar schon empirisch überprüft wurden, jedoch können sie Unternehmensspezifisches verfehlen – sowohl inhaltlich wie empirisch. Faktoren/Dimensionen können z.B. in unterschiedlichen Organisationen empirisch jeweils anders ausfallen, hierbei spielen unterschiedliche Variable wie z.B. Tätigkeiten oder auch „Schlüsselvariablen der Unternehmenskultur" eine Rolle. Die nicht unüblichen aquisitatorischen Hinweise auf den Einsatz des Instruments bei z.B. „10 000 untersuchten Mitarbeitern aus 37 Betrieben", die für die Qualität des Instruments bürgen sollen, haben keine Beweiskraft bezüglich der Validität.

Für die Durchführung von Untersuchungen in der betrieblichen Praxis empfiehlt sich deshalb eine Vorgehensweise wie sie die Abbildung 2 zeigt.

Es gilt festzuhalten, daß zentrale Dimensionen der Organisation erfaßt werden. Wenn die Ergebnisse in Skalenwerten darstellbar sind, zeigen diese relative Stärken und Schwächen der Organisation; jedoch ergibt sich daraus kein Automatismus für Maßnahmen, wie sich das betriebliche Instanzen aus unterschiedlichsten Gründen oft wünschen. Freilich kann angewandte Wissenschaft die Richtung der zu ergreifenden Maßnahmen tendenziell aufzeigen, ohne jedoch den entscheidenden Instanzen Initiative und Verantwortung abnehmen zu können. Die Klimauntersuchung ist Teil eines Prozesses, es empfiehlt sich die Weiterverarbeitung der Untersuchungsergebnisse in Arbeitsgruppen, Qualitätszirkeln, sie können als Ausgangspunkt für Organisationsentwicklung und Aktionsforschung dienen.

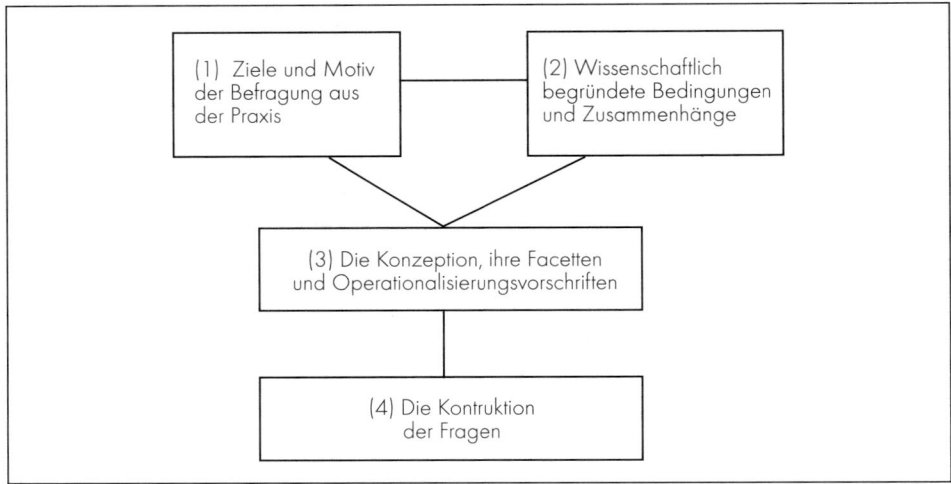

Abb. 2: Entwicklung des Konzepts einer Betriebsklimauntersuchung

2.   Unternehmen als „Kultur"?

Kultur gab es zwar schon immer im Unternehmen, neu ist allerdings die intensive Diskussion um sie und insbesondere der Ansatz, daß es sich nicht darum handeln soll, daß eine Unternehmung u. a. auch Kultur hat (Variablen-Ansatz), sondern daß sie ihrem Wesen nach eine Kultur ist (Perspektive-Ansatz). D. h. Kultur ist nicht mehr bloß Erscheinungsbild nach innen und außen, wie dies im Corporate-Identity-Konzept zum Ausdruck kommt, sondern der Kulturbegriff rückt ins Zentrum strategischer Überlegungen zur Unternehmenskonzeption (PETTIGREW, 1979). Die Unternehmung, ihre Leistungen und Fehlleistungen sollen erst vor dem Hintergrund ihrer Kultur verständlich und steuerbar sein (vgl. den Artikel von v. ROSENSTIEL: Grundlagen der Führung, insbesondere dazu Abbildungen 8 und 9, in diesem Band). Die Unternehmung kann und soll demnach mit Methoden der Kulturwissenschaften und der Ethnologie erforscht werden, wie ein „Stamm" (HELMERS, 1993) oder wie die Persönlichkeit eines „verstörten Menschen" mit psychoanalytischen bzw. psychiatrischen Methoden (NEUBERGER & KOMPA, 1987; KETS DE VRIES & MILLER, 1984). Die Diagnose ist geprägt von hermeneutischen und die Therapie von symbolstiftenden Verfahren. In den Mittelpunkt unternehmerischen Handelns tritt symbolisches Management. Die Fragen lauten hier, was ist Unternehmenskultur, wieso ist diese Thematik virulent, wie kann man sie erforschen, wie kann man sie gestalten?

2.1   Was ist das überhaupt, die Unternehmenskultur?

Allgemeine Definitionen von Kultur heben auf Werte, Normen, Artefakte und Verhaltensweisen ab, die für die Angehörigen einer Kultur typisch sind. Es gibt keine Definition von Unternehmenskultur, die ohne die genannten Inhalte auskommt, auch wenn sie in der Regel darauf verzichten, diese weiter zu operationalisieren (HEINEN, 1987; NEUBERGER & KOMPA, 1987). Werte sind letzte handlungsbeeinflussende Auf-

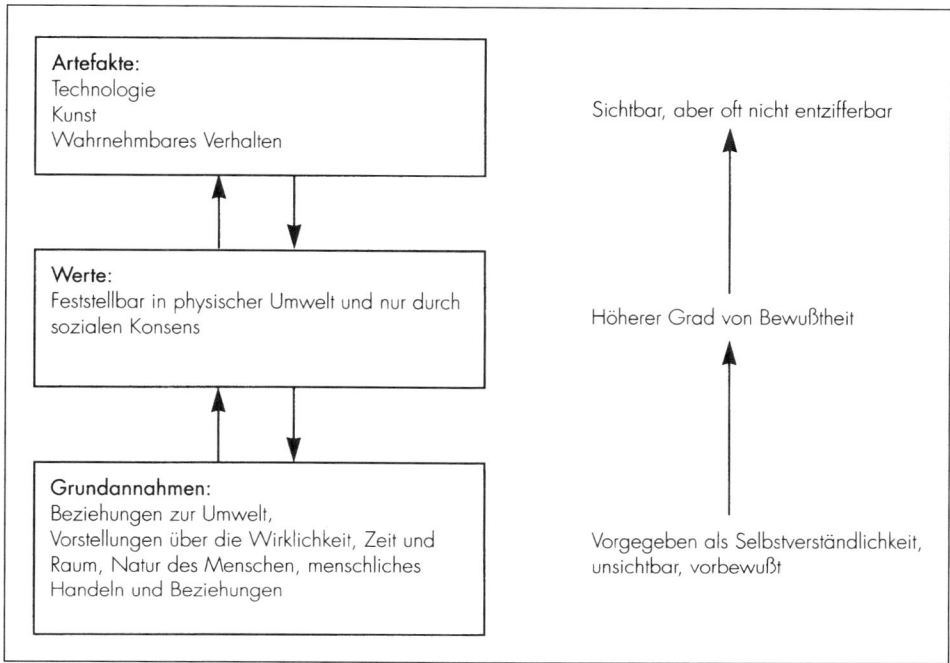

Abb. 3: Die drei Ebenen der Unternehmenskultur (nach SCHEIN, 1985)

fassungen von Wünschenswertem für Gruppen und einzelne (KLUCKHOHN, 1951), während Normen schon handlungsbestimmende Kann-, Soll- und Muß–Vorschriften sind. So meinen PÜMPIN, KOBI und WÜTHRICH (1985), daß die Unternehmung in ihrer Gesamtheit von Normen, Wertvorstellungen und Denkhaltungen geprägt sei, die das Verhalten der Mitarbeiter aller Stufen bestimmen. Die Aussage, daß das Verhalten aller Mitarbeiter davon wesentlich bestimmt sei, ist eine wichtige Annahme, die explizit oder implizit bei derartigen Definitionsversuchen erfolgt bzw. beim Kulturbegriff immer mitgedacht wird. Der Kulturansatz verspricht für die Unternehmung eine Verhaltenssteuerung der Mitarbeiter, die anderen verhaltenssteuernden Ansätzen überlegen sein soll. Verhalten, das durch Werte und aus ihnen abgeleiteten, verinnerlichten Normen gesteuert wird, verspricht effektiver zu sein als ein Verhalten, das ständig durch äußere Anreize und Kontrollen aufrechterhalten werden muß.

Bleiben beispielsweise Unternehmensphilosophie oder Unternehmensgrundsätze „reines Papier", werden sie nicht gelebt, dann sind sie nicht in die Kultur der Unternehmung eingegangen und bleiben äußerlich oder bloß „zivilisatorischer Überbau" des Systems. Diese oder ähnliche Fehlschläge betrieblicher Implementierung können bei werttheoretischer Betrachtung aber Unterschiedliches bedeuten z.B., daß

— „oben" andere Werte als „unten" herrschen;
— „hinter den Kulissen" andere Spielregeln gelten;
— außerbetriebliche Werte, z.B. die der übergeordneten Kultur, andere sind als die in der Unternehmung erwünschten;
— subkulturelle Werte der Lebenswelt in Widerspruch zu den in der Unternehmung geltenden stehen.

Begreift man Unternehmungen als „geronnene Werte", die sich in System und Struktur niederschlagen, dann können innerbetriebliche Werte auch veralten. KLIPSTEIN und STRÜMPEL (1985) sprechen in diesem Zusammenhang von „gewandelten Werten" und „erstarrten Strukturen". Die hier aufgeworfenen Fragen können evtl. unternehmensspezifisch geklärt werden und Ausgangspunkt für entsprechende Maßnahmen sein (vgl. z.B. die an Werten orientierte Personalpolitik von WOLLERT & BIHL, 1983, und den Artikel von STENGEL: Wertewandel, in diesem Band). Im Rahmen der überwiegend theoretisch geführten Diskussion zur Unternehmenskultur bleiben derartige Fragen allerdings meistens unbeantwortet. Anlässe für die entbrannte Kulturdebatte sind neben dem unterstellten Wertewandel vor allem der „Japanschock", das Management von internationalen Unternehmungen, die Steuerung komplexer werdender Organisationen und steigender Wettbewerb auf unübersichtlich werdenden Märkten (SCHOLZ, 1988).

Im Wissenschaftsbereich wird dies ergänzt durch aufkommende Kritik an positivistisch-quantitativen Forschungsstrategien, einem lange angekündigten Paradigmawechsel und durch kulturkritische Ansätze wie z.B. der gesellschaftlichen Aufspaltung in Lebenswelt und System (HABERMAS, 1973). Last but not least muß hier auch die esoterische Bewegung mit ihren privatistischen Heilslehren genannt werden.

2.2 Forschungsstrategien der Unternehmenskultur

SMIRCICH (1983) nennt fünf Bereiche, in denen organisationskulturelle Forschung zum Zuge kommen kann:

– Kultur als Konzept der international vergleichenden Organisationsforschung (comparative management);
– Kultur als Regulationsmechanismus, der die Anpassung der Organisation an die Umwelt steuert (corporate culture);
– Kultur als System gemeinsamer Kognitionen (organizational cognition);
– Kultur als System geteilter Symbole und Bedeutungen (organizational symbolism);
– Kultur als Projektion des Unterbewußten (unconscious process and organization).

Typologisierungsversuche von Organisations- bzw. Unternehmenskultur sind zahlreich, sie sind jedoch auf hohem Abstraktionsniveau angesiedelt und selten operationalisiert; d.h. nicht, daß die Zuordnung zu einem Typus oder sich überschneidender Typen im Einzelfall nicht gelingen kann (DEAL & KENNEDY, 1982; HEINEN, 1987).

In ähnlicher Weise kann es vielleicht auch hilfreich sein, die Vorstellungen der Mitarbeiter über die herrschende Firmenkultur zu ergründen. Beispiele wie die folgenden können Aufschluß über die vorherrschende Metapher in den Köpfen der Mitarbeiter geben. Wird die Unternehmenskultur gedacht als:

– statisch Gleichbleibendes oder Prozeßhaftes?
– Gesellschaft (Minigesellschaft) z.B. demokratischer, despotischer, patriarchalischer, anarchischer Art?
– Staat (Ministaat) mit gesetzlich-bürokratischen Verfahren?
– soziales oder technisches System?
– Apparat mit mechanistischen Abläufen?
– Persönlichkeit mit einmaligen, unverwechselbaren Zügen?
– Organismus mit kranken bzw. gesunden Organen?

- Erziehungs- und Sozialisationsinstanz mit Sanktionen aller Art?
- Sitte und Anstand, richtiges bzw. falsches Benehmen und Stil?
- Kunst und Kunstwerk?
- Happening und Amusement?

Die Zuordnung zu einer Unternehmenskultur kann auch mit Kriterien wie den folgenden versucht werden, die in Anlehnung an das Modell von HANDY (1978) zwischen Macht-, Rollen-, Aufgaben- und Personenkultur unterscheiden.

Was tut das Management?
Bewältigt Krisen/erledigt Routine/kreiert Neuerungen/sucht nach Orientierungen

Wer führt bei uns?
Autokraten/Spezialisten/Demokraten/Anarchisten

Wie wird motiviert?
Zuckerbrot und Peitsche/Auszeichnungen und Titel/"Morgen zeigt sich der Erfolg"/
"Jedem das Seine"

Was wird geschätzt?
Die Macht/die Pflichterfüllung/die herausfordernde Tätigkeit/die Befriedigung individueller Bedürfnisse

Wer wird befördert?
Der Protégé/Kaminaufstieg/nach Leistung/nach Zufall

Was ist wichtig?
Sich unterzuordnen/fachliche Kompetenz/das Lernen zu lernen/die Selbstentfaltung

Die Abläufe sind gekennzeichnet durch?
Präzedenzfälle/Reibungslosigkeit/Abwechslung und Dynamik/Turbulenzen und Stagnation

Wie wird entschieden?
In Cliquen/per Stimmrecht/durch bessere Argumente/nach Zufall

Es fehlt auch nicht an Auflistungen bezüglich wissenschaftstheoretischer Zugänge zum Kulturphänomen (NEUBERGER & KOMPA, 1987). Zentrale Kategorien der Unternehmenskultur und ihrer Erforschung sind Symbole und Symbolvermittlung: Mythen, Anekdoten, Riten und Rituale, Statussymbole, Artefakt wie Bauten, Produkte, Embleme und Designs (SCHEIN, 1985).

Im folgenden wird hier der Versuch unternommen, zwei methodisch weitgehend unterscheidbare Strategien der Unternehmenskulturforschung aufzuzeigen. Der erste und mehr traditionelle Ansatz beruht darin, Experten und Expertensysteme an die Unternehmung heranzuführen, um deren Kultur oder Aspekte davon zu ergründen. Das Spektrum umfaßt quantitative wie qualitative Ansätze und reicht von Mitarbeiterbefragungen bis zu psychoanalytischen Verfahren. Der zweite Ansatz beruht auf dem gerade im Zusammenhang mit Unternehmenskultur immer wieder vorgetragenen Paradigmawechsel, daß letztlich nur die Insider einer Kultur selbst sagen können, was sie darunter verstehen, da alle anderen Verfahren oberflächlich und äußerlich bleiben. Demnach genügt es nicht, wissenschaftliche Verfahren an die Objekte heranzubringen, vielmehr geht es darum, von den Interessen und Innenansichten der Objekte auszugehen, wenn man zu den Tiefenstrukturen oder latenten Regeln vorstoßen will, die

das Verhalten an der Oberfläche steuern. Dieses könne aber letztlich nur die „Deute-
gemeinschaft" selbst im Diskurs leisten. Daß Betriebsblindheit und Idole die Innen-
sicht verstellen können, wird hier selten mitgedacht. Eine gemischte Vorgehensweise
mittels beider Verfahren ist dann wohl denkbar. SCHEIN (1985) hat in zehn Phasen
entwickelt, wie externe Forscher und Insider zusammenwirken sollen, um die subjektiven Fehler der Außenstehenden sowie die Betriebsblindheit schrittweise zu überwinden.

O'REILLY, CHATMAN und CALDWELL (1991) bieten mit der Methode des Q-sorting
ein Beispiel, das beiden Ansätzen Rechnung trägt: Aus dem von Experten gefundenen
„set" aus 54 Werte-Items, die allgemein individuelle wie organisatorische Werte erfassen, werden einerseits in neun Kategorien die für eine Organisation typischen gebündelt. Andererseits bündeln Mitarbeiter ihrerseits die Werte-Items zu neun Kategorien.
Nicht das quantitative Ausmaß einzelner Aspekte soll die Übereinstimmung oder das
„fit" von Person und Kultur zeigen, sondern die Übereinstimmung der Profile oder
Muster; denn nach der Überzeugung der Autoren wird Kultur nicht von einzelnen
Werten, sondern von deren Konstellation geprägt. Bleibt die Frage: Wieweit sollen die
Profile von Mitarbeitern mit denen der Organisationskultur übereinstimmen, um
nicht etwa als übersozialisiert und unflexibel zu gelten?

2.3   Management der Unternehmenskultur

Welche Konsequenzen sind für die Praxis aus der laufenden Diskussion um die
Unternehmenskultur zu ziehen? Zuerst bedeutet der Unternehmenskulturansatz
sicher eine Horizonterweiterung: Kulturbezogene Denk- und Handlungsansätze, die
bisher als Nebensache oder Nebenprodukt betrachtet wurden, gewinnen nun ihre
Bedeutung als erfolgversprechende Konzepte zentraler Steuerungs- und Anpassungs-
problematik. Ferner findet eine Sensibilisierung bezüglich des ganzheitlichen Denkens
und symbolischen Handelns in der Unternehmung statt. Weiter werden bei Bewußtmachung der Werte Grenzen und Scheitern bei grenzüberschreitendem Handeln
deutlicher als sonst. Und schließlich müßten vor dem Hintergrund der gemeinsam
getragenen Werte Toleranz und Kompromißbereitschaft bei der Austragung interner
Konflikte zunehmen.

Für das Management der Unternehmenskultur lassen sich wenigstens drei Richtungen ausmachen:

Eine erste Richtung *(Aufklärung)* versucht, sich ihre Werte und Normen bewußt-
zumachen, auch Widersprüchliches und „Tabus" wenigstens teilweise aufzuklären
und diese zumindest ansatzweise zu korrigieren. Man ist bemüht, die Kultur von oben
nach unten vorzuleben, um deutliche Zeichen zu setzen, (wieder) glaubwürdig zu
sein, verstanden zu werden, „commitment" zu sichern etc.

Eine zweite Richtung *(Manipulation),* die auf einem Mißverständnis von Unternehmenskultur beruht, glaubt, man brauche „Werte", neue/alte Glaubenssätze nur laut
genug zu verkünden oder mittels manipulativer Techniken in die Köpfe der Mitarbeiter einzupflanzen, worauf jene als handlungsleitende Maxime ihre Automatik entfalten.

Eine dritte Richtung *(Partizipation)* versucht vor allem über partizipative Strategien,
sich ihrer herrschenden Werte und Überzeugungen bewußt zu werden, um diese
unter weitestgehender Einbeziehung der Bedürfnisse der Betroffenen weiterzuentwickeln.

SCHOLZ (1988) warnt vor zahlreichen Mißverständnissen, denen das Kulturmanagement aufsitzt, er zählt eine Reihe von „Trugschlüssen" auf, wovon einige hier genannt werden sollen:

– Eine starke Unternehmenskultur würde auch Erfolg garantieren;
– Die Kultur eines Unternehmens ließe sich an der äußeren Erscheinung ablesen;
– Herausragende Persönlichkeiten seien auch immer die Träger der Kultur;
– Werbeslogans könnten als Kulturslogans eingesetzt werden;
– Die Mitglieder einer Kultur könnten diese auch immer zutreffend diagnostizieren;
– Unternehmenskultur sei ein statisches Phänomen;
– Strategie und Unternehmenskultur seien identisch;
– Bei einer guten Unternehmenskultur bestehe kein Handlungsbedarf.

Sieht man von der Reihe ungeklärter methodischer Fragen ab, die das Unternehmenskulturkonzept aufwirft, so suggeriert es wohl auch ein wenig blauäugig Harmonie unter einem Dach der gemeinsam gelebten Werte und verkennt vielleicht gerade den Sinn „heimlicher Lehrpläne". Ist der Unternehmenskulturansatz dann vielleicht selbst eine verdeckte Strategie oder Ideologie (KRELL, 1991)?

3. „Organisationskultur & Organisationsklima"?

ASHFORTH (1985) schreibt, das Kulturkonzept habe das Klimakonzept buchstäblich aufgezehrt, und CONRAD und SYDOW (1984) meinen, die Organisationskultur habe das Organisationsklima an die Wand gedrückt. Allgemein kann man festhalten, daß die Autoren des Unternehmenskulturansatzes sich erstaunlich wenig auf den Klimaansatz beziehen, auch dann nicht, wenn sie von recht ähnlichen Intentionen ausgehen oder methodisch nahe am Klimaansatz operieren wie z.B. HOFSTEDE (1980). Wenn heutzutage in vielen Organisationen Mitarbeiterbefragungen durchgeführt werden, dann kommen implizit oder explizit Betriebs- und Organisationsklimakonzepte oder Teile davon zum Tragen, auch wenn von „Kulturwandel" die Rede ist. Wenn nun ein Vergleich der beiden Ansätze angestrebt wird, dann vor dem Hintergrund, daß die Heterogenität beider Konzeptfamilien zugunsten der Einheitlichkeit der Konzeptionen zurücktreten muß; insbesondere kommt hier die strukturale gegenüber der funktionalen Sichtweise der Unternehmenskultur zum Zuge.

3.1 Was trennt die beiden Konzepte?

Zweifellos trennt die beiden Konzepte ihre Herkunft. Historisches trennt sie auch insofern, als sie eine grundsätzlich unterschiedliche Einstellung zur Geschichte haben. Während der Organisationsklima-Ansatz sich als ahistorisch, wertfrei versteht, liegt das Interesse im Kulturansatz gerade auf dem Prozeßhaften und Gewachsenen. Somit überwiegen in letzterem hermeneutische Verfahren kulturwissenschaftlichen Ursprungs, während der Klimaansatz naturwissenschaftlich, verhaltensorientiert ausgerichtet ist. Wenn auch die Organisationsklimaforschung meist hochstrukturierte und quantifizierende Methoden einsetzt und die Organisationskulturforschung meist qualitativ, interpretierend verfährt, so ist dies jedoch keine eindeutige Trennungslinie, sowohl in der Kultur- als auch in der Klimaforschung sind beide Methoden denkbar und auch angewendet worden.

In der Abbildung 4 wird der Versuch unternommen, konzeptionelle Elemente von Organisationsklima und Organisationskultur gegenüberzustellen.

	Organisationskultur	Organisationsklima
Konzept:	ganzheitlich, total, meist im Sinne von: „Organisation **ist** Kultur", aber auch funktionalistisch: „Organisation hat Kultur"; Organisationsklima ist dann ein Teil der „Kultur" oder der Organisation	wichtige Aspekte oder Dimensionen der Organisation; Elemente von „Kultur" können auch Elemente von Organisationsklima sein
Repräsentanz:	in Mythen, Geschichten, Gebräuchen etc.	im „Erleben und Verhalten" der Organisationsmitglieder
wiss. Ideal:	Kulturwissenschaft, Hermeneutik, Psychoanalyse	naturwissenschaftlich orientierte Verhaltenswissenschaften
Methode:	Sinn finden, Bedeutung entschlüsseln, Qualitatives entdecken	Hypothesen empirisch prüfen, Quantifizierbares messen
Validierung:	Kommunikative Validität und „interne Objektivität"	meßtheoretische Validität und Intersubjektivität
Paradigma:	„Interpretatives"	„Social facts"
Modelle:	Diskurs, Sinndeutung	Kontingenz, Interaktion von Person und Situation
Menschenbild:	irrationalistisch, kollektivistisch, konsensorientiert	rationalistisch, individualistisch, interessenorientiert
Handlungsmodell:	expressiv, symbolische Interaktion	instrumentell, zweckrationales Handeln
Verwertungsinteresse:	Symbolisches Management, Schaffung von Einigkeit und Einheit, Verringerung von Ängsten	Ist-Analyse, Aufklärung: Ausgangspunkt für Entscheidungen und Maßnahmen
Kritik:	Manipulation durch „Kultur" und Sprache, totale Vereinnahmung der Mitglieder	vordergründige, positivistische Aufklärung

Abb. 4: Vergleich konzeptioneller Elemente bei Organisationskultur und Organisationsklima

3.2 Gemeinsamkeiten von Organisationsklima und Unternehmenskultur

Als Gemeinsamkeiten der beiden Konzepte soll hier herausgestellt werden, daß sowohl das Organisationsklima als auch die Unternehmenskultur das Verhalten der Mitarbeiter beeinflussen. Beide werden prinzipiell auch von den Mitarbeitern gemacht, und in diesem Sinne sind sie abhängige Variablen; als unabhängige Variablen bestimmen sie die Sozialisation und Selektion von Mitarbeitern und als intervenierende Variablen moderieren sie Personen wie Systeme. Beide Konzepte werden wesentlich durch symbolische Interaktion vermittelt, dessen ist sich die Kulturforschung natürlich bewußter als die Klimaforschung, die dies meist stillschweigend voraussetzt. Am ähnlichsten sind sich der Klima- und Kulturansatz im System gemeinsamer Kognitionen: organizational cognition (SMIRCICH, 1983). Gemeinsam scheint auch beiden Konzepten zu sein, daß die behaupteten Zusammenhänge mit Außenkriterien wie Absentismus, Fluktuation, Motivation und quantitativer wie qualitativer Leistung nur schwerlich nachweisbar sind.

3.3 Unternehmenskultur und Organisationsklima als sich ergänzende Konzepte

Zweifellos ist der Kulturansatz breiter und übergreifender als der Klimaansatz, was wenig über die Brauchbarkeit in unterschiedlichen Situationen aussagt. Die Wahrnehmung des Klimas findet demnach immer schon im Rahmen der von inner- wie außerbetrieblicher Kultur geprägten Sprache und der ökonomischen Bedingungen statt; d. h. daß die organisationsexterne Realität und ihre Werte mitgedacht werden müssen. Demnach empfiehlt es sich, zwischen Unternehmenszielen und zugrundeliegenden Werten zu unterscheiden.

Ohne hier auf Abweichungen von dem entwickelten Organisationsklima- bzw. Kulturansatz einzugehen, sei als ein Beispiel dafür, wie sich Organisationskultur und -klima annähern bzw. ergänzen, auf SCHEIN (1985) verwiesen, der sechs Elemente von Organisationskultur nennt, die teilweise auch solche von Organisationsklima sein können:

(1) beobachtete Verhaltensregeln der Interaktion
(2) Normen der Arbeitsgruppe
(3) dominante Zielsetzungen der Organisation
(4) die Unternehmensphilosophie
(5) die Spielregeln der Sozialisation und Anpassung
(6) das Gefühl oder Klima, das sich darin äußert, wie sich Mitarbeiter gegenüber Besuchern und Kunden verhalten.

SCHEIN geht aber weiter und meint, daß Klima, Ziele und Philosophie im traditionellen Verständnis „gemanagt" werden können, aber es sei überhaupt nicht klar, ob dieses auch für die darunterliegende Kultur zutreffe. Die Kultur jedoch müsse verstanden werden, um bestimmen zu können, welche Art von Klima, Unternehmenszielen und Philosophie für eine bestimmte Organisation möglich und wünschenswert ist.

Aussagen von radikalen Kritikern des kontingenztheoretischen Ansatzes sind jedoch irreführend, wenn sie behaupten, die Organisationsklimaforschung würde an der Oberfläche der Phänomene bleiben und die Realität verfehlen. Dies kann anhand von Organisationsklimauntersuchungen widerlegt werden, die als Beschreibung des wahrgenommenen Organisationsklimas die gelebten Werte und Normen und damit die Wirklichkeit recht genau treffen, während die Erforschung sogenannter zugrundeliegender Wertstrukturen etwas darüber aussagen kann, warum die gelebten Werte so und nicht anders ausfallen. In diesem Sinne meint auch BLEICHER (1986), daß das Betriebsklima den aktuellen Grad der Deckung von Ansprüchen und Erwartungen der Systemmitglieder durch die Unternehmung zum Ausdruck bringe und dies im

Gegensatz zu der sich langfristig entwickelnden und konstitutiv verfestigenden Systemkultur zu sehen sei. Die Erforschung des „Warum verhalten sich Mitarbeiter so" gestaltet sich im Regelfall wesentlich schwieriger als die Erforschung des „Wie verhalten sie sich".

Wenn nun Organisationsklimauntersuchungen meist dort enden, ja enden müssen, wo Entscheidungen über Maßnahmen und weiteres Management zu treffen sind, so fallen diese Entscheidungen zweifellos nach dem „kulturellen Kalkül des Machtpromoters" aus. Die Aufdeckung von zugrundeliegenden Werthaltungen im Sinne des Kulturansatzes und ihre Kompatibilität mit anderen kann fruchtbar sein, ist aber nicht immer erwünscht.

Literatur

ASHFORTH, B. E. (1985). Climate formation. Issues and Extensions. In: Academy of Management Review, 10 (4), 1985, S. 837–897.

BLEICHER, K. (1986). Strukturen und Kulturen der Organisation im Umbruch: Herausforderung für den Organisator. In: Zeitschrift Führung + Organisation, 55 (2), 1986, S. 97–108.

BÖGEL, R. (1988). Das Konzept des Betriebs- bzw. Organisationsklimas und seine Anwendung in der betrieblichen Praxis. In: Zeitschrift für Personalforschung, 2 (4), 1988, S. 275–284.

BRIEFS, G. (1934). Betriebsführung und Betriebsleben in der Industrie. Stuttgart 1934

CONRAD, P. & SYDOW, J. (1984). Organisationsklima. Berlin 1984.

DAHRENDORF, R. (1959). Sozialstruktur des Betriebes, Betriebssoziologie. Wiesbaden 1959.

DEAL, T.E. & KENNEDY, A.A. (1982). Corporate cultures: The rites and rituals of corporate life. Reading/Mass. 1982.

DOMSCH, M. & GERPOTT, T. J. (1986). Zum Problem der Bestimmung der Reliabilität von Organisationsklimamessungen. In: Zeitschrift für Arbeits- und Organisationspsychologie, 30, 1986, S. 116–124.

FRIEDEBURG, L. v. (1963). Soziologie des Betriebsklimas: Studien zur Deutung empirischer Untersuchungen in Großbetrieben. Frankfurt/Main 1963.

HABERMAS, J. (1973). Legitimationsprobleme im Spätkapitalismus. Frankfurt/M. 1973.

HANDY, CH. B. (1978). Zur Entwicklung der Organisationskultur einer Unternehmung durch Management-Development-Methoden. In: Zeitschrift für Organisation, 47. Jg./7, S. 404–410.

HEINEN, E. (1987). Unternehmenskultur – Perspektiven für Wissenschaft und Praxis. München 1987.

HELMERS, S. (1993). Beiträge der Ethnologie zur Unternehmenskulturforschung. In M. DIERKES, L. v. ROSENSTIEL & U. STEGER (Hrsg.), Unternehmenskulturen in Theorie und Praxis. Frankfurt/New York 1993.

HOFSTEDE, G. (1980). Culture's consequences: International differences in work-related values. Beverly Hills 1980.

IRLE, M. (1975). Lehrbuch der Sozialpsychologie. Göttingen 1975.

KETS DE VRIES, M. & MILLER, D. (1984). The neurotic organization: Diagnosing and changing counterproductive styles of management. San Francisco 1984.

KLIPSTEIN, M. v. & STRÜMPEL, B. (1985). Gewandelte Werte – Erstarrte Strukturen. Wie die Bürger Wirtschaft und Arbeit erleben. Bonn 1985.

KLUCKHOHN, C. (1951). Values and value-orientation in the theory of action: An exploration in definition and classification. In T. PARSONS & E. SHILS (Hrsg.), Toward a general theory of action. S. 388–433. Cambridge, Mass. 1951.

KRELL, G. (1991). Organisationskultur-Renaissance der Betriebswirtschaft? In E. DÜLFER (Hrsg.), Organisationskultur. S. 147–160. Stuttgart 1991.

LEWIN, K. (1951). Feldtheorie in den Sozialwissenschaften. Bern 1951.

NEUBERGER, O. & KOMPA, A. (1987). Wir, die Firma. Der Kult um die Unternehmenskultur. Weinheim 1987.

NEUBERGER, O. (1980). Organisationsklima als Einstellung zur Organisation. In C. GRAF HOYOS et al. (Hrsg.), Grundbegriffe der Wirtschaftspsychologie. S. 128–137. München 1980.

PAYNE, R., FINEMAN, S. & WALL, T. A. (1976). Organizational climate and job satisfaction: a conceptual synthesis. In: Organizational Behavior and Human Performance, 16, 1976, S. 45–62.

PETTIGREW, A. M. (1979). On Studying Organizational Cultures. Administrative Science Quaterly, 24/1979, S. 570–581.

PÜMPIN, C., KOBI, J.-M. & WÜTHRICH, H. A. (1985). Unternehmenskultur. Basis strategischer Profilierung erfolgreicher Unternehmen. In: Die Orientierung, Nr. 85, hrsg. von der Schweizerischen Volksbank. Bern 1985.

ROETHLISBERGER, F. J. & DICKSON, W. J. (1939). Management and the Worker. Cambridge, Mass. 1939: Harvard University Press.

O'REILLY, CH. A., CHATMAN, J. & CALDWELL, D. F. (1991). People and Organizational Culture: A Profile Comparison Approach to Assessing Person-Organization Fit. In: Academy of Management Journal, Vol. 34, 3, 1991, S. 487–516.

ROSENSTIEL, L. V. & BÖGEL, R. (1992). Betriebsklima geht jeden an! München: Bayerisches Staatsministerium für Arbeit, Familie und Sozialordnung. 4. Aufl. 1992.

ROSENSTIEL, L. V., FALKENBERG, T., HEHN, W., HENSCHEL, E. & WARNS, I. (1982). Betriebsklima heute. Hrsg. Bayerisches Staatsministerium für Arbeit und Sozialordnung, München 1982.

SCHEIN, E. H. (1985). Organizational Culture and Leadership. A Dynamic View. San Francisco 1985: Jossey-Bass Publishers.

SCHNEIDER, B. (1991). (Hrsg). Organizational Climate and Culture. San Francisco, Oxford 1991.

SCHOLZ, CH. (1988). Management der Unternehmenskultur. In: Harvard Manager 1/1988, S. 81–91.

SMIRCICH, C. (1983). Concepts of culture and organizational analysis. In: Administrative Science Quaterly, 28 (4), 1983, S. 339–358.

WIENDIECK, G. (1997). Führungskräfte im Urteil ihrer Mitarbeiter – Ein Erfahrungsbericht. In W. BUNGARD & I. JÖNS (Hrsg.), Mitarbeiterbefragung. Weinheim 1997.

WOLLERT, A. & BIHL, G. (1983). Wertorientierte Personalpolitik. In: Personalführung, 8, 1983, S. 1–4.

Zur Konkretisierung und weiteren Vertiefung wird empfohlen, im Fallstudienband den Fall zu „Organisationsklima" zu bearbeiten.

Wolfgang Böhm

Zusammenarbeit mit dem Betriebsrat

1. Strukturen des Betriebsverfassungsrechts
2. Leitende Angestellte (Status)
3. Gremien, insbesondere Betriebsrat, Gesamtbetriebsrat, Wirtschaftsausschuß
4. Kompetenzen
5. Mitbestimmung

Überzeugendster Ausweis einer guten Zusammenarbeit mit dem Betriebsrat ist, daß man sich über Sachfragen einigen kann, ohne Paragraphen oder gar Gerichte bemühen zu müssen. „Sie kannten kein Gesetz" ist dennoch eher Garant für einen guten Western als für gute Führung. Denn nur die zuverlässige Kenntnis der einschlägigen „Spielregeln" gibt Führungskräften einerseits die nötige Sicherheit auch in kritischen und emotionsgeladenen Situationen und hilft andererseits, vermeidbare Fehler auch wirklich zu vermeiden.

Und das Betriebsverfassungsgesetz gibt nun einmal verbindlich die „Spielregeln" vor, nach denen betriebliche Probleme und auch Konflikte abzuarbeiten und auszutragen sind. „Spielregeln" und ihre genaue Beachtung sagen zwar noch nichts darüber aus, wie sachgerecht und innovativ das ist, was geschieht. Sie sind aber notwendige Voraussetzung dafür, daß es in geordneten Bahnen, berechenbar und fair geschieht. Möglichst zuverlässige Kenntnis des Regelwerkes „Betriebsverfassungsgesetz" ist insoweit unabdingbare Voraussetzung erfolgreicher Führung.

Falsch ist hingegen die bei jungen Juristen nicht weniger oft als bei neugewählten Betriebsratsmitgliedern anzutreffende Meinung, daß etwas gemacht werden müsse, weil es so im Betriebsverfassungsgesetz steht. Denn das Betriebsverfassungsgesetz als Organisations- und Verfahrensgesetz gibt keine Handlungsanleitungen. Ihre Ziele müssen die Betriebspartner selbst setzen. Das Gesetz ist die dabei zu beachtende „Straßenverkehrsordnung"; ihre genaue Beachtung vermeidet „Unfälle", „Pannen" und „gebührenpflichtige Verwarnungen".

1.   Strukturen des Betriebsverfassungsrechts

Das deutsche Betriebsverfassungsrecht kann in mehrfacher Hinsicht als „exotisch" bezeichnet werden:

Betriebsräte im Sinne des deutschen Rechts sind insofern *einmalig,* als es weder in anderen marktwirtschaftlichen noch planwirtschaftlichen Systemen wirklich vergleichbare betriebliche Arbeitnehmervertretungen gibt. In Großbritannien, Irland und Italien gibt es beispielsweise noch nicht einmal ähnliche Einrichtungen. Die Arbeitnehmervertreter in Frankreich und Spanien haben lediglich Informationsrechte. Die den deutschen noch ähnlichsten Betriebsräte in den Niederlanden und in Portugal sind deutlich am deutschen Vorbild ausgerichtet.

Woran liegt das? Die Betriebsräte sind das Erbe der „steckengebliebenen" Revolution von 1918. Während die vollständige Demokratisierung des Staates durch die Weimarer Reichsverfassung von 1919 erreicht wurde, blieb die in ihrem Artikel 165 angekündigte „Demokratisierung der Wirtschaft" Programm. Beabsichtigt war ein Rätesystem, das, aufbauend auf Betriebsräten, über Regional- und Branchenräte in einem Reichswirtschaftsrat gipfeln sollte. Das Betriebsrätegesetz von 1920 sollte lediglich das Fundament des zu errichtenden Rätesystems bilden. Aber das in der Sowjetunion real existierende System war so abschreckend, daß der weitere Ausbau unterblieb.

Das Betriebsrätegesetz blieb ein Torso, entwickelte aber dessen ungeachtet eine nicht vorhergesehene Eigendynamik und stellte sich in den wirtschaftlichen und politischen Krisen der ausgehenden Weimarer Republik als eine der wenigen funktionierenden Einrichtungen dar. So überlebte die Institution Betriebsrat ihren ideengeschichtlichen Zweck einer „Sowjetisierung" der Wirtschaft. Mit dem Betriebsverfassungsgesetz von 1952 (grundlegend novelliert im Jahre 1972) wird schon im Namen des Gesetzes zum Ausdruck gebracht, daß es nicht um ein Stück Weg, sondern um das Ziel selbst geht: Den „verfaßten Betrieb" – als Erfüllung des alten Traums von der „konstitutionellen Fabrik".

Damit war das nächste „Unikum" geschaffen. Das Betriebsverfassungsgesetz (BetrVG) ist die Verfassung von etwas, was es juristisch gar nicht gibt. Der Betrieb ist nämlich definiert als die *tatsächliche* Zusammenfassung von personellen und technischen Mitteln zur Erreichung eines vorgegebenen (nämlich vom Unternehmen vorgegebenen) Zwecks. Er hat also keine eigene Rechtspersönlichkeit.

Rechtspersönlichkeit hat nur das Unternehmen (AG, GmbH usw.), dem der Betrieb angehört. Die Unternehmensverfassung ist aber in den dafür einschlägigen Gesetzen wie HGB, AktG, GmbHG, GenG und den Mitbestimmungsgesetzen geregelt. Daraus resultiert die – nicht nur für Ausländer irritierende – Unterscheidung des deutschen Rechts in Unternehmens- und Betriebsverfassung.

Das hat weitreichende Implikationen: Die das Unternehmen betreffenden Entscheidungen sind nach AktG, GmbHG usw. den Unternehmensorganen – einschließlich des unter Umständen mitbestimmten Aufsichtsrats – zugewiesen. Diese Entscheidungsebene kann von der betrieblichen Mitbestimmung naturgemäß nicht erreicht werden. Zwar gibt es auch bei diesen sogenannten wirtschaftlichen Angelegenheiten mannigfaltige Beteiligungsrechte betriebsverfassungsrechtlicher Gremien, wie z. B. des Wirtschaftsausschusses, aber sie erreichen nie die Qualität echter Mitbestimmung.

Bei zentralen *unternehmerischen Entscheidungen* kann es deshalb keine betriebliche Mitbestimmung geben. Hierzu zählen vor allem:

– die Input-Entscheidung, also die Frage danach, mit wieviel Kapital das Unternehmen ausgestattet wird und bleibt;
– die Output-Entscheidung, das ist die Frage danach, was „produziert" werden soll: Güter oder Dienstleistungen, in erwerbswirtschaftlicher oder anderer Absicht wie bei Kirchen, Gewerkschaften, Vereinen;
– die Organisations-Entscheidung darüber, mit welchem Sach- und Personalaufwand, einschließlich Stellenplan, dies realisiert werden soll.

Ganz anders sieht es auf der betrieblichen (Umsetzungs-)Ebene aus. Hier sind die Vertreter des Unternehmens mit einer Fülle von gesetzlichen Beteiligungsrechten der Arbeitnehmervertretung konfrontiert. Dabei kann als Richtschnur gelten: Je stärker die Belegschaft als solche betroffen ist, desto mehr nimmt die Beteiligung die Form echter Mitbestimmung an. So sind beispielsweise Arbeitsordnungen, Regelungen über die betriebliche Arbeitszeit, über Kurz- oder Mehrarbeit, über Sozialeinrichtungen usw. voll mitbestimmungspflichtig (s. u.). Dagegen finden sich bei personellen Einzelmaßnahmen abgeschwächte Formen der Mitbestimmung, weil hier Raum für die Rechte des einzelnen Arbeitnehmers bleiben muß. Je stärker Entscheidungen über Arbeitsplatz, Arbeitsablauf und Arbeitsumgebung investiven Charakter haben, desto mehr verblassen die Rechte des Betriebsrats zu bloßen Informations- und Beratungsrechten (s. u.).

Da der Betriebsrat Partner oder auch Gegenspieler auf betrieblicher Ebene ist, kann er selbst in mitbestimmungspflichtigen Angelegenheiten eines nie sein: Mitunternehmer. Vielmehr regelt § 77 Abs. 1 BetrVG: „Vereinbarungen zwischen Betriebsrat und Arbeitgeber (also vor allem mitbestimmungspflichtige Betriebsvereinbarungen) führt der Arbeitgeber durch, es sei denn, daß im Einzelfall etwas anderes vereinbart ist." Und Satz 2 stellt ausdrücklich klar: „Der Betriebsrat darf nicht durch einseitige Handlungen in die Leitung des Betriebs eingreifen."

Manche Betriebsräte lesen das gar nicht gern. Andere sehen eher die positive Seite dieser prohibitiven Formulierung: Wer kein Mandat zum Handeln hat, kann auch nicht zur Verantwortung gezogen werden, wenn nach Schuldigen gesucht wird. Zum Beispiel: Selbst wenn der Betriebsrat gesetzwidrige Mehrarbeit geduldet oder ihr gar ausdrücklich zugestimmt hat, verantwortlich im Rechtssinne sind einzig und allein die zuständigen Entscheidungsträger des Unternehmens. Der Betriebsrat ist funktional Interessenvertreter und Kontrollorgan, nicht Co-Manager. Entgegen gelegentlichen verbalen Verlautbarungen verhalten sich die meisten Betriebsräte auch so.

Und noch eine Besonderheit bringt die „Konstitutionalisierung" des Betriebes: Das Betriebsverfassungsgesetz ist die staatliche Zwangsorganisation des privaten Betriebes! Die Leitidee des Privatrechts, insbesondere des Vertragsrechts, ist jedoch Freiheit. Was nicht verboten ist, das ist erlaubt. Man kann nicht nur Vertragsbedingungen völlig frei aushandeln, sondern sogar neue, dem Bürgerlichen Gesetzbuch unbekannte Vertragstypen „erfinden", wie z. B. Leasing oder Franchising.

Ganz anders im Betriebsverfassungsrecht; schon die Begrifflichkeit zeigt, daß es hier um Organisationsrecht geht: *Status – Gremien – Kompetenzen*. Wer zum Betriebsrat wählen darf, wie groß der Betriebsrat ist, wie viele Arbeiter- und wie viele Angestelltenvertreter er hat, wie groß die Ausschüsse sind, wie sie zu besetzen sind – alles ist bis ins Detail gesetzlich vorgeschrieben. Aber auch die Kompetenzen des Betriebsrats können grundsätzlich im Vereinbarungswege weder eingeschränkt noch erweitert werden. So können übertarifliche Mehrarbeitszuschläge mit dem Betriebsrat nicht ohne weiteres vereinbart werden, weil die Regelung von Entgeltfragen nach dem Gesetz Sache der Tarifvertrags- bzw. Arbeitsvertragsparteien ist (§ 77 Abs. 3 BetrVG).

Allerdings gilt auch hier der landläufige Satz: Wo kein Kläger, da kein Richter. So gibt es ungezählte Betriebsvereinbarungen über Vergütungsfragen, die seit Jahren und Jahrzehnten zur allseitigen Zufriedenheit praktiziert werden, einer gerichtlichen Überprüfung jedoch mit Sicherheit nicht standhalten würden. Aber warum sollte man gegen etwas klagen, womit alle zufrieden sein können? Freilich ist eine wichtige Einschränkung zu machen: Wo es um staatliches Ordnungsrecht geht, da nützt auch der Konsens zwischen Geschäftsleitung, Betriebsrat und Belegschaft nichts. Werden beispielsweise die Grenzen des Arbeitszeitgesetzes (ArbZG) überschritten, dann greift die Gewerbeaufsicht als zuständige Sonderpolizeibehörde von Amts wegen ein und verhängt Bußgelder – allerdings nur gegen die Verantwortlichen, und das sind die Vorgesetzten.

Insoweit spielen betriebsverfassungsrechtliche Regelungen im „normalen" Betrieb keine wesentlich andere Rolle als die familienrechtlichen Regeln des Bürgerlichen Gesetzbuches in einer „normalen" Familie: Solange sich alle einig sind, bestimmen Interessen und nicht Paragraphen den Umgang miteinander. Ist der soziale Konsens hingegen zerbrochen, streiten die Beteiligten darum, wer recht hat, fällt alles auf die gesetzliche Regelung zurück – und die ist im Betriebsverfassungsrecht überaus bürokratisch und stark formalisiert. Im Gegensatz zur Familie wird es sich zumal ein Großbetrieb kaum leisten können, in zentralen Fragen seiner Aufbau- und Ablauforganisation davon abhängig zu sein, daß niemand klagt. Andererseits sollte die stereotype und wenig phantasievolle Dauerauskunft von Rechtsabteilungen „geht nicht" pragmatischen Lösungen nicht entgegenstehen, wenn die Risiken tragbar erscheinen. Was geht oder nicht, entscheidet die Praxis. Aufgabe der Juristen ist es, etwaige Risiken und mögliche Alternativen aufzuzeigen. Welche Risiken schließlich in Kauf genommen werden, kann nur entscheiden, wer dies auch zu verantworten hat.

Im folgenden soll deshalb einmal in Grundzügen die – sehr starre, bürokratische und nicht selten praxisfremde – Rechtslage nach dem Betriebsverfassungsgesetz und der Rechtsprechung dargestellt werden. Darüber hinaus werden jedoch Hinweise gegeben auf bewährte Regelungsmöglichkeiten der betrieblichen Praxis, auch wenn diese einer gerichtlichen Überprüfung nicht standhalten würden.

2. Leitende Angestellte (Status)

Alle Angestellten sind im arbeitsrechtlichen Sinne Arbeitnehmer. Dennoch wird ein bestimmter Kreis von Angestellten, nämlich die leitenden Angestellten, von der Geltung des Betriebsverfassungsgesetzes ausgenommen. Dasselbe gilt auch für die Anwendung des Arbeitszeitgesetzes (§ 18 Abs. 1 Nr. 1 ArbZG) und für die Frage, inwieweit Führungskräfte bei Zahlung einer Abfindung auch ohne gesetzlichen Kündigungsgrund zum Ausscheiden gezwungen werden können (§ 14 Abs. 2 KSchG). Allerdings ist der Begriff im KSchG abweichend definiert! – Dagegen hat der oft in diesem Zusammenhang erwähnte Begriff des AT-(außertariflichen) Angestellten eine ganz andere Bedeutung. Hier geht es um die Frage, auf welche Angestellten die einschlägigen Tarifverträge anzuwenden sind. Und das kann nur dem jeweiligen Tarifvertrag selbst entnommen werden.

Der *leitende Angestellte* nach § 5 Abs. 3 BetrVG ist hingegen ein *Gesetzes*begriff, der im Streitfall nur von den Gerichten verbindlich ausgelegt werden kann. Betriebliche Zuordnungen oder Vereinbarungen sind juristisch belanglos. Das gilt für Absprachen mit dem Betriebsrat genauso wie für Briefe der Geschäftsleitung. Wer leitender Angestellter im Sinne des Gesetzes ist, braucht solche Bestätigungen nicht – und wer es nicht ist, dem nützen sie nichts. Nach § 5 Abs. 3 BetrVG ist leitender Angestellter, wer

1) zur selbständigen Einstellung und Entlassung von im Betrieb oder in der Betriebsabteilung beschäftigten Arbeitnehmern berechtigt ist oder
2) Generalvollmacht oder Prokura hat und die Prokura auch im Verhältnis zum Arbeitgeber nicht unbedeutend ist oder
3) regelmäßig sonstige Aufgaben wahrnimmt, die für den Bestand und die Entwicklung des Unternehmens oder eines Betriebs von Bedeutung sind und deren Erfüllung besondere Erfahrungen und Kenntnisse voraussetzt, wenn er dabei entweder die Entscheidungen im wesentlichen frei von Weisungen trifft oder sie maßgeblich beeinflußt; dies kann auch bei Vorgaben insbesondere aufgrund von Rechtsvorschriften, Plänen oder Richtlinien sowie bei Zusammenarbeit mit anderen leitenden Angestellten gegeben sein.

Daß unterhalb der Geschäftsleitung jemand berechtigt ist, *selbständig* Einstellungen und Entlassungen vorzunehmen, darf als die absolute Ausnahme angesehen werden. In den meisten Unternehmen müssen Personalwesen und Fachabteilung zusammenwirken.

Nach § 5 Abs. 3 Nr. 2 BetrVG genügt es, daß „die Prokura auch im Verhältnis zum Arbeitgeber nicht unbedeutend ist". Wann ist etwas nicht unbedeutend? Muß es dafür bedeutend sein? Und was ist das? Das verläßt den Bereich des Justitiablen, schafft Stoff für Dauerkonflikte und ein Beschäftigungsprogramm für Rechtsanwälte.

Mit dem Siegeszug der GmbH bzw. GmbH & Co. KG selbst in den kleinsten Handwerksbetrieb ist das einzelkaufmännische Unternehmen praktisch ausgestorben und mit ihm der klassische Generalbevollmächtigte im Stile eines Berthold Beitz.

Damit ist im Grunde einziger Maßstab für die Frage „leitend oder nicht" die dunkel formulierte Nr. 3, die von nicht wenigen Kritikern als „Wortgeklingel" oder „Gesetzeslyrik" abgetan wird. Deshalb hat der Gesetzgeber sich bemüßigt gefühlt, zur Erläuterung des Abs. 3 Nr. 3 noch einen Abs. 4 folgen zu lassen mit dem Inhalt: „Leitender Angestellter nach Absatz 3 Nr. 3 ist im Zweifel, wer

1) aus Anlaß der letzten Wahl des Betriebsrats, des Sprecherausschusses oder von Aufsichtsratsmitgliedern der Arbeitnehmer oder durch rechtskräftige gerichtliche Entscheidung den leitenden Angestellten zugeordnet worden ist oder

2) einer Leitungsebene angehört, auf der in dem Unternehmen überwiegend leitende Angestellte vertreten sind, oder

3) ein regelmäßiges Jahresarbeitsentgelt erhält, das für leitende Angestellte in dem Unternehmen üblich ist, oder,

4) falls auch bei der Anwendung der Nummer 3 noch Zweifel bleiben, ein regelmäßiges Jahresarbeitsentgelt erhält, das das Dreifache der Bezugsgröße nach § 18 des Vierten Buches Sozialgesetzbuch überschreitet."

Das hat die Kritik mit Recht nicht verstummen lassen. Zum einen gelten die Merkmale nur *im Zweifel,* und das heißt: Im Einzelfall kann auch das Gegenteil richtig sein. Zum anderen enthalten zumindest die ersten drei Ziffern keine Gesichtspunkte, die nicht auch in der bisherigen Diskussion schon eine Rolle gespielt hätten. Umstritten war lediglich ihr Gewicht, und das bleibt weiterhin unbestimmt. Ob nun das Dreifache der Bezugsgröße aus der sogenannten Rentenformel ein geeignetes Kriterium ist, um Funktionsträger, nämlich „angestellte Unternehmer", aus der Geltung des BetrVG auszugrenzen, erscheint vielen zweifelhaft.

Praktisch empfiehlt sich trotz Gesetzesänderung immer noch die einvernehmliche Regelung zusammen mit dem Betriebsrat und den Betroffenen. Derartige Vereinbarungen binden die Gerichte – wie oben dargestellt – selbstverständlich nicht. Aber ihr Zweck ist ja gerade, es nicht zu gerichtlichen Auseinandersetzungen kommen zu lassen. Eben das hat der Gesetzgeber durch das „Gesetz über Sprecherausschüsse der leitenden Angestellten" vom 20. 12. 1988 zusätzlich erschwert. Konnten leitende Angestellte früher einer „Vereinnahmung" durch den Wahlvorstand dadurch pragmatisch entgehen, indem sie sich einfach nicht an der Betriebsratswahl beteiligten, so muß dies seit 1990 entschieden werden. Denn die Wahlberechtigung besteht nur entweder zum Betriebsrat oder zum Sprecherausschuß. Wer Sinn für Humor hat, lese § 18 a BetrVG über die „Zuordnung von leitenden Angestellten bei Wahlen": Nachdem vom Appell zur Einigung über den Vermittler bis zum Losentscheid nichts ausgelassen worden ist, heißt es im letzten Absatz anwaltfreundlich: „Durch die Zuordnung wird der Rechtsweg nicht ausgeschlossen."

Lediglich am Rande sei vermerkt, daß der *Sprecherausschuß* in gar keiner Weise mit dem Betriebsrat verglichen werden kann. Er hat nicht ein einziges echtes Mitsprecherecht, und seine Mitglieder genießen keinen besonderen Kündigungsschutz. Also wird der Sprecherausschuß wohl auch künftig so ernst genommen werden wie die Personen, die ihn bilden. Aber dafür braucht man kein Gesetz, das 24 Paragraphen auf Organisation und Verfahren verwendet und ganze vier auf (Schein-)Kompetenzen.

3. Gremien, insbesondere Betriebsrat, Gesamtbetriebsrat, Wirtschaftsausschuß

Da es um die gesetzliche Verfassung des *Betriebes* geht, ist das zentrale Gremium der Betriebsrat. Sein Vorsitzender ist nach § 26 BetrVG berechtigt, für den Betriebsrat Erklärungen abzugeben und entgegenzunehmen, nicht aber an Stelle des Betriebsrats zu handeln. Juristisch ausgedrückt: Der Vorsitzende vertritt den Betriebsrat in der Erklärung, nicht im Willen. In Betrieben mit neun- und mehrköpfigem Betriebsrat (ab 300 Arbeitnehmern) führt ein Betriebsausschuß die laufenden Geschäfte. Ihm wie auch weiteren Ausschüssen nach § 28 BetrVG können Aufgaben zur selbständigen Erledigung übertragen werden (außer Abschluß von Betriebsvereinbarungen). Dann handelt der Ausschuß an Stelle des Betriebsrats. Dies ist besonders verbreitet und empfehlenswert bei eilbedürftigen Angelegenheiten wie beispielsweise personellen Maßnahmen oder bei hohen Spezialisierungsanforderungen wie beispielsweise Datenverarbeitung oder neuen Techniken.

Betriebsausschüsse können sich spezialisieren, aber immer nur für bestimmte Aufgaben, nicht für bestimmte Betriebsbereiche. Tatsächlich finden sich in vielen Großbetrieben sogenannte Bereichs- oder Abteilungsbetriebsräte. Denn Arbeitszeitregelungen für einzelne Bereiche lassen sich mit den dort tätigen Betriebsratsmitgliedern meist sachgerecht und schneller treffen.

Bürokratische Juristen packt Entsetzen: Aber das geht doch gar nicht; nach dem Gesetz gibt es doch gar keine „Bereichsbetriebsräte". Pragmatische Rechtsberater meinen: Das geht halt nur so lange, wie niemand widerspricht. Verlangt der neugewählte Betriebsrat, daß Mehrarbeit – wo auch immer – allein mit ihm zu vereinbaren sei, dann hat er recht, und es muß künftig so verfahren werden. Praktiker behaupten sogar, daß es von Vorteil sei, zunächst mit jemandem zu verhandeln, der im Rechtssinne gar nicht zuständig, aber hautnah am Geschehen ist. Ist man sich mit den Betroffenen einig, wird der Betriebsrat nur ungern die Rolle des „Störenfrieds" spielen wollen. Sagen die Betriebsratsmitglieder der Abteilung nein, kann man sein Glück noch beim in Wahrheit zuständigen Betriebsrat suchen. Schaltet man gleich den Betriebsrat ein und lehnt dieser ab, müßte man nun die Einigungsstelle anrufen und damit die Entscheidung betrieblicher Probleme einem betriebsfremden Dritten überlassen.

Während es „unterhalb" des Betriebsrats Ausschüsse gibt, sind „oberhalb" des Betriebsrats, nämlich auf Unternehmensebene, der Gesamtbetriebsrat und der Wirtschaftsausschuß sowie auf Konzernebene der Konzernbetriebsrat angesiedelt. Damit wird das *Betriebs*verfassungsgesetz in gewisser Hinsicht seinem eigenen Regelungsanspruch untreu. Das ist jedoch nur eine scheinbare Inkonsequenz. Denn der Gesamtbetriebsrat hat nur ganz wenige eigene Entscheidungskompetenzen, der Wirtschaftsausschuß gar keine.

Der Gesamtbetriebsrat (übrigens eine Delegiertenkonferenz, die nicht an Amtszeiten gebunden ist) ist originär nur zuständig für Angelegenheiten, „die nicht durch die einzelnen Betriebsräte innerhalb ihrer Betriebe geregelt werden können" (§ 50 Abs. 1 BetrVG). Da die zentralen Mitbestimmungsthemen jedoch betriebsbezogene Angelegenheiten sind (s. Punkt 5.2), geht es hier allenfalls um die betriebliche Altersversorgung, Jahreswagen, Personalrabatte, kurzum: freiwillige Sozialleistungen, bei denen der Gleichheitssatz eine unternehmenseinheitliche Regelung gebietet. Die Mitbestimmungsthemen mit Zukunft, wie beispielsweise Arbeitszeitmodelle, Wochenendarbeit, Mehrarbeit u. ä. fallen in die Zuständigkeit der einzelnen Betriebsräte. Diese können *einzelne* Angelegenheiten (nicht Mitbestimmungsbereiche!) auf den Gesamtbetriebsrat übertragen. Dann handelt der Gesamtbetriebsrat insoweit als „Agent", aber nur für die Betriebe, die tatsächlich delegiert haben; es gibt keine Majorisierung der selbst verhandelnden Betriebsräte.

Eine die *Betriebs*verfassung transzendierende Einrichtung ist der *Wirtschaftsausschuß*. Er ist bei mehr als 100 Arbeitnehmern auf Unternehmensebene zu errichten. Er befaßt sich mit wirtschaftlichen (finanziellen, Input- und Output-, Organisations- und Reorganisationsfragen, Rationalisierungsmaßnahmen); ihm können ausnahmsweise leitende Angestellte angehören. *Aber* eben deshalb hat er keinerlei Entscheidungskompetenzen, ja, er kann noch nicht einmal selbst seine gesetzlichen Informationsrechte vor dem Arbeitsgericht einklagen.

Im umgekehrten Verhältnis zu seinen rechtlichen Kompetenzen steht jedoch oft seine unternehmenspolitische Bedeutung. Wenn der Wirtschaftsausschuß von der Arbeitnehmerseite hochkarätig besetzt ist, spielt die fehlende Beschlußkompetenz überhaupt keine Rolle. Wenn die „opinion leaders" aus den Einzelbetriebsräten ihre Politik verabreden, brauchen sie keine Beschlüsse. Ihr Gewicht bürgt dafür, daß diese Politik mit den Mitbestimmungsrechten der einzelnen Betriebsräte auch durchgesetzt wird. Die Vertreter des Unternehmens sind deshalb gut beraten, einen solchen Wirtschaftsausschuß nicht defensiv als lästigen „Papiertiger" zu behandeln, sondern ihn frühestmöglich und konstruktiv in die Unternehmensplanung und -politik einzubeziehen.

Mit der Jugend- und Auszubildendenvertretung haben Führungskräfte rechtlich unmittelbar nie zu tun. Sie handelt über den Betriebsrat, und das sollte im Eigeninteresse respektiert werden.

4. Kompetenzen

4.1 Abgestufte Beteiligungsrechte

Nicht nur in der Praxis wird gern für jede Form der Beteiligung des Betriebsrats das Wort „Mitbestimmung" benutzt. Auch das Gesetz macht hiervon in inflationärer Weise Gebrauch. So werden z.B. die Anhörung des Betriebsrats vor der Kündigung oder das Zustimmungserfordernis bei Einstellung und Versetzung in der amtlichen Überschrift zu den §§ 102 und 99 BetrVG als „Mitbestimmung" bezeichnet, obwohl schon der erste Satz des Gesetzestextes die zutreffenden juristischen Termini verwendet.

Rechtlich gesehen geht es um ein subtil abgestuftes System von Beteiligungsrechten, das sich um eine sachgerechte Balance zwischen verfassungsrechtlich garantierter Unternehmerfreiheit und Teilhabe der Beschäftigten durch ihre demokratisch gewählten Vertreter bemüht:

— Informations- und Beratungsrechte bei Investitions- und Organisationsentscheidungen (§§ 90, 92 BetrVG);
— Anhörungsrecht bei der Kündigung (§ 102 BetrVG);
— Zustimmungserfordernis bei Einstellung und Versetzung (§ 99 BetrVG);

– Mitbestimmung bei allen kollektiven Rahmenbedingungen, denen der einzelne Arbeitnehmer sich unterwerfen muß, damit ein so kompliziertes Gebilde wie der moderne Betrieb überhaupt funktionieren kann, vom Gesetz so genannte soziale Angelegenheiten nach § 87 BetrVG.

Entsprechend der Intensität des Beteiligungsrechtes stellen sich die Konsequenzen im Falle der Nichtbeachtung dar:

Da es bei *Informations- und Beratungsrechten* nicht um eine inhaltliche Einschränkung der unternehmerischen Entscheidungsfreiheit geht, kann die Wirksamkeit der Entscheidung nicht davon abhängen, ob das Procedere beachtet worden ist. Aber der Betriebsrat kann – notfalls im Wege der einstweiligen Verfügung – so lange blockieren, bis der Unternehmer die unterbliebene Information und Beratung nachgeholt hat. Aus dem Zeitplan zu fallen, kann aber – z.B. bei Einführung einer neuen Computergeneration – praktisch ebenso schmerzlich sein wie die Ablehnung.

Und noch eines: Die Nichtbeachtung gesetzlicher Informationsrechte löst in aller Regel beim Betriebsrat mehr Empörung und Revanchegelüste aus als eine Panne im Bereich echter Mitbestimmung. Das ist vielen Führungskräften nicht genügend klar, wenn sie meinen, schließlich gehe es ja „nur" um einen Verfahrensfehler, an die Sachentscheidung komme der Betriebsrat doch gar nicht heran. Der Betriebsrat sieht dies – mit Recht! – anders: Gerade weil er „nur" ein Informations- und Beratungsrecht hat, also allein durch überzeugende Argumente im Vorfeld der Unternehmerentscheidung diese beeinflussen kann, muß er diese Rechte energisch verteidigen. Würde der Betriebsrat es dulden, hier regelmäßig vor vollendete Tatsachen gestellt zu werden, könnte man die Informations- und Beratungsrechte getrost streichen. Bei echten Mitbestimmungsrechten hat der Betriebsrat hingegen allen Grund zur Gelassenheit, weiß er doch, ohne oder gar gegen ihn läuft hier gar nichts.

Das *Anhörungsrecht* vor der Kündigung ist verfahrensmäßig hoch sanktioniert. Eine ohne bzw. ohne ordnungsgemäße Anhörung des Betriebsrats ausgesprochene Kündigung ist nichtig – absolut und unheilbar (§ 102 Abs. 1 Satz 3 BetrVG). Ist das Anhörungsverfahren hingegen ordnungsgemäß durchgeführt worden, hat der Betriebsrat keine *rechtliche* Möglichkeit, selbst unberechtigte Kündigungen zu verhindern. Ob er eine solche Kündigung hinnimmt oder durch Klage angreift, soll der gekündigte Mitarbeiter entscheiden. Das Gesetz will lediglich sicherstellen, daß der Arbeitgeber keine Entscheidung trifft, ohne dem Betriebsrat zuvor Gelegenheit gegeben zu haben, seine Meinung zu äußern und zu begründen.

Betriebspolitisch kommt dem Votum des Betriebsrats selbstverständlich ein nicht zu überschätzender Stellenwert zu. Widerspricht der Betriebsrat mit bedenkenswerten Gründen der beabsichtigten Kündigung, ist es vernünftiger, hier zurückzustecken, als sich die Unwirksamkeit der Kündigung „im Namen des Volkes" vom Arbeitsgericht bestätigen zu lassen. Ein differenziert reagierender Betriebsrat bestimmt weitgehend das Klagverhalten des gekündigten Mitarbeiters. Selbstverständlich kann der Gekündigte auch dann klagen, wenn der Betriebsrat der Kündigung zugestimmt hat. Aber praktisch geschieht dies relativ selten. Hat der Betriebsrat der Kündigung hingegen ausdrücklich widersprochen und auch noch triftige Gründe i.S. von § 102 Abs. 3 BetrVG angegeben, ist eine gerichtliche Auseinandersetzung eigentlich kaum noch zu vermeiden – es sei denn, daß man sich auf eine Trennung im gegenseitigen Einvernehmen einigen kann (zu den Kündigungsgründen vgl. den Beitrag: Arbeitsrecht für Vorgesetzte, in diesem Band).

Die *Zustimmungserfordernis* z.B. bei Einstellung und Versetzung nach § 99 BetrVG gibt dem Betriebsrat – anders als bei der Kündigung – die Möglichkeit, die beabsichtigte Maßnahme zu verhindern. Dies ist allerdings allein aus den im Gesetz abschließend aufgeführten sechs Weigerungsgründen möglich (vgl. im einzelnen Punkt 4.4). Im Streitfall entscheidet das Arbeitsgericht, und zwar in strikter Bindung an die gesetzlichen Tatbestände. Für Zweckmäßigkeitserwägungen ist hier kein Raum: Entweder der Betriebsrat verweigert die Zustimmung mit Recht, oder sie muß gerichtlich ersetzt werden.

Ganz anders ist dies bei der *echten Mitbestimmung*. Es gibt keinen Numerus clausus beachtlicher Argumente. Jedes vernünftige Argument muß geprüft und berücksichtigt werden. Es gibt nicht *eine* richtige Entscheidung, vielmehr ist eine Lösung zu suchen, die nach billigem Ermessen sowohl die Interessen des Betriebes wie auch der betroffenen Arbeitnehmer angemessen berücksichtigt. Es geht also nicht um Rechtsfindung, sondern um Gestaltung. Deshalb ist die Entscheidung nicht den an das Gesetz gebundenen Gerichten übertragen, sondern einer betrieblichen Schiedsstelle, die hier *Einigungsstelle* heißt (§ 76 BetrVG). Echte Mitbestimmungstatbestände kann man deshalb an dem lapidaren Satz erkennen: „Kommt eine Einigung nicht zustande, so entscheidet die Einigungsstelle."

Erfahrene Betriebsräte wissen aber auch umgekehrt, je ergreifender der verbale Aufwand einer Norm („rechtzeitig und umfassend", „anhand von Unterlagen", „gegenwärtige und künftige Auswirkungen" usw.), desto sicherer ist: Es geht nicht um wirkliche Mitbestimmung. Denn bei echter Mitbestimmung vertraut der Gesetzgeber völlig zu Recht auf die Eigeninteressen der Unternehmen. Wenn etwas nur mit dem Betriebsrat machbar ist, dann ist es ein Gebot der Vernunft, rechtzeitig das Gespräch zu suchen, alle Informationen zu geben, die Konsequenzen aufzuzeigen, Bedenken auszuräumen usw. Dafür brauchen Führungskräfte keine Handlungsanleitungen vom Gesetzgeber.

4.2 Informations- und Beratungsrechte insbesondere bei Investitionen und Personalplanung

Änderungen bei Arbeitsplatz, Arbeitsablauf und Arbeitsumgebung sowie personelle Maßnahmen können letztlich nur begründet und beurteilt werden, wenn die damit verfolgten Ziele und das dahinterstehende unternehmerische Konzept offengelegt werden. Ziele zu setzen und den Weg zu ihrer Erreichung festzulegen, gehört zu den unternehmenspolitischen Vorgaben, die von der betrieblichen Mitbestimmung nicht erreicht werden und wegen der Eigentumsgarantie in Art. 14 GG auch nicht erreicht werden können. Andererseits können solche Vorgaben für die Arbeitnehmer von einschneidender Bedeutung sein bis hin zum Arbeitsplatzverlust bei Betriebsstillegungen. Das BetrVG sieht deshalb eine Fülle von Informations-, Konsultations- und Einigungsprozeduren vor, ohne jedoch das Letztentscheidungsrecht der zuständigen Unternehmensorgane (Vorstand, Aufsichtsrat, Hauptversammlung) in Frage zu stellen.

So ist beispielsweise vor einer geplanten Stillegung von Betrieben oder Betriebsteilen zunächst der Wirtschaftsausschuß zu unterrichten (§ 106 Abs. 1 i. V. m. Abs. 3 Nr. 6 BetrVG), sodann der zuständige Betriebsrat (§ 111 Satz 2 Nr. 1 BetrVG). Mit diesem ist der Versuch einer Einigung über das Ob, das Wie und Wann zu unternehmen (Interessenausgleich). Scheitert dies, ist die Einigungsstelle anzurufen (§ 112 BetrVG). Gelingt auch hier keine Einigung, so kann die Einigungsstelle zwar über den

Sozialplan, also über die Folgekosten verbindlich entscheiden, *nicht* aber über die Stilllegung selbst! Es leuchtet ein, daß Versteckspielen oder Verzögerungstaktik angesichts der langwierigen Prozeduren den Unternehmer nur unter wachsenden Zeitdruck bringen. Für das Tagesgeschäft der Führungskräfte sind jedoch die Beteiligungsrechte des Betriebsrats bei Änderungen im Bereich von Arbeit und Technik von größerem Interesse.

Die *Gestaltung von Arbeitsplatz, Arbeitsablauf und Arbeitsumgebung* hat erst durch die Novelle von 1972 als 4. Abschnitt Eingang unter die Mitwirkungsrechte des Betriebsrats gefunden. § 90 Abs. 1 BetrVG verpflichtet den Arbeitgeber, den Betriebsrat über entsprechende Planungen rechtzeitig und unter Vorlage der erforderlichen Unterlagen zu unterrichten. Abs. 2 in der Fassung des Gesetzes vom 23. 12. 1988 lautet:

„Der Arbeitgeber hat mit dem Betriebsrat die vorgesehenen Maßnahmen und ihre Auswirkungen auf die Arbeitnehmer, insbesondere auf die Art ihrer Arbeit sowie die sich daraus ergebenden Anforderungen an die Arbeitnehmer so rechtzeitig zu beraten, daß Vorschläge und Bedenken des Betriebsrats bei der Planung berücksichtigt werden können. Arbeitgeber und Betriebsrat sollen dabei auch die gesicherten arbeitswissenschaftlichen Erkenntnisse über die menschengerechte Gestaltung der Arbeit berücksichtigen."

Damit ist einerseits klargestellt, daß der Unternehmer nicht – wie bis 1972 – den Betriebsrat unter Hinweis auf seine Entscheidungsfreiheit für unzuständig erklären kann. Ganz im Gegenteil: Das Gesetz hat dem Unternehmer eine „Bringschuld" auferlegt, d. h. er kann sich nicht darauf berufen, stets alle Fragen des Betriebsrats beantwortet zu haben; er muß von sich aus aktiv werden, sonst handelt er nach § 121 BetrVG ordnungswidrig.

Andererseits steht dem Betriebsrat – entgegen der Überschrift des § 91 BetrVG – kein wirkliches Mitbestimmungsrecht zu. Denn es fehlt nicht nur am Initiativrecht des Betriebsrats, es gibt auch keine eigentliche Regelungsfreiheit. Die Mitbestimmung des Betriebsrats – und damit die Zuständigkeit der Einigungsstelle – greift nämlich nur, wenn „die Arbeitnehmer durch Änderungen der Arbeitsplätze, des Arbeitsablaufs oder der Arbeitsumgebung, die den gesicherten arbeitswissenschaftlichen Erkenntnissen über die menschengerechte Gestaltung der Arbeit offensichtlich widersprechen, in besonderer Weise belastet" werden. Von echter Mitbestimmung kann aber nur dann die Rede sein, wenn das Gesetz lediglich das Feld der Regelung benennt, aber keine Vorgaben für den *Inhalt* der Regelung festschreibt (vgl. dazu Kapitel 5.1).

Ob zum Schweißen und Lackieren künftig nur noch Roboter eingesetzt werden, ob Flugzeuge mit Drei- oder Zwei-Mann-Cockpit angeschafft werden, ob die Experimente mit Verpackungsautomaten fortgesetzt oder abgebrochen werden – alles das entscheidet am Ende der Unternehmer. Damit kann der Betriebsrat zwar nie eine bestimmte Lösung erzwingen, er kann aber sehr wohl jede Änderung blockieren, solange der Unternehmer seiner Informations- und Beratungspflicht nicht genügt hat. Hier kommt es in der Praxis immer wieder zu dramatischen und dabei völlig überflüssigen Konflikten – überflüssig deshalb, weil sie durchweg auf Mißverständnissen beruhen.

Ein Beispiel: Ein Kraftwerksleiter hört in einem Seminar mit wachsendem Staunen, daß er seinen Betriebsrat bereits über die Planung einer Erweiterung um einen neuen Block informieren müsse. Ungläubig fragt er: „Muß ich in Einzelheiten die Funktionsweise eines neuen Reaktortyps erklären?" Auf die Antwort, daß alle vier Tatbestände von § 90 Abs. 1 (1. Erweiterungsbau, 2. technische Anlage, 3. neues Arbeitsverfahren und 4. neue Arbeitsplätze) einschlägig seien, kommt die Aussage:

„Da müßte der Betriebsrat erst mal Physik studieren." – Genau das ist das Mißverständnis: die Angst, die eigene fachliche Kompetenz könnte in Frage gestellt werden. Die physikalische Seite interessiert jedoch den Betriebsrat am wenigsten. Er will wissen: Gibt es noch Tageslicht, wie sind die Instrumente angeordnet, wie ist die Normalschichtbesetzung kalkuliert, wie die Reserven, Ablösungen usw.? Um hierüber sinnvoll diskutieren und entscheiden zu können, muß man nicht Physik studiert haben!

„Humanisierungsinvestitionen" (und das kann der Wunsch nach Musikberieselung in den Sanitärräumen sein) müssen nicht besonders teuer sein, Nachrüstungen dagegen sind es fast immer. Und was bei den Mitarbeitern „ankommt" oder auch nicht, weiß ein Betriebsrat häufig besser als ein ganzes Büro akademischer Planer.

Auch bei der *Personalplanung* liegt das Letztentscheidungsrecht beim Unternehmen und seinen zuständigen Organen. Aber auch hier verpflichtet das Gesetz den Unternehmer zu rechtzeitiger und umfassender Unterrichtung und Beratung (§ 92 BetrVG). Und dennoch besteht ein ganz erheblicher Unterschied zu den Investitions- und Organisationsentscheidungen der §§ 90/91 BetrVG. Hier kann der Unternehmer juristisch „nur" den Fehler machen, nicht rechtzeitig oder nicht umfassend zu informieren. Ist beides ordnungsgemäß geschehen, kann er entscheiden und seine Entscheidung umsetzen.

Anders ist dies bei der Personalplanung. Auch hier kann der Unternehmer entscheiden, daß beispielsweise die Zahl der Stellen entgegen allen Forderungen des Betriebsrats nicht erhöht wird. Aber diese Entscheidung steht zunächst einmal auf dem Papier. Sobald sie in einer Engpaßsituation durchgehalten werden soll – durch Mehrarbeit, Anforderung von Leiharbeitnehmern, Umsetzung aus einer besser besetzten Schicht, Abruf von Teilzeitkräften –, stets sind weitere Rechte des Betriebsrats zu beachten, bis hin zur echten Mitbestimmung bei der Schichtorganisation und Mehrarbeit. Es liegt auf der Hand: Alles, was bei der Personalplanung nicht ausdiskutiert worden ist, hier wird es wieder aufs Tapet gebracht.

Abbildung 1 soll verdeutlichen: Obwohl *alle* Planungsentscheidungen – trotz bestehender Informations- und Beratungspflichten – am Ende auf einer freien Unternehmerentscheidung beruhen, nimmt die Entscheidung über die Personalplanung doch eine wichtige Sonderstellung ein. Allein hier gibt es weitere und sogar weitergehende Beteiligungsrechte bei der Umsetzung:

— Anhörung bei Kündigungen (s. u.)
— Zustimmung bei Einstellungen/Versetzungen (s. Kapitel 4.4)
— echte Mitbestimmung bei Kurzarbeit, Mehrarbeit und allen Arbeitszeitregelungen, einschl. Organisation von Schichtsystemen (s. Kapitel 5.2).

4.3 Anhörung vor Kündigungen (§ 102 BetrVG)

Sieht man allein auf die juristischen Durchsetzungsmöglichkeiten, so ist das Anhörungsrecht unter ihnen das schwächste: Selbst der form- und fristgerechte und zutreffende Widerspruch des Betriebsrats gegen eine Kündigung hindert den Arbeitgeber nicht, die Kündigung dennoch auszusprechen. Ob die Kündigung am Ende Bestand hat oder nicht, liegt nun nicht mehr beim Betriebsrat, sondern allein beim Gekündigten. Nimmt er die Kündigung klaglos hin, so werden selbst eine unbegründete fristlose Kündigung sowie eine sozial ungerechtfertigte ordentliche Kündigung rechtswirksam (§§ 4, 7, 13 Abs. 1 KSchG).

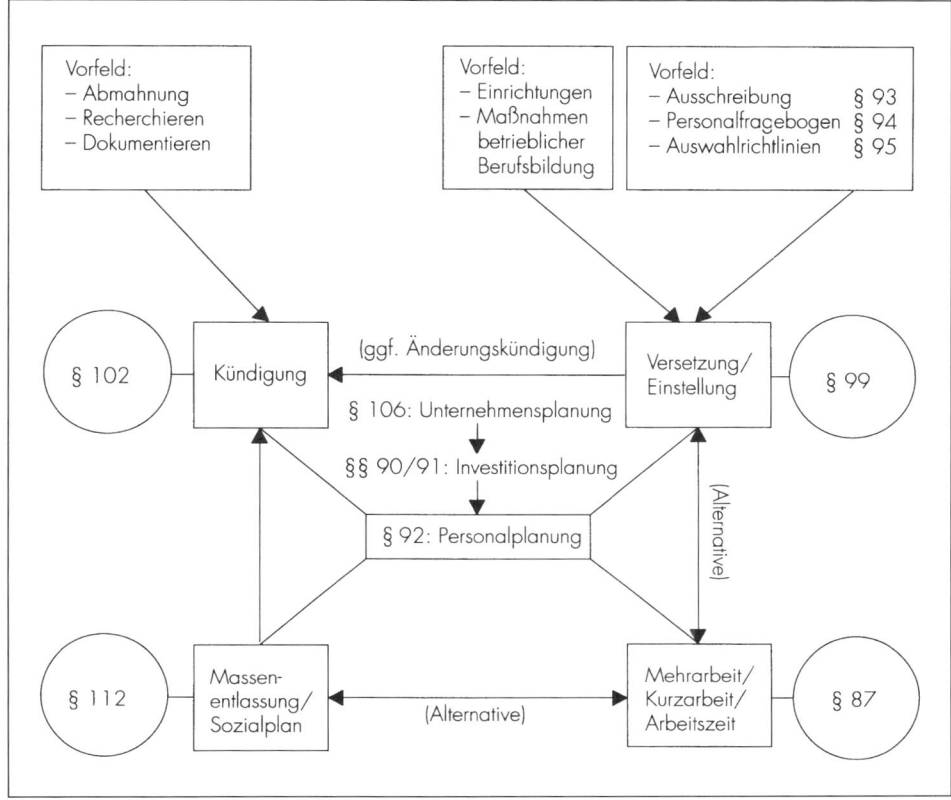

Abb. 1: Von der Personalplanung zur personellen Einzelmaßnahme

Lediglich an einer Stelle wird die rein individualrechtliche Ausgestaltung des materiellen Kündigungsrechts durchbrochen: Haben Arbeitgeber und Betriebsrat eine Richtlinie über die Gewichtung der sozialen Gesichtspunkte oder im Rahmen eines Interessenausgleichs eine Entlassungsliste vereinbart, so tritt kraft Gesetz eine gewisse Stabilisierung dieser kollektiven Bewertung ein. Richtlinie und Sozialauswahl können nur noch auf grobe Fehlerhaftigkeit gerichtlich überprüft werden (§ 1 Abs. 4 und 5 KSchG).

Die Sanktion bei Nichtanhörung des Betriebsrats zählt zu den rigidesten im Betriebsverfassungsrecht: Die Kündigung ist nichtig. Selbst eine unwirksame Betriebsvereinbarung kann als Regelungsabrede oder betriebliche Übung durchaus von rechtlichem Belang sein. Auch Fehler des Arbeitgebers bei der Einstellung können durch spätere Zustimmung des Betriebsrats „geheilt" werden. Eine Kündigung ohne *vorherige* Anhörung ist dagegen unheilbar nichtig. Dasselbe gilt für eine nicht ordnungsgemäße Anhörung, weil das BAG eine fehlerhafte einer fehlenden Anhörung gleichstellt (BAG v. 16. 9. 1993, DB 1994 S. 381 = NZA 1994 S. 311). Das Anhörungsverfahren muß wiederholt werden. Deshalb ist es kein Mißtrauen gegenüber dem Betriebsrat, wenn das Anhörungsverfahren mit geradezu buchhalterischer Pedanterie durchgeführt und dokumentiert wird. Das Anhörungsverfahren ist beendet, wenn der Betriebsrat

- definitiv zur Kündigungsabsicht Stellung nimmt;
- erklärt, daß er sich nicht äußern wolle (z. B. weil er den Betroffenen für einen leitenden Angestellten hält);
- länger als eine Woche sich nicht erklärt.

Voraussetzung ist in jedem Fall, daß das Anhörungsverfahren vom Arbeitgeber ordnungsgemäß eingeleitet worden ist. Unverzichtbar hierfür ist, daß der Arbeitgeber Angaben darüber macht, ob ordentlich oder außerordentlich gekündigt werden, ob es sich um eine Entlassungs- oder Änderungskündigung handeln soll usw. Bei ordentlicher Kündigung ist die Mitteilung der Kündigungsfrist unverzichtbar.

Ein Unternehmen löst seine Niederlassung in Berlin vollständig auf. Man bietet dem dort tätigen Bezirksverkaufsleiter eine entsprechende Stelle in Wuppertal an und setzt ihm am 20. 11. eine Erklärungsfrist bis zum 30. 11. Zugleich wird der Betriebsrat zu einer beabsichtigten Änderungskündigung angehört. Am 27. 11. widerspricht der Betriebsrat der Änderungskündigung, am 30. 11. lehnt der Bezirksverkaufsleiter das Versetzungsangebot ab. Am 7. 12. kündigt der Arbeitgeber das bestehende Arbeitsverhältnis mit der Begründung, daß es in Berlin keine weiteren Beschäftigungsmöglichkeiten mehr gebe und der Arbeitnehmer das einzige Ersatzangebot abgelehnt habe. Obwohl die ausgesprochene Kündigung wegen dringender betrieblicher Erfordernisse i. S. von § 1 KSchG sozial gerechtfertigt ist, gewinnt der Bezirksverkaufsleiter den von ihm angestrengten Kündigungsschutzprozeß in allen Instanzen (BAG v. 30. 11. 1989, DB 1990 S. 993 = NZA 1990 S. 529).

Da der Arbeitgeber den Betriebsrat hier allein zu einer Änderungskündigung angehört hatte, fehlte es für die später tatsächlich ausgesprochene Beendigungskündigung an einer ordnungsgemäßen Anhörung i. S. von § 102 BetrVG. Will der Arbeitgeber sich eine erneute Anhörung zur Beendigungskündigung nach Ablehnung des Änderungsangebots durch den Arbeitnehmer ersparen, so muß er gegenüber dem Betriebsrat detailliert darlegen, aus welchen Gründen bei Ablehnung des Änderungsangebots durch den Mitarbeiter eine Beendigungskündigung unvermeidlich ist.

Kasten 1: Anhörung vor Kündigungen

Unverzichtbar für ein ordnungsgemäßes Anhörungsverfahren ist auch die Angabe der Gründe, aus denen gekündigt werden soll. Unter „Gründen" versteht die Rechtsprechung grundsätzlich die Angabe der *Tatsachen,* auf die der Arbeitgeber seine Kündigung stützen will. Tatsachen, die im Anhörungsverfahren nicht mitgeteilt werden, können in einem späteren Kündigungsschutzprozeß nicht berücksichtigt werden. Ausnahmsweise läßt das BAG (v. 18. 5. 1994, DB 1994 S. 1984 = NZA 1995 S. 24) als Begründung die Mitteilung von Werturteilen genügen, wenn diese das Kündigungsmotiv des Arbeitgebers sind und das Arbeitsverhältnis noch *nicht* unter Kündigungsschutz fällt (vgl. dazu den Artikel: Arbeitsrecht für Vorgesetzte, in diesem Band).

4.4   Zustimmungsrecht (§ 99 BetrVG)

Nach Meinung des BAG soll die Konsequenz einer ohne Beteiligung des Betriebsrats durchgeführten personellen Einzelmaßnahme bei einer Versetzung eine andere sein als bei einer Einstellung. Eine ohne Zustimmung des Betriebsrats angeordnete Versetzung ist nichtig (BAG v. 26.1.1988, DB 1988 S. 1167 = NZA 1988 S. 476). Dagegen ist ein ohne Zustimmung des Betriebsrats abgeschlossener Arbeitsvertrag voll wirksam (BAG v. 2.7.1980, BB 1981 S. 119 = DB 1981 S. 272). Das hört sich für den Arbeitgeber positiver an, als es ist. Denn der Betriebsrat kann im Verfahren nach § 101 BetrVG ein Beschäftigungsverbot erzwingen. Der Arbeitgeber ist nunmehr zur Zahlung der vereinbarten Vergütung verpflichtet und darf aufgrund des gerichtlichen Verbots die Arbeitsleistung nicht annehmen (§ 615 BGB).

Der Betriebsrat hat bei allen personellen Einzelmaßnahmen nach § 99 Abs. 1 BetrVG weitgehende Informationsrechte. Auf Verlangen sind ihm die Bewerbungsunterlagen *aller* Bewerber auszuhändigen, und zwar bis zur Dauer von einer Woche (BAG v. 3.12.1985, DB 1986 S. 917 = NZA 1986 S. 335). Er kann auch darüber hinausgehende Auskünfte verlangen. Hingegen hat der Betriebsrat keinen Anspruch auf die Teilnahme am Einstellungsgespräch oder auf ein eigenes Gespräch mit dem Bewerber sowie auf Vorlage des Arbeitsvertrages (BAG v. 18.10.1988, DB 1989 S. 530 = NZA 1989 S. 355) und Unterrichtung über die vereinbarte Vergütung (BAG v. 3.10.1989, DB 1980 S. 995 = NZA 1990 S. 231).

Während der Betriebsrat seine Zustimmung zu Einstellungen oder Versetzungen ohne irgendwelche Förmlichkeiten, ja sogar durch Schweigen während einer Woche nach entsprechender Information erteilen kann, muß die Verweigerung der Zustimmung

— innerhalb einer Woche,
— schriftlich und
— unter Abgabe von Gründen erfolgen.

In diesem Fall müßte der Arbeitgeber die fehlende Zustimmung durch einen Beschluß des Arbeitsgerichts ersetzen lassen, sofern die vom Betriebsrat genannten „Gründe" nicht lediglich Floskeln oder Argumente sind, die keinerlei Bezug zu den sechs gesetzlich aufgelisteten Weigerungsgründen des § 99 Abs. 2 BetrVG haben.

Nach *Ziffer 1* kann der Betriebsrat seine Zustimmung vor allem verweigern, wenn die personelle Maßnahme gegen ein Gesetz, eine Verordnung, eine Unfallverhütungsvorschrift, gegen einen Tarifvertrag oder eine Betriebsvereinbarung verstoßen würde. Ein wirklicher Konflikt unter seriösen Betriebspartnern ist hier allerdings nur sehr schwer vorstellbar. Denn welcher Arbeitgeber würde schon auf der Durchführung einer rechtswidrigen Maßnahme beharren, nachdem der Betriebsrat ihn ausdrücklich darauf hingewiesen hat.

Wahrscheinlicher ist es da schon, daß der eigentliche Konflikt gar nicht die Einstellung betrifft, sondern die Frage nach Einzelheiten der Vertragsgestaltung.

In § 3 Abs. 3 Manteltarifvertrag für den Einzelhandel Nordrhein-Westfalen vom 6.7.1990 heißt es: „Die Arbeitszeit soll wöchentlich mindestens 20 Stunden und am Tag mindestens 4 Stunden betragen und auf höchstens 5 Tage pro Woche verteilt werden. Hiervon kann abgewichen werden, wenn der Arbeitnehmer dies wünscht oder betriebliche Belange dies erfordern."

Ein Warenhaus will für den Dienstleistungsabend am Donnerstag fünf Hausfrauen mit einer geringeren Arbeitszeit als 20 Stunden in der Woche einstellen. Der Betriebsrat verweigert unter Hinweis auf die Regelung im Tarifvertrag seine Zustimmung. Arbeitsgericht und LAG Düsseldorf halten die Zustimmungsverweigerung für unberechtigt, weil der Betriebsrat sich nicht gegen die Einstellung wende, sondern nur gegen bestimmte Regelungen im Arbeitsvertrag. Das BAG hebt die Entscheidung des LAG mit folgender Begründung auf (BAG v. 28.1.1992, DB 1992 S. 1049 = NZA 1992 S. 606):

Sinn und Zweck des hier auszulegenden Tarifvertrages ist es, die Beschäftigung von Arbeitnehmern mit einer Wochenarbeitszeit von weniger als 20 Stunden von vornherein auszuschließen. Deshalb verstößt bereits die Einstellung von Mitarbeitern mit einer geringeren vertraglichen Arbeitszeit gegen den Tarifvertrag. Die Entscheidung darüber, ob die Zustimmungsverweigerung des Betriebsrats berechtigt war, hängt mithin allein davon ab, ob ein tariflicher Ausnahmefall (betriebliche Belange oder Wunsch der Arbeitnehmerinnen) tatsächlich gegeben war. Angesichts der gerichtsbekannten Haltung der zuständigen Gewerkschaft HBV spreche viel dafür, daß Engpässe, die durch die verlängerte Öffnungszeit am Donnerstag entstehen, nicht als „betriebliche Belange" i. S. des genannten Tarifvertrages anerkannt werden könnten.

Kasten 2: Zustimmungsverweigerung wegen Verstoßes gegen einen Tarifvertrag

Gelegentlich benutzt der Betriebsrat sein Zustimmungsverweigerungsrecht zur Einstellung auch als „Hebel", um eine höhere als die vorgesehene Eingruppierung zu erzwingen. Die Eingruppierung ist jedoch juristisch gesehen ein eigenes Thema und nicht Teil des zustimmungspflichtigen Einstellungsvorgangs. Selbst eine fehlende oder zu niedrige und damit tarifwidrige Eingruppierung gibt dem Betriebsrat nicht das Recht, der Einstellung zu widersprechen. Ein so begründeter Widerspruch ist unbeachtlich; nach Ablauf der Wochenfrist gilt die Zustimmung als erteilt (BAG v. 20.12.1988, DB 1989 S. 1240 = NZA 1989 S. 518). Auch der − selbst berechtigte − Hinweis des Betriebsrats darauf, daß eine im Vertrag vorgesehene Befristung unwirksam sei, steht der Einstellung nicht entgegen. Fragen der Wirksamkeit einer Befristung sind Fragen nach der denkbaren Beendigung des Arbeitsverhältnisses; sie bereits bei der Einstellung verbindlich entscheiden zu lassen, besteht kein berechtigtes Interesse (BAG v. 16.7.1985, DB 1986 S. 124 = NZA 1986 S. 163).

Nach *Ziffer 2* kann der Betriebsrat seine Zustimmung verweigern, wenn die personelle Maßnahme gegen eine Auswahlrichtlinie nach § 95 BetrVG verstoßen würde. Darunter versteht man einen Katalog von Kriterien, nach denen unter mehreren an sich in Betracht kommenden Bewerbern die Entscheidung für einen zu treffen und zu begründen ist. Keine Auswahlrichtlinien sind Stellenbeschreibungen und Anforderungsprofile, Funktionsbeschreibungen und Führungsrichtlinien. Da in Betrieben bis zu 1000 Arbeitnehmern die Aufstellung von Auswahlrichtlinien nicht erzwungen werden kann, hat es der Arbeitgeber im Grunde selbst in der Hand, wie stark Personalentscheidungen durch verbindliche Vorgaben oder Ermessensspielräume für den Einzelfall geprägt sein sollen.

Nach *Ziffer 3 und 4* kann der Betriebsrat die Zustimmung verweigern, wenn die durch Tatsachen begründete Besorgnis besteht, daß entweder der betreffende Arbeitnehmer selbst oder andere Arbeitnehmer dadurch benachteiligt würden, ohne daß dies aus betrieblichen oder persönlichen Gründen gerechtfertigt ist. Unter allen Weigerungsgründen spielt das Benachteiligungsverbot in der betrieblichen und gerichtlichen Praxis bei weitem die größte Rolle. Unter Nachteil versteht das Bundesarbeitsgericht jedoch nur die Verschlechterung des bisherigen rechtlichen oder tatsächlichen Status eines Arbeitnehmers. Davon kann auch dann nicht die Rede sein, wenn durch die Einstellung oder die Versetzung einem anderen Arbeitnehmer des Betriebes, der sich auf diesen Arbeitsplatz ebenfalls beworben hatte, jede Chance zur Beförderung genommen wird. Es liegt nämlich im Ermessen des Arbeitgebers, aus den Bewerbern die Person auszuwählen, die ihm am geeignetsten erscheint (so zuletzt BAG v. 13. 6. 1989, DB 1990 S. 283). Aber selbst wo eine Benachteiligung nicht zu bestreiten ist, ist die Maßnahme nicht in jedem Falle zu beanstanden. Vielmehr ist es nunmehr Sache des Arbeitgebers, darzutun und im Streitfalle auch zu beweisen, daß es für diese Maßnahme aus betrieblichen oder persönlichen Gründen ein unabweisbares Bedürfnis gibt.

Ziffer 5 gibt dem Betriebsrat das Recht, seine Zustimmung zu verweigern, wenn eine von ihm verlangte innerbetriebliche Ausschreibung unterblieben ist. Dabei ist die Form der Ausschreibung grundsätzlich Sache des Arbeitgebers. Es muß jedoch zu erkennen sein, um welche Stelle es sich handelt und welche Anforderungen an den Bewerber gestellt werden (BAG v. 23. 2. 1988, DB 1988 S. 1452 = NZA 1988 S. 551).

Die letzte *Ziffer 6* schließlich gibt dem Betriebsrat dann ein Weigerungsrecht, wenn die durch Tatsachen begründete Besorgnis besteht, daß der betreffende Arbeitnehmer den Betriebsfrieden durch gesetzwidriges Verhalten oder durch grobe Verstöße gegen die Regeln des geordneten Zusammenlebens stören würde. Es verblüfft wenig, daß die Standardkommentare Entscheidungen zu dieser Vorschrift nicht nachweisen. Denn wenn eine derartige Besorgnis wirklich durch Tatsachen begründet werden kann, wird der Arbeitgeber im Eigeninteresse von der Durchführung der Maßnahme absehen.

Eine der unerquicklichsten betrieblichen Situationen entsteht, wenn man sich mit dem Betriebsrat nicht – was selbst bei prinzipiell guter Zusammenarbeit schon einmal vorkommen kann – über das Vorliegen eines Weigerungsgrundes streitet, sondern darüber, ob es sich bei der beabsichtigten Maßnahme überhaupt um eine *Versetzung* handelt. Nicht wenige Vorgesetzte unterliegen hier dem Mißverständnis, daß bei einer entsprechenden vertraglichen Umsetzungsklausel oder gar einer ausdrücklichen Einverständniserklärung durch den betroffenen Arbeitnehmer die Zustimmung des Betriebsrats nicht mehr erforderlich sei. Dies ist ein – zuweilen folgenschwerer – Irrtum: Die eine Frage, die sich auch im betriebsratslosen Betrieb stellt, ist die, ob der Mitarbeiter sich eine Versetzung überhaupt gefallen lassen muß – oder ob hierfür eine Änderungskündigung notwendig ist. Diese Frage kann allein mit dem Arbeitsvertrag (Umfang der Arbeitspflicht) beantwortet werden. Eine ganz andere Frage ist, ob die Zustimmung des Betriebsrats erforderlich ist. Dabei geht es um die *gesetzlichen* Kompetenzen des Betriebsrats, und die können nur mit Hilfe des Betriebsverfassungs*gesetzes* geklärt werden (§ 95 Abs. 3 BetrVG).

Wie kompliziert, zeitaufwendig, unberechenbar und teuer eine gerichtliche Klärung von Versetzungsproblemen werden kann, mag der folgende Fall aus der jüngsten Rechtsprechung illustrieren.

Ein Diplom-Braumeister ist bei einer Brauerei als Betriebskontrolleur im Dreischichtbetrieb tätig. Die Brauerei ist mit seinen Leistungen unzufrieden und will ihn als Probenabholer in den Tagschichtbetrieb des Labors versetzen. Der

Betriebsrat wird zu einer entsprechenden Änderungskündigung angehört. Er lehnt seine Zustimmung unter Hinweis darauf ab, daß kein Versetzungsantrag vorliege. Als auch der nachgereichte Versetzungsantrag abgelehnt wird, beantragt der Arbeitgeber beim Arbeitsgericht die Ersetzung der fehlenden Zustimmung zur Versetzung vom Mehrschicht- in den Einschichtbetrieb. Das Arbeitsgericht lehnt diesen Antrag mit der Begründung ab, daß die Übernahme vom Mehrschicht- in den Einschichtbetrieb keine Versetzung i.S.v. § 95 Abs. 3 BetrVG sei. Der Braumeister klagt gegen die ihm inzwischen zugegangene Änderungskündigung. Das LAG Hannover hält die Änderungskündigung bereits deswegen für unwirksam, weil die nach § 99 BetrVG erforderliche Zustimmung des Betriebsrats fehle und auch vom Arbeitsgericht nicht ersetzt worden sei; es gehe nicht um Mehrschicht oder Tagschicht, sondern um die Versetzung aus der Produktion ins Labor.

Das BAG (Urteil v. 30.9.1993, DB 1994 S.637 = NZA 1994 S.615) stellt klar:

Die Frage, ob eine Änderungskündigung zur Erzwingung einer Versetzung sozial gerechtfertigt i.S.v. §§ 1,2 KSchG ist, und die Frage, ob für diese Versetzung die Zustimmung des Betriebsrats gem. § 99 BetrVG erforderlich ist, haben nichts miteinander zu tun:

- Eine Änderungskündigung nach § 2 KSchG ist nur und auch nur insoweit erforderlich, als die vertraglich vereinbarte Arbeitspflicht eine einseitige Änderung der auszuführenden Arbeit durch Direktionsrecht nicht zuläßt – sie dient sozusagen der Erweiterung des *vertragsrechtlichen* Direktionsrechts.
- Ob der vom Arbeitgeber geplanten Versetzung *betriebsverfassungsrechtliche* Hindernisse entgegenstehen, ist allein nach Betriebsverfassungsrecht zu beurteilen (§ 99 BetrVG i.V.m. § 95 Abs. 3 BetrVG).

Ist die Zustimmung des Betriebsrats nach § 99 BetrVG nicht erteilt oder ersetzt, so führt dies deshalb nicht zur – schwebenden – Unwirksamkeit der Änderungskündigung. Allerdings ist der Arbeitgeber gehindert, die geänderten Vertragsbedingungen tatsächlich durchzusetzen, solange das Verfahren nach § 99 BetrVG nicht ordnungsgemäß durchgeführt worden ist. Deshalb ist der Arbeitnehmer in dem alten Arbeitsbereich solange weiterzubeschäftigen, bis die Zustimmung des Betriebsrats bzw. Zustimmungsersetzung durch das Arbeitsgericht vorliegt.

Kasten 3: Verhältnis von Änderungskündigung und Versetzung

Auf die Frage, was unter „Versetzung" im betriebsverfassungsrechtlichen Sinne zu verstehen ist, gibt das Gesetz in § 95 Abs. 3 BetrVG eine ausgesprochene Scheinantwort: „Versetzung i.S. des Gesetzes ist die Zuweisung eines anderen Arbeitsbereichs, die voraussichtlich die Dauer von einem Monat überschreitet oder die mit einer erheblichen Änderung der Umstände verbunden ist, unter denen die Arbeit zu leisten ist."

Die zur Erläuterung verwendeten Begriffe „anderer Arbeitsbereich" bzw. „erhebliche Änderung" sind nicht klarer als der zu erläuternde Begriff selbst. So gehen die Entscheidungen der Gerichte z.B. darüber, ob die Versetzung von einer Abteilung eines Warenhauses in eine andere oder von einer Filiale einer Handelskette in eine andere eine Versetzung darstellt, weit auseinander. Das BAG hat die Umsetzung eines Kraftfahrers von einem vierachsigen Sattelschlepper mit 21 t Ladegewicht auf einen dreiachsigen LKW mit 12,5 t Ladegewicht als Versetzung angesehen (BAG v. 26.5.1988, DB 1988 S. 2158 = NZA 1989 S. 438), die Umsetzung eines Sparkassenangestellten aus der Kundenberatung in die Kreditabteilung nicht (BAG v. 27.3.1980, DB 1980 S. 1603).

Hingegen soll es sich um eine Versetzung i.S.v. § 99 BetrVG handeln, wenn ein Autoverkäufer, der mit ca. 75 % seiner Arbeitszeit als sog. Gebietsverkäufer in der Fläche und nur mit 25 % seiner Tätigkeit als sog. Ladenverkäufer im Hause tätig ist, künftig nur noch als Gebietsverkäufer eingesetzt werden soll. Solange die Zustimmung des Betriebsrats fehlt und nicht durch eine gerichtliche Entscheidung ersetzt ist, kann der Arbeitgeber die geplante Versetzung nicht durchführen. Dies gilt auch dann, wenn nach dem Arbeitsvertrag die Aufgabenänderung unstreitig im Wege des Direktionsrechts einseitig angeordnet werden kann (BAG v. 2.4.1996, DB 1996 S. 1880 = NZA 1997 S. 112).

Praktisch kann man allen Vorgesetzten deshalb nur empfehlen, sich nicht auf Begriffsstreitigkeiten mit dem Betriebsrat darüber einzulassen, ob die geplante Maßnahme rein begrifflich eine Versetzung im Sinne von § 95 Abs. 3 BetrVG darstellt. Denn selbst in jahrelangen gerichtlichen Auseinandersetzungen wird am Ende nur diese Auslegungsfrage geklärt und nicht etwa eine Entscheidung darüber getroffen, ob die vermeintliche Versetzung nun begründet war oder nicht. Praktikern ist dringend zu raten, sozusagen durchzustarten zu den Sachfragen, sich mit dem Betriebsrat also allein darüber zu unterhalten, was rechtlich gegen die geplante Versetzung spricht und was vernünftige, konsensfähige Alternativen dazu wären. Stehen der Maßnahme Gesichtspunkte entgegen, die den Betriebsrat nach den oben dargestellten sechs Ziffern berechtigen würden, seine Zustimmung zu verweigern, so ist es ein Gebot der Vernunft, die beabsichtigte Maßnahme schon aus diesem Grund zu unterlassen.

Nach dem Wortlaut von § 99 BetrVG fallen auch die *Ein- und Umgruppierung* unter die zustimmungspflichtigen Maßnahmen. Beides sind jedoch keine genuin betriebsverfassungsrechtlichen Themen, weil die richtige Ein- bzw. Umgruppierung eine Frage der Anwendung des Tarifvertrages ist und letztlich allein in einem Prozeß zwischen Arbeitgeber und Arbeitnehmer verbindlich entschieden werden kann. Selbst die Nichtvornahme der Eingruppierung, z.B. bei der Einstellung, ist für den Betriebsrat kein Grund, seine Zustimmung zur Einstellung zu verweigern. Besteht überhaupt eine Eingruppierungspflicht, die sich *nicht* aus § 99 BetrVG ergibt, so kann der Betriebsrat in entsprechender Anwendung von § 101 BetrVG die Vornahme der Eingruppierung durch Beugestrafen erzwingen (BAG v. 20.12.1988, DB 1989 S. 1240 = NZA 1989 S. 518). In der Praxis begegnet man nicht selten der Auffassung, daß bei Netto-Lohn-Abreden mit geringfügig Beschäftigten eine Eingruppierung gar nicht möglich und deshalb auch nicht erforderlich sei. Demgegenüber hat das Bundesarbeitsgericht festgestellt: Beansprucht etwa ein Einzelhandelstarifvertrag Geltung für „alle Angestellten", so werden davon grundsätzlich auch die geringfügig Beschäftigten erfaßt. Durch die Vereinbarung einer Nettovergütung kann die unmittelbare und zwingende Wirkung eines Tarifvertrages nicht ausgeschlossen werden. Vielmehr ist die Vereinbarung einer Nettovergütung nach § 4 Abs. 3 TVG nur zulässig, wenn sie für den Arbeitnehmer günstiger ist als der tariflich vorgesehene Bruttolohn abzüglich aller vom Arbeitnehmer zu tragenden Abzüge (BAG vom 18.6.1991, DB 1991 S. 2140 = NZA 1991 S. 903).

Gerade bei personellen Einzelmaßnahmen, insbesondere bei Einstellungen und Versetzungen, kommt es in der betrieblichen Praxis immer wieder zu „Pannen". Diese beruhen weitaus häufiger auf Unkenntnis als auf der Absicht, die gesetzlichen

Beteiligungsrechte des Betriebsrats zu verkürzen. Die schlechteste Fehlerkorrektur wäre der Versuch, mit Rechts- oder gar Scheinrechtsargumenten die Situation zu rechtfertigen. Viel überzeugender und erfolgversprechender ist es, die Panne zuzugeben, Besserung zu geloben und den Betriebsrat um nachträgliche Zustimmung zu bitten. Im Gegensatz zu Fehlern bei der Anhörung vor Kündigungen ist dies nämlich bei Einstellungen und Versetzungen durchaus möglich. Da es bei § 99 BetrVG allein um die Rechte des Betriebsrats geht, kann der Betriebsrat durch seine nachträgliche Zustimmung zur Maßnahme alle, selbst die schlimmsten Verfahrensfehler rückwirkend heilen. Ist der Betriebsrat dazu nicht bereit, muß das laufende Verfahren abgebrochen und an der Stelle neu aufgenommen werden, wo der Verfahrensfehler passiert ist.

5. Mitbestimmung

5.1 Kriterien echter Mitbestimmung

Wollte man den amtlichen Überschriften des BetrVG glauben, gäbe es bei den Beteiligungsrechten des Betriebsrats vor Kündigungen, in personellen und in sogenannten sozialen Angelegenheiten nach § 87 BetrVG keine qualitativen Unterschiede: Stets ist von „Mitbestimmung" die Rede. Dieser Begriff sollte jedoch für jene Form von Mitbestimmung reserviert bleiben, bei der Arbeitgeber und Betriebsrat effektiv gleiche Handlungs- und Durchsetzungschancen haben. Das impliziert:

– Wirksamkeitsvoraussetzung
– Initiativrecht des Betriebsrats
– Regelungsfreiheit.

(1) Wirksamkeitsvoraussetzung

In Feldern echter Mitbestimmung, wie beispielsweise bei allen Fragen der betrieblichen Ordnung und des Verhaltens der Arbeitnehmer im Betrieb (§ 87 Abs. 1 Nr. 1 BetrVG), kann der Arbeitgeber einseitig nicht mehr verbindlich handeln. Insofern ist der Unternehmer – zumindest im Hinblick auf die der Zuständigkeit des Betriebsrats unterfallenden Mitarbeiter – heute nicht mehr „Herr im Hause". So ist z. B. ein einseitig angeordnetes Rauch- oder Alkoholverbot unbeachtlich. Eine bei Verstoß erteilte Abmahnung ist rechtswidrig und muß aus der Personalakte entfernt werden, was durch Klage erzwungen werden kann. Allerdings ist gerade bei Ordnungsvorschriften eine wichtige Einschränkung zu machen. Voraussetzung der *Mit*bestimmung des Betriebsrats ist, daß das Unternehmen selbst bestimmen kann. Soweit der Arbeitgeber an ordnungsrechtliche Vorgaben des Staates und von Behörden gebunden ist, kann es auch keine Mitbestimmung des Betriebsrats geben. Ist beispielsweise ein absolutes Rauchverbot nach dem Lebensmittelgesetz vorgeschrieben oder ein absolutes Alkoholverbot in der Betriebserlaubnis zur Auflage gemacht, weisen entsprechende Verbotsschilder in den Küchen oder im Führerstand lediglich auf ein ohnehin bestehendes Verbot hin und regeln nichts. Schreibt das Gesetz dem Arbeitgeber lediglich das Ziel vor (wie z. B. Sicherung personenbezogener Daten in § 6 BDSG), so ist das eine mitbestimmungsfreie Vorgabe, nicht aber der konkrete Weg dahin und die hiermit im Zusammenhang stehenden Maßnahmen. Weist die für ein Kernkraftwerk zuständige

Behörde den Unternehmer an, den Zufallsgenerator für körperliche Untersuchungen bei Verlassen des Werkes sofort von der mit dem Betriebsrat vereinbarten Quote von 3 auf 5% umzustellen, gibt es unterhalb von 5% keinen Gestaltungsspielraum und damit auch keine Mitbestimmungsrechte des Betriebsrats (BAG v. 26.5.1988, DB 1988 S. 2055).

Ein besonderes Problem stellt sich, wenn vollendete Tatsachen geschaffen werden bzw. geschaffen werden sollen: Der Arbeitgeber will z.B. die vom Betriebsrat abgelehnte Samstagsschicht mit „Freiwilligen" fahren. Hier verfängt die sog. Wirksamkeitstheorie nicht, weil formaljuristisch niemand gezwungen wird, an dieser Schicht teilzunehmen, so daß das bestehende Leistungsverweigerungsrecht und damit auch die erzwingbare Mitbestimmung des Betriebsrats leerlaufen.

Erstmals mit Beschluß vom 3.5.1994 (DB 1994 S. 2450 = NZA 1995 S. 40) hat das BAG dem Betriebsrat bei Verletzung von Mitbestimmungsrechten aus § 87 BetrVG unabhängig von den Voraussetzungen des § 23 Abs. 3 BetrVG einen Anspruch auf Unterlassung mitbestimmungswidriger Maßnahmen zuerkannt. Selbstverständlich dürfen auch nach der neuen Rechtsprechung die Arbeitsgerichte gegenüber einseitigen und mitbestimmungswidrigen Maßnahmen des Arbeitgebers sozusagen lediglich ein Stoppschild aufstellen und keine Regelungen in der Sache selbst treffen, weil sie damit in die Zuständigkeit der Einigungsstelle eingreifen würden. Es geht deshalb ausschließlich um eine gerichtliche „Veränderungssperre" bis zum Inkrafttreten einer mitbestimmungskonformen Regelung – sei es in Form einer Betriebsvereinbarung oder des ersetzenden Spruchs einer Einigungsstelle.

(2) Initiativrecht des Betriebsrats

Zur vollen Mitbestimmung des Betriebsrats gehört auch das Recht des Betriebsrats, von sich aus die Änderung einer bestehenden Regelung oder die Einführung einer neuen Regelung auf die Tagesordnung zu setzen. Durchgesetzt wird dieses Initiativrecht durch Drohung mit der Einigungsstelle. Hat der Betriebsrat das Gefühl, daß „auf Zeit gespielt" werden soll, droht er an, das Einigungsstellenverfahren in Gang zu bringen, falls nicht bis … die Verhandlungen aufgenommen sind und nicht bis … ein Ergebnis erzielt worden ist. Ein Unternehmen ist jedoch normalerweise schlecht beraten, es auf den unkalkulierbaren Spruch einer Einigungsstelle ankommen zu lassen, bevor nicht alle Möglichkeiten einer internen und einvernehmlichen Regelung wirklich ausgeschöpft sind (vgl. dazu unten 5.2).

(3) Regelungsfreiheit

Unterhalb echter Mitbestimmung hat der Betriebsrat in Wahrheit lediglich ein Kontrollrecht. Er hat darüber zu wachen, daß alle gesetzlichen, tariflichen und betrieblichen Normen eingehalten werden. Das gilt selbst dort, wo formal die Zustimmung des Betriebsrats erforderlich ist, wie beispielsweise bei Einstellungen und Versetzungen. Der Betriebsrat kann die Zustimmung nämlich nicht aus beliebigen, ja noch nicht einmal „guten" Gründen (wie z.B. fehlende Eignung) verweigern, sondern nur aus gesetzlichen Gründen. Allein bei Mitbestimmungstatbeständen im engeren Sinne gibt es keinen „Numerus clausus" anerkannter Argumente. Selbst die Floskel, daß der Betriebsrat die Abendöffnung „aus grundsätzlichen Erwägungen" ablehne, verhindert erst einmal die Durchführung. Ob der Betriebsrat damit freilich irgendeine Einigungsstelle überzeugen könnte, steht auf einem ganz anderen Blatt. Bis zu einer Entscheidung der Einigungsstelle kann es jedoch lange dauern, und bis dahin bleibt der Laden abends geschlossen.

Allein im Mitbestimmungsbereich kann der Betriebsrat wirklich Politik machen – in allen anderen Angelegenheiten geht es letztlich bloß um Normvollzug. Das macht betriebliche Mitbestimmung so schwierig, aber auch so interessant. Da hier gesetzlich und tariflich nur der Rahmen vorgegeben ist (§ 87 Abs. 1 Eingangssatz BetrVG), nicht aber die Sachlösung selbst, sind hier Phantasie und Verhandlungsgeschick auf beiden Seiten gefragt.

5.2 Gegenstände der Mitbestimmung

Durch den Arbeitsvertrag verpflichtet sich der Arbeitnehmer, sich mit seiner Person in eine fremdbestimmte Organisation so einzubringen, daß er sinnvoll seinen Arbeitsbeitrag zum Gelingen des Ganzen leisten kann.

Das macht seine persönliche Abhängigkeit und damit seinen besonderen juristischen Status als Arbeitnehmer aus. Eine arbeitsteilige Wirtschaft und ein arbeitsteilig organisierter Betrieb können hierauf nicht verzichten – sogenannte kapitalistische Systeme so wenig wie sozialistische. In der sozialistischen Theorie wird lediglich durch die Fiktion des Volks- oder Staatseigentums die scheinbare Fremdbestimmung als eigentliche Selbstbestimmung ausgewiesen. Nach unserer Arbeitsrechtstheorie wird die persönliche Abhängigkeit des Arbeitnehmers weder geleugnet noch theoretisch „aufgehoben" – sie soll begrenzt und rechtlich erträglich gemacht werden: durch Arbeitsschutzgesetze, durch Tarifverträge und durch *betriebliche Mitbestimmung*.

Deshalb sind Fragen der *Ordnung des Betriebes* und des Verhaltens der Arbeitnehmer im Betrieb hier an erster Stelle genannt (§ 87 Abs. 1 Nr. 1 BetrVG). Gemeint sind damit allerdings nur die formellen kollektiven Rahmenbedingungen, die notwendige Voraussetzung geordneter Zusammenarbeit sind. Nicht gemeint sind Sonderabsprachen im Einzelfall; denn der Betriebsrat ist nicht „Amtsvormund" des einzelnen Arbeitnehmers in seinen Vertragsangelegenheiten. Und ebensowenig gemeint sind das sogenannte Arbeitsverhalten sowie die sich hierauf beziehenden Anweisungen des Arbeitgebers.

An zwei Beispielen sei dies erläutert: Die Anweisung des Kapitäns, beim Wachdienst auf der Brücke keinen Walkman zu benutzen, ist eine mitbestimmungs*freie* Arbeitsanweisung. Das Verbot des Saalchefs in einem Zeichensaal, beim Zeichnen Radio zu hören, ist mitbestimmungs*pflichtig*, weil es das sogenannte Ordnungs- oder Sozialverhalten betrifft (BAG v. 14. 1. 1986, DB 1986 S. 1025 = NZA 1986 S. 435). Hier liegt das weite Feld der Arbeits- und Betriebsordnungen mit Alkohol- und Rauchverboten, Torkontrollen, Passierscheinen, Parkplatzberechtigungen usw.

Nach Nummer *2 und 3* hat der Betriebsrat volle Mitbestimmung bei allen Fragen der betrieblichen Arbeitszeitregelung. Nach Nr. 2 geht es dabei nur um die Lage der Arbeitszeit. Die Dauer der regulären Arbeitszeit ist primär Regelungsgegenstand der Tarifverträge, kann sich aber – wie beispielsweise bei Teilzeitkräften – auch aus dem Arbeitsvertrag ergeben. Soll hingegen die Arbeitszeit hiervon abweichend lediglich vorübergehend verlängert oder verkürzt werden (in der Sprache der Betriebspraktiker: bei Mehrarbeit bzw. Kurzarbeit), greift das Mitbestimmungsrecht des Betriebsrats nach Nr. 3.

Die Lage der Arbeitszeit war für viele Produktionsbetriebe über 30 Jahre lang eine Frage von untergeordneter Bedeutung. Die Wochenschichtzeiten folgten der jeweiligen tariflichen Arbeitszeit. So brachte die Reduktion der 48-Stunden-Woche auf 40 Stunden vielerorts den arbeitsfreien Samstag. Zu regeln war betrieblich meist nur die Frage, ob mehrschichtig gefahren werden sollte und wie die Schichten liegen sollten. Seit der Tarifbewegung 1984, die ausgehend von der Metallindustrie den Durchbruch durch die 40-Stunden-Woche gebracht hat, bedeutet Verkürzung der Arbeitszeit auch in vielen Produktionsbetrieben nicht mehr automatisch Maschinenstillstand. Man spricht von der „Entkopplung" der persönlichen Arbeitszeit und den Maschinenlaufzeiten.

Während der Sonn- und Feiertagsarbeit enge gesetzliche Grenzen gesetzt sind, ist der Samstag ein regulärer Werktag im Sinne von § 1 ArbZG. Daß der Samstag in der Produktion als zusätzlicher freier Arbeitstag zu einem längeren freien Wochenende führte, war zwar das gewerkschaftliche Ziel („Samstags gehört Papi mir!"), aber in den Tarifverträgen nicht ausdrücklich festgeschrieben. Auch bei den tariflichen Arbeitszeitverkürzungen seit 1984 in Richtung 35-Stunden-Woche ist in den Tarifverträgen durchweg nur das Ziel festgeschrieben, nicht aber die betriebliche Umsetzung. Diese ist nach § 87 Abs. 1 Nr. 2 BetrVG mit dem Betriebsrat zu vereinbaren. Welche Kompetenz den Betriebsräten damit zugewachsen ist, mögen drei Fälle belegen, die in den letzten Jahren höchstrichterlich entschieden worden sind (Kasten 4).

Nach dem sogenannten Leber-Kompromiß von 1984 hatte die IG Metall sich insoweit durchgesetzt, als die von den Arbeitgebern lange und zäh verteidigte 40-Stunden-Woche erstmals unterschritten wurde. Die Konzession der Gewerkschaft bestand darin, daß 38,5 Stunden je Woche nicht von jedem Arbeitnehmer in jeder Woche erreicht werden mußten. Vielmehr war dies ein Durchschnittswert, der auf der Basis von zwei Monaten rechnerisch nicht überschritten werden durfte. Genau gesehen war also gar nicht die Wochenarbeitszeit reduziert worden, sondern die Durchschnittsarbeitszeit in zwei Monaten.

In einem Saisonbetrieb stehen ausgeprägten Produktionsspitzen gleich lange Zeiten schwacher Kapazitätsauslastung gegenüber. Mit dem Betriebsrat wird vereinbart, daß für die Saison eine Urlaubssperre verhängt und 40 Stunden in der Woche gearbeitet wird. Dafür können die Mitarbeiter in der übrigen Zeit ihre Zeitguthaben weitgehend nach eigenen Wünschen „abfeiern". Diese „Selbstbestimmung" über ihre Freizeit wird von allen Arbeitnehmern sehr begrüßt. Selbstverständlich ist auch der Unternehmer hoch zufrieden, weil die tarifliche Arbeitszeitverkürzung ohne Neueinstellungen verkraftet werden kann. Eben das löst eine Intervention der zuständigen Gewerkschaft aus. Nach erfolgloser Abmahnung verklagt die Gewerkschaft den Unternehmer darauf, die Anwendung der eindeutig tarifwidrigen und damit nichtigen Betriebsvereinbarung zu unterlassen. Die Gewerkschaft verliert in allen Instanzen. Nach Meinung des BAG (Beschl. v. 18.8.1987, DB 1987 S.1796 = NZA 1988 S.27) fehlt es der Gewerkschaft im Hinblick auf den normativen Teil des Tarifvertrages an der Antragsbefugnis. Denn da es bei der Normsetzung des Tarifvertrages um die Rechte und Pflichten der Arbeitsvertragsparteien gehe, seien im Streitfalle auch allein diese befugt, eine gerichtliche Klärung herbeizuführen.

Das Druckhaus Burda in Offenburg ist Mitglied des Bundesverbandes Druck und unterliegt dem Geltungsbereich der einschlägigen Tarifverträge. 1989 wird mit dem Betriebsrat eine Betriebsvereinbarung über die Lage und Verteilung der Arbeitszeit abgeschlossen, die an einigen Stellen von den Rahmenbedingungen des Manteltarifvertrages abweicht und zu günstigeren als den tariflich vorgesehenen Vergütungen führt. Die IG Metall bringt ein Beschlußverfahren in Gang mit dem Antrag, die Betriebsvereinbarung aufzuheben und den Arbeitgeber zu verpflichten, eine neue, tarifkonforme Betriebsvereinbarung abzuschließen.

Das BAG (vom 20.8.1991, DB 1992 S.275 = NZA 1992 S.317) bestätigt der klagenden Gewerkschaft zwar das Recht, auf Unterlassung der Anwendung von Betriebsvereinbarungen bzw. auf Abschluß von tarifkonformen Betriebsvereinbarungen klagen zu können. Voraussetzung ist jedoch, daß ein Verstoß gegen die betriebsverfassungsrechtliche Ordnung geltend gemacht wird. Das wäre z.B. der Fall, wenn Betriebspartner eine Betriebsvereinbarung über einen Gegenstand abschließen, für den sie überhaupt nicht regelungsbefugt sind, z.B. entgegen § 77 Abs. 3 BetrVG eine Entgeltbetriebsvereinbarung. Verstößt eine Betriebsvereinbarung hingegen lediglich in einzelnen Punkten gegen höherrangiges Tarifrecht, so liegt darin allein noch kein Verstoß gegen die durch § 23 Abs. 3 BetrVG geschützte betriebsverfassungsrechtliche Ordnung. Ein entsprechender Unterlassungsantrag der im Betrieb vertretenen Gewerkschaft ist deshalb unbegründet.

Dadurch wird die Gewerkschaft auch nicht in ihren verfassungsmäßigen Rechten nach Art. 9 Abs. 3 GG verletzt. Danach ist Gewerkschaften garantiert, daß sie Arbeits- und Wirtschaftsbedingungen einerseits „staatsfrei" und andererseits mit Vorrang vor entsprechenden Betriebsvereinbarungen regeln dürfen. Der ordnungspolitische Vorrang von Tarifverträgen gegenüber Betriebsvereinbarungen schließt jedoch nicht notwendig die Befugnis der Gewerkschaft ein, die Nichtanwendung tarifwidriger Regelungen einer Betriebsvereinbarung auch aus eigenem Recht einklagen zu können. Die Klagebefugnis hierfür liegt zunächst einmal bei denen, die durch die tarifwidrige Betriebsvereinbarung in ihren Rechten verletzt werden, also grundsätzlich bei den betroffenen Arbeitnehmern selbst.

IBM schließt für das Werk Sindelfingen mit dem Betriebsrat eine „Betriebsvereinbarung Konti-Schicht" für die Chipproduktion ab. Darin vorgesehen ist ein Drei-Schicht-Betrieb über sieben Tage in der Woche einschließlich drei voller Schichten am Sonntag. Die zuständige Gewerkschaft (IG Metall) ist der Auffassung, daß die Betriebsvereinbarung gegen den einschlägigen Manteltarifvertrag verstoße. Sie verklagt den vertragschließenden Arbeitgeberverband, mit verbandsrechtlichen Mitteln auf das Mitglied IBM einzuwirken, um die Durchführung des Tarifvertrages sicherzustellen (sog. Einwirkungsklage).

Das BAG (vom 29.4.1992, DB 1992 S.1684 = NZA 1992 S.846) erklärt die erhobene Einwirkungsklage für zulässig, und zwar auch dann, wenn von der klagenden Gewerkschaft kein bestimmtes Einwirkungsmittel benannt wird. Materiellrechtlich besteht eine Einwirkungspflicht einer Tarifvertragspartei auf eines ihrer Mitglieder aber nur dann, wenn sich die Tarifwidrigkeit des beanstandeten Verhaltens eindeutig durch Auslegung des Tarifvertrages ergibt oder rechtskräftig festgestellt ist oder von der beklagten Tarifvertragspartei gar nicht bestritten wird. Ist die richtige Anwendung des Tarifvertrages hingegen auch unter den Tarifvertragsparteien streitig, so steht lediglich die Verbandsklage nach § 9 TVG auf Feststellung der gewünschten Auslegung offen.

Kasten 4: Arbeitszeit zwischen Tarifvertag und betrieblicher Regelung

All diese Fälle zeigen, mit welch weitreichenden Konsequenzen Fragen der Arbeitszeitgestaltung auf die betriebliche Ebene und damit in die nahezu exklusive Zuständigkeit des Betriebsrats verlagert sind. Ob dies die Lösung selbst schwieriger betrieblicher Probleme erschwert oder erleichtert, hängt weniger von der Gesetzeslage als vielmehr von der Kooperationsfähigkeit und -bereitschaft der Betriebspartner ab. Anhand eines ersten Beispiels aus der jüngeren Rechtsprechung soll gezeigt werden, daß mit Hilfe einer Betriebsvereinbarung seit Jahrzehnten verkrustete Strukturen bei der betrieblichen Arbeitszeit „aufgebrochen" werden können, die ohne Betriebsrat – wenn überhaupt – nur durch arbeits- und zeitaufwendige Massenänderungskündigungen hätten korrigiert werden können. Ein anderer Fall, der am Ende sogar das Bundesverfassungsgericht beschäftigt hat, belegt hingegen, wie Rechthaberei zu jahrelangen, lähmenden und am Ende völlig fruchtlosen juristischen Auseinandersetzungen führen kann (Kasten 5).

Drei Packer sind seit 1982 von Montag bis Freitag in der Zeit von 7.00–16.00 Uhr tätig. Den Kundenwünschen entsprechend ist eine Verlängerung der Präsenzzeiten erforderlich. Ab 01.01.1991 soll aufgrund einer Betriebsvereinbarung in der Packerei wie folgt gearbeitet werden:

Gruppe 1: 6.00–15.00 Uhr/Gruppe 2: 7.00–16.00 Uhr/Gruppe 3: 13.00–22.00 Uhr. Die Packer sollen abwechselnd zu den verschiedenen Arbeitszeiten eingesetzt werden.

Die drei Packer klagen gegen die Änderung ihrer Arbeitszeiten mit der Begründung, bei ihrer Einstellung sei mit ihnen eine persönliche Arbeitszeit von 7.00–16.00 Uhr vereinbart worden; durch die tatsächliche jahrelange Handhabung sei diese Regelung als betriebliche Übung Bestandteil ihres Arbeitsvertrages geworden. Die neue Arbeitszeitregelung sei für sie aufgrund ihrer familiären Verhältnisse nicht zumutbar.

Das BAG (Urteil v. 23. 6. 1992, DB 1993 S. 788 = NZA 1993 S. 89) weist die Klagen ab:

Beginn und Ende der täglichen Arbeitszeit werden grundsätzlich verbindlich durch Betriebsvereinbarung festgelegt. Die ausdrückliche Vereinbarung der im Betrieb üblichen Arbeitszeit bei der Einstellung stellt keine individuelle Arbeitszeitvereinbarung dar, die gegenüber einer späteren Veränderung der betrieblichen Arbeitszeit durch Betriebsvereinbarung Bestand hat. Ein Arbeitnehmer, der aus persönlichen Gründen auf eine bestimmte, von der betriebsüblichen Arbeitszeit unabhängigen Lage seiner Arbeitszeit Wert legt, muß dies mit dem Arbeitgeber ausdrücklich so vereinbaren. Der Umstand, daß in einem Betrieb über längere Zeit die Lage der Arbeitszeit unverändert geblieben ist, begründet keine betriebliche Übung. Wirtschaftliche und technische Gründe, die Verkürzung der Arbeitszeit, aber auch Initiativen des Betriebsrats können jederzeit eine Änderung der Lage der Arbeitszeit erforderlich machen.

Der Betriebsrat eines Innenstadtwarenhauses überrascht den Geschäftsführer mit der Forderung, das Warenhaus von montags bis freitags um 18.00 Uhr und am verkaufsoffenen Samstag um 14.00 Uhr zu schließen. Der Geschäftsführer erklärt diese Forderung für nicht verhandlungsfähig, und der Betriebsrat ruft die Einigungsstelle an. Diese entscheidet: Arbeitsende für das Verkaufspersonal ist von

Montag bis Freitag um 18.15 Uhr und am verkaufsoffenen Samstag um 17.05 Uhr. Das Unternehmen meint, daß die Einigungsstelle damit die Grenzen ihres Ermessens überschritten habe, und klagt. Es verliert in allen Instanzen und legt Verfassungsbeschwerde ein, weil nach seiner Meinung die Mitbestimmung dort enden müsse, wo es um die verfassungsrechtliche Garantie der Unternehmerfreiheit gehe. Das Bundesverfassungsgericht nimmt die Beschwerde als offensichtlich unbegründet nicht zur Entscheidung an. Es belehrt den Unternehmer darüber, daß die Mitbestimmung ihre Grenzen nicht an den Entscheidungen des Unternehmers finde, sondern daß es umgekehrt dort keine Alleinentscheidungsbefugnis des Unternehmers gebe, wo das Gesetz Mitbestimmungsrechte des Betriebsrats vorsehe. Art. 14 GG garantiere das Eigentum nicht absolut, sondern nur im Rahmen der allgemein geltenden Gesetze (BVerfG v. 18. 12. 1985, BB 1986 S. 593 = DB 1986 S. 486).

Was tun nach jahrelangem Rechtsstreit über fünf Instanzen? Vermutlich wird man am Ende doch das tun müssen, was man am besten gleich getan hätte: sich mit dem Betriebsrat an einen Tisch setzen und verhandeln. Denn daß ein Innenstadtwarenhaus im Alleingang früher als alle Wettbewerber schließt, ist praktisch kaum vorstellbar. Und wenn es in diesem Punkte deshalb kein Entgegenkommen geben kann, muß eben danach gefragt werden, wie man sonst dem Personal bei der Regelung der Arbeitszeit ein attraktives Angebot machen kann. Daß eine Einigung nach fünf Niederlagen einfacher oder „billiger" zu erreichen sein könnte, ist allerdings wenig wahrscheinlich.

Kasten 5: Beispiele zur Arbeitszeitregelung

Werden die Rechte des Betriebsrats bei der Lage der Arbeitszeit zum Teil immer noch unterschätzt, so ist den meisten Vorgesetzten seine Rolle bei *Mehrarbeit* und Zusatzschichten sehr wohl bewußt. Dennoch ist die weitverbreitete Meinung, Überstunden müßten dem Betriebsrat rechtzeitig „gemeldet" werden, so nicht richtig. Denn der Betriebsrat hat ein echtes Mitbestimmungsrecht. Allerdings hat dieses Mitbestimmungsrecht nicht den Einzelfall zum Gegenstand. Vielmehr geht es in erster Linie um Regelungen darüber, wie bei aus verschiedenen Anlässen anfallendem Mehrarbeitsbedarf zu verfahren ist (BAG v. 12. 1. 1988, DB 1988 S. 1272 = NZA 1988 S. 517). Dabei hat sich in der Praxis durchweg die Regelung eingebürgert, daß vorhersehbare und eingeplante Mehrarbeit vorher vom Betriebsrat zu genehmigen ist, während über ad hoc anfallende Überstunden umgehend informiert wird.

In echten Not- und Katastrophenfällen entfallen selbstverständlich sämtliche gesetzlichen Beschränkungen für die Anordnung von Mehrarbeit. „Not kennt kein Gebot". Wenn es brennt, muß gelöscht und nicht diskutiert werden. Allerdings: Nicht alles, was ein kostenbewußter Vorgesetzter für eine Katastrophe hält, genügt den gesetzlichen Voraussetzungen. Gemeint sind z.B. nach § 12 ArbZG nur solche Fälle, in denen Mehrarbeit nicht voraussehbar und unabwendbar ist, sofern andernfalls Lebensmittel zu verderben, Arbeitsergebnisse zu mißlingen drohen oder Gefahren für die Umwelt entstehen würden.

Ohne große praktische Bedeutung ist heute § 87 Abs. 1 *Nr. 4* BetrVG: Zeit, Ort und Auszahlung der Arbeitsentgelte. Man hat sich durchweg auf Erstattung der Kontoführungsgebühren in Höhe der Steuerfreibeträge geeinigt, und von einem freien Tag je Monat zum Abholen des Geldes vom kontoführenden Institut ist seit langem nicht mehr die Rede. Dennoch hat das BAG noch im Jahre 1988 (DB 1989 S. 1340 = NZA 1989 S. 564; ähnlich BAG v. 10. 8. 1993, DB 1994 S. 281 = NZA 1994 S. 326) die Einführung einer sogenannten Kontostunde durch eine Einigungsstelle gebilligt, wenn das nächste Geldinstitut vom Werk relativ weit entfernt liegt. Der Sache nach ist das eine den Tarifvertragsparteien vorbehaltene Arbeitszeitverkürzung bei vollem Lohnausgleich.

Nr. 5 ist eine zentrale Vorschrift für die Einführung von Werksferien. Denn dabei handelt es sich rechtlich gesehen um eine Zwangsbeurlaubung der Arbeitnehmer ohne Rücksicht auf ihre persönlichen Wünsche, die bei individueller Urlaubsgewährung nach § 7 Abs. 1 BUrlG im Rahmen der betrieblichen Belange zu beachten wären. Deshalb ist die *normative* Wirkung einer Betriebsvereinbarung hier unverzichtbar. Wenn unbezahlter Urlaub im Zusammenhang mit Jahreserholungsurlaub gewährt wird, erstreckt sich das Mitbestimmungsrecht auch auf die damit zusammenhängenden Fragen.

Zuweilen werden nur Grundsätze für die Urlaubsgewährung festgeschrieben, beispielsweise daß Eltern schulpflichtiger Kinder während der Schulferien bevorzugt in Urlaub gehen können, daß es bei unbeliebten Jahreszeiten einen Bonus gibt usw. Im übrigen, und das gilt insbesondere für die Möglichkeit, im Streitfall die zeitliche Lage des Urlaubs für einzelne Arbeitnehmer festzusetzen, handelt es sich um ein bei Betriebsräten ausgesprochen ungeliebtes Mitbestimmungsrecht. Sie erkennen schnell, daß das Bemühen, es jedem recht zu machen, auf Dauer mehr Feinde als Freunde schafft.

Nr. 6 sieht die Mitbestimmung des Betriebsrats bei der Einführung und Anwendung von technischen Einrichtungen zur Überwachung von Verhalten oder Leistung der Arbeitnehmer vor. Die Tragweite dieser Regelung ist nach jahrelanger extensiver Interpretation durch das BAG dem Gesetzestext selbst kaum mehr zu entnehmen. Zunächst hatte das BAG klargestellt, daß es nicht darauf ankomme, ob der Unternehmer eine solche Kontrolle überhaupt beabsichtigt: Auch die Anbringung eines Produktographen, die allein zur Begründung einer Reklamation gegenüber dem Anlagenbauer dienen soll, unterliegt der Mitbestimmung des Betriebsrats (BAG v. 9. 9. 1975, BB 1975 S. 1480 = DB 1975 S. 2233). Es genügt, daß die erfaßten personenbezogenen Daten eine Überwachung von Verhalten oder Leistung möglich machen. Behauptet der Unternehmer, daß dies gar nicht in seiner Absicht liegt, wäre eben das der Inhalt der abzuschließenden Betriebsvereinbarung.

Mit Beschluß v. 18. 2. 1986 (DB 1986 S. 1178 = NZA 1986 S. 488) hat das BAG entschieden, daß auch Stückezähler „Leistung" erfassen, selbst wenn wegen konkurrierender Ursachen (Mangel an Vormaterial, Stromausfall, Reparatur) eine Leistungsbewertung gar nicht möglich ist. Schließlich sei für den Mitbestimmungsbestand auch unerheblich, daß ein Stückezähler an einer Linie, die von einer 6köpfigen Schicht bedient werde, keinerlei Rückschlüsse auf Einzelleistungen zulasse. Dies alles sei bei der inhaltlichen Gestaltung der Vereinbarung zu berücksichtigen, schließe aber nicht von vornherein die Mitbestimmung aus.

Eine ganz andere Frage ist freilich, inwieweit der Betriebsrat rotierende Kameras, Produktographen, Telefondatenerfassung, usw. verhindern kann. Darüber müssen die Betriebspartner sich einigen – oder es entscheidet die Einigungsstelle.

Jedenfalls ist es un- und sogar kontraproduktiv, das Mitbestimmungsrecht des Betriebsrats zu bestreiten, um eine Blockade zu verhindern. Statt über die zu lösenden Sachfragen zu reden, begibt man sich in das unfruchtbare Feld formaljuristischer Plänkeleien. Die Patt-Situation wird dadurch verlängert, aber nicht beseitigt. Ist eine Einigung in der Sache beim besten Willen nicht möglich, ist es vernünftiger, sofort den Weg zur Einigungsstelle zu beschreiten, statt mit einem langwierigen Verfahren beim Arbeitsgericht zu beginnen. Denn die Einigungsstelle muß die Frage nach dem Bestehen eines Mitbestimmungsrechts und damit nach ihrer Zuständigkeit ohnehin überprüfen.

KLM betreibt in Düsseldorf und München Reservierungszentralen. Deren Aufgabe ist es, telefonisch Flüge zu reservieren und Auskünfte zu erteilen. Mit Hilfe einer automatischen ACD-Telefonanlage werden die Anrufe auf die Bedienplätze verteilt, ggf. in eine „Warteschlange" aufgenommen. Ebenso wird der Abbruch des Anrufs wegen zu langer Wartezeit durch den Kunden erfaßt. Überlastete Mitarbeiter können die „Nicht-bereit-Taste" drücken und werden dadurch von der Anrufverteilung ausgenommen. Auch dies wird erfaßt. Gesamtbetriebsrat und KLM können sich über die Nutzung der Anlage nicht einigen. Daraufhin entscheidet die Einigungsstelle, daß Bedienplatzgruppenreports, Warteschleifenreports, Leitungsgruppenreports und Bedienplatzreports vom Arbeitgeber abgerufen werden können. Der Spruch enthält Verbote über die Vernetzung dieser Daten mit Daten aus anderen Dateien. Sofern die Auswertung der Reports zu Abmahnungen führen, soll dem Betriebsrat entsprechend § 99 BetrVG ein Mitbestimmungsrecht zustehen. Der Gesamtbetriebsrat hält den gesamten Spruch für rechtsunwirksam. Der Arbeitgeber hält die Einführung einer Mitbestimmung vor Abmahnungen durch Einigungsstellenspruch für unwirksam.

Im Gegensatz zum LAG Hessen gibt das BAG (v. 30. 8. 1995, DB 1996 S. 333 = NZA 1996 S. 218) dem Arbeitgeber recht:

Zweck des Mitbestimmungsrechts nach § 87 Abs. 1 Nr. 6 BetrVG ist nicht der Schutz der Arbeitnehmer vor jeglicher Überwachung, sondern nur der Schutz vor den besonderen Gefahren derjenigen Überwachungsmethoden, die sich für das Persönlichkeitsrecht der Arbeitnehmer aus dem Einsatz technischer Einrichtungen ergeben, z. B. durch technische Datenerhebung und Verarbeitung. Die Einigungsstelle überschreitet die Grenzen ihres Ermessens nicht, wenn sie dem Arbeitgeber einerseits die erforderlichen Informationen verschafft, um das Funktionieren eines reibungslosen unternehmensweiten Reservierungssystem sicherzustellen, andererseits Verwertungsverbote und Beteiligungsrechte des Betriebsrats festlegt. Die Einigungsstelle ist jedoch nicht befugt, gegen den Willen des Arbeitgebers dem Betriebsrat über das BetrVG hinausgehende Mitbestimmungsrechte bei Abmahnungen einzuräumen.

Kasten 6: Mitbestimmung bei Telefonanlage mit automatischer Datenerfassung

Mit dem Siegeszug der Personalinformationssysteme vor mehr als 20 Jahren begann auch ein langer Streit um die Mitbestimmungsrechte des Betriebsrats. Relativ schnell wurde deutlich, daß bei der Einführung eines umfassenden rechnergestützten Personalabrechnungs-, Informations- und Administrationssystem praktisch kaum in mitbestimmungspflichtige (weil verhaltens- und leistungsbezogen) und mitbestimmungsfreie (weil sonstige personenbezogene Daten betreffende) Elemente unterschieden werden konnte. Lange wurde jedoch darum gestritten, ob und inwieweit sogenannte Krankenläufe der Mitbestimmung des Betriebsrats unterliegen. Darunter versteht man die Korrelierung von individuellen und allgemeinen oder belastungsspezifischen Fehlzeiten bis hin zum Ausdruck von Namenslisten über Mitarbeiter mit auffälligen Fehlzeiten nach Dauer oder/und Häufigkeit. Die Arbeitgeber argumentierten, daß Fehlzeitenerfassung und -vergleich nicht der Kontrolle des Verhaltens oder der Leistung von Mitarbeitern diene. Eher durch ein mitbestimmungspolitisches Machtwort als philologisch überzeugend entschied das BAG (v. 11.3.1986, DB 1986 S. 1469 = NZA 1986 S. 526), daß Kranksein als „Verhalten" i.S.v. § 87 Abs. 1 Nr. 6 BetrVG anzusehen sei. Arztbesuche, Fehlzeitenerfassung, -verwertung und -gespräche beschäftigen seither regelmäßig die Rechtsprechung. Dabei hat sich das Schwergewicht jedoch mehr zum Mitbestimmungstatbestand von § 87 Abs. 1 Nr. 1 BetrVG „Ordnung des Betriebes und Verhalten der Arbeitnehmer im Betrieb" verlagert (zur Vorbereitung der Kündigung wegen Krankheit vgl. den Beitrag „Arbeitsrecht für Vorgesetzte" in diesem Band).

Als in einer Abteilung der Krankenstand überproportional ansteigt, gibt die Geschäftsleitung dem Abteilungsleiter die Anweisung, mit allen Mitarbeitern, die mehr als 25 Tage Ausfallzeit im Jahr haben, Fehlzeitengespräche zu führen. Ziel dieser Gespräche ist es, die Ursachen für die Fehlzeiten herauszufinden. Sofern sich diese im Gespräch nicht klären lassen, sollen die Mitarbeiter aufgefordert werden, „freiwillig" ihren Arzt von der Schweigepflicht zu befreien. Der Betriebsrat verlangt Mitbestimmung. Der Arbeitgeber ist der Auffassung, daß es lediglich darum gehe, in individuellen Gesprächen die Ursachen für die Nichterfüllung der Arbeitspflicht aufzuklären.

Der Betriebsrat hat in allen Instanzen bis hin zum BAG (v. 8.11.1994, DB 1995 S. 1132 = NZA 1995 S. 857) Erfolg:

Gegenstand des Mitbestimmungsrechts nach § 87 Abs. 1 Nr. 1 BetrVG ist das betriebliche Zusammenleben und Zusammenwirken der Arbeitnehmer. Von diesem mitbestimmungspflichtigen Ordnungsverhalten ist das reine Arbeitsverhalten zu unterscheiden. Das Arbeitsverhalten wird berührt, wenn der Arbeitgeber kraft seiner Organisations- und Leitungsmacht bestimmt, welche Arbeiten in welcher Weise auszuführen sind. Nicht mitbestimmungspflichtig sind danach Anordnungen, mit denen die Arbeitspflicht unmittelbar konkretisiert wird. Die Führung formalisierter Krankengespräche zur Aufklärung eines überdurchschnittlichen Krankenstandes mit einer nach abstrakten Kriterien ermittelten Mehrzahl von Arbeitnehmern ist mitbestimmungspflichtig. Der Betriebsrat verlangt hier nicht Mitbestimmung in bezug auf das „Krankheitsverhalten" der Arbeitnehmer, sondern auf das Verhalten der Arbeitnehmer bei der Führung der Gespräche über ihre Krankheit.

Ein Arbeitgeber macht durch Aushang bekannt, daß künftig Entgeltfortzahlung bei Arztbesuchen während der Arbeitszeit nur noch geleistet werde, wenn die Notwendigkeit des Arztbesuches während der Arbeitszeit auf einem hierfür zu verwendenden Formular vom behandelnden Arzt bescheinigt wird. Das an die Mitarbeiter ausgegebene Formular hat folgenden Text:

Der/die Mitarbeiter/in war heute in der Zeit von _____ Uhr bis _____ Uhr bei uns zur Behandlung.

Sofern die Behandlungszeit innerhalb der Arbeitszeit lag, mußte die Behandlung aus folgendem wichtigen Grund zu dieser Tageszeit ausgeführt werden:

- ambulante Behandlung aufgrund eines während der Arbeitszeit erlittenen Arbeitsunfalls
- Arztbesuch anläßlich einer während der Arbeitszeit aufgetretenen akuten Erkrankung, wobei hiermit die Notwendigkeit des sofortigen Arztbesuches bescheinigt wird
- amtsärztlich angeordnete Untersuchung oder Vorsorgeuntersuchung
- Spezialuntersuchung, deren notwendige Durchführung während der Arbeitszeit hiermit durch den Arzt bescheinigt wird.

_____   _____

Ort, Datum   Praxisstempel/Unterschrift

Der Betriebsrat hält die Verwendung derartiger Formulare für mitbestimmungspflichtig und ist mit seinem Antrag beim BAG (v. 21.1.1997, NZA 1997 S. 785) erfolgreich.

Verlangt der Arbeitgeber bei Arztbesuchen während der Arbeitszeit lediglich einen Nachweis darüber, daß dieser erforderlich war, fällt dies nicht unter die Mitbestimmung des Betriebsrats. Denn der Arbeitgeber verlangt damit lediglich vom Anspruchsteller einen Nachweis dafür, daß der geltend gemachte Anspruch tatsächlich besteht. Sollen hingegen generelle Regelungen darüber aufgestellt werden, in welcher Form der zu führende Nachweis zu erbringen ist, insbes. durch Verwendung eines einheitlichen Formulars, handelt es sich um eine mitbestimmungspflichtige Regelung, die die Ordnung des Betriebes und das Verhalten der Arbeitnehmer im Betrieb betreffen.

Kasten 7: Fehlzeitengespräche/Arztbesuche und Mitbestimmung

Nr. 7 (Regelungen *im Rahmen* der gesetzlichen oder Unfallverhütungsvorschriften) ist sozusagen „totes" Recht. Die weitgehende Perfektion des staatlichen Unfall- und Gesundheitsschutzes läßt für ausfüllende Regelungen praktisch keinen Raum. Darüber hinausgehende Regelungen des sogenannten autonomen Arbeitsschutzes sind nur in Form freiwilliger Betriebsvereinbarungen nach § 88 Nr. 1 BetrVG realisierbar.

Den folgenden Mitbestimmungsbeständen der Nrn. *8 bis 12* ist gemeinsam, daß sie von einer Grundsatzentscheidung des Unternehmers abhängig sind. Ob eine Kantine eingeführt wird, was sie an Zuschüssen kosten darf („Dotation") und ob sie wieder geschlossen wird, ist eine mitbestimmungsfreie Unternehmerentscheidung. Alle anderen (Verwaltungs-)Maßnahmen unterliegen voll der Mitbestimmung des Betriebsrats. Dazu gehört auch eine Einschränkung der Nutzungsmöglichkeit, die nicht etwa als Teilschließung behandelt wird. Dazu eine instruktive BAG-Entscheidung vom 15.9.1987 (DB 1988 S. 404 = NZA 1988 S. 104):

In einem Unternehmen hat es sich seit 1973 eingebürgert, daß die Kantine für Jubiläums- und andere private Feiern genutzt wird. Als das Reinigungspersonal sich wegen der häufig starken Verschmutzung beschwert, untersagt der Arbeitgeber die

Nutzung der Kantine zu privaten Zwecken. Der Betriebsrat sieht sein Mitbestimmungsrecht verletzt und verlangt die Wiederherstellung des früheren Zustands. Das BAG gibt ihm recht, weil zur Zweckbestimmung nicht die Konkretisierung der Nutzungsmöglichkeiten, hier die Nutzung einer Kantine für private Feiern, gehört. Dahingehende Regelungen unterliegen voll der Mitbestimmung des Betriebsrats.

Ähnliches gilt nicht nur für Werkswohnungen nach *Nr. 8*, sondern auch für Vergütungsfragen nach *Nr. 10 und 11.* Auch hier kommt eine Mitbestimmung des Betriebsrats nur in Betracht, soweit die Vergütung nicht tarif- oder einzelvertraglich festgeschrieben ist, also nur bei übertariflichen Zulagen oder einzelvertraglichen Vergütungsbestandteilen, die unter Widerrufsvorbehalt stehen, mithin freiwillig gewährt werden. Daß es sich um eine freiwillige Leistung des Arbeitgebers handelt, ist also kein Argument gegen das Mitbestimmungsrecht des Betriebsrats, sondern geradezu eine Voraussetzung dafür, daß es zwischen Vertragsanspruch und Tarifvorrang überhaupt etwas für die Betriebsvereinbarung zu regeln gibt.

Um qualifizierte Forscher zu gewinnen, zahlt ein Forschungsinstitut an alle Forscher eine widerrufliche Forschungszulage. Diese wird refinanziert über den Staatshaushalt. Im Zuge einer Sparmaßnahme wird die Forscherzulage für das nächste Haushaltjahr global um 50 % gekürzt. Daraufhin teilt das Forschungsinstitut seinen in der Forschung tätigen Angestellten im Dezember mit, daß man gezwungen sei, aufgrund der Haushaltskürzungen vom Widerrufsvorbehalt Gebrauch zu machen, und die Forscherzulage mit Beginn des nächsten Jahres um 50 % gekürzt werde. Die hiervon betroffenen Forscher klagen auf Weiterzahlung der vollen Forscherzulage mit der Begründung, daß die einseitige Reduzierung der Forscherzulage wegen Nichtbeachtung des Mitbestimmungsrechtes gem. § 87 Abs. 1 Nr. 10 BetrVG unwirksam sei. Das Forschungsinstitut ist der Auffassung, daß im vorliegenden Falle für Mitbestimmungsrechte des Betriebsrats überhaupt kein Raum bleibe, weil die Halbierung der Forscherzulage auf einem Gesetz im Sinne von § 87 Abs. 1 Eingangssatz BetrVG beruhe.

Das Bundesarbeitsgericht gibt den Klägern recht (v. 3. 8. 1982, BB 1983 S. 376 = DB 1983 S. 237): Das Haushaltsgesetz regle nicht die Vergütungsansprüche der Forscher gegenüber dem Forschungsinstitut, sondern lediglich die Zuwendungen des Staates an das Forschungsinstitut. Richtig sei, daß die Halbierung der für die Forscherzulage zur Verfügung stehenden Mittel eine Vorgabe für die Mitbestimmung des Betriebsrats sei und damit nicht zur Diskussion stehe. Daraus folge jedoch nicht zwingend, daß eine Halbierung der Zuwendungen für Forscher nur durch eine Halbierung der Forscherzulage für jeden einzelnen Betroffenen aufzufangen sei. Denkbar seien durchaus auch andere Lösungen, wie z. B. eine Differenzierung nach Betriebszugehörigkeit, sozialen Gesichtspunkten, Funktionen usw. Die einseitig getroffene Entscheidung des Arbeitgebers, die Reduzierung der Sondermittel um 50 % linear an die Begünstigten weiterzugeben, verletze die gesetzlichen Mitbestimmungsrechte des Betriebsrats und sei deshalb nichtig. Die völlige Streichung aller Forschungszulagen wäre hingegen eine mitbestimmungsfreie unternehmerische Entscheidung gewesen.

In einem anderen Fall stellt ein Unternehmen fest, daß durch Streichung der niedrigsten Tarifgruppen und durch zahlreiche Besitzstandsklauseln das Einkommen der Leistungsträger und weniger leistungsstarker Mitarbeiter nahezu vollständig nivelliert worden ist, was nach seiner Meinung zu erheblichen Motivationsproblemen bei den Leistungsträgern führt. Da es als tarifgebundenes Unternehmen an der tariflichen Vergütungsstruktur nichts ändern kann, will es zusätzliche freiwillige Leistungszulagen einführen. Der Betriebsrat ist mit diesem Vorschlag im Prinzip einverstanden, hält jedoch Einzelprämien für entsolidarisierend und verlangt deshalb die Einführung von Gruppenprämien, also die gleichmäßige Berücksichtigung aller Mitarbeiter einer Schicht ohne Rücksicht auf die individuelle Leistung. Der Unternehmer meint, daß damit der Zweck für die Einführung der Leistungsprämie völlig verwässert werde, und hält dies für einen Eingriff in die allein von ihm zu treffende Zweckbestimmung einer freiwillig einzuführenden Prämie. Gleichwohl wird auf Antrag des Betriebsrats eine Einigungsstelle eingesetzt, die durch ihren Spruch die vom Betriebsrat gewünschte Gruppenprämie einführt. Der Unternehmer weigert sich, für diese Art Prämie zusätzliche Mittel zur Verfügung zu stellen, und wird nun vom Betriebsrat verklagt.

Das Bundesarbeitsgericht (v. 17.12.1985, DB 1986 S.914 = NZA 1986 S.364) bestätigt zunächst grundsätzlich das Mitbestimmungsrecht des Betriebsrats und damit auch die Zuständigkeit der Einigungsstelle. Allerdings betreffe die Mitbestimmung nach § 87 Abs. 1 Nr. 10 lediglich Gestaltungsfragen wie Vergütungsgrundsätze und -methoden. Dagegen könne die Einführung einer Zusatzvergütung auch mit Hilfe der Einigungsstelle nicht erzwungen werden. Selbst nach einem Spruch der Einigungsstelle habe der Unternehmer deshalb die Wahl, ob er gemäß dem Spruch Prämien zahlen wolle oder ob er überhaupt keine Prämien zahlen wolle. Er habe hingegen nicht die Wahl, nach anderen als den von der Einigungsstelle festgelegten Kriterien freiwillige Prämien zu zahlen.

Kasten 8: Sog. strukturierendes Mitbestimmungsrecht bei Vergütungsregelungen

Die Entscheidung sieht auf den ersten Blick für den Unternehmer erfreulicher aus, als sie tatsächlich ist. Er hat zwar seinen Prozeß gewonnen, er muß nicht zahlen, aber er hat seine eigentlichen Ziele nicht erreicht; denn diese waren, durch eine zusätzliche Prämie die Leistungsträger wieder zu motivieren. In Wahrheit gibt es nur Verlierer: den Betriebsrat, der nicht nur nichts erreicht hat, sondern der außerdem einen Teil der Mitarbeiter um mögliches Zusatzeinkommen gebracht hat, und den Unternehmer, der, nachdem er durch das Verfahren bei allen Mitarbeitern Erwartungen geweckt hat, am Ende alle frustriert. Daraus läßt sich nur eine praktisch vernünftige Konsequenz ziehen: Was sich im Bereich freiwilliger Zusatzleistungen nicht auf dem Verhandlungswege durch einen vernünftigen Kompromiß erzielen läßt, das kann erst recht nicht durch eine Auseinandersetzung vor der Einigungsstelle mit autoritativer Entscheidung durch einen betriebsfremden Dritten erreicht werden. In dieser Situation ist es Sache des Betriebsrats, sozusagen die Schmerzgrenze des Unternehmers auszuloten, d.h. welche zielfremden Einschränkungen der Unternehmer noch hinzunehmen bereit ist, ohne deshalb vollends auf die Verfolgung seines Zieles zu verzichten. Und es ist Sache des Unternehmers, bereits im Betrieb und am Verhandlungstisch klarzumachen, wofür er noch bereit ist, zusätzliche Lohnkosten aufzuwenden, und wofür nicht mehr. Jedenfalls kann der Arbeitgeber die Mitbestimmungsrechte des Betriebsrats nicht dadurch „aushebeln", daß er eine bestehende Betriebsvereinbarung über freiwillige Leistungen kündigt, um anschließend eine einseitige Regelung allein nach seinen Vorstellungen in Kraft zu setzen.

Lange umstritten war die Frage, ob dem Betriebsrat bei Anrechnung außertariflicher Zulagen ein Mitbestimmungsrecht zusteht. Die Arbeitgeber hatten argumentiert, daß sich die Anrechnung freiwilliger außertariflicher Zulagen sozusagen automatisch aus den getroffenen Abreden ergebe, so daß für die Mitbestimmung des Betriebsrats überhaupt kein Raum sei. Das BAG hat im Dezember 1991 eine differenzierende Position bezogen, die jedoch im Grunde keine Überraschungen brachte und auf die folgende einfache Formel gebracht werden kann: Rechnet der Unternehmer die Tariferhöhung voll oder überhaupt nicht auf die freiwilligen Zulagen an, so fehlt es am Mitbestimmungsgegenstand – rechnet der Unternehmer die Tariferhöhungen nur teilweise an, so daß sich das Verhältnis der Vergütungen zueinander ändert, steht dem Betriebsrat ein sog. strukturierendes Mitbestimmungsrecht zu. Wegen der grundlegenden Bedeutung sollen die Leitsätze des Beschlusses Großer Senat BAG vom 3. 12. 1991 (DB 1992 S. 1579 = NZA 1992 S. 749) hier im Wortlaut wiedergegeben werden:

1. „Der Tarifvorbehalt des § 77 III BetrVG steht einem Mitbestimmungsrecht nach § 87 1 Nr. 10 BetrVG bei der Festlegung von Kriterien für über-/außertarifliche Zulagen nicht entgegen. Dieses Mitbestimmungsrecht kann sowohl durch formlose Regelungsabrede als auch durch Abschluß einer Betriebsvereinbarung ausgeübt werden.

2. Die Mitbestimmung des Betriebsrats nach § 87 I wird durch den Tarifvorrang des § 87 1 Eingangss. BetrVG nur dann ausgeschlossen, wenn eine inhaltliche und abschließende tarifliche Regelung über den Mitbestimmungsgegenstand besteht. Das ist nicht der Fall, wenn das Mindestentgelt im Tarifvertrag geregelt ist, der Arbeitgeber aber darüber hinaus eine betriebliche über-/außertarifliche Zulage gewährt.

3. Die Anrechnung einer Tariflohnerhöhung auf über-/außertarifliche Zulagen und der Widerruf von über-/außertariflichen Zulagen aus Anlaß und bis zur Höhe einer Tariflohnerhöhung unterliegen dann nach § 87 I Nr. 10 BetrVG der Mitbestimmung des Betriebsrats, wenn sich dadurch die Verteilungsgrundsätze ändern und darüber hinaus für eine anderweitige Anrechnung bzw. Kürzung ein Regelungsspielraum verbleibt. Dies gilt unabhängig davon, ob die Anrechnung durch gestaltende Erklärung erfolgt oder sich automatisch vollzieht.

4. Anrechnungen bzw. Widerruf sind mitbestimmungsfrei, wenn dadurch das Zulagenvolumen völlig aufgezehrt wird oder die Tariflohnerhöhung vollständig und gleichmäßig auf die über-/außertariflichen Zulagen angerechnet wird.

5 a) Bei mitbestimmungspflichtigen Anrechnungen kann der Arbeitgeber bis zur Einigung mit dem Betriebsrat das Zulagenvolumen und – unter Beibehaltung der bisherigen Verteilungsgrundsätze – auch entsprechend die einzelnen Zulagen kürzen.

5 b) Verletzt der Arbeitgeber das Mitbestimmungsrecht, sind Anrechnungen bzw. Widerruf gegenüber den einzelnen Arbeitnehmern rechtsunwirksam."

Die letzte Aussage des BAG (5 b) hat zu dem Mißverständnis Anlaß gegeben, daß die Verletzung von Mitbestimmungsrechten gegenüber dem Betriebsrat zu Zahlungsansprüchen für den einzelnen Mitarbeiter führe. Das ist nicht der Fall.

Ein Zimmerer ist bei einem Bauunternehmen beschäftigt, das keinem Arbeitgeberverband angehört. Tatsächlich wird durchweg entsprechend den Lohntarifen des Baugewerbes gezahlt. Soweit man mit den Leistungen einzelner Arbeitnehmer nicht zufrieden ist, wurden und werden diese von Lohnerhöhungen ausgenommen. Der Betriebsrat wird hieran nicht beteiligt. Wegen angeblich schlechter Leistungen wird der Zimmerer bei der Tariflohnerhöhung 1988 ausgenommen. Er klagt auf Lohnanpassung und begründet dies damit, daß die Nichtanpassung schon wegen fehlender Beteiligung des Betriebsrats rechtswidrig sei.

   Das BAG (v. 20. 8. 1991, DB 1992 S. 687 = NZA 1992 S. 225) stellt klar: Wird die Vergütung einzelvertraglich festgelegt oder in einem Einzelfall erhöht, fehlt es an einem kollektiven Tatbestand, weil es nicht um die Festlegung abstrakt-genereller Grundsätze für die Lohnfindung geht. Differenziert der Arbeitgeber bei den Vergütungen z. B. nach dem Kriterium der Leistung, so unterliegt die dafür erforderliche Festlegung von Kriterien dem Mitbestimmungsrecht des Betriebsrats bei der Ausgestaltung des Engeltsystems nach § 87 Abs. 1 Nr. 10 BetrVG. Dieses Mitbestimmungsrecht kann auch nicht dadurch ausgeschlossen werden, daß entsprechende einzelvertragliche Vereinbarungen getroffen werden. Unter Verletzung von Mitbestimmungsrechten des Betriebsrats einseitig vom Arbeitgeber getroffene Maßnahmen sind insoweit unwirksam, wie dadurch Ansprüche der Arbeitnehmer vereitelt oder geschmälert würden (Theorie der Wirksamkeitsvoraussetzung). Die Theorie der Wirksamkeitsvoraussetzung ist jedoch keine Rechtsgrundlage dafür, daß durch die Verletzung eines Mitbestimmungsrechts Zahlungsansprüche überhaupt erst entstehen, die bislang nicht bestanden haben.

Kasten 9: Theorie der Wirksamkeitsvoraussetzung

Zwar geht es sowohl in Nr. 10 wie auch in Nr. 11 um Mitbestimmung des Betriebsrats bei der Gestaltung von tariflich bzw. vertraglich nicht geregelten Vergütungsfragen. Dennoch unterscheiden sich die beiden Ziffern nach Voraussetzungen und Reichweite. Bei Ziffer 10 geht es um Entlohnungsgrundsätze und -methoden. Erfaßt werden von dieser Vorschrift alle Vergütungsformen, ob es sich nun um Zeit- oder Leistungslohn handelt. Die Mitbestimmung ist hier jedoch beschränkt auf formale und Strukturfragen. Das reicht von so simplen Fragen wie der Bezahlung im Wochen- oder Monatslohn bis hin zu komplizierten Vergütungssystemen mit Fixbestandteilen, leistungsabhängigen variablen Zulagen und Einzelprämien sowie ihrem Verhältnis zueinander.

   Nr. 11 betrifft hingegen erstens nur Leistungsvergütungen und zweitens unter diesen nur diejenigen, welche dem Typus Akkord und Prämie entsprechen. Am zunächst äußerst strittigen Thema der Behandlung von Umsatzprovisionen hat das BAG schließlich entschieden, daß von einer Leistungsvergütung nach dem Muster Akkord und Prämie nur dann die Rede sein könne, wenn es für die Ermittlung der Vergütung eine feste Bezugsleistung gebe. Musterbeispiele sind etwa der Stückakkord (je Lötung DM 1,-) oder die Mengenprämie (je 1000 Anschläge oberhalb der Norm ein prozentualer Zuschlag). Dieser Zusammenhang ist für Abschlußprovisionen vom Bundesarbeitsgericht abgelehnt worden, weil hier auch noch andere, vom Arbeitnehmer nicht zu beeinflussende Faktoren das Ergebnis bestimmen, wie beispielsweise Wirtschaftskraft des Gebietes, Ausfall eines Großkunden, schlechte Werbung oder verfehlte Modellpolitik usw. (BAG v. 13. 3. 1984, DB 1984 S. 2145 = NZA 1984 S. 296).

5.3 Umsetzung der Mitbestimmung

Der Aufzählung der mitbestimmungspflichtigen Angelegenheiten in § 87 Abs. 1 BetrVG folgt in Absatz 2 die lapidare Auskunft: „Kommt eine Einigung über eine Angelegenheit nach Abs. 1 nicht zustande, so entscheidet die Einigungsstelle".
Der Gesetzgeber befaßt sich also nur mit der negativen Alternative: dem Konfliktfall. Aber wo bleibt das Positive? Was ist zu veranlassen, wenn man sich einig ist? Diesen Fall hält das Gesetz nicht für regelungsbedürftig. Wenn die Betriebspartner sich über die Inhalte einigen können, so sollten sie sich eigentlich auch über die Form ihrer Vereinbarung verständigen können. Zwar enthält § 77 Abs. 2 BetrVG detaillierte Vorschriften über die Förmlichkeiten einer Betriebsvereinbarung: gemeinsamer Beschluß, schriftliche Niederlegung, beidseitige Unterzeichnung, Veröffentlichung im Betrieb. Aber diese Vorschriften sind eben nur dann einzuhalten, wenn Arbeitgeber und Betriebsrat entschieden haben, ihre Vereinbarungen in Form einer Betriebsvereinbarung zu fixieren. Nötig ist das nach dem Gesetz jedoch nicht. Absprachen auch in mitbestimmungspflichtigen Angelegenheiten können in jeder Form erfolgen, sogar mündlich oder telefonisch, und die Mitarbeiter können auch in jeder geeigneten Form darüber informiert werden. Für diese informellen Absprachen hat sich der Begriff „Regelungsabrede" eingebürgert. Allerdings ist die Regelungsabrede nicht lediglich eine der gesetzlichen Formen entbehrende Betriebsvereinbarung. Ihren geringen formalen Anforderungen entsprechen auch eingeschränkte rechtliche Wirkungen.

Die *Betriebsvereinbarung* ist durch die folgenden Besonderheiten charakterisiert, die der informellen Regelungsabrede fehlen: Die Betriebsvereinbarung *verbraucht das Mitbestimmungsrecht*. Ist irgendeine Regelung der Angelegenheiten des § 87 Abs. 1 BetrVG zum Gegenstand einer Betriebsvereinbarung gemacht worden, so ist ihre Durchführung nach § 77 Abs. 1 Satz 1 BetrVG grundsätzlich Sache des Arbeitgebers. In der Betriebsvereinbarung selbst kann vorgesehen werden, daß und in welcher Weise der Betriebsrat an der Durchführung von Betriebsvereinbarungen zu beteiligen ist. Aber das ist eine Verfahrensfrage. Der Inhalt selbst ist vorgegeben. Die Betriebspartner können sich auch jederzeit über eine Änderung der Betriebsvereinbarung verständigen. Das Initiativrecht gewinnen Arbeitgeber und Betriebsrat in mitbestimmungspflichtigen Angelegenheiten jedoch erst zurück, wenn die Betriebsvereinbarung ausgelaufen ist. Das kann durch Fristablauf geschehen, sofern die Betriebsvereinbarung von vornherein befristet war, im übrigen durch Kündigung. Aber selbst wenn die Laufzeit der Betriebsvereinbarung beendet ist, gelten ihre Regelungen weiter, bis sie durch eine andere Abmachung ersetzt werden. Diese in § 77 Abs. 6 BetrVG angeordnete *Nachwirkung* soll verhindern, daß sozusagen „Löcher" in der betrieblichen Ordnung entstehen. Die Befristung oder Kündigung einer Betriebsvereinbarung hat mithin praktisch nur den Zweck, den Weg zu Neuverhandlungen freizumachen, sofern die Betriebspartner sich nicht einvernehmlich auf eine Änderung verständigen können. Wie Tarifverträge haben auch Betriebsvereinbarungen unmittelbare und zwingende Wirkung (§ 77 Abs. 4 Satz 1 BetrVG). Diese *normative Wirkung* gibt Schutz vor betrieblichen Außenseitern. Sind in einer Betriebsvereinbarung beispielsweise Werksferien oder Urlaubssperren festgelegt worden, so kommt es – im Gegensatz zu § 7 BUrlG – auf abweichende Wünsche einzelner Mitarbeiter nicht mehr an.

Diese Eigenschaften fehlen der *Regelungsabrede:* Eine Regelungsabrede wahrt die Mitbestimmungsrechte, verbraucht sie aber nicht. Sie ist damit funktional das, was die Angelsachsen ein „agreement" nennen. Ein agreement legitimiert, was man tut, bindet jedoch nicht für die Zukunft. Es funktioniert so lange, wie beide Seiten sich daran halten. Folgerichtig hat die Regelungsabrede auch keine gesetzliche Nachwirkung. Vor allem aber gibt sie keinerlei Schutz vor Außenseitern und Querköpfen. Ist beispielsweise in einer Betriebsvereinbarung die Arbeitszeit festgelegt für Montag bis Freitag in der Zeit von 8.00 bis 16.30 Uhr, so kann eine Regelungsabrede für die Zeit zwischen Weihnachten und Neujahr die Arbeitszeit nicht wirksam verlegen im Sinne von Vor- und Nachholen. Ein Arbeitnehmer, der am 27. Dezember unter Berufung auf die betriebliche Arbeitszeitregelung seine Arbeitskraft anbietet, setzt den Arbeitgeber in Annahmeverzug. Er erhält die vorgesehene Vergütung, selbst wenn man ihn nicht sinnvoll einsetzen kann.

In einer Beziehung hat das BAG die Regelungsabrede der Betriebsvereinbarung völlig gleichgestellt, nämlich bei der Kündigung. Hier wird vom kündigenden Teil Einhaltung der vereinbarten bzw. der für Betriebsvereinbarungen geltenden Kündigungsfristen erwartet, um der anderen Seite genügend Zeit für eine etwa erforderliche Anpassung zu geben.

Im Mai 1990 vereinbaren Arbeitgeber und Betriebsrat, daß im Reparaturbereich die Meister Überstunden anordnen dürfen, wenn der Betriebsrat unverzüglich nachträglich informiert wird. Als es zu Streitigkeiten über die Genehmigungspflicht von Überstunden in anderen Bereichen kommt, stellt der Betriebsrat beim Arbeitsgericht den Antrag, dem Arbeitgeber zu untersagen, für Arbeitnehmer des gesamten Betriebes ohne vorliegende Zustimmung des Betriebsrats Überstunden anzuordnen oder zu dulden.

Das BAG (vom 10. 3. 1992, DB 1992 S. 1734 = NAZ 1992 S. 952) erklärt den Antrag für unbegründet. Mitbestimmungspflichtige Angelegenheiten nach § 87 Abs. 1 BetrVG können von den Betriebspartnern nicht nur in einer Betriebsvereinbarung, sondern auch in einer formlosen Regelungsabrede geregelt werden. In beiden Fällen kann der Betriebsrat sein Mitbestimmungsrecht in der Weise ausüben, daß der Arbeitgeber ermächtigt wird, bei bestimmten Fallgestaltungen Überstunden ohne vorausgegangene Zustimmung des Betriebsrats anzuordnen. Da die Regelungsabrede ein schuldrechtlicher Vertrag zwischen den Betriebsparteien ist, wirkt sie lediglich zwischen Arbeitgeber und Betriebsrat und hat keine normative Wirkung auf den Inhalt der Arbeitsverhältnisse. Die Regelungsabrede ist kündbar. In diesem Falle muß jedoch der kündigende Vertragsteil dem anderen die Möglichkeit geben, sich auf die Änderung der Verhältnisse einzustellen. Sofern keine Kündigungsfrist vereinbart ist, kann auch eine Regelungsabrede analog § 77 Abs. 5 BetrVG nur mit dreimonatiger Frist gekündigt werden.

Kasten 10: Beispiel für eine Regelungsabrede

Betriebsvereinbarung oder Regelungsabrede? Das hängt von den Prioritäten ab. Wo Berechenbarkeit und Sicherheit oberstes Gebot sind, sollte die schwerfällige Betriebsvereinbarung Vorrang haben. Allerdings kann es passieren, daß eine völlig verfehlte und vor Jahren bereits gekündigte Betriebsvereinbarung immer noch angewendet werden muß, weil eine neue Regelung einfach nicht zustande kommt oder sogar planmäßig verzögert wird. Wo Flexibilität Trumpf ist, bietet sich die unkomplizierte Regelungsabrede an. Jedoch ist man hier vor Überraschungen nicht sicher. Verlangt der neugewählte Betriebsrat, daß alle Überstunden vorher von ihm genehmigt werden müssen, nutzt der Hinweis auf die bisherige Praxis der Benachrichtigung wenig.

So dokumentiert sich bei der Entscheidung über Betriebsvereinbarung oder Regelungsabrede auch stets ein wichtiges Stück Firmenphilosophie: Große Konzerne sind stolz darauf, alles und jedes klar geregelt zu haben, und legen regelrechte Sammlungen von Konzern-, Gesamtbetriebs- und Betriebsvereinbarungen vor. In kleinen und mittleren Unternehmen existieren oft nur eine Arbeitsordnung und eine Regelung der Arbeitszeit; alles andere wird von Fall zu Fall „vor Ort" entschieden. Und beides funktioniert.

Verzeichnis der verwendeten Abkürzungen

AktG	–	Aktiengesetz
ArbG	–	Arbeitsgericht
ArbZG	–	Arbeitszeitgesetz
AuR	–	Arbeit und Recht (Arbeitsrechtszeitschrift des DGB)
BAG	–	Bundesarbeitsgericht
BB	–	Betriebsberater, 10-Tages-Zeitschrift
BDSG	–	Bundesdatenschutzgesetz
BetrVG	–	Betriebsverfassungsgesetz
BUrlG	–	Bundesurlaubsgesetz
BVerfG	–	Bundesverfassungsgericht
DB	–	Der Betrieb, Wochenzeitschrift
GenG	–	Genossenschaftsgesetz
GG	–	Grundgesetz
GmbHG	–	Gesetz über die Gesellschaft mit beschränkter Haftung
HGB	–	Handelsgesetzbuch
KSchG	–	Kündigungsschutzgesetz
LAG	–	Landesarbeitsgericht
NZA	–	Neue Zeitschrift für Arbeitsrecht
TVG	–	Tarifvertragsgesetz

Zur Konkretisierung und weiterer Vertiefung wird empfohlen, im Fallstudienband die Fälle zu „Zusammenarbeit mit dem Betriebsrat" zu bearbeiten.

Teil VII
Das gesellschaftliche Umfeld

Einführung

Im einführenden Artikel zu diesem Themenkomplex verdeutlicht Gebert die Vorteile, aber auch die spezifischen Kosten einer „offenen" bzw. „geschlossenen" Gesellschaft. Zudem weist er darauf hin, daß vergleichbare Bestrebungen in Organisationen beobachtet werden können, und gibt Kriterien zur Einschätzung der betrieblichen Strukturen an die Hand.

Unternehmen können zudem nicht als „Staat im Staate" interpretiert werden, sondern sie sind Teil einer Gesellschaft, auf die sie wiederum rückwirkend Einfluß nehmen. Was sich im Umfeld eines Unternehmens tut, wirkt in dieses hinein und muß bis ins konkrete Führungsverhalten bedacht und in angemessenes Handeln übersetzt werden.

Personalstrategien in und für die neuen Bundesländer bleiben weiterhin ein Thema, da auch mehrere Jahre nach der politischen Wiedervereinigung die Wirtschaftspraxis immer noch vor Integrationsproblemen steht. BECKER und GANSLMEIER erläutern die situativen Rahmenbedingungen sowie ausgewählte Personalstrategievorschläge.

In Zeiten der Rezession ist strategische Personalarbeit besonders gefordert. Ist Personalentwicklung nur ein Incentive für gute Zeiten, sind die Mitarbeiter statt Humankapital lediglich ein Kostenfaktor? WEIDL erläutert zunächst erfolgreiches Krisenmanagement als eine spezielle Form der Führung. Danach schildert er innovative Ansätze zur Personalarbeit gerade in Krisenzeiten und stellt hier insbesondere die Management Potential Analyse als Ausgangsbasis für nachfolgendes In- bzw. Out-Placement der Führungsmannschaft heraus.

Ein solches der Umwelt gegenüber verantwortliches Handeln ist bereits Teil einer ethischen Orientierung im Unternehmen und somit auch einer Führungsethik. DIERKES und MÜTZEL setzen sich mit dem Verhältnis von Ethik und ökonomischer Vernunft auseinander. Leitbildorientiertes Management ist dabei der Weg, die Integration einer Unternehmensethik in die Unternehmenskultur das Ziel.

Eine in den letzten zwanzig Jahren viel diskutierte Wandlung im gesellschaftlichen Umfeld berührt die Werte. STENGEL zeigt anhand empirischer Analysen, in welcher Form die Wertorientierungen der einzelnen, die ja als junge Mitarbeiter in die Unternehmen drängen, sich gewandelt haben und in welcher Weise sie den immer gegebenen Konflikt zwischen dem Individuum und der Organisation verschärfen. Berücksichtigt werden dabei sowohl Unterschiede zwischen den neuen und alten Bundesländern als auch internationale Vergleiche. Maßnahmen und Reaktionsmöglichkeiten der Unternehmen sowie jeder einzelnen Führungskraft innerhalb eines übergreifenden Konzepts der Personalpolitik werden vorgestellt.

Eine spezifische Tendenz dieses Wertewandels bezieht sich auf die Hochschätzung der Freizeit und auf den Wunsch nach mehr Selbständigkeit sowie die Beteiligung von Frauen an qualifizierter Erwerbstätigkeit. Dies stellt eine große Herausforderung an die Phantasie und den Gestaltungswillen von Unternehmen dar, da als eine wesentliche Konsequenz Flexibilisierung der Arbeitszeit gefordert ist. STRÜMPEL, WILKENS und PAWLOWSKY zeigen in einem informationsreichen Beitrag die Wünsche der „Basis" und plädieren vor diesem Hintergrund für flexible Systeme, die in ihrer Summe auch zu Arbeitszeitverkürzungen führen und mit deren Hilfe gleichzeitig jenen geholfen werden könnte, die heute ohne Arbeit sind, die aber gerne arbeiten möchten.

Dieser Aspekt wird von WEIDINGER noch weiter konkretisiert, der anhand von praktischen Beispielen innovative Arbeitszeitmodelle vorstellt. Flexible Jahresarbeitszeitmodelle, zeitautonome Gruppen und „Wahlarbeitszeit"-Regelungen seien hier beispielsweise genannt.

Führungspositionen sind bisher weitgehend von Arbeitszeitflexibilisierungen im Sinne von Arbeitszeitverkürzung oder Teilzeit ausgenommen. DOMSCH und LADWIG stellen deshalb in ihrem Beitrag die damit verbundenen Chancen und Risiken für Unternehmen, Führungskräfte und Mitarbeiter heraus und verweisen auf erfolgversprechende Implementierungsstrategien.

Diether Gebert

Die offene Gesellschaft – wie verführerisch ist die geschlossene Gesellschaft?

1. Problemstellung

Demokratie, Interessenplural, Chancengleichheit und Innovation sind zentrale Merkmale einer offenen Gesellschaft. Diese offene Gesellschaft gilt es zu verteidigen. Der Verteidigungsbedarf rührt daher, daß die offene Gesellschaft nicht nur attraktiv, sondern auch mühselig ist. Mit zunehmender Praktizierung der offenen Gesellschaft zahlen wir einen Preis, nämlich den Verlust der Güter der geschlossenen Gesellschaft. Da auch diese in hohem Maße attraktiv sind, ist die offene Gesellschaft, gerade dann, wenn sie deutlich ausgeprägt praktiziert wird, prinzipiell nicht garantiert, sondern vielmehr – von innen her – gefährdet: Die Hauptgefahr für die offene Gesellschaft liegt in den Verlockungen der geschlossenen Gesellschaft.

Daß auch nach Kant eine Rückkehr zur geschlossenen Gesellschaft möglich ist, wurde in Deutschland gleich zweimal eindrucksvoll belegt: Sowohl der Nationalsozialismus als auch der gerade zusammengebrochene „real existierende Sozialismus" erfüllten die Kriterien der geschlossenen Gesellschaft. Und auch heute gibt es Symptome: Zu verweisen wäre etwa auf den Fundamentalismus, aber auch auf die zunehmende Attraktivität von Sekten und Fernseh-Predigern, die „Ausländer raus"-Parolen usw.

Die Unterscheidung einer offenen von einer geschlossenen Gesellschaft geht auf die grundlegende Arbeit von Sir Karl Popper (1980) „Die offene Gesellschaft und ihre Feinde" zurück. Im folgenden Beitrag sollen die Popperschen Kategorien auf den betrieblichen Kontext übertragen werden. Denn auch Betriebe können als offene bzw. geschlossene Gesellschaften interpretiert werden. Ziel dieses Beitrags ist, zum Nachdenken anzuregen. Ein wesentlicher Zweck wäre erreicht, wenn der Leser sich anschließend fragt, in welchem Sinne das Unternehmen, in dem er tätig ist, eher als offene bzw. geschlossene Gesellschaft betrachtet werden kann.

Unter Kapitel 2 wird beschrieben, welche Geisteshaltungen und Handlungsmuster die offene bzw. die geschlossene Gesellschaft stützen, wobei zugleich ergänzend verdeutlicht wird, welche Kennzeichen für die offene bzw. geschlossene Gesellschaft charakteristisch sind. Im 3. Punkt wird auf die Kosten beider Gesellschaftsstrukturen eingegangen und speziell noch einmal auf die potentielle Gefährlichkeit geschlossener Gesellschaften verwiesen. Es stellt sich entsprechend die Frage, wie man mit den Mühseligkeiten der offenen Gesellschaft fertig werden kann, ohne den Verlockungen der geschlossenen Gesellschaft zu verfallen. Auf dieses Problem wird mit einigen grundsätzlichen Argumenten im 4. Kapitel eingegangen. Im 5. Abschnitt werden die gesamten Überlegungen auf den Betrieb bezogen. Anhand ausgewählter Beispiele wird hypothesenartig aufgezeigt, durch welche Art der Führung in Betrieben eine eher geschlossene bzw. eine eher offene Gesellschaft gestützt und gefördert wird. Auf dieser Basis kann der Leser dann selbst versuchen, sein eigenes Unternehmen anhand der Kategorien zu beschreiben, zu bewerten und ggf. zu verändern.

2. Kennzeichen der offenen und der geschlossenen Gesellschaft

Die offene (bzw. geschlossene) Gesellschaft spiegelt bestimmte Handlungsmuster wider, die ihrerseits bestimmte Denkmuster bzw. Basisüberzeugungen reflektieren. Um diese Denkmuster geht es im folgenden, da sie als eine zentrale Teilursache für die

Offenheit respektive Geschlossenheit betrachtet werden können. In der Konsequenz heißt dies übrigens, daß sich auch der einzelne bei seiner eigenen Standortbestimmung fragen muß: Und wie denke ich selbst diesbezüglich?

Die entscheidenden Basisannahmen sind von mir (und nicht von POPPER) zweigeteilt. Unter dem Stichwort der „sozialen" Dimension (vgl. Abbildung 1) finden sich Annahmen, die sich auf den Menschen an sich bzw. auf das Zusammenleben von Menschen beziehen; davon wird eine „geistige" Dimension abgehoben, in der die Frage behandelt wird, wie soziale Realität erklärt und erkannt werden kann. Dies wird nachstehend erläutert.

Hinsichtlich der sozialen Dimension kann man der Meinung sein, Menschen verfolgen letztlich die gleichen Ziele und haben dieselben Interessen; man kann aber auch glauben, daß für unterschiedliche Gruppierungen in der Gesellschaft durchaus unterschiedliche Interessen kennzeichnend sind. Geht man insofern zumindest von einer

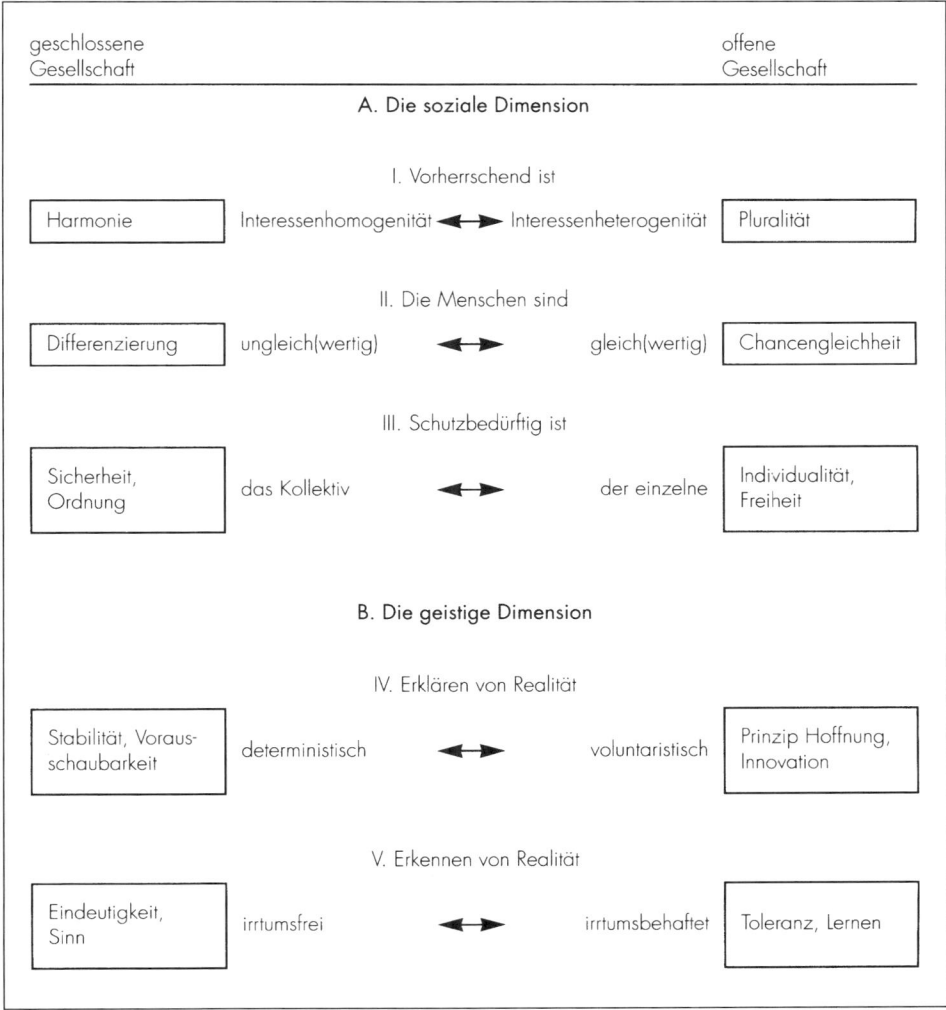

Abb. 1: Unterschiede zwischen einer geschlossenen und einer offenen Gesellschaft

teilweisen Interessenheterogenität aus, so ergibt sich ein Interessenplural, und man muß sich Verfahrensregeln ausdenken, wie man mit diesem Interessenplural vernünftig umgeht. Unsere demokratische Rechtsordnung stellt den Versuch dar, unterschiedliche Meinungen und Interessen gelten zu lassen und den Interessenplural „vernünftig" abzuarbeiten. Vertritt man umgekehrt die Position weitgehender Interessenhomogenität, so favorisiert man als Gesellschaftsmodell nicht so etwas wie Demokratie, sondern eher eine Art Familienmodell, in dem Harmonie und Vertrauen zentrale Wertmuster darstellen.

Die zweite Teildimension bezieht sich auf die Frage der Gleich- bzw. Ungleichwertigkeit von Menschen. Der offenen Gesellschaft zugeneigt ist der Pol der Gleichwertigkeit der Menschen, was sich u.a. in der Forderung nach Chancengleichheit, der Gleichheit vor dem Gesetz und ähnlichem mehr ausdrückt. Der geschlossenen Gesellschaft ist die Ungleichwertigkeit der Menschen zuzuordnen, hier wird entsprechend auf eine auch nach außen hin erkennbare Differenzierung Wert gelegt. Man denke etwa an die klassische Ständegesellschaft, in der die Ungleichheit bis hin zur Kleiderordnung auf mannigfaltigste Weise zum Ausdruck gebracht wurde.

Die dritte Dimension zentriert sich um die Frage, was primär schutzbedürftig ist: der einzelne oder das Kollektiv. Wird der einzelne für das Schutzbedürftige erachtet, so korrespondiert dies mit einer positiven Wertschätzung von Individualität und Autonomie bzw. mit entsprechenden Bemühungen, die Freiheit des einzelnen im sozialen Verband soweit wie möglich zu gewährleisten. Stellt man als primäres Ziel eines gesellschaftlichen Systems dagegen den Schutz des Kollektivs in den Vordergrund, so wird ein Handeln freigesetzt, das der Sicherheit nach außen und der Ordnung nach innen dienlich ist. Eine geschlossene Gesellschaft liegt demnach dann vor, wenn auf der Basis von Interessenhomogenität, der Annahme der Ungleichwertigkeit der Menschen und einer kollektivistischen Zielorientierung ein soziales System etabliert ist, in dem das Erzielen von Harmonie und Konsens, die Ermöglichung von Differenzierungen und die Gewährleistung äußerer Sicherheit und innerer Ordnung dominante Wertmuster darstellen.

Auf der geistigen Ebene (Dimension B. in der Abb. 1) ist von herausragender Bedeutung, wie man sich das Zustandekommen sozialer Realität erklärt. „Deterministisch" erklärt man sich die (soziale) Realität, wenn man von grundlegenden und unveränderlichen Gesetzmäßigkeiten ausgeht, aufgrund derer die Realität *notwendig* so ist, wie sie ist. Bei derartigen Gesetzmäßigkeiten könnte man an moderne Formen der Soziobiologie denken; man kann aber auch metaphysische Kräfte (das Wirken der Götter, des Schicksals) meinen, respektive – wie in der marxistischen Orthodoxie – annehmen, daß bestimmte ökonomische Prozesse die tragende Basis für eine spezifische Weiterentwicklung der Gesellschaft darstellen, so daß sich die Gesellschaft zwangsläufig auf eine kommunistische Struktur hin entwickle usw. Das Entscheidende und Gemeinsame aller deterministischen Erklärungsansätze ist, daß die zu einer bestimmten Zeit in der Gesellschaft vorfindbaren Eigenheiten als Widerspiegelung gleichsam naturwissenschaftlicher Zwangsläufigkeiten interpretiert werden. Diese Denkhaltung bezeichnet Popper (1980) als „Historizismus".

Ihr steht die „voluntaristische" Erklärung gegenüber: Eigentümlichkeiten einer Gesellschaft werden in diesem Muster, das für die offene Gesellschaft typisch ist, *als von Menschen gemacht* interpretiert und somit als das Produkt kulturell vermittelter Konventionen gedeutet. Denkt man so, dann ist es selbstverständlich, daß man auf die Idee kommt, die Realität auch anders zu gestalten. Das für den Menschen so herausragende Prinzip Hoffnung setzt insofern ein voluntaristisches Denkmuster voraus. Auch das im betrieblichen Kontext heute so zentrale Stichwort Innovation ist nur vor diesem Hintergrund sinnvoll zu thematisieren.

Auf dem Pol der geschlossenen Gesellschaft steht als Folge der deterministischen Erklärungsmuster die zeitliche Stabilität eines sozialen Systems im Vordergrund, wobei sich diese mit dem immensen Vorzug der Vorausschaubarkeit von Ereignissen und Abläufen verbindet. Die Welt ist im wesentlichen bekannt, und man kann sich in ihr einrichten.

Die fünfte Dimension bezieht sich auf die Frage, für wie irrtumsfrei bzw. irrtumsbehaftet wir unsere Erkenntnisprozesse über die Realität erachten. Der offenen Gesellschaft steht die Überzeugung nahe, daß unsere Aussagen über die Realität aufgrund spezifischer Begrenzungen unseres Erkenntnisapparates nur vorläufigen Charakter haben können. Da wir uns irren können, ist insofern prinzipiell Toleranz gegenüber andersartigen Meinungen angebracht und ein Lernen unabdingbar. In der geschlossenen Gesellschaft wird umgekehrt die Position favorisiert, unser Erkenntnisprozeß sei weitgehend irrtumsfrei, so daß wir zu eindeutigen und endgültigen, definitiven Aussagen kommen können, die eine verläßliche Orientierungsbasis abgeben. Abschließend seien zwei Aussagen besonders unterstrichen:

– Die der offenen bzw. geschlossenen Gesellschaft vorgelagerte Geisteshaltung ist nicht ein-, sondern mehrdimensionaler Natur. Erst ein komplexes *Gefüge* (pattern) von Grundannahmen ist konstitutiv für das, was wir dann als offene respektive geschlossene Gesellschaft beschreiben.
– Beide Grundformen sind attraktiv; also: Auch die geschlossene Gesellschaft hat ihre Vorzüge; dieser Gesichtspunkt wird im weiteren Verlauf noch deutlicher.

3. Der Preis der offenen bzw. der geschlossenen Gesellschaft

In der Abbildung 2 ist das zentrale Problem herausgearbeitet. Ich habe wiederum die gleichen fünf Dimensionen unterschieden wie in Abbildung 1. Unter dem Pluszeichen wurden die jeweils schon genannten Vorzüge der offenen respektive geschlossenen Gesellschaft aufgelistet und durch einige weitere ergänzt.

POPPERS zentrale These läuft darauf hinaus, daß wir für die Vorzüge der offenen Gesellschaft Preise zu entrichten haben, so daß es als ein Zeichen von Unreife gelten kann, wenn wir uns davor drücken, diese Kosten zu bezahlen. Ich habe sowohl die Vorzüge als auch die Preise insofern zu systematisieren versucht, als ich sie (s. Abbildung 2) immer als Folgen der in der Abbildung 1 diskutierten Basisannahmen interpretiere.

Etwas genauer formuliert heißt die Hypothese: Je mehr die jeweiligen Vorzüge realisiert werden, desto größer die Wahrscheinlichkeit für die daneben stehenden Nachteile. Je mehr wir also z. B. der Interessenpluralität zur Geltung zu verhelfen versuchen, zumal wir hierin wichtige Enwicklungspotentiale sehen, desto größer ist die Wahrscheinlichkeit für Streit und Konflikte, und eben diese werden von uns in aller Regel als anstrengend und lästig erlebt. In der Ökonomie werden die Regelungen zur Konflikthandhabung (auch innerbetrieblich gemeint) unter dem Gesichtspunkt der

geschlossene Gesellschaft			offene Gesellschaft	
negativ	positiv		positiv	negativ
Stillstand Infantilisierung Manipulierbarkeit Abschottung	Harmonie Bestätigung Vertrauen	I	Pluralität Entwicklungspotential Schöpferische Spannung	Streit/Konflikt Transaktionskosten Mißtrauen
Diskriminierung Herr und Knecht	Differenzierung	II	Chancengleichheit Gleichbehandlung	Nivellierung
Hierarchie/Zwang Terror/Totalitarismus	Äußere Sicherheit Ordnung	III	Individualität Freiheit/Autonomie	Egoismen Einsamkeit Anarchie
Rigidität Erstarrung Gleichschaltung Verlassenheit	a) statisch: Stabilität Vorausschaubarkeit/Orientierung b) dynamisch: Aufgehen in einer Bewegung Geborgenheit	IV	Prinzip Hoffnung Innovation Selbstorganisation Flexibilität Aufklärung/Bildung Anspruchsniveausteigerung	Instabilität/Chaos Verantwortung Scheitern Opportunismen Machergläubigkeit Unzufriedenheit
Dogmatik Ideologie	Eindeutigkeit/ Gewißheit Sinn	V	kritische Rationalität Toleranz Lernen	Beliebigkeit Orientierungslosigkeit Vorläufigkeit

Abb. 2: Attraktivität und Mühsal der offenen sowie der geschlossenen Gesellschaft

sog. Transaktionskosten analysiert. Es gibt sehr viele Manager, denen die Transaktionskosten in Form von Zeit und Nerven im betrieblichen Alltag als viel zu hoch erscheinen. Unter diesem Blickwinkel ist dann das Familienmodell der geschlossenen Gesellschaft (Annahme der Interessenhomogenität) plötzlich die Oase des Friedens und der Ruhe, und man sehnt sich danach, in diesem Muster der geschlossenen Gesellschaft wieder seiner „eigentlichen" Arbeit nachgehen zu können.

Mit anderen Worten: Je größer auf einer bestimmten Dimension die Vorzüge der offenen Gesellschaft sind, desto größer ist die Wahrscheinlichkeit auch für das Anwachsen paralleler Nachteile, also von Kosten, aufgrund derer entsprechend die Attraktivität des Gegenmodells, nämlich der geschlossenen Gesellschaft, zunimmt. Bzw.: Je mehr wir die offene Gesellschaft praktizieren, desto größer wird unsere Sehnsucht nach der geschlossenen Gesellschaft.

Dabei soll allerdings kein neuer Determinismus aufgebaut werden: Es ist nicht zwangsläufig so, daß mit zunehmender Praktizierung der jeweils aufgeführten Vorzüge die danebenstehenden Nachteile eintreten werden. Es erhöht sich lediglich die Wahrscheinlichkeit für das Eintreten dieser Negativeffekte, und diese Differenzierung hat eine ganz zentrale praktische Konsequenz: Wir bräuchten wesentlich mehr Forschung, die uns darüber aufklärt, *unter welchen konkreten* Randbedingungen die Pluszeichen in die Minuszeichen umkippen. Diese Frage ist nicht nur bezüglich der offenen Gesellschaft, sondern auch in bezug auf die geschlossene Gesellschaft von größter Bedeutsamkeit: *Wann* kippen die Vorzüge der geschlossenen Gesellschaft in die Nachteile der geschlossenen Gesellschaft um? Wir werden hierauf zurückkommen.

Die zentrale These, daß mit zunehmender Praktizierung der offenen Gesellschaft die Attraktivität des Gegenmodells steigt, sei knapp an einigen weiteren Beispielen illustriert. Geht man von einer zumindest partiellen Interessenheterogenität aus, so ist als Begleitempfindung und als Nachteil Mißtrauen vorprogrammiert. Jeder hat bereits erfahren, daß Mitrauen wiederum Mißtrauen gebiert, und jeder weiß, wie belastend dies für zwischenmenschliche Beziehungen sein kann. Also steigt die Attraktivität einer Zone, in der Vertrauen ermöglicht wird, was entlastet und befreit.

Auf der zweiten Dimension kippt Chancengleichheit in Nivellierung um. Frau Noelle-Neumann hat unsere Verproletarisierung („Jeans-Gesellschaft") hinreichend oft beklagt. Wen kann es wundern, daß auch in unserer Gesellschaft das Bedürfnis nach Differenzierung steigt (vgl. hierzu auch Sennett, 1991)? Auf der dritten Dimension kippt die Forcierung von Individualität, Freiheit und Autonomie in Egoismus, Einsamkeit und evtl. sogar Anarchie um, so daß Rufe nach Sicherheit und Ordnung aktualisiert werden. Auch für diese Zusammenhänge gibt es in unserer Gesellschaft hinreichend Beispiele.

Die voluntaristische Überzeugung, daß die soziale Realität in ihrer konkreten historischen Ausgestaltung nicht notwendig so ist, wie wir sie vorfinden, hat zwar einen unglaublich animierenden Grundcharakter, da hiermit eine Art von Hoffnung begründet wird. All dies kann aber schnell zur Last werden: Die offene Gesellschaft konfrontiert das Individuum mit dem Anspruch, sich gegenüber bestimmten Tatbeständen mitverantwortlich zu fühlen und verbessernd auf die Welt einzuwirken, und induziert damit natürlich auch die Erfahrung des Scheiterns. Wie angenehm sind demgegenüber deterministische Deutungsmuster, die uns das beruhigende Gefühl vermitteln, in einen Strom der Ereignisse fest eingebettet zu sein, an dem man teilhat, ohne ihn verändern zu müssen, da man ihn gar nicht beeinflussen kann. Statt Instabilität und Wandel, statt des Zwangs, sich auch als älterer Mensch ständig neuen Bedingungen gegenüber anpassen zu müssen, dominieren im deterministischen Muster der geschlossenen Gesellschaft Stabilität, Ruhe und Vorausschaubarkeit. Für wen ist dies nicht attraktiv? Da – wie wir aus der Dreigroschenoper von Brecht wissen – die „Verhältnisse" schuld sind, müssen wir im Sinne des voluntaristischen Prinzips diese natürlich ändern. Aber wie mühselig ist dieser Weg! Als Vorbereitung auf die offene Gesellschaft werden im übrigen in aller Regel Aufklärung und Bildung forciert (dies gerade auch in unserer Gesellschaft); den Preis zahlen wir in Form von aufklärungsbedingter Unruhe und Unzufriedenheit. Warum also nicht das resignative Glück der geschlossenen Gesellschaft so belassen wie es ist?

Von besonderer Bedeutung ist in der Bundesrepublik im Augenblick die fünfte Dimension. Der Preis, den wir für unsere erkenntnistheoretische Selbstkritik zu bezahlen haben, liegt u. a. darin, daß wir eben nur noch Hypothesen formulieren, d. h. nichts Festes, Eindeutiges und Endgültiges haben, auf das wir uns verlassen können. Die Kategorie Gewißheit geht verloren. Und eben deswegen antwortet die Gesellschaft u. a. damit, daß sie in dieser neuen Unübersichtlichkeit (Habermas, 1988) den Universitäten verordnet, sog. Orientierungswissen in einer technisierten Welt zu vermitteln, um so auch Sinngebungsfunktionen zu erfüllen. Eindeutigkeit, Gewißheit und vor allem Sinn werden wieder nachgefragt; wir werden noch zu betrachten haben, wie man hierauf innerbetrieblich antwortet.

Etwas verallgemeinert formuliert sei nochmals unterstrichen: Die Qualität der offenen Gesellschaft ist niemals garantiert, sondern prinzipiell in einem gefährdeten Zustand, da mit zunehmender Ausprägung der Eigenheiten der offenen Gesellschaft erhebliche Nachteile (Preise) immer wahrscheinlicher werden, aufgrund derer die Attraktivität der geschlossenen Gesellschaft zunimmt.

Den ganz offenkundigen Verlockungen der geschlossenen Gesellschaft nachzugeben, ist aber ebenfalls nicht ungefährlich, da hier wiederum umgekehrt das gleiche gilt. Deshalb benötigen wir eine Randbedingungsforschung, die uns darüber aufklärt, *wann* (in ökonomischen Krisen?) die Vorzüge der geschlossenen Gesellschaft in die (möglichen) Nachteile umzukippen drohen; auf dieses Umkippen sei zum Schluß dieses dritten Abschnitts knapp eingegangen. Der Leser möge dabei sein Augenmerk speziell auf die Frage richten, in welchem Sinne sich die fünf unterschiedlichen Dimensionen in der Konstituierung spezifischer Negativausprägungen der geschlossenen Gesellschaft ergänzen und insofern in einem komplementären Verhältnis zueinander stehen.

In bezug auf die erste Dimension gilt noch vergleichsweise harmlos, daß Harmonie in Stillstand, Vertrauen in Infantilisierung, Manipulierbarkeit usw. umschlagen können. Dies speziell wohl dann, wenn die erste Dimension mit der zweiten Dimension gekoppelt ist, nämlich mit der Überzeugung der Ungleichwertigkeit von Menschen. Aus der im Prinzip positiv zu würdigenden Chance zur Differenzierung kann leicht das klassische „Herr und Knecht“-Paradigma erwachsen. Unterschiede dienen dann der Installierung, Legitimierung und Stabilisierung von Herrschaft. In Kombination mit der vierten Dimension, also deterministischen Denkmustern, stehen wir schnell bei der „Vorsehung“, die die Geschicke steuert und einen spezifischen Führer einsetzt. Dieser ist insofern ein ausgezeichneter, als er – im Sinne von Hegel argumentiert – gleichsam als Inkarnation der objektiven Vernunft zu interpretieren ist, die in der Geschichte waltet, wobei er selbstverständlich selbst sakrosankt ist.

Die Differenzierungsbetonung (die zweite Dimension) kann dabei nicht nur gefährlichen Herrschaftskonfigurationen Vorschub leisten; historisch sei daran erinnert, daß sie natürlich auch in eine Diskriminierung umkippen kann, wie es das Beispiel des Untermenschen dokumentiert.

Wird die Differenzierung über die Anbindung des Führenden an die Vorsehung begründet, so liegt das deterministische Grundmuster (vierte Dimension) inhaltlich darin, daß damit auf die Existenz einer weltweiten Bewegung verwiesen ist, der geschichtliche Notwendigkeit zukommt. Für derartige Bewegungen (etwa nationalsozialistischer Art) gilt ein kollektivistischer Zug: Die Bewegung (das Kollektiv) ist alles, der einzelne nichts.

Eine solche Bewegung bietet für den einzelnen außerordentlich Attraktives: Er hat in ihr eine geistige Heimat, kann sich dort geborgen fühlen und hat teil an dem „großen Atem der Geschichte“. Das „Dynamische“ an dieser Variante des Determinismus ist, daß das Ziel der Bewegung unklar ist und auch gar nicht im Vordergrund steht; es geht um die Bewegung an sich. Stillstand ist der Tod für die Bewegung.

Eine derartige Bewegung muß nun geschützt werden (vgl. hierzu und zu den folgenden Ausführungen vor allem Hannah Arendt, 1955). Dies bedeutet Entindividualisierung von Personen; alles Abweichende (Individuelle) wird tendenziell zur Gefahr. Verlangt ist die Gleichschaltung. Sie wird hergestellt durch eine spezifische Kombination aus Terror (willkürlicher äußerer Zwang; Verhaftung speziell unschuldiger und normaler Bürger im 3. Reich) und Ideologie, die die Gleichschaltung der Gehirne anstrebt und dazu führt, daß der äußere Zwang als notwendig akzeptiert, also als innerer Zwang internalisiert wird. Im Sinne von Hannah Arendt ermöglicht die

Kombination aus äußerem und innerem Zwang eine Gleichschaltung selbst von Massen, was in der Politikwissenschaft als Totalitarismus bezeichnet wird. Dem „Totalitarismus" und der „Diktatur" ist gemeinsam, daß sie Formen der geschlossenen Gesellschaft darstellen (in beiden kippt Eindeutigkeit/Gewißheit in Dogmatik und Ideologie um; überwiegt das kollektivistische Moment usw.). Unterschiede bestehen aus der Sicht des einzelnen darin, daß man in der Diktatur Willkür und damit letztlich Ohnmacht sowie Einsamkeit, im Totalitarismus dagegen die (juristische sowie moralische) Auslöschung der eigenen Person und insofern existentielle Verlassenheit erfährt.

Nach dieser Darstellung der potentiellen (!) Preise der geschlossenen Gesellschaft sei wieder das Grundproblem herausgearbeitet: Mit zunehmender Verlebendigung der offenen Gesellschaft steigt aufgrund der wahrscheinlich zu entrichtenden Kosten die Sehnsucht nach der geschlossenen Gesellschaft, für die wir aber ebenfalls (u. U. sehr erheblich) zu zahlen haben. Was soll man also tun?

4. Wie kann eine Balance zwischen offener und geschlossener Gesellschaft aussehen?

Auf der Basis der bisherigen Ausführungen kann man das Kernübel auch noch anders formulieren: Wir wollen die offene *und* (zugleich) die geschlossene Gesellschaft. Das heißt: Wir wollen Pluralität *und* Harmonie, Chancengleichheit *und* Differenzierung, wir wollen Freiheit/Autonomie *und* Sicherheit/Ordnung, wir wollen Wandel *und* Stabilität, wir wollen kritisches Hinterfragen *und* Eindeutigkeit/Gewißheit. Die Basisfrage lautet damit: Sind die Vorzüge der offenen Gesellschaft mit den Vorzügen der geschlossenen Gesellschaft kompatibel, oder handelt es sich hier um eine Entweder-oder-Beziehung?

Es sieht so aus, als könne man die offene Gesellschaft nicht „puristisch" forcieren, ohne sie in ihrer Substanz durch die Blockierung der Nachfrage nach den Gütern der geschlossenen Gesellschaft zu gefährden. Es dürfte also so sein, daß man dieser Nachfrage zumindest teilweise entsprechen muß. Die Grundfrage lautet entsprechend: *Wie* können wir dem Wunsch nach den Gütern der geschlossenen Gesellschaft entgegenkommen, ohne die Vorzüge der offenen Gesellschaft im Kern zu verwässern? Wie läßt sich das Spannungspotential zwischen „offen" und „geschlossen" entschärfen bzw. flexibilisieren? Etwas formalistisch argumentiert, erkenne ich drei Varianten:

– Man kann die Nachteile der offenen Gesellschaft und damit die Attraktivität der geschlossenen Gesellschaft zu unterlaufen versuchen, indem man die offene Gesellschaft (auf einer gedachten Intensitätsskala) nur in abgeschwächter Form (in „weiser" Zurückhaltung) praktiziert. Allerdings hat man dann die Vorzüge auch nur in abgeschwächter Form, und es fragt sich entsprechend, ob ein solcher Denkansatz trägt.
– Man kann auf der Zeitachse differenzieren: Was nicht simultan geht, wird im zeitlichen Nacheinander zu realisieren versucht. Ein soziales System könnte von einem geschlossenen zu einem offenen und wieder zurück zu einem geschlossenen Zustand oszillieren, so daß es im zeitlichen Längsschnitt beiden Nachfragen dient.
– Man könnte „räumlich" differenzieren: Es scheint der Realität nahezukommen, daß Menschen ihren Lebensraum differenzieren und Räume etablieren, in denen

zumindest bestimmte Teilaspekte der geschlossenen Gesellschaft ausgelebt werden können (Familie, Kirche), während die gleiche Person in anderen Welten (als Mitglied des Gemeinderats in der Kommunalverwaltung) die offene Gesellschaft praktiziert.

In der individuellen Biographie dürfte vor allem die räumliche und zeitliche Differenzierung zur Anwendung kommen. Es wäre zu untersuchen, inwieweit diese Entschärfungsstrategien auf den betrieblichen Kontext übertragbar sind.

So wie sich jeder einzelne die Frage vorlegen kann, wie er zwischen „offen" und „geschlossen" balanciert, so kann man sich natürlich auch fragen, was für den betrieblichen Balanceakt zwischen „offen" und „geschlossen" kennzeichnend ist bzw. welchem Muster der Betrieb tendenziell zuneigt.

5. Wie läßt sich durch Führung die offene bzw. geschlossene Gesellschaft innerbetrieblich stützen?

In Abbildung 3 werden Führungsmuster – getrennt für die verschiedenen Basisüberzeugungen der Abbildung 1 – unter dem Blickwinkel eingestuft, ob sie tendenziell eher der Förderung der offenen oder der geschlossenen Gesellschaft dienlich sind.

Eine offene Führung, die also das Muster der offenen Gesellschaft ausdrückt und verstärkt, betont den Gesichtspunkt der Interessenvielfalt; der Führende wird entsprechend darauf Wert legen, daß Konflikte offengelegt werden und sich die konfligierenden Parteien (z. B. Arbeitgeber und Betriebsrat) als Repräsentanten spezifischer Inter-

Bewußtseins-dimensionen (wie in Abb. 1 definiert):	Interessen-heterogenität/ -homogenität	gleichwertig/ ungleichwertig	einzelner/ Kollektiv	voluntari-stisch/ deterministisch	irrtums-behaftet/ irrtumsfrei
	I	II	III	IV	V
Förderliche Handlungs-weisen/ Instrumente für die offene Gesellschaft	Betonung des Betriebsverfas-sungsgesetzes, Konfliktoffen-legung	Ausländer-integration, Frauenför-derung	Einräumen von Wider-spruchsrecht, Gewährung von Frei-räumen, Entstandar-disierung	Verfahrensin-novationen, Organisations-entwicklung, Teamentwick-lung, Rollenverhand-lung	Beurteilung nach oben, Fehlertoleranz
Förderliche Handlungs-weisen/ Instrumente für die geschlossene Gesellschaft	Pflege der Human Relations, Symbolische Führung, Weihnachts-feiern	rangspezifi-sche Casinos, koffertragende und folienauf-legende Assistenten	Uniformen, Abzeichen, Corporate Identity, Belohnung von Betriebs-treue	Betonung von Sachzwängen (technischer, ökonomischer biologisch-anthropolo-gischer Art)	Expertokratie, visionäre Führung, transformational leadership, Wertedefinition von „oben"

Abb. 3: Innerbetriebliche Strategien zur Förderung von Bewußtseinsstrukturen, die der offenen oder geschlossenen Gesellschaft nahestehen

essengruppen wechselseitig ernst nehmen. Eine offene Führung unterstreicht des weiteren die Gleichwertigkeit der Mitarbeiter und versucht z.B. ausländerbezogene Diskriminierungen zu unterbinden. Offene Führung bemüht sich, das Recht des einzelnen zu schützen und gewährt dem Mitarbeiter durch eine entsprechende Delegation von Aufgaben und Verantwortung den Freiraum, sich in der Arbeit selbst zu entfalten. Der im Sinne der offenen Gesellschaft Führende unterstreicht, daß die Spielregeln innerhalb des Betriebes im Prinzip Konventionen darstellen, die man ebenso anders regeln kann. Er ist Rollenverhandlungen gegenüber offen, unterstützt Bemühungen um Teamentwicklung und hält die betriebliche Realität nicht nur ggf. für veränderungsbedürftig, sondern vor allem auch für veränderungsfähig. Schließlich weiß der offen Führende im Sinne der offenen Gesellschaft, daß sein Denken irrtumsbehaftet ist, und er bemüht sich entsprechend um Fehlertoleranz und läßt auch Beurteilungen von unten nach oben zu, um die Kooperation zu verbessern.

Dem gegenüber unterstreicht eine geschlossene Führung durch vielfältige Veranstaltungen den gemeinsamen Geist, also die Interessenhomogenität, und legt z.B. auf die Pflege der zwischenmenschlichen Beziehungen besonderen Wert, um das Empfinden von Harmonie zu verstärken. Die geschlossene Führung unterstreicht auch eher die Ungleichwertigkeit von Personen, hält also an allem fest, was Statusunterschiede zwischen den Personen markiert und sieht hierin ein wichtiges Ordnungsprinzip. Die geschlossene Führung interessiert sich nicht so sehr für die Interessen des einzelnen, sondern unterstreicht vor allem das Erfordernis, daß sich alle Personen dem Interesse des Ganzen (des Unternehmens) unterzuordnen haben. Von daher wird nach außen hin z.B. durch Uniformen und Abzeichen kenntlich gemacht, daß man eine gemeinsame Sache vertritt, und eine langjährige Treue zum Unternehmen wird entsprechend belohnt. In der geschlossenen Führung wird deutlicher der Sachzwang betont, also herausgestellt, daß bestimmte Dinge nicht anders geregelt werden können, als sie bisher geregelt wurden. Schließlich wird in der geschlossenen Führung unterstrichen, daß es ein Expertenwissen gibt, das nicht durch Laien zerredet werden darf, und es wird insofern unterstrichen, daß basisdemokratische Beurteilungen betrieblicher Sachverhalte dem Unternehmen eher schaden würden.

Nachstehend wird ergänzend auf einige Führungsqualitäten eingegangen, die noch besonders erklärungsbedürftig sind:

Bei der Frage, wie sich der Eindruck von Interessenhomogenität vermittelt, spielt die sogenannte symbolische Führung eine wichtige Rolle. PFEFFER (1981) vertritt die These, daß in einem Unternehmen in der Tat mit der Existenz verschieden gerichteter Interessen zu rechnen sei. Daß selbst in der Unternehmensspitze ein Interessenplural zu verzeichnen sei, sei für ein Unternehmen aber nicht ungefährlich, da das Ruchbarwerden der Interessenheterogenität zu einer allgemeinen Politisierung des Unternehmens führen könne und damit vor allem die so wichtige Akzeptanz von Entscheidungen durch nachgeordnete Mitarbeiter u.U. gefährdet würde; diese Akzeptanz sei nämlich auf nachgeordneter Ebene erleichtert, wenn die Belegschaft den (durchaus politischen) Entscheidungen des Top-Managements Konsens, Vernunft und Rationalität zusprechen würde. Betriebe würden deswegen mit Hilfe von Symbolen (z.B. spezifischen Sprachregelungen und Ritualen) darauf hinzuwirken versuchen, daß Mitarbeiter die auf der Geschäftsleitungsebene getroffenen politischen Entscheidungen als konsensual und rational wahrnehmen, obwohl Dissens und Machteinsatz vielen, gerade strategischen Entscheidungen zugrunde liegen. (Nachdem zuvor hinter verschlossenen Türen hart gepokert worden ist, tritt die Geschäftsleitung in der anschließenden Pressekonferenz mit betont freundlicher Miene auf; alle Mitglieder der

Geschäftsleitung schütteln sich demonstrativ die Hände; der Sprecher betont immer wieder die Gemeinsamkeit der Interessenlage und der Entscheidungsfindung, womit insgesamt verbal und nonverbal Interessenhomogenität ausgedrückt wird.)

Es macht nicht sehr viel Sinn, derartige Strategien als manipulativen Ausnahmefall hinzustellen. Es ist realistischer, wenn man von der These ausgeht, daß jedes Verhalten, und damit auch das Führungsverhalten, immer zugleich auch noch etwas Zusätzliches verschlüsselt, was den unmittelbaren Aussagegehalt des jeweils Mitgeteilten überschreitet. In allem, was wir tun (z. B. Sitzordnung an einem runden Tisch), drückt sich etwas Zusätzliches aus, was vom anderen entschlüsselt wird. Da es offenbar nicht möglich ist, sich *nicht* symbolisch zu verhalten, ist die konstruktivere Frage für die Praxis vermutlich die folgende: In welcher Weise (d. h. wo, wie?) werden in unserem Betrieb bestimmte Werthaltungen und Grundüberzeugungen verschlüsselt, und werden dabei solche verschlüsselt, die eher der offenen Gesellschaft dienlich sind oder solche, die eher die geschlossene fördern?

Auch das Bemühen um die sog. Corporate Identity kann (!) einen Bezug zur geschlossenen Gesellschaft aufweisen: Es geht ja gerade darum zu betonen, was allen Unternehmensangehörigen in der Vergangenheit wie in der Zukunft gemeinsam war und sein wird, also um das Verbindende. Dabei wird die Corporate Identity so zu formulieren sein, daß man nicht irgendeinem beliebigen und austauschbaren, sondern einem ganz spezifischen Kollektiv angehört, das einem (analog zum Aufgehen in einer sozialen „Bewegung"?) durchaus (über die Ausformulierung spezifischer Ziele hinaus) geistige Heimat und Identifikationschancen bieten soll. Der Leser sieht, daß die Frage nach der Corporate Identity insofern auch die Sinn- und Orientierungsfrage und damit die fünfte Grunddimension in der Abbildung 3 berührt.

Bezugnehmend auf die fünfte Dimension und anknüpfend an die Sinn- und Orientierungsfrage seien zwei Aspekte näher erläutert; zum einen geht es um die sog. Werteproblematik, zum anderen um sogenannte „Transformational Leadership". Es ist nicht zufällig, daß der Prozeß der Annäherung an eine offene Gesellschaft mit dem Erodieren traditioneller Werte und entsprechend mit dem Entstehen von Wertepluralismus verknüpft ist. Im Sinne einer Rückbesinnung auf gemeinsame Werte, durchaus anknüpfend also auch an die Bemühungen um eine Corporate Identity, häufen sich in der Bundesrepublik Fälle, in denen im Rahmen der Fixierung von Führungsgrundsätzen durch das Top-Management stellvertretend für die Belegschaft auch Wertvorstellungen schriftlich fixiert werden. Derartige Festlegungen können sich zwar an den bekannten Umfragen zum Wertewandel orientieren, haben aber den unangenehmen Beigeschmack, daß die Geschäftsleitung eine Art von Expertstatus für Werte- und Sinnfragen für sich in Anspruch nimmt, was eher dem Paradigma der geschlossenen Gesellschaft entspricht. Es gibt kein Expertenwissen für Werte. Im Sinne der offenen Gesellschaft argumentiert, erweisen sich Werte vielmehr als historische Gegebenheiten (siehe das Stichwort vom Wertewandel), die eine raum-zeitlich beschränkte Gültigkeit aufweisen und *nicht* mehr auf ein Kriterium wie „wahr" oder „richtig" projiziert werden können. Werden also gleichsam stellvertretend für die Belegschaft Werte durch das Top-Management als für alle gültig festgelegt, kann dies sehr schnell eine Rückkehr in die geschlossene Gesellschaft darstellen.

Der zweite Sachverhalt, der im Rahmen dieser fünften Dimension angesprochen werden soll, ist die „Transformational Leadership". Sie verbindet sich vor allem mit dem Autor BASS (1985) und knüpft an den vielzitierten Satz von W. G. BENNIS, „we are overmanaged, but underlead", an. Unter anderem deswegen haben wir heute eine so gewaltige Nachfrage nach Visionen, und es gibt leider inzwischen eine Vielzahl von

Beratern, aber auch von akademischen Kollegen, die diesen Ruf nach Visionen in klingende Münze umzusetzen bereit sind. Hier wird in der Tat eines der zentralen Probleme unserer heutigen Führungslandschaft angesprochen: Das technokratische Ableiten von „Objectives" kann aufgrund der Inhaltsleere dieser Ziele kaum noch jemanden beeindrucken. Gesucht ist die Vision, die uns endlich wieder inhaltlich zeigt, wofür zu arbeiten es sich eigentlich lohnt.

Das Kernstück der Transformational Leadership im Sinne von Bass (1985) ist etwas, das man auch als charismatisch-visionäre Führung bezeichnen könnte. Konkreter heißt dies, daß der Führende einen Silberstreif am Horizont aufzuzeigen imstande sein soll, der durchaus farbenreich und plastisch, aber zugleich hinreichend wolkig und nebulös ist, damit er einerseits das Gefühl anreizt, andererseits aber nicht den Verstand zu kritischer Hinterfragung provoziert. Entscheidend sei dabei, daß man sich eine Vision ausdenkt, die an zentrale Wertvorstellungen der Geführten anknüpft. Indem die traditionellen ökonomischen Ziele mit derartigen Visionen gekoppelt werden, werden plötzlich im Mitarbeiter neue, bisher nicht angesprochene Erwartungen und Hoffnungen aktualisiert, aufgrund derer *zusätzlicher* Einsatz freigesetzt wird. Man kämpft nicht mehr (nur) für den schnöden Mammon, sondern für Ziele, die wirklich etwas wert sind. Der Charismatiker muß nur noch eines sicherstellen: Er muß die Überzeugung aufbauen, daß diese Ziele zumindest tendenziell auch erreichbar sind. Hierfür ist es nach Bass (1985) von herausragender Bedeutung, daß der Charismatiker den Geführten Mut macht und ihr Selbstvertrauen stützt.

Es dürfte keine Frage sein, daß es sich hierbei um eine Strategie handelt, die der geschlossenen Gesellschaft nahesteht. Die Klaviatur befriedigt dabei nicht nur die fünfte Dimension im Sinne des Anbietens von Orientierung und Sinn. In einem charismatisch geführten Betrieb wird auf der Basis dieser gemeinsamen letzten („eigentlichen") Ziele auch eher der Eindruck von Interessenhomogenität entstehen sowie der charismatische Führer selbst als herausgehoben und ausgezeichnet wahrgenommen werden, wobei die „eigentlichen" Ziele so wichtig sind, daß sich der einzelne im Zweifelsfall unterzuordnen hat.

6.   Ausblick

Damit können wir abschließend wieder zum Kernproblem zurückkehren. In der Tat ist durch die weitgehend technokratische Managementausrichtung die Nachfrage nach Sinn und Orientierung in erheblichem Maße unbefriedigt geblieben, und wir ernten durch das Überangebot an visionärer und charismatischer Führung im Augenblick nur den Reflex hierauf. Man kann also nicht einfach so tun, als würde es diese Nachfrage nicht geben. Zentrale Fragen heißen wiederum: Wie kann man beispielsweise dem Bedarf nach Orientierung und Sinn entsprechen, ohne damit zugleich (wahrscheinlich sogar unwissentlich) die Eintrittskarte in die geschlossene Gesellschaft mitzuliefern? Lassen sich also auch in einer offenen Gesellschaft Sinn und Orientierung vermitteln, ohne daß man ihre Strukturmerkmale im Kern verwässert?

Gerade am Beispiel der charismatischen Führung scheint mir verdeutlichungsfähig zu sein, daß eine Synthese aus offener und geschlossener Gesellschaft zumindest schwierig ist. Die charismatische Führung ist im *Kern* anti-rational, anti-aufklärerisch (im Sinne von Kant), in diesem Sinne also „geschlossen", und möglicherweise gerade deswegen motivational besonders effektiv. Es besteht also ein Dilemma. Wie wir es auch machen, ist es falsch: Die Betonung der offenen Gesellschaft wird einige motivationale Ressourcen unausgeschöpft belassen; die Betonung der geschlossenen Gesellschaft hat ihre spezifischen, bereits mehrfach andiskutierten Gefahren.

Das Allerwichtigste scheint mir zu sein, daß man in Betrieben das Dilemma als solches überhaupt erkennt. Nur in Kenntnis der Effekte spezifischer betrieblicher Handlungsmuster kann die Führungskraft bzw. das Unternehmen eine bewußte Entscheidung treffen. Ich kann mir dabei sehr wohl Randbedingungen vorstellen, unter denen ein Unternehmen die Entscheidung zugunsten der visionär-charismatischen Führung trifft. Mir kommt es lediglich darauf an, daß man im Unternehmen auf der Basis der hier angestellten Überlegungen weiß, wozu man sich dann entscheidet.

Im übrigen kann man die angedeuteten Gefahren einer sehr geschlossenen visionär-charismatischen Führung auch dadurch abzupuffern versuchen, daß man das visionäre Moment von dem charismatischen Moment abkoppelt. Der Bedarf nach einer sinnstiftenden Orientierung ist elementar und sollte in der Führung nicht unbeachtet bleiben. Insofern könnte man einen Kompromiß in der Weise anbahnen, daß man eine Vision erarbeitet, ohne daß dies zugleich an einen Visionär gekoppelt wäre. Man kann die zentralen Wertvorstellungen bei den Mitarbeitern im Sinne der offenen Führung zu erfragen versuchen und Projekte ins Leben rufen, die aus der Sicht der Mitarbeiter geeignet zu sein scheinen, diesen/ihren (!) zentralen Wertvorstellungen näher zu kommen. Dies wäre eine durchaus offene Form der Führung, die nicht deduktiv und unter Umständen dogmatisch in geschlossener Weise Werte vorgibt, sondern induktiv und partizipativ Werte empirisch ermittelt und die Wertvorstellungen der Geführten ernst nimmt. Mitarbeiter würden dann durch die Zuarbeit bzw. Mitarbeit an diesen Projekten Sinn erfahren können, was auch die Identifikation mit dem Unternehmen fördert, ohne daß ein charismatisch begabter Visionär zur Verfügung stehen muß. Eine Identifikation mit dem Unternehmen würde damit durch die Identifikation mit der Sache, nicht durch die mit einer Person ermöglicht – eine Perspektive, die um so wichtiger ist, nachdem die Chancen für eine Identifikation mit herausragenden Persönlichkeiten im Vergleich zur Nachkriegszeit gesunken sind, da die prägenden Gründerpersönlichkeiten (Grundig, Nixdorf, Schickedanz usw.) als zentrale Identifikationsfiguren nicht mehr Verfügung stehen.

Anknüpfend an das Basisproblem einer Entschärfung der konfliktären Beziehung zwischen „offen" und „geschlossen" bietet sich möglicherweise auch im betrieblichen Bereich die schon skizzierte zeitliche sowie inhaltlich/räumliche Differenzierung an: Alle kontingenztheoretische Forschung unterstreicht als Fazit, daß nicht die Vereinheitlichung, sondern die Forcierung von Pluralität und Unterschiedlichkeit in ein und demselben Unternehmen (sofern sinnvoll ausgerichtet) von Vorteil ist, und gute Indikatoren liegen dafür vor, daß einer Organisation auch Kultur*pluralität* dienlich sein kann. Man könnte nun auch überlegen, ob es Unternehmensteile oder Funktionsfelder gibt, in denen man das Moment der offenen Gesellschaft stärker forcieren sollte, während es vielleicht andere Teile und Bereiche im Unternehmen gibt, in denen das Modell der geschlossenen Gesellschaft angezeigter ist. Neben dieser „räumlichen" Differenzierung ist schließlich auch an eine zeitliche Differenzierung zu denken. Selbst eine stärker personalisierte Form der visionär-charismatischen Führung kann trotz der oben formulierten Einwände unter bestimmten Randbedingungen für ein Unternehmen hilfreich sein, um etwa im Zuge eines erforderlichen Wandlungsprozesses eine entsprechende Aufbruchstimmung zu unterstützen. Ich sehe hierin aber keine Dauerlösung. Wir brauchen Mechanismen, die eine *Rückkehr* zu kritischer Rationalität, wechselseitiger Kritik usw., also zu Eigenheiten der offenen Gesellschaft, möglich machen. Es wäre schon viel erreicht, wenn diese Problemlage als solche deutlicher erkannt würde.

Bei all diesen Ausführungen soll aber nicht nur auf Schwierigkeiten der Führung verwiesen werden. Das vorgestellte Denkraster verweist auch auf Möglichkeiten einer Balance zwischen der offenen und der geschlossenen Struktur, die bisher unter der Perspektive der Führung nicht so deutlich geworden sind. Bezugnehmend auf die Abbildung 1 besteht ein Balancieren ja nicht notwendig darin, daß man auf der jeweiligen Dimension einen Kompromißpunkt zwischen den Extremen des offenen und des geschlossenen Poles ansteuert. Außer Kompromißbildungen *pro* Dimension kann man natürlich auch in der Weise balancieren, daß man auf einer Dimension ausgeprägt und deutlich öffnet und zugleich auf einer *anderen* Dimension ausgeprägt in geschlossener Weise führt. Die Kernidee dieser Balance lautet dann nicht „Balancierung durch Kompromiß“, sondern Balancieren durch *paralleles* Öffnen und Schließen. Genau dies ist der theoretische Hintergrund für das sehr bekannte und verbreitete Prinzip der Führung durch Zielvereinbarung:

Dieses Prinzip stellt insofern eine offene Führung dar, als es (vgl. Abbildung 1) durch das Prinzip der Delegation von Verantwortung dem einzelnen Freiräume einräumt und damit auch die Chance eröffnet, gestaltend tätig zu werden. Der geschlossene Aspekt dieses Führungsprinzips (Management by Objectives) liegt darin, daß gleichzeitig für eindeutige und klare Ziele gesorgt wird, wobei vor allem einer klaren Herausarbeitung der Zielprioritäten Beachtung geschenkt werden muß. Dieses schafft bei dem einzelnen die notwendige Orientierung, vermittelt also im Sinne der geschlossenen Führung Eindeutigkeit und stellt gleichzeitig ein Koordinationsinstrument dar, um die Ziele im Interesse des Ganzen aufeinander abzustimmen. In diesem Fall wird dann die Balance zwischen der offenen und der geschlossenen Struktur nicht durch einen Kompromiß hergestellt, sondern dadurch, daß man *parallel* einerseits ein hohes Maß an Eindeutigkeit und Orientierung vermittelt, andererseits aber die Wege zum Ziel freigibt und insofern ein hohes Maß an Freiheit ermöglicht. Das Resultat sollte ein hohes Maß an Orientierung *und* Freiheit sein. Vermutlich liegt auch genau hier der Grund dafür, daß dieses Führungsprinzip vergleichsweise verbreitet und wirksam ist, da es zentralen betrieblichen *und* personalen Bedürfnissen nach offener und geschlossener Struktur entspricht.

Daß man als Führungskraft zu balancieren hat, steht insofern außer Frage; es geht im wesentlichen um die Frage, *wie* man im Rahmen der Führung am geschicktesten balanciert.

Literatur

Arendt, H. (1955). Elemente und Ursprünge totaler Herrschaft. Frankfurt a. M. 1955.
Bass, B. M. (1985). Leadership and performance beyond expectations. New York 1985: Academic press.
Habermas, J. (1988). Nachmetaphysisches Denken. Frankfurt 1988.
Pfeffer, J. (1981). Power in organizations. Pitmann, Mass. 1981.
Popper, K. R. (1980). Die offene Gesellschaft und ihre Feinde. Band I und II. 6. Aufl., Tübingen 1980.
Sennett, R. (1991). Verfall und Ende des öffentlichen Lebens. Frankfurt/M. 1991.

Fred G. Becker und Hilke Ganslmeier

Personalstrategien in den neuen Bundesländern

1. Problemstellung

Auch im Jahre 8 der deutschen Wiedervereinigung ist es noch nicht gelungen, gleichwertige Arbeits- und Lebensbedingungen in den neuen und alten Bundesländern zu schaffen. So weisen die neuen Bundesländer eine höhere Arbeitslosenquote, niedrigere Realeinkommen und eine geringere Kapitaldecke der Betriebe auf. Neben diesen ökonomischen „Hardfacts" sind aber auch Mentalitätsunterschiede zwischen Ost und West weiterhin von großer Bedeutung, insbesondere für das Personalmanagement. Vierzig Jahre „realer Sozialismus" haben Denk- und Handlungsweisen tiefer geprägt als vielfach angenommen, und westdeutsche Arroganz und „Glücksrittermentalität" während des Vereinigungsprozesses haben dazu geführt, daß sich ein neues ostdeutsches Selbstbewußtsein herausgebildet hat. Insofern macht es weiterhin Sinn, in dieser Neuauflage einen Beitrag über Personalstrategien in den neuen Bundesländern zu veröffentlichen. Allerdings hat sich die Situation im Vergleich zu den frühen 90er Jahren verändert.

So ist mittlerweile die Systemtransformation von der Plan- zur Marktwirtschaft für die überwiegende Anzahl der ostdeutschen Betriebe abgeschlossen, Bildungsabschlüsse in den neuen und alten Bundesländern haben sich angeglichen, Qualifikationslücken der ostdeutschen Arbeitnehmerinnen und Arbeitnehmer wurden durch Fort- und Weiterbildungsaktivitäten geschlossen. Insgesamt ist klarer geworden, wie sich die Betriebe im wiedervereinigten Deutschland entwickeln werden. Somit macht es keinen Sinn mehr, wie in der vorangegangenen Auflage Szenarien zu entwickeln, die die verschiedenen Möglichkeiten unternehmerischen Engagements und die daraus abgeleiteten Personalstrategien abbilden. Vielmehr ist es möglich, sich auf empirisch erforschte, tatsächlich verfolgte Personalstrategien in den Betrieben der neuen Bundesländer zu beziehen und diese zu interpretieren. Basis der Überlegungen zu Personalstrategien in den neuen Bundesländern sind dabei die von DENISOW, JACOB, STEINHÖFEL & STIELER-LORENZ durchgeführten Untersuchungen. Bevor diese jedoch im einzelnen vorgestellt und diskutiert werden, werden zum besseren Verständnis die wichtigsten situativen Rahmenbedingungen der Betriebe in den neuen Bundesländern aufgezeigt sowie einige für diese Abhandlung wichtige theoretische Grundlagen zum Personalmanagement erläutert.

2. Situative Rahmenbedingungen und theoretische Grundlagen

2.1 Eine Situationsdiagnose der Rahmenbedingungen ostdeutschen Personalmanagements

Im Zuge der Wiedervereinigung wurde suggeriert, das gemeinsame kulturelle Erbe aller Deutschen würde durch den Sozialismus verursachte Unterschiede im Denken und Handeln zwischen den beiden Teilen Deutschlands schnell und problemlos glätten. Die anhaltenden Probleme in Wirtschaft und Gesellschaft belehren uns inzwischen eines Besseren: Im Rahmen des Transformationsprozesses ging es nicht nur darum, das sozialistische Wirtschaftsmodell durch das marktwirtschaftliche zu ersetzen und einen Modernisierungsrückstand aufzuholen. Vielmehr vollzog sich eine grundlegende Änderung aller rechtlichen, politischen und sozialen Steuerungsprinzipien der wirtschaftlichen und gesellschaftlichen Institutionen. Auf überbetrieblicher Ebene mußte die Transformation vom Plan zum Markt sowie vom Zentralismus zur demokratischen Pluralität bewältigt werden. Auf der betrieblichen Ebene stand die Entwicklung vom Werktätigen zum Arbeitnehmer bzw. vom abhängig Beschäftigten zum Selbständigen im Mittelpunkt und auf personaler Ebene mußten neue Selbstkonzepte und zu den neuen Rahmenbedingungen kompatible Verhaltensmuster entwickelt werden. Dem Personalmanagement kam und kommt im Rahmen dieses Transformationsprozesses eine Schlüsselrolle bei der Bereitstellung und Steuerung der notwendigen Humanressourcen zu. Betrachtet man die Personalarbeit in der ehemaligen DDR, so wird deutlich, welchen enormen Wandlungsprozeß gerade dieser Bereich durchmachen mußte.

Die betriebliche Personalarbeit in der ehemaligen DDR wurde vom „Prinzip des demokratischen Zentralismus" dominiert. Dieser politischen Leitidee zufolge sind Staat und Wirtschaft nach denselben zentralistischen Planungs- und Organisationsprinzipien strukturiert, wobei das postulierte demokratische Element zum einen in der Vergesellschaftung der Produktionsmittel und zum anderen in der Betonung des Kollektivs innerhalb der sozialistischen Arbeitswelt und Gesellschaft besteht. Aufgabe der Personalarbeit war demzufolge eine politisch-erzieherische, d. h. die Heranbildung politisch loyaler, kollektivorientierter sozialistischer Persönlichkeiten. Die Mitarbeiterorientierung zur individuellen Beitragssteigerung und/oder der effiziente Einsatz des Personals – Kern heutiger Personalmanagementkonzepte – spielte keine große Rolle.

Innerhalb der Betriebe wurde die Personalarbeit von den Bereichen „Kader und Bildung", „Arbeits- und Sozialökonomie" sowie „Arbeitsorganisation" wahrgenommen. Es gab also keine zentrale Wahrnehmung der Personalarbeit bspw. in einer Personalabteilung und die Umsetzung der dort entwickelten Vorstellungen in der Linie.

Hinter personalpolitischen Maßnahmen wie bspw. Personalplanung, Personalauswahl oder Personalentwicklung standen andere, wesentlich politischere Inhalte und Ziele als in westdeutschen Betrieben, und diese werden deshalb bei ostdeutschen Beschäftigten noch heute vielfach mit negativen Assoziationen belegt. Auch der Begriff des Wettbewerbs hatte in der ehemaligen DDR einen anders gelagerten Inhalt. Ausgelöst durch die zentralstaatliche Fremdbestimmung der Arbeit degenerierte der „Sozialistische Wettbewerb" von seiner ursprünglichen Konzeption einer Leistungssteigerung häufig zu einer schematischen, rein outputorientierten Planübererfüllung, bei der das ökonomische Prinzip völlig vernachlässigt wurde. Materielle wie immaterielle Gratifikationen belohnten eher autoritätsloyales Verhalten als Leistung und hatten dementsprechend eine Signalwirkung, die nicht zur betrieblichen Leistungssteigerung motivierte.

Vor allem die Koppelung des beruflichen Aufstiegs an eine staatspolitisch loyale Einstellung wirkte dem Leistungsprinzip entgegen und löste bei vielen Beschäftigten einen Rückzug ins Privatleben aus. Diese ablehnende Haltung gegenüber dem überwiegend plandeterminierten, fremdbestimmten Arbeitsalltag führte jedoch keinesfalls zu einer Ablehnung der Erwerbsarbeit als solcher, vielmehr wurde und wird diese auch heute noch als Fokalpunkt des Daseins gesehen, in der man sich allerdings soweit als möglich seine „Nische" suchte. Dieser doppeldeutige Stellenwert der Erwerbsarbeit macht es schwierig, den Widerspruch zwischen dem einerseits eingeforderten Recht auf Arbeit und dem andererseits vorherrschenden Gefühl der inneren Kündi-

gung hin zu einer Reaktivierung des Motivationspotentials der Mitarbeiter aufzulösen. Hinzu kommt, daß in der DDR-Arbeitsorganisation sich vielfach – wie im
übrigen auch in vielen bürokratischen Organisationen – eine Art „Laissez-faire-
Arbeitseinstellung" bei vielen Erwerbstätigen herangebildet hat. Eigeninitiative, Verantwortungsgefühl, Einsatzbereitschaft (im westlichen Verständnis) u. a. hatten so
wenig Chance, sich zu entwickeln.

Im Zuge der Wirtschafts-, Währungs- und Sozialunion erfuhr die Personalarbeit in
den neuen Bundesländern eine abrupte Veränderung. Als zentrale Aufgaben hatte sie
plötzlich einen enormen Personalabbau zu bewältigen, qualifizierte Führungskräfte
mußten ad hoc gefunden und integriert, die neuen Regelungen des Arbeits- und Betriebsverfassungsrechts mußten implementiert sowie die verbleibenden Arbeitskräfte
weitergebildet werden. Diese vielfältigen und neuartigen Aufgaben führten dazu, daß
vielfach unkritisch westdeutsche „Erfolgskonzepte" übernommen werden (mußten),
die nicht immer die gewünschten Wirkungen zeigten. Die Personalabteilung wurde
häufig zur „Entlassungsabteilung" degradiert, was bei den Beschäftigten einen generellen Vertrauensverlust in die Personalarbeit auslöste. Verschärft wurde die Situation,
insbesondere kurz nach der Wende, durch den fast ausschließlichen Einsatz westdeut-
scher Personalverantwortlicher, die zum einen durch ihre andersartige Mentalität, aber
auch durch den von ihnen zu bewältigenden Personalabbau auf wenig Akzeptanz und
Gegenliebe stießen.

Ausblickend lassen sich für das Personalmanagement in den neuen Bundesländern
die folgenden Aufgabenschwerpunkte identifizieren: Ausgelöst durch die schnelle
technologische Entwicklung und Globalisierung verändern sich Arbeitsaufgaben wie
Organisationsstrukturen. Diesem Sachverhalt muß durch die Bereitstellung flexibler
und breit qualifizierter Mitarbeiterinnen und Mitarbeiter Rechnung getragen werden.
Personalabbau, das zentrale Thema der frühen Transformationsphase, wird dementsprechend durch Konzepte der Personalentwicklung abgelöst. Dabei ist insbesondere
zu beachten, daß sich im Zuge des Wiedervereinigungsprozesses auch die Wertesysteme und Rollenverständnisse der Mitarbeiterinnen und Mitarbeiter verändern.
Personalstrategien für die neuen Bundesländer sollten dementsprechend in der Lage
sein, den effizienten und effektiven Einsatz von Humanressourcen unter Berücksichtigung der technologischen aber auch der speziellen gesellschaftlich-wirtschaftlichen
Entwicklung der neuen Bundesländer sicherzustellen.

Im folgenden soll zunächst präzisiert werden, welche Maßnahmen und Aufgaben
unter dem Begriff „Personalstrategie" im einzelnen verstanden werden können, bevor
dann im dritten Teil des Beitrages drei in den Betrieben der neuen Bundesländer empirisch vorgefundene Personalstrategien vorgestellt und kritisch diskutiert werden.

2.2 Möglichkeiten und Grenzen der Personalstrategie im Kanon unternehmungspolitischer Instrumente

Um Wirkungsweisen und Gestaltungsmöglichkeiten von Personalstrategien realitäts-
nah einschätzen zu können, ist es notwendig, vorab zu klären, was sinnvollerweise
unter diesem Begriff verstanden werden sollte und welchen Stellenwert eine Personalstrategie innerhalb der unternehmungspolitischen Instrumente einnimmt (vgl. zu folgendem Abschnitt STEINMANN & SCHREYÖGG, 1993, zu Fragen der strategischen Einordnung, bzw. BERTHEL, 1994, zu Aufgaben der Personalstrategie).

Zunächst ist es die Aufgabe der Unternehmungsleitung, meist auf Basis einer Stärken-Schwächen-Analyse bezüglich der eigenen Unternehmung und einer Chancen-Risiken-Analyse bezüglich der Unternehmungsumwelt, verschiedene *strategische Optionen* zur Erarbeitung, Sicherung und Erweiterung der aktuellen und zukünftigen Erfolgspotentiale zu entwickeln und auszuwählen. Die in Abstimmung mit den unternehmungspolitischen Grundsatzzielen ausgewählten Strategien müssen dann in Form von sogenannten Strategischen Programmen in den einzelnen Organisationseinheiten der Unternehmung operationalisiert werden.

Zu diesen *strategischen Programmen* zählt neben bspw. der Marketing- oder Produktionsstrategie auch die Personalstrategie. Ihre Aufgabe ist es, die Unternehmungstrategie(n) für die jeweiligen betrieblichen Aufgabenfelder zu konkretisieren und die Steuerung der Unternehmungsaktivitäten im Hinblick auf eine strategische Grundorientierung zu ermöglichen. Dabei handelt es sich jedoch nicht um eine rein deduktive Aufgabe, sondern mehrheitlich um eine planerisch-schöpferische, gilt es doch, vor allem Maßnahmen zu entwickeln, die für den Erfolg der geplanten Strategie als kritisch anzusehen sind. Insofern sind auch originäre Aspekte möglich, bspw. die Entwicklung einer Unternehmungsstrategie auf Basis vorgefundener Mitarbeiterqualifikationen. Der Personalstrategie kommt allerdings eine besondere Bedeutung zu; handelt es sich doch um eine Querschnittsfunktion, die alle anderen strategischen Programme durchdringt: Gleichgültig ob eine Marketing- oder Produktionsstrategie im Rahmen einer angestrebten Kostenführerschaft oder Differenzierung verfolgt wird, immer kommt es bei der aktiven Umsetzung der Strategie am Markt auf den Menschen an, der das Geplante intelligent umsetzt. Personal ist also als Schlüsselressource zu begreifen. Dementsprechend wichtig ist es, mittels einer adäquaten Personalstrategie das „richtige" Personal in quantitativer, qualitativer, zeitlicher und räumlicher Hinsicht bereitzustellen und zu fördern.

Das strategische Programm *Personalstrategie* kann also nicht losgelöst von der strategischen Ausrichtung der Gesamtunternehmung konzipiert werden und hat dementsprechend i.d.R. einen durch den Strategierahmen *begrenzten Aktionsradius* und ist in hohem Maße unternehmungsspezifisch. Dabei sind die *strategische Ausrichtung* der Unternehmung, die *konjunkturelle Situation* sowie die besonderen *Stärken- und Schwächen der Arbeitnehmer und Arbeitnehmerinnen* in den neuen Bundesländern entscheidende Rahmenbedingungen.

3. Empirische Befunde

3.1 Personalstrategien im Überblick

DENISOW, JACOB, STEINHÖFEL & STIELER-LORENZ beschäftigen sich seit 1991 in verschiedenen Forschungsprojekten mit der Personalarbeit in den Unternehmungen der neuen Bundesländer während des Transformationsprozesses von der Plan- zur sozialen Marktwirtschaft. Im Rahmen ihrer empirischen Forschungsprojekte gelang es ihnen, drei Typen von Personalstrategien zu identifizieren, die im folgenden kurz vorgestellt und diskutiert werden sollen. Die drei Strategien spiegeln nicht nur eine unterschiedliche Sichtweise der Humanressourcen durch den jeweiligen Betrieb wider, sie haben sich auch durch den unterschiedlich starken Einfluß der folgenden Faktoren herausgebildet: Zum einen sind dies eher „objektive" Einflüsse, wie wirtschaftliche Situation, Größe, Struktur und Branche der Unternehmung oder Arbeitsmarktsituation. Zum anderen eher „subjektive" Einflüsse, wie die Sozialisation der Akteure, die betriebliche „Sichtweise" des Personals, Denk- und Verhaltensmuster, Handlungsspielräume oder Qualifikation. Je nach Wirkungsweise dieser Faktoren unterscheiden DENISOW ET AL. die folgenden Personalstrategien:

- *Qualifikations-, motivations- und kompetenzorientierte Personalstrategie*
Im Zentrum dieser Personalstrategie steht der Mitarbeiter mit seinen Stärken und Schwächen, vor allem aber mit seinen Potentialen. Die Menschen im Betrieb werden als strategischer Erfolgsfaktor interpretiert und so weit wie möglich in die betrieblichen Gestaltungsprozesse einbezogen. Dabei bilden die Nutzung und Entwicklung ihrer Potentiale eine entscheidende Basis für die erfolgreiche wirtschaftliche Entwicklung der Unternehmung.

- *Technikorientierte Personalstrategie*
Diese Personalstrategie sieht die Mitarbeiter und Mitarbeiterinnen nicht als Quelle der Innovation, sondern als Anpassungsressource. Die betriebliche Entwicklung und der wirtschaftliche Erfolg der Unternehmung sollen allein über den Einsatz moderner Fertigungstechnologien sichergestellt werden. Insofern wird wenig Wert auf eine Beteiligung der Mitarbeiterinnen und Mitarbeiter an betrieblichen Entscheidungsprozessen, einen partizipativen Führungsstil sowie prospektive Personalentwicklung gelegt.

- *Strategie struktureller Personalanpassung*
Diese Personalstrategie versucht, durch eine prospektive Organisationsgestaltung einen rationelleren Personaleinsatz zu erreichen. Im Sinne von „Prozeßorientierung" und „Lean Management" werden Hierarchien abgebaut und Abläufe verschlankt. Allerdings werden bei dieser Strategie die neuen Arbeitsaufgaben und -inhalte den Mitarbeiterinnen und Mitarbeitern durch das Management zugewiesen, Partizipation ist nicht vorgesehen.

3.2 Diskussion der vorgestellten Personalstrategien

Die *Strategie der strukturellen Personalanpassung* kann als typisches Beispiel einer unkritischen Übernahme westlicher „Wunderkonzepte" interpretiert werden. Sie ist in sich widersprüchlich und kann infolgedessen keine langfristigen Erfolge in Form von Produktivitätsgewinnen und/oder Kostensenkungen bringen. Die sogenannten „modernen" Organsationskonzepte, wie „Lean Management" oder „Prozeßorientierung" gehen in ihrem Kern von motivierten und sich selbst steuernden Mitarbeiterinnen und Mitarbeitern aus, die in der Lage und willig sind, Verantwortung zu übernehmen und ihre Ideen einzubringen. Ein Hierarchieabbau hat zwangsläufig eine Umverteilung von Entscheidungsbefugnissen und Verantwortung zur Folge. Insofern kann ein solches Bestreben nur unter der Prämisse des „mündigen Mitarbeiters" sinnvoll umgesetzt und so eine Straffung der betrieblichen Abläufe erreicht werden. Wird per expertokratischer Managemententscheidung eine Umorganisation der Arbeit im oben skizzierten Sinne angeordnet, die Mitarbeiterinnen und Mitarbeiter aber nicht mit den entsprechenden Kompetenzen ausgestattet, können kaum positive Effekte zur Kostensenkung und/oder Effektivitäts- und Effizienzsteigerung erreicht werden.

Betrachtet man die leidvolle Geschichte des Transformationsprozesses mit massivem Arbeitskräfteabbau und einer tiefgreifenden Verunsicherung der Arbeitskräfte durch die radikale Veränderung der sozialen, politischen und rechtlichen Strukturen, so ist davon abzuraten, die Strategie der strukturellen Personalanpassung zur Stabilisierung und Sicherung des Unternehmungserfolges heranzuziehen. Wird wie zu Zeiten der ehemaligen DDR über den Mitarbeiter verfügt, und er akzeptiert aus Angst vor dem Verlust des Arbeitsplatzes seine neuen Arbeitsinhalte und –strukturen, besteht die Gefahr des geistigen Stillstandes. Mitarbeiterinnen und Mitarbeiter, die nicht gefördert und durch Arbeitsinhalte wie Führungsstile motiviert werden, werden mit aller Wahrscheinlichkeit keine optimalen Leistungen bringen. In einem solchen Klima des Zwanges und der unklaren Verantwortungsabgrenzung finden Innovationen, die heute mehr denn je wichtig für die Fortentwicklung eines Betriebes sind, keinen günstigen Nährboden und werden dementsprechend spärlich entwickelt werden.

Neue Managementkonzepte bieten zwar prinzipiell das Potential weitreichender Verbesserungen, sie müssen allerdings sorgfältig und abgestimmt auf die spezifischen personellen, strukturellen und wirtschaftlichen Gegebenheiten des jeweiligen Betriebes implementiert werden. Neben fachlicher Qualifikation, die häufig gerade in den neuen Bundesländern bereits ausreichend vorhanden ist, muß ein besonderes Augenmerk auf Schlüsselqualifikationen, wie Konfliktfähigkeit, Verantwortungsübernahme und Ambiguitätstoleranz gelegt werden. Des weiteren dürfen neue Managementkonzepte nicht von externen Beratern „übergestülpt" werden, sondern müssen nach einer gründlichen Informations- und Sensibilisierungsphase in Zusammenarbeit mit Betriebsrat und Mitarbeitern entwickelt und implementiert werden. Nur wenn es gelingt, die „natürliche Abwehrhaltung" gegenüber Veränderungen zu durchbrechen und eine breite Akzeptanz der geplanten Veränderungen der Arbeitsstrukturen und –inhalte zu erreichen, können die erwünschten Verbesserungen erzielt werden.

Auch die *technikorientierte Personalstrategie* muß in Hinsicht auf ihr Ziel, langfristig die Wettbewerbsposition einer Unternehmung zu sichern bzw. zu verbessern, kritisch gesehen werden. Technologie ist in vielen Branchen zweifelsohne ein wichtiger strategischer Erfolgsfaktor, aber bei weitem nicht ausreichend, um langfristig am Markt zu bestehen. Die schnelle technologische Entwicklung sowie der globale Informationstransfer führen dazu, daß selbst „modernste" Technologie schnell veraltet und vor allem nicht als exklusives Wissen in der Unternehmung gehalten werden kann, um im Sinne einer Wettbewerbsbarriere Schutz vor Konkurrenten zu bieten. Zu leicht lassen sich Anlagen und Verfahren kopieren, wenn sie nicht mit betriebsspezifischem Know-how so verbunden werden, daß sie als unverwechselbare Unternehmungsressource angesehen weren können. Infolgedessen ist es wichtig, betriebsspezifisches Know-how zu entwickeln, das in einer Kombination von Wissen und Können der Mitarbeiterinnen bei dem Einsatz neuer Technologien besteht. Der Mitarbeiter muß also mehr als eine betriebliche Anpassungsressource sein, um eine Technologieführerschaft am Markt durchzusetzen. Insofern ist es von enormer Wichtigkeit, die Fähigkeiten und Potentiale der Mitarbeiterinnen und Mitarbeiter zu kennen und zu entwickeln. Damit kann die Basis geschaffen werden, mit dem betriebsspezifischen Mitarbeiterstamm Technologie innovativ einzusetzen und auf diese Weise einen Wettbewerbsvorteil exklusiv für die Unternehmung herauszubilden.

Gerade in den neuen Bundesländern bestehen gute Chancen, die Kombination von menschlicher Innovationfähigkeit und moderner Technologie zum strategischen Erfolgsfaktor auszubauen. Infolge der starken Umwälzungen des Transformationsprozesses haben die Menschen in den neuen Bundesländern Bereitschaft zum Lernen entwickeln müssen, um ihren Arbeitsplatz zu sichern. Diese prinzipiell vorhandene geistige Flexibilität und der Wille, sich neuen Anforderungen zu stellen, bieten günstige Voraussetzungen für eine erfolgreiche Personalentwicklung. Hinzu kommt, daß gerade der akademische Nachwuchs infolge der geringen Größe und vergleichsweise guten Ausstattung der Universitäten in den neuen Bundesländern ein zeitgemäßes und solides Wissen mitbringt. Es steht also ein motiviertes und fähiges Arbeitskräftepotential zur Verfügung. Auch technologisch bringen viele Betriebe in den neuen Bundesländern gute Voraussetzungen mit, um eine starke Wettbewerbsposition einzunehmen: Die völlige Überalterung der DDR-Produktionsbetriebe machte eine fast vollständige Verschrottung von Anlagen und Gebäuden notwendig. Infolgedessen weisen Betriebe, die den Transformationsprozeß überlebt haben, in der Mehrzahl eine moderne technologische Ausstattung auf, die über dem westdeutschen Niveau liegt. Diesen prinzipiellen Vorteil gilt es zu nutzen, allerdings versprechen nur Konzepte langfristigen Erfolg, die auf einer intelligenten Kombination von menschlicher Innovationskraft und Technologie basieren.

Die besten Chancen, langfristig den Unternehmungserfolg zu sichern, bietet somit die *qualifikations-, motivations- und kompetenzorientierte Personalstrategie*. Die Heranbildung eines fachlich wie sozial kompetenten Mitarbeiterstamms schafft die Basis für eine flexible Wahl der Organisationsstruktur. Neuere Arbeitsformen, wie bspw. Fertigungsinseln, Gruppenarbeit und flexible Arbeitszeiten und -strukturen können als Organisationsform in Betracht gezogen werden, da die Mitarbeiterinnen und Mitarbeiter mit den für eine Umorganisation der Arbeit notwendigen Fähigkeiten und Kompetenzen ausgestattet sind. Allerdings darf das Bemühen um die Entwicklung mitarbeiterspezifischer Qualifikationspotentiale nicht zum Selbstzweck mutieren. Wichtig bleibt auch bei einer mitarbeiterorientierten Personalstrategie das wettbewerbswirtschaftliche Ziel der Unternehmung, also die Produktion und/oder Vermarktung von Produkten oder Dienstleistungen. D. h. Personalentwicklung muß zielgerichtet, im Einklang mit der Unternehmungsstrategie erfolgen und letztendlich dazu beitragen, das Erfolgspotential der Unternehmung zu steigern, um damit die Wettbewerbsposition auch langfristig abzusichern. Auch muß bei einer solchen Strategie beachtet werden, daß nicht jeder Mitarbeiter gleich entwicklungsfähig und -willig ist. Individuen haben unterschiedliche private wie berufliche Zielvorstellungen, die nicht immer in konfliktfreien Beziehungen zueinander stehen. Hier gilt es, die Interessen sorgfältig zu prüfen und im Einklang mit den Unternehmungszielen individuelle Entwicklungsansätze zu finden.

Gerade für die neuen Bundesländer bietet sich eine stark mitarbeiterorientierte Personalstrategie an. Die Betriebe haben sich im Verlauf des Transformationsprozesses gesundgeschrumpft und die verbliebenen bzw. neu eingestellten Arbeitnehmer weisen nicht zuletzt aufgrund der knappen Arbeitsplätze ein hohes Maß an Motivation auf. Darüber hinaus gab und gibt es speziell in den neuen Bundesländern eine Vielzahl staatlich geförderter Qualifikationsmöglichkeiten, die die Betriebe in organisatorischer und/oder finanzieller Hinsicht bei der Fort- und Weiterbildung ihrer Mitarbeiterinnen und Mitarbeiter entlaste(te)n. Hier bieten sich für die Unternehmungen der neuen Bundesländer gute Ausgangsvoraussetzungen, die zur Gewinnung von Wettbewerbsvorteilen genutzt werden sollten.

Betrachtet man die drei empirisch vorgefundenen Personalstrategien in den neuen Bundesländern, so läßt sich festhalten, daß jede für sich genommen nicht zu unterschätzende Defizite aufweist. Weder die brachiale Einführung neuer Organisationskonzepte, noch eine einseitige Technologie- oder Mitarbeiterorientierung scheinen tragfähige Perspektiven für einen langfristigen Unternehmungserfolg zu bieten. Vielmehr ist eine Kombination der vorgefundenen Strategien anzustreben. Einerseits stellt der Mensch in einem rohstoffarmen Land wie der Bundesrepublik die wichtigste Ressource des Unternehmungserfolges dar und sollte dementsprechend durch adäquate Personalentwicklungsmaßnahmen gefördert werden. Andererseits sollte diese Förderung in Einklang mit den wettbewerbsorientierten Unternehmungszielen und unter Einbeziehung möglichst moderner Technologie geschehen. Drittens sollte neben der technologischen auch eine Modernisierung der organisationalen Strukturen und Abläufe angestrebt werden, allerdings mit der Beteiligung und Akzeptanz der betroffenen Mitarbeiterinnen und Mitarbeiter.

4. Fazit

Es bleibt zu hoffen, daß der Transformationsprozeß in den neuen Bundesländern zu einem für die Betriebe und Menschen positiven Ende gebracht wird, so daß es nicht mehr notwendig ist, neben regionalen oder branchenbedingten Besonderheiten über Ost-West-Unterschiede zu diskutieren. Dabei ist von besonderer Bedeutung, daß man auch in den alten Bundesländern einen Perspektivenwechsel von „Der Osten muß sich anpassen!" hin zu einem „Wir werden uns durch die Wiedervereinigung ändern!" durchmacht und von den Erfahrungen der neuen Bundesländer profitiert. Um als Unternehmung langfristig am Markt zu überleben, wird es immer notweniger, „Ost-Westdeutsche Nabelbeschau" zu überwinden und seine Kräfte auf den internationalen Wettbewerb zu konzentrieren. Globalisierung der Beschaffungs- und Absatzmärkte sowie die Entwicklung zur Informationsgesellschaft verschärfen den Wettbewerb, so daß es nicht mehr darum gehen kann, als Betrieb in den neuen Bundesländern den Westen zu „überholen ohne einzuholen", sondern mit der internationalen Konkurrenz Schritt zu halten. Auf diesem Weg stellen die Menschen in den Betrieben zweifelsohne einen Schlüsselfaktor für den Erfolg dar und sollten nach besten Kräften gefördert, aber auch gefordert werden.

Zitierte und weiterführende Literatur

Becker, F. G. (1988). Die Rolle des Personalmanagements im Rahmen der strategischen Führung. In: Zeitschrift für Planung, 4,1988, S. 45–52.

Berthel, J. (1997). Personal-Management: Grundzüge für Konzeptionen betrieblicher Personalarbeit, 5. Aufl. Stuttgart 1997.

Denisow, K. (1996). Personal im Osten: Anpassungsgröße oder Gestaltungspotential? Personalstrategien und Überlebenschancen von Unternehmen in den neuen Bundesländern. Berlin 1996.

Denisow, K., Jacob, K., Steinhöfel, M. & Stieler-Lorenz, B. (1996). Der Umgang mit dem Personal – Strategien über den Abbau hinaus. In M. Becker, R. Lang & D. Wagner (Hrsg.), Personalarbeit in den neuen Bundesländern. S. 195–227. München, Mering 1996.

Hanel, U. & Mayrhofer, W. (1997). Rahmenbedingungen der Personalarbeit in den neuen Bundesländern. In U. Hanel & W. Mayrhofer (Hrsg.), Personalarbeit im Wandel: Entwicklungen in den neuen Bundesländern und Europa. S. 5–26. München, Mering 1997.

Macharzina, K., Wolf, J. & Döbler, T. (1992). Werthaltungen in den neuen Bundesländern: Strategien für das Personalmanagement. Wiesbaden 1992.

PIEPER, R. (Hrsg.). (1990). Personalmanagement: Von der Plan- zur Marktwirtschaft. Wiesbaden 1990.

RUMP, J. S. (1997). Motivation und Leistungsverhalten in Thüringer Unternehmen – eine empirische Analyse der Determinanten und Wirkungszusammenhänge. Lohmar, Köln 1997.

STEINLE, C. & BRUCH, H. (Hrsg.). (1993). Führung und Qualifizierung: Handlungshinweise für die Praxis in den neuen Bundesländern. Frankfurt am Main 1993.

STEINMANN, H. & SCHREYÖGG, G. (1997). Management: Grundlagen der Unternehmensführung: Konzepte, Funktionen, Praxisfälle. 4. Aufl. Wiesbaden 1997.

Bruno J. Weidl

Personalpolitische Konzepte in Krisenzeiten

1. Einleitung

Die Führungskräfte in der Bundesrepublik Deutschland sind in den letzten Jahren mit einer Welt konfrontiert worden, die sich radikal geändert hat, und in der unternehmerisches Wirtschaften und Führen von neuen Grundvoraussetzungen ausgehen mußte. Es sind zwei Rahmenbedingungen, die weitgehend über Erfolg und Mißerfolg eines Unternehmens entscheiden: die Verknappung der Ressource Zeit und die Verknappung der Ressource Geld. Diese Rahmenbedingungen verknüpft mit einer exponentiell gestiegenen Komplexität und Dynamik sowie geringerer verfügbarer Reaktionszeit führten dazu, daß der Idealzustand eines Gleichgewichtes zwischen Umfeldwandel und Eigenwandel nicht erreicht wurde. Vielmehr resultierten aus der Diskrepanz zwischen Umfeld- und Eigenentwicklung krisenhafte Entwicklungen in der deutschen Wirtschaft und bei den deutschen Unternehmen.

War vielen Unternehmen durchaus das Problemspektrum der Struktur-, Kosten- und Innovationskrise bewußt, so trat das Thema „Standort Deutschland", verbunden mit einer Ökologiekrise und einer Orientierungskrise der Gesellschaft, der Politik und der Menschen hinzu. Sicherlich bestehen ursächliche Wechselbeziehungen zwischen den Krisenarten. Alles ist zunehmend miteinander „vernetzt". Technische, ökonomische, politische, ökologische und gesellschaftliche Prozesse beeinflussen sich gegenseitig und entwickeln eine hohe Eigendynamik. Es kommt zu „Kipp-Effekten" – und innerhalb kürzester Zeit hat sich ein bisher realistisches Szenario in sein Gegenteil verwandelt. Die einzig planbare Konstante ist die geworden, daß es „nie mehr so sein wird, wie es einmal war". Das Management von Organisationen ist insgesamt schwieriger geworden und viele Führungskräfte sind plötzlich vor Situationen und Aufgaben gestellt, die zum Teil völlig neue Kenntnisse und Fähigkeiten erfordern (vgl. den Beitrag von REGNET „Neue Anforderungen" in diesem Band). Die Manager selbst sind in eine Krise geraten.

Viele sehen die Unternehmensführung in der Krise und fordern eine Radikalkur im Sinne eines „Reengineering im Management". Die Krisenhaftigkeit zeigt sich darin, daß

- „was immer die Führungskraft auch tut, es ist nie genug", d. h. tiefgreifende Veränderungen müssen nicht nur geplant und gesteuert, sondern auch noch schnell ausgelöst werden (vgl. den Beitrag von REISS „Change Management" in diesem Band).
- „Alles wird in Zweifel gezogen", d. h., tradierte Managementkonzepte und -regeln gelten nicht mehr.
- „Alles muß sich ändern", d. h., „nicht nur Handeln", sondern auch die Aufgaben und das Selbstverständnis einer Führungskraft müssen sich ändern.

Nichts ist mehr einfach. Nichts hat mehr Bestand.

Wie reagieren Unternehmen und Manager auf die Krise? In Krisenzeiten gibt es verschiedene Reaktionsweisen, die an den Tag gelegt werden können:

- Die Krise kann beschworen, analysiert und in allen Details belegt werden, wozu in der Regel die Suche nach Ursachen und Schuldigen gehört.
- Die Krise kann als eine temporäre Erscheinung betrachtet werden, die, wenn sie durchstanden ist, wieder auf bessere Zeiten hoffen läßt.
- Die Krise, die den einzelnen als schuldloses Opfer dazu auffordert, Ballast abwerfen zu müssen, kann dramatisiert werden.

– Die Krise, die aus einer zunehmenden Diskrepanz zwischen der Entwicklung des Umfeldes und der eigenen Entwicklung entstanden ist, kann zu der Erkenntnis führen, daß gelernt werden muß, die Diskrepanz zu überwinden.

Mit anderen Worten, eine Krise ist ein Unterschied, der einen Unterschied macht. In der Krise schlägt die Stunde der Wahrheit für jede Führungskraft. Erst im Sturm muß der Kapitän sein Können beweisen, und dann zeigt sich der Unterschied zwischen einem „Schönwetter-" und einem „Sturmkapitän".

Hierzu gehört insbesondere die Thematik, wie durch ein innovatives Personalmanagement zur Krisenbewältigung beigetragen wird.

2. Krisenmanagement

Krisenmanagement ist eine spezielle Form der Führung. Im Zentrum steht die Vermeidung oder Bewältigung all jener Prozesse in der Unternehmung, die in der Lage wären, den Fortbestand der Unternehmung substantiell zu gefährden oder sogar unmöglich zu machen. Hierbei ist zwischen aktivem und reaktivem Krisenmanagement zu unterscheiden. Aktives Krisenmanagement bezieht sich dabei auf die Führung und Vermeidung von noch nicht akuten Krisen, während reaktives Krisenmanagement die Bewältigung bereits eingetretener bzw. akuter Unternehmenskrisen zum Gegenstand hat und auch Formen einer nicht mehr unternehmenserhaltenden Auseinandersetzung (z. B. Konkursabwicklung, Liquidation) miteinbezieht.
Die zentralen Komponenten einer Krise lassen sich von vier Grundfragen erfassen:

– Welche Art von Krise liegt vor?
– Wann begann sie?
– Was sind die Ursachen?
– Wer ist betroffen?

Daraus resultiert, daß ein integriertes Krisenmanagement durch vier Variablen bestimmt wird:

– Krisen-Typus
– Krisen-Phase
– Krisen-System
– Krisen-Interessenten.

Die wichtigsten Fragestellungen zu jeder einzelnen Variablen sind in dem nachfolgenden Katalog zusammengefaßt:

• *Krisen-Typus*
  – Was wird unter Krise verstanden?
  – Auf welche Art von Krisen sollte eine Organisation sich vorbereiten?
  – Wie umfangreich muß ein Krisenplan sein?
  – Welcher Krisen-Typus kann von der Organisation außer acht gelassen werden?
• *Krisen-Phasen*
  – Welches sind die grundsätzlichen Phasen, die eine Krise durchläuft?
  – Wie sehen die detaillierten Aktivitäten für jede Phase aus?
  – Welche Ressourcen müssen je nach Phase gemanagt werden?

- *Krisen-System*
  - Welche Variablen verursachen bzw. haben Einfluß auf die Krise?
  - Welche Ressourcen können eingesetzt werden, um Einfluß auf die Variablen auszuüben (z. B. Technologie, Infrastruktur, Personal, Unternehmenskultur)?
- *Krisen-Interessenten*
  - Welche Gruppen sind an der Krise und ihrem Ausgang interessiert?
  - Wer ist von der Krise betroffen?

3. Krise und Personalmanagement

Die Bandbreite und Systematik der klassischen Arbeit des Personalmanagements lassen sich anhand folgender Themenfelder aufzeichnen. Die Personalmanagementfelder machen inhaltlich Aussagen über Aufgaben, die im Rahmen eines betrieblichen Personalmanagements zu erfüllen sind. Sie führen zu konkreten Fragen, auf die das Personalmanagement Antworten bereitzustellen hat:

Personalbestandsanalyse:
  Wie viele Mitarbeiter welcher Qualifikation sind zur Zeit vorhanden, beziehungsweise werden aufgrund der bereits feststehenden Veränderungen zu welchem Zeitpunkt vorhanden sein?
Personalbedarfsbestimmung:
  Wie viele Mitarbeiter welcher Qualifikation werden aufgrund der vorgegebenen Sachaufgaben zu welchem Zeitpunkt benötigt?
Personalbeschaffung:
  Wie können und sollen zusätzlich benötigte Mitarbeiter auf dem externen oder internen Arbeitsmarkt gewonnen werden?
Personalentwicklung:
  Wie können und sollen die Fähigkeiten der Mitarbeiter im Hinblick auf den bestehenden beziehungsweise den zukünftigen qualitativen Personalbedarf erhöht werden?
Personalfreisetzung:
  Wie kann überzähliges Personal aus einem Unternehmensbereich unter Berücksichtigung sozialer Gesichtspunkte abgebaut werden?
Personalveränderung:
  Wie soll zwischen den alternativen Möglichkeiten zur Personalveränderung (Beschaffung, Entwicklung, Freisetzung) entschieden werden?
Personaleinsatz:
  Wie können und sollen Mitarbeiter entsprechend ihrer Fähigkeiten und entsprechend ihrer Sachaufgaben eingesetzt werden?
Personalführung:
  Wie kann und soll das Verhältnis zwischen Vorgesetzten und Untergebenen im Hinblick auf eine weitergehende Integration von Unternehmens- und Individualzielen ausgestaltet werden?
Personalkostenmanagement:
  Welche gegenwärtigen und zukünftigen Kosten verursachen der aktuelle beziehungsweise der zukünftige Personalbestand, die aktuellen beziehungsweise geplanten personellen Einzelmaßnahmen sowie die (vorgesehenen) Planungsmaßnahmen?

In der unternehmerischen Praxis wird Krise als ein Entscheidungsproblem gesehen. Krise wird als eine Situation charakterisiert, die durch einen hohen Grad an Bedeutung, einen hohen Grad der Überraschung bzw. einen geringen Grad der Voraussicht und insbesondere durch Zeitdruck gekennzeichnet ist.

Dementsprechend müssen die verantwortlichen Krisenmanager über die erforderliche technische, persönliche und soziale Kompetenz verfügen, um den primären Erfolgsregeln eines Krisenmanagements gerecht zu werden:

- „Gestalten statt reagieren". Wer nur die bereits sichtbaren Lücken schließt, läuft Gefahr, auch in Zukunft hinterherzuhinken.
- Höchste Priorität hat alles, was rasch umgesetzt werden kann; die schwierigsten Aufgaben später in Angriff nehmen.
- Funktionierende Bereiche laufen lassen und dem Motto folgen: „Lieber Fortschritt als Gleichschritt". Ein gemeinsamer Aufbruch aller Bereiche wäre zwar ideal, oft werden dadurch aber die eigentlichen Leistungsträger im Unternehmen gebremst.
- Verbesserungsvorschläge nie wie Beschwerden behandeln. Die meisten Mitarbeiter sind kreativ, man muß sie nur lassen.
- Zur Vorwärtsstrategie gehört auch der Kulturwandel im Unternehmen. Nur so lassen sich langfristige Pläne und Visionen in die Realität umsetzen.
- Offen und verständlich über Grund, Richtung und Ziel der Veränderung sprechen. Sonst scheitert der Aufbruch bereits an der Basis – den Mitarbeitern im Unternehmen.
- Klare Entscheidungen treffen und durchsetzen – notfalls auch gegen Widerstände aus den eigenen Reihen. Bei aller Bekenntnis zur Teamarbeit heißt Turnaround auch führen.

Die Eckpfeiler eines erfolgreichen Krisenmanagements lassen sich wie folgt aufzeichnen:

Abb. 1: Maßnahmen im Krisenmanagement

Daraus wird ersichtlich, daß das Personalmanagement in Krisenzeiten auf zwei Themenschwerpunkte insbesondere einwirken muß: zum einen auf die Personalanalyse und -entwicklung vor dem Hintergrund der strategischen Veränderungen und zum anderen auf die Personalführung i.S. einer Verbesserung von Motivation und Engagement der Mitarbeiter. Es gilt mit adäquaten personalpolitischen Instrumenten an der Umsetzung des Transformationsprozesses mitzuwirken.

4. Innovative Ansätze: IN-Placement und EX-Placement

4.1 IN-Placement

Krisensituationen in Unternehmen sind dadurch gekennzeichnet, daß ein Misfit zwischen Strategie, Struktur und Systemen besteht. Um wieder erfolgreich zu werden, gilt es, eine Kongruenz zwischen diesen drei Elementen herzustellen, wobei das vorhandene Management-Potential hierzu ein zentraler Schlüssel ist. Es ist somit erforderlich, das Management-Potential im Hinblick auf die Unternehmensstrategie zu ermitteln. Das Instrument der Management Potential Ermittlung (MPE) wird zum Katalysator eines IN-Placements und konzentriert sich auf die Eignung der vorhandenen Führungskräfte für die Strategieumsetzung. Es dient damit der Bewältigung strategischer Veränderungsprozesse.

Die Kernfragen in einem MPE lauten wie folgt:

- Was sind die veränderten strategischen Ziele des Unternehmens?
- Welcher Veränderungsbedarf ergibt sich daraus für Systeme und Strukturen?
- Welche Anforderungen ergeben sich daraus an die Führungskräfte?
- Wie paßt dies mit der vorhandenen Führungsmannschaft zusammen (Soll-Ist-Abgleich)?
- Welcher Entwicklungsbedarf im Management folgt daraus?

Die Potential-Ermittlung legt besonderen Wert auf die Fähigkeiten, die für den Veränderungsprozeß kritisch sind. Die Berücksichtigung von „kritischen" Managementfähigkeiten wie Führungseigenschaften zeigen die Fähigkeit und den Willen, den Veränderungsprozeß bei den Mitarbeitern voranzutreiben. Fachkompetenzen liefern die Transparenz über die Qualität des Managements im Hinblick auf fachliche Anforderungen. Persönlichkeitsmerkmale, die für die Team-Interaktion entscheiden, ermitteln die Rolle und Wirkung der Führungskräfte im Management-Team. Die Übereinstimmung der Fähigkeiten mit der Strategie des Unternehmens zeigt die Chancen, angestrebte strategische Ziele mit dem vorhandenen Management erreichen zu können.

Zentrales Element eines MPE bildet ein ca. zweistündiges Interview, das i.S. des „Vier-Augen-Prinzips" von zwei externen Beratern mit den ausgewählten Mitarbeitern durchgeführt wird. Die Interviews werden nach einheitlichen Maßstäben durchgeführt, um vergleichbare Ergebnisse zu erhalten. Der standardisierte Ablauf gewährleistet, daß neben den oben erwähnten „kritischen" Kompetenzen auch wesentliche Aspekte der Persönlichkeit erfaßt werden.

Der Ablauf eines Projektes erfolgt in drei Phasen:

I. *Vorbereitung*
 1. Strategische Ziele ausarbeiten
 2. Anforderungsprofil an Führungskräfte erarbeiten
    - Beurteilungskriterien
    - Indikatoren mit Priorität
 3. Teilnehmerkreis festlegen und Gruppen bilden
 4. Lenkungsausschuß konstituieren
 5. Termine planen
 6. Kommunikation organisieren

II. *Durchführung*
 1. Kick-off-meeting mit Teilnehmern
    - Ziel des MPE
    - Ablauf
    - Team vorstellen
 2. Interviews durchführen (jeweils zwei Berater)
    - Kritische Managementfähigkeiten hinterfragen
    - Persönliche Kompetenzindikatoren bewerten
 3. Begleitende Auswertung
 4. Referenzchecks

III. *Auswertung und Bericht*
 1. Einzelfeedback nach jedem Interview an den interviewten Manager
    - Gesamteindruck
    - Spezielle Indikatoren
    - Persönliche Ratschläge
 2. Ergebnispräsentation an Lenkungsausschuß/Geschäftsführung
 3. Maßnahmen vorschlagen und beschließen
 4. Festlegung von Art und Umfang der Feedback-Gespräche sowie des Teilnehmerkreises

Eine Management-Potential-Ermittlung treibt Veränderungsprozesse voran und macht sie effektiv und effizienter. Sie bildet einen Brückenschlag zwischen Unternehmensstrategie und Human Resources Management durch die Konkretisierung der Veränderungsanforderungen an Führungskräfte und der Veränderungsförderung durch Feedback und Coaching. Sie schafft Klarheit über den voraussichtlichen „Zukunftsbeitrag" der Führungskräfte von neutraler und professioneller Seite und legt die Grundlage für zukünftige Führungskräfteauswahl- und -entwicklung durch die Ermittlung des Aufstiegspotentials der Leistungsträger und des Abstiegspotentials der Nicht-Leistungsträger.

Somit werden Stars, Leistungsträger und Problemfälle in einer Führungsmannschaft identifiziert und die Ermittlung hilft, Fehlurteile zu revidieren und Talente gezielt zu fördern. Die Praxis-Ergebnisse von HEIDRICK & STRUGGLES, MÜLDER & PARTNER liefern dabei folgendes Bild:

Standardergebnisse		Differenzierte Audit-Ergebnisse	
15 bis 20%	Stars	10%	Bereits entdeckt
		5 bis 10%	Neu entdeckt
65–70%	Mittelfeld	20%	Bisher überschätzt
		30 bis 35%	Potential erkannt, solide Personalentwicklung
		15 bis 20%	Potential erkannt, bisher keine Personalentwicklung
10 bis 15%	Problemfälle	5%	auf Position belassen
		5%	Rückstufung
		5%	Trennung

Abb. 2: Ergebnisse einer Management-Potential-Ermittlung

Hieraus wird ersichtlich, daß 95% der teilnehmenden Führungskräfte i.S. eines IN-Placements gezielter gemäß ihrer Fähigkeiten und Erfordernissen des Unternehmens eingesetzt werden.

4.2 EX-Placement

Hierbei handelt es sich um ein flexibles Modell zur wirksamen Unterstützung von Unternehmen und betroffenen Mitarbeitern bei Personalreduzierungsmaßnahmen. Kommt es zu einem Wegfall einer Vielzahl von Arbeitsplätzen (über alle Hierarchieebenen hinweg), liegt ein Lösungsansatz darin, über einen Interessenausgleich bzw. Sozialplan Abfindungen an die Mitarbeiter zu zahlen. Dabei muß die jeweilige Unternehmung zum einen eine hohe Liquiditätsbelastung hinnehmen, zum anderen aber auch damit rechnen, daß sich im Rahmen der Produktionsauslaufphase Produktivitäts- und Qualitätseinbußen aufgrund von Demotivation und Widerständen (z. B. Sabotage, Absentismus) innerhalb der Belegschaft ergeben. Den freigesetzten Mitarbeitern droht die Arbeitslosigkeit, die wiederum zu einer persönlichen und beruflichen Krise führen kann.

Angesichts dieser Lage ist es notwendig, andere Wege zu suchen. EX-Placement hilft, die berufliche Neuorientierung betroffener Mitarbeiter noch während der Betriebszugehörigkeit zu fördern und in angemessener und zumutbarer Weise in die Verantwortung für ihre berufliche Zukunft – auch in finanzieller Weise – einbezogen zu werden. Dies wirkt in mehrfacher Weise positiv: Es ist für die Unternehmen liquiditätsschonend durch teilweise Umwandlung von Geld- in Dienstleistungen (Aktivierung von Sozialplan-Mitteln bzw. als „On-Top-Leistung" auf den Sozialplan) und durch das Hinausschieben von Abfindungszahlungen; ferner trägt es zum Imagegewinn nach innen und außen bei. Darüber hinaus hilft dieser Ansatz, Leistungsminderungen und destruktives Verhalten zu vermeiden und die Chancen für eine nahtlose Anschlußbeschäftigung zu erhöhen.

Das Konzept:

Das Unternehmen erwirbt über einen Rahmenvertrag mit einer externen Beratungsgesellschaft für jeden einzelnen seiner betroffenen Mitarbeiter das Recht auf eine hochqualifizierte und wirksame Unterstützung bei deren beruflicher Neuorientierung, die die Chancen im Arbeitsmarkt deutlich erhöht.

Der Preis ist ein relativ geringer Beitrag pro betroffenem Mitarbeiter in Abhängigkeit von der Gesamtzahl. Die so berechtigten Mitarbeiter können einen Teil ihrer Abfindung auf freiwilliger Basis in „Vermarktungsstrategien" und in ihre berufliche Zukunft investieren, indem sie zusätzlich zum Training an einer individuellen, hochqualifizierten Einzelberatung durch den externen Berater teilnehmen und dadurch ihre Chancen am Markt wirksam erhöhen.

Dauer (z. B. ein bis drei Tage) und Inhalt dieser Individualberatungen werden zuvor mit dem Unternehmen abgestimmt. Im Training erfahren die Betroffenen auch etwas darüber, was ihnen eine solche individuelle Beratung bringen kann. Nur im Falle der Bereitschaft der Mitarbeiter, ein eigenes Investment in ihre Zukunft zu tätigen, steuert das Unternehmen pro tatsächlichem Teilnehmer einen weiteren, zu definierenden Beitrag zu den Honorarkosten bei. Das Verhältnis von Eigenbetrag und Unternehmensbeitrag wird dabei vom Unternehmen festgelegt. Den Eigenanteil trägt der Teilnehmer aus seiner Abfindung. Er kann diese Investition steuerlich als Werbungskosten geltend machen.

Die Höhe dieser Investition für den Mitarbeiter und für das Unternehmen kann dadurch reduziert werden, daß die Mitarbeiter sich in Gruppen von zwei bis maximal drei Teilnehmern zusammenschließen, statt eine Einzelberatung in Anspruch zu nehmen.

Der inhaltliche Prozeß:

1. Das EX-Placement-Konzept wird in der Gesamtheit hinsichtlich Inhalt und Bedeutung für die Betroffenen nach innen (z. B. über die Unternehmenszeitschrift) angekündigt und vorgestellt. Hierzu gehört auch die Information des Betriebsrates.
2. Bei der Implementierung des Konzeptes ist von den Vorgesetzten eine besondere und erschwerte Führungsleistung zu erbringen, die hierfür speziell unterstützt und sensibilisiert werden müssen.

   Durch einen Workshop „Führen unter erschwerten Bedingungen" wird auf die spezifische Situation und die daraus resultierenden Befürchtungen, Gefahren, Widerstände sowie Lösungsansätze eingegangen.
3. Im Rahmen eines mehrtägigen Trainings lernen die Betroffenen die grundsätzlich veränderten Bedingungen des Arbeitsmarktes und die Entscheidungs- und Verhaltensweisen von Unternehmen kennen. Was passiert auf „der anderen Seite des Schreibtisches" bei Einstellungsvorgängen und wie kann die Bewerbungsstrategie diesbezüglich ausgerichtet werden („Einladung vs. Bewerbung")? Grundlage hierfür ist die Analyse der eigenen Fähigkeiten sowie der Bestimmungsfaktoren, die Grundbedingung der individuellen Arbeitszufriedenheit sind. Die Darstellung der wesentlichen Qualifikationsschwerpunkte bzw. der persönlichen Kernkompetenz runden das Bild ab.
4. Mit Unterstützung des Beraters entwickelt der Teilnehmer eine individuelle Vermarktungsstrategie. Darauf aufbauend führt der Berater erste Kontaktgespräche im

relevanten Zielmarkt mit einschlägigen Unternehmen, um die Möglichkeiten einer Personalübernahme zu erörtern und den direkten Kontakt für den betroffenen Mitarbeiter herzustellen.
5. Im Rahmen eines „Ongoing Coachings" wird der Prozeß der Neuorientierung durch den Berater kontinuierlich begleitet, um die erlebten Erfahrungen des Betroffenen direkt aufzunehmen, mit ihm zu reflektieren und in die Vermarktungsstrategie einfließen zu lassen.

Zukunftsweisend ist dieser Ansatz aus vier Gründen:
1. Die soziale Verantwortung der Unternehmung für die freizusetzenden Mitarbeiter erhält eine zukunftsweisende Form, indem nicht nur finanzielle Kompensationen gezahlt, sondern auch aktive Hilfen geboten werden, die in eine neue Beschäftigung führen sollen. Damit unterscheidet sich diese Art des Umganges mit Personalfreisetzungen vom herkömmlichen, nur auf Sozialplan-Abfindungen basierenden Personalabbau.
2. Die Aktivitäten erhalten einen präventiven Charakter, weil schon im Vorfeld der Freisetzung, das heißt noch während der Betriebszugehörigkeit der Mitarbeiter, beschäftigungsfördernde Maßnahmen ergriffen werden. Sie sind darauf ausgerichtet, Arbeitslosigkeit erst gar nicht eintreten zu lassen. Hierin besteht ein wesentlicher Unterschied zum Beispiel zur Beschäftigungsgesellschaft.
3. Es wird ein Bündel von Instrumenten eingesetzt, das sowohl der Förderung der externen Beschäftigungschancen dient als auch der Produktionsauslaufoptimierung, das heißt der Erfüllung der Produktivitäts- und Qualitätsziele bis zum Stilllegungstermin. Insofern geht der Ansatz über das traditionelle Outplacement hinaus.
4. Es hilft dem einzelnen, die eigene persönliche Situation kritisch zu reflektieren und die Krise nicht nur als Bedrohung, sondern auch als Chance zu sehen.

5. Fazit

Die Thematik „Krise" und der Umgang damit sollten als Elemente sowohl in die Kultur eines Unternehmens als auch in das Personalmanagement Eingang finden. Hierbei gilt es, Krise als Chance zu betrachten. Dazu ist erforderlich, eine Problemlösungsstruktur zu schaffen, die vor Problemen nicht resigniert, sondern sie als Herausforderung betrachtet und mit innovativen Mitteln neue Realitäten schafft.

Die Einbindung von externen Beratern, die als Change-Agents fungieren, ist hilfreich, um den Umdenkungsprozeß auf der Führungs- und Mitarbeiterebene zu fördern. Externe Berater übernehmen hierbei eine wichtige Analyse-, Steuerungs- und Koordinationsfunktion, die eine Neuorientierung der Unternehmensführung und der Mitarbeiter beschleunigen und ggfs. konfliktträchtige Anpassungsmaßnahmen besser legitimieren.

Die positive Funktion von Krisen, ihre Reinigungskraft, ihre Förderung geistiger und kreativer Bestrebungen findet ihren Ausdruck in den Werten des Schriftstellers Max Frisch:

„Krise ist ein produktiver Zustand, man muß ihm nur den Beigeschmack der Katastrophe nehmen".

Literatur

BERTHEL, J. & KNEERICH, O. (1998). Berufliche Neuorientierung bei Personalabbau. In: Personalwirtschaft, 6, 1997, S. 26–28.

HEIDRICK & STRUGGLES, MÜLDER & PARTNER (1997). Management Potential Ermittlung – Ein Instrument zur Umsetzung von strategischen Veränderungsprozessen. München 1997.

LENTZ, B. (1997). Manager auf dem Prüfstand. In: Capital, Das Wirtschaftsmagazin, Heft 1, 98, S. 60–64.

SARGES, W. (1995). Management-Diagnostik, 2. Aufl. Göttingen 1995.

SATTELBERGER, TH. (1995). Innovative Personalentwicklung. Wiesbaden 1995.

SCHOLZ, CH. (1994). Personalmanagement: informationsorientierte und verhaltenstheoretische Grundlagen. München 1994.

WEIDL, B.J. (1996). Ökonomische Krise und Wege der Krisenbewältigung aus der Sicht von Führungskräften – eine empirische Analyse. Frankfurt 1996.

WIEDEMANN, P. (1997). Ein innovatives Modell zur wirksamen Unterstützung von Unternehmen und betroffenen Mitarbeitern bei Personalreduzierungsmaßnahmen, Vortrag. München 1997.

Meinolf Dierkes und Sophie Mützel

Unternehmensethik jenseits von Rhetorik – Zur Verankerung organisatorischer Grundwerte in Unternehmenskultur und Unternehmensleitbildern

1. Unternehmensethik: Strategische Bedeutung in einer sich wandelnden Umwelt

Vieles spricht dafür, daß sich das Umfeld der Unternehmen durch bereits heute erkennbare Entwicklungslinien in den nächsten Jahrzehnten schnell und tiefgreifend, ja, womöglich dramatisch verändern wird. Einhergehend mit der zunehmenden Nutzung von Informations- und Kommunikationstechniken, Bio- und Raumfahrttechniken, neuen Materialien und neuen Erkenntnissen in den Medizintechniken, um nur einige und klar absehbare Tendenzen zu nennen, vollziehen sich global technologische Veränderungen. Auch durch eine Veränderung in der demographischen Zusammensetzung der Bevölkerung in den Industrie- und Entwicklungsländern bzw. durch den Wandel des Umfangs und der Struktur der Migrationsbewegungen befinden sich weltweit Wertvorstellungen im Umbruch. In Europa sehen sich Unternehmen vor die Aufgabe gestellt, die Herausforderungen des europäischen Binnenmarktes, die Konsequenzen der Öffnung der ehemaligen Ostblockländer und die sich aus neuen Organisationskonzepten (Stichwort „lean management") ergebenden Aufgaben zu bewältigen. National, speziell in den fünf neuen Bundesländern, werden Unternehmen mit langfristigen und komplexen Restrukturierungsproblemen konfrontiert.

Sowohl durch das Ausmaß dieser weltmarktlichen, politischen, technologischen und gesellschaftlichen Umbruchprozesse als auch durch die hierdurch bedingten Veränderungszwänge ergeben sich zwei grundlegende Aufgaben für Wissenschaft und Praxis: Erstens ist es wichtig, diesen globalen, kontinentalen und regionalen Wandel der Umwelt und Unternehmen zu analysieren und wichtige Tendenzen frühzeitig zu erkennen. Zweitens müssen Unternehmen darauf vorbereitet werden, große und nicht selten extreme Umfeldveränderungen erfolgreich zu meistern.

Gerade in Zeiten solcher Umbrüche ist es nun offensichtlich wichtig, daß Unternehmen über ein klares und weitgehend geteiltes Verständnis ihrer grundlegenden Werte als Basis strategischer Orientierungen wie auch des alltagspraktischen Handelns der Mitarbeiter verfügen. Es ist also verständlicherweise wieder einmal zeitgemäß, über Unternehmensethik zu sprechen und Notwendigkeiten wie auch Grenzen solcher Anforderungen an das Unternehmenshandeln auszuloten. Die Fülle an Veranstaltungen, Vorträgen und Veröffentlichungen, aber auch Erklärungen aus den Chefetagen der Wirtschaft in den letzten Jahren machen diese augenblickliche Bedeutung des Themas fast überdeutlich: Kaum ein Wirtschaftsteil einer Zeitung mag mehr ohne Ethik-Serie auskommen; Institute entstehen, die sich mit nichts anderem als Ethik und Managementausbildung beschäftigen.

Ein näheres Durchleuchten des Interesses an Unternehmensethik zeigt jedoch ein sehr unterschiedliches Verständnis. Zum einen ist Unternehmensethik ein Thema, über das in Hochglanzbroschüren schöngeistig und aufgeschlossen geschrieben und in Festreden gerne gesprochen wird. Ein anderes Verständnis von Unternehmensethik hingegen beruht auf einer inhaltlich-konzeptionellen Auseinandersetzung, die die praktische Relevanz für den Alltag nicht verkennt und die Veränderungen im Umfeld der Unternehmen berücksichtigt (vgl. DIERKES & ZIMMERMANN, 1991). Besonders bei multinationalen Unternehmen und bei transnationalen Aktivitäten kommen bereits erwähnte Aspekte zum Tragen, stoßen doch hier unterschiedlichste Wertvorstellungen allgemein kultureller, persönlicher, wirtschaftlicher, sozialer und politischer Art aufeinander. Eine intensivere Auseinandersetzung mit dem Thema „Unternehmensethik", die über die Festreden hinaus geht und kritisch Fragen stellt, erweist sich für erfolgreiches Management daher gerade in der heutigen Zeit als durchaus notwendig, um den absehbaren Veränderungen strategisch, effizient und proaktiv entgegenzutreten.

2. Unternehmensethik: Wechselnde Schwerpunkte

Auf dem Hintergrund der früheren Auseinandersetzungen um die gesellschaftliche Rolle und Verantwortung des Unternehmens Anfang des Jahrhunderts und in den dreißiger Jahren – vor allem in den USA – sind seit dem Zweiten Weltkrieg zwei Entwicklungsstufen hervorzuheben, die als Grundlagen und Anstöße für die heutige Auseinandersetzung um Unternehmensethik angesehen werden müssen:

— Mitte der fünfziger/Anfang der sechziger Jahre wurde die eher *personenbezogene Verantwortung des Unternehmers und Managers* diskutiert. Unternehmen galten in der Regel als rein ökonomische Organisationen, die nur im wirtschaftlichen Raum nach dem alleinigen Kriterium der Gewinnmaximierung operierten und deren Verantwortung sich auf eine effiziente Bereitstellung von Geräten und Dienstleistungen, die Schaffung von Arbeitsplätzen bis hin zur Sicherung des Einkommens erstreckte, die gleichzeitig aber auch wirtschaftliches Wachstum sowie technischen Fortschritt garantierten. Moralische Anforderungen und Erwartungen wurden in diesem Verständnis der Rolle und Aufgabe der Unternehmen lediglich an die Führungskraft oder den Unternehmer als Individuum gerichtet. Exemplarisch für diese Epoche personenbezogener Verantwortung steht der Aufruf des wirtschaftsethischen Beirates unter der Leitung des damaligen US-Handelministers L. Hodges 1962 in der Kennedy-Regierung, der die Unternehmer anhält, in ihren Einzelentscheidungen ethische Grundsätze zu berücksichtigen (vgl. Dierkes, 1977, S. 117).

— Ende der sechziger/Anfang der siebziger Jahre wurde das Unternehmen als Organisation selbst zum Adressaten ethischer Forderungen und Erwartungen. Zu dieser Zeit wurde eine weite *soziale und ökologische Verantwortung des Unternehmens* diskutiert. Diese Diskussion hebt sich damit durch die Orientierung auf die Institution des Unternehmens und deren Verantwortung klar und deutlich von der früheren Personen- und Individualorientierung ab und hat in Form empirischer Forschung und konkreter Konzepte wie Sozial- und Ökobilanzen (vgl. Dierkes, 1974) die Entwicklung breit vorangetrieben. In dieser Zeit war ein generelles Grundverständnis vorhanden, daß die bisher beschränkte Sozial- und Umweltpflichtigkeit von Unternehmen zu indirekten, nicht intendierten und langfristigen Sekundär- und Tertiäreffekten führte, die zunehmend kumulierten und von denen nicht nur immer mehr Menschen, sondern im wachsenden Maße auch die Gesellschaft als Ganzes, einschließlich der Unternehmen selbst betroffen wurden. Durch traditionelle sowie neue soziale Bewegungen wurde diese individuelle und gemeinschaftliche Betroffenheit neu formuliert und durch breite Medienberichterstattung öffentlich diskutiert. In den Unternehmen kam man zu der Einsicht, daß nicht allein mit ökonomischen Strategien auf das Unternehmensumfeld reagiert werden kann, sondern daß dieses eine breit formulierte ethische Grundorientierung wie auch eine umfassende Information aller Bezugsgruppen über die sozialen und ökologischen Leistungen – Erreichtes wie Nicht-Erreichtes – der Unternehmen erforderte (vgl. Dierkes, 1977, S. 103–161).

Heute wird in der Diskussion um Unternehmensethik immer genauer erkannt, daß die Frage nach Unternehmensverantwortung die Gefahr beinhaltet, in Kreisläufen von Über-, Ent- und Umlastungszwängen zu rotieren. Diese Problematik kann, in Anlehnung an U. BECK, so beschrieben werden: Moderne Gesellschaften gleichen einem weitverzweigten Labyrinth-System, „dessen Konstruktionsplan nicht etwa Unzuständigkeit oder Verantwortungslosigkeit ist, sondern die *Gleichzeitigkeit* von Zuständigkeit und Unzurechenbarkeit, genauer: Zuständigkeit als Unzurechenbarkeit oder: *organisierte Unverantwortlichkeit*" (BECK, 1988, S. 100). Wird außerdem H. JONAS' Prinzip der Fernverantwortung (vgl. JONAS, 1979) in die unternehmensethischen Überlegungen einbezogen, dann ist die Frage, wie Unternehmen ihrer Sozial- und Umweltpflichtigkeit oder auch ihrer Verantwortung für technische Entwicklungen entsprechen können, alles andere als schnell und leicht zu beantworten.

Es ist offensichtlich, daß das Problem nicht darin liegt, ob Unternehmen − der Aufsichtsrat, das Management und alle Mitarbeiter − überhaupt willens sind, ihrer Sozial- und Umweltpflichtigkeit zu entsprechen. Die Frage ist vielmehr, *wie* sie diese Verantwortungen angesichts der Tatsache wahrnehmen können, daß ihr Umfeld an Dynamik gewinnt und an Komplexität zunimmt. Die Aufgabe besteht darin, den wachsenden Verantwortungsdruck des Management in bezug auf Technikentwicklung sowie Sozial- und Umweltpflichtigkeit, in eine verantwortungsbewußte Alltagspraxis umzuorientieren, die ausnahmslos alle Beteiligten erreicht und fordert (vgl. DIERKES & MARZ, 1992, sowie DIERKES & MARZ, 1994). Eine solche Umorientierung sollte auch zu einem gezielten Nachdenken über die unternehmensspezifische Ethik auffordern. Hierbei dürfen Top-Manager oder auch Expertengremien nicht die einzigen sein, die Antworten beispielsweise auf die „ökologische Frage" (vgl. HAUFF, 1991, S. 73) suchen, sondern dieses bedarf eines gemeinsamen tagtäglichen, von allen Mitarbeitern getragenen Prozesses (vgl. auch den vorausgehenden Beitrag von STEGER).

Für eine konkrete Auseinandersetzung mit Unternehmensethik als Instrument zum praktischen Handeln ist es notwendig, insbesondere das Spannungsfeld der Ethik von Personen im Verhältnis zu der organisatorischen Ethik zu betrachten.

3. Ein Spannungsfeld: Ethik von Personen und Organisationen

Zur organisatorischen Ethik gibt es ältere Ansätze, die nutzbringend wieder aufgegriffen werden können. So hat das Committee for Economic Development, New York, bereits 1971 versucht, in drei Kreisen darzustellen, was allgemein als *institutionelle oder auch als sozial-ökologische Verantwortung der Unternehmen* definiert wird:

− Der innerste Verantwortungsbereich umfaßt die *Erfüllung der ökonomischen Funktion* des Unternehmens sowie die *Einhaltung der Gesetze.*
− Der zweite Verantwortungsbereich bezieht sich auf die *Berücksichtigung negativer sozialer, ökologischer, kultureller und politischer Folgen der Unternehmenstätigkeit.*
− Der dritte, äußere Kreis der Verantwortung ist der umfassendste. Er fordert die Übernahme von *Mitverantwortung des Unternehmens bei der Lösung von gesellschaftlichen Problemen,* auch wenn sie tendenziell durch das einzelne Unternehmen nicht oder nur wenig verursacht wurden, wie beispielsweise Integration von Minoritäten,

Reduzierung von Jugendarbeitslosigkeit oder Integration von Frauen in das Management.

Bei der Debatte um die organisatorische Ethik wären also die konkreten Verpflichtungen in diesen Feldern, aber auch die *Grenzen der Verantwortung* eines Unternehmens zu diskutieren. Auf welche Forderungen von seiten der Gesellschaft sollte die Wirtschaft insgesamt wie auch einzelne Unternehmen eingehen und auf welche nicht? Welche Modifikationen und Mutationen ergeben sich auf dem langen Weg vom guten Vorsatz zur täglichen Praxis?

Ebenso falsch wie die frühere einseitige Konzentration auf die individuelle Ethik des Unternehmers oder des Managers ist es jedoch, auschließlich die organisatorische Ethik zu betonen und dabei die personenzentrierten, individuellen Werte in der Verantwortungsdebatte zu vergessen. Vielmehr muß es zu einer *Verschmelzung der Ethik von Personen und der Organisation* kommen. Wenn die ethischen Normen des Unternehmens bekannt und allgemein anerkannt sind, fördert das Vertrauen, das aus einer gemeinsamen Wertebasis im Unternehmen entsteht, einen harmonischen und konstruktiven Entscheidungsablauf mit geringen Entscheidungsschwierigkeiten. Dadurch sinkt vor allem der Führungs- und Kontrollaufwand, denn Mitarbeiter, die die Werte und Ziele des Unternehmens als ihre eigenen akzeptiert haben, werden mit großer Wahrscheinlichkeit im Interesse und zum Nutzen der Organisation handeln. Gerade in Zeiten hoher Umweltvariabilität ermöglicht das Vertrauen aller Mitarbeiter in das gemeinsame Normengerüst dem Unternehmen eine schnelle Anpassung ohne kostspielige Verhandlungen (vgl. PICOT, 1982; OUCHI, 1980).

So ist also ein *Synchronisationsprozeß von individueller und institutioneller Ethik* zu erreichen, der sich nicht darauf beschränken darf, eine allgemeine Übereinstimmung zwischen den Grundwerten der Mitarbeiter und den Erwartungen des Unternehmens herbeizuführen; denn ein lediglich grundsätzlicher Konsens garantiert keineswegs, daß sich die Grundwerte im Verhalten der Mitarbeiter ausprägen. Nicht die individuelle Wertorientierung, sondern die ethischen Optionen, die in einem explizit formulierten oder implizit vorhandenen Unternehmensleitbild verankert sind, dürften den Ausschlag dafür geben, ob und in welchem Maße ein Unternehmen Tag für Tag seiner Umwelt- und Sozialpflichtigkeit tatsächlich gerecht wird.

Viele Gründe sprechen dafür, daß Unternehmen, die sich hinsichtlich der ökologischen und sozialen Dimensionen ihrer wirtschaftlichen Tätigkeit in die Pflicht nehmen, aus dieser Grundüberzeugung unmittelbar, wenn auch nicht sofort Nutzen ziehen: Fortgeschrittener Arbeitsschutz, gute Arbeitsbedingungen und menschenzentrierte Arbeitsplatzgestaltungen können die Fluktuationsrate verringern, die Motivation der Mitarbeiter sowie deren Einsatz- und Leistungsbereitschaft erhöhen und damit die Produktivitätsentwicklung positiv beeinflussen; ökologisch sensiblere Produkte und Fertigungsverfahren dürften in Zeiten eines wachsenden Umweltbewußtseins die Markentreue der Konsumenten stimulieren oder auch Konfliktpotential um Kapazitätserweiterungen oder Standortentscheidungen verringern; die Herausforderung, ökologisch und sozialverträgliche technische Lösungen zu kreieren, könnte bei vielen Akteursgruppen innerhalb und außerhalb des Unternehmens nicht nur die oft vorhandenen latenten Vorbehalte oder emotionalen Reservehaltungen gegenüber neuen technischen Entwicklungen abschwächen, sondern darüber hinaus zusätzliche kreative Impulse auslösen und möglicherweise auch überdurchschnittliches Engagement bewirken.

4. Ein praktischer Ansatz: Unternehmenskultur und Leitbild-Gestaltung

Individuelle Ethiken der Führungskräfte wie Mitarbeiter mögen noch so sehr übereinstimmen, wenn die konkreten ethischen Optionen des Unternehmensleitbildes oder – noch viel gravierender – der gelebten Unternehmenskultur ihnen nicht entsprechen oder gar zuwiderlaufen, dann sind Mitarbeiter wie Führungskräfte gleichermaßen überfordert, diese permanente Differenz in der Alltagspraxis zu überwinden. Mit einer *leitbildorientierten Managementstrategie* ließe sich einer solchen Ohnmacht wirkungsvoll vorbeugen, setzt sie doch nicht an den Folgen, sondern an den Quellen jener Über-, Ent- und Umlastungszwänge an, in denen die Unternehmensverantwortung heute noch allzuoft zirkuliert.

Mittlerweile ist ja durch eine Vielzahl von Forschungsanstrengungen (vgl. DIERKES, v. ROSENSTIEL & STEGER, 1993) bekannt, in welch großem Maße die Organisationskultur die Wahrnehmung, das Denken und das Verhalten der Unternehmensmitglieder bestimmt. Die *Unternehmenskultur* kann als ein Fundament verstanden werden, in dem die Unternehmensethik verankert ist. Hierbei wirken *organisationsspezifische Ethiken* als *allgemein akzeptierte Verhaltenskodizes*. Solche Verhaltenskodizes der Organisation sind hilfreich und notwendig, da durch sie Entscheidungslasten abgenommen werden und der Strom der Verantwortung ohne Mißverständnisse und Informationsverluste verläuft. So hat sich denn auch eine größere Zahl von Unternehmen selbst, unabhängig von gesetzgeberischen Zwängen, Pflichten in Form von Unternehmensleitsätzen oder Führungsgrundsätzen auferlegt (vgl. DIERKES & HÄHNER, 1993). Durch Integration solcher Verhaltenskodizes in die jeweilige Unternehmenskultur kann richtig angesetzte und verstandene Unternehmensethik als Instrument der Strategiewahl wie auch der Personalführung eingesetzt werden.

Das andere Fundament, in dem die Sollvorstellung von Unternehmensethik verankert werden muß, sind *Leitbilder.* Leitbilder bündeln die Intuitionen und das (Erfahrungs-)Wissen von Menschen, Organisationen und Professionen darüber, was einerseits als machbar und andererseits als wünschbar erscheint (vgl. DIERKES, 1988, S. 54; DIERKES, HOFFMANN & MARZ, 1992, S. 42). Es ist diese Synthese von Machbarkeits- und Wunschprojektion, durch die sich Leitbilder auszeichnen und die sie so attraktiv und stabil machen. Das Machbare gilt als wünschbar und das Wünschbare als machbar. Insofern sind Leitbilder für Gruppen und Individuen sowie für Professionen, Organisationen und hier vor allem Unternehmen wahrnehmungs-, denk-, entscheidungs-, verhaltens-, kooperations-, koordinations- und kommunikationsleitend.

Leitbild und Unternehmenskultur fallen nicht beziehungslos auseinander: Erstens können nämlich Unternehmenskulturen als geronnene und durch die Umfeldreaktionen veränderte Leitbilder aufgefaßt werden (vgl. auch den entsprechenden Beitrag von BÖGEL in diesem Band).

Aus einem Unternehmensbild kristallisiert sich eine spezifische Unternehmenskultur beispielsweise aus den folgenden Gründen heraus:

(a) die Art und Weise, wie ein Unternehmensleitbild das Wahrnehmen, Denken, Entscheiden und Verhalten der Mitarbeiter vororientierte und vorkoordinierte, war erfolgreich;

(b) die sich schrittweise herausbildenden Kooperations- und Kommunikationsformen haben sich gefestigt;

(c) die unternehmensspezifischen Handlungsnetze haben sich in der Alltagspraxis
   bewährt.

Das Unternehmensbild gewinnt somit in der täglichen Arbeit der Mitarbeiter eine
selbständige Existenz.

Zweitens reproduzieren Unternehmenskulturen Leitbilder. Das tagtägliche Tun
der in einer Unternehmenskultur handelnden Mitarbeiter beeinflußt seinerseits wieder das Unternehmensbild, indem es dieses Leitbild immer wieder verfestigt oder
mögliche Veränderungen – ganz oder teilweise – vorprägt und vorformatiert.

Zugleich fallen jedoch Unternehmensleitbild und Unternehmenskultur nicht
umstandslos zusammen. Sie unterscheiden sich beispielsweise dadurch, daß Leitbilder
flexibler, dynamischer und plastischer als Unternehmenskulturen sind. Von ihren
Leitbildern können sich Menschen schneller lösen als von ihren Kulturen. Sie fallen
auch auseinander, weil Leitbilder als „Sollvorstellungen" einer Unternehmenskultur
stets noch nicht oder nicht ganz erreichte Ziele in Hinblick auf das Denken und Verhalten der Mitarbeiter enthalten.

Die eingangs genannten absehbaren Veränderungen im Umfeld können Unternehmen als Chance oder Bedrohung empfinden, ausweichen können sie ihnen
jedoch nicht. Überleben oder – darüber hinaus denkend- erfolgreich sein heißt, sich
proaktiv auf eine Phase des starken Wandels einzustellen. Diese Wandlungsprozesse
werden die Unternehmenskulturen, insbesondere die traditionellen Wahrnehmungs-,
Denk-, Entscheidungs- und Verhaltensmuster der Mitarbeiter, nicht unberührt lassen.
Im Gegenteil: Ob und wie schnell es gelingt, sich auf den Umweltwandel einzustellen, wird in einem nicht geringen Maße davon abhängen, inwieweit die unternehmenskulturelle Sichtweise rechtzeitig und tiefgreifend auf diese Veränderungsprozesse
eingestellt wird. Allen Anzeichen nach ist zu vermuten, daß ein so verstandenes leitbildorientiertes Management zu einer, wenn nicht gar *der zentralen Führungsaufgabe*
wird.

Für solch eine Annahme sprechen nicht nur die Diskurse in der Managementtheo-
rie (vgl. Marz, 1991), sondern auch die Prognosen der Managementpraktiker (vgl.
Hambrick, 1990). Unternehmen sind keine leitbildlosen Handlungsräume. In jedem
Unternehmen gibt es Leitbilder, die die Wahrnehmung, das Denken, Entscheiden
und Verhalten der Mitarbeiter beeinflussen. Zu fragen ist allerdings: Wie werden sie
wahrgenommen? Welche sind es? Wie viele verschiedene gibt es? Worin bestehen die
Differenzen zwischen vorhandenen und gewollten bzw. verkündeten Leitbildern? Es
wäre ein Trugschluß anzunehmen, Leitbilder gäbe es nur dort, wo offiziell über sie
gesprochen wird. Auch und gerade wenn sie zunächst verborgen sind, wirken sie – sei
es in den Entscheidungsprämissen des Managements oder den Wahrnehmungsmu-
stern der Produktionsarbeiter. Ein ebenso verhängnisvoller Irrtum wäre es zu meinen,
alle Mitarbeiter eines Unternehmens würden automatisch dem gleichen Leitbild folgen, und dies wäre noch dazu das vom Management gewünschte oder verkündete.

Leitbilder können gestaltet, nie jedoch „gemacht" werden. Vorhandene Leitbilder
können und müssen identifiziert und vor Augen geführt werden, um sie dann in eine
bestimmte Richtung zu transformieren. Neue Leitbilder können jedoch nicht wie in
einer Retorte synthetisiert werden, um sie dann der Unternehmenskultur und/oder
den Mitarbeitern – sei es von „oben" oder von „außen" – schnell, schmerzarm und
wirkungsvoll zu injizieren. Die Richtung der Leitbild-Gestaltung ist weder willkürlich
noch beliebig. Sie ist doppelt bestimmt: Erstens durch den konkreten Ausgangspunkt,
d. h. die spezifischen in einer Unternehmenskultur verankerten Leitbilder. Und zwei-

tens durch den allgemeinen Zielhorizont, jenes Terrain, auf dem sich das Unternehmen künftig bewegen soll und kann.

Stark vereinfacht vollzieht sich eine *Veränderung des Leitbildes in drei Phasen*. In einer ersten Phase geht es darum, die vorhandene Unternehmenskultur und die ihr innewohnenden alten und neuen Leitbildoptionen herauszuarbeiten. Ausgehend davon kommt es in der zweiten Phase darauf an, ein neues Leitbild zu entwickeln. Dies soll schließlich in einer dritten Phase im Betriebsalltag umgesetzt werden. Um diese drei Phasen zu bewältigen, bieten sich die unterschiedlichsten organisatorischen Formen an. Verhängnisvoll wäre es jedoch, diesen Gestaltungsprozeß eines neuen Leitbildes versuchsweise an ein Spezialistenteam zu delegieren, das diesen Prozeß dann isoliert von den Mitarbeitern in Gang setzt. Mag dies in den ersten beiden Phasen vielleicht noch weitgehend problem- und konfliktfrei ablaufen, wird sich in der dritten Phase mit an Sicherheit grenzender Wahrscheinlichkeit zeigen, daß ein solches Herangehen wenig Sinn macht. Denn die Chancen sind groß, daß dem Spezialistenteam wichtige Leitbildoptionen entgangen sind oder daß das neue Leitbild den Interessen bestimmter Mitarbeitergruppen zuwiderläuft. Soll ein neues Leitbild tatsächlich in einem Unternehmen alltäglich und massenhaft wahrnehmungs-, denk-, entscheidungs- und verhaltensleitend werden, dann reicht es nicht, es in Form von Festreden, Hochglanzbroschüren oder Rundschreiben an die Mitarbeiter heranzutragen – sie müssen es selbst tragen.

Will ein Unternehmen seiner Sozial- und Umweltverpflichtung konkret und ernsthaft wie auch effizient nachkommen, müssen seine Vorstellungen von einem ethischverantwortbaren Unternehmenshandeln in einen solchen Prozeß der Leitbildformulierung und -umsetzung eingebaut werden. Nur so ist die Chance gegeben, daß diese ethischen Grundvorstellungen über die sich aus dem Leitbild entwickelnde Unternehmenskultur in das alltagspraktische Handeln von Führungskräften wie Mitarbeitern aufgenommen werden. Unternehmensethik wird nur so von einer leeren Forderung an die Unternehmen zu einer – immer noch mit allen Schwächen und Unzulänglichkeiten verbundenen – gelebten Realität. Leitbildorientiertes Management ist dabei der Weg, die Integration in die Unternehmenskultur das Ziel. Eine über längere Zeiträume anzusetzende Überprüfung der so verinnerlichten ethischen Grundnormen an den Anforderungen und Erwartungen der Unternehmensumwelt bleibt eine Herausforderung an eine solche wertorientierte Führung, der sich das Management im Rahmen einer ebenfalls langfristig orientierten Hinterfragung strategischer Positionen und Konzepte stellen muß. Unternehmensethik und Strategieformulierung werden so integriert und sichern das langfristige Überleben und den langfristigen Erfolg der Unternehmen.

Es liegt also bei allen Ebenen eines Unternehmens, Tendenzen des globalen, kontinentalen und regionalen Wandels der Umwelt frühzeitig zu erkennen und zu analysieren sowie diese dynamischen Umweltveränderungen produktiv und womöglich auch kreativ zu bewältigen. Für eine solche Bewältigung ist, so wurde gezeigt, ein Synchronisationsprozeß von individueller und institutioneller Ethik zu erreichen. Dies kann mit Hilfe einer leitbildorientierten Managementstrategie und einem strukturierten Leitbild-Assessment positiv beeinflußt und erfolgreich vorangetrieben werden.

5. Ausblick

Die Integration von Unternehmensethik in alltagspraktisches Unternehmenshandeln wird in der Zukunft noch komplexer und auch konzeptionell schwieriger werden: Mit der Schaffung des gemeinsamen Europäischen Marktes und der immer mehr anwachsenden Vernetzung der Weltwirtschaft treffen unabdinglich in allen, nicht nur multinationalen Unternehmen, die unterschiedlichsten Wertvorstellungen allgemein kultureller, persönlicher, wirtschaftlicher, sozialer und politischer Art aufeinander. Je mehr Unternehmen „grenzüberschreitend" operieren – nicht nur durch den Verkauf von Produkten und Leistungen, sondern auch bezogen auf die Beschäftigung und die Integration von Menschen aus unterschiedlichen Ländern und Kulturen hier und dort –, um so mehr werden wir mit der Erfahrung konfrontiert, daß die ethischen Normen eines Kulturraumes mit denen eines anderen nicht deckungsgleich sind – was hier richtig ist, mag dort als falsch betrachtet werden. Diesen Unterschieden kann heutzutage nicht mehr mit Ignoranz oder Negation entgegengetreten werden. Vielmehr besteht für international operierende Unternehmen gerade heute die Chance, den schwierigen Anforderungen effizent, strategisch und proaktiv zu begegnen: Alle Beteiligten sollten zur offenen Auseinandersetzung mit dem Thema Unternehmensethik angeregt werden, können doch nur so die gemeinsamen Fundamente – nämlich das Leitbild und die Unternehmskultur – für das Wahrnehmen, Denken, Entscheiden und Verhalten aller Mitarbeiter erkannt werden. Gerade für die in einem multikulturellen Werteraum operierenden Unternehmen muß eine richtig angesetzte und verstandene Unternehmensethik als erfolgreiches Instrument der strategischen Orientierung wie auch der Personalführung angesehen werden.

Literatur

BECK, U. (1988). Gegengifte. Die organisierte Unverantwortlichkeit. Frankfurt a. M., 1988.

DIERKES, M. (1974). Die Sozialbilanz – Ein gesellschaftsbezogenes Informations- und Rechnungssystem. Frankfurt/New York 1974.

DIERKES, M. (1977). Die neue Herausforderung an die Wirtschaft: Ethik als organisatorisches Problem. In E. H. PLESSER (Hrsg.), Leben zwischen Wille und Wirklichkeit. Düsseldorf 1977, S. 105–164.

DIERKES, M. (1988). Organisationskultur und Leitbilder als Einflußfaktoren der Technikgenese. Thesen zur Strukturierung eines Forschungsfeldes. In: Verbund Sozialwissenschaftliche Technikforschung. Mitteilungen, 3, S. 49 ff. München 1988.

DIERKES, M. & HÄHNER, K. (1993). Sozio-ökonomischer Wandel und Unternehmensleitbilder. Ein Beitrag zur Untersuchung der Wahrnehmungsprozesse und Reaktionsweisen von Unternehmen auf Umfeldanforderungen. In B. STRÜMPEL & M. DIERKES (Hrsg.), Innovation und Beharrung in der Arbeitspolitik. Stuttgart 1993, S. 277–309.

DIERKES, M., HOFFMANN, U. & MARZ, L. (1992). Leitbild und Technik. Zur Entstehung und Steuerung technischer Innovationen. Berlin 1992.

DIERKES, M. & MARZ, L. (1992). Umweltorientierung als Teil der Unternehmenskultur. In U. STEGER (Hrsg.), Handbuch des Umweltmanagements: Anforderungs- und Leistungsprofile von Unternehmen und Gesellschaft. München 1992, S. 223–240.

DIERKES, M. & MARZ, L. (1994). Unternehmensverantwortung und leitbildorientierte Technikgestaltung. In W. CH. ZIMMERLI & V. M. BRENNECKE (Hrsg.), Technikverantwortung in der Unternehmenskultur. Stuttgart 1994, S. 89–114.

Dierkes, M., Rosenstiel, L. v. & Steger, U. (Hrsg.). (1993). Unternehmenskultur in Theorie und Praxis. Konzepte aus Ökonomie, Psychologie und Ethnologie. Frankfurt a. M. 1993.

Dierkes, M. & Zimmermann, K. (Hrsg.). (1991). Ethik und Geschäft. Frankfurt 1991.

Hambrick, D. (1990). Executive Leadership for the year 2000. A Joint Research Project by Korn/Ferry International and Columbia University Graduate School of Business. 1990.

Hauff, V. (1991). Soziale und ökologische Verantwortung von Unternehmen. In M. Dierkes & K. Zimmermann (Hrsg.), Ethik und Geschäft. Frankfurt a. M. 1991, S. 73–86.

Jonas, H. (1979). Das Prinzip Verantwortung. Versuch einer Ethik für die technologische Zivilisation. München 1979.

Marz, L. (1991). Multikulturelles als leitbildorientiertes Management. Gedanken zur methodologischen Konturierung und Strukturierung eines Forschungsfeldes. WZB-dp FS II 91–104, Diskussionspapier des Wissenschaftszentrums Berlin. Berlin 1991.

Ouchi, W. G. (1980). Markets, Bureaucracies, and Clans. In: Administrative Science Quarterly, Vol. 25, 1980, S. 129–141.

Picot, A. (1982). Transaktionskostenansatz in der Organisationstheorie: Stand der Diskussion und Aussagewert. In: Die Betriebswirtschaft (DBW), 2, 1982 S. 267–284.

Zur Konkretisierung und weiteren Vertiefung wird empfohlen, im Fallstudienband den Fall zu „Ethik" zu bearbeiten.

Martin Stengel

Wertewandel

1. Ausgangslage: Was ist das Problem?

Das „Miteinander" in Organisationen – das tägliche Zusammenleben und Zusammenarbeiten – bedeutet tägliche Konfliktbewältigung, in welcher Form dies auch immer geschehen mag. Konflikte sind allein schon dadurch angelegt, daß eine Organisation in der Regel Ziele verfolgt, verfolgen muß, die der einzelne Mitarbeiter – und Führungskräfte sind davon keineswegs ausgenommen – nicht unbedingt als seine eigenen Ziele ansehen und einfach übernehmen kann. Das Ziel „Gewinnmaximierung des Unternehmens" zum Beispiel ist zunächst kein Ziel, das dem Individuum von sich aus erstrebenswert erschiene. Erst durch seinen Eintritt in eine Organisation verpflichtet es sich, seinen Beitrag zu leisten, um dieses Ziel zu verfolgen. Um dieses Ziel jedoch zu erreichen, muß ein kompliziertes Räderwerk ineinandergreifen; Koordination, das möglichst reibungsfreie Ineinandergreifen vieler einzelner ist notwendig: Forschung und Entwicklung, Produktion, Vertrieb – alle Funktionsbereiche müssen sich diesem Ziel unterordnen. Dies schafft eine Fülle möglicher Konfliktquellen: Konflikte, die der einzelne mit sich selbst auszumachen hat, und soziale Konflikte, die er mit seinen Vorgesetzten, seinen Kollegen, seinen Untergebenen, aber auch mit Personen im außerberuflichen Bereich austragen muß.

Dies ist so, seit sich Arbeitsteilung in mehr oder weniger komplexen Formen organisiert hat. Dieser Behauptung wird kaum jemand widersprechen, der den beruflichen Alltag kennt. Wenn dem aber so ist und immer schon so gewesen ist: Warum sollte man sich mit einer derartig alltäglichen und offenbar unabänderlichen Sache überhaupt auseinandersetzen? Der Grund ist einfach: Der Konflikt hat sich verschärft. Darunter leidet der einzelne genauso wie die Organisation als Ganzes.

Wodurch hat sich der Konflikt verschärft? Sieht man einen Konflikt als eine Diskrepanz zwischen zwei (oder mehr) Zielen oder Soll-Zuständen an – Ziele der Organisation und Ziele des einzelnen –, so bedeutet dieser verschärfte Konflikt: Die Diskrepanz hat sich vergrößert, die Zielsysteme sind auseinandergedriftet.

An einem einfachen Beispiel sei dies gezeigt: Anfang der 60er Jahre nahmen für rund ein Viertel der Eltern „Gehorsam" und „Unterordnung" im Erziehungsprozeß die oberen Rangplätze ein. Innerhalb von nur zwei Jahrzehnten haben sich die Gewichte vollkommen verlagert: „Selbständigkeit" war mittlerweile für fast zwei Drittel der Eltern oberstes Ziel, „Gehorsam" nur noch für 4%.

Nimmt man an, daß diese Veränderung in den Zielen sich auch auf das Zusammenleben in Organisationen auswirkt, so kann man damit die Verschärfung des Konfliktpotentials erklären. Führungskräfte, die in den 50er Jahren – zu Gehorsam und Unterordnung – erzogen wurden, treffen auf eine Generation von jungen Menschen, deren Erziehung in den 70er Jahren auf Selbständigkeit ausgerichtet war. Zwei Zielsysteme prallen aufeinander. Die Vorgesetzten werden Forderungen des Nachwuchses nach Beteiligung an betrieblichen Veränderungsprozessen, nach Delegation als Führungsgrundsatz verständnislos oder ablehnend gegenüberstehen.

Solange die Ziele aufeinanderfolgender Generationen sich nicht gravierend voneinander unterschieden haben, konnte man sich auf die Austragung des – vergleichsweise harmlosen – Konflikts beschränken, der immer dann auftritt, wenn Menschen aus unterschiedlichen Lebensabschnitten miteinander arbeiten müssen. Üblicherweise nimmt man stillschweigend an, daß „die Jugend" sich von „dem Alter" eben durch unterschiedliche Ziele, Wünsche etc. unterscheidet, mit dem Älterwerden diese Unterschiede jedoch verschwinden oder zumindest geringer werden. Das Beispiel weist jedoch auf einen davon klar abgehobenen Tatbestand hin: Nicht ein kontinuierlicher Wandlungsprozeß – „von der Wiege bis zum Grabe" –, sondern ein ziemlich abrupter Umbruch *zwischen vergleichbaren Altersgruppen und innerhalb nur kurzer Zeit* wird dadurch angezeigt. Dieses außergewöhnliche Ereignis, dieses sich aus dem Fluß des stetigen Wandels Heraushebende meint INGLEHART (1977), wenn er von der „stillen Revolution" spricht.

2. Werte, Werthaltungen und das Verhalten

Man könnte nun wiederum einwenden, das alles sei schön und gut, aber was heiße das schon, wenn abstrakte Größen wie „Gehorsam" und „Selbständigkeit" wichtiger oder unwichtiger geworden seien; im betrieblichen Alltag drehe es sich um ganz andere, wesentlich konkretere Dinge. Gewiß sind Größen wie „Gehorsam" Abstraktionen, der Beobachtung nicht zugänglich. Man bezeichnet derartige Größen üblicherweise als „Werte" und nimmt an, in solchen „Werten" verdichte sich die Auffassung von all dem, was für einen einzelnen oder eine Gruppe wünschenswert ist und daher Ziele, aber auch Mittel, Art und Weise des Handelns beeinflußt. Um auf das Beispiel zurückzugreifen: Für einen Vorgesetzten, bei dem der Wert „Gehorsam" hohe Präferenz besitzt, wird es nicht leicht sein, Führung durch Delegation zu akzeptieren, Aufgaben, Rechte und Verantwortung an ihm Unterstellte abzugeben, ohne ständig einzugreifen. Selbstverständlich ist die konkrete Ausprägung – die „Werthaltung" oder „Wertorientierung", das individuelle „Wertsystem" – für jedes einzelne Mitglied einer Gruppe oder Gesellschaft unterschiedlich, der einzelne Wert ist mehr oder weniger wichtig; der eine Vorgesetzte wird heftiger reagieren als der andere.

Im Begriff des „Wertes" ist das Überindividuelle, das über den einzelnen und seine Lebenserfahrung Hinausreichende konzentriert: Ein Wert ist eben nicht etwas dem einzelnen beliebig Verfügbares, vielmehr ist es ein sozio-kulturell und sozio-ökonomisch Gewordenes, durchaus biologischen Strukturen vergleichbar, die sich im Verlaufe der Evolution so und nicht anders herausgebildet haben. In einer bestimmten Situation, einer bestimmten sozialen und ökonomischen Umwelt waren ganz bestimmte Denk- und Handlungsmuster, die Fähigkeit, die Aufmerksamkeit auf ganz bestimmte Ausschnitte aus der Umwelt zu lenken, hilfreich (vgl. Kapitel 4).

Als Ordnungskonzept ist ein Wert enorm hilfreich (man nimmt an, daß es nur eine übersichtliche Zahl von Werten gibt); das Konzept erleichtert, sich in einer unübersichtlichen Welt zurechtzufinden, indem es allein schon das, was eine Person wahrnimmt – den System-Input – bestimmt. Damit sind aber auch gleichzeitig die Gefahren angesprochen, die im starren Festhalten an einem einzigen Wertsystem lauern: Angenommen, die „Passung" von Wertsystem und (sozio-kultureller und sozio-ökonomischer) Umwelt ist nicht mehr optimal. Die Umwelt, für die das betreffende Wertsystem optimal war, die es – wenn man so will – hervorgebracht hat, hat sich verändert. Dann wird die Wahrnehmung, das, was man von der nun veränderten Umwelt aufnimmt, wie man sich in der veränderten Umwelt verhält, dieser neuen Umwelt nicht mehr angemessen sein.

In dieser Sicht des Wertes liegt aber begründet, daß sich der einzelne nicht beliebig schnell eines einmal „eingravierten" Wertsystems entledigen und es durch ein neues ersetzen kann. Auch ist das konkrete Verhalten keinesfalls allein durch Werte bestimmt. Die Umstände, unter denen der Mensch handelt, können die Realisierung dessen, was er für wünschenswert hält, behindern oder gar unmöglich machen.

Um dies an einem weiteren Beispiel aus der Zeit, die heute bereits zu einer Art Legende geworden ist, das Ende der 60er Jahre nämlich, und außerhalb des Rahmens einer beruflichen Organisation klarzumachen, sei die abrupte Veränderung der Sexualmoral innerhalb von nur sechs Jahren wiedergegeben, wie sie sich in den Antworten auf die Frage nach einem Zusammenleben ohne Trauschein widerspiegelt. Fanden noch im März 1967 43% der jungen unverheirateten Männer und 65% der jungen unverheirateten Frauen, dies gehe zu weit (48% der Männer und 24% der Frauen fanden nichts dabei), so hatten sich diese Verhältnisse im Februar 1973 gründlich geändert: Nunmehr fanden 87% der Männer und 92% der Frauen nichts dabei, und nur 5% der Männer und ganze 2% der Frauen fanden noch, dies gehe zu weit. Für ein junges Paar, das ohne Trauschein zusammenleben wollte, stellte sich Anfang der 70er Jahre aber vielleicht folgendes Problem: Die Wohnungsvermieter hatten (noch) andere Werthaltungen und fanden sehr wohl etwas dabei, ohne Trauschein zusammenzuleben. Wertsystem und Möglichkeit der Realisierung – als „Materialisation" eines damit im Konflikt stehenden anderen Wertsystems – „paßten" nicht. Der Wert war nicht zu realisieren.

Nimmt man diese Voraussetzungen gewissermaßen als „Axiome" an, so kann man sich über mögliche (konkrete) Ursachen des Wandels Gedanken machen, über jene Personen, die den Wertewandel in breite Bevölkerungsschichten hineintragen, über Interpretationen und Auswirkungen auf das Handeln in Organisationen.

3. Woraus schließt man auf einen Wertewandel? Indikatoren und Interpretation

Zwei Beispiele haben wir kennengelernt, die Anlaß zur Annahme eines drastischen Wandels von Werten geben. Die Beispiele stammen vor allem aus der Meinungsforschung. Gerade weil Werte auf einer abstrakten Ebene angenommen werden, kann man ihren Wandel nicht direkt beobachten, sondern muß ihn erschließen. Die Art und Weise, wie die Meinungsforschung dies tut, ist nicht unumstritten. Auf die Argumente kann hier nicht eingegangen werden (vgl. v. ROSENSTIEL & STENGEL, 1987). Neben den Ergebnissen der Meinungsforschung zieht man auch Verhaltensergebnisse als Indikatoren des Wertewandels heran: die Berufstätigkeit der Frau, Geburtenzahl, Zahl und Ziel von Urlaubsreisen, Zahl der Kirchenaustritte.

Faßt man all diese verschiedenen Quellen zusammen, so kann man folgende Schwerpunkte des Wertewandels ausmachen:

– Alle Lebensbereiche werden zunehmend säkularisiert.
– Die eigene Selbstentfaltung und der eigene Lebensgenuß werden betont.
– Die Menschen sind bestrebt, ihre Gesundheit zu bewahren.
– Die Frauen kämpfen um ihre Gleichstellung und Emanzipation.
– Die Sexualität löst sich von überkommenen gesellschaftlichen Normen.
– Die Menschen sind weniger bereit, sich unterzuordnen.
– Die berufliche Arbeit wird weniger als Pflicht gesehen.
– Die Freizeit wird höher bewertet.
– Unzerstörte Natur wird höher geschätzt.

An Versuchen der Systematisierung und Interpretation dieser Phänomene ist kein Mangel. Noelle-Neumann (1978) sieht in diesen Erscheinungen einen Verfall sogenannter „bürgerlicher Tugenden", der in ihren Augen von keinerlei neuen Werten kompensiert würde. Inglehart (1977) sieht keinen Verfall, sondern lediglich eine Verschiebung von Werthaltungen auf einer einzigen Dimension: vom „materialistischen" zum „postmaterialistischen" Ende. Klages (1984) postuliert im Unterschied zu Inglehart ein zweidimensionales Modell, bestehend aus „Pflicht- und Akzeptanzwerten" sowie „Selbstentfaltungswerten". Wertewandel bedeutet für ihn Rückgang der Pflicht- und Akzeptanzwerte bei gleichzeitigem Anstieg der Selbstentfaltungswerte.

4. Träger und mögliche Ursachen des Wertewandels: Wessen Werte ändern sich wodurch?

Bisher hatte der Eindruck entstehen können, als hätte der Wandel alle Bevölkerungsgruppen in gleicher Weise erfaßt. Bei differenzierter Analyse der Daten stellt man jedoch fest, daß verschiedene Bevölkerungsgruppen den Wertewandel in jeweils unterschiedlichem Ausmaß tragen. Schon Noelle-Neumann wies darauf hin, daß der von ihr gesehene „Verfall der bürgerlichen Tugenden" zwar in allen Schichten der Bevölkerung anzutreffen sei, am ausgeprägtesten aber bei der Gruppe der unter 30jährigen.

Aber auch bei diesen jüngeren Personen sind weitergehende Differenzierungen notwendig. Besonders ausgeprägt ist der Wandel der Werthaltungen bei jüngeren Personen mit höherer, insbesondere akademischer Ausbildung. Diese Gruppe ist von besonderem Interesse, sind es doch gerade diese jungen Menschen, aus denen Organisationen mehr und mehr ihre zukünftigen Führungskräfte rekrutieren (vgl. v. Rosenstiel et al., 1989).

Über mögliche konkrete Ursachen des Wertewandels, der von Inglehart als „stille Revolution" charakterisiert wurde, ist viel und kontrovers geschrieben und diskutiert worden. Bei v. Rosenstiel und Stengel (1987) finden sich die besonders häufig genannten Argumente. Sie seien ihrer zentralen Thematik nach zu drei Gruppen zusammengefaßt:

(1) Betonung der objektiven Strukturen

– Strukturhypothese:
Das Bewußtsein wird geprägt in Interaktion mit den Strukturen unserer Umwelt. Wenn also das Arbeitsleben durch neue Techniken und Produktionsmethoden, die Freizeit und das Familienleben durch neue Medien und kürzere Arbeitszeiten verändert werden, so hat dies auch einen Wandel der Werthaltungen zur Folge.

– Nebenwirkungshypothese:
Strebt man nach gewissen Zielen und erreicht man sie schließlich, so führt dies nicht allein zu Veränderungen des Erlebens, sondern hat auch zuvor nicht bedachte oder unerwünschte Nebenwirkungen zur Folge. Zu den Begleiteffekten der Industrialisierung gehören die Zerstörung der Natur und psychosomatische Beschwerden beim

einzelnen. Überschreiten diese Nebenwirkungen einen kritischen Stellenwert und treten sie ins Bewußtsein der Bevölkerung, so können sie einen Wandel der Werthaltungen nach sich ziehen. Dieser Wandel erhebt jene Werte auf obere Rangplätze, die durch diese Nebenwirkungen geringgeschätzt oder bedroht wurden: Gesundheit, Erhaltung der Natur etc.

(2) Betonung der psychischen Prozesse

— *Sozialisationshypothese:*
Jeder Mensch wird durch all das, was er in der frühesten Phase seiner (sozialen) Entwicklung – in der Kindheit also – erlebte, nachhaltig geprägt. Wächst er in Zeiten der Not heran, so werden lebenslang jene Denk- und Verhaltensmuster dominant sein, die um den Erwerb und die Sicherung materiellen Wohlstands zentriert sind. Wächst er dagegen in Zeiten des Wohlstands, gar des Überflusses auf, so waren solche Denk- und Verhaltensmuster niemals bedeutsam. Er konnte seine Denk- und Handlungsmuster um andere, eben jene „postmaterialistischen" Dinge kreisen lassen.

Diese Hypothese ist in den letzten Jahren häufig zur Erklärung des Unterschieds zwischen den Werthaltungen in den „alten" und „neuen" Bundesländern herangezogen worden (vgl. WOYKE, 1993): In einer Situation, die historisch gesehen ohne Entsprechung ist, im Rahmen eines sozialen Experiments von gigantischen Ausmaßen, prallen zwei Bevölkerungsgruppen aufeinander, die in diametral entgegengesetzten politischen Systemen sozialisiert wurden. Ein intra-nationaler Konflikt zwischen „Ost" und „West" scheint unausweichlich.

— *Wohlstandshypothese:*
Nach dem Motivationsmodell von MASLOW verlieren befriedigte Bedürfnisse im Erleben des Menschen an Bedeutung, die Wichtigkeit der „nächsthöheren" Bedürfnisse steigt. In einer Gesellschaft, in der die Grundbedürfnisse, die auf Erhaltung und Sicherung des individuellen Lebens ausgerichtet sind, nicht befriedigt werden, bleiben all jene Werte bedeutsam, die damit zusammenhängen. Ist diese Befriedigung jedoch gesichert, so werden jene Werte wichtig, die sich beispielsweise um soziale Anerkennung drehen.

— *Defizitwahrnehmungshypothese:*
Erreicht man Ziele, die man sich gesetzt hat, so erkennt man häufig neue Mängel. Ein Mensch, der lange Zeit nach persönlichem Wohlstand strebte, erkennt – hat er diesen erreicht –, daß er dadurch auch nicht glücklicher geworden ist, sondern daß er andere Dinge vermißt: Gesundheit, Ruhe, Freundschaft. Damit werden diese Dinge dominant.

(3) Betonung der Verbreitung von Werthaltungen

— *Altersstrukturhypothese:*
Die Bevölkerung besonders der Bundesrepublik Deutschland zeigt einige Besonderheiten, die teilweise kriegsbedingt, teilweise auf veränderte Kinderzahlen zurückzuführen sind. Da beispielsweise „postmaterialistische" Werte eher bei jüngeren Perso-

nen wahrscheinlich sind, ist bei einer Bevölkerungsstruktur, in der ältere Menschen dominieren, eine Hinwendung zu „materialistischen" Werten zu erwarten.

— Bildungshypothese:

Personen mit höherer, insbesondere akademischer Ausbildung neigen vermehrt post-materialistischen Werthaltungen zu. Wenn also immer mehr Menschen in den Genuß höherer Bildung kommen, steigt auch der Anteil der entsprechenden Werthaltungen in der Bevölkerung.

Man kann von einer zunehmenden Akademisierung der Gesellschaft sprechen: Während beispielsweise 1950 gerade 4,4% eines Alters-Jahrgangs das Abitur machten, waren es 1963 5,7%, 1973 6,4%, 1979 16,0%, 1984 21,0% und 1987 schließlich 27,6%. Dies entspricht zum Teil den gewandelten Anforderungen. Wenn die Aufgaben, die in den Organisationen zu erfüllen sind, anspruchsvoller werden, dann gilt es, die allgemeine Qualifikation der Stelleninhaber zu erhöhen.

Die höhere formale Bildung steigert aber nicht nur die fachliche Kompetenz, sondern sie fördert auch kritisches Bewußtsein. Aus der Sicht der Organisationen: Die von ihnen gewünschte fachliche Qualifikation hat Nebenwirkungen in den Bereichen der Einstellungen und Reflexionen, die häufig nicht willkommen sein dürften (v. ROSEN-STIEL et al., 1989).

— Multiplikatorenhypothese:

Personen mit höherer Bildung sind auch zugleich jene, die ihre Werthaltungen mit überdurchschnittlicher Wahrscheinlichkeit weitergeben können. Sie gelangen in Positionen, in denen sie Einfluß auf die Werthaltungen vieler, vor allem junger Menschen ausüben können: Lehrer, Führungskräfte im Unternehmen etc. Sie werden so zu „Katalysatoren" des Wertewandels.

All diese Hypothesen beleuchten jeweils einen Aspekt des Geschehens. Sie schließen einander keineswegs aus, vielmehr ergänzen bzw. überlappen sie sich. Nimmt man jene Hypothesen zusammen, die sich auf objektive Strukturen und psychologische Prozesse konzentrieren, so kommt man zu jener umfassenden Hypothese, die unter Abschnitt 2 angedeutet wurde: Wertewandel als Veränderung auf hoch abstrahierter Ebene, als „Passung" von Verhaltensdispositionen mit den Bedingungen einer veränderten sozio-kulturellen, bio-physikalischen und ökonomischen Umwelt.

5. Auswirkung des Wertewandels auf die Organisationen

5.1 Welche Möglichkeiten gibt es?

Der Ausgangspunkt der Überlegungen war der Konflikt zwischen dem einzelnen und der Organisation, in der er beschäftigt ist. Wir haben gesehen, daß dieser Konflikt sich verschärfen wird, wenn die Wertsysteme des einzelnen und der Organisation sich voneinander wegbewegen. Prinzipiell kann dies auf drei Arten geschehen:

— Jedes der beiden Wertsysteme, das des einzelnen und das der Organisation, verändert sich derart, daß die Diskrepanzen sich vergrößern.

- Das Wertsystem der Organisation bleibt fest. Dies wird mit der Metapher von der Organisation als „erstarrter Struktur" (von KLIPSTEIN & STRÜMPEL, 1985) suggeriert. Das Wertsystem des einzelnen jedoch ändert sich, weg von dem der Organisation, wie dies alle Hypothesen zum Wertewandel implizieren.
- Die Werthaltungen des einzelnen bleiben unverändert, die Organisationen ändern ihr Wert- bzw. Zielsystem.

Nun ist weder die erste noch die dritte dieser Möglichkeiten sehr plausibel. Auch bezeichnet das Schlagwort von „*dem* Wertewandel" die zweite Möglichkeit. Diese soll daher in den Mittelpunkt der folgenden Überlegungen gestellt werden.

Zwar bezogen sich die Ausführungen der vorigen Abschnitte nicht nur auf berufliche Organisationen, doch sind die Phänomene, die als Indikatoren eines Wandels von gesellschaftlichen Werten bzw. individuellen Werthaltungen interpretiert werden können, beinahe durchgehend mit beruflicher Arbeit verknüpft: Wenn die Entfaltung des eigenen Selbst betont wird, die Bereitschaft zur Unterordnung sinkt, Arbeit weniger als Pflicht gesehen, dafür die Freiheit höher bewertet wird, so hat dies Rückwirkungen auf die berufliche Arbeit.

Gerade diese Veränderungen – als „gewandelte Arbeitsmoral" interpretiert – haben in der Diskussion um den Wertewandel stets eine herausragende Rolle gespielt; es ist sicher nicht falsch zu behaupten, daß durch sie der Wertewandel erst ins Bewußtsein einer breiteren Öffentlichkeit gedrungen ist. Gerade der berufliche Bereich – im Bewußtsein der Öffentlichkeit ein Garant für Wohlstand und Prosperität – schien durch den behaupteten Verfall der „bürgerlichen Tugenden" gefährdet.

Im folgenden sei der Wertewandel enger eingegrenzt auf das Feld der beruflichen Arbeit. An drei besonders charakteristischen Beispielen seien die Wandlungstendenzen nachgezeichnet: den Zielsystemen der Wirtschaft, dem Stellenwert von Arbeit und Freizeit, Technik und wirtschaftlichem Wachstum, die für Unternehmen der Wirtschaft besonders handlungsleitend sind.

5.2 Die Ziele der Organisation und des einzelnen driften auseinander

Eine Kluft tut sich auf zwischen den Zielen der Organisationen der Wirtschaft und den Zielen der Führungskräfte, jener Personengruppe also, die diese Ziele in ihrer täglichen beruflichen Arbeit gerade realisieren soll, die geradezu als Träger dieser Ziele angesehen werden kann.

Um diesen Konflikt zu veranschaulichen, haben wir seit den frühen 80er Jahren Führungskräfte aus den großen Organisationen der deutschen Wirtschaft und Führungsnachwuchskräfte, also Studenten aus Fächern, die mit einer hohen Wahrscheinlichkeit eine spätere Führungsposition garantieren, nach den (drei wichtigsten) Zielen gefragt, die ihrer Meinung nach von den großen Organisationen der Wirtschaft verfolgt werden („Ist-Ziele"). Außerdem haben wir sie gebeten anzugeben, welche (drei) Ziele ihrer Meinung nach verfolgt werden sollten („Soll-Ziele"). Die Diskrepanz zwischen dem „Ist" und dem „Soll" interpretierten wir als einen Indikator für die Bereitschaft, sich mit den Zielen der Organisationen zu identifizieren („Identifikationsbereitschaft"; STENGEL, 1987). Eine große Diskrepanz wies auf eine geringe Bereitschaft, eine kleine Diskrepanz auf eine hohe Bereitschaft hin, sich mit diesen Zielen zu identifizieren. Abbildung 1 zeigt die von uns vorgegebenen Ziele.

Seit den beginnenden 90er Jahren finden sich in den befragten Stichproben mehr und mehr Menschen aus den „neuen" Bundesländern, so daß drei Arten von Vergleichen sinnvoll werden:

— *Kohortenvergleiche*: Wie unterscheiden sich die heutigen von den zukünftigen Führungskräften? (Abbildung 1)
— *Intra-nationale Vergleiche*: Wie unterscheiden sich Nachwuchskräfte aus dem Westen von ihren Kommilitonen aus dem Osten? (Abbildung 2)
— *Phasenvergleiche*: Wie verändern sich die Werte von Führungskräften über die Zeit oder jene von Nachwuchskräften beim Übergang vom Ausbildungs- ins Beschäftigungssystem? (Abbildung 3)

Um die Mitte der 80er Jahre unterschieden sich die beiden interessantesten Gruppen, die damaligen Führungskräfte und der damalige Nachwuchs, weniger in ihrer Wahrnehmung des Ist-Zustandes als vielmehr in ihren Forderungen, wie der Soll-Zustand auszusehen habe (vgl. Abbildung 1).

In den Augen aller Befragten ging es Ende der 80er Jahre den Organisationen der Wirtschaft primär um sogenannte „materialistische" Ziele: Wachstum, Steigerung des Gewinns, auch um technischen Fortschritt. Die sogenannten „postmaterialistischen" Ziele, nämlich Umweltschutz, Persönlichkeitsentfaltung und Entwicklung der „Drit-

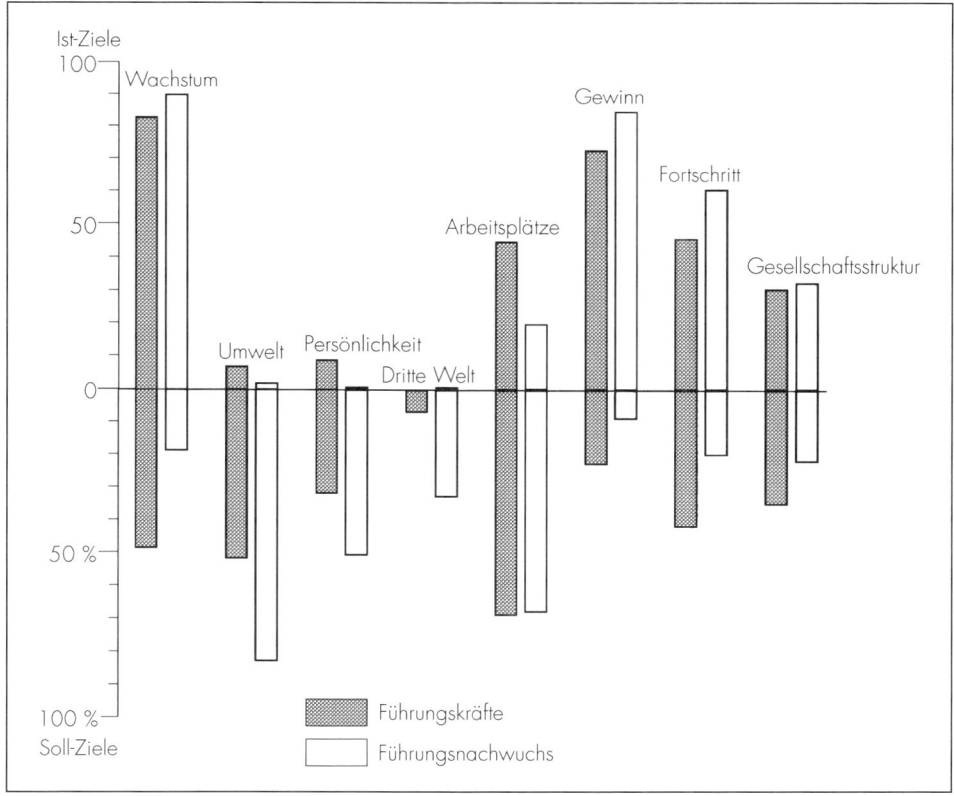

Abb. 1: „Ist"- und „Soll"-Ziele von Führungskräften und Nachwuchskräften im Vergleich (nur alte Bundesländer; nach v. ROSENSTIEL, 1992)

ten Welt" dagegen spielten nach der übereinstimmenden Meinung aller Befragten keine Rolle. Uneins war man sich lediglich darin, wie stark die Sicherung von Arbeitsplätzen betrieben würde.

Sind diese „Generationenunterschiede" gerade noch plausibel (man könnte sich ja damit trösten, daß die Jugend eben einmal einen Idealismus hat, der sich mit dem Alter recht schnell verflüchtigen werde), so sind für die recht gewaltigen Unterschiede zwischen dem „Ist" und dem „Soll" innerhalb der Gruppe der Führungskräfte keine derart beruhigenden Erklärungen mehr zur Hand. Schließlich sollen sie ja die Ziele vertreten. Was aber, wenn nicht einmal die Repräsentanten sich mehr mit diesen Zielen zu identifizieren vermögen? Und die Größe der Kluft zwischen dem, was ist, und dem, was sein soll, zeigt sich beispielhaft an den Zielen „Wachstum", „Gewinn" und „Umweltschutz". Nicht nur beim Nachwuchs, dem man dies nachsähe, driften „Ist" und „Soll" auseinander; der Konflikt schlummert selbst in der Brust der Führungskräfte! Eine anscheinend paradoxe Situation, die sich aber durch die Metapher von der „erstarrten Struktur" leicht nachvollziehen läßt: Die Strukturen erzwingen von den Führungskräften ein Handeln, das sich mit dem in ihren Augen „richtigen" Handeln nicht mehr deckt.

Die Basisdaten für die Abbildung 1 stammen aus der Mitte der 80er Jahre. Hat sich seither diese Kluft vergrößert oder verkleinert? Die Daten vom Ende der 80er und dem Beginn der 90er Jahre sprechen eher für eine Vergrößerung der Kluft, für eine Verschärfung des Konfliktpotentials (vgl. v. Rosenstiel, 1992). Diese Vergrößerung geht vor allem auf das Konto des Umweltschutzes: Der Soll-Wert dieses Zieles stieg innerhalb von nur etwa fünf Jahren um beinahe 20 Prozent an.

Die bisherigen Analysen bezogen sich auf die „alten" Bundesländer. Seit Beginn der 90er Jahre liegen Daten vor, die Vergleiche zwischen den beiden Teilen Deutschlands erlauben; mit ihnen läßt sich der potentielle Konflikt beleuchten, den junge Menschen, die im Rahmen eines anderen wirtschaftlichen Systems sozialisiert wurden, haben könnten.

In Abbildung 2 werden Nachwuchskräfte aus dem Osten mit solchen aus dem Westen verglichen.

Die Aussage der Graphik bedarf beinahe keiner Übersetzung ins Verbale. Die zentralen Ziele der Wirtschaft sind in den Augen der künftigen Führungskräfte, ob sie nun aus dem Westen oder aus dem Osten kommen, nach wie vor wirtschaftliches Wachstum und Steigerung des Gewinns. Erst beim drittwichtigsten Ziel, der Förderung des technischen Fortschritts, zeigen sich deutliche Unterschiede zwischen den Gruppen. Und die postmaterialistischen Ziele? Sie spielen nach der Meinung der Befragten keine Rolle. Bemerkenswert ist vor allem, daß auch der Sicherung der Arbeitsplätze keinerlei Priorität eingeräumt wird, mit einer ganz pessimistischen Einschätzung bei den im Osten aufgewachsenen jungen Menschen. Hier ist man gerade für dieses Ziel offensichtlich sensibler als im Westen.

Und die Forderungen? In Übereinstimmung mit der Veränderung, die sich seit den 80er Jahren als immer tiefer werdende Kluft zwischen dem „Ist" und dem „Soll" abzeichnet, ragt auch hier bei beiden Gruppen der Umweltschutz heraus. Man hätte ja, einem populären Vorurteil nach, erwarten können, daß im Osten den Arbeitsplätzen der Vorrang zukäme. Dem ist nicht so: Ohne jeden Zweifel fordert die künftige Generation, daß dem Schutz ihrer Überlebensbedingungen absoluter Vorrang eingeräumt wird. Und erst an zweiter Stelle folgt mit weit geringeren Nennungen die Arbeitsplatz-Forderung. Die beiden materialistischen Hauptziele der Wirtschaft, Wachstum und Gewinnsteigerung, spielen im Westen als Forderungen keine große

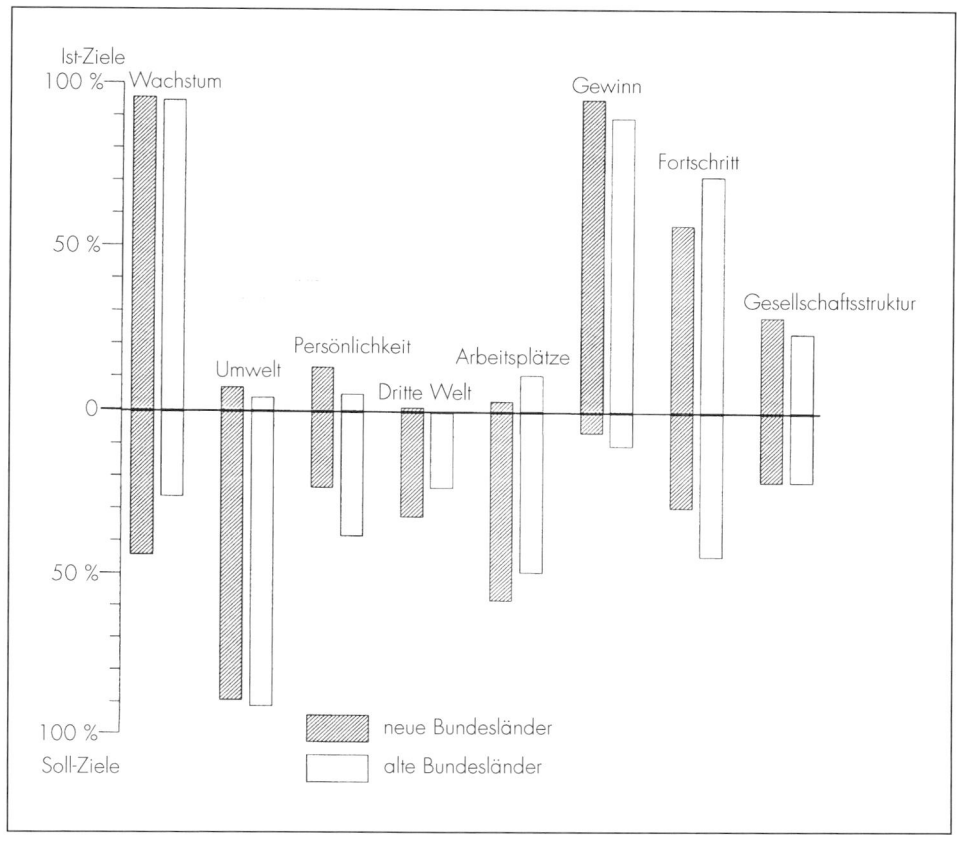

Abb. 2: „Ist"- und „Soll"-Ziele des Führungsnachwuchses in den alten und neuen Bundesländern im Vergleich (Die Daten wurden freundlicherweise von Ka-schube, Lang, Maier, Rappensberger, Wittmann, v. Rosenstiel & Zwarg zur Verfügung gestellt. Sie stammen aus dem Forschungsprojekt „Selektion und Sozialisation des Führungsnachwuchses", das von der DFG im Rahmen des Sonderforschungsbereichs 333/A7 gefördert wird.)

Rolle mehr. Im Osten allerdings erwartet man sich als drittwichtigstes Ziel Wirt-schaftswachstum.

Vor allem das Alltagsdenken unterstellt einen dramatischen Phaseneffekt beim Übergang vom Ausbildungs- ins Beschäftigungssystem. Aber auch die Hypothesen der tertiären bzw. organisationalen Sozialisation postulieren eine entsprechende Ver-änderung, genauer: eine Anpassung an die Wertsysteme der beschäftigenden Organi-sation. Treffen diese plausiblen Annahmen zu? In der folgenden Abbildung 3 werden die Ist- und Soll-Ziele einer Gruppe von rund 800 Nachwuchskräften über drei Befra-gungszeitpunkte miteinander verglichen: vor dem Ende des Studiums über das erste Berufsjahr zum zweiten Berufsjahr. Vor dem Ende des Studiums wurde nach den Zie-len großer Organisationen gefragt, nach dem Eintritt in eine Organisation nach den Zielen dieser Organisation.

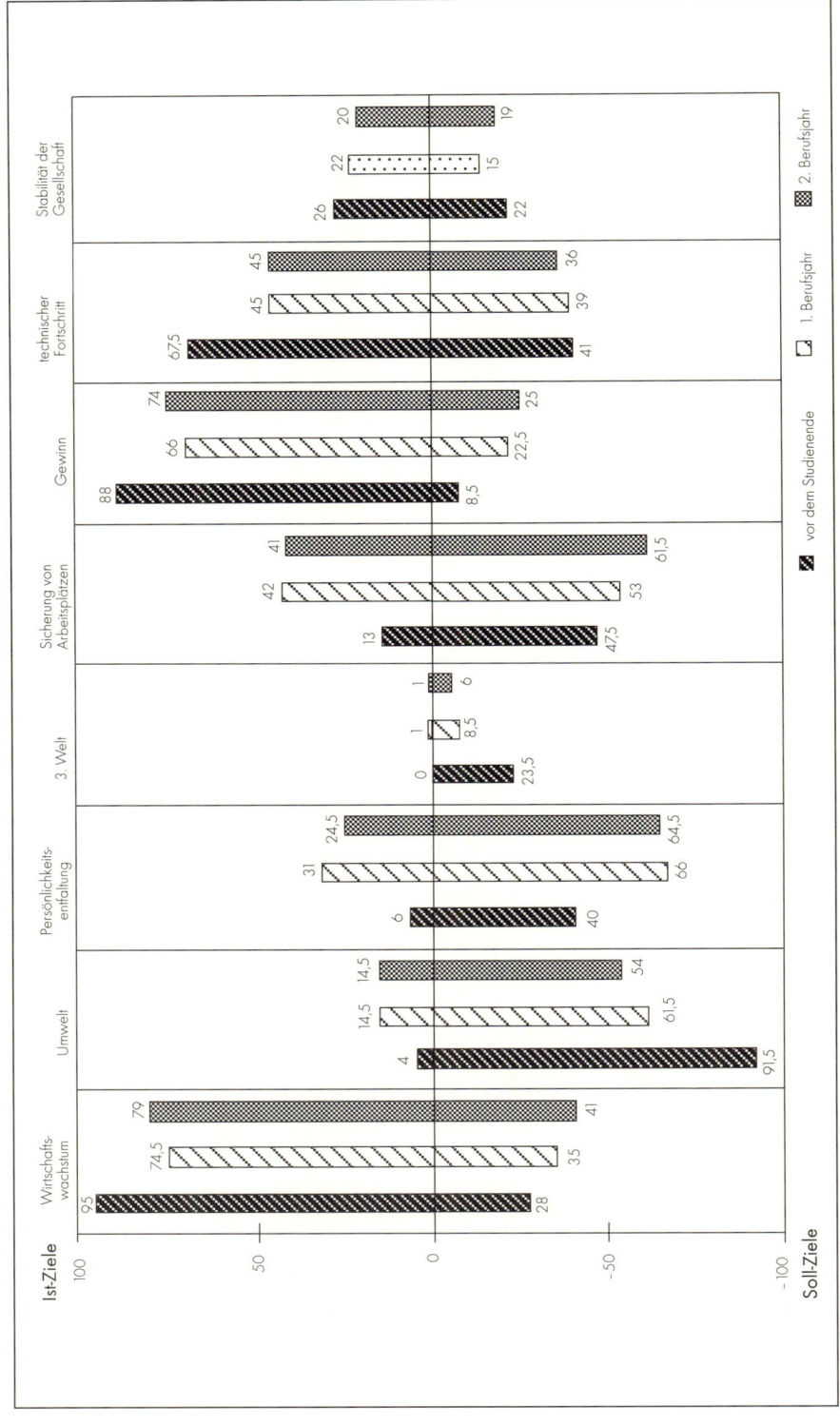

Abb. 3: Die Veränderung von Ist- und Soll-Zielen beim Übergang vom Ausbildungs- ins Beschäftigungssystem (nach KASCHUBE, 1997, S. 131).

Beim Übergang vom Ausbildungs- ins Beschäftigungssystem verändert sich die Wahrnehmung mancher Ziele: Die materialistischen Ziele, Wirtschaftswachstum, Gewinnsteigerung und technischer Fortschritt, stehen zwar immer noch auf den drei oberen Plätzen der Prioritätenskala der Ist-Ziele; die absoluten Größen sind allerdings zurückgegangen. Spiegelbildlich dazu steigen die Forderungen: Wirtschaftswachstum und Gewinn werden als zunehmend wichtiger eingestuft. Man könnte diese Befunde auch so interpretieren: Die anderen sind materialistischer, aber die eigene Organisation mäßigt sich, verfolgt sogar wesentlich energischer postmaterialistische Ziele.

Umgekehrt verhält es sich beim Umweltschutz, der Persönlichkeitsentfaltung und der Sicherung der Arbeitsplätze. Die Forderungen werden gemäßigter. Am wichtigsten wird die Persönlichkeitsentfaltung der Mitarbeiter.

Vom Berufseintritt bis zum 2. Berufsjahr nimmt die Veränderungsdynamik ab, die Richtung der Veränderung bleibt. Allerdings dominieren nach wie vor bei den Ist-Zielen die materialistischen, bei den Soll-Zielen die postmaterialistischen Ziele. Die Erhaltung der Umwelt wird auf den dritten Platz abgedrängt; den einzelnen unmittelbar in seiner gegenwärtigen Existenz bedrohende Ziele, Persönlichkeitsentfaltung und Sicherung des Arbeitsplatzes, haben oberste Priorität. Wenn sie gefährdet sind, hat das für das Individuum sofort negative Konsequenzen; ist der Umweltschutz bedroht, treten die Konsequenzen erst stark zeitverzögert ein und sie betreffen nicht nur den einzelnen und diesen nicht unmittelbar. Diese Tendenz zur Verdrängung des Umweltschutzes von den vorderen Rangplätzen kann man gegenwärtig auch in anderen Umfragen beobachten (vgl. dazu Abbildung 6).

5.3 Das Verhältnis von Arbeit und Freizeit hat sich verändert

Der unterschiedliche Stellenwert der Arbeit im Lebensplan von Menschen wird durch den volkstümlichen Vergleich zweier europäischer Nachbarvölker verdeutlicht: „Der Franzose arbeitet, um zu leben, der Deutsche lebt, um zu arbeiten." Es lohnt, sich kurz bei einem Vergleich verschiedener Industrienationen aufzuhalten, um die ganze Tragweite dieses Sprichworts auszuloten.

Bei solchen Vergleichen zeigt sich, daß die Bundesdeutschen – verglichen mit den US-Amerikanern oder den Japanern etwa – die berufliche Arbeit eher instrumentell sehen. Dies wird durch die folgende Abbildung 4 belegt, deren Daten aus Studien stammen, in denen Angestellte in den USA, Japan und der Bundesrepublik verglichen wurden (vgl. BEERMAN & STENGEL, 1992; MARTEN-GRUBINGER & STENGEL, 1995). Die Befragten mußten sich zwischen drei knapp skizzierten Lebensplänen – wir nannten sie „Berufsorientierungen" – entscheiden: eine an beruflichem Aufstieg orientierte, eine an Außerberuflichem orientierte und eine sogenannte „alternativ engagierte" Berufsorientierung. Die Vorgabe lautete:

Es unterhalten sich drei Angestellte über ihre berufliche Zukunft.
Der erste sagt: „Ich möchte später einmal in einer großen Organisation der Wirtschaft oder Verwaltung in verantwortlicher Position tätig sein. Dort habe ich die Möglichkeit, Einfluß auf wichtige Geschehnisse zu nehmen, und werde außerdem gut bezahlt. Dafür bin ich gerne bereit, mehr Zeit als vierzig Stunden in der Woche zu investieren und auf Freizeit zu verzichten." (Karriereorientierung)
Der zweite sagt: „Ich bin nicht so ehrgeizig. Wenn ich eine sichere Position mit geregelter Arbeitszeit habe und mit netten Kollegen zusammenarbeiten kann, bin

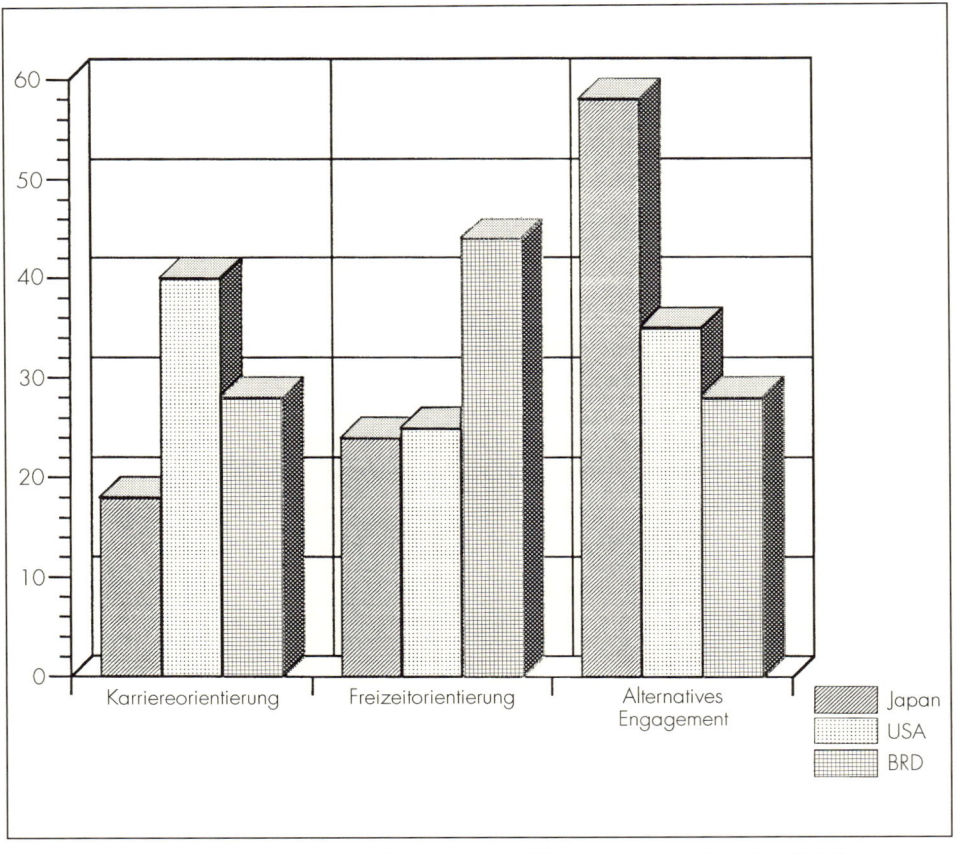

Abb. 4: Berufsorientierung in der Bundesrepublik, in Japan und in den USA

ich zufrieden. Die mir wichtigen Dingen liegen nicht in der Arbeitszeit, sondern in der Freizeit – und dafür brauche ich auch nicht sehr viel Geld." (Freizeitorientierung)

Der dritte sagt: „Ich bin durchaus bereit, viel Arbeitskraft zu investieren, aber nicht in einer der großen Organisationen der Wirtschaft oder Verwaltung, durch die unsere Gesellschaft immer unmenschlicher wird. Ich möchte einmal in einer anderen, konkreteren Arbeitswelt tätig sein, in der menschenwürdigere Lebensformen erprobt werden. Dafür bin ich auch bereit, auf hohe Bezahlung oder auf Geltung außerhalb meines Freundeskreises zu verzichten." (alternatives Engagement)

Bemerkenswert ist der hohe Anteil an alternativ Engagierten in Japan bei vergleichsweise geringen Anteilen Karriereorientierter. Darin kann ein latentes Konfliktpotential, bezogen auf die Ziele gegenwärtiger Wirtschafts-Konzerne, gesehen werden.

Der Stellenwert, den man der beruflichen Arbeit zugesteht, ist also offensichtlich in den drei Ländern unterschiedlich. In Deutschland wird berufliche Arbeit im Durchschnitt eher als Mittel zur Realisierung von Lebenszielen gesehen, die außerhalb dieses Bereiches liegen. Überdies betonen die Deutschen in vergleichbaren Umfragen eher ihre Rechte, während für US-Amerikaner Arbeit etwas Obligatorisches ist (Beer-

MAN & STENGEL, 1992). Über die historischen und sozio-ökonomischen Hintergründe der Unterschiede zwischen den USA, Japan und der Bundesrepublik sind verschiedene Hypothesen aufgestellt worden (vgl. zusammenfassend BEERMAN & STENGEL, 1992; MARTEN-GRUBINGER & STENGEL, 1995).

Natürlich ist diese Verteilung anders, wenn man innerhalb beruflicher Organisationen nur Führungskräfte betrachtet, insbesondere solche in hierarchisch höheren Positionen. Rund drei Viertel dieser Gruppe sind karriereorientiert. Im Verlauf der 80er Jahre stieg der Anteil der karriereorientierten Führungskräfte: von 70% in der ersten Hälfte des Jahrzehnts auf 79% zwischen 1986 und 1991. Neben einem Selektionseffekt (nur Karriereorientierte gelangen in solche Positionen) ist allerdings ein deutlicher Sozialisationseffekt auszumachen: In den großen Organisationen der Wirtschaft wird besonders Karriereorientierung verstärkt; Freizeitorientierung und insbesondere alternatives Engagement sind weniger stabil (vgl. v. ROSENSTIEL et al., 1989).

Wie hat sich der Stellenwert der Arbeit über die Jahre hinweg verändert? Zeitreihenanalysen zeigen, daß der Anteil jener, die das Leben als Aufgabe betrachten, zurückgeht, der Anteil derer, die ihr Leben genießen wollen, hingegen ansteigt. Diese Tendenz ist besonders ausgeprägt bei den unter 30jährigen (vgl. NOELLE-NEUMANN & STRÜMPEL, 1984; NOELLE-NEUMANN & KÖCHER, 1993).

Auch hier interessieren insbesondere die Veränderungen innerhalb der Gruppe der Führungskräfte. Befragungen im Rahmen von USW-Seminaren während des vergangenen Jahrzehnts lassen eine Tendenz vom Anfang der 80er zu den 90er Jahren erkennen. Waren noch in der ersten Hälfte der 80er Jahre für 18% der Befragten die Stunden während der Arbeit die liebsten (10% präferierten die Stunden, während derer sie nicht arbeiteten, 72% waren unentschieden bzw. mochten beide gleich gern), so hat sich dies gegen Ende des Jahrzehnts (zwischen 1986 und 1991) gründlich geändert: Nur noch 2% der Befragten sind die Arbeitsstunden die liebsten, 6% die Nicht-Arbeitsstunden, und 92% sind ambivalent, mögen beide gleich gern oder sind unentschieden.

In diesem Rückgang drückt sich die Abkehr von der zentralen Stellung der Arbeit aus: Sie ist offensichtlich auch nicht mehr zentrales Lebensinteresse für jene Personen, die als Träger und Multiplikatoren der „Arbeitsethik" angesehen werden.

Derartige Zeitreihen ließen sich in beliebiger Zahl anführen. Der springende Punkt ist die Interpretation der in ihnen enthaltenen Daten. NOELLE-NEUMANN neigt – wie erwähnt – dazu, hierin einen „Verfall der Arbeitsmoral" zu sehen, und auch von KLAGES (1984) wird die Möglichkeit eines Werteverfalls diskutiert, allerdings ohne zu generalisieren. STRÜMPEL (1985) dagegen spricht lediglich von einem *Wandel* der herkömmlichen Arbeitsmoral, die durch gewissenhafte Erfüllung gegebener Aufgaben gekennzeichnet war.

Nicht die Arbeit an sich hat an Wert verloren, sondern die Ansprüche an die Arbeit haben sich geändert. Immer mehr Menschen wünschen sich interessante, abwechslungsreiche Tätigkeiten, den Kontakt mit anderen Menschen, die Möglichkeit, in der beruflichen Arbeit auch eigene Vorstellungen zu verwirklichen. Arbeitszeitverkürzung, aber auch Verantwortung werden wichtiger. Demgegenüber verlieren das Einkommen und die Aufstiegsmöglichkeiten den hohen Stellenwert, den sie früher hatten.

Vor diesem Hintergrund wird auch die resignative Abwendung von der beruflichen Arbeit verständlich: Sie kann all die Ansprüche, die man an sie stellt, kaum erfüllen. Also wendet man sich dem außerberuflichen Bereich zu. Diese Interpretation wird gestützt, wenn man nach Berufsgruppen differenziert. Die Abwendung sollte beson-

847

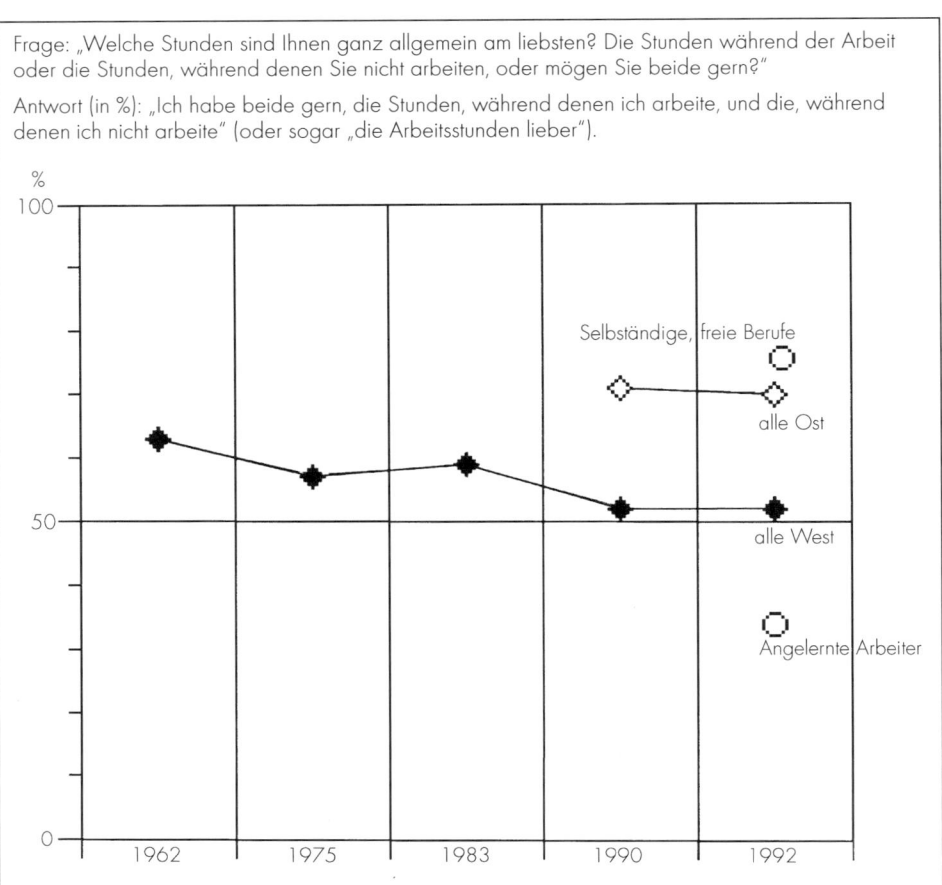

Frage: „Welche Stunden sind Ihnen ganz allgemein am liebsten? Die Stunden während der Arbeit oder die Stunden, während denen Sie nicht arbeiten, oder mögen Sie beide gern?"

Antwort (in %): „Ich habe beide gern, die Stunden, während denen ich arbeite, und die, während denen ich nicht arbeite" (oder sogar „die Arbeitsstunden lieber").

Abb. 5: Arbeitsfreude im Zeitverlauf (nach NOELLE-NEUMANN & STRÜMPEL, 1984, und NOELLE-NEUMANN & KÖCHER, 1993)

ders stark sein bei jenen Berufsgruppen, deren Tätigkeiten im Lauf der Zeit immer eintöniger geworden sind: bei den Arbeitern in der Produktion. In der Tat zeigt sich das Bild einer sich öffnenden Schere der Arbeitsfreude, wenn man zwei Berufsgruppen miteinander vergleicht: Arbeiter auf der einen, Selbständige, Freiberufler und Angestellte auf der anderen Seite (Abbildung 5).

Wer also das Privileg genießt, abwechslungsreiche Tätigkeiten ausüben zu dürfen, in denen viel Autonomie realisierbar ist, hat zunehmend Freude an der Arbeit. Bei all jenen, deren berufliche Tätigkeiten eher verarmen, sinkt die Freude an der Arbeit. Im Ostteil Deutschlands ist diese Freude (noch?) höher, die Unterschiede zwischen den Berufsgruppen sind nicht so groß wie im Westen. Als Erklärung kann man die Ansprüche an die Arbeit heranziehen. Im Westen ist beispielsweise beim Führungsnachwuchs der Wunsch nach Selbständigkeit oder einer verantwortungsvollen Tätigkeit signifikant stärker ausgeprägt als im Osten (vgl. MAIER et al., 1994). Im Osten werden umgekehrt materialistische, aber auch altruistische Werte als wichtiger eingestuft. BORG et al. (1993) haben mit Hilfe von ALLBUS-Daten eine hohe strukturelle

Ähnlichkeit der Arbeitswerte bei Ost- und Westdeutschen gefunden. Allerdings unterschieden sich die Einstufungen der Wichtigkeit der einzelnen Werte. Dies ist von nicht zu unterschätzender Bedeutung, macht es doch plausibel, daß das Wert-Konzept sogar resistent zu sein scheint für recht unterschiedliche Sozialisationsbedingungen.

Keinesfalls kann man also verallgemeinern und sagen, die Bereitschaft zu beruflichem Engagement sei grundsätzlich gesunken. Vielmehr sind die Ansprüche an die Arbeit gestiegen, so daß – werden diese Ansprüche überhaupt nicht erfüllt – eine (innere) Abwendung von dieser Arbeit die Folge ist.

Zum andern aber rückt deutlicher als jemals zuvor die gesamte Lebenszeit ins Blickfeld: Nicht *nur* Arbeit, *auch* Nicht-Arbeitszeit wird im Lebensablauf ins Auge gefaßt. Dies kann man wie Frau Noelle-Neumann einseitig als Abkehr interpretieren, man kann es aber auch als Hinwendung zu einem bislang in der öffentlichen Diskussion tabuisierten oder verpönten Lebensbereich sehen, als ein „Sowohl-als-auch", besser noch als ein „Weder-nur/noch-nur". (Zu Beginn der 80er Jahre hat Strümpel dafür den Begriff der „Gleichgewichtsethik" geprägt; vgl. Noelle-Neumann & Strümpel, 1984.)

Für diese Sicht sprechen Ergebnisse aus einer Langzeitbefragung zum Übergang vom Ausbildungs- ins Beschäftigungssystem („Berufsbiographie und Kausalattribution", vgl. Nerdinger & Spiess, 1992). Immer wieder relativieren junge Leute, die prinzipiell der Karriereorientierung zuneigten, diesen Lebensplan:

– „Also mein Ziel ist einfach, beides so gut wie möglich zu verbinden."
– „Das muß sich in einem Gleichgewicht einpendeln. Das Gleichgewicht, wo das liegt, das weiß ich jetzt noch nicht. Für mich gibt es nicht die Firma als erstes, und da ist auch nicht die Freizeit dominierend, sondern da gibt es ein Mittelding, das muß sich einpendeln."
– „Irgendwo muß das ein vernünftiges Mittelmaß sein." (Zitate aus Nerdinger & Spiess, 1992, S. 662 f.)

Unter einem weiteren Blickwinkel ist dies gar nicht so unerwünscht: Angesichts eines sinkenden Arbeitsvolumens, angesichts steigender Arbeitslosenzahlen kann eine „Weder-nur/noch-nur"-Haltung sogar ein höchst funktionaler Regelungsmechanismus innerhalb unseres sozio-ökonomischen Systems sein.

5.4   Veränderung der Haltungen zu Wachstum und Technik

Technischer Fortschritt und wirtschaftliches Wachstum werden in den Augen der Bevölkerung – auch von Führungskräften in oberen Hierarchieebenen – als zwei der Hauptziele gesehen, die die Organisation der Wirtschaft verfolgt, jedoch weitaus weniger verfolgen sollte (vgl. v. Rosenstiel & Stengel, 1987). Allerdings darf dabei nicht übersehen werden, daß durchaus unterschiedliche Gründe für das „Nein" und das „Ja" zum Wirtschaftswachstum angeführt werden. Selbst für ein und dieselbe Person gibt es meist keine klare Stellungnahme; gefühlsmäßige Ambivalenz ist charakteristisch für die Haltungen. Einerseits wird mit Wachstum die Schaffung neuer Arbeitsplätze assoziiert, andererseits Umweltbelastung.

Mitte der 60er Jahre wurde die Technik – vor allem von jüngeren Personen – eher als Segen eingestuft. Dies hat sich Anfang der 80er Jahre – wieder gerade bei den Jüngeren – grundlegend geändert. Allerdings ist sie auch nicht gerade zum Fluch geworden, vielmehr ist die Ambivalenz – das „teils/teils" – drastisch angestiegen. Der Januskopf der Technik, ihr Doppelgesicht, ist deutlich in den Mittelpunkt gerückt. Man sieht jetzt gleichzeitig Chancen *und* Risiken, Möglichkeiten *und* Gefahren. Eine generelle Technikfeindlichkeit läßt sich allerdings nicht feststellen; das Bild der Technik wurde vielmehr weiter differenziert: Man unterscheidet durchaus zwischen „harter" und „weicher" Technik (vgl. Jugendwerk der Deutschen Shell, 1985; s. dazu auch die Beiträge von Bungard und Reichwald & Möslein zu neuen Techniken, in diesem Band).

Es ist an der Zeit, auf geschlechtsspezifische Wandlungstendenzen hinzuweisen, die sich gerade hier deutlich aufzeigen lassen. Am Beispiel einer Frage zum Verhältnis von Natur und Technik wurden in den Umfragen im Rahmen der USW-Seminare Veränderungen bei Frauen und Männern während der vergangenen zehn Jahre miteinander verglichen. Tabelle 1 enthält die Anteile aller Führungskräfte sowie einen Vergleich der männlichen und weiblichen.

Frage: Es unterhalten sich zwei Menschen über die Technik.
Der erste sagt: „Durch die Technik hat sich die Menschheit erst befreit und ist zum Herrn über die Natur geworden."
Der zweite sagt: „Durch die Technik hat sich die Menschheit selbst versklavt. Sie beherrscht die Menschheit in einer viel brutaleren Weise, als es die Natur je getan hat."

Zeitraum	1981 – 1985			1986 – 1991		
Zustimmung zur Aussage	alle	Männer	Frauen	alle	Männer	Frauen
eins	44	46	23	41	42	18
zwei	14	14	14	12	11	23
keiner	42	41	63	47	47	59

Tab. 1: Verhältnis zur Technik während der 80er Jahre

Alle, Männer wie Frauen, rücken etwas ab von der Sicht, der Mensch habe sich zum Herrn über die Natur gemacht. Im Unterschied zu den Männern aber haben die Frauen am Ende der 80er Jahre eine kritischere Sicht des Verhältnisses von Natur und Technik. Aber auch bei den Männern nimmt die Ambivalenz zu, ein Signal für eine ebenfalls zunehmend kritischere Sicht.

5.5 Geforderte und gebotene Leistungsbereitschaft driften auseinander

Für den Wertewandel geradezu symbolisch wurde die Leistungsbereitschaft. Wir wollen sie im Zeitverlauf analysieren, allerdings bezogen auf eine andere Datenbasis als bisher.

Wir haben seit Beginn der 50er Jahre bis zum Ende der 80er Jahre Stellenangebote und Stellengesuche für Führungspositionen in vier großen Zeitungen der Bundesrepublik miteinander und anhand der wirtschaftlichen Entwicklung verglichen (Sten-

GEL, 1992). Es ist naheliegend, Stellenanzeigen als objektivere Indikatoren für Werthaltungen (der Organisationen und des einzelnen) aufzufassen als Daten aus Fragebogen.

In den 50er Jahren hielten sich gebotene und geforderte Leistungsbereitschaft die Waage; seitdem hat sich dieses Verhältnis jedoch entscheidend verändert. Nach einem kurzen Anstieg zur Zeit der ersten Rezession und einem kurzen Einbruch Mitte der 60er Jahre sank die Bereitschaft zur Leistung langsam, aber beständig. Demgegenüber stiegen die Forderungen nach Einsatz auf der Seite der Organisationen um das Doppelte. Angebot und Nachfrage verhalten sich mittlerweile beinahe wie 1:3. Der einzelne ist nicht mehr bereit, sich in dem Maße für die Organisation zu engagieren, wie diese das wünscht. Immer muß man dabei vor Augen haben, daß es sich um Führungspositionen handelt, von deren Inhabern man nach traditionellen Mustern besonders hohes Engagement und Bereitschaft zur Leistung erwartet.

Differenziert man nach einzelnen Branchen, so geht im Dienstleistungssektor die Leistungsbereitschaft am drastischsten zurück. Differenziert man nach Ausbildungsrichtungen, so sind es die Techniker, deren Einsatzfreude sinkt; differenziert man nach Funktionsbereichen, so ist der Schwund beim Vertrieb und im Marketing am größten.

Die sog. Strukturhypothese ist in der Lage, diese Unterschiede plausibel zu erklären: Die Arbeitszeiten haben sich innerhalb der Produktion und der Verwaltung rasch verkürzt. Innerhalb des Dienstleistungssektors und für den Vertrieb blieb dagegen oft alles beim alten. Der soziale Vergleich zwischen Menschen dämpft die Einsatzbereitschaft gegenüber einer als ungerecht empfundenen Organisation.

Der Unterschied bei den Technikern hängt offensichtlich mit einem schon wiederholt festgestellten unterschiedlichen Lebensplan dieser Gruppe zusammen (vgl. v. ROSENSTIEL et al., 1989). Bei ihnen dominiert eine an Freizeit orientierte Werthaltung. Die berufliche Position wird eher als instrumentell gesehen, um Ziele außerhalb der Arbeit zu erreichen. Also ist man auch nicht bereit, sich über diesen Austausch hinaus zu engagieren.

6.   Wie wird es weitergehen?

Bisher haben wir den bereits *vergangenen* Wandel analysiert. Das ist allerdings nicht alles: Aus dem, was war, will man ja Prognosen ableiten für das, was sein wird. Viel wird spekuliert über die zukünftigen Entwicklungspfade der Wirtschaft. Besonderes Gewicht kommt auch hier jenen Personen zu, die solche Entwicklungspfade zwar nicht autonom planen, aber immerhin (mit)beeinflussen können: den Führungskräften der Wirtschaft. Im Rahmen einer vergleichenden Untersuchung in drei europäischen Ländern (Deutschland, Frankreich, Finnland) wurde nach Herausforderungen gefragt, denen sich die Wirtschaft in den nächsten drei bis fünf Jahren zu stellen haben wird. In der folgenden Abbildung 6 sind aus der Sicht deutscher Führungskräfte (aus den alten und den neuen Bundesländern) die zehn wichtigsten Herausforderungen dargestellt.

Der Wandel gesellschaftlicher Werte ist offenbar kein drängendes Problem mehr im Vergleich mit der zunehmenden „Globalisierung". Darin könnte sich allerdings auch ein Fehlschluß widerspiegeln: Auf den oberen Rangplätzen finden sich Probleme, die die äußere Umwelt der Unternehmen betreffen (Wettbewerb, Internatio-

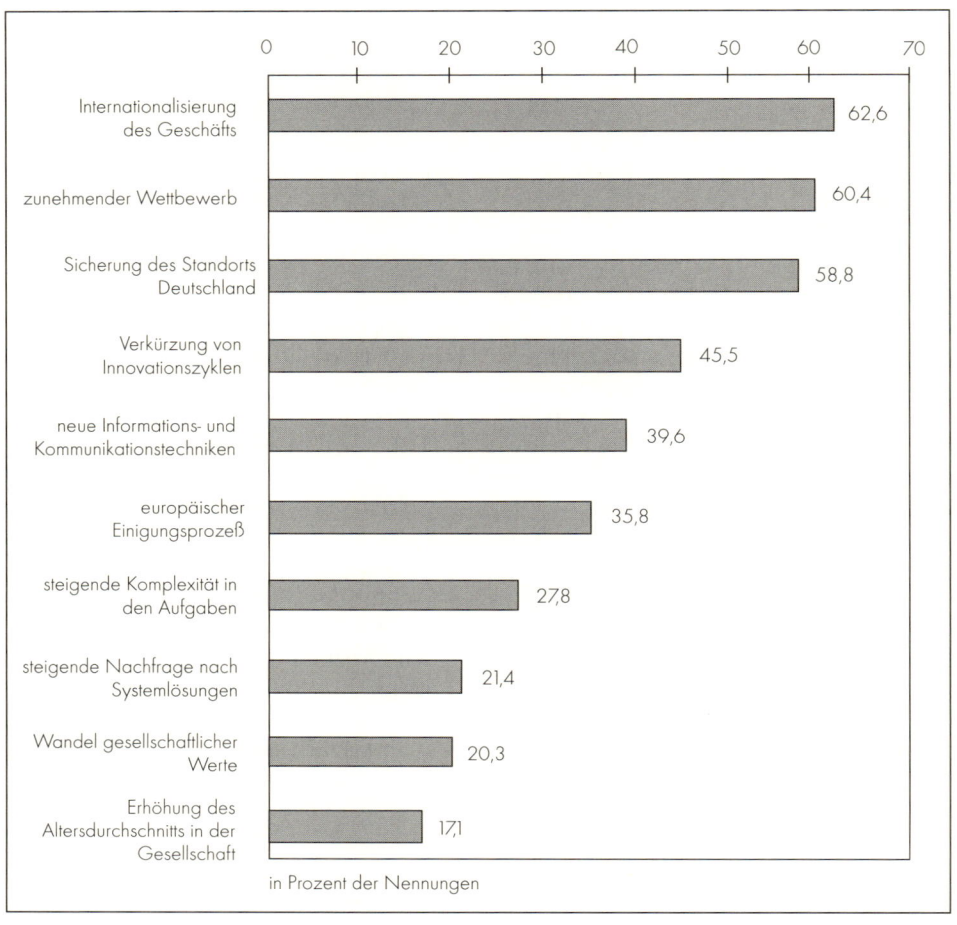

Abb. 6: Die zehn wichtigsten Herausforderungen, denen sich die Wirtschaft in den nächsten drei bis fünf Jahren zu stellen haben wird (nach Hofmann, i.V.)

nalisierung etc.); ausgespart bleibt die innere Umwelt, die Mitarbeiter. Man nimmt offenbar an, diese Probleme lösen sich von allein, wenn man nur die erste Gruppe in Angriff nimmt.

7. Was tun die Organisationen? Was können sie tun?

Wie begegnen die Organisationen den Herausforderungen, wie sie von den Führungskräften gesehen werden? In Abbildung 7 sind Maßnahmen dargestellt, die (in den Augen der befragten Führungskräfte) von den Organisationen ergriffen werden, um den Herausforderungen der Zukunft gewachsen zu sein. Ausgewählt wurden solche Maßnahmen, die sich auf die innere Umwelt der Organisationen, die Mitarbeiter, beziehen.

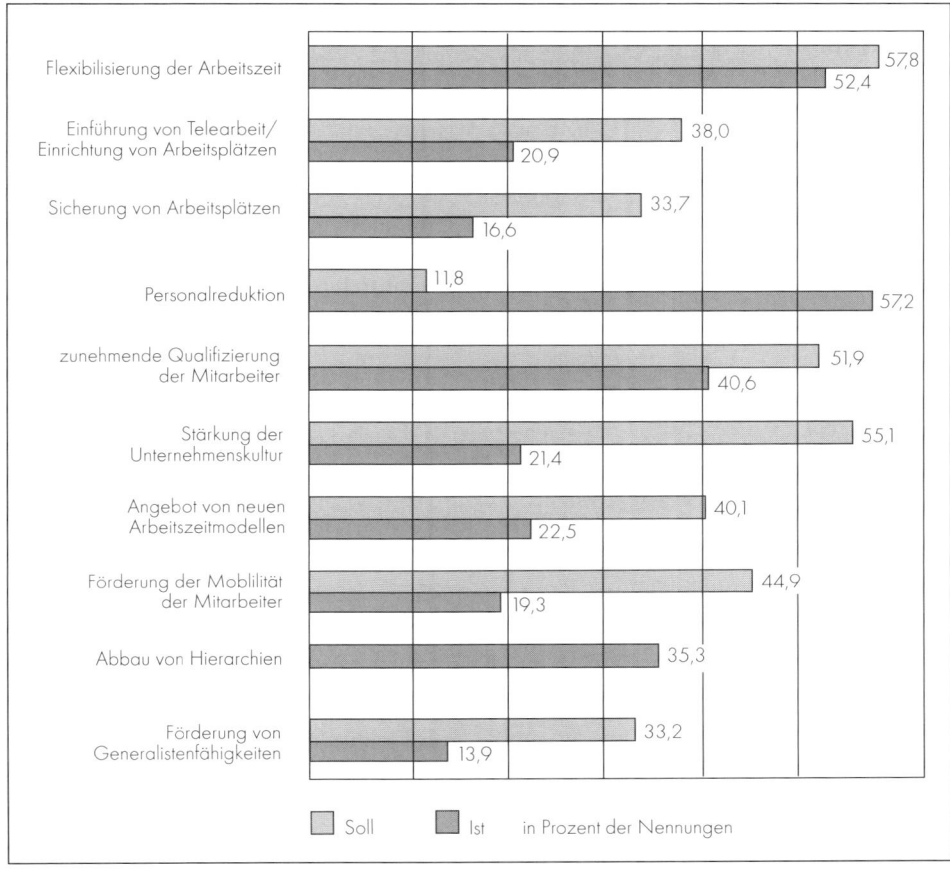

Abb. 7: Maßnahmen der Unternehmen, um den Herausforderungen der Zukunft zu begegnen (nach HOFMANN, i.V.)

Die Ergebnisse ähneln denen der Abbildung 3: Ist-Soll-Diskrepanzen zeigen sich vor allem bei jenen Maßnahmen, die sich unmittelbar auf die Handlungsspielräume und die Entfaltung der Mitarbeiter beziehen: neue Arbeitszeitmodelle, Telearbeit, Sicherung der Arbeitsplätze, Qualifikation, Unternehmenskultur. Hier wird in den Augen der Befragten von den Unternehmen zu wenig getan.

Obwohl die Probleme mit der äußeren Umwelt also keineswegs ignoriert werden, fordern die führenden Mitarbeiter nach wie vor stärkere Berücksichtigung postmaterialistischer – genauer: auf ihre Person zentrierter – Ziele durch die Organisationen (die sie ja selbst mit repräsentieren und deren Ziele sie ja verfolgen!).

Welche Konsequenzen lassen sich aus all dem, was gesagt wurde, ableiten? Was kann der einzelne tun, was kann die Organisation tun, damit der Konflikt sich nicht weiter verschärft?

Eine der beliebtesten Strategien ist gewiß, den Konflikt zu ignorieren, soweit er nicht zum Handeln zwingt, er also latent bleibt. Aber ist dies ein sinnvoller Weg? Organisationen wollen nicht nur kurzfristig erfolgreich sein, sie wollen langfristig überleben. Eine kurzfristige Erfolgsstrategie könnte darin bestehen, all jene Personen, deren Werthaltungen mit dem Wertsystem der Organisation nicht harmonieren, gar nicht erst in die Organisation hineinzulassen. Dies würde einer strengen Selektion gleichkommen. Auf der Seite des einzelnen würde diesem Vorgehen die sogenannte Selbstselektion entsprechen: Er entscheidet sich – falls er die Möglichkeit der Wahl hat – für diejenige Organisation, die seinen Wertvorstellungen am ehesten entgegenkommt.

In beiden Fällen würden bestehende Strukturen stabilisiert, größere Konflikte wären kaum zu erwarten: Die nicht Aufgenommenen würden allerdings – wenn ihre Zahl bedeutender wird – zu Spannungen und Polarisierung innerhalb der Gesellschaft beitragen, sie würden das bestehende System labilisieren, denn Organisationen sind kein Selbstzweck, sie sind gegenüber der Gesellschaft offene Systeme. Also liegt es durchaus im Interesse der Organisation – wenn sie sich als vorausschauend versteht und den Bezug zur Gesellschaft nicht verlieren will –, daß sie auf Veränderungsprozesse, die sich in dieser Gesellschaft abspielen, reagiert und sie nach Möglichkeit integriert.

Ein häufiger Kompromiß wird – falls dem einzelnen wenig Auswahlmöglichkeiten offenstehen – in der Regel so aussehen, daß ein Teil derjenigen, die mit den Zielen der Organisation nicht übereinstimmen – in der gewählten Terminologie also die „Freizeitorientierten" und die „alternativ Engagierten" – ihr Engagement stark einschränken, resignieren, „innerlich emigrieren".

Wie können derartig unerwünschte Folgen vermieden oder vermindert werden? Ist Stabilisierung einer Organisation tatsächlich so wünschenswert, daß man jeglicher Bedrohung dieser Stabilität dadurch zuvorzukommen sucht, daß man sich „unliebsame Eindringlinge vom Leib hält"? Einige Gründe seien angeführt, warum es sinnvoll, wenn nicht gar überlebensnotwendig sein kann, sich gerade jene Personen ins Haus zu holen, die sich auf den ersten Blick als „Querdenker" geben.

Insbesondere von Personen mit alternativem Engagement kann man Kreativität und Bereitschaft zu Innovationen erwarten. Dies zeigt sich insbesondere darin, daß gerade diese Personen sehr positive Einstellungen zur Arbeit haben und zu hohem Engagement bereit sind, wenn sie eigene Ziele verwirklichen können.

Abbildung 5 hat gezeigt, daß dieses Bedürfnis im Zunehmen begriffen ist: Man will eigene Ideen verwirklichen, man strebt eine interessante Tätigkeit an, man verlangt nach Entscheidungsspielräumen.

Der Freizeit haftet – auch in der wissenschaftlichen Analyse – immer noch der Geruch des eigentlich Unseriösen an. Ist dies gerechtfertigt angesichts der Tatsache, daß der Industriegesellschaft die Arbeit auszugehen droht und daß immerhin die Hälfte der Gesamtbevölkerung der Freizeitorientierung zuneigt (v. ROSENSTIEL & STENGEL, 1987)? Ist es klug, indirekt jene Hälfte der Berufstätigen zu diskriminieren? Ist nicht ihre Haltung eigentlich sehr funktional und den Umständen angepaßt? Ist „Opferethik" in allen beruflichen Positionen erforderlich? Ist sie in Führungspositionen unerläßlich? Ist es nicht gerade so, daß Führungskräfte, die für ihre Organisation bzw. ihre Position einen Großteil ihrer Energie aufgewendet und darüber Interessen und soziale Beziehungen im außerberuflichen Bereich vernachlässigt haben, vor dem Nichts stehen, wenn sie in den Ruhestand geschickt werden, damit sie Jüngeren Platz machen? Wäre es nicht sinnvoller, hätten sie sich schon während ihres Arbeitslebens auf die unvermeidliche „Zeit danach" vorbereitet?

An welche Maßnahmen von seiten der Organisation wäre dabei zu denken? Einer der meistdiskutierten Ansätze, der als Antwort auf einige der Wandlungstendenzen angesehen werden kann, ist die Flexibilisierung der Arbeitszeit (vgl. den nachfolgenden Beitrag von STRÜMPEL zu diesem Thema). Eine fast unübersehbare Fülle von Möglichkeiten stünde offen; grundsätzlich ist nicht einzusehen, warum nicht beide Seiten davon profitieren sollten: die Organisation *und* der einzelne. Wiederholt ist gezeigt worden, wie eng Arbeitszeitwünsche mit Werthaltungen zusammenhängen (vgl. STENGEL, 1997). Beispielsweise unterscheiden sich die Arbeitszeitwünsche von Männern und Frauen weniger voneinander als jene zwischen den drei unterschiedenen Berufsorientierungen. Es scheint also an der Zeit zu sein, von überkommenen Kategorien Abschied zu nehmen und sich jenen zuzuwenden, die für die gegenwärtigen Probleme von Bedeutung sind; dies sind zweifellos psychologische Kategorien, mithin Werthaltungen, Muster von miteinander in Beziehung stehenden Werten.

Aber nicht nur die Flexibilisierung der Arbeitszeit – des „Wann" –, sondern auch des Arbeitsortes – „Wo" und „Was" jemand arbeitet – trägt Wandlungstendenzen Rechnung. Ob neue Formen von Telearbeit (GODEHARDT, 1994) die Hoffnungen und Erwartungen erfüllen kann, die man mit ihr verbindet, bleibt abzuwarten. Weniger die aufgabenbezogenen Komponenten, sondern die sozialen Anteile der Tätigkeiten, die durch Telekommunikation substituiert werden können, dürften einer raschen Verbreitung im Wege stehen. Sie sind wichtig für den Aufbau und die Aufrechterhaltung persönlicher Beziehungen oder die Identifikation mit den Organisationszielen (vgl. den Beitrag von REICHWALD & MÖSLEIN in diesem Band). Telekommunikation verändert die Kommunikationsstruktur. Damit sind auch Fragen der Führung und Kontrolle angeschnitten. Wenig geeignet ist Telearbeit für Vorgesetzte mit einem Führungsstil, der „einer TÜV-Mentalität gleicht" (RAITHEL, 1995). Denn an die Stelle der direkten Verhaltens- oder sozialen Kontrolle tritt die ergebnisorientierte Kontrolle.

Auch eine Flexibilisierung des „Was", der Arbeitsinhalte, ist denkbar, wenn man sich den Handlungsspielraum bei der Arbeit als aus drei Dimensionen zusammengesetzt denkt – der Tätigkeit, den Entscheidungs- und Kontrollmöglichkeiten und dem Kontaktspielraum. Ansätze zu solchen Flexibilisierungen finden sich in der Einführung *teilautonomer Arbeitsgruppen* (LATTMANN, 1972) oder dem *Job-Sharing* (HEYMANN & SEIWERT, 1982).

Weiter als die bisher skizzierten Möglichkeiten gehen partizipative Veränderungsstrategien (EINSIEDLER, 1986), eine direkte Beteiligung der Betroffenen an betrieblichen Entscheidungen (KIRSCH et al., 1979). Eine solche Strategie erleichtert nicht zuletzt dem einzelnen die Identifikation mit dem Zielsystem, an dem er ja mitgewirkt hat und dem er dann nicht mehr fremd gegenüberstehen kann.

Dies führt zu Konzepten wie „Corporate Identity" oder „Unternehmenskultur" (vgl. den Artikel von BÖGEL: Organisationsklima und Unternehmenskultur, in diesem Band), in denen sich ein gewisses „Wir-Gefühl" ausdrückt. Allerdings darf man nicht erwarten, daß derartige Prozesse von oben verordnet werden können, etwa durch Vorgabe eines Kanons von Werten, um den herum sich die gemeinsame Identität oder die Kultur kristallisieren soll. Vielmehr scheint es angemessener, von einer Diagnose des „Ist-Zustandes" auszugehen, um sich sodann – vielleicht durchaus an der Unternehmensspitze – zu überlegen, inwieweit das Wertsystem des Ist-Zustandes von jenem eines idealen Soll-Zustandes abweicht und wodurch diese Abweichungen zu reduzieren seien (vgl. dazu das Thema der „wertorientierten Personalpolitik" – BIHL, 1987).

In jedem Fall macht ein verändertes gesellschaftliches Wertsystem, an dem der einzelne in jeweils unterschiedlicher Weise teilhat, Korrekturen auch in den Organisationen erforderlich, die ja schließlich der Befriedigung gesellschaftlicher Bedürfnisse dienen sollen. Langfristig gesehen erscheint es wenig erfolgreich, nur vom einzelnen

Beschäftigten Anpassung an ein unverändertes organisationales Ziel-System zu verlangen. Plötzlich kann der Zustand dysfunktional werden, schnelle Anpassung ist dann in der Regel nicht mehr möglich. Unter diesem Gesichtspunkt sind Konflikte, die man nicht ignoriert oder beiseite schiebt, sondern gerade durch die Einstellung auch von Personen mit abweichenden Werthaltungen deutlich macht, produktiv und als eigentliche Motoren der Entwicklung notwendig. Sie zwingen die Unternehmen, sich den veränderten Umweltbedingungen rechtzeitig zu stellen, um so das eigene Überleben langfristig zu sichern.

Eine besondere Situation ist nach der Vereinigung der beiden ehemaligen deutschen Staaten entstanden. Die jungen Menschen im Osten treffen auf eine Wirtschaftsstruktur, auf deren dominante Ziele hin sie nicht sozialisiert wurden. Es kommt darauf an, wie flexibel sich Unternehmen zeigen, um diese jungen Nachwuchskräfte in den Wirtschaftsprozeß der Zukunft einzubinden.

Literatur

BEERMAN, L. & STENGEL, M. (1992). Werte. In N. BERGEMANN & L. J. SOURISSEAUX (Hrsg.), Psychologische Aspekte des internationalen Managements. Berlin 1992.

BIHL, G. (1987). Unternehmen und Wertewandel: Wie lauten die Antworten für die Personalführung. In L. v. ROSENSTIEL, H. E. EINSIEDLER & R. K. STREICH (Hrsg.), Wertewandel als Herausforderung für die Unternehmenspolitik. Stuttgart 1987.

BORG, I., BRAUN, M. & HÄDER, M. (1993). Arbeitswerte in Ost- und Westdeutschland: Unterschiedliche Gewichte, aber gleiche Struktur. In: ZUMA-Nachrichten, 33, 1993, S. 64–82.

EINSIEDLER, H. E. (1986). Werthaltungen von Führungskräften zu partizipativen Veränderungsstrategien. Frankfurt/M. 1986.

GODEHARDT, B. (1994). Telearbeit. Rahmenbedingungen und Potentiale. Schriftenreihe der ISDN-Forschungskommision des Landes Nordrhein-Westfalen. Opladen 1994.

HEYMANN, H. & SEIWERT, L. (Hrsg.). (1982). Job Sharing – Flexible Arbeitszeit durch Arbeitsplatzteilung. Grafenau 1982.

HOFMANN, L. M. (i.V.). Zukünftige Führungskräfte auf dem europäischen Arbeitsmarkt – empirische Analyse zukünftiger Anforderungen an Führungskräfte im innereuropäischen Vergleich (in Vorbereitung).

INGLEHART, R. (1977). The Silent Revolution: changing values and political styles among Western publics. Princeton, N. J. 1977: Princeton University Press.

JUGENDWERK DER DEUTSCHEN SHELL. (1985). Jugendliche und Erwachsene '85. Opladen 1985.

KASCHUBE, J. (1997). Ziele von Führungsnachwuchskräften. Berufliche Entwicklung nach der Einarbeitung. München, Mering 1997.

KIRSCH, W., ESSER, W.-M. & GABELE, E. (1979). Das Management des geplanten Wandels von Organisationen. Stuttgart 1979.

KLAGES, H. (1984). Wertorientierungen im Wandel: Rückblick, Gegenwartsanalyse, Prognosen. Frankfurt/Main 1984.

KLIPSTEIN, M. v. & STRÜMPEL, B. (1985). Gewandelte Werte – Erstarrte Strukturen. Wie die Bürger Wirtschaft und Arbeit erleben. Bonn 1985.

LATTMANN, CH. (1972). Das norwegische Modell der selbstgesteuerten Arbeitsgruppe. Ein Beitrag zur Verwirklichung der Mitbestimmung am Arbeitsplatz. Bern 1972: Haupt.

MAIER, G.W., RAPPENSBERGER, G., ROSENSTIEL, L. v. & ZWARG, I. (1994). Berufliche Ziele und Werthaltungen des Führungsnachwuchses in den alten und neuen Bundesländern. In: Zeitschrift für Arbeits- und Organisationspsychologie, 38 (1), 1994, S. 4–12.

MARTEN-GRUBINGER, B. & STENGEL, M. (1995). Berufsorientierung und Identifikationsbereitschaft in Japan. In: Zeitschrift für Personalforschung 20, 1995, S. 72–94.

NERDINGER, F. W. & SPIESS, E. (1992). Kommunikative Validierung und Datenfeedback in der Wertforschung – Ergebnisse aus quantitativen und qualitativen Langzeitbefragungen. In H. KLA-

GES, H.-J. HIPPLER & W. WERBERT (Hrsg.), Werte und Wandel. Ergebnisse und Methoden einer Forschungstradition. S. 653–671. Frankfurt/M. 1992.

NOELLE-NEUMANN, E. (1978). Werden wir alle Proletarier? Zürich 1978: Interform.

NOELLE-NEUMANN, E. & STRÜMPEL, B. (1984). Macht Arbeit krank? Macht Arbeit glücklich? Eine aktuelle Kontroverse. München 1984.

NOELLE-NEUMANN, E. & KÖCHER, R. (Hrsg.) (1993). Allensbacher Jahrbuch der Demoskopie, Bd. 9. München 1993.

RAITHEL, S. (1995). Telearbeit auch für Sekretärinnen. In: Assistenz, 1, 1995, S. 12 f.

ROSENSTIEL, L. v. (1992). Führungs- und Führungsnachwuchskräfte: Spannungen und Wandlungen in Phasen gesellschaftlichen Umbruchs. In: ZfP, 3, 1992, S. 327–351.

ROSENSTIEL, L. v., NERDINGER, F. W., SPIESS, E. & STENGEL, M. (1989). Führungsnachwuchs im Unternehmen. Wertkonflikte zwischen Individuum und Organisation. München 1989.

ROSENSTIEL, L. v. & STENGEL, M. (1987). Identifikationskrise? Zum Engagement in betrieblichen Führungspositionen. Bern 1987: Huber.

STENGEL, M. (1987). Identifikationsbereitschaft, Identifikation, Verbundenheit mit einer Organisation oder ihren Zielen. In: Psychologie und Praxis. Zeitschrift für Arbeits- und Organisationspsychologie, 31 (4), 1987, S. 152–166.

STENGEL, M. (1992). Widerspiegelung des Wertewandels in Stellenangeboten und Stellengesuchen in Tageszeitungen der Jahre 1950 bis 1987. In H. KLAGES, H.-J. HIPPLER & W. WERBERT (Hrsg.), Werte und Wandel – Ergebnisse und Methoden einer Forschungstradition. S. 401–422. Frankfurt/M. 1992.

STENGEL, M. (1997). Psychologie der Arbeit. Weinheim 1997.

STRÜMPEL, B. (1985). Arbeitsmotivation im sozialen Wandel. In: Die Betriebswirtschaft, 45, 1985, S. 42–50.

WOYKE, W. (1993). Staatliche Einheit geglückt – gesellschaftliche Einheit läßt auf sich warten. In L. v. ROSENSTIEL u. a. (Hrsg.), Wertewandel. Herausforderungen für die Unternehmenspolitik in den 90er Jahren. 2. Auflage. Stuttgart 1993.

Zur Konkretisierung und weiteren Vertiefung wird empfohlen, im Fallstudienband die Fälle zu „Wertewandel" zu bearbeiten.

Burkhard Strümpel, Uta Wilkens und Peter Pawlowsky

Arbeitszeitflexibilisierung, Teilzeit und Beschäftigung

1. Einleitung

Die Gestaltung der Arbeitszeit ist in den vielfältigsten Formen thematisiert worden. In den achtziger Jahren lag der Diskussionsschwerpunkt eindeutig auf Fragen der Arbeitszeitverkürzung – erinnert sei nur an die langanhaltende Tarifauseinandersetzung zur 35-Stunden-Woche, an deren Ende der Leber-Kompromiß stand, der den monolithischen Block der Normalarbeitszeit in Frage stellte. Eine momentan viel diskutierte Form der Arbeitszeitverkürzung ist die Teilzeit, die als Verkürzung der Arbeitszeit deutlich unterhalb der (meist tariflich vereinbarten) Normalarbeitszeit definiert werden soll. Eine Verkürzung und Verlagerung zum einen der täglichen und zum anderen der wöchentlichen Arbeitszeit wird dabei als Arbeitszeitflexibilisierung verstanden.

Die Motive für eine Arbeitszeitverkürzung oder -flexibilisierung durch Teilzeit sind mehrschichtig (vgl. auch IWD, 1994, S. 6):

— Erhöhung von Betriebsnutzungszeiten.
– Beschäftigungspolitik – die Verkürzung von Arbeitszeit als beschäftigungspolitisches Instrument, um Arbeitslosigkeit zu begrenzen.
– Individuelle Arbeitszeitwünsche – so können individuelle Lebensplanung und Berufstätigkeit besser aufeinander abgestimmt und das immer noch bestehende Problem der Vereinbarkeit von Familie und Beruf abgeschwächt werden.

Seit Beginn der neunziger Jahre wird die Flexibilisierung der Arbeitszeit vor allem als eine Antwort auf die bestehenden beschäftigungspolitischen Probleme herausgestellt; diesmal werden sowohl eine Verkürzung als auch eine Verlängerung der Arbeitszeit mit dem Hinweis auf Beschäftigungseffekte diskutiert. Daran zeigt sich bereits deutlich, daß kaum eine sozialpolitische Innovation in der Fachdiskussion so kontrovers behandelt wird wie das Thema der Arbeitszeitgestaltung.

Dieser Beitrag macht es sich zum Ziel, nach den Konsenspotentialen beim Thema Arbeitszeitflexibilisierung zu fragen: Lassen sich individuelle mit unternehmerischen und gesamtwirtschaftlichen Interessen zum Ausgleich bringen, und wie müßte Arbeitszeitflexibilisierung ausgestaltet sein, damit dies gelingt?

2. Lassen sich durch Arbeitszeitverkürzung Beschäftigungseffekte erzielen?

Versuchen wir zunächst, an der Stelle Licht ins Dickicht zu bringen, wo Befürworter und Skeptiker einer Arbeitszeitverkürzung mit dem Ziel der Beschäftigungssicherung unmittelbar aufeinandertreffen.

Der Beschäftigungsgrad oder die Erwerbsquote lassen sich nach klassisch volkswirtschaftlichen Überlegungen unter sonst gleichen Bedingungen durch einen Produktionsanstieg erhöhen, wohingegen sie sinken, wenn die Produktivität, die Arbeitszeit oder das Erwerbspersonenpotential ansteigt (vgl. KROMPHARDT, 1987, S. 189f.). Nun stehen diese vier, den Beschäftigungsgrad beeinflussende Größen jedoch auch untereinander in Wechselwirkung, was zu Problemen führen kann, wenn Maßnahmen zur Erhöhung der Erwerbsquote eingeleitet werden sollen. So können beispielsweise durch Produktionsanstieg zu erwartende positive Beschäftigungseffekte (vgl. Abbildung 1, Schleife 1) ausbleiben, wenn ein Produktionsanstieg nur auf Produktivitätszuwächsen beruht.

Auch bei der Gestaltung der Arbeitszeit sieht es ähnlich aus: Nach einfachen Überlegungen bedarf es einer Arbeitszeitverkürzung, um die Erwerbsquote zu erhöhen (vgl. Abbildung 1, Schleife 2). Allerdings wirkt sich die Arbeitszeit auch auf den Produktionsumfang und die Produktionskosten aus. Durch Arbeitszeitverkürzung kann ein Produktionsrückgang induziert werden, der durch geringere Maschinenlaufzeiten oder Dienstleistungszeiten und damit geringere Auslastungsgrade entsteht (vgl. Abbildung 1, Schleife 3), so daß über den Produktionsrückgang auch die Erwerbsquote negativ beeinflußt wird. Auch Lieferfähigkeit und Service können durch Arbeitszeitverkürzung verschlechtert werden (vgl. PÄTZOLD, 1989, S. 274). Dies kann insbesondere dann eintreten, wenn es sich um eine Verkürzung der regulären täglichen oder wöchentlichen Arbeitszeit handelt.

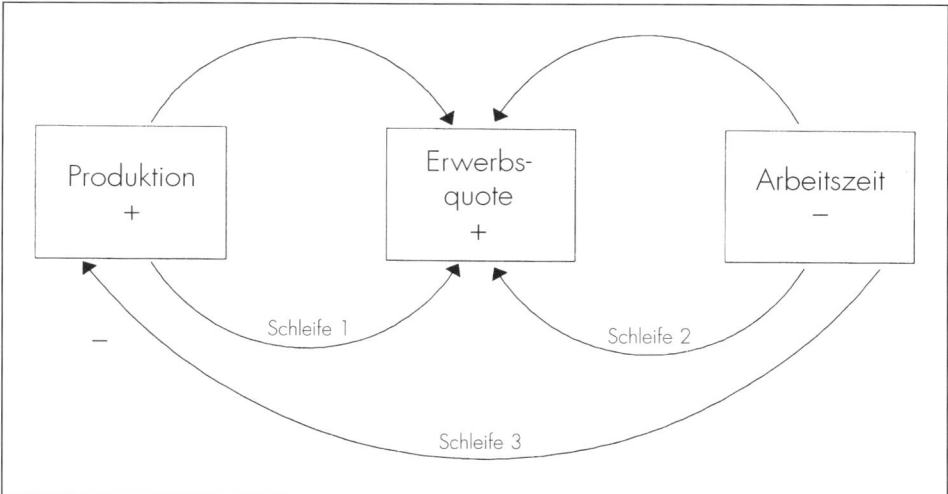

Abb. 1: Zum Zusammenhang von Arbeitszeit, Produktion und Erwerbsquote

Allerdings sind diese negativen Effekte einer Arbeitszeitverkürzung nicht zwangsläufig. So können Service und Zuverlässigkeit durch die Gestaltung von Arbeitszeit auch verbessert und Maschinenlauf-, Öffnungs- und Dienstleistungszeiten verlängert werden, wenn nämlich die Arbeitszeitverkürzung gleichzeitig an eine Flexibilisierung gekoppelt ist. Die in Abbildung 1, Schleife 3 aufgezeigte negative Wirkung der Arbeitszeitverkürzung auf Produktionsumfang und -kosten kann damit in eine positive umgewandelt werden.

Hieraus läßt sich folgern, daß es bei einer Arbeitszeitverkürzung darauf ankommt, sie so zu implementieren, daß die gesamtwirtschaftliche Produktion und Nachfrage nicht reduziert und die Kostenbelastung der Unternehmen nicht erhöht wird, will man positive Beschäftigungseffekte damit erzielen (vgl. MEINHARDT, STILLE & ZWIENER, 1993, S. 642). Voraussetzung ist selbstverständlich, daß diese Form der Arbeitszeitverkürzung auch den Interessen der Arbeitnehmer entspricht. Ob unter den Arbeitnehmern ein Potential an Teilzeitinteressierten besteht, soll in Kapitel 4 geklärt werden. Hier bleibt festzuhalten, daß zumindest theoretisch Arbeitszeitverkürzung in

Form von Arbeitszeitflexibilisierung durch Teilzeit ein geeignetes Instrument sein kann, die Erwerbsquote zu erhöhen.

In der Praxis fallen die Beschäftigungseffekte allerdings häufig geringer aus als zunächst erwartet. Dies kann unterschiedliche Ursachen haben. So können verkürzte Arbeitszeiten als Folge einer Arbeitsverdichtung einen Produktivitätseffekt induzieren (vgl. Pätzold, 1989, S. 274). Deshalb wird immer wieder darauf verwiesen, eine deutliche Arbeitszeitverkürzung von mehreren Stunden einzuführen, damit das in ihr enthaltene Beschäftigungspotential nicht in Form von Arbeitsverdichtung verpufft (vgl. Hoff, 1985). Positiv gesehen erweitert sich durch einen Produktivitätseffekt der Spielraum für Lohnvereinbarungen in die Richtung, daß Realeinkommen auch bei Arbeitszeitverkürzung gesichert werden können (vgl. Meinhardt, Stille & Zwiener, 1993, S. 642).

Darüber hinaus kann der Beschäftigungseffekt einer Arbeitszeitverkürzung verschleiert werden, indem zwar mehr Arbeitnehmer beschäftigt werden, aber gleichzeitig das Arbeitskräfteangebot ansteigt. Dies ist beispielsweise der Fall, wenn veränderte Arbeitszeitregelungen einen Teil der stillen Reserve mobilisieren, Teilzeitarbeitsplätze nachzufragen (vgl. Pätzold, 1989, S. 274 f.).

Zu berücksichtigen ist auch, daß erwartete Beschäftigungseffekte aufgrund konjunktureller Probleme nicht realisiert werden können, wie die geringen Wirkungen verlängerter Ladenöffnungszeiten belegen.

3. Arbeitszeit und der deutsche Arbeitsmarkt

Wie haben sich nun Produktionsumfang, Arbeitszeit und Beschäftigung in der Vergangenheit entwickelt? Konzentriert man sich zunächst auf die prosperierende Nachkriegsperiode von 1960 bis 1970, so ist bis auf die kurze Rezession 1967 ein deutliches Wirtschaftswachstum erkennbar. Gleichzeitig ist das Arbeitsvolumen (vgl. Abbildung 2), d. h. die geleistete gesamtwirtschaftliche Arbeitsmenge, die sich aus der Arbeitszeit je Erwerbstätigen und der Anzahl der Erwerbstätigen errechnet, gesunken. Dies ist vor allem auf die deutliche Reduzierung der Arbeitszeit während der sechziger Jahre zurückzuführen (vgl. Abbildung 3), wobei der Rückgang des Arbeitsvolumens 1967 zudem rezessionsbedingt gewesen sein mag. Aufgrund des generell hohen Wirtschaftswachstums einerseits und der Verkürzung von Arbeitszeit andererseits gab es in den sechziger Jahren eine spürbare Arbeitskräfteknappheit. Ab Mitte der sechziger Jahre wurden deshalb massiv ausländische Arbeitnehmer angeworben, so daß das Erwerbspersonenpotential anstieg (vgl. Abbildung 4). Ebenfalls hat es in dieser Periode einen starken Zuwachs bei den Teilzeitbeschäftigten gegeben (vgl. Abbildung 5). Trotzdem kam es zu keiner merklichen Steigerung des Arbeitsvolumens (vgl. Abbildung 2). Dies kann zwei Ursachen haben: Entweder wurde der Anstieg der Erwerbstätigen durch Arbeitszeitverkürzung kompensiert, oder aber Wachstum ließ sich nicht in vollem Maße in Beschäftigung umwandeln. Mit Blick auf die sechziger Jahre mag das erste Argument mehr Erklärungskraft besitzen. Damals gab es aufgrund von Vollbeschäftigung eine starke Arbeitnehmerposition, mit der sich veränderte Einkommens- und Freizeitpräferenzen durchsetzen ließen.

In den siebziger Jahren hatte sich die wirtschaftliche Lage gegenüber der vorangegangenen Dekade insgesamt verschlechtert. Negatives Wachstum und Anstieg der Arbeitslosigkeit waren die Folge des Ölpreisschocks von 1973. Erstmals wurde

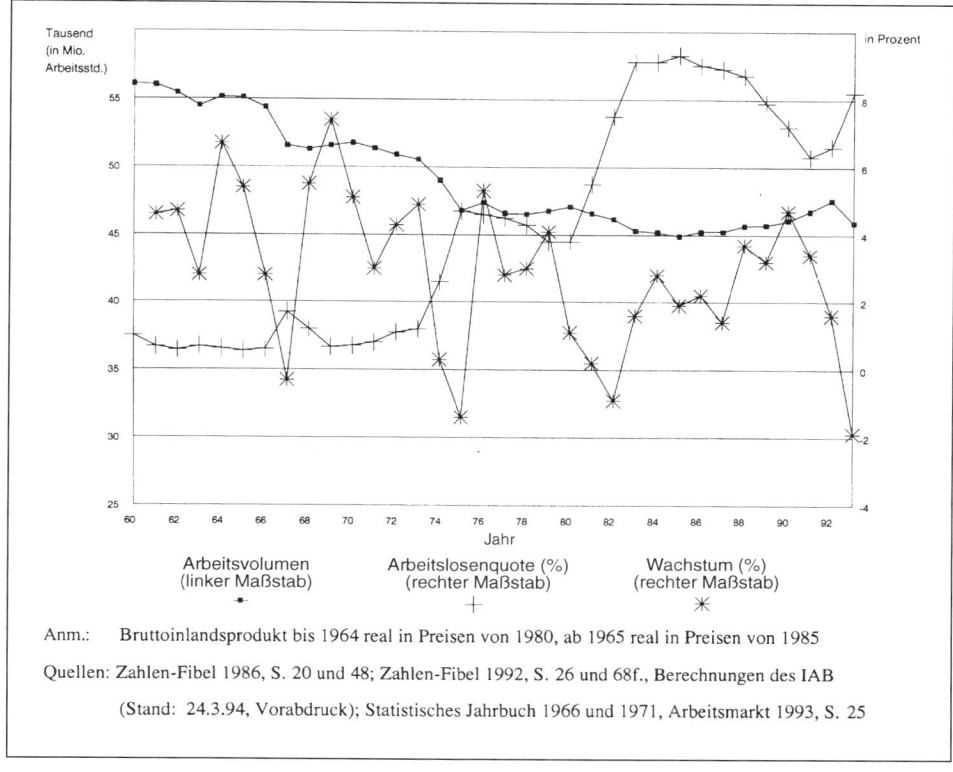

Anm.: Bruttoinlandsprodukt bis 1964 real in Preisen von 1980, ab 1965 real in Preisen von 1985

Quellen: Zahlen-Fibel 1986, S. 20 und 48; Zahlen-Fibel 1992, S. 26 und 68f., Berechnungen des IAB

(Stand: 24.3.94, Vorabdruck); Statistisches Jahrbuch 1966 und 1971, Arbeitsmarkt 1993, S. 25

Abb. 2: Wachstum, Arbeitslosenquote und Arbeitsvolumen 1960–1993 (altes Bundesgebiet)

Arbeitslosigkeit seit der frühen Nachkriegszeit in der Bundesrepublik wieder zum
Thema.

Dieser eher negative Trend setzte sich zu Beginn der achtziger Jahre fort. Im Vergleich zu den sechziger Jahren drehte sich die Situation sogar komplett um: Während
das Erwerbspersonenpotential stark anstieg (vgl. Abbildung 4), weil die geburtenstar-
ken Jahrgänge auf den Arbeitsmarkt drängten und es in der zweiten Hälfte der achtziger Jahre im Zuge der Ost-West-Entspannung zu einer steigenden Zahl von Aus- und
Übersiedlern kam, fielen die Wachstumsraten der deutschen Wirtschaft zumindest in
der ersten Hälfte der achtziger Jahre im Vergleich zu den sechziger Jahren gering aus,
und es kam zu einem starken Anstieg der Arbeitslosigkeit (vgl. Abbildung 2). Hingegen verlangsamte sich die Reduktion der Arbeitszeit je Erwerbstätigen gegenüber den
sechziger Jahren (vgl. Abbildung 3). Deshalb kann mit Bezug auf die achtziger Jahre
vermutet werden, daß ein sinkendes Arbeitsvolumen (vgl. Abbildung 2) in diesem
Zeitraum seine Ursache darin hat, daß Wachstum nicht in vollem Maße in Beschäftigung umgewandelt wurde. Für Westdeutschland ergab sich von 1970 bis 1989 ein
Schwellenwert von 1,7% Wachstum des Bruttoinlandsproduktes, der überschritten
werden mußte, bevor Wachstum zu positiven Beschäftigungseffekten führte (vgl. SIE-
BERT, 1994, S. 64). Arbeitszeitverkürzung wurde deshalb zum politischen Thema,
diesmal um die Lasten der Arbeitslosigkeit zu mindern und Arbeit neu zu verteilen.

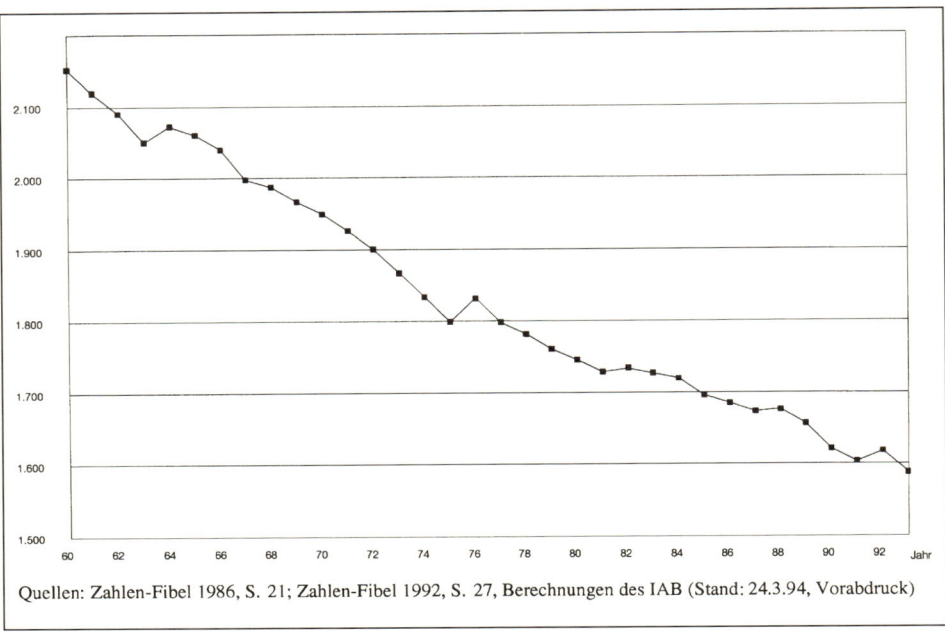

Quellen: Zahlen-Fibel 1986, S. 21; Zahlen-Fibel 1992, S. 27, Berechnungen des IAB (Stand: 24.3.94, Vorabdruck)

Abb. 3: Arbeitszeit je Erwerbstätigen 1960–1993 (altes Bundesgebiet), in Arbeitsstunden pro Jahr

Die Wirkungen der Arbeitszeitverkürzung blieben allerdings umstritten; z. B. galt es, sich mit dem empirisch schwer haltbaren Argument auseinanderzusetzen (vgl. hierzu IFO-Konjunkturtest, Produktionsausfälle durch Facharbeitermangel), daß es in den achtziger Jahren trotz hoher Arbeitslosigkeit einen Facharbeitermangel gegeben habe. Bei Arbeitslosen bestand nach dieser Argumentation ein Qualifikationsdefizit, das so einfach nicht zu beheben war. Die Arbeitsumverteilung durch Arbeitszeitverkürzung sollte sich folglich als schwierig erweisen. Dennoch ließen sich beispielsweise in der Metallindustrie im Laufe der achtziger Jahre insgesamt positive Beschäftigungseffekte durch Arbeitszeitverkürzung erzielen. Dies wird vor allem darauf zurückgeführt, daß Arbeitszeitverkürzung mit einer Flexibilisierung des Arbeitseinsatzes und der Ausdehnung von Betriebszeiten verbunden wurde. Zwischen 1985 und 1992 konnten in der Metallindustrie etwa eine Million Arbeitsplätze geschaffen oder erhalten werden, wobei ein Teil der Neueinstellungen allerdings auch mit dem etwas günstigeren konjunkturellen Umfeld in der zweiten Hälfte der achtziger Jahre zusammenhängen könnte (vgl. MEINHARDT, STILLE & ZWIENER, 1993, S. 642).

Während die Arbeitszeit je Erwerbstätigen in den achtziger Jahren – vermutlich aufgrund der geschwächten Arbeitnehmerposition in dieser Zeit – nicht mehr so stark wie bis zur Mitte der siebziger Jahre gesunken ist (vgl. Abbildung 3), hat es wieder einen stärkeren Anstieg von Teilzeitbeschäftigung in diesem Zeitraum gegeben (vgl. Abbildung 5), der sich allerdings fast ausschließlich auf die weiblichen Arbeitnehmer beschränkte. Die konjunkturelle Lage hatte dazu beigetragen, daß Teilzeitmodelle wenig arbeitnehmerfreundlich ausgestaltet wurden. Man hat also die Vielfalt an Ausgestaltung, die durch Arbeitszeitflexibilisierung in Form von Teilzeit möglich ist, nicht genutzt.

864

Der Beginn der neunziger Jahre wurde durch eine kurze Boomphase der westdeutschen Wirtschaft eingeleitet, deren Ursache überwiegend in der starken Nachfrage durch die Bevölkerung der neuen Bundesländer zu sehen ist. Die Kaufkraft ist größtenteils westdeutschen und ausländischen Anbietern zugute gekommen. Die Märkte der Unternehmen in den neuen Bundesländern sind hingegen bereits mit der Währungsunion zusammengebrochen, weil dadurch die osteuropäischen Nachfrager ausblieben. Seit Mitte 1992 befindet sich die gesamte deutsche Wirtschaft in einer äußerst angespannten Situation. Trotz eines seit Mitte der neunziger Jahre steigenden Wirtschaftswachstums steigt die Arbeitslosigkeit kontinuierlich weiter an und erreicht im Januar 1998 den Nachkriegsrekord von 4,8 Millionen Arbeitslosen. Insbesondere in den neuen Bundesländern ist die Lage angesichts einer vielerorts zu verzeichnenden Arbeitslosenquote von über 20 % verheerend. Die Abnahme des Arbeitsvolumens läßt sich auf einen „Jobless growth" (KÜHL, 1996) zurückführen. Ohne arbeitsmarkt- und sozialpolitische Maßnahmen läge die Zahl der Arbeitslosen gerade in den neuen Bundesländern noch deutlich höher. Zudem ist die stille Reserve gestiegen (vgl. Abbildung 4).

Abb. 4: Erwerbspersonenpotential 1960–1993 (altes Bundesgebiet)

Dies verdeutlicht das erreichte Ausmaß der Unterbeschäftigung und die Herausforderung, vor der alle Akteure stehen, die für die Beschäftigung Verantwortung tragen. Wieder steht die Arbeitszeitgestaltung als beschäftigungspolitisches Instrument auf der Agenda. Diesmal geht es sowohl um Arbeitszeitverlängerung (z. B. Viessmann-Vereinbarung) als auch um Teilzeit (z. B. VW-Modell). Indes scheint das Ende der kollek-

865

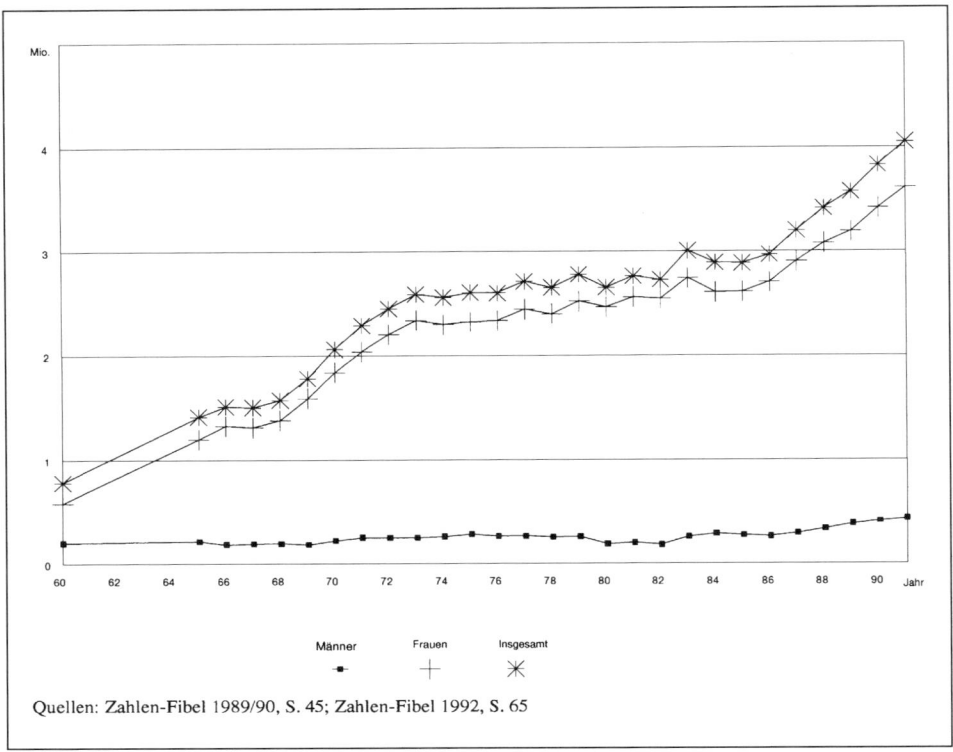

Quellen: Zahlen-Fibel 1989/90, S. 45; Zahlen-Fibel 1992, S. 65

Abb. 5: Teilzeitbeschäftigte 1960–1991 (altes Bundesgebiet)

tiven tarifvertraglichen Arbeitszeitverkürzung erreicht (vgl. HINRICHS, 1992), wie auch die Position der IG-Metall gegen einen Kampf um die 30-Stunden-Woche belegt. Die Protagonisten einer Arbeitszeitverlängerung argumentieren, daß so die Produktionskosten durch höhere Auslastungsquoten gesenkt werden und damit die internationale Wettbewerbsfähigkeit verbessert wird. Allerdings läuft diese Forderung den meisten Arbeitnehmerinteressen zuwider.

Mehr Aufmerksamkeit verdient deshalb die Konzeption der Arbeitszeitflexibilisierung durch Teilzeit, denn auch sie ist in der Lage, die Produktionskosten durch höhere Auslastungsgrade und damit insgesamt geringere Kapitalkosten zu senken. Da Teilzeitbeschäftigung zudem auch individuellen Präferenzen entspricht, sind hiervon insgesamt wesentlich stärkere Beschäftigungseffekte als von einer Arbeitszeitverlängerung zu erwarten. Das in der Diskussion der achtziger Jahre oft hervorgebrachte Argument, Arbeitslose seien für eine Andersverteilung von Arbeit nicht genügend qualifiziert, kann für die neunziger Jahre keine Geltung mehr beanspruchen, denn die tiefgreifende Rezession macht auch vor beruflich besser Qualifizierten nicht halt (vgl. BACH et al., 1993, S. 447).

Einen Meilenstein in Richtung Arbeitszeitflexibilisierung durch Teilzeit stellt der Haustarifvertrag bei Volkswagen dar. VW stand Ende 1993 vor der Entscheidung, die Belegschaft um 30 % auf rund 70000 Arbeitnehmer zu reduzieren, um entsprechend Personalkosten zu sparen, was allerdings gleichzeitig mit erheblichen Sozialplankosten aufgrund betriebsbedingter Kündigungen verbunden gewesen wäre. Statt dessen einigten sich VW-Geschäftsführung und Mitarbeiter auf eine Reduzierung der wöchentlichen Arbeitszeit um 20%, die mit entsprechenden Lohnkürzungen verbunden wird. Die restlichen 10% der zu reduzierenden Arbeitszeit werden über Zusatzregelungen erbracht. Jüngere Arbeitnehmer erhalten lt. Modell einen dreimonatigen Zusatzurlaub, der mit Qualifizierungsmaßnahmen verbunden werden soll. Auszubildende sollen nach der Ausbildung stufenweise in das Unternehmen integriert werden, ältere Arbeitnehmer dagegen „gleitend" in den Ruhestand übergehen (vgl. MEINHARDT, STILLE & ZWIENER, 1993, S. 639; HARTZ, 1994). Zwar ist das VW-Modell nicht in allen seinen Facetten umgesetzt worden, sein beschäftigungssicherndes Ziel hat es aber erreicht. Daher schließt sich die Frage an, ob entsprechende Regelungen auch aktiv dazu genutzt werden können, die viel zu hohe Arbeitslosigkeit zu verringern. Die Zeichen stehen sogar äußerst gut für entsprechende Maßnahmen, weil sie den Arbeitszeitpräferenzen vieler Arbeitnehmer entsprechen.

4. Gibt es eine Überbeschäftigung?

Teilzeitarbeit als beschäftigungspolitisches Instrument auf die Agenda zu setzen, wäre bedenklich, wenn die Vollzeiterwerbsarbeit von der ganz überwiegenden Zahl der Arbeitnehmer gewünscht würde und ihnen aufgrund von Leistung und Position auf dem Arbeitsmarkt auch möglich wäre. Blamabel ist es allerdings, wenn es unausgeschöpfte individuelle Wünsche nach Arbeitszeitverkürzung gibt und es an entsprechenden arbeitszeitpolitischen Maßnahmen fehlt. Mit explizitem Verweis auf eine Einkommensreduzierung wünschten 1989 immerhin 6% der Vollzeitbeschäftigten eine Teilzeitbeschäftigung. Die gewünschte Wochenarbeitszeit betrug bei den Befragten durchschnittlich 27 Stunden (vgl. Iso, 1989). Dieser Trend hat sich bis in die jüngste Zeit fortgesetzt. So ergab die Umfrage des Instituts zur Erforschung sozialer Chancen (ISO) in Köln für das Jahr 1993, daß gut 9% aller Vollzeitbeschäftigten eine Teilzeitbeschäftigung mit einer um durchschnittlich 11 Stunden reduzierten vertraglichen wöchentlichen Arbeitszeit vorziehen würden und eine Reduktion der tatsächlich geleisteten wöchentlichen Arbeitszeit von 15 Stunden wünschten (vgl. Iso, 1994). Der Wunsch nach mehr Teilzeitbeschäftigung hängt also nicht mit der aus heutiger Sicht im Jahre 1989 einigermaßen entspannten Arbeitsmarktsituation zusammen, sondern besteht ebenso, bzw. sogar in verstärktem Maße, in einer Zeit mit einer stark angespannten Arbeitsmarktlage. Allerdings kann sich die Differenz der Untersuchungen von 1989 und 1993 auch aus dem leicht abgewandelten Fragetext ergeben. So bezieht die Untersuchung 1993 ausdrücklich auch vorübergehende Teilzeitwünsche mit in die Fragestellung ein. Dies wurde 1989 noch nicht explizit hervorgehoben. Im gleichen Zeitraum ist der Anteil unter den Teilzeitbeschäftigten mit Vollzeitinteresse gesunken, von 18% im Jahre 1987 auf 10% im Jahre 1993.

Wie sind nun die Arbeitszeitwünsche im einzelnen verteilt? Bei Männern ergibt sich eine negative Differenz von 5 Wochenstunden zwischen tatsächlicher und gewünschter Arbeitszeit. Männer wünschen sich vor allem eine Reduktion von Überstunden, aber keine generelle Verkürzung der vertraglichen Wochenarbeitszeit. Frauen wollen im Durchschnitt 2,7 Wochenstunden weniger arbeiten. Die geringere Abweichung zwischen tatsächlicher und gewünschter Arbeitszeit bei Frauen erklärt sich aus dem Umstand, daß die tatsächliche Wochenarbeitszeit der Frauen bereits um gut acht Stunden geringer liegt als die der Männer. Frauen leisten generell weniger Überstunden als Männer und wünschen sich eher eine Verringerung der vertraglichen Wochenarbeitszeit. Vergleicht man vollzeit- und teilzeitbeschäftigte Arbeitnehmer miteinander, so ergibt sich für die Vollzeitkräfte insgesamt ebenfalls eine negative Differenz zwischen tatsächlicher und gewünschter Arbeitszeit von gut 5 Stunden. Hingegen wünschen die Teilzeitbeschäftigten im Durchschnitt einen geringfügigen Anstieg ihrer Wochenarbeitszeit um gut eine Stunde (vgl. Tabelle 1).

	Vollzeit	Teilzeit	Männer	Frauen	Beschäftigte insgesamt
1. tatsächliche Wochenarbeitszeit	41,5	21,9	41,8	33,6	38,5
2. vertragliche Wochenarbeitszeit	38,3	21,9	38,2	32,7	36,0
3. gewünschte Wochenarbeitszeit	36,1	23,0	36,8	30,9	34,5
Differenz zwischen 3. und 1.	– 5,4	+ 1,1	– 5,0	– 2,7	– 4,0
Quelle: ISO, 1994, S. 116					

Tab. 1: Tatsächliche, vertragliche und gewünschte Wochenarbeitszeit nach Arbeitsumfang und Geschlecht (Angaben in Stunden)

Eine größere Zahl von Vollzeitbeschäftigten ist also über ihren Wunsch hinaus beschäftigt, sei es, daß diesen Arbeitnehmern Überstunden abverlangt werden, sei es, daß ein Vollzeitarbeitstag generell nicht ihren Zeitpräferenzen entspricht. Diese Arbeitnehmer würden auch ohne Lohnausgleich kürzere Arbeitszeiten präferieren. Es hat sich also eine beträchtliche Marge der „Überbeschäftigung" angesammelt, die für konfliktarme und insbesondere das Arbeitsvolumen nicht mindernde Arbeitszeitumverteilung zur Verfügung steht.

In Westdeutschland liegt der Anteil der Teilzeitbeschäftigten auf die gesamte Wirtschaft berechnet bei 16 %; 34,0 % der berufstätigen Frauen und 2,2 % der berufstätigen Männer sind teilzeitbeschäftigt. Für die Warenproduktion ist Teilzeit immer noch untypisch, während die Teilzeitquote im Öffentlichen Dienst bei 12 % und im privaten Dienstleistungsbereich sogar bei 27,5 % liegt. Andere europäische Länder weisen eine wesentlich höhere Teilzeitquote auf, beispielsweise die Niederlande mit einer Frauen-Teilzeitquote von 58,6 % im Jahre 1991 und einer Männer-Teilzeitquote von 15,5 %. Auch wenn man berücksichtigt, daß die Teilzeitpräferenzen der Arbeitnehmer in Deutschland geringer sind als die ihrer Kollegen in den Niederlanden, so sind doch die zu erzielenden Beschäftigungseffekte keineswegs bescheiden.

Wenn 9 % der Erwerbstätigen der alten Bundesländer 1993 mit einer um 11 Stunden verringerten wöchentlichen Arbeitszeit gearbeitet hätten und die von einigen Teilzeitkräften gewünschte höhere Wochenarbeitszeit ebenfalls berücksichtigt worden wäre, hätten nach Berechnungen des ISO rund 560.000 Vollzeitarbeitsplätze geschaffen werden können (vgl. ISO, 1994).

Berechnungen, die auf den Arbeitsmarktverhältnissen und Arbeitszeitpräferenzen von Mitte der achtziger Jahre beruhen, gelangen sogar zu dem Ergebnis, daß die Überbeschäftigung quantitativ der Unterbeschäftigung entspricht und zudem noch die stille Reserve mit abgedeckt hätte (vgl. BIELENSKI & STRÜMPEL, 1988). Wenn auch ein stärkerer Übergang zu Teilzeit-Beschäftigung das heutige Problem der Arbeitslosigkeit nicht mehr beseitigen würde, so könnte dies doch helfen, das Problem besser in den Griff zu bekommen und gleichzeitig sozialpolitische Impulse für die Zukunft zu setzen.

5.   Sind Arbeitszeitpräferenzen ernst gemeint?

Nun wird die Forderung, „Überbeschäftigung" mit Arbeitslosigkeit zumindest ansatzweise zum Ausgleich zu bringen, des öfteren vorgetragen, aber ebenso häufig mit verschiedenen Argumenten wieder vom Tisch gewischt. Bezweifelt wird vor allem die Ernsthaftigkeit der erhobenen Aussagen. Ist den Arbeitnehmern, wenn es zum Schwur kommen sollte, die Geldbörse nicht doch näher als die Wunschliste von Aktivitäten, die mangels Freizeit nicht ausgeübt werden können? Zeigt es sich nicht immer wieder an Einzelfällen, in denen private und öffentliche Arbeitgeber konkrete Angebote machen, daß zumindest Männer in der Mitte ihres Arbeitslebens derartige Angebote aussschlagen, daß Teilzeit das Reservoir der Frauen bleibt?

Arbeitsmarktverhalten ist nicht allein durch kurzfristiges privates Kalkül bestimmt. Es wird durch soziale Normen und Rollen innerhalb und außerhalb des Arbeitsplatzes beeinflußt, es ist eingebunden in das herrschende Meinungs- und Betriebsklima. Schlecht sind die Voraussetzungen für die Realisierung noch so dezidierter Arbeitszeitwünsche dann, wenn sie auf der betrieblichen Seite erhöhte Kosten verursachen, beispielsweise wenn die Arbeitszeitverkürzung nicht mit einer Flexibilisierung verbunden ist oder wenn nicht sicher ist, daß tatsächlich zusätzliche Arbeitskräfte eingestellt werden, sondern mittels Teilzeit ein Arbeitskräfteabbau verschleiert wird. Als problematisch erweist sich auch eine Arbeitsverdichtung, die allerdings wohl nie ganz ausgeschlossen werden kann. Zu diesen ökonomischen, tarifvertraglich regelbaren Problemfeldern treten Probleme, die auf Normen und Werthaltungen beruhen und von daher wesentlich schwieriger zu lösen sind. Dies ist der Fall, wenn insbesondere Männer auf Teilzeitarbeitsplätzen im sozialen Umfeld scheel angesehen oder als Arbeitslose klassifiziert werden. In einer auf Vollzeitarbeit eingestellten Gesellschaft sind Wunsch nach und Bereitschaft zum Arbeitszeitverzicht zarte Pflänzchen, die ohne Hege und Pflege immer wieder vom Normalarbeitstag überwuchert werden.

Wir brauchen also eine differenzierte Perspektive, wenn wir die Rolle der Arbeitnehmer verstehen wollen. Insbesondere müssen die Bedingungen spezifiziert werden, die die Umsetzung der generell positiven Einstellungen zur Arbeitszeitverkürzungen im Verhalten begünstigen. Zu diesem Zweck müssen wir den folgenden drei Fragen nachgehen:

– Wie plausibel sind die Präferenzen für Arbeitszeitverkürzung im Lebenszusammenhang der entsprechenden Arbeitnehmer?
– Wie werden unkonventionelle Arbeitszeitregelungen von der sozialen Umwelt, von Freunden und Nachbarn einerseits, den Kollegen und Vorgesetzten andererseits beurteilt?

– Unter welchen Bedingungen könnten staatsbürgerliche Motive jenseits eines engen Eigeninteresses eine Rolle spielen?

An diese Fragestellungen müssen Überlegungen zur betrieblichen Ausgestaltung anknüpfen, wie Teilzeit organisiert werden kann, um die gesellschaftliche Akzeptanz von Teilzeit zu erhöhen, denn nur dann wird es gelingen, individuelle und gesamtwirtschaftliche Interessen miteinander zu vereinbaren (vgl. Kapitel 6).

Lebenszusammenhang: „Pflicht- und Akzeptanznormen" sowie bürgerliche Leistungs- und Aufstiegswerte haben im Verlauf der siebziger Jahre an Zustimmung verloren. Dies zeigt sich im Rahmen der präferierten Erziehungsziele durch Schwächung der Prinzipien „traditioneller Konventionalität", wohingegen soziale Kompetenz, Autonomie und Selbstbehauptungsfähigkeit gefördert werden. Lebensziele und -inhalte beziehen sich in stärkerem Maße auch auf Werte wie persönliches Glück, Freude und Lebensgenuß (vgl. den Beitrag von Stengel: Wertewandel, in diesem Band).

Was die Ansprüche an Erwerbsarbeit anbetrifft, so ist es mehr Arbeitnehmern als noch Anfang der siebziger Jahre besonders wichtig, eine interessante, abwechslungsreiche, verantwortungsvolle und schöpferische Tätigkeit zu haben (vgl. Pawlowsky, 1986; Strümpel & Pawlowsky, 1993). Während die Bedeutung arbeitsinhaltlicher Aspekte seit den siebziger Jahren gestiegen ist (vgl. den Beitrag von v. Rosenstiel: Motivation von Mitarbeitern, in diesem Band), zeigt ein Zeitreihenvergleich über die achtziger Jahre, daß sich die Wichtigkeit des Arbeitsplatzmerkmales „Sicherheit des Arbeitsplatzes" geringfügig, die Wichtigkeit der „Verdienstmöglichkeiten" deutlich vermindert hat (vgl. Wohlfahrtssurvey, 1980, 1984, 1988, im Datenreport, Statistisches Bundesamt, 1992). Dieser Trend hat sich bis zum Jahre 1993 für das Merkmal „Sicherheit des Arbeitsplatzes" sowohl in den alten als auch in den neuen (Bezugspunkt ist hier 1990) Bundesländern fortgesetzt; hingegen wird die „Verdienstmöglichkeit" in den alten Bundesländern höher gewichtet als 1988, während sie in den neuen Bundesländern im Vergleich zu 1990 in der Gewichtung gleich geblieben ist (vgl. Datenreport, 1994). Fassen wir zusammen: In den letzten Jahrzehnten ist die Arbeitszufriedenheit unter den deutschen Berufstätigen gesunken, die Freizeitorientierung hat sich verstärkt, die wahrgenommene Entscheidungsfreiheit im Beruf ist zurückgegangen, und die Ansprüche an Selbstentfaltung in der Arbeit haben zugenommen.

Demgegenüber eröffnete das Privatleben angesichts kürzerer Arbeitszeiten, steigender Einkommen und erhöhten Bildungsstandes neue Gestaltungsspielräume. Es scheint, daß die Erwerbstätigkeit nicht zuletzt angesichts des allgegenwärtigen Vergleichs mit der stärker eigenbestimmten und gestaltbaren „Freizeit" im Urteil der Menschen schlechter abschneidet. Der kulturelle Wandel, der Wohlstand und die gewachsenen Spielräume in Freizeit und Privatleben tragen neuartige und erweiterte Ansprüche in die Erwerbsarbeit hinein; sie fordern der Arbeitswelt Anpassungsleistungen ab, die diese jedoch nicht oder nur unvollkommen erbringt. Dies sind Ansprüche auf Gleichgewicht und Ausgewogenheit in dreifachem Sinne: Gleichgewicht zwischen Beruf und Privatleben (vgl. den Beitrag von Streich: Rollenprobleme von Führungskräften, in diesem Band), Gleichberechtigung von Frauen im Berufsleben (vgl. die entsprechenden Beiträge von Friedel-Howe und Domsch & Krüger-Basener, in diesem Band) und Gleichgewicht im Umgang mit den funktionalen Autoritäten am Arbeitsplatz, d. h. Verzicht auf die überkommene Attitüde der sozialen Über- und Unterordnung.

Darüber hinaus spielt die Veränderung der demographischen Struktur eine wesentliche Rolle. Der Anstieg der Erwerbstätigkeit von verheirateten Frauen, die Aufspaltung von Großfamilien und die Verminderung der Kinderzahl haben zu einer gewissen Entkoppelung von Berufs- und wirtschaftlichem Status, aber zu einer Verkoppelung des wirtschaftlichen Status mit dem Familienerwerbsstatus geführt. Vermögensbildung und finanzieller Bewegungsspielraum sind nicht mehr so stark von der Lohnhöhe des „Ernährers" abhängig. Die Linie zwischen arm und wohlhabend verläuft immer weniger zwischen Arbeitern und Angestellten und immer mehr zwischen Alleinverdienern und Doppelverdienern, zwischen kinderlosen Haushalten und solchen mit Kindern, zwischen solchen mit und solchen ohne ererbtem Vermögen.

Arbeitszeit- wunsch	Allein- stehende		Allein- erzie- hende	Verheiratet/ Zusammen- lebend ohne Kind		Verheiratet/ Zusammen- lebend mit Kind		Vollzeitbeschäftigte insgesamt		
	Männer	Frauen		Männer	Frauen	Männer	Frauen	Männer	Frauen	insgesamt
lieber vor- übergehend in Teilzeit	4	5	3	2	7	3	7	3	6	4
lieber dauerhaft in Teilzeit	5	7	4	4	8	3	16	3	9	5
lieber weiterhin in Vollzeit	89	82	92	91	83	94	71	93	80	89
keine Angabe	2	6	1	3	2	1	6	1	5	2
Quelle: ISO, 1994, S. 93 Angaben in Prozent										

Tab. 2: Arbeitszeitwünsche von Vollzeitbeschäftigten nach Geschlecht und Familienstand

Die Befunde der ISO-Studie 1993 zeigen: Der Anteil derjenigen, die lieber von einem Vollzeit- in ein Teilzeitarbeitsverhältnis wechseln möchten, liegt bei Alleinstehenden bei rund 11 % und bei Alleinerziehenden bei 7 %. Dieser Anteil ist geringer als bei den in Partnerschaft lebenden Personen. So würden 15 % der in Partnerschaft lebenden Frauen ohne Kind eine Teilzeitbeschäftigung der Vollzeitbeschäftigung vorziehen; bei Partnerschaften mit mindestens einem Kind steigt dieser Anteil unter den Frauen sogar auf 23 %. Der Anteil der Männer aus beiden letztgenannten Gruppen, der eine Teilzeitbeschäftigung vorziehen würde, ist hingegen deutlich geringer. Er liegt jeweils bei 6 % und bleibt damit unter dem Anteil von 9 % der allein lebenden Männer mit Teilzeitpräferenzen (vgl. Tabelle 2).

Arbeitszeitpräferenzen hängen damit zum einen deutlich mit der jeweiligen familiären Situation der Arbeitnehmer zusammen. Teilzeitmodelle können dazu beitragen, daß insbesondere Frauen Familie, Haushalt und Beruf besser vereinbaren können. Das Haushaltseinkommen ist durch den Verdienst des Mannes und den Teilzeitverdienst der Frau immer noch überdurchschnittlich. Für Alleinerziehende ist diese Option aus finanziellen Gründen hingegen oftmals nicht gegeben. Zum anderen sind Arbeitszeit-präferenzen aber auch zu einer generellen Frage des Lebensstils und der wahrgenommenen Lebensqualität geworden. Dies zeigt sich an der Gruppe der Alleinstehenden, bei denen persönliche Interessen für verkürzte Arbeitszeitwünsche ausschlaggebend sind (vgl. ISO, 1994, S. 95).

Soziale Rolle und Akzeptanz am Arbeitsplatz: Durchaus plausible persönliche Präferenzen für Arbeitszeitverkürzung bei entsprechender Lohnsenkung von Männern mittleren Alters treffen auf eine nahezu ignorante Haltung in den Betrieben. Das läßt sich an einem kleinen Personenkreis zeigen, der in der Berliner Forschungsstelle Sozialökonomik der Arbeit untersucht wurde (vgl. STRÜMPEL et al., 1988): Männer im besten arbeitsfähigen Alter zwischen 30 und 50 Jahren in Teilzeitarbeitsverhältnissen. Trotz aller dokumentierten Wünsche nach Arbeitszeitverkürzung und Beteuerung der Sozial- und Betriebspartner, man stünde solchen Wünschen unvoreingenommen gegenüber, gibt es diese Gruppe fast nicht. Sie beläuft sich auf unter 1% der männlichen Arbeitnehmer im Alter zwischen 30 und 50 Jahren, obgleich durchschnittlich 6% der Männer in Umfragen (s.o.) entsprechende Präferenzen zu Protokoll geben. 40% derjenigen, die meist aus familiären Gründen, nämlich um in partnerschaftlicher Weise die Fürsorge für kleine Kinder mit ihrer Frau zu teilen, eine Teilzeitregelung durchgesetzt haben, berichten über beträchtliche Schwierigkeiten bei ihren diesbezüglichen Bemühungen. Noch größer ist die Dunkelziffer derjenigen, die den Wunsch nach Teilzeit vortragen, aber auf Ablehnung stoßen.

Bei teilzeitarbeitenden Männern handelt es sich um eine Gruppe, die deutlich abweichendes Verhalten realisiert. Das ist offenbar bisher nur für diejenigen möglich, die mit einer ganz spezifischen Geisteshaltung antreten. Das Bewußtsein scheint hier das Sein zu bestimmen. Dies geht aus einem Vergleich der persönlichen Lebensorientierungen und gesellschaftlichen Zielsetzungen dieser Gruppe mit einer in bezug auf Alter und Bildung vergleichbaren Gruppe aus der Gesamtpopulation hervor. So nennen 46% der teilzeitarbeitenden Männer Selbstverwirklichung als sehr wichtiges Lebensziel, aber nur 18% aus der Vergleichsgruppe anderer Männer; 30% der Männer mit unkonventionellen Arbeitszeitregelungen halten es für „sehr wichtig", sich für ihre politische und gesellschaftliche Überzeugung einzusetzen, aber nur 4% in der Vergleichsgruppe. Demgegenüber streben 26% in der Vergleichsgruppe ein eigenes Haus als sehr wichtiges Lebensziel an und 25% beruflichen Erfolg, aber nur 8 bzw. 7% der wenigen Männer mit Teilzeitarbeit. Nur für 7% dieser Männer ist Wirtschaftswachstum ein sehr wichtiges gesellschaftliches Ziel, aber für 36% in der Vergleichsgruppe. Und „mehr Gemeinschaftsdenken/weniger Konkurrenz in der Gesellschaft" ist für 62% der „neuen Männer" sehr wichtig, aber nur für 39% der Männer in der Vergleichsgruppe (vgl. SCHOLZ, 1987).

Anhaltspunkte für Hemmnisse bei der Realisierung von Teilzeitwünschen von Frauen wie auch Männern bekommen wir aus den repräsentativen ISO-Studien von 1989 und 1993. So wurde 1989 von 27% der Befragten als Grund für die Nicht-Realisierung des Teilzeitwunsches angegeben, der Arbeitsplatz sei nicht teilbar; 26% verwiesen darauf, daß der Betrieb keine Teilzeitarbeitsplätze anbiete, 22% befürchteten berufliche Nachteile, und 13% gaben an, der Arbeitgeber lehne Teilzeit ab. In der Untersuchung von 1993 beklagen 51% der Befragten, daß ihr Betrieb keine Teilzeitarbeitsplätze anbiete. 12% befürchten, daß die Rückkehr von einer Teilzeitbeschäftigung zu einem Vollzeitarbeitsplatz mit großen Schwierigkeiten verbunden sei, und 24% geben „Sonstiges" als Hinderungsgrund an. Dahinter verbergen sich zu 80%

finanzielle Motive, so daß von insgesamt knapp einem Fünftel die mit Teilzeit verbundene Einkommensminimierung als wesentliche Restriktion erachtet wird (vgl. ISO, 1994, S. 95 f.).

Aus alledem läßt sich folgern, daß persönliche Wünsche und Präferenzen für Arbeitszeitverkürzung und -flexibilisierung auf eine gleichgültige, skeptische oder ablehnende soziale Umwelt insbesondere in den Betrieben treffen. Vor allem betriebliche Barrieren führen dazu, daß Teilzeitregelungen sich bislang nicht durchsetzen ließen. Gerade die betriebliche Ebene ist es aber, auf der sich ökonomische und personalpolitische Interessen mit Mitarbeiterinteressen verbinden lassen, beispielsweise können neue Arbeitszeitmodelle Motivationspotentiale freisetzen (vgl. Kapitel 6).

Staatsbürgerliche Akzeptanz: Teilzeit als gesellschaftliche oder politische Strategie, um den Beschäftigungsgrad durch Arbeitsumverteilung zu erhöhen, ist ohne eine entschlossene, von den wichtigen Interessenverbänden und vom Staat gemeinsam getragene Initiative nicht denkbar; diese setzt wiederum eine breite Unterstützung durch die öffentliche Meinung voraus. Die jüngsten Erfahrungen zeigen uns, daß diese allgemein hohe Akzeptanz und Unterstützung sehr wohl aufgebracht werden können. So wird das VW-Modell (vgl. Kapitel 3), das den Abbau von 30 000 Arbeitsplätzen verhindert hat, von einer breiten gesellschaftlichen Mehrheit als vorbildlich herausgestellt. VW-Arbeitnehmer sind zu Lohnverzicht aufgrund verkürzter Arbeitszeiten bereit, um einen Arbeitskräfteabbau zu verhindern, sicherlich auch, weil jeder einzelne befürchtet, möglicherweise selbst zur Gruppe der sonst Entlassenen zu gehören. Die VW-Geschäftsführung zeigt ebenfalls beschäftigungspolitische und damit gesellschaftspolitische Verantwortung, wenn auch aus ökonomischen Überlegungen der sonst drohend hohen Sozialplankosten und aus Angst, der soziale Friede könne andernfalls massiv gestört werden. Angesichts der bestehenden Massenarbeitslosigkeit muß man sich nun die Frage stellen, ob diese Bereitschaft zum „Opfern" nicht über die eigene Interessensphäre bei einer unmittelbaren Betroffenheit hinausgehen kann, d. h. ob nicht Modelle in Anlehnung an den VW-Tarifvertrag entwickelt werden könnten, die über den Charakter einer passiven, den Arbeitsplatzabbau verhindernden Maßnahme hinausgehen und Arbeitszeitgestaltung zu einer aktiven beschäftigungspolitischen Maßnahme machen. Es müßte dann eine gesellschaftliche Akzeptanz gegenüber solidarischen Maßnahmen zur Integration Arbeitsloser geben.

Fällt die persönliche Betroffenheit weg, ergibt sich eine solche Akzeptanz aber keineswegs automatisch. Aus der Analyse staatsbürgerlicher Einstellungen lassen sich nur schwerlich stabile Stellungnahmen ableiten. Einerseits ist eine hohe Wertschätzung des VW-Modells zu vernehmen, andererseits geben 20 % der Teilzeitinteressierten die damit verbundenen finanziellen Einbußen als Hinderungsgrund für deren Realisierung an. Zumindest sollte aber festgehalten werden, daß aufgrund der geäußerten individuellen Arbeitszeitpräferenzen (vgl. Kapitel 4) und der allgemein hohen Wertschätzung des VW-Modells ein beachtliches Potential für Arbeitsumverteilung latent vorhanden ist.

Die Zeit ist also reif – und die Zeichen stehen momentan gut – für die Akzeptanz von flexiblen Arbeitszeitregimes durch die Arbeitnehmer, sofern

- sie arbeitsmarktpolitisch etwas bringen, sich möglichst konkret in Einstellungsziffern auswirken;
- Vorteile und Lasten der Flexibilität ausgehandelt werden, so daß in der konkreten Arbeitszeitregelung nicht nur für den Arbeitgeber unter dem Strich ein Nutzen herausspringt. Für diesen muß aber zumindest Kostenneutralität gewährleistet sein.

Es ist also durchaus möglich, individuelle, betriebliche und gesamtwirtschaftliche Interessen miteinander zu vereinbaren. Inwieweit dies tatsächlich realisiert wird, hängt von der betrieblichen Ausgestaltung von Arbeitszeitmodellen ab.

6. Zur Rolle des Betriebes bei der Realisierung von Teilzeit

Zunächst muß überlegt werden, wie sich betriebliche Barrieren abbauen lassen, die in erster Linie psychologischer Natur sind und nicht selten auf Vorurteilen beruhen. Es handelt sich dabei zum einen um die Vorstellung, viele Arbeitsplätze seien nicht teilbar, und zum anderen um die Behauptung, Teilzeitarbeitnehmer seien weniger motiviert und leistungsbereit als andere Arbeitnehmer. Letzteres Argument ist mit einem ganzen Bündel von Konsequenzen verbunden, entweder daß Teilzeit gar nicht erst angeboten wird oder daß Teilzeitkräfte berufliche Nachteile erleiden, indem sie von betrieblichen Aufstiegsmöglichkeiten von vornherein ausgenommen sind.

Zur Teilbarkeit von Arbeit: Generell ist zwischen einer organisatorischen und einer inhaltlichen Teilung von Arbeit zu unterscheiden. In der Tat treten Probleme auf, wenn aufgrund einer allgemeinen Arbeitszeitverkürzung zusätzliche Arbeitnehmer eingestellt werden sollen und sich in kürzerer Betriebszeit mehr Arbeitnehmer den gleichen Platz, also die gleiche Anzahl von Schreibtischen, Werkbänken etc. wie vor der Umstellungsmaßnahme teilen sollen. Dieses Problem kann durch flexiblere Arbeitszeiten gelöst werden, indem mehr Arbeitnehmer nicht parallel, sondern nacheinander arbeiten, so daß gleichzeitig noch Betriebszeiten verlängert werden können. Ob es überhaupt dazu kommt, hängt allerdings davon ab, ob von einer inhaltlichen Teilbarkeit eines Arbeitsplatzes ausgegangen wird. Bislang herrscht immer noch die Auffassung vor, nur wenig anspruchsvolle und mit anderen Arbeitsplätzen wenig verflochtene Arbeit ließe sich teilen, wohingegen komplexe Aufgaben mit hohem Koordinationsbedarf, sprich Führungsaufgaben, nicht teilbar seien (vgl. LEY, 1989a, S. 120).

Wie Untersuchungen immer wieder zeigen, bestehen Führungsaufgaben zu ca. 90 % aus Kommunikation. Folglich zählen Kommunikationsblockaden, Informationszurückhaltung und -selektion zu den wichtigsten betrieblichen Problemen. Diesen Problemen versucht man heutzutage vor allem durch Abflachung von Hierarchie, Verkürzung von Kommunikationswegen und Einführung von Teamkonzepten zu begegnen (vgl. die Beiträge von BUNGARD: Qualitätszirkel, sowie COMELLI: Teamentwicklungstraining, in diesem Band). Ziel ist es, einen gewissen Überschuß (slack) an Information zu erzeugen (vgl. STAEHLE, 1991), damit mit dem Ausfall einzelner Personen wichtige Informationen nicht verloren gehen. Der mögliche Verlust von Information wird auch als eines der Hauptargumente gegen Teilzeit bei Führungskräften angeführt (vgl. den Beitrag von REGNET: Kommunikation als Führungsaufgabe, in diesem Band). Wird Teilzeit jedoch so organisiert, daß Teams aus sich für kurze Zeit überlappenden Teilzeitkräften und Vollzeitkräften gebildet werden, so daß Teamtreffen der Arbeits- und Informationsübergabe sowie der Gesamtkoordination dienen, kann die Zahl der Informationsträger sogar erhöht und die Gefahr des Informationsverlustes reduziert werden.

Zur Motivation und Leistungsbereitschaft von Teilzeitarbeitnehmern: Arbeitsleistung und Motivation sind in Umfragen unter Arbeitgebern sowohl als positive als auch als negative Eindrücke von Teilzeitbeschäftigung genannt worden. In der Regel gehen mit einer Verkürzung der Arbeitszeit jedoch Produktivitätszuwächse einher. So kann bei Teilzeitarbeit das Bewußtsein einer begrenzten Arbeitszeit psychisch und physisch zu einer erhöhten Bereitschaft führen, seine Kräfte einzusetzen, was in Einzelfällen mit Mehrleistungen von bis zu 20% verbunden ist (vgl. LEY, 1989b, S. 125 ff.). Generell kann deshalb im Zusammenhang mit Teilzeit von einer steigenden Arbeitsleistung ausgegangen werden.

Der Zusammenhang zwischen Motivation und Teilzeit läßt sich schwieriger erfassen und entzieht sich direkten Messungen. Betriebserfahrungen zeigen zumindest, daß es positive Wirkungen auf das Betriebsklima geben kann, wenn Arbeitnehmern eine gewisse Entscheidungsfreiheit hinsichtlich der Arbeitszeit zugestanden wird (vgl. LEY, 1989b, S. 128). Hieraus ließe sich dann auch eine Motivationssteigerung ableiten.

Berichten Arbeitgeber dennoch von negativen Erfahrungen mit Teilzeitkräften, so kann dies auch daran liegen, daß diesen geringere oder gar keine beruflichen Entwicklungsmöglichkeiten geboten werden und deshalb nur diejenigen Arbeitnehmer Teilzeitstellen nachfragen, die insgesamt geringes berufliches Engagement zeigen. Bis heute macht sich auf Teilzeitstellen eine kumulierte Benachteiligung bemerkbar, oftmals handelt es sich dabei um Frauenarbeitsplätze mit geringem gesellschaftlichen Ansehen und ohne berufliche Entwicklungsperspektive.

Es wurde aufgezeigt, wie eine inhaltliche und organisatorische Teilung von Arbeit gestaltet werden kann und daß Teilzeit aufgrund leistungsbezogener und motivationaler Aspekte auch für den Arbeitgeber effizient ist. Voraussetzung ist allerdings, daß auch für Teilzeitkräfte ein Karriereangebot besteht, weil sonst eine Art Selbstselektion unter Arbeitnehmern stattfindet, bei der nur noch wenig leistungsbereite Mitarbeiter Teilzeitarbeitsplätze nachfragen.

Denkt man an die heutige wirtschaftliche Situation, so wird immer wieder die Bedeutung von Kundenorientierung und Flexibilität betont, um international wettbewerbsfähig zu bleiben. Dafür wird oftmals ein neuer Arbeitnehmer-Typus gefordert; die Bereitschaft in flexiblen Arbeitszeitregimes zu arbeiten, ist dabei nur ein Anforderungskriterium, das an diesen Typus gestellt wird (vgl. den Beitrag von REGNET: Neue Anforderungen an die Führungskraft, in diesem Band). Um so mehr verwundert die soeben festgestellte geringe Bereitschaft in den Unternehmen, flexiblere Arbeitszeitmodelle anzubieten. Wieso wird oftmals kein Teilzeitangebot unterbreitet, obwohl sich gerade auch betriebliche Flexibilitätsinteressen damit vereinen ließen? Hier sind die Tarifparteien gefordert, für beide Seiten akzeptable Regelungen zu finden, bei denen von einseitigen Interessen Abstand genommen wird. Der Arbeitgeber kann nicht erwarten, daß der Arbeitnehmer auf Abruf bereit sitzt, um nach Arbeitsanfall dem Betrieb – selbstverständlich auch an Sonn- und Feiertagen – zur Verfügung zu stehen. Die Arbeitnehmerseite kann sich bei Teilzeitregelungen nicht auf Halbtagsstellen mit Vormittagsarbeit versteifen, denn diese Gestaltungsform ist schon aus organisatorischen Gründen am wenigsten geeignet, die Beschäftigungsquote zu erhöhen. Auch können Teilzeitarbeitsverhältnisse nicht an die Zusage gekoppelt werden, jederzeit auf Wunsch wieder eine Vollzeitstelle einzunehmen; der Arbeitgeber wäre dann in seinem Einstellungsverhalten gehindert.

Es müssen also Arbeitszeitregelungen gefunden werden, die möglichst weitgehend auf die konkrete Situation eines Betriebes abgestimmt werden können, ohne dabei jedoch kollektive oder individuelle Arbeitnehmerinteressen zu übergehen. Im Idealfall lassen sich durch Teilzeit betriebliche Auslastungsgrade erhöhen und damit Kapitalstückkosten senken sowie individuelle Arbeitszeitpräferenzen nach Lage und Dauer verwirklichen (vgl. auch HOFF, 1995). Dann sind auch positive Beschäftigungseffekte von neuen Arbeitszeitmodellen zu erwarten.

7.   Szenarien

Ob es allerdings zu einem Interessenausgleich über Arbeitszeitflexibilisierung durch Teilzeit kommt, liegt in der Hand der Tarifvertragsparteien. Welche Aushandlungsmodelle denkbar wären, wollen wir in den nachfolgenden Szenarien kurz andeuten.

Das erste Szenario ließe sich mit „*business as usual*" überschreiben: Es gibt auf beiden Seiten der Tarifparteien ein Festhalten an der Normalarbeitszeit. Die Arbeitgeberseite verschließt sich weiterhin gegenüber Teilzeitinteressen und hält an Vollzeitstellen plus Überstunden fest; den in Beschäftigung stehenden Arbeitnehmern ist die Sicherung der Einkommenshöhe letztlich doch wichtiger als eine Solidarität mit den Arbeitslosen. Teilzeitwünsche werden auch dann kaum realisiert, wenn es betriebliche Angebote gibt. Die Bereitschaft, Teilzeit anders als in Vormittagsbeschäftigung zu akzeptieren, wird von Arbeitnehmerseite nicht aufgebracht. Die Chancen zur Integration von Arbeitslosen bleiben weiterhin gering, vorhandene Teilzeitstellen und deren Inhaber – in der Regel Frauen – werden wie bisher stigmatisiert und bleiben von betrieblichen Weiterbildungsaktivitäten (vgl. PAWLOWSKY & BÄUMER, 1993) und Aufstiegsmöglichkeiten ausgeschlossen. Am Ende dieses Szenarios steht die Segmentierung zwischen Arbeitslosen und Teilzeitbeschäftigten einerseits und gut qualifizierten Arbeitnehmern in Normalarbeitsverhältnissen andererseits.

Im zweiten Szenario kommt es zur gänzlichen *Flexibilisierung und Individualisierung,* die Normalarbeitszeit gehört der Vergangenheit an, Dauer und Lage der Arbeitszeit werden individuell ausgehandelt. Positive Beschäftigungseffekte sind durchaus zu erwarten, doch wie die ISO-Umfrage von 1993 auch zeigt, ginge diese Form der Individualisierung über die Arbeitnehmerinteressen hinaus bzw. an ihnen vorbei (vgl. ISO, 1994). Es besteht immer noch ein Bedarf an kollektiver Freizeit, die von vielen gemeinsam genutzt wird.

Das dritte Szenario ist schließlich das „gute" Szenario: Unternehmen bieten aufgrund *intelligenter Teilzeitmodelle für Frauen wie Männer* attraktive Teilzeitarbeitsplätze an, die die gleichen Entwicklungsmöglichkeiten wie Vollzeitarbeitsplätze beinhalten und diese beispielsweise durch die Koppelung von Arbeitszeitverkürzung und Weiterbildung („investive Arbeitszeitverkürzung", PAWLOWSKY & SEIFERT, 1996) insgesamt noch verbessern. Mehr Vollzeitarbeitnehmer fragen Teilzeit nach, weil sie darin eine Option sehen, Erwerbsarbeit, Familie und persönliche Lebenspläne besser miteinander zu vereinbaren. Die Ausweitung des flexiblen Arbeitszeitregimes führt zu einer Differenzierung gemäß unterschiedlicher Lebensstile, ohne dabei die Normalarbeitszeit ganz in Frage zu stellen. Vielmehr kommt es zu einem moderaten Umgang, von dem viele profitieren. In den Unternehmen werden die Auslastungszeiten erhöht und damit Kapitalkosten gesenkt, Arbeitnehmer können ihren individuellen Lebensstilen besser nachgehen, eine beachtliche Zahl von Arbeitslosen kann in Beschäftigung gebracht werden, und bereits Teilzeitbeschäftigte können eine größere gesellschaftliche Akzeptanz ihrer Erwerbsform erlangen. Im dritten Szenario kommt es im Gegensatz zu den beiden ersten zu einer Egalisierung der Chancen, die auf der Differenzierung von Lebensstilen und deren Realisierung beruht.

Wir haben festgestellt, daß die betriebliche Ebene entscheidend ist für eine erfolgreiche Realisierung von Teilzeitkonzepten. Um diese zu erreichen, hoffen wir auf die Lernfähigkeit der betroffenen Akteure. Denn angesichts der festgestellten hohen gesellschaftlichen Konsenspotentiale wäre es schade, diese nicht für beschäftigungsfördernde Maßnahmen zu nutzen.

Trotzdem soll abschließend die Frage gestellt werden, welche Impulse von staatlichen Interventionen ausgehen können. Wir sehen die größten Chancen dort, wo der Staat selbst als Arbeitgeber auftritt. 1993 lag der Anteil der Teilzeitbeschäftigten im öffentlichen Dienst bei 12% und blieb damit hinter dem durchschnittlichen Anteil der gesamten Wirtschaft von 16% zurück. Private Dienstleister – von der Aufgabenstruktur durchaus mit dem öffentlichen Dienst vergleichbar – erreichen sogar eine Teilzeitquote von 27,5%. Übernähme der Staat ebenfalls diese Teilzeitquote, läge der rechnerische Beschäftigungseffekt bei 300.000 Teilzeitstellen (vgl. Hof, 1994). Von einer Vorreiterfunktion des Staates kann also ohnehin schon nicht die Rede sein, er kann aber mehr denn je auf seine Vorbildfunktion verwiesen werden, die vor allem in einer beschäftigungspolitischen Verantwortung zu sehen ist.

Literatur

Arbeitsmarkt 1993. (1994). Amtliche Nachrichten der Bundesanstalt für Arbeit, 42. Jg., Sondernummer, Mai 1994.

Bach, H.-U. et al. (1993). Der Arbeitsmarkt 1993 und 1994 in der Bundesrepublik Deutschland. In: Mitteilungen aus der Arbeitsmarkt- und Berufsforschung 1993, Heft 4, S. 445–466.

Bielenski, H. & Strümpel, B. (1988). Eingeschränkte Erwerbsarbeit bei Frauen und Männern. Berlin 1988.

Hartz, P. (1994). Jeder Arbeitsplatz hat ein Gesicht. Die Volkswagen-Lösung. Frankfurt, New York 1994.

Hinrichs, K. (1992). Zur Zukunft der Arbeitszeitflexibilisierung. Arbeitnehmerinteressen, betriebliche Interessen und Beschäftigung. In: Soziale Welt, 2/1992, S. 313–330.

Hof, B. (1994). Von der Voll- zur Teilzeit. Internationale Erfahrungen und Perspektiven. iwd 1994, Nr. 7.

Hoff, A. (1985). Die Politik der Arbeitsumverteilung. In M. Dierkes & B. Strümpel (Hrsg.), Wenig Arbeit – aber viel zu tun. Opladen 1985.

Hoff, A. (1995). Betriebliche Wahlarbeitszeit. Königsweg zur Aktivierung des Potentials individueller Arbeitszeitverkürzung. In: Personalführung, 1/1995, S. 18–23.

IAB (1994). (Institut für Arbeitsmarkt- und Berufsforschung). Daten zur kurzfristigen Entwicklung von Wirtschaft und Arbeitsmarkt. Vorabdruck 5.5.1994.

IFO (1984–1993). (Institut für Wirtschaftsforschung). Konjunkturtest in Deutschland West. Investitionsgüter produzierendes Gewerbe. München 1984–1993.

ISO (1989). (Institut zur Erforschung sozialer Chancen). Ergebnisse einer aktuellen Repräsentativbefragung zu den Arbeitszeitstrukturen und Arbeitszeitwünschen der abhängig Beschäftigten in der Bundesrepublik Deutschland. Köln 1989.

ISO (1994). (Institut zur Erforschung sozialer Chancen). Arbeitszeit, 93. Arbeitszeiten und Arbeitszeitwünsche. Köln 1994.

iwd (1994, Nr. 7). Teilzeit in Europa. Nachzügler Staat. Herausgegeben vom Institut der deutschen Wirtschaft, Köln 1994, Nr. 7, S. 6f.

Kromphardt, J. (1987). Arbeitslosigkeit und Inflation. Göttingen 1987.

Kühl, J. (1996). Warum schaffen zwei Millionen Betriebe und Verwaltungen nicht genügend Arbeitsplätze? In: Aus Politik und Zeitgeschichte B 3–4/1996, S. 26–39.

Ley, K. (1989a). Zur Teilbarkeit von Arbeitsplätzen. In J. Baillod et al. (Hrsg.), Handbuch Arbeitszeit. Perspektiven, Probleme, Praxisbeispiele, S. 117–123. Zürich 1989.

Ley, K. (1989b). Kosten und Nutzen von Teilzeitarbeit im Betrieb: Beispiele eines Modellversuchs. In J. Baillod et al. (Hrsg.), Handbuch Arbeitszeit. Perspektiven, Probleme, Praxisbeispiele, S. 125–128. Zürich 1989.

Meinhardt, V., Stille, F. & Zwiener, R. (1993). Weitere Arbeitszeitverkürzung erforderlich. Zum Stellenwert des VW-Modells. In: Wirtschaftsdienst 1993, Nr. 12, S. 639–644.

Pätzold, J. (1989). Tautologien und Theorien in den Wirtschaftswissenschaften. Das Beispiel der Beschäftigungspolitik. In: WiSt 1989, Heft 6, S. 270–275.

Pawlowsky, P. (1986). Arbeitseinstellungen im Wandel. München 1986.

Pawlowsky, P. & Bäumer, J. (1993). Funktionen und Wirkungen beruflicher Weiterbildung. In B. Strümpel & M. Dierkes (Hrsg.), Innovation und Beharrung in der Arbeitspolitik, S. 69–120. Stuttgart 1993.

Pawlowsky, P. & Seifert, M. (1996). Formen investiver Arbeitszeitverkürzung: Instrument zur Beschäftigungssicherung und zur Verbesserung der Wettbewerbsfähigkeit? Projektantrag an die Hans-Böckler-Stiftung, 1996.

Scholz, J. (1987). Wertewandel und Wirtschaftskultur. München 1987.

Siebert, H. (1994). Geht den Deutschen die Arbeit aus? Wege zu mehr Beschäftigung. München 1994.

Staehle, W. H. (1991). Redundanz, Slack und lose Kopplung in Organisationen: Eine Verschwendung von Ressourcen? In W. H. Staehle & J. Sydow (Hrsg.), Managementforschung 1. Berlin 1991, S. 313–345.

Statistisches Bundesamt (1992). (Hrsg.). Datenreport 1992. Zahlen und Fakten über die Bundesrepublik Deutschland. Deutsche Schriftenreihe. Bd. 309. Bonn 1992.

Statistisches Bundesamt (1994). (Hrsg.). Datenreport 1994. Zahlen und Fakten über die Bundesrepublik Deutschland.

Statistisches Jahrbuch (1966, 1971) für die Bundesrepublik Deutschland. Herausgegeben vom Statistischen Bundesamt Wiesbaden. Stuttgart und Mainz 1966/1971.

Strümpel, B. & Pawlowsky, P. (1993). Wandel in der Einstellung zur Arbeit. In L. v. Rosenstiel et al. (Hrsg.), Wertewandel – Herausforderung für die Unternehmenspolitik in den 90er Jahren. 2. Aufl. Stuttgart 1993.

Strümpel, B. et al. (1988). Teilzeitarbeitende Männer und Hausmänner. Berlin 1988.

Zahlen-Fibel (1986, 1989/90, 1992). (Ergebnisse der Arbeitsmarkt- und Berufsforschung in Tabellen). Nürnberg 1986, 1989/90, 1992.

Zur Konkretisierung und weiteren Vertiefung wird empfohlen, im Fallstudienband die Fälle zu „Arbeitszeitflexibilisierung" zu bearbeiten.

Michael Weidinger

Strategien zur Arbeitszeitflexibilisierung

1. „Nicht die Gipfel, die Täler sind das Problem"

„Arbeitszeitflexibilisierung" bedeutet, Lage und Verteilung der Arbeitszeit kurzfristigen Schwankungen von Arbeitsanfall und Personalverfügbarkeit sowie kurzfristigen individuellen (Frei-)Zeitbedürfnissen bestmöglich anzupassen. Zumindest aus betrieblicher Sicht besteht der Sinn von Arbeitszeitflexibilisierung also letzten Endes darin, *Arbeitszeit nicht zu verschwenden.*

Dieser einfache Zusammenhang hat in der betrieblichen Praxis bislang nur wenig Berücksichtigung gefunden. Statt dessen fördern die meisten betrieblichen Regelungen zur flexiblen Gestaltung der Arbeitszeit – allen voran die Gleitzeit – direkt oder indirekt den *Verbrauch* von Arbeitszeit; Zeitorientierung ersetzt Ergebnisorientierung oder steht ihr zumindest im Weg.

Insbesondere die Grundüberzeugung, daß Zeitguthaben Zeitschulden grundsätzlich vorzuziehen seien, erfreut sich nach wie vor großer Verbreitung, kommt sie doch allen Beteiligten entgegen:

- den Mitarbeitern (hier wie im folgenden wird – ausschließlich im Interesse der Lesefreundlichkeit – jeweils nur die männliche Form verwendet), weil Zeitguthaben für sie Freizeitansprüche bedeuten, die man in aller Regel mehr oder weniger beliebig abrufen kann – gemäß dem heimlichen Flexi-Motto „Über die Arbeitszeit bestimmt der Arbeitgeber, über die (angesparte) Freizeit bestimmt der Arbeitnehmer";
- den Vorgesetzten, weil sich Zeitguthabenstände aufgrund ihrer einfachen Vergleichbarkeit hervorragend als (scheinbar) objektive Beurteilungsgrundlage individuellen Arbeits-Engagements eignen. Außerdem werden hohe Zeitguthaben vielfach als Ausdruck individueller Unersetzlichkeit betrachtet – was die besondere Bedeutung der jeweiligen Abteilung oder Gruppe (und, last but not least, auch der eigenen Person) unterstreicht. Und schließlich ist die Konzentration auf „Gipfel" des Kapazitätsbedarfs – etwa per Anordnung von Mehrarbeit oder Anforderung zusätzlicher (Aushilfs-)Mitarbeiter – wesentlich einfacher als die angemessene Reaktion auf ein Auslastungs-„Tal" – etwa durch entsprechendes Steuern individueller Freizeitansprüche von Mitarbeitern;
- dem Betriebs- und Unternehmensmanagement: Je länger die tatsächlich geleisteten individuellen Arbeitszeiten, desto größer – scheinbar – das Verdienst der Geschäftsführung, mit so wenigen (aber entsprechend engagierten; beides wird aus hohen Zeitguthaben abgelesen) Mitarbeitern das Betriebs- bzw. Unternehmensergebnis erwirtschaftet zu haben.

Zeitorientierung ist jedoch in erheblichem Maße kostenrelevant: Stellt sie das „Leitprinzip" dar, wird man davon ausgehen können, daß die Mehrzahl der Mitarbeiter unabhängig von den tatsächlichen zeitlichen Anforderungen ihrer jeweiligen Arbeitsaufgabe (mindestens) die verfügbare vertragliche Arbeitszeit zur Aufgabenerfüllung aufwendet. Im Fall etwaiger Überbesetzung (beispielsweise infolge fehlerhafter Personalbedarfsplanung) ist folglich damit zu rechnen, daß entweder (verdeckte) Leerzeiten entstehen oder der betreffende Mitarbeiter das „fehlende" Aufgabenvolumen in eigener Initiative herbeizuschaffen versucht. Eine Korrektur solcher Fehlanpassungen von Aufgaben- und Arbeitszeitvolumen ist insofern sehr unwahrscheinlich.

Hinzu kommt, daß lange Arbeitszeiten auch zu zeitaufwendigeren Arbeits- und Organisationsabläufen führen können – erkennbar etwa an (zu) langen Bearbeitungs- und Durchlaufzeiten. Zeitaufwendige Abläufe sind in der Regel auch komplizierte

Abläufe; komplizierte Abläufe wiederum erzeugen vermeidbare Kosten. In den meisten Fällen dürfte sich dieser Zusammenhang weitaus stärker auf das Betriebsergebnis auswirken als die leichter erkennbaren „direkten" Leerzeiten, in denen anwesende Mitarbeiter unterbeschäftigt sind.

Der letztgenannte Punkt ist von nicht zu unterschätzender Bedeutung, wenn es darum geht, beim Abbau zeitorientierter Organisationsstrukturen und Verhaltensweisen einen gemeinsamen Nenner zwischen Geschäftsführung, Betriebsrat und Mitarbeitern zu finden: Der effizientere Einsatz von Arbeitszeit ist eben nicht gleichbedeutend mit „Leistungsverdichtung" – sprich: der Bewältigung des gleichen Arbeitspensums innerhalb kürzerer Zeit. Weitaus bedeutsamer ist, welche Arbeitsabläufe und Tätigkeiten unnötig – oder zumindest unnötig kompliziert – sind. Die diesbezügliche Überprüfung von Arbeits- und Organisationsabläufen kann nicht nur ausgesprochen positive Motivationseffekte bei den betreffenden Mitarbeitern auslösen – wenn sie hierbei von vornherein einbezogen werden (was aber wiederum zentrale Erfolgsvoraussetzung derartiger Bemühungen um Effizienzverbesserung ist). Auch die betriebliche Produktivität läßt sich auf diese Weise oft weitaus nachhaltiger erhöhen als durch Versuche, die gleiche Zahl von Arbeitsschritten in kürzeren Zeiteinheiten unterzubringen.

Welchen Beitrag kann betriebliche Arbeitszeitgestaltung zur Erschließung der angesprochenen organisatorischen Produktivitätsreserven leisten? Gefragt sind Arbeitszeitsysteme, die

- den sparsamen Einsatz individueller Arbeitszeit fördern – insbesondere durch entsprechend positive Wertung von Zeit*schulden* sowie durch die Förderung aufgaben- und ergebnisorientierter Teilzeitarbeit;
- Mitarbeiter und Vorgesetzte motivieren, Leerzeiten und „Zeitfresser" in den betrieblichen Arbeits- und Organisationsabläufen offenzulegen;
- Anreize (nicht notwendig materieller Art – zu denken wäre beispielsweise auch an zeitliche Vergünstigungen und, außerhalb des Arbeitszeitsystems, an interessante berufliche Entwicklungsperspektiven) bieten, die eigene Zeitverwendung am Arbeitsplatz fortlaufend zu optimieren;
- ihrerseits möglichst einfach und unaufwendig zu handhaben und zu verwalten sind.

Die Erfüllung dieser Anforderungen setzt einen partizipativen Führungsstil und die weitestmögliche Delegation von Arbeitszeit- und Ergebnisverantwortung an die betreffenden Mitarbeiter voraus. Geradezu ideale Voraussetzungen hierfür bringen *zeitautonome Gruppen* mit, in denen die Mitarbeiter ihre Arbeitszeiten – sowie die Vertretung planbarer Abwesenheitszeiten, speziell des Urlaubs – im Rahmen der Gruppe weitestgehend eigenverantwortlich steuern; *Abbildung 1* faßt die Aufgaben solcher Gruppen zusammen.

Abbildung 2 zeigt die wesentlichen Punkte der von uns entwickelten neuen Arbeitszeit- und insbesondere der Zeitkontenregelung eines kleinen Verpackungsherstellers, die seit Anfang März 1994 – mit bisher sehr großem Erfolg – ihren Probelauf absolviert (zum hier angesprochenen Thema Zeiterfassung siehe auch *Kapitel 4*). Sämtliche oben genannten Anforderungen werden hier erfüllt; im Mittelpunkt steht eine konsequente Orientierung am Grundsatz des möglichst effizienten Einsatzes der Arbeitszeit. Folgerichtig wird ein Zeitverhalten gefördert, das sich am Ziel der *Unter*schreitung der jeweiligen Sollvorgaben orientiert – und die Nicht-Überschreitung der Sollarbeitszeit im Durchschnitt sämtlicher Abteilungen sogar materiell honoriert (diesbezüglich sind aber sicherlich auch andere Wege denkbar). Hiervon erhofft

- Einteilung der individuellen Arbeitszeiten sowie der Pausen in gruppeninterner Absprache nach Maßgabe der gegebenen Präsenz- oder idealerweise Ergebnisvorgaben
- eigenverantwortliche Urlaubsplanung im Rahmen betrieblicher Präsenz- oder idealerweise Ergebnisvorgaben
- eigenverantwortliche Reaktion auf Schwankungen des Kapazitätsbedarfs im Rahmen betrieblich vereinbarter „Zumutbarkeitsgrenzen"
- Integration unterschiedlicher individueller vertraglicher Arbeitszeitdauern
- Anforderung von Aushilfen o.ä. bei Unterschreitung der jeweiligen Soll-Besetzungsstärke trotz Einhaltung der vereinbarten Besetzungs-Spielregeln; dementsprechend aber auch Verpflichtung zum „Verleih" von Gruppenmitgliedern an andere Bereiche bei Überbesetzung

Abb. 1: Aufgaben der zeitautonomen Gruppe

man sich Informationen über zeitliche Lücken in den Arbeits- und Organisationsabläufen – und damit auch über Planungsmängel, die auf der Unkenntnis dieser Lücken beruhen. Zugleich soll die Optimierung von Arbeits- und Organisationsabläufen als permanenter Prozeß angeregt und gefördert werden.

- Grundlage der Einsatzplanung sind **Standard-Anwesenheitszeiten**. Abweichungen werden per Formular erfaßt (**„Negativerfassung"**); kleinste Zeiteinheit hierbei ist 1/2 Stunde.
- Das **Arbeitszeitjahr** beginnt vor dem Saisonhoch (Weihnachtsgeschäft) am 1.9. jeden Jahres und endet demgemäß am 31.8.
- In jedem Arbeitsjahr werden 66 Arbeitsstunden „zu wenig" eingeplant, die – nach Absprache zwischen Mitarbeiter und Vorgesetzten – zur bedarfsabhängigen Verlängerung der Tagesarbeitszeiten etwa während der Saisonspitzen genutzt werden können. Praktisch erfolgt die Handhabung dieser **Minusstunden** so, daß jeden Monat 5,5 Stunden dem persönlichen Zeitkonto (s.u.) belastet werden.
- Nach Absprache zwischen Mitarbeiter und Vorgesetztem sind außerdem bedarfsabhängig verkürzte Tagesarbeitszeiten „auf Zeitkonto" möglich.
- Innerhalb eines **Zeitkonten-„Korridors"** von 0 bis –100 Stunden disponiert jeder Mitarbeiter eigenverantwortlich über seinen Zeitkontenstand. Sobald der Zeitsaldo einen Wert von **>0** bzw. **<–100 Stunden** annimmt, tritt solange ein **einseitiges Vorgesetzten-Dispositionsrecht** über zusätzliche Freizeit/Arbeitszeit des Mitarbeiters in Kraft, bis der genannte „Korridor" wieder erreicht ist.
- Zum Ende des Arbeitszeitjahres noch bestehende Zeitschulden über 50 Stunden verfallen, soweit sie nicht durch unentschuldigtes Fernbleiben von der Arbeit entstanden sind. Dann noch bestehende Zeitguthaben über 50 Stunden werden als Überstunden ausgezahlt.
- Wenn am Ende des Arbeitszeitjahres **in keiner Abteilung der durchschnittliche Zeitkontenstand >0 ist**, erhalten alle Mitarbeiter eine Sonderzahlung in Höhe von DM 500.
- Zeitkontenmäßige Verrechnung **bezahlter Abwesenheitszeiten**:
  - Urlaub wird stundenweise auf Grundlage der jeweiligen Standard-Arbeitszeit verrechnet;
  - entgeltfortzahlungspflichtige Krankheitstage werden jeweils mit der Standard-Arbeitszeit zzgl. 15 Minuten gutgeschrieben;
  - Feiertage werden mit 1/5 der vertraglichen Wochenarbeitszeit (7,75 Stunden) gutgeschrieben, soweit sie auf die Tage Montag – Freitag fallen.

Abb. 2: Flexible Jahresarbeitszeit bei einem Verpackungshersteller

Neben einer positiven Wertung von Zeitschulden kann auch aufgaben- und ergebnisorientierte Teilzeitarbeit wesentlich zu effizienteren Arbeits- und Organisationsabläufen beitragen. Mitarbeiter, die (vorübergehend) kürzer arbeiten möchten, etwa um Zeit für die Betreuung ihrer Kinder zu gewinnen, sollten auch vor diesem Hintergrund hierzu ermutigt werden – auch in qualifizierten Positionen, die bisher als

„unteilbar" galten: Der durch Wünsche nach (vorübergehender) individueller Teilzeitarbeit erzeugte „ablauforganisatorische Veränderungsdruck" ist ein ideales Korrektiv für (voll-)zeitorientierte Führungsstile und Organisationsmuster.

Abbildung 3 benennt in diesem Zusammenhang die wichtigsten Gründe, die aus betrieblicher Sicht für die Förderung von „*Wahlarbeitszeit*"-Regelungen sprechen können. Hierbei wird den Mitarbeitern in regelmäßigen zeitlichen Abständen – etwa jährlich – die Möglichkeit eingeräumt, ihre vertragliche Arbeitsstundenzahl innerhalb eines definierten Korridors (z.B. zwischen 18 Wochenstunden und Vollzeitarbeit) selbst zu bestimmen, sofern dem keine betrieblichen Belange entgegenstehen. Damit werden bisher starre Grenzen zwischen Teilzeit- und Vollzeitarbeit eingeebnet. Gleichzeitig wird ein „innerer Zusammenhang" zwischen der individuellen Entscheidung für (vorübergehende) Kürzerarbeit und einer Rückkehroption auf Vollzeitarbeit hergestellt, wodurch verbreiteten Teilzeit-Ängsten („einmal Teilzeit, immer Teilzeit") die Grundlage entzogen werden kann.

- Weil sie damit einen relativ kostengünstigen Beitrag zur Arbeitsmarktentlastung erbringen können.
- Weil sie damit erfahrungsgemäß gerade für hochqualifizierte Mitarbeiter als Arbeitgeber attraktiver werden.
- Weil sie damit Mitarbeiter leichter motivations- wie gesamtbelastungsgerecht über Lebensphasen eingeschränkter zeitlicher Verfügbarkeit (Familie, Pflege, Studium etc.) hinweg nicht nur im Betrieb, sondern auch in qualifikationsgerechten Positionen halten können.
- Weil sie damit die betriebliche Organisation immer wieder in Frage stellen und sich auf diese Weise immer wieder neu Flexibilisierungs- und Rationalisierungsoptionen eröffnen können.
- Weil damit bestehende Qualifikationsengpässe offensichtlich werden, die – im Rahmen der Personalentwicklung – bearbeitet werden müssen.

Abb. 3: Gründe für Arbeitgeber, sich für „Wahlarbeitszeit" zu interessieren

2. Arbeitsumverteilung und Flexibilisierung der Arbeitszeit? – Ein Beispiel

Die vorangegangenen Ausführungen sollten deutlich gemacht haben, daß neue Formen der Arbeitszeitflexibilisierung die Erhöhung der Effizienz betrieblicher Arbeits- und Organisationsabläufe in den Mittelpunkt rücken. Damit stellt sich auch die Frage nach den beschäftigungspolitischen Auswirkungen bzw. entsprechenden „Folgekosten" solcher Strategien – gerade vor dem Hintergrund einer auf absehbare Zeit schwierigen Arbeitsmarktlage.

Wie sich Arbeitsumverteilungs- und Flexibilisierungsziele gleichzeitig verfolgen lassen, zeigt die nachfolgend dargestellte, von uns erarbeitete *Lösungskonzeption für einen Betrieb der Chemischen Industrie.* Hierbei ging es um die Verbindung von

− systematischer Einbeziehung möglichst aller planbaren Abwesenheitszeiten – speziell des Erholungsurlaubs – in die Arbeitszeit- und Einsatzplanung,
− größtmöglicher Erweiterung der Flexibilitätsspielräume hinsichtlich Lage und Verteilung der individuellen Arbeitszeit (wobei aber in diesem Beispiel vorgabegemäß die bisherige Schichtdauer von acht Stunden grundsätzlich beibehalten werden sollte) und

– Vermeidung zumindest eines Teils anstehender betriebsbedingter Kündigungen durch eine Umverteilung der Arbeit(szeit).

Kernelemente der Lösungskonzeption waren demgemäß

– eine Verkürzung der individuellen Arbeitszeit auf 35 Stunden bei entsprechender Entgeltreduzierung, wie es – vorbehaltlich der Einigung zwischen Geschäftsführung und Betriebsrat und in bestimmten Fällen auch der Zustimmung der Tarifvertragsparteien – der Chemie-Manteltarifvertrag ermöglicht, und
– die Berücksichtigung sämtlicher sich hieraus ergebender Ausgleichsfreizeit-Ansprüche sowie des kompletten Erholungsurlaubs im Rahmen der Arbeitszeit- bzw. Einsatzplanung.

Als systematische Grundlage einer Umsetzung dieser Ziele eignet sich ein sogenanntes „Mehrfachbesetzungssystem". Solche Systeme sind dadurch gekennzeichnet, daß eine bestimmte Anzahl Mitarbeiter einer bestimmten Anzahl zu besetzender Arbeitsplätze organisatorisch zugeordnet wird. Übersteigt die Zahl der Mitarbeiter jene der Arbeitsplätze, so ermöglicht dies

– eine Erweiterung der Besetzungszeit dieser Arbeitsplätze ohne Auswirkungen auf das individuell eingeteilte Arbeitszeitvolumen und/oder,
– eine Reduzierung des individuell eingeteilten Arbeitszeitvolumens ohne Auswirkungen auf die Besetzungszeit der Arbeitsplätze und/oder
– eine systematische Einbeziehung von (planbaren) Abwesenheiten in die Arbeitszeit- und Einsatzplanung.

Ob nur jeweils einer dieser Effekte oder mehrere/alle zugleich erreicht werden sollen (und ggf. in welchem „Mischungsverhältnis"), richtet sich jeweils nach den betrieblichen Vorgaben. Im vorliegenden Beispiel standen die beiden zuletzt genannten Effekte im Vordergrund.

Als Grundlage einer neuen Arbeitszeitregelung, die die oben genannten Anforderungen erfüllt, empfiehlt sich unter den hier zugrunde gelegten spezifischen Rahmenbedingungen ein *jahresbezogenes 4:3-Mehrfachbesetzungssystem* (wobei das Arbeitszeit-Jahr nicht notwendigerweise dem Kalenderjahr entsprechen muß!). *Von jeweils vier Mitarbeitern werden hierbei immer drei zur Arbeit eingeteilt, während der vierte planmäßig abwesend ist und entweder Ausgleichsfreizeit (zur Erreichung der durchschnittlichen 35-Stunden-Woche) oder Urlaub nimmt.* Das System weist im einzelnen folgende Merkmale auf:

– Die Urlaubseinteilung erfolgt – ebenso wie die Einteilung der zusätzlichen freien Tage, um im Jahresdurchschnitt auf die 35-Stunden-Arbeitswoche zu kommen – innerhalb der jeweiligen Vierer-Gruppe vollständig autonom. Allerdings darf immer nur ein Gruppenmitglied planmäßig abwesend sein. Auf diese Weise können z. B. 50 % der Mitarbeiter einen dreiwöchigen Urlaub während der 6-wöchigen Sommerferienzeit nehmen; Voraussetzung ist allerdings, daß die anderen Gruppenmitglieder in dieser Zeit keine arbeitsfreien Tage beanspruchen.
– Da jeweils nur drei Arbeitsplätze als organisatorische Bezugsgröße benötigt werden, ist das 4:3-System sehr universell einsetzbar, ohne funktions- oder bereichsübergreifende Vertretungsregelungen zu erfordern.
– Das 4:3-System schafft die Voraussetzungen für eine nahezu beliebige *Flexibilisierung der Besetzungszeit:*
  • Durch die Überbesetzung im Verhältnis 4:3 kann diese von standardmäßig fünf Tagen pro Woche problemlos auf sechs – und gegebenenfalls sogar sieben – Tage

pro Woche erweitert werden, ohne daß dies unzumutbare Belastungen für die Mitarbeiter zur Folge hätte: Schließlich kann in diesem System jeder vierte Arbeitstag individuell arbeitsfrei sein.

- Neben der Variation der Anzahl der Betriebstage pro Woche erlaubt das 4:3-System im ein- und zweischichtigen Betrieb auch Verlängerungen der Tages-Besetzungszeit (soweit die Art bzw. Schwere der ausgeübten Tätigkeit dies zuläßt): Durch den großen Anteil freier Tage kann ein zeitnaher „Belastungsausgleich" erfolgen.
- Eine Anpassung der Besetzungszeit nach „unten" ist in diesem wie auch in anderen Arbeitszeitsystemen realisierbar – hier aber unter besonders günstigen Voraussetzungen, da die Möglichkeiten zum Ausgleich von Wenigerarbeit durch vorübergehende Längerarbeit besonders groß sind.

– Neben der Besetzungszeit kann in einem 4:3-System auch die *Besetzungsstärke* in erheblichem Umfang wechselnden Erfordernissen angepaßt werden. Verzichtet die Vierer-Gruppe beispielsweise vorübergehend ganz auf planmäßige arbeitsfreie Tage, folgt allein hieraus eine Anhebung der Besetzungsstärke um 1/3 – ohne daß irgendwelche weiteren Modifikationen des Systems erforderlich wären. Auf diese Weise wird dann ein individuelles Zeitguthaben erworben, das etwa für Besetzungsausdünnungen verwendet werden kann (indem beispielsweise vorübergehend jeweils zwei von vier Mitarbeitern planmäßig abwesend sind). Darüber hinaus können Zeitguthaben aus Besetzungsstärkeanhebungen natürlich auch durch Besetzungszeit-Reduzierungen ausgeglichen werden – und umgekehrt.

– Mit Hilfe der Reduzierung der individuellen regelmäßigen Arbeitszeit auf durchschnittlich 35 Wochenstunden kann zumindest ein Teil der anstehenden betriebsbedingten Kündigungen durch eine Umverteilung der Arbeit(szeit) vermieden werden.

Auch bei Einführung der 35-Stunden-Woche verbleibt im vorgestellten 4:3-System allerdings noch eine Zeitreserve von gut 50 Stunden pro Jahr, wie die Kalkulation in *Abbildung 4* zeigt. Diese Zeitreserve kann auf verschiedene Weise genutzt werden:

– als zusätzliche Reserve für eine zeitweise Anhebung von Besetzungszeit bzw. Besetzungsstärke,

– zur Vertretung planbarer Abwesenheiten außerhalb des Urlaubs (tarifliche Freistellungen, Kuren, längere krankheitsbedingte Abwesenheitszeiten u. ä.) und – last but not least –

– zur Abwesenheitsvertretung bei Kurzerkrankungen (beispielsweise definiert als alle Erkrankungen von weniger als einer Woche Dauer) mit dem Ziel, diese Fehlzeiten zu minimieren. Dies könnte etwa so aussehen, daß die Mitarbeiter einer Schicht oder einer größeren Gruppe – also auch über ihre „eigene" Vierergruppe hinaus – die entsprechenden Vertretungseinsätze eigenverantwortlich sicherstellen und dafür die komplette Zeitreserve „verbrauchen" können. Kommt es innerhalb des Jahres zu weniger Kurzerkrankungen, verzichtet das Unternehmen auf eine Nachleistung des Differenzbetrages; kommt es zu mehr Kurzerkrankungen, werden – bei gleichzeitiger „Ursachenforschung" – die Vertretungseinsätze ab Überschreitung der Zeitreserve als zuschlagpflichtige Mehrarbeit vergütet. Die hierbei geschaffene Interessenkonstellation bedarf aber mit Sicherheit der sorgsamen Steuerung seitens der Vorgesetzten.

Durchschnittlich eingeteilte wöchentliche Besetzungszeit (pro Schichtlage)	40,00 Stunden
➔ im 4:3-System durchschnittlich eingeteilte Wochenarbeitszeit (40 x 3 : 4)	30,00 Stunden
vereinbarte regelmäßige Wochenarbeitszeit	35,00 Stunden
➔ Jahresarbeitszeit (Jahr = 52,2 Wochen)	1.827,00 Stunden
./. Urlaubsanspruch pro Jahr (35 x 6)	210,00 Stunden
➔ Jahresarbeitszeit abzüglich Urlaub	1.617,00 Stunden
➔ rechnerische Wochenarbeitszeit, wenn der Urlaub vollständig in die Arbeitszeitplanung integriert wird (1.617 : 52,2)	30,98 Stunden
➔ verbleibende Zeitreserve ([30,98 - 30] x 52,2)	51,16 Stunden

Abb. 4: Jahresbezogene Zeitreserve-Kalkulation (Beispiel)

3. Die konkrete Umsetzung flexibler Arbeitszeitsysteme: „Arbeitszeit-Grundmodelle" und „Flexi-Spielregeln"

Als Grobstruktur eines flexiblen Arbeitszeit-Regelungsrahmens empfiehlt sich die Aufgliederung in

— ein oder mehrere „*Grundmodelle*" von Arbeitszeitlage und -verteilung, die die Basis der Einsatzplanung bilden. Solche Grundmodelle können etwa sein: die Gleitzeit (als Form der Tagesarbeitszeit-Organisation), der Tagschichtbetrieb (ggf. in mehreren Varianten – z. B. mit versetzten oder unterschiedlich langen Tagesarbeitszeiten), der 2- und der 3-Schichtbetrieb (ggf. wiederum in mehreren Varianten), bestimmte Teilzeit-Tagesarbeitszeitmuster usw.;

— bereichsübergreifende „*Flexi-Spielregeln*", die festlegen, unter welchen Voraussetzungen und in welchem Umfang bzw. in welcher Weise von den jeweiligen Grundmodellen abgewichen bzw. zwischen ihnen gewechselt werden darf. Hierbei wären insbesondere folgende Punkte zu regeln:

  • Ein Betriebszeitrahmen, der bestimmt, zu welchen Zeiten an welchen Tagen der Woche reguläre Arbeitszeit abgeleistet werden kann;

  • Ankündigungsfristen für betrieblich veranlaßte Abweichungen vom jeweiligen „Grundmodell" innerhalb der regulären Arbeitszeit. Zum einen geht es hierbei um „Absagen" bzw. „Ansagen" von Arbeitsschichten, zum anderen um Veränderungen der Schichtzeiten (Ankündigungsfrist beispielsweise – in Anlehnung an die Bestimmungen des Beschäftigungsförderungsgesetzes zur Abrufarbeit – jeweils mindestens vier Tage im voraus). Kurzfristige „Absagen" eingeteilter Arbeitsschichten sind übrigens erfahrungsgemäß für die Mitarbeiter eher akzeptabel als kurzfristige „Ansagen" zusätzlicher Arbeitsschichten;

  • Ankündigungsfristen für betrieblich veranlaßte Wechsel zwischen zwei „Grundmodellen" (z. B. bei vorübergehendem Übergang vom ein- auf den zweischichtigen Betrieb). Hier wäre – soweit betrieblich machbar – an einen Zeitraum von nicht unter einer Woche zu denken. Zumeist gelten jedoch längere Ankündigungsfristen, die mit entsprechenden betrieblichen Planungszeiträumen für solche „größeren" Umstellungen korrespondieren;

  • Flexibilitätsspielräume für die einzelnen Mitarbeiter(gruppen) bei der Umsetzung betrieblicher Besetzungs- bzw. Ergebnisvorgaben. Anzustreben wäre hier eine weitestmögliche Delegation der Arbeitszeit-Feinsteuerung an *zeitautonome Gruppen* (vgl. *Abbildung 1*);

- individuelle Zeitkonten, auf denen Abweichungen der tatsächlich geleisteten von der planmäßig eingeteilten Arbeitszeit zu saldieren wären. Herkömmliche Regeln für den Umgang mit „überschießenden" Zeitguthaben (Konsequenz: Guthabenkappung) bzw. „überschießenden" Zeitschulden (Konsequenz: Entgeltabzug) haben hier allerdings keinen Platz mehr. An ihre Stelle treten flexible Verfahrensregelungen wie beispielsweise das „Ampel-Konto" gemäß *Abbildung 5* oder jahresbezogene Zeitkontenmodelle mit klarer „Minus"-Orientierung (vgl. das Beispiel in *Abbildung 2*).

- GRÜNE PHASE (= normaler Dispositionsrahmen des Mitarbeiters): z.B. bis ± 20 Stunden
- GELBE PHASE (d.h., Mitarbeiter und Vorgesetzter ergreifen gemeinsam Maßnahmen mit dem Ziel, den Zeitsaldo wieder in die grüne Phase zurückzuführen): z.B. bis ± 40 Stunden
- ROTE PHASE (d.h., der Vorgesetzte übernimmt die Verantwortung für die Steuerung des Zeitsaldos so lange, bis die gelbe Phase wieder erreicht ist): z.B. ab ± 40 Stunden

Das Ampel-Konto wird fortlaufend geführt.

Der Mitarbeiter teilt dem zuständigen Vorgesetzten unaufgefordert jeden „Phasenwechsel" mit.

Abb. 5: Ampel-Konto

4. Wozu Zeiterfassung?

Die Einführung neuartiger flexibler Arbeitszeitsysteme scheint auf den ersten Blick „moderne" elektronische Kommt-Geht-Zeiterfassung geradezu unumgänglich zu machen. Solche Systeme bringen jedoch in aller Regel einen nicht unbeträchtlichen Kosten- und Pflegeaufwand mit sich. Noch schwerer wiegen die negativen Erfahrungen zahlreicher Betriebe, die sich für diese Form der Zeiterfassung entschieden haben, mit der hierdurch wirkungsvoll geförderten (wenn nicht sogar erzeugten) „Minuten-Mentalität" vieler Mitarbeiter und Vorgesetzter.

Im Sinne der Ergebnisorientierung wie auch einer möglichst unaufwendigen Handhabung und Administration sollte deshalb die Zeiterfassung auf das erforderliche Mindestmaß beschränkt werden – wenn man nicht sogar ganz auf sie verzichten kann. Einen in den meisten Fällen gangbaren Mittelweg bietet hier das Prinzip der „Negativerfassung": Erfaßt werden nur *Abweichungen* von einer vorgegebenen Standard-Arbeitszeit (und zwar nicht die Zeitpunkte, sondern nur das Abweichungsvolumen); die Erfassung erfolgt manuell, wobei ein gewisser „Unschärfebereich" – *etwa die halbe Stunde als kleinste Zähleinheit* – einerseits die Handhabung wesentlich erleichtert und andererseits die angesprochene „Minuten-Mentalität" (hoffentlich) gar nicht erst entstehen läßt.

Diese Form der Zeiterfassung paßt geradezu ideal zum Wechselspiel von „Arbeitszeit-Grundmodellen" und „Flexi-Spielregeln" (siehe Kapitel 3). Auf der Basis *gegenseitigen* Vertrauens – das im übrigen durch informelle „Eigenkontrolle", beispielsweise innerhalb von Mitarbeitergruppen, wirkungsvoll gestützt werden kann – lassen sich so auch Gleitzeitsysteme in Richtung stärkerer Absprache und Ergebnisorientierung weiterentwickeln. Denn gegenüber „klassischen" Gleitzeitregelungen, die sich in puncto Zeitkontenausgleich ganz auf das Regelungsproblem „Abbau von Zeitguthaben" konzentrieren, setzt die Steuerung hier erheblich früher an – nämlich bereits bei der *Entstehung* von Zeitguthaben. Die Arbeitszeit wird auf diese Weise von der Erfassungs- zur Planungsgröße – eine der Grundvoraussetzungen für zukunftsorientierte flexible Arbeitszeitsysteme.

Zur Konkretisierung und weiteren Vertiefung wird empfohlen, im Fallstudienband die Fälle zu „Arbeitszeitflexibilisierung" zu bearbeiten.

Désirée H. Ladwig

Mobilzeit – Möglichkeiten der Arbeitszeitflexibilisierung für Führungskräfte

1. Einleitung

Die Prognose der führenden deutschen Wirtschaftsinstitute von 4,5 Mio Arbeitslosen in 1998 läßt das Thema Arbeitszeitflexibilisierung wieder verstärkt an Bedeutung gewinnen. In der allgemeinen gesellschaftlichen Diskussion herrscht weitgehender Konsens über die Notwendigkeit der flexiblen Entkoppelung von Betriebs- und Arbeitszeiten und über beschäftigungswirksame Arbeitszeitkonzepte. Nationale wie internationale Forschungsprojekte nehmen sich zunehmend des Themas „Mobilzeit und Arbeitszeitflexibilisierung" auch für den Führungsbereich an (vgl. u.a. DOMSCH, KLEIMINGER, LADWIG & STRASSE, 1998 S. 57; KEESE, 1996; STRAUMANN et al., 1996). Teilzeitarbeit ist oft in den Köpfen der Manager als „Fünf-Tage-Vormittagsteilzeit" für Mütter mit kleinen Kindern verankert und deshalb in der Vergangenheit gerade für Fach- und Führungskräfte indiskutabel gewesen. Mobilzeit beinhaltet in diesem Zusammenhang andere innovative, flexible Arbeitszeitmodelle, bei der betriebliche und mitarbeiterbezogene Belange ausgewogen Berücksichtigung finden und die Möglichkeiten der neuen Informationstechnologien produktiv ausgeschöpft werden (z.B. Telearbeit).

Betrachtet man die historische Entwicklung der Teilzeitarbeit für Führungskräfte in den letzten 20 Jahren im internationalen Vergleich, so wird deutlich, daß Deutschland (nur alte Bundesländer) im Vergleich insbesondere zu den Niederlanden und Schweden bzgl. Teilzeitarbeit zu den Schlußlichtern zählt. Aus diesem Grunde initiierte das BMFSFJ 1995 ein Modellprojekt „Mobilzeit − Qualifizierte Teilzeitarbeit für Fach- und Führungskräfte". Zielsetzung war es, bundesweit 100 Unternehmen aller Größenklassen und Branchen über innovative Mobilzeitmodelle zu beraten und einen internen Umsetzungsprozeß in Gang zu setzen. (Das Projekt endet Mitte 1998, eine Zusammenfassung der Ergebnisse wird im Herbst beim BMFSFJ in Form eines Schlußberichtes abrufbar sein.)

Nach den Ergebnissen der diesbezüglichen zahlreichen Mobilzeitberatungen der F.G.H. Forschungsgruppe Hamburg ist nahezu jeder Arbeitsplatz für qualifizierte Fach- und Führungskräfte mobilzeitfähig und zumindest jeder vierte Arbeitsplatz auch teilbar. Unter qualifizierten Fachkräften werden hierbei Akademiker subsumiert, und Führungkräfte sind Manager aller Unternehmensbereiche mit Führungsaufgaben.

Der generelle Konsens bezüglich der Notwendigkeit und Vorteilhaftigkeit von Mobilzeitarbeit erstreckt sich bisher allerdings oft nicht auf den Führungsbereich des Unternehmens.

(Vor-)Urteile wie: „Wir können uns nur Vollblut- und Vollzeit-Manager leisten", „Führung ist nicht teilbar" etc. bestimmen das überwiegend tabuisierte Thema. Mobilzeitarbeit wird in vielen Unternehmen als „Karriere-Sackgasse" angesehen. Auf der anderen Seite werden gerade auch im Führungskreis (meist noch hinter verschlossener Tür) Fragestellungen wie z.B. das Burn-out-Syndrom, der Workaholismus, quantitative und qualitative Veränderung des Führungsbedarfs, Wertewandel auch im Führungsbereich (vgl. den entsprechenden Beitrag von STENGEL in diesem Band) etc. diskutiert. Insofern ist es an der Zeit, auch unter Berücksichtigung der Diskussion über Lean Management und Reengineering, daß sich Unternehmensleitungen, Personalabteilungen und alle relevanten Zielgruppen auch strategisch mit dem Konzept der Arbeitszeitflexibilisierung generell und speziell auch mit Mobilzeit für die Gruppe der Führungskräfte auseinandersetzen (vgl. vertiefend auch DELLEKÖNIG, 1995).

Empirische Untersuchungen belegen, daß flexible Arbeitszeitsysteme als Auswahlkriterium für den Einstieg in ein Unternehmen für weibliche und männliche Führungsnachwuchskräfte gleich hinter Gehaltsniveau, Karrierechancen und Personalentwicklungsmöglichkeiten rangieren (AUTENRIETH, CHEMNITZER & DOMSCH, 1993, S. 98). Damit wird deutlich, wie wichtig gerade unter Personalmarketinggesichtspunkten in Zukunft ein größeres Angebot flexibler Arbeitszeitsysteme für Unternehmen sein wird. Die Möglichkeiten, Modelle, Probleme und Chancen von Arbeitszeitflexibilisierung für Führungskräfte aus der Sicht der Unternehmen, der beteiligten Führungskräfte und des direkten Arbeitsumfeldes sind Gegenstand der nachfolgenden Ausführungen.

2. Ansätze zur Arbeitszeitflexibilisierung von Führungskräften

Eine Flexibilisierung der Führungstätigkeit kann grundsätzlich sowohl nach personellen, räumlichen oder auch nach zeitlichen Dimensionen durchgeführt werden. Die folgenden Ausführungen beschränken sich auf eine Diskussion der zeitlichen Flexibilisierungsaspekte unter Bezugnahme auf chronometrische (Dauer der Arbeitszeit) und chronologische (Lage der Arbeitszeit) Ansätze. Arbeitszeitflexibilisierung bedeutet in diesem Zusammenhang die Verbesserung der kurz- bis mittelfristigen Reaktions- und Anpassungsmöglichkeiten auf betriebliche und persönliche Bedürfnisschwankungen bzw. -änderungen bezüglich der Arbeitszeitdauer und -lage.

2.1 Chronologische Arbeitszeitflexibilisierung

Unter Arbeitszeitflexibilisierung bezüglich chronologischer Gesichtspunkte versteht man die Entflechtung von betrieblichen und individuellen (Mitarbeiter-)Arbeitszeiten sowie die Verlagerung der Arbeitszeiten weg vom ursprünglichen „Montagmorgen-bis-Freitagnachmittag-Zeitraum" unter Beibehaltung der normalen Vollarbeitszeitdauer. In vielen Unternehmen wurden im Zuge des technischen Fortschritts immer differenziertere Schichtarbeitsmodelle entworfen, um die teuren Techniken möglichst rund um die Uhr und möglichst sieben Tage in der Woche nutzen zu können. Diese Arbeitszeitflexibilisierungsformen richteten sich jedoch meist ausschließlich an die tariflichen Mitarbeiter und nicht an Führungskräfte (mit Ausnahme von Produktionsmeistern, Überwachungsingenieuren etc.).

Eine Studie des I.P.A. Institut für Personalwesen und Arbeitswissenschaft in hamburgischen Wirtschaftsunternehmen im Auftrag des Senatsamtes für die Gleichstellung (Hamburg) zeigt, daß Führungskräften die Gleitzeit mit 34,7% als die häufigste Form der chronologischen Flexibilisierung von Arbeitszeit angeboten wurde (DOMSCH, HADLER & KRÜGER, 1994, S. 89ff.). Einzelarbeiten mit freier Zeiteinteilung waren nur bei 6,3% der Unternehmen und kapazitätsorientierte variable Arbeitszeit (KAPOVAZ) nur in 5,6% der Unternehmen für Führungskräfte im Angebot. Im Vergleich dazu lagen die Angebote für die Vergleichsgruppe der tariflichen Fachkräfte ohne Leitungsfunktionen dieser Unternehmen erheblich höher. Mehr als 58% boten Gleitzeit an, 17,8% und 26% jeweils Einzelarbeiten mit freier Zeiteinteilung und Kapovaz.

Die Ergebnisse machen deutlich, daß Unternehmensleitungen grundsätzlich schon bereit sind bzw. bereits aktiv geworden sind, über Innovationen im Bereich der Arbeitszeiten für alle Zielgruppen nachzudenken und diese zu implementieren. Die

Studie zeigt aber auch, daß die Zielgruppe der Führungskräfte nach wie vor bei diesen Überlegungen nicht ausreichend berücksichtigt wird. Dabei sind die vielfältigen, in der Praxis realisierten Modelle der Arbeitszeitflexibilisierung grundsätzlich gleichfalls auf Führungskräfte übertragbar.

2.2   Chronometrische Arbeitszeitflexibilisierung

Die Problematik einer chronometrischen Arbeitszeitflexibilisierung für Führungskräfte führt in den Bereich der Mobilzeit- bzw. Teilzeitarbeit. In der Literatur existieren hierzu unterschiedliche Definitionen. Mobilzeit für Führungskräfte bedeutet im folgenden eine ständige, vertraglich vereinbarte Reduzierung und/oder Flexibilisierung (in welchem Umfang auch immer) der regelmäßigen Normalarbeitszeit. Eine Verkürzung der wöchentlichen/monatlichen Arbeitszeit für Führungskräfte war bis vor kurzem nicht diskutabel und wird auch in den nächsten Jahren gerade in konservativen Unternehmen auf Widerstände und Ablehnung stoßen.

Die Erhebungen im Rahmen des Mobilzeitprojektes machen jedoch deutlich, daß sich dieses Bild, zumindest aus der Sicht von männlichen und weiblichen Führungsnachwuchskräften, in Zukunft erheblich ändern sollte. Die Mehrheit wünscht sich mehr Möglichkeiten der Arbeitszeitflexibilisierung und in einigen Bereichen auch der Arbeitszeitreduzierung. Meist aber nicht, wie oft von den älteren männlichen Führungskräften als k.o.-Kriterium angebracht, die Vormittagsteilzeit, sondern andere Modelle wie: Vier-Tage-Woche, Drei-Tage-Firma – zwei-Tage-zu-Hause, Langzeiturlaub und Sabbaticals etc.

Eine andere Untersuchung des I. P. A., in der weibliche und männliche Führungsnachwuchskräfte anonym befragt wurden, stützt diese Ergebnisse. Hiernach würden knapp 60 % der weiblichen und 30 % der männlichen Führungs(nachwuchs)kräfte gerne Teilzeit arbeiten, allerdings nur, wenn sich dies nicht nachteilig auf die Karrierechancen auswirken würde (AUTENRIETH, CHEMNITZER & DOMSCH, 1993, S. 116 ff.).

Die Gründe für Mobilzeitwünsche sind sehr vielfältig. Sie reichen von Freizeiten für Weiterbildung (neun Monate Job, drei Monate Promotion pro Jahr oder vier Jahre Vollzeit arbeiten, ein Jahr Sabbatical für ein MBA-Studium in den Staaten = fünf Jahre Teilzeitgehalt) über ehrenamtliches Engagement in Vereinen etc. bis zur Pflege von Angehörigen (Eltern, Kinder etc.).

Einige Unternehmen haben die Notwendigkeit zu innovativen Ansätzen auch im Führungskräftebereich eingesehen bzw. sind von den Vorteilen eines solchen Vorgehens überzeugt. So arbeiten mittlerweile aufgrund der Erfolge des Mobilzeitprojektes bei den beratenen Unternehmen männliche und weibliche Führungskräfte in unterschiedlichen Hierarchiestufen, von der Gruppen- bis zur Bereichsleiterposition, in Mobilzeit. Hierzu gehören u. a. Otto Versand, Volksfürsorge, Deutsche Shell, Techniker Krankenkasse, Landesbanken (Hamburgische, Bremer, Schleswig-Holsteinische und NordLB) und Globetrotter. Repräsentativ für die bundesdeutsche Wirtschaft sind diese Unternehmen nicht. So ergab die Studie über hamburgische Wirtschaftsunternehmen, daß diese nur 26,4 % der Führungskräfte eine Verkürzung der Arbeitszeit an allen Arbeitstagen anbieten im Vergleich zu 78,8 % der tariflichen Fachkräfte. In bezug auf Job Sharing sind die Zahlen noch deutlicher. Nur 6,9 % der Führungskräfte erhalten die Möglichkeiten, Job Sharing in Anspruch zu nehmen, gegenüber immerhin 43,2 % der tariflichen Fachkräfte (DOMSCH, HADLER & KRÜGER, 1994, 89 ff.).

2.3 Dimensionen der Arbeitszeitflexibilisierung für Führungskräfte

Flexibilisierungsformen von Arbeitszeit für Führungskräfte, sowohl chronologisch als auch chronometrisch, können im Rahmen bestimmter Bandbreiten grundsätzlich stark variieren. Die nachfolgende Abbildung stellt die für Variationen relevanten Dimensionen dar (vgl. Abbildung 1).

Arbeitszeitflexibilisierung ist von mindestens drei Dimensionen abhängig: Von der Dauer der Arbeitszeit, von der Verteilung der Arbeit auf Bezugszeiträume und dem im Unternehmen realisierten bzw. realisierbaren Flexibilisierungsgrad, zwischen verschiedenen Modellen wechseln zu können. Die Dauer der Arbeitszeit ist auf einer Skala zwischen 19,5 und 40 Stunden eingegrenzt. Grundsätzlich könnten auch weniger bzw. mehr wöchentliche durchschnittliche Arbeitsstunden einbezogen werden. Eine Betrachtung der Möglichkeiten der Arbeitszeitflexibilisierung in diesem dreidimensionalen Raum zeigt auf, welcher fast unbegrenzte Spielraum für Modellentwicklungen vorhanden ist. Ausgehend von dem noch in vielen Unternehmen vorherrschenden Status quo (I) (vgl. Abbildung 1), in dem die Führungskräfte gezwungen werden, im Rahmen einer starren Relegung 40 oder mehr Stunden von Montag bis Freitag durchzuarbeiten, sind Entwicklungen in alle Richtungen des Raumes möglich. Wird nur ein Parameter variiert (ceteris paribus), werden z.B. nur chronometri-

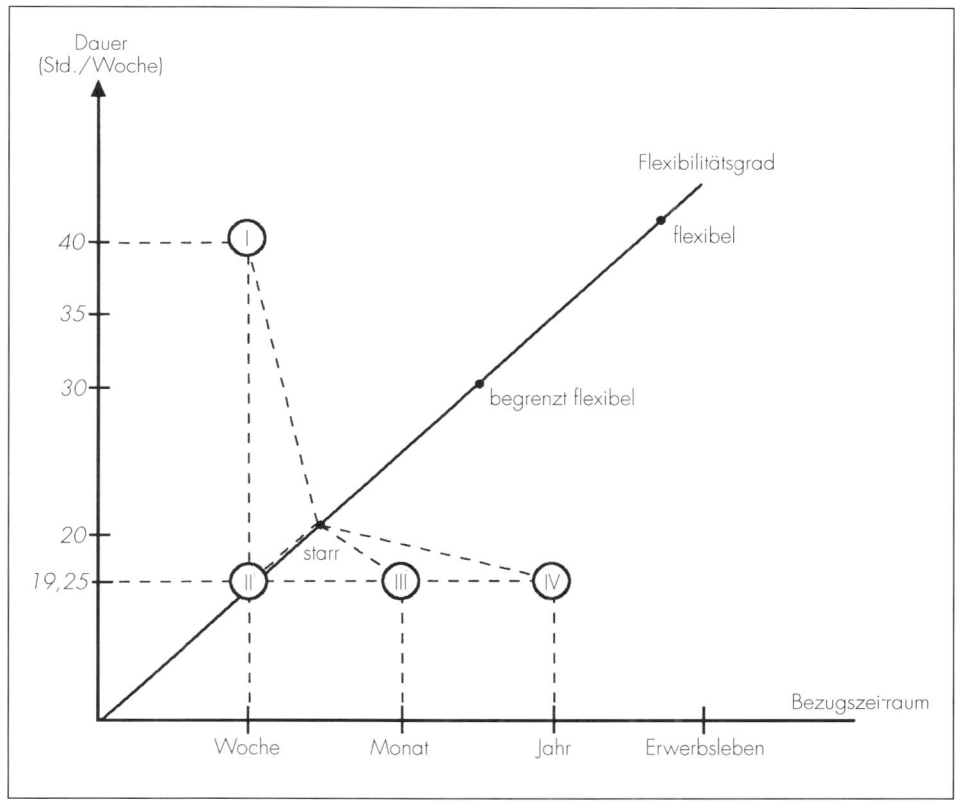

Abb. 1: Dimensionen der Arbeitszeitflexibilisierung

sche oder nur chronologische Flexibilisierungsansätze verwirklicht. Eine gleichzeitige Kombination beider Ansätze führt zu ganz neuen Modellansätzen. Für alle weiteren Diskussionen und für eine Versachlichung des Themas wäre es wünschenswert, in Zukunft diese Dimensionen wertfrei anzunehmen und kreativ unter Berücksichtigung der betrieblichen und persönlichen Bedürfnisse gangbare Arbeitszeitflexibilisierungsansätze auszuarbeiten. Die folgende Darstellung einer Auswahl von Möglichkeiten soll als Anregung für eigene Konzepte dienen:

— Das klassische Beispiel für chronometrische Arbeitszeitflexibilisierung ist die halbierte Blockteilzeitarbeit (II). Die Führungskraft arbeitet die Hälfte der Normalarbeitszeit (z. B. 19,25 Stunden), z. B. nur vormittags oder nur nachmittags an fünf Tagen in jeder Woche oder je 2,5 Tage pro Woche.
— Bezogen auf einen Arbeitsmonat (III) kann die Teilzeitarbeit im Wechsel von wochenweiser Ganztagsarbeit mit wochenweiser Ganztagsfreizeit realisiert werden.
— Erweitert man den Bezugszeitraum auf eine Jahresbetrachtung (IV), können Vollzeitarbeitsmonate Vollzeitfreizeitmonate ablösen oder ein Jahreshälftenwechsel eingeführt werden.

Ein Beispiel der Teilzeitarbeit bei Bahlsen zeigt auch die Kombinationsmöglichkeiten dieser Ansätze. Mit einer Führungskraft wurde ein Jahresarbeitsvertrag geschlossen mit sowohl chronologischen als auch chronometrischen Regelungen:

— Grundarbeitszeit: Dienstag und Donnerstag Vollzeit (fix)
— Verpflichtung zur Arbeitsleistung an 12 Tagen im Monat im Durchschnitt
— 8–9 Tage pro Monat fixe Arbeitszeit, 3–4 Tage pro Monat können nach Bedarf eingesetzt werden, z. B. auch über mehrere Monate angesammelt werden
— Kontinuierliches Entgelt von 55 % des Vollzeitentgeltes.

Grundsätzlich können alle diese Modelle starr, begrenzt flexibel oder vollständig flexibel gehandhabt werden, d. h. Wechsel zu anderen Arbeitsmodellen sind grundsätzlich nicht, nur periodisch (z. B. alle zwei Jahre) oder prinzipiell jederzeit möglich. Aus Praktikabilitätsgründen (insbesondere abrechnungstechnisch und organisatorisch) ist eine vollständig flexible Handhabung individueller Arbeitszeiten wohl schwerlich möglich. Eine jährliche oder zweijährliche Wechselmöglichkeit gibt der Führungskraft hinreichend persönliche Spielräume und dem Unternehmen den zur Arbeitsplanung notwendigen Zeithorizont. In den Unternehmensleitungen wird man sich auch auf eine bestimmte (begrenzte) Anzahl von Modellen einstellen wollen.

2.4 Mobilzeitmodelle (Beispiele)

Ein Effekt, der mit der Flexibilisierung der Arbeitszeit von Führungskräften einhergehen kann, ist die Aufteilung und/oder Umstrukturierung der ursprünglichen Arbeitsinhalte der Führungskraft. Auch hier ist wieder grundsätzlich eine Vielzahl von Teilungsmodellen möglich (vgl. Abbildung 2).

Eine Führungskraft kann ihre Arbeitszeit z. B. um einen bestimmten Prozentsatz (10 %, 20 %, 30 % oder mehr) verkürzen. Im Umfang dieser Kürzung kann die Arbeit durch Umstrukturierung und Delegation an unter-, gleich- oder übergeordnete Positionen neu verteilt werden. Die Teilung der Führungs- oder Managementtätigkeit kann zeitlich erfolgen, d. h. die Führungskraft behält ihr volles ursprüngliches Arbeitsvolumen, und in den Zeiten der Abwesenheit wird dieses von Stellvertretungen aus-

Teilungsmodelle	

1 Person
1 Position
(100%)
	• Reduzierung der Arbeitszeit (z.B. um 10%, 20%, 30% oder 50%
	• Umstrukturierung der Arbeit
	• Delegation an unter- oder übergeordnete Stellen
	  (Arbeitsfamilie) (z.B. 70% → 30%)
	  – inhaltlich
	  – zeitlich
	•
	•

2 Personen
1 Position
(100%)
	• Job Sharing (50% / 50%)
	• rein zeitliche Teilung (s.o.)
	• rein inhaltliche Teilung (s.o.)
	  – ohne Führungsteilung
	  – mit Führungsteilung
	• Kombination zeitliche/inhaltliche Teilung (s.o)
	• Teilung und Delegation an Arbeitsfamilie (z.B. 40% / 40% → 20%)
	•
	•

3 Personen
2 Positionen
(200%)
	• je 2/3 inhaltlich oder zeitlich (66% / 66% / 66%)
	• rein zeitliche Teilung (s.o.)
	• rein inhaltliche Teilung (s.o.)
	  – ohne Führungsteilung
	  – mit Führungsteilung
	• Kombination zeitliche/inhaltliche Teilung (s.o.)
	• Teilung und Delegation an Arbeitsfamilie (z.B. 60% / 60% / 60% → 20%)
	•
	•

• • •	

Abb. 2: Teilungsmodelle für Führungskräfte (Beispiele)

geführt. Eine andere Möglichkeit besteht in der inhaltlichen Teilung durch die Aufspaltung in kleinere Funktionsfelder, womit auch dem strategischen Postulat kleinerer Unternehmenseinheiten Rechnung getragen werden würde. Dies würde die Flexibilisierung der Organisation erhöhen und eine Implementation von Lean Management unterstützen.

Der klassische Fall der Arbeitsteilung, das sog. Job Sharing, beinhaltet eine zeitliche Aufteilung aller Aufgaben auf zwei Führungskräfte mit gegenseitiger Vertretungsverpflichtung. Die Arbeitszeit wird ebenfalls hälftig geteilt. Dies bedeutet insbesondere bei Führungskräften, die davon ausgehen, daß ihre Arbeit nicht in einer 40-Stunden-Woche zu erledigen ist, daß diese Aufteilung z.B. auf zweimal 25 oder 30 Stunden hinausläuft. Auch hier ist eine inhaltliche Teilung dergestalt möglich, daß z.B. eine Abteilungsleitung mit einer Kontrollspanne von sechs Gruppenleitungen aufgeteilt wird in zwei Abteilungsleitungen mit jeweils drei Gruppenleitungen. In diesem Falle würde auch die Problematik der gemeinsamen Führung von Mitarbeitern wegfallen, die bei einer inhaltlichen Teilung ohne Führungsteilung auftritt. Das Resultat einer Neustrukturierung kann auch sein, daß z.B. aus einem ursprünglichen 50-Stunden-Job zweimal 20 Stunden qualifizierte Führungstätigkeit abgegrenzt und 10 Stunden weniger qualifizierte Sachbearbeitungstätigkeit an eine untergeordnete Position delegiert werden. Diese Teilungsbeispiele sind z.B. für zwei Positionen und drei Personen analog durchführbar.

Am folgenden Beispiel einer Gruppenleitungsposition „EDV-Anwendungsentwicklung" wird deutlich, wie gut auch hochqualifizierte Führungskräfte mit Spezialkenntnissen in Mobilzeit arbeiten können (vgl. Abbildung 3).

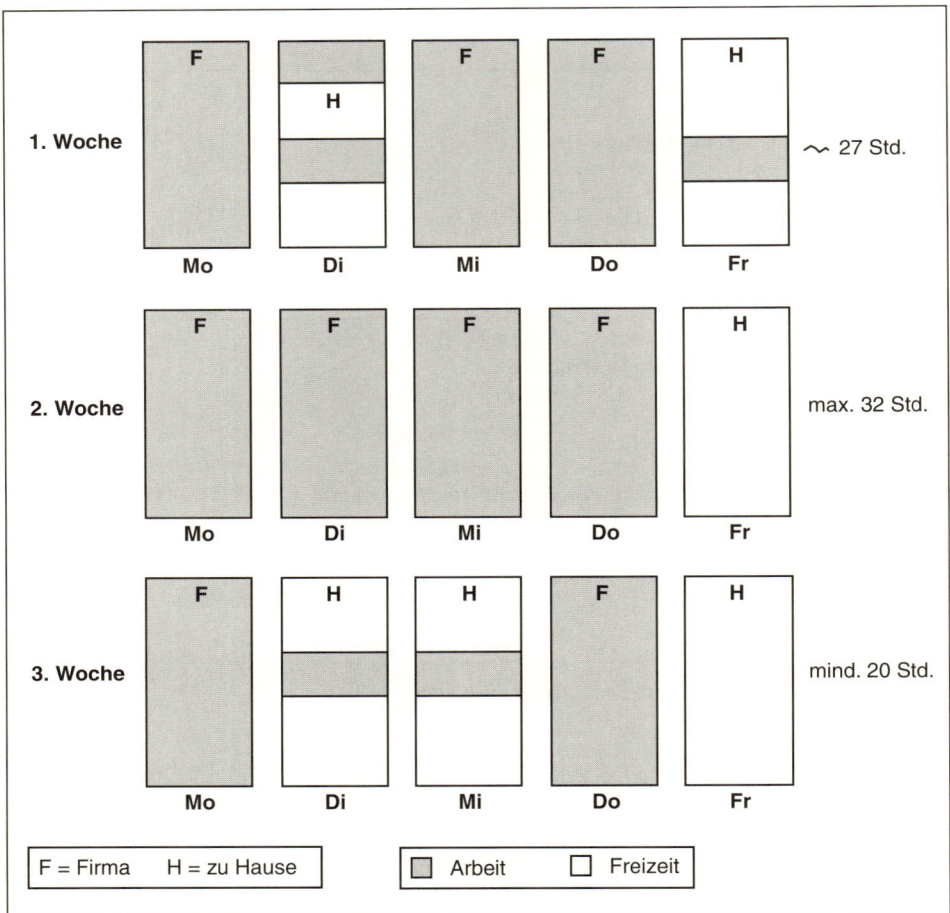

Abb. 3: Mobilzeit Gruppenleitung EDV-Anwendungsentwicklung

Die Gruppenleitung hat in diesem Mobilzeitmodell die volle Projektverantwortung für verschiedene Anwendungsentwicklungen gleichberechtigt mit den übrigen vier Gruppenleitungen in dieser Abteilung. Das Projektteam dieser Gruppenleitung wird je nach Entwicklungsauftrag zusammengestellt (virtuelle Vorgesetztenfunktion) und besteht aus 5–15 Mitarbeitern je nach Projektgröße. Die dargestellte Gruppenleitung kehrte aus dem Erziehungsurlaub zurück und arbeitet zunächst für die nächsten drei Jahre auf 72 % des Vollzeitjobs (Reduzierung von 37,5 auf 27 Std. pro Woche). In Abstimmung mit dem Vorgesetzten und dem Projektteam wird die Arbeitszeit flexibel gestaltet. Montags ist grundsätzlich fest ganztags als Gesprächstag/Meetingtag eingeplant. Die Arbeit wird mit Telearbeit zu Hause kombiniert. Die Abb. 3 zeigt beispielhaft drei mögliche Wochenarbeitszeitausprägungen dieser Position. Die Höhe der Arbeitszeit richtet sich flexibel nach dem Projektbedarf zwischen max. 32 und min. 20 Std. pro Woche. Das Unternehmen hat den Vorteil, diese qualifizierte, erfahrene Mitarbeiterin halten zu können und dank dieses Modells produktiv für das Unternehmen einsetzen zu können. Der Mitarbeiterin wird die Vereinbarkeit von Familie und Beruf ermöglicht.

Abbildung 4 zeigt die Position Abteilungsleitung Rechtsabteilung. Der Positionsinhaber leitet drei Gruppen der Rechtsabteilung einer großen Bank mit insgesamt 17 Mitarbeitern. Das Mobilzeitmodell sieht eine Arbeitszeitreduzierung auf 85% vor. Mo/Di/Do wird Vollzeit in der Firma gearbeitet, Di/Do Teilzeit von zu Hause aus.

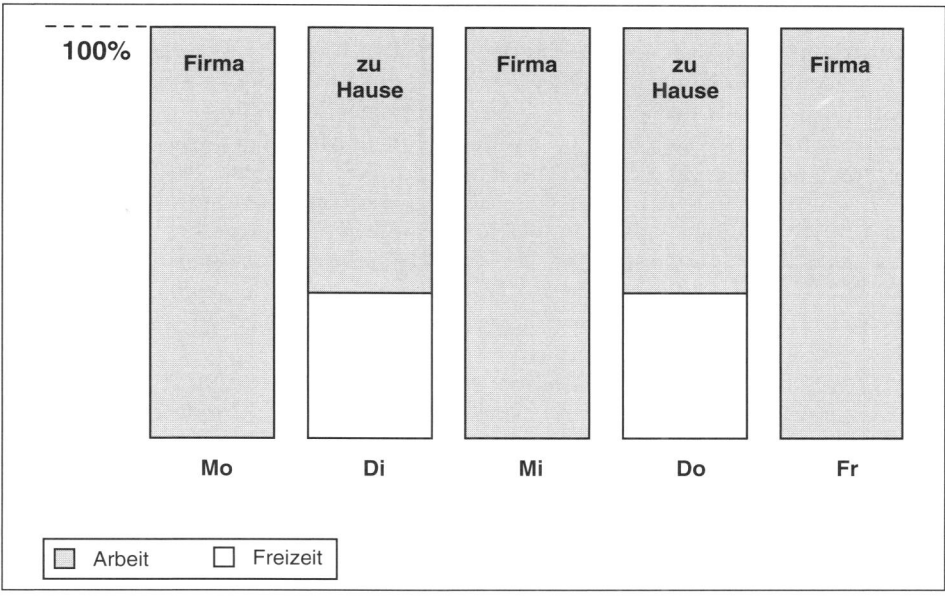

Abb. 4: Mobilzeit Abteilungsleitung Rechtsabteilung

Der Mitarbeiter spart an den zwei Heimarbeitstagen täglich zwei Stunden Fahrzeit, da die Firma sich in der Innenstadt befindet und er einen langen Anfahrtsweg hat. Die 15% Zeitreduzierung dieses Modells führen aufgrund der Einkommensprogression zu einer nur 10%igen Nettoeinkommensreduzierung. Der Mitarbeiter kann juristische Fachausarbeitungen/Konzepte/Strategien/Planungen etc. konzentrierter zu Hause ausarbeiten. Er ist drei Tage in der Woche für seine Mitarbeiter direkt ansprechbar und zwei Tage telefonisch/per Fax/e-mail zu erreichen. Der positive private Effekt: Er kümmert sich an den zwei Tagen nachmittags um seine schulpflichtigen Kinder und ermöglicht seiner Frau somit die Ausweitung ihrer Teilzeitarbeit auf entsprechend drei halbe und zwei volle Tage.

Die Beispiele zeigen, daß der Kreativität wenigstens theoretisch keine Grenzen gesetzt sind und schon kleine Modifikationen erhebliche positive Wirkungen zeigen können.

3.　Implementation von Arbeitszeitflexibilisierung

Eine erfolgreiche Implementation hat sich zunächst mit den Chancen und Risiken flexibler Arbeitszeitsysteme auseinanderzusetzen. Daran anschließend wird ein Phasenkonzept für einen möglichen Ablauf einer Implementation als Vorschlag erörtert.

3.1　Chancen und Risiken

Die Arbeit einer Führungs(nachwuchs)kraft könne nicht in Teilzeit bewältigt werden, so der erwähnte gängige Tenor in der Wirtschaft (AUTENRIETH, CHEMNITZER & DOMSCH, 1993, S. 111 f.). Sowohl bei weiblichen als auch bei männlichen Führungs(nachwuchs)kräften überwiegt zwar die Karrieremotivation gegenüber der Freizeitorientierung. Sie zeigen eine hohe Bereitschaft, sich in der Organisation zu engagieren, sind aber zunehmend weniger bereit, dies auf Kosten der Familie und Freizeit zu leisten. In vielen Unternehmen ist die Unternehmenskultur noch nicht reif genug, sich dieses Themas sachlich und rational anzunehmen. Meinungen wie die folgenden, entnommen aus einer Studie zur Teilzeitarbeit für Führungskräfte des I.P.A. Institut für Personalwesen und Arbeitswissenschaft (vgl. DOMSCH, KLEIMINGER, LADWIG & STRASSE, 1998), bremsen jegliche Innovationen auf diesem Gebiet erheblich:

Eine junge Führungsnachwuchskraft, die regelmäßig um 8:00 Uhr kommt und schon um 17:00 Uhr gehen will, bekommt zu hören: „Haben Sie etwa einen Teilzeitarbeitsvertrag? Wenn Sie bei uns etwas werden wollen, müssen Sie schon mehr Einsatz zeigen!"

Oder:

„Wichtige Unternehmenspolitik wird erst gemacht, wenn die normalen Angestellten nach Hause gegangen sind. Dann wandert der Geschäftsführer durch das Unternehmen, so zwischen 19:00 Uhr und 20:00 Uhr, schaut, wer von den Leitenden noch da ist, und klönt informell mit dem einen oder anderen. In dieser entspannten Atmosphäre wurden schon häufig Neubesetzungen, Beförderungen und wichtige neue Projekte ausgehandelt."

Leider dominieren also immer noch auf allen Ebenen, in allen Funktionsbereichen massive Widerstände und teilweise irrationale Vorurteile das Diskussionsfeld. Einige Beispiele für irrationale Argumentationen sollen weitere Interviewzitate der oben genannten Studie dokumentieren:

„Wir haben kein richtiges Ablagesystem. Die Kunst ist es, im ganzen Hause Informationen zusammenzutragen, um z. B. ein Konzept erarbeiten zu können. Nur durch meine jahrzehntelange Erfahrung weiß ich, wo was ist. Das kann ich nicht delegieren, deshalb ist meine Position auch nicht teilbar. Sollte ich mal die Position wechseln, was ich nicht beabsichtige, würde der Laden hier zusammenbrechen."

Hier wird deutlich, daß es nicht um eigentliche Teilungs-, sondern vielmehr um Organisationsprobleme des betreffenden Unternehmens geht.

„Ich arbeite gerne und würde niemals mit einer Teilzeitarbeit zufrieden sein. Ich habe zugegebenermaßen eine hohe Arbeitsbelastung, aber von Führungskräften in meiner Position erwartet man, daß sie damit fertig werden und diese Herausforderung annehmen. Konzepte z. B. kann ich nur am Wochenende in Ruhe zu Hause erarbeiten, weil meine Mitarbeiter und Kunden mich in der Woche nicht dazu kommen lassen."

In diesem Fall ist der Interviewpartner schon so stark sozialisiert worden, daß er seine derzeitige Arbeitsbelastung akzeptiert und organisatorische Veränderungen, die ihm ggf. Erleichterungen verschaffen könnten, gar nicht im Bereich des Möglichen sieht. Damit blockiert er sich eventuell auch für Diskussionen über Teilzeit für Führungskräfte generell oder auch speziell in seinem Verantwortungsbereich.

„Eine Führungskraft in Teilzeit bedeutet automatisch Autoritäts- und Machtverlust. Die Mitarbeiter tanzen einem doch bald auf dem Kopf herum, und von meinen Kollegen werde ich nicht mehr mit den wichtigen Informationen versorgt."

In einer derart autoritätsorientierten Führungskultur bekommt man wirklich Probleme, wenn der Reifegrad der Mitarbeiter nicht hoch genug ist, mit den neuen Gegebenheiten (höhere Eigenverantwortung, Selbstorganisation etc.) umzugehen. In aktuellen Arbeitsformen, z.B. bei teilautonomen Arbeitsgruppen, sind Mitarbeiter mitverantwortlich für ihre Arbeitsergebnisse und deren Überprüfung. Führung bedeutet hier Mentorship und Coaching. Mitarbeiter und Führungskräfte müssen deshalb im Rahmen von speziellen Personalentwicklungsmaßnahmen in die Lage versetzt werden, mit diesen neuen Herausforderungen einer Teilzeitregelung fertig werden zu können und daraus den höchstmöglichen Nutzen für den Betrieb, die Führungskraft und die „Arbeitsfamilie" zu ziehen. Ein großer Schritt in die richtige Richtung wäre schon eine offene Diskussion auf der Grundlage einer Chancen-Risiken-Einschätzung (vgl. Abbildung 5).

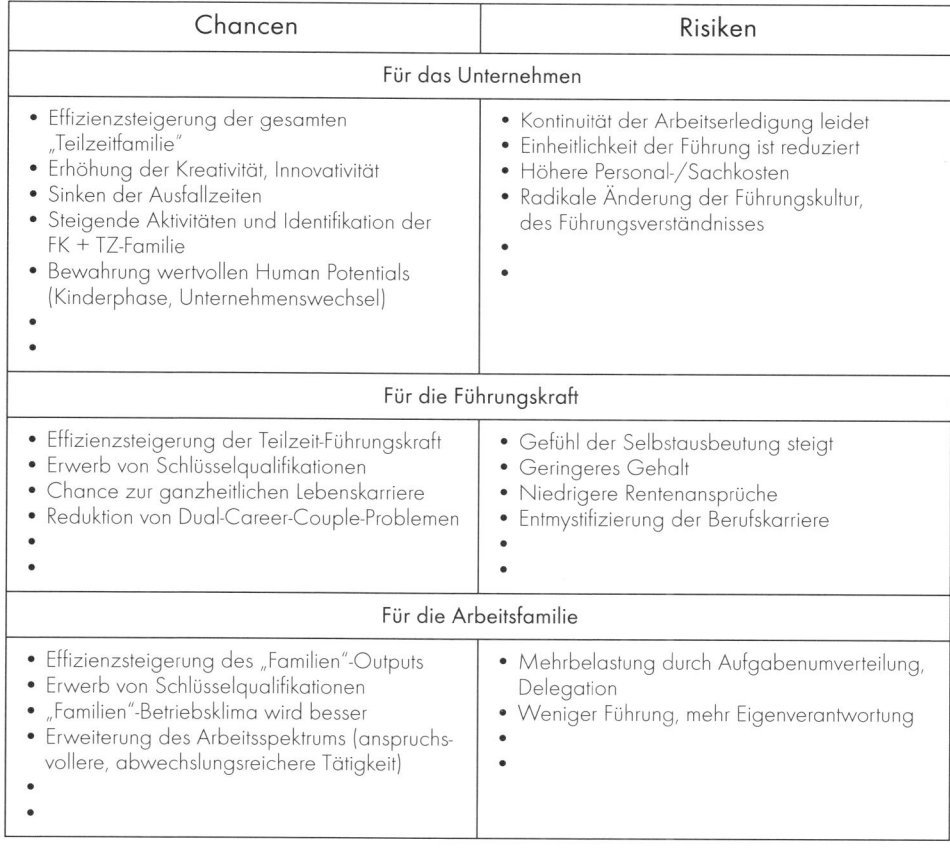

Chancen	Risiken
Für das Unternehmen	
• Effizienzsteigerung der gesamten „Teilzeitfamilie" • Erhöhung der Kreativität, Innovativität • Sinken der Ausfallzeiten • Steigende Aktivitäten und Identifikation der FK + TZ-Familie • Bewahrung wertvollen Human Potentials (Kinderphase, Unternehmenswechsel) • •	• Kontinuität der Arbeitserledigung leidet • Einheitlichkeit der Führung ist reduziert • Höhere Personal-/Sachkosten • Radikale Änderung der Führungskultur, des Führungsverständnisses • •
Für die Führungskraft	
• Effizienzsteigerung der Teilzeit-Führungskraft • Erwerb von Schlüsselqualifikationen • Chance zur ganzheitlichen Lebenskarriere • Reduktion von Dual-Career-Couple-Problemen • •	• Gefühl der Selbstausbeutung steigt • Geringeres Gehalt • Niedrigere Rentenansprüche • Entmystifizierung der Berufskarriere • •
Für die Arbeitsfamilie	
• Effizienzsteigerung des „Familien"-Outputs • Erwerb von Schlüsselqualifikationen • „Familien"-Betriebsklima wird besser • Erweiterung des Arbeitsspektrums (anspruchsvollere, abwechslungsreichere Tätigkeit) • •	• Mehrbelastung durch Aufgabenumverteilung, Delegation • Weniger Führung, mehr Eigenverantwortung • •

Abb. 5: Chancen und Risiken der Arbeitszeitflexibilisierung für Führungskräfte (Beispiele)

1. Phase	Information und Diskussion
	– Sensibilisierung/Akzeptanzerhöhung – Betriebsinterne Vorträge (nach Zielgruppen, z.B. alle Führungskräfte) – Informationsveranstaltungen, Workshops – Firmenrundschreiben – Integration der Teilzeitproblematik in allgemeine Führungsseminare – Initiierung von Erfahrungsaustauschgruppen von Teilzeitführungskräften
2. Phase	Situationsanalyse
	– Positionsinhaber(in)bezogene Qualifikation (soziale und formale Qualifikation) – Positionsumfeldbezogene Kriterien (soziale und formale Qualifikation) – Aufgabenbezogene Kriterien (Arbeitsinhalte) – Prozeßbezogene Kriterien (Arbeitsabläufe) – Strukturbezogene Kriterien (Arbeitsstrukturen)
3. Phase	Konzeption/Design
	– Auswahl des passenden Teilungsmodells – Regelung der Arbeits-/Anwesenheitszeiten – Sicherstellung des Informationstransfers – Arbeitsorganisatorische Maßnahmen – Abstimmung der Stellvertretungsregelungen – Stellenbewertung – Kostenkalkulation – Arbeitsverträge etc.
4. Phase	Umsetzung
	– Vorbereitung (Schulungen, Training, Workshops) – Einführung (Beratung, Coaching) – Steuerung (Beratung bei Konflikten/wöchentliche Gesprächsrunden)
5. Phase	Evaluierung
	– Arbeitsaufteilung – Zeitaufteilung – Qualifikation – Stellvertretungsregelungen – Informationsstrukturen – Output-Vergleich – Arbeitszufriedenheit

Abb. 6: Phasenkonzept zur Implementation von Arbeitszeitflexibilisierung für Führungskräfte

Die Arbeitszeitflexibilisierung für Führungskräfte ist somit ein sehr komplexes, vielschichtiges Problem, dem mit Pauschal- oder Standardlösungen nicht gedient ist. Maßgeschneiderte Implementationsstrategien können helfen, diesem Problembereich erfolgreich zu begegnen.

3.2 Phasenkonzept zur Implementation

Um Arbeitszeitflexibilisierung für Führungskräfte in einem je nach Unternehmensmöglichkeiten gestalteten Umfang erfolgreich zu implementieren, sollte eine Projektgruppe aus Vertretern der Personalabteilung, der Arbeitnehmervertretung, Führungskräften und Mitarbeitern gebildet werden. Diese sollte im Rahmen eines Phasenkonzeptes möglichst alle erfolgsrelevanten Punkte einer Implementation beachten. Das in Abbildung 6 grob dargestellte I.P.A.-Phasenkonzept zur Implementation von Arbeitszeitflexibilisierung stellt ein mögliches Ablaufschema dar, welches jeweils an die unternehmensindividuellen Belange angepaßt werden muß (vgl. auch KUTSCHER et al., 1996). Grundsätzlich sollte eine derartige Arbeitszeitflexibilisierungsstrategie in eine übergreifende Unternehmensstrategie eingebunden sein.

Zur Situationsanalyse im Rahmen der zweiten Phase empfiehlt sich ein Kriterienkatalog, der nur in Auszügen in Abbildung 6 dargestellt wird (im Detail vgl. DOMSCH, KLEIMINGER, LADWIG & STRASSE, 1998, S. 97 ff.). Ein anderer Ansatz zur Überprüfung der Teilbarkeit von Führungspositionen nach Maßgabe der vorhandenen Führungssubstitute kann bei ACKERMANN eingesehen werden (ACKERMANN, 1997).

4. Ausblick: Strategisches Arbeitszeitmanagement

Die Implementation von Arbeitszeitflexibilisierung für Führungskräfte bietet sowohl Chancen als auch Risiken für alle Beteiligten. Mit Hilfe einer durchdachten Implementationsstrategie kann einerseits ein Großteil der Risiken eliminiert werden, andererseits können die Chancen effektiv genutzt werden. Die gemeinsame Zielsetzung aller Beteiligten sollte darin liegen, zu einem unternehmensweiten strategischen Arbeitszeitmanagement zu kommen. Die Maxime sollte lauten: „Zeit managen" und nicht „Zeit verschwenden" (vgl. auch den vorangehenden Beitrag von WEIDINGER, der entsprechende unternehmensweit geltende Arbeitszeitmodelle vorstellt). Die Effizienz der Leistungen sollte im Vordergrund stehen und nicht die Maximierung der Anwesenheitszeiten. Dies muß auch Eingang finden in die Beurteilungs- und Zielvereinbarungsgespräche der Vorgesetzten mit den Mitarbeitern.

Natürlich kann eine gravierende Umstrukturierung der Arbeitszeiten einen nachhaltigen Einfluß auf die Unternehmenskultur haben. Ziel ist letztendlich ein neues Führungs- und Leistungsverständnis mit ganzheitlicher Orientierung. Zur Erhöhung der Innovationsbereitschaft und -fähigkeit des kostbaren Human Potential ist dieser Ansatz der einzig zukunftsweisende.

Als Vision auch für die Führungs(nachwuchs)kräfte der Zukunft sei auf GIARINI (Club of Rome) verwiesen (GIARINI & STAHEL, 1991), der von einer gewandelten Bewertung von Arbeit ausgeht. Demzufolge sollte ein junger Mensch bereits mit 16 bzw. 18 Jahren gleitend in das Arbeitsleben mit anfangs ca. 20 Stunden eintreten und dies mit ca. 78 Jahren ebenfalls gleitend wieder verlassen. Das Erwerbsleben insgesamt ist in Arbeitsphasen unterschiedlicher Intensität aufgeteilt. Phasen reduzierter Arbeitszeit (z.B. wegen Studium, Kinder- und Altenpflege, Weiterqualifikation etc.) lösen Phasen erhöhter Arbeitszeit ab. Ein ganzheitlicher Ansatz mit integrierter Arbeitszeitflexibilisierung ist hier unentbehrlich.

Literatur

ACKERMANN, K.-F. (1997). Entwicklungsstände der MOBILZEITbeschäftigung in Industrie- und Dienstleistungsbetrieben. Analyse und Bewertung mit Hilfe eines Multikriterienkatalogs, in: Forschungsberichte: Personalmanagement und Unternehmensführung, Nr. 13, Stuttgart 1997.

AUTENRIETH, CH., CHEMNITZER, K. & DOMSCH, M. (1993). Personalauswahl und -entwicklung von weiblichen Führungskräften. Frankfurt/M., 1993.

DELLEKÖNIG, CH. (1995). Der Teilzeitmanager. Frankfurt/M. 1995.

DOMSCH, M., HADLER, A. & KRÜGER, D. (1994). Personalmanagement und Chancengleichheit. Betriebliche Maßnahmen zur Verbesserung beruflicher Chancen von Frauen in Hamburg. Im Auftrag des Senatsamtes für die Gleichstellung (Hrsg.). München, Mering, 1994.

DOMSCH, M., KLEIMINGER, K., LADWIG, D. & STRASSE, CH. (1998). Teilzeitarbeit für Führungskräfte, in: ZfO 1998, 2/1998, S. 97–100.

GIARINI, O. & STAHEL, W. R. (1991). The Limits to Certainty. Facing Risks in the New Service Economy. Dordrecht 1991.

KEESE, G. (1996). Neue Arbeitszeiten für Fach- und Führungskräfte, Hrsg. Ministerium für Wirtschaft und Verkehr, Landwirtschaft und Weinbau Rheinland-Pfalz, Mainz 1996.

KUTSCHER, J., WEIDINGER, M. & HOFF, A. (1996). Flexible Arbeitszeitgestaltung. Praxishandbuch zur Einführung innovativer Arbeitszeitmodelle. Wiesbaden 1996.

STRAUMANN, L. & HIRT, M. & MÜLLER, W. (1996). Teilzeitarbeit in der Führung. Zürich 1996.

Autorenhinweise

FRED G. BECKER, Prof. Dr. rer. pol., geb. 1955

1976–1981	Studium der Betriebswirtschaftslehre, Universität-Gesamthochschule Wuppertal und Universität zu Köln
1985/1991	Promotion/Habilitation an der Universität-Gesamthochschule Siegen
1991	Professurvertretung „Internationales Management" an der Universität der Bundeswehr München
1992–1996	Universitätsprofessor, Inhaber des Lehrstuhls für Allgemeine Betriebswirtschaftslehre, insbesondere Personal- und Organisationslehre, an der Friedrich-Schiller-Universität Jena
seit 1996	Universitätsprofessor, Inhaber des Lehrstuhls für Betriebswirtschaftslehre, insbesondere Organisation, Personal und Unternehmungsführung, an der Universität Bielefeld

KARL BERKEL, Prof. Dr. phil., geb. 1943

1975/1982	Promotion/Habilitation
1982/1987	Privatdozent an der Universität München
seit 1987	Freiberuflich tätig (Organisationsberatung, Führungstraining), Kranzberg bei München

RUDOLF BÖGEL, Dipl.-Soz., geb. 1937

1974–1980	Leiter einer heilpädagogischen Einrichtung
seit 1978	Lehraufträge an Fachschulen und Akademien
seit 1981	Mitarbeiter in Projekten des Psychologischen Instituts der Universität München
seit 1985	Lehrbeauftragter für Organisationspsychologie der Universität München

WOLFGANG BÖHM, Prof. Dr. jur., geb. 1939

1971	Promotion an der Universität Mannheim (WH)
1970–1974	Dozent für Arbeits- und Sozialrecht an der Verwaltungs- und Wirtschaftsakademie Rhein-Neckar
seit 1974	Professor für Recht (Arbeitsrecht) an der Sozialakademie in Dortmund
seit 1991	Lehrbeauftragter für Europäisches Arbeitsrecht an der Universität des Saarlandes

UWE BÖNING, Dipl.-Psych., geb. 1947

1973	Abschluß: Diplom-Psychologe
1973–1985	Berufstätigkeit als wissenschaftlicher Mitarbeiter an der Universität; Psychotherapeut in eigener Privatpraxis, Managementtrainer und Personaldirektor
seit 1985	Geschäftsführender Gesellschafter der Böning Team GmbH, Offenbach
seit 1992	Geschäftsführender Gesellschafter der Böning Consult GmbH, Frankfurt

WALTER BUNGARD, Prof. Dr. rer. pol., geb. 1945

1975/1981	Promotion/Habilitation an der Wirtschafts- und Sozialwissenschaftlichen Fakultät der Universität zu Köln
1981	Professor für Psychologie an der Fernuniversität Hagen
seit 1984	Ordinarius an der Universität Mannheim, Lehrstuhl für Wirtschafts- und Organisationspsychologie

GERHARD COMELLI, Prof., Dipl.-Psych., geb. 1941

1969–1977	Freiberufliche Tätigkeit im Bereich der Organisationspsychologie (Schwerpunkt: Führung/Kommunikation/Kooperation/Veränderungsprozesse)
seit 1977	Professor für Organisationspsychologie an der Fachhochschule Niederrhein, Abteilung Mönchengladbach

MEINOLF DIERKES, Dr. rer. pol., geb. 1941

1970	Promotion an der Universität zu Köln
1971–1973	Affiliate Associate Professor, University of Washington, Seattle, und Research Fellow, Battelle Seattle Research Center, Seattle, Wa.
1973–1981	Wissenschaftlicher Direktor der Stiftung „Gesellschaft und Unternehmen", Frankfurt
1980–1987	Präsident des Wissenschaftszentrums Berlin für Sozialforschung
1987–1988	Visiting Professor, School of Business Administration der University of California, Berkeley
seit 1989	Professor für Technik- und Wissenschaftssoziologe an der TU Berlin

MICHEL E. DOMSCH, Prof. Dr. rer. oec., geb. 1941

1968/1974	Promotion/Habilitation an der Universität Bochum
1969–1971	Mitarbeiter am USW Universitätsseminar der Wirtschaft, Erftstadt, Harvard Business School (Cambridge, USA)
1972–1978	Projektleiter/Bereichsleiter im Deutschen BP AG-Konzern
seit 1978	Univ.-Professor für Betriebswirtschaftslehre an der Universität der Bundeswehr Hamburg; Vorsitzender des I.P.A. Instituts für Personalwesen und Arbeitswissenschaft; Leitung der F. G. H. Forschungsgruppe Hamburg

HERBERT E. EINSIEDLER, Dr. rer. pol., geb. 1952

1969–1972	Bankkaufmann bei der Deutschen Bank AG
1980/1985	Dipl.-Kaufmann/Promotion an der Universität Bayreuth
1980–1986	Dozent, Wissenschaftlicher Mitarbeiter und Projektleiter am USW Universitätsseminar der Wirtschaft, Erftstadt
1986–1990	Leiter des Management- und Mitarbeitertrainings der Digital Equipment GmbH, München
1990–1993	Hauptbereichsleiter Führungsentwicklung, dann Prokurist und Leiter Personal & Organisation der Markt & Technik Verlag AG, Haar
1993–1997	Hauptabteilungsleiter Personalentwicklung und Grundsatzfragen, ARAG, Allgem. Rechtsschutzversicherungs AG, Düsseldorf
seit 1997	Leiter Personal und Recht, Pfaff AG, Kaiserslautern

Heinz Evers, Dr. Dipl.-Ökonom, geb. 1941

	Studium der Wirtschaftswissenschaften, Promotion an der Universität Bochum
seit 1974	Leiter der Kienbaum Vergütungsberatung, Gummersbach
seit 1982	Geschäftsführer der Kienbaum Personalberatung GmbH
seit 1989	Gesellschafter der Kienbaum und Partner GmbH

Heidrun Friedel-Howe, Prof. Dr. rer. pol., geb. 1943

1979/1986	Promotion an der Universität Augsburg/Habilitation in Psychologie an der Universität München
1985–1990	Beauftragte für Weiterbildung an der Universität der Bundeswehr, München
1991–1995	Professorin für Organisation an der Universität der Bundeswehr München, Fachbereich Betriebswirtschaft
seit 1995	Professur für Organisationspsychologie unter besonderer Berücksichtigung des Personalmanagements an der Universität der Bundeswehr München, Fachbereich Betriebswirtschaft

Hilke Ganslmeier, Dr. oec. publ., geb. 1963

1991	Abschluß: Diplom-Kaufmann an der Universität Erlangen-Nürnberg
1992–1997	Wissenschaftliche Mitarbeiterin am Lehrstuhl für Allgemeine Betriebswirtschaftslehre, insbesondere Personal- und Organisationslehre, an der Friedrich-Schiller-Universität Jena
1996	Promotion an der Universität Zürich
seit 1997	Prozeßberaterin bei der Siemens AG, München

Diether Gebert, Prof. Dr., geb. 1940

1972/1976	Promotion in Psychologie/Habilitation
1972–1975	Wissenschaftlicher Assistent am Institut für Psychologie der Universität München
1980–1991	Professor für Betriebswirtschaftslehre, insbes. Betriebliches Personalwesen und Führungslehre, Universität Bayreuth
seit 1991	Professor an der TU Berlin

Friedrich Haeberlin, Prof. Dr. disc. pol., geb. 1938

	Studium der Psychologie an den Universitäten Erlangen, Münster und Göttingen
1970	Promotion an der Wirtschafts- und Sozialwissenschaftlichen Fakultät der Universität Göttingen
1970–1973	Wissenschaftlicher Oberrat am Sozialwissenschaftlichen Institut der Bundeswehr in München
seit 1973	Professor für Methoden der empirischen Sozialforschung an der Universität der Bundeswehr Hamburg

Peter Heintel, Prof. Dr. phil., geb. 1940

1968/1973	Habilitation für das Gesamtgebiet der Philosophie/zusätzliche Habilitation für das Gebiet der Gruppendynamik
1968–1970	Lehrstuhlvertreter an der evangelisch-theologischen Fakultät an der Universität Wien für Religionsphilosophie
seit 1971	o. Professor an der Hochschule für Bildungswissenschaften Klagenfurt
1974–1977	Rektor der Universität für Bildungswissenschaften Klagenfurt
seit 1979	Institutsvorstand des Interuniversitären Forschungsinstituts für Fernstudien der österreichischen Universitäten

Laila M. Hofmann, Dipl.-Kfm., geb. 1963

	Studium der Betriebswirtschaftslehre in Nürnberg
1989–1992	Personal- und Entsendungsreferentin bei Messerschmitt-Bölkow-Blohm/DASA in München und Paris
1992–1997	Wissenschaftliche Mitarbeiterin und Dozentin am USW, Universitätsseminar der Wirtschaft, Schloß Gracht, Erftstadt bei Köln
seit 1997	Leiterin des Kompetenzzentrums „Führung und Personalmanagement" am USW, Schloß Gracht

Eduard Jochum, Prof. Dr. rer. pol., geb. 1950

1978–1984	Wissenschaftlicher Mitarbeiter und Projekt-Gruppenleiter am Institut für Personalwesen und Arbeitswissenschaft der Universität der Bundeswehr Hamburg
1984–1988	Personalwesen, Dr.-Ing. h.c. F. Porsche AG, Entwicklungszentrum Weißach
1986	Promotion an der Universität der Bundeswehr Hamburg
1988–1994	Leiter der Personalabteilung, Wandel & Goltermann GmbH & Co., Eningen
seit 1994	Professur an der Hochschule für Bankwirtschaft, Frankfurt a. M.
seit 1996	Gesellschafter der Dialog Consult GmbH Unternehmensberatung, Stuttgart und Ratingen

Peter V. Kierysch, Dipl.-Bw., geb. 1948

1974–1979	Personalgruppenleiter, 3M Deutschland GmbH, Neuss
1979–1984	Leiter Personalreferat, Nixdorf Computer AG, Düsseldorf
1984–1989	Leiter Personalentwicklung/Obere Führungskräfte/Zentrales Ausbildungswesen, VAW Aluminium AG, Bonn
1989–1992	Leiter Personal- und Organisationsentwicklung, Bayer-Konzern, Geschäftsbereich Informationstechnik/AGFA
seit 1992	Leiter Personal, IKB Deutsche Industriebank AG, Düsseldorf

Alfred Kieser, Prof. Dr., geb. 1942

1969/1973	Promotion/Habilitation an der Universität zu Köln
1974–1977	Professor für Organisation und Personalwirtschaft an der Freien Universität Berlin
seit 1977	Lehrstuhl für Allgemeine Betriebswirtschaftslehre und Organisation an der Universität Mannheim

Ewald E. Krainz, Dr. phil., geb. 1950

1975	Promotion im Fach Psychologie
1976–1982	Aufbau und Leitung einer psychologischen Beratungsstelle für Studierende an der Universität Klagenfurt
seit 1982	Mitglied des Instituts für Philosophie an der Universität Klagenfurt; Fachbereich Gruppendynamik, Organisationsentwicklung, Arbeitspsychologie; Forschung und praktische Beratungstätigkeit

Maria Krüger-Basener, Dipl.-Kfm./Dipl.-Psych., geb. 1952

1980–1984	Wissenschaftliche Mitarbeiterin am Institut für Personalwesen und Arbeitswissenschaft (I.P.A.), Universität der Bundeswehr Hamburg
1984–1988	Mitarbeiterin der Landesgirokasse, Stuttgart – Personalpolitik/Grundsatzfragen und Personalreferentin
1988–1989	Projektleiterin am Institut für Personalwesen und Arbeitswissenschaft (I.P.A.), Universität der Bundeswehr Hamburg
seit 1989	Projektleiterin beim INPUT Institut für Personal- und Unternehmensmanagement, Paderborn

Désirée H. Ladwig, Dr. rer. pol., geb. 1964

1989/1994	Diplom-Kauffrau/Diplom-Volkswirtin
1990–1995	Wissenschaftliche Mitarbeiterin am I.P.A. Institut für Personalwesen und Arbeitswissenschaft, Universität der Bundeswehr Hamburg, Promotion Dr. rer. pol.
seit 1990	Projektleiterin der F.G.H. Forschungsgruppe Hamburg; seit 1995 Geschäftsführung
1995–1998	Projektleitung: „Mobilzeitberatung für qualifizierte Fach- und Führungskräfte" im Auftrag des Bundesministeriums für Familie, Senioren, Frauen und Jugend (BMFSFJ)
seit 1997	Gesamtkoordination des EU-Netzwerkes „Families, Work and Intergenerational Solidarity" der Europäischen Kommission

Bianka Lichtenberger, Dipl.-Volksw., geb. 1959

1983	Abschluß: Diplom-Volkswirtin an der Universität Freiburg im Breisgau
1983–1988	Ausbildung zur Wirtschaftsjournalistin im Holtzbrinck Verlag/Redakteurin beim Handelsblatt, Wirtschaftswoche und Manager Magazin für Unternehmensberichterstattung und Managementfragen
1988–1991	Wissenschaftliche Mitarbeiterin am Institut für Personalwesen und Arbeitswissenschaft der Universität der Bundeswehr Hamburg
1991–1992	Sachverständige für Unternehmens- und Managemententwicklung bei der Internationalen Arbeitsorganisation (ILO), Genf
seit 1993	Leiterin Human Resources Development, Alusuisse-Lonza Hold., Zürich

KLAUS LINNEWEH, Prof. Dr. disc. pol., geb. 1942

1968/1970	Abschluß zum Diplom-Sozialwirt/Promotion
1970–1973	Wissenschaftlicher Mitarbeiter am Battelle-Lehrstuhl für wissenschaftliche Führungsmethoden am USW
1974	Gründung des Instituts für systematische Innovation, Hannover, und Professor an der Fachhochschule Hannover
1979	Ernennung zum Professor für angewandte Sozialpsychologie

KATHRIN MÖSLEIN, Dipl.-Inform., geb. 1966

1987	Studium der Informatik mit Studienrichtung Wirtschaftswissenschaften an der TU München und der Eidgenössischen Technischen Hochschule Zürich
1993	Abschluß: Diplom-Informatiker an der TU München
seit 1994	Wissenschaftliche Mitarbeiterin am Lehrstuhl für Allgemeine und Industrielle Betriebswirtschaftslehre der TU München

SOPHIE MÜTZEL, B.A., geb. 1971

1990–1993	Studium der Politikwissenschaften, University of California, Santa Cruz und Berkeley; Abschluß: Bachelor of Arts
seit 1993	Research Assistant am Wissenschaftszentrum Berlin

OSWALD NEUBERGER, Prof. Dr., geb. 1941

1967–1977	Mitarbeiter am Institut für Psychologie der Universität München
1970/1975	Promotion/Habilitation
1977–1980	Professor für Organisationspsychologie an der Hochschule der Bundeswehr München
seit 1980	Lehrstuhl für Psychologie an der Wirtschafts- und Sozialwissenschaftlichen Fakultät der Universität Augsburg

PETER NEUMANN, Dr., geb. 1945

1976	Promotion an der Universität München
seit 1975	Dozent an der Bayerischen Akademie der Werbung, München
seit 1977	Wissenschaftlicher Assistent und Akademischer Rat am Psychologischen Institut der Universität München
seit 1982	Geschäftsführer der Arbeitsgruppe Wirtschaftspsychologie, Forschungs- und Wissenstransfer, München

PETER PAWLOWSKY, Prof. Dr. rer. pol., geb. 1954

1979	Diplom-Sozialwirt an der Georg-August Universität Göttingen
1980–1986	Forschungsstelle Sozialökonomik der Arbeit, Freie Universität Berlin, Promotion
1986–1989	Referent für gesellschaftspolitische Fragen; Carl-Bertelsmann-Preis in der Bertelsmann-Stiftung, Gütersloh
1989–1994	Forschungsstelle Sozialökonomik der Arbeit, FU Berlin – Arbeitsbereich Prof. Strümpel; Leiter der Forschungsstelle
1994	Habilitation an der Universität Paderborn

| seit 1994 | Professur an der Technischen Universität Chemnitz, Fakultät für Wirtschaftswissenschaften, Lehrstuhl Personal und Führung und Direktor der Forschungsstelle Sozialökonomie der Arbeit |

ERIKA REGNET, Prof. Dr. rer. pol., geb. 1962

1987	Abschluß: Diplom-Psychologin an der Universität München
1987–1992	Dozentin und Projektleiterin am USW Universitätsseminar der Wirtschaft, Erftstadt
1991	Promotion an der Universität Bayreuth, Fachbereich Betriebswirtschaftslehre
1992–1995	Leiterin Personalentwicklung bei der Kreditanstalt für Wiederaufbau, Frankfurt
1995–1996	Geschäftsführerin der VÖB-Berufsbildungs-Serviceeinheit GmbH, Bonn
seit 1997	Professorin für Personalwirtschaft und Allgemeine BWL, Fachhochschule Würzburg-Schweinfurt-Aschaffenburg

RALF REICHWALD, Prof. Dr. rer. pol. Dr. h.c., geb. 1943

1965–1970	Studium der Betriebswirtschaftslehre an den Universitäten Marburg, Bonn und München
seit 1975	Professur für Produktionswirtschaft und Arbeitswissenschaft an der Universität der Bundeswehr München
seit 1987	Inhaber des Lehrstuhls für Allgemeine Betriebswirtschaftslehre an der Universität der Bundeswehr München
seit 1990	Inhaber des Lehrstuhls für Allgemeine und Industrielle Betriebswirtschaftslehre der Technischen Universität München und Mitglied des Vorstands des Instituts für Wirtschafts- und Rechtswissenschaften
1994	Verleihung der Ehrendoktorwürde durch die TU Bergakademie Freiberg/Sachsen

MICHAEL REISS, Prof. Dr., geb. 1949

	Studium der Wirtschaftswissenschaften und der Psychologie an den Universitäten Frankfurt a.M. und Freiburg/Br.
	Promotion/Habilitation in Betriebswirtschaftslehre an der Universität Freiburg
seit 1988	Inhaber des Lehrstuhls für Organisation an der Universität Stuttgart

LUTZ VON ROSENSTIEL, Prof. Dr. phil., geb. 1938

1968/1974	Promotion/Habilitation (Venia für Psychologie)
1970–1977	Wissenschaftlicher Rat und Professor für Wirtschaftspsychologie an der Wirtschafts- und Sozialwissenschaftlichen Fakultät der Universität Augsburg
seit 1977	Professor für Wirtschafts- und Organisationspsychologie an der Universität München
seit 1978	Geschäftsführender Vorstand des Psychologischen Instituts der Universität München im Wechsel mit anderen Vorstandskollegen
seit 1992	Prorektor der Universität München

HERMANN RÜHLE, Dr., geb. 1944

1975–1977 Wissenschaftlicher Mitarbeiter an der Universität Mannheim
1977–1982 Wissenschaftlicher Mitarbeiter und Assistent am Lehrstuhl Ökonomische Psychologie der Universität Augsburg
1982   Promotion in Psychologie
seit 1982 Freiberufliche Praxis für Management-Psychologie in Augsburg; Lehrbeauftragter am Kontaktstudium Management der Universität Augsburg

HEINZ SCHULER, Prof. Dr. rer. pol., geb. 1945

1973–1978 Promotion/Habilitation (Venia für Psychologie)
1979   Professor für Psychologie an der Universität Erlangen-Nürnberg
seit 1982 Professor für Psychologie an der Universität Hohenheim, Stuttgart

WILLI STEHLE, Dr., geb. 1951, † 1998

1977–1980 Dozent und Wissenschaftlicher Mitarbeiter am USW Universitätsseminar der Wirtschaft, Erftstadt
1980–1983 Assistent am Institut für Psychologie der Universitäten Erlangen und Hohenheim
1983–1986 Bereichsleiter PA Management Consultants
1987–1988 Geschäftsführer PA Consulting Services GmbH und PA Personalberatung GmbH, Frankfurt am Main
1988–1998 Geschäftsführer des ifp Instituts für Personal- und Unternehmensberatung, Köln

MARTIN STENGEL, Prof. Dr. phil., geb. 1945

1974–1980 Erwachsenenbildung an der Volkshochschule München
1978–1989 Forschungsassistent, danach Akademischer Rat an der Abteilung Organisations- und Wirtschaftspsychologie des Psychologischen Instituts der Universität München
1982/1988 Promotion/Habilitation
seit 1990 Professor für Angewandte Psychologie an der Universität Augsburg

RICHARD K. STREICH, Prof. Dr. rer. pol., geb. 1950

1982   Promotion
1983–1987 Dozent und Projektleiter am USW Universitätsseminar der Wirtschaft, Erftstadt
1987–1989 Leiter Personalentwicklung, Nixdorf Computer AG, Paderborn
seit 1989 Geschäftsführer des INPUT-Instituts für Personal- und Unternehmensmanagement, Paderborn
seit 1995 Professur für Wirtschaftswissenschaften, insbesondere Personal- und Unternehmensmanagement an der FHDW – Fachhochschule der Wirtschaft in Paderborn

BURKHARD STRÜMPEL, Prof. Dr. rer. pol., geb. 1935, † 1990

1960/1968 Promotion/Habilitation an der Universität zu Köln
1968   Associate Professor of Economics, University of Michigan

| 1971–1977 | Program Director, University of Michigan |
| 1977–1990 | Professor im Fachbereich Wirtschaftswissenschaften und Direktor der Forschungsstelle Sozialökonomik der Arbeit der Freien Universität Berlin |

ALEXANDER F. THOMAS, Prof. Dr. phil., geb. 1939

1970	Promotion zum Dr. phil. an der Universität Münster
1970–1974	Assistent am Institut für Psychologie der Universität Münster
1974–1979	Professor im Fachbereich Erziehungswissenschaften der FU Berlin
seit 1979	Professor für Psychologie an der Universität Regensburg

JÜRGEN WEIBLER, Prof. Dr. rer. pol., geb. 1959

1985/1986	Dipl.-Volkswirt/Dipl.-Psychologe Universität zu Köln
1988	Promotion an der Universität zu Köln
1989–1991	Unternehmensberater bei der EC Consulting Group AG, Düsseldorf
seit 1991	Wissenschaftlicher Mitarbeiter am Institut für Führung und Personalmanagement der Hochschule St. Gallen
1994	Habilitation an der Hochschule St. Gallen
1994–1996	Privatdozent für Betriebswirtschaftslehre an der Hochschule St. Gallen
seit 1997	Professur an der Universität Konstanz für Betriebswirtschaftslehre der öffentlichen Verwaltung/Managementlehre

MICHAEL WEIDINGER, Dipl.-Pol., geb. 1957

1983	Abschluß: Dipl.-Politologe an der FU Berlin
1984–1986	Mitarbeiter der Arbeitszeitberatung Dr. Hoff und Partner
seit 1987	Partner der Arbeitszeitberatung Dr. Hoff, Weidinger und Partner

BRUNO J. WEIDL, Dr. oec. publ., geb. 1957

1978–1984	Studium der Betriebswirtschaftslehre an den Universitäten Münster und München
1984–1987	Digital Equipment GmbH, München, Vertriebs- und Produktmanagement
1990/1996	MBA University San Francisco/Promotion Universität München
1988–1992	Marketing- und Vertriebsleiter sowie Direktor bei Behn Meyer Group of Companies, Malaysia/Singapur
1992–1996	Egon Zehnder International, München
seit 1996	Partner und Gesellschafter bei Heidrick & Struggles, Mülder & Partner, München

UTA WILKENS, Dipl.-Kffr., Dipl.-Hdl., geb. 1967

1987–1992	Studium der Betriebswirtschaftslehre und Wirtschaftspädagogik in Göttingen und Berlin, Abschluß Diplom-Kauffrau; Diplom-Handelslehrerin (1994)
1993–1994	Wissenschaftliche Mitarbeiterin an der Forschungsstelle Sozialökonomie der Arbeit, FU Berlin, EU-Projekt „Future Working Structures"
seit 1994	Wissenschaftliche Mitarbeiterin an der TU Chemnitz, Lehrstuhl Personal und Führung

Rolf Wunderer, Prof. Dr., geb. 1937

seit 1974   o. Professor für Betriebswirtschaftslehre, insbesondere Personalwesen und Unternehmensführung an der Universität Essen

seit 1983   o. Professor für Betriebswirtschaftslehre, insbesondere Führung und Personalmanagement an der Universität St. Gallen, Gründer und Direktor des Instituts für Führung und Personalmanagement der Universität St. Gallen

1995–1997   Gastprofessur für Personalwesen im Teilzeitverhältnis an der Universität München

Stichwortverzeichnis

Verzeichnis der zitierten Literatur

Ackermann, K.-F. 902
Adams, J. S. 191
Adler, N. 512
Adler, N. J. 452, 531
Alioth, A. 582
Allen, R. W. 285
Allerbeck, M. 203
Allport, G. W. 89
Angle, H. L. 285
Antoni, C. 693
Antons, K. 331, 427
Arbeitskreis Assessment Center 480
Arbeitsmarkt 1993 877
Ardelt, E. 376
Arendt, H. 799
Argyle, M. 242
Arrow, H. 453
Ashforth, B. E. 742
Asplund, G. 544
Atkins, S. 582
Aumüller, R. 693
Autenrieth, Ch. 902
Avolio, B. J. 285
Axelrod, R. 285

Bach, H.-U. 877
Balswick, J. 557
Bandura, A. 253
Barkholdt, C. 598
Barnett, R. C. 557
Baron, A. S. 544
Baron-Boldt, J. 158
Barry, B. 452
Barthel, E. 159
Bartlett, C. 512
Bass, B. M. 285, 376, 799
Bateman, T. S. 452
Bäumer, J. 878
Beale, R. L. 452
Beavin, J. H. 226, 694, 727
Bechmann, G. 693
Beck, U. 831
Becker, F. G. 490, 809
Beckmann, P. 557

Beckurts, K.-H. 726
Beerman, L. 856
Behrmann, D. 480
Bell, C. H. Jr. 651
Bentson, C. 160
Berdahl, J. L. 453
Bergemann, N. 531
Bergermaier, R. 582
Bergren, C. 693
Berkel, K. 394
Berndsen, D. 629
Berthel, J. 58, 809, 821
Berthold, H.-J. 75
Biel, G. 743
Bielenski, H. 877
Bies, R. J. 545
Bihl, G. 856
Bischof, N. 191
Bischof-Köhler, D. 191
Bittner, A. 532
Blake, R. R. 24, 651
Blanchard, K. H. 24, 285
Blau, G. 544
Bleicher, K. 285, 742
Böckly, W. 480
Bodewig, H. O. 331
Boesch, E. E. 532
Bögel, R. 203, 742, 743
Böhnisch, W. 480
Böning, U. 263
Borg, I. 856
Borg, J. 708
Bormann, E. G. 242
Bösenberg, D. 693
Bosetzky, H. 285
Brandstätter, H. 159, 376
Braun, M. 856
Bray, D. W. 159
Bredemeier, K. 304
Brett, J. M. 171
Brettschneider, D. 171
Brewer, M. B. 452
Briam, K. H. 58
Briefs, G. 742
Brislin, R. W. 532

924